D1619036

Dirk Böttger
Das Musikalische Theater

Dirk Böttger

DAS MUSIKALISCHE THEATER

Oper, Operette, Musical

Artemis & Winkler

Bibliografische Information Der Deutschen Bibliothek
Die Deutsche Bibliothek verzeichnet diese Publikation in der
Deutschen Nationalbibliografie; detaillierte bibliografische Daten
sind im Internet über http://dnb.ddb.de abrufbar.

© 2002 Patmos Verlag GmbH & Co. KG
Artemis & Winkler Verlag, Düsseldorf und Zürich
Alle Rechte, einschließlich derjenigen des auszugsweisen Abdrucks sowie der
fotomechanischen und elektronischen Wiedergabe, vorbehalten.
Umschlagmotiv: Friedrich Schinkel, Dekoration zum Auftritt der »Königin der Nacht«
(1. Akt der Oper »Die Zauberflöte« von Mozart). Königliche Oper, Berlin, 1816. © AKG Berlin.
Umschlaggestaltung: Groothuis, Lohfert, Consorten (Hamburg)
Satz: Fanslau, Communication/EDV, Düsseldorf
Druck und Bindung: fgb • freiburger graphische betriebe
ISBN 3-538-07138-1

INHALT

Vorwort 9

Ouvertüre GRUNDLAGEN

Von der Verwirrung der Begriffe 13
Woher kommt die Musik? 15
Spiel und Darstellung 20

Vorspiel auf dem Theater
ENTSTEHUNG, VERFALL UND WIEDERGEBURT DES THEATERS IN ANTIKE UND MITTELALTER

Das politische Bewußtsein des alten Athen 23
Die Geburt des Dramas aus dem Geist der Demokratie 25
Mythos und Musik 31
Brot und Spiele im Kaiserlichen Rom 36
Christliches Mittelalter: Vom Himmel durch die Welt zur Hölle 40
Spielort: Vom antiken Theater zum modernen Opernhaus 46

Erster Akt DIE OPER

I. Renaissance, Barock und Klassik

Wiedergeburt der Antike und neuzeitliches Denken 55
Kunst und Literatur, Theater und Musik 61
Florenz ›erfindet‹ die Oper 66
Die ersten Opern in Florenz und Rom 79
Monteverdi: Der erste Gipfel 85
Neapel und die Opera buffa 97
Opernanfänge in Frankreich, England und Deutschland 102
Prunkvolles Operntheater im Barockzeitalter 114
Händel: Die Barockoper auf ihrem Gipfel 119
Primadonnen und Kastraten oder Die Geburt des Stars 126

Gluck: Opernreform 134
Mozart: Die Oper als Theatralische Sendung 141
STERNSTUNDEN DES SPIELPLANS: DIE HAUPTWERKE
VON HÄNDEL, GLUCK, MOZART UND BEETHOVEN 154

II. Die Blütezeit der Oper im 19. Jahrhundert

Eine neue Epoche 183
Italien: vom Belcanto zum Verismo 185
STERNSTUNDEN DES SPIELPLANS: DIE HAUPTWERKE
VON ROSSINI, DONIZETTI, BELLINI, LEONCAVALLO,
MASCAGNI UND PUCCINI 194
Frankreich: Heimat der Großen Oper 230
STERNSTUNDEN DES SPIELPLANS: DIE HAUPTWERKE
VON GOUNOD, BIZET UND OFFENBACH 239
Deutschland: Romantik und Biedermeier 252
STERNSTUNDEN DES SPIELPLANS: DIE HAUPTWERKE
VON WEBER, NICOLAI, FLOTOW, LORTZING,
HUMPERDINCK UND D'ALBERT 262
Das östliche Europa: Zwischen Nationalkultur
und Westorientierung 292
STERNSTUNDEN DES SPIELPLANS: DIE HAUPTWERKE
VON SMETANA, MUSSORGSKY UND TSCHAIKOWSKY 298
Verdi: Opernrealismus 320
STERNSTUNDEN DES SPIELPLANS: DIE HAUPTWERKE
VON VERDI 332
Wagner: Musikdrama 380
STERNSTUNDEN DES SPIELPLANS: DIE HAUPTWERKE
VON WAGNER 393

III. Oper und Musiktheater im 20. Jahrhundert

Ein Jahrhundert der Spannungen 449
Literaturoper und Neue Musik 450
Pfitzner und Korngold: zwei Gegensätze 454
Opernländer der Moderne im Überblick 456
Richard Strauss: Synthese und Welttheater 471
Innovationen und neue Inhalte: die Oper der Gegenwart 472
Prima la musica? Prima le parole? 478
STERNSTUNDEN DES SPIELPLANS: DIE HAUPTWERKE VON BERG,
JANÁČEK, GERSHWIN, RICHARD STRAUSS UND KURT WEILL 473

Zweiter Akt DIE OPERETTE

Charmante Tochter der Oper 517
Eine kleine Ahnentafel 519
Französisches Kaiserreich und Offenbachiade 525
Der Walzer: Seele der Wiener Operette 535
Johann Strauß und das ›Goldene Zeitalter‹ der Operette 541
STERNSTUNDEN DES SPIELPLANS: DIE HAUPTWERKE VON
OFFENBACH, MILLÖCKER, ZELLER, HEUBERGER UND JOHANN STRAUSS 552
Franz Lehár und das ›Silberne Zeitalter‹ 591
STERNSTUNDEN DES SPIELPLANS: DIE HAUPTWERKE VON
JESSEL, BURKHARD, FALL, KÁLMÁN, KÜNNEKE UND LEHÁR 600
Berliner Luft, Londoner Nebel und spanische Zarzuela 645

Dritter Akt DAS MUSICAL

Die kulturelle Vergangenheit der Neuen Welt 653
Das Theater als Erbe und Import Europas 654
Show, Revue und Amüsierbetrieb 660
Die musikalische Seele Amerikas: der Jazz 667
Fixpunkt 1: »Show Boat« 670
Fixpunkt 2: »Oklahoma!« 676
Protagonisten am Broadway: George Gershwin und Kurt Weill 679
Klassiker des Broadway-Musicals: Von Irving Berlin bis Jerry Herman 696
Herr über Londons West End: Andrew Lloyd Webber 704
Kunst und Kommerz im Showbiz 709
Das Musical erobert das deutsche Theater 711
STERNSTUNDEN DES SPIELPLANS: DIE HAUPTWERKE DES MUSICALS
VON JEROME KERN BIS ANDREW LLOYD WEBBER 714

Finale SCHLUSSBETRACHTUNG

Innovationen und neue Sichtweisen: Musikalisches Theater heute 777
Prima la Musica? Prima le parole? 782
Der Sänger als schöpferischer Gestalter 785

Anmerkungen 787

Register 796

VORWORT

Das musikalische Theater ist gut zweitausend Jahre jünger als das Sprechtheater, in dem es seine Wurzeln hat. Die Oper gibt es seit nunmehr 400 Jahren, die Operette seit etwa 150 Jahren und das Musical seit ungefähr 80 Jahren. Von allem Anfang an wurden vor allem Oper und Operette ebenso mit Interesse wie mit Skepsis aufgenommen, bis auf den heutigen Tag wurden und werden sie ebenso bewundert wie beargwöhnt oder gar angefeindet. Ihrer Popularität auch und gerade in unserer Zeit hat dies nichts anhaben können. Schon gar nicht in Deutschland. Kein anderes Theatersystem auf der Welt bietet den Menschen ja derart viele Möglichkeiten, musikalisches Theater zu erleben.

Dem hat auch der Buchmarkt Rechnung getragen. Es gibt eine Reihe von Werkführern, die als Nachschlagewerke schnelle Informationen liefern, auch über Werke, die an den Theatern des deutschsprachigen Raumes in Deutschland, Österreich und der Schweiz nur noch selten oder gar nicht mehr aufgeführt werden. Und es gibt historische Einzeldarstellungen über Oper, Operette und Musical. Es gibt jedoch bislang keine Gesamtdarstellung des musikalischen Theaters, die diese drei Gattungen entwicklungsgeschichtlich und dramaturgisch zueinander in Verbindung setzt.

Das möchte dieses Buch erstmals dadurch versuchen, indem es aufzeigt, daß zwischen den Gattungen diese Verbindungen sehr wohl bestehen und daß die Oper nicht ohne die vom Sprechtheater in der Antike geschaffenen Voraussetzungen, daß die Operette nicht ohne die Oper, daß das Musical nicht ohne die Operette denkbar sind, trotz ihrer jeweiligen erkennbaren Eigenart.

Die Darstellung historischer Ereignisse sowie kulturgeschichtlicher Entwicklungen ist immer auch Dokumentation von Lebensläufen herausragender Künstler und der von ihnen geschaffenen exemplarischen Werke. So habe ich mich mit dem Verlag darauf verständigt, dies in diesem Buch auf eine ganz neue Art zu praktizieren. Die einzelnen Epochen des musikalischen Theaters werden zusätzlich mit ihren Meisterwerken in Oper, Operette und Musical dokumentiert, die noch heute zum Standardrepertoire der deutschsprachigen Theater gehören. Diese ewige Bestenliste von 100 Werken – darunter 63 Opern, 22 Operetten und 15 Musicals – ist leicht zu ermitteln und orientiert sich hauptsächlich nach genauen und gut zugänglichen statistischen Unterlagen. So gibt der Deutsche Bühnenverein als Bundesverband der

Deutschen Theater schon seit Jahrzehnten eine genaue jährliche Statistik über die Spielpläne der Sprech- und Musiktheater in den drei deutschsprachigen Ländern heraus. Sie informiert gründlich darüber, was wann wo wie oft und vor wie vielen Theaterbesuchern während eines ganzen Jahres aufgeführt wurde. Wertet man die Spielzeiten von 1965 bis heute aus, dann ergibt sich eine Rangliste der beliebtesten und meist gespielten musikalischen Bühnenwerke. Und das sind diejenigen, die als die allgemein anerkannten Hauptwerke in der Geschichte des musikalischen Theaters gelten dürfen, weil sie durch ihre überragende künstlerische Qualität die Zeiten überdauert haben und jeder neuen Auseinandersetzung letztlich unbeschadet standzuhalten vermögen. Dazu einige Anmerkungen.

1) Für die Oper gilt eine Einschränkung, die das Werk Richard Wagners betrifft. Der »Fliegende Holländer« gehört zu den 20 meist aufgeführten Opern innerhalb des angegebenen Zeitraums und rangiert mit der Anzahl seiner Inszenierungen z. B. noch vor Verdis populärem »Troubadour«. Gleiches gilt für die anderen Wagner-Opern nicht, schon »Tannhäuser« und »Lohengrin« folgen in respektablen Abständen. Das ist damit zu erklären, daß Wagner einen unverhältnismäßig großen künstlerischen, orchestralen und technischen Aufwand erfordert, den aufzubringen nur große Theater in der Lage sind. Aber Wagner ist in der Geschichte des musikalischen Theaters eine epochale Erscheinung, weshalb ihm in diesem Buch ein gesonderter Abschnitt eingeräumt und sein Gesamtwerk besprochen wird.

2) Weil sich die Besprechungen der einzelnen Werke auf das Repertoire konzentrieren, wird man einige bekannte und besonders erfolgreiche Musicals vermissen. Doch die werden eben nicht an den Repertoiretheatern gespielt, wie ich es in dem Kapitel über das Musical darzustellen versuche. Am Beispiel des inzwischen erfolgreichsten Musicalkomponisten will ich das kurz erklären. Andrew Lloyd Webber ist in Deutschland vor allem durch »Cats« und »Das Phantom der Oper« bekannt geworden. Beide Musicals haben Aufführungsserien amerikanischer Größenordnungen erreicht, werden aber nicht an den Repertoiretheatern gespielt. Anders liegt das bei Webbers »Evita«, das zum gängigen Musicalrepertoire gehört, weil es an vielen Theatern gespielt wurde und noch immer gespielt wird, und das neben Opern von Mozart und Verdi, neben Operetten von Strauß und Lehár.

3) Die Auflistung der insgesamt 100 Meisterwerke des Opern-, Operetten- und Musical-Repertoires versteht sich ausdrücklich als integraler Bestandteil der dargestellten Geschichte des musikalischen Theaters. Die einzelnen Werke werden in einer sonst nirgendwo anzutreffenden Ausführlichkeit dargestellt, was nur eine Feststellung und keine Wertung ist. Die Besprechungen folgen der Übersicht wegen jeweils dem gleichen Schema:

- Titel deutsch und originalsprachlich (mit genauer Gattungsbezeichnung und Nennung des/der Librettisten)
- Quelle(n)
- Entstehung und Uraufführung
- Ort und Zeit der Handlung, d. h. wo und wann das Werk spielt
- die Personen des Werkes (unter Angabe des jeweiligen Stimmfachs der Partien)
- die Handlung (in genauer Akt- bzw. Bildeinteilung und unter Angabe der Arien, Duette, Ensembles etc.)
- Aufführungsdauer, d. h. wie lange die Vorstellung im Theater – einschließlich einer angemessenen Pause – dauert.

Natürlich sind die Fakten für dieses Buch genau recherchiert. Es ist jedoch erklärtermaßen nicht mein Ziel, eine betont wissenschaftliche Gesamtdarstellung der Geschichte des musikalischen Theaters vorzulegen, die nur für den Fachmann bestimmt ist. Im Gegenteil: Mit diesem Buch verfolge ich vielmehr ganz bewußt die Absicht, vor allem auch jenen Menschen, die bisher gar nicht oder nur sehr selten mit Oper, Operette und Musical in Berührung gekommen sind, den Zugang zum musikalischen Theater zu erleichtern und ihr einmal gewecktes Interesse dafür auf Dauer zu vertiefen. Ich tue das in der Überzeugung, daß die Neugierde in dem Vertrauen gründet, sich ein neues Wissensgebiet am ehesten über den gesicherten Bestand des Bewährten erschließen zu können. Darin liegt eine generelle Einschränkung, deren ich mir nur allzu bewußt bin. Will man ein so weites Gebiet in einem einzigen Band zur Darstellung bringen, muß man in die berühmten Siebenmeilenstiefel steigen und große Schritte machen, um Zusammenhänge aufzuzeigen und den Überblick über den Gang der Entwicklung nicht zu verlieren. Das heißt mannigfacher und oft schmerzhafter Verzicht auf Details. Doch ich bedurfte sozusagen eines Ausleseverfahrens mit dem Bemühen, Konzentration zu erreichen und Übersicht zu behalten, um den Rahmen des Buches nicht zu sprengen. Zudem habe ich mich wohlweislich gehütet, Musik zu beschreiben oder zu erklären. Das geschieht ansatzweise nur da, wo es mir geboten scheint. Im übrigen halte ich es mit *Franz Grillparzer*, der einmal bemerkte: »*Eine beschriebene Musik ist wie ein erzähltes Mittagessen.*« Musik ist schließlich zum Hören da. Inwieweit mir diese Absicht gelungen ist und mich wenigstens partiell zu entschuldigen vermag, das muß der Leser jeweils für sich entscheiden.

Theorie und Praxis werden im Bereich der Künste oft als unversöhnliche Gegensätze gesehen. Das muß nicht sein! Ich weiß wovon ich spreche, denn ich habe von ihrer produktiven Verbindung in jahrzehntelanger praktischer Theatertätigkeit immer wieder profitieren können. Sie bildet denn auch die

Grundlage dieses Buches. Auch die Besprechungen der Meisterwerke sind betont praxisbezogen, denn ich habe sie alle in der unmittelbaren künstlerischen Auseinandersetzung am Theater erlebt, die meisten von ihnen mehrmals. Darin ist auch der Grund zu suchen, warum ich keine Bibliographie aufstelle. Sie ließe sich ohnehin schlichtweg nicht mehr rekonstruieren. Deshalb ist in den jedem Kapitel nachgestellten Anmerkungen nur das an Fachliteratur erwähnt, in der ich zur Überprüfung des einen oder anderen Details noch einmal nachgeschlagen habe.

Dem Verlag Artemis & Winkler, und hier vornehmlich Herrn Ulrich Mattejiet, danke ich herzlich, daß mein Vorhaben auf so viel Interesse gestoßen ist, daß wir gemeinsam etwas Neues wagen konnten.

Dirk Böttger
Bremerhaven, im September 2002

OUVERTÜRE **GRUNDLAGEN**

Von der Verwirrung der Begriffe

In der berühmten Schülerszene von Goethes »Faust I«, einem komischen Bravourstück des klassischen deutschen Theaters, schlüpft der Teufel in die Maske des Gelehrten, um an Fausts Stelle einen Schüler zu unterrichten, der alle Dinge in Wissenschaft und Natur erfassen möchte, um »recht gelehrt« zu werden:

»Im ganzen: haltet Euch an Worte!
Dann geht Ihr durch die sichre Pforte
Zum Tempel der Gewißheit ein.«

Worauf der Schüler einwendet:

»Doch ein Begriff muß bei dem Worte sein«

Was Mephisto wiederum zu der Antwort veranlaßt:

»Schon gut! Nur muß man sich nicht allzu ängstlich quälen;
Denn eben, wo Begriffe fehlen,
Da stellt ein Wort zur rechten Zeit sich ein.« (1)

Was meint Mephisto damit? Betreibt er nur ein Spiel mit Worten, ein Wort-Spiel? Sicher nicht. Machen wir uns für einen Augenblick die allgemeine Definition zu eigen, *Begriffe* seien Bezeichnungen zwar nicht für alle, aber doch wenigstens für einzelne Merkmale einer abstrakten Vorstellung (z. B. ›das Leben‹) oder eines wahrnehmbaren Gegenstandes (z. B. ›das Buch‹), die wir durch Worte ausdrücken können. Dann können wir sagen, Goethe will uns durch Mephisto auf die Verwirrung durch Begriffe hinweisen, wenn wir deren Bedeutung für sich ebenso nicht recht in Worte zu fassen vermögen wie ihre Zuordnung untereinander zu Begriffspaaren oder Doppelbegriffen. So ergeht es offensichtlich den meisten Menschen mit den Begriffen *Musik* und *Theater*, die zusammen zu denken ihnen Schwierigkeiten bereitet. Versuchen wir es an einer fiktiven Szene zu erklären.

Nehmen wir einmal an, zwei Bekannte – wir nennen sie A und B – treffen sich im Getriebe einer geschäftigen Großstadt. Sie haben sich lange nicht gesehen, die Begrüßung ist daher freundlich bis herzlich. Man kommt angeregt ins Gespräch, das in einem gemütlicheren Rahmen fortzusetzen B vorschlägt. Dankend lehnt A ab, er habe noch einige Besorgungen zu erledigen, bevor er am Abend ins Theater gehe. Den »Hamlet« habe er schon lange nicht gesehen, und überhaupt gehe ihm Shakespeare über alles. B macht einen zweiten Versuch: wie wäre es mit morgen, er sei frei. Wieder hat er Pech, A lehnt erneut ab: morgen sei er in der Oper, da gebe es Mozarts »Zauberflöte«. Soviel kulturelles Engagement nötigt B alle Achtung ab: Respekt, Respekt! Gleich zweimal hintereinander gehe A ins Theater.

Das hätte er nicht sagen sollen. Gewiß, er hat es als Kompliment gemeint. Aber das hat A nicht so aufgefaßt, weshalb er B mit leichtem Vorwurf belehrt: *heute* sei er im *Theater*, aber *morgen* sei er in der *Oper*. Und als ob er sich persönlich angegriffen fühlte, verabschiedet er sich rasch und läßt B irritiert zurück. Erst später beginnt dieser zu ahnen, was ihn an der Bemerkung seines Bekannten irritiert, die er in gewisser Weise als Zurechtweisung empfindet. Da ist er, so nehmen wir weiter an, bereits zu Hause. Er stellt das Radio an und hört Musik. Kurz darauf kommt die Absage: mit dem Finale aus dem »Rosenkavalier« von Richard Strauss sei das Opern*konzert* beendet, morgen zur gleichen Zeit folge dann eine Sendung über modernes Musik*theater*. Nun schwirren ihm die Begriffe durch den Kopf: Musik, Theater, Oper, Konzert. Wie ist das zu vereinbaren? Hatte dann A nicht doch recht, als er so energisch auf der Unterscheidung zwischen Oper und Theater beharrte?

Um nicht völlig konfus zu werden, sucht B – auch dies nehmen wir an – nach Rat. Noch ist es mitten am Tag und so begibt er sich zur Bibliothek, um Klarheit der Begriffe zu erlangen. Ein geübter Griff zur vertrauten Brockhaus-Enzyklopädie, und er stößt auf den Begriff *Musiktheater:* »Musiktheater, im Gegensatz zur Oper eine betont dramatische Darstellung musikalischer Bühnenwerke; dabei wird auch Gesang als Ausdruck dramatischer Situationen aufgefaßt.« (2) Viel kann B damit zunächst nicht anfangen, deshalb sucht er nach einem speziellen musikalischen Fachlexikon, findet eines und schlägt auf: »Musiktheater erfaßt besser als die überkommene Gattungsbezeichnung Oper die Vielgestalt aller Verbindungen von Wort, Szene und Musik im 20. Jahrhundert und wird von manchen als übergeordnete Bezeichnung für solche Verbindung überhaupt verstanden. Der Begriff, in Deutschland bereits seit mehreren Jahrzehnten üblich, wird auch solchen Werken gerecht, die von den Komponisten zwar noch als Opern bezeichnet werden, es im geschichtlichen Sinne aber nicht mehr sind.« (3)

So weit so gut. Oder auch nicht. Denn B fällt auf, daß die Lexika vom Gegensatz zwischen Musiktheater und Oper sprechen bzw. von der Oper als einer überholten Gattung. Also hatte A doch recht? Bevor B völlig ratlos wird, wollen wir ihn von seinen Zweifeln befreien. Denn diese lexikalischen Hinweise sind in der Tat wenig hilfreich, da sie vermuten lassen, Oper sei eine musikalische Gattung, die wenig oder gar nichts mit dem Theater zu tun habe. Das ist freilich historisch ebenso unrichtig wie es begrifflich unsinnig ist. Wir werden sehen, daß die Oper – wie übrigens Operette und Musical auch – von Anfang an als Theaterstück, das ohne die Bühnenaufführung nichts ist, aufgefaßt wurde und auch gar nicht anders aufgefaßt werden kann. Mit dem Begriff *Musiktheater* verhält es sich schon etwas anders, darauf werden wir noch zu sprechen kommen. Deshalb sprechen wir in diesem Buch besser vom *musikalischen Theater*, was bedeutet: Oper, Operette, Musical sind nicht nur *musikalische*, sondern auch *theatralische* Gattungen sui generis. Deshalb ist es unsinnig, zwischen *Oper* und *Theater* (welcher Begriff dann nur für das Sprechtheater relevant wäre) zu unterscheiden, wie es erfahrungsgemäß viele Menschen und selbst die meisten erfahrenen Theaterbesucher leider tun.

Musik und Theater sind keine Gegensätze. Sie gehen vielmehr eine gleichermaßen nützliche wie aufregende Symbiose ein, wie sie die Kulturgeschichte kein zweites Mal kennt. Um das signifikant zu machen, wollen wir uns kurz der Ursprünge von Musik und Theater vergewissern.

Woher kommt die Musik?

Auf diese Frage gibt es eine einfache Antwort: wir wissen es nicht. Wahrscheinlich werden wir es auch niemals erfahren. Weil dem aber so ist, hat die Musikforschung Theorien aufgestellt über Ursprung und Entstehung der Musik, und jede dieser Theorien hat für sich durchaus überzeugende Argumente. Sie alle lassen sich auf drei Grundthesen zurückführen. Die erste nimmt die Geräusche der Natur als Quelle ursprünglicher musikalischer Charakteristika an, wie etwa das Windgeräusch: leise und laute Töne durch die Stärke des Windes, hohe und tiefe sowie unterschiedliche Töne durch Widerstände, die der Wind umgehen bzw. überwinden muß, oder durch das Schwirren, Summen, Pfeifen, Rauschen etc. von Gegenständen, die der Wind in Bewegung setzt. Eine zweite These sieht, oder besser gesagt: hört den musikalischen Ursprung in den Vogelstimmen, die der Mensch nachahmt. *Darwin* vertrat diese These mit Nachdruck. Die dritte Grundthese verweist auf die Rufe des Menschen als emotionale Lautäußerungen allgemeiner Empfindungen, besonderer Lustgefühle oder auch der Trauer, wobei mit den Rufen größere Distanzen überwunden wurden. Man kann sich so eine Entwicklung vom Rufen und Schreien über das Kreischen zum Sprechen und Singen durchaus vorstellen. Diese These hat viel für sich, wenn wir daran denken, daß in den Zurufen der in der Regel aus Schwarzafrika stammenden Sklaven auf den Baumwoll- und Tabakplantagen der amerikanischen Südstaaten eine Wurzel des Jazz liegt.

Das Nichtwissen über die Herkunft der Musik teilen wir mit unseren Vorfahren. Die hatten es jedoch einfacher als wir, sie setzten an die Stelle des Nichtwissens den Glauben und sprachen der Musik göttlichen Ursprung zu. Das gilt für alle uns bekannten Kulturkreise. So findet sich beispielsweise in der *indischen* Religion der Hinweis, die Götter selbst seien aus dem Urton erschaffen worden, der zugleich den Rhythmus des Weltalls bestimme. Deshalb pflegen die indischen Götter die Musik, sie singen und tanzen und jeder einzelnen Gottheit wird ein bestimmtes Musikinstrument zugeordnet wie etwa die Flöte dem Gott Krishna. Nach alter indischer Überzeugung erfand Brahma die Melodie und Schiwa den Rhythmus. Nach *altägyptischen* religiösen Vorstellungen soll Thot, eine der obersten Mondgottheiten sowie Gott der Schreibkunst und der Wissenschaften, die Welt allein durch seine Stimme erschaffen haben.

Die wohl schönsten und mannigfachsten poetischen Versionen über den göttlichen Ursprung der Musik verdanken wir bekanntlich den *Griechen*. Im Anbeginn der Zeiten, so erzählt der Mythos, errang Zeus im Kampf der Titanen die Weltherrschaft von seinem Vater Kronos, was ihn zur obersten Gottheit, zum Göttervater machte. Natürlich wollte er seine ruhmreichen Taten der Nachwelt überliefern, und so zeugte er mit der Göttin Mnemosyne (›Erinnerung‹) die neun Musen und stellte sie unter die Aufsicht seines Sohnes Apollo, Gott der Weisheit und der Musik. Mit ihrem Gesang erfreuten die Musen die Götter und Apollo fungierte dabei sozusagen als erster uns bekannter Chorleiter. Die griechische Mythologie brachte Apollo auch in Zusammenhang mit den beiden wichtigsten Musikinstrumenten, die später die Begleitinstrumente bei den Aufführungen von Tragödie und Komödie waren: Kithara und Flöte. Hermes, Götterbote und Beschützer der Reisenden und Kaufleute, aber auch der Diebe (!), schuf aus dem Panzer der Schildkröte die Kithara (Saiteninstrument) und besänftigte mit seinem meisterhaften Spiel den erzürnten Apollo, aus dessen Herde er zuvor fünfzig Kühe gestohlen hatte. Gegen das Versprechen der Straffreiheit schenkte Hermes die Kithara dem Gott, dessen eigentliches Instrument sie wurde. Die Griechen kannten sie hauptsächlich mit 7 Saiten bespannt, was man auf die 7 bekannten Planeten bezog und womit man im übertragenen Sinne auf die Lehre von der Sphärenharmonie des legendären Philosophen und Mathematikers *Pythagoras* aus dem sechsten vorchristlichen Jahrhundert verwies. Nach der Lehre des Pythagoras drehten sich die Planeten und tönten dabei, was er die Sphärenharmonie nannte. Goethe nimmt diesen Gedanken der tönenden Planeten später auf seine Weise auf, wenn in dem der »Faust«-Dichtung vorangestellten »Prolog im Himmel« der Erzengel Raphael seinen Herrn preist:

Die Sonne tönt nach alter Weise
In Brudersphären Wettgesang,
Und ihre vorgeschriebne Reise
Vollendet sie mit Donnergang.

Pythagoras brachte die Töne der musikalischen Harmonie übrigens in Beziehung zur Saitenlänge der Kithara, wobei unter gleicher Spannung die kürzeren Saiten die hohen und die längeren Saiten die tiefen Töne erzeugen. Weit weniger nachsichtig als gegenüber Hermes reagierte Apollo auf das übermütige Auftreten des Marsyas, eines Quell- und Flußdämons. Dieser hatte sich der von Athene erfundenen Flöte bemächtigt, die die Göttin weggeworfen hatte, als sie bemerkte, daß das Blasen des Instrumentes ihr Gesicht entstellte. Marsyas brachte es zum virtuosen Flötenspieler und forderte in einem Anfall von Selbstüberschätzung den Kithara spielenden Apollo zum musikalischen Wettstreit heraus. Den verlor er, wofür ihm der Gott bei lebendigem Leibe die Haut abzog und sie auf einem Pfahl auf dem Marktplatz zur Warnung aufhing. Unsere Redensart »Seine Haut zu Markte tragen« geht letztlich auf diese Erzählung der griechischen Mythologie zurück. Dem Hirtengott Pan sprachen die Griechen die Erfindung einer besonderen Rohrflöte zu. Pan stellte der Nymphe Syrinx nach, die sich ihm dadurch entzog, daß sie sich in ein Schilfrohr verwandelte, aus dem ihre süße Stimme hervorklang. Deshalb schuf Pan aus dem Schilfrohr die Syrinx, die älteste Art der noch heute in der Unterhaltungsmusik gebräuchlichen Panflöte.

Schließlich verdanken wir den Griechen mit dem *Orpheus-Mythos* die ergreifendste Aussage über die Macht der Musik. Orpheus galt als Sohn des Apollo und der Kalliope, Muse der Dichtung und der Philosophie. Er ist die göttliche Inkarnation des Gesanges schlechthin, der mit seinem Gesang und seinem Leierspiel nicht nur die Menschen bezauberte, sondern auch wilde Tiere zähmte, Steine erweichte und ganze Wälder bezwang, die ihm nachzogen. Er begleitete die Argonauten auf ihrer Fahrt nach Kolchis zur Eroberung des Goldenen Vlieses, sang den das Vlies bewachenden Drachen in Schlaf und übertönte mit seinem Gesang und seinem Leierspiel die gefährlichen Sirenen, die mit ihrem süßen Gesang die an ihrer Insel vorbeifahrenden Seeleute betörten, die ihren musikalischen Verführungskünsten zum Opfer fielen. Nach der Rückkehr heiratete Orpheus die Dryade (Baumnymphe) Eurydike, die von dem Hirten Aristaios verehrt wurde. Als sie vor seinen Nachstellungen floh, wurde sie von einer Schlange gebissen und starb. Orpheus überwand seine Trauer um die geliebte Gattin mit dem Gang in die Unterwelt, aus der er sie zurückholen wollte. Mit seinem Klagegesang bezwang er zunächst den alten Fährmann Charon, der die Seelen der Verstorbenen über den Unterweltfluß Styx ins Totenreich brachte, dann den mehrköpfigen Kerberos, den Wachhund der Unterwelt, sowie schließlich Hades und Persephone, das Götterpaar des Totenreichs. Sie wurden von Mitleid befallen und erlaubten Orpheus, Eurydike aus der Unterwelt wieder auf die Erde und damit zurück ins Leben zu bringen. Aber nur unter der Bedingung, daß er sich unterwegs nicht nach Eurydike umsehe. Sonst würde diese, die von dem Seelenführer Hermes auf dem Weg aus dem Schattenreich ans Licht geführt wurde, für ihn auf immer verloren sein. Die Sehnsucht nach dem Anblick der geliebten Gattin wurde Orpheus jedoch zum Verhängnis, er schaute sich um, übertrat so das göttliche Gebot und verlor Eurydike auf ewig. Klagend durchirrte Orpheus sein Heimatland Thrakien, verfiel aus Liebe zu Eurydike in unerbittlichen Haß gegen alle Frauen und wurde aus Rache dafür von einer Schar wilder Thrakerinnen, den Mänaden, zerrissen. Sein Haupt und seine Leier warfen sie ins Meer, wo beide singend und klingend bis zur Insel Lesbos schwammen. Dort errichtete man ein Orpheus-Heiligtum und die Insel selbst galt den Griechen später als Heimstatt der Dichtung, auf der Griechenlands große Dichterin *Sappho* lebte.

Eine einfachere Variante des Orpheus-Mythos über die Macht der Musik stellt die altgriechische Sage von Amphion und Zethos dar, Zwillingssöhnen des Zeus. Während Zethos das Kriegshandwerk und die Viehzucht erlernte, widmete sich Amphion der Musik und wurde dafür von Hermes mit einer Leier beschenkt. Zethos konnte mit der Leidenschaft seines Bruders nicht viel anfangen und hatte eigentlich nur Spott dafür übrig. Das wurde jedoch anders, als die Brüder gemeinsam die Herrschaft über die Stadt Theben antraten und deren gewaltige Mauern zu bauen begannen. Während Zethos, der über große Körperkräfte verfügte, selbst Hand anlegte, begann Amphion auf seiner Leier so wunderschön zu spielen, daß sich die Mauersteine von selbst übereinander fügten und Zethos die Kunst des Bruders neidlos anerkannte. Da seine Leier eine siebensaitige Kithara war, errichtete Amphion die Stadtmauer von Theben mit sieben Toren – und die sollten in dem Mythos um die Söhne des Ödipus eine wichtige Rolle spielen, der den Stoff zu zwei berühmten und erhaltenen griechischen Tagödien abgab: zu »Die Sieben gegen Theben« von *Aischylos* und zur »Antigone« des *Sophokles*.

Auch dem *Christentum* ist der Glaube an einen göttlichen Ursprung der Musik nicht völlig unbekannt. Als älteste christliche Musik gilt die einstimmige Gregorianik, der Gregorianische Choral. *Papst Gregor I. der Große (gest. 604)* soll die Melodien direkt vom Heiligen Geist empfangen haben. Darauf verweisen viele bildliche Darstellungen, die ihn komponierend zeigen, wobei er die Melodien aufschreibt, die ihm der Heilige Geist in der Gestalt einer auf seiner Schulter sitzenden Taube ins Ohr flüstert. Und Jubal, einer aus dem Geschlechte des Kain, gilt nach der Bibel als Erfinder der ersten Musikinstrumente, wenn es heißt: »Von dem sind hergekommen alle Zither- und Flötenspieler« (4)

Bei allen angeführten Beispielen fallen zwei Dinge auf. Zunächst ist jedesmal die Rede von einem Musikinstrument und von der Kraft des Gesanges. Was die Instrumente betrifft, so hat die Forschung durch Entdeckungen und Ausgrabungen den Aussagegehalt vor allem der griechischen Mythologie faktisch untermauern können. Funde von einfachen Schwirrhölzern und Flöten aus Röhrenknochen kann man in die Zeit bis etwa 60 000 Jahre vor unserer Zeitrechnung datieren. Besonders frühe Flöten mit bis zu fünf Grifflöchern lassen darauf schließen, daß schon die Menschen der vorkulturellen Zeit (also vor mehr als 40 000 Jahren) offenbar erkannten, daß die Tonhöhe an die Rohrlänge gebunden ist und daß sie durch das Bedecken und Öffnen der Grifflöcher verändert werden kann. Flöten sind ohnehin die ersten Blasinstrumente und wahrscheinlich so alt wie die ersten rhythmischen Schlaginstrumente (Rasseln, einfache Trommeln). Im südfranzösischen Departement Ariège fand man in einer Grotte bei Les Trois-Frères unter der dortigen etwa 40 000 Jahre alten Höhlenmalerei auch die Darstellung eines Musikbogens. Er ist das älteste bekannte Saiteninstrument, bei dem die Töne durch Vibration einer oder mehrerer Saiten, die an beiden Enden eines gekrümmten Stockes befestigt sind, erzeugt werden. Der Musikbogen gilt als Urform von Lyra, Harfe, Laute und Zither.(5)

Zum zweiten fällt bei den zitierten Beispielen auf, daß der Gesang zwar offenbar von größerer Bedeutung ist und wohl auch größere Wirkung erzielt als das Spielen von einfachen Instrumenten, daß aber wohl beide von Anfang an zusammengehörten. Dafür gibt die Orpheus-Sage das beste Beispiel, aber auch die Dokumente aus den Zeiten früher Hochkulturen bezeugen, daß Chor- wie Sologesang ohne instrumentale Begleitung nicht vorstellbar war.

Woher auch immer die Musik kommt: Seit der Mensch sie (erfunden? entdeckt?) hat, ist sie aus seinem Leben nicht wegzudenken, beweist sie vom Anfang aller Tage ihre einzigartige Bedeutung. Schon in frühen Religionen wurde sie eingesetzt, um den Göttern wohlgefällig zu sein, sie durch Musik gnädig zu stimmen, sie aber auch mit ihr zu loben, zu preisen, ihre Majestät und ihren Ruhm zu besingen und ihnen zu danken. Von den Hochkulturen wissen wir zudem, daß die Musik schon früh für therapeutische Zwecke eingesetzt wurde. Die Griechen glaubten, daß ein kranker Mensch von bösen Dämonen befallen sei. Da man wußte (oder zumindest glaubte), daß diese Wesen der Unterwelt die Ruhe liebten und Musik haßten, so vertrieb man sie mit Musik, um den Kranken zu heilen. Auch im AT ist von der Heilkraft der Musik die Rede, wenn Davids Harfenspiel den König Saul beruhigt, der durch Gott mit einem bösen Geist geschlagen ist (6). Wenn heute ein Patient bei Operationen Musik hören kann, so verdankt man letztlich den Menschen früherer Zeiten das Vertrauen in die therapeutische Wirkung und damit in die Heilkraft der Musik. Griechenlands klassischer Philosoph *Platon (427–347 v. Chr.)* sagt von der Musik, sie sei das, »was sich auf die Stimme bezieht und besonders auf ihre Kraft, die Seele zur Tugend zu bilden.« Und er verweist auf ein Wort seines Lehrers *Sokrates*, seit uralten Zeiten sei die Musik zur seelischen Erziehung des Menschen bestimmt worden. (7) Im alten China galt die Musik als Schwester der Religion, und der große chinesische Philosoph und Lehrer *Konfuzius (551–479 v. Chr.)* befand kurz und bündig: »Moral und Musik bestimmen das Leben der Gemeinschaft.«

Schon diese wenigen Beispiele verweisen auf den universalen Charakter der Musik. Sie ist nicht nur eine Kunstform, deren Material aus Tönen besteht. Sie ist darüber hinaus in ihrem eigentlichen Wesen eine ursprüngliche Äußerung des Menschen und damit eine originäre menschliche Lebensqualität: »Sie ist im Grund und Kern ihres Wesens ein geistiges Prinzip, eine Idee, die in Tönen Gestalt gewinnt. Insofern aber die Musik ihre tiefste und letzte Verankerung im Bereich des Geistes hat, ist ihre Geschichte Geistesgeschichte.« (8) Das gilt uneingeschränkt auch für die Geschichte des musikalischen Theaters, woran die Darstellung dieses Buches immer wieder erinnern wird.

Spiel und Darstellung

Es herrscht allgemeine Übereinkunft, daß sich der Mensch zunächst durch schaffende Tätigkeit und durch praktisches Handeln entwickelt hat. Er war tätig und schaffte, um zu (über)leben. Dabei dachte er vorerst weder über die Motive und die möglichen Folgen seines Tuns nach, noch war er sich des Wertes oder Unwertes seiner Tätigkeit und ihres Sinnes bewußt. Mit seinem Tun verfolgte er lediglich einen wertfreien Zweck. So betrat der *homo faber* die Bühne der Welt.

Irgendwann jedoch begann der Mensch damit, seine Tätigkeit wie auch seine Umwelt, also die Natur und die anderen Menschen, bewußt zu beobachten. Da tauchten Fragen auf und er begann nachzudenken. Da er viele Fragen nicht beantworten konnte, ahnte er, daß es außerhalb seiner gewohnten Alltäglichkeit noch eine andere Dimension gab. Diese wollte er erforschen, um zu erkennen und um zu wissen. So entdeckte er in den Vorgängen des Lebens und der Natur wie in den Handlungen der Menschen einen Sinn, der nicht identisch war mit der bloßen vernünftigen Notwendigkeit des Alltäglichen, sondern diesem einen höheren, eigentlichen Wert gab. Der Mensch hatte sich zum *homo sapiens* weiterentwickelt.

Erkennen heißt, Zugang zu etwas Fremdem zu finden, um es sich vertraut zu machen und anzueignen. Haben wir das Fremde in uns aufgenommen, ist es nichts Fremdes mehr, sondern etwas Bekanntes. Eine der frühesten Begabungen des Menschen, sich mit etwas Fremdem vertraut zu machen, ist die der Nachahmung. *Nietzsche* hat sie als die Mitte aller Kultur betrachtet. Etwas nachahmen heißt, ein beobachtetes Ereignis als einen (natürlichen) Vorgang oder als ein (menschliches) Verhalten zu wiederholen, indem man es mit den beobachteten Merkmalen physisch ausdrückt. Man spielt mit ihnen. Neben dem tätigen und dem denkenden Menschen verkörpert der spielende Mensch, der *homo ludens*, eine der drei Grundnaturen des Menschen. *Schiller* sagt:»Der Mensch spielt nur, wo er in voller Bedeutung des Wortes Mensch ist, und er ist nur da ganz Mensch, wo er spielt.« (9)

So zweifelsfrei *Nachahmung* das entscheidende Moment des Spiels ist, so zweifelsfrei ist das *Spiel* das eigentliche Elixier des Theaters. Gründet womöglich alle Kultur im Spiel? Eine faszinierende Annahme, denn: die Kultur hat erst der Mensch geschaffen, das Spiel kannte vor ihm aber schon das Tier. So stellt der bedeutende niederländische Kulturphilosoph und Kulturhistoriker *Johan Huizinga (1872–1945)*, der sich zeitlebens mit dem Spielbegriff befaßte, die Frage, inwieweit Kultur selbst Spielcharakter besitzt und ob sich der Begriff ›Spiel‹ in den Begriff ›Kultur‹ eingliedern läßt. Seine Erkenntnis, daß Spiel älter ist als Kultur, führt ihn zu der Antwort, daß Kultur nicht aus, sondern *als* Spiel entstand. (10) Spiel, so Huizinga, ist eine primäre und selbständige Lebensqualität, die Spannung hat, Freude und Spaß macht, eine sinnvolle und auch soziale Funktion von Aktivität erfüllt. Sinnvoll ist Spiel insofern, als es über die rein physische Betätigung hinaus mit Geist erfüllt ist, oder anders ausgedrückt: im Spiel »spielt etwas mit«, es hat einen Sinn und eine Bedeutung und somit einen ganz immateriellen Wert. Somit ist der Spielcharakter ein Wesensmerkmal der Kultur: »Die Spielhaltung muß bereits vorhanden gewesen sein, bevor es menschliche Kultur oder menschliches Sprach- und Ausdrucksvermögen gab.« Deshalb, so Huizinga weiter, ist der Begriff ›Spiel‹ auch nicht auf einen anderen Begriff zurückzuführen, er läßt sich also nicht weiter logisch bestimmen. Dadurch erweist sich das Spiel auch als frei, es tritt aus dem alltäglichen, empirischen Leben heraus und liegt »außerhalb der Vernünftigkeit des praktischen Lebens« und somit auch außerhalb »der Sphäre von Notdurft und Nutzen.« Weiterhin hat Spiel einen begrenzten Verlauf in Raum und Zeit sowie eine Ordnung, die durch Spielregeln gefügt ist, weshalb es ebenso wiederholbar wie überlieferbar ist und Tradition setzen kann. Schließlich hat es Spannung und Rhythmus, es umgibt sich mit einem letzten Geheimnis und kann sich zusätzlich durch Verkleidung und Maskierung aus dem gewöhnlichen Leben herausheben.

Mit diesem Gedanken lösen wir uns von dem Spiel, das beispielsweise ein Kind selbstvergessen spielt und das sich selbst genügt, und wenden uns dem Spiel zu, das einen bestimmten Vorgang erzählt. Spiel wird zur *Darstellung*, der Spieler zum Darsteller, der etwas nachahmt, was er erfahren oder beobachtet hat. Das tut er zunächst nur durch (stumme) Gestik, Mimik und Gebärde; dann fügt er Laute hinzu, schließlich Worte. Die Darstellung gewinnt Sprache. Wenn diese in Form gebracht, sozusagen verdichtet und niedergeschrieben wird, entsteht ein Kunstgebilde, das wir Dichtung nennen. Von ihr sagt *Aristoteles (384–322 v. Chr.)* in seiner berühmten »Poetik«, sie soll »die Wirklichkeit nachahmen entweder so wie sie war oder ist, oder wie man sagt, daß sie sei, und wie man meint, oder so wie sie sein soll.« (11) Hier wird Nachahmung zur Interpretation von Welt und Leben. Geht die Dichtung schließlich eine Verbindung mit dem Spiel als Darstellung ein, dann sprechen wir von literarischem Theater. Es ist sehr viel jünger als Spiel und Darstellung, aber älter als das musikalische Theater, das in ihm gründet.

VORSPIEL AUF DEM THEATER

ENTSTEHUNG, VERFALL UND WIEDERGEBURT DES THEATERS IN ANTIKE UND MITTELALTER

Das politische Bewußtsein des alten Athen

Die Wiege unserer politischen und kulturellen Tradition stand bekanntlich im antiken Griechenland. Doch ist Hellas in seiner Blütezeit kein einheitlicher Staat, auch wenn es schon in seiner Frühzeit durch die gemeinsame Sprache eine kulturelle Identität besitzt. Der Machtbereich der Hellenen hat im 7. vorchristlichen Jahrhundert die Ausdehnung eines Großreichs: das eigentliche Mutterland mit den wichtigsten Herrschaftsgebieten Thessalien, Böotien und dem zu zentraler Bedeutung gelangenden Attika sowie den Landschaften der Peleponnes; dazu im Osten die Inseln des Ägäischen Meeres (Delos, Lesbos, Samos, Naxos, Rhodos u. a.) und die Westküste Kleinasiens (heutige Türkei); im Norden die Küste nahezu des gesamten Schwarzen Meeres; im Westen Sizilien (mit Akragas/Agrigent an der Westküste), Süd- und Mittelitalien (bis hinauf nach Paestum), Südfrankreich und Teile Südspaniens; im Süden den nördlichen Teil von Libyen auf dem afrikanischen Kontinent. Zentrum ist natürlich das unmittelbare griechische Mutterland mit Athen, der Hauptstadt Attikas.

Im Mutterland vor allem bilden sich zu dieser Zeit einzelne Stadtstaaten durch Erweiterung der ursprünglich zum Schutz um die Königsburg auf der Akropolis (Oberstadt) angelegten Siedlung. Zentrum ist die eigentliche Polis, d. h. das bebaute Siedlungs- und Wohngebiet mit Sitz von Verwaltung sowie mit Handel, Handwerk und Heiligtümern. Dazu gehört das von der Polis beherrschte Umland (Chora) außerhalb der die Polis umfassenden Stadtmauer, das stadtstaatliche Territorium also mit landwirtschaftlicher Nutzfläche und kleineren Ansiedlungen oder Einzelgehöften, deren Bewohner persönlich in der Stadt erscheinen müssen, wenn sie ihre politischen Rechte ausüben wollen. Sie alle aber verbindet das Bewußtsein der Zusammengehörigkeit: »Der ganze griechische Geist und seine Kultur steht in stärkster Beziehung zur Polis, und die höchsten Hervorbringungen der Poesie und der Kunst des Blütezeitalters gehören nicht dem Privatgenuß, sondern der Öffentlichkeit an ... Sie (die

Polis) ist die Darstellung eines Gesamtwillens von höchster Tätigkeit und Tatfähigkeit.« (1) In dem in vorgeschichtlicher Zeit besiedelten Athen, das seinen Ursprung auf Athene, die dem Haupte des Göttervaters Zeus in voller kriegerischer Rüstung entsprungene Göttin der Weisheit zurückführt, entsteht seit der Mitte des 7. Jahrhunderts der bedeutendste griechische Stadtstaat mit seiner politischen und kulturellen Blütezeit während des 6. und 5. Jahrhunderts.

Das wachsende Gemeinschaftsbewußtsein der Bewohner des athenischen Stadtstaates geht Hand in Hand mit einem Gefühl für Freiheit und Gerechtigkeit aller und schafft den Boden für demokratische Entwicklungen. Sie erklären sich letztlich als eine Re-Aktion auf die Vorherrschaft aristokratischer Familien, die sich schon in archaischer Zeit zu gesellschaftlich gleichen Brüderschaften (den sog. Phratrien) zusammenschlossen. Der alte griechische Adel wohnt unterhalb des Burgberges in unmittelbarer Nähe der Königsresidenz und sichert sich seine Vorrechte gegenüber König und gemeinem Volk (Demos), das in der Ebene wohnt und auf dem adligen Großgrundbesitz arbeitet. Die einfachen Menschen, ob freie Tagelöhner oder Sklaven, sind so der Adelsgesellschaft ausgeliefert und leiden unter der schweren Arbeit, mit der der Adel sie ausbeutet und unterdrückt. So wachsen die sozialen Spannungen, zumal der Adel die alleinige Rechtsmacht besitzt und nach seinem eigenen Gewohnheitsrecht die von ihm aufgestellten Gesetze (Nomoi) streng handhabt, sie aber nur mündlich weitergibt. Im Jahre 624 v. Chr. schreibt sie der athenische Aristokrat *Drakon* erstmals auf. Damit beginnt die politische Entwicklung zur Demokratie (von *Demos* = Volk und *Kratias* = Herrschaft; also: Volksherrschaft), die ihren ersten verfassungsrechtlichen Status in der Gesetzgebung des *Solon (ca. 640 bis 560 v. Chr.)* erhält. Er sichert zwar den adligen Grundbesitzern die alleinige Wahlfähigkeit in den Rat, gibt aber dem von ihm in vier Klassen eingeteilten ganzen Volk erstmals das Wahlrecht und der von diesem gewählten Volksversammlung (Ekklesia) das Entscheidungsrecht. In seinem bruchstückhaft überlieferten Elegien hat er das selbst so beschrieben:

So viel Teil an der Macht, als genug ist, gab ich dem Volke,
Nahm an Berechtigung ihm nichts, noch gewährt ich zu viel.
Für die Gewaltigen auch und die reich Begüterten sorgt ich,
Daß man ihr Ansehn nicht schädige wider Gebühr.
Also stand ich mit mächtigem Schild und schützte sie beide,
Doch vor beiden zugleich schützt ich das heilige Recht. (2)

Auf der solonischen Gesetzgebung baut *Kleisthenes (um 510–460 v. Chr.)* auf, der zwar eine Alleinherrschaft (Tyrannis) in Athen errichtet, jedoch die Sache des kleinen Mannes vertritt und sich nach einem Wort *Herodots* »das Volk zum

Freund« macht. Schwerpunkte seiner um 508/507 geschaffenen Verfassung sind die Abschaffung der Vormachtstellung und der Privilegien des Adels, die Entmachtung des Areopags als oberstem Gerichtshof und Übertragung seiner Gewalt auf das Volk, Schaffung des Rates der 500 (Boulé) als höchstes politisches Gremium, dessen Mitglieder jeweils nur für kurze Zeit gewählt werden, und Einteilung ganz Attikas in einzelne Verwaltungsbezirke mit lokaler Selbstverwaltung. Damit wird Kleisthenes zum eigentlichen Begründer der athenischen Demokratie, die ihre endgültige Ausformung unter *Perikles (um 495/90–429 v. Chr.)* erhält. In seinem »Epitaphios« aus dem Jahre 431 v. Chr. hat er das selbstbewußt so beschrieben: »*Wir haben eine Verfassung, die die Gesetze anderer nicht nachahmt. Eher sind wir selbst manchem ein Vorbild, als daß wir andere zum Muster nähmen. Mit Namen heißt diese Verfassung, weil sie sich nicht auf eine Minderheit sondern auf die Mehrheit stützt,* ›*Demokratie*‹.« (3) Später definiert *Aristoteles* Demokratie als Volksherrschaft, die auf Freiheit und Souveränität der Mehrheit als ihren Grundpfeilern basiert. Und *Thukydides* meint, die Demokratie sei nötig als Zuflucht für die Armen und als Zügel für die Reichen.

So hat erst die Demokratie die Voraussetzungen für die klassischen kulturellen Leistungen Athens geschaffen, zu denen unter vielem anderen auch die Anfänge des europäischen Theaters gehören. Das ist nun freilich ein diffiziles Thema, weil seine Fakten nur teilweise durch Quellen und Dokumente belegt sind, ein großer Rest bleibt noch immer ungelöst und den Vermutungen und Interpretationen der Forschung anheimgestellt. Verschaffen wir uns dennoch eine Übersicht und fragen wir danach, welche Bedeutung dabei die Musik spielt.

Die Geburt des Dramas aus dem Geist der Demokratie

Mittelpunkt des vom Geist der Demokratie durchdrungenen städtischen und gesellschaftlichen, religiösen, politischen und kulturellen Lebens Athens ist der Marktplatz (Agora) im Norden der Akropolis. Hier begegnen sich Adel, Priester, Soldaten und Bürger, hier gehen Beamte, Gewerbetreibende und Handwerker ihrer Arbeit nach, hier treffen Freie und Sklaven, Arme und Reiche, Frauen und Männer, Junge und Alte aufeinander. Der Marktplatz ist das Herz der Stadt. Er ist Handelszentrum und Versammlungsort, hier stehen die wichtigsten Amtsgebäude mit dem Rathaus (Buleuterion) als Treffpunkt und Sitzungssaal der Ratsversammlung, hier finden Gerichtsverhandlungen und Kultbegehungen statt – und hier haben die Athener zunächst auch Theater gespielt.

Spiel und Darstellung als urzeitliche und zeitlose Begabungen des Menschen haben wir schon angesprochen. So wundert es uns nicht, daß sie ihre Bedeutung auch im religiösen Leben haben und während der Kulthandlung schließlich offen zutage treten. Die Religion der Griechen ist polytheistisch, sie kennt außer den zwölf olympischen Göttern noch viele andere, sie ist in ihrer Vielfalt uneinheitlich und hat für ganz Griechenland auch im Ansatz nie den Status dessen gehabt, was wir unter Staatsreligion oder Kirche verstehen. Das liegt sicher darin begründet, daß schon die Ioner, Aioler und Dorer bei ihrer um 2000 v. Chr. aus dem Norden einsetzenden Einwanderung in griechische Gebiete auf eine vorgriechische Bevölkerung mit unterschiedlichen Sozialstrukturen, gegliedert in viele Stammesverbände, stoßen. Das bleibt im Grunde auch bei der Herausbildung der einzelnen Landschaften und Stadtstaaten, deren religiösen Vorstellungen sich vor allem an eine Schutz bietende Gebiets- oder Stadtgottheit binden, wie das Beispiel Athens zur Zeustochter Athene besonders deutlich zeigt. Solchen regional und lokal bedeutsamen Gottheiten widmen die Griechen seit dem 8. vorchr. Jahrhundert eigene Festspiele: so die Olympischen Spiele in Olympia zu Ehren des Göttervaters Zeus, die Phrygischen Spiele in Delphi zu Ehren des Apollo, die Isthmischen Spiele in Korinth zu Ehren Poseidons; die Panathenäen in Athen zu Ehren Athenes. Doch gerade in der attischen Hauptstadt zeigt man Interesse an anderen Gottheiten. Im Zuge der demokratischen Entwicklung werden auch Ausländer als Bürger Athens behandelt, die meist aus politischen Gründen ihre Heimat vor allem im kleinasiatischen Raum verlassen. So bringt *Anaxagoras* nach 500 v. Chr. die Philosophie nach Athen, wenig später folgt ihm *Herodot,* der in seiner neuen Heimat über die Perserkriege schreibt und damit zum ›Vater der Geschichtsschreibung‹ avanciert. Mit dieser Fluktuation werden neue Gottheiten heimisch, so jener ursprünglich aus dem phrygisch-thrakischen Gebiet stammende Gott, dessen Kult um 600 v. Chr. von dem Tyrannen *Periander von Korinth* zum Staatskult erhoben wird: *Dionysos.* In Athen wird er zum Gott des Theaters.

Dionysos (auch *Bákchos* genannt, lat. *Bacchus*) ist also kein ursprünglich griechischer Gott und die Homerische Religion zählt ihn auch zunächst nicht zu den olympischen Göttern, denen er erst viel später zugeordnet wird. Es gibt für Dionysos mehrere Herkunftsmythen. Am bekanntesten ist der Mythos, der Dionysos als Sohn des Zeus und der Semele nennt, Tochter des Königs Kadmos, der Theben gründete, und dessen Gemahlin Harmonia, die als Tochter des Kriegsgottes Ares und der Liebesgöttin Aphrodite galt. Einer Eifersuchtsintrige der Hera, Gemahlin des Zeus, zufolge begehrt Semele den Göttervater in seiner ganzen Herrlichkeit zu schauen. Da er ihr jeden Wunsch zu erfüllen versprach, zeigt er sich in seinem himmlischen Glanz, in dem Semele verbrennt. Zeus rettet das noch ungeborene Kind, näht es in seinen Schenkel ein und bringt den Knaben drei Monate später zur Welt. Der Götterbote Hermes

Dionysos. Griechisches Vasenbild (Ausschnitt) des »Kleophrades-Malers« (um 500 v. Chr.).

bringt ihn zu den Nymphen auf dem Berg Nysa »weit von Phönizien, nah beim Ägyptischen Strome«, wie es im Hymnos heißt. Die ziehen Dionysos in einer »duftenden Grotte« auf, dort wird der Wald- und Quellhalbgott Silenos sein Lehrer und Begleiter: ein alter, dickwanstiger, brustzottiger, laubbekränzter, ewig betrunkener Glatzkopf, dem die Fähigkeit der Weissagung gegeben ist. Im Mannesalter kehrt Dionysos nach Theben zurück (4). Später lebt er auf Chios oder Ikaria, wo er in trunkenem Zustand von Piraten gefangen genommen wird, die ihn als Sklaven verkaufen wollen. Doch da geschieht jenes Wunder auf dem Schiff, wovon die bekannteste der drei überlieferten Hymnen über ihn berichtet:

Süßer Wein rann erst übers Schiff, das hurtige, schwarze,
Herrlich roch er, es quollen ambrosische Düfte. Das Schiffsvolk
Packte bei diesem Schauspiel Staunen; es breitet ein Weinstock
Gleich nach allen Seiten sich aus an der Spitze des Segels,
Trauben hingen in Fülle daran, es umrankte den Mastbaum
Efeu in dunkelnder Grüne, er strotzte von Blüten und lieblich
Drängte sich Frucht an Frucht, alle Ruderpflöcke behingen Kränze. (5)

Auf der Insel Naxos trifft Dionysos auf die von Theseus verlassene Ariadne und nimmt sie zur Frau. (6) Auf seinen vielen Reisen kommt er über Syrien, Ägypten, Phrygien, Mesopotamien und Indien schließlich aus Thrakien (Gebiet der heutigen Balkanländer) nach Griechenland.

Dionysos ist eine alten orientalischen Vorstellungen entsprungene Vegetationsgottheit. Er ist der Gott des drängenden Lebens und aller Vegetation in der Natur, deren zeugende Kraft in ihm Gestalt gewinnt. Das benennt die Vitalität des Lebens schlechthin, die Fruchtbarkeit der Erde als nahrungsspendender Lebensquell und auch die Leibesfrucht von Tier und Mensch. Dionysos ist der traubenbehangene Gott des Weines, als welcher er in den Hymnen »mit Efeu schwer behangen und Lorbeer«, auch »efeubekränzter Traubenbeladner« genannt wird, er ist die Inkarnation von Trunkenheit und Rausch, der strotzenden Lebenskraft und der überschäumenden Lebensfreude. Früh schon zieht er von Gehöft zu Gehöft, über das Land und durch die Wälder mit dem Thyrsosstab in der Hand. Das ist sein Wahrzeichen: ein Rohrstab mit einem den Phallos symbolisierenden Pinienzapfen auf dem Knauf, denn Dionysos ist auch der Gott von Eros und Sexus. (7) Der Gott zieht mit einer vielgestaltigen Begleiterschar umher. Dazu gehören, in Anlehnung an seine überlieferte Biographie, die *Nymphen*, die man seit alten Zeiten als ebenso schöne wie scheue und geheimnisvolle niedere Baumgottheiten kennt; *Silene*, die als Fruchtbarkeitsdämonen nur sehr bedingt mit dem alten Silenos in Verbindung zu bringen sind, dessen Gestalt sie als stumpfnasige, wulstlippige und glatzköpfige Zwitterwesen von Mensch und Tier immerhin ähneln; *Satyrn*, Waldgeister und Vegetationsdämonen, übermütige Wesen voller Lust zum Unfug, Menschen mit tierischen Attributen (Ohren, zottige Behaarung des Körpers, Schwanz, Hufe, Hörner), meist Bocksgestalten von ausgeprägter Lüsternheit, auf antiken Vasen meist mit erigiertem Phallos dargestellt; *Mänaden* (auch *Bakchen* genannt) bis zum Wahnsinn ausgelassene und schreiend durch die Bergwälder schwärmende Frauen, die das rohe Fleisch der von ihnen zerrissenen Tiere verschlingen.

Was haben Dionysos und sein Kult mit dem Gegenstand unseres Buches zu tun? Darauf gibt es gleich mehrere Antworten. Wir haben es hier mit kultischer Orgiastik, mit außergewöhnlichem Enthusiasmus und mit geradezu ekstatischer Lebensfreude und Lebensbejahung zu tun. Die Athener nennen Dionysos auch den »Tosenden« (*Bromios*) und den »Befreier« (*Eleutherios*), der sie von den Fesseln des Alltags befreit und sie im Rausch seines Festes vorübergehend in ein anderes, höheres Dasein entführt. Der Mensch wird durch ihn in leidenschaftliche Erregung versetzt, was zur Verzückung (*Enthusiasmos*) führt, er gerät außer sich, sein Ich verläßt sozusagen – das ist alte Tradition philosophischen und religiösen Denkens – den eigenen Körper. In der Ekstase tritt der Mensch aus seiner physischen Normalität heraus und wird ein anderer. Erinnern wir uns, daß Huizinga vom Spiel sagt, es trete in seiner absoluten

Freiheit aus dem empirischen Alltag heraus und bewege sich in einer Sphäre außerhalb vernunftbedingter Normalität. Beziehen wir das Spiel auf den Vorgang der Darstellung und Rollengestaltung am Theater, so wird sinnfällig, daß hier im Grunde die eigentliche schauspielerische Verwandlung gemeint ist, die der äußerlichen Attribute (Maske und Kostüm) nicht unbedingt bedarf. Der Darsteller identifiziert sich mit der von ihm dargestellten Person des Bühnenwerkes (Rolle, Partie), deren und sein Charakter werden vorübergehend eins, identisch. (8) Das ist ein transzendentaler Vorgang, der sich unserer rationalen Beschreibung letztlich entzieht und den wir dann nur noch (mit)erleben können. Das ist aber im Grunde nichts anderes als das, was die den Dionysoskult feiernde Gemeinde anstrebt. Wenn sie sich durch Maske und Kostümierung in die geglaubte, vorgestellte heilige Begleiterschar des Gottes verwandelt und deren Verhaltensweisen mit Tanz, Gesang und Darstellung nachahmt, so verfolgt sie als höchstes Ziel das Einswerden mit der Gottheit, um sich deren Kraft und Segnung zu versichern.

Wir wissen, daß bei den Kultbegehungen aller Völker und zu allen Zeiten dem Kultgesang eine große Bedeutung zukam. Das gilt uneingeschränkt auch für die Griechen. Der Kultgesang ist Lobpreisung des Gottes und Fürbitte in einem. Seine Entwicklung dürfen wir uns für Griechenland ungefähr vom reinen, mehr improvisierten Lautgesang über die verbale, zumindest aber namentliche Anrufung der Gottheit bis zum textierten Kultlied denken. Dieses heilige Lied nennen die Griechen *Dithyrambos*, der ein als Wechselgesang vorgetragenes Chorlied darstellt, das das Wesen und die Taten beispielsweise des Dionysos besingt. Da es zugleich von der Priesterschar um das Standbild des Gottes (Altar) herum getanzt wird, bezieht es seinen musikalischen Rhythmus aus dem tänzerischen Bewegungsablauf. Chorgesang – man spricht auch von Chorlyrik – ist für Griechenland schon früh belegt, eine erste Blüte erlebt er im 7./6. Jahrhundert v. Chr. in Sparta. Das Chorlied wird von einem Vorsänger bzw. dem Chorführer angestimmt, dessen Aufgabe bei der Kultfeier der oberste Priester übernimmt, dem der Priesterchor mit dem Refrain in kunstloser Monodie antwortet. Den Text des Dithyrambos dürfen wir uns zunächst als kanonisch vorstellen, er bleibt es wohl solange, bis auch die den Kult feiernde Gemeinde zusammen mit dem Chor der Priester das Kultlied singen darf. Diese Entwicklung können wir an Hand von zwei geradezu revolutionären Änderungen sehr gut verfolgen. Die erste Änderung geschieht um 600 v. Chr. Am Hofe des bereits erwähnten Periander von Korinth wirkt der Dichter *Arion aus Lesbos*. Dieser erhält von seinem Herrn den Auftrag, den Dithyrambos für den zum Staatsritus erhobenen Dionysoskult neu zu dichten. Ein beispielloser Vorgang: das traditionelle, überlieferte Kultlied wird aus dem unmittelbaren eschatologischen Bezug herausgenommen, durch die literarische Neudichtung profaniert und in dieser Form wieder in den Dienst des Kultes (also des Gottesdienstes) gestellt. Weltliche Dichtung wird Teil der heiligen Handlung! Diesem ersten Schritt folgt wenig später ein zweiter, der orthodoxen Dionysospriestern die Haare zu Berge gestellt und den Schweiß auf die Stirn getrieben haben muß: der Dithyrambos wird erstmals vom Chor der bocksgestaltigen Satyrn gesungen! (9). Damit ist nun auch im kulturellen Bereich die Demokratisierung der griechischen Polis-Gesellschaft praktisch und endgültig vollzogen, denn der Dionysoskult ist nicht mehr nur eine Angelegenheit von Eingeweihten, sondern der gesamten Stadt. Das Kultfest wird zur festlichen Versammlung des ganzen Volkes. Erst jetzt aber kann der Dithyrambos seine entscheidende Entwicklung hin zum Schauspiel beginnen.

Das geschieht im Jahre 524 v. Chr. Peisistratos hat zu Ehren des nach Athen gelangten Gottes die großen Dionysien eingeführt, die im März/April jeden Jahres als mehrtägiges großes Kult- und Staatsfest begangen werden. Da taucht ein junger Mann aus Ikaria mit Namen *Thespis* auf. Er stellt sich dem singenden und tanzenden Chor als Einzeldarsteller gegenüber, er spricht den Prolog zum Dithyrambos und teilt diesen selbst in eine Wechselrede zwischen sich und dem Chor auf. Das Theater hat seinen ersten Schauspieler:»Mit diesem dialogischen Gegenüber beginnt jener künstlerische Prozeß des Selbsterkennens im anderen, der seitdem zu den Hauptkennzeichen des abendländischen Theaters gehört.« (10)

Das Fundament ist gelegt, der Vorhang geht auf und gibt den Blick frei auf die Bühne der drei großen Tragödiendichter Athens, deren Werke eine erstaunliche Wandlung von der Tradition zu einer neuen, modernen Zeit innerhalb nur eines knappen Jahrhunderts widerspiegeln. (11) Bei *Aischylos (525-455 v. Chr.)*, der den zweiten Schauspieler einführt, ist der alte Götterglaube noch bindend, Geschichte ist hauptsächlich noch geglaubte Heilsgeschichte, göttliche Gesetze bestimmen das menschliche Sein, der Mensch ist letztlich unfrei in seinen schicksalshaften Entscheidungen und bedarf der Entsühnung von Fluch und Leid durch den Richtspruch der Götter, wie es in der»Orestie« (U 458 v. Chr.) geschieht. (12) *Sophokles (496-406 v. Chr.)*, dem wir den dritten Schauspieler verdanken, meldet bereits Zweifel am allgegenwärtigen und allmächtigen Wirken der Götter wie an der Schuld lösenden und segnenden Kraft göttlichen Spruchs an, der Mensch tritt erstmals ein in seine Selbstverantwortlichkeit, er setzt sich zum Maß aller Dinge und der Dichter preist ihn im»König Ödipus« (U 430 v. Chr.) als das Gewaltigste, das da lebt. *Euripides (485 bis 406 v. Chr.)* schließlich ist als Zeitgenosse des Sokrates der Dichter der klassischen griechischen Aufklärung, als Rationalist löst er die Bindung an die Religion auf, er bestimmt den Menschen zum Entscheidungsträger der dramatischen Handlung und schafft das psychologische Seelendrama, in dessen Mittelpunkt er das Seelenleben und die sinnliche Leidenschaft seiner großen Frauengestalten ausbreitet, wie sein Drama»Medea« (U 431 v. Chr.) beispielhaft zeigt.

Mythos und Musik

Den Inhalt der tragischen Dichtungen bestimmt der *Mythos* (13). Der Begriff steht im Griechischen zunächst für Wort und Rede, dann für Aussage, schließlich für Erzählung. Das meint, daß Mythos nicht nur etwas benennt, sondern einen Inhalt faßt, der einen Sinn hat, der etwas be=deutet. Darin aber wird und bleibt er interessant für die Dichter.

Für die Griechen hat der Mythos zunächst religiöse Bedeutung. Er berichtet von Göttern und Heroen, von der Entstehung der Welt und schließlich vom Menschen und seinem Bemühen, sich in der Welt einzurichten und unter der Aufsicht der Götter in ihr zu leben. Der Mythos erzählt also vom Ursprung allen Seins, er ist vorgestellte Vorgeschichte vor aller chronologisch ablaufenden Historie. Er ist als unhistorische Ursprungsgeschichte sozusagen Grundwirklichkeit des Lebens. Denn das Reich der Götter ist nach menschlicher Vorstellung von Anfang an da, es ist sozusagen un=entstanden und damit un=geschichtlich und ewig. Wir erkennen im Mythos die fundamentale Seinsweise des Menschen, die es uns immerhin erleichtert, den Menschen in der Welt geschichtlich und individuell zu verstehen. Der Mythos ist ebenso absolute Geschichte wie zeitlose Gegenwart, die nicht in, sondern über der geschichtlich konkreten Zeit liegt. Folglich ist der Mythos zugleich ursprünglich wie grundsätzlich. Er bedarf daher auch keiner weiteren Begründung. Er ist in sich selbst wahr. Diese seine Grundwahrheit dient zur grundsätzlichen und beispielhaften Erklärung des menschlichen Seins in Geschichte und Wirklichkeit. Im erzählten Inhalt des Mythos sucht der Mensch nach Bezügen zu seiner eigenen konkreten geschichtlichen Wirklichkeit. Die ist zwar jeweils anders, veränderbar und neu; aber sie verweist gleichzeitig auf ein in ihr befindliches Allgemeines, Modellhaftes, auf ein Grundmuster. Damit erweist sich der Mythos auch als anwendbar. Er liefert Erklärungen, die ich mir zunutze machen und mit denen ich eine Ahnung von der Welt und vom Sein erhalten kann. Diese Erklärungen liefert der Mythos in Form von Gleichnissen.

Wie aber kann der Mensch diese Gleichnisse und ihre Bedeutungsbilder sich zu eigen machen? Wie kann er – was er doch will – sie ergründen und damit bewältigen? Er kann sie ja nicht abstrakt fassen mit Bedingungen, die außerhalb seiner Natur liegen. Er kann sie nur näher an sich heranrücken und sich mit ihnen vertraut machen mittels seiner ihm eigenen Befähigung. Vertraut werden sie aber nur, wenn er sie vermenschlicht. Also fassen die Griechen ihre Götter biographisch, personalisieren sie, geben ihnen die Persönlichkeitsstruktur der Menschen und beschreiben ihr Tun mit den Erfindungen ihrer Phantasie. So entsteht *Mythendichtung*. Damit erklärt sich uns auch die so durch und durch menschliche Ordnung der griechischen Götterwelt. Denn neben den göttlichen Tugenden und Fähigkeiten finden wir auch

Die Dichterin und Musikerin Sappho. Griechisches Vasenbild (um 470 v. Chr.).

alle menschlichen Charakterzüge und Untugenden wie Streit und Zank, Kampf und Zwist, Hinterhältigkeit und Betrug, Nachstellung und Verrat, Liebe und Haß, Neid und Eifersucht, Seitensprung und Ehebruch, Mord und Totschlag. Der Mythos ist also nicht nur ursprüngliche Geschichte, er ist auch ursprüngliche Poesie. Dichtung erkennen wir so an als Interpretation der Welt und des Seins in der Form der gleichnishaften Erzählung. Je verbindlicher ihr das innerhalb ihrer in sich geschlossenen Eigenwelt gelingt, je mehr sie am stofflichen Einzelfall auf den allgemeinen Grund kommt, je länger sie über die Zeiten hinweg wirklich und lebendig bleibt, je öfter und nachhaltiger sie trotz der wachsenden zeitlichen Entfernung von ihrer Entstehung gegenwärtig ist und in die jeweilige Gegenwart wirkt: desto höher bewerten wir sie. Wir sagen dann, in ihr ver=dichten sich am poetischen Einzelfall allgemeine Sinnfülle und wesenhafter Ausdruck. Grillparzer hat das einmal so ausgedrückt: »Die Poesie kann des Hereinspielens eines Übersinnlichen in das Menschliche nie entbehren«. Und an anderer Stelle unterscheidet er zwischen »den gesteigerten Ansichten der Poesie« und den »gemäßigten Anforderungen des Lebens.« (14).

Der Mythos liefert den Stoff für die griechische Tragödie, doch er ist auch schon bei Aischylos nicht Götter-, sondern Menschengeschichte. Götter treten nur selten auf und dann meist allein und kurz (15). Der Mensch steht im Mittelpunkt des tragischen Geschehens, der Mythos ist Geschlechtermythos. Die berühmte Trias bilden der *Atridenmythos* (Agamemnon, Klytämnestra, Orest, Elektra und Iphigenie), der *Labdakidenmythos* (Ödipus und Antigone) und der *Argonautenmythos* (Jason und Medea). Sie haben das europäische Theater thematisch entscheidend mit geprägt bis herauf in unsere Zeit, das Schauspiel wie das musikalische Theater.

Welche Rolle spielt bei alledem die *Musik*? Diese Frage ist nicht leicht zu beantworten. Über die Musik der griechischen Vorgeschichte sind wir nicht informiert und für die geschichtliche Zeit können wir aus Quellen und Zeugnissen zwar die große Bedeutung der Musik ermessen, ihren Brauch und ihr Instrumentarium weitgehend beschreiben – aber wir können sie nicht mehr zum Klingen bringen. Das musikalische Zusammenspiel der Töne im Dreiklang von *Melodia* (von *melos* als der zunächst noch einfachen Abfolge von Tönen), *Rhythmus* (den das Versmaß des Textes bestimmt und der als Zeitordnung der Tonfolge verstanden wird) und *Harmonia* (die Zusammenstellung der Töne im Sinn einer gefügten Ordnung) ist unwiderruflich für immer verloren.

Was die griechische Musik besonders charakterisiert, ist die enge Verbindung zwischen Gesang und Instrumentalmusik, wobei der Gesang dominiert und die Instrumentalmusik sich ihm begleitend unterzuordnen hat. (16) Das gilt im uneingeschränkten Maße für die Mysterien mit ihrem kultischen Klage-, Bitt- und Opfergesang (*Päan*) wie für Arbeit und Geselligkeit der griechischen Bevölkerung. Da genießen besondere Beliebtheit das meist von Mädchenchören gesungene Hochzeitslied (*Hymenaios*), das Trinklied beim unter Männern so beliebten Symposion (*Skolion*) und bei den lärmenden Umzügen durch die nächtliche Stadt (*Komos*) oder das Winzerlied (*Linos*), das als Arbeitslied bei der Weinlese zugleich das Scheiden des Sommers melancholisch besingt. Wir kennen Solo- und Chorlieder wie den Gesang, den man beim beliebten Reigentanz anstimmt. Die griechische Musik ist in ihrer Monodie (Mehrstimmigkeit kennt sie noch nicht) sehr einfach, von mehr rezitatorischem und melodramatischem Charakter, und spielt schon beim Vortrag der mündlich überlieferten epischen Dichtungen durch die Rhapsoden der vorhomerischen Zeit eine Rolle. Das erlaubt es uns mit gebotener Vorsicht, ›Gesang‹ als eine allgemeine Form des Vortrags zu bezeichnen, wenn die Dichter ihre Werke mit »Ich singe...« einleiten. (17) So beginnt die »Ilias« mit dem berühmten Vers »Singe den Zorn, o Göttin, des Peleiaden Achilles«, Hesiod eröffnet seine »Theogonie« mit dem Anruf »Musen am Helikon, ihr, von euch beginn ich zu singen« und noch Vergil wird später sein römisches Nationalepos »Aeneis« mit den Versen einleiten »Waffen besing ich und den Mann, welchen von Troja/Ans Lavinergestad, gen Italien flüchtend, das Schicksal gesandt.«

Die Bedeutung der Musik für den Griechen ist unstreitig und vielfach belegt. Sie ist ihm »mehr als Zeitvertreib, Vergnügen, Unterhaltung, sie ist – wie schon die Chinesen wußten – ein Mittel, den menschlichen Charakter im Individuum wie in der Masse zu beeinflussen und zu formen.« (18) Auch das geschieht in aller Öffentlichkeit – was aber ist, von allem Anfang seines Daseins an, öffentlicher als das Theater! Für Aristoteles gehört die Musik zu jenen sechs Teilen, die jede Tragödie haben muß (19). Wir finden denn auch in der Tragödie mannigfach Lieder, die deren dramaturgischen Aufbau maßgeblich bestimmen. So die Chorlieder bei Aischylos, der seine Lieder wohl selbst komponiert, wie er ja bei den Aufführungen seiner Werke als sein eigener Regisseur in Erscheinung tritt. Da ist die Rede vom Einzugslied des Chores (*Parodos*), dem das Standlied (*Stasimon*) folgt, es gibt das Klagelied (*Komos*) und zum Schluß stimmt der Chor das Auszugslied (*Exodos*) an. Dazwischen gibt es, noch bei Euripides, Sololieder wie den Lob- und Preisgesang (*Hymnus*) auf einen Gott oder Heros, das ekstatische Lied des Außersichseins (*Mania*), das Danklied (*Päan*) und die Totenklage (*Threnos*). Und es gibt den Wechselgesang (*Amoibaion*) zwischen zwei Schauspielern oder zwischen einem Schauspieler und dem Chor. Dennoch, das müssen wir bei allem Fortschritt der Forschung uns eingestehen, wissen wir noch immer nicht genau, was wir eigentlich unter der allgemeinen musikalischen Ausgestaltung der Tragödie und ihrem ›Gesang‹ zu verstehen haben. Wurden die Tragödien denn wirklich in unserem heutigen Sprachbegriff ›gesungen‹? Zurückhaltung in Analyse und

Wertung ist da allemal angesagt: »Im Bereich des Dramas erfuhr nun die Musik ihre bedeutendste Entfaltung. Die Schauspiele – Tragödien und Komödien – *waren in der Hauptsache musikdramatische Stücke*, deren Schöpfer, die Dichtermusiker, bereits in der Elementarschule in dieser Kunst ausgebildet worden waren.« (20) Eine solche Feststellung ist weit überzogen, denn es handelt sich weder bei den Stücken selbst noch bei ihren szenischen Aufführungen auch nur ansatzweise um das, was wir unter musikalischem Theater verstehen. Dafür gibt es Gründe.

Die griechische Musik ist monodisch, nicht polyphon. Mit *monodia* bezeichnet der Grieche zunächst nur den einfachen Sologesang, der zur Flöte (*Aulos* bzw. zweiröhriger *Doppelaulos*, der schon für die altägyptische Zeit überliefert ist) oder zur Leier (sieben-, später zwölfsaitige *Kithara*) in melodisch kaum phrasierter Eintönigkeit vorgetragen wird. Dabei dient jedwede musikalische Charakterisierung, gesanglich wie instrumental, allein der deutlichen Textdeklamation, die Musik hat sich grundsätzlich und jederzeit der Dichtung unterzuordnen. Zentraler Gedanke der Musikästhetik Platons ist ja, daß die Musik ohne den Rhythmus des Versmaßes des gesprochenen Wortes nicht denkbar ist, aus dem sie überhaupt erst entstand. Weil aber die griechische Musik nicht mehrstimmig ist, kennt sie auch keinen Kontrapunkt, der ein Wesensmerkmal einer musikalischen Komposition ist. Und die Griechen kennen auch keine mehrere unterschiedliche Blas- und Zupfinstrumente vereinigende Instrumentalgruppe, aus der sich so etwas wie ein erstes Orchester hätte entwickeln können. Die Instrumentalisten treten in der Regel als Einzelbegleiter des/der Sänger auf, nur selten vereinigen sich Aulosbläser und Kitharöde, und beim Tanz treten vorzugsweise die rhythmischen Schlaginstrumente in Erscheinung wie Rahmentrommel (*Tympanon*), Becken (*Kymbala*), Handklapper (*Krotala*) und das aus Metallstäbchen bestehende *Sistrum*, eine aus Ägypten eingeführte Rassel, die geschüttelt wird und einen hellen klirrenden Ton erzeugt.

Mit der Niederlage im Peleponnesischen Krieg beginnt auch der kulturelle Abstieg Athens. Die attische Komödie des *Aristophanes (445–385 v. Chr.)* reagiert mit satirischen, persiflierenden Zeitstücken auf die Krise der athenischen Gesellschaft und ihrer politischen Kultur. Das literarische Lustspiel erlebt in der Neuen Komödie des Hellenismus noch einmal eine große Blüte; bedeutendster griechischer Komödiendichter neben dem klassischen Aristophanes ist der Athener *Menander (342/41–291/90)* (21). Doch die Tragiker haben keine Nachfolger, worüber sich schon Aristophanes, noch zu Lebzeiten von Sophokles und Euripides, lustig macht (22).

Brot und Spiele im Kaiserlichen Rom

Kulturen sind nie allein aus sich selbst heraus entstanden. Vielmehr kennzeichnen Einflüsse von außen, Übernahmen von Brauchtum und Leistungen früherer und fremder Kulturen und deren Verschmelzung ihre Entwicklung. Zweimal jedoch gab es in unserer Kulturgeschichte derart ausgeprägte Übernahmen, daß wir uns ohne sie die weitere Entwicklung zu eigener kultureller Blüte kaum vorstellen können. Das erste Mal geschieht dies mit der Rezeption der griechischen Kultur durch die Römer, das zweite Mal schuf erst der Transfer der europäischen Kultur nach Amerika die Voraussetzungen für die eigenständigen Kulturleistungen der Neuen Welt. Daran werden wir uns bei der Darstellung des Musicals erinnern.

Früh schon hat Italien Bekanntschaft mit der griechischen Welt gemacht. Auf dem Gebiet Roms, wo erste Siedlungen schon um 1400 v. Chr. entstanden, hat man etruskische und griechische Inschriften aus dem 9./8. vorchr. Jahrhundert gefunden. Um 775 v. Chr. setzt die planmäßige griechische Kolonisation mit der Suche nach Handelsstützpunkten auf italienischem Boden ein. Schließlich glauben die Römer lange Zeit an ihre Abstammung von den durch die Griechen besiegten Trojanern: Als einziger Held, so die Überlieferung, überlebt Aeneas den Trojanischen Krieg, kommt nach Latium in Italien, heiratet die dortige Königstochter Lavinia und beider Sohn Ascanius gründet die am Albaner See gelegene Stadt Alba Longa, die Mutterstadt Roms (23). Aus seinem Geschlecht stammen die Zwillingsbrüder Romulus und Remus, die mythischen Gründer der Stadt Rom, als deren Ahnherr somit Aeneas gilt.

Die Römer übernehmen von den Griechen viel aus deren politischem Gedankengut, doch bleiben die athenische Polis und die römische Res publica ihrem Wesen nach unterschiedliche Institutionen. Immerhin spielt sich das städtische Leben der Römer ähnlich wie das der Athener vorwiegend öffentlich ab, sein Brennpunkt ist das mit der Agora vergleichbare *Forum Romanum*, auf dem sich ebenso Tempel wie Markt- und Gerichtshalle (*Basilika*) und das Gebäude des Senats (*Curia*) mit seinen beidseitig amphitheatralisch angelegten Sitzreihen von jeweils 300 Plätzen befindet. Und auch der religiöse Bereich nimmt in starkem Maße Griechisches auf: Zwar kennen die Römer alte (neben einheimischen sogar altorientalische) Gottheiten, aber bei ihnen gewinnen die 12 olympischen Götter die Dominanz mit ihren jetzt lateinischen Namen (Zeus wird zu *Jupiter*, Hera zu *Iuno*, Aphrodite zu *Venus*, Ares zu *Mars*, Poseidon zu *Neptun*), unter denen das europäische Theater einschließlich Oper, Operette und Musical seine Stoffe aus der antiken Mythologie borgt. Ihnen zu Ehren werden seit dem dritten vorchristlichen Jahrhundert die großen öffentlichen Feste/Festspiele (*Ludi*) abgehalten, die einen umfangreichen Festkalender für das ganze Jahr ergeben. Zu den wichtigsten gehören die *Ludi Ceriales* zu

Ehren der Feldgöttin Ceres (der griechischen Demeter verwandt) im April, die *Ludi Apollinares* zu Ehren Apollos im Juli, die *Ludi Romani* (die ältesten Spiele seit 366 v. Chr.) Anfang September und die *Ludi Plebeii* Anfang November jeweils zu Ehren Jupiters. Im weitesten Sinn ihrer Bedeutung sind das Kultfestspiele nach griechischem Vorbild, bei denen ebenfalls szenische Aufführungen (*ludi scaenici*) von Tragödien und Komödien ihren gewichtigen Part spielen. Dabei nehmen die Römer griechisches Kulturgut auf, denn zunächst sind es nur die griechischen Klassiker (vor allem Euripides), die gespielt werden, wenn auch in lateinischer Sprache. Eine erste Aufführung bei den Ludi Romani durch *Livius Andronicus*, der am Anfang der römischen Literatur steht, ist für das Jahr 264 v. Chr. bezeugt. Dann folgen eigene römische Tragödien, deren Verfasser zwar bekannt sind, deren Werke – selbst die von *Seneca (4 v. Chr.–65 n. Chr.)* – längst aus dem Repertoire des europäischen Theaters verschwunden sind, im Gegensatz zu den griechischen Tragikern. Anders verhält es sich mit der Komödie des *Plautus (254–184 v. Chr.)* und des *Terenz (190–159 v. Chr.)*, die durch die Bearbeitung der griechischen Neuen Komödie zu einer selbständigen römischen Komödie gelangen, die einen kaum zu überschätzendem Einfluß auf die folgende europäische Komödie selbst eines Shakespeare und Molière ausüben wird. Vor allem der Plautinischen Komödie erkennt man neben ihrem literarischen und szenischen Rang auch einen hohen musikalischen Wert zu. Ihre zahlreich eingestreuten Sololieder und Duette (die sog. *Cantica* = Gesänge, Lieder) strukturieren den dramatischen Aufbau und erklären, warum der verbreitete Gebrauch von Liedern im europäischen Sprechtheater des Spätmittelalters und der Frührenaissance Formen hervorbringt, die als Vorboten des musikalischen Theaters gelten dürfen: »Für diese *cantica* müssen mannigfache Abstufungen vom melodramatischen über den rezitativischen bis zum ariosen Vortrag angenommen werden« (24). Als Begleitinstrument bläst man die Tibia, eine Doppelrohrblattpfeife mit grellem Ton wie der griechische Aulos, nur von kräftigerem Bau und nicht aus Holz, sondern aus Knochen gefertigt.

Viele römische Schriftsteller haben die Vorbildfunktion von griechischer Literatur und griechischem Theater anerkannt. Eine Stimme unter vielen ist die von *Tacitus (55–120 n. Chr.)*: »*Ihr Dichter, die griechischen Muster legt nicht am Tag aus der Hand noch legt sie des Abends beiseite.*« Er schenkt neuen Gebilden nur dann sein Vertrauen, wenn sie »*mit Takt und mit Maßen*« griechischen Quellen entnommen werden, und er nennt das griechische Drama »*langer Bemühungen endliche Krönung*« (25). Die großen griechischen Theaterdichtungen haben bis zur Kaiserzeit ihre Bedeutung als Vorbilder, von denen der Römer sich herausgefordert sieht und denen er nachzustreben sich bemüht.

Dann aber nimmt der Bereich des römischen Theaters und der Spiele eine exorbitante Wendung hin zum spektakulär inszenierten Schautheater für die

Masse, Demonstration kaiserlicher Macht ebenso wie gesteuerter Kontakt des Herrschers zu seinen Untertanen. Neben den circensischen Spielen im Circus Maximus (150 000 bis 200 000 Zuschauer) und im Circus Flaminius (bis 385 000 Zuschauer) mit den beliebten Pferde- und Wagenrennen sowie anderen Sportveranstaltungen werden in den neu erbauten Amphitheatern (das erste 70 v. Chr. in Pompeji errichtet, das bekannteste und größte 70–80 n. Chr. mit dem 50 000 Zuschauer fassenden Kolosseum in Rom) das veranstaltet, was durch die Nachwelt die Bezeichnung »Brot und Spiele«, *panem et circenses*, erhalten hat. Regelrechte Seeschlachten (sog. *Naumachien*) werden mit bemannten Schiffen und ernsthaft um Leben und Tod kämpfenden Besatzungen durchgeführt, bei denen die Arena unter Wasser gesetzt wird und die in ihrer Gesamterscheinung den Prunk des Barocktheaters vorwegnehmen. Noch beliebter jedoch sind die Tierhetzen (*Venationes*) unter wilden Tieren (Löwen und Panther aus Afrika, Bären aus den germanischen Wäldern) oder zwischen Bestien und Menschen, die, in Tierfelle gesteckt oder mit anderer Kostümierung ausstaffiert, den Tieren gegenübertreten müssen und so praktisch wehrlos *ad bestias* ausgeliefert werden. Dabei tut man der Grausamkeit ein übriges und läßt die ausgesuchten Opfer als mythologische Gestalten auftreten: »Ein Verurteilter wurde als Orpheus gekleidet und mit seiner Leier in die Arena geschickt, die als lieblicher Hain mit Bäumen und Bächen inszeniert war; plötzlich tauchten hungrige Raubtiere aus Verstecken auf und rissen ihn in Stücke.« (26) Höchste Popularität besitzen die Gladiatorenkämpfe (*Munera*), die alten etruskischen Ursprungs sind und bei denen Kriegsgefangene, Sklaven, Verbrecher, zum Tode Verurteilte, schließlich verfolgte Christen um Leben und Tod kämpfen müssen, bis man in eigenen Gladiatorenschulen Berufskämpfer ausbildet. Das alles schafft Unterhaltung und Vergnügen, musikalisch mit Ohren betäubendem Lärm unterstützt, ausgeführt durch Sklaven auf großen Blas- und Schlaginstrumenten. Die Tibia ruft die Gladiatoren zum Kampf, der dann von Metallinstrumenten wie der Trompete (römische *Tuba*) und der um die Mitte des dritten vorchr. Jahrhunderts erfundenen und bei den Römern besonders beliebten Wasserorgel (*Hydraulis*) mit Getöse untermalt wird.

Das römische Theaterleben sinkt ab in die Prunklust des puren theatralischen Bombastes. Nun verkommen auch die Tragödienaufführungen zum Ausstattungsspektakel, blähen sich die einst feierlichen Umzüge der Kultfeiern auf zu den großen Triumphzügen und Prozessionen ganz weltlicher Thematik. Die Schaulust des Menschen dominiert und beeinflußt das Theaterverständnis Roms, das in den Spielen der Amphitheater deutliche politische Züge erhält. Das theatralische Spektakel wird der pompösen öffentlichen Selbstdarstellung der Caesaren einverleibt und wuchert zur Prunkorgie aus, pervertiert zum menschenverachtenden Schaugepränge mit dem Tod unzähliger Sklaven und christlicher Märtyrer. Aber nicht alle teilen die Lust am öffentlichen Unterhaltungstheater. So schreibt *Seneca* an den jungen Neapolitaner Lucilius: »*Du fragst, was du am meisten zu meiden hast? Die große Masse. Je stärker die Volksmasse ist, in die wir geraten, desto größer die Gefahr. Nichts aber ist einem guten Charakter so schädlich wie das müßige Dasitzen bei irgendeiner Vorführung ... Was ich damit meine? Habgieriger, ehrgeiziger, genußsüchtiger komme ich wieder heim. Auch grausamer, unmenschlicher – gerade, weil ich unter Menschen*

Das Kolosseum in Rom. Arena-Unterbühne mit Kaiserloge.

war.« Und dann schildert er eine von ihm besuchte Vorstellung ohne jede Nachsicht: »*Kein bißchen Scherz, der reine Menschenmord! Nichts, womit sich die Kämpfer schützen können. Jedem Hieb am ganzen Körper ausgesetzt, führen sie selber keinen vergeblich. Das liebt die Masse mehr als die paarweisen, kunstgerechten, sonst immer verlangten Gladiatoren-Kämpfe. Warum auch nicht? Kein Helm, kein Schild fängt den Schwertstreich auf. Wozu noch Schutz? Wozu Fechtkunst? All das verzögert ja nur den Tod. Morgens wirft man den Löwen und Bären Menschen vor, mittags den Zuschauern. Die Mörder wünscht man weiteren Mördern vorgeworfen zu sehen, den Sieger spart man auf für ein neues Gemetzel: das Ende der Kämpfer ist immer der Tod. Feuer und Schwert regieren. So geht's dort zu, bis die Arena ›leer‹ ist.*« (27) Und der spätrömische Satiriker *Juvenal* spottet in einer seiner Satiren: »*Dieselben Römer, welche einst alles hatten und verliehen, was zum Erinnern und Behaupten der Weltherrschaft notwendig war, begnügen sich jetzt schüchtern mit dem Wunsch zweier Dinge: Brot und Spiele.*«

Es bleibt die bittere Erkenntnis, daß in den Auswüchsen dieser römischen Spiele Theater und Gewalttätigkeit Hand in Hand gehen. Denn was bei aller unvorstellbaren Grausamkeit doch theatralisch bleibt, ist dies: Das inszenatorische Moment, das auch das kleinste Detail zu proben und in Regie zu bringen nicht vergißt; die enorme akustische Umrahmung des Ganzen samt des musikalischen Instrumentariums; die nahezu gigantische Bühnentechnik mit ihren Maschinen, Versenkungen, Hebevorrichtungen aus der Unterbühne (die des Kolosseums hat 7–9 Meter betragen!) und den pompösen dreidimensionalen plastischen Dekorationsaufbauten. Eine unbestreitbare Grundvoraussetzung alles Theatralischen ist: es muß wirken. Das spätrömische Schautheater großen Stils, das zwar kein literarisches Schauspiel- oder Musiktheater, aber doch *Theater* ist, zeigt höchste Wirkung, macht enormen Effekt.

Christliches Mittelalter: Vom Himmel durch die Welt zur Hölle

Erst die Renaissance wird sich der Theaterkultur der griechischen und römischen Antike erinnern, ihren Geist beschwören und zur Grundlage eines neuen und – vorsichtig dürfen wir es so nennen – modernen Denkens erheben. Dichtung und Drama, Musik und Theater werden neben der Bildhauerkunst ins Zentrum der wissenschaftlichen Auseinandersetzung treten und die europäische Kulturgeschichte bis herauf in unsere Gegenwart prägen. Um es einmal sportlich auszudrücken: Erst nach langem Anlauf, nach vielen Vor-, Zwischen- und Hindernisläufen wird man am Ausgang des 16. Jahrhunderts zum Sprung ins musikalische Theater ansetzen, für das doch eigentlich schon zweitausend

Jahre zuvor der Startschuß gefallen ist und sich Dichtung, Musik und Theater zu einer erfolgreichen Spielgemeinschaft zusammengeschlossen haben. Warum hat es in den Jahrhunderten des Mittelalters in der Musik- und Theatergeschichte des christlichen Abendlandes einen so nachhaltigen Abbruch gegeben? Warum folgte dem theatralischen und musikalischen Verfall plötzlich die Wiedergeburt, die Auferstehung? Für beide Phänomene liegt die Erklärung im Auftreten des Christentums als der weltweit erfolgreichsten monotheistischen Religion, die nun nach den vorangegangenen Jahrtausenden polytheistischer Glaubensvorstellungen die Herrschaft über Leben und Kultur, Denken und Tun des Menschen antritt.

Innerhalb nur eines Jahrhunderts erhebt sich das Christentum zur Omnipotenz in allen religiösen und weltlichen Dingen. Weil die Christen weder dem Kult der römischen Staatsgötter die geforderte Ehre erweisen noch den Kaiserkult akzeptieren, verbietet man ihnen die Religionsausübung und verfolgt sie. Noch Anfang des 4. Jahrhunderts ordnet *Kaiser Diokletian* die wohl grausamsten Christenverfolgungen an. Doch er scheitert. Als er abdankt, danken mit ihm auch die alten Gottheiten ab. Nur wenig später erfährt das Christentum seine ausdrückliche Duldung durch den Staat, erhält es im Jahr 313 durch das von *Kaiser Konstantin* erlassene Mailänder Toleranzedikt die Erlaubnis zur freien Religionsausübung und wird 380 durch *Kaiser Theodosius* zur Staatsreligion erhoben. Nun inauguriert es die religiöse Reaktion: Verbot aller Kultfeiern, Rituale und Opfer »heidnischen Aberglaubens«, was als Götzendienst und Majestätsbeleidigung aufgefaßt wird, Zerstörung von Tempelanlagen – und das Christentum zieht in seinem Kampf gegen heidnische Traditionen besonders scharf gegen Musik und Theater zu Felde.

Der Feldzug wird hauptsächlich vom Osten her geführt, von Byzanz, der christlichen Hauptstadt des römischen Reiches, die für die Übernahme des antiken Kulturgutes steht. Da die griechische Tragödie ihre Stoffe aus der Mythologie der Götter und Heroen bezieht, wird ihre Aufführung als Götzendienst gesehen, darum verboten und bestraft. Für die Zeit um 400 sind die letzten Aufführungen überliefert, dann herrscht jahrhundertelang Schweigen. Selbst *Augustinus (354–430)*, der bedeutendste lateinische Kirchenlehrer, spricht herablassend von dem »*vorgetäuschten Leben in Dichtung und Theater*«, von »*verächtlichen Schauspielen*« und »*anderen Liederlichkeiten*«, obwohl er sich an ein »*Vorhaben, mit einer Theaterdichtung mich in Wettbewerb einzulassen*« erinnert und, soweit wir unterrichtet sind, darin sogar den ersten Preis gewann. Mehr noch, er gesteht, das Theater habe ihn früher förmlich »*mitgerissen*« und er habe »*den Kitzel im Ohr*« geliebt, hervorgerufen durch »*phantastische Geschichten*«, die ihn begierig machten, »*es möchte noch heftiger jucken, indessen das gleiche Gelüst mehr und mehr auch übers Auge nach den Schauspielen zuckte, dem Vergnügen der Großen.*« Er freute sich, »*mit den Lie-*

41

benden, wenn sie, obzwar es nur zum Schein auf der Bühne geschah, in Schande einander genossen«, und er gesteht seinen früheren *»süchtigen Hang zum Schmerzlichen«* bei den theatralischen Vorstellungen, was ihm Vergnügen bereitete, da alles nur Spiel war: *»Denn ich hätte nicht gern erlitten, was ich gern im Spiele sah.«* (28)

Neben der religiösen gibt es auch die moralische Komponente in den Verdikten der frühen Kirchenväter, und das hängt mit dem alten philosophischen Leib-Seele-Problem zusammen. Maßgebliche christliche Denker sehen den Leib als das weltlich Böse an, als irdisches Gefängnis der Seele, die zu Gott will. Verbunden damit ist das Phänomen der Askese besonders hinsichtlich ihrer Definition als geschlechtliche Enthaltsamkeit und Keuchheit, der die Sinnlichkeit ein Feind ist. So verurteilt das frühe Christentum die weltlichen, von Frauen und Männern gemeinsam gestalteten Feste (Jahreszeitenfeste, Hochzeiten, Brauchtumsfeste) mit ihren musikalischen, tänzerischen und spielerischen Elementen wie auch die beliebten Theateraufführungen (Mimus, Pantomimus, Tanzspiele etc.) als größte Gefahren für Sitte und Moral. Das Theater gilt als »böses Prinzip« schlechthin, als »Teufelswerk *(Pompa diaboli)*«. So heißt es bei *Kyrill von Jerusalem*, dem Bischof der heiligen Stadt: *»Verlange nicht gierig nach den Leidenschaften der Bühne, wo frech und ohne Anstand schlüpfrige Schauspiele der Mimen aufgeführt werden und rasende Tänze weibischer Männer ... All das gehört zum Pomp des Teufels.«* Ähnlich urteilt *Johannes Chrysostomos*, der Patriarch von Konstantinopel ist und als größter Prediger seiner Zeit gilt: *»Nun erscheint Dionysos, der Herr des Theaters, wieder als Dämon, aber als der Teufel, die Mimen sind seine Abkömmlinge. Ihr Zweck ist, Lachen zu erregen. Aber Lachen kommt vom Teufel, dem Christen ziemt Ernst und Trauer über seine Sünden ... Das Schlimmste sind die Miminnen, sie scheuen vor keiner Entblößung zurück. Das Verderblichste an ihnen sind die verführerischen Stimmen, denen kein Mann widerstehen kann. Die letzten Geheimnisse der Liebe, von denen man kaum sprechen darf, werden auf der Bühne gezeigt. Mit welchen Augen betrachtest du den Tisch des Herrn, wenn du soeben vom Mimus kommst, wo du das Sofa sahst, auf welchem der schändlichste Ehebruch vorgeführt wurde?«*

Und die Musik? Das frühe Christentum duldet sie nur als Ausdruck frommer Andacht, also im Gottesdienst. Jede andere Ausübung von Musik gilt ebenfalls als Götzendienst, denn, so wettert Chrysostomos an anderer Stelle: *»Jene mit Saiteninstrumenten begleiteten Lieder sind die reinsten Teufelsgesänge.«* Das trifft beispielsweise auf den Brauch bei Hochzeiten, wenn der Bräutigam die Braut in sein Haus führt, begleitet von der tanzenden Hochzeitsschar, die zu Kithara- und Flötenmusik Hochzeitsgesänge anstimmt (was uns an den gleichen Brauch in Athen erinnert): *»Wenn nun, höre ich fragen, weder Mädchen noch verheiratete Frauen bei den Hochzeitsfeiern tanzen dürfen: wer soll denn* tanzen? Überhaupt niemand. Muß denn getanzt werden? Bei den Mysterien der Heiden finden Tänze statt, bei den unsrigen dagegen herrscht Stille und Anstand, Züchtigkeit und würdevolle Ruhe.« Ein großes Mysterium wird gefeiert; hinaus mit den Dirnen, hinaus mit den Unreinen! Wo Flötenspieler sind, da ist Christus nie und nimmer. Was kann es Widrigeres geben als solch satanischer Pomp? Und was soll man erst von den Liedern selbst sagen, die nichts als Wollust atmen und unehrbare Liebschaften, verbotenen Umgang, das Verderben der Familien und tausendfaches Unheil befördern?« Die radikalsten Eiferer nehmen nicht einmal den gemischten Kirchengesang aus und bezeichnen ihn als unzüchtig, weil angeblich die weibliche Stimme in ihrer »Süße und Lieblichkeit« die Seele der Gläubigen verletze, da der sinnliche Frauengesang keine bußfertige Stimmung erzeuge, sondern zur Aufregung der Leidenschaften führe. Im Jahr 350 erläßt die Kirche gar das Verbot des lauten Singens von Frauen während des Gottesdienstes mit der Begründung, durch die Süße der Melodie werde die Frau unsittsam erregt. Und der Frauengesang bei weltlichen Festlichkeiten wird verdammt, weil er da allein »zum Vergnügen und zu vergänglicher Ergötzung« diene. Die Summe kirchenväterlicher Schelte zieht Johannes von Maiuma in einem seiner Werke: »Nicht die Schönheit des Gesanges kann den Menschen retten, sondern die Furcht Gottes und die Beobachtung der Gebote Christi. Der Gesang dagegen hat schon viele zu den Niedrigkeiten der Welt verführt. Und nicht nur Weltmenschen, sondern auch Priester hat er zur Unkeuchheit und zu vielen Leidenschaften herabgezerrt.«

Seien wir gerecht: nicht alle denken so. Andere Kirchenmänner suchen nach einem Ausgleich, nach gerechterer Beurteilung und wirken mäßigend. Der wohl prominenteste unter ihnen ist der Heilige Ambrosius, Bischof von Mailand: »Der Apostel befiehlt zwar, daß die Weiber in der Kirche schweigen sollen, aber die Psalmen singen sie sehr gut. Ist doch zum Psalmengesange jedes Alter und Geschlecht geschickt. Die Greise legen dabei die Strenge des Alters ab, die jüngeren Männer singen ihn ohne Vorwurf der Üppigkeit, die Jünglinge ohne Gefahr für ihr empfindliches Alter und ohne Versuchung zur Wollust, die zarten Mädchen ohne Einbuße an fragwürdiger Schamhaftigkeit, die Jungfrauen und Witwen lassen ohne Gefährdung der Sittsamkeit ihre tonreichen Stimmen erklingen.« (29)

Das sind nur einige von vielen Stimmen, die Musik, Gesang und Theater als heidnischen Götzendienst und als Teufelswerk brandmarken. Sie tun durchaus Wirkung in ihrer Zeit und bleiben auch nicht ohne Gewicht für die christliche Kulturausübung während des gesamten Mittelalters. Das hat zur Folge, daß man die Ausübenden solcher aus christlicher Sicht verwerflichen Vergnügungen ächtet, ja viele sogar exkommuniziert, die sich den Spaß am Leben nicht nehmen lassen wollen, und daß viele aus Furcht vor der Kirche sich von Musik, Tanz und Spiel abwenden. Und es gibt andererseits Beispiele dafür, daß ehemalige Schauspieler, Tänzer und Musiker ihren Beruf aufgeben, sich taufen lassen, nicht mehr in ihren Beruf zurückkehren oder gar ihr weiteres Leben hinter Klostermauern verbringen. Und es sind erstaunlicherweise ›Verräter am Werke‹, die dem antiken Drama ein christliches Gewand verpassen. So stammt schon aus dem 2. Jahrhundert ein Stück mit dem Titel »Exagoge« (so viel wie ›Ausführung‹) eines Autors, der sich *Ezechiel* nennt. Das Drama beschäftigt sich mit der Gestalt Moses in Form einer griechischen Tragödie mit Botenbericht, Chor und drei Darstellern, wobei Gott im brennenden Dornbusch gewissermaßen als ›deus ex machina‹ erscheint. Nachgewiesen ist auch der Versuch des als Patron der Dichtung verehrten *Gregor von Nazianz* aus dem 4. Jahrhundert, das Evangelium in der Form einer griechischen Tragödie zu gestalten, worin sich u. a. der Dialog des Gekreuzigten mit seiner Mutter Maria findet. Das erstaunlichste Werk dieser Art ist wohl das Drama »Christos Paschon« nun schon aus dem 11. Jahrhundert, dessen Verfasser wir nicht kennen. Es handelt sich um ein umfangreiches Drama mit Maria als Hauptrolle, mit Christus, Johannes, Maria Magdalena und anderen biblischen Gestalten sowie mit Boten, Engeln, Wachen und zwei Chören galiläischer Frauen. Das Erstaunlichste an diesem Werk ist, daß nahezu ein Drittel des gesamten Textes aus Umformungen von Textstellen griechischer Tragiker besteht. Das geht so weit, daß im Verlauf der Handlung, die mit dem Gang nach Golgatha beginnt und mit Christi Auferstehung endet, die Gottesmutter leicht abgewandelte Verse der Medea spricht, die aus Schmerz und Verzweiflung über Jasons Ehebruch zur Mörderin der eigenen Kinder wird! In der Vorrede zu seinem Stück, das, wenn überhaupt, vermutlich in der Hagia Sophia zu Byzanz aufgeführt worden ist, verweist der unbekannte Verfasser ausdrücklich darauf, daß er die Passion Christi ganz bewußt nach dem Euripides gestalten wollte.

Nach all den Vorwürfen und Angriffen, Verboten und Verdammungen dann plötzlich die kopernikanische Wendung. Wie das griechische Drama, so entsteht auch das liturgische Drama und damit das neue europäische Theater aus dem Gottesdienst. Dort der Dithyrambos mit den Mythen und Hymnen der Götter – hier die christliche Liturgie mit dem Lobgesang für den Gott der Bibel. Auch hier steht am Anfang der Chorgesang. Früh schon kennt die christliche Kirche den Wechselgesang zwischen zwei (Halb)Chören (*Antiphon*) und vor allem den dem griechischen Chorgesang strukturell sehr ähnlichen Wechsel- und Antwortgesang zwischen dem Priester als Vorsänger und der Gemeinde als Chor (*Responsorium*). Am Anfang also ist der Gesang, aus dem heraus sich in der westlichen, der lateinischen Kirche über drei Stufen das liturgische Drama entwickelt: Priester und Gemeinde (Chorführer und Chor) besingen die Leiden Christi im liturgischen Wechselgesang; dieser wird pantomimisch aufgelöst, indem die drei Marien während des Singens ihren Weg zum Grabe Christi (das der Altar darstellt) nehmen (*Visitatio sepulchri*) und dort durch den Engel vom Wunder der Auferstehung des Gekreuzigten erfahren; der vorgegebene kanonische Text wird durch einen nichtliturgischen Text ergänzt und erweitert (ein sog. *Tropus*), der zwischen den Marien und dem Engel dialogisch aufgeteilt wird (die Figur der Maria entspricht dem ersten Schauspieler des griechischen Theaters). Den Ostertropus als Keimzelle des mittelalterlichen geistlichen Dramas hat erstmals der Mönch *Tuotilo von St. Gallen* im beginnenden 10. Jahrhundert in lateinischer Sprache verfaßt. Dabei spielt die Musik eine wichtige Rolle, denn inzwischen kennt man den Gregorianischen Gesang und die wahrscheinlich im 9. Jahrhundert entstandene Mehrstimmigkeit. Aus dem liturgischen Drama in lateinischer Sprache entwickelt sich über Ausschmückung mit dramatischen und selbst komischen Szenen (die Marien kaufen die Spezereien bei einem Krämer, der mit ihnen um den Preis feilscht und Eheschwierigkeiten mit seiner ihn mit einem Gesellen betrügenden Frau hat; der Lauf der beiden Lieblingsjünger Christi zum Grab mit dem kräftigen jungen Johannes und dem aus Altersschwachheit schnaufenden Petrus, der das Lauftempo nicht mithalten kann) das weltlich beeinflußte volkssprachliche Osterspiel. Das Spiel tritt aus der Kirche heraus vor das Kirchenportal, dann auf den Kirchplatz, schließlich auf den Marktplatz. Da ist es endgültig in der Welt angekommen und entwickelt sich zu den textlich, personell und technisch immer aufwendiger werdenden und oft mehrere Spieltage dauernden *Geistlichen Spielen* des deutschen, französischen und englischen Sprachraums (vor allem Passions-, Mysterien- und Mirakelspiele), zu den *Sacra Rappresentazioni*

Benozzo Gozzoli, Zug der Heiligen Drei Könige (Florenz, Palazzo Medici, um 1459–61, Ausschnitt). Das berühmte Fresko könnte, folgt man einer Florentiner Überlieferung, auf eine Sacra Rappresentazione, ein Dreikönigsspiel, zurückgehen.

Italiens und zu den noch im Barock aufgeführten *Autos Sacramentales* Spaniens. Hunderte von Darstellern, Chorsängern und Musikanten tragen das Geschehen, der Marktplatz wird zu einer einzigen, den ganzen gedachten Kosmos umspannenden Theaterbühne, auf der sich die Handlung abspielt vom Himmel (als lokalisierter jenseitiger Aufenthaltsort und Herrschaftsbereich, Thron- und Wohnsitz von Gottvater) über die Welt (der diesseitige Lebensraum des durch den Sündenfall schuldig gewordenen Menschen, wo sich die Passion des Gottessohnes abspielt) zur Hölle (die durch die Auferstehung der Toten, wodurch das Erlösungswerk Christi vollendet wird, entvölkert ist und die der Teufel mit neuen sündigen Seelen wieder füllen muß).

Das geistliche Drama ist der Prototyp des mittelalterlichen Theaters in ganz Europa. Es dominiert über die vielfältigen Erscheinungsformen weltlichen Theaters, in dem sich Mimus und Pantomimus aus der Antike erhalten und mancherorts zu volkstümlichen Farcen umgewandelt haben, wo es Hochzeits- und Gerichtsspiele gibt, aus denen sich die Fastnachtspiele entwickeln. Sie alle haben die profane Alltäglichkeit des Menschen zum Thema, Liebe und Ehe genießen darin einen theatralisch-vergnüglichen Sonderstatus. Und es gibt als eigenständige Ausprägung die allegorischen Spiele, vor allem die englischen Moralitäten (*moralities*), deren Thema der abstrakt-allegorische Kampf der guten mit den bösen Mächten um die Seele des Menschen darstellt und die in ihrer ethisch-moralischen Zielsetzung dem geistlichen Theater nahestehen, ohne jedoch an biblische Geschichten oder Heiligenlegenden gebunden zu sein.

Die Musik hat an den geistlichen und weltlichen Spielen des Mittelalters großen Anteil, wie sie auch in vielen unmittelbar benachbarten Bereichen der mittelalterlichen Kultur eine wichtige Rolle spielt (so besonders in der weltlichen, der höfischen Dichtung, die von Troubadouren und Minnesängern, aber auch von Spielleuten kunstvoll vorgetragen wird), gleichwohl gelangt die Musik im Theater des Mittelalters noch immer nicht aus ihrer Pflicht heraus, Dienerin der Dichtung zu sein. Vom musikalischen Theater, in dem die Musik neben der Dichtung gleichrangig oder gar vorrangig vor dieser fungiert und wo musikalische Interpretation von Handlungsgehalt und Rollencharakter selbst zur Darstellungsform wird, sind wir nach wie vor ein gutes Stück entfernt.

Spielort: Vom antiken Theater zum modernen Opernhaus

In unserem Sprachgebrauch verwenden wir das Wort *Theater* (von *theatron* = Schauhaus) in einem doppelten Sinn. Wir bezeichnen damit ebenso das inszenierte Spiel als künstlerischen Darstellungsvorgang wie auch das Gebäude selbst, in dem dieser vor sich geht. Deshalb sei an dieser Stelle ein Exkurs angefügt, der uns zeigen wird, daß die bautechnischen wie auch die funktionalen Fundamente heutiger Opernhäuser ebenfalls in der Antike gelegt wurden. Dafür gibt es aufschlußreiche literarische Quellen, wie uns auch, und das ist von besonderer Wichtigkeit, konkretes Anschauungsmaterial zur Verfügung steht in den zahlreichen mehr oder weniger gut erhaltenen griechischen und römischen Theatern im gesamten Mittelmeerraum.

Das Theater von Tragödie und Komödie – in Rom kommen der Mimus und der Pantomimus hinzu – ist Freilichttheater, der theatralische Wettkampf (*Agon*) in Athen und anderen griechischen Stadtstaaten wie später in Rom und seinen Provinzen findet im Freien statt, wie wir es von den meisten heutigen Sommerfestspielen auch kennen. Zunächst spielt man auf dem Marktplatz, in Athen (Agora) ebenso wie in Rom (Forum Romanum). Als man jedoch in Athen den Dionysoskult einführt und die großen Dionysien im Frühjahr veranstaltet, weist man dem neuen Gott einen Heiligen Bezirk (*Temenos*) zu, einen Hain mit Wäldchen und Gehölz, der sich am Südhang der Akropolis den Burgberg hinauf zieht, bewachsen mit Ölbäumen, Efeu und später wohl auch mit Weinstöcken. Dort errichtet man dem Gott einen Tempel, dorthin nimmt die große Prozession (*Pompé*) zu Beginn der mehrtägigen Festspiele ihren Weg über die den Marktplatz kreuzende Panathenäenstraße. Am östlichen Rand des Temenos errichtet man im 5. vorchr. Jahrhundert das Dionysostheater. Es ist zunächst noch aus Holz – in Rom hat man die ersten Theater auf dem Forum ebenfalls aus Holz gebaut – und erhält erst um 330 v. Chr. seine Form aus Stein, wie es uns überliefert ist. Es ist das Werk des Platonschülers und athenischen Finanzverwalters *Lykurg (390–324 v. Chr.)*, dem wir auch die offiziellen Niederschriften der Tragödien von Aischylos, Sophokles und Euripides verdanken, die später nach Ägypten gelangen. Der Platz ist sinnvoll gewählt: man hat von ihm aus den Blick frei auf das Meer, über das Dionysos einst gekommen sein soll und das den Athenern durch die Vorrangstellung ihrer Stadt im attischen Seebund inzwischen ein Symbol ihrer politischen Macht ist. Das Dionysostheater mit seinen ca. 17 000 Plätzen ist das Muster aller anderen Theater innerhalb des griechischen Herrschaftsbereiches, die meistens ebenfalls an einem Burghang angelegt werden. Sie haben nur unterschiedliche Breite und Höhe (das steilste ist das von Pergamon im Westhang des Burgberges mit etwa 10 000 Plätzen) sowie unterschiedliche Größe insgesamt (das kleinste der besterhaltenen Theater ist das von Delphi mit 5 000 Plätzen, das größte das in Ephesos mit ca. 24 000 Plätzen). Das am besten erhalten gebliebene griechische Theater überhaupt befindet sich in Epidauros, einer kleinen Stadt an der äußersten Ostküste der Peleponnes nahe dem Saronischen Golf. Es stammt aus dem 3. Jahrhundert v. Chr., befindet sich im Heiligtum des Asklepios (lat. Aesculapius), des als Sohn des Apollo verehrten Gottes der Heilkunst. Es verfügt über etwa 14 000 Plätze.

47

Epidauros. Gesamtansicht des Theaters mit dem Rund der Orchestra.

Das griechische Theater ist dreigeteilt. Den größten Raum nimmt das Dreiviertelrund des U-förmigen Zuschauerraums (*Cavea* oder *Koilon* genannt) mit seinen amphitheatralisch ansteigenden Sitzreihen ein, die alle über die gleiche gute Optik und Akustik verfügen. Sie sind in einzelne Segmente oder Keile (*Kerkides*) eingeteilt, zwischen denen die Besucher über Treppen zu ihren Plätzen gelangen. Zwischen den meist drei Stockwerken der Cavea führt jeweils ein langer Umgang (*Drazoma*). An seinen Flanken endet der Zuschauerraum in hohen Stützwänden, die ihn vom Bühnenbereich trennen. In der ersten Sitzreihe auf Bodenniveau befinden sich die Ehrensitze (*Prohedrie*) für Personen des öffentlichen Lebens, für Feldherren, Gesandte fremder Staaten und andere Gäste. In der Mitte erhebt sich der Prunksessel samt Baldachin für den Priester des Dionysoskultes.

Den zweiten Teil des Theaters bildet der am Anfang kreisrunde, später dreiviertelrunde und mit einer flachen Umlaufmauer gegen die Cavea abgegrenzte Tanzplatz des Chores (*Orchestra*), Spielfläche teilweise auch für die Solisten, während der Chor niemals die Bühne selbst betritt. Ursprünglich ist der Orchestraboden gestampfter Lehm, dann wird er mit Stein- oder Marmorplatten belegt. In seiner Mitte steht in früher Zeit der Opferaltar (*Thymele*), um den ein Stufenrund (*Bema*) führt. Der Altar steht später auch an der Stelle des Priestersitzes, wie man an dem kleinsten, nur 4000 Plätze umfassenden Theater von Priene in Kleinasien aus dem späten 4. vorchr. Jahrhundert noch gut erkennen kann. Tangential zur Orchestra liegt die langgestreckte Bühne, deren Podium (*Proskenion*) allein den Schauspielern vorbehalten ist. Diese eigentliche Spielbühne wird von zwei Seitenflügeln (*Paraskenien*) eingefaßt, das sind seitliche offene Räume mit Säulen, zwischen die man mit Schattenmalerei und gemalter Scheinarchitektur gestaltete Holztafeln (*Pinakes*) als bewegliche Dekorationsteile stellen kann. Den Abschluß der Bühne bildet das Bühnenhaus (*Skene*), das den Zuschauern den unmittelbaren Einblick in die dahinter befindliche sogenannte Tabuzone des Theaters verwehrt. Das ist der Teil, in dem sich die technische Zurichtung befindet und wo die Schauspieler unbemerkt Kostüme und Masken sowie die Seiten für neue Auftritte wechseln können. (31) Die dem Zuschauer zugewandte und die Bühne auch akustisch abschließende Skenenwand ist als Palastfassade (*Episkenion*) gestaltet mit einem großen Palasttor (*Porta regia*) in der Mitte und zwei kleineren Seitentüren (*Portae hospitales*) daneben. Auf dem Dach des Bühnenhauses gibt es eine Plattform (*Theologeion*), auf der Götter auftreten oder von der sie mit einem hinter dem Bühnenhaus stehenden Kran (*Mechane*) auf die Spielfläche geschwenkt werden, um einem von den Menschen nicht lösbaren Konflikt vor dem Absturz in die Katastrophe plötzlich noch einen versöhnlichen Ausgang zu geben. Dieser theatertechnische Überraschungscoup ist als *deus ex machina* (der Gott aus der Maschine) im Sinne einer überraschenden Konfliktlösung sprichwörtlich geworden. Eine zweite technische Besonderheit kennt man in der aus dem Palasttor herausrollbaren Plattform (*Ekkyklema*), um Innenraumszenen zu zeigen oder im Palastinneren geschehene Grausamkeiten, die man nicht öffentlich darstellen will, vorzuführen wie die Ermordung Agamemnons und Klytemnästras in der »Orestie« des Aischylos oder die Selbstblendung des Ödipus in der Tragödie des Sophokles. Zwischen den Paraskenien und dem Abschlußwänden der Cavea befinden sich zwei Eingänge (*Parodoi*), durch die das Publikum das Theater betritt und die als Auftritte für Chor und Soloschauspieler während des Spiels eigene Bedeutung haben: die Ostparodos führt in die Stadt, die Westparodos in die Fremde.
So wie die Römer von den Griechen das Stadion in ihrer Zirkusarena u. a.

für die beliebten Wagenrennen übernehmen, so auch deren Theater. Ähnlich wie in Athen, wo für die musischen Wettkämpfe und den Theateragon das frühere hölzerne Theater jedes Mal auf- und abgebaut werden muß, kennt man auch in Rom lange kein feststehendes, sondern ebenfalls nur ein provisorisches Holztheater zu ebener Erde, das nach der Aufführung wieder abgebrochen wird. Den Bau des nachweislich ersten dieser Holztheater gibt der Zensor *M. Valerius Lepidus* mit dem Theatrum ad Apollinis im Jahre 179 v. Chr. in Auftrag. 154 v. Chr. lassen die Zensoren *M. Valerius Mesalla* und *Cassius Longinus* ein weiteres Theater in Rom bauen, das jedoch kurze Zeit später zerstört wird. Erst 55. v. Chr. erbaut *Pompeius* in Rom das erste Steintheater mit vermutlich 35 000 Plätzen, dem vierzig Jahre später das Theater des Cornelius Balbus (12 000 Plätze) und das Marcellus-Theater (20 000 Plätze) folgen. Im Gegensatz zu den griechischen Theatern, die meist in die schräge Hanglage eines Burgberges gefügt werden, handelt es sich bei den römischen Theatern um freistehende Bauten. Pompeius bewahrt jedoch die Nähe zum Kult, indem er hoch oben hinter der Cavea einen Venustempel errichtet. Da die Göttin dem Mythos nach auch für die Gärten sorgt, legt man hinter dem Theater einen Garten an, Roms ersten öffentlichen Park. Anlage und architektonische Ausgestaltung der Theater spiegeln das römische Theaterverständnis wider, das weniger die geistige Auseinandersetzung mit den Inhalten des griechischen Dramas sucht, sondern mehr auf Unterhaltung und oberflächliches Vergnügen abzielt. Die Wirkung, der Effekt des theatralischen Spiels dominiert, und das schlägt sich im Aufwand des Dargestellten wie in der Optik des Theaterbaus nieder. Das Theater des Pompeius hat eine Cavea von 150 Metern Durchmesser, eine nurmehr halbkreisförmige Orchestra und ein langestrecktes Bühnengebäude. Da zu dieser Zeit Tragödie und Komödie keinen Chor mehr kennen, ist die Orchestra auch kein Spielraum mehr, sondern Teil des Zuschauerraums. Hier befinden sich die Sitze für Senatoren, hohe Beamte und Ehrengäste, dahinter die für Ritter, Patrizier und Bürger und schließlich, in den obersten Reihen der Cavea, die Plätze für den Plebs. Die Anordnung der Plätze spiegelt also die hierarchische Sozialstruktur der römischen Gesellschaft wider und nicht die demokratische Gleichheit des athenischen Demos.

Das römische Theater als Ganzes erhält eine geschlossene Form, weil seine Teile dicht aneinander schließen. Die Cavea, die in gleicher Höhe wie das Bühnenhaus abschließt, reicht unmittelbar an die Paraskenien der Bühne (*Pulpitum*) heran, die ehemaligen Parodoi werden von den seitlichen Ausläufern der Sitzreihen überdacht und außer Funktion gesetzt. Denn da befinden sich jetzt auf der einen Seite die kaiserliche Loge und auf der anderen Seite die Ehrensitze für die Mäzene (*Tribunalia*). Für den Zuschauerraum schafft man neue Zugänge, die von außerhalb über Treppen ins Innere führen. Besonders der eigentliche Bühnenbereich drückt die Repräsentationssucht der Mächtigen und die Schaulust des Volkes aus. Die Spielbühne ist niedriger als im griechischen Theater, dafür jedoch wesentlich größer und tiefer sowie dekorativ deutlich aufwendiger gestaltet. Das zeigt sich vor allem an der Bühnenrückwand (*Scenae frons*), einer mehrstöckigen architektonischen Prunkfassade mit Marmorsäulen sowie blinden Fenstern und Nischen, in denen überlebensgroße Statuen stehen. Sie ist reine Dekoration und nicht bespielbar. Sie übernimmt die drei Türen der griechischen Skene, wobei über ihren untersten Teil perspektivisch bemalte Wände (*Tabulae picturae*) gestellt bzw. ein in der Mitte teilbarer bemalter Prospekt gespannt werden kann. Dazu gibt es einen Zwischenvorhang (*Siparium*), der die Bühne für intime Szenen flacher macht und hinter dem Schauplatzwechsel unsichtbar vorgenommen werden können. Wahrscheinlich schon seit 130 v. Chr. kennt man einen Rampenvorhang (*Aulaeum*), der Bühne und Zuschauerraum voneinander trennt, den man in eine Rinne am vorderen Bühnenrand herabläßt und aus der man ihn am Ende der Aufführung wieder hochzieht.

In den römischen Provinzen haben sich einige Theater erhalten, an denen man diese Entwicklungen und Veränderungen gegenüber dem griechischen Theater sehr gut ablesen kann. So am Theater in Mérida in Spanien, an dem von Bosra im syrischen Hauran und an dem im tunesischen Thugga, wo noch jene zwei mehrstufigen Treppen erhalten sind, die aus der Orchestra hinauf auf die Bühne führen. Besonders eindrucksvoll sind die erhaltenen Reste einstiger Prunkfassaden in den Theatern von Sabratha, einer ehemaligen römischen Provinzstadt im heutigen Libyen, jetzt Ruinenfeld westlich von Tripolis, und

Orange. Das römische Theater mit dem Augustus-Standbild im Zentrum der mächtigen ›*Scenae frons*‹.

vor allem im südfranzösischen Orange in der Provence. Hier imponiert die fast vollständig erhaltene, einst vierstöckige und 37 m hohe Scenae frons, die in der Mitte des dritten Stockes direkt über der Porta regia des ersten Stockes in einer muschelartigen Bogennische eine über 4 m hohe Statue auf Sockelfundament aufweist.

In seiner architektonischen Geschlossenheit stellt das römische Theater gegenüber dem griechischen Freilichttheater einen wesentlichen Meilenstein in der Entwicklung hin zum mehrrangigen Innenraum heutiger Opernhäuser dar. Das verdeutlicht das in den Jahren 1579–1584 nach Entwürfen des bedeutenden Renaissance-Baumeisters *Andrea Palladio (1508–1580)* erbaute Teatro Olimpico in Vicenza. Die Cavea (hier *Loggia* genannt) ist ein an der Längsachse geschnittenes Halboval mit zwölf Sitzreihen, die in drei Segmente geteilt sind. Hinter der oberen Reihe befindet sich eine begehbare Säulenarkade, darüber eine Architekturgalerie mit Statuen. Vor der ersten Reihe schließt sich zur Bühne hin ein Drittelrund als alte Orchestra an. Die Bühne besteht aus einer zweieinhalbstöckigen zur Gänze erhaltenen Scenae frons und den Paraskenen, die mit reichhaltiger Architektur versehen und mit einer getäfelten Decke überdacht sind. Von den fünf Toren gibt die Porta regia als Bogentor den Blick auf die flache Hinterbühne frei, die von einem Prospekt abgeschlossen wird, der in zentralperspektivischer Architekturmalerei eine von Palästen eingerahmte Straßenfront zeigt. Hinter den Portae hospitales stehen Winkelrahmen in Schrägstellung und mit perspektivischer Reliefmalerei versehen. Die so perspektivisch gemalte Scheinarchitektur hinter den drei Durchgängen der Scenae frons täuscht eine große Tiefe vor, die in Wirklichkeit gar nicht vorhanden ist.

Wenn wir jetzt an dem griechischen, von den Römern erweiterten Theatergrundmuster einige gedachte Veränderungen und Verschiebungen vornehmen, haben wir am Ende den typischen Innenraum eines heutigen Opernhauses vor uns. Die Scenae frons schieben wir ganz nach hinten, sie wird zu der die Bühne abschließenden Brandmauer, und behalten sozusagen nur ihren Rahmen als Bühnenportal, das wir mit einem Bühnenvorhang versehen, hinter dem sich die Hauptbühne sowie die Seiten- und Hinterbühnen ausdehnen, über denen sich der Schnürboden mit den Seilzügen für eingehängte Dekorationsteile sowie die rundum laufende Beleuchtungsgalerie befinden, wobei letztere durch die Beleuchtungsbrücke und die beiden Beleuchtungstürme in der dem Zuschauer abgewandten Rückseite des Portals ergänzt wird. Die Paraskenien verwandeln wir in Proszeniumslogen, das vordere Drittel der Orchestra schieben wir unter die Vorbühne und machen es so zum Orchestergraben, während die beiden anderen Drittel zum Zuschauerparkett umfunktioniert werden. Dieses wird vom Dreiviertelrund der Zuschauerränge (also der früheren Cavea) umschlossen, die bis an die Proszeniumslogen (ehemals Paraskenien) heranreichen. Die vormaligen einzelnen Segmente der Cavea bilden jetzt die

Ranglogen und Sitzreihen, der einstige Umlauf ist zum dahinter befindlichen Wandelgang (Foyer) geworden, über den man in den Zuschauerraum und zu den einzelnen Plätzen gelangt. Selbst der zentrale Ehrensitz des Dionysos-Priesters hat seine Entsprechung in der großen Mittelloge des ersten Ranges (früher auch *Königs- oder Fürstenloge* genannt) gefunden. Aus optischen wie aus akustischen Gründen für unser nach dem Guckkastenprinzip gebautes Opernhaus sowie wegen der enormen räumlichen Ausdehnung des gesamten Zurichtungsapparates und nicht zuletzt auch wegen des (fast) täglichen Spielbetriebes hat sich das Platzangebot heutiger Theater erheblich reduziert. (32)

Wir haben den Kreis des antiken Theaters absichtlich etwas weiter ausgeschritten, um aufzuzeigen, daß das Sprechtheater unter tatkräftiger, funktional jedoch begrenzter Mithilfe der Musik die Fundamente gelegt hat, auf denen nunmehr das eigenständige weil eigene Wege gehende musikalische Theater entstehen und sich entwickeln kann. Lange genug hat es ja gedauert. Nun aber, da der Boden bereitet ist, wollen wir uns den einzelnen musikalischen Gattungen des Theaters zuwenden, deren Entstehungs- und Entwicklungsprozeß wir mit den Vorgaben der Antike sicher werden leichter verstehen können, ohne ständig Erklärungen nachschieben und Rückverweise vornehmen zu müssen.

ERSTER AKT DIE OPER

I. RENAISSANCE, BAROCK UND KLASSIK

Wiedergeburt der Antike und neuzeitliches Denken

Wann endet eine Epoche und wann beginnt eine neue? Hörte gestern das Mittelalter auf und begann heute die Renaissance? Kann man große historische Zeitabschnitte überhaupt mit Jahreszahlen einklammern? Man hat es immer wieder und schon früh versucht. Aber selbst die klassische Dreiteilung Altertum-Mittelalter-Neuzeit hat ihre Tücken. Endete das Altertum im Jahr 476 mit der Absetzung des letzten weströmischen Kaisers Romulus Augustulus durch den germanischen Heerführer Odoaker, der als oberster militärischer Führer der germanischen Söldnerheere Italien besiegte – wie die einen sagen; oder mit der Schließung der Platonischen Akademie im Jahre 529 durch Kaiser Justinian – wie andere sagen? Begann das Mittelalter mit der Christianisierung des Römischen Reiches unter Konstantin dem Großen, mit dem Einsetzen der Völkerwanderung im Jahre 375 oder gar erst im 9./10. Jahrhundert? Fing die Neuzeit 1450 mit der Erfindung des Buchdrucks an – wie die einen sagen; oder 1492 mit der »Entdeckung« Amerikas durch Kolumbus – wie die Mehrheit meint; oder erst mit der europäischen Aufklärung des 18. Jahrhunderts, wie wieder andere behaupten?

Man hat für die eine wie die andere These mehr oder weniger plausible Gründe angeführt, aber das Verfahren selbst, so hilfreich es auch ist, führt letztlich zu keinem befriedigenden Ergebnis. Denn die politische und wirtschaftliche, gesellschaftliche und kulturelle Fortentwicklung der Geschichte ist ein steter Fluß, dessen einzelne Stromschnellen durch besondere Ereignisse wie durch herausragende Persönlichkeiten markiert werden. Nichts hört abrupt auf oder beginnt schlagartig, denn nichts ist ohne Ursachen, Wirkungen und Folgen, was zwangsläufig zu epochalen Überschneidungen führen muß. »Panta rhei« (alles fließt) heißt der berühmte, dem griechischen Philosophen Heraklit aus dem 6. vorchr. Jahrhundert zugeschriebene Grundsatz, der bedeutet, daß das Sein ein ewiges Werden ist.

Dieser grundsätzlichen Problematik unterliegt auch die Darstellung dieses Buches. Dabei haben wir es jetzt leichter, wenn wir auf die Entstehung des musikalischen Theaters zugehen und uns das Bild des 15. und 16. Jahrhunderts vor Augen führen, denn das ist nach allgemeiner Übereinstimmung unstreitig die Zeit der Renaissance. Wir können uns dabei zudem geographisch genau nach dem Süden Europas orientieren.

Das Ringen zwischen Papst und Kaiser mit der Frage, ob die weltliche Macht der geistlichen Macht unterworfen ist, prägte auf weite Strecken die politische Geschichte des Mittelalters. Dieses Ringen endete mit der Befreiung des Kaisers aus den kurialen Fesseln und von dem Anspruch des Papsttums auf die geistliche *und* weltliche Macht auf Erden und besiegelte endgültig den Zusammenbruch des mittelalterlichen Weltbildes. Das war eine gesamteuropäische Angelegenheit. Kulturell wurde das Mittelalter jedoch von Frankreich und Deutschland geprägt. Das wird nun in der Renaissance anders: die erste »Kulturweltmacht« der Neuzeit heißt Italien.

›Renaissance‹ bedeutet wörtlich »Wiedergeburt«. Konkret geht es um die der griechischen und römischen Antike, also um das Altertum, dessen Kultur man über die vergangenen Jahrhunderte verloren glaubte, für tot hielt. *Giorgio Vasari (1511–1574)*, der große Maler und Architekt der späten Renaissance, nennt das Mittelalter eine »dunkle, finstere und barbarische Zeit des Niedergangs und des Verfalls« (1), andere schimpfen es »gotisch«. Die Wiedergeburt der antiken Kultur, die der Mensch der Renaissance für sich in Anspruch nimmt (obwohl wir heute wissen, daß *der* Renaissance mehrere große »Renaissancen« und »renovationes« – Erneuerungsbewegungen – des abendländischen und byzantinischen Mittelalters vorausgegangen waren, z. B. die sogenannte Karolingische Renaissance), heißt also, deren überlieferten Leistungen in Wissenschaft und Philosophie, Kunst und Literatur neu zu entdecken, sich mit ihnen zu beschäftigen, sie zu bewahren und aus ihnen zu lernen.

Daß die Renaissance ihren Ausgang vom spätmittelalterlichen Italien nimmt, dem Land einer dem Neuen aufgeschlossenen Stadtkultur und einer hoch entwickelten Geldwirtschaft, erscheint uns nahezu logisch. Wir befinden uns im Kernland der römischen Antike, die Stadt Rom blieb auch nach dem historischen Zerfall des Weströmischen Reiches unter christlichen wie imperialen Gesichtspunkten immer »caput mundi«, Mittelpunkt des Kosmos; das Italienische steht von allen romanischen Sprachen dem Lateinischen am nächsten, Italien weist im Süden zudem viele griechische Sprachinseln auf, und bedeutende Seestädte wie Amalfi, Pisa, Genua und Venedig besitzen ebenso wie die großen Handelsmetropolen Florenz und Mailand vielfältige Beziehungen zu Griechenland. Mit seiner Vielzahl an Kleinstaaten und Fürstentümern, Stadtstaaten und Stadtrepubliken baut Italien seine schon früh durch Teilnahme an den Kreuzzügen begründeten Handelsbeziehungen zur Levante aus, also zu den Ländern des vorderen Orients entlang der Küste des östlichen Mittelmeers. Das ist immerhin auch jenes Gebiet, auf dem Antike und Christentum zuerst aufeinander trafen und wo es zur Vermischung der Kulturen kam.

Dafür stand das alte, um 600 v. Chr. gegründete Byzanz, das um 330 n. Chr. von Kaiser Konstantin dem Großen seinen neuen Namen Konstantinopel erhielt. Die von Konstantin und seinen Nachfolgern großzügig ausgebaute christliche Hauptstadt des römischen, des Byzantinischen Reiches nahm als Kulturzentrum über Jahrhunderte eine Mittlerfunktion zwischen der griechisch-römischen Antike und dem christlichen Abendland ein. In seiner Spätzeit war Konstantinopel, das bereits von der Plünderung und Verwüstung durch ein Kreuzfahrerheer im Jahre 1204 schwer geschädigt war, dagegen von den machtpolitischen Expansionsbestrebungen der Osmanen bedroht, die 1453 die Stadt einnahmen und in Istanbul umbenannten.

Des einen Leid, des andern Freud: von diesen Vorgängen hat schließlich Italien und damit Westeuropa kulturell enorm profitiert. Denn die ständige Bedrohung und Unsicherheit vertreibt ab 1400 griechische Gelehrte in die italienische Emigration. Sie bringen antike Literatur in Originaltexten oder in Abschriften mit, darunter auch philosophische Schriften *Platons*, die man in Europa bislang in ihrem griechischen Urtext nicht kennt. So kommt es zur Gründung von Studienzirkeln der griechischen Sprache und Philosophie auf süditalienischem Boden. Bedeutsam dafür wird das Jahr 1439. In dem Streben der römisch-katholischen Kirche nach einer Union mit der griechischen Kirche beruft Papst Eugen IV. 1437 ein Konzil nach Ferrara, das Anfang April 1438 eröffnet und nach 25 Sitzungen zu Beginn des Jahres 1439 nach Florenz verlegt wird, weil die Stadt sich erboten hat, die Kosten aufzubringen. Während dieser Zeit – das Konzil wurde nicht offiziell geschlossen, sondern 1443 nach Rom verlegt – hält der bereits hochbetagte byzantinische Philosoph *Georgios Gemistos Plethon (1355–1452)* Vorlesungen über die Philosophie des Platon und des Aristoteles. Unter den aufmerksamen Zuhörern befindet sich auch *Cosimo de' Medici (1389–1464)*, der reichste und mächtigste Bürger von Florenz, der den größten Teil der für das Konzil benötigten Gelder aufgebracht hat. Von seinem griechischen Gast, den er in seinem Palazzo beherbergt, erfährt er von Platons Akademie, die der Philosoph 385 v. Chr. vor den Toren Athens gegründet und bis zu seinem Tode selbst geleitet hatte und die erst 529 n. Chr. geschlossen worden war. Und er hört von Plethons eigener Platonischer Akademie in dessen Geburtsstadt Mistra bei Sparta. Das bewegt den Mediceer, eine eigene Akademie in Florenz ins Leben zu rufen. So entsteht in der *Academia Platonica* die erste Akademie der Neuzeit, die 1459 ihre Pforten öffnet. Die Leitung überträgt Cosimo dem Philosophen *Marsilio Ficino (1433–1499)*, der sie auf seinem Landsitz Carregi einrichtet, einem Geschenk seines Gönners. Von diesem mit der Übersetzung und Kommentierung Platons beauftragt, versucht Ficino, ein auf der platonischen Philosophie basierendes neues Weltbild zu entwerfen. Die Florentiner Akademie wird zum Vorbild weiterer italienischer Akademien, so in Mantua, Neapel, Venedig, Ferrara, Mailand und Rom. Sie alle sind Gründungen fürstlicher Mäzene mit dem Ziel der Erneuerung literarischer und wissenschaftlicher Studien. Damit leisten sie in ihrer Zeit mehr als die bestehenden Universitäten, die eigentlich nur die theologischen, juristischen und wissenschaftlichen Lehrinhalte der Tradition, die auf dem scholastischen Universalwissen und auf der Philosophie des Aristoteles beruhen, weitergeben, ohne selbst zu forschen. Man wirft ihnen deshalb vor, keine zukunftsweisenden Antworten auf die gesellschaftlichen und politischen Veränderungen der Zeit zu haben.

In der Wiederentdeckung der griechischen Philosophie und Literatur sowie mit deren kommentierten Herausgabe liegt die eigentliche Leistung der *Humanisten*. Das sind zunächst die universell gebildeten Lehrer der antiken Sprachen, die sie von den »Rohheiten des Mittelalters« zu reinigen suchen. Sie begründen die ›studia humanitatis‹ und wollen sie nun mittels der alten Sprachen, in denen die Klassiker des Altertums – das sie als Goldenes Zeitalter und als verlorenes Paradies betrachten – das ganze Wissen und die Kultur ihrer Zeit niedergeschrieben hatten, weitergeben. Ziel soll also sein, mit der hauptsächlich philosophischen und philologisch-textkritischen Beschäftigung die geistige Aussage der alten Kultur und ihrer Werke aufzuspüren und einem neuen geistig-literarischen Bewußtsein nutzbar zu machen und zu einem neuen Weltbild zu gelangen. Will Durant schreibt dazu: »Es war zur Zeit der Medici, daß die Humanisten den Geist Italiens für sich gewannen, ihn aus seiner Bindung an die Religion loslösten und der Philosophie zuführten, ihn aus dem Himmel zur Erde zurückholten und einer Generation von erstaunten Zeitgenossen die Schätze der heidnischen Literatur und Kunst enthüllten ... Der Mensch wurde jetzt das eigentliche Studium der Menschheit, der Mensch in der Kraft und Schönheit seines Körpers, den Freuden und Schmerzen seiner Sinne und Empfindungen, der gefährdeten Majestät seiner Vernunft, der Mensch, wie er am herrlichsten und vollkommensten in der Literatur und in der Kunst des alten Griechenlands und des alten Rom Gestalt gewonnen hatte. Das war Humanismus.« (2)

Wie aber kommt man an Texte, von denen man vielleicht gerade eine Ahnung, aber kein gesichertes Wissen hat? Durch kriminalistischen Spürsinn und Agententätigkeit. »Bücher, die in den Bibliotheken dahinsiechten, sind ans Licht gebracht worden« schreibt 1575 der französische Humanist und Historiker *Loys le Roy*. Intensive Suchaktionen werden unternommen, aber neu sind sie nicht. Schon Italiens großer Dichter *Francesco Petrarca (1304–1374)*, in dem viele neben *Dante* und *Boccaccio* den eigentlichen geistigen und literarischen Mentor der italienischen Renaissance sehen, spricht von den versteckten Büchern als den »lieblichen Gefangenen, von barbarischen Kerkermeistern in Haft gehalten«. Als einer der ersten sammelt er auf seinen vielen Reisen antike

Literatur, läßt Kopisten und Übersetzer für sich arbeiten und legt eine umfangreiche und wertvolle Privatbibliothek an. Darin eifert ihm *Papst Nikolaus V.* *(Pontifikat 1447–1455)* nach, der selbst antike Autoren abschreibt, Kopisten und Übersetzer beschäftigt, durch Agenten griechische Werke aus Griechenland besorgen läßt und somit die Vatikanische Bibliothek begründet, die noch heute zu den bedeutendsten europäischen Bibliotheken zählt. Dritter im Bunde wird auch hier *Cosimo de' Medici,* der ebenfalls Agenten beauftragt, Bücher aus allen Weltgegenden zu beschaffen, er stellt allein 45 Schreiber in seine Dienste, die jene alten Werke abschreiben, die er im Original nicht bekommen kann. Mit seiner kostbaren Privatbibliothek legt er den Grundstein für die spätere ›Biblioteca Medicea Laurenziana‹ bei San Lorenzo in Florenz, deren Lesesaal man in den Jahren 1524–1534 nach Plänen Michelangelos erbaut. Sie suchen und werden fündig, denn in den zahlreichen Klosterbibliotheken Italiens, Frankreichs, Deutschlands und der Schweiz lagern wertvolle alte Bestände, Hinterlassenschaft des ebenso gebildeten und begabten wie fleißigen mittelalterlichen Mönchstums.

Vom konkreten Begriff der Renaissance als Wiedergeburt der Antike führt uns der Weg zu ihrer eigentlichen Bedeutung. Die Beschäftigung mit den Zeugnissen der alten Kultur soll ja nicht nur pure Wissensvermittlung bleiben, sondern man will daraus lernen, will sie nutzbar machen für die Zeit und den Menschen. Wissenschaftlich bedeutet das erst einmal die Abdankung der Scholastik, die jahrhundertelang das Denken beherrschte, indem sie die Wahrheiten der christlichen Dogmatik zur allein gültigen Grundlage erklärt hatte. Das bedeutet weiter die Loslösung von dem das gesellschaftliche und private Leben des Menschen prägenden Einfluß der Kirche, der das gesamte Mittelalter dominierte. Das heißt schließlich, die Befreiung der weltlichen Autorität des Herrschers aus dem Machtanspruch und aus dem Machtgefüge von Kirche und Papsttum zum Anlaß zu nehmen, über sich selbst nachzudenken. In *Jacob Burckhardts* berühmtem Wort von der Renaissance als der Zeit der »Entdeckung der Welt und des Menschen« manifestiert sich das neuzeitliche Denken jener Epoche. Aus den Werken der Antike liest man nicht nur die Kraft der politischen Gedanken, man begegnet auch der Natur in der Welt ihrer Literatur und der Natürlichkeit des menschlichen Körpers in ihren bildhauerischen Werken. Man betrachtet die Darstellung des nackten Menschen in den antiken Skulpturen frei von moralischen Gewissensbissen, genießt die Schönheit in ihrer Natürlichkeit und gewinnt so ein ganz neues Verhältnis zur eigenen Sinnlichkeit. Damit ist der Mensch bei sich selbst angelangt, er begreift sich als Individuum und Individualität und entwickelt ein für das Mittelalter undenkbares neues, weil ichbezogenes Lebensgefühl. Hellmut Diwald spricht von der Renaissance als einer Epoche, in der sich »die menschliche Selbständigkeit freisetzt« und nennt sie ein »Aufbegehren des Menschen zugunsten des Menschen, eine Inventur des Humanen. Auf dem Programm stand schlicht die allmähliche Entdeckung des Eigenwertes der Persönlichkeit.«(3) Unübertroffen hat dies der italienische Humanist und Philosoph *Giovanni Pico della Mirandola (1463–1494)* zum Ausdruck gebracht, wenn er in seiner 1496 erschienenen »Rede von der Würde des Menschen« Gott zu Adam sagen läßt: »Du, durch deine Beschränkung eingeengt, sollst dein Wesen bilden nach deinem freien Ermessen; denn in diese Hand habe ich dich gegeben. Ich habe dich in die Mitte der Welt gestellt, damit du Ausschau hältst nach dem, was dir in der Welt besonders entspricht. Wir haben dich nicht himmlisch und nicht irdisch, nicht sterblich und nicht unsterblich gemacht, damit du dir diejenige Gestalt schaffst, die du möchtest, gewissermaßen als freier und edler Bildner und Schöpfer deiner selbst.«

Mirandola spricht von der Würde des Menschen, und das heißt nichts anderes, als daß der Mensch der Renaissance in den Werken der Antike sich selbst entdeckt. Das ist im höheren Sinn Wiedergeburt, die zur individuellen Persönlichkeit des Menschen führt, zu seiner Freiheit, seiner Selbständigkeit, seinem menschlichen Wert. Er vertraut seinen eigenen Fähigkeiten und anerkennt die menschliche Leistung in Wissenschaft und Kunst als eigene schöpferische Tat sui generis und nicht mehr als bloße Nachahmung, wie Aristoteles lehrte. Das ist revolutionär neu und gerade auch für unser Thema von einzigartiger Bedeutung. Renaissance heißt eben auch und besonders die Wiedergeburt der individuellen Schöpferkraft des Menschen: das Kunstwerk und sein Schöpfer sind einzig, d. h. autonom (nach eigenen Gesetzen gestaltet) und autark (unabhängig, frei). Der Künstler selbst versteht sich nicht mehr nur als einfacher, gewöhnlicher Handwerker, sondern als freier Schöpfer von Kunstwerken, niemandem als sich selbst und seinem Schaffen gegenüber verantwortlich. Zum ersten Mal tritt der abendländische Mensch heraus aus seiner Unmündigkeit, die er freilich nicht als selbstverschuldete begreift, wie es später Kant definieren wird.

Ein Hinweis auf die politische und gesellschaftliche Situation der Zeit mag das bisher Gesagte noch ergänzen. Das Studium der Griechen und Römer vermittelt auch genaue Vorstellungen von deren demokratischen und republikanischen Staatsformen. Schon um die Wende des 11./12. Jahrhundert entstehen in Italien Stadtstaaten und Stadtrepubliken mit einer Verfassung, in der möglichst alle gesellschaftlichen Gruppierungen – Aristokratie, Klerus, Bürgertum und Handwerk – repräsentiert sein sollen. Die Ämter der öffentlichen Verwaltung werden mit gebildeten Bürgern und Vertretern der Zünfte besetzt, darunter gibt es viele Humanisten, die aktiv am städtischen Geschehen teilnehmen und die eine weltliche Aufgabe geradezu reizt. Es entstehen Kommunen, die sich ihre ersten Bürger zu Konsuln wählen, die die Jurisdiktion innehaben und damit die eigentliche Macht. Ihnen zu-, teilweise sogar übergeordnet ist die sie wählende Vollversammlung oder das Ratsgremium. Nicht alle der vielen italienischen Städte, die sich untereinander oft heftig bekriegen, haben gleiche Bedeutung wie etwa Asti, Cremona, Lucca oder Siena oder wie vor allem die neben Rom wichtigen vier großen Macht- und Wirtschaftszentren Florenz, Genua, Neapel und Venedig. Handel, Wirtschaft und Verkehr sowie das wachsende Banken- und Finanzwesen haben sie reich gemacht, wofür vor allem die großen Familien garantieren, die schließlich die eigentliche Macht über die Städte besitzen. So die Geschlechter der Doria in Genua und der Foscari in Venedig; des Hauses Aragón in Neapel, der Gonzaga in Mantua und der Este in Ferrara; die Familien der Borgia, Colonna, Orsini und Barberini in Rom, der Visconti und Sforza in Mailand sowie der Borromei, Medici, Pazzi und Pitti in Florenz. Ihr Reichtum, zu dem noch ausgedehnte Ländereien gehören, die sie als Großgrundbesitzer verwalten, ermöglicht jenes einzigartige Mäzenatentum für Wissenschaft und Kunst, Literatur und Musik, das so entscheidend die Kultur der Renaissance in Italien gefördert hat. Sie erwerben sich darin, wenn auch nicht immer mit den feinsten Methoden, höchste Verdienste. Aber keine von ihnen lebt im Bewußtsein der Nachwelt so wie die Familie der Medici in Florenz, die wohl größten Mäzene, die es je gegeben hat. Sie leisten hinter den Kulissen auch Hebammenhilfe bei der Geburt der Oper. Bevor wir jedoch deren Geburtszimmer betreten, müssen wir noch einen Blick auf jenes kulturelle Umfeld werfen, in dem die Oper das Licht der Welt erblicken wird.

Kunst und Literatur, Theater und Musik

Wenn wir an die Kultur der Renaissance in Italien denken, so tun wir dies gewöhnlich zuerst und vor allem mit dem Blick auf die *Bildende Kunst*. Architektur und Malerei sind nahezu Synonyme für diese Epoche. Ihnen vor allem gilt auch die Förderung durch die mächtigen Renaissancefamilien, die als Auftraggeber erfolgreich in Konkurrenz zu den Renaissancepäpsten treten. Die Päpste verstehen sich nicht nur als geistliche und geistige Autoritäten, sondern immer auch als Machtmenschen und politische Führer. So haben sie ihre Aufträge an die Künstler wahrlich nicht allein ›Omnia ad maiorem Dei gloriam‹ vergeben, sondern auch um Besitz und Macht zu demonstrieren. Wie erbost sich doch gleich Mephisto darüber, daß Gretchen den Schmuck von Faust der Kirche übergeben hat: »Die Kirche hat einen guten Magen,/Hat ganze Länder aufgefressen/Und doch noch nie sich übergessen;/Die Kirche allein, meine lieben Frauen,/Kann ungerechtes Gut verdauen.« Die Päpste und die weltlichen Potentaten wetteifern oft bedenkenlos darin, eine illustre Schar von Künstlern in ihre Dienste zu verpflichten, und die Namen der hervorragendsten unter

61

ihnen klingen wie Musik, wie die Takte der ewigen Sphärenharmonie der Kunst aller Zeiten: *Bellini, Botticelli, Bramante, Donatello, Carpaccio, Brunelleschi, Cellini, Giorgione, Michelangelo, Raffael, Tizian, Tintoretto, Palladio, Caravaggio* – und mitten unter ihnen das Universalgenie *Leonardo da Vinci.*

Im Gegensatz zur Bildenden Kunst erfährt die *Dichtung* erkennbar weit weniger Förderung, obwohl die Renaissance mit *Dante, Petrarca, Boccaccio, Boiardo, Ariost* und *Torquato Tasso* die großen Klassiker der italienischen Literatur hervorbringt. Poetischer Ziehvater ist ihnen der größte Dichter des Augusteischen Zeitalters Roms *Vergil (Publius Vergilius Maro 70–19 v. Chr.)*, der auch als Taufpate für die *Pastoraldichtung* gelten muß, der eigenständigen Schöpfung der Renaissancedichtung. Ihr epochemachendes, fast zweihundert Jahre lang von gleichbleibender Popularität getragenes Werk verfaßt der Neapolitaner *Jacopo Sannazaro (1456–1530)* mit seinem 1504 erschienenen Schäferroman »Arcadia«. Der für den Titel beanspruchte Name der altgriechischen Hirtenlandschaft Arkadien gilt als Symbol des friedvollen Landlebens in Natur und Freiheit. Doch ist Arkadien nicht nur ein schönes, in seiner Unwirklichkeit nur verträumtes literarisches Motiv, sondern auch eine »Denkform der Zeit«, wie man gesagt hat. Wir dürfen bei allen ihren großen Leistungen ja nicht vergessen, daß die Renaissance auch eine aufgewühlte und gefahrvolle Zeit ist, in der fast ständig blutige Kriege und Bürgerkriege geführt werden, Epidemien wüten, Ausschweifung und Laster herrschen, eine Zeit des grausamen Folterns und Tötens, heimtückischer Giftmorde sowie politischer Verschwörungen und Anschläge. Mit der Moral nimmt man es auch nicht sonderlich genau, nicht einmal die hohe Geistlichkeit, wie das Beispiel des Borgia-Papstes Alexander VI. besonders kraß zeigt. Als er noch Kardinal Rodrigo Borgia ist, gilt er als hervorragender Organisator der Kurie und General der päpstlichen Truppen. Aber er ist auch der Liebe schlichtweg verfallen, er wird Vater von mindestens sieben Kindern von verschiedenen Frauen, seine Tochter *Lucrezia Borgia* und sein Sohn *Cesare Borgia* gehören zu den berühmt-berüchtigten Gestalten der Renaissance und werden, als der Vater 1492 den Stuhl Petri besteigt, von diesem rücksichtslos gegenüber anderen protegiert.

Das Leben in der Stadt selbst ist nicht ungefährlich und für die meisten Bewohner beschwerlich. So kann man die Popularität der Pastoraldichtung verstehen als eine vorübergehende Flucht in ein ideales Dasein, um neue Kräfte für das reale Leben zu gewinnen. Doch auch Arkadien bleibt nicht ganz ungetrübt, denn es bricht mitunter auch die aktuelle Wirklichkeit herein in Gestalt von genuß- und kunstsüchtigen Höflingen, was zu Konflikten führt. Hier geht die Renaissancedichtung über den Ansatz der antiken Pastoralliteratur hinaus.

Vielfältig bietet sich das *Theater* der Renaissance dar. Es gibt sich ebenso prunkvoll und ist darin Vorreiter der theatralischen Opulenz des Barockzeitalters wie bescheiden in den Aufführungen des Bürgertums und des einfachen Volkes. Prunkvoll sind die *Höfischen Feste*, meist als Huldigung für die Fürsten gedacht, seien es die Regenten der aristokratischen Geschlechter, seien es die Führerpersönlichkeiten der großen Familien. »Die Welt des höfischen Festes ist eine idealisierte Welt, in der alle gefährlichen Eventualitäten aus einer geordneten und kontrollierten Natur verbannt sind. Im höfischen Fest wird die Überzeugung des Renaissance-Menschen, daß er sein eigenes Schicksal kontrollieren und die natürlichen Ressourcen des Universums bändigen kann, in ihrer extremsten Form ausgedrückt. In seiner Fülle von künstlerischen Erfindungen war das Hoffest der Renaissance ein Ritual, in der die Gesellschaft ihre Weisheit bestätigt und ihre Kontrolle über die Welt und deren Geschick betonte.« (4)

Zum prunkvollen Spektakel geraten die *Trionfi*. Es handelt sich dabei um den theatralisch aufgeplusterten Ein- und Umzug anläßlich des Besuches eines Regenten in einer seinem Herrschaftsgebiet zugehörigen Stadt, ein zentraler Teil des Herrscherzeremoniells. Am Stadttor wird er, der meist auf einem besonders opulent ausgeschmückten, von mehreren Pferden gezogenen und von berittenen Höflingen eskortierten Prunkwagen thront, von den Ratsherren sowie den Vertretern des Klerus, des Bürgertums und der Zünfte ehrenvoll empfangen. Dann wird die förmliche Schlüsselübergabe vollzogen, anschließend geleitet man den Gast durch die Straßen der Stadt zum *Palazzo Comunale*, dem Rathaus. Unterwegs hält der Zug mehrfach an, um sich durch Spielszenen, Tänze, Auftritte allegorischer Figuren (wie Jugend und Alter, Tugend und Laster, Klugheit und Torheit, Ruhm und Vergänglichkeit), musikalischen Darbietungen und anderen Formen des Straßentheaters unterhalten zu lassen. Die Trionfi, ein Erbe des Mittelalters und noch während der Barockzeit gepflegt, sind den Triumphzügen der römischen Kaiserzeit nachgestaltet, die auf antiken Reliefs abgebildet sind. Sie huldigen dem Renaissancepotentaten nach Art der römischen Kaiser, erinnern ihn aber auch an die Tugenden, denen er sich verschrieben hat (oder die ihm fehlen), und an die Freiheit seiner Untertanen, die er ihnen garantieren und die er respektieren soll.

Das *geistliche Theater* hat in Italien nicht mehr die gleiche Bedeutung wie noch in Deutschland, Frankreich und Spanien; erst das Jesuitentheater der Gegenreformation wird es neu beleben. Die *griechische Tragödie* spielt auch hier wie anderswo in Europa überhaupt keine Rolle mehr. Ganz anders verhält es sich mit dem Schauspiel der römischen Antike. Die Komödien des *Plautus* und des *Terenz* sowie die Tragödien des *Seneca* stehen im Zentrum sowohl des öffentlichen Sprechtheaters wie auch bei den Hoffesten der Fürsten und Familien, worin der Hof der Este in Ferrara beispielhaft ist. Terenz war zwar schon im Mittelalter bekannt (die größte Dichterin des Hohen Mittelalters, Hrotsvit von Gandersheim, eiferte in ihren christlichen Märtyrerdramen ausdrücklich

63

der Kunstfertigkeit des Heiden Terenz nach), aber seine Popularität ist um ein Vielfaches gewachsen, seit kein Geringerer als *Nikolaus von Kues (1401–1464)* zwölf bis dahin unbekannte Komödien des Römers fand, so daß man nun insgesamt zwanzig Stücke von ihm aufführen kann. So veröffentlicht man 1470 in Rom die erste Terenz-Ausgabe, der 1472 in Venedig eine erste Plautus-Ausgabe und 1474 in Ferrara eine erste Seneca-Ausgabe folgen. Das Bemühen jedoch, eine eigene Renaissancetragödie nach römischem Vorbild zu schreiben, geht über den momentanen Erfolg nicht hinaus. Die Schauspielaufführungen zeigen eine eher sparsame Kulissenausstattung, wie es für das Sprechtheater in den meisten Zeiten seiner Geschichte charakteristisch bleiben wird im Gegensatz zum musikalischen Theater, das von Anfang an einen opulenten bühnenbildnerischen Rahmen beansprucht. Aber man spielt die Stücke in kostbaren zeitgenössischen Kostümen aus Seide, Tuch, Leinen und Atlas.

Auch das so beliebte *Pastoraldrama* ist nur von temporärer Bedeutung geblieben, selbst seine Meisterwerke sind heute fast vergessen: Da ist *Torquato Tassos* fünfaktiges Pastoraldrama »Aminta«, 1573 auf der Po-Insel Belvedere bei Ferrara uraufgeführt. Es ist eine Liebesgeschichte zwischen dem Hirten Aminta und der Nymphe Silvia, die erst nach langen Gefühlsirrungen und mit Hilfe des liebes- und lebenserfahrenen Paares Tirso und Dafne zueinander finden. Das Ganze ist eher lyrisch als dramatisch, selbst in seinen komischen Szenen. Ähnlich verhält es sich mit dem Pastoraldrama »Il pastor fido« (Der treue Schäfer) von *Giovanni Battista Guarini (1538–1612)*, Tassos Nachfolger als Hofdichter in Ferrara. Das 1595 in Crema, einer kleinen Stadt der Provinz Cremona, uraufgeführte Werk mit einer reichlich verworrenen Handlung, gilt als die bedeutendste Pastoraldichtung des europäischen Renaissancetheaters, wird ab 1602 in fast 100 Ausgaben publiziert, in alle Sprachen (sogar ins Persische!) übersetzt und in ganz Europa mit dem größten Erfolg gespielt.

Die italienische Pastoraldichtung, auch bukolische Literatur genannt (von griechisch *bukoloi* = Hirt; auch nach der »Bucolica«, einer Sammlung von Hirtengedichten des Vergil), liefert stofflich und inhaltlich die Vorlagen für die frühe Oper, die sie damit entschieden in die Auseinandersetzungen mit der antiken Literatur einbindet und sie das neue Lebensgefühl widerspiegeln läßt. Hier sei noch einmal betont, daß man in der Renaissance lange vor dem berühmten klassischen Kunsturteil des deutschen Archäologen *Johann Joachim Winckelmann* über die »edle Einfalt und stille Größe« der antiken Kunst deren Natürlichkeit und Schönheit bewundert und sie auch aus der Dichtung heraus liest. Man erkennt eine prinzipielle Lebenshaltung, die dem erwachenden Verständnis der Renaissance für die Individualität des Menschen außerordentlich entgegenkommt. In bukolischer Natur, in ländlich heiler Welt außerhalb der alle Gefahren bergenden Stadt sieht man sich befreit von klerikaler wie höfischer Zucht und Ordnung, erkennt man den Wert des von Jenseitsängsten unbelasteten, ursprünglichen und natürlichen Lebens, bejaht die diesseitigen Freuden und genießt die Wonnen der Liebe, die nicht mehr nur dann für gut gehalten wird, wenn sie sich letztlich als Teil der Liebe zu Gott begreift, sondern die ihren Grund hat in der vitalen Sinnlichkeit zwischen dem Ich und seinem Du.

Die Pastoraldramatik gewinnt für die Oper noch aus einem weiteren Grund so eminente Wichtigkeit: mit der nicht zu unterschätzenden Rolle, die sie der Musik einräumt. Singen, Musizieren und Tanzen sind die natürlichen Ausdrucksformen des arkadischen Hirtendaseins. Fast in jedem Stück finden sich Solo- und Chorgesang sowie instrumentale Zwischenspiele. Dabei kommt dem zuerst in Norditalien Anfang des 14. Jahrhunderts nachweisbaren, erst zweidann bald mehrstimmigen *Madrigal* besondere Bedeutung zu. Was uns nicht verwundert. Das Madrigal war ja ursprünglich in der Literatur ein Schäfergedicht und dann ein von Hirten gesungenes lyrisches Solo- und Chorlied vorrangig erotischen Inhalts, bis es zu neuen literarischen Ehren gelangt und dann zur bevorzugten lyrisch-musikalischen Gattung des weltlichen Gesangs aufsteigt.

Die *Musik* der Renaissance schließlich hat außer *Orlando di Lasso, Giovanni Pierluigi Palestrina* und *Giovanni Gabrieli* keine Komponisten hervorgebracht, die über die Zeiten hinweg mehr als nur musikhistorische Bedeutung erlangten. Daraus jedoch schließen zu wollen, die Musik sei für die damalige Zeit eine belanglose Sache gewesen, wäre ein großer Irrtum. Immerhin gehört sie seit der spätrömischen Antike neben Grammatik, Rhetorik, Dialektik, Arithmetik, Geometrie und Astronomie zu den sieben freien Künsten. Unter dem Einfluß der »Niederländer« *Desprez, Dufay, Isaac, Ockeghem* und *Willaert* – alle der franko-flämischen Schule entstammend und zwischen 1420 und 1480 in dem hoch kultivierten Herrschaftsgebiet der Herzöge von Burgund, dem heutigen Belgien und Holland, tätig – entwickelt sich in Italien ein reges musikalisches Leben, das maßgebliche Vorarbeit leistet für die Weltbedeutung der italienischen Barockmusik. Diente die Musik in der Kirche noch ausschließlich der Liturgie und damit, Gott zu gefallen, so fungierte die Musik im Palast wie auf der Straße als Vergnügen, aber auch als dramaturgisches Element bei den Theateraufführungen. Die wissenschaftliche Beschäftigung mit der griechischen und römischen Musik setzt jedoch erst gegen Ende des 16. Jahrhunderts ein, wobei der Einfluß des Humanismus auf die Musik – im Gegensatz zum Humanistendrama des Sprechtheaters – praktisch bei Null liegt. Man spricht deshalb weder von einem humanistischen Musikstil noch von einer humanistischen musikalischen Schule. Was aber die wissenschaftliche Musikforschung der Renaissance auszeichnet, das übernimmt sie von den Niederländern. Die schon sind sich einig, daß das Grundgesetz der antiken Musik in dem Umstand liegt, die Musik empfange ihren Sinn vom Wort her und sei deshalb der Dichtung untergeordnet. »Die Noten sind der Leib, die Worte aber die Seele der Musik« lautet ein Ausspruch des im 16. Jahrhundert schaffenden Madrigalkomponisten *Marc'Antonio Mazzone*. So legen auch die Niederländer in ihren Vokalkompositionen besonderen Wert auf die Interpretation des Textes durch metrische Deklamation und harmonischen Ausdruck. So nimmt es uns auch weiter nicht wunder, daß man gerne hochwertige Dichtung vertont, von den Alten vor allem Vergil und Horaz, von den Modernen Petrarca und Tasso. Und noch eines beanspruchen sie als feste Überzeugung, mit der sie sich solidarisch wissen mit allen anderen Künstlern: sie schaffen im Bewußtsein ihrer künstlerischen Freiheit, sie komponieren individuell und verstehen das geschaffene Werk als ein Ganzes und als eine Einheit. Was uns jedoch an manchen Musikern dieser Zeit in Erstaunen setzt, ist, daß sie zwischen einer anspruchsvollen Musik für Fürsten und Herren und einer gewöhnlichen für das Volk, also zwischen hoher und niederer Musik unterscheiden – unglückselige Vorboten aus früher musikalischer Zeit für die unsinnige heutige deutsche Unterscheidung zwischen E- und U-Musik?!

Es war wichtig, uns, wenn auch in sehr konzentrierter Form, jenes Umfelds zu vergewissern, in dem die Oper als erste Gattung des musikalischen Theaters entstehen kann. Wir verstehen so vielleicht besser, daß sie nicht einfach so nebenbei und als reines Zufallsprodukt entsteht, sondern eine fast logische Konsequenz dessen darstellt, was sich kulturell entwickelt hat. Mit diesem notwendigen Rüstzeug ausgestattet, betreten wir nach langem Fußmarsch durch Antike, Mittelalter und Renaissance nunmehr am Ausgang des 16. Jahrhunderts die Stadt, in deren Mauern sich das kulturelle Leben der Zeit beispielhaft vollzieht und wo gleich mehrere Geburtshelfer sich bemühen, die Oper das Licht der Welt erblicken zu lassen: Florenz.

Florenz ›erfindet‹ die Oper

Am Ende des 16. Jahrhunderts und damit am Ausgang der Renaissance hat Florenz, als »neues Athen« gerühmt, seine wechselvolle und ruhmreiche Geschichte zum größten Teil schon hinter sich. Einst als etruskische Siedlung gegründet, dann zum strategisch wichtigen römischen Lager mit Kapitol und Forum ausgebaut und im späten Mittelalter zur bedeutenden, fast 120 000 Einwohner zählenden Stadtrepublik mit bürgerlicher Selbstverwaltung und demokratischen Zügen empor gewachsen, beginnt ab 1400 der Aufstieg der Stadt zur europäischen Wirtschafts- und Finanzmetropole und zum blühenden Kulturzentrum, wie es selten eine Stadt gewesen ist. Noch einmal sei Jacob

Burckhardt zitiert: »Die höchste politische Bewußtheit, den größten Reichtum an Entwicklungsformen findet man vereinigt in der Geschichte von Florenz, welches in diesem Sinne wohl den Namen des ersten modernen Staates der Welt verdient.«(5) Dafür steht allein schon der Name wie eine Verpflichtung, denn nach einhelliger Meinung stammt *florentina* von dem Wort *flora* ab, was auf die blumenübersäte Arnoebene verweist und Florenz als »die zwischen Blumen erbaute Stadt« benennt.

Florenz. Der Palazzo Vecchio, errichtet ab 1299 als Palazzo comunale der freien Kommune, seit dem 15. Jahrhundert Palast der ›Signoria‹, der von den Medici beherrschten Stadtherrschaft.

Um 1500 ist Florenz einer der großen geistigen und kulturellen Mittelpunkte Europas. Das verdankt die Stadt nicht zuletzt der Bankiers- und Unternehmerfamilie der *Medici*, die seit 1434 die eigentliche Macht über die Stadt ausübt. Ihr unermeßlicher Reichtum, ihre internationale Ausstrahlung, verbunden mit dem einzigartigen Kunstsinn und der hohen Bildung ihrer Mitglieder macht sie zu den größten Mäzenen der europäischen Kulturgeschichte. *Cosimo der Ältere (1389–1464)* und *Lorenzo il Magnifico (1449–1492)* sind die beiden legendären Gestalten dieser Familie.»Ihr seid ein König in jeder Beziehung, außer dem Namen nach« soll Papst Pius II. einmal zu Cosimo gesagt haben. Großvater und Enkel sind gleichermaßen klug und umsichtig in der Handhabung ihrer politischen und wirtschaftlichen Macht, wie sie ebenso kunstverständig und großzügig als Schirmherren der Künste auftreten. Ihrer Initiative und der Vergabe finanziell reich ausgestatteter Bauaufträge verdankt Florenz zum großen Teil sein noch heute bewundernswertes Stadtbild, zu dem die berühmten großen Stadtpaläste zählen: der Palazzo Medici-Riccardi von 1444, der Palazzo Pitti von 1457 (vollendet erst 1650) und der Palazzo Strozzi von 1489 (vollendet um 1500). Lorenzo der Prächtige, ein Anhänger der Philosophie Platons und selbst ein Dichter, kommt das Verdienst zu, *Michelangelo (1475–1564)*, praktisch entdeckt zu haben. *Francesco Guicciardini (1483–1540)*, neben *Nicolò Machiavelli (1469–1527)* der bedeutendste italienische Historiker der Zeit, schreibt über seine Vaterstadt Florenz zur Zeit des Lorenzo de' Medici: »Die Stadt genoß den vollkommenen Frieden. Die führenden Bürger waren einig und hielten fest zusammen. Tag für Tag ergötzte sich das Volk an Schauspielen, Festen und Neuigkeiten. Florenz war im Überfluß mit Lebensmitteln versehen, und alle Gewerbe standen in Blüte. Die Männer von Geist und Talent fanden ehrenvolle Aufnahme und die Möglichkeit, alle Wissenschaften, Künste, alle Begabungen zu pflegen. Im Innern der Stadt herrschte allgemein Ruhe und Eintracht; nach außen stand sie in höchstem Ansehen.«

Bei alledem haben die Medici viele Neider und Feinde. Lorenzo entkommt 1478 während eines Hochamtes im Dom nur mit Glück einem von der rivalisierenden Familie Pazzi organisierten spektakulären Mordanschlag, und *Girolamo Savonarola (1452–1498)* brandmarkt von der Kanzel herab die sündigen Taten der Medici, durch die Florenz einem fürchterlichen Gottesgericht verfallen wird. Diese Schmähungen tragen 1494 zur Vertreibung der Medici aus Florenz entscheidend bei. Savonarola, der glühende Bußprediger und Asket, Prior des hochangesehenen Klosters San Marco, ist eine große Gefahr für die Kulturszene von Florenz. Als er auf dem Höhepunkt seiner Macht im Karneval 1497 auf der Piazza della Signoria einen Scheiterhaufen errichten läßt zur Verbrennung von Büchern, Bildern, Schmuck und anderen Kleinodien, überspannt der selbsternannte Prophet den Bogen. Die Reaktion des Papstes und seiner Getreuen gipfeln im Interdikt über Florenz (d. h. dem Verbot, Messen

Florenz. Die Uffizien, Schaufront zum Arno hin. Sie wurden 1559–80 nach Plänen Giorgio Vasaris (1511–1574) errichtet. Zugleich Verwaltungsgebäude und Sitz der Mediceischen Kunstsammlungen verkörperte das Bauwerk das neue fürstliche Selbstverständnis der Medici.

zu lesen und die Sakramente zu spenden) und in der Exkommunikation Savonarolas; von seinen Anhängern verlassen und als Ketzer verurteilt, stirbt der Dominikaner am 23. Mai 1498 auf dem Scheiterhaufen. Die folgenden Jahre ermöglichen den Medici 1512 die Rückkehr nach Florenz, sie erlangen noch einmal die Herrschaft über die Stadt und werden 1531 offiziell zu Herzögen ernannt. *Cosimo I. (1519–1574)*, seit 1537 Herzog von Florenz und seit 1569 Großherzog von Toskana, sowie *Ferdinand I. (1549–1609)* knüpfen erfolgreich an die große Zeit der Familie an und zeichnen sich als Politiker wie als Förderer von Wissenschaft und Kunst aus. Auch sie vergeben noch Aufträge an die Künstler, unter denen der Maler, Bildhauer, Architekt und Kulturpolitiker *Giorgio Vasari (1511–1574)* herausragt, dessen Buch »Leben der Künstler« für die Kunstgeschichte der italienischen Renaissance von bleibender Bedeutung ist.

In dieser letzten glanzvollen Zeit der florentinischen Kultur kommt es zur Gründung von zwei bedeutenden Akademien. Ihre Entstehung ist bei alledem ein Zeichen, daß Florenz als aktives Zentrum des Kunstschaffens allmählich zurücktritt, sich stärker der gelehrten Aufarbeitung seiner Kultur zuwendet. 1582 entsteht die *Accademia della Croce*, die sich vor allem der Sprachforschung widmet, nach 1600 das erste italienische Wörterbuch herausgeben wird und noch heute besteht. Und zwei Jahre zuvor schon gründet der am Hof der Medici tätige Graf Bardi die *Camerata Fiorentina* (die wir im folgenden der Einfachheit halber mit CF abkürzen).

Die CF zeichnet sich unter allen anderen Akademien dadurch aus, daß sie sich erstens allein auf die Beschäftigung mit der Musik konzentriert und das zweitens gleichermaßen in der theoretischen Erörterung wie mit praktischen Übungen tut. Darin ist sie einzigartig, aber nicht die erste. Sie hat eine Vorgängerin in der ›Académie de Poésie et de Musique‹ (später ›Académie du Palais‹ genannt), die *Jean Antoine de Baif (1532–1589)*, Gelehrter, Verfasser von lyrischen Gedichten nach dem Vorbild des Petrarca und Übersetzer antiker Dramen, zusammen mit dem Musiker *Thibaut de Courville* 1570 in Paris gründet. Sie ist wohl die erste Akademie überhaupt, die sich intensiv mit Musik beschäftigt und sie nach dem Muster der griechischen Antike mit der Dichtung zu verbinden sucht. Sie betont deren Einheit, führt praktische Übungen durch und bezieht auch den Tanz mit ein. Dennoch geht die CF einen Schritt weiter. Sie untersucht die griechische Tragödie als Dichtung *und* deren Aufführung in den großen Freilichttheatern der klassischen Zeit. Das ist um so bemerkenswerter, als die Tragödien von *Aischylos, Sophokles* und *Euripides* in der Vielfalt des Theaterlebens der Renaissance weder in Italien selbst noch im übrigen Europa irgend eine Rolle spielen. Daß sie jetzt, da die Hochblüte des Humanismus vorbei ist und einmal mehr eine Epochenwende ansteht, nämlich die zum Barock, plötzlich ins Blickfeld späthumanistischer Forschung geraten, ist schon erstaunlich. Das ist es um so mehr, als die in den Werken der drei klassischen Tragiker gestalteten großen Mythen – vor allem der Labdakiden-(Ödipus, Antigone), Argonauten-(Medea) und Atridenmythos (Elektra, Iphigenie, Orest) – in der ersten Zeit der Oper stoffgeschichtlich und inhaltlich überhaupt nicht relevant sind. Mehr noch: sie tauchen in der Geschichte der Oper im Gegensatz zu der des Schauspiels allenfalls sporadisch auf, gewinnen nur selten Bedeutung wie in *Glucks* beiden »Iphigenie«-Opern von 1774 und 1779 oder in *Cherubinis* »Medea« von 1797 und finden eigentlich nur einmal Eingang in das noch heute gültige internationale Opernrepertoire mit der 1909 uraufgeführten »Elektra« von *Richard Strauss* in der Nachdichtung durch *Hugo von Hofmannsthal*.

Bevor wir die nicht ganz unkomplizierte Arbeit der CF so verständlich wie möglich darzustellen versuchen werden, seien zuvor die wichtigsten Mitglieder dieser 1580 gegründeten Akademie vorgestellt.

Da ist zunächst der Gründer selbst. *Giovanni Bardi, Conte di Verino (1534–1614)* ist Humanist und Mäzen in einer Person, er dichtet und komponiert. Einem reichen Florentiner Adelsgeschlecht entstammend, das enge Verbindungen zum Hof von Ferrara hat, erwirbt er sich zunächst militärische Verdienste um die Republik seiner Geburtsstadt und tritt schreibend mit einer Abhandlung über das Fußballspiel erstmals an die Öffentlichkeit. Aber er ist vor allem von Grund auf ein musischer Mensch. Schon in den Jahren ab 1576 hat er »ein Programm für die Wiederbelebung der griechischen Tragödie unter Verwendung von Musik entwickelt« (6). Ab 1580 lädt er zu Akademiesitzungen in seinen Palazzo Bardi in der Via dei Benci ein, sorgt für die musikalische Aus- und Weiterbildung Vincenzo Galileis, befaßt sich mit Naturwissenschaften (später wird er vorübergehend Schüler Galileo Galileis) und verfaßt theoretische Schriften über die Musik. Laut Caccini kommen »ein großer Teil des Adels« sowie »die ersten und geistvollsten Männer, Dichter und Philosophen der Stadt« zusammen, über die er später urteilen wird, er habe »wahrlich aus ihren gelehrten Gesprächen mehr gelernt als durch dreißigjähriges Studium des Kontrapunktes.«

Jacopo Corsi (1540–1604) ist wie Bardi ebenfalls ein florentinischer Edelmann, der sich als Instrumentalist einen Namen gemacht hat und der nachweislich bei zahlreichen Aufführungen als Cembalospieler hervortritt, so auch bei der Uraufführung der ersten Oper. In dem seiner Familie gehörenden Palazzo Pitti findet die CF ihre neue Heimstatt, als Graf Bardi 1592 zum päpstlichen Kämmerer ernannt wird und nach Rom geht. Dort findet auch die erste Opern-Uraufführung der Musikgeschichte statt.

Ottavio Rinuccini (1562-1621) gehört ebenfalls einem Florentiner Adelsgeschlecht an und wächst am Hof der Medici auf. Er tritt als Schauspieler und Sänger hervor, schreibt für verschiedene Festlichkeiten die Texte und wird zum führenden Literaten und Dichter der CF. Er ist uns vor allem als Librettist der ersten Opern bekannt, deren Texte überliefert sind, auch als Dichter der leider verschollenen Oper »L'Arianna« von Monteverdi.

Marco Antonio da Gagliamo (1575-1642) stammt aus Gagliamo, einem kleinen Ort der Toskana und kommt nach Florenz, um einen geistlichen Beruf zu erlernen. Er wird schon in jungen Jahren Priester an St. Lorenzo, bei dessen Kapellmeister er ersten Musikunterricht nimmt und 1602 dessen Stellvertreter sowie 1608 auch sein Nachfolger wird. Ende 1607 hält er sich für kurze Zeit am Hof von Mantua auf, wird dann aber von Cosimo II. de' Medici im Jahr 1610 zum Kapellmeister des Großherzogs von Toskana ernannt. Er komponiert mehrere Opern, von denen die bekanntesten »Il Medoro« (Florenz 1619), »Giuditta« (Bologna 1621) und »La Flora« (Florenz 1628) sind. Vor allem aber seine 1608 in Mantua uraufgeführte Oper »La Dafne« mit dem Textbuch Rinuccinis gehört zu den ersten erfolgreichen Werken der Operngeschichte und ist vollständig überliefert.

Girolamo Mei (1519-1594) ist der Älteste im Kreis der CF und gilt als der erste bedeutende Musikwissenschaftler und Forscher der griechischen Musik. Er studiert griechische Literatur und Philosophie, lehrt sie dann auch und ist bekannt für sein exaktes Quellenstudium antiker Autoren, die er in seinen eigenen vier Tragödien nachahmt.

Vincenzo Galilei (1520-1591), geboren in Santa Maria a Monte nahe bei Florenz, beginnt 1540 sein Musikstudium in Florenz, wo er schnell Aufsehen durch sein überragendes Lautenspiel erregt. Danach studiert er in Venedig, Rom, Messina und Marseille und läßt sich 1562 nach seiner Heirat in Pisa nieder, wo er an der in ganz Europa berühmten Universität im Lautenspiel unterrichtet und wo zwei Jahre danach sein später weltberühmter Sohn Galileo geboren wird, der Begründer der modernen Physik. Seit 1572 lebt die Familie in Florenz, Galilei ist 1578/79 vorübergehend am bayerischen Hof tätig, der dank seines Hofkapellmeisters Orlando di Lasso zu den wichtigsten europäischen Zentren der Musikpflege zählt. Ihn verbindet vor allem mit Mei ein reger Gedankenaustausch über griechische und moderne Musik, dem seine bekannte Schrift über alte und neue Musik (»Discorsi della musica antica et della moderna«) entspringt, die zur theoretischen Grundlage der ganzen neuen Richtung wird.

Giulio Caccini (1550-1610) kommt aus Rom, wo sein Vater Kapellmeister an Santa Maria Maggiore ist. Seinen ersten Musikunterricht erhält der junge Giulio in Gesang und im Lautenspiel, 1564 kommt er an den Hof der Medici und wird Berufssänger. Er bildet seine ganze Familie musikalisch aus, seine zwei Töchter werden ebenfalls bekannte Sängerinnen, von denen Francesca sich auch als Komponistin einiges Ansehen erwirbt. 1604 hält sich die inzwischen berühmte Familie einige Monate lang in Paris auf Einladung der französischen Königin Maria von Medici auf. Caccini, der als erster Gesangsvirtuose der Musikgeschichte gilt, ist am Mediceerhof als Instrumentalist und Sänger tätig und tritt vor allem als Harfenist und Komponist bei den höfischen Aufführungen der dort besonders beliebten Intermedien auf. Im Jahr 1600 komponiert er auf den Text von Rinuccini die Oper »Euridice«, deren Partitur noch im gleichen Jahr gedruckt wird. Die Uraufführung selbst findet jedoch erst 1602 statt.

Emilio de' Cavalieri (1550-1602) entstammt einer vornehmen römischen Familie und betreibt Musik anfangs nur als Hobby, obwohl sein Vater ausübender Musiker ist. In den Jahren 1578-1584 ist er Leiter und Organisator der musikalischen Veranstaltungen der Bruderschaft del Crocifisso und wird 1588 zum Generalintendanten für alle künstlerischen Angelegenheiten des toskanischen Hofes in Florenz berufen. So ist er auch der theatralische Leiter der CF, als welcher er bei den Aufführungen auch die Oberaufsicht über die Sänger und Schauspieler hat. Zugleich tritt er als Komponist hervor. Sein Hauptwerk »Rappresentazione di Anima e di Corpo« (Wettstreit der Seele und des Körpers) wird 1600 in Rom, wohin er zurückgekehrt ist, zu einer der musik-dramatischen Sensationen des frühen Barock, die Theatergeschichte geschrieben hat.

Jacopo Peri (1561-1633) ist ebenfalls in Rom geboren, er nimmt schon früh Unterricht in Gesang und Musik und wird als Organist und Sänger rasch bekannt. Gagliamo preist seine Kunst, »singend zu rezitieren«, in den höchsten Tönen: »Ist doch niemand, der dieser Kunst nicht unendliches Lob zollte, und kein Liebhaber der Musik, der nicht die Gesänge des Orpheus stets vor sich hätte.« Peri knüpft schon früh enge Bindungen zum florentinischen Hof, an dem er 1591 zum Direktor der Musik und der Musiker ernannt wird. Der dreimal verheiratete Witwer und Vater von dreizehn Kindern gilt als bescheiden und äußerst umgänglich, er bringt es durch wohlüberlegte Sparsamkeit zu beträchtlicher Wohlhabenheit und erwirbt 1597 ein Haus in Florenz, in dem er bis zu seinem Tod in hohem Ansehen lebt. Peri ist der erste Opernkomponist der Musikgeschichte: er komponiert die Musik zur ersten Oper »Dafne« (die leider als verloren gilt) und zu »Euridice« (wobei ihm Caccini behilflich ist und die 1600 ebenfalls in Florenz uraufgeführt wird) und er steuert einige Kompositionsteile zu Monteverdi »L'Arianna« bei. Diese Zusammenarbeit ergibt sich dadurch, daß Monteverdi den Ideen und Experimenten der CF gegenüber sehr aufgeschlossen ist.

Wir Menschen von heute begegnen den Leistungen solcher Akademien allzu rasch mit Vorurteilen, bewerten sie gern abschätzig als schöngeistige Debattierclubs von Liebhabern und Dilettanten. Ähnlich distanziert stehen wir der Salonkultur des 19. Jahrhunderts gegenüber und erkennen erst bei näherer Beschäftigung mit ihr, was sie allein als Forum junger Dichter, Musiker und Komponisten geleistet hat. So ist ein Urteil wie das von Michael Mann: »Der Zirkel der Camerata, die Geburtsstätte der *nuove musiche* (neuen Musik), bestand nicht in erster Linie aus Musikern, sondern aus Philologen, Dichtern, humanistischen Schöngeistern« (7) schlichtweg falsch.

Wie nun gehen die Mitglieder der CF im einzelnen vor, was untersuchen sie und zu welchem Ergebnis führen sie ihre Studien? Ihr Gegenstand ist die klassische griechische Tragödie. In der genauen Untersuchung der Texte, die ihnen vorliegen, finden sie bestätigt, was vor ihnen die Humanisten in der Dichtung und die Niederländer in der Musik erforscht und zur Richtschnur ihres eigenen Schaffens gemacht haben: die Antike besaß genaue Vorstellungen vom Verhältnis zwischen Wort und Ton. Die Tragödien sind in Versen, also in rhythmisch gebundener Sprache und nicht in Prosa geschrieben, in ihr treten Chöre auf und es ist die Rede von Chorliedern und Tänzen. Den ihnen zugänglichen alten Quellen entnehmen sie zudem, daß man bei den Aufführungen sowohl der Tragödien wie der Komödien Musikinstrumente verwendete. Bei der Lektüre der Dialoge *Platons*, der ersten philosophischen Autorität der Zeit, stoßen sie auf eine in den Texten zwar verstreute, aber erkennbare musikästhetische Konzeption. Sie ist nicht ganz einfach, aber sie hat einen klaren Grundansatz, und der allein interessiert die Camerata-Mitglieder. Die Einheit von Wort und Ton, so der Philosoph, ist das erstrebenswerte Ziel, aber unter der strengen Beachtung der Rangfolge. Da die Musik ihre Entstehung der Metrik des Verses, also dem Rhythmus des gesprochenen Wortes verdankt, ist sie der Dichtung untergeordnet. In seinem Dialog »Gesetze« schreibt Platon u. a., es sei »eine kaum lösbare Schwierigkeit, den eigentlichen Sinn von Rhythmus und Harmonie zu erkennen, wenn sie ohne Worte auftreten, und zu bestimmen, ob der Gegenstand ihrer Nachahmung auch nur der Rede wert ist.«(8) Er geht sogar soweit, Flötenspiel (z. B. bei den Komödienaufführungen) und Kitharraspiel (z. B. bei den Tragödienaufführungen) ohne Verbindung zum Gesang als Geschmacksverirrung und eitel Blendwerk abzutun. Denn: »Das Lied besteht aus drei Elementen, aus dem Wort, der Harmonie und dem Rhythmus. Harmonie und Rhythmus aber müssen dem Wort folgen.« Was

Rhythmus bedeutet, ist klar. Unter *Harmonie* verstanden die Griechen die Zusammenfügung, um zu einer übersichtlichen Ordnung zu kommen, in der die Teile eines Ganzen in Übereinstimmung gebracht werden. Unter *logos* verstanden sie sowohl das gesprochene Wort wie auch den Verstand, da nach Platon denken ein Urteil abzugeben bedeutet und dieses durch das Wort erst ausgedrückt werden kann. Von daher erklärt sich die vorrangige Bedeutung von Dichtung für die antiken Gelehrten, Dichter und Philosophen.

Bernardo Buontalenti, Auftritt von Jacopo Peri als Arion in einem Intermezzo von 1589. Der Musiker singt eine eigene Komposition, ein Echo-Lied, das die Kraft der Musik beschwört.

Caccini hat diesen Gedanken nahezu wörtlich übernommen, wenn er in der Vorrede zu seinem 1602 erscheinenden Buch über die neue Musik sich auf Platon und andere Philosophen beruft: »Diese behaupten, die Musik sei zunächst nur Sprache, sodann Rhythmus und zuletzt Ton, nicht aber umgekehrt, sonst könne sie nicht in das Gemüt der Zuhörer dringen.« Und an anderer Stelle schreibt er, die »gelehrten Kenner« der CF hätten ihn »stets verpflichtet, der von Platon und anderen Philosophen viel gepriesenen Tradition zu folgen, welche die Elemente der Musik nach ihrer Bedeutung in der folgenden Rangordnung reiht: zuerst das Wort, danach der Rhythmus und an letzter Stelle der Ton.«

Aus allem, was ihnen zugänglich ist, entnehmen die Mitglieder der CF die Erkenntnis, daß die Musik der Griechen einstimmig (monodisch) war. Denn nur so könne die Textverständlichkeit und damit auch die Verständlichkeit der dargestellten Dichtung gewährleistet werden. Das macht sie zu entschiedenen Gegnern der Mehrstimmigkeit (Polyphonie) in der Musik ihrer Zeit, die ihrer Ansicht nach von regelrechten Auswüchsen heimgesucht ist, die es dem Hörer beispielsweise einer 44stimmigen Messe einfach unmöglich macht, den Text zu verstehen. In ihren Angriffen gebrauchen sie Formulierungen, die wir heute nicht ohne ein gewisses Vergnügen lesen. So schimpft Galilei die Polyphonie eine »lasterhafte, freche Dirne«; Doni nennt den Kontrapunkt eine »Erfindung höchst barbarischer Zeiten und Menschen, die jeder Kenntnis und Bildung beraubt waren«; Bardi bemerkt »soviel der Geist edler ist als der Körper, um so viel sind die Wörter edler als der Kontrapunkt«; Caccini schließlich wirft der polyphonen Musik vor, sie zerstöre durch Unverständlichkeit des Textes dessen Sinn und betreibe damit »ein wahres Zerfleischen der Poesie« und er wettert drauf los, mit solcher Musik bezwecke man nur, »von der Menge gepriesen und als großer Sänger ausgeschrien zu werden.« Die mehrstimmige Musik, so fährt er fort, biete höchstens einen vergnüglichen Ohrenschmaus, sie müsse aber doch so beschaffen sein, daß man »gleichsam musikalisch sprechen« könne.

Aus den Kommentaren der CF-Mitglieder über ihre Arbeit und Kompositionen lesen wir immer wieder die Forderung, die Dichtung müsse absoluten Vorrang vor der Musik haben und diese habe alles zu unterlassen, was der Textverständlichkeit schade, damit der Sinngehalt der Dichtung im Gesang nicht verborgen bleibe oder gar durch die Musik zerstört werde. Peri fordert deshalb, zwischen den »gehaltenen und langsamen Bewegungen des Gesanges und den behenden und schnellen des Redens« ebenso zu unterscheiden wie zwischen dem Informationsgehalt des Textes (den die fortlaufende Rede liefert) und den unterschiedlichen menschlichen Affekten (wie Freude, Schmerz, Trauer usw.). Dem muß sich auch die instrumentale Musik anpassen, wobei sich die Beteiligung des Basses in langsamen (traurigen) und schnellen (fröhlichen) Bewegungen auf die jeweiligen Stimmungen einzustellen hat. Der

Gesang richtet sich also ausschließlich nach der Sprache, wobei durch unterschiedliche Betonung und Schnelligkeit des Singens nicht jede Note gleich betont werden soll. Es geht ihm und seinen Mitstreitern in der CF um einen neuen Stil, der sich einer Betonung bedient, welche über das gewöhnliche Sprechen hinausgeht, aber unter dem melodischen Singen bleibe, sozusagen »ein Mittleres« darstellt.

Das alles macht ja durchaus Sinn. Heute wissen wir beispielsweise, daß sich das Altgriechische verschiedener Tonhöhen als Ausdrucksmittel bediente, und in der chinesischen Sprache kann durch Hebung und Senkung der Stimme ein Wort unterschiedliche Bedeutungen haben. Hebung und Senkung sind ja Grundbegriffe der Metrik, die durch langsames, normales oder schnelles Reden das Tempo des wirkungsvollen Vortrags bestimmt. Von hier ist es nur noch ein kurzer Weg zum Parlando des Opernrezitativs und zur ariosen (melodischen) Ausgestaltung des gesungenen Textes und von da schließlich zur Arie als dem gesanglichen Kernstück der Oper.

Die Absicht der CF hat *Giovanni Battista Doni (1594–1647)* in seinem 1640 in Florenz veröffentlichten Buch »Della musica scenica« (Über den Ursprung des neuen Bühnengesangs) so zusammengefaßt: »Man wollte Klarheit darüber, wie man die so gelobte und angesehene, aber mit anderen edlen Gütern unter dem Vordringen der Barbaren seit Jahrhunderten verschwundene Musik der Alten wieder in Gebrauch setzen könne ... Man wurde vor allem darüber einig, daß man, da die heutige Musik im Ausdruck der Worte ganz unzureichend und in der Entwicklung der Gedanken abstoßend war, bei dem Versuch, sie der Antike wieder näher zu bringen, notwendigerweise Mittel finden müsse, die Hauptmelodie eindringlich hervorzuheben und so, daß die Dichtung klar vernehmlich sei und die Verse nicht verstümmelt werden.«

In der Erkenntnis, daß die antike Musik einstimmig war, gelangt man zu einem einstimmigen, über die Deklamation hinausgehenden halbmelodischen Gesangsstil, den man *stilo recitativo* nennt, einen »redenden Stylos«, wie Heinrich Schütz auf seinen Italienreisen befindet. Es ist ein rezitierendes Singen (*recitar cantando*). Da sie darüber hinaus die Meinung vertreten, in dieser Art habe man auch in klassischer Zeit die Tragödien aufgeführt, übertragen sie diesen Stil – nennen wir ihn ab jetzt mit dem uns gebräuchlichen Namen *Rezitativ*, denn darum handelt es sich ja – natürlich auch auf ihre eigenen Stücke nach griechischem Muster, in denen sie hinsichtlich von Inhalt und Handlung antike Mythologie und zeitgenössische Pastoraldichtung miteinander verbinden. Dabei erhalten die Götter der Antike ihre römischen Namen (*Diana* statt *Artemis* heißt die Göttin der Jagd, *Venus* statt *Aphrodite* die Göttin der Liebe, *Jupiter* statt *Zeus* wird künftig der oberste Gott genannt) und treten mit Nymphen und Faunen auf. Übernommen wird der Chor als wichtiger dramaturgischer Bestandteil, aber die Solorollen werden im Gegensatz zur Antike von männlichen *und* weiblichen Darstellern verkörpert, und es treten in den einzelnen Szenen so viele Personen auf, wie erforderlich.

Neben der Pastoraldichtung bleibt eine andere Spielform des Renaissance-Theaters nicht ohne Einfluß, die vor allem das italienische Theater charakterisiert. Gemeint sind die äußerst populären *Intermedien*. Es handelt sich um kurze Zwischenspiele, die man, angeregt durch die Aufführungen der römischen Komödie, als Einlagen in die Aufführungen ernster Schauspiele einfügt, um das Publikum zwischen den Akten zu unterhalten. In der Regel sind es kurze selbständige Szenen, die in keinem inhaltlichen Zusammenhang mit dem eigentlichen Stück stehen und in der ersten Zeit auch untereinander keine, später nur eine lose Verbindung miteinander aufweisen. Es sind burleske Sprechszenen, kleine Tanzspiele und schließlich auch musikalisch erweiterte kleine Chor- und Singspiele. Musik und Ausstattung werden in diesen vor allem bei den höfischen Festen (Geburt, Hochzeit) sehr beliebten Intermedien mit der Zeit immer prächtiger. Von dem 1565 aufgeführten Intermezzo »Psyche und Amor« ist der musikalische Aufwand überliefert: personenreiche Chöre und Tänze sowie ein 44 Instrumente umfassendes Ensemble von Violinen und Violen, Schnabel- und Altflöte sowie Fagott, Trommel und anderen Schlaginstrumenten. Anläßlich der Hochzeit von Ferdinand de' Medici mit Christina von Lothringen 1589 in Florenz wird u. a. die Komödie »La Pellegrina« von *Girolamo Bargaglia* aufgeführt. Für deren Intermedien schreibt Rinuccini die Texte, komponieren Caccini, Peri und Cavalieri die Musik – sie alle sind Mitgleider der CF! Das dritte Intermezzo heißt »Der Kampf Apollos mit dem Drachen Python« mit dem Text von Rinuccini. Vertont ist es nur als Chorgesang ohne Solostimme. Der Dichter wird, leicht geändert, diese Szene in seine Oper »Dafne« übernehmen. Ein interessantes Beispiel, antike Tragödie und zeitgenössische Musik miteinander zu verbinden, ist aus dem Jahr 1585 überliefert. Für die Aufführung des »Ödipus« des Sophokles im Teatro Olimpico zu Vicenza komponiert *Andrea Gabrieli* die Chöre neu, die eindrucksvoll geklungen haben sollen.

Die musikalische Begleitung der frühen Oper ist anfangs rein akkordisch durch die Instrumente des Generalbasses Cembalo und Laute, zu denen auch Theorbe (große, mehrstimmige Laute) und Chitarrone (größtes und tiefes Lauteninstrument) hinzukommen. Was entsteht, nennt man für längere Zeit vorwiegend *favola in musica* (musikalische Fabel) oder *dramma per musica* (Drama mit Musik). Entstanden ist jedoch nichts weniger als eine neue Gattung des Theaters und die erste Gattung des musikalischen Theaters überhaupt: die *Oper*.

Die ersten Opern in Florenz und Rom

Die Dichtung zu »*La Dafne*« von Ottavio Rinuccini ist dank ihrer mehrfachen Vertonung in der Folgezeit erhalten, die Musik von Jacopo Peri dagegen gilt bis heute leider als verloren. Die erste Oper der Theatergeschichte hat den griechischen Mythos vom Schicksal der schönen Nymphe Daphne, wie er vor allem in den »Metamorphosen« Ovids überliefert ist, zum Inhalt.

Die Oper ist als *Dramma in musica* bezeichnet und in 1 Prolog und 6 Bilder eingeteilt. Im Prolog tritt der römische Dichter *Ovid (43 v. Chr.–18 n. Chr.)* auf und singt von Apollo, der um Daphne weint. In der moralischen Quintessenz dieses Prologes – lange die übliche dramatische Einleitung der frühen Oper, woran sich auch Monteverdi noch halten wird – spricht Ovid als erster bedeutender Liebeslyriker der Weltliteratur sein ureigenes Thema an: man verachte nicht die Macht des Liebesgottes Amor, wie das Beispiel des Apollo zeige. In den folgenden sechs Bildern, in arkadisch lieblicher Gegend spielend, wird die Geschichte von Apollo und Daphne erzählt und gestaltet: Nymphen und Hirten beklagen die Verwüstung ihrer Fluren und das Schlagen ihrer Herden durch

Zweimal Apollo und Daphne: Die Werke von Antonio del Pollaiolo (1429–1498) und Gianlorenzo Bernini (1598–1680) zeigen die Verwandlungsszene in ganz unterschiedlicher Weise.

79

einen gefährlichen Drachen und bitten den Himmel um Hilfe. Der schickt Apollo, der den Drachen besiegt. Als er Amor und dessen Mutter Venus begegnet, verspottet er den jungen Liebesgott, der sich dafür rächt: sein Pfeil trifft Apollo und entzündet in ihm die Liebe zu Daphne, die er verfolgt. Da sie als Dienerin der keuschen Jagdgöttin Artemis (Diana) die Liebe des Gottes verschmäht und ihm entfliehen kann, betrauert er ihr Schicksal und erhebt den Lorbeer, in den die Nymphe verwandelt worden ist, zur göttlichen Pflanze.

Das Werk ist ausgesprochen arm an szenischer Handlung, die eigentlichen Ereignisse wie die Tötung des Drachens und die Verwandlung Dafnes geschehen nicht auf, sondern hinter der Bühne und werden nur berichtet. Der Rezitativgesang der Solisten wechselt mit den Liedern des Chores ab, der zunächst noch eine ähnliche Bedeutung hat wie der Chor der griechischen Tragödie.

Entstanden ist die »Dafne« etwa ab 1594, von einer oder mehreren teilweisen oder gänzlichen Aufführungen innerhalb der CF wissen wir nichts. Die erste öffentliche Aufführung erfolgt im Karneval des Jahres 1597 auf einer improvisierten Bühne im Palazzo Pitti des Grafen Corsi. Unter den Zuschauern befindet sich auch *Cosimo II. de' Medici*, seit 1590 regierender Herzog von Florenz. Wie wir uns die szenische Gestaltung in etwa vorzustellen haben, darüber gibt es ein authentisches Zeugnis, das Rückschlüsse auch auf die Uraufführung zuläßt. *Marco da Gagliamo* gehört zu jenen Komponisten, die das Textbuch Rinuccinis ebenfalls vertont haben, und seine Musik ist vollständig erhalten. Gagliamo ruft 1600 mit der *Accademia degli Elevati* eine weitere florentinische Akademie ins Leben, deren Patronat der junge Kardinal Gonzaga übernimmt, der natürlich enge Beziehungen zu seiner Familie in Mantua hat. Deshalb findet die Uraufführung dieser neuen »Dafne« 1608 am Hof von Mantua im Rahmen prunkvoller Karnevalsveranstaltungen und vor einem sachkundigen und kritischen Publikum statt, das voll des Lobes über Werk und Aufführung ist. Unter den Zuhörern befinden sich auch Monteverdi und Peri, der seinem komponierenden Kontrahenten große Anerkennung zuteil werden läßt: »Gagliamos ›Dafne‹ ist mit außerordentlichem Kunstsinn komponiert und überragt zweifellos alle anderen Kompositionen derselben Oper. Denn Signor Marcos Art, Gesangsmusik zu schreiben, ist die am besten geeignete und kommt dem Sprechton viel näher als die irgendeines anderen ausgezeichneten Tonsetzers.« Der Erfolg ermöglicht Gagliamo, die Partitur seiner Oper noch im gleichen Jahr in Druck zu geben. Der Ausgabe stellt er eine »Vorrede an den Leser« voran, in der er sich sehr genau über die Darstellung auf der Bühne äußert.

Man habe, so Gagliamo, in der CF »nach vielfältigen Gesprächen über die Art, wie die Alten ihre Tragödien aufgeführt, ob und in welcher Weise sie sich des Gesanges bedienten«, auch den Wunsch verspürt, zu sehen, welchen Effekt die Gesänge auf der Szene machen würden. Damit spricht er den *stile rappresentativo* an, also den Darstellungsstil. Hierzu gibt er nun einige aufführungspraktische Details an. Schon der Prolog soll nicht mit Künstelei, sondern mit der Musik der einleitenden Orchestersinfonia angemessenen würdevollen Schritten auftreten, sich dann aber während seines majestätischen Gesanges nicht weiter bewegen, doch »je nach der Höhe des Gedankens gestikuliere er mehr oder weniger« und gehe während des daran folgenden Ritornells (Orchesterzwischenspiel) wieder einige Schritte, »jedoch stets taktmäßig.« Der Chor (Gagliamo verlangt wenigstens 16–18 Choristen) soll durch Gesten seine Furcht vor dem Drachen ausdrücken, einen Halbmond auf der Bühne bilden und beim Bittgesang niederknien mit Blick zum Himmel und dabei gestikulieren, »wie es der Gegenstand verlangt.« Von Apollo verlangt er gleichermaßen Erhabenheit sowie Anmut und Stolz in Gesang und Darstellung und die Übereinstimmung seiner Schritte und Gesten mit dem Gesang des Chores, wenn er gegen den Drachen kämpft. Seine Kampfhaltung habe im übrigen der Darsteller jenes Schäfers, der Dafne den Sieg Apollos über den Drachen berichtet, genau nachzuahmen. Und dann dürfen wir durchaus mit gebührendem Schmunzeln lesen, was Gagliamo zur Überwindung von Schwierigkeiten in der szenischen Darstellung empfiehlt – nämlich die Anwendung von Tricks, um dem Zuschauer die Illusion des Geschehens nicht zu rauben! Hören wir ihn selbst:

»Da sehr häufig der Sänger nicht geeignet ist, jenen Kampf« – gemeint ist der Apollos mit dem Drachen – »darzustellen, da dazu Geschicklichkeit der Bewegung und eine Handhabung des Bogens in schönen Stellungen gehört – eine Sache, die mehr für einen Fechter und Tänzer sich schickt – da es sich ferner hierbei ereignen könnte, daß nach dem Kampfe infolge der Bewegung das Singen nicht gut vonstatten ginge, so mögen zwei gleich gekleidete Apollos vorhanden sein, und der, welcher singt, komme nach dem Tode des Drachens anstatt des anderen hervor, jedoch mit demselben oder einem ähnlichen Bogen in der Hand. Dieser Wechsel geht so gut vonstatten, daß bei wiederholten Aufführungen niemals jemand diese Täuschung bemerkt hat.«

Dies dürfte einer der ersten Hinweise in der Theatergeschichte sein, wie man am Theater doubelt oder wie man im Film einen Stuntman einsetzt! Hören wir weiter: »Auch muß sich der Darsteller des Drachen mit dem des Apollo verständigen, damit der Kampf dem Gesang gemäß ausfalle. Der Drache muß groß sein, und wenn der Maler es versteht, ihn mit beweglichen Flügeln zu versehen und Feuer speien zu lassen, gehe derselbe auf den Händen als vierfüßig.« Und wenn Apollo schließlich in die Saiten der Lyra greift, dann muß von dem Instrument auf dem Theater ein vollerer Klang als gewöhnlich zu hören sein: »Daher mögen sich vier Violinspieler an einen der nächsten Ausgänge der Szene begeben, wo sie von den Zuhörern nicht erblickt werden können, sie selbst aber Apollo zu sehen vermögen, und je nachdem er der Bogen auf der Lyra setzt, spielen sie die drei vorgeschriebenen Noten, indem sie zugleich darauf achten, die Bogenstriche gleichmäßig zu ziehen, damit es nur *ein* Bogen zu sein scheine. Diese Täuschung kann nur von Sachverständigen bemerkt werden und gewährt ein nicht geringes Vergnügen.«

Diese Regieanweisungen mögen uns ein wenig lächerlich anmuten. Doch wir sollten ehrlich genug sein, daß auch der überwunden geglaubte alte Gestenkanon selbst bei vielen Opernaufführungen in unserer Zeit, da das moderne Regietheater längst auch das musikalische Theater erfaßt hat, oftmals fröhlich gestikulierende Urstände feiert! Eines aber dokumentieren diese Anweisungen des Gagliamo sehr nachdrücklich: er und seine Mitstreiter in der CF verstehen die Oper von allem Anfang an als Theater, sie verlangen die Darstellung auf der Bühne, denn die Oper ist nichts ohne die szenische Aufführung.

Die Berufung Graf Bardis 1592 an den päpstlichen Hof ist nicht so sehr ein Verlust für Florenz und die CF als vielmehr ein Gewinn für die Musik- und Theaterszene *Roms*. Bardi stößt sehr bald auch hier auf musikalisch Gleichgesinnte, die sich für das neue ›Dramma per musica‹ interessieren. Und er erkennt, wie förderlich für das Kulturleben der Ewigen Stadt der Ehrgeiz der *Barberini* ist, der nunmehr bedeutendsten römischen Adelsfamilie. Was die Medici in Florenz können, das trauen sich die Barberini allemal zu. Sie sind die eigentlichen Mentoren des reichen römischen Kulturlebens, das Maler und Architekten, Musiker und Dichter, Sänger und Schauspieler in Scharen anlockt. Erstaunlich tolerant zeigt sich der Klerus gegenüber dem Theater, ja, er beteiligt sich sogar daran. Aus der Feder des Prälaten Giulio Rospigliosi, des nachmaligen Papstes *Clemens X. (Pontifikat 1670–1676)* – wir greifen zeitlich etwas vor – stammen einige Opernlibretti.

Allerdings übernimmt Rom die musikalische Neuerung aus Florenz nicht einfach blind und kopiert sie nur, sondern gibt ihr ein eigenes Gepräge. So wird entsprechend der im Rom der Gegenreformation vorherrschenden sakralen Musikpflege der Themenkreis mit Geschichten der antiken Mythologie reduziert und durch christliche Stoffe ersetzt. Das bekannteste Beispiel dafür ist das 1634 im 3 000 Personen fassenden privaten Theatersaal des imposanten Barberini-Palastes uraufgeführte dreiaktige »Dramma musicale Il Sant'Alessio« mit der Musik des päpstlichen Kastratensängers, Komponisten und Kapellmeisters *Stefano Landi (1590–1639)* zu der Dichtung des eben erwähnten Rospigliosi. Es ist die Geschichte des heiligen Alexius. Wahrscheinlich war er ein reicher Römer, der im Jahr 401 in der Hochzeitsnacht plötzlich sein Elternhaus verließ, um sein künftiges Leben ganz Gott zu weihen und der nach siebzehn Jahren der Pilgerschaft ins elterliche Haus zurückkehrt, um hier unerkannt als Bettler zu leben. Die Alexius-Legende entstand im 5. Jahrhundert in Syrien, wurde als lateinische Vita bekannt und um 1050 wahrscheinlich in der

Normandie als altfranzösisches Heiligenepos (»Alexiuslied«) verfaßt. Eine mittelhochdeutsche Fassung existiert auch in der Verslegende »Alexius« des bedeutenden Dichters Konrad von Würzburg (1220/30–1287). Die Handlung der Oper folgt nicht in allem der überlieferten Legende und erfährt zugleich eine allegorische theatralische Überhöhung. Sie setzt ein nach der Rückkehr des Alexius. Als Bettler lebt er unerkannt unter der Treppe im Haus seines Vaters Eufemiano, wo er aus Mitleid geduldet, aber auch von den halbwüchsigen Pagen Martio und Curtio verspottet wird. Er hört von den Klagen der Gattin und der Mutter über sein ebenso plötzliches Verschwinden und bittet Gott um Erlösung durch den Tod. Vorläufig muß er jedoch standhaft bleiben und den Einflüsterungen des Demonio (Teufels) widerstehen. Er gibt sich auch nicht zu erkennen, als er von dem Entschluß seiner Gattin hört, als Pilgerin verkleidet auf die Suche nach ihm zu gehen. Alexius durchlebt qualvolle seelische Kämpfe, von deren Erlösung ihm ein Engel kündet: Gott habe beschlossen, seine Leiden durch den Tod zu beenden. Alexius ist glücklich und stimmt einen ruhigen Dankgesang an. Der letzte Akt der Oper bringt dann die allegorische Überhöhung der Handlung. Die personifizierte Religion tritt auf, um beim Heimgang des Alexius dabei zu sein, der Höllenfürst beklagt seine Ohnmacht gegenüber der Festigkeit des Glaubens, ein Bote berichtet vom Sterben des unerkannt gebliebenen Sohnes, der einen Abschiedsbrief hinterlassen hat, und die Gattin wehklagt mit den Eltern an der Bahre des Toten. Das Finale bestreitet ein Engelschor, dem sich die Religion zusammen mit acht Tugenden anschließt, die Alexius den Himmel eröffnet haben.

Außer der neuen christlichen Thematik weist die Oper des Stefano Landi noch eine zukunftweisende Neuerung auf: die Einführung des komischen Elementes durch ein ewig schimpfendes derbes Dienerpaar, das ständig und überall auftaucht. Die Einfügung volkstümlicher Szenen und Typen, um die ernste Handlung etwas aufzulockern und eine gleichzeitige Verlebendigung des dramatischen Vorgangs zu erreichen, ist charakteristisch für die römische Oper. Von hier gehen Entwicklungen zur komischen Oper aus, von der später noch zu sprechen sein wird. Noch gewichtiger sind freilich die musikalischen Neuerungen. So gibt es viele gegen das einfache Rezitativ gesetzte lyrische Stellen, die als Arioso gehalten sind und die das Geschehen voran treiben. Dadurch erhöhen sich Dramatik und Lebendigkeit, zumal das der Metrik des Verses folgende florentinische Rezitativ durch polyphone Stilmittel bereichert wird. In dem als ›aria‹ bezeichneten ariosen Rezitativ, in dem einzelne Strophen als geschlossene musikalische Stimmungsbilder, sozusagen als Ausdrucksformen unterschiedlicher menschlicher Affekte abgesetzt sind, ist bereits eine frühe Form der Opernarie erkennbar. Von der inhaltlichen Vertiefung des Stoffes bei gleichzeitiger musikalischer Dramatik profitieren auch die beweglicheren Chorsätze sowie die rein instrumentalen Teile der Musik, die größere Selbständigkeit gewinnen. Überhaupt gewährt die römische Oper gegenüber den florentinischen Anfängen der Musik ein deutlich größeres Mitspracherecht, sie läßt sie nicht mehr nur Sklavin der Dichtung sein und schafft durch ihren durchaus als ›unterhaltsam‹ zu bezeichnenden Eigenwert ein ausdrucksvolleres Wort-Ton-Verhältnis.

Die CF ist ein privater Zirkel von gleichgesinnten Künstlern, die als Profis zu bezeichnen wir allen Grund haben. In ihrem Kreis entsteht die Oper, ihm bleibt sie vorerst auch noch vorbehalten. Der Rahmen der Aufführungen ist noch ein intimer, die breitere Öffentlichkeit hat noch nicht teil daran, ein Publikum in unserem Sinn gibt es noch nicht. Das ändert sich erst mit der Errichtung der ersten Opernhäuser in Venedig Mitte des 17. Jahrhunderts. Zunächst bleibt man unter sich, erweitert den Zuhörer- und Zuschauerkreis freilich in dem Moment, wo Komposition und Aufführung einer Oper dem dynastischen Ereignis eines Fürstenhofes gilt. Da ist die adlige Hofgesellschaft das Publikum, das allerdings als gesellschaftlich geschlossener Kreis in Erscheinung tritt. Ihm präsidiert der Fürst höchst persönlich – und dem zollt die Oper ihren Tribut: sie wird zur musiktheatralischen Huldigung des Potentaten, was sie immer wieder einmal bis hinauf in die Zeit Mozarts bleiben wird. Auch dafür ein frühes Beispiel.

Anläßlich der Vermählung von Odoardo Farnese, Herzog von Parma, mit Prinzessin Margherita von Toskana findet 1628 in dem uns nun schon bestens bekannten Palazzo Pitti in Florenz die Uraufführung der Oper »La Flora« statt. Die Dichtung hat ein gewisser *Andrea Salvadori* verfaßt, die Musik stammt von den uns inzwischen vertrauten Jacopo Peri und Marco da Gagliamo. Der Inhalt: Jupiter, oberster olympischer Gott, will der Erde die Blumen geben, wie er dem Himmel die Sterne gab. Sie sollen hervorgehen aus der Liebe zwischen dem Windgott Zephir und der Nymphe Chlori. Da der Liebesgott Amor, dessen Aufgabe es wäre, diese Liebe zu entfachen, gerade einmal schmollt und seine Hilfe verweigert, entwendet ihm seine Mutter Venus Pfeil und Bogen. Sie trifft Zephir und Chlori, die sofort in Liebe füreinander entbrennen. Amor will sich rächen und bittet Pluto, den Gott der Unterwelt, um das schrecklichste Ungeheuer seines Reiches: die Eifersucht. Als das liebende Paar sich der gegenseitigen Untreue verdächtigt, entsteht Unruhe unter den Göttern, weshalb Jupiter dem Amor die Waffen zurückgibt. Doch die Eifersucht ist nun einmal in der Welt und nicht mehr wegzuschaffen. Nur das herzogliche Paar Odoardo und Margherita – so die allegorische Apotheose am Schluß – bleibt davon verschont. Mit einer Huldigung an das jung vermählte Paar schließt die Oper.

Mit der ›Erfindung‹ der Oper durch die Mitglieder der CF hat Florenz das Buch der Theatergeschichte Europas weit aufgeschlagen und das Kapitel über die Genesis des musikalischen Theaters geschrieben. Nun, da wir uns bereits in der Zeit des Frühbarock umgesehen haben, stellt sich die Frage, wie es weiter geht. Lassen wir noch einmal Gagliamo als einen der wichtigsten Kronzeugen von der Geburt der Oper zu Worte kommen. In seiner bereits zitierten »Vorrede an den Leser« in der Druckausgabe seiner »Dafne«-Oper findet sich ein bemerkenswerter Satz über, wie er schreibt, die neu entstanden Schauspiele: »Ich hege nicht den geringsten Zweifel, daß sie, da sie bei ihrem ersten Entstehen mit so großem Beifall aufgenommen worden sind, noch zu viel größerer Vollkommenheit gelangen werden und vielleicht zu einer solchen, daß sie sich eines Tages den so gefeierten Tragödien der Griechen und Lateiner annähern können; und um so mehr, wenn große Meister der Dichtkunst und Musik die Hand daran legen.«

Welch prophetisches Wort! Oder doch schon Ahnung, gar begründetes Wissen darüber, daß der erste »große Meister der Musik« als Chef der Hofmusik (*Maestro di Musica*) am Hof Vincenzo Conzagas im weiter nördlich gelegenen Mantua tätig ist? Vielleicht hat er ihn sogar persönlich kennengelernt, diesen schon vierzigjährigen *Claudio Monteverdi*, als der sich die Uraufführung seiner »Dafne« angesehen und der erst im Jahr zuvor selbst als Komponist die Opernszene betreten hat.

Monteverdi: Der erste Gipfel

Längst besteht Konsens, in *Claudio Monteverdi (1567–1643)* den ersten überragenden Komponisten der Musikgeschichte zu sehen. Das war nicht immer so. Lange hat es auch gebraucht, in ihm den unbestreitbaren ersten Gipfel in der Geschichte der Oper anzuerkennen. Um so bedauerlicher ist es, daß sich von Monteverdis Opernschaffen nur wenig erhalten hat. Während des Dreißigjährigen Krieges wird Mantua 1630 durch die Soldateska des kaiserlichen Generals Aldringen geplündert. Ein Großteil der Stadt wird in Schutt und Asche gelegt, immense Kulturgüter und Schätze werden vernichtet, darunter viele der bis dahin entstandenen und meist in Mantua gedruckten Werke Monteverdis. Vollständig erhalten sind die drei großen Opern, die durch den schon legendären Monteverdi-Zyklus des Dirigenten Nikolaus Harnoncourt und des Regisseurs Jean-Pierre Ponnelle in den Jahren 1975–1977 am Opernhaus Zürich wieder ins Opernrepertoire zurückgekehrt sind.

Über das Leben Monteverdis, das in einem relativ begrenzten Wirkungskreis Oberitaliens abläuft, gibt es nur wenige zeitgenössische Quellen und überhaupt wenige greifbare biographische Daten. Erhalten sind immerhin 121 Briefe des Komponisten aus den Jahren 1601–1634 sowie Dokumente und Papiere aus dem Besitz ihm nahestehender Personen. Die Jugend- und Lehrjahre verbringt Monteverdi in Cremona. Dort wird er als ältestes von fünf Kindern (er hat je zwei Brüder und Schwestern) des angesehenen Arztes Baldassare Monteverdi und seiner Frau Maddalena am 15. Mai 1567 geboren. Seine Vaterstadt gilt mit ihren vielen Kirchen als Zentrum der oberitalienischen Musikkultur und wird innerhalb weniger Jahrzehnte zum weltberühmten Zentrum des Geigenbaus. Bei dem Komponisten *Marc Antonio Ingegneri*, seit 1581 Domkapellmeister in Cremona, erhält er ersten musikalischen Unterricht in Kontrapunkt und Komposition sowie im Geigenspiel. Als er mit 22 Jahren als Geiger in die Hofkapelle von Vincenzo I. Gonzaga, Herzog von Mantua, tritt, beginnt seine gut zwanzigjährige Musikertätigkeit in höfischem Dienst. Sein Brotherr gehört jener Dynastie an, die seit dem 14. Jahrhundert über Stadt und Herzogtum Mantua herrscht. Die Stadt genießt bei den Zeitgenossen hohes Ansehen als Geburtsort Vergils und Wirkungsstätte genialer Renaissancekünstler wie Leon Battista Alberti, Andrea Mantegna und Giulio Romano. Kurz nach der Eheschließung (1594) mit der Sängerin Claudia Cattaneo begleitet Monteverdi seinen Herzog auf den Türkenfeldzug und ist ein halbes Jahr in Südungarn unterwegs. 1602 wird er als Maestro di Musica Chef der Hofmusik und beginnt sich wenig später durch die Opernleidenschaft der Söhne des Herzogs für die neue Gattung zu interessieren. Diese ist gerade erst ein Jahrzehnt alt, da gelangt mit »L'Orfeo«, Monteverdis fünfaktiger *favola in musica*, am 22. Februar 1607 in den Räumen der Academia degli Invaghiti zu Mantua ihr erstes wirkliches Meisterwerk zur Uraufführung, der weitere Aufführungen in Cremona, Turin und Florenz folgen. Nach den Partiturausgaben von 1609 und 1615 gewinnt das Werk rasche Verbreitung. Das Textbuch schreibt *Alessandro Striggio*, der Sekretär des Herzogs und mit Monteverdi persönlich befreundet ist. Sie reklamieren nicht als erste den Stoff für das Theater, aber sie erzählen die Sage in ihrer Gesamtheit vom Hochzeitstag Orpheus' mit Eurydike bis zur Aufnahme des Orpheus in den Götterhimmel durch Apollo. Sie folgen zugleich der dramaturgischen Tradition der Zeit, indem sie griechische Mythologie und zeitgenössische Hirtendichtung miteinander verbinden, sparen jedoch das schreckliche Ende des Helden durch die reißenden Mänaden aus. (9)

Eröffnet wird das Werk, dem Brauch der Zeit folgend, mit einem Prolog. Bestritten wird er von der allegorischen Figur La Musica, die zum Ruhme des Mantuaner Geschlechts (»ruhmreiche Helden aus königlichem Geschlecht«) vom Parnaß (10) herbeigeilt ist, um »bald heiter, bald traurig« von Orpheus zu berichten. In lieblicher bukolischer Landschaft feiern Orpheus und Eurydike ihre Hochzeit, doch wenig später wird Eurydike von einer Schlange gebissen und stirbt. Während Nymphen und Hirten verzweifelt sind, bricht Orpheus auf, um die geliebte Gattin aus dem Totenreich zurückzuholen. In Begleitung der allegorischen Figur Hoffnung gelangt er an die Grenze des eigentlichen Totenreiches, wo ihm der alte Fährmann Charon die Überfahrt weigert, da er nur die nackten Seelen der Verstorbenen, aber keine Lebenden über den Styx zum anderen Ufer ins »Land der Tränen und Leiden« und damit ins Reich des Unterweltgottes Pluto bringen darf. Orpheus singt den Alten in Schlaf und setzt allein hinüber. Über die weiten Todesfelder der Unterwelt hallen seine Klagerufe und erweichen Pluto und seine Gemahlin Proserpina. Sie erlauben ihm, Eurydike ins Leben zurückzuführen, er dürfe sich aber unterwegs nicht nach ihr umdrehen. Da er das Gebot übertritt, verliert er sie auf ewig. Klagend kehrt er nach Thrakien zurück und entsagt für immer jeder Liebe zu einer anderen Frau. Apollo erscheint, macht ihm Vorhaltungen über sein Vergehen und mahnt ihn, auf Erden sei alle Freude vergänglich, denn endlose Freude gewähre allein das ewige Leben. Er nimmt ihn mit hinauf auf den Olymp, wo Freude und Frieden herrschen.

Im Jahr 1600 veröffentlicht *Giovanni Maria Artusi*, Mönch und Musiker in Bologna, eine Streitschrift »Über die Unvollkommenheit der modernen Musik«, in der er auch sehr kritisch gegen Monteverdis Madrigalwerke, die 1587–1592 in drei Madrigalbüchern vorgelegt werden, vorgeht, ohne den Namen des Komponisten zu nennen. Artusi ist Anhänger der alten polyphonen Kompositionsweise (*Prima pratica*) mit dem Primat der Harmonie und fürchtet Unheil durch die neue Musik (*Seconda pratica*), die der Überzeugung anhängt, »daß der Textvortrag die Herrin des musikalischen Satzes sei und nicht ihre Dienerin.« So verteidigt Monteverdis Bruder *Giulio Cesare* Monteverdis Kompositionstechnik, als er 1607 dessen Sammlung dreistimmiger Kanzonetten (»Scherzi musicali a tre voci«) herausgibt. Damit wird klar, daß Monteverdi auch für sich den Grundsatz der CF reklamiert, die Musik habe dem Wort zu dienen, der Verständlichkeit und damit dem Sinngehalt von Dichtung. Dabei nimmt er die Forderung nach der Sinndeutung besonders genau: statt des trockenen, rein erzählenden Rezitativs der Florentiner, dem akkordisch begleiteten *stile rappresentativo*, komponiert Monteverdi schon in »L'Orfeo« ein eher dynamisches, den Erzählwert des Textes und die Situation der Handlung genauer, d. h. auch athmosphärischer und lebendiger beschreibendes Rezitativ. Er ersetzt schon hier die akademische Korrektheit der Florentiner durch schöpferische Vitalität. Nur ein Beispiel gleich aus dem Anfang der Oper sei dafür genannt. Das Eingangsrezitativ von La Musica ist zwar durchgehend komponiert, Wiederholungen finden nicht statt, aber wechselnder Ausdruck, unterschiedliche Tempi und leichte Verzierungen besonders an den Strophenenden bringen Abwechslung, die die Aufmerksamkeit des Zuhörers von vornherein erhöhen. Zudem ist dieses fünfteilige Rezitativ jeweils durch ein kurzes Orchesterzwischenspiel (*Ritornell*) strophisch gegliedert. Diese Ritornelle wirken wie gedankliche Zäsuren und weisen eine interessante

Neuheit auf: das Thema bleibt das gleiche, die Instrumentation jedoch wechselt. Im weiteren Verlauf der Oper verleiht er dem Rezitativ durch stimmliche Mehrfachbesetzung, durch den Wechsel zwischen Gesangsstimme und Instrumentalmusik sowie durch Verzierungen des Gesanges stimmungsvollen Ausdruck zwischen arioser Lyrik und musikalischer Dramatik. Der musikalischen Charakterisierung dient auch die deutliche vokale und instrumentale Trennung der hellen und lichten Hirtenwelt von der dunklen und bedrohlichen Unterwelt. Dort sind die Nymphen und Hirten vorwiegend mit Sopran und Tenor besetzt und es dominieren Geigen, Flöten und Harfe im Orchester – hier sind Pluto und Charon Baßpartien und es dominieren unter den Instrumenten Zinken (frühe Form des Horns), Dulzian (Vorgänger des Fagotts), Posaune und das schnarrende Regal (kleine Orgel). Monteverdi gibt den unterschiedlichen menschlichen Affekten eine modifizierte musikalische Sprache und ist darin zukunftsweisend. Naturalistisch oder gar psychologisch nach unserem heutigen Verständnis ist das noch nicht. Soweit ist Monteverdi noch nicht, soweit ist auch die Zeit noch nicht. Entwicklungen sind jedoch ablesbar, wie das berühmte Lamento (Klagegesang) der Arianna zeigt, das sich als einzige Musiknummer der Oper »L'Arianna« erhalten hat. Diese Monteverdi-Oper, die die Geschichte von Theseus und Ariadne zum Inhalt hat und deren Text von dem CF-Mitglied Ottavio Rinuccini stammt, geht am 28. Mai 1608 in Mantua erstmals über die Bühne.

Weil das Klima von Mantua Monteverdi von Anfang an nicht bekommt, kehrt er, der seit zwei Jahren Witwer ist, 1608 erschöpft und krank nach Cremona zurück, er wird mit einer lebenslänglichen Rente aus dem Hofdienst entlassen und beginnt seine erste wirkliche fruchtbare Schaffensperiode mit vielen kirchenmusikalischen Werken und Madrigalkompositionen. Im Sommer 1613 wird die Kapellmeisterposition an San Marco in Venedig vakant, man hat Interesse an Monteverdi und ernennt ihn zum neuen Maestro di Capella. Venedig, einst weltberühmte Metropole der Kirchenmusik, hat einen schrecklichen Verfall erlebt. Innerhalb von nur drei Jahren gelingt es Monteverdi, der Stadt ihren alten Ruhm zurückzugewinnen. Er fühlt sich auf dem neuen Posten wohl, nimmt die zeitlebens guten Beziehungen zum Hof von Parma auf, muß 1627 aber monatelang schlimmste Befürchtungen um das Leben seines Sohnes Massimiliano hegen, der durch eine böswillige Denunziation in die Hände der Inquisition gerät und erst im Jahr darauf von der Anklage des Besitzes kirchenfeindlicher Schriften freigesprochen wird. Um 1630 überlebt Monteverdi wie durch ein Wunder eine verheerende Pestepidemie, läßt sich zum Priester weihen und komponiert die nächsten zehn Jahre ausschließlich Kirchenmusik. In den letzten Lebensjahren kehrt er zur Oper zurück. Grund dafür ist, daß Venedig inzwischen die römische Oper übernommen hat und daß es als erste Stadt überhaupt feste Opernhäuser baut. 1637 wird das Teatro di San Cassiano eröffnet, 1639 folgen das Teatro SS Giovanni et Paolo sowie das Teatro S. Moisé. So bringt Monteverdi 1641 am Cassiano-Theater sein Dramma in Musica »Die Heimkehr des Odysseus« (Il ritorno d'Ulisse in Patria) zur Uraufführung. Mit diesem Werk greift er eine inzwischen sehr populäre Sage auf, nämlich die der Irrfahrten des Odysseus, die Homer in seinem Epos »Die Odyssee« schildert. Zwölf Gesänge (Nr. 12 bis Nr. 23) bilden die direkte literarische Vorlage der Oper, deren Text von *Giacomo Badoaro* der Homerischen Dichtung nahezu wörtlich folgt. Die Partitur wird übrigens erst im Jahre 1881 aufgefunden, und der Nachweis, daß sie tatsächlich von Monteverdi stammt, kann sogar erst 1908 erbracht werden.

Wieder eröffnet ein Prolog das Werk. Neu daran ist, daß ihn gleich mehrere allegorische Figuren bestreiten, die durch ihre jeweilige Eigenschaftsbeschreibung die Motive menschlicher Leidenschaften anschlagen, die den thematischen Überbau der Oper ausmachen: Das Schicksal, das von den Göttern verhängt wird und das letztlich sogar mächtiger ist als eine einzelne Gottheit; die Liebe, die als göttliche Leidenschaft den Menschen eingegeben ist; die Vergänglichkeit, der alles unterliegt, also auch die Liebe; und alle drei bewirken die menschliche Gebrechlichkeit, die demnach als einzige sterblich und menschlich beschaffen ist. Mit der ersten Szene gelangen wir in den Palast des Odysseus auf Ithaka, wo seine Gemahlin Penelope nun schon im zweiten Jahrzehnt auf seine Rückkehr aus dem Trojanischen Krieg wartet. Ohne seinen Schutz und von Freiern belagert, fürchtet sie um Ehre und Leben. Auch der Höfling Eurymachos und seine Geliebte, Penelopes Dienerin Melanto, vermögen sie nicht zu trösten. Doch Odysseus kehrt zurück, nachdem er den Stürmen und Seebeben des rachsüchtigen Meeresgottes Poseidon glücklich entkommen ist. Der ist sein Feind, nachdem Odysseus dessen Sohn Polyphem geblendet hat. Daß der Held von den Phäaken Hilfe erhielt, war gegen den verabredeten Plan Poseidons, der sich nun über die Eigenmächtigkeit der Menschen bei Zeus beklagt: »Menschliche Tollheit hat den göttlichen Willen umgangen und betrogen.« Die in Gestalt eines Hirtenjungen erscheinende Athene, zu deren Lieblingen Odysseus gehört, rät ihm, als greiser Bettler verkleidet nach Hause zurückzukehren, um Penelope beizustehen. Odysseus folgt ihrem Rat und kann so, zunächst von Gattin und Sohn Telemachos wie auch vom alten Hirten Eumäos unerkannt, die Freier besiegen, die von ihm keine Versöhnung erhoffen können und lieber ein Verbrechen begehen wollen, um selbst zu überleben: sie wollen Telemachos töten. Penelope hat inzwischen entschieden, sich demjenigen zu vermählen, der den Bogen des Odysseus zu spannen vermag. Das aber kann nur der vermeintliche Bettler, der zudem auch das gemeinsame Ehelager beschreibt. So ist auch die bis zuletzt zweifelnde Penelope überzeugt, daß der lang ersehnte Gatte vor ihr steht, dessen Rache die Freier bereits erlegen sind.

Was schon »L'Orfeo« von allen anderen Opern der Frühzeit heraushebt, hat Monteverdi im »Odysseus« weiter entwickelt und verfeinert. Es liegen ja auch mehr als dreißig Jahre dazwischen, in denen er als Komponist ganz allgemein gewachsen ist. Hinzu kommt das komische Element, vertreten vor allem durch die Figur des tölpelhaften Vielfraßes Iros. Als der in völliger Ahnungslosigkeit, wer denn da vor ihm steht, den unerkannten Odysseus zum Zweikampf herausfordert und diesen natürlich mit Glanz und Gloria verliert, hat Monteverdi diese Szene instrumental drastisch komponiert, worin sich die Schmerzensschreie des Iros köstlich ausnehmen. Später müssen wir über seine komische Verzweiflung lachen, wenn er den Tod der Freier nicht etwa aus Mitleid mit den Freunden bedauert, sondern einzig aus Selbstmitleid darüber, daß damit ihm die Väter abhanden gekommen sind, die für Speise und Trank sorgten.

Monteverdi befindet sich noch einmal in einer fruchtbaren Schaffensperiode, während der Schlußarbeit am »Odysseus« beginnt er schon mit der Komposition seines Meisterwerkes »Die Krönung der Poppea« (L'Incoronazione di Poppea), die im Herbst 1642 am Teatro SS Giovanni et Paolo uraufgeführt wird. Sie wartet mit einer Überraschung auf: nicht die Mythologie liefert den Stoff, sondern die reale römische Geschichte. Genauer: die letzten der insgesamt 14 Regierungsjahre (54–68) des historisch wohlbekannten römischen Kaisers Nero. Als direkte literarische Quelle dient das vierzehnte Buch von Tacitus' »Annalen«. Monteverdi zeichnet Nero schon als jenen Despoten, den der Besitz der absoluten kaiserlichen Macht bis zum Wahnsinn berauscht und ihm die Gewißheit seiner Göttlichkeit gibt. In Poppea Sabina, der Frau seines Freundes Marcus Salvius Otho, findet er eine Geliebte mit ähnlichem Machtanspruch, denn sie ist von krankhaftem Ehrgeiz nach der Herrschaft beseelt, die sie allein an der Seite Neros befriedigen zu können glaubt. Sie stiftet den Kaiser an, seine Gemahlin Octavia ermorden zu lassen und seinen alten Lehrer Seneca zum Selbstmord zu zwingen, und wird im Jahre 62 Kaiserin.

Im Prolog zu diesem dreiaktigen Dramma in musica führen die Glücks- und Schicksalsgöttin Fortuna, der Liebesgott Amor und die allegorische Figur der Tugend ein Streitgespräch darüber, welche Macht schließlich das Schicksal der Menschen besiegelt. Die Oper beweist, daß Amor am mächtigsten ist, denn Kaiser Nero spielt die Welt und das Geschick der in ihr lebenden Menschen gegen die Liebe aus, opfert Verantwortung, Vernunft und Tugend seinem launischen Charakter, der seine Macht bestimmt. Der Prätor Ottone kehrt nach Rom zurück und muß machtlos zusehen, wie seine Frau Poppea ihn mit Kaiser Nero betrügt. In ihrer absoluten Machtgier hört sie auch nicht auf ihre Vertraute Arnalta, die ihr offenbart, daß ihr Gefahr von der Kaiserin Octavia droht, die von Neros Leidenschaft zu ihr erfahren hat. Octavia selbst klagt über ihr Schicksal, entflammt in Zorn gegen die Götter und verfällt in Resignation. Ihre Amme fordert sie zur Rache an Nero auf, der wiederum für

Titelseite der »Fiori Poetici« von Giovan Battista Marinoni (Venedig 1644), gewidmet dem Andenken Claudio Monteverdis (verstorben 1643).

sein Verhalten Mahnungen seines weisen Lehrers Seneca widerwillig über sich ergehen lassen muß, den er schließlich durch Poppeas Einflüsterungen des Verrates an ihm bezichtigt und ihm befiehlt, sich selbst zu töten. Ottone hat alles in Erfahrung gebracht, klagt Poppea des Liebesverrates an und beschließt, sie zu töten. Doch die junge Drusilla, die ihn noch immer liebt, obwohl er Poppea den Vorzug vor ihr gab, vermag ihn vorübergehend zu besänftigen. Aber er ist in der Hand Octavias, durch deren Protektion er zu dem geworden ist, was er ist. Sie drängt ihn, Poppea zu ermorden. Der Liebesgott Amor jedoch schreitet ein und verhindert die Tat, auch wenn Nero von der Absicht erfährt. Er verbannt Ottone auf eine einsame Insel und erlaubt Drusilla, den Geliebten dorthin zu begleiten. Da auch Octavia Rom verlassen wird, werden die Pläne des Kaisers Wirklichkeit. Poppea wird seine Frau und Kaiserin, bei ihrer Krönung huldigen ihr die Konsuln und Tribunen und sie stimmt mit Nero einen Schlußgesang an, in dem beide das Glück preisen, endlich einander zu gehören.

Die »Poppea« ist, ohne daß sie so eigentlich eine stringente und packende Bühnenhandlung entwirft, Monteverdis dramatischste Oper. Das liegt in erster Linie an der musikalischen Charakterisierung der Personen. Da ist der in Macht- und Liebesdingen gleich unbelehrbare und gegen Gemahlin und Erzieher grausam wütende Kaiser Nero, die zur Exaltiertheit neigende und in ihrem Ehrgeiz auf Macht und Ansehen versessene Poppea, der stille und weise Seneca, der betrogene und in seiner Reaktion fast zögerliche Ottone, die zwischen Zorn und Selbstmitleid hin und her schwankende Octavia, da sind die vitalen komischen Dienerfiguren, allen voran die Tenorpartie von Poppeas Amme Arnalta und die Hosenrolle des Pagen Valetto. Schließlich findet sich in Drusilla die erste bedeutende Vertreterin der sympathischen, opferbereiten Liebhaberin im lyrischen Sopranfach. Ihre Arie »Mein glückliches Herz jubelt in meiner Brust« (2. Akt) klingt schon leicht mozartisch. Die Oper bezieht überdies nicht zuletzt ihre Wirkung auch aus der Verwendung und Verknüpfung jahrhundertealter Motive des sich an der Lebensrealität des Menschen orientierenden Sprechtheaters, als da sind: Liebesverwicklungen, Beschuldigungen, Nachstellungen, Intrige, Verrat, Mordkomplott.

Monteverdi hat sich nicht lange am Erfolg seiner Oper erfreuen können. Vom Frühjahr bis zum Herbst des folgenden Jahres unternimmt er eine letzte ausgedehnte Reise nach Cremona und Mantua, wo er sich jeweils lange aufhält. Nach Venedig zurückgekehrt wird er bettlägerig und stirbt nach kurzer Krankheit am 29. November 1643. Einem gewaltigen Totenamt in San Marco folgt die Beisetzung in der Grabkapelle des Heiligen Ambrosius in der aus dem 14. Jahrhundert stammenden Kirche Santa Maria dei Frari in Venedig.

Was für jede Neuerung oder Erfindung gilt, das gilt auch für das noch junge musikalische Theater: das Genie bestimmt, was aus ihm wird. Monteverdi hat bei den Florentinern gelernt und sich deren Grundsatz im Verhältnis zwischen Musik und Dichtung zu eigen gemacht. Aber er hat auch die Schwächen der Anfänge gesehen und sie zu überwinden versucht. Später in Venedig bleibt die theatralische Vitalität dieser Stadt, die über viele Ensembles und Ende des Jahrhunderts über mehrere Operntheater verfügt, nicht ohne Einfluß auf sein weiteres Schaffen. In den Figuren des »Odysseus« und vor allem in der »Poppea« halten Volkstypen der Lagunenstadt Einzug in die Oper. Das hängt natürlich mit der Stoffwahl zusammen. »L'Orfeo« ist noch ganz mythologische Oper, ähnlich wie in der klassischen griechischen Tragödie eines Aischylos bestimmen die Götter das Geschehen; der »Odysseus« drängt den mythologischen Bestand schon fast ins Abseits des Geschehens und rückt seinen Helden aus der überlieferten Sage heran an die Realität der Zeit; die »Poppea« schließlich ist menschliche Geschichte – erstaunlich wenn nicht gar unverständlich, daß mit Athene, Amor und Merkur überhaupt noch die Götterwelt bemüht wird. Dramaturgische Funktion hat sie keine mehr, wird allenfalls als allegorisches Beiwerk zitiert. Nun beansprucht auch das Alltagsleben seinen Platz auf der Opernbühne. Das alles trägt zur Handlungsvielfalt von Monteverdis Opern bei, wobei das Geschehen sich unmittelbar auf der Bühne abspielt und nicht mehr nur berichtet wird. Dadurch erhalten auch die Partien einen nicht zu übersehenden Bedeutungszuwachs. In »L'Orfeo« ist noch der Held Dreh- und Angelpunkt des Geschehens, weder Eurydike noch die Götter haben ähnliches Gewicht wie Orpheus. Im »Odysseus« verhält sich das schon anders, nicht nur der Titelheld fordert unser alleiniges Interesse, da sind auch Penelope, Telemachos, Eumäos und die Freier. In der »Poppea« haben schließlich alle Partien nahezu gleiche Bedeutung: Nero und Poppea, Octavia und Seneca, Ottone und Drusilla, Arnalta und der Page Valetto. Auffällig ist der Bedeutungsverfall des Chores. Den hat die Oper von den Intermedien übernommen, wo er ähnlich wichtig ist wie in den alten Tragödien und Komödien sowie in der Pastorale, im Ballett und in der Madrigalkomödie. Nun verbannt ihn die venezianische Oper fast völlig, die Chorensembles der Soldaten, Konsuln, Tribunen und der Freunde Senecas in der »Poppea« haben nicht mehr die Bedeutung wie die Nymphen, Hirten und Geister der Unterwelt in »L'Orfeo«. Dafür steht Monteverdi ein klangvolleres Instrumentalensemble zur Verfügung, was mit der gegen Ende des 16. Jahrhunderts beginnenden Entwicklung der Violine aus der mittelalterlichen Fiedel und des Kontrabasses aus der Baßviola sowie des Instrumentenbaues der Familien Amati, Stradivari und Guarneri in Monteverdis Geburtsstadt Cremona zusammenhängt.

Monteverdis Tod bedeutet keinen Stillstand in der Entwicklung des musikalischen Theaters. Die Oper erfreut sich immer größerer Beliebtheit, und das gereicht ihr in künstlerischer Hinsicht zum Nachteil. Die wachsende Volkstümlichkeit macht es nämlich notwendig, immer neue Werke herauszubringen.

Das ist Volkeswille. Also müssen immer mehr Komponisten zur Komposition von Opern angehalten werden, also diktiert die ständig steigende Nachfrage nach neuen Werken das Schnellschreiben, also leidet mit der Quantität die Qualität von Libretto und Musik; jenes wird schematischer, diese oberflächlicher. Die Zahl der Opernkomponisten gerade in Venedig wächst, doch sie sind für uns heute alle nur noch Namen. Bis auf zwei Ausnahmen.

Da ist *Francesco Cavalli (1602–1676)*. Geboren in Crema als Sohn eines armen und wenig bedeutsamen Kirchenmusikers, erregt er im Alter von vierzehn Jahren die Aufmerksamkeit des Bürgermeisters seiner Geburtsstadt, der ihn 1616 nach Venedig bringt, wo er als Sopranist dem von Monteverdi geleiteten Chor von San Marco beitritt. Danach wird er Tenor, Organist und im Alter Maestro di capella. Sein eigentliches musikalisches Schaffen stellt er, offensichtlich mit Billigung der Kirche, in den Dienst der venezianischen Theater, die ab 1646 alle seine 43 Opern (von denen 27 erhalten sind) spielen. Zuvor jedoch nimmt sich das Teatro San Cassiano seiner Werke an, wo 1644 Cavallis Meisterwerk »L'Ormindo« uraufgeführt wird. Der sehr bekannte Librettist *Giovanni Faustini* hat ihm eine zweiaktige Oper geschrieben, die weder einer mythologischen noch einer historischen Vorlage folgt, sondern im orientalischen Märchenmilieu spielt. Schauplatz ist die nordafrikanische Stadt Fes. Erisbe, die junge Gattin des greisen marokkanischen Königs Ariadeno, hat zwei Verehrer: den tunesischen Prinzen Ormindo und den Prinzen Amida von Tremisene. Sie fühlt sich zu Ormindo hingezogen, was Amidas Verlobte Prin-

Marc Antonio Cesti, Il Pomo d'Oro. Bühnenbild von Ludovico Burnacini für die Aufführung der Oper am 12. und 14. Juli 1668 am Wiener Hoftheater.

zessin Sicle, als Ägypterin verkleidet, durch eine raffiniert inszenierte Wahrsagershow in einer einsamen Höhle tatkräftig unterstützt. Erisbe und Amida prophezeit sie Lebensgefahr, wenn sie Ormindo nicht erhöre und er Erisbe nicht abschwöre. Als König Ariadeno von dem Betrug seiner Gattin hört, bestimmt er ihr und Ormindo den Giftbecher. Aber der mit der Tat beauftragte Hauptmann Osmano, der Ormindo treu ergeben ist, gibt den Liebenden nur einen rettenden Schlaftrunk, um sie so besser und sicher außer Landes zu bringen, denn zum Mörder kann er nicht werden. Darüber ist der von Reue über seine Entscheidung gequälte König letztlich froh, er erkennt die Liebe der jungen Menschen als ganz natürlich an, vergibt ihnen, bestimmt Ormindo zu seinem Nachfolger und dankt freiwillig ab. Cavallis Meisterwerk ist eine realistische Ensembleoper ohne Chor, aber mit einem über Monteverdi hinaus erweiterten Orchester. Die Oper gewinnt ihre besondere Spannung dadurch, daß sie im ersten Akt ein heiteres Verwechslungs- und Instrigenspiel ist, während sie sich im zweiten Akt der Tragödie zuwendet. Gerade dieses Werk macht Cavalli sehr populär, schon seinen Zeitgenossen gilt er als legitimer Nachfolger Monteverdis.

Und da ist *Marc Antonio Cesti (1623–1669)* aus der toskanischen Stadt Arezzo, die seit dem 14. Jahrhundert unter florentinischer Herrschaft steht. 1637 tritt der Sohn eines einfachen Lebensmittelhändlers in den Franziskanerorden ein, wird zum Priester geweiht und 1645 zum Magister Musicae am Priesterseminar in Volterra ernannt. In den folgenden Jahren werden seine ersten Opern in Venedig aufgeführt, wahrscheinlich tritt er darin mehrfach als Tenor auf. Zwischenzeitlich in Innsbruck, ist er ab 1658 in Diensten des Papstes in Rom tätig, darunter als päpstlicher Kapellsänger. Doch 1660 tritt er aus dem Franziskanerorden aus, zwei Jahre später quittiert er den päpstlichen Dienst und geht als Rat an den Hof des Erzherzogs Ferdinand nach Innsbruck. Als sein neuer Dienstherr im folgenden Jahr stirbt und Cesti sich mit dessen Nachfolger nicht versteht, folgt er einem Ruf als Vizekapellmeister an den Kaiserhof nach Wien, wo er die letzten drei Lebensjahre verbringt. Als er 1669 nach Venedig reist, wahrscheinlich in der Absicht, sich dort endgültig niederzulassen, stirbt er unterwegs in Florenz und wird in seiner Heimatstadt Arezzo beigesetzt. Cesti soll insgesamt etwa 150 volksnahe Opern komponiert haben, von denen lediglich 11 erhalten sind. Wie Cavalli, so hat auch Cesti die Oper endgültig von den florentinischen Anfängen losgelöst, wobei beide Komponisten das Spannungsverhältnis von Wort und Musik aufzuheben bemüht sind, um eine Einheit zu erlangen. Das ursprünglich vor allem der Wortverständlichkeit dienende und vom einfachen basso continuo fortlaufend begleitete Rezitativ wird arios komponiert und vielfach vom gesamten Orchester begleitet. Cavalli wie Cesti führen die bei Monteverdi entwickelte Personencharakterisierung weiter, geben den komischen Passagen ebenso Raum wie der

Gesangskunst des einzelnen Sängers – das aufkommende Virtuosentum ist nicht mehr aufzuhalten – und vergrößern das Orchester der Monteverdi-Oper. Durch ihre Auslandsverpflichtungen tragen sie wesentlich dazu bei, daß die in Italien entstandene Oper ihre rasche Verbreitung auch im übrigen Europa erfährt. 1660 wird Cavalli von Kardinal Mazarin, der praktisch die Regierungsgeschäfte Frankreichs führt, nach Paris eingeladen, um für die Hochzeit des noch minderjährigen Königs Ludwig XIV. eine neue Oper (»Ercole amante/Der verliebte Herkules«) zu komponieren und selbst einzustudieren. Doch kaum trifft er in Paris ein, stirbt der Kardinal und Cavalli sieht sich von seinen französischen Gegnern angegriffen, die eine eigene französische Oper gründen wollen. Ihr Idol und Vorstreiter ist kein Geringerer als *Jean-Baptiste Lully (1632–1687)*. Der nützt seine Machtstellung skrupellos aus, um seinem berühmten italienischen Komponistenkollegen eins auszuwischen und ihm den Aufenthalt in Paris zu vergällen. Empört und enttäuscht kehrt Cavalli nach Venedig zurück und gelobt, nie wieder eine Oper zu komponieren. Dieses Gelübde hat er allerdings nicht gehalten und noch mehrere Opern für die venezianischen Theater komponiert. Fast zur gleichen Zeit geht Cesti nach Österreich, erst nach Innsbruck, dann ist er Vizekapellmeister am Hofe Kaiser Leopolds I. in Wien, zu dessen Hochzeit er mit der Aufführung seiner Oper »Il Pomo d'Oro« Theatergeschichte schreibt, wovon noch zu sprechen sein wird.

Venedig ist für lange Zeit tonangebend in Sachen Oper. Erstaunlich, daß die Sozialstruktur der Lagunenstadt und die venezianische Verfassung diese Entwicklung fördern. Im Gegensatz zu den aristokratischen Städten wie Florenz, Parma und Mantua, die von einem Fürstengeschlecht feudalistisch beherrscht werden, ist Venedig der einzige republikanische Stadtstaat Italiens. Seinem Verständnis nach ist auch Kultur keine einem wie auch immer gearteten Gesellschaftskreis von Spezialisten und Kennern vorbehaltene Angelegenheit, sondern eine der gesamten Bevölkerung. Deshalb baut man ja hier die ersten Opernhäuser, die *allen* Einwohnern offen stehen, wenn sie denn die festgesetzten Eintrittsgelder bezahlen können. Die meisten können, und so wird die Führung eines Opernhauses durchaus auch zu einem einträglichen Geschäft. In Venedig erhält die Oper erstmals in ihrer noch kurzen Geschichte ihr eigenes Publikum. Und das benimmt sich auch so: es applaudiert dem, was ihm gefällt, es pfeift und buht über das, was es als schlecht befindet. Unmerklich nimmt die Reaktion des Publikums Einfluß auf die Entwicklung des musikalischen Theaters. Hier ist kein Kreis von Gleichgesinnten und Gleichgebildeten versammelt, der sich über musikalische und allgemeine ästhetische Errungenschaften unterhält und vielleicht auch verständigt. Das Publikum der venezianischen Oper ist in erster Linie das Volk, und das will sich unterhalten. Für uns heute unvorstellbar: niemand nimmt Anstoß daran, wenn das Interesse an den schweren mythologischen Stoffen zwischenzeitlich derart erlahmt, daß man

sich ungeniert unterhält, sein mitgebrachtes Essen auspackt, gar geschäftliche Abschlüsse tätigt oder sich die Zeit mit allerlei Schabernack vertreibt – etwa, wie uns berichtet wird, einen Glatzkopf im Parkett erspäht und ihn treffsicher bespuckt.
Wenn auch die Stoffe nach wie vor der griechischen Mythologie entstammen, so werden sie als Parabeln verstanden. In den Kostümen verstecken sich bereits venezianische Menschen, die Oper bedient sich der mythologischen Inhalte als literarischem Deckmantel für zeitgeschichtliche und gesellschaftliche Probleme. Vor allem aber trägt das Volkstheater das komische Element in die Oper und leistet somit Vorschub für die Entstehung des komischen musikalischen Theaters, der *Opera buffa*.

Neapel und die Opera buffa

Florenz-Rom-Venedig: diese Dreierachse der frühen Oper bedeutet nicht nur eine chronolgische Abfolge, sie bedeutet vor allem eine Weiterentwicklung. Das Wort-Ton-Verhältnis hat darin zwar auch weiterhin zentrale Bedeutung, aber es machen sich Akzentverschiebungen bemerkbar, vor allem in der formalen Ausgestaltung des zu singenden Textes. Die Handlung, deren entscheidende Aktionen in den ersten Jahren vorwiegend noch berichtet und nicht dargestellt werden, soll sinnfällig sein. Der Text soll nicht nur verständlich dargeboten, es soll auch sein Sinn vermittelt werden. Daher steht das den Inhalt erzählende Rezitativ im Mittelpunkt. Auf Dauer genügt das dem Sänger nicht, weil er seine Stimme nicht gebührend präsentieren kann, er fühlt sich zu sehr als Rezitator bzw. Deklamator und zu wenig als singender Künstler. Die Folge ist, daß man das Rezitativ lyrisch, melodiös (*arios*) ausgestaltet, was schließlich zum selbständigen kleinen Arioso führt, aus dem sich die Arie als musikalisches Herzstück der Oper entwickelt. Ursprünglich ein Strophenlied, das als Sologesang zu einfacher instrumentaler Begleitung vorgetragen wird, gibt die Arie dem Sänger in der Oper Gelegenheit, die Affekte der darzustellenden Figur (Partie) auszudrücken. Indem man die Strophenform auflöst und in der zunächst dreifach geteilten Arie den ersten Teil wiederholt, gelangt man durch dieses Verfahren der erst einfachen, dann veränderten Reprise zur Da-capo-Arie (von ital. *da capo* = »vom Haupte«, also so viel wie »von vorn«). Sie wird für lange Zeit verbindlich.
So übernimmt sie Neapel von Venedig. Um diese Zeit bereits eine Großstadt mit über 300 000 Einwohnern, beherbergt Neapel die erste italienische Musikakademie und gibt dem musikalischen Theater im wahrsten Sinn des Wortes Heimatrecht. Einer der erfolgreichsten Vertreter ist *Pietro Alessandro Gaspare*

Scarlatti (1660–1725). Er stammt aus Palermo, hält sich zunächst zu musikalischen Studien in Rom auf, heiratet dort und geht seiner Haupttätigkeit als Komponist in den aristokratischen Kreisen der Stadt nach. 1683 finden wir ihn erstmals in Neapel, er wird Leiter einer Theatertruppe für die Opera seria am Teatro San Bartolomeo, dann Hofkapellmeister, ist um 1702 kurze Zeit in Florenz in der Hoffnung auf eine Festanstellung am Hof der Medici, dann für einige Jahre wieder in Rom und kehrt Ende 1708 nach Neapel und in sein Amt als Kapellmeister der Cappella Reale zurück, wird 1715 zum Ritter geschlagen und stirbt zehn Jahre später, ohne Neapel verlassen zu haben. Man schreibt Scarlatti 114 Opern zu, meist der Gattung des dreiaktigen ›dramma per musica‹ mit mythologischen und allegorischen Stoffen zugehörig, in deren Ablauf (meist bei den Aktschlüssen) relativ bedenkenlos komische Szenen und komische Charaktere eingeschoben werden. Ein Beispiel dafür ist u. a. der zu seinen Hauptwerken zählende »Triumph der Ehre« (Il Trionfo dell'Onore), uraufgeführt 1718 in Neapel. Doch Szenen und Typen des Alltags wie in der Opera buffa kennt Scarlatti nicht. Aber er ist als Opernkomponist insofern wichtig, als er die da-capo-Arie zur Regel erhebt, die dreiteilige Ouvertüre (schnell-langsam-schnell) einführt und Einfluß auf das europäische Opernschaffen bis in die Wiener Klassik ausübt.

Neapel übernimmt jedoch nicht nur die venezianische Oper, sondern auch deren Spielort, d. h. den in Venedig entwickelten Typ des Logen- und Rangtheaters. Dabei werden die vornehm und kostbar ausgestatteten Logen von Aristokraten oder auch von vermögenden Bürgern auf Dauer gemietet, und so festigt eine Vorform des späteren besonders in Deutschland ausgeprägten Abonnements den Bestand des Theaters. Das Parkett besetzt das Volk, dort stehen, wenn es überhaupt Sitzplätze gibt, nur einfache Holzbänke. Und von dort geht der Anstoß aus zur komischen Oper (*Opera buffa*), deren Geburt Neapel mit Recht für sich in Anspruch nehmen darf. Das Publikum ist der mythologischen Inhalte überdrüssig und verliert das Interesse an der Handlung der ernsten Oper (*Opera seria*), sie ist ihm zu gebildet und zu wirklichkeitsfremd. Es hört nur bei sängerischen Bravourstücken hin oder folgt dem Geschehen, wenn plötzlich komische Personen auftreten. Um dem sinkenden Allgemeininteresse zu begegnen, erinnern sich, schon aus Konkurrenzgründen, die Theaterleiter (*Impressarii*) an eine alte Tradition des italienischen Sprechtheaters: an das dort übliche unterhaltsame Zwischenspiel zwischen den einzelnen Akten (*Intermedium* genannt). Die Komödie kennt diese komischen Alltagsszenen mit Tänzen und Liedern (vor allem mit den *Villanellen* genannten Hirten- und Bauernliedern) schon seit dem 15. und die Tragödie seit dem 16. Jahrhundert. Diese Zwischenspiele werden als szenische und musikalische Intermezzi in die Aufführung der ernsten Oper eingeschoben, stehen stofflich und thematisch erst in sehr losem, dann in keinem

Zusammenhang mehr mit deren mythologischen Inhalten und erfreuen sich gerade dadurch großer Beliebtheit, weil sie Alltagsgeschichten erzählen und Typen zeigen, denen man in den Gassen Neapels begegnen kann. Mit der wachsenden Beliebtheit beim Publikum verselbständigen sie sich immer mehr und nehmen in Erweiterung ihres inhaltlichen wie personellen Bestandes Einflüsse des italienischen Volkstheaters auf. Da ist das nach Art der römischen Komödie entstandene gebildete literarische Charakter- und Intrigenlustpiel (*Commedia erudita*) und vor allem die volkstümliche italienische Stegreifkomödie (*Commedia dell'arte*).

Erinnern wir uns: das Theater ist seinem eigentlichen Ursprung aus Spiel und Darstellung nach unliterarisch. Das ist jener Bereich, den wir allgemein als Volkstheater bezeichnen, lange geblieben. Dort hat auch die Commedia dell'arte ihre Wurzeln, ohne die weder das komische Sprechtheater Europas der folgenden Jahrhunderte noch das komische musikalische Theater denkbar sind. Sie entsteht um 1550 in Oberitalien und ist von allem Anfang an mit dem um diese Zeit aufkommenden Berufsschauspielertum verbunden. Denn diese Stegreifkomödie lebt von der Kunst der schauspielerischen Improvisation, sie verlangt rasches Reagieren, schnelles Antworten, geistige Behendigkeit, sprachliche Pointierung, körperliche Wendigkeit bis hin zur Akrobatik und das raffinierte Spiel mit Requisiten, da sie praktisch kein Bühnenbild kennt. Es gibt nur bestimmte lose Absprachen über den Ablauf des Geschehens, ein grobes Szenarium, das den ungefähren Handlungsverlauf skizziert, der einem Grundschema folgt: Junge Leute lieben sich, erreichen ihr ›Happy End‹ allerdings nur auf vielen Umwegen. Denn es gilt vor allem mit Hilfe listiger und gewitzter DienerInnen die Eltern (besonders die Väter) zu übertölpeln. Die haben nämlich andere Heiratspläne für ihre Kinder, die verwitweten Väter kommen ihren Söhnen selbst als eifersüchtige Freier ins Gehege oder der bestellte Vormund eines verwaisten Mädchens beabsichtigt dieses selbst zu ehelichen. So lebt die Commedia dell'arte von ihren Typen, die keine Literaturfiguren, sondern von Schauspielern erfundene Rollen sind, deren wichtigste einzelnen, schon durch ihren Dialekt genau bestimmbaren italienischen Landschaften entstammen. Neben dem *Liebespaar* (*er* eine blasse Repräsentationsfigur aus gutem Haus, *sie* ein sanftes Wesen) sind von besonderer Bedeutung: *Pantalone*, der komische Alte, Kaufmann aus Venedig, geizig und mißtrauisch, väterlicher Freier, der sich am Ende blamiert; *Dottore*, der pedantische Gelehrte, Arzt, Jurist oder Philosoph aus Bologna, ein Wichtigtuer mit beschränktem Intellekt und leerer Rhetorik, oft sogar ein ausgemachter Trottel; *Capitano*, ein Aufschneider und Prahlhans, ein Wichtigtuer und Ruhmheuchler, den im entscheidenden Moment der Mut verläßt, weshalb er sich aus dem Staube macht (er erinnert an den *miles gloriosus* der Plautinischen Komödie); die Familie der *Zanni* schließlich, ursprünglich Lastenträger aus Bergamo, die sich schließlich als Diener in

Venedig und Neapel verdingen und zum eigentlichen Motor des komödiantischen Spiels werden. Zu ihnen gehört der *Arlecchino* und der *Truffaldino* (beide Italien; dazu der deutsche *Harlekin*), der *Sganarelle* (Italien, Frankreich), der *Scapin/Scapino* (Frankreich, Spanien) und der *Figaro* (Spanien) sowie die liebenswerte, weil so herrlich vorlaute und gewitzte, schlaue und treue *Columbina*. Diese Figuren haben nachhaltige Spuren in berühmten Opernpartien hinterlassen: in Mozarts »Figaros Hochzeit«, Donizettis »Don Pasquale«, Rossinis »Barbier von Sevilla«, Leoncavallos »Der Bajazzo«, Puccinis »Turandot«, Strauss' »Ariadne auf Naxos« und Wolf-Ferraris »Vier Grobiane«, um nur einige zu nennen.

Die Figuren der Commedia dell'arte bewegen entscheidend die Entwicklung des Intermezzos zur Opera buffa, aber es übernimmt auch andere dramaturgische Einzelheiten: »Wie die Stegreifkomödie des italienischen Sprechtheaters weist auch das musikalische Intermezzo eine locker gefügte Handlung, einen fast improvisatorischen Dialog (mit Einschüben von Dialekt und fremdsprachlichem Radebrechen), von Verkleidungen und Slapstick-Effekten auf.« (11) In dem Maße, wie das Intermezzo den stofflichen Bezug zur Opera seria verliert und zur Eigenständigkeit heranwächst, um so mehr beginnt es sich aus seinem ursprünglichen Zusammenhang ganz zu lösen und als in sich geschlossenes Werk die Bühne zu betreten. Das ist am berühmtesten aller bekannten Intermezzi deutlich erkennbar, das zu den frühesten komischen Opern gehört, zu Weltruhm gelangt und noch heute repertoirefähig ist: »Die Magd als Herrin« (La serva padrona) von *Giovanni Battista Pergolesi (1710–1736).* Ihm ist ein nur sehr kurzes Leben vergönnt, doch hat er erstaunlich viel komponiert und ist ein häufig gespielter Komponist seiner Zeit. Als Sohn eines Schusters wird er in Jesi in der Provinz Ancona geboren, erhält eine gute Ausbildung sowie Unterricht im Orgel- und Geigenspiel, man wird auf seine musikalische Begabung frühzeitig aufmerksam, feiert ihn als Wunderknaben und schickt ihn zum weiteren Musikstudium nach Neapel, wo die Opera buffa inzwischen derart beliebt ist, daß ihr gleich drei eigene Theater vorbehalten sind: das Teatro Fiorentini, das Teatro Nuovo und das Teatro della Pace. Mit 16 Jahren tritt er in die Studentenschaft des Konservatoriums ein, komponiert zunächst kirchenmusikalische Werke, nimmt 1731 Dienst beim Fürsten Stigliano und wird wenig später zum städtischen Kapellmeister und zum Organisten am neapolitanischen Hof ernannt. Dann erkrankt er (wahrscheinlich an einer besonders bösartigen Form von Schwindsucht), geht zur Heilbehandlung ins Franziskanerkloster des Schwefelbades Pozzuoli, komponiert dort sein berühmtes »Stabat Mater« und stirbt mit gerade 26 Jahren. In einer Charakteristik des mit ihm befreundeten Marchese di Villarosa heißt es: »Das höchste Lob verdient er für seine Bescheidenheit, für die geringe Meinung seiner selbst, nie sich der vielen Lobsprüche rühmend, die besonders ältere Meister der Tonkunst ihm in seinen frühesten Jahren bereits reichlich gespendet hatten. Mit Ergebung nahm er sein vorzeitiges Ende hin.« (12)

Die »Magd« ist ein zweiteiliges Intermezzo zu Pergolesis eigener dreiaktiger Opera seria »Der stolze Gefangene« (Il prigionier superbo) mit der Dichtung von Gennaro Antonio Federico, die am 28. August 1733 im Teatro San Bartolomeo zu Neapel uraufgeführt wird. In dieser Oper geht es um Thronstreitigkeiten unter den Goten im Norwegen des 7. Jahrhunderts, genährt vor allem durch dramatisch zugespitze Leidenschaften und Eifersuchtsszenen, bis eine Revolution den Gotenkönig Metalce vom Thron stürzt und das Drama durch eine Heirat einen glücklichen Ausgang nimmt. Weit davon entfernt ist der Inhalt des Intermezzos. Nur mit größter Mühe kann man einen allenfalls oberflächlichen, komisch kontrastierenden Sinnzusammenhang herstellen zwischen einer die Probleme des Staates glücklich lösenden Heirat und einer für die aufmüpfige Magd selbst glücklich gelingenden, von ihr dem ehemaligen Herrn und künftigen Gemahl listig aufgezwungenen Ehe. Serpina, Dienerin des schon älteren Uberto, führt sich gar zu sehr als Herrin auf. Sie drangsaliert und ohrfeigt den Diener Vespone, kommandiert im Haus herum, empört sich gegen ihre (angebliche) Unterdrückung und Mißhandlung und verlangt Respekt und Verehrung. Uberto ist ihr nicht gewachsen, will sie los werden und sich deshalb verheiraten. Natürlich bietet sich Serpina dafür an, kokettiert mit ihren Reizen und meint, Uberto verstelle sich nur. Um ihn kirre zu machen, verkleidet sie den stummen Diener als Soldaten und gibt diesen als temperamentvollen, unberechenbaren, launenhaften, schnell in Wut geratenden »Capitano Tempestà« (Kapitän Ungewitter) und vor allem als ihren Auserwählten aus. Uberto fürchtet ihn, fürchtet auch um Serpina, die er insgeheim schon lange gern in seiner Nähe sieht. Serpina wittert ihre Chance, spielt nun die Unschuldige und Sanftmütige und macht Uberto glauben, er werde sich ihrer wehmütig erinnern, wenn sie den alten Haudegen ehelichen werde. Durch die Gegenüberstellung Ubertos mit dem vermeintlichen Draufgänger und Rivalen gewinnt Serpina ihren Herrn zum Ehemann, der sich auch nach Entdeckung des Spiels, das sie mit ihm getrieben hat, hoffnungsvoll in sein Schicksal fügt.

Pergolesis Musik atmet in jedem Ton den Geist der Commedia dell'arte, sie ist spritzig und lyrisch, gezielt galant und von dramatischer Komik. Sie läßt Serpina kokett auftrumpfen und Uberto resignieren, schon in seiner ersten Arie lächeln wir über sein räsonnierendes Selbstmitleid: »Warten und nicht kommen, im Bett liegen und nicht schlafen, gut dienen und keinen Dank empfangen, sind drei Dinge zum Sterben.« Das gegenseitige Umschmeicheln und Fordern, Kontern und Beharren ist in dem Duett »Ich erkenn's an diesem bösen Ausdruck« in spritziger Melodik eingefangen; in Ubertos Arie »Nun der Gauner, der er sein wird!« charakterisiert die Musik wechselweise sein letztlich vergebliches Aufbäumen wie seine aufkommende Gewißheit, daß Serpina ihn nicht gleichgültig läßt; und das Auftreten des verkleideten Dieners als bramarbasierender Soldat und angeblicher Liebhaber erweist sich in einem höchst abwechslungsreichen Rezitativ als in Musik gesetzte Commedia dell'arte pur.

Man wird die Fülle der Intermezzi und komischen Opern jener Zeit wohl kaum jemals ganz ermessen können. Um so bedauerlicher ist es, daß sich aus dem reichen Angebot im Grunde nur zwei Opern für das heutige Repertoire, auch in Deutschland, erhalten haben. Die eine ist »Der Barbier von Sevilla« (Il Barbiere de Sevilla), ein chorloses dramma giocoso in 2 Akten von Giuseppe Petrosellini nach der Komödie des Beaumarchachais mit der Musik von *Giovanni Paisiello (1740–1816),* einem der bedeutendsten und meistgespielten Opernkomponisten seiner Zeit, dem auch Mozart persönlich begegnet ist. Doch hat sein Meisterwerk das unverdiente Schicksal erlitten, durch Rossinis gleichnamige Oper vom Spielplan gedrängt worden zu sein. Die andere Oper ist »Die heimliche Ehe« (Il matrimonio segreto), ein melodramma giocoso in 2 Akten von Giovanni Bertati mit der Musik von *Domenico Cimarosa (1749–1801).* Auch diese Oper, die noch heute in Deutschland öfter gespielt wird, ist reine Commedia dell'arte: Der ebenso reiche wie ehrgeizig auf den adeligen Stand erpichte Kaufmann Geronimo will seine Töchter an adlige Herren verheiraten, ohne zu wissen, daß die eine bereits heimlich verheiratet ist. Um zu einem für alle glücklichen Ende zu kommen, bedarf es mannigfacher Verwechslungen, Intrigen und Heimlichkeiten.

Opernanfänge in Frankreich, England und Deutschland

Wir werden sehen, wie die Operette im Grunde erst eine Pariser, dann ausdrücklich eine Wiener Angelegenheit ist und wie das Musical vor allem an die Städte New York und London gebunden bleibt, von Ausnahmen hier und da abgesehen. So bleibt es bei der Oper nicht, sie wird entschieden eine internationale Angelegenheit mit Zentren in der ganzen abendländischen wie auch später, vor allem bezüglich der Aufführungspraxis, in der Neuen Welt. Zunächst jedoch gibt die italienische Oper den Ton an und gelangt durch italienische Operntruppen an die Höfe der europäischen Kulturnationen.

Nach der in diesem Buch an wenigen Beispielen dokumentierten Gegnerschaft des frühen Christentums gegenüber Musik und Theater und der im Spätmittelalter beginnenden allmählichen Einvernahme des Theaters für die christliche Missions- und Erziehungsarbeit mag es uns überraschen, daß im 17. Jahrhundert wesentliche Impulse für das Theater *Frankreichs* ausgerechnet von den beiden mächtigsten Kirchenfürsten der französischen Geschichte ausgehen. Dies um so mehr, als die Kirche in Frankreich das Theater noch lange ächtet, weil es ihr vor allem mit den beliebten Possen des Volkstheaters der öffentlichen Moral abträglich scheint. Die Schauspieler gelten als sozial minderwertig, sie und auch die Sänger sind de facto exkommuniziert, weil ihnen die Sakramente verweigert werden und sie deshalb auch nur gesetzlich heiraten können; außerdem wird ihnen das Begräbnis verweigert, wenn sie ihrem Beruf nicht abschwören. Doch damit machen die beiden eigentlichen Regenten der Nation Schluß. So setzt sich *Kardinal Richelieu (1585–1642)* auch gesetzlich für die Theaterleute ein, freilich in der alten kirchenpolitischen Überzeugung, man werde das Theater besser in gewissen Schranken halten, wenn man seine besten Leistungen unterstützt statt es grundsätzlich zu verbieten. Er richtet im Saal des Palais Royal ein festes Theater ein und führt am Hof regelmäßige Theatervorstellungen durch, von denen später noch *Voltaire* die Meinung vertritt, damit habe Paris den Vergleich mit dem klassischen Athen nicht zu scheuen brauchen. Theater wird als legitime Form der Unterhaltung der Untertanen angesehen, Schauspieler oder Sänger zu sein ist keine Schande. *Kardinal Mazarin (1602–1661)*, gebürtiger Italiener aus Pescina in den Abruzzen und schon während seiner Zeit bei Kardinal Barberini in Rom für die Opernaufführungen zuständig, holt im Jahr 1645 eine italienische Operntruppe nach Paris und läßt sie die venezianische Oper »La finta pazza« von Francesco Paolo Sacrati aufführen. Es ist die erste Opernaufführung in Frankreich überhaupt. 1660 holt er Cavalli an den französischen Hof, was trotz oder gerade wegen des Scheiterns dieses Gastspiels den Bestrebungen zur Gründung einer nationalfranzösischen Oper mächtig Auftrieb gibt. Wortführer werden zunächst der Dichter *Pierre Perrin (1620–1675)* und der Komponist *Robert Cambert (1628–1677)*. Ihre Pläne und die Aufführungen ihrer Werke finden Unterstützung durch *Ludwig XIV.*, dessen lange Regierungszeit Frankreich das goldene Zeitalter seiner Kulturgeschichte beschert. Er gibt den beiden den offiziellen Auftrag zur Gründung und Leitung des ersten öffentlichen Opernhauses in Frankreich, der »Académie Royale de Musique«, die als »Grand Opéra« noch heute besteht. Zwar sind Perrin und Cambert schlechte Geschäftsleute und schlittern bald darauf in die Pleite. Doch es findet sich wenig später ein kompetenter Nachfolger, der als eigentlicher Begründer der französischen Oper bezeichnet werden muß.

Jean Baptiste Lully (1632–1687) ist Italiener, geboren in Florenz. Dort macht der Vierzehnjährige die Bekanntschaft eines Adelsherrn vom Pariser Hof, der ihn mit nach Frankreich nimmt, weil die Nichte Ludwigs XIII. einen italienischen Sprachlehrer braucht. Anfang und Ende seines Lebens in Frankreich könnten Stoff für ein Theaterstück geben. Erst einmal ist Lully vorübergehend Küchenjunge am Hof, lernt nebenbei Gitarre und Violine und wird mit zwanzig Jahren Geiger am Hof und kurz darauf Leiter der Hofkapelle, er tritt als Schauspieler, Sänger und Tänzer auf, gründet und leitet das königliche Kammerorchester, wird Hofkomponist und, nun schon unter dem Sonnenkönig Ludwig XIV., Leiter der Académie Royale de Musique und damit unumschränkter Souverän des französischen Musiklebens. Er komponiert 14 große Opern (Alceste, Theseus, Armide sowie Acis und Galathée als wichtigste), findet in dem Dichter *Philippe Quinault (1635-1688)* den kongenialen Librettisten, begründet mit *Molière* das ›Comédie Ballet‹ und ist wohl der erste wirklich bedeutende Dirigent der Musikgeschichte. Als solcher bereitet er seinem Leben mit einem theatralischen Aplomb selbst ein Ende: ausgerechnet bei der Aufführung seines Te Deums anläßlich der Genesung seines Königs von schwerer Krankheit Mitte März 1687 rammt er sich bei einem temperamentvollen Dirigiereinsatz den langen Stab derart fest in den Fuß, daß er wenig später am Wundbrand und an Blutvergiftung stirbt.

Seinen legitimen Nachfolger und Vollender findet Lully in *Jean-Philippe Rameau (1683-1764)*. Geboren in Dijon, wird er Organist erst in Avignon, dann in Clermont und Paris, wohin er 1722 endgültig übersiedelt. Man sieht in ihm den bedeutendsten Orgelspieler seiner Zeit in Frankreich und er gilt als erster großer Musiktheoretiker überhaupt, Begründer der modernen Harmonielehre. Er ist überdies wesentlich am Buffonistenstreit von 1752 beteiligt, einer der großen Kulturfehden der Geistesgeschichte. Ausgangspunkt ist der Protest des gewöhnlichen Volkes unter den Opernbesuchern gegen das klassische Musiktheater der hohen und pathetischen Opera seria mit ihren Figuren aus der griechischen und römischen Mythologie. Die Oper soll nicht nur dem gebildeten Adel vorbehalten bleiben, man will sich auch bei ihr vergnügen und sich von ihr unterhalten lassen wie man es von der italienischen Komödie, von der Commedia dell'arte und von den Komödien Molières kennt. Da gastiert in diesem Jahr eine italienische Operntruppe mit Pergolesis »La serva padrona« in Paris. Der Erfolg ist enorm und wirft die Streitfrage auf, ob die französische Sprache grundsätzlich zum Singen geeignet ist und zum komischen insbesondere. Von maßgebenden Geistern wird dies bezweifelt, allen voran von den beiden Denkern *Jean-Jacques Rousseau* und *Denis Diderot*. Besonders Rousseau fällt ein scharfes Urteil: die Franzosen hätten nie eine eigene nationale Musik besessen, eine solche würde nur ihr Unglück bedeuten. In seinem bekannten Denkansatz »Zurück zur Natur!« sieht er in der italienischen Sprache der Opera buffa den adäquaten musikalischen Ausdruck alles Natürlichen, was er der französischen Sprache rundweg abspricht. Die Anti-Buffonisten, zu denen Rameau gehört, fordern im Gegenteil die volkstümliche heitere französische Oper. Es wird heiß diskutiert in den Salons und musikalischen Zirkeln, man streut Flugblätter aus und läßt sich auch mal in regelrechte Straßenschlachten ein. Welch ein leidenschaftliches Bekenntnis zur Oper schlechthin! Zwei Jahre dauert dieser Streit, wie die Operngeschichte selten einen erlebt hat, dann weist man 1754 die Italiener aus - und der Weg ist frei für die französische Lustspieloper, aus der nicht nur die *opéra bouffe* und die *opéra comique* entsteht, sondern letztlich auch die *Operette*.

Insgesamt 28 Opern und Ballette hat Rameau komponiert, darunter gilt die fünfaktige Tragédie lyrique »Castor und Pollux« als sein Hauptwerk. Das Libretto verfaßt P. J. Gentil Bernard, die Uraufführung findet am 14. Oktober 1737 in Paris statt. Dem Werk vorangestellt ist in der Tradition der frühen Florentiner Oper ein Prolog, in dem der Kriegsgott Mars von der Liebesgöttin Venus und deren Sohn Amor gebändigt wird. Das hat einen aktuellen politischen Bezug, indem der Prolog auf den Wiener Frieden von 1736 anspielt, der den Polnischen Erbfolgekrieg beendet, in den Frankreich verwickelt gewesen ist und der viel Leid und Zerstörung gebracht hat. Das zeigt symbolisch die Bühne des Prologs: Auf der einen Seite zerstörte Hallen und verstümmelte Statuen, die Künste sind verlassen, zu ihren Füßen liegen zerstörte Kreise und Kugeln. Auf der anderen Seite befinden sich umgestürzte Wiegen, die Freuden erscheinen leblos. Im Hintergrund markieren Zelte und militärische Lager die rauhe kriegerische Szenerie. Mars, der Kriegsgott, hat allenthalben gewütet. Die Oper greift den Mythos von den Dioskuren auf, dem sterblichen Spartanerprinzen Castor und dem unsterblichen Göttersohn Pollux. Sie galten als stets hilfsbereite Helden, die nur einmal gewalttätig waren, als sie die Schwestern Phoiba und Hilaeira entführten und gegen deren Verlobte kämpfen mußten, wobei Castor getötet wurde. Hier setzt die Opernhandlung ein. Bei der Trauerfeier für den Toten erscheint Pollux mit der Leiche des Mörders von Castor, er hat den Bruder gerächt. Castors Braut Telaira fleht ihn an, Jupiter um die Wiederbelebung des Geliebten zu bitten. Das gewährt der Göttervater jedoch nur um den Preis von Pollux' eigenem Leben. Er nimmt die Bedingung an, da man ihn im Himmel jedoch von seinem Plan abbringen will, steigt er zur Hölle hinab, um den Bruder zu befreien. Der aber weilt bereits in den seligen Gefilden, wo die Brüder aufeinander treffen. Ihr Problem kann jedoch nur Jupiter lösen: er gibt auch Castor die Unsterblichkeit und setzt die Brüder als Zwillingsgestirn ans Firmament.

Rameaus Oper folgt weitgehend der frühen, noch bei Monteverdi vorhandenen, aber bereits dramatisch weiterentwickelten Form. Rameau ergänzt sie durch große Chorsätze und gibt dem Chor wieder eine dramaturgische Funktion. Neu daran ist, daß dieser in einer einzigen Oper sehr unterschiedliches Personal darstellt: allegorische Gestalten und Göttergefolge, Krieger und Athleten, Dämonen und Geister, Höllenbewohner und selige Geister, Genien, Gestirne und Planeten sowie immer wieder das spartanische Volk. Das verlangt, wie beispielsweise vor dem Eingang zur Hölle im dritten Akt, Doppelchöre. Dazu kommt ein selten gekannter Personalaufwand mit 16 Solopartien, deren psychologische Charakterisierung freilich noch nicht weit fortgeschritten ist. Auffallend, daß bei den dramatisch angelegten Auftritten und Chorszenen die Musik selbst schon als Teil der Darstellung komponiert ist, wie die rein instrumental sich ›abspielende‹ Erscheinung Jupiters im vierten Auftritt des zweiten Aktes verdeutlicht. Ansonsten zeigt das Werk die eigene Form der französischen Oper. Sie nimmt in ihrer Pathetik, ihrer heroischen und tugendhaften Haltung, im würdevollen Ausdruck und mit der groß angelegten Szene die französische Tragödie von *Corneille* und *Racine* zum Vorbild, zumal die Oper gerade in Frankreich auch der Verherrlichung des Herrschers dient. Analog zur ›Tragédie lyrique‹ im Sprechtheater (die französische Sprache bezeichnet wie die italienische die Wiedergabe menschlicher Empfindungen als ›lyrisch‹) erhält die Oper ihre Bezeichnung ›Opéra lyrique‹ als eine Tragödie, die dem lyrischen Anspruch der Musik genügen soll. Explizit französisch ist der rationalistische Geist, den die italienische Oper nicht kennt, will heißen, die verständliche und vernünftige Wortbehandlung soll Text, Versmaß und Reim bis in die letzten Feinheiten wiedergeben. Daher ist der florentinische Ansatz von der Unterordnung der Musik unter die Dichtung ohne kunstvolle Sängerarien mit ausufernden Koloraturen noch relevant. Dabei wird die klare Trennung von Rezitativ und Arie um ein gutes Stück aufgehoben, wobei weder das Rezitativ vernachlässigt noch die Arie überbetont wird. Darin ist die französische Opéra lyrique allerdings auch nicht so melodienselig wie die italienische Opera seria.

Es ist keine Kritik, schon gar keine Abwertung wenn wir feststellen, daß das Theater *Englands* sich in einem hohen Maße auf das Sprechtheater konzentriert, bis herauf in unsere Zeit. Das Elisabethanische Zeitalter kennt ein reichhaltiges und vielfältiges Volkstheater und wird beispielhaft für ganz Europa mit seinem literarischen Theater des *Christopher Marlowe (1564–1593)*, des *Ben Jonson (1573–1637)* und vor allem des *William Shakespeare (1564–1616)*, dessen Name praktisch als Synonym für Theater schlechthin gilt und dessen Bühnenkosmos einzig dasteht in der Welt des Theaters. Zu einer eigenen Oper hat England nur sehr partiell gefunden. Nach *Purcell* und *Händel* erwächst dem Inselstaat erst im 20. Jahrhundert mit *Benjamin Britten* wieder ein Opernkomponist von internationalem Rang.

Auch in England kennt man Kirchen- und Volksmusik seit Jahrhunderten, so stammt der älteste erhaltene Kanon (der berühmte Cuckoo Song »Sumer is icumen in«, um 1240) aus dem Kloster Reading, und zumindest *John Dunstable (1390–1453)* zählt zu den großen Tonkünstlern zwischen Mittelalter und Renaissance. Ein reges Musikleben entsteht im 16. Jahrhundert, gefördert durch die großen Tudor-Könige Heinrich VIII. und Elisabeth I.; berühmte Meister an Laute, Orgel und Virginal (der englischen Frühform des Cembalos) sind *John Bull, William Byrd, John Dowland* und *Orlando Gibbons*, samt und sonders Zeitgenossen Shakespeares. England ist sogar das erste Land, das den Doktor der Musik einführt. Bedeutsam ist die Musik vor allem am Hof und bei den Schauspielaufführungen. Eine eigene Theaterform mit Musik schaffen die

Engländer mit ihren *Masques*, allegorischen und mythologischen Maskenspielen mit großen, gleichberechtigten Anteilen von Gesang, Tanz und Instrumentalmusik, die man gern vor allem kostümlich opulent ausstattet. Es sind erhabene, würdevolle Spiele, die meist mit einem Prolog eingeleitet werden, der das Thema vorgibt (also ähnlich wie in der florentinischen Oper) und deren handlungsarmer Ablauf in Dialoge, Sololieder, Chöre und Tanzdarbietungen eingeteilt ist. *Nicholas Lanier* komponiert 1617 die Musik zu einem Maskenspiel von *Ben Jonson*, in dem er die gesprochenen Dialoge durch Rezitative ersetzt, wie er sie wenig später bei seinem Italien-Aufenthalt noch eingehend kennen lernen wird. Diese Masques – auch hier gibt es eine Parallele zu Entwicklungen in Italien – werden, wenn auch meist völlig handlungsunabhängig, gern dort in Schauspiele integriert, wo Hoffeste oder sonstige Feiern oder Tafelfreuden szenisch dargestellt werden. Das läßt sich an einem Beispiel gut ablesen. Wohl erst nach 1600 verfaßte Shakespeare sein Drama »Timon von Athen«, das wahrscheinlich zu seinen Lebzeiten nie aufgeführt worden ist. Timon, ein wohlhabender und edler Athener, glaubt sich von treuen Freunden umgeben, denen gegenüber er sich bedenkenlos großherzig zeigt. Doch es sind Schmarotzer, Heuchler und Speichellecker. Als seine Schulden anwachsen, bittet er seine Freunde um Unterstützung in dem Glauben, »wie überreich ich in den Freunden bin. Fort mit dem Gedanken, bei Freunden könne Timons Glück erkranken!« Doch die falschen Freunde erfinden alle möglichen Ausreden und kehren sich von ihm ab. Maßlos enttäuscht lädt er sie noch einmal zu einem Essen ein, setzt ihnen aber nur warmes Wasser vor: »Dampf und lauwarmes Wasser ist eure Tugend!« (13) Er wirft sie hinaus, verfällt in Menschenhaß, verflucht gar seine geliebte Vaterstadt, wütet gegen jedermann, zieht sich von jeder menschlichen Gesellschaft zurück und geht schließlich an seinem unheilbaren Menschenhass zugrunde. Wie andere Stücke Shakespeares und seiner Zeitgenossen wird auch der »Timon« in der folgenden Restaurationszeit meist nur in Adaptationen gespielt, das sind Textumformungen und Bearbeitungen der Originale. Für den »Timon« verfaßt der Dramatiker *Thomas Shadwell (1642-1692)* im Jahre 1678 eine vielgespielte Adaptation. Für sie komponiert *Purcell* 1694 eine Masque, die mit Shakespeares Tragödie inhaltlich nichts zu tun hat. Sie wird in die zweite Szene des ersten Aktes eingeschoben, in der Timon im Prunksaal seines Hauses ein großes Bankett anrichten läßt. Die gerade zwanzigminütige Masque Purcells ist ein eher lyrisch verhaltener musikalischer Wettstreit zwischen Cupido und Bacchus, in dem sich der für eine Knabenstimme gesetzte und mit kunstvollen Koloraturen versehene Gesang des Liebesgottes mit dem tiefen Baß des Weingottes abwechselt, bis sich beide im gemeinsamen lebhaften, sogar ein wenig verführerisch anmutenden Lobgesang von Liebe und Wein finden, in den auch der Chor einstimmt.

Im Elisabethanischen Zeitalter gilt das Theater in England nahezu alles,

Henry Purcell, zeitgenössische Kreidezeichnung von John Closterman.

aber unter Cromwells Lordkanzlerschaft ist es den puritanischen Angriffen ausgesetzt. So hört England auch erst sehr spät von der Oper, zunächst durch einzelne Abschriften der Werke der florentinischen Monodiker. Dann aber reist, wie bereits erwähnt, *Nicholas Laniere*, Sohn eines in England seßhaft gewordenen französischen Musikers und selbst als Sänger, Dichter und Maler tätig, 1620 zum Kauf von Bildern nach Italien. Dort studiert er gründlich den neuen Gesangsstil und bringt ihn nach England, wo er er nunmehr regelmäßig Eingang in die Masques findet und damit in die Oper. Ihr behält man das 1671 eröffnete Dorset Garden Theatre vor, dennoch gibt es bis 1690 nur äußerst spärliche Opernaufführungen in London. So muß sich *Henry Purcell (1659–1695)* auf die Berichte englischer Reisender und in London auftretender italienischer Sänger und auf wenige Abschriften verlassen. Um so erstaunlicher ist es, daß er in seinem von eigener Intuition getragenen Schaffen von sich aus zum vom Orchester begleiteten Gesangsrezitativ (*recitativo accompagnato*) findet, das die italienische Oper selbst erst durch Scarlatti einführt. Über Purcells Leben wissen wir nicht viel, da wir praktisch keine Briefe, Aufzeichnungen oder Urteile von ihm selbst oder von Zeitgenossen kennen. Wahrscheinlich wird er im Sommer oder Herbst 1659 in Westminster geboren, das zu seiner Zeit noch eine selbständige Stadt ist, auch wenn durch Straßen und Häuserfronten mit London eng verbunden. Seine Eltern sind nicht genau nachweisbar. Als sein leiblicher Vater wird jener Thomas Purcell angesehen, der Sänger der königlichen Kapelle, Lautenspieler, Violinist und Komponist für das Streichorchester König Charles II. und ab 1672 Marschall der Londoner Musikgenossenschaft ist. 1667 wird Purcell in den Chor der Chapel Royal in Whitehall aufgenommen, deren Sänger auch zur Mitwirkung bei den Aufführungen der Londoner Theater verpflichtet sind, auf dem noch keine Frauen spielen dürfen. 1678 zum Hofkomponisten und gleichzeitig zum Organisten der Westminster-Abtei ernannt, komponiert er seine früheste Theatermusik und macht sich einen Namen. Er heiratet, wird Vater, ist einer der drei Organisten der Chapel Royal und ab 1684 deren musikalischer Leiter und erster Cembalist bis zu seinem Tod Ende November 1695. Er hinterläßt ein für sein kurzes Leben recht umfangreiches Werk an Kirchenmusik, Oden und Kantaten sowie an weltlicher Vokal- und Instrumentalmusik. Neben 47 Schauspielmusiken und 6 anderen Bühnenwerken komponiert er mit »Dido und Aeneas«, deren Originalpartitur als verloren gilt, seine einzige vollgültige, trotz dreier Akte aber nicht abendfüllende Oper. Das Libretto stammt von *Nathan Tate* nach dem vierten Buch der »Aeneis« von *Vergil*, in dem der Aufenthalt des Helden, der als einziger den Niedergang und die Zerstörung Trojas überlebt hat, bei der nordafrikanischen Königin Dido, der Gründerin von Karthago, beschrieben wird. Die Uraufführung findet 1689 im Pensionat für Edelfräulein in Chelsea statt, inszeniert von *Josias Priest*, der nicht nur Leiter des Pensionates ist, sondern auch Ballettchef des Dorset-Theatres. Vom Cembalo aus dirigiert Purcell selbst die Vorstellung.

Purcells Oper hält sich dicht an ihre literarische Vorlage. Sie beginnt mit einem Zwiegespräch zwischen Dido und ihrer Schwester Belinda, dessen Thema Aeneas ist, der Didos Gefühlswelt durcheinander gebracht hat. Dido zögert, die Liebe des Griechen zu akzeptieren, weil sie glaubt, damit Verrat an ihrem ermordeten Gatten zu begehen. Doch Aeneas bedrängt die Königin, ihm Gehör zu schenken. Das freilich paßt den Hexen nicht, die den beiden Unglück bringen wollen: »Das Böse ist unser Entzücken und Missetaten unsere ganze Kunst.« Zunächst beschwören sie ein Unwetter herauf und treiben die königliche Jagdgesellschaft zurück in die Stadt. Dann erscheint in Gestalt des Götterboten Merkur der Geist der Zauberin und bringt Aeneas den angeblichen Götterbefehl zur Weiterfahrt nach Italien. Der rüstet zur Abreise, worüber seine Matrosen sich freuen, die Hexen sich hämisch amüsieren und Dido dem Geliebten bösen Verrat an ihrer Liebe vorwirft. Nachdem Aeneas sich entfernt hat, stirbt sie an Enttäuschung, Gram und Entkräftung in den Armen Belindas. Ihre Sterbeszene ist auch musikalisch der Höhepunkt des Werkes, denn Purcell hat ihr eine ergreifende Schlußarie komponiert, deren Trauer und Todessehnsucht charakterisierende Musik sich in einem ergreifenden Piano in dem Maß gleichsam selbst verliert wie Dido aufhört zu atmen. Ihr und Belinda gilt Purcells kompositorisches Hauptaugenmerk, was schon Didos getragenes Lamento zu Beginn zeigt. Beide Sopranpartien dominieren eindeutig gegenüber dem stiefmütterlich behandelten Baritonpart des Aeneas, der nur wenige, kaum arios gestaltete Rezitative hat, die allein in der Szene mit Dido nur kurz einmal dramatisch aufleuchten. In künftige Opernzeiten freilich weisen die Chorsätze der Hexen, in denen Musik und Darstellung ineinander fließen, hier werden Gesang, solistisch und im Chor, wie Instrumentalspiel zum unmittelbaren theatralischen Vorgang. Das hat es so bis dahin noch nicht gegeben!

Schul-, Universitäts- und Ordenstheater gibt es wie in anderen Ländern seit dem Mittelalter auch in *Deutschland*. Im Zeitalter des Meistersangs wirkt der Nürnberger Zunftmeister und Dichter *Hans Sachs (1494–1576),* der zahlreiche Fastnachtspiele, Komödien und Tragödien schreibt und aufführen läßt. Besonders das protestantische Schultheater in Schlesien verfolgt die erklärte Absicht, dem Menschen zu einem untadeligen Leben zu verhelfen. Hier treten nun auch die beiden ersten deutschen Dramatiker des 17. Jahrhunderts auf. *Daniel Caspar von Lohenstein (1635–1683)* schreibt pathetische bis schwülstige Tragödien und Römerdramen, *Andreas Gryphius (1616–1664)* vor allem Komödien. Vielen gilt er heute als Vater des deutschen Dramas. Beide leben in einer Zeit, da die deutsche Theatergeschichte mit Berufsschauspielertum und internationalem, dann nationalem Repertoire ihren eigentlichen Anfang nimmt. Die Puritaner machen es den englischen Theatertruppen derart schwer, daß diese aufs kontinentale Festland ausweichen und etwa ab 1620 über Holland auch in den deutschen Sprachraum dringen. In ihrem Repertoire: die Dramatiker der Elisabethanischen Zeit, und da vor allem Shakespeare. Anfangs spielen sie in ihrer Muttersprache, dann in deutsch. Das gibt deutschen Schauspielern die Möglichkeit, sich ihnen anzuschließen und dann wieder von ihnen zu lösen, was zur Gründung eigener deutscher Wandertruppen führt. So tritt im 18. Jahrhundert jene *Friederike Caroline Neuber (1697–1760)* auf, die als *Neuberin* eine deutsche Theaterlegende geworden und geblieben ist, und der Schauspieler und Regisseur *Konrad Ekhof (1720–1778),* in dem wir den Vater der deutschen Schauspielkunst zu sehen uns angewöhnt haben. Die Entwicklung vollzieht sich jedoch eher schleppend, denn der Dreißigjährige Krieg legt das ganze Land bis in die Mitte des 17. Jahrhunderts lahm, die verheerenden Folgen dauern noch Jahrzehnte danach an.

Und die Oper? Ihr Anfang in Deutschland steht ganz im Zeichen der Italiener. Deutsche Komponisten, die sich für sie interessieren, reisen nach Italien, um sich an Ort und Stelle mit ihr auseinanderszusetzen. Noch Händel wird dies tun. Jetzt gehört auch *Heinrich Schütz (1585–1672),* der erste weltbekannte deutsche Komponist, dazu. Er lernt die »Dafne« Peris und Rinuccinis kennen und wird das Sujet anläßlich der Vermählung der kursächsischen Prinzessin Sophie mit dem hessischen Prinzen neu vertonen. Deren Vater, Kurfürst Johann Georg I. von Sachsen, der gute Beziehungen zum florenti-

München. Zuschauerraum des Kurfürstlichen Opernhauses am Salvatorplatz (vollendet 1654, mit Kurfürstenloge von 1685). Stich von Michael Wenig.

nischen Hof unterhält, gewinnt Interesse an der Oper und will den Hochzeitsgästen mit einer besonderen Überraschung aufwarten. Er beauftragt *Martin Opitz (1597–1639)* mit der Übertragung von Rinuccinis »Dafne«-Text. Doch da stellt sich heraus, daß seine Verse zur Musik Peris nicht passen wollen, und so übernimmt Schütz, nach seiner ersten großen Italienreise inzwischen Kurfürstlicher Kapellmeister am sächsischen Hof zu Dresden, die Neukomposition. Die ›Pastoral-Tragödie‹ geht am 15. April 1627 auf Schloß Hartenfels bei Torgau erstmals über die Bühne.

Dennoch: der erste Versuch zu einer deutschen Oper ist dies nicht. Zumal deutsch ja heißt: eine Oper mit einem originalen deutschen Text und von einem deutschen Komponisten vertont. Das geschieht 1644 in Nürnberg mit der Oper »Das geistliche Waldgedicht oder Freudenspiel, genannt Seelewig, Gesangsweise auf italienische Art gesetzt«. Verfasser ist der weithin bekannte *Georg Philipp Harsdörffer (1607–1658)*, ein aus einer Nürnberger Patrizierfamilie stammender Barockdichter, hoch gebildet, sehr belesen und viel gereist sowie als Mitglied des Nürnberger Rates politisch aktiv. 1647 erscheint seine bedeutende ästhetische Schrift »Der Poetische Trichter«. Als Komponist tritt *Sigmund Theophil Gottlieb Staden (1607–1655)* in Erscheinung, Sohn des Organisten Johann Staden an der Sebalduskirche in Nürnberg und selbst ab 1634 weithin geschätzter Organist an Nürnbergs St. Lorenz. Er komponiert gern Oratorien und Singspiele und veröffentlicht ein Gesangslehrbuch. Seine Oper »Seelewig« ist ein ganz und gar allegorisches Werk in der Tradition der mittelalterlichen allegorischen geistlichen Spiele: Die ewige Seele (= Seelewig) läßt sich durch die Sinnlichkeit dazu verführen, dem Liebesspiel dreier Schäfer nachzugeben. Diese wollen sie dem Waldgeist Trügewalt übergeben, werden daran aber durch das Gewissen und durch den Verstand gehindert, die die in Gefahr geratene Seele befreien.

Diesem Opernversuch, der musikalisch hauptsächlich durch den Wechsel von solistisch und chorisch vorgetragenen Strophenliedern mit Orchesterzwischenspielen (Ritornellen) geprägt ist, folgen andere, doch keiner vermag die italienische Vorherrschaft zu brechen. Das liegt hauptsächlich an der Macht der deutschen Duodezfürsten. Sie wetteifern untereinander geradezu darin, italienische und französische Operncompagnien samt ihren inzwischen europaweit bekannten Theaterarchitekten und Bühnenbildnern an ihren Hof zu binden. Im Prunk ihrer theatralischen Haupt- und Staatsaktionen eifern sie bewußt ihren fürstlichen Kollegen in Italien und Frankreich nach – zu Zeiten übertrifft der Kaiserhof in Wien sogar das goldene Theater-Versailles Ludwigs XIV. Und da nimmt die Oper eine zentrale Stellung ein, wie wir noch sehen werden. Aber auch das Bürgertum, das sich immer stärker am kulturellen Leben beteiligt, setzt Bestrebungen in Gang, eine eigene deutsche Oper zu begründen. Man baut sogar, nach den bekannten italienischen Vorbildern, die ersten Opernhäuser. So in Braunschweig, Weißenfels, Dresden, Hannover – und in Hamburg.

In der Freien und Hansestadt Hamburg ist das Bürgertum durch Handel und Gewerbe reich geworden, der wohlhabende Kaufmannsstand prägt inzwischen entscheidend das gesellschaftliche Leben der Stadt. Hamburg pflegt ausgedehnte Handelsbeziehungen nicht nur mit Amsterdam, Antwerpen, London, Kopenhagen, Petersburg und Boston, sondern auch mit Italien und den Ländern der Levante, läßt sich gern als »Venedig des Nordens« apostrophieren und kommt auf diese Weise in enge Berührung mit dem italienischen Theater, in Sonderheit mit der Oper. So beschließt 1677 die Hamburgische Bürgerschaft den Bau eines eigenen Opernhauses, und das sehr zum Verduß der hanseatischen Geistlichkeit, die die Oper wie das Theater überhaupt als »sittenwidrig« ansieht. Doch ihr Widerstand ist zwecklos. Am 2. Januar 1678 wird das Theater am Gänsemarkt eröffnet mit der geistlichen Oper »Adam und Eva« von *Johann Theile (1646–1724)*, holsteinischer Hofkapellmeister und Schütz-Schüler. Aber schon bald sinken auch hier die Aufführungen zur bloßen Hanswurstiade herab, da sie mit komischen Zwischenspielen angereichert werden, in deren Mittelpunkt, wie in vielen ernsten deutschen Schauspielen der Zeit ebenfalls, die Späße des Hanswurst stehen. Erst als die *Neuberin* zusammen mit dem ersten deutschen Literaturpapst *Johann Christoph Gottsched (1700–1766)* ihn 1737 in Leipzig sozusagen symbolisch vom Theater verbannt, ist der Weg frei für die Entwicklung des literarischen Dramas in Deutschland, das in *Lessing* seinen ersten Klassiker findet. Die Hamburger Oper bedarf erst der Musikerpersönlichkeiten *Johann Sigismund Kusser (1660–1727)* und *Reinhard Keiser (1674–1739)*, die für kompositorische und szenische Qualität sorgen. Keiser soll selbst über 100 Opern komponiert haben und ihm kommt das Verdienst zu, auch alle 28 Opern von *Georg Philipp Telemann (1681–1767)* auf die Bühne zu bringen, die dieser trotz seiner Tätigkeit als musikalischer Leiter der fünf Hamburger Hauptkirchen für das Operntheater beizusteuern in der Lage ist. Seine Kurzoper »Pimpinone«, 1725 uraufgeführt, wird ebenso wie das Hauptwerk Keisers, »Der hochmütige, gestürzte und wieder erhabene Croesus« (1711), noch heute gelegentlich gespielt. Und da ist schließlich *Johann Mattheson (1681–1764)*. Er ist wissenschaftlich und musikalisch gründlich ausgebildet, ist Sänger, Organist, Cembalist, vielseitiger Musikschriftsteller und Komponist von Oratorien, Kantaten, Sonaten, Liedern und mehreren Opern, worunter sich ein »Boris Godunow« (1710) befindet. Ab 1697 gehört er dem Hamburger Sängerensemble an, schreibt 1699 seine erste Oper und ist bis 1705 Leiter der Hamburger Oper, deren Nachfolgerin die heutige Hamburgische Staatsoper ist. Zu seinen Musikern gehört auch ein noch keine zwanzig Jahre alter hochbegabter Cembalist. Sein Name: Georg Friedrich Händel. Aber das ist ein eigenes Kapitel.

Prunkvolles Operntheater im Barockzeitalter

Schon eine geraume Weile befinden wir uns mitten im Barockzeitalter und damit in der theatralischsten Epoche, die es bisher gegeben hat. Warum ist sie das? Es hängt zunächst mit dem Welt- und Lebensverständnis der Zeit zusammen. Auf der einen Seite ist man voll praller Lebensfreude, man ist genußsüchtig und begierig auf Unterhaltung. Doch der Diesseitsfreude steht, geboren aus einer durch Krieg und Katastrophen bestimmten Welt- und Todesangst, eine Jenseitssehnsucht gegenüber, die in der barocken Mystik ihre philosophische Tiefe erfährt. So in der Welt, die er gleichzeitig fröhlich erleben und doch auch fliehen möchte, fühlt sich der Mensch als ein Spielball der Mächte und das Leben als ein Spiel. Seinem großen Barockschauspiel »Das große Welttheater« hat Spaniens *Pedro Calderón de la Barca (1600-1681)* diesen Gedanken ganz zugrunde gelegt: Gott schafft aus dem Chaos die Welt und bestimmt verschiedene Menschen, darin ihre Rollen zu spielen. Er selbst sitzt als Zuschauer im Himmel und beurteilt die Leistungen der Spieler, die unter dem Motto »Tue recht – Gott über euch« stehen. Das Leben ist begriffen als ein einziges Schauspiel, in dem Gott als oberster Regisseur und Richter waltet. Über dem Eingangstor des Globe-Theatre in London ist Atlas zu sehen, der die Weltkugel trägt, und darunter steht das Motto einer ganzen Epoche: »Totus mundus agit histrionem« (Den Mimen bewegt die ganze Welt). In seinen Stücken spricht Shakespeare immer wieder vom Leben als Spiel (14). Spiel aber ist nicht wirklich, also ist die Wirklichkeit nur Schein: einer Zeit, die ihr Seinsverständnis so beschreibt, muß das Theater als ein umfassendes Gleichnis für den Lebensweg der Sterblichen bedeuten. Und zwar in seinen beiden grundlegenden Erscheinungsformen.

Das *Volkstheater* hat sich über die Jahrhunderte hinweg behauptet und weiter entwickelt. Die Zeit des Improvisierens neigt sich ihrem Ende zu, das Artifizielle des unterhaltsamen Spiels wird mit der Literarisierung auf eine höhere Ebene gehoben, wie es Italiens klassischer Komödiendichter *Carlo Goldoni (1707-1793)* mit der Commedia dell'arte tut. Mehr als früher ist auch das komische Theater ein Spiegel der Welt, die man im theatralischen Entwurf wiedererkennt, weil sie der eigenen Lebenswirklichkeit entspricht. Getragen von den eigens ausgebildeten Berufsschauspielern geht das Volkstheater in gewandelter Form dennoch immer noch und immer wieder unter das Volk. Man spielt auf Jahrmärkten und Märkten, auf Dorfplätzen und in hochherrschaftlichen Parks, man baut sich praktikable Bühnen (Theaterbuden) und spielt vom Komödiantenwagen herab, man spielt in Scheunen und Palästen, in Wirtshäusern und in Festsälen, in Schulen, Zunfthäusern, Ordensräumen, Universitäten und in Privaträumen, in festen Theatern und auf einfachen Podien, die aus über leeren Fässern gelegten Holzplanken bestehen, aus jenen »Brettern, die die Welt bedeuten«. Träger gerade des Volksstheaters sind die in ganz Europa entstehenden und durch ganz Europa ziehenden Wandertruppen, die mit ihren internationalen Spielplänen die nationalen Theaterentwicklungen begünstigen. Italienische, englische und französische Wandertruppen trifft man überall an bis an den Zarenhof Katharinas, wo Theaterspiel besonders groß geschrieben wird. Überhaupt ist der Geschmack der Monarchen und Fürsten für ausländisches Theater sehr verbreitet, und das besonders im deutschsprachigen Raum.

Schon Mittelalter und Renaissance kennen *Höfische Feste* in vielfältiger Form. Im Hoch- und Spätbarock weiten sie sich aus zu den prunkvollsten Theaterfesten, die es je gegeben hat. Geburten, Hochzeiten und Krönungen sind dynastische Ereignisse, die man an den Höfen der europäischen Könige und Fürsten festlich begeht, und das manchmal über Tage und Wochen hinweg. Das hängt mit der politischen Entwicklung in Europa zusammen, denn es ist die Zeit, da die Nationalstaaten entstehen, in denen der absolutistisch regierende Souverän die Politik und damit auch das kulturelle Leben bestimmt. Spanien hat König Philipp II., England seine Königin Elisabeth I. (und die Jahre ihrer Regentschaft wird man das elisabethanische Zeitalter nennen, in dem das englische Theater zu einer Höhe aufsteigt, die es nie wieder erreicht hat), in Österreich regiert Kaiser Leopold I. aus dem Hause Habsburg und Frankreich wird unter Ludwig XIV. zeitweilig erste Kulturnation. Die Gesellschaft ist also ausgerichtet auf den Monarchen, er ist mit seinem Hofstaat ihr erklärtes Zentrum und bestimmt Mode und Sitte, gesellschaftliche Unterhaltung und Kultur. Die Höfe wetteifern miteinander, im theatralischen Prunk und in der Ausstattungsopulenz der Aufführungen demonstriert man seine Macht und dokumentiert sein souveränes Selbstverständnis. Lange ist die höfische Gesellschaft unter sich, bildet sie die Gemeinschaft von Akteuren und Zuschauern. Man spielt in den großen Sälen der Barockpaläste, auf höfischen und städtischen Plätzen, auf Seen und Flüssen, in Parks und auf künstlich angelegten Teichen. Meeresungeheuer entsteigen den Fluten, Götter erscheinen auf Wolken, Drachen kriechen feuerspeiend aus Höhlen, allegorische Gestalten und phantastische Lebewesen nähern sich auf Flugmaschinen, Zauberwelten erscheinen durch rasche Verwandlung der Kulissenbühne, meterhohe Dekorationen und riesige Prospekte entwerfen in den Sälen wie im Freien eine globale Raumillusion. Der Hochadel tritt als Schauspieler, Sänger und Tänzer auf, und mancher Monarch oder kleinstaatlicher Souverän ist mitten darunter. Henriette Maria, Gemahlin Karls I. von England, tritt als würdevolle Sängerin und Tänzerin auf; die junge Maria Theresia wirkt in Sing- und Schäferspielen mit; Leopold I. dirigiert in Wien gelegentlich Opernaufführungen; Landgraf Moritz von Hessen schreibt Komödien; Markgräfin Wilhelmine von Bayreuth spielt mehrere Instrumente und komponiert zwei Opern; Gustav III. von Schweden schreibt Dramen, tritt als Schauspieler auf und führt in seinen Theatern in Drottningholm und Gripsholm selbst Regie – der unglückliche Monarch, Opfer eines aus der Operngeschichte wohl bekannten Attentats, heißt in Schweden nur der »Theaterkönig«; Katharina die Große schreibt Komödien und ist von maßloser Leidenschaft für das Theater befallen; Friedrich der Große läßt nach einem selbst verfaßten Szenario seinen Kapellmeister Graun eine Oper, den »Montezuma« (1755), komponieren. Allen voran aber geht Frankreichs Ludwig XIV. Bei 27 großen Hoffesten steht er als hochbegabter Tänzer im Mittelpunkt, schon als Fünfzehnjähriger glänzt er 1653 als ›Roi Soleil‹ in dem »Ballet de la Nuit« – und dieser Part trägt ihm für alle Zeiten den geschichtlichen Beinamen ›Sonnenkönig‹ ein. Er macht Versailles zum Kulturzentrum Europas, mit dem nur die Höfe von Wien, Dresden und München mithalten können. Und was spielt man? Alles! Schauspiel, Komödie, Oper, Ballett und Maskenspiele, man führt Umzüge und Turniere durch, Reiterspiele und Schlittenfahrten, Kampfspiele und die beliebten Wirtschaften, in denen die fürstlichen Gastgeber sich als Wirtsleute unter ihre Untertanen mischen. Die Feste bedürfen monatelanger Vorbereitung, enormer Anstrengung, wochenlanger Proben und sie verschlingen ungeheure Gelder. Sie bieten Spektakel ohnegleichen und sind im wahrsten Sinne des Wortes einmalig: eine zweite Aufführung gibt es nicht.

Ludwig XIV. in der von ihm bevorzugten Rolle des Apollo als Tänzer des Ballet de cours (1653).

Die Verschwendung ist horrend, der Prunk trotz der reichhaltigen Dokumentation durch zeitgenössische Stiche und Gemälde kaum vorstellbar – aber das alles dient ja, wie Madame de Scudéry einmal scharfsinnig bemerkt, »nicht so sehr dem Vergnügen der Teilnehmer als der Demonstration der Größe ihrer Veranstalter.«

Ein mehrtägiges Hoffest hatte in der Regel mehrere Teile: Theater- und Ballettaufführungen, Maskeraden und Turniere, Wagenrennen und Kampfspiele aller Art zu Lande und zu Wasser – und immer wieder, unerläßlich, opulent bis zum Überdruß: Bankette mit abschließendem Feuerwerk. Alles muß gigantisch, extravagant, die Sinne betörend und blendend ausfallen. Es herrscht eine regelrechte Gigantomanie, im Freien wie in den prachtvollen Festsälen der weiträumig angelegten Barockschlösser. Die Festlichkeiten beginnen am Abend und dauern die ganze Nacht hindurch bis in die frühen Morgenstunden, und wenn das Volk zur Arbeit geht, legt die Hofgesellschaft sich endlich zu Bett und schläft ihren Rausch aus und erholt sich von den Strapazen amouröser Abenteuer, ohne die solche Feste schlichtweg nicht denkbar sind. Eine Festivität ohnegleichen, vielleicht die großartigste des gesamten Barockzeitalters, findet anläßlich der Hochzeit Kaiser Leopolds I. von Österreich mit Margareta Theresia, Infantin von Spanien, statt. Sie dauert sage und schreibe vom 5. Dezember 1666 bis Ende 1667, Nachzügler gibt es noch 1668. Zwei Staunen erregende Aufführungen haben Theatergeschichte geschrieben. Die eine gilt dem Roßballett, die zweite gilt der vieraktigen Prunkoper »Il Pomo d'oro«, deren Textbuch von Leopolds Hofdichter *Francesco Sbarra* stammt und die der uns bereits bekannte *Marc' Antonio Cesti* komponiert hat. Die Ausstattung entwirft *Ludovico Ottavio Burnacini*, einer der bedeutendsten Bühnenarchitekten und Bühnenbildner der Theatergeschichte. Aufführungsort ist das eigens dafür erbaute riesige Comedihaus auf der Cortina in Wien.

Der Inhalt gibt eines der populärsten Ereignisse der griechischen Mythologie wieder. Zur Hochzeit des Zeus wohlgefälligen Helden Peleus mit der Meeresgöttin Thetis, die später Eltern des Achilles werden, sind alle Götter geladen, bis auf Eris, die Göttin des Streites. Aus Wut darüber erscheint sie ungeladen und wirft einen goldenen Apfel (*pomo d'oro*) mit der Aufschrift »Der Schönsten« unter die Hochzeitsgesellschaft. Darüber entbrennt ein Streit zwischen der Zeusgemahlin Hera (Juno), der Zeustochter Athene (Minerva) und der Liebesgöttin Aphrodite (Venus). Um den Streit zu schlichten, bestimmt Zeus den Paris, Sohn des trojanischen Königs Priamos, zum Richter. Die Göttinnen suchen ihn auf: Hera bietet ihm Macht, Athene Ruhm und Aphrodite die schönste Frau der Welt. Paris entscheidet zugunsten der Liebesgöttin und gewinnt mit deren Hilfe Helena, die schöne Gattin des Menelaos, König von Sparta. Er entführt sie nach Troja, die Griechen rüsten zum großen Rachefeldzug und der Trojanische Krieg bricht aus.

Cestis Oper holt inhaltlich mächtig aus. Im Prolog wird der eigentliche Anlaß angesprochen und das ›Teatro della gloria Austriaca‹ (Schaubühne des Österreichischen Ehren-Ruhmes) zitiert mit dem Reich des allmächtigen Hauses Habsburg: Allegorien des römischen Reiches, der spanischen Monarchie, der deutschen Erblande und der Königreiche Ungarn, Böhmen, Italien und Sardinien mit dem Standbild Leopolds I. auf einem zentralen Trophäensockel. Zu Beginn der eigentlichen mythologischen Handlung gelangen wir zunächst zum königlichen Sitz des Höllen- und Unterweltsgottes Pluto und seiner Gemahlin Proserpina. Drachen, groteske Dämonen, gewaltige Schlangenleiber mit grausigen Fratzen, Höllentiere und zusammengekauertes Gewürm aller Art dominieren das Bühnenbild am Eingang zu einem tiefen Felsengang. Aus dieser Hölle steigt die Zwietracht in den Olymp hinauf zum Hochzeitsmahl der Götter und wirft den goldenen Zankapfel unter sie. Danach verwandelt sich die Szenerie in eine idyllische Waldlandschaft auf dem Ida-Gebirge, wo Götterbote Merkur dem Paris den Auftrag des Zeus bringt, den Streit unter den Göttinnen zu entscheiden. Das geschieht in dem prächtigen Palast des trojanischen Prinzen, wo Juno einen Lustsaal, Minerva einen Ehrensaal und Venus den Garten der Lust mit Helena, die von Amoretten umtanzt wird, herabsinken lassen. Dann nimmt Paris in einem Seehafen Abschied, um Helena zu entführen. Juno und Minerva sinnen auf Rache gegen Venus und Paris. Der Windgott Äolus wird bemüht und läßt die vier Winde los, um das Meer aufzuwühlen und Paris zu vernichten, was wiederum Neptun zu verhindern weiß. Venus gewinnt den Beistand des Kriegsgottes Mars, Juno ruft das Feuer zu Hilfe, das seine Unterstützung aber versagt. Es kommt zum Kampf der Göttinnen untereinander und die Zwietracht droht die Welt der Menschen und die Weltordnung zu zerstören. Da greift Zeus persönlich ein und spaltet mit seinem Donnerkeil jenen Turm in der Festung des Mars, in dem der goldene Zankapfel aufbewahrt wird. Nun fordern Juno und Minerva ihre Rechte, doch Zeus trifft eine andere Entscheidung: Der Apfel soll »der erhabensten Frau verliehen werden, welche die Sonne je gesehen hat, der Gemahlin und Tochter der zwei größten Monarchen, in der Juno ihre Macht, Minerva ihren Geist und Venus ihre Schönheit übertroffen sähen, so daß in dieser Kaiserin jede Göttin ihren Preis erhalte.« (15) Die Prunkoper schließt mit einer Gloriole, einer Apotheose auf das neu vermählte Herrscherpaar Leopold und Margarita.

Der bühnenbildnerische und künstlerisch-technische Aufwand läßt sich aus den zahlreich erhaltenen Stichen von diesem epochalen Ereignis, in dem viele den theatralischen Höhepunkt des Barockzeitalters überhaupt sehen, gut ablesen, aber letztlich doch nur erahnen. Schon die arg geraffte inhaltliche Zusammenfassung wirft allerdings die berechtigte Frage auf, was bei all dem Ausstattungs- und Handlungsprunk die Musik zu leisten noch imstande war.

Sie muß gewaltigen Effekt gemacht haben, denn Cestis Partitur ist reich an Reziativen, Ariosi, Arien, Duetten, Ensembles, Chören und Ritornellen, die dem Komponisten »reichlich Gelegenheit gaben, sein urwüchsiges Musikantentum und sein solides musikalisches Können zu beweisen.« (16)

Spektakulärer Anfang, integraler Bestandteil von Ballett- und Opernaufführungen und krönender Abschluß der höfischen Feste ist das Feuerwerk, bei dem sowohl die Einfälle der Phantasie wie auch die technische Fertigkeit der Pyrotechniker offensichtlich keine Grenzen kennen: »Die Kunst des Feuerwerks ist heute verfallen wie so viele Künste, die im Gesamtkunstwerk des Barock einen geachteten Rang einnahmen. Wir haben es verlernt, aus kreisenden Sonnen, sprühenden Sternen, lodernden Garben Symphonien des Lichts zu dichten. Wir hören nur mit Staunen von feurigen Architekturen und leuchtenden Schriften, mit denen die Feuerwerker den Nachthimmel zu zeichnen wußten.« (17) Das gilt für Versailles, Venedig, Wien, Dresden und München wie für Florenz, Paris, Prag und St. Petersburg. Und für London. Dort gibt es einen eigenen »Generalmeister der Feuerwerke Seiner Majestät sowohl zu Friedens- wie zu Kriegszeiten«. Gemeint ist Georg II., unter dessen Regierung sich England in den Österreichischen Erbfolgekrieg einmischt, um den europäischen Hegemoniebestrebungen Frankreichs entschieden entgegenzutreten, was auch gelingt. Um den Frieden von Aachen (Oktober 1748), der den Krieg beendet, gebührend zu begehen, ordnet der König große Festivitäten an. Im Green Park wird ein Feuerwerksgebäude errichtet mit einem römischen Triumphbogen in der Mitte. Im Frühjahr des folgenden Jahres steigen die Raketen und Feuerwerkskörper in den Himmel, Feuerräder drehen sich und stecken einen Teil der Dekoration in Brand. Vor der Zündung erklingt eine Feuerwerksmusik im Freien vor über zehntausend Besuchern. Komponiert hat sie Georg Friedrich Händel.

Händel: Die Barockoper auf ihrem Gipfel

In *Georg Friedrich Händel (1685–1759)* begegnet uns der erste herausragende kosmopolitische Komponist. Musikalisch ist er eher ein Autodidakt, denn unter seinen Vorfahren finden sich keine Musiker. Der Sohn des Barbiers und Wundarztes Georg Händel, »Kurfürstlich Brandenburgischer Leibchirurg« in Halle, soll Jurist werden. Doch der frühe Tod des Vaters (1697) macht den Weg frei für die Musik. Nach Unterricht im Orgel- und Cembalospiel, in Harmonie und Kontrapunkt, Chorsatz und Orchestrierung geht Händel über Hamburg, wo er Violinist und Cembalist im Opernorchester ist, zunächst nach Italien, wo er in Florenz, Rom, Venedig und Neapel lebt und arbeitet. Mit der Uraufführung seiner sechsten Oper »Agrippina« am 26. Dezember 1709 im Teatro Giovanni Grisostomo zu Venedig begründet er seinen europäischen Ruhm als Opernkomponist. Nach kurzer Zeit als Hofkapellmeister beim Prinzen Ernst von Hannover ist er 1710 erstmals in London, quittiert nach seiner Rückkehr aus Unzufriedenheit mit den hannoverschen Theaterverhältnissen den Dienst und geht 1712 für immer nach London, das er bis auf einige Reisen nie wieder verlassen wird. Er wird englischer Staatsbürger (1727) und für Jahrzehnte höchst populärer, nicht immer unumstrittener und oft angegriffener Mittelpunkt des Londoner Musiklebens. Sein Schaffen teilt sich zwischen seinen amtlichen Verpflichtungen als königlicher Hofmusiker und Hofkomponist, erfolgreichem Komponieren und wechselvoller Arbeit als Theaterimpresario. Als solcher führt er ein aufregendes, von Erfolg und Mißerfolg, Intrigen und Anfeindungen, Pleiten, Pech und Pannen gezeichnetes Theaterleben. Die Aufführungen seiner Opern am berühmten Haymarket Theatre bringen ihn in eine zentrale öffentliche Position und tragen ihm eine außergewöhnliche Beliebtheit ein. Die Schließung des Theaters in den Jahren 1717 bis 1720 verursacht den ersten großen Einbruch in Händels Opernschaffen. Doch 1719 gründet er mit der ›Royal Academy of Music‹ die englische Hofoper, die im Jahr darauf ihren Spielbetrieb aufnimmt. Sie steht unter der Schirmherrschaft von König Georg I., dem ehemaligen Fürst Georg Ludwig von Hannover, und wird schon nach Kriterien des modernen Managements geführt. Denn sie ist eine Körperschaft, an der man durch Kauf von Aktien teilhaben kann. Präsident wird der Herzog von Newcastle, geschäftsführender Direktor der aus Deutschland stammende Geschäftsmann Jakob Heidegger, erster Librettist der Italiener Paolo Rolli, der mehrere Textbücher für Händel verfaßt. Der übernimmt die Position des ›Masters of Music‹ und ist als Musikdirektor künstlerischer Leiter des Unternehmens. In seine Verantwortung fallen das Engagement und die Einstudierung des Sängerensembles sowie das Dirigieren und zeitweilig auch das Inszenieren der Opernaufführungen, die Bearbeitung anderer Kompositionen und die Erledigung von Verwaltungsgeschäften. Zeitweise verfügt Händel über das beste Sängerensemble Europas mit den Primadonnen Francesca Cuzzoni und Faustina Bordoni sowie dem Kastratenstar Senesino. Nach acht Jahren bricht die Opernacademy zusammen, die Händel und Heidegger im Jahr darauf als eigene Gesellschafter neu übernehmen. Das geht einige Zeit gut, doch 1733 wird eine adlige Operngesellschaft als Konkurrenzunternehmen gegründet, die die Protagonisten des Händel-Ensembles abwirbt. Musikdirektor wird *Nicola Porpora (1686–1768)*, der in ganz Europa viel gespielte Opernkomponist und bedeutendste Gesangslehrer der Zeit, der im hohen Alter noch den jungen Joseph Haydn zu seinen Schülern zählen wird. Händel nimmt die Herausforderung an und pachtet das Lincoln's Inn Fields Theatre, dessen bisheriger Direktor das neugebaute Covent Garden Theatre übernimmt, noch heute Londons weltberühmtes Opernhaus. Als Heidegger abspringt, übernimmt die Adelsoper auch das Haymarket Theatre und bootet damit Händel erst einmal aus. Der arbeitet zunächst am Royal Theatre in Covent Garden weiter, erleidet zwei Schlaganfälle, scheint am Ende, muß 1737 der Schließung beider inzwischen bankrotten Operngesellschaften tatenlos zusehen und steigt nach einem Kuraufenthalt in Aachen wie Phönix aus der Asche. Noch einmal pachtet er das Haymarket und erreicht den Zenit seiner Popularität. Mit der Uraufführung der »Deidamia« am 10. Januar 1741 im Lincoln's Inn Fields Theatre verabschiedet er sich vom Theater und widmet sich der Komposition von Oratorien, auf welchem Gebiet er auch heute noch als primus inter pares gilt. Mit »Jephta« (U 1752) verstummt Händel für immer, ein schweres Augenleiden führt trotz mehrerer Operationen zur völligen Erblindung in den letzten Jahren. Als er am 14. Aril 1759 an den unmittelbaren Folgen eines Ohnmachtsanfalles stirbt, den er beim »Messias«-Dirigat wenige Tage zuvor erleidet, trauert ganz London. Man gestaltet eine gewaltige Totenfeier, und eine nach Tausenden zählende Trauergemeinde erweist ihm die letzte Ehre, als er am 20. April in der Westminster Abtei beigesetzt wird. Noch im Tode erweist er sich als ein Großer: der ehe- und kinderlose Händel stirbt als schwerreicher Mann. Rechtzeitig hat er sein Testament gemacht, nun hinterläßt er seinen Erben ein beträchtliches Barvermögen, kostbare Möbel, Musikinstrumente und Partituren sowie eine wertvolle Gemäldesammlung, worunter sich Originale von Rembrandt befinden.

So wie Händel hat noch kein Opernkomponist vor ihm gearbeitet und nur wenige nach ihm reichen an ihn heran. Er ist Komponist und ausübender Musiker, Dirigent und Regisseur, Intendant und Verwaltungsfachmann. Der größte Teil seines Lebens gehört fast ausschließlich dem Theater. Er hat zeitweilig die besten Sänger Europas um sich, er erklimmt die höchsten künstlerischen Gipfel und hat sich durch Sängerallüren, Publikumsabkehr, Finanznöte und Gesundheitskrisen nie auf Dauer kleinkriegen lassen. Schon körperlich ein Hüne an Gestalt ist er aus Krisen stets gestärkt hervorgegangen, er ist rasch und dauerhaft eine Weltberühmtheit und schon zu Lebzeiten eine Legende. Und er führt die Barockoper auf ihren Höhepunkt.

Angesichts von Händels jahrzehntelanger praktischer Theaterarbeit, die sich über lange Strecken wie ein spannender Krimi liest, die ihm aber zugleich auch alle Möglichkeiten zu einer grundlegenden Opernreform bietet, stellt sich die Frage, warum ihm diese nicht gelang. Hat er sie denn gewollt? Beweisen läßt sich nichts, zweifeln darf man. Um ein Theater künstlerisch und wirtschaftlich erfolgreich zu führen, muß man auch zu Konzessionen bereit sein, darf man die Erfordernisse des Alltags nicht verkennen, muß man Trends und Entwicklungen beachten und seine Visionen an der Wirklichkeit orientieren,

121

was ja nicht heißen muß, sie zu verraten. Und man muß sowohl sein Ensemble wie sein Publikum fordern, auch herausfordern, nicht aber überfordern. Händel hat mit Sicherheit erkannt, was lange Zeit gut ist, doch als das Opernpublikum – nicht nur, aber eben auch in London! – der stereotypen Barockoper überdrüssig wird und 1728 mit fliegenden Fahnen zur »Bettleroper« von Gay und Pepusch übergeht, einer in der Londoner Halbwelt unter Bettlern, Gaunern und Huren angesiedelten Satire auf die italienische Oper und ihr aristokratisches Publikum, hat Händel das vielleicht unterschätzt, ist er selbst wohl mittlerweile

Willliam Hogarth, Der Streit zwischen Maskerade und Oper in Burlington Gate. Satirischer Kupferstich.

zu festgefahren in seinen musikalischen und stilistischen Überzeugungen, daß es zumindest für ihn für eine Neuorientierung, gar für eine Revolution auf dem Operngebiet bereits zu spät ist. Ein Indiz für diese, freilich nicht beweisbare, Vermutung mag darin liegen, daß er mit einer seiner besten Opern – und das ist die »Deidamia« – von dieser Gattung Abschied nimmt, um sich ganz dem Oratorium zuzuwenden, wo er letztlich noch Größeres leisten wird.

Händel hat 43 Opern komponiert, von denen 38 vollständig erhalten sind. Die Partituren zu den drei Hamburger Opern *Nero* (1705), *Florinda* (1706) und *Daphne* (1706) gelten als verloren. 16 dieser Opern nehmen ihren Stoff aus der Mythologie (18), die anderen 27 gestalten historische Stoffe oder siedeln sich zumindest in einem geschichtlichen Umfeld an. (19) Die meisten seiner Werke nennt Händel selbst *dramma per musica*, und sie gehören bis auf den *Xerxes* (London 1737) der italienischen *Opera seria* an. Diese hat inzwischen europaweit eine standardisierte Form gefunden, die vor allem *Apostolo Zeno (1668–1750)*, venezianischer Gelehrter und Dichter, prägte. Dramaturgische Merkmale sind die Reduzierung der Solistenpartien auf höchstens 6–8, die grundsätzliche Einteilung in 3 Akte (früher 4–5 Akte), die Eliminierung aller komischen Elemente, die Bevorzugung historischer gegenüber mythologischer Sujets, die zentrale Bedeutung von sich überkreuzenden Liebeskonflikten, das manchmal geradezu gewaltsam erzwungene glückliche Ende (*lieto fine*) der an sich ernsten bis tragischen Handlung und die metaphorische Verherrlichung der jeweiligen Barockpotentaten durch die heroischen Themen und in den auftretenden Götter- und Herrscherfiguren. Musikalisch ist die opera seria bestimmt durch die üblich gewordene dreiteilige Ouvertüre (Händel bevorzugt die französische langsam-schnell-langsam, die vor allem Lully entwickelt hat im Gegensatz zu Scarlattis italienischer Form schnell-langsam-schnell), den Vorrang des vom basso continuo begleiteten Rezitativs (*recitativo secco*) vor dem orchesterbegleiteten Rezitativ (*recitativo accompagnato*), durch die schematische Abfolge Rezitativ-Arie-Ritornelle, durch wenige Duette und so gut wie gar keine Ensembles (im Gegensatz zur *Opera buffa*, die vom Ensemble-Parlando lebt, wie es später Donizetti und Rossini vollenden werden), durch die Dominanz von Kastraten- und Primadonnen-Partien und besonders durch die Vollendung der da-capo-Arie als zentralem Gesangspart und Bravourstück der männlichen und weiblichen Gesangsstars. In den Arien vor allem behauptet sich der musikalische Einfallsreichtum der Komponisten. Die nach Hunderten zählenden Arien der Händelopern besitzen zwar einen unvergleichlichen melodischen Reichtum. Aber ihre immer gleichbleibende Abfolge und ihre musikalischen Aufgaben sowie ihre Struktur sind zugleich auch das große Problem bei heutigen Händel-Aufführungen. Aber das gilt für die Barockoper generell.

Die seit etwa 1650 bestehende Trennung zwischen dem fortlaufend erzählenden Rezitativ als direktem Handlungsträger und der Arie als den Geschehensablauf verzögernder Gefühlskommentar der handelnden Personen hat die Oper lange entscheidend geprägt. Doch das Wort ›Gefühl‹ ist schon zu hoch gegriffen, wir sprechen besser von ›Affekt‹ (von lat. *affectus* = Zustand, Stimmung, Angegriffensein). Damit bezeichnet man in der Oper die durch den Text angesprochene und musikalisch ausgedrückte Gemütsbewegung der darzustellenden Personen. Sie wird in der Barockoper überwiegend abstrakt und noch nicht als individuelles, subjektives Gefühl aufgefaßt, auch wenn Ansätze – zumal bei Händel – deutlich erkennbar sind. Anders ausgedrückt: Affekte wie Freude, Schmerz, Niedergeschlagenheit, Trauer, Leid, Begehren, Liebe, Wut,

Haß, Rache usw. sind neutral gestaltet, so daß die handelnden Personen nicht als Individualisten, sondern als mit beispielhaften menschlichen Eigenschaften ausgestattete Stereotypen erscheinen. Sie singen nicht ihre persönlichen Empfindungen aus, sondern filtern diese durch allgemeine Sentenzen. Das wird besonders deutlich an den sogenannten Gleichnisarien, die Bilder aus der Natur bemühen, um die seelische Befindlichkeit der Personen zu verdeutlichen. Die Rollen sind mit allgemeinen Affekten ausgestattet und neutralisieren ihre Subjektivität, indem sie nicht ihre unmittelbaren eigenen Gefühle ausdrücken, sondern sie sozusagen kommentieren, sie als allgemeine menschliche Leidenschaften beschwören statt sie zu leben, sie zu verinnerlichen. Es fehlt die subjektive seelische Tiefe. Man hat nicht selten den Eindruck, indem sie ihre Seelen- und Gemütszustände betrachten und allgemeingültig, d. h. modellhaft werten, treten sie gewissermaßen aus sich heraus und gehen in Distanz zu sich, betrachten ihre eigene Empfindlichkeit als eine allen Menschen gleiche Erfahrung, die sie durch singende Reflexion zur allgemeinen affektiven bzw. moralischen Erkenntnis quasi verfremden. Dadurch laufen die Arien Gefahr, austauschbar zu werden, d. h. sie eignen sich in ihrer neutralen, abstrakten Allgemeinheit zur Übertragung in andere Situationen, auf andere Texte und sogar auf andere, affektiv ähnlich konstituierte Personen. Dafür prägt man schon in der Barockzeit den an sich entlarvenden Begriff der ›Kofferarie‹ (*Arie di baule*).

Händel ist zeitlebens zu sehr Individualist, als daß er allen Konventionen und Gepflogenheiten im Opernschaffen seiner Zeit folgen würde. So reiht er sich auch nicht in die allgemeine Mode ein, ständig nur Libretti von *Pietro Metastasio (1698–1782)* zu vertonen. Der ist seit 1729 bis zu seinem Tode Hofdichter am Kaiserhof in Wien und der unangefochten bedeutendste Operndichter seiner Zeit, wie es nie einer zuvor gewesen ist und nie wieder einer nach ihm sein wird. Der gebürtige Römer erhält mit 16 Jahren die niederen Weihen und geht als Abbate 1718 nach Neapel, wo er bei einem Advokaten arbeitet und zugleich elegante, festliche Dichtungen zu verschiedenen Anlässen verfaßt. Er macht die Bekanntschaft mit bedeutenden neapolitanischen Komponisten, studiert Gesang und Komposition bei Porpora und wirkt danach zeitlebens in Wien. Seine Dichtungen sind geschmeidig, liebenswürdig und lyrisch, Metastasio verfügt über ein ausgeprägtes Formgefühl und sicheren Bühnenverstand. Dennoch geraten ihm seine Opernlibretti zu konventionell und schematisch, er entwirft eine gewisse Typologie an Handlungsmustern und Charakteren seiner affektreichen Bühnenfiguren. Darüber haben schon Zeitgenossen geklagt, doch die meisten sehen in ihm einen echten und darum berechtigterweise erfolgreichen Dichter. Ein Urteil von vielen fällt *Carlo Goldoni (1707–1793)* in seinen Memoiren: »Metastasio brachte das lyrische Trauerspiel auf die höchste Stufe der Vollkommenheit, dessen es fähig ist. Sein reiner und eleganter Stil, seine fließenden, harmonischen Verse, seine bewunderungswürdige Wahrheit in seinen Sentiments, eine anscheinende Leichtigkeit, welche die mühselige Arbeit des eigensinnigen Dichters verbirgt, eine rührende Täuschung in der Sprache der Leidenschaften, seine Porträts, seine Gemälde, seine lachenden Beschreibungen, seine sanfte Moral, seine einschmeichelnde Philosophie, seine Zergliederungen des menschlichen Herzens, seine ohne Verschwendung und mit Kunst angebrachte Gelehrsamkeit, seine Arien haben ihm den ewigen Lorbeer verdient, den die Italiener ihm gegeben haben und den die Ausländer ihm nicht abstreiten.« (20) Metastasio hat 27 Opernlibretti verfaßt, die, so hat man nachgewiesen, über 800 Mal vertont worden sind, von manch einem Komponisten sogar mehrmals. *Johann Adolf Hasse (1699–1783)*, der einer Lübecker Organistenfamilie entstammt, jahrzehntelang Hofkapellmeister in Dresden ist und mit seinen mehr als 50 Opern zu den führenden Opernkomponisten seiner Zeit zählt, hat sogar alle Libretti Metastasios vertont.

Händel tut dies nur dreimal, und das nicht sonderlich erfolgreich (21). Im Grunde folgt er der italienischen opera seria und übernimmt damit zugleich deren mit der Zeit ersterbendes stereotypisches Schema. Das macht es trotz der Händelpflege in Göttingen (seit 1920) und Halle (seit 1952) sowie andernorts so schwierig, zu einer wirklichen Renaissance in der Aufführungsgeschichte seiner Opern zu gelangen: »Genau genommen war er als Opernkomponist schon zu Lebzeiten tot: zwischen 1754, als er noch fünf Jahre zu leben hatte, und der Göttinger Händel-Renaissance im Jahre 1920 kam keine seiner Opern auf die Bühne ... Während Händels Oratorien die Zeitläufte ungefährdet überstanden, weil sie schon im Frühstadium ihrer Rezeption einen dicken Überlebenspanzer aus monumentalisierter Frömmigkeit angenommen hatten, landeten seine Opern eine Zeitlang auf dem Abfallhaufen der Kulturgeschichte.« (22) Ein sehr hartes Urteil, das zu revidieren die deutschen Opterntheater angesichts des musikalischen Reichtums der Händelopern aufgerufen wären. So kann für die musikalische Qualität mancher seiner Opern auch heute noch gelten, was eine zeitgenössische Publikation im Vergleich Händels zu seinen komponierenden Rivalen *Giovanni Bononcini (1670–1747)* und *Attilio Ariosti (1666–1740)* schrieb: »Händel würde uns mit Arien beschenken, die Tyrannenwut ausdrücken, die Leidenschaft von Helden und die Leiden von Liebenden im heroischen Stil ... Händel würde uns in Frost und Schnee die Brust heiß machen durch die Leidenschaften, die er mit seinen Tönen wachruft.«

So hat sich von allen Opern des deutschen Engländers neben verschiedenen Wiederbelebungsversuchen eigentlich nur der »Julius Caesar« im Repertoire gehalten.

Primadonnen und Kastraten oder Die Geburt des Stars

Wir haben bereits erwähnt, daß das große Interesse der europäischen Potentaten an der Oper und deren rasch wachsende Popularität beim Publikum immer neue Werke erfordert. Denn von Repertoire können wir in dieser Zeit noch nicht sprechen. Ist eine Oper nach einer gewissen Laufzeit abgespielt, so erscheint sie selten innerhalb der nächsten Jahrzehnte in der gleichen Stadt oder gar am gleichen Theater. Auch in dem Wunsch nach immer neuen Werken zeigt sich die Verschwendungssucht des Barockzeitalters. Was Wunder, daß die Zahl der Opernkomponisten in der Zeit zwischen 1620 und 1750 Legion ist. Die meisten kennen wir nicht einmal mehr dem Namen nach und wissen trotzdem von etwa 120 bekannten Komponisten, deren Opern in dem genannten Zeitraum die Spielpläne beherrschen. Darunter finden sich viele, die dreißig und mehr Opern komponieren, einige erstaunen geradezu mit der Anzahl ihrer Werke. So werden *Antonio Caldara, Reinhard Keiser, Baldassare Galuppi, Pietro Guglielmi* und *Giovanni Paisiello* jeweils wenigstens 100 Opern zugeschrieben. *Alessandro Scarlatti* übertrifft sie mit 114, *Niccolà Piccini mit 120* und der uns schon mehrfach begegnete *Marc Antonio Cesti* gar mit 150 Opern. Soweit wir überprüfen können, hält *Antonio Draghi (1635–1700)*, jahrzehntelang Hofkapellmeister und Theaterdirektor in Wien, mit 172 Opern den Rekord. Rechnen wir die recherchierte Gesamtzahl aller Barockopern mit einer nur bescheidenen Dunkelziffer hoch, so kommen wir leicht auf mehrere tausend Werke.

Die Vielfalt, die uns angesichts des Rückgangs im Opernschaffen unserer Zeit vor Neid geradezu erblassen läßt, hat noch einen anderen Grund. Nach den florentinischen Anfängen hat sich die Oper rasch zu dem entwickelt, was sie bei allen musikalischen Reformen und dramaturgischen Änderungen zuvorderst war und bis heute geblieben ist: ein musikalisches Bühnenwerk, in dessen Zentrum unangefochten der Gesang steht. Es ist nur eine logische Folge, daß sich die Sängerinnen und Sänger für diese neue Gattung interessieren, denn sie gibt ihnen ganz neue gesangliche und darstellerische Aufgaben und verspricht Erfolg, Reichtum und Ansehen. Dabei ist nicht einmal ausgemacht, ob das Sängerinteresse die Beliebtheit der Oper befördert hat oder ob es sich umgekehrt verhält. Wahrscheinlich haben sich beide Aspekte gegenseitig ergänzt. Jedenfalls verdanken wir darum dem Barock, dieser theatralischsten aller Epochen, auch ein Phänomen, das durch Bühne, Film und Fernsehen wie auch durch Konzert- und Unterhaltungsmusik heute schon lange zu unserem kulturellen Alltag gehört: den Star. Dabei bürgern sich schon von Anfang an gewisse Besetzungsrichtlinien ein. Die weiblichen Hauptpartien werden mit den besten Sängerinnen besetzt, die der Italiener schlicht ›erste Dame‹ (*prima donna* = Primadonna) nennt. Das, was wir heute unter ihr verstehen, kommt als Begriff erst gegen Anfang des 18. Jahrhunderts in Neapel auf. Dort hat sich zuerst jener weibliche Phänotyp entwickelt, den neben einer besonderen Stimme auch eine etravagante persönliche Aura umgibt aus Sinnlichkeit und Schönheit, Eros und Charme, Eitelkeit und Launenhaftigkeit sowie einem Temperament bis zur Exzentrik. Als erste Primadonna in diesem Sinn gilt die Römerin *Giorgina*, deren Schönheit und überragende Gesangskunst den Herzog von Mantua zu der Bemerkung veranlaßt, sie sei das Vollkommenste, was Rom überhaupt besitze. Das beleidigt Papst Innozenz XI. in seinen religiösen Wertvorstellungen, und so befiehlt er die Verhaftung der Sängerin. Die aber kann sich der lebensbedrohenden Verfolgung gerade noch durch Flucht entziehen und findet bei Königin Christine von Schweden Asyl und ein neues Betätigungsfeld. In der *Maupin (1673–1706)* findet Frankreich schon früh seine erste Primadonna von besonderer Exzentrik. Sie ist bisexuell, läßt sich wie ein Mann zum Fechten ausbilden und vermag dank der darin erworbenen großen Fähigkeit ihre Geliebte unter abenteuerlichen Umständen aus dem Kloster zu entführen. Die Maupin kann unvergleichlich schön singen, aber sie läßt sich nichts gefallen, prügelt und duelliert sich gern, tötet ihren Gegner, muß fliehen, ist in Brüssel und in Spanien, wird die Mätresse des Kurfürsten Maximilian II. Emanuel von Bayern und stirbt sehr jung, wahrscheinlich auch an den Folgen eines exzessiven Lebens. Die erste deutsche Primadonna *Elisabeth Mara (1749–1833)* stammt aus Kassel, ist lange Zeit erste Sängerin am Hof Friedrichs des Großen, wo sie nur italienische und französische Opern singt, ihre komponierenden Zeitgenossen Gluck und Mozart finden sich nicht in ihrem Repertoire. Die Diskrepanz zwischen ihrer von vielen gerühmten Gesangs- und ihrer höchst mangelhaften Darstellungskunst teilt sie mit den meisten ihrer weiblichen und männlichen Konkurrenten. Als sie einmal darauf angesprochen wird, soll sie erwidert haben: »Soll ich mit Händen und Beinen singen? Ich bin eine Sängerin, was ich mit der Stimme nicht kann, will ich nicht.« Als ihr königlicher Gönner stirbt, verläßt sie Preußen und feiert Triumphe in Wien, München und Paris, erlebt ihren eigentlichen künstlerischen Höhepunkt jedoch in London als gefeierte Konzertsängerin in den Oratorien Händels.

Unbestrittene Primadonnen des Barockzeitalters sind zwei andere Italienerinnen. *Francesca Cuzzoni (1700–1770)*, aus Parma stammend und von niederer Abkunft, ist klein und rundlich, fast dick und ziemlich häßlich sowie von gewöhnlichem Benehmen. Aber sie macht (fast) alles wieder durch ihre ebenso gewaltige wie schöne Stimme und durch ihre beseelte, warmherzige Gesangskunst wett, was ihre Zeitgenossen einstimmig zu rühmen wissen. So verzeiht man ihr auch leichter, daß sie ausgesprochen launisch, biestig bis bösartig und ein geradezu tyrannischer Dickschädel ist. Wehe, man will nicht so wie sie, dann probt sie den Aufstand und provoziert den Skandal! Man sagt ihr sogar nach, sie habe ihren Gatten, den Opernkomponisten Pietro Giuseppe Sandoni, umgebracht. Ganz anders ihre große Rivalin *Faustina Bordoni (1700–1781)* aus Venedig. Sie ist eine elegante Schönheit und eine wirkliche Dame von vornehmer Herkunft, sie singt ebenso schön wie die Cuzzoni und begeistert immer wieder mit ihrer brillanten Virtuosität, sie gilt als die Belcantosängerin schlechthin und ist von den beiden die bessere Darstellerin. Und sie ist mit dem hoch angesehenen deutschen Opernkomponisten *Johann Adolph Hasse (1699–1783)* ein Leben lang glücklich verheiratet, der seine späteren Opern ausdrücklich für sie komponiert. Sie sind das bekannteste und begehrteste Künstlerehepaar Europas.

Würde es nicht eine Sternstunde des Theaters bedeuten, beide Primadonnen zusammen singen zu lassen? Es geschieht, und es ist der reinste Wahnsinn. Was kein Theaterintendant der internationalen Opernszene unserer Zeit geschafft hat, nämlich die beiden Primadonne assolute *Renata Tebaldi* und *Maria Callas* in einer Operninszenierung gemeinsam auftreten zu lassen, das schafft Händel in London. Die Cuzzoni und die Bordoni gehören beide zu seinem Ensemble. In seinem »Alessandro« geht es gerade noch gut, aber die Verehrer der beiden Primadonnen organisieren sich zu Parteien (Fanclubs würde man sie heute nennen), die mit erbitterter Gegnerschaft die Sache ihres Stars vertreten. Als beide Sängerinnen 1727 in der Oper »Astianatte« von Giovanni Battista Bononcini gemeinsam auftreten, kommt es zum Eklat: »Bei der Premiere zischen die Cuzzonisten, wenn die Bordoni, die Faustinisten, wenn die Cuzzoni mit ihrer Arie zu glänzen sucht. Diesen Exzessen der Parteienleidenschaft sind die Nerven der beiden Damen nicht mehr gewachsen. Als bei der Wiederholung der Oper sich auch das Toben im Publikum wiederholt, stürzen die Primadonnen wie gereizte Kampfhähne aufeinander los, vergessen die Würde der Menelaus-Tochter und der Hektor-Witwe, fahren sich gegenseitig in die Haare, kratzen und boxen. Vor Wut heulend, blutend verlassen sie in einem wahren Tohuwabohu die Arena.« (23) Die Primadonnen verdienen schon in dieser Zeit Unsummen, sie besitzen teure Kleider und kostbaren Schmuck, sie leisten sich Amouren und Skandale, sie sind voller Capricen und Launen, sie sonnen sich in der Gnade der Herrscher wie in der Verehrung der Aristokraten, in der Bewunderung der Komponisten wie in der Gunst des Publikums, das ihnen zu Füßen liegt. Sie werden auf der Bühne frenetisch umjubelt und hyterisch vergöttert, sie genießen gesellschaftliches Ansehen und soziales Prestige, und manch eine von ihnen kümmert sich uneigennützig um die Armen. Dennoch ist die Primadonna nicht die allein herrschende Göttin (*Diva*), denn sie hat einen Gott neben sich: den ersten Sänger (*primo uomo*), der die Helden und Liebhaber singt und Kastrat ist.

Daß es diesen Sängertyp überhaupt gibt, hat zwei Gründe, die letztlich beide die Kirche zu verantworten hat. Der erste Grund hat seinen Ursprung in der kirchlichen Fürsorge um die Findelkinder. Diese meist aus ärmlichen Verhältnissen stammenden Wesen werden von ihren Müttern an einer sogenannten Bewahrungsanstalt (ital. *Conservatorio*) ausgesetzt, die in der Regel unter kirchlichem Schutz steht und meist einem Nonnenkloster angegliedert ist. Dort werden die Findelkinder schulisch unterrichtet und musikalisch ausgebildet, in Gesang und Instrumentalspiel. Aus dieser Ausbildung sind schließlich die Konservatorien entstanden, die dann auch Berufsmusiker ausbilden. Der zweite Grund ist weniger fürsorglich: das Singen in den Kirchenchören ist allein den Knaben und Männern vorbehalten, Frauen, so hörten wir schon, haben da keinen Platz. Nun aber verlangt die im Spätmittelalter aufkommende Mehrstimmigkeit gemischte Chöre. In (bewußter?) Fehlauslegung eines Wortes des Apostels Paulus an die Korinther (24) besetzt man die

Der Kastrat Carlo Scalzi im Kostüm des Sirbace in Niccolà Porporas »Rosbale«. Porträt von Charles Joseph Fripart (Venedig, um 1738).

hohen Stimmen zunächst mit Knaben. Die aber können die immer komplizierter werdenden polyphonen Chorlieder nicht mehr singen, weshalb man die sogenannten ›Spagnoletti‹ engagiert. Das sind spanische Falsettsänger, die diese Gesangstechnik, so vermutet man, von den Mauren übernommen haben. Auf Dauer werden sie zu teuer und ihre Dominanz für die Italiener unerträglich. Es gilt, die Sopran- und Altstimmen der Knaben auf Dauer zu erhalten. Das geschieht durch Kastration, wobei vor der Geschlechtsreife die zu den Hoden führenden Samenkanäle durchschnitten werden. Dadurch verlieren die Kastraten zwar ihre Zeugungsfähigkeit, nicht aber ihre Sexualität. Es sind viele Beispiele bekannt, daß sie »gute Liebhaber« sein können. *Atto Melani (1626–1693)*, von dessen Familie mehrere Brüder und Vettern Kastraten sind und der selbst zu den namhaftesten seiner Zeit zählt, ist ab 1644 in Paris nicht nur Geheimagent des regierenden Kardinals Mazarin, sondern auch der Geliebte der verwitweten französischen Königin Anna von Österreich, Mutter des Sonnenkönigs Ludwig XIV. Und die nahm ihn um so lieber zum Liebhaber, als sie keine ungewollte Schwangerschaft zu befürchten hatte. Eine Ehe ist den Kastraten freilich grundsätzlich verboten, weil die Kirche darin »eine Sünde wider das Gewissen« sieht, da Kastraten keinen Nachwuchs zeugen und so den eigentlichen Sinn der Ehe nicht erfüllen können. Der operative Eingriff hat also keine neue Stimme zur Folge, er erhält die Knabenstimme (Sopran oder Alt), sorgt aber für größere Resonanz, für Stimmumfang und Volumen. Da im Kirchenstaat lange Zeit keine Frauen auf dem Theater auftreten dürfen, singen Kastraten in der Oper nicht nur Helden und Liebhaber, sondern auch die Frauenpartien, und die natürlich in Frauenkleidern. Casanova meint einmal spöttisch, das heilige Rom verführe auf diese Weise das ganze Menschengeschlecht zur Päderastie.

Wie die Primadonnen, so beherrschen auch die Kastraten die Szene der Barockoper. Sie stehen aber auch wie diese in hohem Ansehen, sind umschwärmt und gesellschaftlicher Mittelpunkt, werden bejubelt und gefeiert wie sie auch von Frauen und Männern gleichermaßen verehrt werden. Ihre Zahl ist ungewöhnlich groß, sie kommen ausschließlich alle aus Italien und bereisen ganz Europa. Nur in Frankreich fassen sie nicht recht Fuß auf der Bühne. Ansonsten gastieren sie in allen Opernzentren der Zeit: in Bologna, Florenz, Genua, Mailand, Neapel, Padua, Parma, Rom, Turin und Venedig ebenso wie in Berlin, Dresden, Lissabon, London, Madrid, Moskau, München, St. Petersburg, Stuttgart und Wien. Vergleichbar den drei Tenöre unserer Tage – *Carreras, Domingo* und *Pavarotti* – gewinnen vor allem drei Kastraten Weltruhm zu ihrer Zeit, seitdem gehören sie zu den Sängerlegenden der Operngeschichte.

Der Älteste von ihnen ist *Francesco Bernardi (1680–1759)*, der sich nach seiner Vaterstadt Siena *Senesino* nennt. Er ist Altkastrat und lange Zeit ungekrönter Star im Londoner Opernensemble von Händel, der seine Kastratenpartien hauptsächlich für dieses Stimmfach komponiert. Man rühmt Senesinos kräftige, helle und klangvolle Mezzostimme, seinen meisterlichen Vortrag, seine schönen Triller und seine Kunst des Koloraturgesangs, in dem er um so wirkungsvoller ist als er die Virtuosität nicht übertreibt. Privat gilt er als launisch und arrogant, aber er erringt wo auch immer er auftritt sofort eine außergewöhnliche Beliebtheit. Sie ist im wahrsten Sinne ein Machtfaktor. Als er im Streit mit Kapellmeister Heinichen Dresden verläßt, trägt er nicht unwesentlich zur Auflösung der italienischen Oper in der Sachsenmetropole bei. Und als er sich 1728 in London mit Händel überwirft und nach Italien zurückkehrt, folgt seinem Weggang die Schließung der Opernakademie. Neben Senesino macht *Gaetano Majorano (1710–1783)* unter seinem Künstlernamen *Cafarelli* als Soprankastrat eine Weltkarriere. Er beginnt in Frauenpartien der opera buffa in Rom und wechselt erst dann zur opera seria über. Er ist ein erklärter Bravoursänger von größerem darstellerischen Format als die meisten seiner Kollegen und zeitweise derart beliebt, daß das Publikum in Scharen die Vorstellung verläßt, wenn seine Partie zu Ende ist. Er führt ein aufregendes, an Abenteuern wie an Liebschaften wahrlich nicht armes Leben, er ist hochmütig, launisch und arrogant vor allem auch Gesangspartnern gegenüber. In Italien muß er sogar vorübergehend ins Gefängnis, weil er während einer Vorstellung auf offener Bühne eine Sängerin mit obszönen Gesten beleidigt. Keiner jedoch durchläuft eine solche Ausnahmekarriere wie der Soprankastrat *Carlo Broschi (1705–1782)*, der sich *Farinelli* nennt und als größter Sänger seiner Zeit gilt. Er zeichnet sich durch unerreichte Virtuosität aus, er verfügt über eine gewaltige Stimme, über die beste Gesangskunst und einen Staunen erregenden Atem, der ihm Tonabfolgen, Triller und Läufe von kaum glaublicher Dauer und besonders schnelle, wie Kaskaden sprudelnde Koloraturen erlaubt. Händels Librettist *Paolo Rolli*, eng mit Senesino befreundet, gesteht uneingeschränkt: »Jedermann sollte es wissen, daß Farinelli für mich eine Offenbarung war. Ich erkannte, daß ich bis zu jenem Zeitpunkt nur einen Bruchteil dessen gehört hatte, was ein Mensch gesanglich erreichen kann, während ich nun der Auffassung bin, daß ich alles gehört habe, was man hören kann.« (25) Privat unterscheidet er sich vorteilhaft von seinen Kollegen, er gilt als bescheiden, sehr klug und moralisch integer. Ab 1737 ist er in Madrid. Dort singt er jeden Abend dem schwer depressiven und dadurch regierungsunfähigen König Philipp V. von Spanien die vier gleichen Arien vor, heitert ihn auf und macht, daß dieser seinen Verpflichtungen wieder nachgehen kann. Er wird von ihm zum Kammerherrn und politischen Berater ernannt, hat damit praktisch das Amt eines Ministers inne, er wird zum Ritter geschlagen, darf jederzeit unangemeldet zum König und wohnt entweder im Schloß oder in seinem prächtigen Stadtpalais, ein Geschenk seines Monarchen. Nach dessen Tod wird er 1746 unter Philipps Nachfolger Ferdinand

Direktor der Madrider Oper, tritt aber selbst nicht mehr als Sänger auf. Seine letzten Lebensjahre verbringt er auf seinem Privatbesitz in der Nähe von Bologna, wo zu seinen zahlreichen und hochrangigen Besuchern eines Tages auch Vater und Sohn Mozart gehören.

Primadonnen und Kastratenstars beherrschen nicht nur die Bühnenszene, sie sind auch hinter den Kulissen aktiv. Dazu gehören Reibereien, Eifersüchteleien, Intrigen und Kämpfe untereinander sowie mit den Komponisten, die ihnen die Arien schreiben und die sie als ihre Diener betrachten. Sie verlangen von ihnen ständig neue Bravourstücke, mit denen sie ihre Stimmvirtuosität und ihre Kehlkopfakrobatik entfalten können. Umstellt von prachtvollen, aufwendigen Dekorationen und ausgestellt in den kostbarsten Barockkostümen (das Zeitkostüm wird erst ab 1775 durch das historische Kostüm ersetzt) glänzen sie mit ihrer Gesangskunst. Handlung und Inhalt, Schicksalsfügungen und seelisches Empfinden der von ihnen dargestellten Personen gelten ihnen nur soviel als zum Verständnis des Publikums gerade nötig ist. Mit dem Rezitativ geben sie die allernötigsten Informationen, ansonsten dient es ihnen vor allem quasi als Anlauf zur nächsten Arie. Denn sie ist Dreh- und Angelpunkt jeder Oper, und sie hat inzwischen so etwas wie eine festgefügte Kanonisierung erfahren. Immer wieder lesen wir in den Quellen und Dokumenten der Zeit von Regeln, die ein Opernkomponist unbedingt beachten muß, will er erfolgreich sein. Den Erfolg aber garantieren ihm die Primadonnen und Kastraten mit dem, was sie mit seinen Arien anfangen. Belegen wir das mit einem authentischen Zeugen, indem wir noch einmal *Carlo Goldoni* zu Wort kommen lassen. Er muß wissen, wovon er spricht. Denn, vereinfacht gesagt, er wäre vielleicht nicht Italiens klassischer Komödiendichter geworden und das europäische Sprechtheater wüßte womöglich nichts von einem »Diener zweier Herren« oder einem »Lügner«, hätte nie in seinem »Kaffeehaus« gesessen und nie etwas vom »Krach in Chioggia« gehört, wenn – ja, wenn er in seiner Anfängerzeit als Opernlibrettist nicht kläglich gescheitert wäre. In seinen Memoiren berichtet er anschaulich, wie er in Mailand als Sekretär des Herrn Bartolini, Gesandter von Goldonis Vaterstadt Venedig, im Jahre 1734 bei einer Abendgesellschaft von Madame Grosatesta, erster Tänzerin an der Mailänder Oper, sein Opernlibretto »Amalasunta« vorliest. Unter den Zuhörern befindet sich auch der berühmte Cafarelli. Und der tadelt Goldoni gleich zu Beginn dafür, daß er die Handlung seiner Oper wider alle Gepflogenheit mit dem Auftritt des ersten Sängers eröffnet. Das ist unverzeihlich: »Wie, Sie lassen die Szene durch den ersten Akteur eröffnen? Sie lassen ihn auftreten, wenn die Zuschauer sich noch versammeln, sich setzen und Geräusche machen? Beim Henker, mein Herr, ich bedanke mich für diese Rolle!« Man stellt Goldoni als unbegabten jungen Dilettanten hin und ignoriert ihn auf hoffärtige Art und Weise. Nicht so Graf Prata, Direktor des Schauspiels in Mailand, der sich Goldonis annimmt und sich dessen Libretto von Anfang bis Ende in einem separaten Raum vorlesen läßt. Dann fällt er sein auf Erfahrung gegründetes Urteil: »Es scheint, Sie haben die Regeln des Aristoteles und Horaz fleißig studiert und Ihr Stück nach allen Regeln der Tragödie eingerichtet. Sie scheinen aber nicht zu wissen, daß das musikalische Drama ein unvollkommenes Werk ist, das Regeln und Konvenienzen kennt, die zwar größtenteils nicht dem gesunden Menschenverstand entsprechen, denen man sich aber pünktlich unterwerfen muß. Wenn Sie in Frankreich wären, so verlohnte es sich wohl der Mühe, nach dem Beifall des Publikums zu streben, aber hier muß man suchen den Schauspielern und Schauspielerinnen zu gefallen, den Komponisten zu befriedigen und den Dekorateur um Rat fragen. Man hat hier Regeln für alles, und es wird für ein Kapitalverbrechen gehalten, ihnen zu trotzen und sie nicht sklavisch zu befolgen. Hören Sie mich an, ich will Ihnen einige davon mitteilen, die man für unumstößlich hält. Jede von den drei Hauptpersonen des Dramas muß fünf Arien singen, zwei im ersten, zwei im andern und eine im dritten Akt. Die zweite Aktrice und der zweite Soprano dürfen nicht mehr als drei haben, und die übrigen müssen sich mit einer, höchstens mit zweien begnügen. Der Dichter muß dem Komponisten die verschiedenen Schattierungen an die Hand geben, die das Hell-Dunkel der Musik ausmachen, er muß sich hüten, daß nicht zwei leidenschaftliche Arien aufeinander folgen. Mit gleicher Vorsicht muß er die Bravourarien, die Arien, welche Handlung ausdrücken, die halben Charakterarien, die Menuetts und Rondos verteilen. Vor allen Dingen muß er sich hüten, den zweiten Rollen leidenschaftliche Arien oder Bravourarien zu geben: diese armen Leute müssen sich mit dem begnügen, was für sie übrig bleibt; es ist ihnen gleichsam verboten, sich hervorzutun.« (26)

Wir zitieren diese Stelle deshalb ausführlich, weil sie den Schematismus der Barockoper im allgemeinen belegt und zugleich etwas von dem Einfluß wiedergibt, den die ersten Sängerinnen und Sänger ausüben. Nun ist ja nichts Verwerfliches daran, für bestimmte Gesangskünstler zu komponieren, ganz im Gegenteil! Manch einer der berühmtesten Opernkomponisten danach hat das auch getan, denken wir nur an Mozart und Verdi. Das zeugt ja von Praxisnähe und Professionalität, von lebendigem Theaterverständnis schlechthin. Aber wir hören von einem Maß an Sängerwillkür und Einflußnahme, was eine Überbetonung des Artifiziellen, der Virtuosität der Ausführenden gegenüber der originären Schöpferkraft des Komponisten bedeutet. Das erklärt uns wenigstens teilweise, warum die Oper bis in die Mitte des 18. Jahrhunderts in einem oberflächlichen Schema verharrt. Freilich: nicht jeder Komponist ist jedem Gesangsstar jederzeit willfährig. Schon gar nicht ein Händel! Von ihm, dem mancher Zeitgenosse Dickköpfigkeit, Uneinsichtigkeit und eine übertriebene Willensbekundung bis hin zum puren Despotismus nachsagt, sind zwei Vorfälle überliefert, bei denen er aufmüpfige Sänger reichlich unsanft in ihre

Schranken weist. Im Jahre 1735 studiert er mit dem zu den besten Kastraten zählenden *Giovanni Carestini (1705–1760)* die Hauptpartie seiner gerade erst in Covent Garden uraufgeführten Oper »Alcina« ein. Eine Arie, ein Zugstück bei den bisherigen Aufführungen, schickt der Sänger dem Komponisten zurück, da er nicht wisse, wie er sie singen soll. Händel gerät in maßlose Wut, eilt zu ihm und herrscht ihn an: »Du Hund, muß ich nicht besser wissen als du, was du singen kannst? Willst du die Arien nicht singen, die ich dir gebe, so bezahle ich dir keinen Stüver!« (27) Carestini, so heißt es, soll klein beigegeben haben. Händels andere, mehrfach bezeugte Auseinandersetzung hat gar zweifelhafte Berühmtheit erlangt. Im August 1722 schließt er die Partitur ab zu »Ottone«, einer seiner besten Opern überhaupt. Er bringt sie aber erst Anfang 1723 im Haymarket Theatre zur Uraufführung. Seit Weihnachten gehört Francesca Cuzzoni, die wir bereits vorgestellt haben, zu seinem Ensemble. Sie soll die Partie der griechischen Kaisertochter Theophane singen, Verlobte des Ottone. Sie wird von Adalbert begrüßt, der Ottone den Thron Italiens mit üblen Ränkespielen streitig macht, und sich als dieser ausgibt. Doch Theophane besitzt von ihrem Verlobten ein Medaillon und durchschaut so den Betrug. Dafür hat Händel ihr mit »Falsches Bildnis, du betrogst mich« eine effektvolle Auftrittsarie komponiert. Doch die Cuzzoni weigert sich, sie zu singen, weil sie glaubt, mit ihr nicht glänzen zu können. Händel bedroht sie: »Ich weiß wohl, Madame, daß Sie eine leibhaftige Teufelin sind, aber Sie sollen wissen, daß ich Beelzebub bin, der Teufel Oberster!« Mit diesen Worten packt er sie, hält sie – sie ist klein, er ein Hüne – zum Fenster hinaus und droht ihr, er werde sie fallen lassen. In ihrer Todesangst gibt sie ihren Widerstand auf und muß Händels kompletten Sieg anerkennen: gerade diese Arie sichert ihr den allergrößten Erfolg!

Gluck: Opernreform

»Als ich mich daran machte, die Musik zu ›Alceste‹ zu schreiben, nahm ich mir vor, sie gänzlich rein zu halten von all den Mißbräuchen, die, eingeführt entweder durch die übel angebrachte Eitelkeit der Sänger oder durch die übermäßige Nachgiebigkeit der Komponisten, die italienische Oper seit so langer Zeit entstellen und das prächtigste und schönste aller Schauspiele in das lächerlichste und langweiligste verwandeln. Mein Sinn war darauf gerichtet, die Musik wieder auf ihr wahres Amt zurückzuführen: dem Drama in seinem Ausdruck und seinen wechselnden Bildern zu dienen, ohne die Handlung zu unterbrechen oder sie durch unnützen und überflüssigen Schmuck zu erkälten.«

So beginnt *Christoph Willibald Gluck (1714–1787)* sein berühmtes Vorwort zu seiner zweiten Reformoper »Alceste« (U Wien 1767), in dem er sich persönlich an Leopold Großherzog von Toskana (ab 1790 Kaiser Leopold II.) wendet, dem er die Partitur widmet. Es ist unerheblich, ob Gluck nur seine Unterschrift unter den von seinem Librettisten *Raniero di Calzabigi (1714–1795)* verfaßten Text setzt oder ihn (mit)geschrieben hat. Beide sind sich einig in dem, was sie reformieren wollen, weil es der Reform bedarf. Schon in diesen Anfangssätzen ist jedenfalls aufgelistet, unter welchen Voraussetzungen die in ihrer schematischen Dramaturgie erstarrte Oper aus ihren selbst geschmiedeten Fesseln befreit werden soll. Dabei geht Gluck seine Reform mit den Erfahrungen eines viel gereisten und in der italienischen Oper bestens bewanderten Musikers an, der auch zu den Vätern der opéra comique gezählt wird und der mit seinem heute noch aufgeführten dramatischen Ballett »Don Juan« (U 1761) auf den Spuren *Noverres* wandelt, des Erfinders des dramatischen Tanzes und des eigentlichen Handlungsballettes. Viel gewichtiger ist jedoch sein Beitrag zur Entwicklung der Gattung Oper: Schon in den Werken vor dem »Orpheus« (U 1762) nimmt seine Musik Rousseaus Jahrhundertruf »Zurück zur Natur!« auf, sie findet über alle Stilfragen hinweg zum musikalischen Ausdruck von Szene und Charakter wie sie auch melodisches und szenisches Gleichmaß durch Lebendigkeit und Wahrheit zu ersetzen sucht.

Geboren im oberpfälzischen Kirchdorf Erasbach (südöstlich von Nürnberg am Main-Donau-Kanal gelegen), wächst Gluck durch die verschiedenen Forstübernahmen seines Vaters schon als Kind in mehreren Gegenden auf, genießt eine strenge Erziehung im behüteten kinderreichen Elternhaus, zieht als Musikant durch Böhmen und studiert in Prag, wo er als Organist tätig ist und die Oper kennen lernt. Vier Jahre später finden wir ihn in Mailand als Schüler des hochberühmten *Giovanni Battista Sammartini*, und er komponiert seine ersten zehn Opern für Mailand, Venedig und Turin, von denen nur einzelne Bruchstücke erhalten sind. 1745 ist er in London, wo er mit *Händel* gemeinsam öffentlich konzertiert und zwei Opern schreibt. Ein Jahr später schließt sich Gluck als Kapellmeister, Komponist und wahrscheinlich auch als Sänger einer italienischen Operntruppe in Hamburg an, und im Jahr darauf wird er in Wien seßhaft, wo ihn die Heirat mit der vermögenden Kaufmannstochter *Marianne Pergin* (Herbst 1750) zeitlebens wirtschaftlich unabhängig macht. Er wird Opernkapellmeister am Burgtheater unter dessen neuem Intendanten *Graf Giacomo Durazzo (1717–1794)*, dem er wichtige Anstöße zu seiner Reform verdankt. 1756 ernennt ihn der Papst zum »Pfalzgrafen des Laterans und Kreuzherren vom goldenen Sporn«, weshalb er sich fortan ›Ritter von Gluck‹ nennt. 1761 dann lernt er *Calzabigi* kennen, Dichter, Librettist und Abenteurer, der in Paris zusammen mit *Casanova* eine etwas zwielichtige Lotterie betreibt. Mit ihm führt er seine Reform durch und er weiß, trotz des Zerwürfnisses der beiden nach der Uraufführung von »Paris und Helena« (1774), was er ihm zu verdanken hat: »Ich würde mir einen noch empfindlicheren Vorwurf machen, wenn ich mir die Erfindung der neugearteten italienischen Oper, deren Erfolg den Versuch gerechtfertigt hat, allein zuschreiben ließe. Das wesentlichste Verdienst daran gebührt vielmehr Herrn von Calzabigi, und wenn meine Musik einiges Aufsehen erregt hat, so schulde ich dies, wie ich zugeben muß, ihm, denn erst er hat mich in den Stand gesetzt, wirklich die Quellen meiner Kunst ausschöpfen zu können.« Frucht ihrer gemeinsamen Arbeit ist »Orpheus und Eurydike«, uraufgeführt am 5. Oktober 1762 in Wien, Glucks erste Reformoper, die noch in unseren Tagen zum Repertoire gehört. Zwei Jahre später folgt »Alceste«, dann »Paris und Helena« (1770) sowie »Iphigenie in Aulis« (1774) und »Iphigenie auf Tauris« (1779). Inzwischen ist Gluck fest angestellter k. k. Hofkomponist, er hält sich mehrfach in Paris auf (u. a. als Protegé von Königin *Marie Antoinette*) und wird dort 1776/77 ohne sein Zutun in einen Opernstreit verwickelt mit dem italienischen Komponisten *Nicolo Piccini (1728–1800)*, den die jeweiligen Anhänger anzetteln und ausfechten. Beide Komponisten sollen einen »Roland« vertonen, doch Gluck protestiert in einem erbosten Brief gegen den Streit der Gluckisten (Verfechter der neuen Oper) und Piccinisten (Vertreter der alten opera seria) und gegen seine Behandlung. Er schreibt, er werde sich in keinen musikalischen Wettstreit mit Piccini einlassen und habe alle seine Noten zu dem geplanten »Roland« verbrannt. Doch Piccini wird im Grunde nur von den Gluckgegnern benutzt, ohne sich dessen selbst so eigentlich bewußt zu sein. Eine persönliche Begegnung der ungewollten Kontrahenten beendet ohnehin die Querelen, aus denen Gluck allerdings mit gestärktem Ansehen hervorgeht. 1779 ist er letztmalig in Paris, wo er mit »Iphigenie auf Tauris« seinen vielleicht größten Erfolg zu Lebzeiten erzielt, zugleich aber auch mit »Echo und Narziß« einen veritablen Mißerfolg einfährt. Ende des Jahres kehrt er endgültig nach Wien zurück und komponiert keine Opern mehr. In den letzten Lebensjahren nimmt seine Gesundheit infolge mehrerer Schlaganfälle deutlich ab, an den Folgen des letzten stirbt er am 15. November 1787 in Wien.

Gluck hat insgesamt 33 italienische und 12 französische Opern komponiert, unter denen sich 12 komische Opern befinden. Als seine Reformopern im engeren Sinn gelten *»Orpheus und Eurydike«, »Alceste«, »Paris und Helena«* und die beiden *»Iphigenien«*. Er hat damit die italienische (*opera seria*) wie die französische Oper (*Tragédie lyrique*) seinen Reformbestrebungen unterzogen. Mit ihnen setzt er sowohl an der Dramaturgie mit den vielen Nebenhandlungen und Nebenfiguren sowie der stereotypen Aneinanderreihung von Arie und Rezitativ und dem obligatorischen glücklichen Ende an wie auch am Virtuosentum der Sänger und der grundsätzlichen Vernachlässigung der Dichtung. Das wirkt natürlich alles ineinander. Schon *Apostolo Zeno*, Vorgänger *Metasta-*

Bühnenbild zur Uraufführung von Glucks »Alceste« (Paris, 1776).

sios im Amt des Wiener Hofpoeten, mißfällt die allgemeine Mißachtung des Librettos und die ungeschminkte Bewunderung allein der Musik, und er beklagt dies mit dem geringen Verständnis der Komponisten und Sänger für die Bedeutung der Dichtung. So geht es Gluck und Calzabigi um die Erneuerung der Beziehung zwischen Dichtung und Musik, die beide zusammen als ein Ganzes gesehen werden müssen. Es gilt, die Gespreiztheit, Unnatur und leblose Konvention der opera seria durch Einfachheit, Wahrheit und Natürlichkeit zu ersetzen, die, wie es im »Alceste«-Vorwort heißt, als »die großen Ursprünge in allen Äußerungen der Kunst« zu sehen sind. Das, so ihre Überzeugung, muß beim Libretto beginnen, und so ist auch ihre Kritik an *Metastasio* zu verstehen, auch wenn Gluck mehrere Libretti des Dichterfürsten vertont hat und Calzabigi vor seiner Zusammenarbeit mit Gluck eine lobend kommentierte Librettosammlung des Italieners herausgegeben hat. Nun aber werfen die beiden dem europäischen Starpoeten am Wiener Kaiserhof vor, seine Libretti seien voller politischer, philosophischer und moralischer Sentenzen und Gedanken und voller Unnatur. Gluck spricht, ohne jedoch Metastasios Namen zu nennen, allgemein von »zierlichen Beschreibungen, überflüssigen Vergleichen, gemeinplätzigen und frostigen Moralsprüchen« der Opernlibretti. Calzabigi ist deutlicher, wenn er schreibt, Gluck hasse die »geleckten Gefühle« Metastasios, »seine Vergleiche, seine redseligen kleinen Passionen, seine abgezirkelten Wortspiele« und sein Entzücken an »geistvollen Redeblümchen, die er in Antithesen zu fassen liebt«, an »verliebten Disputen« und »akademischen Diskursen«, an »kleinlichen Charakteren«, denen allen er »verliebte Geziertheit« vorwirft. Dagegen, so Calzabigi, liebe Gluck »die Gefühle, die der einfachen Natur abgelauscht sind, die mächtigen Leidenschaften auf ihrem Siedepunkt, auf der Höhe ihres Ausbruchs.« Es ist hier nicht der Ort, jedes Detail der Opernreform Glucks nachzuzeichnen. Aber wir können sie übersichtlich in drei grundsätzlichen Parametern wenigstens skizzieren.

Erstens: Einfachheit der Fabel. Die Handlung muß vom dekorativen Beiwerk befreit werden und eine dramaturgische Gradlinigkeit erhalten. Im Vorwort zu »Alceste« betont Gluck, sein höchstes Bestreben sei, »eine schöne Einfachheit zu erreichen«: Das heißt: »Ich habe vermieden, aus Schwierigkeiten Wesens zu machen zum Schaden der Klarheit. Ich habe es nicht für verdienstlich gehalten, auf Entdeckungen auszugehen, wenn sie nicht durch die Situation und den Ausdruck von selbst gegeben waren.« Die vielen aneinander gereihten Bilder und Schauplätze, die eine sehr ähnliche Optik haben und wenig wesentlich, d. h. aussagekräftig sind, ersetzt Gluck durch wenige große Bilder, die aufeinander bezogen sind, und durch Szenenblöcke. Er konzentriert sich auf die Haupthandlung und eliminiert unwichtige Nebenhandlungen, um die dramatische Aussage in den Mittelpunkt zu stellen. Damit verweist er auf das im Grunde zentrale Anliegen seiner Reform, nämlich sich jederzeit und überall um einen Ausgleich zwischen Dichtung und Musik zu bemühen, in dem die Musik selbst zum dramatischen Vorgang wird und über alle musikalische Illustration hinaus die Dichtung musikalisch definiert. Dem ihm befreundeten französischen Gesandtschaftsattaché Le Blanc du Roullet gegenüber spricht er später einmal davon, er habe in seiner »Armida« dahin gestrebt, »mehr Maler und Dichter als Musiker zu sein.«

Zweitens: Wahrheit der dramatischen Gestaltung. Die mythologischen Stoffe will Gluck in seinen Opern durch Straffung und größere Realistik durchforsten, um den dramatischen Sinn der ganzen Oper klar zum Ausdruck zu bringen. Denn: die Oper ist kein bloßes musikalisches Nummerngebilde, sondern eine durchkomponierte dramatische Einheit, deren Sinn – also die stoffliche und szenische Glaubwürdigkeit von Situationen und von den in diesen Situationen sich befindenden und agierenden Personen – in ihr selbst liegt. Dazu gehört die unbedingte Einbindung aller Teile in das Ganze, besonders auch des Gesanges, der nicht Selbstzweck sein darf, sondern aus dem dramatischen Geschehen erwachsen muß. Hierin urteilt Gluck sehr entschieden, wenn er dem Gesangsvirtuosentum seiner Zeit vorwirft, es nehme den Gesang so sehr zum puren Anlaß, daß die Bindung zum dramatischen Geschehen verloren gegangen sei. Sängerwillkür und »monotone Sinfonien« lehnt er darum kompomißlos ab. Dieses Grundanliegen von der dramatisch-musikalischen Ganzheit der Oper wird besonders deutlich in der fast radikal ausnahmslosen Verwendung des vom Orchester begleiteten *recitativo accompagnato* unter gleichzeitig gänzlicher Ausschaltung des nur vom basso continuo begleiteten *recitativo secco*. Schon damit erhalten Glucks Opern einen dramatischen, drängenden Impetus wie sie auch musikalisch in sich geschlossener und ganzheitlich in Erscheinung treten.

Drittens: Natürlichkeit der Gefühle. Die Leidenschaften der in der Oper dargestellten Menschen müssen, so die Forderung der Reformer, natürlich und echt sein. Statt bloß allgemeiner und damit jederzeit austauschbarer Affekte muß das individuelle Gefühl zum Ausdruck kommen, womit die Natur des jeweils einzelnen Individuums in Dichtung und Musik veranschaulicht wird. Nur so gelangt man zur subjektiven Natürlichkeit, statt sich mit gespreizter Unnatürlichkeit zufrieden zu geben. Also: Vermenschlichung der Gestalten des antiken Mythos, Schilderung wirklicher Seelenzustände statt Beschreibung abstrakter, neutraler Gemütslagen in allgemeinen oder, wie bei Metastasio, gezierten psychologisierenden Sentenzen. Kurz: wirkliche Gefühle, individuell und subjektiv empfunden und so auch sprachlich und musikalisch ausgedrückt. In einem bewußt ironisch gehaltenen Brief an den französischen Journalisten Jean François de la Harpe, der zu seinen schärfsten Gegnern gehört, schreibt Gluck 1777: »Ich war bisher so einfältig zu glauben, daß es sich mit der Musik so verhalte wie mit den übrigen Künsten, daß nämlich alle Leidenschaften ihrem Gebiete zugehörten, und daß sie nicht weniger zu sagen wüßte, wenn sie die Ausbrüche eines Rasenden und den Schrei des Schmerzes ausdrücke, als wenn sie die Seufzer der Liebe male.« Demnach muß sich, so Gluck weiter, der Gesang jeweils ändern, wenn er die unterschiedlichen Empfindungen ausdrückt, und alle Musik in der Oper – die menschliche Stimme wie die einzelnen Instrumente des Orchesters, für sich wie auch zusammen – muß zum Ausdruck bringen, »daß die Dichtung nicht minder auf die Musik gemacht erscheine als die Musik auf die Dichtung.«

Glucks Opernreform ist fruchtbar für die Folgezeit, sie kommt zur rechten Zeit und bereitet *Mozart* vor. Dennoch hat Gluck keine deutsche Oper geschaffen, er ist bei der italienischen und französischen Oper geblieben. Beide hat er insofern in ihrer Gesamtheit reformiert als er ihre einzelnen Teile einer zukunftsweisenden Änderung unterzog. Er hält ja durchaus an der stofflichen Vorgabe durch die antike Mythologie fest, aber er gestaltet den einzelnen Mythos als geradlinig verlaufende theatralische Handlung ohne inhaltliches Beiwerk. So konzentriert er sich in »Orpheus und Eurydike« ganz auf den Kern des Mythos und verbannt die ganze Vorgeschichte. Seine Oper beginnt mit dem Klagegesang des Chores von Hirten und Nymphen an Eurydikes Grab, in den sich die Klagerufe des Orpheus mischen. Mit einem Klagegesang von Volk und Alkestis um den todgeweihten Admet eröffnet er auch seine »Alceste«. Und in den beiden »Iphigenien« hält sich Gluck gar nicht erst damit auf, die langwierige Vorgeschichte zu erzählen. Er tritt jeweils unmittelbar in das gegenwärtige Bühnengeschehen ein. Das Rezitativ degradiert er nicht zum bloßen Informationslieferanten, er komponiert es dialogisch als eine Auseinandersetzung und verleiht ihm damit selbst Handlungscharakter. In den Arien – das ist in allen Gluckschen Opern erkennbar – äußern die Beteiligten ihre subjektiven Gefühle, was mit einem simplen Kniff entscheidend unterstützt wird: sie sprechen in der Ich-Form und nicht in allgemeinen Gleichnissen und Sentenzen, so, als beträfe sie das selbst gar nicht, wovon sie singen. Dadurch rücken sie in ihrer individuellen Natürlichkeit näher an uns heran und lassen uns mehr an ihren Gefühlen teilhaben als bisher. Diese ›Natur der Musik‹ überträgt Gluck auch auf einzelne Geschehensabläufe, wie der Beginn von »Iphigenie auf Tauris« beispielhaft zeigt. Das Orchester ›malt‹ (um uns eines Begriffes des Komponisten zu bedienen) den Sturm und das aufgepeitschte Meer, dissonante Flöteneinwürfe versinnbildlichen musikalisch Blitz und Donner, worin sich nicht fromme Gebete, sondern angsterfüllte Hilfeschreie der Diana-Priesterinnen mischen. Die Dramatik dieses wuchtigen Opernanfanges klingt wie eine Vorwegnahme dessen, was später Verdi mit dem Sturmchor zu Beginn seines ouvertürelosen »Othello« gestaltet. Auch auf das ›lieto fine‹ verzichtet Gluck nicht. Aber er pfropft es nicht gewalttätig als Schlußapotheose auf, sondern leitet es unmittelbar aus den Motiven der dichterischen Handlung ab, wie in »Alceste« und den beiden »Iphigenien«. Oder er entwickelt es dramaturgisch folgerichtig aus dem Konflikt seiner dramatischen Personen, wie es das Ringen von Orpheus und Eurydike um Liebe und Treue, Vertrauen und Mißtrauen, Standhaftigkeit und Erbarmen zeigt – der von Gluck komponierte zentrale klassische Konflikt zwischen Pflicht und Neigung, wie er beispielhaft wenig später das dramatische Werk *Schillers* prägt. Wegweisend ist, wie Gluck auch die Orchestermusik in den Dienst der von der Dichtung implizierten dramatischen Idee stellt und daß er dem Chor wieder große Bedeutung beimißt, die dieser in der Barockoper nahezu völlig verloren hat. Geben wir Gluck selbst das Schlußwort: »Da ich die Musik nicht nur als eine Kunst das Ohr zu ergötzen betrachte, sondern auch als eines der größten Mittel das Herz zu bewegen und Empfindungen zu erregen, und deshalb einen neuen Weg eingeschlagen habe, so habe ich mich mit der dramatischen Handlung beschäftigt, habe den großen und kräftigen Ausdruck gesucht und habe überhaupt gewollt, daß in meinem Werke alle Teile untereinander verbunden seien.« (28)

Mozart: Die Oper als Theatralische Sendung

In den Jahren 1777–1785 schreibt *Goethe* an seinem Romanfragment »Wilhelm Meisters Theatralische Sendung«, thematisches Konzept der späteren »Lehrjahre« (1795/96) und »Wanderjahre« (1829). Schon in diesem Fragment gestaltet er, wie sein Held Wilhelm Meister auf seinem mit Hoffnungen und Enttäuschungen, Erlebnissen und Erfahrungen, Erkenntnissen und Zweifeln gepflasterten Weg stärker und stärker von der »Herrlichkeit des Theaters« eingefangen wird: »Sein Gefühl, das wärmer und stärker ward, seine Einbildung, die sich erhöhte, waren unverrückt gegen das Theater gewendet. Mit der Fülle von Liebe, von Freundschaft, von Ahndungen großer Taten, wo sollte er damit hin? Mußte nicht die Bühne ein Heilort für ihn werden?« Im Abwägen zwischen bloßer Neigung und wirklichem Talent erkennt und bekennt er am Ende seine Bestimmung für das Theater: »Ja, wenn ein Beruf eine Sendung deutlich und ausdrücklich war, so ist es diese.«

Das hätte auch *Wolfgang Amadeus Mozart (1756–1791)* sagen können. In der Oper erfüllt sich Mozarts Theatralische Sendung. Dabei ist er kein Neuerer, auch kein Wegbereiter für andere, er ist ein Vollender. Und das so unumstößlich, daß er mit seinen in diesem Buch ausführlich behandelten fünf Meisterwerken, zu denen noch der frühe »Idomeneo« und der späte »Titus« zu rechnen sind, bis auf den heutigen Tag der weltweit meist gespielte Opernkomponist ist.

Erste Bekanntschaft mit der Oper macht er 1764, als er mit dem Vater während beider Aufenthalt in London wiederholt Opernaufführungen besucht, Künstler des Theaters persönlich kennen lernt und Freundschaft mit *Johann Christian Bach (1735–1782)* schließt, zu dessen Werk immerhin zwölf Opern gehören. Später auf den drei Italienreisen der Jahre 1769–1773 wächst das Interesse Mozarts an der Oper, und er bekennt später dem Vater sein heißes Verlangen: »Sie wissen, mein großes Anliegen – Opern zu schreiben!« Und: »Vergessen Sie meinen Wunsch nicht, Opern zu schreiben. Ich bin einem jeden neidisch, der eine schreibt. Ich möchte ordentlich Verdruß weinen, wenn ich eine Arie höre oder sehe.« Schließlich: »Ich darf nur von einer Oper reden hören, ich darf nur im Theater sein, Stimmen hören – so bin ich schon ganz außer mir.« Immerhin verdankt er den Italienaufenthalten drei Opernaufträge, und die Mailänder Uraufführungen von »Mithridates, König von Pontus« (26. Dezember 1770), »Ascanius in Alba« (17. Oktober 1771) und »Lucius Sulla« (26. Dezember 1772) werden respektable Erfolge. (29)

Mit den frühen musikalischen Bühnenwerken – von »Apollo und Hyazinth« (U Salzburg 1767) bis zu »Der König als Hirte« (Il Re pastore; U Salzburg 1775) – nimmt Mozart einen langen Anlauf, und zwar konsequent in den Bahnen der Tradition. Die Stoffe speisen sich aus antikem Mythos und Geschichte sowie aus der zeitgenössischen Pastoraldichtung, dem Muster der Barockoper folgt er in der Reihung von Rezitativ-Arie-Rezitativ. Noch bedienen die Arien vorrangig die Sänger und sind dabei in der Regel zu lang in der mehrfachen Wiederholung ihrer meist nur kurzen Texte, wodurch die Gefahr besteht, Monotonie zu verbreiten. Die charakterologische Neutralität der Figuren, das im Rezitativ meist nur mitgeteilte und kaum unmittelbar auf der Szene sich ereignende Geschehen, das unvermeidliche und selten wirklich überzeugende gute Ende, die dadurch entstehende Statuarik der Bühnenhandlung, die schematische Dramaturgie der dichterisch und sprachlich oft recht unzulänglichen Texte und die fehlende Dramatik der theatralischen Handlung macht es den frühen Opern Mozarts schwer, auf dem Theater Fuß zu fassen. Doch Mozarts Musik kennt bereits ebenso das parlando der opera buffa (*Die verstellte Einfalt* und *Die Gärtnerin aus Liebe*) wie das Pathos der opera seria mit gutem Ausgang (*Mithridates* und *Sulla*), sie schmeichelt der Idyllik pastoralen Lebens (*Der König als Hirte*), ohne in musikalische Schwärmerei und Sentimentalität abzugleiten, und sie läßt partiell kommende dramatische Auseinandersetzungen ahnen (dafür spricht besonders die Szene Junia-Sulla in *Lucius Sulla*). Natürlich begegnen wir schon Perlen unter den Arien, in denen sich Mozart über den banalen, sentimentalen und sentenziösen Text einfach hinwegsetzt und die auf seine Meisterschaft voraus weisen. Und der »König als Hirte« verfügt über das erste wirkliche Mozartsche Opernfinale.

Mozarts Meisterschaft beginnt mit dem heutzutage im Repertoire zu Unrecht vernachlässigten »Idomeneo« von 1781. Mozart zitiert die bereits im Sterben liegende opera seria und stellt das dramatische Operngeschehen noch einmal in die weiträumigen Bühnenbilder des Barocktheaters. Die Konventionen des »Idomeneo« sind offensichtlich. Das fängt mit der üblichen Bezeichnung als ›Dramma per musica‹ an und setzt sich fort mit dem Stoff aus der antiken Mythologie; der Titelheld, Kretas König, verkörpert noch weitgehend die traditionelle Auffassung des Heroischen; die dem bekannten Formenschematismus folgende Verwicklung einer Liebesgeschichte (hier die klassische Dreiecksgeschichte: Idamantes zwischen Elektra und Ilia) in die konfliktbeladene Haupt- und Staatsaktion; die obligatorische Kastratenpartie (Idamantes), obwohl das Kastratentum bereits im Verschwinden ist; schließlich das ›lieto fine‹, das die Menschen von der Gottheit (Meeresgott Neptun) nur erbitten können, das aber der Himmel entscheidet und durch das Orakel verkündet. Dennoch: indem Mozart diese Tradition noch einmal übernimmt, überwindet er sie zugleich. Er gibt dem Werk ein völlig neues dramatisches Leben, es ist die dramatischste Mozart-Oper, fast eine durchkomponierte Großform. Das geschieht zum einen durch die Dominanz des an sich schon dramatischen und emotionalen recitativo accompagnato, zum anderen durch die wuchtigen Chorszenen, von denen die Orakelszene auf das dämonische Friedhofsbild und die Gastmahlszene mit dem Standbild des Komturs in »Don Giovanni« voraus weist. Zum dritten überwindet Mozart die Stereotypie der traditionellen Opernfiguren. Hier begegnen wir wirklichen leidenden und liebenden Menschen, die in der Ich-Form von ihren subjektiven Gefühlen sprechen, deren Arien unmittelbare Darstellung ihrer Seelenlage, ihrer persönlichen Tragik, ihrer echten Empfindungen sind. Kurz vor seinem Tod kehrt Mozart mit dem »Titus« (*La Clemenza di Tito/Die Sanftmut des Titus;* U am 5. September 1791 am Nationaltheater Prag) noch einmal zur opera seria zurück. Dabei greift er ein vielfach, darunter auch von *Hasse* und *Gluck* vertontes Libretto *Metastasios* auf und fällt mit einer allzu schnell komponierten Auftragsoper in alte Konventionen zurück, die er doch eigentlich überwunden hat. Aber er adelt ein Opernschema aus vergangenen Zeiten durch seine Musik, die dem Ganzen eine geschlossene Dramatik verleiht. Das beginnt schon mit der Ouvertüre, die zu seinen besten gehört, setzt sich fort in einem geradezu exzessiven Rezitativ, das einem stellenweise fast den Atem nimmt, und erklimmt den Höhepunkt in der Gestalt der Kaisertochter Vitellia, dem über Elektra, Konstanze, Donna Anna und Königin der Nacht hinaus führenden dramatischsten Charakter seines Opernschaffens.

Noch in den 1770er Jahren bekennt Mozart, er wolle lieber italienische statt deutsche Oper komponieren, und lieber »seria statt buffa«. Doch gerade dem komischen musikalischen Theater hat er seine Meisterwerke gewidmet. Aus dem Jahr 1785 stammt immerhin auch diese Briefstelle: »*Wäre nur ein einziger Patriot mit am Brette, es sollte ein anderes Gesicht bekommen! Doch nur dann würde das so schön aufkeimende Nationaltheater zur Blüte gedeihen, wenn wir Deutsche einmal im Ernste anfängen, deutsch zu denken, deutsch zu handeln und gar deutsch – zu singen.*« Es klingt wie eine melancholische Erinnerung an das von Kaiser Joseph II. 1778 gegründete Deutsche Nationalsingspiel, das schon nach fünf Jahren seine Pforten wieder schließt. Eröffnet wird es mit dem Singspiel »Die Bergknappen« von *Johann Gottlieb d. J.* (Text) und *Ignaz Umlauff* (Musik), seinen Höhepunkt erfährt es in Mozarts »Die Entführung aus dem Serail« (U 16. Juli 1782 im Burgtheater). Entstanden aus dem Wiener Volkstheater, dessen Stücke reichlich mit Liedern, Tänzen und Musikeinlagen versehen sind, soll das ›Nationalsingspiel‹ allein schon durch die deutsche Sprache einen Gegenpol zur originalsprachlichen italienischen und französischen Oper bilden. Die »Entführung« ragt weit darüber hinaus. Sie ist keine nur unterhaltsame und gefällige Musikkomödie bürgerlichen Zuschnitts. Sie atmet den Geist der opera buffa und – darin ist die Bezeichnung Mozarts als Shakespeare der Oper schon gerechtfertigt – sie streift mitten im Frohsinn auch die Grenzen des Tragischen, wofür vor allem die Figur der Konstanze steht. Vor allem aber: So erkennbar die »Entführung« in der Aufteilung zwischen Musik und gesprochenem Dialog sowie in ihrer volkstümlichen Melodik auf den »Freischütz« und die deutsche Spieloper voraus weist, so ist sie doch auch vom humanistischen Geist der deutschen Klassik durchdrungen. In der letztendlichen Bewährung vor sich selbst und seinen Gefangenen gegenüber sowie in dem Verzicht auf Konstanze, die ihn zwar respektiert und achtet, deren Liebe aber Belmonte gilt, erscheint Selim Bassa als ein Bruder Nathans und des Thoas in der »Iphigenie« Goethes. Das Wort des Taurerkönigs »Zur Sklaverei gewöhnt der Mensch sich gut/Und lernet leicht gehorchen, wenn man ihn/Der Freiheit ganz beraubt« beschreibt ja genau die Lage, in der sich Belmonte und Konstanze, Pedrillo und Blonde befinden. Thoas' Auftrag an Arkas »Gebiete Stillstand meinem Volke! Keiner/Beschädige den Feind, so lang wir reden«, womit er Iphigenie verzeiht und ihr mit Bruder Orest und dessen Freund Pylades die Freiheit schenkt, entspricht der gleichen Menschlichkeit, mit der Selim Bassa den Sohn seines einstigen Feindes samt seinen Freunden frei läßt: »Sage deinem Vater, es wäre ein weit größeres Vergnügen, eine erlittene Ungerechtigkeit durch Wohltaten zu vergelten, als Laster mit Lastern tilgen.« Beide, der Barbarenkönig Thoas und der Orientale Selim Bassa, verkörpern das Humanitätsideal der Klassik, das auch aus Nathans Ringparabel spricht. Mozart beschwört es am Ende seines Lebens noch einmal in der »Zauberflöte« mit der sogenannten ›Hallenarie‹ Sarastros: »In diesen heil'gen Hallen/Kennt man die Rache nicht/ ... Wo Mensch den Menschen liebt,/Kann kein Verräter lauern,/Weil man dem Feind vergibt./Wen solche Lehren nicht erfreun,/Verdienet nicht, ein Mensch zu sein.«

Auch »Così fan tutte« gehört der Welt der Buffa an, ihr Spielgefüge, ihre szenischen Einfälle und besonders die Partie der Despina scheinen direkt der Commedia dell'arte entsprungen. Verstand und Vernunft wollen fast streiken angesichts der im Grunde unsäglich unglaubwürdigen Geschichte, die uns Da Ponte und Mozart da auftischen, mag sie auch der Lebenswirklichkeit zugehören. Befinden wir uns denn im Augenblick der Uraufführung Januar 1790 nicht schon längst im Zeitalter der europäischen Aufklärung? Hat sich ihrem Gedankengut nicht auch Leopold Mozart besonders verbunden gefühlt? Hat davon nicht auch der Sohn etwas für das Leben und für die Kunst mitbekommen und zollt der nicht bestimmten aufklärerischen Grundideen seine Reverenz mit seinem Bekenntnis zum Freimaurertum? Antworten darauf, warum Mozart dieses verquaste Libretto vertont hat, liefert seine Musik. In Dur und Moll beschreibt sie mit einer Fülle melodischer Einfälle die Ambivalenz der Gefühle seiner Figuren, die zwischen Pflicht (dem einmal gegebenen Treuegelöbnis der Verlobten untereinander) und Neigung (sich dem Liebeswerben der neuen Liebhaber nicht verschließen zu wollen) hin und her getrieben werden. Mozarts Musik entlarvt schmeichelnd wie höhnend, mit Verzweiflung und Verständnis, Standhaftigkeit und Schwachheit den Zwiespalt und die Zerrissenheit in den Gemütsverfassungen aller vier Verlobten und bleibt in jedem Moment, in jedem Takt aufrichtig. Zudem liefert Mozart einen ganz besonderen Kunstbeweis: die Verletzung wie die Verletzbarkeit menschlicher Gefühle vermag wohl keine andere Kunst so zwingend und überzeugend auszudrücken wie die Musik. Selten hat die Musik einen Text so beweiskräftig rechtfertigt.

Auch in der Geschichte des musikalischen Theaters gibt es Momente, in denen man den Atem anhält. Ein solcher Moment muß der 1. Mai 1786 sein, als im Wiener Burgtheater Mozarts »Die Hochzeit des Figaro« zur Uraufführung gelangt. Das Publikum jedenfalls scheint den Atem anzuhalten, mehrere Musikstücke müssen wiederholt werden. Mozarts Gegner verschlägt es möglicherweise auch den Atem. Vor allem *Antonio Salieri (1750–1825)*, zur Inkarnation des Bösen schlechthin hoch stilisierter Gegner Mozarts. (30) Er ist k. k. Kammerkompositeur und Kapellmeister der italienischen Oper am Hof Josephs II., Leiter der Tonkünstlersozietät, Günstling des Kaisers und omnipotente Autorität im Musikleben der Stadt sowie mit seinen vierzig Bühnenwerken europaweit einer der meist gespielten Opernkomponisten des 18. Jahrhunderts. Lorenzo da Ponte erinnert sich: »*Salieri war damals einer der berühmtesten Komponisten, dem Kaiser sehr genehm, für einen Kapellmeister recht gebildet und belesen und bei den Literaturkundigen äußerst wohlgelitten.*« (31) Salieri rettet sich ob des »Figaro«-Erfolges in eine diktatorische Geste und nimmt die Oper nach nur acht Vorstellungen trotz steigender Nachfrage vom Spielplan. Mozart ist ein weiteres Mal ausgebootet, es hat ihn und da Ponte mächtig gewurmt, keine kaiserliche Hilfe erwarten zu dürfen. Ein wenig von ihrer Verbitterung klingt noch in den späten Erinnerungen Da Pontes durch, auch wenn er Mozarts Bekanntheitsgrad in Wien herunterspielt und für sich selbst ein wenig zu dick aufträgt: »*Mozart, ein Komponist von weitaus größerer Begabung vielleicht als jeder andere in Vergangenheit, Gegenwart oder Zukunft, hatte dank der Machenschaften seiner Feinde für sein göttliches Genie in Wien nie eine Betätigung gefunden. Er war keinem bekannt, ein Edelstein, dessen künftiger Glanz im Dunkel der Erde verborgen war. Ich kann nie ohne Freude daran denken, daß Europa, ja die Welt großenteils meiner Beharrlichkeit die köstlichen Vokalkompositionen dieses bewundernswerten Genies zu verdanken hat.*« Dieser *Lorenzo da Ponte (1749–1838)* ist eine Abenteuernatur, wie sie die Zeit liebt. Den Priester aus Venedig treibt es wegen eines amourösen Lebenswandels zunächst durch halb Europa, in Wien wird er rasch Hofpoet, dann wird er dort und danach in London vom Theater gejagt und setzt sich mit seiner Familie 1805 in die Neue Welt ab. Dort schlägt er sich als Gewürz- und Teehändler, Branntweindestillateur, Apotheker und Putzwarenhändler in Pennsylvania durch, ist schließlich in New York als Lehrer, Literat, Buchhändler und Professor für die italienische Sprache am Columbia College tätig, gründet eine Operntruppe und stirbt hochbetagt an Altersschwäche. In ihm, der mehr als vierzig Bühnenwerke (Originalwerke und Bearbeitungen) für einige angesehene Opernkomponisten der Zeit schreibt, findet Mozart seinen besten Librettisten. Er schreibt ihm für den »Figaro« nach der Komödie des *Pierre Augustin Caron de Beaumarchais (1732–1799)*, die großes Aufsehen erregt, eines der besten Opernlibretti der gesamten Gattung. Der französische Komö-

Lorenzo da Ponte. Altersbildnis aus den letzten Lebensjahren des Autors, die er in Amerika verbrachte. Nach einem Porträt von Nathan Rogers.

diendichter nennt die Handlung seines Stückes »die reinste Tändelei« und verschweigt mit dieser Untertreibung, welch ein politischer Zündstoff in dem Werk liegt, das die Nachwelt längst zu den geistigen Wegbereitern der Französischen Revolution von 1789 zählt. Mozart findet hier sein Thema und in Figaro einen Geistesverwandten, beide sind sich mit Schillers Marquis von Posa einig: »Ich kann nicht Fürstendiener sein!« Figaro ist der personifizierte Protest des Freiheit, Gleichheit und Brüderlichkeit fordernden Untertan, sein Arienschlager »Will der Herr Graf den Tanz mit mir wagen« ist pure musikalische Kampfansage! Doch Mozart weist über Beaumarchais hinaus. Der Franzose geht in die Weite, da er Angriffsflächen ebenso braucht wie den Widerhall für seine Kritik (die große Gerichtsszene der Komödie gibt es in der Oper nicht). Diese Weite der Handlung, die eine Resonanz in der Öffentlichkeit über allen komödiantischen Spaß hinaus beabsichtigt, kennt Mozart nicht. Seine Oper spielt konzentriert in der geschlossenen Welt des gräflichen Schlosses, erhält nur räumliche Ausdehnung im Gartenbild des letzten Aktes (wofür es am Ende des zweiten Aktes der 1775 in München uraufgeführten »Gärtnerin aus Liebe« ein szenisches Vorbild gibt). Selbst die wenigen Chorauftritte muten ganz familiär an, Spektakulöses hat da nicht Platz. Die Oper rückt ihre Handlung durch Verfeinerung und Vertiefung in die Sphäre des Intimen. Beaumarchaus extensiviert, Mozart intensiviert. Das ist ganz besonders an den Charakteren seines Werkes abzulesen. Die Personen bei Beaumarchais wirken noch etwas konstruiert und leugnen nicht ihre literarische Herkunft aus dem Typenarsenal der Commedia dell'arte. Bei aller komödiantischen Aufgabe, die der Autor ihnen zuweist, sind sie zugleich Träger seiner Ideen. Mozarts Gestalten dagegen haben auch das letzte Gehabe von Spielfiguren des Theaters abgestreift, in ihnen begegnen uns wirkliche Menschen. Zwar haben Mozart und da Ponte Intrige und Verkleidung als traditionelle dramaturgische Mittel des Spiels von Täuschung, Verwechslung und Überlistung in der Komödie des Sprechtheaters wie in der opera buffa voll ausgereizt. Aber das eigentliche Thema der Oper, viel genauer und tiefer gefaßt als in der Komödie: nämlich die Liebe als Motor aller Empörung und aller List, aller Intrigen und Gegenintrigen, die Liebe in ihrem ganzen Facettenreichtum zwischen sinnlichem Begehren und geistiger Tiefe, zwischen dauerhafter Treue und plötzlicher Gefährdung bereichert die Charaktere der Oper mit einer Musik, aus der Schönheit und Wahrheit in vollkommenem Gleichklang sprechen. Vielleicht ist gerade in diesem Sinne Mozarts »Die Hochzeit des Figaro« die Oper schlechthin – mit einem Finale des Bittens um Gnade und des Gewährens der Verzeihung aus Liebe und Humanität, das wahrer und menschlicher kaum vorstellbar ist.

Das Prädikat »Oper aller Opern« wendet man, seit es *E. T. A. Hoffmann* geprägt hat, allgemein auf den »Don Giovanni« an. Hinsichtlich dieser Oper

147

stammt vom Sommer 1781 eine Briefstelle Mozarts, die auf den ersten Blick etwas rätselhaft anmutet. Er schreibt dem Vater: »*Glauben Sie denn, ich werde eine ›opéra comique‹ auch so schreiben wie eine ›opera seria‹? So wenig Tändelndes in einer ›opera seria‹ sein soll, und so viel Gelehrtes und Vernünftiges, so wenig Gelehrtes muß in einer ›opera buffa‹ sein, und um desto mehr Tändelndes und Lustiges. Daß man in einer ›opera seria‹ auch komische Musik haben will, dafür kann ich nicht.*« Was will uns Mozart damit sagen? Ordnet er das »*Gelehrte*« und das »*Vernünftige*« dem Ernst des Lebens zu? Und damit dem Dramatischen und Tragischen auf dem Theater im Gegensatz zum »*Tändelden*« und »*Lustigen*« des Komischen? Vor allem aber: ist Mozart nun *für* oder *gegen* das Komische in der ›seria‹ und das Tragische in der ›buffa‹? Die Antwort gibt sein Werk. So sorglos lustig, wie sie überwiegend gesehen und aufgeführt wird, ist die »Entführung« denn doch nicht; auch nicht der »Figaro«; und schon gar nicht der »Don Giovanni«. Diese Oper umgibt ähnlich wie Bizets »Carmen« die Aura des Mythos, weil die Titelhelden beider Opern selbst zum Mythos geworden sind, charakterologische Paradigmata menschlicher Verführung, voller libidinöser Besessenheit, Eros und Sexus tragisch verfallen. Spaniens großer Dramatiker *Tirso de Molina (1571/84–1648)* brachte als erster den Don-Juan-Stoff auf das Theater in seinem 1613 uraufgeführten Drama »Don Juan, der Verführer von Sevilla, und der steinerne Gast«. Einem adligen Zeitgenossen soll er seinen Helden nachgebildet haben, dessen Bestrafung durch eine von ihm zuvor herausgeforderte Statue er in volkstümlichen Überlieferungen fand. Mozart nennt seine Oper ein ›Dramma giocoso‹. Da haben wir es: das italienische Wort *giocoso* heißt im Deutschen soviel wie *tändelnd* (s. zit. Briefstelle!) und *spielerisch* – aber die Opernhandlung endet für den Titelhelden doch mit der »schlechtest möglichen Wendung« (Dürrenmatt)! Das Finale der Oper zeigt den spektakulärsten Untergang auf dem Theater: »Flammen von verschiedenen Seiten, Erdbeben. Das Feuer wächst; Don Giovanni versinkt. Er wird vom Erdboden verschluckt« – so lauten die Regieanweisungen bei Don Giovannis Höllenfahrt. Fügen wir ein Wort Da Pontes hinzu. Als dieser sich Anfang 1787 entschließt, gleichzeitig je ein Opernbuch für Mozart, *Martin y Soler* und *Salieri* zu schreiben und Joseph II. ihm das wohl nicht so recht zutraut, hat er, so lesen wir in seinen Erinnerungen, das dem Kaiser gegenüber mit dem bemerkenswerten Satz kommentiert: »*Nachts schreibe ich für Mozart und denke dabei an Dantes ›Inferno‹.*«

Der »Giovanni« ist ›seria‹ und ›buffa‹ in einem. Der letzteren gehören vor allem Zerlina und Masetto an, einfache, darum aber nicht weniger sympathische Abbilder von Susanna und Figaro. Zu ihnen gesellt sich Leporello, der nichts von der Gefährlichkeit Osmins hat, diesem aber an Gewitztheit und gesundem Menschenverstand überlegen ist und der auch in seiner nur allzu begreiflichen Ängstlichkeit menschlicher Anteilnahme sicher sein darf. Diesen drei Vertretern der ›opera buffa‹ stehen mit Donna Anna, Don Ottavio und Donna Elvira Figuren der ›opera seria‹ gegenüber, deren heroische Typenmuster sie in ihren sehr unterschiedlichen individuellen Charakteren freilich weit hinter sich lassen. Don Giovanni selbst ist kaum einzuordnen, er ist eine singuläre Erscheinung im musikalischen Theater, ein Genußmensch par excellence, aber kein Bösewicht vom Schlage eines Richard III. oder Macbeth. Bei jeder seiner Unternehmungen lebt er die Lust des Sinnlichen aus, sein Werben ist ein Spiel, das bei allem unbedingten Siegeswillen auch Leichtigkeit, Grandezza und Heiterkeit (*giocoso*) ausstrahlt. Mozart hat dies in den drei Bravourstücken des Titelhelden musikalisch unvergleichlich ausgedrückt: im Verführungsduett mit Zerlina (I,9), in der Champagnerarie (I,15) und in der Kanzonette (II,3). Hier liegt auch der Grund dafür, warum Kierkegaard in Don Giovanni die Inkarnation der ästhetischen Existenz des Menschen sieht: er sucht Erfüllung außerhalb von sich selbst in den Lustmomenten, die im Augen-

Prag. Das Nationaltheater, Ort der Uraufführung von Mozarts »Don Giovanni« und »Titus«. Lithographie nach 1800.

blick des Gewinns auch schon wieder leer und schal werden, weshalb er nach immer neuen verlangt. (32) Giovanni ist ein Getriebener und in Mozarts Oper ein Verlierer. Der Verführer scheitert am Widerstand der Frauen, die er begehrt, und an seiner Nonchalance, weil er sich seiner Opfer sicher glaubt. Donna

Elvira war seine letzte Eroberung in der Zeit, die vor dem Beginn der Opernhandlung liegt, aber seit er sie verlassen hat wird er sie nicht mehr los, kommt sie immer den anderen zu Hilfe und damit ihm ständig ins Gehege. Donna Anna hat er, damit beginnt die Oper, schon nicht mehr verführen können, sie konnte sich aus seiner Umarmung noch rechtzeitig befreien, er muß vor der endgültigen Entdeckung fliehen und tötet dabei ihren Vater, den Komtur, dessen Standbild er zum Gastmahl einlädt, was seinen Untergang besiegelt. Zerlina verfällt dem Verführer fast, befürchtet, schwach zu werden, aber auch sie gewinnt er nicht, wenn auch ihre Aussage, er habe nicht einmal ihre Fingerspitzen berührt, eine notwendige Schutzbehauptung ihrem eifersüchtigen Masetto gegenüber ist. Am Ende geht Don Giovanni auch bei der jungen Kammerzofe Donna Elviras leer aus, der er sein berühmtes Ständchen singt und von der er nur spricht, die jedoch nie auftritt. Von ihr aber führt ihn die Flucht auf den Friedhof, wo er ein Abenteuer ganz anderer Art hat und wo er sein Spiel auch mit den Mächten des Jenseits treibt, womit er sich letztlich in der eigenen Falle fängt. Seine Erfolge bei den Frauen sind Vergangenheit, nur noch Makulatur in Leporellos langem Register. Das macht Don Giovanni in gleicher Weise zur tragischen Figur wie sein erotischer und sexueller Trieb, ständig begehren zu müssen ohne lieben zu können. So bleibt ihm letztlich nur noch die Häme der anderen. Doch er bewahrt im Bekenntnis zu sich selbst seinen Mythos vor der Lächerlichkeit. Der viermaligen Aufforderung der Statue zu bereuen, schleudert er sein viermaliges »Nein!« entgegen. Zur Reue ist er nicht bereit, da müßte er ja Lust und Sinnengenuß als Triebfedern seines Lebens und Handelns verraten. Doch diesen Verrat an sich selbst verweigert er bis zuletzt, was ihm vielleicht sogar in einem metaphysischen Sinn den höchsten aller Lustgewinne bereitet – die letzten Takte, die ihm Mozart komponiert hat, lassen es zumindest ahnen.

Einige Anleihen an der opera seria, viel erfrischendes Elexier der opera buffa, noch einmal barockes Maschinen- und Zaubertheater, eine gehörige Portion Altwiener Volkskomödie und eine gesunde Prise humanistisches Welttheater: schon immer hat man sich verwundert gezeigt über das literarische und dramaturgische Sammelsurium der »Zauberflöte«. Das Theaterpublikum freilich schert sich seit jeher darum keinen Deut und strömt auch heute noch in Scharen herbei, wenn diese Oper auf dem Spielplan steht. Trügt der (statistische) Schein nicht, dann haben wir in der »Zauberflöte« offenbar das meist gespielte Bühnenwerk des Theaters überhaupt. Für die deutschen Bühnen trifft dies allemal zu, hier gibt es kein anderes Werk, das ihre Aufführungszahlen auch nur einigermaßen erreicht: nicht »Die Fledermaus« von Johann Strauß oder »Die lustige Witwe« von Franz Lehár, die unangefochtenen Stars unter den Operetten aller Zeiten; nicht Lerners und Loewes »My Fair Lady«, noch immer das mit Abstand meist aufgeführte Repertoiremusical;

Figurine des »Papageno«. Stich von Petrucci.

nicht Shakespeares »Hamlet«, des deutschen Schauspiels liebstes Kind. *Emanuel Schikaneder (1751–1812), weit gereister, viel befehdeter und beneidenswert erfolgreicher Schauspieler, Sänger, Musiker, Regisseur, Theaterdichter und Prinzipal hat große Verdienste am Welterfolg Mozarts, den dieser in der kurzen Lebensspanne zwischen Uraufführung und Tod sicher nicht ermessen konnte. Er hat ein Werk hinterlassen, von dessen Gesangsnummern einige zu bleibenden Schlagern des Musiktheaters geworden sind und dennoch dank ihrer ingeniösen musikalischen Qualitäten nichts von ihrer Frische und ihrer Überzeugungskraft verloren haben.

»Bei einer Oper muß schlechterdings die Poesie der Musik gehorsame Tochter sein. Warum gefallen denn die welschen Opern überall? Mit all dem Elend, was das Buch anbelangt! Weil da ganz die Musik herrscht – und man darüber alles vergißt. Um so mehr muß ja eine Oper gefallen, wo der Plan des Stücks gut aus-

gearbeitet, die Wörter aber nur bloß für die Musik geschrieben sind, und nicht hier und dort einem elenden Reime zu Gefallen, die doch, bei Gott, zum Wert einer theatralischen Vorstellung, es mag sein was es wolle, gar nichts beitragen, wohl aber Schaden bringen: Worte setzen oder gar ganze Strophen, die des Komponisten seine ganze Idee verderben.« Diese berühmten Worte stehen in Mozarts Brief an den Vater vom 13. Oktober 1781 und finden ihre ausdrückliche Bestätigung in einem weiteren Brief zwei Jahre später: *»Die Musik ist also die Hauptsache bei jeder Oper.«* Basta! Die Zitate geben Mozarts musikästhetisches Credo unmißverständlich wieder: das Primat hat die Musik vor der Dichtung. Und dennoch: Mozart hat, von einigen wenigen allgemeinen Bemerkungen abgesehen, kein theaterästhetisches Programm formuliert wie das andere Dramatiker und Opernkomponisten getan haben. Er hat auch nur detaillierte Angaben zur zeitlichen, nicht aber zur schöpferischen Entstehung seiner Werke gemacht und nur manchmal die Wahl einer bestimmten Tonart kurz begründet, aber praktisch kein Werturteil über die eigene Leistung abgegeben, keine differrenzierten dramaturgischen oder musikdramatischen Deutungsversuche unternommen und sich schon gar nicht darüber geäußert, wie er sich die szenische Darstellung seiner Opern vorstellt. Das ist ebenso zu bedauern wie ein anderer Umstand. Schon *Georg Nikolaus von Nissen*, Ehemann von Mozarts Witwe Konstanze und des Komponisten erster Biograph, nennt ihn den »Shakespeare der Musik«. Wie der dramatische Bühnenkosmos des Engländers spiegelt auch das Opernwerk Mozarts die ganze Welt des Menschen wider und gestaltet sie als verkleinertes Abbild einer wie auch immer vorgestellten höheren Welt des eigentlichen Daseins, in das der Mensch geworfen wird, das tragisch und komisch zugleich ist und worin zu bestehen seine Aufgabe besteht. Zu bedauern ist also, daß nicht einmal ein Plan Mozarts bekannt ist, eine Oper nach einem Theaterstück Shakespeares zu komponieren. Welch eine verpaßte Gelegenheit für ihn – welch ein Verlust für uns!

Als man Ende des Jahres 1787 aus Prag an *Joseph Haydn (1732–1809)* die Bitte um eine Oper heranträgt, lehnt dieser das Angebot u. a. mit dem Hinweis ab, er habe viel zu wagen, »*indem der große Mozart schwerlich jemanden andern zur Seite haben kann.*« Und als bei der Wiener Erstaufführung von 1788 der »Don Giovanni« nicht recht ankommt und man Haydn nach seiner Meinung fragt, lautet seine Antwort: »*Ich kann den Streit nicht ausmachen, aber das weiß ich, daß Mozart der größte Komponist ist, den die Welt jetzt hat.*« Es ist das ehrliche Bekenntnis eines Mannes, der Höflichkeitsfloskeln und Komplimente ebenso verachtet wie Unaufrichtigkeit. Wir haben daher kein Recht, an Haydns Worten zu zweifeln, mit denen er ausspricht, was er nicht nur glaubt, sondern weiß. Er hat erkannt, daß zumindest auf dem Gebiet der Oper ein anderer Werke schafft, mit denen er nicht in Konkurrenz treten kann. Die Nachwelt hat diese Einsicht bestätigt, und Haydn, dieser lautere Charakter, den obendrein eine unter Großen selten herzliche Freundschaft mit dem viel jüngeren Mozart verbindet, würde als erster dieses Urteil vorbehaltlos anerkennen. Denn von seinen insgesamt 15 musikalischen Bühnenwerken, von denen sich nicht alles erhalten hat, verfügt keines über eine auch nur nennenswerte Repertoirefähigkeit, auch nicht das hin und wieder aufgeführte dreiaktige Dramma giocoso »Die Welt auf dem Monde«, uraufgeführt im Sommer 1777 auf dem Schloßtheater Esterháza. Das nach einem Lustspiel *Goldonis* entstandene Werk, in dem ein junger Mann sich als Astrologe ausgibt und dem Vater seiner Angebeteten eine Mondwelt vorgaukelt und sich so das Heiratsversprechen erschwindelt, atmet den Geist der opera buffa und der Commedia dell'arte. Haydn hat dafür in seiner Musik einen entsprechend unterhaltsamen, heiteren Singspielton gefunden.

Ganz anders als bei Haydn stellt sich die Situation bei *Ludwig van Beethoven (1770–1827)* dar. Zwar beschäftigt er sich mehrfach mit Opernplänen, so zu einem »Bacchus« und zu einem »Romulus«, zu Voltaires »Zaire« und Racines »Phädra«, zu »Ulysses Wiederkehr« von Körner und zu »Vestas Feuer« von Schikaneder sowie zu einer »Jungfrau von Orleans« und zu »Melusine«, die *Franz Grillparzer* eigens für ihn schreibt. Und Beethoven selbst trägt sich nahezu ein halbes Leben lang mit dem Gedanken, *Goethes* »Faust« zu vertonen, der, so bekennt er einmal, »*mir und der Kunst das Höchste ist.*« Längst ist er in seine Taubheit ein- und damit von der Welt abgeschlossen, als ihm sein Bruder *Nikolaus Johann*, wohlhabender Apotheker und Gutsbesitzer, bei dem er sich gern und oft aufhält, 1822 in das Konversationsheft schreibt: »*Rossini ist reich durch seine Opern, ich glaube, daß auch Du mehr Opern schreiben solltest.*« Doch das alles hat, wie wir wissen, keine Früchte getragen. Was um so bedauerlicher ist, als Beethovens einzige Oper »Fidelio« zu den fünfzig berühmtesten Opern überhaupt zählt und in der Aufführungsstatistik weit vorn liegt. Was Beethoven womöglich selbst nicht bewußt wird, jedenfalls hat er sich darüber nicht geäußert: der »Fidelio« zieht gewissermaßen die Summe all dessen, was die Oper bis dahin in Deutschland dramaturgisch zu Wege gebracht hat. Am Anfang ist sie in der Geschichte um Marzelline und Jaquino deutsches Singspiel und liebäugelt im Verhältnis Marzellines zu Leonore mit den Gefühlsverwirrungen der opera buffa; sie erinnert im Spannungsverhältnis Leonores einerseits zu Pizarro und andererseits zu Florestan sowie in ihrem eigenen heroischen Charakter an die opera seria; sie zitiert in ihrer grundsätzlichen Geschichte – die Befreiungstat einer liebenden Frau an dem zu Unrecht inhaftierten Gatten – die für kurze Zeit auch in Deutschland populäre Revolutions- und Rettungsoper französischer Provenienz; und sie beschwört in ihrem oratorienhaften Finale nicht nur noch einmal das Humanitätsideal der deutschen Klassik, sondern auch den guten Ausgang der Barockoper, denn der Minister Don Fernando erscheint als leibhaftiger deus ex machina.

Von den insgesamt vierzig selbständigen musikalischen Bühnenwerken der Wiener Klassiker Haydn, Mozart und Beethoven (deren verschiedene Schauspielmusiken wie etwa Beethovens Musik zu Goethes »Egmont« nicht mitgerechnet) gehören bis heute sechs Opern zur ewigen Bestenliste des Opernrepertoires, die wir im folgenden (nach Händels »Caesar«) besprechen. Sie sind auch in diesem Sinne ›klassisch‹: nämlich erstrangig, vorbildlich, mustergültig, maßstäblich und, soweit dies menschenmöglich ist, vollkommen.

STERNSTUNDEN DES SPIELPLANS: DIE HAUPTWERKE VON HÄNDEL, GLUCK, MOZART UND BEETHOVEN

Georg Friedrich Händel
JULIUS CAESAR (Giulio Cesare)
Oper in 3 Akten, Text von Nicola Haym
Uraufführung London 1724

Quelle. *Gaius Julius Caesar (100–44 v. Chr.)* gehört als römischer Feldherr und Staatsmann zu den nachgerade legendären Gestalten der Geschichte. Seine beispiellose politische Karriere begann er, als er im Alter von 37 Jahren zum Pontifex Maximus gewählt wurde. Vier Jahre später wurde er Konsul und bildete als Haupt der Volkspartei mit seinem militärisch äußerst erfolgreichen Schwiegersohn *Magnus Gnaeus Pompejus (106–48 v. Chr.)*, Haupt des Militärs, und *Marcus Licinius Crassus (114–53 v. Chr.)*, Haupt der sog. Kapitalistenpartei, das denkwürdige Triumvirat, das die Staatsgeschäfte Roms führte und im Jahr 56 v. Chr. erneuert, drei Jahre später jedoch aufgelöst wurde. Nach der erfolgreichen Unterwerfung ganz Galliens, wobei sich Caesar als überragender Feldherr erwies, wurde er im Jahr 49 v. Chr. zum Diktator Roms und im Jahr 45 v. Chr. zum Diktator auf Lebenszeit gewählt und erhielt den Titel Imperator mit dem Recht auf göttliche Verehrung. Bereits ein Jahr später wurde er an den Iden des März (15. März 44 v. Chr.) während einer Senatssitzung durch *Brutus* ermordet. Händels Oper schildert Caesars Aufenthalt in Ägypten in den Jahren 48/47 v. Chr.. Caesar verfolgte Pompejus, den er in der entscheidenden Schlacht um die Herrschaft Roms bei Pharsalos in Thessalien besiegt hatte und der nach Ägypten geflohen war, um sich dessen Hilfe gegen Caesar zu versichern, dort aber heimtückisch ermordet wurde. In Alexandria traf Caesar auf die Königstochter *Kleopatra (68–30 v. Chr.)*, in die er sich verliebte und der er die Königswürde für das Land übertrug. Sie gebar ihm einen Sohn, folgte ihm im Jahr 46 v. Chr. nach Rom, das sie nach seiner

Ermordung wieder verließ und nach Ägypten zurückkehrte. Dort ging sie im Jahr 37 v. Chr. mit Caesars einstigem militärischen Vertreter und Mitkonsul *Marcus Antonius (82–30 v. Chr.)*, der wegen seines skrupellosen Machtmißbrauchs zum Staatsfeind Roms erklärt worden und nach Ägypten geflohen war, die Ehe ein. Als beide im Jahre 30 v. Chr. in aussichtsloser Lage den Freitod wählten, fiel Ägypten an Rom.

Entstehung und Uraufführung. In relativ kurzer Zeit schuf Händel seine Oper gegen Ende 1723. Er hatte sich erneut seinen erfolgreichen, insgesamt wohl besten Librettisten *Nicola Haym* verpflichtet. Die Uraufführung am 20. Februar 1724 am Haymarket-Theatre in London begründete endgültig Händels Ruhm als Opernkomponist. Der Erfolg war auch der Besetzung zu verdanken, vor allem *Francesca Cuzzoni*, einer der europäischen Primadonnen des 18. Jahrhunderts, als Cleopatra und dem berühmten Kastraten *Senesino* (eigentlich Francesco Bernardi) in der Titelpartie. Die Oper errang auch in der Folgezeit großen Erfolg und ist Händels bekanntestes und bis heute erfolgreichstes Bühnenwerk geblieben. Der »Julius Caesar« gehört zum internationalen Opernrepertoire, wobei man die Stimmlagen von vier Partien meistens heutiger musikalischer Ästhetik entsprechend umgeschrieben hat und besetzt.

Ort und Zeit. Alexandria in Ägypten um 48–47 v. Chr.

Die Personen der Oper. Julius Caesar (Bariton; im Original: Altkastrat) – Curio, römischer Tribun (Baß) – Cornelia, Gemahlin des Pompejus (Alt) – Sextus, Sohn der Cornelia und des Pompejus (Tenor; im Original: Soprankastrat) – Cleopatra, Königin von Ägypten (Sopran) – Ptolomäus, König von Ägypten, ihr Bruder (Baß; im Original: Altkastrat) – Achillas, Heerführer und Ratgeber des Ptolomäus (Baß) – Nirenus, Vertrauter der Cleopatra und des Ptolomäus (Baß; im Original: Altkastrat).

Römische und ägyptische Große, Soldaten, Sklaven und Frauen der Cleopatra (Chor)

Die Handlung. 1. AKT: Weite Ebene am Nil, über den eine Brücke führt. Julius Caesar und sein römischer Tribun Curio kommen mit Gefolge. Die Ägypter huldigen dem Besieger des Pompejus, der bei ihnen vergebens Hilfe erbat. Cornelia, die Gattin des Besiegten, und ihr Sohn Sextus bitten Caesar um Frieden. Achillas, Heerführer und Vertrauter des Ägyptischen Königs Ptolomäus, bringt ihm Gaben dar als Zeichen der Unterwürfigkeit. Darunter, auf einer Schale, das Haupt des erschlagenen Pompejus, den Ptolomäus töten ließ, um sich den Thron zu sichern. Cornelia bricht ohnmächtig zusammen und Caesar richtet seinen Zorn gegen Ptolomäus, der frevelnd handelte *(Arie des Caesar »Schändlicher, sag ich dir, du kennst nur Grausamkeit ...«).* Cornelia erwacht aus ihrer Ohnmacht und will sich mit dem Schwert ihres Sohnes töten, wird aber von Curio daran gehindert. Er, der sie einst selbst liebte und zur Gattin begehrte, will das ihr angetane Unrecht rächen und seiner Liebe entsagen, um Cornelia zu versöhnen, die ratlos und verzweifelt ist *(Arie der Cornelia »Aller Trost ist mir genommen...«)*, während Sextus Rache für seinen ermordeten Vater schwört *(Arie des Sextus »Erwacht in meinem Herzen, Furien...«)*. – In ihrem Gemach wird die ägyptische Königstochter Cleopatra, erstgeborene Schwester des herrschenden Ptolomäus, durch ihren Vertrauten Nirenus mit der Nachricht über die Ermordung des Pompejus überrascht. Sie beschließt, Caesar selber aufzusuchen, um Versöhnung zu erringen. Ihrem Bruder schleudert sie offen ins Gesicht, ihr und nicht ihm gebühre die Krone Ägyptens. Doch der hört lieber auf seinen Vertrauten Achillas, der ihm das Haupt Caesars gegen die Hand der Cornelia verspricht *(Arie des Ptolomäus »Frevler, Verhaßter, Verruchter...«)*. – Cleopatra sucht Caesar unter dem angenommen Namen Lydia in seinem Lager auf und gibt sich als Angehörige einer edlen Familie und Gefährtin der Cleopatra aus und klagt Ptolomäus an, ihr ihren rechtmäßigen Besitz aus Eigennutz vorzuenthalten. Sie bittet Caesar um Hilfe, der sie ihr nur allzu gerne zusagt, da er von ihren Reizen bezaubert ist *(Arie des Caesar »Ich seh im grünen Haine die Blüten prangen...«)*, was sie wiederum als ersten Sieg auf dem Wege der Machtergreifung mit Caesars Hilfe sieht *(Arie der Cleopatra »Alles kann Schönheit erreichen...«)*. Da wird sie heimliche Zeugin von Cornelias Racheschwur gegen Ptolomäus und des Entschlusses des Sextus, den Vatermörder zu töten. Sie dient sich den beiden an gegen die Zusicherung, daß sie ihrer Herrin Cleopatra zur Herrschaft verhelfen. – Im königlichen Palast begegnen sich Caesar und Ptolomäus, die einander nicht trauen, da jeder im anderen nur Falschheit und Verrat sieht. Cornelia und Sextus erscheinen, letzterer beleidigt Ptolomäus, der ihn von der Wache abführen läßt und Cornelia zur einfachen Dienerin in den königlichen Gärten degradiert. Aus Liebe zu ihr bietet sich Achillas ihr als Helfer an, findet aber nur Verachtung. Bewegt nehmen Mutter und Sohn voneinander Abschied *(Duett Cornelia-Sextus »Nur weinen lernte ich...«)*. –

2. AKT: Ein anmutiger Zedernhain, im Hintergrund der Parnaß mit dem Palast der Tugend. Cleopatra, die sich Caesar noch nicht entdeckt, erscheint als Tugend und versucht ihn als Lydia alias Cleopatra zur Liebe zu verführen *(Arie der Cleopatra »Ich lieb' euch, ihr Augen, ihr Pfeiler der Liebe...«)*. Dies nutzt Nirenus, um Caesar zu einem verabredeten Treffen mit Lydia zu bringen, die ihn dann zu Cleopatra selbst bringen wolle. – Im Garten des königlichen Serail bedrängt Achillas die hoffnungslos gewordene Cornelia, die vor ihm fliehen will, von Ptolomäus aber aufgehalten wird. Er wirbt ebenfalls um sie und droht ihr Gewalt an, wenn sie ihn nicht erhört *(Arie des Ptolomäus »Grausam zwingst du mich zum Wüten...«)*. Neuen Mut schöpft Cornelia jedoch durch die Versicherung ihres Sohnes und des Nirenus, Ptolomäus werde ihrer Rache nicht entgehen. – Das Zusammentreffen zwischen Lydia und Caesar wird von Curio gestört, der Caesar entdeckt, daß man ihm nach dem Leben trachtet. Da gibt

sich Cleopatra zur völligen Überraschung der beiden Männer zu erkennen und rät Caesar, vor den bereits sich nähernden Verschwörern zu fliehen. Er folgt ihrem und Curios Rat und läßt sie selbst in Gefahr zurück *(Arie der Cleopatra »Wenn ihr mir nicht Mitleid spendet, Götter,ihr, so ist's mein Tod...«)*. Man hat Cornelia zu den Frauen des Königs gebracht, der ihr bestimmt, sein Lager mit ihm zu teilen. Sextus will sich auf ihn stürzen, wird aber von Achillas entwaffnet. Der bringt zugleich die Nachricht, Caesar habe sich in die Fluten des Meeres gestürzt und sei darin umgekommen, doch Cleopatra halte sich im Lager der Römer auf und wiegle diese auf, Caesar an Ptolomäus zu rächen. Achillas bietet seinem König seinen Schutz an, fordert aber dafür erneut Cornelia zur Frau. Empört weigert es ihm Ptolomäus, während Cornelia und Sextus mit dem Tod Caesars alle Hoffnungen für verloren betrachten. –

3. AKT: Durch seine Weigerung, Cornelia dem Achillas zu geben, hat sich Ptolomäus seinen Vertrauten zum Feind gemacht, der sich aus Rache dafür mit seinem Gefolge auf Cleopatras Seite schlägt *(Arie des Achillas »Mit dem Schwert will ich's ihm zahlen...«)*. Es kommt zum Kampf zwischen den Soldaten Cleopatras und denen des Ptolomäus, der daraus als Sieger hervorgeht. Cleopatra wird gefesselt, was nun auch sie hilflos macht: Caesar ist tot, Cornelia und Sextus sind ohne Waffen. – Doch Caesar ist nicht tot. Schwimmend hat er das Ufer erreicht und wird, sich versteckt haltend, Zeuge, wie Sextus und Nirenus den tödlich verwundeten Achillas aufspüren, der sterbend bekennt, einst zur Ermordung des Pompejus geraten und die Verschwörung gegen Caesar angezettelt zu haben. Nun habe er sich an Ptolomäus für dessen Beleidigung rächen wollen, sei aber selbst Opfer seines eigenen Tuns geworden. Er übergibt Sextus ein Siegelzeichen, mit dem er seine Getreuen um sich scharen kann, um Cornelia zu befreien und ihn an Ptolomäus zu rächen. Als er stirbt, zeigt sich Caesar den beiden, die ebenso überrascht wie erfreut sind, daß er noch lebt. Nun aber ist Eile geboten, Ptolomäus zu entmachten. – Caesar dringt mit Soldaten in den königlichen Palast und befreit Cornelia, während Sextus sich im Zweikampf dem Ptolomäus stellt, ihn tötet und so den Mord an seinem Vater Pompejus rächt. – In einer großen Schlußszene im Hafen von Alexandria bejubelt man Caesar als den »Herrn der Erde und Herrscher des Römerreiches«. Für die treuen und mutigen Dienste, die ihm Sextus und Nirenus leisteten, schenkt Caesar ihnen seine Freundschaft. Cornelia bringt die Zeichen der ägyptischen Königswürde, die er an Cleopatra weiterreicht und sie so als neue Königin über Ägypten einsetzt. Gemeinsam preisen sie die Allmacht der Liebe, und Caesar wünscht Ägypten dauerhaften Frieden unter dem Schutz des römischen Weltreiches, dessen allmächtiger Kaiser er ist *(Finale »Es wohnen neu in unsren Herzen die Lebensfreude und die Lust«)*. –

Aufführungsdauer: ca. 2¾ Stunden

Christoph Willibald Gluck
ORPHEUS UND EURYDIKE (Orphée et Euridice)
Oper in 3 Akten, Dichtung von Ranieri de Calzabigi
Uraufführung Wien 1762

Quelle. In der alten Sage, die Mythologie (die aus Thrakien stammende religiöse Sekte der Orphiker mit ihrer Geheimlehre um eine nicht näher bezeichnete Gottheit Orpheus) und vorgeschichtliche Fakten mischte und durch mündliche Überlieferung weiterlebte, wurde Orpheus als göttliche Inkarnation des Gesanges schlechthin zur mythischen Gestalt. Er galt als Sohn des Apollon, war Dichter und Sänger, dessen Gesang und Leierspiel nicht nur die Menschen verzauberte, sondern auch die wilden Tiere bezähmte, Steine erweichte und Bäume, ja ganze Wälder bezwang, so daß sie ihm nachzogen. Als seine von ihm über alles geliebte Gattin Eurydike an einem Schlangenbiß starb, bewegte er mit seinem Klagegesang selbst die strenge Unterweltsgöttin Persephone. Sie wurde von Mitleid ergriffen und erlaubte Orpheus, seine Gattin aus dem Hades zurückzuholen, freilich unter der Bedingung, sich unterwegs nicht nach ihr umzuschauen. Die Sehnsucht nach Eurydikes Anblick ließ ihn das Gebot übertreten, und Eurydike blieb ihm für immer verloren. Klagend durchirrte er Thrakien, verfiel in unerbittlichen Haß gegen alle Frauen und wurde dafür aus Rache von einer wilden Schar Thrakerinnen (den sogenannten ›Mänaden‹) zerrissen. Sein Haupt und seine Leier warfen sie ins Meer, wo sie singend und klingend bis zur Insel Lesbos schwammen. Dort entstand ein Orpheus-Heiligtum, und die Insel galt den Griechen später als eine Heimstatt der Dichtung, auf der Griechenlands bedeutende Dichterin *Sappho (um 600 v. Chr.)* lebte.

Entstehung und Uraufführung. Die Musikforschung nimmt an, daß vor Glucks »Orpheus« bereits wenigstens 50 Opern des gleichen Stoffes komponiert und aufgeführt wurden. Die Dichtung von *Ranieri de Calzabigi (1714-1795)*, ohne den Glucks Opernreform nicht denkbar ist, griff auf die »Metamorphosen« zurück, das berühmte in 15 Büchern eingeteilte und etwa 250 sogenannte Verwandlungssagen der griechischen und römischen Mythologie umfassende epische Sagengedicht des römischen Dichters *Ovid (Publius Ovidius Naso, 43 v. Chr-18 n. Chr.)*. Calzabigi bot sein Textbuch zunächst dem Wiener Hoftheater-Intendanten Graf Durazzo an, der ihn an Gluck verwies, der zu der Zeit in Wien bereits ein hochangesehener Komponist war. Der nahm an, gestaltete das Werk in enger Zusammenarbeit mit Calzabigi und führte Teile daraus erstmals in einem privaten Kreis auf. Die Uraufführung des gesamten Werkes fand am 5. Oktober 1762 im Wiener ›Theater bei der Hofburg‹ statt. Als Gluck – nicht zuletzt auf Grund der persönlichen Protektion seiner ehemaligen Schülerin Marie Antoinette, jetzt Königin von Frankreich – in Paris sehr erfolgreich war, gab er seinem »Orpheus« eine zweite, Pariser Fassung: Neukomposition dreier Arien, vieler Rezitative (um die Musik besser der französischen Sprache anzugleichen) und einiger Ballettnummern, die in der französischen Oper eine bedeutende Rolle spielten, sowie Änderung der ursprünglich für eine Altistin komponierte Partie des Orpheus für Tenor. Diese Pariser Fassung wurde am 2. August 1774 in der Pariser Académie Royale uraufgeführt, in der Regel greifen die Bühnen jedoch auf die Urfassung (also Orpheus als Altpartie) zurück.

Ort und Zeit. Mythologische Vorzeit Griechenlands

Die Personen der Oper. Orpheus (Alt/Tenor) – Eurydike (Sopran) – Amor (Sopran).

Schäfer und Schäferinnen, Furien, selige Geister (Chor)

Die Handlung. 1. AKT: Unter den Klängen einer getragenen Trauermusik pflegen Hirten und Nymphen aus dem Gefolge des Orpheus das Grab von dessen verstorbener Gattin Eurydike. Der anschließende Trauergesang des Chores wird von einzelnen leidenschaftlichen Klagerufen Orpheus' unterbrochen, der den Namen Eurydikes ruft. Dann bittet er sein Gefolge, die Klagen zu beenden und ihn allein zu lassen. In seiner einsamen Trauer gedenkt er klagend der Geliebten, ruft nach ihrem Schatten und fordert sie von den Menschen und den Göttern zurück *(Arie des Orpheus »Klagend gedenk ich dein...«).* Doch sein Flehen ist wie immer umsonst, was ihn zu bitteren Vorwürfen der Grausamkeit gegen die Götter verleitet, die weder Gnade noch Mitleid kennen. Er fordert die Geliebte zurück und versteigt sich zu der Vorstellung, er könne ihnen die Geliebte aus ihren finsteren Händen entreißen und aus der Unterwelt entführen. Da erscheint der Liebesgott Amor: selbst Göttervater Zeus, so weiß er zu berichten, ist von Orpheus' Liebe und Schmerz gerührt und gestattet ihm, zu Eurydike ins Totenreich zu steigen. Wenn sein Gesang die Furien, die Gespenster und den Gott des Todes rührt, so soll Eurydike ihm hinauf ins Leben folgen. Eine Bedingung freilich hat Orpheus zu erfüllen: Eurydike auf dem Rückweg ins Leben nicht anzusehen und ihr dieses göttliche Verbot auch nicht zu entdecken, bis sie die Unterwelt hinter sich gelassen haben. Andernfalls verliert er sie für immer. Deshalb müsse er standhaft sein und auf die Liebe vertrauen, die er, Amor, verkörpere *(Arie des Amor »Der Augen Verlangen...«).* Orpheus beugt sich dem Gebot und überwindet seine keimenden Zweifel am eigenen Mut wie an dem Vertrauen der unwissenden Eurydike mit der Bitte an die Götter, ihm Kraft zu verleihen. –

2. AKT: Ein düsteres Orchestervorspiel beschreibt das Reich der Finsternis, den Hades, die Unterwelt. Furien und Gespenster werden in ihrem Treiben durch den Klang von Orpheus' Leier gestört und beginnen einen furiosen Tanz *(Ballettszene ›Furientanz‹),* um den Eindringling zu schrecken. Doch dessen

Klagen erweichen schließlich auch sie und bannen ihren anfänglichen starren und scheinbar unnahbaren Trotz. Sie öffen die Tore der Unterwelt, geben Orpheus den Weg frei und ziehen sich langsam zurück. Orpheus durchschreitet den Hades und gelangt zum Elysium, dem Gefilde der Seligen. Dort nahen sich ihm die Schatten der Seligen, fordern ihn auf einzutreten und führen ihm schließlich Eurydike zu *(Orchesterstück »Reigen der seligen Geister«)*. Orpheus nimmt seine Gattin an die Hand, ohne sie anzusehen und drängt zur Eile.

3. AKT: Orpheus bittet Eurydike, ihm auf dem Weg aus der Unterwelt hinauf ins Reich des Lebens zu folgen. Sie glaubt einer Täuschung zu unterliegen, doch er versucht ihre Zweifel und ihre Angst zu zerstreuen, später soll sie alles erfahren. Doch Eurydike empfindet sein Verhalten ihr gegenüber als kalt und abweisend, er ist stumm und verschwiegen, nicht einmal ansehen will er sie. Sie erinnert ihn an ihre Liebe, an die Zeit gemeinsamen Glücks und fleht ihn an, ihr wenigstens einen Blick zu schenken. Doch noch bleibt Orpheus standhaft. So glaubt Eurydike, seine Liebe verloren zu haben und sie weiß nicht, warum sie dann mit ihm ins Leben zurückkehren soll. Sie beklagt ihr Geschick, kein Wort des Trostes sei ihr vergönnt, und die Leiden nähmen kein Ende. So bricht sie schließlich den Widerstand Orpheus', der sich zu ihr umwendet, sie ansieht und sie in die Arme schließen will. Damit aber verletzt er das Gebot der Götter. Eurydike stirbt ein zweites Mal, und er glaubt, sie endgültig verloren zu haben *(Arie des Orpheus »Ach, ich habe sie verloren...«)*. So will auch er nicht länger mehr leben und er beschließt, sich selbst zu töten. Da erscheint erneut der Gott Amor, um Orpheus' Leid zu beendigen: der Liebesgott hat genügend Proben der Gattenliebe und der Treue erhalten und will die beiden neu miteinander vereinen. Eurydike erwacht zu neuem Leben, die Liebenden kehren unter Leitung Amors zurück auf die Erde und preisen und feiern dort zusammen mit der Schar der Schäfer und Schäferinnen die Macht menschlicher Liebe und Treue.

Aufführungsdauer. 2 Stunden

Wolfgang Amadeus Mozart (1756–1791)
DIE ENTFÜHRUNG AUS DEM SERAIL
Deutsches Singspiel in 3 Akten
Text von Christoph Friedrich Bretzner
Bearbeitet von Johann Gottlieb Stephanie dem Jüngeren, *Uraufführung Wien 1782*

Quelle. Mozarts Werk geht auf das Singspiel »Belmonte und Constanze oder Die Verführung aus dem

Serail« des in Leipzig zu Mozarts Zeit lebenden Theater- und Romanschriftstellers *Christoph Friedrich Bretzner (1746–1807)* zurück. Der hatte es nach einer 1769 in London uraufgeführten englischen Operette »The Captive« (Die Gefangene) geschrieben und es von dem Offenbacher Komponisten und Musikverleger *Johann André (1741–1799),* einem Jugendfreund *Goethes,* in Musik setzen lassen. Die Uraufführung fand im Mai 1781 in Berlin statt.

Entstehung und Uraufführung. *Gottlieb Stephanie der Jüngere (1741–1800),* Inspizient an der Wiener Oper und mit Mozart befreundet, arbeitete mit Mozarts Hilfe Bretzners Singspiel zu einem bühnenwirksamen Stück um. Dagegen erhob Bretzner in Leipzig öffentlichen Protest: »Ein gewisser Mensch namens Mozart in Wien hat sich erdreistet, mein Drama ›Belmonte und Constanze‹ zu einem Operntext zu mißbrauchen.« Der Protest half ihm jedoch nichts, denn damals gab es noch kein Urheberrecht, das den Autor und sein Werk schützte. Überdies lief alles mit kaiserlichem Segen, denn Joseph II. hatte 1778 in Wien ein ›Deutsches Nationalsingspiel‹ begründet und gab Mozart – der inzwischen von Salzburg nach Wien übergesiedelt war – höchstpersönlich den Auftrag, dafür ein deutsches Werk zu schreiben. Anlaß war der bevorstehende Besuch einer hohen fürstlichen Persönlichkeit. Ende Juli des gleichen Jahres war das Textbuch fertig, Anfang August begann Mozart mit der Komposition, die er Ende Mai 1782 beendete. Wenig später, am 16. Juli, fand die erfolgreiche Uraufführung im Wiener Burgtheater unter Mozarts musikalischer Leitung statt.

Ort und Zeit. Auf dem Landgut des Bassa Selim Mitte des 16. Jahrhunderts (Bassa: früher in Europa verwendete Form des türkischen Wortes ›Pascha‹: Titel der obersten Offiziere und Beamten des Osmanischen Reiches bzw. Träger dieses Titels).

Die Personen der Oper. Selim, Bassa (Sprechrolle) – Konstanze, Geliebte des Belmonte (Sopran) – Blonde, Zofe der Konstanze (Sopran) – Belmonte (Tenor) – Pedrillo, Bedienter des Belmonte und Aufseher über die Gärten des Bassa (Tenor) – Osmin, Aufseher über das Landhaus des Bassa (Baß) – Klaas, ein Schiffer (Sprechrolle)

Die Handlung. 1. AKT: Vor dem Palast des Bassa Selim am Ufer des Meeres sucht Belmonte eine Möglichkeit, in den Palast zu gelangen. Er hat erfahren, daß dort seine Geliebte Konstanze, sein Diener Pedrillo und das Kammermädchen Blonde als Christensklaven gehalten werden. Sie wurden getrennt, als ihr Schiff von Seeräubern gekapert wurde. Nun will er versuchen, sie zu befreien *(Arie des Belmonte »Hier soll ich dich denn sehen, Konstanze, dich mein Glück!«).* Doch schon die erste Begegnung mit Osmin, dem ebenso groben wie mißtrauischen Aufseher, verheißt nichts *Gutes (Arie des Osmin »Wer ein Liebchen hat gefunden, die es treu und redlich meint ...«).* Vorerst kann Belmonte nichts ausrichten, zumal er nach Pedrillo fragt. Den aber kann Osmin erst recht nicht leiden. Pedrillo erfährt denn auch auf heftige Art, was Osmin von ihm hält *(Arie des Osmin »Solche hergelaufne Laffen, die nur nach den Weibern gaffen, mag ich vor den Teufel nicht!«).* Als Osmin wütend im Haus verschwindet, nähert sich Belmonte seinem Diener, der sich über das unerwartete Wiedersehen kaum zu fassen weiß und ihm die Umstände erzählt, warum sie hier sind: der Bassa hat sie alle drei gekauft und liebt Konstanze, ohne jedoch bisher erhört worden zu sein – und er hat Blonde dem Osmin zur Sklavin geschenkt, und dieser »Spion und Ausbund aller Spitzbuben« will sie zur Frau! Was ist zu tun? Pedrillo hat eine Idee: er will sein Ansehen beim Bassa nützen und diesem Belmonte als Baumeister empfehlen. Selim wird jeden Moment von einer Lustfahrt auf dem Wasser mit Konstanze zurückerwartet, so daß Belmonte die Braut sehen kann *(Arie des Belmonte »O wie ängstlich, o wie feurig klopft mein liebevolles Herz!«).* Unter den Huldigungsgesängen der Janitscharen (osmanischer Elitesoldaten) legt das Schiff am Ufer an *(Chor: »Singt dem großen Bassa Lieder!«).* Bassa Selim wirbt erneut um Konstanzes Liebe, die aber gesteht ihm, einen anderen zu lieben *(Arie der Konstanze »Ach, ich liebte, war so glücklich ...«).* Bassa Selim wird zornig und zeiht sie der Undankbarkeit; aber ein letztes Mal gewährt er ihr Aufschub, ihren Schmerz über den Verlust Belmontes zu vergessen, denn ihre Standhaftigkeit beeindruckt ihn sehr. Und er ist auch bereit, Belmonte als Baumeister bei sich aufzunehmen, den er nicht weiter kennt. Noch nicht!

<u>2. AKT:</u> Im Innern des Serail. Blonde hat ihre liebe Not mit dem zänkischen Osmin und erteilt ihm eine Lektion *(Arie der Blonde »Durch Zärtlichkeit und Schmeicheln, Gefälligkeit und Scherzen erobert man die Herzen der guten Mädchen gleich!«).* Das hilft, Osmin muß wieder einmal klein beigeben *(Duett Osmin-Blonde »Ich gehe, doch rate ich dir, den Schurken Pedrillo zu meiden ...«).* Es erscheint die traurige Konstanze, die vom Bassa weiter bedrängt und gar mit Folterungen bedroht wird *(Arie der Konstanze »Martern aller Arten ...«).* Doch die Rettung scheint nahe: Pedrillo entdeckt Blonde die Anwesenheit Belmontes, der bereits ein Schiff zur gemeinsamen Flucht besorgt hat. Blonde ist außer sich vor Freude *(Arie der Blonde »Welche Wonne, welche Lust herrscht nunmehr in meiner Brust!«),* und Pedrillo spricht sich selbst Mut zu *(Arie des Pedrillo »Frisch zum Kampfe! Frisch zum Streite!«).* Es gibt nur ein Hindernis: Osmin! Aber auch da weiß Pedrillo ein Mittel, er verführt ihn zum Trinken *(Duett Pedrillo-Osmin »Vivat Bacchus! Bacchus lebe!«).* Osmin legt sich schwer betrunken schlafen, Pedrillo ruft Belmonte herbei, Konstanze und Blonde erscheinen und es gibt ein glückliches Wiedersehen, aber auch gegenseitige Eifersüchteleien *(Arie des Belmonte »Wenn der Freude Tränen fließen, lächelt Liebe dem Geliebten hold!«).* Noch einmal bespricht man den Fluchtplan und schwört sich Liebe und Treue *(Quartett Konstanze-Belmonte-Pedrillo-Blonde »Endlich scheint die Hoffnungssonne hell durchs trübe Firmament ...«).* –

3. AKT: Mit Hilfe des Schiffers Klaas legt Pedrillo in der Nacht die Leitern an die Palastmauer, um das Werk der Entführung aus dem Serail zu beginnen, und spioniert aus, ob die Luft auch rein ist, während Belmonte ungeduldig wartet *(Arie des Belmonte ›«Ich baue ganz auf deine Stärke, vertrau, o Liebe, deiner Macht...«).* Wo aber bleiben die Frauen? Pedrillo muß erst das verabredete Zeichen geben *(Romanze des Pedrillo »Im Mohrenlande gefangen war ein Mädel hübsch und fein...«).* Das wirkt: Konstanze öffnet ihr Fenster, Belmonte steigt hinauf zu ihr, kommt dann mit ihr zur Tür heraus und sie verschwinden. Nun tut Pedrillo das gleiche am Hause des Osmin, wird durch diesen aber überrascht. Es gibt Lärm, die Wachen nehmen alle gefangen und Osmin sieht sich als Sieger *(Arie des Osmin »Oh, wie will ich triumphieren, wenn sie euch zum Richtplatz führen und die Hälse schnüren zu!«).* – Der Lärm draußen weckt auch den Bassa, dem Osmin berichtet, was vorgefallen ist. Die ertappten Christen werden vor ihn geführt, und da macht Selim eine überraschende Entdeckung: Belmonte ist der Sohn seines ärgsten Feindes, der ihn um alles brachte und sogar zum Verlassen seines Vaterlandes trieb. Doch der Bassa verzichtet auf Rache: Er ringt sich dazu durch, allen zu verzeihen, den Flüchtlingen die Freiheit zu schenken und die erlittene Ungerechtigkeit durch Wohltaten zu vergelten.

Aufführungsdauer. 2¾ Stunden

Wofgang Amadeus Mozart
DIE HOCHZEIT DES FIGARO
(Le Nozze di Figaro)
Komische Oper in 4 Akten,
Text von Lorenzo Da Ponte
Uraufführung Wien 1786

Quelle. Mozarts Oper basiert auf dem Lustspiel »Der tolle Tag oder Figaros Hochzeit«, von *Pierre Caron de Beaumarchais (1732–1799)*. Es ist das Mittelstück der berühmten »Figaro«-Trilogie des nach *Molière* und *Marivaux* wohl bedeutendsten französischen Komödiendichters (siehe dazu – als Vorgeschichte – auch Rossinis »Barbier von Sevilla«!). Beaumarchais mußte jahrelang um die Aufführung seiner Komödie kämpfen, wobei dem strikten Verbot *König Ludwigs XVI.* für eine öffentliche Darstellung eine erstaunliche Verbreitung in den Lesegesellschaften, Salons sowie den adligen und ministeriellen Kreisen gegenüberstand. Endlich kam das königliche ›Placet‹, und die Uraufführung am 27. April 1784 in der Comédie Française wurde zu einem außerordentlichen Erfolg mit allein 68 (!) Aufführungen in Folge.

Entstehung und Uraufführung. Dem königlichen Verbot in Paris folgte wenig später das kaiserliche Verbot in Wien. *Joseph II.* hatte zunächst seine Erlaubnis gegeben, daß Beaumarchais' Komödie in der deutschen Übersetzung des »Zauberflöten«-Dichters Emanuel Schikaneder am Burgtheater einstudiert werden konnte, untersagte dann jedoch die Aufführung. Mozart bekam das ganze Hin und Her mit, lernte die Komödie kennen, begeisterte sich daran, gewann *Lorenzo Da Ponte (1749–1838)* für den rasch gefaßten Opernplan und begann im Oktober 1785 mit der Komposition. Seine Begeisterung übertrug er bei der Einstudierung auch auf die Sänger und Musiker, dennoch gab es Querelen seitens seiner Gegner. Die Uraufführung fand unter Mozarts Leitung am 1. Mai 1786 am Burgtheater statt und wurde ein großer Erfolg, bei dem einzelne Musikstücke wiederholt werden mußten. Dennoch gab es nur acht Vorstellungen, dann wurde die Oper vom Spielplan abgesetzt. So entschied *Antonio Salieri,* Hofkomponist und Hofkapellmeister und ärgster Gegner Mozarts (dessen Genie er, so dürfen wir annehmen, wohl ebenso ahnte wie ihm seine eigene Unbedeutentheit zumindest im Vergleich zu Mozart sicherlich bewußt wurde). Salieri war neidisch auf den Erfolg des »Figaro« und ignorierte die steigende Anerkennung durch das Publikum. So erlebte Mozart den eigentlichen Triumph seiner Oper erst in Prag (Erstaufführung im dortigen Nationaltheater im Dezember des gleichen Jahres). Mozart berichtet darüber, als er im Januar 1787 in Prag war und die Wiederaufnahme des »Figaro« am 17. Januar selbst dirigierte: »*Hier wird von nichts gesprochen als vom ›Figaro‹, nichts gespielt, geblasen, gesungen und gepfiffen als ›Figaro‹ keine Oper besucht als ›Figaro‹ und ewig ›Figaro‹: gewiß große Ehre für mich.*«

Ort und Zeit. Das Schloß des Grafen Almaviva in Spanien um 1780

Die Personen der Oper. Graf Almaviva (Bariton) – Gräfin Almaviva, dessen Ehefrau (Sopran) – Susanna, Kammermädchen der Gräfin (Sopran) – Figaro, Kammerdiener des Grafen (Baß) – Cherubino, Page des Grafen (Mezzosopran) – Marcellina, Beschließerin im Schloß (Alt) – Bartolo, Arzt aus Sevilla (Baß) – Basilio, Musikmeister (Tenor) – Don Curzio, Richter (Tenor) – Antonio, Gärtner des Grafen (Baß) – Barbarina, seine Tochter (Sopran) – Zwei Mädchen (Sopran und Alt).

Bauern und Bäuerinnen, Diener (Chor)

Die Handlung. <u>DIE VORGESCHICHTE:</u> Graf Almaviva, ein selbstsicherer, frauenerfahrener Edelmann, war der jungen Rosina begegnet und hatte sich leidenschaftlich in sie verliebt. Sein ganzes Streben ging dahin, sie für sich zu gewinnen. Das war jedoch nicht einfach. Rosina wurde von ihrem um vieles älteren Vormund, dem Doktor Bartolo, in dessen Haus festgehalten. Er machte sich selbst Hoffnungen auf das junge Mündel und wachte daher mit Eifersucht und übertriebener Vorsicht über Rosina. Seinen Plan vereitelte jedoch Graf Almaviva, indem er sich mit Hilfe des gewitzten Figaro, der als Barbier in Bartolos Hause ein und aus ging, in das Haus und damit in die Nähe der Geliebten bringen konnte. Bartolo wurde übertölpelt und hatte das Nachsehen, als der Graf und Rosina sich verheirateten. Aus Dank für seine Hilfe nahm der Graf seinen Mitverschworenen Figaro als persönlichen Kammerdiener mit auf sein Schloß (Dies ist der Inhalt des ersten Lustspiels der »Figaro«-Trilogie von Beaumarchais und der danach komponierten Oper »Der Barbier von Sevilla« von Rossini; Näheres siehe dort!).

1. AKT: Ein noch nicht vollständig hergerichteter Raum im Schloß des Grafen Almaviva. Graf und Gräfin sind in ihrer noch nicht allzu langen Ehe nicht glücklich. Denn des Grafen Verlangen nach Susanne, dem Kammermädchen der Gräfin, ist deutlich. Schon bereut er, das alte feudale Herrenrecht des ›ius primae noctis‹ (das Recht der ersten Nacht, d. h. das Recht eines Grundherren auf die Brautnacht mit einer neuvermählten Hörigen) aus Liebe zu seiner Gattin einst abgeschafft zu haben. Susanna aber ist Figaro versprochen, und heute soll Hochzeit gefeiert werden. Der Graf hat dem Brautpaar einen noch unfertigen Raum im Herrschaftstrakt des Schlosses zugewiesen, um so angeblich seinen Kammerdiener in seiner Nähe zu haben. In Wahrheit aber will er sich nur die Gelegenheit verschaffen, in Figaros Abwesenheit schnell zu Susanna zu gelangen, um sie seinen Wünschen gefügig zu machen. Diesen gräflichen Hintergedanken entdeckt Susanna am Morgen des Hochzeitstages ihrem bislang ahnungslosen Figaro, während dieser mit der Ausgestaltung und Herrichtung des ihnen zugewiesenen Raumes beschäftigt ist. Er schwört, den herrschaftlichen »Plänen kühn zu widerstehen« *(Arie des Figaro »Will der Herr Graf ein Tänzchen nun wagen...«).* Aber auch von einer anderen Person werden Figaro Schwierigkeiten bereitet: von Marcellina, der ehemaligen Haushälterin Doktor Bartolos, die seit langem auf dem Schloß des Grafen lebt. Sie macht ältere Rechte auf Figaro geltend, der ihr einst gegen Gewährung eines Darlehens in Höhe von zweitausend Gulden die Ehe versprochen hatte, obwohl sie um vieles älter ist als er. Den Schuldschein hat sie bei sich. Bartolo, den sie zur Unterstützung aus Sevilla herbeigerufen hat, ist zur Hilfe allzu gern bereit: kann er sich doch so an Figaro rächen, der einst Rosina aus seinem Hause entführte *(Arie des Bartolo »Süße Rache, ja, süße Rache ist dem Ehrenmann ein Labsal...«).* Aber auch Graf Almaviva unterstützt Marcellinas Heiratsforderungen, um so Figaros Hochzeit mit Susanna zu verhindern. Freilich kommt ihm dabei ständig sein stets verliebter Page Cherubino in die Quere, der offenbar überall auftaucht und sich vor Verliebtsein in alle weiblichen Wesen des Schlosses nicht zu helfen weiß *(Arie des Cherubino »Ich weiß nicht, wo ich bin, was ich tue...«).* Bei Barbarina, der Tochter des Schloßgärtners Antonio, hat er ihn schon überrascht und will ihn

deshalb aus seinen Diensten entlassen. Nun sucht Cherubino, dessen Herz vor allem für die Gräfin schlägt, Susanna auf, um sie als Fürsprecherin um gräfliche Gnade zu gewinnen. Dabei werden sie vom Grafen gestört, der Susanna aufsucht. Gerade kann sich Cherubino noch verstecken und wird so Ohrenzeuge von Almavivas Liebesgeständnis gegenüber Susanna. Als schließlich auch der intrigante Musikmeister Basilio, der den sich ebenfalls schnell versteckenden Grafen im Zimmer Susannas vermutet, erscheint und von der Schwärmerei Cherubinos für die Gräfin erzählt, forciert er Almavivas eifersüchtige Empörung. Dieser entdeckt nun zufällig auch den Pagen. Da kommt Figaro mit einer Schar Landleute, deren Huldigung den Grafen endlich zur Einwilligung in Figaros Hochzeit mit Susanna bewegen soll. Doch Almaviva verlangt einen kleinen Aufschub, um die Hochzeit mit »festlichem Gepränge« zu begehen. In Wahrheit jedoch will er sich Marcellinas Hilfe versichern. Wütend versetzt er Cherubino als Offizier zu seinem Regiment nach Sevilla, wohin er unverzüglich reisen soll. Figaro versucht, den Pagen zu trösten und malt ihm spöttisch das Soldatenleben aus *(Arie des Figaro »Nun vergiß leises Flehn, süßes Kosen...«)*. –

2. AKT: Gemach der Gräfin. Susanna hat des Grafen Absicht der Gräfin gestanden, die um die Liebe ihres Gatten bangt *(Arie der Gräfin »Hör mein Flehn, o Gott der Liebe...«)*. Figaro macht einen Vorschlag: durch Basilio werde er dem Grafen einen Brief zuspielen, der ihm ein vermeintliches Stelldichein der Gräfin mit einem Liebhaber anzeigt. Zugleich werde er den Grafen wissen lassen, Susanna erwarte ihn am Abend im Park des Schlosses. In Wirklichkeit aber, so Figaro weiter, soll Cherubino, den er heimlich im Schloß zurückgehalten hat, an Susannas Stelle in Mädchenkleidern erscheinen. So könne dann die Gräfin ihren Gatten beschämen und ihm auch die Zustimmung zur Hochzeit Figaros abverlangen. Als wenig später Cherubino der Gräfin und Susanna eine selbstgedichtete Kanzonette vorträgt *(Kanzonette des Cherubino »Sagt, holde Frauen, die ihr sie kennt, sagt, ist es Liebe, was hier so brennt?«)* und von den beiden Damen verkleidet wird, erscheint plötzlich der Graf. Er hat nach Erhalt des fingierten Briefes sofort die Jagd abgebrochen und will die Gräfin zur Rede stellen. Cherubino kann gerade noch ins Kabinett nebenan flüchten, wirft dort aber unglücklicherweise einen Gegenstand um, was den eifersüchtigen Grafen in seinem Verdacht nur noch bestärkt. Gewaltsam will er die Kabinettür öffnen, wofür er sich Werkzeug besorgt und die Gräfin mitnimmt, nicht ohne vorher das Zimmer abgeschlossen zu haben. Kurz zuvor aber war Susanna, die die Gräfin mit einem Auftrag weggeschickt hatte, unbemerkt zurückgekehrt. Sie überblickt sofort die Situation, läßt Cherubino aus dem Kabinett, der sich mit einem Sprung aus dem Fenster davonmacht, und schließt sich selbst ein. Als sie dann statt des erwarteten Cherubino aus dem Kabinett tritt, sind Graf und Gräfin gleichermaßen erstaunt. Der Graf bittet

seine Gattin um Verzeihung. Da meldet Figaro, die Musikanten und Hochzeitsgäste seien versammelt. Doch der Graf will erst die Sache mit dem Brief klären. Figaro zieht sich zwar geschickt aus der Affäre, doch sieht er sich gleich einer neuen brenzligen Situation gegenüber. Der Gärtner Antonio kommt mit der Beschwerde, ein junger Mann sei aus dem Fenster gesprungen, habe seine Blumen zertrampelt und ein Papier verloren. Das aber ist das unversiegelte Offizierspatent Cherubinos. Der Graf scheint zu triumphieren, doch erneut zieht der gewitzte Figaro – assistiert von Gräfin und Susanna – den Kopf aus der Schlinge. Im letzten Augenblick ›rettet‹ Marcellina den Grafen, als sie mit Unterstützung Bartolos und Basilios ihr Recht fordert. Erneut verlangt der Graf Aufschub der Hochzeit, um den Fall dem Richter Don Curzio zu übergeben. –

3. AKT: Saal im Schloß. Susanna nähert sich unter einem Vorwand dem Grafen, um ihm glauben zu machen, sie werde zum versprochenen Stelldichein erscheinen. Der Graf sieht sich schon am Ziel seiner amourösen Wünsche, da entdeckt er durch eine unvorsichtige Bemerkung Susannas zu Figaro die Intrige, die gegen ihn läuft *(Arie des Grafen »Ich soll ein Glück entbehren, das mir ein Knecht entzieht?«)*. Umso nachdrücklicher pflichtet er dem Urteil Don Curzios bei: Figaro müsse das Darlehen an Marcellina zurückzahlen oder sie heiraten. Doch nimmt alles eine unerwartete Wendung: Figaro, so stellt sich heraus, ist der Sproß der einstigen Liebe zwischen Marcellina und Doktor Bartolo! So präsentiert er, sehr zum neuerlichen Verdruß des Grafen, seiner überglücklichen Braut Susanna seine leiblichen Eltern. Nun ist auch Bartolo bereit, Marcellina zu heiraten. – Die Gräfin, die die Treulosigkeit ihres Gatten, den sie noch immer aufrichtig liebt, beklagt *(Arie der Gräfin »Wohin flohen die Wonnenstunden seiner Liebe und Zärtlichkeit?«)*, weiß von der neuen Wendung der Dinge noch nichts. Sie ergreift jedoch die Initiative: sie diktiert Susanna einen Brief an den Grafen, der ihn zu einem nächtlichen Stelldichein mit Susanna einlädt *(Briefduett Gräfin-Susanna »Wenn die sanften Abendlüfte über unsre Fluren wehn ...«)*. Sie selbst aber, so ihr Plan, werde in Susannas Kleidern in den Park gehen – in der Hoffnung, so die Liebe des treulosen Gatten zurückzugewinnen. Als die jungen Mädchen des Ortes unter Anleitung von Barbarina der Gräfin ein Ständchen bringen, entdeckt man auch Cherubino: er hat sich verkleidet unter die Mädchen gemischt, um so die Hochzeit des Figaro miterleben zu können. Schon naht der Festzug. Während des Hochzeitszeremoniells steckt Susanna dem Grafen heimlich das Briefchen zu, das ihn in den Park bestellt. Beglückt ordnet er für den Abend die Hochzeitsfeier an. –

4. AKT: Im Park des Schlosses zu nächtlicher Stunde. Den Brief an den Grafen hatten die Gräfin und Susanna mit einer Nadel versiegelt und diese vom Grafen zurückerbeten (als Zeichen dafür, daß er den Brief erhalten hat). Damit hatte dieser aber Barbarina beauftragt, die die Nadel verloren hat *(Kavatine*

der Barbarina »Unglücksel'ge kleine Nadel, daß ich dich nicht finden kann!«). Zufällig treffen Figaro und Marcellina auf Barbarina und erfahren durch sie von der vermeintlichen Verabredung zwischen dem Grafen und Susanna. Da er den Plan der beiden Damen nicht kennt, glaubt sich Figaro von Susanna betrogen *(Arie des Figaro »Ach öffnet eure Augen, blinde, betörte Männer...«).* Inzwischen wartet Susanna in den Kleidern der Gräfin sehnsüchtig auf ihren Figaro *(Arie der Susanna »O säume länger nicht, geliebte Seele...«).* Erst als Figaro sie an ihrer Stimme erkennt, durchschaut er das Spiel, an dem er sich nun mit Freude beteiligt: er macht nun seinerseits Susanna als vermeintlicher Gräfin den Hof. So überrascht ihn der Graf, der nun den Betrug der Gräfin als erwiesen ansieht, die Gattin für ihre Untreue bestrafen will und nicht bereit ist, Verzeihung zu gewähren. Als sich jedoch das ganze Verwechslungsspiel aufklärt, ist es an ihm, die von ihm gedemütigte und fälschlich verdächtigte Gräfin um Verzeihung zu bitten. Sie freilich gewährt sie ihm von ganzem Herzen, denn wahre Liebe wandelt alles in »Vertrauen und Freudigkeit«. Nun – endlich! – steht der Hochzeit des Figaro nichts mehr im Wege *(Finale »Auf denn, ihr Freunde, zum Feste!«).* –

Aufführungsdauer. 3¼ Stunden

Wofgang Amadeus Mozart
DON GIOVANNI (Il dissoluto punito ossia il Don Giovanni)
Dramma giocoso in 2 Akten,
Dichtung von Lorenzo Da Ponte
Uraufführung Prag 1787

Quellen. Gestalt und Schicksal Don Juans bilden einen der bekanntesten Stoffe der Weltliteratur. Der Erzähler und bedeutende Dramatiker *Tirso de Molina (1571/84–1648),* der zu Spaniens großen Dichtern gehört, gestaltete den Stoff erstmals in seinem Drama »Don Juan, der Verführer von Sevilla, und der steinerne Gast« (1630; deutsch erstmals 1896 erschienen). Das Vorbild zur Titelfigur, die seitdem in der Literatur den Verführer par excellence darstellt, soll Molina einem Adligen seiner Zeit nachgebildet und die schließliche Bestrafung Don Juans durch eine Statue, die er herausfordert, in volkstümlichen Überlieferungen gefunden haben. Nach Molina sind weit über hundert Bearbeitungen bis herauf in unsere Zeit (z. B. *Max Frischs* Komödie »Don Juan und die Liebe zur Geometrie«) vor allem im Spanischen, Französischen und Deutschen entstanden. Mozarts Oper ist unter allen jemals entstandenen musikalischen Bühnenwerken das einzige von überragender und zeitenüberdauernder Bedeutung geblieben.

Entstehung und Uraufführung. Zwei Gründe vor allem veranlaßten Mozart zur Komposition des »Don Giovanni«. Der eine lag in seinem Interesse an dem Stoff, den er u. a. durch zeitgenössische Werke (darunter zwei Opern) kannte und der ihn zur immerwährenden Beschäftigung damit anregte. Der zweite Grund lag in dem Auftrag aus Prag, für das dortige Nationaltheater eine neue Oper zu komponieren. Angeblich soll ihn auch Da Ponte zu dieser Oper inspiriert haben. Mozart schuf das Werk, das er als ›Dramma giocoso‹ (heiteres Drama) bezeichnete, in Wien und Prag und dirigierte persönlich die Uraufführung in italienischer Sprache am 29. Oktober 1787 im Nationaltheater Prag, die begeistert aufgenommen wurde.

Ort und Zeit. Eine nicht näher genannte spanische Stadt (Sevilla?), wahrscheinlich im 17./18. Jahrhundert (eine genaue Zeitangabe fehlt).

Die Personen der Oper. Don Giovanni (Bariton) – Der Komtur (Baß) – Donna Anna, seine Tochter (Sopran) – Don Ottavio, deren Bräutigam (Tenor) – Donna Elvira, Dame aus Burgos, von Don Giovanni verlassen (Sopran) – Leporello, Diener Don Giovannis (Baß) – Masetto, ein Bauer (Baß) – Zerlina, seine Braut (Sopran) – Bauern und Bäuerinnen, Diener, Musikanten (Chor)

Die Handlung. 1. AKT: Vor dem Hause Donna Annas wartet Leporello, Diener Don Giovannis, auf seinen Herrn, der auf ein Liebesabenteuer aus ist. Er will die Tochter des Komturs (Kommandant eines Ritterordens) verführen, obwohl diese mit Don Ottavio verlobt ist. Unerkannt ist er in ihr Schlafgemach eingedrungen, hat aber keinen Erfolg. Donna Anna will wissen, wer sie bedrohte, verfolgt ihn und ruft um Hilfe. Ihr Vater erscheint, stellt sich Don Giovanni in den Weg und wird im Zweikampf von diesem getötet. Unerkannt entflieht Giovanni zusammen mit Leporello. Von dem ebenfalls herbeigeeilten Don Ottavio fordert Donna Anna, den Tod des Vaters zu rächen. Er verspricht es ihr *(Duett Donna Anna-Don Ottavio »Flieh, Grausamer, flieh!«).* – Unterwegs trifft Giovanni überraschend auf Donna Elvira, die er einst erfolgreich umwarb, ehelichte und dann treulos verließ *(Arie der Donna Elvira »Ach, wird' ich ihn wohl finden...«).* Den Beschimpfungen seiner Frau entgeht Giovanni nur, indem er Leporello vorschiebt, der ihr den Grund seiner Untreue nennen soll. Leporello tut's auf seine Weise, indem er Donna Elvira das Verzeichnis aller Eroberungen Giovannis vorliest *(Registerarie des Leporello »Schöne Donna! Dies genaue Register...«).* Doch das beruhigt Donna Elvira keineswegs: sie will Rache und Vergeltung! – Ganz anders stellt sich die fröhliche, fast ›heile‹ Welt der Bauern dar. Unter ihnen Masetto und Zerlina, die vor ihrer Hochzeit stehen. Giovanni trifft auf sie und erkennt die Gelegenheit zu einem neuen amourösen Abenteuer. Er schickt Leporello samt der jungen Bauernschar und dem mißtrauischen und eifersüchtigen Masetto in sein Schloß zum

Feiern und beginnt, allein mit Zerlina, um diese zu werben *(Duett Don Giovanni-Zerlina »Reich, mir die Hand, mein Leben...«)*. Zerlina schmilzt fast dahin – da erscheint Donna Elvira, warnt Zerlina und nimmt sie mit sich *(Arie der Donna Elvira »Oh flieh, Betrogne, flieh...!«)*. Giovanni fühlt sich selbst betrogen, nichts will ihm derzeit gelingen. Da treten Donna Anna und Don Ottavio auf, denen Giovanni seine Hilfe anbietet, aber von der zurückkehrenden Donna Elvira entlarvt wird *(Quartett Don Giovanni-Donna Elvira-Donna Anna-Don Ottavio »Traue dem glatten Heuchler nicht...«)*. An der Haltung und an der Stimme erkennt Donna Anna schließlich in Giovanni jenen, der nachts maskiert in ihr Zimmer drang und den Vater tötete. Sie erzählt Don Ottavio den ganzen nächtlichen Vorfall *(Arie der Donna Anna »Du kennst nun den Frevler...«)* und dieser gelobt ihr, den Mord an dem Komtur zu rächen *(Arie des Don Ottavio »Nur der Geliebten weih ich mein Leben...«)*. – Auch Donna Elvira und Zerlina sind inzwischen ins Schloß gegangen, woraufhin sich Leporello aus dem Staube gemacht hat. Auf seine Vorhaltungen erwidert Giovanni, er wolle die hübschen Mädchenschar bis in die Nacht unterhalten *(›Champagner‹-Arie des Don Giovanni »Auf zu dem Feste!«)*. Während er dort auch weiterhin versucht, Zerlina nachzustellen, tauchen drei Masken auf dem Fest auf. Giovanni heißt sie willkommen. In dem Moment, da Giovanni Zerlina besonders bedrängt, geben sie sich zu erkennen: es sind Donna Anna, Donna Elvira und Don Ottavio, der seine Pistole auf Don Giovanni richtet. Dieser aber gibt sich spöttisch und will sein Leben mit Haltung und Würde riskieren. –

2. AKT: Nach den Erlebnissen auf dem Feste der vergangenen Nacht ist Leporello entschlossen, sich von Giovanni loszusagen. Doch ein gefüllter Geldbeutel besänftigt ihn rasch, schon ist er seinem Herrn wieder zu Diensten. Den gelüstet es nach Donna Elviras Kammerzofe. Doch an deren Stelle erscheint Donna Elvira auf dem Balkon des Gasthauses, in dem sie wohnt. Giovanni umschmeichelt sie mit Worten, lockt sie herunter auf die Straße und schiebt Leporello an seine Stelle. Der findet Gefallen an dem Spaß und entfernt sich mit Donna Elvira, die ihn für Giovanni hält, der nun freie Bahn hat und sein Ständchen darbringt *(Ständchen des Don Giovanni »Oh, komm ans Fenster, oh, mein Schatz...«)*. Doch da stört ihn der vor Eifersucht ganz aufgebrachte Masetto: mit bewaffneten Bauern ist er auf der Suche nach Giovanni, um ihn zu bestrafen. Da sie die Kleider getauscht haben, kann sich Giovanni unerkannt als Leporello ausgeben und schickt die Bauern in alle Himmelsrichtungen, um so seine Hilfe vorzutäuschen. Nur Masetto behält er da; er entwaffnet und verprügelt ihn und läßt ihn dann zerschunden liegen. So findet ihn Zerlina, die ihm liebevoll die Leviten liest, ihn aber auch zu heilen verspricht *(Arie der Zerlina »Ich weiß ein Mittel...«)*. Dann eilen sie den anderen nach. – Im Hause Donna Annas treffen sie auf Leporello und Donna Elvira, dazu kommen in Trauerkleidern Donna Anna und Don Ottavio. Sie alle fallen über Leporello,

den sie für Don Giovanni halten, her, so daß dieser sich zu erkennen gibt aus Angst um sein Leben. Dann läuft er davon. Die anderen schwören einander, Rache an Don Giovanni zu nehmen *(Arie des Don Ottavio »Folget der Heißgeliebten...«)*. Nur Donna Elvira schwankt noch zwischen Rachegedanken und noch immer nicht erloschenen Gefühlen für den Treulosen *(Arie der Donna Elvira »Mich betrog der Undankbare...«)*. – Mittlerweile treffen Don Giovanni und Leporello, aus unterschiedlichen Abenteuern kommend, auf dem nächtlichen Friedhof zusammen. Giovanni erzählt, was ihm unterwegs passiert ist und muß darüber lachen. Da hören sie eine Stimme wie aus dem Totenreich, die Ruhe für die Toten fordert. Giovanni erblickt die Statue des von ihm getöteten Komturs und lädt sie in einem Anfall von aberwitzigem Übermut zur Abendtafel in sein Haus ein. Zu seinem Erstaunen und zu Leporellos Entsetzen nimmt die Statue die Einladung an. – Leporello bedient seinen Herrn beim Abendmahl in dessen Haus. Da erscheint Donna Elvira und fordert Giovanni auf, seinen Sünden zu entsagen; doch der hat nur Spott für sie. Sie beschwört die Strafe des Himmels über ihn und will hinaus – da flieht sie schreiend zur anderen Seite. Auf Geheiß Giovannis sieht Leporello nach und kehrt vor Entsetzen stammelnd zurück, gefolgt von der Statue des Komturs, die nicht gekommen ist, um mit dem Hausherrn zu speisen, sondern ihm sein letztes Stündlein anzukündigen. Sie fordert Giovanni auf, zu bereuen, was dieser verweigert, bis aus dem Boden hochschießende Flammen ihn verschlingen. Leporello, einziger Zeuge des unfaßbaren Geschehens, kann, noch immer vor Angst schlotternd, den anderen nur berichten, was geschah *(Finale »Also stirbt, wer Böses tut!«)*.

Aufführungsdauer. 3 Stunden

Wolfgang Amadeus Mozart
COSÌ FAN TUTTE
(Così fan tutte o sia La Scuola degli amanti)
Komische Oper in 2 Akten,
Text von Lorenzo Da Ponte
Uraufführung Wien 1791

Quelle. Es kommt nicht allzu oft vor, daß sich eine Oper weder auf die Mythologie noch auf die Geschichte oder auf ein anderes literarisches Werk bezieht oder der originären Fantasie des/der Schöpfer entspringt, sondern eine wahre Begebenheit des Alltags aufgreift. So ist es bei Mozarts »Così«. Wenn man denn von einer Quelle sprechen will, so muß man auf einen in Wien als ›Redoute‹ bezeichneten Maskenball im Fasching des Jahres 1788 zurückgehen. Auf ihm soll ein älterer Skeptiker mit zwei ihm befreundeten Offizieren um die Treue von deren Verlobten gewettet haben. Er schlug ihnen vor, ihren Bräuten vorzutäuschen, in den damals gerade ausgebrochenen Türkenkrieg ziehen zu müssen, dann aber verkleidet zurückzukehren und jeweils bei der Verlobten des anderen für sich zu werben. Diese Wette, so heißt es, soll sogar zum Tagesgespräch in Wien geworden sein.

Entstehung und Uraufführung. Kein Geringerer als *Kaiser Joseph II.* selbst erinnerte sich an diesen Vorfall und schlug, als er im Herbst 1789 aus dem Türkenkrieg zurückkehrte, Mozart und seinem Librettisten *Lorenzo Da Ponte* vor, daraus eine Oper zu machen. Beide begannen sofort, den kaiserlichen Opernauftrag zu verwirklichen. Zwischen Dezember 1789 und Januar 1790 entstand die Oper, deren Uraufführung am 26. Januar 1790 unter Mozarts Leitung im alten k. k. National-Hoftheater zu Wien erfolgte. Auf dem (überlieferten) Theaterzettel stand noch der vollständige, später gekürzte italienische Titel samt deutscher Übersetzung: »Così fan tutte, o sia La scola degli amanti. So machen sie's oder: die Schule der Liebhaber. Ein komisches Singspiel in zwey Aufzügen.«

Ort und Zeit. Neapel im 18. Jahrhundert

Die Personen der Oper. Fiordiligi (Sopran) und Dorabella (Mezzosopran), aus Ferrara stammende und in Neapel wohnende Schwestern – Guglielmo, Offizier und Liebhaber Fiordiligis (Bariton) – Ferrando, Offizier und Liebhaber der Dorabella (Tenor) – Despina, Kammermädchen der zwei Schwestern (Sopran) – Don Alfonso, ein alter Philosoph (Baß) – Soldaten, Diener, Volk, Hochzeitsgäste (Chor)

Die Handlung. 1. AKT: Der lebenserfahrene Don Alfonso ist skeptisch, was die Treue der Frauen betrifft. Darüber gerät er mit den beiden ihm befreundeten Offizieren Ferrando und Guglielmo in Streit, die von der Treue ihrer Verlobten Dorabella und Fiodiligi restlos überzeugt sind. Das bringt Don Alfonso aber nur zum Lachen und er fragt nach Beweisen für diese angebliche Beständigkeit der jungen Damen, deren die Freunde so sicher sind. Er bietet ihnen die Wette an, daß ihre Verlobten wie alle anderen Frauen auch sind und sich täuschen lassen werden. Die Freunde nehmen die Wette an und sehen Alfonso schon als Verlierer. Der aber sucht, wie vereinbart, die von ihren Liebhabern schwärmenden Damen in ihrem Hause auf, um ihnen den angeblichen Befehl des Königs zu überbringen, der Ferrando und Guglielmo noch heute »zum Feld der Ehre ruft«, wie er sich ausdrückt. Mit gespielter Verzweiflung über ihre vermeintliche Einberufung nahen die beiden jungen Männer *(Quintett Dorabella-Fiordiligi-Ferrando-Guglielmo-Don Alfonso »Schwankend nah' ich...«).* Mit bewegenden Treuegelöbnissen werden die beiden von ihren

Verlobten verabschiedet – und schon wollen sie deshalb über Alfonso triumphieren, der freilich über die Szene nur lachen kann. – Der Abschiedsschmerz der Schwestern ist echt *(Arie der Dorabella »Furchtbare Qualen ihr, die mich erfassen...«)*. Das Kammermädchen Despina hingegen sieht das alles nicht so schlimm: noch nie habe Liebesgram ein Mädchen getötet, sich für einen Mann zu opfern sei Torheit, denn die Männer taugen allesamt nichts *(Arie der Despina »Bei Männern sucht ihr ein treues Herz?«)*. Sie empfiehlt den beiden, sich während der Abwesenheit der Geliebten zu amüsieren, erntet aber nur Empörung. Doch da tauchen schon die verkleideten Ferrando und Guglielmo unerkannt als Fremde auf. Don Alfonso gibt sie als seine lange nicht mehr gesehenen Freunde aus früheren Zeiten aus. Das Spiel beginnt: die ›Fremden‹ werben um die Liebe der Frauen, jeder bei der Verlobten des Freundes. Die aber drohen, sie aus dem Hause zu weisen, denn in ihrer Treue wollen sie standhaft bis zum Tode bleiben *(Felsenarie der Fiordiligi »Wie der Felsen, der ohne Schwanken trotzt den Wellen...«)*. Doch die verkleideten und so weiterhin unerkannt bleibenden Freunde bitten erneut um Gehör *(Arie des Guglielmo »O seid nicht so spröde...«)*, aber erfolglos. Das stimmt sie fröhlich, glauben sie doch damit, der Liebe ihrer Bräute sicher zu sein *(Arie des Ferrando »Der Odem der Liebe...«)*. Doch Don Alfonso gibt die Wette noch lange nicht verloren und erfindet eine neue List: er macht den beiden Frauen weiß, aus Gram über verschmähte Liebe hätten sich die Fremden vergiftet. Darüber zu Tode erschrocken, rufen diese Despina herbei. Die ist inzwischen von Alfonso eingeweiht worden, ohne freilich zu wissen, wer die beiden Fremden wirklich sind. Sie ›spürt‹ noch ein wenig Leben in den ›Sterbenden‹ und holt rasch Doktor Eisenbart, der mit seinem Magnetismus allein noch helfen kann – und wenig später erscheint sie selbst in des Doktors Maske. Ein ›Wunder‹ geschieht: die scheintoten Selbstmörder werden magnetisch ins Leben zurückgeholt! Und bitten schon zur völligen Gesundung um einen Kuß, der ihnen jedoch geweigert wird, was sie hoffnungsvoll kommentieren: »*Schlägt der Zorn nicht um in Liebe, so bestanden beide gut!*« –

2. AKT: Wanken die Frauen doch schon? Was sollen sie aber tun? Despina rät ihnen, die schöne Gelegenheit nicht zu versäumen *(Arie der Despina »Schon ein Mädchen von fünfzehn Jahren muß die große Kunst verstehn, wie man Männer gängelt am Band...«)*. Dorabellas Widerstand bricht zuerst, sich zu unterhalten, meint sie, bedeute ja noch nicht, die Treue zu brechen. Und sie hat sich auch schon für einen der Werber entschieden *(Duett Dorabella-Fiordiligi »Ich erwähle mir den Braunen...«)*. Unterstützt von Don Alfonso und Despina wird das Werben Ferrandos und Guglielmos drängender. Dorabella erliegt und tauscht mit Guglielmo Medaillons aus *(Duett Dorabella-Guglielmo »Empfange, Geliebte, dies Herzchen zu eigen...«)*. Ferrando hat noch keinen Erfolg bei Fiordiligi, und das macht ihn sicher auch für die Treue Dorabellas. Doch da

gesteht ihm Guglielmo seine Eroberung, Dorabella gab ihm sogar das Bildnis Ferrandos! Der ist zutiefst enttäuscht, spricht von Verrat und will sich rächen. Auch Guglielmo stimmt der Betrug Dorabellas bedenklich *(Arie des Guglielmo »Mädchen, so treibt ihr's mit allen!«)*. Despina hingegen heißt Dorabella vernünftig. Nun gesteht auch Fiordiligi, ihre Liebe gelte nicht mehr allein Guglielmo, doch sie will sich bezwingen: verkleidet will sie dem Geliebten ins Feld nachfolgen! Da überrascht sie Ferrando: wenn sie nicht die Seine werde, müsse er selber mit dem Schwert seine Leiden enden. Das ist zuviel für Fiordiligi, sie gibt sich geschlagen: *»Ja, auf ewig bin ich dein!«* Nun rast auch Guglielmo und beschimpft seine Braut, indessen Alfonso triumphiert: schon sind die Schwestern bereit zur Vermählung! Die Hochzeitstafel wird gedeckt, Despina als verkleideter Notar bringt die unterschriftsreifen Ehekontrakte – da kündet der Chor der Soldaten die Heimkehr der »alten Liebsten« an. Angst und Schrecken erfüllen Dorabella und Fiordiligi, sie schicken die neuen Liebhaber rasch fort – und so haben Ferrando und Guglielmo Gelegenheit, »zu den liebenden Bräuten« zurückzukehren. Erst täuschen sie Eifersucht vor, als sie den ›Notar‹ und die ›Ehekontrakte‹ entdecken, dann aber beenden sie die Komödie, die im gegenseitigen Verzeihen und in Versöhnung ausklingt – jedoch mit einem bitteren Nachgeschmack: denn Don Alfonso gewann die Wette! Aber nun verzeiht auch er, denn, so räsoniert er, wenn sich die Frauen verlieben, so tun sie es nicht als Laster, sondern sie folgen nur dem Zwang ihres Herzens. Und darum, wer am Ende sich betrogen sieht, geb' anderen nicht schuld, nein, nur sich selber. Darum stimmt mit uns ein: *»Così fan tutte – so machen's alle!«*

Aufführungsdauer. 3 Stunden

Wolfgang Amadeus Mozart
DIE ZAUBERFLÖTE
Oper in zwei Akten,
Dichtung von Emanuel Schikaneder
Uraufführung Wien 1791

Quellen. Kaum ein anderes Opern-Textbuch hat so viele Quellen und Einflüsse von Literatur und Theater in sich aufgenommen wie das zur »Zauberflöte«. Zwar war das 18. Jahrhundert, an dessen Ende die Oper entstand, das Jahrhundert des Rationalismus. Frankreich war vorangegangen, in Deutschland hatte das Zeitalter der Aufklärung den Primat von Vernunft und Verstand betont. Dennoch hat dies alles die Sehnsucht und die Affinität des Menschen nach dem Wunderbaren, Zauberischen niemals unterdrücken können. Das ist schon ablesbar allein an der Flut von Feen- und Geistermärchen, die im deutschen Sprachraum einsetzte, als hätte die Romantik bereits begonnen. Unter den großen Sammlungen erwies sich für Schikaneder vor allem die Märchensammlung »Dschinnistan oder Auserlesene Feen- und Märchensammlung«, die der deutsche Dichter der Vorklassik *Christoph Martin Wieland (1733–1813)* in den Jahren 1786–88 herausgab, als wahre Fundgrube. Dabei geht wesentliches der dramaturgischen Grundkonzeption der »Zauberflöte« auf die Erzählung »Lulu oder die Zauberflöte« zurück: hier ist die ein altes, einst von einem Zauberer erbautes Schloß bewohnende und in der Gegend als grausam und blutgierig verschriene Fee das Vorbild für die Königin der Nacht; da gibt es den Königssohn Lulu (Tamino), dessen Mutter einst eine Freundin der Fee war und sie oft besuchte; da gibt es den bösen Feind, einen Zauberer (Vorbild für den ›guten‹ Sarastro), der statt einer Feentochter (was an Pamina erinnern würde) einen kostbaren Edelstein aus dem Besitz der Fee bei sich hat und den der Prinz ihm für die Fee entwenden soll; und es gibt die Zauberflöte, die die Kraft hat, »eines jeden Hörers Liebe zu gewinnen und alle Leidenschaften, die der Spieler verlangt, zu erregen oder zu besänftigen.« Und in einer anderen Erzählung mit dem Titel »Die klugen Knaben« gibt es bereits die unmittelbaren Vorgänger der drei »Zauberflöten«-Knaben. Nicht unwichtig ist schließlich die theatralische Quelle der Oper: das Alt-Wiener Volkstheater und das barocke Prunk- und Zaubertheater mit dem Einsatz der vorhandenen Theatertechnik samt Flug-, Hebe- und Versenkungsmaschinen. Gerade das aber, muß man objektiv und neidlos anerkennen, ist in erster Linie das Verdienst Schikaneders.

Entstehung und Uraufführung. Mozart begann mit der Komposition wahrscheinlich im Frühjahr 1791 und widmete sich ihr in den folgenden Wochen sehr intensiv. Dann unterbrach er die Arbeit, weil der kaiserliche Opernauftrag zum »Titus« erfolgte. Im Juli, so läßt sich aus Mozarts Briefen belegen, dachte er bereits an die Instrumentierung, obwohl die Partitur noch gar nicht fertig war. Dann waren er und Konstanze Mitte September erst wieder aus Prag nach Wien zurückgekehrt. Noch in den letzten Septembertagen komponierte er die Ouvertüre. Die Uraufführung im Freihaustheater auf der Wieden am 30. September unter Mozarts musikalischer Leitung war ein großer Erfolg, dem allein im Oktober noch zwanzig weitere Aufführungen folgten.

Ort und Zeit. In der Welt des Märchens; zeitlos

Die Personen der Oper. Sarastro (Baß) – Tamino, ein Königssohn (Tenor) – Sprecher im Tempel Sarastros (Baß) – Erster Priester Sarastros (Tenor) – Zweiter Priester (Bariton) – Dritter Priester (Sprechrolle) – Die Königin der Nacht (Sopran) – Pamina, ihre Tochter (Sopran) – Erste Dame der Königin der Nacht

(Sopran) – Zweite Dame (Mezzosopran) – Dritte Dame (Alt) – Erster Knabe (Sopran) – Zweiter Knabe (Sopran) – Dritter Knabe (Mezzosopran) – Papageno (Bariton) – Papagena (Sopran) – Monostatos, ein Mohr in Sarastros Diensten (Tenor) – Erster Geharnischter (Tenor) – Zweiter Geharnischter (Baß) – Drei Sklaven (Sprechrollen) – Priester, Sklaven und Gefolge Sarastros (Chor)

Die Handlung. DIE VORGESCHICHTE: Paminas Vater, der namentlich nicht genannte Gemahl der Königin der Nacht und einst Herrscher über den siebenfachen Sonnenkreis, bestimmte vor seinem Tode Sarastro als seinen Nachfolger und übereignete ihm den Sternenkreis. Sarastro, der als primus inter pares unter den Eingeweihten herrscht und im Dienste der Gottheiten Isis und Osiris steht, hatte auf deren Geheiß Pamina dem Einfluß ihrer rachedürstigen Mutter entzogen. Zugleich hatten die Götter Tamino und Pamina füreinander bestimmt. –

1. AKT: Tamino, Prinz aus fernen Ländern, über die sein Vater herrscht, hat sich im Reich der Königin der Nacht verirrt und wird von einer Schlange bedroht. Entkräftet sinkt er in Ohnmacht, während die Schlange von den drei Damen der Königin der Nacht getötet wird. Sie finden Gefallen an dem Prinzen und gehen, ihrer Gebieterin den Vorfall zu melden. Als Tamino erwacht, macht er die Bekanntschaft mit dem Vogelfänger Papageno, der in den Diensten der Königin steht, für die er täglich schöne Vögel fängt, wofür er mit Speise und Trank belohnt wird *(Arie des Papageno »Der Vogelfänger bin ich ja, stets lustig, heisa, hopsasa!«)*. Tamino hält ihn für seinen Retter, und Papageno rühmt sich einer Tat, die er nicht beging. Das bringt ihm eine Warnung der drei Damen ein, die ihm den Mund mit einem Schloß verschließen, damit er nicht wieder einen Fremden anlüge. Für Tamino aber bringen sie im Auftrag ihrer Königin ein Medaillon mit dem Bildnis Paminas. Denn die Königin bestimmt ihn, ihre Tochter aus den Händen des Sarastro zu befreien. Tamino schenkt seine volle Aufmerksamkeit diesem Medaillon *(Bildnisarie des Tamino »Dies Bildnis ist bezaubernd schön«)*. Tamino erklärt sich bereit, Pamina zu retten, und erhält von der Königin eine Zauberflöte, die alle Gefahren zu bannen vermag *(Arie der Königin der Nacht »Zum Leiden bin ich auserkoren, denn meine Tochter fehlt mir...«)*. Auch Papageno erhält ein Geschenk: ein silbernes Glockenspiel und den Auftrag, Tamino zu begleiten. Damit die beiden aber den Weg in das Reich des Sarastro auch finden, werden drei Knaben »jung und schön, hold und weise« ihnen als Führer beigegeben, deren Rat sie folgen sollen. – Im Reiche des Sarastro. Paminas Versuch, ihrem Aufpasser Monostatos zu entwischen, ist gescheitert. Der sie mit seiner Liebe verfolgende Mohr hat sie gefangen und bedrängt sie erneut. Da trifft Papageno auf sie und erzählt ihr den Grund für seine und Taminos Anwesenheit und daß sich der Prinz in ihr Bildnis verliebt habe, er selbst aber habe leider noch kein Weibchen, hätte aber doch so sehr gern eines. Pamina bedeutet ihm, der Himmel werde ihm schon

eines schicken *(Duett Pamina-Papageno »Bei Männern, welche Liebe fühlen, fehlt auch ein gutes Herze nicht...«)*. Inzwischen ist Tamino von den drei Knaben vor den Eingang von Sarastros Tempel geführt worden, wo ihm jedoch der Einlaß zunächst verwehrt wird. Ein Priester bedeutet ihm dabei, es sei ein Irrtum, in Sarastro einen Tyrannen zu sehen. Auf Taminos Frage, wann er die Wahrheit erfahren werde, lautet die Antwort: »Sobald dich führt der Freundschaft Hand ins Heiligtum zum ewgen Band.« Vorerst erfährt er wenigstens, daß Pamina noch lebt. Dankbar läßt er die Zauberflöte erklingen *(Arie des Tamino »Wie stark ist nicht dein Zauberton...«)*, womit er verschiedene Tiere herbeilockt, die jedoch fliehen, als er aufhört, die Flöte zu spielen. Da antwortet ihm Papagenos Faun-Flöte. Tamino geht dem Ton nach, verpaßt aber Papageno und Pamina, die nach ihm suchen. Sie werden von Monostatos überrascht, doch Papagenos Glockenspiel besänftigt den wilden Mohren und seine Begleiter und rettet so die gefährliche Situation *(Szene Monostatos-Pamina-Papageno »Nur geschwinde, nur geschwinde! Ha, habe ich euch noch erwischt!«)*. Doch fliehen können die beiden nun nicht mehr: Sarastro erscheint, Pamina bekennt ihre Schuld, sie habe sich nur der Zudringlichkeit des Mohren entziehen wollen. Sarastro weiß um ihre Not, aber auch um die Bestimmung für sie und Tamino, die sich nun zum ersten Male sehen *(Duett Pamina-Tamino »Er ist's! Sie ist's! Ich glaub' es kaum!«)*. Monostatos wird für sein Verhalten von Sarastro bestraft, der anordnet, die beiden Fremdlinge in den Prüfungstempel zu führen.

2. AKT: In geheimer Zusammenkunft beschließen unter Sarastros Vorsitz die Eingeweihten, Tamino in ihre Gemeinschaft aufzunehmen und ihn der Tugend, der Reinheit und der Weisheit teilhaftig werden zu lassen *(Arie des Sarastro und Chor der Priester »Oh, Isis und Osiris, schenket der Weisheit Geist dem neuen Paar!«)*. Der Sprecher wird als Verteidiger der Wahrheit bestimmt, Tamino und Papageno über die Bedingungen der für sie notwendigen Prüfungen zu unterweisen. Tamino ist zu allem bereit – Papageno jedoch nimmt das alles nicht so genau. Er will kein Tugendheld sein, sondern der bleiben, der er ist: ein einfacher Mensch, der gute Speise und guten Wein liebt und der gerne ein Mädchen hätte. Das ihnen zu Beginn ihrer Prüfungszeit auferlegte Stillschweigen fällt ihm daher ganz besonders schwer, so daß Tamino ihn mehrfach ermahnen muß, besonders, als plötzlich die drei Damen der Königin der Nacht erscheinen *(Quintett Damen-Papageno-Tamino »Wie? Wie? Wie? Ihr an diesem Schreckensort?«)*. Die Damen sind nicht allein, die Königin ist ebenfalls da und tritt nun ihrer Tochter gegenüber und befiehlt ihr, Sarastro mit dem Dolche zu töten und so der Mutter die Macht über den Sternenkreis zu sichern *(Arie der Königin der Nacht »Der Hölle Rache kocht in meinem Herzen!«)*. Pamina weigert sich zu morden, bittet Sarastro aber dennoch um Gnade für ihre Mutter, die aus Schmerz um die verlorene Tochter so handle. Er gibt ihr daraufhin zu verstehen, daß man in seinem Reiche die Rache nicht kennt und selbst dem

Feinde vergibt *(Arie des Sarastro »In diesen heil'gen Hallen kennt man die Rache nicht«)*. Noch immer sind Tamino und Papageno zum Schweigen verpflichtet, und letzterer ist sehr verwundert, als ihm ein uraltes Weib etwas zu trinken bringt, behauptet gerade erst achtzehn Jahre alt zu sein und Papagena zu heißen. Als sie unter Donner plötzlich verschwindet, erscheinen die drei Knaben und heißen die Fremden ein zweites Mal willkommen im Reiche Sarastros. Von der Flöte angelockt, kommt Pamina, die das Schweigen Taminos nicht deuten kann und glaubt, er liebe sie nicht, weshalb sie sich verzweifelt den Tod geben will *(Arie der Pamina »Ach, ich fühl's, es ist verschwunden, ewig hin der Liebe Glück!«)*. Doch die drei Knaben geben ihr die Versicherung, daß Tamino sie liebe. – Um Papageno steht es indessen offenbar schlecht, denn er kann Tamino nicht finden und wird auch noch von den Toren zurückgestoßen, denn, so der Sprecher, auf Grund seines Verhaltens werde er niemals »das himmliche Vergnügen der Eingeweihten« fühlen. Das stört ihn allerdings überhaupt nicht, ein Glas Wein wäre ihm das größte Vergnügen, und außerdem, ja, etwas wünschte er sich ganz besonders *(Arie des Papageno »Ein Mädchen oder Weibchen, wünscht Papageno sich!«)*. Auf seinen Wunsch hin erscheint die Alte wieder, doch bevor er, wie sie ihn warnt, der Welt entsagen muß, nimmt er lieber sie zu seinem Weibe. Da verwandelt sich die Alte in ein hübsches, Papageno ganz ähnlich gekleidetes Mädchen, das ihm aber sofort wieder genommen wird, denn, so der Sprecher, Papageno sei ihrer noch nicht würdig. – An einem anderen Ort irrt Pamina halb wahnsinnig umher, aus Verzweiflung über Taminos angebliche Gleichgültigkeit ihr gegenüber will sie sich mit dem Dolche der Mutter umbringen. Doch die drei Knaben können sie trösten und bringen sie zu Tamino. Mit ihm gemeinsam unterzieht auch sie sich der Feuer- und Wasserprobe zur Reinigung. Sie werden der Weihe teilhaftig und dürfen den Tempel der Weisheit betreten *(Szene Pamina-Tamino »Tamino/Pamina mein! O welch ein Glück!«)*. Während sie mit den schützenden Tönen der Zauberflöte die Prüfungen bestehen, sucht Papageno verzweifelt nach Papagena und will, da er sie nicht finden kann, sich gar aus Gram erhängen *(Arie des Papageno »Papagena! Weibchen, Täubchen! Vergebens! Ach, sie ist verloren!«)*. Da erinnern ihn die drei Knaben an das wundersame Glockenspiel – und siehe da: Papageno ›erspielt‹ sich Papagena endgültig *(›Plapperduett‹ Papageno-Papagena »Bist du mir nun ganz gegeben?«)*. – Tamino hat mit Pamina die Prüfungen bestanden und wird einst die Nachfolge Sarastros antreten, ohne die Rache der Königin der Nacht fürchten zu müssen, die mit Hilfe des Monostatos samt ihren drei Damen in Sarastros Reich eingedrungen ist und dort für immer vernichtet wird. Die Stärke der Tugend siegt über alles und »*krönet zum Lohn Schönheit und Weisheit mit ewiger Kron'.*«

Aufführungsdauer. 3¼ Stunden

Ludwig van Beethoven
FIDELIO
Oper in 2 Akten
Text nach dem Französischen des J. N. Bouilly
von Joseph Sonnleithner und Friedrich Treitschke
Uraufführung Wien 1805

Quelle. Der »Fidelio« geht zurück auf den französischen Autor *Jean-Niklas Bouilly (1763–1842)*, der während der Französischen Revolution erst Advokat in Paris und dann als Anhänger der Jakobiner ›Öffentlicher Ankläger‹ in Tours war. Dort hat er die Geschichte, die »Fidelio« erzählt, wirklich erlebt. Man drang in ihn, daraus ein Opernbuch zu machen. Er tat es, verlegte die Handlung sicherheitshalber aus dem revolutionären Frankreich ins weiter abgelegene Spanien und gewann den Komponisten *Pierre Gaveaux (1760–1825)* zur Vertonung des Stoffes. Mit dem Komponisten in der Partie des Florestan (Gaveaux gehörte als Tenor dem Ensemble des Theaters in Bordeaux an) wurde die Oper am 19. Februar 1798 im Théâtre Feydeau in Paris uraufgeführt. Später wurde sie noch zweimal vertont: von *Ferdinando Paer* (Uraufführung Dresden 1804) und *Simon Mayr* (Uraufführung Padua 1805). Doch alle drei Vorgänger des »Fidelio« sind längst vergessen.

Entstehung und Uraufführung. Im Jahre 1803 war es zu einer Vereinbarung zwischen Schikaneder, dem Direktor des Theaters an der Wien, und Beethoven gekommen, Schikaneders Buch »Vestas Feuer« zu einer Oper zu komponieren. Doch Schikaneder geriet in derart große finanzielle Schwierigkeiten, daß er entlassen wurde. Das Theater übernahm *Baron Peter Braun*, Vorstand des Hoftheaters. Er änderte Beethovens Vertrag, den er ansonsten unangetastet ließ, dahingehend, daß er ihn (wahrscheinlich persönlich) für die Komposition von Bouillys Operntext gewann. Spätestens vom Jahresanfang 1804 wissen wir von Beethoven selbst, daß er den für ihn übersetzten französischen Text komponierte. Die Oper sollte nach seinem Willen *»Leonore«* heißen, doch Braun wählte den Titel *»Fidelio«*. Den Namen entlieh er Shakespeares Romanze »Cymbeline«. In diesem zumindest in Deutschland selten gespielten Bühnenstück ist es Imogen, Tochter des britischen Königs Cymbeline und designierte Thronfolgerin, die ihren in die Verbannung geschickten Gatten Posthumus Leonatus aufsucht, um sich von der gemeinen Beschuldigung des vorsätzlichen Ehebruchs reinzuwaschen und somit zu rehabilitieren, was ihr auch schließlich gelingt. Um dies unerkannt und weniger gefahrvoll zu tun, verkleidet sie sich als Mann und nennt sich Fidelio.

Beethoven hat sich lange mit dem Stoff beschäftigt, die Oper erhielt drei Fassungen und vier Ouvertüren. *Joseph Sonnleithner,* Sekretär des Wiener Hoftheaters, übersetzte den Text aus dem Französischen und teilte ihn, dem Original entsprechend, noch in drei Akte ein. Die Uraufführung der Erstfassung unter dem Titel »Fidelio oder Die eheliche Liebe«, bei der die ›Leonoren‹-Ouvertüre Nr. 2 gespielt wurde (die erste Overtüre hatte man vorher fallen lassen), fand am 20. November 1805 im Theater an der Wien statt und fiel durch. Auf Anregung des Fürstenpaares Karl und Maria Lichnowsky, Freunde und Förderer Beethovens, wurde die Oper einer Umarbeitung unterzogen. *Stephan von Breuning*, Jugendfreund aus Bonn, bearbeitete das Textbuch. Die Zweitfassung der Oper mit dem Untertitel »Der Triumph der ehelichen Liebe« und mit der ›Leonoren‹-Ouvertüre Nr.3 zu Beginn (sie wird heute oft zwischen den Akten gespielt) wurde am gleichen Theater am 29. März 1806 uraufgeführt und kam besser als beim ersten Male an. Doch Beethoven fühlte sich übervorteilt und zog deshalb schon nach der zweiten Vorstellung die Partitur zurück. Nahezu ein ganzes Jahrzehnt später war der inzwischen berühmte Komponist zu einer neuerlichen Bearbeitung der Oper bereit. Der Dichter *Georg Friedrich Treitschke* straffte das Textbuch, beließ aber die gesprochenen Dialoge zwischen den einzelnen Musiknummern. Die erste Aufführung dieser endgültigen Fassung am 23. Mai 1814 im Theater nächst dem Kärntnerthor in Wien wurde umjubelt, so daß noch über zwanzig weitere Vorstellungen folgten, wobei bei der zweiten am 26. Mai die neue und heute auch meist gespielte vierte Ouvertüre erklang, die eigentliche ›Fidelio‹-Ouvertüre. Das Werk errang nunmehr rasche Verbreitung, wurde bald auch in anderen Städten gespielt. Heute spielt man national wie international nahezu ausnahmslos nur die Endfassung von 1814.

Ort und Zeit. Ein spanisches Staatsgefängnis in der Nähe von Sevilla im 18. Jahrhundert.

Die Personen der Oper. Don Fernando, Minister (Baß) – Don Pizarro, Gouverneur des Staatsgefängnisses (Bariton) – Florestan, ein Gefangener (Tenor) – Leonore, seine Gattin, als Mann verkleidet und ›Fidelio‹ genannt (Sopran) – Rocco, Kerkermeister in dem Gefängnis (Baß) – Marzelline, seine Tochter (Sopran) – Jaquino, Pförtner (Tenor) – Erster Gefangener (Tenor) – Zweiter Gefangener (Baß).

Wachen, Gefangene, Volk (Chor).

Die Handlung. 1. AKT: Im Hof des Gefängnisses sind Marzelline und Jaquino bei der Arbeit. Er liebt sie und drängt auf das Jawort. Sie muß es ihm verweigern, obwohl sie ihm »sonst recht gut« war; aber seit Fidelio als Helfer ihres Vaters Rocco da ist, hat sie diesem ihre Liebe geschenkt, ohne zu wissen, wer ›er‹ in Wahrheit ist: Leonore, die Gattin des Florestan, den sie in diesem Gefängnis vermutet. Um ihn zu retten, hat sie sich als Mann verkleidet und ihre Dienste angetragen. Marzelline ahnt davon nichts, aber sie hofft auf Gegenliebe *(Arie der Marzelline »O wär ich schon mit dir vereint...«)*. Leonore kehrt vom Einkaufen und vom Schmied zurück, der die Ketten für die Gefangenen ausgebessert hat. Rocco empfängt ihn freudig, denn Fidelio wäre ihm als Schwiegersohn sehr willkommen. Darüber läßt er auch keinen Zweifel, was alle vier mit unterschiedlichen Gefühlen aufnehmen *(Quartett Marzelline-Leonore-Jaquino-Rocco »Mir ist so wunderbar ...«)*. Leonore nützt den Augenblick, um Roccos Vertrauen ganz zu gewinnen: sie möchte ihn in die unterirdischen Gewölbe begleiten, aus denen er immer besonders ermattet zurückkehrt. Rocco läßt sich erweichen, schließt aber zunächst jenes dunkle Gewölbe aus, in dem seit zwei Jahren ein politischer Gefangener sitzt. Diesen muß er besonders bewachen und seine Essensration auf Geheiß des Gouverneurs Don Pizarro kürzen. Leonore drängt Rocco, den der Gefangene selbst dauert, ihn begleiten zu dürfen. Schließlich erlaubt es Rocco. Er will nur noch dem Gouverneur die eingegangenen Depeschen bringen. Doch Pizarro erscheint überraschend selbst – und findet unter den Briefen eine anonyme Warnung: Der Minister habe erfahren, in dem Staatsgefängnis würden Opfer willkürlich festgehalten. Deshalb will er die Angelegenheit selbst überprüfen und dem Gefängnis einen Besuch abstatten. Für einen Moment ist Pizarro bestürzt: was ist, wenn der Minister auch Florestan in Ketten findet, seinen Freund, den er tot glaubt? Es gibt nur eine Lösung: Florestan, der Pizarros finstere Machenschaften aufdeckte und deshalb von diesem ins Gefängnis geworfen wurde, muß sterben *(Arie des Pizarro »Ha, welch ein Augenblick, die Rache werd' ich kühlen ...«)*. Er trägt Rocco auf, den Gefangenen zu töten. Rocco jedoch weigert sich: zu morden gehöre nicht zu seinen Pflichten *(Duett Pizarro-Rocco »Jetzt, Alter, hat es Eile ...«)*. Leonore hat die beiden beobachten können, ohne allerdings Genaueres zu hören, worüber sie miteinander sprachen. Das steigert ihren Argwohn gegenüber Pizarro zu entsetzlicher Angst *(Rezitativ und Arie der Leonore »Abscheulicher, wo eilst du hin, was hast du vor in wildem Grimme ...?«)*. Danach erinnert sie Rocco an ihren schon mehrfach geäußerten Wunsch, die Gefangenen einmal ans Tageslicht zu lassen. Rocco gestattet auch dies mit dem Hinweis, der Gouverneur werde es schon erlauben, da er ihn »um einen Gefallen« gebeten habe. So öffnen Jaquino und Leonore die Gefängnistüren, wobei Leonore unter den Gefangenen vergebens Ausschau nach Florestan hält *(Gefangenenchor »O welche Lust, in freier Luft den Atem leicht zu beben ...!«)*. Währenddessen hat Rocco bei Pizarro um die Heiratserlaubnis für Marzelline und Fidelio gebeten und ihn dazu gebracht, Florestan selbst zu töten. Pizarro befiehlt Rocco, schon das Grab zu schaufeln, er werde dann später selbst hinunter in das Gewölbe steigen, um seinen Feind zu richten. Freilich ist er sehr erbost über die Eigenmächtigkeit seines Kerkermeisters, die Gefangenen herauszulassen. Rocco begegnet dieser Zurechtweisung jedoch kühn mit dem Hinweis, man begehe schließlich heute den Namenstag des Königs. Pizarro lenkt ein und mahnt ihn, alles vorzubereiten, worüber sie gesprochen haben. –

2. AKT: In einem dunklen unterirdischen Kerker. Florestan ist hier angekettet und beklagt sein schweres Los *(Rezitativ und Arie des Florestan »Gott! Welch Dunkel hier!«)*. Erschöpft von diesem Gefühlsausbruch sinkt er nieder. So treffen ihn Rocco und Leonore an, die sogleich zu graben beginnen *(Duett Rocco-Leonore »Nur mutig fort, nur frisch gegraben ...«)*. Florestan wacht aus seiner Erschöpfung auf und bemerkt die beiden. Sie geben ihm einen Schluck Wein und ein Stück Brot *(Terzett Florestan-Rocco-Leonore »Euch werde Lohn in besser'n Welten ...«)*. Dann gibt Rocco das verabredete Zeichen für Pizarro, der sich Florestan zu erkennen gibt und ihn nun töten will. Doch da wirft sich Leonore, die zuvor Florestan als den Gesuchten erkannt hat, zwischen die beiden Männer, gibt sich ihrerseits zu erkennen und richtet eine Pistole auf Pizarro *(Quartett Pizarro-Florestan-Leonore-Rocco »Er sterbe!«)*. In dem Moment, da sich Pizarro auf Leonore und Florestan stürzen will, ertönt das Trompetensignal, das die Ankunft des Ministers ankündigt. Soldaten erscheinen, und Pizarro muß zur Begrüßung des hohen Gastes nach oben. Florestan und Leonore finden sich in größter Wiedersehensfreude *(Duett Leonore-Florestan »O namenlose Freude ...!«)*. Rocco kehrt mit froher Botschaft zu den beiden zurück: der Minister hat eine Liste aller Gefangenen bei sich und angeordnet, daß ihm alle vorgeführt werden sollen. Dennoch: Florestan steht nicht auf dieser Liste, und das ist für Rocco der endgültige Beweis dafür, daß Florestans Inhaftierung eine persönliche Rachetat Pizarros ist. Er führt Leonore und Florestan ins Freie. – Großer Platz im Freien. Das Volk hat sich zur Begrüßung des Ministers eingefunden *(Chor »Heil sei dem Tag! Heil sei der Stunde!«)*. Dem Minister werden die Gefangenen vorgeführt, und es kommt zu ergreifenden Wiedersehensszenen der Familien. Rocco führt dem Minister den totgeglaubten Freund Florestan und seine Gattin Leonore zu. Pizarro wird abgeführt, während ein allgemeiner Jubel einsetzt über die glückliche Befreiung der Gefangenen und über Leonores Rettungstat *(Finale »Wer ein solches Weib errungen, stimm in unsern Jubel ein!«)*. –

Aufführungsdauer: 2½ Stunden

II. DIE BLÜTEZEIT DER OPER IM 19. JAHRHUNDERT

Eine neue Epoche

Wenn wir nun das Tor zum 19. Jahrhundert weit aufstoßen, so breitet sich eine schier unüberschaubare Fläche aus, die des Menschen Geist und Intelligenz, Phantasie und Schöpferkraft fruchtbar macht. Der Mensch bricht zu völlig neuen Weltregionen auf und fürchtet sich weder vor Nord- und Südpol noch vor Wüste und Dschungel; die archäologische Neugierde fördert die erstaunlichsten Geheimnisse der Vergangenheit zu Tage und läßt die Welt vor den Ausgrabungsfunden in Ehrfurcht erstarren; Forschungsdrang schafft Elektrizität, Fotografie, Telegraphie und Elektrotechnik; Erfindungsgeist baut Maschinen und Motoren und macht mit neuen Reise- und Transportfahrzeugen die Welt erreichbarer; der Mensch steigt in die Atomwissenschaft ein und entdeckt die radioaktive Strahlung; er entdeckt Bazillen und Viren; er findet Mittel gegen Krankheiten, die bislang zu den Geißeln der Menschheit zählen; er taucht hinab ins Dunkel der menschlichen Seele und erkennt das Unbewußte als Brutstätte von Krankheit und Verbrechen; und er setzt den Grundstein der Vererbungslehre, auf der die moderne Gentechnik gründet.

Angesichts der Flut wissenschaftlicher Entdeckungen und Erfindungen wollen und können die schönen Künste nicht hintanstehen. Auf zwei Gebieten vor allem bringt menschliche Schöpferkraft eine Fülle von gültigen Werken hervor, wie das noch kein Jahrhundert zuvor zu leisten vermocht hat. Ein kurzer Blick allein auf die deutsche Literatur veranschaulicht die evolutionäre Spannweite dieses Jahrhunderts: an seinem Anfang stirbt *Schiller* (1805), an seinem Ende wird *Brecht* geboren (1898). Dazwischen liegt die Romantik in England (*Byron, Scott*), in Frankreich (*Musset, Hugo*) und besonders in Deutschland (*Novalis, Brentano, Eichendorff, E. T. A. Hoffmann, Heine, Uhland, Hauff, Mörike*) sowie die Epoche von Realismus und Naturalismus im Roman (*Dickens, Balzac, Stendhal, Flaubert, Zola, Keller, Raabe, Fontane, Dostojewskij, Tolstoi*) und im Drama (*Büchner, Hebbel, Grillparzer, Ibsen, Strindberg, Tschechow*). In der Musik setzt die Zeit zwischen 1800 und 1900 ihren Schwerpunkt neben dem umfangreichen deutschen Liedschaffen (*Schubert, Schumann, Brahms, Wolf*) auf Kammer- und Klaviermusik (*Chopin, Liszt*), besonders aber Sinfonie und sinfonische Dichtung (von *Beethoven* über *Schubert, Mendelssohn, Brahms* und *Bruckner* zu *Berlioz, Dvořak* und *Tschaikowsky*, zu *Richard Strauss* und *Gustav Mahler*).

Vor allem aber ist das 19. Jahrhundert die Blütezeit der Oper. Nicht nur herrscht ein reges internationales Opernleben zwischen Paris und Moskau, Mailand und London, Stockholm und Wien, in das Deutschland mit seinen Musikzentren fest involviert ist. Nicht nur schaffen Hunderte von Opernkomponisten in allen europäischen Ländern Tausende von Werken. Sondern: mehr als zwei Drittel aller Opern unseres heutigen internationalen Repertoires verdanken wir allein der Schaffenskraft des 19. Jahrhunderts! Dabei gesellt sich zu den traditionellen Opernländern Italien, Frankreich und Deutschland nun auch Osteuropa hinzu. Mehr denn je findet ein ständiger Austausch statt und führt zumindest partiell zur Angleichung an nationale Gegebenheiten, ohne daß die Komponisten gleich völlig anders komponieren. Die Italiener *Rossini* und *Donizetti* zeigen dies während ihres Schaffens in Paris beispielhaft.

Gibt es für das Opernschaffen des 19. Jahrhunderts gewisse Gemeinsamkeiten? Das ist durchaus der Fall. Generell läßt sich sagen, daß man sich weniger um formalästhetische Prinzipien der Oper streitet. Man ist pragmatischer geworden. Opernkomponist zu sein ist ein Beruf, und so strebt man danach, mit seinen Werken zu reüssieren – bei Theaterdirektoren wie bei Künstlern, bei der Kritik wie beim Publikum. Es bedarf keines Streites mehr darüber, ob der Dichtung oder der Musik der Vorrang einzuräumen ist. Die Oper ist als künstlerische Ausdrucksform und als die Massen mobilisierendes Theaterereignis akzeptiert, nun strebt man nach dem musiktheatralischen Gesamtkunstwerk. Darin sollen, wie es Gluck mit seiner Reform vorgegeben hat, Dichtung und Musik eine Einheit bilden, auch wenn die Musik die Dominanz behalten wird und die künstlerische Diskrepanz zwischen ihr und dem Libretto selbst bei sehr erfolgreichen Opern augenfällig ist. Ähnlich allgemeine Tendenzen finden wir auch bei den Opernstoffen. Die antike Mythologie, lange Zeit auch in den besten Werken nahezu ausschließliche Quelle der Libretti, interessiert nicht mehr, hat ausgedient, ist perdu. Erst *Wagner* wird den Mythos neu definieren, davon wird noch zu sprechen sein. Das reale Dasein des Menschen in Geschichte und Gegenwart und damit auch innerhalb seines sozialen Umfeldes wird zur musiktheatralischen Fallstudie. Das entwickelt sich kontinuierlich bis zum Verismo am Ende des Jahrhunderts. Auffallend ist die Hinwendung zur Literatur, ohne daß wir gleich von Literaturoper sprechen können. Aus dieser Quelle schöpft die Mehrzahl der Opern, Shakespeare verdrängt die Götter Griechenlands. Und noch ein weiteres grundsätzliches Phänomen läßt sich beobachten, daß nämlich die Gattung nicht mehr das Programm ist. Weder ist es von vorrangiger Wichtigkeit, italienische oder französische Oper zu komponieren oder die Dramaturgie von opera seria und opera buffa schulmeisterlich zu erfüllen. Das musikalische Theater wird personalisiert, die Komponisten sind das Programm: jetzt spricht man von der Oper *Rossinis, Bizets, Verdis, Puccinis* und vom Musikdrama *Wagners*. Ohnehin hat man sich seit Beginn des 18. Jahrhunderts immer mehr angewöhnt, die allgemeine Bezeichnung *Oper* (von lat. *opus* = Werk) zu verwenden und allenfalls ein ›komisch‹ davor zu setzen. Selbst Wagner verwendet den Begriff noch für den »Lohengrin« und fügt ihm das Beiwort ›romantisch‹ hinzu.

Mailand. Die Scala. Riß der Fassade des 1778 von Giuseppe Piermarini erbauten Opernhauses.

Den so geänderten Umständen wollen wir in der weiteren Darstellung schon aus Raumgründen Rechnung tragen und personelle Schwerpunkte setzen. So können wir übersichtlicher nachvollziehen, warum das 19. Jahrhundert die Blütezeit der Oper genannt werden kann, ohne daß wir uns durch eine Aufzählung der vielen Namen den Blick verstellen.

Italien: vom Belcanto zum Verismo

Noch immer ist und bleibt Italien für die Oper das Maß aller Dinge, in das die Opernkomponisten anderer Länder auch weiterhin pilgern, um an Ort und Stelle zu lernen. Das tut auch *Giacomo Meyerbeer (1791–1864)*, bevor er in Frankreich und Deutschland tätig wird. Seine Begründung ist lapidar und charakterisiert die italienische Oper grundsätzlich: »*Jeder Sängerkomponist muß von Zeit zu Zeit nach Italien gehen nicht der Komposition, sondern der Sänger wegen. Nur von großen Sängern lernt man sangbar und vorteilhaft für die Menschenstimme zu schreiben.*« (33) Italien ist das Land des Operngesanges. Hier legt man Wert auf einen runden und geschmeidigen Stimmklang, auf eine geschulte Technik mit farbigen Läufen und artifiziellen Verzierungen durch Triller und Koloraturen sowie auf einen Gesangsstil, der Empfindungen geschmackvoll zum Ausdruck bringt. Dafür prägt man im späten 18. Jahrhundert den Begriff des *Belcanto* (= schöner Gesang), der zum Markenzeichen der italienischen Oper des 19. Jahrhunderts wird. Ausdrücklich zu ihm bekannt hat sich *Gioacchino Rossini (1792–1868)*, auch wenn er einen Unterschied macht zwischen Dichter und Komponist als Schöpfer eines Werkes einerseits und dem Sänger als dessen Interpret andererseits: »*Ich sage Ihnen*«, schreibt er einmal an einen Bekannten, »*daß der gute Sänger, um seiner Rolle gerecht zu werden, nichts anderes sein darf als ein tüchtiger Interpret der Absichten des Komponisten, indem er versucht, sie mit ihrer ganzen Wirksamkeit zum Ausdruck zu bringen und in das rechte Licht zu stellen. Die Spieler dürfen ferner nichts anderes sein als genaue Ausführer dessen, was sie geschrieben vorfinden. Der Komponist und der Dichter endlich sind die einzigen wahrhaften Schöpfer ... Schöpferisch sein heißt: aus dem Nichts hervorbringen, der Sänger aber bedarf eines Werkes, d. h. der Poesie und der Musik, die er nicht geschaffen hat.*«

Rossini ist der erste, der der italienischen Oper des 19. Jahrhunderts ihre neue Weltgeltung verschafft. In Pesaro als Sohn eines Trompeters und einer Sängerin geboren, gilt er schon als Zweiundzwanzigjähriger als führender italienischer Opernkomponist. 1815 beginnt sein eigentlicher Aufstieg als Musikdirektor der beiden neapolitanischen Theater del Fondo und San Carlo, des größten Opernhauses der Zeit. Die Verpflichtung, jedes Jahr zwei Opern zu komponieren, kann er nicht ganz erfüllen, denn er ist auch in Bologna und Rom tätig sowie in Wien, London und Paris. 1822 heiratet er, inzwischen schon ein reicher Mann, die noch reichere *Isabella Colbran*, eine der bedeutendsten Sängerinnen in der ersten Hälfte des 19. Jahrhunderts. Als sie gemeinsam in Wien sind, besucht Rossini den bereits tauben Beethoven, der über seinen Besucher urteilt: »*Rossini ist ein Talent und schreibt ungewöhnliche Melodien. Er tut das mit solcher Leichtigkeit, daß er für das Komponieren einer Oper ebenso viele Wochen braucht wie ein Deutscher Jahre.*« Rossini ist ein gefragter Gesellschafter, zu seinen Bekannten zählen Künstler, Kaiser, Könige und wo auch immer er auftaucht, erfaßt die Menschen ein wahres Rossinifieber. Europa hält Hof mit ihm, zeichnet ihn mehrfach mit den höchsten Orden aus, staunt ihn wie ein Wunder an, liebt ihn wie einen Abgott und ist entsetzt, als er sich mit dem »Wilhelm Tell« nach Schillers Drama und im Stil der großen französischen Oper 1829 für immer vom Theater verabschiedet. Zwar trägt er sich eine Weile ernsthaft mit dem Gedanken, Goethes »Faust« zu vertonen, wofür bereits ein Szenarium vorliegt, doch dann macht er endgültig Schluß mit der Oper und lehnt sämtliche Aufträge rundweg ab. Doch ihm bleiben noch vierzig Jahre zu leben, in denen er nur noch als Gelegenheitskomponist in Erscheinung tritt, nach dem Scheitern der ersten eine zweite Ehe eingeht, sich nach Bologna und Florenz zurückzieht, ab 1855 aber wieder in Paris ist und das für immer. Wieder ist er hofierter Mittelpunkt der Gesellschaft, zu seinen Bekannten gehören auch *Felix Mendelssohn-Bartholdy* und *Richard Wagner*, er wird krank und depressiv, entwirft seine legendären Koch- und Speiserezepte wie die ›Tournedos à la Rossini‹, spekuliert an der Börse, erhält neue Auszeichnungen und Orden, erleidet schließlich einen schweren Schlaganfall und stirbt an den Folgen zweier Krebsoperationen. Eine nach Tausenden zählende Trauergemeinde erweist ihm die letzte Ehre, erst zwanzig Jahre nach seinem Tod findet er seine letzte Ruhe in der Kirche Santa Croce zu Florenz.

Mehr als vierzig Opern hat Rossini komponiert (34), doch die Nachwelt zeigt sich dem reichen Schaffen dieses Mannes gegenüber ungerecht und verbindet seinen Namen fast ausschließlich mit seinem »Barbier von Sevilla«. Danach sah es zunächst nicht aus, denn die Uraufführung des Werkes, das vielen als das Nonplusultra auf dem Gebiet der komischen Oper gilt, ist einer der veritabelsten Durchfälle der Theatergeschichte. Das fängt schon damit an, daß man den in einen als »geckenhaft« empfundenen Frack gekleideten Komponisten als »Grünschnabel« mit viel Heiterkeit empfängt. Dann ist die Gitarre, die der Sänger des Grafen Almaviva für seine Canzone benötigt, restlos verstimmt, und als dieser sie richten will, springt eine Saite und schlägt dem Sänger fast ein Auge aus – doch das Publikum bejubelt dies als komischen Einfall der Regie; der Darsteller des Basilio verfängt sich mit seinem Kostüm, fällt bei seinem ersten Auftritt der Länge nach hin und holt sich eine blutige Nase, die auf offener Bühne behandelt werden muß, was das Publikum erneut als Regiegag frenetisch feiert mit einem wahren Lachorkan, mit Wiehern, Pfeifen und komischem Jammern. Dann folgt praktisch der Zusammenbruch: der theatereigene schwarze Kater erscheint mit der aufziehenden Wache auf der Bühne, putzt sich erst vor dem Souffleurkasten, faucht dann, rennt hin und her, springt einem Sänger auf die Schulter, verheddert sich bei einem anderen in dessen Kostüm, kratzt einen dritten blutig, wird von einer Wache mit dem Säbel gejagt, und die folgende Katzenjagd unter den Darstellern dauert bis zum vorzeitigen Fallen des Vorhangs. Das Publikum, so ein Augenzeugenbericht, »quiekt außer sich vor Vergnügen«, es hat keinen Sinn mehr für die Oper, nur noch Spaß an den wilden Tollheiten des fauchenden Katers: »Einige Augenblicke später bricht der ganze Zuschauerraum in herzzerreißendes Miauen aus.« Rossini, den man als Komponisten auf Grund des Debakels schon an diesem Abend für gescheitert erklärt, schleicht sich heimlich aus dem Theater nach Haus. Währenddessen »holpert und rumpelt«, so heißt es weiter, unter weiterem »Geplauder, Demonstrationen, Stampfen mit den Füßen und Rufen« des Publikums sowie mit »verwirrten Sängern« und einem »falsch spielenden Orchester« unter spontanen und großzügigen Strichen – »ganze Szenen werden ausgelassen, einzelne Rezitative gestrichen« – irgendwie zu Ende. Das alles hat, wie wir wissen, dem Werk nicht geschadet, und auch nicht dem Ruhm seines Schöpfers, der vor allem auf dem Gebiet der komischen Oper präsent geblieben ist. Diesem Genre kommt Rossinis spezieller Musikstil entgegen, der sich auszeichnet durch Frische und Dynamik, durch die Neigung zum Belcanto und zum wirbelnden Finale, das in seiner musikalischen Rasanz den Eindruck erweckt, auf der Bühne breche das reine Chaos aus. Besonderes Kennzeichen der Opernmusik Rossinis jedoch ist das schwindelerregende Parlando, das schnelle Singen als Ausdruck eines nicht enden wollenden musikalischen Redeflusses der Personen, mit wahnwitzigen Tempi, halsbrecherischen Wortkaskaden und hochartifiziellem Rhythmus. Das verlangt von den Sängern ein Höchstmaß an Atem, an Zungenfertigkeit, Sprachgefühl und gesangstechnischer Nuancierungs- und Differenzierungskunst.

Als Rossini 1842 Direktor des Liceo Musicale in Bologna wird, bemüht er sich vergeblich, die Position des Chordirektors der Musikschule mit *Gaetano Donizetti (1797–1848)* zu besetzen. Geboren im oberitalienischen Bergamo und aufgewachsen in ärmlichsten Verhältnissen, beginnt Donizetti seine musikalische Laufbahn mit neun Jahren an der Chorsingschule seiner Heimatstadt. Er wird Schüler des aus Bayern gebürtigen *Simon Mayr (1763–1845)*, einer musikalischen Autorität der Zeit, als Komponist von über 70 Oper freilich nicht mehr als eine musikgeschichtlichen Fußnote wert. Nach seiner Ausbildung ist Donizetti als Sänger, Geiger und Komponist tätig und beginnt nach Arbeitsaufenthalten in Bologna, Verona, Venedig und Mantua ab 1820 in Rom sein unstetes, ausschweifendes und zerstörerisches Bohèmeleben, in dem er sich vergnügungssüchtig bis zum Exzess den Freuden des Lebens und zahlreichen, teilweise dubiosen Liebesabenteuern hingibt, bei denen er sich die Syphilis holt, die schließlich sein Leben ruiniert. Erste Opernerfolge erringt er schon früh, er lernt Rossini kennen, der ihn protegiert und in ihm seinen legitimen Nachfolger sieht, auch wenn er sich der Rivalität mit dem jüngeren *Bellini* um die Position des ersten italienischen Opernkomponisten aussetzen muß. Im Leben wie in der Arbeit rastlos getrieben, wird Donizetti zu einem musikalischen Weltenbummler, er ist lange in Paris tätig, wo sein Schaffen von der großen Oper geprägt wird, er erobert sich als Komponist und Dirigent Wien, das ihn wie einen König feiert. Dort nimmt er ab 1844 als Hofkapellmeister jene Position ein, die schon Gluck und Mozart innehatten. Doch spätestens da beginnt die Katastrophe. Nach dem Tod von Frau und Kindern befallen ihn seelische Leere und schwere Depressionen, er wirft sich in erneute Ausschweifungen, die aber nur seinen körperlichen Verfall und seine geistige Zerrüttung beschleunigen. Er ist unfähig zu komponieren, nach der Rückkehr nach Paris bricht er zusammen und dämmert in einem Hotel dem Wahnsinn entgegen. Aus der Irrenanstalt von Ivry, die er in selten lichten Momenten für ein Hotel auf der Rückreise nach Wien zur Wiederaufnahme seiner Kapellmeistertätigkeit hält, holt ihn die Familie im ebenso erbarmungswürdigen wie hoffnungslosen Zustand – unheilbar wahnsinnig und nahezu völlig gelähmt – nach Bergamo, wo er nach längerer Agonie stirbt und von viertausend Menschen mit einem Fackelzug zu Grabe getragen wird. Trotz seines nicht sehr langen Lebens, dessen letzte Jahre ohnehin für sein Schaffen nicht mehr in Betracht kommen, hinterläßt Donizetti ein außerordentlich umfangreiches Werk an Kantaten, Hymnen, Liedern, geistlichen Werken, Orchester- und Instrumentalmusik und allein 19 Streichquartetten. Mit seinen insgesamt 71 Opern ist er der fruchtbarste unter allen namhaften Opernkomponisten. (35) Neben den Welterfolgen verdienen einige andere größere Aufmerksamkeit der Theater. »Viva la Mamma« immerhin, ein szenisch wie musikalisch gleich köstlicher Bühnenspaß um Primadonnenlaunen und Theaterintrigen mit der Hauptrolle der Mamma Agata als Baßpartie (!), war in den siebziger Jahren ein Renner auch auf deutschen Bühnen. Sehr viel volkstümlicher, ebenso überschaubar wie beschaulich, liedhaft volkstümlich wie musikalisch soldatesk bramarbasierend, in ihrem Sujet der französischen opéra comique und der deutschen Spieloper, von denen sie die gesprochenen Dialoge übernimmt, geistesverwandt, ist die auf ein französisches Libretto komponierte » Regimentstochter« mit ihren für eine komische Oper ungewöhnlich geballten Chorsätzen. Diese liebenswürdige Glorifizierung altnapoleonischen Soldatenlebens gab in der Entstehungszeit dem französischen Nationalgefühl starken Auftrieb – die Oper wurde mit Vorliebe am 14. Juli auf den Spielplan gesetzt. Unter den ernsten Opern befinden sich neben der etwas zu sehr auf Effekt abzielenden »Lucrezia Borgia« zwei zu Unrecht stark vernachlässigte Meisterwerke. Sowohl »Anna Bolena« wie auch »Maria Stuart« (nach Schillers Drama) leben in erster Linie vom Spannungsverhältnis zweier politischer Rivalinnen. Dort sind es Anna Bolena und Johanna Seymour, die eine Königin von England und unglückliche Gemahlin Heinrichs VIII., die andere Hofdame ebenda und ehrgeizige Favoritin des Königs. Hier sind es zwei Königinnen, die sich unversöhnlich haßerfüllt gegenüber stehen: Elisabeth von England und Maria Stuart von Schottland. In beiden Opern kommt Donizetti mit wenigen Personen und Schauplätzen aus, was die dramaturgische und musikdramatische Geschlossenheit garantiert. In beiden Opern bewirkt er auch die gleiche innere Spannung durch das gleiche Verfahren: die Titelpartien sind ständig gegenwärtig auch in den Gedanken und Gefühlen der anderen – Anna in denen Johannas und Heinrichs, der sie um Johannas Willen verstößt, Maria Stuart in denen Elisabeths und des Grafen von Leicester, der sie liebt. Donizettis Musik ist im forte wie im piano, gesanglich wie instrumental von ergreifender Ausdrucksvielfalt, von zupackender und floskelfreier szenischer Direktheit sowie von sensibler und aufbegehrender Leidenschaft. Anna Bolenas Abschiedsszene vor ihrem Gang zur Hinrichtung ist bewegendes Operntheater, angesichts des Todes rührt die Musik an die letzten Dinge eines tragisch endenden Lebens.

Das Leben von *Vincenzo Bellini (1801–1838)* weist einige Parallelen zu dem Donizettis auf. Auch er führt ein recht unstetes, nahezu rastloses Dasein zwischen den italienischen Opernmetropolen sowie London und Paris; auch er ist in den dortigen Gesellschaften ein gern gesehener Gast; auch er verfängt sich in Liebesaffären, vor allem zu seinen ›drei Giuditten‹: zu zwei Sängerinnen und zu einer unglücklich verheirateten lombardischen Gräfin; auch er steigt schon in jungen Jahren zur Berühmtheit auf und kann nach dem Uraufführungs-Erfolg seiner Oper »Die Capuleti und Montecchi« (I Capuleti e I Montecchi, auch: Romeo und Julia) 1830 in Venedig mit einigem Recht behaupten: »*Mein Stil erklingt nun in den bedeutendsten Opernhäusern der Welt und wird mit größter Begeisterung aufgenommen.*« Dabei folgen zwei seiner drei Meisterwerke unter den zehn Opern erst im Jahr darauf: »Die Nachtwandlerin« (Il Somnabula) und »Norma«, beide 1831 in Mailand uraufgeführt. Beide wie auch »Die Puritaner« (I Puritani; Paris 1833) versteht Bellini selbst als Musikdramen, von denen er fordert, sie sollen »*mittels Gesang Tränen, Entsetzen und Tod hervorrufen. Sollen Text und Musik wirkungsvoll sein, braucht es Natürlichkeit und sonst nichts. Operndichtung muß nach meinem Geschmack die Leidenschaften aufs allerlebhafteste wiedergeben.*« Von allen italienischen Opernkomponisten des 19. Jahrhunderts ist Bellini am wenigsten heimisch auf den deutschen Bühnen geworden. Auch nicht die »Norma«, sein unbestritten bestes Werk. Liegt es daran, daß es eine Primadonnen-Oper par exellence ist? Schon die legendäre *Maria Malibran (1808–1836)* verhilft dem anfänglichen Durchschnittserfolg zu raschem Weltruhm, in unserer Zeit ist es *Maria Callas (1923–1977)*, die die keltische Druidenpriesterin zu neuem Bühnenleben erweckt. Dessen ungeachtet ist Bellini eine wichtige Station auf dem Entwicklungsweg der italienischen Oper. Wie die Musik Donizettis verfügt auch seine über eine unnachahmliche dramatische Verve, die Verdi übernimmt und zur Vollendung bringt. Man bezeichnet dies auch als *italianità*, als einen »Dreiklang aus rhythmischen, melodischen und harmonischen Elementen, die allesamt durch das einfachste Prinzip der Wiederholung verknüpft sind.« (36). Über Bellini urteilt Verdi einmal: »*Bellini ist reich an Empfindung und hat eine gänzlich und nur ihm eigene Melancholie! Auch in seinen weniger bekannten Opern gibt es große, ganz, ganz große Melodien, wie sie vor ihm niemand gemacht hat.*« (37)

Von Donizetti und Bellini führt der Weg über Verdi, dem wir ein eigenes Kapitel gewidmet haben (S. 320 ff.), und die hierzulande wenig bekannten Verdi-Zeitgenossen wie Amilcare Ponchielli, Arrigo Boito und Alfredo Catalani zum *Verismo* (Verismus; lat. *verus* = wahr). Darunter versteht man eine übersteigerte italienische Form des europäischen Naturalismus gegen Ende des 19. Jahrhunderts. ›Verismo‹ ist ein wichtiges, wenn nicht zentrales Phänomen der modernen italienischen Kultur, das sich u. a. literarisch artikuliert und nicht zuletzt das Filmland Italien beeinflußt hat, bis hin zum ›Neorealismo‹. Der Verismo als Opern-Stilrichtung hat seine Wurzeln in Italien, zieht aber ebenso Komponisten in anderen Ländern – Deutschland und Österreich, Frankreich, den USA – in seinen Bann. Sein Ziel ist eine radikale, genaue Wiedergabe der krassen Alltagswirklichkeit durch scharf konturierte Situationen eines sozialen Milieus im Libretto, durch eine musikalisch ungeschminkte bis plakative Charakterzeichnung der handelnden Personen und mittels einer eruptiven, emphatischen und mit Dissonanzen arbeitenden Tonsprache. Das hört sich nach äußerlicher Theatralik an, aber die wenigen Meisterwerke des ohnehin nur kurzlebigen Verismo führen eine solche Vermutung dann doch ad absurdum. Da ist der »André Chénier« von *Umberto Giordano (1867–1948)*, dessen Titelheld in der französischen Literatur als der bedeutendste französische Lyriker des 18. Jahrhunderts gesehen wird. Der an sich der Revolution zugewandte Dichter *Chénier (1762–1794)* wird in die Wirren der Revolutionskämpfe verwickelt und als erklärter Gegner von Robespierres Terror guillotiniert: Die Revolution verschlingt ihre Kinder. Giordano hat die Vita des Dichters mit dessen Liebe zu der im politischen Untergrund lebenden Gräfin Madeleine von Coigny verbunden, die gemeinsam in den Tod gehen. Giordanos Oper erscheint immer wieder einmal in unseren Spielplänen, hat es aber nicht zum Repertoirestück gebracht.

Den Beginn und zugleich Gipfel veristischen Opernschaffens stellen »Der Bajazzo« von *Ruggiero Leoncavallo (1858–1919)* und »Cavalleria rusticana« von *Pietro Mascagni (1863–1945)* dar. Die Lebensläufe beider Komponisten sind recht unterschiedlich. Das Leben des Neapolitaners *Leoncavallo* ist reichlich abenteuerlich: der graduierte Jurist verdient seinen Lebensunterhalt als Kabarettpianist, Liedbegleiter umherziehender Sänger und Sängerinnen wie als gelegentlicher Hilfskorrespondent italienischer Zeitungen, er wird Musiker am Hof des ägyptischen Vizekönigs, gerät in die Kriegswirren zwischen England und Ägypten, flieht als Araber verkleidet aus Ismailia, verdingt sich als Korrepetitor, Lehrer und Literat in Italien, geht auf Konzerttournee nach Kanada und Amerika, dann nach London, reist anschließend quer durch Europa, wird nirgends seßhaft und stirbt während eines Kuraufenthaltes an einem langjährigen Nierenleiden. In wesentlich geregelteren Bahnen verläuft das Leben *Mascagnis*. In Livorno/Toskana geboren, studiert er zunächst an der dortigen Musikschule, dann am Mailänder Konservatorium, schließt sich einer wandernden Theatertruppe an, wird Orchestermusiker, Dirigent und Musikdirektor, übernimmt zuerst die Leitung des Konservatoriums von Pesaro und dann die Direktion der Mailänder Scala. Doch danach geht es rapide bergab, er ist erfolglos, gleitet in die Armut und stirbt, vom Leben und von seinen Mißerfolgen als Komponist enttäuscht wie von der Musik- und Theaterwelt vergessen in einem drittklassigen römischen Hotel. Gemeinsam ist beiden Komponisten der kurze Ruhm und das letztendliche Vergessenwerden, was bleibt ist die Erinnerung an sie durch ihre berühmten Kurzopern. Sie bilden das bekannteste Dioskurenpaar in der Geschichte des Theaters.

Mascagni verbindet eine lebenslange Freundschaft mit *Giacomo Puccini (1858-1924)*. In ihm erwächst der italienischen Oper um die Wende vom 19. zum 20. Jahrhundert der neben Verdi bedeutendste Vertreter, mitbeherrschend in den Spielplänen bis auf den heutigen Tag. Puccini stammt aus einer kinderreichen Familie in Lucca, sein Vater ist dort Organist, Komponist, Musikwissenschaftler und Leiter des Toskanischen Konservatoriums. Der Sohn wird Chorknabe, Aushilfsorganist, Mitglied einer Tanzkapelle, Student in Mailand (außer Musik auch Ästhetik und Philosophie), er beginnt zu komponieren, begeistert sich für die Musik Wagners (den er zeitlebens höher schätzt als Verdi, dem er übrigens nie persönlich begegnet) und ist mit der Uraufführung seiner dritten Oper »Manon Lescaut« 1893 in Turin und des sich anschließenden Siegeszuges der Oper im gesamten Ausland bereits eine Weltberühmtheit. Den vergrößert er mit »La Bohème«, zu deren Aufführungen er u. a. nach Paris, London, Brüssel, Manchester, Berlin und Wien reist. Er begegnet einer Reihe zeitgenössischer Berühmtheiten und schließt Lebensfreundschaften mit zwei unterschiedlichen Größen der Musik: mit *Arturo Toscanini* und *Franz Lehár*. In seinem letzten Lebensjahr fährt er nach Florenz, um sich ein Konzert anzuhören, bei dem *Arnold Schönberg* eigene Werke dirigiert. Der deutsche Komponist wird ausgepfiffen, doch Puccini – schon immer an Neuer Musik interessiert – besucht Schönberg hinter der Bühne und führt mit ihm ein langes und anregendes Gespräch. Sein Spätwerk, das »Triptychon« (1918) und »Turandot«, sind bereits der Moderne zugewandt. Noch während der Arbeit an seiner letzten Oper erliegt der lebenslange Kettenraucher Puccini einem Kehlkopfkrebsleiden, weder Radium-Bestrahlungen noch eine mehrstündige Operation in einer Brüsseler Spezialklinik können ihn retten.

Puccini, leidenschaftlicher Jäger und Autofahrer – im Jahr 1903 überlebt er nur mit viel Glück und schwer verletzt einen nächtlichen Autounfall, der ihn monatelang nicht zum Arbeiten kommen läßt –, hat den Rummel um seine Person und das Herumgereichtwerden in den Gesellschaften immer nur als lästige Begleiterscheinung seiner weltweiten Popularität betrachtet und einmal bekannt: »*Ich bin nicht geboren für das Leben in den Salons und auf Empfängen.*« Und einem Freund schreibt er einmal, er sei um so dankbarer, »*je weniger Klimbim*« man um seine Person mache. Gerade in solchen Augenblicken sehnt er sich nach dem »einfachen Leben« unter »einfachen Menschen«. Die ersehnte Ruhe findet er auf seinem Landsitz in dem kleinen toskanischen Dorf Torre del Lago. Der gütige Maestro ist offen für die Sorgen und Nöte der Dorfbewohner wie auch der jungen Leute, die ihm vorsingen und

Protektion für die gewünschte Sängerlaufbahn erhoffen. Nicht alle diese Besucher haben wirkliches Talent, aber eines Tages verschlägt es Puccini die Sprache. Im Sommer 1897 singt ihm ein unbekannter neapolitanischer Straßensänger vor. Fassungslos fragt er ihn: »*Wer schickt Sie? Gott?*« Ahnt er, wer da vor ihm steht? Jedenfalls wird er selbst erleben, wie dieser junge Mann noch zu Lebzeiten zu einer der größten Sängerlegenden der Musikgeschichte wird: *Enrico Caruso*.

Puccini gilt als einer der großen italienischen Melodiker der Neuzeit. Er selbst sah das auch so: »*Ich bin Italiener und ich liebe die Melodie. Die Melodie muß in der Musik immer die Königin sein.*« Er komponiert mit dieser Überzeugung und in dieser Bestimmung, gleichgültig, was er anpackt. Seine dramatischsten Opern, »Tosca« mit einer der eindrucksvollsten Opernszenen überhaupt im zweiten, dem sogenannten Scarpia-Akt, wie auch »Turandot«, die er selbst nicht mehr vollenden kann, zeugen ebenso von Puccinis unverkennbarem Melos wie »Madame Butterfly«, deren Titelgestalt Cho-Cho-San in sehnsuchts- und hoffnungsvoller Melodik geradezu schwelgt, so mitleiderregend ihr Schicksal auch ist. Diese beiden »fernöstlichen« Werke Puccinis (»Turandot« spielt im märchenhaften alten China, »Butterfly« im modernen und nicht weniger märchenhaften Japan) zeigen ebenso wie die Western-Oper »Das Mädchen aus dem Goldenen Westen« (1910) die Hinwendung zu überseeischen, exotischen Schauplätzen. Geprägt von Puccinis unnachahmlicher lyrisch-melodischer Kantabilität ist vor allem die Musik zu »La Bohème«, die als eine der poetischsten Ensembleopern des Repertoires sich darum bei Sängern einer besonderen Beliebtheit erfreut. Puccini hat jedoch auch immer wieder bekannt, wie wichtig das Libretto für ihn ist, erst sei ein gutes Textbuch vonnöten, bevor er komponieren könne: »*Ich habe den großen Fehler, nur dann komponieren zu können, wenn sich meine lebendigen Marionetten auf der Bühne bewegen.*« Hier spricht der Bühnen-Komponist, der das erfüllt sehen will, was später Max Frisch einmal das »Dichten mit der Bühne« nennt. Puccini verlangt von der Grundgeschichte der Oper, daß sie logisch und ausgewogen ist, aber auch kurz und bündig, um zu fesseln. Er fordert Logik und Phantasie, Originalität und Lebendigkeit, Schlagkräftigkeit und Wirkung, damit eine Oper interessiert. Er ist schon über sechzig Jahre alt, als er gewissermaßen die Summe seines Schaffens und seiner künstlerischen Überzeugungen zieht: »*Ich kam vor langer Zeit zur Welt, vor gar zu langer Zeit, es mag ein Jahrhundert her sein ... und Gott berührte mich mit dem kleinen Finger und sprach: ›Schreibe fürs Theater: hüte dich: nur fürs Theater‹ – und ich habe den höchsten Rat befolgt.*«

STERNSTUNDEN DES SPIELPLANS: DIE HAUPTWERKE VON ROSSINI, DONIZETTI, BELLINI, LEONCAVALLO, MASCAGNI UND PUCCINI

Gioacchino Rossini (1792–1868)
DER BARBIER VON SEVILLA
(Il barbiere di Siviglia)
Komische Oper in 2 Akten,
Libretto von Cesare Sterbini
Uraufführung Rom 1816

Quelle. Dem »Barbier« liegt das 1775 in Paris uraufgeführte Lustspiel »Der Barbier von Sevilla oder Die nutzlose Vorsicht« von *Pierre Augustin Caron de Beaumarchais (1732–1799)* zugrunde. Es ist das erste Stück der berühmten »Figaro«-Trilogie des Komödiendichters (siehe dazu auch Mozarts »Die Hochzeit des Figaro«). Das Lustspiel war vor Rossini schon mehrmals vertont worden. Die berühmteste Oper stammt von dem italienischen Komponisten *Giovanno Paisiello (1740–1816)*, dessen (chorloser) »Barbier« 1782 in St. Petersburg uraufgeführt wurde, bis zum Erscheinen von Rossinis Werk unangefochten die europäischen Musiktheater beherrschte und auch heute noch, auch in Deutschland, verschiedentlich aufgeführt wird. Rossini wußte sich Paisiello verpflichtet. Er ließ extra ein neues Libretto verfassen, »*um nicht der kühnen Rivalität mit dem vorangegangenen unsterblichen Verfasser geziehen zu werden*«, wie er in seinem bei der Uraufführung verteilten »Aufruf an das Publikum« schreibt. Und er fügt darin hinzu, »*daß einige neue Situationen für musikalische Stücke eingefügt*« wurden, »*die jetzt vom modernen Geschmack der Bühne verlangt werden, der sich seit jener Zeit, in der der bewährte Paisiello*« (an anderer Stelle spricht Rossini von dem »*so sehr berühmten Paisiello*«) »*seine Musik schrieb, so sehr geändert hat.*«
Entstehung und Uraufführung. Ende Oktober/Anfang November 1815 hielt sich Rossini in Rom auf, um die Inszenierung seiner Oper »Der Türke in Italien« am Teatro Valle zu überwachen. Zugleich hatte sich das Theater andere Opern des auch hier bereits bewunderten und gefeierten Komponisten gesichert. Und das mit großem Erfolg. Das bewog den Besitzer und Impresario des Teatro di Torre Argentina den Komponisten um eine neue Oper für die kommende Karnevalszeit zu bitten. Als Librettisten bot er Rossini den jungen *Cesare Sterbini (1784–1831)* an – »*einen Schatzsekretär und Dichter*«, wie sich Rossini Jahrzehnte später erinnerte. Unglaublich noch heute, in welch kurzer Zeit das Werk entstand: Sterbini lieferte das gesamte Libretto in 12 Tagen ab, Rossini brauchte keinen Tag länger für die Komposition und nur noch weitere 8 Tage, um es zu orchestrieren – die gesamte Partitur lag in weniger als drei

Wochen fertig vor! Die Uraufführung unter der musikalischen Leitung Rossinis am 20. Februar 1816 im Teatro di Torre Argentina zu Rom war ein einziges Fiasko – einer der berühmtesten Durchfälle der Operngeschichte. Und der Komponist? Rossini begab sich nach der Vorstellung nach Hause, nahm ein opulentes Abendmahl zu sich (er war schließlich von früh auf ein erklärter Gourmet!) und schlief tief und fest die ganze Nacht. Er ignorierte sozusagen den Mißerfolg – und hatte recht. Schon mit der zweiten Vorstellung trat sein »Barbier« seinen Siegeszug an hinauf zu einem der größten Welterfolge der gesamten Operngeschichte – und der ist Rossinis genialer »Barbier« bis heute ungebrochen und allseits unbestritten auch geblieben.

Ort und Zeit. Sevilla in der Mitte des 18. Jahrhunderts

Die Personen der Oper. Graf Almaviva (Tenor) – Bartolo, Doktor der Medizin (Baß) – Rosina, sein Mündel (Mezzosopran) – Figaro, Barbier in Sevilla (Bariton) – Basilio, Musiklehrer Rosinas (Baß) – Fiorillo, des Grafen Diener (Tenor) – Marzelline, Kammerfrau bei Bartolo (Alt) – Ambrosio, Diener Bartolos (Baß) – Ein Offizier (Baß) – Ein Notar (stumme Rolle).

Musikanten und Wachsoldaten (Männerchor)

Die Handlung. 1. AKT: Ein Platz in Sevilla mit dem Haus, das Doktor Bartolo mit seinem Mündel Rosina bewohnt, die unter seiner Vormundschaft steht. In sie hat sich Graf Almaviva, dem der Ruf eines Schürzenjägers vorauseilt, verliebt. Zu nächtlicher Stunde gibt er, assistiert von seinem Diener Fiorillo und einigen Musikanten, der Verehrten ein Ständchen *(Kavatine des Grafen Almaviva »Sieh schon die Morgenröte heiter entgegen dir lachen...«).* Dann entlohnt er die dankbaren Musikanten. Da erscheint Figaro, der einst in seinen Diensten stand *(Auftrittsarie des Figaro »Ich bin das Faktotum der schönen Welt...«).* Figaro hat inzwischen ganz in der Nähe ein Barbiergeschäft und geht im Hause des Bartolo ein und aus. Doch der Alte, so erfährt Almaviva von Figaro, hat gleichfalls Heiratsabsichten auf Rosina, ohne freilich irgendwelche Gegenliebe zu finden. Im Gegenteil: sie ist voller Sehnsucht nach dem ihr unbekannten Verehrer, dem sie jüngst im Prado begegnete, und der ihr gerade ein Ständchen gebracht hat. Ihm will sie eine Nachricht zukommen lassen, muß dabei aber listig vorgehen gegenüber dem eifersüchtigen und übertrieben vorsichtigen Vormund, der jederzeit und überall Verdacht schöpft. Doch ihre List hat Erfolg, Almaviva gelangt in den Besitz des Billettes, in dem Rosina ihn um Namen, Stand und Absicht ersucht und ihm versichert: »Seid überzeugt, daß, um ihre Ketten zu brechen, alles tun wird die unglückliche Rosina.« Almaviva nimmt die Aufforderung wörtlich, ohne freilich seine wahre Identität preiszugeben: will er doch prüfen, ob Rosina ihn auch liebt. Auf Figaros Rat hin stellt der Graf sich mit einer Kanzonette als Lindoro vor *(Kanzonette des Grafen Almaviva »Meinen Namen wünscht Ihr zu erfahren...«).* Er gesteht Rosina seine Liebe. Er möchte sie sprechen, deshalb muß er ins Haus gelangen. Aber wie, da Rosina doch wie eine Gefangene gehalten wird? Figaro weiß Rat: der Graf soll sich als betrunkener Soldat Einquartierung im Hause verschaffen, so sei er der Liebsten nahe. Von einem Trunkenen befürchte wohl selbst ein Bartolo keine Gefahr! – Zimmer im Hause Bartolos. Rosina verzehrt sich nach Lindoro *(Kavatine der Rosina »Frag, ich mein beklomm'nes Herz...«)*. Figaro will Rosina informieren, wird aber durch den aus der Stadt heimkehrenden Bartolo gestört, der auch ihn der geheimen Verschwörung gegen ihn verdächtigt. Nur Spott und Verachtung bringe ihm seine Liebe zu seinem Mündel ein – dem aber will er nun durch schnelle Heirat ein Ende machen. Umso willkommener ist ihm der Besuch des Musiklehrers Basilio, der Rosina unterrichtet. Er bringt Neuigkeiten mit: Graf Almaviva soll in Sevilla sein! Das heißt Alarm für Bartolo, weiß er doch, daß der Graf ein stiller Verehrer Rosinas ist. Was ist zu tun? Basilio rät ihm: »Mit List und Tücke erfindet man allmählich fabulöse Behauptungen« – des Grafen Ruf soll durch Verleumdungen erschüttert werden! *(›Verleumdungsarie‹ des Basilio »Die Verleumdung, sie ist ein Lüftchen...«)*. Des kommenden Triumphes sicher, ziehen die beiden sich zurück, um den Ehekontrakt zu beraten – nicht ahnend, daß Figaro sie in einem Versteck die ganze Zeit über belauscht hat. Der aber wird's ihnen zeigen! Zunächst weiht er Rosina ein und eröffnet ihr, Lindoro werde bald höchstpersönlich im Hause erscheinen. Ihm, so gesteht Rosina, habe sie bereits ein Briefchen geschrieben *(Duett Rosina-Figaro »Also ich wär' die Erwählte...?«)*. Das wiederum reizt Bartolos Eifersucht aufs neue, dem gegenüber sich Rosina in Ausreden verfängt, so daß sie sich sagen lassen muß, schlauer vorzugehen, wenn sie ihn betrügen will *(Arie des Bartolo »Einen Doktor meinesgleichen fängt man nicht durch solche Lügen...«)*. Doch schon wenig später sieht er sich neuen Querelen ausgesetzt: Almaviva stürmt als randalierender Soldat das Haus und fordert Einquartierung. Er provoziert einen handfesten Streit mit Bartolo und ruft dadurch nicht nur die Kammerfrau Marzelline, Basilio und Figaro herbei, sondern auch einen Offizier samt Wache *(Ensemble »He, ihr Leute, hier vom Hause...«)*. Auf die Frage, was hier vorgehe, redet alles durcheinander, bis Almaviva dem Offizier ein Papier zu lesen gibt. Augenblicklich zieht sich die Wache ehrerbietig zurück. Figaro begreift sofort und will sich totlachen über die Reaktion der anderen, die nicht begreifen, was hier gespielt wird. –

2. AKT: Im Hause Doktor Bartolos. Während der Hausherr noch immer über den fremden Soldaten rätselt, den niemand im Regiment zu kennen scheint, weshalb er ihm umso verdächtiger vorkommt (vielleicht gar ein Abgesandter des Grafen Almaviva?). Da steht eine neue Überraschung ins Haus. Almaviva erscheint als verkleideter Musiklehrer Don Alonso und gibt vor, in Vertretung des angeblich erkrankten Basilio der jungen Dame des Hauses Musikunterricht erteilen zu sollen *(Duett Graf Almaviva-Doktor Bartolo »Friede und Freude sei mit Ihnen!«)*. Da der stets mißtrauische Bartolo sofort wieder Verdacht schöpft

– hat er das Gesicht nicht schon einmal gesehen? – gibt Almaviva alias Alonso ihm zu verstehen, er habe einen Brief Rosinas an den Grafen bei sich. Um Bartolo auf die falsche Fährte zu locken, erklärt er diesem, er müsse Rosina sprechen und ihr sagen, diesen Brief habe er von einem anderen Liebchen des »sauberen Grafen« erhalten – damit müsse Rosina doch wohl klar sein, daß der Graf sich mit ihr nur ein Spiel erlaube. Bartolo fällt tatsächlich darauf herein und wittert jene Verleumdungskampagne, von der Basilio ihm gegenüber gesprochen hatte. Während nun Almaviva als angeblicher Musiklehrer Rosina unterrichtet, die seine Maskerade sofort freudig durchschaut hat, erscheint Figaro, um Bartolo zu rasieren. Der läßt es nur ungern geschehen, denn er möchte doch kein Auge von den beiden Musizierenden wenden. Doch Figaro spielt den großen Ungeschickten und verschafft den Liebenden für einen Moment die Gelegenheit, einander ihre Liebe zu gestehen. Da aber platzt Basilio herein! Was nun? Figaro rettet die Situation, indem er Basilio an sein angebliches Fieber erinnert. Und als der Graf dem Musiklehrer noch eine Geldbörse zusteckt, weiß dieser, was man verlangt: denn dem Gelde hat er noch nie widerstehen können! So wird er höflich nach Hause ins Bett komplimentiert *(Quintett Rosina-Almaviva-Figaro-Basilio-Bartolo »Mit dem Fieber, Don Basilio, wer erlaubt hier auszugehen?«).* Dann geht die Musikstunde weiter, Bartolo wird rasiert – und alles scheint plötzlich gefährdet zu sein: Bartolo lauscht erfolgreich dem heimlichen Gespräch zwischen Rosina und Almaviva und erfährt so den Plan einer Entführung! Er schickt sofort seinen Diener Ambrosio zu Basilio, ihn zu holen, während er Marzelline aufträgt, Wache zu halten. Der aber wäre eine Heirat zwischen Rosina und einem jungen Mann nur recht, könnte sie dann doch selbst Bartolo für sich als Ehemann gewinnen *(Arie der Marzelline »Sich vermählen will der Alte...«)*! – Als Basilio eintritt, schickt ihn Bartolo sofort zum Notar um den Ehekontrakt. Er selbst will die Wache holen, um dem Bubenstück ein Ende zu bereiten. Währenddessen aber erscheinen, von einem Unwetter mit Blitz und Donner begleitet *(Orchesterzwischenspiel »Gewittermusik«)*, Almaviva und Figaro, um Rosina zu befreien. Sie aber zeigt sich zunächst abweisend: denn Bartolo hatte ihr ihren eigenen Brief an Almaviva mit dem Hinweis gegeben, ihr Liebster läge in den Armen einer anderen. Nun gibt sich Almaviva zu erkennen und gewinnt Rosina so ganz für sich. Zum Glück kehren Basilio und der Notar zurück. Almaviva besticht Basilio erneut, und so unterzeichnen Rosina und er den für Bartolo und sein Mündel bestimmten Ehekontrakt. Bartolo selbst kommt mit der Wache zu spät: die Unterschrift ist geleistet, Almaviva gibt sich auch ihm zu erkennen, und dem geprellten Bartolo bleibt die bittere Erkenntnis, an allem schuld zu sein und nutzlose Vorsicht an den Tag gelegt zu haben *(Finale »Der Liebe Huld und Frieden beglückt dich, teures Paar.«).*

Aufführungsdauer. 2½ Stunden

Gioacchino Rossini (1792–1868)
LA CENERENTOLA (Aschenbrödel)
Komische Oper in 2 Akten,
Text von Jacopo Ferretti
Uraufführung Rom 1817

Quellen. Das Märchen von Aschenbrödel gehört zum alten europäischen Erzählgut und hat seine Wurzeln in der frühen orientalischen Literatur. In der ältesten europäischen Märchensammlung »Die wunderbaren Nächte« von *Giovanni Francesco Straparola (1480–1537)* und der Sammlung »Pentamerone« von *Giambattista Basile (1575–1632)* findet sich auch das Märchen von Aschenbrödel, und darauf griff *Charles Perrault (1628–1703)* in seiner berühmten Märchensammlung »Contes de ma mère l'Oye« (Märchen meiner Mutter Gans), erschienen 1697, zurück. Das Aschenbrödel-Märchen diente als Vorlage mehrfacher Bühnenstücke, so schon bei *Carlo Goldoni,* dessen »Buona figliuola«, die von *Niccolo Piccini (1728–1800)* vertont und zu der erfolgreichsten seiner über 120 neapolitanischen komischen Opern wurde (U 1760 in Neapel). Zu den musikalischen Bühnenwerken vor Rossini gehörten ein Pariser Vaudeville und eine opéra comique sowie vor allem die komische Oper »Cendrillon« (U 1810 in Paris) des französischen Opernkomponisten *Nicolas Isouard (1775–1818),* die wegen ihres märchenhaften Charakters zur erfolgreichsten seiner mehr als 30 Opern wurde.

Entstehung und Uraufführung. Per langfristigem Vertrag mit dem italienischen Operndirektor *Domenico Barbaja (1778–1841)* war Rossini verpflichtet, jährlich zwei Opern zu komponieren. Gegen Ende des Jahres 1816 war er in Verzug mit seiner Verpflichtung gegenüber dem Teatro Valle in Rom geraten. Anfang Dezember traf er mit dem Librettisten *Jacopo Ferretti* zusammen und das Gespräch kam zufällig auch auf das Märchen vom Aschenbrödel. Rossini soll gefragt haben. »*Wann kann ich das Szenarium haben?*« Worauf Ferretti zur Antwort gab: »*Morgen früh, wenn ich solange wach bleiben kann.*« Am 1. Weihnachtstag erhielt Rossini die erste Skizze des Librettos, in dem Ferretti dem Stoff das Märchenhafte nahm und ihn ganz in der Commedia dell'arte ansiedelte. Binnen 24 Tagen komponierte Rossini die Oper, deren Ouvertüre seiner erfolglosen Oper »La Gazetta« entstammte, wobei er sich musikalisch selbst auch aus anderen Werken zitierte, was er mit der Bemerkung rechtfertigte, er betrachte »*jede ausgepfiffene Oper als etwas Totes.*« Die Uraufführung von »La Cenerentola ossia La bontá in trionfo« (Aschenbrödel oder der Triumph der Herzensgüte) am 25. Januar 1817 im Teatro Valle in Rom war kein sonderlicher Erfolg, es wurde sogar an einigen Stellen gepfiffen. Rossini konnte dies keineswegs entmutigen: »*Noch vor dem Ende der Saison wird »La Cene-*

rentola« in Rom sehr populär sein, gegen Ende des Jahres wird ganz Italien und innerhalb von zwei Jahren werden Frankreich und England begeistert sein. Die Impresarios und vor allem die Primadonnen werden sich um das Stück reißen.« Rossini behielt recht: seine für die Primadonna *Isabella Colbran* (die 1822 die Frau des Komponisten wurde) geschriebene Oper wurde rasch populär und gehört seit vielen Jahren auch wieder zum Repertoire der deutschsprachigen Opernbühnen.

Ort und Zeit. Italien zur Zeit des Rokoko (zweite Hälfte des 18. Jahrhunderts)

Die Personen der Oper. Don Ramiro, Fürst von Salerno (Tenor) – Dandini, sein Kammerdiener (Bariton) – Don Magnifico (Baron) – Montefiascone (Baß) – Clorinde (Sopran) und Tisbe (Mezzosopran), seine Töchter – Angelina seine Stieftochter, ›Aschenbrödel‹ genannt (Mezzosopran) – Alidoro, Philosoph, Don Ramiros Lehrer (Baß) – Kavaliere des Fürsten (Herrenchor)

Die Handlung. 1. AKT: Altertümlicher ebenerdiger Saal auf dem Schloß des Baron von Montefiascone. Der Hausherr, Don Magnifico, lebt mit seinen Töchtern Clorinde und Tisbe sowie mit seiner Stieftochter Angelina in seinem Hause. Die Töchter sind zwei eingebildete, hochmütige und herrschsüchtige junge Damen, die ihre Stiefschwester Angelina wie eine niedrige Dienstmagd halten, deren Platz ein Winkel am Kamin ist und die deshalb ›Aschenbrödel‹ (la Cenerentola) genannt wird. Sie ist im Gegensatz zu den beiden anderen ein bescheidener und herzensguter Mensch. Das zeigt sie, als ein Bettler erscheint und um ein Stückchen Brot bittet. Clorinde und Tisbe wollen ihn sofort hinauswerfen, doch Angelina gibt ihm heimlich Kaffee und Brot. Der vermeintliche Bettler ist in Wirklichkeit jedoch Alidoro, der Erzieher des jungen Fürsten Ramiro. Dieser ist auf der Suche nach einer Frau und hat seinen Lehrer in Verkleidung ins Haus geschickt, um so ganz objektiv den Charakter der jungen Damen zu prüfen. Wenig später erscheinen Kavaliere des Fürsten und überbringen seine Einladung zu einem Fest, auf dem er die schönste und charmanteste junge Dame zu seiner Braut erwählen will. Schon glauben Clorinde und Tisbe, keine werde ihnen den Rang streitig machen können. Ebenso aufgeregt wie herrisch erteilen sie Angelina ihre Befehle, ihnen zu Diensten zu sein, was Alidoro für sich mit dem Hinweis kommentiert, Hochmut komme stets vor dem Fall. Angelina gehorcht widerwillig, denn die beiden Stiefschwestern sind nur immer darauf aus, sich zu amüsieren, sie aber muß zu Hause bleiben und sich ihren Launen fügen. Vom Gezänk seiner Töchter, wer denn dem Vater die Neuigkeit über die fürstlichen Heiratspläne überbringen darf, aufgeschreckt, erscheint Don Magnifico griesgrämig. Als er jedoch die Nachricht hört, Don Ramiro werde gleich selbst seine Aufwartung machen, ist er hellwach. Sofort ist auch er überzeugt, daß eine seiner Töchter die Braut des

Fürsten werde. Er wünscht sich dies umso mehr, als er vor dem finanziellen Ruin steht. Nun gilt es, den hohen Herrn zu beeindrucken. Der erscheint wenig später als sein eigener Kammerdiener verkleidet: Alidoro hatte ihm dazu geraten, denn in diesem Hause lebe ein freundliches Mädchen voller Liebreiz, würdig, seine Braut zu werden. Nun will er sich unerkannt selbst davon überzeugen und trifft als erstes auf Angelina. Beide sind sofort voneinander höchst angetan. Doch da rufen schon die Töchter des Hauses ungeduldig nach ihr, die dem vermeintlichen Diener ihre Sorgen mitteilt. Nur kurz macht er noch die Bekanntschaft des Hausherrn, dann erscheint – so war es verabredet – Ramiros Kammerdiener Dandini in der Rolle seines Herrn, wodurch die Komödie ihren besonderen Reiz erhält. Dandini spielt charmant den verliebten Fürsten, die Schwestern umgarnen ihn leidenschaftlich und mit gegenseitigem Argwohn, Don Magnifico sonnt sich bereits in fürstlichem Glanz, und Ramiros Gedanken kreisen allein um Angelina. Als sie Don Magnifico bittet, auch sie möchte das Fest besuchen, muß sie ein geharnischtes Donnerwetter über sich ergehen lassen. Obendrein beschimpft man sie in Anwesenheit der Herrschaften als Dienerin niederer Herkunft, die die feine Dame spiele. Ramiro ist empört, wie man Angelina behandelt. Im Moment, da Dandini mit dem Hausherrn und seinen Töchtern zum Schloß fahren will, betritt Alidoro erneut das Haus. Er legt ein Verzeichnis vor, nach dem Don Magnifico nicht nur zwei, sondern drei Töchter hat. Der aber leugnet erst, dann erklärt er die dritte Tochter für tot. Angelina protestiert, Don Magnifico bedroht sie, ein Skandal scheint unausweichlich. Schließlich bricht die Gesellschaft auf, Angelina bleibt allein zurück. Kurz darauf erscheint Alidoro zum dritten Male: er bringt ihr schöne Kleider, sie soll auch zum Fest des Fürsten gehen, schon harre, so sagt er ihr, ihrer der Mann, der für sie bestimmt sei. – Gemach im Schlosse Don Ramiros. Dandini schmeichelt weiterhin den Töchtern des Barons und schickt Don Magnifico in den fürstlichen Weinkeller, um die edlen Tropfen zu prüfen. Clorinde und Tisbe versuchen zänkisch und eifersüchtig sich einander den Rang abzulaufen. – Ein anderes Gemach im Schloß. Die Kavaliere geleiten Don Magnifico herein, der alle Weinsorten geprüft hat. Nun wird er zum Kellermeister und »Gläserintendanten« ernannt, die Urkunde wird aufgesetzt. Inzwischen berichtet Dandini seinem Herrn, wie die Töchter des Barons zu beurteilen sind: als »rare Mischung aus Arroganz und Eitelkeit und wahre Teufelsbraten« doch er wird von beiden bestürmt – aber wie soll er zwei Frauen zu gleicher Zeit heiraten? Sein Vorschlag, die andere mit seinem Freund zu vermählen, stößt auf Entrüstung. Da naht neues Ungemach für die beiden: Alidoro führt eine schöne verschleierte Dame herein. Keiner kennt sie, doch die Schwestern, die vor Eifersucht und Wut schon zu platzen drohen, beobachten eine seltsame Ähnlichkeit mit Angelina. Die Stimme der Verschleierten weckt in Ramiro holde Erinnerungen, und so sind alle von unterschiedlichen Ahnungen erfüllt, daß es noch ein seltsames Erwachen aus einem schönen Traum geben wird. –

2. AKT: Zimmer im Schloß Don Ramiros. Don Magnifico und seine Töchter sind entrüstet über das Erscheinen der schönen Unbekannten und fürchten, sie könne die Gunst des Fürsten für sich alleine gewinnen. Mehr noch: wenn sie wirklich Angelina ist, was zumindest vermutet werden kann, dann droht Don Magnifico noch ganz anderer Spott, denn er hat ihr ganzes Erbteil für seine beiden leiblichen Töchter aufgewendet und sie dadurch arm wie eine Kirchenmaus gemacht. Und seine Kasse ist leer, er ist tief verschuldet und auf seinem Hause liegen Hypotheken. Nur durch die Heirat einer seiner Töchter mit Don Ramiro kann er sich sanieren. Doch Ramiro hat nur Augen für die Unbekannte, in der auch er Angelina vermutet, die offenbar noch einen Verehrer hat: seinen Diener Dandini. Der verfolgt sie, muß aber von ihr hören, daß sie einen anderen liebt. Ramiro ist überglücklich, doch Angelina stellt eine Bedingung: sie sucht keinen Reichtum, sondern ihr Glück und die wahre Liebe. Sie gibt Don Ramiro, den sie noch immer für seinen eigenen Diener hält, einen Armreif. Sie selbst hat einen zweiten. An diesem Reif wird er sie erkennen, wenn er sie in ihrem Hause aufsucht, um ihr wahres Leben kennenzulernen. Wenn sie ihm auch dann noch gefällt, so will sie ihm angehören. Don Ramiro geht auf die Bedingung ein, zumal ihm Alidoro rät, nur seinem Herzen zu Folgen. Und er hilft ihm, indem er just vor dem Hause des Don Magnifico einen Unfall mit dem Wagen arrangieren wird. Das weitere muß sich dann fügen. Und so geschieht es denn auch. – Der Raum in Don Magnificos Hause wie im ersten Bild. Der Hausherr und seine Töchter kehren wütend nach Hause zurück, wo sie Angelina gleich wieder heftig traktieren und herumkommandieren, denn ihr Argwohn ist noch nicht verflogen, ob sie nicht doch jene Unbekannte war, der sie so ähnlich sieht. Dann treibt ein aufkommendes Gewitter Don Ramiro und Dandini ins Haus, der Fürst gibt sich zu erkennen, erkennt an Angelinas zweitem Armreif die Geliebte und sorgt für Überraschung und Durcheinander der Gefühle bei allen Beteiligten: »Die Verwirrung ist vollkommen, alle stehen wie benommen.« Dann aber löst Don Ramiro das Rätsel: das Aschenbrödel begehrt er zur Frau und keine andere. Ob Don Magnifico und seine Töchter wollen oder nicht, sie müssen sich ins Unvermeidliche schicken, sie haben das Spiel verloren. Angelinas gütiges Herz hat gesiegt, nun verzeiht sie jenen, die sie nur mit Hochmut und Eitelkeit, Launenhaftigkeit und Streitsucht behandelt haben. Sie wird sich des Fürstenthrones würdig erweisen, denn ihre Rache liegt allein darin, alles zu vergeben, was sie erlitt. So viel Güte übermannt schließlich auch Don Magnifico und seine Töchter: ein solcher Engel wie Angelina verdient das Glück, das ihm widerfährt! –

Aufführungsdauer. 2¾ Stunden

Gaetano Donizetti (1797–1848)
DER LIEBESTRANK (L'Elisir d'Amore)
Komische Oper in 2 Akten,
Libretto von Felice Romani
Uraufführung Mailand 1832

Quelle: Im Juni 1831 wurde die komische Oper »Le philtre« (Der Liebestrank) in Paris uraufgeführt. *Daniel-Francois Esprit Auber (1782–1871)* hatte sie auf das Textbuch des vielbeschäftigten und erfolgreichen französischen Bühnenautors *Eugéne Scribe (1791–1861)* komponiert. Es ist zwar nicht stichhaltig bewiesen, aber durchaus denkbar, daß Donizetti diese Oper nicht nur kannte, sondern sich – da sie den gleichen Stoff beinhaltete – von ihr auch anregen ließ.

Entstehung und Uraufführung. Donizetti hatte um 1831/32 einen Auftrag für eine neue Oper vom Teatro della Canobbiana in Mailand erhalten, obwohl seine unmittelbar vorausgegangene dramatische Oper »Hugo, Graf von Paris« (U am 13. März 1832 an der Mailänder Scala) ein veritabler Mißerfolg war. Wieder war es *Felice Romani (1788–1865)*, der das Libretto schrieb. Es war die sechste Zusammenarbeit der beiden (darunter zu »Anna Bolena« von 1830), der noch weitere vier folgen sollten. Der aus Genua stammende Romani galt als einer der erfolgreichsten Librettisten seiner Zeit überhaupt, der für viele andere Komponisten die Operntextbücher schrieb, darunter für *Rossini* (z. B. »Der Türke in Italien, 1814) und mehrere für *Bellini* (darunter »Norma«, 1831). Mit seinen insgesamt zehn Libretti für Opern Donizettis war er nach *Domenico Gilardoni* (11 Libretti, darunter für »Der Bürgermeister von Sardam«, 1827) des Komponisten erfolgreichster Textdichter, gefolgt von *Salvatore Cammarano* (8 Libretti, darunter für »Lucia di Lammermoor«, 1835) und *Andrea Leone Totolla* (7 Libretti, darunter für »Elisabeth«, 1829). In der geradezu unvorstellbar kurzen Zeit von nur 14 Tagen (!) komponierte Donizetti seinen späteren Welterfolg, der seinen Siegeszug über die italienischen und ausländischen Opernbühnen schon mit der beifallsumrauschten Uraufführung am 11. Mai 1832 im Teatro della Canobbiana in Mailand antrat. Für spätere Aufführungen in Paris (1837) und Neapel (1842) nahm Donizetti einige Änderungen an seinem Werk vor.

Ort und Zeit. Ein baskisches Dorf Mitte des 19. Jahrhunderts

Die Personen der Oper. Adina, eine junge reiche Pächterin (Sopran) – Nemorino, ein junger armer Bauer (Tenor) – Belcore, Sergeant bei den im Dorf stationierten Soldaten (Bariton) – Doktor Dulcamara, ein Quacksalber (Baß) – Gianetta, ein Bauernmädchen (Sopran).

Bauern und Bäuerinnen, Soldaten (Chor)

Die Handlung. 1. AKT: Vor einem Pachthof mit Landschaft im Hintergrund. Das Bauernmädchen Gianetta und die Mäher und Mäherinnen – alle im Dienste der jungen Pächterin Adina – ruhen von der Arbeit ein wenig aus. Adina selbst sitzt etwas abseits und liest die Geschichte von Tristan und Isolde. Der junge Bauer Nemorino, der sie liebt, beobachtet sie von ferne *(Arie des Nemorino »Welche Schönheit, welche Anmut«)*. Doch er findet keine Gegenliebe bei Adina und wüßte doch allzu gerne ein Mittel, sie zu erringen. Da erzählt Adina lachend, was sie soeben gelesen hat: Tristan gewann Isolde nur durch einen Liebestrank, den ihm ein »Wundermann aus fernen Landen« mischte. Das steigert Nemorinos Sehnsucht, ebenfalls einem solchen Wundermann zu begegnen. Und das umso mehr, als es dem eitlen Luftikus und Prahlhans Belcore, dem Sergeanten der im Dorfe stationierten Soldaten, offenbar leicht gelingt, Adinas Aufmerksamkeit für sich zu gewinnen. Nemorino leidet Pein, denn Adina läßt es sich wohl gefallen, umworben zu werden, auch wenn sie Belcore fröhlich mahnt, mit dem Eheversprechen keine solche Eile zu zeigen. Der aber ist nicht zu bremsen, während Nemorino schüchtern überlegt, Adina vielleicht dadurch gewinnen zu können, daß er ihr sein Leid gesteht, denn seinen Klagen würde sie wohl nicht widerstehen können. Da irrt er sich aber sehr. Als die Leute ihre Arbeit fortsetzen, hat Adina kein Ohr und schon gar kein Herz für sein »übliches Geseufze« und rät ihm, lieber zu seinem sterbeskranken Onkel zu gehen, um ihn zu beerben. Mit Belcore könne er sich ohnehin nicht messen, da möge er sich keine Hoffnungen machen, so sei ihre Natur *(Duett Adina-Nemorino »Frag, warum der milde Zephir...«)*. – Dorfplatz. Das Schicksal scheint ein Einsehen mit Nemorino zu haben und schickt den ersehnten »Wundermann« ins Dorf. Es ist der Quacksalber Doktor Dulcamara, der, vom Posthorn angemeldet, auf einem vergoldeten Wagen stehend herbeifährt, Rezepte und Flaschen schwingt und sich als Wunderheiler und Meister aller möglichen Tinkturen und Mixturen anpreist, den man in ganz Europa kenne und dessen Mittel gegen bzw. für alles helfen: gegen Ratten und Wanzen, für Potenz noch im hohen Alter und für neue Liebesgelüste bei trauernden Witwen, gegen Asthma und Diabetes, gegen Fieber und Paralyse *(Auftrittslied des Dulcamara »Silentium, ihr Leute!«)*. Im Handumdrehen umlagern die Dorfbewohner seinen Karren, und auch Nemorino nimmt all seinen Mut zusammen und fragt ihn nach dem Liebestrank der Königin Isolde. Zwar erkennt Dulcamara in ihm nur einen Dummkopf, aber den gilt es ebenso wie andere zu übertölpeln. So verkauft er ihm das gewünschte Elixier – eine Flasche Bordeaux! Geheimnisvoll mahnt er ihn zur Verschwiegenheit und zu Geduld bis zum zum nächsten Morgen, wenn die Wirkung eintreten wird – und er längst verduftet ist, bevor man ihm auf die quacksalbernden Schliche kommt. Nemorino trinkt rasch einen kräftigen Schluck und spürt schon feurige Ströme durch seine Adern fließen. Fröhlich trällert er ein Liedchen, das die neugierige Adina herbeilockt. Nemorino spielt ihr gegenüber den Spröden und Überlegenen, denn er ist sicher, daß sie am nächsten Tag seine Liebe erflehen wird *(Duett Nemorino Adina »Sie mag sich nur voll Grausamkeit an meinem Kummer weiden!«)*. Adina weiß Nemorinos ungewöhnliches Verhalten nicht zu deuten. Da kommt Belcore gerade recht. Sie deutet ihm an, binnen sechs Tagen seiner Werbung nachzugeben. Nemorino aber kann darüber in Erwartung des folgenden Tages und der versprochenen Wirkung seines Liebestrankes nur lachen. Das macht die beiden geradezu zornig. Und nun kommt auch noch Gianetta mit einem Schreiben von Belcores Hauptmann, in dem der Weitermarsch der Soldaten für den frühen Morgen angeordnet wird. Da will Adina, die die ganze Zeit über Nemorino verstohlen und argwöhnisch, irritiert und merkwürdig eifersüchtig beobachtet hat, Belcore ihr Jawort noch heute abend geben. Damit will sie aber nur Nemorino ärgern, der nun erschrickt und sie flehentlich bittet, damit bis zum Morgen zu warten, sie werde sonst ihren Entschluß noch bitter bereuen. Sie aber schickt bereits nach dem Notar und lädt alle zum Hochzeitsfest ein! Nun muß der Doktor dem verzweifelten Nemorino noch einmal helfen. –

2. AKT: Auf Adinas Pachthof. Schon wird die Hochzeit zwischen Belcore und Adina vorbereitet, denen die Dorfbewohner huldigen, während Dulcamara ein fröhliches Lied beisteuert *(Barcarole Dulcamara-Adina »Ich bin reich, ich hab Dukaten…«)*. Schon kommt der Notar, aber Adina ist verwirrt: wo bleibt Nemorino, dem sie doch nur die ganze Komödie vorspielen will? Doch während Belcore den Ehevertrag unterzeichnet, erscheint Nemorino und kauft eine zweite Flasche des Liebestrankes von Dulcamara, kann sie aber nicht bezahlen. Das nützt Belcore aus, um seinen Nebenbuhler außer Gefecht zu setzen. Für den Betrag wirbt er ihn fürs Militär und hat ihn so stets unter seiner Kontrolle. – Ein ländlicher Hof. Gianetta kommt aufgeregt mit einer neuen Nachricht: Nemorinos Onkel ist gestorben und hat seinen Neffen reich beerbt. Der weiß jedoch noch nichts von seinem Glück, sieht sich aber plötzlich von allen Mädchen umschwärmt, was er dem Liebestrank zuschreibt. Adina hingegen, noch eifersüchtiger geworden als zuvor, befürchtet, er werde sie ganz vergessen. Dabei hat sie ihn doch gerade von Belcore losgekauft! Sie muß jetzt handeln! Sie nimmt Nemorino zur Seite, bereut ihr Verhalten ihm gegenüber und gesteht ihm ihre heimliche Liebe zu ihm, die schon lange in ihr schlummert und die ehrlich und aufrichtig ist. Nun ist es an Dulcamara, sich zu wundern: sein Elixier hat Nemorino nicht nur allseits Liebe und Zuneigung gebracht, sondern, wie er nun erfährt, auch noch reich gemacht! Da erfährt Adina von dem Quacksalber, warum Nemorino um den Liebestrank bat, was ihr den wahren Charakter des jungen Bauern beweist und seine Liebe und Treue zu ihr zeigt. Sie selbst aber benötigt des Doktors Wundertrank nicht, sie weiß auch so, daß sie Nemorino liebt. Als diesem ihre Liebe bewußt wird, ist er

überglücklich *(Arie des Nemorino »Heimlich in ihrem Auge sah eine Träne ich...«)*. Glücklich fallen sich die Liebenden in die Arme. Dulcamara aber ist endgültig selbst von der Wunderwirkung seines Trankes überzeugt: er heilt nicht nur in der Liebe, er verhilft auch noch zu großem Reichtum!

Aufführungsdauer: 2 Stunden

Gaetano Donizetti
LUCIA DI LAMMERMOOR
Oper in 3 Akten
Libretto von Salvatore Cammarano
Uraufführung 1835 Neapel

Quelle. Der schottische Dichter *Sir Walter Scott (1771–1832)* gilt in der Literatur als Begründer des historischen Romans. Er übte mit seinen Werken nachhaltigen Einfluß auf zahreiche Dichter und Schriftsteller der europäischen Literatur aus. Im Jahre 1819 veröffentlichte er eine mehrbändige Roman-Serie unter dem Titel »Geschichten meines Hauswirts«. Darin befanden sich u. a. die zu seinen besten Werken überhaupt zählenden Romane »Das Herz von Midlothian« und »Die Braut von Lammermoor«. Dieser Roman spielt um 1700 in Schottland und hat die alte Familienfehde zwischen dem jungen Edgar von Ravenswood und der Familie des Sir William Ashton zum Inhalt. Obwohl Sir William aus Dank dafür, daß Edgar ihm einst das Leben rettete, und aus dem aufrichtigen Wunsch heraus, die Zwistigkeiten der einander verfeindeten Familien endlich zu beenden, gerne einer Verbindung seiner Tochter Lucy mit Edgar, die sich lieben, zustimmen möchte, scheitert er mit seinen Plänen. Drahtzieherin des dauerhaften Streites ist die ehrgeizige Lady Ashton, die für Edgars Verbindung sorgt und Lucy mit einem ungeliebten Mann verheiratet, den diese in einem Anfall von Wahnsinn in der Hochzeitsnacht ersticht und sich dann selbst tötet. Dieser Roman bildet die literarische Vorlage für Donizettis unbestrittenes Meisterwerk unter seinen 30 als *opera seria* bezeichneten musikalischen Bühnenwerken.

Entstehung und Uraufführung. Schon zweimal hatte Scotts Roman als Vorlage für italienische Opern gedient, die beide vor Donizettis Werk zur Uraufführung gelangten: für »Die Hochzeit von Lammermoor« von *Michele Carafa (1787–1872)* aus dem Jahre 1829 und für »Der Treueschwur von Lammermoor« von *Alberto Mazzucato* von 1834. Donizetti hatte um 1834/35 gleich mehrere Opernaufträge zu erfüllen. Für das Teatro la Fenice in Venedig komponierte er die tragische Oper »Belisario«, die erst Anfang 1836 zur Uraufführung gelangte. Für Turin hatte er ebenfalls einen Auftrag, den er jedoch verschieben konnte und so Zeit gewann, die »Lucia« zu komponieren, seine bereits 51. Oper. Mit ihr begann seine Zusammenarbeit mit dem zu den damals überhaupt bedeutendsten Librettisten zählenden *Salvatore Cammarano (1801–1852)*. Neben den notwendigen Straffungen, deren ein Opernlibretto bedarf, nahmen Autor und Komponist noch einige andere Änderungen vor. Zu den wichtigsten gehörte eine personelle in der Familie der Ashtons: die dominierende Frauenfigur der Lady Ashton in Scotts Roman gibt es in der Oper nicht, an ihre Stelle tritt Lucias Bruder Enrico. Auch diese Oper komponierte Donizetti innerhalb weniger Wochen als Auftragswerk für Neapel, Anfang Juli 1835 war die Partitur bereits abgeschlossen. Die Uraufführung der »Lucia di Lammermoor« am 26. September 1835 am Teatro San Carlo in Neapel wurde vom Publikum mit nicht enden wollenden Ovationen bedacht, was sich auch bei den folgenden Vorstellungen fortsetzte.

Ort und Zeit. Schottland an der Wende des 17./18. Jahrhunderts

Die Personen der Oper. Enrico Lord Ashton (Bariton) – Lucia, seine Schwester (Sopran) – Sir Edgard von Ravenswood (Tenor) – Lord Arthur Buklaw (Tenor) – Raimondo, Geistlicher und Erzieher Lucias (Baß) – Alisa, Vertraute Lucias (Alt) – Normanno, Befehlshaber der Reisigen von Ravenswood (Tenor).

Ritter und Edelfrauen, Jäger und Krieger, Bewohner von Lammermoor und Ravenswood, Pagen und Diener (Chor)

Die Handlung. <u>1. AKT:</u> Garten im Schloß von Ravenswood. Lord Enrico Ashtons politischer Stern verblaßt und sein Todfeind Sir Edgard von Ravenswood scheint zu triumphieren, obwohl ihm die Ashtons nahezu allen Besitz weggenommen haben. Um seine wankende Macht zu erhalten, will Enrico seine Schwester Lucia mit Lord Arthur Buklaw verheiraten. Doch Lucia weigert sich, denn sie liebt Edgard. Als Enrico davon auf der Jagd von Normanno hört, schwört er furchtbare Rache *(Arie des Enrico »Barmherzigkeit für sie ist ganz vergebens...«).* – Eingang zu einem Park. Begleitet von ihrer Vertrauten Alisa erscheint Lucia zu einem Treffen mit Edgard, zu dem dieser sie gebeten hat. Alisa beschwört Lucia, ihrer unheilvollen Liebe zu dem Todfeind ihres Bruders abzuschwören, doch Lucia bekennt sich zu Edgard *(Arie der Lucia »Außer sich vor Entzücken schwor er mir ewige Treue...«).* Edgard kommt, um Lucia mitzuteilen, er müsse nach Frankreich, um durch Verhandlungen Schottlands Schicksal zu sichern. Zuvor aber will er sich mit Enrico versöhnen, der ihm den Vater und das Erbe seiner Ahnen nahm, denn die Liebe zu Lucia beruhigt seinen Zorn und stillt seine Rache, die er den Ashtons geschworen hat. Lucia hält es jedoch für verfrüht, ihre Liebe dem Bruder zu entdecken. Beide geloben sich ewige Treue und bekräftigen dieses Gelöbnis dadurch, daß sie die Ringe wechseln. Dann nehmen sie schmerzlich voneinander Abschied *(Duett Lucia-Edgard »Zu dir fliegen heim meine brennenden Seufzer...«)*. –

2. AKT: Gemach Lord Ashtons. Es ist schon einige Zeit seit Edgards Abreise vergangen. Man hat seine Briefe abgefangen und wird Lucia die lügnerische Nachricht zukommen lassen, Edgard liebe eine andere Frau. Enrico erwartet ungeduldig die Schwester, deren Hochzeit mit Lord Arthur schon vorbereitet wird. Mit leidvollem Aussehen und ersten Anzeichen beginnenden Wahnsinns betritt Lucia das Gemach des Bruders, der sie erneut mahnt, ihrer törichten Liebe zu Edgard abzuschwören und dem edlen Gemahl, den er für sie ausgesucht hat, das Jawort zu geben. Lucia bleibt zunächst standhaft, doch dann trifft sie das gefälschte Papier mit der Nachricht von Edgards angeblicher Untreue so schwer, daß sie zu schwanken beginnt. Enrico dringt in sie, nur ihre Heirat mit Arthur könne ihn vor dem Sturz ins Unglück bewahren *(Duett Enrico-Lucia »Wenn du mich verraten kannst, ist mein Geschick bereits besiegelt...«)*. Als ihr auch ihr Erzieher Raimondo rät, sich dem Schicksal zu beugen und sich des Bruders in seiner Gefahr zu erbarmen, fügt sie sich schweren Herzens und nur der Vernunft gehorchend *(Arie des Raimondo »Du opferst dich dem Glück deiner Familie, Lucia...«)*. – Ein Saal. Lord Arthur wird freudig begrüßt *(Szene Arthur und Chor »Nur kurz ins Düstere schwand euer Stern...«)*. Er komme als Freund und Beschützer, versichert er Enrico, der ihn bittet, Lucias Schwermut mit dem Tod ihrer geliebten Mutter zu entschuldigen, den sie noch immer beweine. Doch kaum haben Arthur und Lucia den Ehevertrag unterschrieben, da erscheint unerwartet Edgard. Er ist überraschend aus Frankreich zurückgekehrt und verschafft sich nun Einlaß. Die Verwirrung über sein plötzliches Erscheinen ist eine allgemeine *(Sextett Edgard-Enrico-Lucia-Raimondo-Arthur-Alisa »Ha, was läßt den Ruf nach Rache...«)*. Edgard muß erkennen, daß er betrogen wurde. Enttäuscht und empört fordert er von Lucia den Ring und wirft ihn mit seinem eigenen Ring zu Boden. Lucia erkennt, daß er ihr treu geblieben ist und bricht unter ihrem eigenen Verrat, den sie mit der Unterzeichnung des Ehevertrages an Edgard beging, zusammen. Enrico verflucht seinen Feind, schwört ihm Rache und wirft ihn hinaus. –

3. AKT: Zimmer im Turm des verfallenen Schlosses Wolferag, dem einzigen bescheidenen Besitz, der Edgard noch geblieben ist. Obwohl es draußen stürmt und gewittert, sucht Enrico seinen Feind auf und teilt ihm höhnisch mit, Lucia sei inzwischen die Frau Lord Arthurs. Zugleich fordert er ihn zum Duell auf, um endlich die Schande zu sühnen und seine Rache zu stillen. Sie verabreden sich beim ersten Licht des Morgens auf den Gräbern derer von Ravenswood *(Duett Edgard-Enrico »O Sonne, gehe zeitig auf...«)*. – Saal wie im zweiten Akt. Man feiert die Hochzeit Lucias mit Lord Arthur. Da unterbricht Raimondo die fröhlich Feiernden mit der Schreckensnachricht, daß Lucia ihren Gemahl mit dessen Schwert getötet hat und daß sie selbst die Kräfte ihres Geistes verlassen haben. Schon erscheint Lucia, vom Wahnsinn gezeichnet und dem Tode nahe. Sie sucht nach ihrem Bräutigam Edgard, um ihm ihre ungebrochene Liebe zu gestehen *(Wahnsinnsszene der Lucia »Der süße Ton seiner Stimme...«* und *Arie »Bedecke mit bitteren Tränen...«).* Dann bricht sie zusammen. – Die Gräber derer von Ravenswood. Zu noch nächtlicher Stunde erwartet Edgard seinen Todfeind Enrico, bereit, mit dem Tode endlich die Leiden zu beenden, denn ohne Lucia ist ihm das Leben eine Last *(Szene und Arie des Edgard »Gräber meiner Ahnen...«).* Von vorbeiziehenden Bewohnern von Lammermoor erfährt er, daß Lucia im Sterben liegt und daß die Hochzeit zum Totenfest wurde. Noch einmal will Edgard die Geliebte wiedersehen, doch da tritt ihm Raimondo mit der Nachricht entgegen, Lucia sei nicht mehr am Leben. Verzweifelt zieht Edgard seinen Dolch, um ihr zu folgen *(Arie des Edgard »Auf zu dir, verklärter Engel...«).* Raimondo versucht vergebens, ihn von seiner Wahnsinnstat abzubringen. Edgard stößt sich den Dolch ins Herz, und sterbend gilt sein letzter Gedanke Lucia.

Aufführungsdauer. 2¾ Stunden

Gaetano Donizetti
DON PASQUALE
Komische Oper in 3 Akten
Libretto nach Angelo Anelli von Michele Accursi
(alias Giacomo Ruffini)
unter der Mitarbeit des Komponisten
Uraufführung Paris 1843

Quelle. Vorlage für Donizettis wohl populärste Oper war eine andere Oper. Im Jahre 1810 wurde an der Scala in Mailand die Oper »Ser Marc'Antonio« uraufgeführt, deren Textbuch von dem bekannten und erfolgreichen Librettisten *Angelo Anelli (1761–1820)* stammte, das der Komponist *Stefano Pavesi (1779–1830)* zu einer erfolgreichen komischen Oper vertonte. Zugleich ist jedoch Donizettis Oper ohne den Geist der ›Commedia dell'arte‹ nicht denkbar, zu deren klassischem Handlungsmuster gehörte, daß ein alter Mann (Pantalone = Don Pasquale) ein junges Mädchen (= Norina) heiraten will, dabei deren Liebhaber (= Ernesto) ins Gehege kommt und von beiden mit Hilfe des Doktors (= Malatesta) übertölpelt wird.

Entstehung und Uraufführung. Es ist nicht so ganz auszumachen, wem das Verdienst des Librettos eigentlich zukommt. Heute gilt es als sicher, daß

Donizetti selbst nicht als alleiniger Verfasser gelten kann, auch wenn er seinem Librettisten *Giacomo Ruffini alias Michele Accursi* entscheidend bei der Abfassung des Textes half. Sie strafften das ihnen vorliegende Libretto von Anelli und reduzierten das Personal auf ein durch einen Notar ergänztes Quartett gleich großer Partien: »*Don Pasquale: ein alter Junggeselle, altväterlich gekleidet, geizig, leichtgläubig, eigensinnig, aber im Grunde gutmütig. Doktor Malatesta: mit allen Wassern gewaschen, unternehmend, Arzt und Freund Don Pasquales, aber noch ein besserer Freund Ernestos. Ernesto: Neffe Don Pasquales, ein junger Enthusiast, verliebt in Norina. Norina: eine junge Witwe von impulsiver Natur, unfähig, Widerspruch zu ertragen, aber aufrichtig und empfindsam.*« Während seines Aufenthaltes in Paris komponierte Donizetti das Werk im Herbst 1842 innerhalb von wenigen Wochen. Die Uraufführung des »Don Pasquale«, der 68. und damit viertletzten Oper des Komponisten, fand mit großem Erfolg am 3. Januar 1843 im Théâtre des Italiens in Paris statt.

Ort und Zeit. Rom, Mitte des 19. Jahrhunderts

Die Personen der Oper. Don Pasquale, ein alter Junggeselle (Baß) – Doktor Malatesta, Arzt (Bariton) – Ernesto, Neffe Don Pasquales (Tenor) – Norina, eine junge Witwe (Sopran) – Ein Notar (Baß).

Diener und Kammermädchen (Chor)

Die Handlung. 1. AKT: Saal im Hause des Don Pasquale. Ungeduldig erwartet der Hausherr seinen Arzt und Freund Doktor Malatesta. Pasquale will seinem jungen Neffen Ernesto eine »höllisch bittre Pille« geben. Denn er ist nicht einverstanden, daß dieser die junge Witwe Norina heiraten will und drohte ihm bereits mehrfach, ihn zu enterben und des Hauses zu verweisen, wenn er weiter darauf bestehen sollte. Er selbst aber will sich verheiraten und hat Malatesta auf Brautschau geschickt. Der betritt nun das Haus und beschreibt die Auserwählte, die er als seine Schwester ›Sofronia‹ ausgibt, in den höchsten Tönen *(Arie des Malatesta »Sie gleicht einem Engelsbild...«)*, was den alten reichen Hagestolz ins Schwärmen kommen läßt *(Arie des Don Pasquale »Seltsamer Feuerbrand in meinem Herzen!«)*. In dieser Stimmung trifft ihn sein Neffe Ernesto an. Don Pasquale fragt ihn erneut, ob er weiterhin darauf bestehe, Norina zu heiraten, was dieser mit einem unbeugsamen Liebes- und Treuebekenntnis bekräftigt. So wird er aus dem Hause gejagt und bekommt obendrein mitgeteilt, daß sein Onkel zu heiraten gedenke. Ernesto hält das für einen Scherz, sieht dann aber alle seine Pläne zunichte gemacht und sich in Armut verstoßen. Er entsagt Norina, da er sie nicht im Elend sehen kann *(Arie des Ernesto »Holdester Traum meines Lebens...«)*. Danach sucht er ein letztes Mittel anzuwenden und empfiehlt seinem Onkel, sich von Doktor Malatesta beraten zu lassen. Da muß er jedoch erfahren, daß dies bereits geschah, was er als Verrat des Doktors sieht. An seinem Leiden weidet sich Don Pasquale, schließlich hatte er ihn ja gewarnt. – Zimmer im Hause Norinas. Die junge Witwe liest eine Liebesgeschichte und ist sich bewußt, in Liebesdingen selbst bestens Bescheid zu wissen *(Arie der Norina »Auch ich versteh die feine Kunst, die Männer zu besiegen...«).* Sie erwartet ebenfalls Doktor Malatesta, der ihr gegenüber einen Plan angedeutet hat, Don Pasquale zu prellen. Doch zunächst wird ihr ein Abschiedsbrief Ernestos überbracht: sein Onkel heirate eine Schwester Malatestas, werfe ihn aus dem Hause und habe ihn obendrein enterbt. Norinas Verzweifelung kann Malatesta leicht heilen: er vertrete, so beteuert er ihr, allein ihr Interesse und das seines jungen Freundes Ernesto. Doch da gelte es, Don Pasquale zu täuschen, und deshalb sein Plan: Norina, die Don Pasquale ebenso wenig kennt wie seine, Malatestas, Schwester, soll ›Sofronia‹ vortäuschen, sich mit Pasquale vermählen und ihn dann zur Weißglut bringen. Als Notar werde er seinen Neffen engagieren. Um ihrer Liebe zu Ernesto willen erklärt sich Norina bereit *(Arie der Norina »Will den Alten schon verwirren...«).* Malatesta rät, erst die »dumme Gans vom Lande« zu spielen und sich dann als herumkommandierende Gattin aufzuführen. Und schon unterzieht sich Norina einer ersten Probe, die vorzüglich gelingt. –

2. AKT: Saal im Hause Don Pasquales wie im ersten Akt. Ernesto beklagt sein Schicksal und ist entschlossen, von hier fortzugehen *(Arie des Ernesto »In die Ferne will ich ziehen...«).* Als er gegangen ist, tritt Don Pasquale in Galauniform auf, erwartet er doch Malatesta und mit ihm seine Braut. Dem Diener gibt er Anweisung, wenn beide da sind, niemanden ins Haus zu lassen. Und schon sind sie da. Norina spielt die Ängstliche und Schüchterne und ziert sich. Malatesta amüsiert sich darüber und macht Don Pasquale weis, seine Schwester komme gerade aus dem Kloster. Don Pasquale ist ganz begeistert und, als sie sich entschleiert, von ihrer Schönheit überwältigt. Alles läuft nach Plan, der (falsche) Notar ist auch schon zur Stelle und die Eheverträge werden unterzeichnet. Darin legt Don Pasquale persönlich fest, daß er die Hälfte seines Vermögens – »Bewegliches sowie Grundbesitz« – seiner Gattin vermacht, daß diese als unumschränkte Herrin im Hause respektiert werden muß, deren Wünschen und Befehlen sich niemand zu widersetzen hat, und ein jeder hat ihr mit Eifer zu dienen. Einen Einwand hat der Notar freilich: soll der Vertrag auch gelten, braucht es einen Zeugen. Wie gut, daß sich gerade da Ernesto gewaltsamen Zutritt in das Haus seines Onkels verschafft, um Lebewohl zu sagen. Als er Norina erblickt und Don Pasquale sie als seine Braut vorstellt, raubt ihm das fast den Verstand. Doch Malatesta raunt ihm schnell zu, das alles geschehe nur zu seinem Besten und zwingt ihn, zu unterschreiben. Kaum ist auch das geschehen, läßt Norina die Maske fallen. Als Don Pasquale sie umarmen will, stößt sie ihn zurück, verbittet sich sein schlechtes Betragen seinem Neffen gegenüber, pocht auf ihre vertraglich zugesicherten Wünsche und Befehle und droht die Krallen zu zeigen, wenn er sie reizen wollte: Herrin im Hause ist sie alleine! Während Don Pasquale sich vor diesem »Satan in Person«

zu hüten selbst ermahnt, durchschaut Ernesto die Komödie, er begreift nun und amüsiert sich über seinen immer kleinlauter werdenden Onkel. Norina indessen setzt dem noch eins drauf: sie läutet nach den Dienern, verdoppelt deren Gehalt, verlangt junge und hübsche Diener sowie einen Wagen mit Pferden, ordnet die Neugestaltung des ganzen Hauses samt neuer Möbel an und daß man ihr einen Juwelier und Friseur beschafft. Auf die Frage des völlig entgeisterten Don Pasquale, wer dies alles zahlen soll, gibt sie zur Antwort: »Ihr zahlt!« Als sich der Alte daraufhin entrüstet, nennt sie ihn einen Flegel und einen Rüpel, beide erregen sich immer mehr, während Malatesta und Ernesto sich köstlich amüsieren. Am Ende weiß Don Pasquale nicht mehr aus noch ein und fühlt seine Kräfte schwinden. –

3. AKT: Saal im Hause Don Pasquales wie zuvor. Umgeben von Toilettensachen, Kleidern, Hüten, Pelzen etc. sitzt Don Pasquale an dem mit Preislisten und Rechnungen überfüllten Tisch, während die Dienerschaft eilig hin- und herläuft. Don Pasquale weiß sich der Tyrannei Norinas kaum zu erwehren, wie soll er das aushalten und alle die hohen Rechnungen bezahlen?! Er ist dieser Frau nicht gewachsen. Als er ihr verbieten will, ins Theater zu gehen, hat sie nur Spott übrig, er soll ihr bloß keine Szene machen und sich lieber schlafen legen. Da stellt er sich ihr in den Weg und nennt sie eine »falsche Katze«, wofür sie ihm eine Ohrfeige verpaßt. Das ist das Ende! Don Pasquale beschließt, sie nicht mehr in sein Haus und sich von ihr scheiden zu lassen. Doch diese Drohungen nimmt sie alle nicht ernst, sie ist ja – so steht's schließlich im Heiratskontrakt! – die Herrin, der man zu gehorchen hat, auch der Ehemann! Nur ein Wunder kann Don Pasquale noch retten. Da läßt Norina beim Weggehen einen Zettel fallen, dem Don Pasquale entnehmen kann, daß sie sich am Abend mit einem Liebhaber treffen wird; eine Serenade ist als Signal für sein Erscheinen verabredet. Das ist zuviel! Jetzt kann nur noch Doktor Malatesta helfen. Rasch schickt er nach ihm, worauf sich die Diener über das ständige Hin und Her beschweren *(Chor der Dienerschaft »Welch ein ewiges Laufen und Rennen ...«)*. Malatesta erscheint und stellt ich einigermaßen überrascht von Don Pasquales Aussehen, er tut ihm fast ein wenig leid. Der aber beklagt seine eigene Verbohrtheit: hätte er Norina nur seinem Neffen gegeben, dann wäre er selbst jetzt nicht in dieser fatalen Situation. Seine Gattin verschwende sein ganzes Vermögen und schlage ihn auch noch! Malatesta gibt sich überrascht, so kenne er seine ›Schwester‹ gar nicht. Don Pasquale aber gibt ihm seinen Entschluß bekannt: er werde dem Pärchen das Stelldichein gehörig verderben und es der Polizei übergeben. In jedem Falle muß seine Frau aus dem Haus, auch wenn das Aufsehen erregen wird. Malatesta schlägt ihm vor, er und Don Pasquale sollten sich anläßlich des Stelldicheins der beiden in der Nähe verstecken und sie beim Austausch ihrer Liebesschwüre auf frischer Tat ertappen. Don Pasquale ist begeistert, auf diese Weise seine Rache üben zu können, ahnt er doch

nicht, daß er in eine neue Falle gehen soll *(Duett Don Pasquale-Malatesta »Stille, leise, schleichen wir uns in den Garten...«).* Im Garten von Don Pasquales Haus. Ernesto ist zum verabredeten Treffen erschienen und zeigt dies mit der vereinbarten Serenade an *(Arie des Ernesto »O holde Nacht, da die Liebe erwacht...«).* Norina tritt vorsichtig aus dem Haus und läßt Ernesto in den Garten. Beide bekennen einander leidenschaftlich ihre Liebe *(Duett Norina-Ernesto »Laß dir noch einmal sagen, dich lieb ich ewig und treu...«).* Dann schleichen Don Pasquale und Malatesta heran. Norina ruft um Hilfe und leugnet, sich mit einem Mann getroffen zu haben. Während die Herren den Garten durchsuchen, schlüpft Ernesto ins Haus. Die erfolglose Suche und das beharrliche Leugnen Norinas machen Don Pasquale wütend, er wirft seine Frau aus dem Hause. Da greift Malatesta ein: Leider, so läßt er seine ›Schwester Sofronia‹ wissen, herrsche ab morgen noch eine andere Frau in Don Pasquales Haus, nämlich Ernestos Gattin Norina. Verabredungsgemäß spielt Norina nun erst die Entrüstete, dann die Empörte, während Don Pasquale seinem Freund Malatesta einmal mehr Beifall zollt. Nun will sich Norina von der Wahrheit dieser Tatsache überzeugen, weshalb Malatesta Don Pasquale rasch auffordert, sein Einverständnis zu der Hochzeit seines Neffen mit Norina zu geben. Allzu gerne ist dieser dazu bereit, weil er glaubt, sich so seiner Frau entledigen zu können, die er noch immer für die zänkische Schwester Malatestas hält. Nun aber ist es Zeit, das Spiel zu beenden. Malatesta bekennt, die Hochzeit Don Pasquales mit seiner vermeintlichen Schwester war nur eine ersonnene Täuschung, um den Alten zu kurieren; Norina entdeckt sich und erklärt ihm die Moral der ganzen Geschichte *(Arie der Norina »Will ein Mann in reifen Jahren noch ein Junges Weibchen frein, dann wird ihm täglich widerfahren Spott und tausendfache Pein.«).* Don Pasquale gibt zu, das Rezept habe gut geholfen, er sei fortan kuriert und bereit, allen zu verzeihen.

Aufführungsdauer: 2½ Stunden

Ruggiero Leoncavallo (1858–1919)
DER BAJAZZO (I Pagliacci)
Drama in 1 Prolog und 2 Akten,
Dichtung vom Komponisten
Uraufführung Mailand 1892

Quelle. Den Stoff für seinen »Bajazzo«, in dem sich Kunst und Wirklichkeit wie kaum in einer anderen Oper kongenial mischen, gab dem Komponisten das

Leben. Mehr noch: er erlebte ihn selbst. Am 13. August 1865 beging der kleine süditalienische Wallfahrtsort Montalto in Kalabrien das Fest Mariä Himmelfahrt, zu dem auch eine Theateraufführung gehörte. Der Direktor der Komödiantentruppe, mit bürgerlichem Namen Giovanni d'Alessandro und als Künstler Darsteller des Bajazzo, verdächtigte, wohl nicht zu Unrecht, seine Frau der Untreue. Den Beweis dafür erhielt er an diesem Tage, weshalb er in einem Anfall von rasender Eifersucht erst unbemerkt seine Frau hinter der Bühne tötete und dann den Liebhaber aufspürte und auch ihn umbrachte. Es war der Diener der Familie Leoncavallo, der den siebenjährigen Ruggiero zu der Theateraufführung begleitet hatte. Die Familie lebte damals in dem kleinen Ort, wo der Vater ein Richteramt bekleidete und auch Mitglied jenes Schwurgerichtes im benachbarten Cosenza war, das den Doppelmörder zu 20 Jahren Zuchthaus verurteilte. Der Komponist erinnerte sich später des ganzen Geschehens, dessen Täter nach Verbüßung seiner Strafe das Leben eines rechtschaffenen Mannes führte.

Entstehung und Uraufführung. Als Leoncavallo nach einem abenteuerlichen Leben nach Italien zurückgekehrt war, nahm er an einem Preisausschreiben für Operneinakter teil, den der Mailänder Verleger *Edoardo Sonzogno (1836–1920)* im Jahre 1890 ausschrieb. Innerhalb von nur fünf Monaten schrieb Leoncavallo das Libretto nach der wahren Begebenheit aus dem Jahre 1865 und komponierte förmlich in einem Atemzug das Werk. Er wurde jedoch des Plagiats beschuldigt. Der Franzose *Catulle Mendès (1841–1909)*, Autor von lyrischen Gedichten, Novellen und Theaterstücken, warf dem Komponisten vor, aus seinem Drama »Die Frau des Tabarin« gestohlen zu haben. Außerdem gab es Parallelen zu einem spanischen Stück aus dem Jahre 1867. Trotzdem: Leoncavallo konnte immerhin auf sein eigenes Erlebnis verweisen. Er reichte die Oper ein, erhielt aber keine Wertung. Zwar war der »Bajazzo« nicht abendfüllend, aber er hatte zwei Akte, der Wettbewerb war jedoch ausdrücklich für Einakter ausgeschrieben worden. Dennoch gefiel er Sonzogno derart, daß er sich dafür einsetzte. Unter der musikalischen Leitung von *Arturo Toscanini* gelangte der »Bajazzo« am 21. Mai 1892 im Teatro dal Verme zu Mailand zur Uraufführung. Das machte den bis dahin unbekannten Komponisten über Nacht berühmt und sicherte der Oper, die meistens zusammen mit Mascagnis »Cavalleria rusticana« an einem Abend aufgeführt wird, in kürzester Zeit weltweiten Erfolg.

Ort und Zeit. Bei Montalto in Kalabrien am Tage von Mariä Himmelfahrt zwischen den Jahren 1865 und 1870

Die Personen der Oper. Canio, Prinzipal einer Komödiantentruppe und in der Aufführung Darsteller des Bajazzo (Tenor) – Nedda, seine Frau und in der Aufführung Dartellerin der Colombina (Sopran) – Tonio, buckliger Komödiant und in der Aufführung Darsteller des Taddeo (Bariton) – Peppe, Komödiant und in der Aufführung Darsteller des Arlecchino (Tenor) – Silvio, ein Bauer (Bariton) – 1. Bauer (Baß) – 2. Bauer (Tenor) – Buben, Bäuerinnen und Bauern (Chor)

Die Handlung. PROLOG: Der bucklige Komödiant Tonio, Mitglied einer wandernden Komödiantentruppe, tritt vor den Vorhang und bringt in seiner Bühnenrolle Taddeo den Prolog zu Gehör, in dem er dem Publikum die Absicht des folgenden Stückes erklärt: der Autor will ein Stück echten Lebens zeigen mit Menschen aus Fleisch und Blut. Denn nicht nur die Märchen sind der Zweck der Kunst, der Dichter muß auch schildern, was er wirklich sieht und die »schaurige Wahrheit« aus dem wirklichen Leben schöpfen *(Prolog des Tonio »Schaut her, ich bin's!«)*. –

1. AKT: Die Bühne zeigt einen Dorfplatz mit einem Jahrmarktstheater. Unter dem Beifall der Dorfbewohner ziehen die Komödianten ein mit Canio, der als Darsteller des Bajazzo besonders begrüßt wird, auf dem Komödiantenkarren. Er läd alle zur Vorstellung ein, gerät dann aber mit Tonio zusammen, der Canios Frau Nedda offenbar allzu sehr den Hof macht. Dem Lachen der Bewohner entgegnet Canio mit dem Hinweis, Spiel und wirkliches Leben seien nicht dasselbe: auf dem Theater reagiere Bajazzo komisch, wenn er Colombina mit einem anderen überrascht, im Leben jedoch würde es anders, d. h. ernsthaft ausgehen, wenn er, Canio, von seiner Frau betrogen würde *(Arie des Canio »Scherzet immer...«)*. Während sich danach Canio fröhlich den Männern ins Wirtshaus anschließt, hängt Nedda dem sinnend nach, was Canio warnend gesagt hat. Dabei träumt sie von einem freien Leben, wo sie so frei sein kann, wie die Vögel es sind *(Vogellied der Nedda »Wie die Vöglein schweben...«)*. Während ihres Liedes ist Tonio hinter dem Theater hervorgekommen. Er liebt Nedda, doch die hat nur Spott und Abscheu für den plumpen und verkrüppelten Schauspieler übrig. Doch das stachelt dessen Verlangen nach ihr nur noch an. Als er aber Nedda umarmen will, schlägt sie ihn mit der Peitsche ins Gesicht. Tonio droht ihr, das werde sie noch bezahlen müssen. Kaum ist er weg, da erscheint der junge Bauer Silvio, Neddas heimlicher Geliebter. Er beschwört sie, das Theater ganz zu verlassen und ein friedliches Leben mit ihm zu führen. Erst zögert Nedda, dann verspricht sie ihm, nach der Vorstellung mit ihm zu fliehen. Sie ahnt nicht, daß Tonio sie beide belauscht und Canio aus Rache dafür, daß Nedda ihn verschmähte, aus dem Wirtshaus geholt hat. Plötzlich sieht sie Canio und ruft Silvio nach, er solle fliehen. So weiß Canio nicht, wer sein Nebenbuhler ist. Rasend vor Eifersucht will er von Nedda den Namen ihres Geliebten erfahren, doch sie schweigt. Da stürzt er sich mit dem Messer auf sie, wird aber gerade noch von Peppe vor einer blutigen Wahnsinnstat zurückgehalten. Auch Tonio versucht Canio zu beruhigen und gibt ihm zu verstehen, der Unbekannte werde sicher ebenfalls zur Vorstellung kommen und sich dann verraten. Wie aber, so Canio, soll er spielen, wenn ihn die Eifersucht

fast wahnsinnig macht *(Arie des Canio »Jetzt spielen ... Lache Bajazzo ...«;* anschließend als Übergang zum zweiten Akt ein *Intermezzo* des Orchesters). –

2. AKT: Die abendliche Vorstellung soll beginnen, von allen Seiten strömen die Zuschauer herbei und nehmen ihre Plätze ein. Nedda geht mit einem Sammelteller umher und trifft dabei auf Silvio, den sie vor Canio warnt, der ihn selbst nicht gesehen hat. Dann beginnt das Spiel von der untreuen Colombina, die während der Abwesenheit ihres Mannes Bajazzo sehnsüchtig auf ihren Geliebten Arlecchino wartet, der ihr ein Ständchen bringt *(Ständchen des Arlecchino »Colombina, hör den treuen Harlekin ...«).* Da stört sie der einfältige Taddeo mit seiner Schwärmerei, mit der er das Publikum zum Lachen bringt. Doch Arlecchino befördert ihn mit einem Fußtritt hinaus und nähert sich in komisch übertriebener Leidenschaft Colombina. Wieder amüsiert sich das Publikum. Da tritt der verfrüht zurückkehrende Bajazzo dazwischen, der sich eifersüchtig seiner Frau nähert – und das Spiel kippt um: nicht Bajazzo drängt Colombina, sondern Canio sein Weib Nedda, ihm den Namen ihres Geliebten zu nennen *(Szene des Canio »Nein, Bajazzo bin ich nicht!«).* Erst merkt die Menge nichts und ist begeistert von dem offenbar lebensnahen Spiel, während Nedda ständig versucht, als Colombina die Komödie weiterzuspielen. Doch dann erkennen auch die Zuschauer, daß aus dem Spiel tödlicher Ernst geworden ist. Peppe will eingreifen, wird aber von Tonio daran gehindert, die Frauen unter dem Publikum weichen entsetzt von ihren Plätzen und Silvio kämpft sich nach vorn, da er Angst um Nedda hat, der er beistehen will. Doch es ist zu spät: Canio sticht mit dem Messer Nedda nieder. Als sie sterbend Silvio um Hilfe ruft, verrät sich dieser und läuft ebenfalls Canio ins Messer. Während die Menge Canio umringt und entwaffnet, stößt dieser wie versteinert noch hervor: »La commedia e finita! Das Spiel ist zu Ende! ...«

Aufführungsdauer. 1 ¼ Stunden

Pietro Mascagni (1863–1945)
CAVALLERIA RUSTICANA
Melodrama in 1 Akt
Libretto von Giovanni Targioni-Tozzetti
und Guido Menasci
Uraufführung Rom 1890

Quelle. Literarische Vorlage der Oper sind zwei Werke gleichen Inhalts von *Giovanni Verga (1840–1922),* dem bedeutenden sizilianischen Dichter des Naturalismus. Verga studierte Jura und war schon ab 1862 als Journalist und Schriftsteller tätig, schrieb zahlreiche Romane und Novellen, die in seiner sizilianischen Heimat spielen. Im Jahre 1880 veröffentlichte er acht Novellen unter dem Titel »Vita dei campi« (Sizilianische Dorfgeschichten). Die erste Novelle war die Kurzerzählung »Cavalleria rusticana« (Sizilianische Bauernehre). Wenig später, teils von anderen angeregt, teils aus eigenem Entschluß dramatisierte Verga diese Erzählung zum Einakter. Er änderte, was die Bühne an Änderungen erforderte, beließ, was übertragbar war, wie beispielsweise große Teile des dramatischen Dialogs sowie die Namen der dramatischen Personen. Novelle und Drama erzählen bereits die Geschichte so, wie wir sie aus der Oper kennen. Die Uraufführung von Vergas Bühnenfassung fand am 14. Januar 1884 im Teatro Carigano zu Turin statt. Das Stück wurde ungemein erfolgreich, sein Verfasser berühmt. Es lebte nicht zuletzt dank der Darstellungskunst der schon zu Lebzeiten legendären italienischen Schauspielerin *Eleonora Duse (1858–1924)*, die die Santuzza schon in der Uraufführung spielte und mit dieser Rolle jahrelang wahre Triumphe feierte.

Entstehung und Uraufführung. Nach eigenem Bekenntnis trug sich Mascagni jahrelang mit dem Gedanken, Vergas Schauspiel zu vertonen. Er hatte das Stück am 11. Februar 1884 bei der Mailänder Erstaufführung gesehen. Er dachte dabei daran, sich »erst durch ein Werk von geringerem Umfang« bekanntzumachen. Doch die Ansprache an verschiedene Librettisten blieb zunächst ohne Erfolg. Da hörte er von dem von dem Mailänder Verleger *Edoardo Sonzogno* ausgeschriebenen und am 1. Juli veröffentlichten Wettbewerb, der auf diese Weise einaktige Opern suchte. Die mit Mascagni befreundeten und ebenfalls aus Livorno stammenden Schriftsteller *Giovanni Targioni-Tozzetti (1863–1934)* und *Guido Menasci (1867–1923)* bearbeiteten Vergas Drama und kamen mit der Arbeit kaum nach, so schnell komponierte Mascagni. Er benötigte für die gesamte Partitur gerade acht Wochen. Dann reichte er den Einakter bei dem ausgeschriebenen Wettbewerb ein und errang unter 73 Einsendungen den ersten Preis. Die Uraufführung der »Cavalleria rusticana« am 17. Mai 1890 im Teatro Constanzia in Rom war eine ungeheure Sensation: jede Musiknummer mußte wiederholt werden, das berühmte ›Intermezzo sinfonico‹ gar mehrmals, es gab insgesamt nicht weniger als 60 (!) Vorhänge. Mascagni schrieb später: »*In der Seele lebt mir das Echo jenes Beifallgeschreis wieder auf, das mich fast zu Boden schlug.*« Selten wurde eine Oper so rasch ein absoluter Welterfolg wie die »Cavalleria«: binnen eines Jahres wurde sie an mehr als zehn italienischen Opernhäusern (darunter in Genua, Neapel, Venedig und Triest) nachgespielt und gelangte mit gleichem Erfolg auf die Bühnen in Madrid, St. Petersburg, Hamburg, München, Dresden, Budapest, Buenos Aires, Bukarest, Barcelona, Philadelphia, Rio de Janeiro, London u. a.. Heute wird sie meist mit *Leoncavallos* »Der Bajazzo« an einem Abend aufgeführt; die beiden Kurzopern bilden das erfolgreichste Opernpaar der Theatergeschichte.

Ort und Zeit. Ein Dorf in Sizilien am Ostersonntag, Gegenwart

Die Personen der Oper. Santuzza, eine junge Bäuerin (Sopran) – Lucia, eine verwitwete Weinhändlerin (Alt) – Turiddu, ihr Sohn (Tenor) – Alfio, ein Fuhrmann (Bariton) – Lola, seine Frau (Mezzosopran).

Kinder, Landleute (Chor)

Die Handlung. Großer Platz in einem sizilianischen Dorf. Die Bewohner des Ortes feiern das Osterfest und gehen unter österlichem Gesang in die Kirche. Zur gleichen Zeit besingt Turiddu, Sohn der verwitweten Weinhändlerin Lucia, die Schönheit Lolas, der Frau des Fuhrmannes Alfio. Ihr hatte er die Ehe versprochen, bevor er seinen Militärdienst antrat. Zurückgekehrt, fand er sie mit Alfio verheiratet vor und begann ein Liebesverhältnis mit der jungen Bäuerin Santuzza. Nun aber, da Alfio in Geschäften unterwegs ist, preist Turiddu Lola, für die er sich erneut interessiert *(Siciliana des Turiddu »Lola, rosengleich blühn deine Wangen...«)*. Santuzza erkundigt sich bei Mama Lucia nach ihrem Sohn und erhält zur Antwort, Turiddu sei Wein holen gegangen. Sie weiß, daß das nicht stimmen kann: man hat Turiddu in der Nacht noch im Dorf gesehen. Auch der von der Arbeit heimkehrende Alfio bestätigt dies. Nachdem beide Frauen in den Lobgesang der Landleute eingestimmt haben *(Chor »Laßt uns preisen den Herr...«)*, beklagt Santuzza gegenüber Lucia die Untreue ihres Sohnes, der sie liebte, sich jetzt aber wieder Lola zuwendet und sie zurückstößt und so der Ehre beraubt *(Arie der Santuzza »Als euer Sohn einst fortzog...«)*. Dann stellt sie Turiddu selbst zur Rede und beschwört ihn, sein Versprechen ihr gegenüber zu halten *(Duett Santuzza-Turiddu »Nein, du kannst mich nicht treulos verlassen...«)*. Doch Turiddu reagiert nur ärgerlich auf ihre Eifersucht und eilt der vorübergehenden Lola in die Kirche nach. Auf die verzweifelte Santuzza trifft Alfio, der ebenfalls zur Kirche gehen will, um der Ostermesse beizuwohnen. Ihm verrät Santuzza, daß seine Frau Lola ihn mit Turiddu betrügt, bereut aber sogleich wieder, was sie getan hat. Alfio jedoch schwört Rache und betritt die Kirche. Die Bühne bleibt für einige Momente leer *(Orchesterspiel »Intermezzo sinfonico«)*. Wenig später kommen alle aus der Kirche und Turiddu läßt sich mit einigen anderen am Wirtshaus zu einem Trunk nieder *(Trinklied des Turiddu »Schäumt der süße Wein im Becher...«)*. Alfio stößt zu ihnen, Turiddu bietet ihm ein Glas Wein an, was Alfio aber verweigert und Turiddu zum Duell auffordert. Dem wird bewußt, was er getan und was er zu erwarten hat. So nimmt er in böser Vorahnung Abschied von seiner Mutter Lucia *(Arie des Turiddu »Mutter, der Wein war allzu feurig...«)*. Dann stürzt er davon. Kurz darauf hört man eine Frau schreien, daß Turiddu tot ist. Entsetzen ergreift die Menschen, die sich um Lucia und Santuzza kümmern, die zusammengebrochen sind.

Aufführungsdauer. 1 ¼ Stunden

Giacomo Puccini (1858–1924)
LA BOHÈME
Szenen aus Henri Murgers »La Vie de Bohème«
in 4 Bildern, Libretto von Giuseppe Giacosa
und Luigi Illica
Uraufführung Turin 1896

Quelle. Der 1848 erschienene Roman »Szenen aus dem Leben der Bohème« ist ein Stück Autobiographie seines Autors. Der Franzose *Henri Murger (1822–1861)* stammte aus kleinbürgerlichen Familienverhältnissen und war zunächst Maler und Journalist, ehe er sich als freier Schriftsteller niederließ. Er war in der Welt der Pariser Bohème der Künstler und Literaten zuhause und erzählte davon zunächst (etwa ab 1845) in der Zeitschrift »Corsaire« in einzelnen Anekdoten, kleinen literarischen Skizzen und Genreszenen. Daraus schuf er zusammen mit dem Bühnenschriftsteller *Théodore Barrière* ein Theaterstück, das am 22. November 1849 im Théâtre des Variétés in Paris zur Uraufführung gelangte, längere Zeit erfolgreich lief und gutes Geld brachte. Erst dann entstand der Roman (veröffentlicht 1851), der Murgers Ruhm begründete und der die eigentliche Vorlage für Puccinis Oper darstellt.

Entstehung und Uraufführung. Im März 1893 begegnete Puccini in Mailand seinem Freund *Ruggiero Leoncavallo*, dem berühmten »Bajazzo«-Komponisten. Er verriet ihm, daß er am Bohème-Stoff arbeite, was Leoncavallo sehr irritiert aufnahm: er war selbst gerade dabei, eine Oper nach Murgers Roman zu komponieren (Uraufführung 1897 in Venedig). Das beeinträchtigte ihr freundschaftliches Verhältnis für lange Zeit. Doch Puccini ließ sich nicht erschrecken, er spornte vielmehr seine beiden Librettisten *Giacosa* und *Illica* zur Arbeit an, ließ sich selbst allerdings mit der Komposition Zeit. Die zuvor schon von Leoncavallo informierte Öffentlichkeit beruhigte er so: *»Soll er (Leoncavallo) seine Musik schreiben, und ich schreibe die meine. Das Publikum wird entscheiden. Priorität bedeutet in der Kunst nicht, daß das gleiche Sujet mit den gleichen künstlerischen Mitteln dargestellt werden muß.«* Die Arbeit am Textbuch verzögerte sich, Puccini hatte immer wieder Verbesserungsvorschläge, Giacosa wollte die Mitarbeit schon aufkündigen, doch Ricordi brachte die drei Freunde immer wieder zusammen. Anfang 1895 war das Libretto schließlich fertig, Puccini war einverstanden und ging konzentriert ans Komponieren. Mitte Oktober war die Instrumentierung nahezu beendet, an Weihnachten die Oper vollendet. Die Uraufführung fand am 1. Februar 1896 im Teatro Regio in Turin (wo schon »Manon Lescaut« uraufgeführt worden war) unter der musikalischen Leitung von *Arturo Toscanini* statt. Sie wurde gerade ein mäßiger Publikumserfolg, die Presse war bösartig bis gehässig, der bis heute andauernde Welterfolg stellte sich aber relativ rasch ein.

Ort und Zeit. Paris um 1830

Die Personen der Oper. Mimi (Sopran) – Musette (Sopran) – Rodolfo, Dichter (Tenor) – Marcel, Maler (Bariton) – Schaunard, Musiker (Bariton) – Collin, Philosoph (Baß) – Parpignol, ein fliegender Händler (Tenor) – Benoit, Hausherr (Baß) – Alcindor (Baß) – Ein Zöllner (Baß) – Der Sergeant der Zollwache (Baß).

Studenten, Näherinnen, Bürger, Verkäufer(innen), Soldaten, Kellner, Kinder u. a. (Chor)

Die Handlung. 1. BILD: Eine Mansarde. Der Maler Marcel, der gerade an seinem Bild »Der Durchzug durch das Rote Meer« malt, und der Dichter Rodolfo frieren am Weihnachtsabend in ihrer armseligen Behausung, die sie obendrein mit dem Philosophen Collin und dem Musiker Schaunard teilen. Marcel will schon einen Stuhl verfeuern, doch Rodolfo hat eine bessere Idee: das Manuskript seines neuen Dramas soll sie wärmen. Zu ihnen gesellt sich wenig später Collin, kurz darauf auch Schaunard, der für sie alle zu essen und zu trinken besorgt hat. Fröhlich bereiten die Freunde das Mahl vor, doch Schaunard stellt die Speisen weg, die für schlechtere Zeiten bestimmt sind. Heute, am Heiligen Abend, sollten sie im Quartier Latin feiern. Da stört der Hausherr Benoit die fröhliche Runde mit der Forderung, endlich die fällige Miete zu bezahlen. Die Vier sind ausgesprochen höflich um ihn bemüht und setzen ihn so stark unter Alkohol, daß er geschwätzig wird. Er brüstet sich gar mit Frauengeschichten, wobei seine Ehefrau schlecht abschneidet. Das nehmen die Freunde zum Anlaß, große Empörung zu spielen, sie jagen den verblüfften Benoit hinaus. Dann brechen sie bis auf Rodolfo auf, der schnell noch einen Artikel fertig schreiben und ihnen dann nachfolgen will. Während er sich zur Arbeit niederläßt, klopft es an die Tür. Es ist die junge Mimi, die nebenan wohnt und um Licht für ihre Kerze bittet. Sie tritt näher und sinkt mit einem Hustenanfall ohnmächtig in Rodolfos Arme, kommt aber rasch wieder zu sich. Als sie wieder gehen will, bemerkt sie, daß sie ihren Hausschlüssel verloren hat. Da beide Kerzen ausgegangen sind, suchen sie beide im Dunkeln. Rodolfo findet den Schlüssel, läßt sich aber nichts anmerken und sucht weiter. Dabei berühren sich ihre Hände, was sie stark bewegt *(Arie des Rodolfo »Wie eiskalt ist dies Händchen...«).* Sie stellen sich gegenseitig vor *(Arie der Mimi »Man nennt mich Mimi«)* und verlieben sich augenblicklich ineinander. Gemeinsam folgen sie den Freunden. –

2. BILD: Vor dem Café Momus im Quartier Latin. Eine große, ganz unterschiedliche fröhliche Menge begeht im dichten Gedränge den Heiligen Abend. Händler bieten ihre Waren an, Kellner eilen geschäftig hin und her und Mimi und Rodolfo stoßen zu den Freunden, die sich mit Mimi bekanntmachen

(Große Chor- und Ensembleszene). Unter den Händlern taucht auch der populäre Spielzeugverkäufer Parpignol auf, gefolgt von einer Schar lärmender Kinder. Während die Freunde ihre Bestellung aufgeben, betritt Musette in Begleitung des ältlichen vornehmen Alcindor die Szene. Mimi bemerkt, daß die Freunde sie kennen und fragt nach ihr. Marcel gibt ihr mürrisch Auskunft: sie sei eine Windrose, denn sie drehe sich und wechsle die Liebhaber und verschlinge deren Herzen, weshalb er selbst keines mehr habe. Deshalb ignoriert er auch alle Bemühungen Musettes, ihn auf sich aufmerksam zu machen, und die Freunde genießen diese Komödie *(Arie der Musette »Wenn ich so allein auf der Straße gehe, bewundern die Leute meine Schönheit...«).* Doch auf Dauer kann Marcel Musette nicht widerstehen, noch immer liebt er sie, obwohl sie ihn verließ, um ein besseres Leben zu suchen. Er durchschaut auch Musettes Spiel mit Alcindor, dem am Ende nichts weiter übrig bleibt, als die Zeche für sie alle zu zahlen, die ihm ein Kellner auf Musettes Anweisung hin präsentiert, während Musette und Marcel sich wieder vertragen und gemeinsam mit allen anderen der aufmarschierenden Zapfenstreichpatrouille folgen. –

3. BILD: Verschneiter Platz vor dem Cabaret »Zum Hafen von Marseille« an der Barrière d'Enfer. Aus dem Cabaret dringt Gelächter und Gläserklirren, während im Morgengrauen das Tagwerk der Straßenkehrer, Milchfrauen, Fuhrwerker, Bäuerinnen und des Zöllners beginnt. Wenig später erscheint Mimi und bittet eine Dienstmagd des Cabarets, der Maler Marcel möchte herauskommen, der zusammen mit Musette hier Unterkunft gefunden hat. Beide unterhalten die Gäste des Cabarets. Mimi bittet Marcel um Hilfe, Rodolfo liebe sie zwar noch immer, quäle sie aber mit seiner Eifersucht, nun wisse sie nicht weiter, zumal er sie gestern verlassen habe und vermutlich im Cabaret sei. Marcel bestätigt dies, verspricht ihr seine Hilfe und bittet sie, erst einmal zu gehen. Als Rodolfo aus dem Cabaret herauskommt und dem Freund gesteht, Mimi verlassen zu wollen, da sie anderen Männern ständig schöne Augen mache, hält Marcel ihm eine ordentliche Standpauke über seine unbegründete, fast schon krankhafte Eifersucht. Doch da gesteht ihm Rodolfo den eigentlichen Grund für seinen Entschluß: er liebe Mimi zwar noch immer, aber sie sei todkrank und müsse sterben. Mimi, die sich nicht weit entfernt, aber vor den beiden verborgen hat, hört alles und verrät sich mit einem neuen Hustenanfall. Rodolfo eilt zu ihr und nimmt sie in seine Arme. Doch nun ist Mimi fest entschlossen, ihn zu verlassen *(Duett Mimi-Rodolfo »Von wo sie froh einst kam, kehrt Mimi nun allein zurück...«).* Sie erinnern sich noch einmal der schönen Stunden ihrer Liebe, während es zwischen Musette und Marcel zu einer neuerlichen temperamentvollen Eifersuchtsszene kommt, die vermuten läßt, daß auch sie sich trennen werden. –

4. BILD: Die Mansarde. Marcel und Rodolfo täuschen sich gegenseitig konzentrierte Arbeit vor, doch ihre Gedanken sind bei Musette bzw. Mimi, die

sie nicht vergessen können. So treffen sie Collin und Schaunard an, die ein bißchen Brot und einen einsamen Hering mitgebracht haben. Mit ihrem gemeinsamen Galgenhumor machen sie das beste aus ihrer Notlage: sie decken zeremoniell den Tisch und spielen sich vor, ein üppiges Mahl zu sich zu nehmen, das in eine übertrieben gespielte »choreografische Handlung« übergeht und in einem »Duell« zwischen Schaunard und Collin endet. Da fliegt die Tür auf und Musette betritt die Mansarde, gefolgt von der schwerkranken Mimi, die sich gerade noch mühsam die Treppe heraufschleppen kann. Sofort kümmern sich die Freunde um sie und Rodolfo richtet ihr ein Lager her. Musette erklärt den anderen inzwischen, Mimi wisse, daß es mit ihr zu Ende gehe und wolle bei Rodolfo sterben. Als Mimi von einem Muff träumt, um ihre kalten Hände zu wärmen, besorgt Musette einen und bittet Marcel, einen Arzt zu holen. Collin beschließt, seinen Mantel im Leihhaus zu versetzen *(Mantelarie des Collin »Hör zu, du alter Mantel...«)*, und Schaunard begleitet ihn hinaus, damit Mimi und Rodolfo allein sein können *(Duett Mimi-Rodolfo »Sind sie gegangen? Ich stellte mich schlafend, um mit dir allein zu bleiben«).* Einige Zeit später kehren die anderen zurück, doch ihre Hilfe kommt zu spät. Mimi stirbt. –

Aufführungsdauer. 2½ Stunden

Giacomo Puccini
TOSCA
Oper in 3 Akten
Text von Giuseppe Giacosa und Luigi Illica
nach dem Drama von Victorien Sardou
Uraufführung Rom 1900

Quelle. Puccinis Oper hat einen turbulenten und dramatischen historischen Hintergrund. Sie spielt zur Zeit der Revolutionskriege um 1800. Ihre Hoffnungen setzten die italienischen Republikaner, die begannen, einen eigenen Nationalstaat zu erstreben, auf *Napoleon*. Literarische Vorlage ist das überaus erfolgreiche gleichnamige Drama des damals internatonal berühmten französischen Dramatikers *Victorien Sardou (1831–1908)*, das er für *Sarah Bernhardt (1844–1923)* schrieb.
Entstehung und Uraufführung. Puccini sah eine Aufführung der »Tosca« mit der Bernhardt bei einem Gastspiel im Teatro die Filodrammatici in Mailand im Frühjahr 1889. Sofort schrieb er seinem Verleger Ricordi: »*... diese ›Tosca‹ ist die Oper, die ich brauche, nicht umfangreich, dabei von großer Bühnen-*

wirksamkeit und ein Werk, das nach Musik geradezu schreit.« Sardou, der im übrigen der Ansicht war, sein Drama sei nicht unbedingt sein bestes Werk und verdanke seinen Erfolg vor allem der Bernhardt – wie er sich auch später geäußert haben soll, Puccinis Oper sei viel besser – verweigerte zunächst die Rechte, um selbst den Erfolg seines Stückes auszukosten. Überraschenderweise sollte der Komponist *Alberto Franchetti* eine Oper komponieren dürfen, doch Ricordi gelang es schließlich, die Rechte für Puccini zu bekommen, dessen inzwischen errungenen Weltruhm auch Sardou nicht mehr anzweifelte. Viel schwieriger erschien das zwischenzeitliche Interesse Verdis an der »Tosca«, doch der hielt sich dann doch selbst für zu alt für die Komposition. Als Librettisten wurden erneut die schon erprobten *Giacosa* und *Illica* gewonnen, und wieder beteiligte sich Puccini entschieden an der Entstehung des Textbuches. Das ging nicht ohne Reibereien und Schwierigkeiten ab, doch erwies sich gerade hier Puccini als der geborene Theaterpraktiker, der immer auch zugleich szenisch dachte. Auch Sardou wurde miteinbezogen, er und Puccini trafen sich mehrmals während der Parisaufenthalte des Komponisten. Die Arbeit an der »Tosca« dauerte, Unterbrechungen miteingerechnet, etwa zwanzig Monate. Ende September 1899 war die Partitur beendet, wenig später begannen die Proben am Teatro Costanzi in Rom, und am 14. Januar 1900 erfolgte die Uraufführung – unter Bombendrohung, was viel Lärm unter den Zuschauern verursachte, so daß die Aufführung gleich zu Beginn unterbrochen und neu begonnen werden mußte. Der Erfolg war nicht gerade berauschend, auch wenn zwanzig ausverkaufte Vorstellungen folgten. Zum Welterfolg wurde »Tosca« erst mit der glänzenden Aufführung am 17. März des gleichen Jahres unter *Arturo Toscaninis* Stabführung in der Mailänder Scala.

Ort und Zeit. Rom im Juni 1800, unmittelbar nach Napoleons siegreicher Schlacht gegen die Österreicher bei Marengo

Die Personen der Oper. Floria Tosca, berühmte Sängerin (Sopran) – Mario Cavaradossi, Maler (Tenor) – Baron Scarpia, Polizeichef von Rom (Bariton) – Cesare Angelotti (Baß) – Der Mesner von Sant' Andrea (Baß) – Spoletta (Tenor) und Sciarrone (Baß), Polizeibeamte im Dienste Scarpias – Ein Schließer (Baß) – Ein Hirt (Knabenstimme) sowie mehrere stumme Rollen.

Soldaten, Sbirren (Geheimagenten, besonders des Kirchenstaates), Bürger(innen), Volk, Geistliche u. a. (Chor)

Die Handlung. DIE VORGESCHICHTE: Mit Verspätung finden die Ideen der Französischen Revolution auch in Italien Widerhall. Die republikanisch gesinnten italienischen Patrioten sind der politischen Kleinstaaterei überdrüssig und hoffen auf ein einheitliches republikanisches Italien. Napoleon Bonaparte, General der französischen Revolutionsarmee in Italien, ist ihnen Garant für diese Hoffnungen. Er besiegt die Österreicher im Lande und gründet Schwesternrepubliken nach französischem Vorbild. Eine der wichtigsten davon ist die Republik Rom, zu deren Konsuln auch Cesare Angelotti gehört. Während Napoleons Abwesenheit in Ägypten hat Österreich mit Unterstützung seines wichtigsten italienischen Verbündeten, dem Königreich Neapel (Ferdinand IV. und seine einflußreiche Gemahlin Maria Carolina, eine Schwester von Frankreichs auf dem Schafott hingerichteter Königin Marie Antoinette und Tochter Maria Theresias), seine alte Machtposition zurückgewinnen können. Die Römische Republik ist zusammengebrochen, Angelotti ins Staatsgefängnis auf der Engelsburg gebracht worden. Von Neapel als Polizeichef Roms eingesetzt, übt Baron Scarpia, ein typischer Vertreter des machtbesessenen Partikularismus, ein gewaltsames Regime der politischen Verfolgung aus. Dafür hat er eine militärisch organisierte politische Polizeibehörde geschaffen, deren Gebeimagenten – die sogenannten ›Sbirren‹ (italienisch: ›Häscher‹) – zur Überwachung und Verfolgung der italienischen Patrioten eingesetzt werden. Zu seinen Todfeinden zählt Scarpia vor allem Angelotti, der aus dem Gefängnis entkommen konnte und untergetaucht ist. Der politische Untergrund der Stadt sendet allenthalben Signale des Widerstandes: die Wände und Mauern werden mit republikanischen Freiheitsparolen beschrieben. So ist die Situation in Rom Mitte Juni des Jahres 1800 äußerst gespannt. –

1. AKT: In der Kirche Sant' Andrea della Valle. Auf der Flucht vor Scarpia und seinen Sbirren gelangt Angelotti in die Kirche. Seine Schwester, die Marchesa Attavanti, hat ihm eine Nachricht zuspielen können, er fände in der Familienkapelle Frauenkleider, die ihm die weitere Flucht erleichtern sollen. Der Schlüssel zur Kapelle liege beim Altar der Madonna. Kaum ist Angelotti in der Kapelle verschwunden, erscheint der Mesner auf seinem üblichen Rundgang durch die Kirche. Erstaunt stellt er die Abwesenheit des Malers Mario Cavaradossi fest, der beauftragt wurde, ein Bild der Heiligen Maria Magdalena zu malen. Selbst der Essenskorb blieb unberührt. Während der Mesner das Angelus-Gebet spricht, betritt Cavaradossi die Kirche. Vorwurfsvoll bemerkt der Mesner, das Bild habe viel Ähnlichkeit mit einer Dame, die seit Tagen öfter hierher zum Beten komme. Lächelnd gibt Cavaradossi zu, sie heimlich dabei gemalt zu haben. Nun vergleicht er das Bild mit einem Medaillon seiner Geliebten, der berühmten Sängerin Floria Tosca, der seine ganze Liebe gilt *(Arie des Cavaradossi »Wie sich die Bilder gleichen ...«)*. Der Mesner brummt seine kritischen Kommentare über das wenig fromme Verhalten des Malers dazwischen, säubert dabei die Pinsel und empfiehlt sich dann. Cavaradossi malt inzwischen weiter, als Angelotti aus der Kapelle tritt, ihn sieht, zu Tode erschrickt und dann den Freund und politischen Gesinnungsgenossen erkennt und freudig begrüßt. Beide werden jedoch von Tosca gestört, die der Madonna Blumen bringt. Cavaradossi drängt Angelotti in die Kapelle zurück und gibt ihm zur Stärkung den Essenskorb mit. Tosca ist gereizt: warum ist das Gitter

verschlossen, mit wem hat Mario eben geflüstert, sicher war es eine Frau?! Ein kurzes stilles Gebet zur Madonna beruhigt sie jedoch. Warum sie komme: Mario möge sie heute abend nach der Vorstellung in der Oper abholen und mit ihr in seiner Villa den Abend verbringen *(Ariette der Tosca »Von unserm Häuschen mit mir sollst du träumen...«)*. Doch wieder flammt ihre Eifersucht auf: Cavaradossi drängt zur Arbeit (und denkt wohl an Angelotti), und sie selbst erkennt in dem Gemälde die Ähnlichkeit mit der Attavanti! Doch nun antwortet der Maler mit einer Liebeserklärung, in die schließlich auch Tosca einstimmt *(Arie des Cavaradossi »Wo gäb's auf Erden so schwarze Augen« und Duett Tosca-Cavaradossi »Oh, du verstehst zu schmeicheln...«)*. Doch kaum ist Tosca gegangen, erinnert sich Cavaradossi des flüchtigen Angelotti. Er muß ihm helfen. Als Schlupfwinkel bietet er ihm seine Villa an, zu ihr führt direkt von der Kapelle ein versteckter Weg. Falls wirkliche Gefahr drohen sollte, bietet der Brunnen im Garten ein sicheres Versteck. Doch dann begleitet er den Freund selbst dorthin, denn ein Kanonenschuß vom Kastell bedeutet ihnen, daß Angelottis Flucht entdeckt worden ist. – Die leere Kirche füllt sich mit jubelnden Chorknaben. Der Mesner bringt eine Neuigkeit: die verbündeten österreichisch-neapolitanischen Truppen haben Napoleon besiegt. Der Sieg des Regimes über die Revolution soll mit einem feierlichen Te Deum begangen werden. In den Jubel platzt der Polizeichef Scarpia *(Auftritt Scarpia »Ein Tollhaus in der Kirche!«)*. Die Spur des geflohenen Angelotti führt ihn in die Kirche. Er schickt die Sänger weg, das Te Deum vorzubereiten, seinen Spitzel Spoletta läßt er die Kapelle der Attavanti durchsuchen, den Mesner fragt er aus, man findet einen Fächer, auf dem Scarpia das Wappen der Attavanti erkennt. Als auch er deren Züge auf dem Bild bemerkt und den Namen Cavaradossis erfährt, ist er sich seines Verdachtes sicher: Angelotti war hier und der Maler hat ihm zur Flucht verholfen. Die Entdeckung des leeren Essenskorbes beseitigt die letzten Zweifel! Wie gelegen kommt ihm da Tosca, deren Beziehung zu dem Maler ihm bekannt ist! Sie kehrt zurück, um Mario mitzuteilen, sie müsse am Abend auf dem von Königin Maria Carolina anberaumten Siegesfest zu Ehren der Österreicher und ihres (angeblich) siegreichen Generals Melas im Palazzo Farnese singen. Deshalb könnten sie sich nicht treffen. Mit durchtriebenen Schmeicheleien schürt Scarpia ihre Eifersucht: der Fächer und die Ähnlichkeit der Heiligen mit der Attavanti seien doch Beweise für die Untreue des Malers *(Szene des Scarpia »Göttliche Tosca, erlaubt mir...«)*. Tosca fühlt sich betrogen, leidenschaftliche Wut über die scheinbare Nebenbuhlerin verleitet sie zum raschen Aufbruch nach Cavaradossis Villa, um die beiden dort zu überraschen. Scarpia triumphiert und weist Spoletta an, Tosca unauffällig zu folgen. In das beginnende Te Deum mischt sich Scarpias schamloses Bekenntnis, heute seine Begier mit doppelter Beute zu stillen: das Haupt des Rebellen und die schöne Tosca *(Große Chorszene mit dem Te Deum)*. –

2. AKT: Im Palazzo Farnese. Scarpia in seinem Zimmer nach dem Nachtmahl. Unaufhörlich kreisen seine Gedanken um seine politischen Feinde – und vor allem um Tosca. Will er jene noch vor Tagesanbruch hängen sehen, so soll diese noch heute ihm gehören. Sciarrone schickt er mit einer Einladung zu Tosca, er erwarte sie nach der Kantate auf dem Siegesfest noch bei sich. Während durch das offene Fenster die Musik der im Saale der Königin aufgeführten Kantate zu hören ist, liefert Spoletta seinen Bericht: Tosca habe er zwar folgen können, Angelotti aber nicht gefunden. Doch Cavadossis Verhalten habe ihm verraten, daß der Maler wisse, wo sich der Gesuchte verstecke; deshalb habe er Cavaradossi arretiert und hierhergebracht. Scarpia befiehlt, den Gefangenen sofort in sein Zimmer zu bringen. Sein Verhör eröffnet er mit ausgesuchter Höflichkeit, er klagt jedoch Cavaradossi offen der Fluchthilfe an. Dessen Leugnen reizt ihn zur Drohung; als auch das nichts nützt, ordnet er an, Cavaradossi zu foltern: erst die üblichen Formen, später dann nach Weisung. – Tosca ist Scarpias Einladung gefolgt. Cavaradossi flüstert ihr rasch zu, nichts zu verraten. Dann führt man ihn in die Folterkammer. Mit zynischer Zuvorkommenheit fordert Scarpia seinen Gast auf, wie gute Freunde miteinander zu plaudern. Das aber heißt nichts anderes, als daß er von Tosca den Aufenthalt Angelottis wissen will. Tosca leugnet alles, wird aber schwankend, als sie erkennt, was man mit dem Geliebten vorhat. Doch dieser beschwört sie zu schweigen. Da läßt Scarpia die Folter verstärken, bedrängt Tosca mit unmenschlicher Härte und bricht schließlich ihren Widerstand: Angelotti, so Tosca, halte sich im Brunnen der Villa Cavaradossis versteckt. Scarpia gibt Anweisung, die Folter einzustellen und den Gefangenen herzubringen. Dies geschieht – und in des Gefolterten Anwesenheit beauftragt Scarpia seinen Spitzel Spoletta, den Gesuchten aus seinem Versteck zu holen. So weiß Cavaradossi, daß Tosca geredet hat. Scarpia genießt seinen Triumph, den Feind in seine Macht zu bekommen und obendrein die Liebenden zu entzweien. Da bringt Sciarrone die Nachricht, nicht die Österreicher – wie irrtümlich gemeldet – haben bei Marengo gesiegt, sondern Napoleon; General Melas sei flüchtig. Voller Begeisterung bricht Cavaradossi in Triumphgesang aus, was Scarpia noch mehr gegen ihn aufbringt. Der Tod des Malers ist für ihn beschlossene Sache. Doch in seinem Zynismus kennt er keine Grenzen: mit Scheinheiligkeit schlägt er Tosca vor, darüber nachzudenken, wie wohl Cavaradossi zu retten sei. Als sie ihn nach dem Kaufpreis fragt, läßt er die Maske fallen. Zügelloses Begehren wird sichtbar: Tosca soll ihm diese Nacht zu Willen sein. Mit Entsetzen und Verzweiflung, Haß und Verachtung antwortet Tosca – doch Scarpia ist stärker: ihre Weigerung bedeute den Tod des Malers. Schon sind von fern die Trommeln zu hören, die ihn zur Hinrichtung begleiten. Gebrochen sucht Tosca letzten Trost im Gebet (*Arie und Gebet der Tosca* »Nur der Schönheit weiht' ich mein Leben...«). Gebet und Flehen reizen jedoch Scarpias Leidenschaft noch mehr. Als Spoletta meldet, Angelotti habe sich selbst getötet, für die Füsilierung Cavaradossis sei jedoch alles bereitet: da geht Tosca auf Scarpias Forderung ein, um das Leben des Geliebten zu retten. Scarpia gibt Befehl, so zu handeln, wie beim Grafen Palmieri, d. h.: eine Scheinerschießung vorzutäuschen, in Wirklichkeit aber gibt es für den Delinquenten keine Rettung mehr. Tosca, die das infame Spiel nicht durchschaut, verlangt einen Passierschein, um mit Cavaradossi aus dem Kirchenstaat zu fliehen. Während Scarpia ihn ausfertigt, wendet sich Tosca dem gedeckten Tisch zu, um einen Schluck Wein zu trinken. Da fällt ihr Blick auf ein dolchartiges Messer – und der Gedanke zur Tat ergreift von ihr Besitz. Als Scarpia den Schein gesiegelt hat und mit gierigem Ausdruck Tosca umarmen will, stößt sie ihm das Messer in den Rücken und tötet so den Mann, vor dem ganz Rom gezittert hat. –

3. AKT: Auf der Plattform der Engelsburg. Ein neuer Morgen erwacht in Rom. Tiefer Frieden liegt über der Szene, von irgendwoher erklingt das Lied eines jungen Hirten. Ein Schließer und ein Trupp Soldaten mit Cavaradossi erscheinen. Er bittet, einem geliebten Menschen noch ein paar Abschiedszeilen schreiben zu dürfen; gedankenverloren nimmt er Abschied vom Leben *(Arie des Cavaradossi »Und es blitzten die Sterne ...«)*. Tosca erscheint, zeigt Cavaradossi den Passierschein und zerstreut seine Bedenken mit dem Bericht über alles, was geschehen ist. Voller Hoffnung und Liebe finden sich beide in freundlichen Zukunftsvisionen *(Duett Cavaradossi-Tosca »Die süßen Hände«)* Dann kehrt Tosca als erste zur Wirklichkeit zurück: sie gibt Mario noch genaue Instruktionen, wie er bei der Scheinschießung den Toten spielen soll, ohne sich zu verraten. Dann führt man ihn zum Richtplatz, die Salve des Erschießungskommandos kracht, Cavaradossi bricht zusammen, Tosca ist mit ihm zufrieden, die Wache zieht ab. Doch die Komödie war bitterer Ernst, Cavaradossi wurde wirklich erschossen und Tosca betrogen. Zu spät erkennt sie das falsche Spiel Scarpias. Und sieht sich der eigenen Verhaftung ausgesetzt, denn man hat Scarpias Leichnam entdeckt und verdächtigt sofort Tosca des Mordes. Durch den Sprung in die Tiefe entzieht sie sich der Strafe. –

Aufführungsdauer. 2¼ Stunden

Giacomo Puccini
MADAME BUTTERFLY
Japanische Tragödie in 3 Akten
Libretto von Luigi Illica und Giuseppe Giacosa
nach John Luther Long und David Belasco
Uraufführung Mailand 1904

Quelle. Der »Butterfly«-Stoff ist nicht nur reine literarische Fiktion. Seit etwa 1854 gab es zwischen den USA und Japan konsularische Beziehungen, und die USA kannten und duldeten sogenannte ›Japan-Ehen‹ ihrer Armeeangehörigen. Sie sollten diese während ihres Urlaubs vor Ausschweifungen schützen und galten mit dem Urlaubsende als wieder aufgelöst. Von einer solchen Ehe, der auch ein Kind entstammte, hörte der amerikanische Rechtsanwalt *John Luther Long* aus Philadelphia von seiner Schwester *Irwin Corell,* die im amerikanischen Missionshaus in Nagasaki tätig war. Long verwendete das Gehörte in seinem Fortsetzungsroman »Madame Butterfly«, der 1898 in der amerikanischen Zeitschrift »Country Magazine« erschien. Darauf stützte sich der 1900 erschienene Einakter gleichen Titels, dessen ebenfalls amerikanischer Autor der gelernte Schauspieler und spätere Dramatiker, Regisseur und Theateragent *David Belasco (1853–1931)* war. Für sein Werk fand er einen der Wirklichkeit und dem Roman Longs gegenüber neuen tragischen Schluß: den Selbstmord der Titelheldin. Die Uraufführung des Theaterstückes fand am 5. März 1900 im Herald Square Theatre in New York statt.

Entstehung und Uraufführung. Als Puccini im Juni 1900 zur Aufführung seiner »Tosca« nach London fuhr, besuchte er auch das dortige Duke of York's Theatre, um sich auf Empfehlung von *Frank Nielson,* dem Intendanten von Covent Garden, zwei Stücke Belascos anzusehen. Begeistert war er vor allem von dessen Einakter »Madame Butterfly« mit der großen englischen Schauspielerin *Evelyn Millard* in der Titelrolle. Bis April 1901 mußte er um die Rechte zur Vertonung kämpfen. Als er sie endlich hatte, machte er sich sofort an die Arbeit. Dazu gehörte, daß er sich eingehend über die Japaner und ihre Sitten und Bräuche informierte, u. a. bei *Madame Ohyama,* der Gattin des japanischen Gesandten in Italien. Anfang 1902 war er schon am zweiten Akt, doch gab es wieder einmal lange Diskussionen mit seinen bewährten Librettisten. Dann wurde Puccinis eigene Kompositionsarbeit durch seinen schweren Autounfall von 1903 unterbrochen, doch an Weihnachten des Jahres war die Oper fertig. Die Uraufführung am 17. Februar 1904 in der Mailänder Scala wurde zu einem ausgesprochenen Fiasko: das Publikum miaute, grunzte, lärmte, lachte und schwatzte. Die Kritiker betrachteten die Oper als mißlungen. Puccini war ziemlich verzweifelt, unterzog das Werk einer nur unbedeutenden Umarbeitung und errang damit bei der zweiten Inszenierung am Teatro Grande in Brescia am 18. Mai 1904 einen überwältigenden Erfolg, der der Oper bis heute weltweit treu geblieben ist.

Ort und Zeit. Nagasaki um 1900

Die Personen der Oper. Cho-Cho-San, genannt Butterfly (Sopran) – Suzuki, ihre Dienerin (Mezzosopran) – Frank Benjamin Linkerton, Leutnant der amerikanischen Marine (Tenor) – Kate Linkerton, seine spätere amerikanische Frau (Mezzosopran) – Sharpless, Konsul der USA in Nagasaki (Bariton) – Goro, Nakado (Tenor) – Der Fürst Yamadori (Tenor) – Der Onkel Priester (Bonze; Baß) – Yakusidé, Onkel Cho-Cho-Sans (Baß) – Der Kaiserliche Kommissar (Baß) – Der Standesbeamte (Baß) – Die Mutter Cho-Cho-Sans (Mezzosopran) – Die Tante (Sopran) – Die Kusine (Sopran) – Das Kind (Stumme Rolle).

Verwandte, Freundinnen Cho-Cho-Sans, Diener (Chor)

Die Handlung. 1. AKT: Franklin Benjamin Linkerton, Leutnant der amerikanischen Marine auf dem Kanonenboot »Abraham Lincoln« in Nagasaki, hat sich in die junge Japanerin Cho-Cho-San verliebt, die als Geisha im Teehaus des alten Nakado Goro arbeitet. Er will mit ihr eine japanische Ehe eingehen, die er jederzeit wieder lösen kann. Er hat sich ein Haus gekauft, wo er mit ihr wohnen will. Zur Hochzeitszeremonie hat er auch den amerikanischen Konsul Sharpless eingeladen, der ihm jedoch zu bedenken gibt, nicht allzu leichtfertig zu sein, Cho-Cho-San nehme die Verbindung sehr ernst; was ihm ein Spiel sei, bedeute ihr das Leben. Sie erscheint in Begleitung ihrer Freundinnen. Man nennt sie ›Butterfly‹ (Schmetterling) und sie entstammt einer einst angesehenen und reichen Familie, deren plötzliche Verarmung sie zwingt, ihr Leben als Geisha zu verbringen. Sie hat nur noch ihre Mutter, aber zahlreiche Verwandte, die nun auch erscheinen in Begleitung der Mutter, des Standesbeamten, dem Onkel Yakusidé und dem kaiserlichen Kommissar. Die Mutter schwärmt von Linkerton, während Cho-Cho-Sans Kusine abfällige Bemerkungen über ihn macht, bis der ebenfalls anwesende Goro unter der geschwätzigen Gesellschaft für Ruhe sorgen kann. Die Trauungszeremonie findet im Haus statt, die Ehe wird durch den kaiserlichen Kommissar und den Standesbeamten urkundlich besiegelt, die unmittelbar danach mit dem als Trauzeugen fungierenden Sharpless wieder zurück in die Stadt gehen. Linkerton beginnt gerade, die Familie seiner Frau zu bewirten, als Bonze, der alte Priester, erscheint. Er verflucht und verstößt Cho-Cho-San, weil sie ihrem alten Glauben abschwor und sich zum Glauben Linkertons bekennt. Der wirft Bonze aus seinem Haus, dem es jedoch gelingt, die ganze Verwandtschaft gegen Cho-Cho-San aufzubringen. Linkerton tröstet sie, indem er ihr, von der er vom ersten Augenblick an bezaubert war, seine Liebe bekennt *(Duett Linkerton-Butterfly »Oh welch ein Zauber strahlt aus deinen Augen...«).* Dann bricht die sternenklare Nacht herein. –

2. AKT: Vier Jahre sind vergangen, seit Linkerton nach Amerika zurückkehrte. Nichts hat er in all den Jahren von sich hören lassen. Doch noch immer glaubt Cho-Cho-San fest an sein Wiederkommen, während Suzuki alle Hoffnungen aufgegeben hat *(Arie der Cho-Cho-San »Eines Tages sehn wir...«).* Da kommt dreifacher Besuch: Konsul Sharpless hat einen Brief Linkertons erhalten und will Butterfly nun die ganze Wahrheit sagen; der alte Goro drängt sie zur Heirat mit dem reichen Fürsten Yamadori, sie sei doch arm und von der Familie verstoßen; und Yamadori selbst wirbt erneut um sie. Doch sie weist seine Werbung ab mit dem Hinweis, bereits vermählt zu sein. Goros Einwand, wenn eine Frau verlassen werde, so bedeute dies nach japanischem Recht bereits die Scheidung der Ehe, begegnet sie mit der Bemerkung, sie sei nach amerikanischem Recht gebunden. Schweren Herzens, aber noch immer nicht ganz ohne Hoffnung verabschiedet sich Yamadori, gefolgt von Goro. Dies nützt Sharpless und beginnt den Brief Linkertons vorzulesen. Butterfly kann nicht glauben, daß Linkerton sie verlassen hat, und zum Beweis für ihren Glauben an seine Liebe holt sie aus dem Nebenzimmer ihren gemeinsamen Sohn, von dessen Existenz weder Sharpless noch Linkerton bisher etwas wußten. Mit dem Versprechen, Linkerton von seinem Sohn zu erzählen, verabschiedet sich Sharpless. Kaum ist er gegangen, da kündet ein Kanonenschuß die »Abraham Lincoln« im Hafen an. Schluchzend vor Glück und Freude beginnt Butterfly mit Suzuki die Wohnung mit Blumen zu schmücken, um den endlich zurückgekehrten Geliebten zu empfangen *(›Blütenduett‹ Cho-Cho-San-Suzuki »Schüttle alle Zweige unsrs Kirschbaums, streue Blumen umher!«).* Dann schmückt auch sie sich und das Kind und erwartet Linkerton, während bereits die Nacht hereinbricht. –

3. AKT: Schon beginnt der neue Tag und noch immer wartet Butterfly auf Linkerton. Suzuki, die bei dem Kind neben ihr geschlafen hat, erwacht und bittet sie, sich auch ein wenig niederzulegen, sie werde sie wecken, sobald Linkerton da sei. Kaum ist Butterfly mit ihrem Sohn ins Haus gegangen, da erscheinen Sharpless, Linkerton und dessen amerikanische Frau Kate. Sie sind gekommen, um mit Suzuki zu beraten, wie Butterfly zu helfen ist und die Zukunft des Kindes zu sichern, das sie mit nach Amerika nehmen wollen. Suzuki hält den Männern vor, sie verlangten Unmögliches von einer Mutter. Linkerton erkennt, wie sehr er an Butterfly gesündigt hat, deren Liebe zu ihm all die Jahre über nicht verlosch. Voller Reue nimmt er Abschied, muß sich aber von Sharpless vorhalten lassen, er habe ihn rechtzeitig gewarnt und seine Reue komme nun zu spät *(Duett Linkerton-Sharpless »Leb wohl denn, mein Blütenreich...«).* Inzwischen hat Suzuki von Kate die ganze Wahrheit erfahren. Als die Besucher aufbrechen wollen, erwacht Butterfly. Sie bemerkt Sharpless, sieht Kate und sucht vergebens nach Linkerton, der schon vorausgegangen ist. Nun beginnt auch sie die schreckliche Wahrheit zu begreifen, die ihr Suzuki

bestätigt. Mit letzter Kraft und Würde erklärt sie ihren Verzicht auf Ehemann und Kind, das Linkerton in einer halben Stunde selbst abholen soll. Dann schließt sie sich im Hause ein, während sie Suzuki und das Kind in den Garten schickt. Dann holt sie ihren Dolch und begeht Selbstmord. Sterbend schleppt sie sich an die Seite ihres ins Haus gelangten Kindes, umarmt es noch einmal und stirbt. So finden sie Linkerton und Sharpless, die erschüttert erkennen müssen, zu spät gekommen zu sein. –

Aufführungsdauer. 2½ Stunden

Frankreich: Heimat der Großen Oper

Die europäische Kulturgeschichte des 19. Jahrhunderts hat im wesentlichen die gleichen Zentren wie das vorangegangene Jahrhundert. Hin und wieder tritt vorübergehend eine kleinere oder mittlere Stadt ins Rampenlicht, so wie im ersten Drittel Weimar als Zentrum des deutschen Geisteslebens. Es gibt jedoch, anders als zuvor, nur eine einzige wirkliche Metropole, deren Strahlen sich wie die einer Monstranz über Europa ausbreiten: Paris. Bis in den Beginn des 20. Jahrhunderts ist die französische Hauptstadt quantitativ ein Sammelbecken von Dichtern und Literaten, Musikern und Künstlern sowie qualitativ der Fixstern des europäischen Kunst- und Geisteslebens.

Das gilt auch für das Theater im allgemeinen und für die Oper im speziellen. Von allem Anfang an, da Frankreich Bekanntschaft mit der Oper macht, geht es auch darum, sich durch eigene Formen vom italienischen Vorbild abzusetzen. So haben sich ›Opéra Comique‹ und ›Tragédie Lyrique‹ als französische Opernformen entwickelt. Letztere ist jedoch allmählich in Konventionen erstarrt, weil das vom absolutistischen Monarchen geprägte politische Gefüge der Barockzeit und des späten 18. Jahrhunderts, dem sie als Bezugspunkt huldigt, nicht mehr vorhanden ist. Zu Beginn des 19. Jahrhunderts nimmt die allgemeine Kunstbetrachtung, trotz Napoleons Kaisertum, eine andere Sicht ein: nicht mehr der Hof ist Mittelpunkt, sondern das Volk. Die Große Revolution der Jahre 1789 bis 1794 hat auch hier ihre Spuren hinterlassen. Für die Oper hat das sowohl eine inhaltliche wie eine wirkungsgeschichtliche Folge, indem man sich von der Mythologie ab- und der nationalen Geschichte zuwendet und darin dem Volk selbst zentrale Bedeutung zumißt sowie den Publikumsgeschmack als ernsthaften Gradmesser für den künstlerischen Erfolg nimmt. So entwickelt sich aus der ›Tragédie Lyrique‹ nunmehr die ›Grand Opéra‹, die zunächst nur eine umfangreiche und mit Personal und Orchester groß besetzte Oper bezeichnet. Dem Orchester kommt eine besondere Bedeutung zu, denn die Oper wird mehr und mehr eine durchkomponierte Großform, die das *recitativo secco* nicht mehr kennt und die Abfolge von Rezitativ und Arie in eins bindet zum großen Auftritt der Hauptpartien, der die Bezeichnung ›Szene und Arie‹ (*scena ed aria*) erhält. Daraus entwickelt sich auch die ›Tableaux‹ genannte große Szene, in der sich Solisten, Chor und Ballett zu einem kompakten Zwischenbild bzw. einem dramatischen Akt- oder Schlußfinale versammeln. Die ›Grand Opéra‹ übernimmt die große Chorszene, baut sie aus und gibt ihr eine neue historische und sozialgeschichtliche Funktion, indem der Chor jetzt die Volksmasse repräsentiert. Sie übernimmt auch das Ballett, das von Anfang an ein spezielles Kennzeichen der französischen Oper ist, und integriert es fest in die Handlung. Schließlich bleibt sie gewissermaßen barock (im Sinne von pompös überladen) im dekorativen und bühnentechnischen Aufwand. Formal ist die Einteilung in fünf Akte die Regel wie auch der glückliche Ausgang nicht mehr sakrosankt ist, man bekennt sich vielmehr ausdrücklich zum notwendig und folgerichtig aus der Handlung sich ergebenden tragischen Ende. *Louis Véron*, seit 1831 Intendant der Pariser Oper, faßt das so zusammen: »Eine Oper in fünf Akten kann nur leben, wenn sie eine sehr dramatische Handlung hat, die von den großen Leidenschaften des menschlichen Herzens und mächtigen historischen Interessen bestimmt ist. Auch der Chor muß eine leidenschaftliche Rolle spielen und sozusagen eine der interessanten Figuren des Stücks sein. Jeder Akt muß unterschiedliche Bühnenbilder und Kostüme bieten, vor allem aber geschickt vorbereitete Situationen.« (38) Diesem ehrlichen Bekenntnis verpaßt *Heinrich Heine* einen ironischen Seitenhieb. Véron, so schreibt er, habe sich davon überzeugt, »daß die meisten Leute aus Konvenienz in die große Oper gehen, und nur dann sich dort ergötzen, wenn schöne Dekorationen, Kostüme und Tänze so sehr ihre Aufmerksamkeit fesseln, daß sie die fatale Musik ganz überhören ... Der große Véron und das große Publikum verstanden sich: Jener wußte die Musik unschädlich zu machen und gab unter dem Titel ›Oper‹ nichts als Pracht- und Spektakelstücke; dieses, das Publikum, konnte mit seinen Töchtern und Gattinnen in die große Oper gehen, wie es gebildeten Ständen ziemt, ohne vor Langerweile zu sterben ... Nichts übertrifft den Luxus, der in der großen Oper überhandgenommen, und diese ist jetzt das Paradies der Harthörigen.« (39)

Es entbehrt nicht einer gewissen Tragik, daß jene französischen Komponisten, die der ›Grand Opéra‹ ihre eigentliche Form geben und mit ihr auf die gesamte Oper des 19. Jahrhunderts starken Einfluß ausüben, heute nicht einmal mit ihren Hauptwerken im Repertoire vertreten, allenfalls auf einzelne Wiederaufführungen angewiesen sind und damit in ihrer unbestreitbaren wirkungsgeschichtlichen Bedeutung mehr begnadigt als bestätigt werden. Das gilt zunächst für *Luigi Cherubini (1760–1842)*, den Beethoven als einen der bedeutendsten Komponisten seiner Zeit schätzt. Der gebürtige Florentiner komponiert seine ersten Opern noch in Italien, ist dann vorübergehend Königlicher Hofkomponist in London und läßt sich um 1788 für immer in Paris nieder. Dort leitet er erst die italienische Oper und ist ab 1822 bis kurz vor seinem Tode Direktor des Pariser Konservatoriums. Als solcher nimmt er im Pariser Musikleben eine zentrale und einflußreiche Stellung ein und wird zum Reformer der Oper, indem er die Nummern-Oper auflöst und sie mit der durchkomponierten Großform ersetzt, für die seine beiden bekanntesten Werke »Medea« (U 1797; nach dem Drama des Euripides) und »Der Wasserträger« (U 1800) stehen.

Gleiches gilt für *Daniel François Esprit Auber (1782–1871)*, dessen auch in Deutschland einst viel gespielte komische Räuberpistole »Fra Diavolo« (U 1820) aus dem Repertoire gefallen ist im Gegensatz zu dem späteren Operetten-Pendant »Gasparone« von Karl Millöcker. Aubers große dramatische Oper »Die Stumme von Portici« (U 1828) hat für die neue Gattung Signalwirkung. Sie greift auf den historischen Volksaufstand in Neapel von 1647/48 zurück, den der Fischer Masaniello anführt und der von dem spanischen Vizekönig Graf Ouate niedergeschlagen wurde. Die Aufführung der Oper 1830 in Brüssel sorgt für den in der Theatergeschichte einmaligen Fall, daß eine Bühnenhandlung zum politischen Tagesgeschehen mutiert: die Besucher stürmen aus dem Opernhaus auf die Straße und proben den realen Aufstand, der zur Unabhängigkeit Belgiens von den Niederlanden führt.

Besonders auffallend ist die Diskrepanz zwischen der Bedeutung dieser Komponisten zu ihren Lebzeiten und dem Bedeutungsverfall in ihrer Einschätzung durch die Nachwelt. Dieses Schicksal teilt auch *Giacomo Meyerbeer (1791–1864)*. Aus Deutschland stammend wirkt er zunächst sieben Jahre lang in Italien, lernt die italienische Oper von Grund auf kennen und gewinnt daraus für sich die Überzeugung, die Opera seria erneuen zu sollen. Man hält ihm anfangs vor, ein Nachahmer Rossinis zu sein, der die Opernspielpläne beherrscht. Dann aber ruft er ebenso Kritik wie Staunen darüber hervor, daß er an die Sänger gleich hohe Ansprüche stellt wie an das Orchester. Das repräsentative Element seiner Musik weckt das Interesse der Pariser Oper, was Meyerbeer als ehrenvoll empfindet: »*Wo anders als in Paris bietet die Oper die Mittel einem Künstler, der bestrebt ist, wahrhaft dramatische Musik zu schreiben.*« In Paris komponiert er seine drei richtungsweisenden Großopern »Robert der Teufel« (1831), »Die Hugenotten« (1836) und »Der Prophet« (1849), mit denen er nicht zu unterschätzenden Einfluß auf viele nachfolgende Komponisten ausübt einschließlich Verdi und Wagner (der sich aber nach anfänglicher Bewunderung von Meyerbeer abwendet und ihn als führenden Repräsentanten des »Judentums in der Musik« angreift). Heine bekennt, daß es außer Meyerbeer nicht viele Tondichter gebe, von welchen es der Mühe wert sei, ausführlich zu reden. Den »Hugenotten« widmet er einen eigenen Aufsatz, in dem er Meyerbeer den »größten lebenden Kontrapunktisten und den größten Künstler in der Musik« nennt, der mit neuen Formschöpfungen im Reich der Töne hervortrete und neue Melodien schaffe, »nicht in archaischer Fülle«, sondern mit Überlegung, wo und wann sie im musikalischen Handlungsgefüge notwendig seien: »Hierdurch eben unterscheidet er sich von andern genialen Musikern, deren Melodienreichtum eigentlich ihren Mangel an Kunst verrät, indem sie von der Strömung ihrer Melodien sich selber hinreißen lassen und der Musik mehr gehorchen als gebieten.«

Neben Meyerbeer muß man *Hector Berlioz (1803–1869)* nennen. Der Sohn eines Arztes will schon in frühen Jugendjahren Komponist werden, ohne daß er je ein Instrument richtig spielen lernen wird. Er beginnt als Chorist an einem Pariser Theater, wird Musikkritiker und ist von 1850 an bis zu seinem Tode Bibliothekar des Pariser Konservatoriums, an dem als Professor für Komposition zu lehren er sich zuvor vergebens bemüht hat. Er ist zeitlebens als Komponist ähnlich umstritten wie Meyerbeer, der allerdings nicht zuletzt wegen seines Welterfolges »Robert der Teufel« – die Oper gelangt innerhalb kurzer Zeit an 77 renommierten europäischen Opernhäusern zur Aufführung – ein weltbekannter Musiker ist und hohes Ansehen genießt, vor allem in Frankreich selbst. Das ist Berlioz nicht vergönnt, man schätzt ihn im Ausland weit mehr, besonders in Deutschland, wo Franz Liszt sich für ihn einsetzt. Wirft man Meyerbeer vor, er komponiere bombastisch und seine Musik streife die Trivialität, so Berlioz, seine Musik habe wenig Melodie und Rhythmus, sie sei zu gelehrt (was auch immer man darunter zu verstehen hat), bezeichnet sie gar als »artifiziellen Plunder« und ihn selbst als »einen Umstürzler des nationalen Genres«. Zwar nennt Berlioz seinen 1830 bis 1834 entstandenen und 1838 uraufgeführten »Benvenuto Cellini« eine Opéra Comique, auch wenn das Werk keinen gesprochenen Dialog aufweist. Die Partitur reflektiert jedoch die dramatische Großform, die Berlioz dann für die drei Teile seiner »Trojaner« ganz reklamiert. Schon die Ouvertüre zu »Cellini« hat sinfonisches Ausmaß, das sich mit eher schwergewichtigen als leichten Orchestersätzen fortsetzt, in denen Bläser und Schlagzeug häufig und gewichtig eingesetzt werden. Dazu kommen weitatmige Arien mit teilweise groß angelegten Solo- und Chorszenen. Notiert Berlioz nach der »Cellini«-Uraufführung noch mit selbstironischer Süffisanz: »*Man bereitete der Ouvertüre einen übertriebenen Erfolg und zischte alles übrige mit bewundernswerter Einmütigkeit und Energie aus*«, so schreibt er über die »Trojaner« sehr viel selbstbewußter an seine Schwester Adèle: »*Die Musik hat edle Größe und ist von ergreifender Wahrhaftigkeit. Ich fühle, daß Gluck, könnte er zur Erde zurückkommen und sie hören, zu mir sagte: › Wahrlich, das ist mein Sohn!‹ ... Ich bin sicher, daß ich ein großes Werk geschaffen habe, größer und edler als das, was bis heute geschaffen worden ist.*« Berlioz verschafft dem Orchester durch Anzahl und neue Zuordnung der Instrumente eine neue

Klangfülle, mit der er noch auf Wagner und Richard Strauss Einfluß ausübt. Er nennt seinen Stil selbst kühn, will er doch eine Musik komponieren, die »*frei und stolz, souverän und siegreich*« ist und »*alles erobern soll, daß alles in ihr aufgehen soll, daß es für sie keine Alpen und Pyrenäen gibt. Aber wenn sie siegen soll, muß sie sich auch selbst in den Kampf stürzen, nicht ihre Leutnants voranschicken. Die Verse müssen eine gute Schlachtordnung bilden, aber sie selbst muß ins Feuer gehen, wie Napoleon, sie muß, wie Alexander, die Erste sein in der Phalanx. Sie ist so mächtig, daß sie ganz allein in manchen Fällen den Sieg davontragen würde und tausendmal hätte sie das Recht mit Medea zu sagen: ›Ich bins! Das ist genug!‹*« (40) Er verwahrt sich gegen den Vorwurf seiner Gegner, er zerstöre wesentliche Elemente der Kunst und komponiere Musik ohne Melodie. Er verteidigt sich, immer darauf bedacht zu sein, seine Kompositionen »*mit einem wahren Überschwang von Melodie auszustatten.*« In seinen »Memoiren« heißt es dazu: »*Man kann diesen Melodien ihren Wert, ihre Vornehmheit, ihre Originalität, ihren Reiz ganz und gar abstreiten – nicht an mir ist es, sie zu beurteilen; aber ihre Existenz zu leugnen, dazu, behaupte ich, gehört böser Wille oder Unfähigkeit ... Die Haupteigenschaften meiner Musik sind leidenschaftlicher Ausdruck, innere Glut, rhythmischer Schwung und überraschende Wendungen ... Um meine Kompositionen gut wiederzugeben, müssen die Mitwirkenden, und namentlich ihr Dirigent, empfinden wie ich. Dazu gehört die äußerste Genauigkeit, verbunden mit unwiderstehlicher Verve, ein wildes und doch maßvolles Feuer, träumerische Empfindsamkeit, eine sozusagen krankhafte Schwermut, ohne welche die Hauptzüge meiner Gestaltung entstellt oder gänzlich verwischt werden.*« Berlioz schwebt ein neues großes Orchester vor, er experimentiert mit Besetzungen und ist darin nicht frei von einem Hang zur Gigantomanie: bei der Premiere seines »Requiems« 1837 im Invalidendom zu Paris bietet er 200 Musiker und 200 Sänger auf, darunter 40 Blechbläser, 16 Pauken und 10 Becken im Orchester.

Meyerbeer gewinnt als Mitarbeiter einen Mann, der mit seltener Leichtigkeit, dramaturgischer Routine und pointenreicher Dialogführung zum ersten Großmeister des französischen Boulevardtheaters wird: *Eugène Scribe (1791–1861)*. Er bringt es bis zur ersten juristischen Staatsprüfung, sagt dann aber einer hoffnungsvollen Advokatenkarriere Adieu und verschreibt sich lebenslang ausschließlich dem Theater. Anfangserfolgen in Pariser Vaudevilletheatern schließen sich seine bekannten Sitten- und Gesellschaftskomödien an, die ihm den Weg über die Pariser Vorstadt- und Boulevardtheater, die er jahrzehntelang wie ein absolutistischer Monarch beherrscht, in die Comédie Française ebnen. Als er unter die Unsterblichen der Académie Française aufgenommen wird, soll er mit der Begründung begrüßt worden sein: »Keinem Menschen ist es gestattet, das Publikum dreißig Jahre lang ungestraft zu amüsieren.« Bis er Ende Februar 1861 auf dem Weg zu einem Besuch sein Leben in der Kutsche

Eugène Scribe, der erfolgreichste Librettist des 19. Jahrhunderts, überaus gefragt, aber auch als Vielschreiber verspottet. Karikatur von Benjamin (1841).

friedlich aushaucht, schreibt er mehr als 400 Werke, wofür er eine ganze Schreiberwerkstatt beschäftigt, zum meistgespielten Gegenwartsdramatiker aufsteigt, mit »Das Glas Wasser« (U 1840) einen noch heute viel gespielten und inzwischen mehrfach verfilmten Welterfolg landet und als Librettist zahlreicher Opern von *Auber, Boieldieu, Cherubini, Cilea, Donizetti, Meyerbeer* und des späten *Rossini* in die Operngeschichte eingeht. Noch *Verdi* wird sich seiner Mitarbeit für »Die Sizilianische Vesper« (U Paris 1855) versichern, und eine seiner bedeutendsten Opern, »Ein Maskenball«, beruht auf einer Vorlage von Scribe. Als Autor des Sprechtheaters kommt Scribe das Verdienst zu, Mitbegründer und erster Meister des sogenannten ›pièce bien faite‹ (gut gemachtes Stück) zu sein, einer Besonderheit des französischen Schauspiels bis herauf in die Zeit des in diesem Genre als Klassiker bezeichneten *Jean Anouilh (1910–1987).*

In seinen Lebenserinnerungen schreibt *Charles Gounod (1818–1893)* anläßlich der Uraufführung von Meyerbeers »Der Prophet«, in dieser Oper sei »*das Unerhörte auf dem Theater Gestalt*« geworden und habe beim Publikum Erschütterung und Begeisterung ausgelöst, der auch er sich habe nicht entziehen können: »*In diesem gewaltigen Augenblicke durchdrang es mich bis auf die Grundfesten meines Daeins, daß ich diesem Großen nacheifern mußte.*« Er bekennt jedoch auch, daß ihn *Palästrina, Bach, Mozart* und *Beethoven* sowie das Opernschaffen *Rossinis* und *Donizettis* beeinflußt haben. In Gounods über tausend Werke umfassenden Schaffen, in dem zahlreiche kirchenmusikalische Werke seine tiefe Religiosität bezeugen, gehören auch 17 Ballette und Opern, in denen er gern auf große Literatur zurückgreift. Seine erste Oper »Sappho« (U 1851) hat Griechenlands bedeutende Lyrikern aus dem sechsten vorchristlichen Jahrhundert zur Titelgestalt und 1858 gelangt ein Werk nach Molière »Der Arzt wider Willen« zur Uraufführung. Danach komponiert Gounod sein Meisterwerk nach Goethes »Faust«, und der Oper »Mireille« (U 1864) liegt das zwölf Gesänge umfassende provenzalische Epos »Mirèio« von *Frédéric Mistral (1830–1914)* zu Grunde, das zu den großen Epen der französischen Literatur des 19. Jahrhundert gerechnet wird und in dessen Einleitung der Autor sich selbst »einen demütigen Schüler des göttlichen Homer« nennt. Das Libretto übernimmt von der literarischen Vorlage die harte Wirklichkeitsschilderung sozialer Ungleichheit und gestaltet sie an der tragisch endenden Liebesgeschichte zwischen Mireille, Tochter des reichen Bauern Ramon, und Vincent, Sohn des armen Korbflechters Ambroise, die als »Vagabunden ohne Heim und Herd« gelten. Eine sinfonisch gestaltete Ouvertüre eröffnet die Partitur, deren Hauptmerkmale ein durchgehender dramatischer Atem, große Szenen ohne eigentliche Arien im üblichen Sinn, geballte Chorsätze, ein schweres Geschütz auffahrendes Orchester und breit angelegte Solo- und Ensembleszenen sind. Bei aller Realistik steht das Werk jedoch auch unter romantischen Einflüssen in den Gestalten der Hexe Taven und eines bleichen Bootsmannes in schwarzem Gewand sowie in den Chören der Dahingeschiedenen und der aus Liebe gestorbenen Mädchen, die um Mitternacht dem dunklen Abgrund entsteigen. Das erinnert an die Hexenszenen bei Shakespeare wie auch an die Wolfsschluchtszene im »Freischütz«. Zurückhaltender in der Tonsprache, darum auch melodischer und zum Teil ausgesprochen lyrisch in den Arien und Ensembles ist »Roméo et Juliette« (U 1867) nach Shakespeares Liebestragödie, Gounods nach der »Faust«-Oper wichtigstes musikalisches Bühnenwerk, das in Deutschland immer einmal auf dem Spielplan steht und in Frankreich zum Repertoire zählt.

Zu Gounods besten Freunden gehört *Georges Bizet (1838–1875)*, der diese lebenslange Freundschaft mit dem »*bemerkenswertesten Musiker*« der Zeit dankbar genießt: »*Die Verbindungen zwischen uns beiden*«, so schreibt er ihm einmal, »*sind von einer Art, daß weder Entferntsein noch Schweigen sie lösen kann. Als ich geboren wurde, waren Sie bereits ein Künstler. Ich bin aus Ihnen entsprungen: Sie sind die Ursache, ich bin die Folge; ich fühle den Nutzen Ihres glücklichen und klaren Einflusses.*« Ersten musikalischen Unterricht erhält Bizet schon in jungen Jahren von seinem Vater, der Musiker, Gesangslehrer und Gelegenheitskomponist ist, die Mutter gibt ihm den nötigen Elementarunterricht. Schon mit zehn Jahren findet der frühreife, mit einem auffallenden musikalischen Gedächtnis begabte junge Pianist Aufnahme am Pariser Konservatorium, wird 1855 Mitarbeiter an der Opéra Comique und geht zwei Jahre später als Träger des Rompreises, der höchsten französischen Auszeichnung für junge Künstler, für längere Zeit nach Rom. Dort gewinnt er Dank seiner Kontaktfreudigkeit raschen Zugang zu den wichtigen Gesellschaftskreisen, er bereist das Land, sucht nach passenden Opernstoffen, kehrt nach Paris zurück und bemüht sich vergebens um eine feste Anstellung zur Existenzsicherung. Er wird freier Mitarbeiter von Musikverlagen, Operndirektionen und einer Zeitschrift, was finanzielle und künstlerische Sorgen bedeutet und durch Depressionen zur Schwächung der ohnehin anfälligen körperlichen wie seelischen Widerstandskräfte führt: »*Immer mehr Abweisendes und Enttäuschendes ist um mich her, und ich kann nicht verstehen, warum*«, beklagt er sich einem Verleger gegenüber, und zu einem Bekannten äußert er: »*Verlassen Sie sich auf nichts! Je älter ich werde, desto mehr mißtraue ich unserer menschlichen Rasse!*« Dennoch stellt er sich einem unsicheren Leben, er heiratet, wird Vater, tritt bei Ausbruch des deutsch-französischen Krieges 1870/71 in die Nationalgarde ein, verläßt aber bei den beginnenden revolutionären Unruhen nach Gründung der Pariser Kommune vorübergehend die Stadt und schreibt dem ihm befreundeten *Ambroise Thomas (1811–1896)*, Komponist der bekannten Oper »Mignon« und eines »Hamlet« nach Shakespeare, voller Pessimismus: »*Vor zehn Jahren vertraute ich noch der Welt, tröstete mich mit ihr und, ich gestehe es offen, amü-*

sierte mich mit ihr. *Heute bin ich nicht etwa menschenverachtend, sondern nur gleichgültig: Ich hasse nicht, sondern ich verachte.*« Solche Empfindungen sind auch Ausdruck seiner Erfolglosigkeit als Komponist, denn auch die Oper »Die Perlenfischer« mit einem zwar wenig überzeugenden Libretto aber einer melodienreichen Partitur, bahnbrechend durch ihr exotisches Kolorit, findet bei der Uraufführung im September 1863 nur eine mäßige Aufnahme. Andere Reinfälle folgen, entmutigen ihn bis zur völligen Verzweiflung und bedingen eine Häufung der Anfälle seiner Angina- und Rheumaerkrankung, die schließlich zu Herzattacken als mutmaßlicher Todesursache führen.

Eigenartig an Bizets Gesamtwerk, das sich in dramatische Werke, Orchesterwerke, Klaviermusik, Instrumentalkompositionen und Lieder einteilen läßt, ist, daß vieles davon nur als Plan bekannt oder nicht vollendet bzw. nur unvollständig überliefert ist oder nur bruchstückhaft existiert; ganz abgesehen davon, daß teilweise nur Titel oder allgemeine Hinweise erwähnt werden oder die Werke später gar vernichtet werden, zum Teil von Bizet selbst. Das gilt auch für die zumindest erwähnten 31 Bühnenwerke (Opern, Operetten, Schauspielmusik), von denen lediglich sechs Opern vollendet und aufgeführt worden sind. Aus der Zeit von Bizets Italienaufenthalt, als er sich nicht zuletzt durch den Genius loci mit der Oper beschäftigt, ist folgendes Wort von ihm überliefert: »*Ich spüre, wie in mir dramatische Ideen reifen, deren Ergebnis eine große Oper sein wird.*« Dieses Ziel zu erreichen ist ihm nur einmal vergönnt. Aber mit »Carmen« hinterläßt er eine Oper, die geradezu zum Mythos der Gattung geworden ist. Trotz ihrer Poesie und ihrer Lyrik, verkörpert vor allem in der Figur der Micaela, die eine Erfindung Bizets und der Librettisten ist, und in der romantischen Zeichnung des Zigeunerlebens stellt »Carmen« den Gipfel der französischen Oper dar.

Zum Erscheinungsbild des 19. Jahrhunderts gehört ein vielfältiges persönliches Beziehungsgeflecht zwischen Komponisten, Künstlern und Literaten der Zeit, europaweit und übernational. So nimmt es uns nicht wunder, daß nicht nur Gounod zu Bizets Freunden gehört, sondern auch *Jacques Offenbach (1819–1880).* Der schreibt 1857 einen Operettenwettbewerb aus, für den Bizet seinen Einakter »Doktor Miracle« einreicht und Mitträger des ersten Preises wird. Doppelt ist der Weg gewiesen zu Offenbach, der uns zu Beginn des Operetten-Teils dieses Buches noch ausführlich beschäftigen wird. Seine einzige Oper »Hoffmanns Erzählungen« gehört mit Gounods »Faust« (Margarete) und Bizets »Carmen« zur unsterblichen Trias der ›Grand Opéra‹ und der französischen Oper des 19. Jahrhunderts überhaupt.

STERNSTUNDEN DES SPIELPLANS: DIE HAUPWERKE VON GOUNOD, BIZET UND OFFENBACH

Charles Gounod (1818–1893)
MARGARETE (Faust)
Oper in 5 Akten, Libretto von Jules Barbier und Michele Carré nach Goethes »Faust I«
Uraufführung Paris 1839

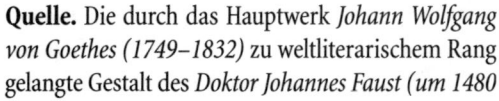

Quelle. Die durch das Hauptwerk *Johann Wolfgang von Goethes (1749–1832)* zu weltliterarischem Rang gelangte Gestalt des *Doktor Johannes Faust (um 1480 bis etwa 1539)* geistert zwischen Legende und Geschichte, zwischen Dichtung und Wahrheit. Faust war Magister der Theologie und in der Medizin ebenso bewandert wie in der »Wahrsagerkunst aus den Gestirnen«, verschrieb sich der Alchemie und geriet in den Ruf eines Zauberers, Sterndeuters, Wahrsagers und Totenbeschwörers, der sich obendrein, wie man zu erzählen wußte, mit dem Teufel verbündet hatte. Bald begann Fausts Wanderung durch Literatur und Dichtung: es entstanden noch im 16. Jahrhundert die Faustbücher; rasch nahm sich das Theater des geheimnisvollen Magiers an: die um 1592 geschriebene »Tragische Geschichte von Doctor Faustus« von *Christopher Marlowe (1564–1593)* wurde in Bearbeitungen englischer Komödianten auch in Deutschland bekannt, wo zur gleichen Zeit die Faust-Sage auch in eine ganz andere Welt Eingang fand: in die des Puppenspiels. Goethe sah in jungen Jahren auf der Frankfurter Messe das Puppenspiel von Fausts Verdammnis.

Hatte Goethe selbst je daran gedacht, man könne seine »Faust«-Dichtung, die ja unbestritten zu den ganz großen Werken der Weltliteratur zählt, vertonen? Den berühmten Gesprächsaufzeichnungen von Goethes Mitarbeiter *Johann Peter Eckermann (1792–1854)*, dessen »Gespräche mit Goethe in den letzten Jahren seines Lebens« aus dem persönlichen Umgang Eckermanns mit dem Dichter entstanden und in drei Bänden in den Jahren 1837 und 1848 erschienen, entnehmen wir unter dem Datum 12. Februar 1829 einen interessanten Hinweis. Auf Eckermanns ausgesprochene Hoffnung, es werde »zum ›Faust‹ eine passende Musik kommen« entgegnete Goethe: »*Es ist ganz unmöglich. Das Abstoßende, Widerwärtige, Furchtbare, was sie stellenweise enthalten müßte, ist der Zeit zuwider. Die Musik müßte im Charakter des ›Don Juan‹ sein. Mozart hätte den ›Faust‹ komponieren müssen. Meyerbeer wäre vielleicht dazu fähig, allein der wird sich auf so etwas nicht einlassen; er ist zu sehr mit italienischen Theatern verflochten.*« Zwei Jahre später notiert Eckermann unter dem 21. Februar 1831 einen Ausspruch Goethes, der wohl auch zu Gounods Oper passen könnte. Mit Hinweis auf den Helena Akt von »Faust II« meinte Goethe:

»*Wenn die Franzosen nur erst die ›Helena‹ gewahr werden und sehen, was daraus für Theater zu machen ist! Sie werden das Stück, wie es ist, verderben; aber sie werden es zu ihren Zwecken klug gebrauchen, und das ist alles, was man erwarten und wünschen kann.*« Das klingt fast wie nach einem Freibrief für Charles Gounod.

Entstehung und Uraufführung. Etwa um 1840 lernte Gounod Goethes Dichtung in der französischen Übertragung von *Gérard de Nerval* kennen, die ihn in den folgenden Jahren ständig begleitete. Sein Leseexemplar versah er mit textlichen Randbemerkungen und musikalischen Skizzen. *Berlioz* riet ihm von einer Komposition ab, doch Gounod verfolgte das Stück weiter, denn inzwischen ließ ihn der Gedanke einfach nicht mehr los, aus der Tragödie erstem Teil, also aus »Faust I«, eine Oper zu komponieren. Dann sah er im Jahre 1850 eine Aufführung des dreiaktigen Schauspiels »Faust und Marguérite« von *Michel Carré (1819–1872)*, das erst am 19. August des Jahres im Pariser Théâtre au Gymnase uraufgeführt wurde. Dann lernte er 1855 *Jules Barbier (1825–1901)* kennen, der schon *Meyerbeer* ein Libretto für eine Faust-Oper vorgeschlagen hatte. Gounod gewann ihn und Carré zur Mitarbeit, Ende 1855 war der Opernplan konzeptionell schon fertig. Im Dezember 1856 erhielt Gounod den Opernauftrag von *Léon Carvalho,* dem neuen Direktor des Théâtre lyrique in Paris. Nun begann er mit der eigentlichen Komposition, nachdem er schon 1849 die Domszene vertont hatte. Natürlich mußten sie Goethes Dichtung stark kürzen, Vorspiel auf dem Theater, Prolog im Himmel, Hexenküche und der berühmte Osterspaziergang entfielen ganz, andere Szenen wurden zusammengefaßt und das Ganze bewußt für die Oper bearbeitet, und das hieß: weg von den philosophischen Dimensionen dieser Weltdichtung und Konzentration auf die Gretchentragödie. Während der ersten Jahreshälfte 1858 war die Komposition abgeschlossen, für November sollte die Uraufführung vorbereitet werden. Daraus wurde nichts, denn Carvalho erwies sich als auf Änderungen und Kürzungen versessener Regisseur, der dem Komponisten ständig Ärger bereitete. Schließlich aber konnte Gounod aufatmen: am 19. März 1839 wurde seine Oper unter dem noch vollständigen Titel »Faust und Margarete« und in der Urfassung mit gesprochenen Dialogen am Théâtre lyrique in Paris uraufgeführt. Es war kein überragender Erfolg. Dennoch schloß Gounod in den darauffolgenden Jahren Verträge auch mit englischen und deutschen Verlegern ab. Schon 1860 folgten Aufführungen in Lüttich, Straßburg (am 4. April erstmals mit den Rezitativen statt der gesprochenen Dialoge und mit dem neu dazugekommenen Ballett), Rouen und Gent. Die deutsche Erstaufführung fand am 15. Februar 1861 in Darmstadt statt, kurz darauf folgten Mainz, Wiesbaden, Dresden, Stuttgart und Weimar, 1862 kamen Hamburg, Wien, Leipzig, Würzburg, Freiburg, Königsberg, Hannover, Frankfurt/Main und Meiningen hinzu und damit war Gounods Meisterwerk bereits heimisch geworden auf den deutschsprachigen Opernbühnen, woran sich bis heute nichts geändert hat. Schon kurze Zeit nach der Pariser Uraufführung lief das Werk nur noch unter dem Titel »Faust«, während sich in Deutschland seit der Dresdener Aufführung vom August 1861 der Titel »Margarete« einbürgerte. Das kommt durchaus der Grundabsicht Gounods entgegen, der seine Oper im Grunde nie anders sah als eine Tragödie Margaretes.

Ort und Zeit. Deutschland im Mittelalter

Die Personen der Oper. Faust (Tenor) – Mephistopheles (Baß) – Valentin (Bariton) – Wagner (Baß) – Margarete (Sopran) – Siebel (Sopran/Tenor) – Marthe Schwerdtlein (Alt).

Studenten, Soldaten, Bürger, Landleute, Mädchen, Matronen, Unsichtbare Geister, Geistlicher Chor, Nachbarn, Volk, Irrlichter, Stimmen, Himmlische Stimmen (Chor)

Die Handlung. 1. AKT: Fausts Studierzimmer. Wieder hat der alte Faust eine Nacht vergebens damit verbracht, die Wahrheit zu erforschen und zu Erkenntnis zu gelangen; wieder muß er feststellen, daß er nichts weiß. Der nahende Tag läßt den Wunsch entstehen, mit ihm möge der Tod nahen, um endlich die Pein des Nichtwissens und Nichterkennens zu stillen. Faust greift zu einem Fläschchen, um sich selbst den Tod zu geben. Da ertönen fröhliche Lieder von Mädchen und Landleuten, die den Morgen begrüßen und Gott loben. Doch Faust fehlt der Glaube; in seiner Verzweiflung flucht er dem Leben und der Liebe, der Hoffnung und dem Glück. Er ruft Satan herbei, der in Gestalt des Mephistopheles erscheint, angetan wie ein echter Edelmann. Erst verwünscht Faust die Teufelserscheinung, dann fragt Mephistopheles nach Fausts Wünschen. Der wünscht sich die Jugend zurück und mit ihr Wonne und Glück, neuen Mut und neue Kraft und Liebe. Mephistopheles bietet sich an, ihm die Wünsche zu erfüllen, freilich unter einer Bedingung: er gehöre Faust im Irdischen, der aber sei danach ihm zu eigen. Faust willigt ein und unterschreibt das dargereichte Schriftstück: der Pakt mit dem Teufel ist geschlossen, nachdem Mephistopheles Faust mit der Erscheinung Margaretes geblendet hat und dieser unter dem Eindruck der Erscheinung zu allem bereit ist. Er trinkt den Verjüngungstrank und erhält seine Jugend zurück: er ist ein eleganter Junker. So ziehen die beiden hinaus ins Leben, wo Faust unbedingt Margarete wiedersehen will *(Duett Faust-Mephistopheles »Ich fühl/Du fühlst junges Blut...«)*. –

2. AKT: Vor einem Stadttor mit einer Herberge. Fröhlich feiern Mädchen und Bürger, Studenten und Soldaten bei Wein und Gesang den Sonntag. Zu ihnen gesellt sich Valentin, Margaretes Bruder, der ins Feld ziehen muß. Wagner und Siebel, zwei der Studenten, begrüßen ihn, finden ihn aber bedrückt. Valentin ist es in der Tat, denn da die Mutter tot ist, muß er die Schwester allein zurücklassen. Siebel, der Margarete liebt, bietet seinen Schutz an, Valentin

dankt ihm und empfiehlt die Schwester vor allem dem Schutze Gottes an *(Gebet des Valentin »Da ich nun verlassen soll mein geliebtes Heimatland«).* Wagner fordert die Zechkumpanen zu einem fröhlichen Lied auf und stimmt gleich selbst eines an, wird aber von Mephistopheles unterbrochen. Der mischt sich unter die fröhliche Schar und gibt sofort zur Freude der Studenten eine ergötzliche Kostprobe seiner Sangeskunst *(Mephistopheles' Rondo vom goldenen Kalb »Ja, das Gold regiert die Welt«).* Die Studenten stimmen ein, während Valentin den unbekannten Gast nicht geheuer findet. Mephistopheles prophezeit Wagner und Valentin einen frühen Tod und Siebel, daß ihm alle Blumen, die er pflückt, augenblicklich in der Hand verwelken. Dann zaubert er Wein aus dem Faß, der plötzlich zu brennen beginnt. Valentin zieht sein Schwert gegen Mephistopheles, das jedoch zerbricht, sobald er sich ihm auch nur nähert. Nun befällt auch die anderen Studenten das Gefühl, hier gehe es nur mit höllischen Kräften zu. Deshalb halten sie Mephistopheles die Schwerter in Kreuzesform hin und stimmen einen Choral an *(Schwerterchoral der Studenten »Daß deine Macht dies Kreuz in nichts zersplitt're!«).* Da erscheint Faust und fordert Mephistopheles auf, ihn zu Margarete zu bringen. Während die Studenten mit den Mädchen tanzen und singen *(Faustwalzer und Chor »Leichte Wölkchen sich erheben...«),* tritt Margarete auf. Faust spricht sie an, doch höflich lehnt sie seine Begleitung ab. Mephistopheles verspricht Faust, ihn zu Margarete zu führen. –

3. AKT: Garten der Margarete. Siebel will die geliebte Margarete besuchen, doch als er für sie einen Blumenstrauß pflückt, verwelken diese augenblicklich in seiner Hand, so wie der Fremde es ihm prophezeit hatte. Aber jene Blumen, die Siebel dort pflückt, wo Margarete abends zu beten pflegt, erblühen. Diese Blumen bindet Siebel zu einem Kranz und hängt ihn an Margaretes Tür *(Lied des Siebel »Blümlein traut, sprecht für mich...«).* Mephistopheles bringt wie verabredet Faust in den Garten, eilt aber nochmals davon, um eine besondere Gabe für die Angebetete zu besorgen. Faust fühlt sich von einem unbekannten Zauber dieses Gartens angezogen *(Kavatine des Faust »Gegrüßt sei mir, o heil'ge Stätte...«).* Mephistopheles kehrt zurück mit einem Schmuckkästchen, legt es auf die Türschwelle und zieht Faust mit sich fort. Wenig später betritt Margarete den Garten. Die Begegnung mit Faust hat sie doch tief beeindruckt, zu gern wüßte sie, wer er ist. Sie setzt sich ans Spinnrad und singt das Lied vom »König von Thule« *(Lied der Margarete »Es war ein König in Thule...«).* Da entdeckt sie das Schmuckkästchen, öffnet es, legt den Schmuck an und betrachtet sich in dem beiliegenden Spiegel *(›Juwelenarie‹ der Margarete »Ha, welch Glück, mich zu sehen...«).* Die Nachbarin Marthe Schwerdtlein naht und bestärkt sie in der Meinung, daß der Schmuck ihr gehöre. Kurz darauf erscheinen Mephistopheles und Faust, Mephistopheles macht Frau Marthe elegant-spöttisch den Hof, sagt ihr, ihr Mann sei tot und lasse sie grüßen und

lustwandelt mit der Nachbarin, die seiner Empfehlung, sie möge sich doch einen neuen Schatz suchen, nur gar zu schnell und heftig folgen will, indem sie ihm zu verstehen gibt, er sei ihr gerade recht. Den Teufel juckt's, doch muß er sich vorsehen. Indessen finden Faust und Margarete zueinander; sie erzählt von ihrer Familie, er gesteht ihr seine Liebe, auch sie fühlt ungeahntes Glück in seiner Nähe und überprüft an einem alten Spiel seine Ehrlichkeit: sie entblättert eine Blüte und ist sicher, daß er sie liebt. Nun finden sie sich endgültig *(Duett Faust-Margarete »Ewig dein!«).* –

4. AKT: Margaretes Zimmer. Einige Zeit ist vergangen seit dem Treffen im Garten. Margarete hatte sich Faust ganz gegeben, nun erwartet sie von ihm ein Kind. So trifft sie der Spott der Mädchen um so mehr, zumal sie früher selbst sehr schnell über die Schande eines gefallenen Mädchens spotten konnte *(Lied der Margarete »Er kommt nicht zurück...«).* Auch der treue Siebel kann die über Fausts Wegbleiben verzweifelte Margarete nicht trösten *(Romanze des Siebel »Als noch in Freude dir die Tage entschwunden...«),* die sich lieber zum Beten zur Kirche begeben will. – In der Kirche. Margarete betet zu Gott um Hilfe, als ihr Mephistopheles als böser Geist erscheint und ihr entgegenhält, sie habe alle Gnade verwirkt und sei verflucht *(Szene Margarete-Mephistopheles mit Chor »Wenn erscheint der Tag des Herrn...«).* – Die Straße. Die Soldaten kehren aus dem Kampf zurück und mit ihnen auch Valentin *(Valentin-Siebel und Soldatenchor »Hoch Ruhm und Ehre!«).* Nachdem Valentin sein Haus betreten hat, um die Schwester zu begrüßen, erscheinen Faust und Mephistopheles, der Margarete an Fausts Stelle ein Ständchen bringt *(Serenade des Mephistopheles »Scheinst zu schlafen du im Stübchen«).* Der Gesang ruft Valentin aus dem Haus, wo er inzwischen von Margaretes Geschick gehört hat. Er zerschlägt Mephistopheles' Gitarre und es kommt zum Kampf, bei dem der Teufel Faust die Klinge führt *(Terzett Mephistopheles-Valentin-Faust »Drauf los, zur Wehr!«).* Valentin, der die Schande der Schwester an Faust rächen will, wird getötet. Sterbend verstößt und verflucht er Margarete, die ihm zu Hilfe eilt und nun von den herbergeeilten Nachbarn als »Buhle« beschimpft wird *(Valentins Tod »Höre mich jetzt an, Margarete...«).* –

5. AKT: Im Harzgebirge. Auf einem Berggipfel werden Faust und Mephistopheles Augenzeuge der beginnenden Walpurgisnacht. Auf einen Wink Mephistopheles' öffnen sich die Berge und geben den Blick frei auf einen prachtvollen Palast, wo Männer und Frauen der Vorzeit beim königlichen Mahle sitzen und der Wollust frönen. Faust treibt es hinein in die feiernde Schar, um zu vergessen *(Trinklied Fausts »In des Nektars weißem Schaum senke ich die Seele mein...«).* Plötzlich wird in einem Lichtstrahl Margarete im Kerker sichtbar. Faust ist gebannt, wirft das Trinkgefäß weg und die Walpurgisnacht verschwindet. Faust hat an der Erscheinung erkannt, daß Margarete auf den Henker wartet und stürzt mit Mephistopheles davon, um sie vor dem Schafott

zu retten. – Gefängnis, in dem Margarete in Ketten liegt. Mephistopheles drängt Faust zur Eile, Margarete zu retten, denn schon errichtet man das Blutgerüst. Margarete soll hingerichtet werden, da sie ihr und Fausts Kind ermordet hat. Dem Wahnsinn verfallen wartet sie auf das Ende, erkennt aber in Faust den Geliebten. Doch sie weigert sich, mit ihm zu gehen, zumal Mephistopheles, »der Böse«, in seiner Begleitung ist. Sie wendet sich von Faust ab und empfiehlt sich dem Schutz des Himmels *(Terzett Margarete-Faust-Mephistopheles »Engelchor! Himmlische Schar! Meine Seele gnädig bewahr!«).* Sie stirbt. Mephistopheles will Faust mit sich ziehen, da Margarete »gerichtet« sei, da verkünden Stimmen von oben, daß sie »Gerettet!« ist. Während ein Chor einen Choral anstimmt *(Schlußchor »Christ ist erstanden«)* öffnen sich die Mauern des Gefängnisses und man sieht Margarete, von Engeln getragen, aufwärts schweben. Faust sinkt nieder und Mephistopheles stürzt unter dem Schwert des Erzengels zu Boden.

Aufführungsdauer. 3½ Stunden

Georges Bizet (1838–1875)
CARMEN
Opéra comique in 4 Akten
Dichtung von Henri Meilhac und Ludovic Halévy
nach der Novelle von Prosper Mérimée
Uraufführung Paris 1875

Quelle. Literarische Quelle für die Oper stellt die 1845 erschienene Novelle des französischen Dichters *Prosper Mérimée (1803–1870)* dar. Sie beginnt mit einer Rahmenhandlung, in der der Autor auf einer archäologischen Forschungsreise in Andalusien im Jahre 1830 in einer Schlucht auf der Hochebene von Cachena Don José-Maria Navarro begegnet, dem gefürchtetsten Räuber Andalusiens, auf dessen Kopf ein hohes Preisgeld gesetzt ist. Er warnt José vor der Polizei, so daß er entkommen kann. Dann trifft der Autor ihn wieder in der Behausung des Zigeunermädchens Carmen in Córdoba und verliert ihn für lange Zeit aus den Augen. Erst Monate später auf der Heimreise nach Frankreich besucht er ihn in seiner Gefängniszelle in Córdoba. Bei dieser Gelegenheit erzählt José die »traurige Geschichte seines Lebens«. Sie beginnt zu dem Zeitpunkt, als ihn einst eine ebenso jugendlich-übermütige wie folgenschwere Schlägerei in die Ferne trieb, wo er sich einem Kavallerieregiment anschloß, dort schnell befördert und eines Tages nach Sevilla abkommandiert wurde, um im Wachkommando der örtlichen Tabakfabrik Dienst zu tun. Dort begegnete er Carmen und verliebte sich in sie.

Entstehung und Uraufführung. Das Libretto schrieben zwei Autoren, die darin bereits sehr erfolgreich waren. Henri Meilhac (1831–1897) war Schriftsteller und Librettist, der etwa dreißig Operntextbücher verfaßte, so auch für *Jacques Offenbach*. Der andere, *Ludovic Halévy (1833–1908)*, Neffe des Opernkomponisten Jacques Fromental Halévy (»Die Jüdin«), war Inspektor im französischen Innenministerium und galt als begabter Amateurschriftsteller, was er u. a. als Librettist von *Jacques Offenbach* (»Orpheus in der Unterwelt«, »Die schöne Helena«, »Périchole«) bewies. Unterstützt von Bizet, hielten sie sich in der Gesamtkonzeption des Handlungsablaufes im wesentlichen an Mérimées Novelle, d. h. an die Erzählung des José; denn die ganze Rahmenhandlung entfiel. Zudem bedurfte der Operntext der Raffung, so daß die vier Bilder der Oper klar die Kernpunkte des Geschehens herausstellen: Begegnung Carmen-José bei den Vorfällen in der Zigarettenfabrik; Josés Desertation durch den rettungslosen Verfall an Carmen; das Schmugglerleben; Carmens Bruch mit José und ihre Hinwendung an den Torero Escamillo, was José zum Mord an Carmen treibt. Entscheidende Änderungen bzw. Ergänzungen brachte die Oper gegenüber der Novelle in der Charakterisierung der Hauptfiguren, von denen zwei Neuschöpfungen wurden: Escamillo, der aus Mérimées peripherer Randfigur des Picadors Lucas zum starken Toreador wird, der als gewichtiger Gegenspieler zu Don José in Erscheinung tritt und in der Oper mehrere große Szenen hat. Mehr noch aber Micaela, die es in der Novelle nicht gibt und die somit eine ureigene Figurenerfindung der Autoren ist. Die Uraufführung am 3. März 1875 in der Opéra Comique in Paris – mit der schon zu Lebzeiten fast legendären Sängerin *Célestine Galli-Marie (1840–1905)* in der Titelpartie – wurde schon lange vorher zu einem hochkarätigen Ereignis hochstilisiert. Kaum einer, der in Paris künstlerisch, musikalisch oder literarisch Rang und Namen hatte, fehlte im Publikum. Doch die Oper fand keine gute Aufnahme, was Bizet grenzenlos enttäuschte und ihn nach Ende der Vorstellung in Begleitung seines Freundes *Guiraud* zu einem stundenlangen Umherirren durch das nächtliche Paris trieb. Die Presse verriß das Werk und warf ihm und seinem Komponisten Immoralität vor. Der schließliche und nach Bizets Tod rasch eintretende Welterfolg der »Carmen«, die im deutschsprachigen Theaterraum seit Jahrzehnten zu den sieben meistgespielten aller Opern überhaupt gehört, wurde durch die nachfolgenden Aufführungen im Ausland vorbereitet.

Ort und Zeit. Sevilla und Umgebung um 1820

Die Personen der Oper. Don José, Sergeant (Tenor) – Escamillo, Stierkämpfer (Bariton) – Dancairo, Schmuggler (Baß) – Morales, Sergeant (Baß) – Zuniga, Leutnant (Baß) – Remendado, Schmuggler (Tenor) – Lillas Pastia, Schankwirt (Sprechrolle) – Ein Bergführer (Sprechrolle) – Carmen, Zigeunerin

(Mezzosopran) – Micaela, Bauernmädchen (Sopran) – Frasquita, Zigeunermädchen (Sopran) – Mercédés, Zigeunermädchen (Mezzosopran).

Soldaten, Zigarettenarbeiterinnen, Volk, Schmuggler, Zigeuner, Gassenjungen (Chor)

Die Handlung. 1. AKT: Vor der Tabakfabrik in Sevilla findet zur Mittagsstunde die Wachablösung der Soldaten statt. Zur neuen Abteilung gehört auch der Brigadier Don José Lizzarabengoa aus Navarra. Wenig später kehren die Zigarettenarbeiterinnen vom Mittagessen in die Fabrik zurück, um ihre Arbeit wieder aufzunehmen. Unter ihnen die Zigeunerin Carmen, die von den Männern der Umgebung umschwärmt wird und darauf auf ihre Weise reagiert (*Habanera der Carmen »Die Liebe vom Zigeuner stammt...«*). Beim Betreten der Fabrik spricht sie kurz mit José, der sich nicht weiter um sie kümmert, und wirft ihm eine Blume vor die Füße. Während er sie aufhebt, tritt Micaela zu ihm, die bei seiner Mutter wohnt und ihn liebt. Sie überbringt ihm einen Brief der Mutter und einen Kuß (*Duett José-Micaela »Wie, du kommst von der Mutter...«*). Aus dem Brief erfährt José von den Hoffnungen der Mutter, er werde bald befördert und könne danach seinen Dienst quittieren und mit Micaela eine gemeinsame Zukunft aufbauen. Da wird er im Lesen gestört: unter den Zigarettenarbeiterinnen ist ein Streit ausgebrochen. José eilt in die Fabrik und kehrt mit Carmen zurück, die beschuldigt wird, mit dem Messer auf eine andere losgegangen zu sein und sie verletzt zu haben. Leutnant Zuniga läßt sich den Hergang berichten und befiehlt José, Carmen ins Gefängnis zu bringen. Die aber umgarnt ihn derart, daß er ihr verfällt. Sie verrät ihm, wo er sie treffen kann, wenn er sie frei läßt (*Chanson der Carmen »Draußen am Wall von Sevilla, bei meinem Freund Lillas Pastia...«*). José verhilft ihr zur Flucht, wofür er degradiert und selbst ins Gefängnis gesteckt wird. –

2. AKT: In der Schmugglerwirtschaft von Lillas Pastia verbringen Zuniga und seine Leute den Abend mit Carmen und anderen Zigeunermädchen. Da nähert sich der umjubelte Stierkämpfer Escamillo der Taverne und Zuniga lädt ihn ein. Seinen Trinkspruch gibt Escamillo als spannende Schilderung eines Stierkampfes (*Couplet des Escamillo »Auf in den Kampf, Torero...«*). Lillas Pastia drängt zum Aufbruch, es sei schon spät und er müsse schließen. Grund dafür ist jedoch nicht die Vorschrift, die gewissenhaft zu befolgen er Zuniga gegenüber vorgibt, sondern die Tatsache, daß die Schmuggler Dancairo und Remendado neue Schmugglerware ankündigen, von der ein Teil in den Bergen versteckt werden soll. Die Zigeunerinnen sollen dabei helfen, von denen Frasquita und Mercédés sofort zusagen, während Carmen ablehnt. Heute habe die Liebe Vorrang vor der Pflicht, sie werde am nächsten Tag nachkommen. Sie erwartet José, der aus dem Gefängnis entlassen worden ist. Als beide allein sind, beginnt Carmen, vor ihm zu tanzen, wobei sich in den Rhythmus ihrer Kastagnietten das Trompetensignal des Zapfenstreiches mischt, das José zum

Appell in die Kaserne zurückruft. Carmen wird darüber wütend und verspottet seine angebliche Liebe ihr gegenüber. José jedoch gesteht ihr seine Liebe, die Blume, die sie ihm gab, war ihm während der ganzen Zeit der Inhaftierung das hoffnungsvolle und tröstende Symbol dieser Liebe und seines Verlangens, sie wiederzusehen *(Blumenarie des Don José »Hier, an dem Herzen treu geborgen...«).* Carmen will ihn erneut verführen und überreden, ihr in die Berge zu folgen und ein freies Leben zu leben. Doch José will nicht zum ehrlosen Deserteur werden. Bevor er jedoch in die Kaserne zurückkehren kann, trifft er auf seinen Leutnant Zuniga, der zurückkommt, wie er es Carmen versprochen hatte. Es kommt zur Eifersuchtsszene der beiden Männer, die Carmen dadurch beendet, daß sie die Zigeuner zur Hilfe ruft. Dancairo und Remendado entwaffnen Zuniga, für José aber gibt es nunmehr kein Zurück; er schließt sich an Carmens Seite den Schmugglern an. –

3. AKT: In einsamer wilder Gegend führt der Weg die Schmuggler durch die Nacht. Sie halten kurz Rast, damit Dancairo den Weg in die Stadt erkunden kann. Während die einen sich am Feuer wärmen, andere zu schlafen versuchen, lesen Frasquita, Mercédés und Carmen aus den Karten, die Carmen den baldigen Tod voraussagen *(Kartenterzett Frasquita-Mercédés-Carmen »Die Karten lügen nicht...«).* Dann brechen die Schmuggler auf und nehmen die Mädchen mit, die die Zöllner ablenken sollen. José bleibt allein zurück als Wache für jene Waren, die nicht mit in die Stadt gebracht werden sollen. Wenig später erscheint Micaela mit einem Bergführer. Sie ist auf der Suche nach José, um ihn zur Umkehr aus diesem verbrecherischen Leben zu bewegen *(Arie der Micaela »Ich sprach, daß ich furchtlos mich fühle...«).* Dann jedoch zieht sie sich wieder ins Dunkel zurück, als sie sieht, wie José auf jemanden schießt. Doch er trifft ihn nicht, und so steht plötzlich Escamillo vor ihm, der Carmen sucht. Als er José von seiner Liebe zu ihr spricht und über ihren ehemaligen Geliebten, einen ihretwegen desertierten Soldaten, spottet, gibt sich José zu erkennen. Zwischen den beiden Rivalen kommt es daraufhin zum Kampf, den die zurückkehrenden Schmuggler gerade noch schlichten können, bevor er tödlich endet. Escamillo verabschiedet sich und lädt alle zu seinem großen Stierkampf in Sevilla ein. Bevor die Schmuggler weiterziehen, entdeckt man Micaela. Sie beschwört José, umzukehren und seine im Sterben liegende Mutter noch einmal zu besuchen. Er folgt ihr, nicht ohne Carmen, die er noch immer liebt, die sich aber längst von ihm abgekehrt hat und nun Escamillo ihre Gunst schenkt, zu drohen, er werde wiederkommen. –

4. AKT: Platz vor der Stierkampfarena in Sevilla. Der festliche Aufzug der Stierkämpfer kündigt das große Ereignis der Kämpfe an, in deren Mittelpunkt Escamillo steht. Er, der mit Carmen an seiner Seite erscheint, wird besonders bejubelt *(Große Chorszene »Die Quadrille der Toreros...«* und *Duett Escamillo-Carmen »Wenn du mich liebst, Carmen...«).* Frasquita nähert sich Carmen, um sie vor José zu warnen, der sich in der Menge befindet. Doch Carmen will sich ihm stellen und mit ihm reden. Während die Menge in der Arena den Stierkampf Escamillos bejubelt, kommt es zur letzten Auseinandersetzung zwischen Carmen und Don José. Er fleht sie an, mit ihm ein neues Leben zu beginnen. Doch sie gesteht ihm, daß sie ihn nicht mehr liebe, sondern daß ihre Liebe Escamillo gelte. Josés Eifersucht steigert sich zu rasender Verzweiflung. Er tötet Carmen und stellt sich der aus der Arena strömenden Menge *(Schlußduett Carmen-Don José und Finale).*

Aufführungsdauer: 2¾ Stunden

Jacques Offenbach (1819–1880)
HOFFMANNS ERZÄHLUNGEN
(Les Contes d'Hoffmann)
Phantastische Oper in 5 Akten,
Text von Jules Barbier
Uraufführung Paris 1881

Quellen. Offenbachs einzige tragische Oper, nach wie vor ein Herzstück des internationalen Repertoires, geht ursprünglich auf mehrere Erzählungen des deutschen romantischen Dichters *E. T. A. Hoffmann (1776–1822)* zurück: Der Olympia-Akt auf die Erzählung »Der Sandmann« (aus dem 1. Teil der »Nachtstücke«); der Antonia-Akt auf die Novelle »Rat Crespel« (1. Band der »Serapionsbrüder«); der Giulietta-Akt auf »Die Geschichte vom verlorenen Spiegelbild« (aus »Die Abenteuer der Silvester-Nacht«, der 8. Abteilung der »Fantasiestücke in Callots Manier«). Die Muse des Vorspiels, die in der eigentlichen Handlung der Oper dann als Niklas auftritt, enstammt E. T. A. Hoffmanns Erzählung »Johannes Kreislers Lehrbrief« (siebter Abschnitt der »Kreisleriana«). Und schließlich nimmt Hoffmanns berühmte Arie vom Klein-Zack Bezug auf ein spätes Werk des Dichters, auf das 1818 erschienene Märchen »Klein Zaches genannt Zinnober«. Motive, Erzählstränge und Figuren verarbeiteten *Jules Barbier (1822–1901),* französischer Dramatiker und Librettist (u. a. zu Gounods »Margarete«), und *Michel Carré (1819–1872)* zu ihrem 1851 im Théâtre de l'Odéon uraufgeführten Schauspiel »Les Contes d'Hoffmann«, der direkten Vorlage für Offenbachs Oper.
 Entstehung und Uraufführung. Offenbach hatte das Schauspiel schon im Uraufführungsjahr im Theater gesehen. Doch erst in seinen letzten Lebensjahren erinnerte er sich daran und sah in ihm den Stoff, nach dem er so lange

gesucht hatte. Dann erfuhr er, daß der Komponist *Hector Salomon* daraus eine Oper komponieren wollte, den er jedoch zum Verzicht bewegen und von ihm die Rechte erhalten konnte. Zudem erwarb er sich den Mitautor des Schauspiels, Jules Barbier, zu seinem Librettisten. Offenbach konnte die Komposition freilich selbst nicht mehr zu Ende bringen, hinterließ jedoch auch von den noch unfertigen Teilen musikalische Skizzen und Entwürfe, nach denen *Ernest Guiraud* die Partitur (vor allem die Instrumentierung) vollenden konnte. Dennoch gab dies Anlaß zu verschiedenen Bearbeitungen, auf Grund derer noch bei heutigen Aufführungen manchmal der Antonia- und der Giulietta-Akt in umgekehrter Reihenfolge gegeben werden. Die sehr erfolgreiche Uraufführung der Oper, deren berühmte Barcarole aus Offenbachs früherer Oper »Die Rheinnixen« stammt, fand erst nach dem Tode des Komponisten am 10. Februar 1881 in der Opéra Comique statt. Noch im gleichen Jahr folgte am 7. Februar die deutschsprachige Erstaufführung am Ringtheater in Wien und tags darauf eine der größten Katastrophen in der Theatergeschichte: das Theater brannte bis auf den Grund nieder und forderte hunderte von Menschenleben – der Aberglaube machte dafür das unheimliche Wirken von Dr. Mirakel und Dapertutto verantwortlich.

Ort und Zeit. Berlin, München und Venedig um 1800

Die Personen der Oper. Hoffmann, Dichter und Musiker (Tenor) – Die Muse/Niklas (Mezzosopran) – Lindorf/Coppelius/Mirakel/Dapertutto (Baß) – Andreas/Cochenille/Franz/Pitichinaccio (Tenor) – Olympia/Antonia/Giulietta/Stella (Sopran; wegen der unterschiedlichen Stimmlagen selten von einer einzigen Sängerin singbar) – Die Stimme von Antonias Mutter (Alt) – Nathanael/Spalanzani (Tenor) – Hermann/Schlemihl (Bariton) – Luther/Crespel (Baß).

Unsichtbare Geister, Kellner, Studenten, Gäste Spalanzanis, Mädchen und Gäste bei Giulietta (Chor und Ballett)

Die Handlung. 1. AKT (Vorspiel): Das Innere von Luthers Weinstube in Berlin. Hier verbringt der Dichter und Musiker Hoffmann seine Nächte. Die Muse entsteigt, begleitet vom Chor unsichtbarer Geister, einem Weinfaß. Hoffmann hat sich von ihr abgewendet, seit er die Sängerin Stella liebt, obwohl diese ihn hat sitzen lassen. Nun aber ist sie zurückgekehrt und feiert in der Oper in Mozarts »Don Giovanni« Triumphe beim Publikum. Aufgabe der Muse wird nun sein, Hoffmann wieder für sich zu gewinnen, um ihn nicht für immer an Stella zu verlieren. Um ihm ständig nahe zu sein und ihn zu begleiten, schlüpft sie in die Maske von Hoffmanns Schüler und Begleiter Niklas. Da betritt Rat Lindorf die Weinstube, Stellas Adlatus Andreas vor sich herstoßend, den er nach Hoffmann ausforscht, dessen Verhältnis zu Stella, die er selbst begehrt, ihn entschieden stört. Gegen gutes Geld luchst er Andreas den Brief Stellas an Hoffmann ab, in dem sie diesem ihre Liebe gesteht und ihn um Verzeihung bittet für das, was sie ihm antat; der Schlüssel zu ihrer Loge liegt für ihn anbei. Daraus aber soll, so beschließt Lindorf, nichts werden *(Couplet des Lindorf »In den Rollen schmachtender Liebhaber...«)*. Wenig später strömen in der Pause der »Giovanni«-Vorstellung Studenten und Freunde Hoffmanns herein, darunter Nathanael und Hermann. Kurz darauf folgt Hoffmann in Begleitung von Niklas, dessen Gestalt die Muse angenommen hat. Man trinkt auf das Wohl Stellas. Nur Hoffmann hängt trüben Gedanken nach, er möchte sich am liebsten besaufen und alles vergessen, denn er ist im Theater Stella wiederbegegnet. Nathanael fordert ihn auf, etwas Lustiges zu singen, z. B. die Geschichte von dem Zwerg Klein-Zack *(Lied des Hoffmann mit Chor »Es war einmal am Hofe von Eisenack...«)*. Doch während des Liedes verliert sich Hoffmann in Träume: statt die Gesichtszüge Klein Zacks zu beschreiben, schwärmt er von der Schönheit Stellas. Die Freunde müssen ihn erst aus seinen Träumen wieder zurückrufen. Danach gerät er, schon halb im Bier- und Punschrausch, mit Lindorf aneinander, von dem ihm, so behauptet er, stets Ärgernis erwächst. Dann wird er wieder an Stella erinnert, die ihm drei Frauen in einer zu sein scheint. Und so beginnt er, den Anwesenden von seinen drei Geliebten zu erzählen, die sich als ›«verführerisches Zauberinnentrio« seine Tage teilten. In den Erzählungen tauchen einige der Anwesenden wie Stella als Olympia, Antonia und Giulietta ebenfalls in Personenmetamorphosen auf: Lindorf (als Coppelius, Dr. Mirakel und Dapertutto), Andreas (als Cochenille, Franz und Pitichinaccio), Nathanael (als Spalanzani), Hermann (als Schlemihl) und Luther (als Crespel). –

2. AKT: Das physikalische Kabinett des Physikers Spalanzani. In dessen Tochter Olympia hat sich Hoffmann verliebt. Er ist gekommen, um sie zu sehen, versteht aber nicht Niklas' eigenartige Bemerkung über deren seltsames eigentliches Wesen *(Couplet des Niklas »Seht sie hinter ihrem Fächer...«)*. Der geheimnisvolle und zudringliche Coppelius gar verkauft ihm eine Brille, durch die er Olympia in zauberischer Anmut erblickt. Coppelius hat für sie, die nur ein seelenloser Automat ist, die Augen angefertigt und will dafür von Spalanzani seinen Anteil, der ihm diesen gegen einen Wechsel auf den Geldverleiher Elias abkauft. Dann zeigt Spalanzani seinen entzückten Gästen, deren Erscheinen sein Diener Cochenille soeben angezeigt hat, stolz seine Tochter Olympia, die allein Hoffmann für ein wirkliches Lebewesen hält, zumal sie mit einem Lied zu beeindrucken weiß *(Arie der Olympia »Phöbus stolz im Sonnenwagen...«)*. Der begeisterte und verliebte Hoffmann tanzt mit ihr einen immer schneller werdenden Walzer, bis er erschöpft niedersinkt. Doch dann findet sein Schwärmen ein jähes und ernüchterndes Ende: Coppelius, von Spalanzani betrogen, kehrt wütend zurück und zerstört Olympia, deren wahren Charakter nun auch Hoffmann erkennt. –

3. AKT: In Crespels Haus. Die Sängerin Antonia, Tochter des verwitweten

Crespel, sitzt am Spinett und singt *(Romanze der Antonia »Sie ist entflohn, die Turteltaube...«)*. Eigentlich ist ihr das Singen verboten, denn sie leidet an Schwindsucht und das Singen könnte ihren Tod bedeuten. Der Vater bittet sie denn auch, es sein zu lassen; sie will gehorchen, auch wenn es ihr schwerfällt. Er fürchtet aber nicht nur deshalb um ihre Gesundheit, sondern auch wegen ihrer Liebe zu Hoffmann. Vor ihm ist er deshalb hierher nach München geflohen, allein mit der Tochter und dem schwerhörigen Diener Franz. Doch Hoffmann ist ihnen gefolgt und betritt nach Crespels Weggang in Begleitung Niklas' das Haus und fragt nach Antonia, der er ein Liebeslied geschrieben hat. Als er es am Spinett anspielt, erscheint Antonia, überglücklich, ihn wiederzusehen *(Duett Antonia-Hoffmann »Hörst du es tönen mit süßer Melodie...«)*. Hoffmann erfährt zu seiner Überraschung von dem Singverbot und ist bestürzt, als Antonia einen Schwächeanfall erleidet, während sie sein Liebeslied anstimmt, um ihm zu zeigen, daß ihre Stimme nicht gelitten hat. Singverbot und heimliche, überhastete Flucht vor ihm: Hoffmann begreift das nicht recht, will aber hinter das vermutete Geheimnis kommen. Als Crespel zurückkommt, verbirgt er sich rasch und wird Zeuge von dessen Auseinandersetzung mit dem vermeintlichen Arzt Dr. Mirakel, der auf geheimnisvolle Art die kranke Antonia auch in ihrer Abwesenheit zu beherrschen scheint und der Crespel seine Arzneien anpreist. Der aber will davon nichts wissen, denn sie haben bereits seiner Frau das Leben gekostet. Hoffmann bittet Antonia, den Rat des Vaters zu folgen, und verabschiedet sich zunächst. Nun bedrängt Dr. Mirakel die Schwerkranke, beschwört den Geist ihrer Mutter, der ihr zu singen rät und verführt sie so zum erneuten Singen, worauf sie tot zusammenbricht. Hoffmann bleibt nur noch die Verzweiflung. –

4. AKT: Palast in Venedig. Die Kurtisane Giulietta, die mit Schlemihl, dem Mann ohne Schatten, zusammenlebt, hält Gesellschaft, in der sich auch Hoffmann befindet. Nach Antonias Verlust schwört er jeder Art von Liebe ab. Mag ihm auch das von Niklas und Giulietta gesungene Liebeslied *(Barcarole »Schöne Nacht, o Liebesnacht...«)* gefallen, es paßt nicht zu seiner Stimmung. Allein im Spiel will er noch sein Glück probieren. Da kommt ein weiterer Besucher: der dämonische Dapertutto, der Schlemihl sein Spiegelbild nahm und nun auch das von Hoffmann will *(›Spiegelarie‹ des Dapertutto »Leuchte, heller Spiegel, mir....«)*. Zur Ausführung seines Planes ist er jedoch auf Giulietta angewiesen, in deren Umarmung Hoffmann seinen Schatten verlieren soll. Sie sagt ihm ihre Hilfe zu, Hoffmann soll ihr gehören, ohne daß sie sich ihm geben wird. Wenig später schon folgt sie Hoffmann, der wütend den Spieltisch verläßt, an dem er alles verlor. In ihrem Boudoir umwirbt sie ihn *(Arie der Giulietta »Wer kennt das Leid, mit dem meine Seele geschlagen ist«)* und Hoffmann verfällt ihr rettungslos. Er gibt ihr sein Spiegelbild, sie verspricht ihm dafür die gemeinsame Liebesnacht. Zuvor muß er sich jedoch den Schlüssel zu ihrem

Zimmer besorgen, den Schlemihl um seinen Hals trägt, um Giulietta jederzeit einschließen zu können. Hoffmann erkennt nicht die Falle, die sie ihm stellt, er muß sich wegen des Schlüssels mit Schlemihl duellieren und tötet ihn. Als er zu Giulietta eilen will, verschwindet diese mit Dapertutto in einer Gondel. Niklas drängt ihn zur Flucht, denn die Polizei wird die Leiche Schlemihls entdecken. –

5. AKT (Nachspiel): In Luthers Weinstube beendet der mittlerweile volltrunkene Hoffmann unter dem Applaus seiner Zuhörer die Geschichte seiner Liebesabenteuer. So sieht ihn Stella, erkennt seinen Zustand und verläßt am Arm Lindorfs die Weinstube. Die Muse legt zufrieden die Maske des Niklas ab: sie hat den Dichter Hoffmann für sich zurückgewonnen und wird seine Leiden lindern. –

Aufführungsdauer: 3 Stunden

Deutschland: Romantik und Biedermeier

Vielfältig und uneins in einer formal-ästhetischen Kunstkonzeption, dem die unterschiedlichen Lebensentwürfe und Geisteshaltungen ihrer Vertreter zu entsprechen scheinen, bietet sich die Romantik dar, die etwa das ganze erste Drittel des 19. Jahrhunderts umfaßt und ihre deutlichste Ausprägung in Deutschland erfährt. Dennoch lassen sich gerade hier Gemeinsamkeiten feststellen.

Erstens: Versenkung in die deutsche Vergangenheit. Entgegengesetzt zum Rationalismus der Aufklärung und zum Idealismus der Klassik erfaßt die Romantik Ur- und Frühgeschichte über einen neuen mythischen Zugang nicht zur Antike, sondern zu den germanischen Sagen- und Heldengedichten sowie zum geschichtlichen Mittelalter mit seiner Ritterromantik. Volksdichtung, Volkslied und Volksmusik erhalten eine neue Bedeutung, Märchen und Lyrik in Literatur und Musik gelten als Ausdruck der »dichtenden Volksseele«.

Zweitens: Betonung der schöpferischen Universalität und Genialität. Im Bewußtsein der eigenen Freiheit fühlt sich der schöpferische Geist nicht an Gesetze gebunden und drängt danach, alles Gegensätzliche zu vereinen. Formal drückt sich das in dem Bemühen aus, alle Kunstgattungen in der philosophisch untermauerten Kunst- und Naturpoesie zu vermischen. Der erneute Wille nach Einheitlichkeit und Gleichwertigkeit von Dichtung und Musik, wie es am nachhaltigsten das romantische Kunstlied in der Vertonung hoher Dichtung vertritt, stärkt den alten Gedanken an das Gesamtkunstwerk.

Drittens: Hinwendung zur Irrationalität des Lebens. Das Abenteuerliche und Märchenhafte, das Übernatürliche und Geisterhafte, das Dämonische und Grausige, das Unheimliche und Groteske in der Natur wie in der Seele des Menschen wird als Welt des Phantastischen und Wunderbaren, der Taghelle und des Nachtdunklen von der denkenden und gestaltenden Einbildungskraft erschlossen.

Viertens: Verklärung der menschlichen Gefühlswelt. Das ist verbunden mit emotionaler Übersteigerung, wenn etwa das Gefühl der Liebe überhöht wird zur romantischen Schwärmerei, die insofern auch einen abstrakten Zug hat, indem sie in der persönlichen Zuneigung zugleich ins Allgemeine weist. Die Sehnsucht nach dem Unerreichbaren korrespondiert mit einem religiösen Empfinden, aber auch mit der Verzweiflung und der Trauer, und in der gewählten wie in der auferlegten Einsamkeit begegnen sich Todesfurcht und Todeshoffnung. In der unerfüllbaren Sehnsucht manifestiert sich zudem ein Hang zum Abenteuerlichen, das sich als romantischer Schauer ausdrückt vor dem Gruseligen, Grotesken, Bizarren, Skurrilen und dem Abnormen.

Schon diese Schlagworte, die auch eine immanente Bildhaftigkeit suggerieren: rufen sie nicht geradezu nach der theatralischen Darstellung? Doch seltsam, die deutsche Romantik hat im Drama keine und in der Oper kaum bleibende Werke geschaffen. Nur einer sorgt und bemüht sich ein Leben lang nachhaltig um das musikalische Theater: *Carl Maria von Weber (1786–1826).* Er verficht den angesprochenen Gedanken vom Gesamtkunstwerk, wenn er die Oper als »*ein in sich geschlossenes Kunstwerk*« bezeichnet, »*wo alle Teile und Beiträge der verwandten und benutzten Künste ineinanderschmelzend verschwinden und auf gewisse Weise untergehend – eine neue Welt bilden.*« Weber, als Sohn des Kapellmeisters am Hof des Fürstbischofs im holsteinischen Eutin geboren, führt ein kurzes, von Armut, lebenslangen Schulden und früher Tuberkuloseerkrankung gezeichnetes Wanderleben: von Eutin nach Hamburg, von dort mit der vom Vater gegründeten ›Weberschen Schauspielgesellschaft‹ durch die Lande ziehend, dann Schüler von Michael Haydn in Salzburg, von wo er nach Wien geht, allwo er Bekanntschaft mit Haydn und Beethoven macht, danach in Freiberg/Sachsen, Chemnitz, Leipzig, Augsburg und schließlich in Wien lebend. 1804 wird er Kapellmeister in Breslau, danach Musik-Intendant auf Schloß Carlsruhe in Oberschlesien, nach Beendigung des Dienstverhältnisses wochenlanges Reisen als Pianist durch Süddeutschland und Anstellung als Privatsekretär am Hof in Stuttgart. Von dort wird er wegen angeblicher Betrügerei und nach zweiwöchiger Einkerkerung verbannt, drei Jahre führt er erneut ein unstetes Wanderleben als Klaviervirtuose, bis er erst in Mannheim und dann in Heidelberg, Darmstadt, Zürich, Bern und Berlin lebt. 1813 wird er Operndirektor in Prag, drei Jahre später Königlich-Sächsischer Kapellmeister an der neugegründeten Deutschen Oper in Dresden, wo er gegen die vorherrschende italienische und für eine deutsche Oper kämpft: »*Die Guten fangen schon an, mich zu lieben und die Bösen haben eine tüchtige Furcht vor mir, weil sie wohl wissen, daß mit mir nicht zu spaßen ist.*« Weber heiratet 1817 die Sängerin Caroline Brandt, steigt während des noch verbleibenden Lebensjahrzehnts zu einem anerkannten Komponisten auf und ist von den mindestens zweimaligen Begegnungen mit Goethe und Beethoven, der ihn anerkennend einen »Teufelskerl« nennt, beglückt.

Webers Opernschaffen ist geprägt von den Erfahrungen seiner langjährigen praktischen Theaterarbeit, in der er zum eigenen Verdruß oft auch mit den Unzulänglichkeiten der ihm anvertrauten künstlerischen Ensembles ebenso zu kämpfen hat wie mit dem »*niederschlagenden Geist des Publikums*«, der sich durch die Kunst nicht enthusiasmieren lassen will, »*alles kommt und geht mit Todeskälte.*« Wenn auch von unterschiedlicher künstlerischer Qualität, so sind seine Opern aus dem Geist des Theaters geboren und stofflich wie thematisch ganz der Romantik verpflichtet. Der unvollendet gebliebene »Peter Schmoll« (U Augsburg 1803) verbreitet ebenso orientalische Märchenatmosphäre wie der in Bagdad angesiedelte komische Einakter »Abu Hassan« (U München 1811); die durchkomponierte heroisch-romantische Oper »Euryanthe« (U Wien 1823) um das Edelfräulein aus Savoyen spielt im 12. Jahrhundert in Frankreich; die romantische Feenoper »Oberon« (U London 1826) verbindet Wielands gleichnamiges Märchenepos mit Motiven aus Shakespeares »Ein Sommernachtstraum« und »Der Sturm«; und »Der Freischütz« spiegelt ganz die romantische Naturauffassung wider (Wolfsschluchtszene) wie die Nachtseiten der menschlichen Seele (Max, Agathe, Kaspar). Neben Wagners »Meistersingern« ist der »Freischütz« die deutsche Oper schlechthin und bis auf den heutigen Tag ein Eckpfeiler des Opernrepertoires.

Im Umfeld der deutschen Romantik, gewissermaßen in ihrem Sog entsteht mit der deutschen Spieloper eine musiktheatralische Sonderform. Sie ist jedoch mehr ein Kind des Biedermeier, der Zeit zwischen 1815 (Ende des Wiener Kongresses) und 1848 (erste deutsche Revolution). Ihre Welt ist auch dort, wo aristokratische Kreise ›mitspielen‹ (z. B. in »Martha« und »Der Wildschütz«), der geordnete Lebensraum der Bürgerlichkeit des Vormärz. Er hat in den Opern eine behagliche bis genrehafte Gestaltung erfahren, er ist sehr volkstümlich mit viel Schlichtheit und Warmherzigkeit des Gemüts, treuherzig und empfindsam, wobei das komische Moment erfreulicherweise eine aufkommende Sentimentalität oft schon im Ansatz heiter entpathetisiert. Diesem inhaltlichen Flair entspricht die Musik, deren volkstümlich eingängige Melodik von der schlichten Unmittelbarkeit des Volksliedes inspiriert ist und daher durch einfache, sehr sangbare Liedweisen (in den Arien wie in den Ensembles) zu einem das Gefühl des Zuhörers direkt ansprechenden Ausdruck findet.

Wenn Flotow seine »Martha« eine ›romantisch-komische‹ Oper nennt, so versteht sich das Wort ›romantisch‹ in diesem Sinne als gemüt- und gefühlvoll, aber nicht im Sinne der stilistischen Zugehörigkeit zu einer Epoche. Ohnehin erwächst die deutsche Spieloper nicht original aus der Romantik, sie hat vielmehr ihre Vorläufer im deutschen Singspiel, dessen gesprochene Dialoge sie (außer in »Martha«) übernimmt, kennt aber auch Querverbindungen zur opéra comique und zur opera buffa.

Der wohl liebenswerteste Vertreter dieser spezifisch deutschen Opernform ist *Peter Cornelius (1824–1874)*. Er ist Dichterkomponist, schreibt seine Libretti selbst und dichtet auch die Werke seines nicht unbedeutenden Liedschaffens. Er selbst bezeichnet Wort und Ton als jene beiden Pole, um die sich sein Leben dreht. Musik und Literatur in allen ihren Wechselbeziehungen sind ihm wie eine Fahne in der Hand, mit der er über die Felder der Kunst stürmen will in der Hoffnung, darunter müsse »*zuletzt der Kartoffelacker sein, von dem ich leben kann.*« Sein Schaffen ist lange ein Tasten und Suchen, doch dann »*wachten Melodien, Lieder in mir auf, ich ruhte nicht, man hörte doch darauf hin und ließ mir nach einigem Kopfschütteln doch immer eine Krume Talent übrig.*« Ursprünglich will er nur Dichter werden, dann aber wählt er die Musik »*nicht ohne den tröstlichen Zielgedanken, als dramatischer Autor, als Komponist ›komischer Opern‹ mit der Bühne in engster Beziehung zu bleiben.*« In Anlehnung an Mozarts bekannten Ausspruch von der Dichtung als der »gehorsamen Tochter der Musik« beharrt auch Cornelius darauf, daß die schöne Musik das A und O der Oper sein muß und die Seele des Gesangs: der Ton herrscht und das Wort duckt sich. Cornelius sieht sich in einer angeborenen Bescheidenheit als reinen »Nebenmenschen«, und wir dürfen dieses selbstkritische Urteil wohl vor allem darauf beziehen, daß er sich mehr als bewußt war, als Musiker unter dem Einfluß von *Franz Liszt*, dessen Sekretär er für einige Jahre ist und so zum Weimarer Künstlerkreis gehört, und von *Richard Wagner* zu stehen, in dessen privaten wie künstlerischen Bannkreis er jedoch erst 1865 so eigentlich gerät, als er durch Wagners persönliche Vermittlung einen Gnadenerweis König Ludwigs II. von Bayern erhält und von Wien nach München übersiedelt, um Lehrer für Rhetorik und Komposition an der neugegründeten Königlichen Musikhochschule zu werden. Äußert er einmal, er verstehe seine Arbeit als die eines Talents »*auf dem Boden, den ein Genius urbar gemacht hat*«, so bekennt er dem Bruder Karl später, bei aller Liebe und Verehrung zu Wagner liege in ihrer beider Verbindung auch eine Gefahr: »*Wagners Atmosphäre hat eine große Schwüle, er verbrennt und nimmt mir die Luft.*« Zur Ehrenrettung von Cornelius sei jedoch festgestellt, daß sein von Liszt 1858 in Weimar uraufgeführtes Meisterwerk »Der Barbier von Bagdad« noch keineswegs Wagnerschen Einfluß spüren läßt und somit als eigenständige Leistung des Komponisten gelten darf. Der »Barbier« bezieht seinen Stoff aus »1001 Nacht«: In seiner nahezu krankhaften Sehnsucht nach seiner angebeteten Liebe Margiana, Tochter des Kadi Baba Mustapha, kommt dem jungen Nureddin der gewitzte wie geschwätzige Barbier Abul Hassan in die Quere. Als sich Nureddin vor dem reichen Selim von Damaskus, dem Margiana vom Vater versprochen ist, just in die Truhe mit dessen vorausgeschickten Brautgeschenken verstecken muß, nimmt das heimliche Verhältnis der Liebenden ein gutes Ende durch das salomonische Urteil des herbeigerufenen Kalifen, Margiana möge sich doch des Schatzes der Truhe bemächtigen, um glücklich zu werden. Auf subtile komische wie lyrische Art verbindet die Oper orientalisches Flair mit eingedeutschten Elementen der Commedia dell'arte, wofür das orientalisch überschwengliche und darum so herzerfrischend komische »Salamaleikum«-Duett zwischen dem Barbier und Nureddin aus dem ersten Akt »Mein Sohn, sei Allahs Frieden hier auf Erden stets beschieden dir« zeugt, seit jeher musikalisch-szenisches Bravourstück der Oper, die sich im Gegensatz zu früheren Theaterzeiten nicht mehr so recht im Repertoire festsetzen kann.

Das ist *Otto Nicolai (1810–1849)* mit seiner komischen Oper »Die lustigen Weiber von Windsor« bis heute vergönnt, die als die beste Shakespeare-Vertonung gelten darf, die der deutschen Oper bisher gelungen ist, international aber der Konkurrenz des Verdischen »Falstaff« unterliegt. Nicolais sonstiges musikalisches Schaffen ist nicht sonderlich umfangreich. Der in Königsberg geborene, in Berlin, Rom, Turin und Wien wirkende Nicolai erwirbt sich große Meriten als Opernkapellmeister und historischen Ruhm als Begründer der Wiener Philharmoniker als einem der bis heute besten Orchester der Welt.

Opern, Ballette und viel Schauspielmusik stammen von *Friedrich von Flotow (1812–1883)*. Der auf dem Rittergut Teutendorf in Mecklenburg geborene Adlige hat das Glück, musikliebende und mehrere Instrumente spielende Eltern zu haben, die nach anfänglichem Zögern dem Wunsch des Sohnes, Komponist zu werden, entsprechen. Mit 16 Jahren geht Flotow nach Paris, studiert Musik und freundet sich u. a. mit *Liszt, Berlioz, Gounod, Adam, Auber, Bellini, Donizetti, Meyerbeer, Rossini, Chopin* und vor allem mit *Offenbach* an. Mit ihm gemeinsam schreibt er mehrere Kompositionen, durchwandert mit ihm die musikalischen Salons der Stadt, ist ein gern gesehener Gesellschafter und ein erfolgreicher Komponist von Operneinaktern, die an verschiedenen Liebhabertheatern in Paris und Umgebung aufgeführt werden. Seinen ersten wirklichen Erfolg erringt er mit »Der Schiffbruch der Medusa« (U Paris 1839), das Werk gilt allerdings als verschollen. Die Aufführung ebnet ihm den Weg zur Opéra Comique und zur Großen Oper, fünf Jahre später heimst er einen weit größeren Erfolg ein mit dem früher regelmäßig auf dem Spielplan stehenden »Alessandro Stradella« (U Hamburg 1844). Held dieser Oper ist der gleichnamige italienische Sänger und Komponist aus der zweiten Hälfte des 17. Jahrhunderts, der Opern, Oratorien und Kantaten komponierte, dauernd in

Liebeshändel geriet, darin zwei Attentaten entkommen konnte und einem dritten zum Opfer fiel und heute gemeinhin als Erfinder des concerto grosso gilt. Zwischen Paris und Mecklenburg, wo er seinen Gutsherrenpflichten nachgeht, pendelnd, wird Flotow 1855 für acht Jahre Intendant am Hoftheater in Schwerin, bis er nach anfänglichen Erfolgen schließlich an ihn zermürbenden Intrigen scheitert, zu deren Hauptursachen sein Bemühen zählt, die gesellschaftliche und soziale Gleichstellung für seine Künstler zu erkämpfen. Danach lebt er einige Jahre in Österreich, bis er seine mecklenburgischen Besitzungen seinem Sohn Wilhelm überschreibt und sich auf seinen Alterssitz nach Darmstadt zurückzieht. In seinem Welterfolg »Martha« entwirft Flotow ein augenzwinkerndes und plastisches Bild der das zeitgenössische Publikum faszinie-

Albert Lortzing, Zar und Zimmermann. Kostümentwürfe (Bürgermeister van Bett und Peter in Zimmermannstracht) für die Aufführung am Wiener Kärntnertortheater (1842).

renden englischen Gesellschaft, läßt eine stolze und gelangweilte Aristokratin samt ihrer Freundin sich als Magd verkleidet unters Bauernvolk mischen, wo sie nach allerlei Verwicklungen ihren geliebten Bräutigam bekommt, einen selbstbewußten und gefühlvollen Bürgerlichen (dessen geheime adlige Herkunft aber erst ganz am Ende bekannt wird!). Die Oper, die ohne gesprochene Dialoge auskommt, ist durchkomponiert und entspricht mit ihren Melodieneinfällen ganz dem bürgerlichen Geist des spätromantischen Deutschland und der Zeit um 1848: Lady Harriets wehmütiges Lied von der letzten Rose ist trotz seines Zitatcharakters (es ist eine schottische Volksmelodie) ein einprägsames Beispiel, während der Ohrwurm unter den Gesangsnummern, Lyonels Arie »Ach, so fromm«, die Berühmtheit eines internationalen Schlagerhits genießt und seit Caruso noch immer zu den Lieblingsarien italienischer Tenöre gehört.

Mit keinem anderen Komponisten verbinden sich gemeinhin unsere Vorstellungen von der deutschen Spieloper wie mit *Gustav Albert Lortzing (1801–1851)*. Zudem hat wohl kaum ein zweiter deutscher Komponist so ausschließlich nicht nur für, sondern auch im und am Theater gelebt. Als Lortzings Vater 1811 sein Geschäft in Berlin aufgibt und sich mit Frau und Sohn dem Theater in Breslau verschreibt, beginnt für den Zehnjährigen ein entbehrungsreiches Wanderleben ohnegleichen. Schon in Kinderrollen steht er auf der Bühne des Berliner Liebhabertheaters ›Urania‹, jetzt übernimmt er als Partner der Eltern die jugendlichen Liebhaber, tritt als Sänger auf (Tenor und Bariton!) und erringt an den unter einer Generalintendanz stehenden Theatern in Aachen, Bonn, Düsseldorf, Elberfeld und Köln Publikumserfolge vor allem in Komödien. Er heiratet seine Schauspielerkollegin und oftmalige Bühnenpartnerin Rosina Regina Ahles, führt mit ihr eine glückliche und mit elf Kindern gesegnete Ehe und durchläuft eine Reihe weiterer Theaterstationen: zunächst ist er Schauspieler, Sänger und zeitweiliger Aushilfscellist am Theater in Detmold mit vielen kräftezehrenden Gastspielen in über 300 Rollen (Schauspiel, Oper und Singspiel); dann ist er als Schauspieler, Tenorbuffo, Opernregisseur und Kapellmeister am Stadttheater Leipzig tätig; danach folgen Kündigung und neue Gastiertätigkeit, die wenig einbringt; er wird Kapellmeister am Theater an der Wien, erleidet Fehlschläge bei den Bewerbungen um die Kapellmeister-Nachfolge von Wagner in Dresden und Nicolai in Berlin; geht auf neue Wanderschaft unter ärmlichsten Bedingungen als Schauspieler und Dirigent und ist dann Kapellmeister am Friedrich Wilhelmstädtischen Theater seiner Geburtsstadt Berlin, wo er schlecht bezahlt wird: »*Mein bißchen Erspartes ist dahin, mein bißchen Silber und Pretiosen schon seit langem versetzt; nebstbei schulde ich noch etliche Hundert in Leipzig*« schreibt er einem Freund. Das läßt nur ahnen, in welchen finanziellen Schwierigkeiten, in welcher permanenten Notlage Lortzing sich mit seiner Familie ein Leben lang befindet. Noch im

Frühjahr 1850 heißt es voller Resignation an einen anderen Freund: »*Der deutsche Komponist Albert Lortzing muß alle acht bis zehn Tage seine Familie verlassen! Ihre geringe Barschaft reicht kaum so weit, bis er wieder etwas verdient hat! Er selbst hat kaum so viel, um den Dampfwagen bezahlen zu können ... Wie oft werde ich wohl wieder fort müssen! Welchen Weg soll ich eigentlich für die Zukunft einschlagen? Soll ich die seit sechs Jahren betretene Laufbahn, die mir bis jetzt kein Heil brachte, verfolgen? Soll ich das alte Handwerk, das mir zuwider, wieder vornehmen?*« Denn auch die Kompositionen werfen nicht viel ab trotz wenigstens kurzzeitiger Erfolge der Bühnenwerke. So mit seinen frühen Opern »Die beiden Schützen« (U Leipzig 1837) und »Hans Sachs« (U Leipzig 1842), in der Handlungsgestaltung einem Vorläufer der »Meistersinger«.

Die lebenslange praktische Theaterarbeit Lortzings, die wir im notwendigen Zeitraffer nur ungenügend beschreiben können, hat sich in seinen Opern voll ausgezahlt. Die selbstverfaßten Textbücher gehen eine glückliche Symbiose mit seiner Musik ein, die aus der Praxis des Theaters geboren ist, will heißen, auf die Sängerdarsteller zukomponiert: »*Rollen heißt das Zauberwort, welches dem dramatischen Dichter wie dem Komponisten die Pforten der Bühne öffnet*«, so lautet Lortzings berühmtes Credo. Das zielt nicht nur auf die lebendige Schöpferkraft selbst, sondern gerade auch auf die Aufführung des geschaffenen Werkes und die Darstellung des Spielers, der zu sein er ausdrücklich auch vom Sänger fordert. Lortzing beklagt sich mehrfach über die mangelnde Darstellung an den deutschen Theatern, in der er Natürlichkeit, Leidenschaft, Seele und handwerkliches Können vermißt, und sein Urteil ist auf Grund seiner eigenen Erfahrung ein berufenes. Auf einen Brief des ihm befreundeten Musikschriftstellers und Komponisten Karl Gollmick antwortet er im Herbst 1843: »*Sie sagen und behaupten, gute Musik sei das belebende Prinzip guter Opern – sehr wahr, wenn nota bene der Text kein schlechter ist, und dennoch haben wir Beweise, daß Opern, in denen sich beides vereint, nichts gemacht haben. Woran liegt das? An der Darstellung; es gibt einen Genre, den unsere guten Deutschen nun einmal platterdings nicht fassen können.*«

Vielleicht hat Lortzing den Publikumserfolg manchmal zu übertrieben einkalkuliert, denn es ist ihm im Grunde nicht so sehr darum zu tun, Werke für die Ewigkeit zu schaffen. Er sieht explizit auf das theatralische Tagesgeschäft. Als Praktiker weiß er um die existentielle Notwendigkeit einer vollen Theaterkasse für das ganze Unternehmen samt Ensemble und Orchester, als Familienvorstand muß er oft stärker als ihm möglicherweise selbst lieb sein mag auf Einnahmen sehen, um die kinderreiche Familie zu ernähren. Man hat ihm diese Haltung verschiedentlich vorgehalten, aber es ist im Nachhinein zu urteilen ein anderes als zu Lebzeiten auch zu sehen, mit den Seinen über die Runden zu kommen. Das 19. Jahrhundert ist noch nicht so weit, den Begabten unter den künstlerisch Tätigen großzügige Unterstützung zukommen zu lassen, geschweige denn, daß man ihnen den roten Teppich ausrollt. Lortzing ist einer, der es verdient hätte, denn von seinen Meisterwerken zehren noch heute Opernhäuser und Publikum gleichermaßen. Mag die ganz dem romantischen Märchen verbundene »Undine« (U Magdeburg 1845) heute viel an Publikumsgunst eingebüßt haben, so gilt dies schon weit weniger für den volkstümlichen, einem etwas verquasten Ritterideal huldigenden »Waffenschmied« (U Wien 1846). Ungebrochen populär geblieben sind »Zar und Zimmermann« und »Der Wildschütz«, seine musikalisch anspruchsvollste Oper, mit der er in die Nähe Mozarts rückt. Nach diesem ist Lortzing der erfolgreichste deutsche Komponist komischer Opern, nach deren Erfolgen er sich nicht getraut hat, »*mit einer durchgängig ernsten Komposition vor das Publikum zu treten.*« Er hat die geschichtsträchtige Reise Zar Peters des Großen nach Holland nur als unreflektierte Hintergrundsstaffage für seine »Zaren«-Oper genommen, in der er in Gestalt des aufgeblasenen Bürgermeisters van Bett deutsche Kleinstädterei und Kleinstaaterei milde verspottet. Lortzing ist ein patriotisch empfindender, aber letztlich unpolitischer Musiker in politisch bewegter Zeit, zählt zu seinen Freunden *Robert Blum*, der seinen mutigen Auftritt als demokratischer Parlamentarier der Frankfurter Paulskirche 1849 in Wien mit dem Leben bezahlt. Der Komponist lässt seine Oper »Regina«, in der sogar streikende Fabrikarbeiter vorkommen, im Umfeld der Revolution von 1848 spielen, bringt das Werk aber nicht zur Aufführung (das ist erst in einer bagatellisierenden Umarbeitung von fremder Hand 1899 in Berlin geschehen).

Der Begriff des ›Romantischen‹ wird so vielschichtig gesehen, daß es schwierig ist, ihn nur auf eine bestimmte Epoche oder auf zeitgebundene Strömungen anzuwenden. Daran liegt auch, daß man recht unterschiedliche Zeitangaben zwischen 1800 und 1850 oder später macht und um die Wende des 19. zum 20. Jahrhunderts von Spät- und Neuromantik spricht. Romantische Opern sind in Deutschland vor Wagner, zeitgleich mit seinen Werken und danach komponiert worden. Wir nennen ein Beispiel von vielen: die hochromantische »Loreley« (1863) von *Max Bruch (1838–1920)*, komponiert auf ein Textbuch des damals hochgeschätzten Dichters Emanuel Geibel, das ursprünglich für Mendelssohn-Bartholdy bestimmt war. Ein Vertreter der Romantik in der nachwagnerschen Ära ist *Engelbert Humperdinck (1854–1921)*, von dem die einzigen wirklichen Märchenopern stammen. Stofflich beziehen sie sich auf das von den Brüdern Grimm gesammelte Gut der deutschen Märchen, musikalisch sind sie stark von der Musik Wagners beeinflußt. Selten wird sein »Dornröschen« (U Frankfurt/Main 1902) gespielt, häufiger erscheinen die »Königskinder« (U New York 1910) auf dem Spielplan – »Hänsel und Gretel« jedoch ist nicht nur weltweit die erfolgreichste Märchenoper überhaupt, sie rangiert in der neuzeitlichen Aufführungs-Statistik der deutschsprachigen Operntheater hinter Mozarts »Zauberflöte« gar an zweiter Position aller meist gespielten Opern. *Richard Strauss*, der die Uraufführung 1893 in Weimar dirigiert, schreibt Humperdinck zwei Monate vor der Premiere: »*Soeben habe ich die Partitur Deines ›Hänsel und Gretel‹ durchgesehen und setze mich gleich hin, um zu versuchen, dir zu schildern, in welch hohem Grade mich Dein Werk entzückt hat. Welch herzerfrischender Humor, welch köstlich naive Melodik, welche Kunst und Feinheit in der Behandlung des Orchesters, welche Vollendung in der Gestaltung des Ganzen, welch blühende Erfindung, welch prachtvolle Polyphonie, und alles originell, neu und so echt deutsch.*«

Finden sich in Humperdincks Märchenopern erst wenige Einsprengsel des Verismo (z. B. der arme, ewige beschwipste Besenbinder-Vater in »Hänsel und Gretel«), so gewann die veristische Strömung um 1900 in Deutschland an Beliebtheit und beherrschte eine Zeitlang die Opernszene. Neben dem heute selten gespielten Werk »Der Evangelimann« (1895) von *Wilhelm Kienzl (1857–1941)* gehört eine der bekanntesten deutschen Opern der veristischen Ära an: »Tiefland« von *Eugen d'Albert (1864–1932)*. In Glasgow als Sohn eines französischen Tanzkapellmeisters und einer musikliebenden Engländerin geboren, Schüler von *Arthur Sullivan* in London und begeisterter Anhänger *Richard Wagners*, durchläuft d'Albert eine Weltkarriere als Pianist. Er begegnet noch *Clara Schumann*, ist Schüler von *Franz Liszt*, konzertiert mehrfach mit dem Geigenvirtuosen *Pablo de Sarasate*, macht Bekanntschaft mit vielen berühmten Dichtern und Komponisten und schließt Lebensfreundschaften mit *Gerhart Hauptmann, Engelbert Humperdinck* und *Hermann Hesse*. Ständige Konzerttourneen durch ganz Europa, Rußland und die USA, häufiger Wohnsitzwechsel zwischen Deutschland und der Schweiz und sechs gescheiterte Ehen geben Zeichen von einem ruhelosen Leben, das in Riga endet. Fühlt er sich selbst von dieser Ruhelosigkeit zwischen Ruhm und Reichtum, Mißerfolgen und Einsamkeit getrieben? »*Ich bin*«, sagt er einmal, »*zu plötzlich berühmt geworden; alle erwarten so viel von mir, und die Angst, das nicht erfüllen zu können, macht mich halb verrückt.*« Neben Instrumentalkompositionen und Liedern gehören 21 Opern zu seinem Werk, von denen die meisten einst gespielt wurden und heute längst vergessen sind. Allein »Die toten Augen« (U Dresden 1916) erblicken hier und da mehr zufällig das Bühnenlicht, und mit »Die schwarze Orchidee« (U Leipzig 1928) bringt d'Albert immerhin erstmals einen modernen Krimi auf die Opernbühne mit Elementen des Jazz. Nur »Tiefland« hat sich im Repertoire gehalten. Die Musik dieser Oper widerspiegelt kongenial die Problematik des Librettos, das ganz in der von Büchner begründeten deutschen sozialdramatischen Tradition steht. Sie vergegenwärtigt die dumpfe Alltäglichkeit und den Zusammenprall unterschiedlicher, fast triebhafter menschlicher Leidenschaften: den libidinösen Besitzanspruch Sebastianos, die bodenständige Naturverbundenheit Pedros, die vergewaltigte Ehre und Sehnsucht Martas wie auch die naive Unschuld Nuris.

STERNSTUNDEN DES SPIELPLANS: DIE HAUPTWERKE VON WEBER, NICOLAI, FLOTOW, LORTZING, HUMPERDINCK UND D'ALBERT

Carl Maria von Weber (1786–1826)
DER FREISCHÜTZ
Romantische Oper in 3 Akten
Textbuch von Friedrich Kind
Uraufführung Berlin 1821

Quellen. Im Jahre 1810 erschien in Leipzig das von *August Apel* und *Friedrich Laun* herausgegebene »Gespensterbuch«, in dem auch die Volkssage vom »Freischütz« enthalten war. Ihren Ursprung hat diese wohl in einem historischen Vorfall, der sich im Jahre 1710 in der böhmischen Stadt Taus zutrug: Ein 18-jähriger Schreiber namens Georg Schmidt ließ sich von einem Bergjäger unter allerlei zauberischen Vorkehrungen und satanischen Ritualen zum Freikugel-Gießen verführen, um beim Scheibenschießen noch größeren Vorteil und Gewinn zu erzielen. Der Jäger machte, ehe er gefaßt werden konnte, sich aus dem Staube, doch den Schreiber ergriff man, stellte ihn vor den weltlichen und geistlichen Richter, machte ihm auf inquisitorische Weise den Kriminalprozeß und verurteilte ihn schließlich zu einer sechsjährigen schweren Gefängnishaft. Den Bericht über diesen Vorfall veröffentlichte, gestützt auf die Prozeßakten, *Otto Graben zum Stein* in seiner 1730 in Leipzig erschienenen »Unterredung von dem Reiche der Geister zwischen Andrenio und Pneumatophilio«. Beide Quellen mit ihrem jeweils ernsten Ausgang (die Volkssage endet mit dem Tod bzw. dem Wahnsinn der Liebenden) nahmen Weber und sein Librettist zur Vorlage ihrer Oper, wobei sie den Schluß in einen guten Ausgang abmilderten.

Enstehung und Uraufführung. Die ersten Begegnung Webers mit *Friedrich Kind (1768–1843)* fiel in die Jahresmitte von 1816. Als sich beide einig waren, schrieb Kind die erste Fassung des Textbuches innerhalb von zehn Tagen nieder. Weber: »*Es hat ihm keine Ruhe gelassen, er war so erfüllt von seinem Stoff.*« Gemeinsam änderten und kürzten sie und im Juni 1817 begann Weber mit der Komposition, die ihn drei Jahre lang beschäftigte. Zunächst sollte das Werk

»Die Jägersbraut« heißen, doch dann erhielt es den endgültigen Titel auf Vorschlag von *Graf Carl von Brühl*, dem Intendanten des Königlichen Schauspielhauses in Berlin. Dort wurde der »Freischütz« am 18. Juni 1821 uraufgeführt, wobei sich unter dem Publikum u. a. *E. T. A. Hoffmann, Heinrich Heine* und der gerade zwölfjährige *Felix Mendelsohn-Bartholdy* befanden. Der Erfolg war ungewöhnlich und der Jubel wollte kein Ende nehmen. Weber notierte in seinem Tagebuch: »*Wurde mit dem unglaublichsten Enthusiasmus aufgenommen. Ouvertüre und Volkslied (Jungfernkranz) da capo verlangt, überhaupt von 17 Musikstücken 14 lärmend applaudiert. Ich wurde herausgerufen. Gedichte und Kränze flogen. Soli Deo Gloria.*«

Ort und Zeit. Böhmen um 1650, kurz nach Beendigung des Dreißigjährigen Krieges

Die Personen der Oper. Ottokar, böhmischer Fürst (Bariton) – Kuno, fürstlicher Erbförster (Baß) – Agathe, seine Tochter (Sopran) – Ännchen, eine junge Verwandte (Sopran) – Kaspar, erster Jägerbursche (Baß) – Max, zweiter Jägerbursche (Tenor) – Ein Eremit (Baß) – Kilian, ein reicher Bauer (Bariton) – Vier Brautjungfern (Sopran) – Samiel, der schwarze Jäger (Sprechrolle) – Drei fürstliche Jäger (Sprechrollen).

Jäger, Landleute, Musikanten, Brautjungfern, Erscheinungen und fürstliches Gefolge (Chor)

Die Handlung. 1. AKT: Platz vor einer Waldschenke. Max, zweiter Jägerbursche im Dienst des Erbförsters Kuno, liebt dessen Tochter und einziges Kind Agathe. Dem Vater ist diese Verbindung äußerst willkommen, da er Max ebenso als guten und pflichtbewußten Jäger wie als charakterfesten jungen Mann schätzt. Zudem würde er als Eidam auch sein Nachfolger werden, dafür hat er bereits das Einverständnis seines Dienstherrn, des böhmischen Fürsten Ottokar. Doch muß Max nach alter Sitte und Tradition die Braut durch den Probeschuß erringen, der für den kommenden Tag festgesetzt ist. Darum steht es aber nicht gut, denn Max, sonst der beste Schütze weit und breit, hat schon seit einiger Zeit kein Jägerglück mehr und beim heutigen Sternschießen nur fehlgeschossen. Nun muß er dem Bauern Kilian die Ehre des Schützenkönigs überlassen. Obendrein sieht er sich dem Spott Kilians und seiner lachenden Schar ausgeliefert, denn es ist fröhlicher Brauch, »daß, wer stets gefehlt hat, vom Königsschuß ausgeschlossen und dann ein wenig gehänselt wird.« Max kann sich sein Mißgeschick selbst nicht erklären und befürchtet, daß auch der morgige Probeschuß mißlingen wird und er so auf Agathe verzichten muß. All die gut gemeinten tröstenden Worte können ihn nicht beruhigen, er fühlt sich von unsichtbaren Mächten verfolgt *(Rezitativ des Max »Nein, länger trag ich nicht die Qualen«* und *Arie »Durch die Wälder, durch die Auen ...«)*. Seine Niedergeschlagenheit macht sich der erste Jägerbursche Kaspar zunutze. Er steht im Bund mit dem schwarzen Jäger Samiel, einem bösen Geist der Hölle, dem er jährlich ein Opfer bringen muß, und dafür läuft morgen die Frist ab. So soll Max dieses Opfer sein, zumal auch Kaspar Agathe begehrt, jedoch verschmäht wird. Kaspar versucht, Max mit Wein und Gesang aufzuheitern *(Lied des Kaspar »Hier im ird'schen Jammertal...«)* und animiert ihn, mit ihm auf das Wohl des Fürsten sowie des Erbförsters und seiner Tochter zu trinken. Und er will ihm jetzt noch zu einem guten Schuß verhelfen, der ihm und Agathe für den nächsten Tag alles Glück verbürgen soll. Er gibt ihm sein Gewehr, ein Schuß löst sich, Samiels gellendes Gelächter ist zu hören und von weit oben aus dem dunklen Himmel stürzt ein Steinadler Max vor die Füße. Der begreift nicht, wie er plötzlich treffen konnte und bedrängt Kaspar, ihm zu erklären, was er nicht verstehen kann. Es sei das Werk einer Freikugel, bedeutet dieser ihm, doch es sei seine allerletzte gewesen. Doch könne er heute um Mitternacht neue bekommen. Max sieht darin seine einzige Chance, Agathe und die Erbförsterei zu gewinnen. So gelingt es Kaspar, den sich anfangs sträubenden Max zu überreden, um Mitternacht in die Wolfsschlucht zu kommen, wo er mit ihm Freikugeln gießen will und Max so mit Hilfe unsichtbarer Mächte Amt und Braut erringen kann. Um Agathes willen sagt dieser zu und Kaspar triumphiert *(Arie des Kaspar »Schweig, damit dich niemand warnt, der Hölle Netz hat dich umgarnt...«).*

2. AKT: Im Forsthaus. Agathe wartet unruhig auf Max, der so lange ausbleibt. Sie ist bei einem seltsamen Vorfall noch einmal mit dem Schrecken davongekommen: das Ahnenbild des ersten Erbförsters Kuno, auf den die Tradition des Probeschusses zurückgeht, ist von der Wand gefallen und hat sie am Kopf verletzt. Ännchen, Agathes junge und stets fröhliche Verwandte, hängt das Bild wieder auf und versucht, Agathe wieder aufzuheitern *(Arie des Ännchen »Kommt ein schlanker Bursch gegangen«).* Agathe sieht durch das Herabfallen des Bildes die Warnung des frommen Eremiten bestätigt, der sie bei ihrem Besuch bei ihm vor einer unbekannten Gefahr warnte und ihr geweite Rosen mitgab. Nun will sie nicht eher zu Bett gehen, bis Max noch einmal bei ihr gewesen ist *(Szene und Arie der Agathe »Wie nahte mir der Schlummer, bevor ich ihn gesehen?«).* Dann kommt Max doch noch vorbei. Seltsam berührt es ihn als er erfährt, Kunos Bild sei gerade in dem Moment von der Wand gefallen, als er den Adler schoß. Nicht weniger erschrocken ist Agathe, als Max ihr sagt, er müsse noch in die Wolfsschlucht, um einen angeblich geschossenen Hirsch hereizuschaffen. – Zu mitternächtlicher Stunde in der Wolfsschlucht. Kaspar zieht, von den Stimmen unsichtbarer Geister begleitet, den magischen Kreis und beschwört Samiel, den schwarzen Jäger, den bösen Geist der Hölle. Er bittet ihn um Verlängerung der Frist um weitere drei Jahre, dafür biete er ihm mit Max, Kuno und Agathe auch drei Opfer. Samiel ist einverstanden und gewährt ihm den Guß von sieben Freikugeln, von denen eine für ihn bestimmt ist: »Sechse treffen, sieben äffen!« – die siebte Kugel, so Kaspar, soll Samiel auf

Agathe lenken. Samiel verschwindet in der Tiefe und Max steigt hinab in die Schlucht. Unterwegs quälen ihn die Erscheinungen seiner Mutter und der wahnsinnigen Agathe, die sich in den Wasserfall stürzen will. Als Max bei Kaspar angelangt ist, beginnt dieser drei Freikugeln zu gießen, wobei die Natur gewaltig in Aufruhr gerät, Geistererscheinungen vorüberziehen, das ›wilde Heer‹ als unsichtbarer Chor grausam zu hören ist und schließlich Samiel erscheint. Er will Max fassen, doch der schlägt das Kreuz, Samiel verschwindet wieder und er stürzt zu Boden. –

3. AKT: Waldgegend. Von den vier Kugeln, die Kaspar ihm gab, hat Max drei verschossen und damit höchste Bewunderung auch beim Fürsten Ottokar hervorgerufen. Nun will er von Kaspar auch die anderen Freikugeln, der aber hat sie selbst verschossen, damit Maxens vierte Kugel für Samiel bleibt. – Im Forsthaus. Agathe, bräutlich geschmückt, erfleht den Beistand des Himmels *(Arie der Agathe »Und ob die Wolke sie verhülle«)*. Sie erzählt Ännchen, in der vergangenen Nacht beim Aufruhr der Natur quälende Träume gehabt zu haben. Ännchen bemerkt Agathes Schwermut und zerstreut diese mit einer »grausenerregenden« Erzählung *(Romanze, Rezitativ und Arie des Ännchen »Einst träumte meiner sel'gen Base...«)*. Dann erscheinen die Brautjungfern und bringen Agathe ihr Ständchen, während Ännchen den Brautkranz holt *(Chor der Brautjungfern »Wir winden dir den Jungfernkranz aus veilchenblauer Seide...«)*. Doch dann gibt es erneut seltsame Vorzeichen: nicht nur, daß Kunos Bild wieder von der Wand fiel, Ännchen bringt auch noch statt des Jungfernkranzes einen silbernen Totenkranz; da hat man wohl die Schachteln vertauscht! Agathe weiß schnell Rat, und so werden die Rosen des Eremiten zum Kranz geflochten. – Ein Festplatz. Fürst Ottokar und Erbförster Kuno sitzen mit der Jagdgesellschaft beim Festmahl, während die Jäger eine fröhliche Weise anstimmen *(Jägerchor »Was gleicht wohl auf Erden dem Jägervergnügen?«)*. Dann bestimmt Ottokar eine weiße Taube für den Probeschuß. Als Max anlegt, erscheint Agathe, stört die Taube auf, die zu Kaspar fliegt, Max verfolgt sie mit dem Lauf seines Gewehres und schießt. Agathe und Kaspar fallen gleichzeitig zu Boden, sie sinkt ohnmächtig dem Eremiten in die Arme, er stürzt, Himmel und Hölle verfluchend, tot zu Boden. Alle erfaßt lähmendes Entsetzen. Da gesteht Max seine Verfehlung, woraufhin Fürst Ottokar ihn verbannt und ihm auf ewig die Hand Agathes verweigert. Doch der Eremit, der allseits sehr verehrt wird und dessen Urteil sich auch der Fürst beugen will, weiß diesen zu Milde und Gnade umzustimmen *(Arie des Eremiten »Leicht kann des Frommen Herz auch wanken...«)*. So wird Max ein Probejahr auferlegt und der Probeschuß soll nie mehr stattfinden.

Aufführungsdauer. 3 Stunden

Otto Nicolai (1810–1849)
DIE LUSTIGEN WEIBER VON WINDSOR
Komisch-phantastische Oper in 3 Akten
Libretto von Hermann Salomon Mosenthal nach
Shakespeares Komödie
Uraufführung Berlin 1849

Quelle. Der Oper Nicolais, die zu den meistgespielten Werken der deutschen Spieloper gehört und eine der ganz wenigen weltbekannten deutschen komischen Opern darstellt, liegt das gleichnamige Lustspiel von *William Shakespeare (1564–1616)* zugrunde. Dieser selbst griff auf vorhandenes italienisches Erzählgut zurück, wahrscheinlich lag auch ein altes, heute als verschollen geltendes englisches Lustspiel vor. Möglicherweise, aber nicht ganz gesichert, entstand Shakespeares Komödie als Auftragsarbeit von *Königin Elisabeth I.*, die – so vermutet die moderne Literaturforschung – den aus des Dichters Konigsdramen »Heinrich IV.« und »Heinrich V.« bekannten Sir John Falstaff in der Rolle eines Liebhabers sehen wollte. Sicher ist immerhin, daß die innerhalb von nur 14 Tagen entstandene Komödie ihre Uraufführung am 23. April 1597 bei einem Hoffest in Windsor in Gegenwart der Königin erlebte (dazu siehe auch Näheres bei Verdis »Falstaff«!).

Entstehung und Uraufführung. Nicolai kannte die Komödie Shakespeares durch die Übersetzung von Schlegel-Tieck. Er hatte bereits gegen Ende seines Wiener Aufenthaltes, etwa um 1845, mit der Arbeit begonnen. Und er wußte wohl auch, daß das Stück schon mehrmals Vorlage für Bühnenkompositionen war, darunter zu Opern des deutschen Komponisten *Karl Ditters von Dittersdorf* (Die lustigen Weiber von Windsor, 1796) und des Italieners *Antonio Salieri* (Falstaff, 1799). Als sich Nicolai mit einem Konzert der Wiener Philharmoniker Anfang April 1847 aus Wien verabschiedete, spielte das Orchester unter seiner Leitung auch die ersten fertigen Musikstücke aus der noch im Entstehen begriffenen komischen Oper. Dafür hatte zunächst der Kasseler Librettist *Jakob Hoffmeister (1813–1893)* das Textbuch zu schreiben begonnen, dann aber betraute Nicolai den jungen *Hermann Salomon Mosenthal (1821–1877)* mit der Vollendung des Librettos, an dem er selbst wesentlich mitarbeitete. Die Shakespeare-Komödie wurde gestrafft, Nebenhandlungen und Nebenpersonen eliminiert und anderes operngerecht verändert. Sobald Nicolai sein neues Amt in Berlin angetreten hatte, begann er konzentriert an der Weiterkomposition. Die Uraufführung unter seiner persönlichen musikalischen Leitung am 9. März 1849 an der Königlichen Oper in Berlin wurde zu einem großen Erfolg, der sich allerdings erst langsam, dann jedoch umso nachhaltiger auch an anderen Theatern fortsetzte.

Ort und Zeit. Die englische Stadt Windsor Anfang des 17. Jahrhunderts

Die Personen der Oper. Sir John Falstaff (Baß) – Herr Fluth, Bürger von Windsor (Bariton) – Herr Reich, ein anderer Bürger von Windsor (Baß) – Fenton (Tenor) – Junker Spärlich (Tenor) – Dr. Cajus (Baß) – Frau Fluth (Sopran) – Frau Reich (Mezzosopran) – Jungfer Anna Reich (Sopran) – Der Wirt vom »Gasthaus zum Hosenbande« (Sprechrolle) – Ein Kellner daselbst (Sprechrolle) – 1. Bürger von Windsor (Tenor) – 2. Bürger von Windsor (Sprechrolle) Bürger und Bürgerinnen von Windsor, Kinder, Elfen- und Geistermasken (Chor)

Die Handlung. <u>1. AKT</u>: Hofraum mit den Häusern der Familien Fluth und Reich in Windsor. Sir John Falstaff, behäbig gewordener Junker von einst, der nichts so sehr wie ein gutes Leben, vor allem aber das Trinken, liebt und ständig eine leere Kasse hat, wandelt auf Freiersfüßen, um zu neuem Wohlstand zu gelangen. Er hat Frau Fluth, der Ehefrau des wohlhabenden, aber ewig eifersüchtigen Bürgers Fluth, einen Liebesbrief geschrieben:»O schönste Frau, wir taugen/zusammen gar zu gut/Ihr habt verliebte Augen/Und scheint von heißem Blut«, so beginnt seine gereimte Liebesepistel. Aber damit beginnt auch sein künftiger Leidensweg, denn seine Liebeswerbung erhält eine überraschende und von ihm nicht erwartete Wendung. Denn erstens stößt er bei Frau Fluth auf Ablehnung, die sich die Werbung des »vollgetrunkenen dicken Gecks« verbittet und ihm sein unerhörtes Vorgehen mit einem Komplott heimzahlen will. Schnurstracks macht sie sich auf den Weg zu ihrer Nachbarin Frau Reich, die sie für ihren Plan gewinnen will. Zweitens hat Falstaff sein gereimtes Liebesgeständnis gleichlautend auch Frau Reich zukommen lassen. Das aber verbindet die beiden Frauen erst recht, die sich mit List und Rache zur Wehr setzen wollen, um ihre Ehre reinzuhalten *(Duett Frau Fluth-Frau Reich »Wir locken ihn mit Weiberlist in eine sichre Falle...«).* Und schon beeilen sie sich, die dafür notwendigen Vorkehrungen zu treffen. Inzwischen kommen die Herren Fluth und Reich in Begleitung von Junker Spärlich und Dr. Cajus die Straße entlang. Die beiden letzteren haben es auf die junge Tochter des Herrn Reich, die Jungfer Anne, abgesehen, doch der Vater unterstützt nur die Werbung des Junkers um die »süße Anne«. Die freilich will von diesen beiden Freiern nichts wissen, denn sie liebt längst einen anderen: den jungen Fenton. Der aber hat kein Glück bei Herrn Reich, der ihn um so brüsker abweist, je standhafter Fenton um seine Liebe kämpft und dabei den Junker Spärlich gar einen »Papagei« nennt. Herr Reich erklärt unmißverständlich seine Ablehnung Fenton gegenüber, der aber trotz ebenso unbeugsam seiner Tyrannei. Anna muß die Seine werden! – Zimmer in Fluths Hause. Die beiden Frauen haben alles vorbereitet, um Falstaff gebührend zu empfangen und in ihm sozusagen stellvertretend »die Männer ohn' Erbarmen zu bestrafen« *(Arie der Frau Fluth »Nun eilt herbei, Witz, heitre Laune...«).* In ihrem Plan spielt ein großer Waschkorb eine wichtige Rolle. Alles läuft exakt nach Plan, den Frau Fluth und

Frau Reich geschmiedet haben: Falstaff betritt das Haus, nähert sich mit verliebt-plumper Emphase der Hausherrin und sieht sich schon als Gewinner. Da donnert Frau Reich von außen gegen die Tür. Falstaff erschrickt, Frau Fluth stellt sich nur erschrocken und versteckt ihren Besucher vor Frau Reich. Die betritt theatralisch den Raum mit schlimmer Botschaft, die sie so laut herausposaunt, daß Falstaff sie auch hören kann: Herr Fluth hat erfahren, seine Frau habe in seiner Abwesenheit einen Liebsten bei sich im Hause, schon naht der Eifersüchtige, bereit, den Nebenbuhler zu töten. Blut wird fließen! Entsetzt und um sein Leben fürchtend kommt Falstaff aus seinem Versteck, nicht ahnend, daß die beiden Frauen das alles zu seiner Schande verabredet haben, wobei Frau Reich selbst anonym Herrn Fluth von dem angeblichen Liebestreffen in seinem Hause brieflich unterrichtet hat. Welch ein Glück, daß gerade Wäschetag ist! So wird Falstaff in den großen Wäschekorb förmlich hineingepreßt und mit Weiberröcken aus Frau Fluths Kleiderschrank zugedeckt. Dann wird den Dienern aufgetragen, den Korb zur Bleiche zubringen und den Inhalt dort in den Graben zu schütten. Es ist auch höchste Zeit, denn Herr Fluth stürmt samt Herrn Reich, Dr. Cajus und Junker Spärlich in sein Haus, da er ernsthaft glaubt, er werde betrogen. Doch die Suche nach Falstaff führt zu keinem Ergebnis, im Gegenteil: die Frauen stellen sich empört, Herr Fluth bittet um Vergebung, Frau Fluth beklagt ihre Leiden unter des Gatten ständige Eifersucht und droht gar mit der Scheidung *(Ensembleszene mit Chor von Bürgern und Frauen »Ich/Er kam, ein Wild zu jagen, und finde(t) keine Spur«)*. –

2. AKT: Gastzimmer im »Gasthaus zum Hosenbande«. Falstaff versucht sich beim Sekt über sein Ungemach vom vergangenen Tag hinweg zu trösten. Man hat ihn in den Bach geworfen wie einen elenden Lappen, daß statt Sekt nur abscheuliches Wasser in seine Gurgel strömte! Aber da bringt ihm der Kellner doch tatsächlich einen neuen Brief von Frau Fluth, in dem diese ihm ihr (angebliches) Bedauern über den gestrigen Vorfall beteuert und ihn zu einem zweiten Stelldichein zu sich bittet, da ihr Mann auf der Vogelbeize sei. Und da soeben die Begleiter des Herrn Fluth zum Morgentrunk im Wirtshaus erscheinen, trinkt Falstaff zwei von ihnen unter den Tisch und stimmt dabei ein fröhliches Lied an *(Trinklied des Falstaff mit Chor »Als Büblein klein an der Mutter Brust...«)*. Danach betritt Herr Fluth höchstpersönlich das Gastzimmer, um Falstaff, der ihn persönlich nicht kennt, auf den Zahn zu fühlen. Er gibt sich ihm gegenüber als Herr Bach aus und trägt ihm schmeichelnd eine absonderliche Bitte vor, die ihm Falstaff partout nicht abschlagen kann: Er, Herr Bach (alias Herr Fluth) liebe rasend eine Frau Fluth, die er unbedingt besitzen müsse, und sollte er darüber sterben! Doch sie werde von ihrem eifersüchtigen Manne bewacht und verschmähe obendrein aus angeblicher Sittsamkeit seine Werbung. Ihn aber, dem galanten Kavalier Sir John Falstaff, werde sie sicher nicht widerstehen können. Wenn sie aber ihn erhöre, so rechne auch er, Herr

Bach, sich alle Chancen bei ihr aus. Derart eingeseift und obendrein mit einer Flasche echten Madeira und einem gefüllten Geldbeutel in die Falle gelockt, bekennt Falstaff: Er halte diesen Herrn Fluth für einen großen Narren und habe überdies bereits ein Stelldichein mit besagter Frau Fluth gehabt. Leider sei der eifersüchtige Ehemann dazwischengeraten, und so habe er, Falstaff, sich in einem Wäschekorb verstecken müssen, um gerade noch unentdeckt zu entkommen. Herr Fluth – Tod und Teufel! – kann seine Wut über die Eröffnungen von Falstaff nur mit größter Mühe bezähmen, muß gute Miene zum bösen Spiel machen und sich dankbar Herrn Falstaff gegenüber erweisen – und das mit einer gewissen Hoffnung auf das neuerliche Abenteuer, in die auch Falstaff, mit ganz anderen Hoffnungen natürlich, einstimmt *(Duett Falstaff-Herr Fluth »Wie freu ich mich, wie freu ich mich, wie treibt mich das Verlangen!«).* – Garten hinter Reichs Haus. Junker Spärlich und Dr. Cajus warten, ohne voneinander zu wissen, der jungen Anna auf, die hier zu promenieren pflegt. Auch Fenton kommt und bringt Anna ein zärtliches Ständchen *(Arie des Fenton »Horch, die Lerche singt im Hain...«).* Anna eilt aus dem Hause und dem Geliebten in die Arme. Unverzagt schwören sie sich erneut ewige Treue und bringen so die beiden anderen düpierten Freier in Wut. – Zimmer im Hause von Fluth wie im ersten Akt. Falstaff ist erneut erschienen und macht Frau Fluth ein zweites Mal den Hof. Doch wieder stört Frau Reich, und dieses Mal ist ihre Aufregung echt. Herr Fluth hat von der Geschichte Wind bekommen, die Jagd abgeblasen und teilt gerade Herrn Reich mit, Sir John befinde sich schon wieder bei seiner Frau, weshalb er den Nachbarn bittet, ihm bei der Haussuchung behilflich zu sein. Was tun, damit Falstaff nicht von dem rachesüchtigen Herrn Fluth womöglich getötet wird? Frau Fluth hat die rettende Idee: Falstaff muß in die Kleider der dicken Frau aus Brentford schlüpfen. Das ist die Muhme ihrer Magd, und Herr Fluth kann sie absolut nicht ausstehen! Gedacht, getan: wütend die eigene Frau der erneuten Untreue zeihend, stürmt Herr Fluth mit Gefolge durch sein Haus auf der Jagd nach Falstaff, wird noch wütender über seinen Irrtum, der verberge sich wieder in dem Wäschekorb, begegnet dem verkleideten Falstaff, den er für die Hexe und Vettel aus Brentford hält, der er doch sein Haus zu betreten verboten hat, und prügelt den »alten Drachen« hinaus. Und dann beginnt die eigentliche, aber wieder vergebliche Jagd nach Falstaff durch das ganze Haus *(Ensemble »Schärft die Augen! Spitzt die Ohren!«).* –

3. AKT: Zimmer in Reichs Hause. Die Ehepaare Fluth und Reich sitzen mit Anna beim Mittagsmahl. Die Frauen haben ihren Ehemännern alles gestanden und werden von ihnen dafür gelobt. Nun schmieden sie alle gemeinsam einen neuen Plan, wie man Falstaff durch einen öffentlichen Streich nicht nur endgültig beschämen, sondern auch möglichst für alle Zeiten kurieren kann. Frau Reich hat auch schon eine Idee, die sich auf die alte Legende vom wilden

Jäger Herne gründet. Dieser jagte einst in Windsors Wald und tötete dabei einen stolzen Hirsch an der heiligen Eiche, zu der das bedrohte Tier Zuflucht gesucht hatte und deshalb nicht geschossen werden durfte. Als Strafe für seine Untat ist Herne zur ewigen Jagd durch Windsors Wald verdammt, selbst mit dem mächtigen Geweih des von ihm getöteten Hirschs geschmückt. Um Mitternacht bei Mondenschein taucht er mit seinem Gefolge auf und erbeutet alles, was sich ihm in den Weg stellt. Nun soll Falstaff als Jäger Herne verkleidet zum neuerlichen Stelldichein bei der heiligen Eiche gebeten werden. Anna und die Kinder von Windsor sollen dann als Elfen und Geister erscheinen, worauf alle über Falstaff herfallen und ihn peinigen sollen dafür, daß er es wagt, in frevelhafter Verkleidung die Geister der Nacht zu belauschen. Die Einladung an Falstaff zum mitternächtlichen Treffen, so wird beschlossen, überbringt Herr Fluth alias Herr Bach. Bei gleicher Gelegenheit werden Annas Eltern ihre Tochter verheiraten. Die Mutter hat Dr. Cajus ausersehen und bittet Anna, sich als rote Elfe zu verkleiden und sich dem ebenfalls verkleideten Cajus mit verabredeten Zeichen zu nähern. Der Vater will Anna mit Junker Spärlich verheiraten, dazu soll sie als grüner Elf erscheinen, den Junker hat er schon unterrichtet. Doch Anna wird die Pläne der Eltern auf ihre Weise durchkreuzen: Cajus soll das grüne, Spärlich das rote Elfengewand bekommen – sie selbst aber wird ein weißes Brautgewand anziehen und sich heimlich mit Fenton in der Waldkapelle trauen lassen *(Arie der Anna »Wohl denn, gefaßt ist der Entschluß!«).* Der nächtliche Wald von Windsor mit der Eiche des Jägers Herne. Beim aufgehenden Mond *(Mondchor »O süßer Mond! O holde Nacht!«)* erscheint Falstaff als Jäger Herne. Schon nähern sich ihm die beiden Frauen und er nimmt sie stolz und glücklich gleich beide in seine Arme *(Terzett Frau Fluth-Frau Reich-Falstaff »Kommt mit, ich weiß ein Plätzchen...«).* Doch dann entwinden sich die Frauen seiner Umarmung, Falstaff taumelt vor Schreck und fällt hinter die Eiche, als sich plötzlich die Szene mit Elfen und Geistern füllt. Ihnen schließen sich Anna als Titania und Fenton als Oberon und Herr Reich ebenfalls als Jäger Herne an. Sie stöbern Falstaff auf und bedrohen ihn, weil er in »schnöder Mummerei« die Geisterschar heimlich belausche, mit dem Tod. Als Mücken, Wespen und Fliegen verkleidet plagen ihn die Bürger von Windsor, sie stechen und schlagen ihn, dann kommen Kobolde und Gnome hinzu und traktieren ihn *(Geister- und Insektenchor »Laßt ihn, Geister, nach der Reih' und straft ihn für die Büberei...«).* Falstaff wirft die Verkleidung von sich und versucht vergebens zu fliehen. Erst jetzt hat man ein Einsehen mit ihm und deckt das Strafkomplott auf, in dem Falstaff sich selbst als Narren erkennt. Aber nicht nur er, auch Dr. Cajus und Junker Spärlich: Annas Kostümverwechslung hat funktioniert, die beiden Herren wurden einander getraut! Nun geben auch die Eltern ihrer Tochter und dem künftigen Schwiegersohn Fenton ihren Segen, die sich heimlich in der Waldkapelle haben trauen lassen. Schließlich findet auch Sir John Falstaff Aufnahme in die Gnade der lustigen Weiber von Windsor *(Finale »So hat denn der Schwank der fröhlichen Nacht vereinet auf immer der Liebenden Hände.«).*

Aufführungsdauer: 2¾ Stunden

Friedrich von Flotow (1812–1883)
MARTHA
Romantisch-komische Oper in 4 Akten, Dichtung nach einer Idee von Saint-Georges und Marzillier, von Wilhelm Friedrich (Friedrich Wilhelm Riese)
Uraufführung Wien 1847

Quellen. Der »Martha«-Stoff tauchte wohl erstmals 1660 in Paris auf als »Ballet des Chambrières a loeur«. Aus dem Tanzspiel wurden später Liederspiele, die von Mädchen erzählten, die sich zur Arbeit verdingen. Eingang fand der Stoff auch in Vaudevilles, in denen man sich mehr und mehr einen folkloristischen Spaß mit Liebesgeschichten und Verkleidungsspielen machte. Ein solches vielgespieltes Stück mit dem Titel »La comtesse d'Egmont« wurde 1843 in Paris erneut in ein Ballett umfunktioniert. Dieses neue Ballett mit dem Titel »Lady Harriette ou la servante de Greenwich« (Lady Harriet oder Die Magd aus Greenwich) wurde von dem Schriftsteller und Librettisten der Opéra Comique Jules Vernoy Saint-Georges (1801–1875) und dem Ballettchef der Großen Oper Marzillier verfaßt. Es war für die damals noch junge, später berühmte Primaballerina Adèle Dumilâtre vorgesehen. Eile war geboten, denn der Direktor der Oper, der laut Vertrag jährlich zu einem großen, allerdings meist auch sehr aufwendigen und daher kostspieligen dreiaktigen Ballett verpflichtet war, war damit in Rückstand. Der mit Flotow befreundete Saint-Georges vermittelte ihm die Komposition des ersten Aktes, die beiden anderen Akte wurden von Robert Burgmüller und Eduard Deldevèze (später Kapellmeister an der Großen Oper) vertont. Das Ballett gelangte am 21. Februar 1844 zur Uraufführung und hatte, wie sich Flotow später erinnerte, »einen recht hübschen Erfolg«. Und er fügte hinzu: »Hätte Fräulein Adèle (Dumilâtre) nicht den Wunsch gehabt, ein neues Ballett zu tanzen und hätte sie nicht durchaus als ein Stern erster Größe glänzen wollen – wer weiß, ob ich jemals die ›Martha‹ komponiert hätte.«

Entstehung und Uraufführung. Am 30. August 1843 hatte das Theater an der Wien seine neue Spielzeit mit Flotows dreiaktiger romantischer Oper »Alessandro Stradella« unter neuer Direktion eröffnet. Der Erfolg war so groß, daß das Theater zu einer ernsthaften Konkurrenz für das Kaiserliche Hof-Operntheater im Kärntnerthortheater wurde. Das bewog dessen Direktor *Balochino*, den Komponisten mit der Komposition einer neuen Oper zu beauftragen. Flotow erinnerte sich des Pariser Ballettes aus dem Jahre 1844 und schlug den Stoff seinem Freund *Wilhelm Friedrich Riese (1805–1879)* vor, der sich als Autor W. Friedrich nannte. Er war ein bekannter Librettist, der Opern aus dem Französischen übersetzte (z. B. von *Adam* und *Auber*) und der schon zum »Stradella« das Textbuch geschrieben hatte. Die Komposition nahm Flotow in Wutzig, Teutendorf und Wien vor. Zur Einstudierung reiste er persönlich in die Donaustadt, wo man allenthalben gespannt war auf das in den Journalen mit »Magda« annoncierte neue Werk, über dessen Musik die Sänger einheitlich nur positiv urteilten. Die Proben verliefen denn auch harmonisch und zur vollen Zufriedenheit aller, Flotow komponierte in der Zeit noch die fehlende Ouvertüre – und am 25. November 1847 gestaltete sich die Uraufführung des Werkes unter dem vollständigen Titel »Martha oder Der Markt von Richmond« zu einem triumphalen Erfolg. Der unter den Premierengästen anwesende Kaiser Ferdinand I. soll geäußert haben: »Also, ich bitte mir aus, daß künftig alle Stücke so gut gegeben werden wie die ›Martha‹.« Und die Presse konnte von einem nachhaltigen Theaterereignis berichten. Von allen deutschen Spielopern ist Flotows »Martha« wohl der größte internationale Erfolg geworden und bis heute geblieben.

Ort und Zeit. Die englische Stadt Richmond zur Zeit der Regierung von Königin Anna (geb. 1665; reg. 1702–1714).

Die Personen der Oper. Lady Harriet Durham, Ehrenfräulein der Königin Anna (Sopran) – Nancy, ihre Vertraute (Mezzosopran) – Lord Tristan Mickleford, ihr Vetter (Baß) – Lyonel (Tenor) – Plumkett, ein reicher Pächter (Baß) – Der Richter zu Richmond (Baß) – 1. Diener der Lady (Tenor) – 2. Diener (Bariton) – 3. Diener (Baß) – 1. Magd (Sopran) – 2. Magd (Sopran) – 3. Magd (Alt) – 1. Pächter (Tenor) – 2. Pächter (Bariton) – Mägde, Knechte, Jäger; Jägerinnen im Gefolge der Königin, Pagen, Diener (Chor)

Die Handlung. 1. AKT: Boudoir der Lady Durham. Zu den Hofdamen von Anna, Königin von Großbritannien und Irland, gehören auch ihr Ehrenfräulein Lady Harriet Durham und deren Vertraute Nancy. Die Langeweile, die am Hofe der allzu tugendhaften Königin herrscht, versetzt die lebenslustige Lady Harriet nahezu in Schwermut. Lust und Fröhlichkeit scheinen aus dem aristokratischen Gesellschaftsleben verbannt. Dazu kommt, daß der Lady die leeren Schmeicheleien und faden Gunstbezeugungen der Kavaliere eher zuwider sind, als daß sie sie zerstreuen könnten. Und doch meint Nancy, das einzige Heilmittel für die Lady sei, sich zu verlieben. Da macht sich beispielsweise Lord Tristan Mickleford bei seiner Cousine ernsthaft Hoffnungen. Doch Lady Harriet kann den einfältigen und aufdringlichen Vetter nicht ausstehen. Als er sie einmal mehr mit seiner Aufwartung zu belästigen scheint, kommt ihr ein Zufall zu Hilfe. An ihrem Fenster ziehen junge Mädchen fröhlich singend vorbei *(Chor »Wohlgemut, junges Blut...«)*, um nach dem nahe gelegenen Richmond auf den Markt zu gehen, wo sie sich als Mägde verdingen wollen. Lady Harriet möchte sich am liebsten unerkannt unter die fröhliche Schar mischen – wie wäre es, wenn sie und Nancy auch nach Richmond gingen? Lord Tristan, der so etwas weit unter seiner aristokratischen Würde findet, soll die Damen als ›Sir Bob‹ begleiten. – Auf dem Marktplatz von Richmond herrscht reges Treiben *(Chorensemble der Landleute »Mädchen, brav und treu« und der Mägde »Wohlgemut, junges Blut...«)*. Unter den Pächtern befinden sich auch der reiche Plumkett und sein Ziehbruder Lyonel, dessen vom Hof verbannter Vater einst bei Plumketts Eltern Schutz fand *(Duett Plumkett-Lyonel »Wie das schnattert, wie das plappert...«)*. Die beiden Damen und die beiden Herren begegnen sich und finden Gefallen aneinander. Nur: was die Damen für Spiel nehmen, gilt den Herren als Ernst. Sie dingen denn auch Lady Harriet (die sich als vermeintliche Magd ›Martha‹ nennt) und Nancy (unter dem Namen ›Julia‹) und nehmen sie mit auf Plumketts Hof *(Quartett Lady-Nancy-Lyonel-Plumkett »Nun, fürwahr, das laß ich gelten...«)*. Weder die beiden Damen noch der aufgebrachte Lord Tristan können daran etwas ändern, denn – der Richter bestätigt es den Herren – wenn das Handgeld einmal bezahlt ist, kann sich niemand mehr weigern *(Finalensemble »Kein Entrinnen ist von hinnen...«)*. –

2. AKT: Das Innere von Plumketts Pächterwohnung. Lady Harriet und Nancy sind für ein Jahr zu Haus- und Hofarbeiten bei Plumkett in Dienst genommen. Die Herren stellen allerdings mit einiger Verwunderung ein auffallend selbstbewußtes Auftreten der beiden ›Mägde‹ fest – und spinnen können die auch nicht! Sind sie vielleicht zu gar nichts nütze? Während Plumkett fast mißmutig wird, zeigt sich Lyonel sehr viel höflicher und zurückhaltender. Der Grund: er hat sich auf den ersten Blick in Martha verliebt – was diese freilich nur irritiert und beinahe aus der Fassung bringt. Nimmt das Abenteuer, das doch nicht mehr als ein launisches Spiel gedacht war, womöglich einen unerwarteten, ja gefährlichen Verlauf? Der Bitte Lyonels, sie möge ihm ein Lied singen, kommt Martha zwar noch nach *(Lied der Martha »Letzte Rose, wie magst du so einsam hier blühn?«)*; doch als er ihr seine Liebe offen gesteht, verschmäht sie hochmütig den werbenden Liebhaber. Ganz anders sieht Plumkett (wenigstens vorläufig noch) Nancy an: die scheint ihm trotz allem die rechte Hilfe zu sein, vielleicht doch gar nicht so arbeitsscheu wie sie sich gibt. Nun, man wird sehen – und da es mittlerweile spät geworden ist, zieht man sich erst einmal zur Ruhe zurück *(Quartett Lyonel-Nancy-Plumkett-Martha »Mitternacht! Schlafe wohl! Und mag dich reuen, was dein arger Hohn vollbracht!«)*. Diesen Moment nutzt Lord Tristan. Er ist den Herrschaften mit

einem Wagen gefolgt und verhilft den beiden Damen nun zur Flucht. Zu spät erkennen Plumkett und Lyonel, vom Lärm noch einmal herbeigerufen, daß sie übertölpelt wurden. –

3. AKT: Wald mit einer Schenke. Während einer Arbeitspause im Freien unterhält Plumkett die Gesellschaft mit einem Loblied auf das »saft'ge Porterbier« *(Porterlied Plumketts mit Chor »Laßt mich euch fragen...«)*. Da naht die königliche Jagdgesellschaft, in der sich auch Nancy befindet. Als sie Plumkett um eine Auskunft über den Verbleib von Lady Harriet anspricht, erkennen die beiden einander. Plumkett fordert sein Recht, hält es aber angesichts der drohenden Jägerinnenschar für klüger, sich zurückzuziehen. Und Lyonel? Seit er Martha begegnet ist und sie doch wieder verloren hat, ist sein Herz voller Sehnsucht nach der Geliebten *(Arie des Lyonel »Ach, so fromm, so traut...«)*. Da begegnet er ihr erneut, als sie sich von der Jagdgesellschaft zurückgezogen hat, um allein zu sein *(Lied der Martha »Hier, in den stillen Schattengrunde...«)*. Als sie sich auch dem neuerlichen Werben Lyonels harsch widersetzt, pocht dieser auf sein Herrenrecht. Martha ruft um Hilfe *(Ensemble »Ha! Der Frechheit ohnegleichen...«)*, befürchtet gar einen Skandal, sollte ihr Abenteuer aufgedeckt werden. Wenig damenhaft erklärt sie Lyonel für wahnsinnig! Tief getroffen von der Schmach, die ihm da widerfährt *(Ensemble Lyonel-Martha-Nancy-Plumkett-Tristan und Hofgesellschaft »Mag der Himmel Euch vergeben...«)*, gibt Lyonel seinem Freund Plumkett einen Ring. Diesen möge er der Königin bringen, denn, so hatte ihm einst sein Vater anvertraut, der Ring werde ihn vor Gefahren beschützen. –

4. AKT: Plumketts Wohnung wie im zweiten Akt. Martha hat ihr Vergehen an Lyonel bereut und will es an ihm wiedergutmachen. Denn sie hat durch den Ring in Erfahrung gebracht, daß Lyonel der Sohn des zu Unrecht verbannten Grafen von Derby ist. Als nun sie es ist, die dem Geliebten nicht nur Reue und Sühnebereitschaft anträgt, sondern ihm auch ihre Liebe gesteht, weist er seinerseits nun sie zurück *(Duett Lyonel-Martha »Diese Hand, die sich gewendet...«)*. Doch Martha gibt jetzt nicht auf und kämpft um ihre Liebe. Sie gewinnt Nancy und Plumkett für einen gemeinsamen Plan, um Lyonel für immer zu gewinnen. Und dabei finden sich auch Nancy und Plumkett und gestehen sich ihre gegenseitige Zuneigung *(Duett Plumkett-Nancy »Ja, was nun?«)*. Am Ende überzeugt Marthas List. Noch einmal gibt es einen Markt von Richmond, den sie mit sich und Nancy als Mägden als Spiel inszeniert und damit Lyonels Heilung von seiner versponnen-träumerischen und sehnsuchtsvollen Erinnerung an die Magd Martha herbeiführt und seine Liebe endgültig erringt *(Finale »Ich kann entsagen dem Glanz, dem Schimmer...«)*

Aufführungsdauer: 2½ Stunden

Gustav Albert Lortzing (1801–1851)
ZAR UND ZIMMERMANN
Komische Oper in 3 Akten
Dichtung vom Komponisten
Uraufführung Leipzig 1837

Quellen. Für Lortzings meistgespielte Oper stand die Geschichte Pate: der Aufenthalt von *Zar Peter dem Großen (1672–1725)*, seit 1696 Alleinherrscher Rußlands, in Holland von Mitte August 1697 bis Mitte Januar 1698. Sein »Besuch Westeuropas« diente seinen Reformplänen für ein modernes russisches Reich. Dabei setzte er vor allem auf Heer und Flotte, Handel und Industrie. Der junge Zar schloß sich einer mehr als 200 Mitglieder umfassenden Gesandtschaft an, die der aus Genf stammende Schweizer Offizier François Lefort anführte. Peter selbst reiste incognito als nicht bevollmächtigter Unteroffizier unter dem Namen Pjotr Michailow. Als Siegel führte er das Zeichen eines Schiffzimmermannes mit der Unschrift »Mein Stand ist der eines Schülers, ich bedarf der Meister«. Die Reise ging durch Schwedisch-Livland über Riga, Königsberg und Brandenburg den Rhein hinunter nach Utrecht und Amsterdam. Von dort begab sich der Zar am 18. August 1697 nach Zaandam. Als holländischer Schiffszimmermann verkleidet, arbeitete er incognito u. a. auf der dortigen großen Werft und schloß seine Zimmermannslehre mit einem vom 15. Januar 1698 datierten sehr guten Zeugnis ab, in dem alle seine Tätigkeiten verzeichnet waren. Einige Tage später fuhr Zar Peter nach England weiter. Von dort kehrte er April/Mai über Deutschland und Wien, wo ihm von einem Aufstand der Strelitzen (Soldaten der Moskauer Garnison) berichtet wurde, nach Moskau zurück.

Schauspiele und Opern befaßten sich schon vor Lortzing mit dem Aufenthalt des Zaren auf holländischen Werften. Dazu gehörte auch die Oper »Frauenwerth oder Der Kaiser als Zimmermann« von *Freiherr von Lichtenstein*, dem Theaterdirektor von Bamberg und Straßburg, in dessen Ensemble die Eltern Lortzings und er selbst in Kinderrollen spielten. Doch keines der Werke von Sprech- und Musiktheater hat sich neben Lortzings Oper gehalten, auch nicht die Oper »Der Bürgermeister von Saardam« von *Gaetano Donizetti*, uraufgeführt 1827 in Neapel. Und auch nicht das französische Lustspiel »Le borgmestre de Sardam ou Les deux Pierre« (Der Bürgermeister von Saardam oder Die beiden Peter) von Jean-Honoré Duveyrier, genannt *Mélesville (1787–1865)*, mit der Musik von *M. Schaffer*. Es wurde am 2. Juni 1818 am Théâtre Porte-St.-Martin in Paris uraufgeführt. In der deutschen Fassung von *Georg Christian Römer (1766–1829)* spielte Lortzing selbst mehrfach die Rollen des Peter Iwanow und des Marquis de Chateauneuf. Dieses französische

Lustspiel in der nahezu ausschließlich gespielten Fassung von Römer stellt die direkte Vorlage der Oper dar.

Entstehung und Uraufführung. Lortzing schrieb sich das Libretto selbst, wobei er den Großteil der beiden ersten Akte mit nur wenigen notwendigen Änderungen übernahm, manches ausließ, manches neu dichtete. Den dritten Akt konzipierte und schrieb er größtenteils neu, wobei er insgesamt auf eine effektvolle Umwandlung des reinen Sprechstückes in eine komische Oper mit gesprochenen Dialogen bedacht war. Geschrieben und komponiert hat er das Werk in relativ kurzer Zeit, in der er ohnehin viel als Schauspieler auftrat. Erst nach der Leipziger Uraufführung seiner ersten abendfüllenden Oper »Die beiden Schützen« am 20. Februar 1837 befaßte er sich mit dem neuen Opernplan. In der Uraufführung von »Zar und Zimmermann« am 22. Dezember 1837 am Alten Theater in Leipzig spielte er selbst den Part des Peter Iwanow, seine Mutter verkörperte die Witwe Browe. Es war kein überragender Erfolg, den das Werk erst mit der Berliner Erstaufführung am 4. Juni 1839 errang, was ihm den Weg zum unbestreitbaren Erfolg bis in die unmittelbare Gegenwart ebnete.

Ort und Zeit. Das holländische Saardam im Jahre 1697

Die Personen der Oper. Peter I., Zar von Rußland, unter dem Namen Peter Michailow als Zimmergeselle (Bariton) – Peter Iwanow, ein junger russischer Zimmergeselle (Tenor) – van Bett, Bürgermeister von Saardam (Baß) – Marie, seine Nichte (Sopran) – General Lefort, russischer Gesandter (Baß) – Lord Syndham, englischer Gesandter (Baß) – Marquis von Chateauneuf, französischer Gesandter (Tenor) – Witwe Browe, Zimmermeisterin (Alt) – Ein Offizier (Sprechrolle) – Ein Ratsdiener (Sprechrolle).

Zimmerleute, Einwohner von Saardam, holländische Soldaten, Magistratspersonen, Matrosen (Chor und Ballett).

Die Handlung. 1. AKT: Innere Ansicht einer Schiffswerft von Saardam. Unter den Zimmerleuten befinden sich Zar Peter von Rußland (incognito unter dem Namen Peter Michailow) und der junge Russe Peter Iwanow. Der aber weiß von des Zaren wahrer Identität nichts, hält ihn aber für einen Sonderling. Der Zar, wohl gelitten unter den Zimmerleuten, feuert diese zur Arbeit an *(Lied des Zaren »Auf Gesellen, greift zur Axt!«)*. Peter Iwanow ist etwas unruhig, denn es halten sich seiner Meinung nach zu viele Offiziere in der Stadt auf. Er befürchtet, von den Leuten seines ehemaligen Oberst entdeckt zu werden, denn er vertauschte den Solatenrock mit der Arbeit auf der Werft. Hier nun hat er sich in Marie, die Nichte des Bürgermeisters van Bett, verliebt, die seine Liebe erwidert, ihm aber seine notorische Eifersucht kurieren will *(Arie der Marie »Die Eifersucht ist eine Plage ...«)*. Marie, die sich vor den Nachstellungen des Franzosen Chateauneuf zu Peter begeben hat, verläßt mit ihm den Zaren. Der wird von seinem Gesandten General Lefort aufgesucht: während der

Abwesenheit des Zaren droht in Moskau ein Aufstand der feindlichen Bojaren und Strelitzen. Daraufhin ordnet der wütende Zar seine sofortige Abreise an. Da kehrt Peter zurück und kündigt die Ankunft des Bürgermeisters van Bett an, der in Begleitung der Witwe Browe erscheint *(Auftrittslied des van Bett »O sancta iustitia...!«)*. Er hält sich selbst für besonders klug und weise und ist vor lauter Amtseifer ganz aufgeblasen. Man hat ihm einen Brief zugespielt, in dem die niederländischen Generalstaaten ihr Interesse an einem Fremden bekunden, der unter dem Namen Peter auf der Werft von Saardam arbeiten soll. Beide Peter befürchten, entdeckt zu werden, zumal van Bett alle Zimmerleute vortreten läßt, um den Verdächtigen zu finden. Dabei blamiert er sich, als er Peter Iwanow für den Gesuchten hält. Seinen Verdacht begründet er vor allem damit, daß Iwanow seiner Nichte Marie schöne Augen macht. Und als ihn der Engländer Lord Syndham um Hilfe bei der Suche nach einem jungen Russen namens Peter bittet, ist sich van Bett sicher: hinter Peter Iwanow verbirgt sich »eine hohe Staatsperson oder ein Staatsverbrecher«. Zwar versteht er kein Wort von der ganzen Geschichte, aber er spielt sich Peter gegenüber als Wissender und Helfer auf, was diesen jedoch mißtrauisch macht. Als van Bett in völliger Verkennung der tatsächlichen Verhältnisse seine Bereitschaft signalisiert, ihm die Hand Maries zu geben, ist Peter bereit, »alles willig zu gestehen« *(Duett Peter Iwanow-van Bett »Darf ich wohl den Worten trauen...«)*. Ungehalten wird er nur, als er dem Marquis von Chateauneuf begegnet, der sich allzu auffällig um Marie zu bemühen scheint – und der zunächst in ihm den Zaren vermutet, den er aus diplomatischen Gründen seit Tagen sucht. Doch dann erscheint der Zar selbst, um Peter zum beginnenden Hochzeitsfest von Witwe Browes ältestem Sohne zu begleiten. Als der Marquis im Gespräch seine bevorstehende Abreise erwähnt und dafür als Grund die Niederlage der Russen gegen die Türken nennt, erkennt er an des Zaren unbeherrschter Reaktion, wen er vor sich hat. Der Zar ist jedoch über die Anwesenheit des französischen Gesandten erfreut, eine politische Allianz mit Frankreich könnte ihm hilfreich sein. Sie verabreden sich auf ein späteres Gespräch. Denn schon naht der Hochzeitszug, in den sie sich einreihen, wobei der Marquis den Zaren davor bewahrt, sich zu verraten *(Ensemble- und Chorszene »Lustig zum Tanze, jubelt, springet...«).* –

2. AKT: Das Innere einer großen Schenke. Das Hochzeitsfest ist in vollem Gange. Der Zar trifft sich mit dem als holländischer Offizier verkleideten Marquis, der ihm heimlich einen Vertrag zwischen ihren beiden Ländern vorlegt, den der Zar prüft. Marie kommt auf der Suche nach Iwanow und macht diesen erneut eifersüchtig auf den Marquis. Marie rächt sich für seinen Argwohn mit der Bitte an den Marquis, ihr ein zärtliches Lied zu singen, der dieser gerne nachkommt *(Lied des Marquis von Chateauneuf »Lebe wohl mein flandrisch Mädchen...«)*. Iwanow glaubt, Marie mache sich über ihn nur lustig. Da

kommt van Bett herein auf der Suche nach Lord Syndham, der sich ihm wenig später in der Verkleidung als holländischer Schiffer nähert. Beide wollen sich um Iwanow kümmern, dem das gar nicht recht ist, denn er vermutet in dem Lord einen Abgesandten seines ehemaligen Oberst, der ihn seiner Fahnenflucht wegen sucht. Währenddessen befassen sich am Nebentisch der Zar, Lefort und der Marquis mit dem Staatsvertrag *(Sextett Marquis-Iwanow-Zar-Lefort-van Bett-Lord Syndham »Zum Werk, das wir beginnen...«)*. Danach sammeln sich die Hochzeitsgäste zum Gesang für das Brautpaar *(Brautlied der Marie mit Chor »Lieblich röten sich die Wangen einer Jungfrau, hold und schön...«)*. Sie werden unterbrochen durch den Auftritt eines Offiziers, der von höchster Stelle Ordre hat, nach jenen Fremden auf den holländischen Werften zu suchen, die seit geraumer Zeit im Auftrag einer fremden Macht holländische Werftarbeiter abwirbt. So wurde ein Beschluß gefaßt, jeden zu verhaften, der sich nicht hinlänglich legitimieren kann. Dadurch sieht sich vor allem der Zar in Gefahr. Van Bett bläht sich erneut auf und äußert den Verdacht auf Staatsverräter. Er will tatkräftig »sondieren« und die Verdächtigen zum Geständnis bringen – doch er verdächtigt ausgerechnet die drei Gesandten, die sich legitimieren können. Doch so schnell gibt er nicht auf, und schon läßt er die beiden Peter arretieren. Da ›entdeckt‹ Lord Syndham ihm Iwanow als Zar, während der echte Zar gegen van Bett wütet. Schließlich ist die Konfusion allgemein und artet in Handgreiflichkeiten aller aus. –

3. AKT: Große Halle im Stadthaus zu Saardam. Der Zar von Rußland in Saardam: da ist der wichtigtuerische Bürgermeister van Bett aufgerufen, seinen hohen Amtspflichten zu obliegen! So studiert er gleich am nächsten Morgen mit den Mädchen und Burschen der Stadt eine selbstverfaßte Kantate ein zur ehrenvollen Begrüßung des hohen Gastes *(Singschule van Betts mit Chor »Den hohen Herrscher würdig zu empfangen...«)*. Zwar sind die beiden Peter wieder auf freiem Fuß, aber den Peter Michailow wird der Herr Bürgermeister einem geharnischten Verhör unterziehen – hat der ihm doch in dem allgemeinen Tumult am Vorabend einen ordentlichen Stoß verpaßt! Derweil ist Marie besorgt: wenn Iwanow nun wirklich der Kaiser von Rußland ist, wie behauptet wird, was wird dann aus ihr? Hilfesuchend wendet sie sich an den Zaren, der sie beruhigt und ihr verspricht, sie werde Peters Frau. Sie solle nur für wenigstens eine Stunde in dem Geliebten wirklich den Zaren sehen und sich ihm gegenüber entsprechend verhalten. Überglücklich dankt Marie dem Zaren, von dem sie noch immer nicht weiß, wer er in Wirklichkeit ist. Sie verläßt ihn, und der Zar fällt in eine wehmütige Stimmung *(Lied des Zaren »Sonst spielt' ich mit Zepter, mit Krone und Stern...«)*. In all dem Durcheinander der letzten Stunden erscheint der Zar seinem Freund Peter Iwanow immer rätselhafter, auch wenn dieser das geheimnisvolle Getue um seine Person, das er nicht versteht, als gutes Zeichen nimmt: so lange man ihn für den Zaren hält,

muß er nicht befürchten, seinem Oberst ausgeliefert zu werden. Nur, daß auch Marie ihn mit ›Majestät‹ anredet, geht ihm zunächst zu weit, bis er dann das Spiel mitmacht (*Duett Marie-Peter Iwanow »Darf eine niedre Magd es wagen, sich Eurer Majestät zu nahn?«*). Da erscheint wütend der Zar: der Hafen ist gesperrt, sein Leben steht auf dem Spiel! Da hilft ihm Iwanow aus der Klemme: er gibt ihm die Papiere, die ihm zuvor Lord Syndham zugesteckt hatte (der in ihm noch immer den Zaren vermutet), um ihm zur heimlichen Abreise zu verhelfen. Der Zar sieht darin seine Rettung. Er gibt Iwanow seinerseits ein versiegeltes Papier, daß er jedoch erst in einer Stunde öffnen dürfe und das sein Glück enthalte. Dann informiert er den Marquis von Chateauneuf und Lefort. Währenddessen werden die Vorkehrungen zur Huldigung an den Zaren beendet, der Festzug formiert sich, angeführt von van Bett und den Ratsherren. Der Zar und seine Begleiter haben sich unbemerkt entfernen können, dies will nun auch Peter Iwanow tun. Doch man hält ihn zurück: die Huldigung für ihn als den vermeintlichen Zaren beginnt mit Gesang und Tanz *(Ballettszene mit dem ›Holzschuhtanz‹),* dann folgt eine kurze verworrene Ansprache van Betts und die Kantate. Da ertönen Kanonenschüsse im Hafen und der Ratsdiener meldet, Peter Michailow verlasse mit großer Mannschaft zu Schiff Saardam. Während van Bett zu den Waffen ruft, beklagen Marie und Peter Iwanow, daß Michailow sie offenbar betrogen hat. Peter öffnet das versiegelte Papier und entnimmt ihm, daß Peter Michailow in Wirklichkeit der russische Zar ist, der ihn zudem zum kaiserlichen Oberaufseher ernannt hat und seine höchstpersönliche Einwilligung zur Heirat mit Marie gibt. Dann nimmt der Zar von seinem auslaufenden Schiff herab Abschied *(Finale »So scheid ich denn von euch im Hochgefühle, daß eure Liebe meinen Namen nennt.«).*

Aufführungsdauer. 2½ Stunden

Gustav Albert Lortzing
DER WILDSCHÜTZ
Komische Oper in 3 Akten
Dichtung nach Kotzebue vom Komponisten
Uraufführung Leipzig 1842

Quelle. Wohl kein anderer deutscher Autor hat neben Romanen, Novellen und Gedichten jemals auch so viel für das Theater geschrieben wie der Dramatiker *August von Kotzebue (1761–1819):* mehr als 200 Dramen und Lustspiele, Opern und Singspiele. Er beherrschte die Spielpläne der Theater seiner Zeit; *Goethe* spielte während seiner 25 Jahre dauernden Intendanz am Weimarer Hoftheater allein 87 Stücke von ihm und damit weit mehr als von *Schiller* und *Shakespeare* zusammen; *Beethoven* nannte ihn einen »poetischen Geist« und ein »dramatisches Genie«, von dem er sich – wenn auch vergebens – ein Libretto zu einer Oper wünschte. Kotzebues Stücke waren dramaturgisch gut gebaut und effektvoll, sie hatten originelle Einfälle und waren nicht ohne wirkungsvolle Dialoge und dankbare Rollen. Dennoch erfüllten sie sich als zeitgebundene Alltagsstücke, die wohl Wirkung auf andere Autoren hatten, in der Literatur aber nicht überlebten. Das zu des Autors erfolgreichsten Bühnenwerken zählende dreiaktige Lustspiel »Der Rehbock oder Die schuldlosen Schuldbewußten« – 1815 uraufgeführt und in der Folgezeit an den deutschen Theatern viel gespielt – ist nur durch Albert Lortzing in Erinnerung geblieben, der es zur Grundlage seiner »Wildschütz«-Oper nahm.

Entstehung und Uraufführung. Auch Lortzing trat als Schauspieler mehrfach in Stücken von August von Kotzebue auf, darunter auch als Graf im »Rehbock«. Er kannte also das Stück bestens, und sein einzigartiger Theaterinstinkt sagte ihm, daß sich daraus eine komische Oper machen ließe. Die Grundhandlung behielt er weitestgehend bei, übernahm auch hier wieder ganze Textpassagen wörtlich in die gesprochenen Dialoge sowie in die Gesangstexte. Aber er bearbeitete das Stück dennoch frei, wie aus einer Briefstelle von ihm an seinen Freund *Carl Gollmick* in Frankfurt/Main aus dem Jahre 1844 hervorgeht: *»Das Buch erachte ich für vortrefflich. Ich würde das Wort nicht gebrauchen, wenn es von mir wäre; ich habe es allerdings opernmäßig bearbeitet, aber das gute Gerippe war doch vorhanden.«* Lortzing nahm wesentliche Änderungen vor: den Personen gab er andere Namen; Gretchen ist nur Braut des Baculus (und nicht erst seit wenigen Tagen dem Pächter Grauschimmel als dessen dritte Ehefrau vermählt wie in Kotzebues Lustspiel); aus dem Pächter Grauschimmel wurde der in Diensten des Grafen stehende Schulmeister Baculus, in dem der Komponist ursprünglich dem aufgeklärten Pädagogen und Begründer des Philanthropismus *Johann Bernhard Basedow (1724–1790)* ein Denkmal setzen wollte; er schuf die Figur des Pankratius völlig neu; die berühmte Billardszene des zweiten Aktes ist eine originale Erfindung Lortzings, für die es außer des Hinweises auf ein Billardzimmer bei Kotzebue keinerlei Anregung gibt. Und neu bei Lortzing ist der Gräfin Schwelgen im Griechischen. Dafür gab es einen zeitaktuellen Anlaß: Am 5. Mäz 1842 gelangte in Leipzig die »Antigone« des Sophokles zur Aufführung, für die *Felix Mendelssohn-Bartholdy* eigens eine Ouvertüre und die Chöre komponierte. Innerhalb kürzester Zeit verfiel nahezu ganz Leipzig in eine sich fast wie eine Seuche verbreitende Gräkomanie, die Lortzing in der Figur der Gräfin trefflich parodierte. Am Silvesterabend 1842 gelangte die Oper mit dem vollständigen Titel »Der Wildschütz oder Die Stimme der Natur« unter der musikalischen

Leitung des Komponisten am Alten Theater in Leipzig zur erfolgreichen Uraufführung.

Ort und Zeit. Ein deutsches Dorf (Eberbach im Schwäbischen?) zu Beginn des 19. Jahrhunderts

Die Personen der Oper. Graf von Eberbach (Bariton) – Die Gräfin, seine Gemahlin (Alt) – Baron Kronthal, Bruder der Gräfin (Tenor) – Baronin Freimann, eine junge Witwe, Schwester des Grafen (Sopran) – Nanette, ihr Kammermädchen (Mezzosopran) – Baculus, Schulmeister auf einem Gut des Grafen (Baß) – Gretchen, seine Braut (Sopran) – Pankratius, Haushofmeister auf dem Schloß des Grafen (Baß) – Ein Gast (Baß) – Dienerschaft und Jäger des Grafen, Bauern und Bäuerinnen, Schuljugend (Chor).

Die Handlung. 1. AKT: Ländliche Gegend mit dem Hause des Schulmeisters Baculus. Dieser steht in Diensten des Grafen von Eberbach, ist verwitwet und schon fortgeschrittenen Alters, hat aber in dem jungen Gretchen eine neue Braut. Fröhlich feiert er mit ihr und den Landleuten die Verlobung, Hochzeit soll in acht Tagen sein. Doch die Fröhlichkeit erhält einen kräftigen Dämpfer, als ein Jäger ein Schreiben des Grafen bringt. Während Gretchen und die Landleute glauben, der Graf lade sie alle zu seinem morgigen Geburtstag ein, gibt Baculus vor, vom Grafen in einer schulischen Angelegenheit um Rat gefragt zu werden. Er schickt die Gäste zum vorbereiteten Abendmahl voraus und gesteht Gretchen die Wahrheit: Auf ihr Bitten hin, die Gäste mit einem ordentlichen Rehbraten zu überraschen, hatte er in des Grafen Tiergarten einen Rehbock geschosssen, war dabei aber erwischt worden und zunächst noch einmal glimpflich davongekommen, indem er Beute und Gewehr zurücklassen mußte. Nun aber bestraft ihn der Graf, enthebt ihn schriftlich seines Amtes und weist ihn aus dem Dorf. Da ist guter Rat teuer! Doch Baculus hat eine Idee: der Graf ist bekannt dafür, daß er hübschen Weibern nicht widerstehen kann. Deshalb soll Gretchen zu ihm gehen und ihn um Verzeihung für Baculus bitten. Gretchen will es dem Bräutigam zu Liebe tun, doch der wird plötzlich eifersüchtig und verbietet es ihr. Über diesen Argwohn ist sie sehr verärgert und will Baculus den Laufpaß geben. Der erinnert sie daran, daß er sie als früh Verwaiste in sein Haus aufnahm und sich um sie kümmerte; ist sie ihm da nicht Dank schuldig? Gretchen lenkt ein, versichert ihm ihre Zuneigung – doch der Alte bleibt bei seinem Vorsatz, sie doch nicht gehen zu lassen. Gretchen schilt ihn einen alten Narren und läßt ihn stehen, Baculus aber folgt ihr. Da erscheint das Schicksal in Gestalt der Baronin Freimann *(Auftrittslied der Baronin »Auf des Lebens raschen Wogen…«)*. Die Baronin ist die nach kurzer glückloser Ehe jung verwitwete Schwester des Grafen, der sie zu seinem Geburtstag hergebeten hat. Die Geschwister haben sich seit Kindheit nicht mehr gesehen. Deshalb will sie den Bruder incognito überraschen: sie hat sich zusammen mit ihrem Kammermädchen Nanette in Männerkleidern geworfen, zumal sie sich so jenen Baron Kronthal unverfänglich betrachten kann, von dem ihr der Bruder so vorschwärmt in der Hoffnung, sie fände in ihm ihr neues Glück. Baculus und Gretchen gegenüber geben sich die beiden jungen Frauen als Studenten aus. Als die Baronin von deren Ungemach erfährt, bietet sie ihre Hilfe an: Gretchen möge ihr Frauenkleider bringen und Baculus sie als seine Braut mit aufs Schloß nehmen. Schnell sind sie sich einig, auch wenn Baculus argwöhnisch registriert, wie offenbar nachdrücklich sich der andere Student (Nanette) um Gretchen bemüht. Er schickt sie eilends zu den wartenden Gästen und zieht sich dann ebenfalls zurück, denn: der Graf und Baron Kronthal, der sich als des Grafen Stallmeister ausgibt, nahen mit Jagdgefolge *(Auftrittslied Graf-Baron mit Chor »Seht dort den muntern Jäger...«)*. Die Gesellschaft hält kurze Rast, während der der Graf den Baron wegen seines Weltschmerzes einmal mehr aufzieht. Der Baron hat sich nach ebenfalls, jedoch kurzer unglücklicher Ehe gegen Ende seines Trauerjahres als Witwer zu seinem Schwager begeben, denn die Gräfin ist seine Schwester. Er hat sie nicht mehr gesehen, seit sie das Elternhaus verließ und er selbst noch ein Kind war. Nur der Graf kennt jedoch des Barons Geheimnis, der ihm gesteht, aus einer Laune heraus mache er der Schwester schon den Hof. Der Graf möchte ihm zu neuem Glück verhelfen, die Gegend weise viele hübsche Mädchen auf, und wenn ihm keines gefalle, so bleibe immer noch seine Schwester. Die nun erscheint in den von Gretchen besorgten Frauenkleidern und weckt sofort das Interesse der beiden Herren. Der Baron spricht sie an und sie gibt sich als hiesiges Bauernmädchen aus *(Arie der Baronin »Bin ein schlichtes Kind vom Lande«)*. Sie hat das Interesse der beiden an ihr schnell erkannt, zumal der Graf sie alle zum morgigen Geburtstag auf sein Schloß einlädt. –

2. AKT: Salon im Schloß zu Eberbach. Haushofmeister Pankratius und die Dienerschaft des Schlosses lauschen durch die halboffene Kabinettstür der nebenan griechische Verse deklamierenden Gräfin. Zwar sind sie eher gelangweilt, doch geben sie vor, entzückt zu sein und zu bedauern, daß sie leider nichts verstehen. Gerade endet die Lesung, als Baculus das Schloß betritt. Er berichtet Pankratius sein Dilemma. Der weiß Hilfe: um die Gräfin als Fürsprecherin beim Grafen zu gewinnen, müsse Baculus es nur richtig anpacken. So tritt dieser der Gräfin mit einigen rasch beschafften Zitaten des ›Sophoklex‹ gegenüber. Die für alles Griechische schwärmende Dame des Hauses ist beeindruckt und zur Fürsprache beim Grafen bereit, den sie mit einer eigenen melodramatischen Aufführung an seinem Geburtstag ganz für die griechische Tragödie zu gewinnen hofft. Doch der Graf ist verärgert, als er Baculus bei seiner Frau sieht, die ihn nicht zu besänftigen vermag. In seiner Not ruft Baculus aus dem Fenster in den Park hinunter nach seiner ›Braut‹. Das ruft aber zunächst den Baron herbei, der auf eine entsprechende Bemerkung des Grafen bekennt, wachend »von Wünschen, die vielleicht in Er-

füllung gehen« zu träumen. Damit meint er zwar die Baronin, die sich für die Braut des Baculus ausgibt; aber die Gräfin, die Wohlgefallen an ihm gefunden hat, da sie ja nicht weiß, daß er ihr Bruder ist, bezieht dieses Schwärmen auf sich. Die Baronin erscheint, gibt sich als Braut des Schulmeisters aus und versetzt damit alle in gehöriges Erstaunen. Die Gräfin bemerkt dabei, wie sich gerade ihr Herr Gemahl darüber ärgert. Der Baron hingegen findet Gelegenheit, der vermeintlichen Braut seine Liebe zu gestehen. Die Baronin ihrerseits fühlt sich mehr und mehr zu ihm hingezogen. Doch da stört der Graf die beiden, die Rivalen lassen sich nicht mehr aus den Augen. Da keiner dem anderen weichen will, beginnen sie eine Partie Billard. Die Baronin hat das untrügliche Gefühl, daß sie um sie spielen, während es sich Baculus bequem macht und noch einmal den verabredeten Geburtstagschoral für den nächsten Tag durchgeht *(Billardszene und Quintett Graf-Baron-Baronin-Baculus-Gräfin »Ich habe Numm'ro Eins...«).* Während des Spiels geraten die beiden Herren schließlich aneinander und löschen dabei versehentlich das Licht. In der Dunkelheit jagen sie einander hinterher und werden von der Gräfin überrascht, die dem Treiben dadurch ein Ende bereitet, daß sie die Baronin mit auf ihr Zimmer nimmt. Der Baron bleibt allein mit Baculus zurück und versucht ein letztes Mittel: Baculus soll ihm seine Braut für 5000 Taler abtreten. Nach anfänglichem Zögern stimmt der Schulmeister dem Handel zu, schließlich kann er ein solches Angebot nicht einfach ausschlagen *(Arie des Baculus »Fünftausend Taler...«).* –

3. AKT: Park am gräflichen Schloß. In bester Stimmung begrüßt der Graf den Morgen seines Geburtstages *(Arie des Grafen »Heiterkeit und Fröhlichkeit, ihr Götter dieses Lebens...«).* Die Mädchen des Dorfes bringen dem Grafen ein Geburtstagsständchen, der sich tanzend mit ihnen amüsiert. Plötzlich tritt die Gräfin dazwischen und bittet die leicht verlegenen Herren zum Frühstück. Zankend erscheinen wenig später Gretchen und Baculus, der ihr vorhält, sie in einem angeblich recht verfänglichem Gespräch mit dem ›Stubenburschen‹ (Nanette) ertappt zu haben, womit er ihre Untreue als erwiesen ansieht. Gretchen verteidigt sich tapfer und verspottet ihn gar, als sie von seinem Handel mit dem Baron erfährt. Als Baculus Gretchen dem Baron als seine Braut offeriert, vergehen diesem fast die Sinne: nicht nur ist es das falsche Mädchen, obendrein soll die, der seine Liebe gehört, ein Student sein, der die Nacht bei seiner gräflichen Schwester verbrachte! Doch da erscheint die Baronin und klärt ihn auf, bittet jedoch, vorerst nichts zu verraten. Doch als sich der Graf in unzweideutiger Absicht ihr nähert und einen Kuß verlangt, ist sie dazu gern bereit und fällt ihm um den Hals. So überrascht die Gräfin die beiden – doch da endlich nimmt das Spiel sein Ende. Die Geschwister entdecken einander, Baron und Baronin finden zueinander und Baculus darf sein Gretchen ehelichen und sein Amt behalten, zumal es sich

herausgestellt hat, daß er in der Dunkelheit keinen Rehbock, sondern seinen eigenen Esel erschossen hat! So hat sie alle letztlich »nicht getäuscht die Stimme der Natur!«

Aufführungsdauer. 2½ Stunden

Engelbert Humperdinck (1854–1921)
HÄNSEL UND GRETEL
Märchenoper in 3 Bildern
Dichtung von Adelheid Wette
Uraufführung Weimar 1893

Quelle. Um 1806 begannen die aus dem hessischen Hanau stammenden Brüder *Jacob Grimm (1785–1863)* und *Wilhelm Grimm (1786–1859)* damit, deutsche Märchen nach mündlicher Überlieferung zu sammeln. Sie konzentrierten sich zunächst auf Hessen und die Main- und Kinziggegenden sowie auf die direkte Grafschaft Hanau. Sie schrieben die mündlichen Erzählungen, die sich von Generation zu Generation vererbt hatten, nieder, die sie sich von den immer seltener werdenden »Märchenfrauen« erzählen ließen. Dabei waren sie auf eine möglichst originale, d. h. wortgetreue Wiedergabe in Text und Sprachduktus bedacht, gaben diesen Volksmärchen aber einen eigenen poetischen Schliff, durch den der berühmte Grimmsche ›Märchenton‹ entstand. Der 1810 abgeschlossenen handschriftlichen Fassung folgten in den Jahren 1812 und 1815 in Berlin die beiden Teile ihrer Sammlung in Erstausgabe, der bis 1857 (Ausgabe letzter Hand mit insgesamt 200 Märchen) weitere sechs Auflagen folgten. Sie alle trugen den gleichen Titel:»Kinder- und Hausmärchen«. Diese Sammlung ist nicht nur die bedeutendste Märchenausgabe der deutschen Literatur, sie zählt auch zu den ebenso wichtigsten wie populärsten Märchensammlungen der Welt. Das in der 7. Auflage von 1857 an fünfzehnter Stelle erzählte Märchen »Hänsel und Gretel« gilt nicht nur als wohl populärstes deutsches Hausmärchen überhaupt, sondern zugleich als Märchenprototyp schlechthin: weltweit gibt es in allen Sprachen und Kulturen über einhundert Erzählvarianten.

Entstehung und Uraufführung. Humperdincks Schwester *Adelheid Wette (1858–1915)* begann schon früh damit, bekannte Märchen zu kleinen Märchenspielen zu bearbeiten, die zu Kinderaufführungen im häuslichen Familienkreis bestimmt waren. Im Frühjahr 1890 nahm sie sich »Hänsel und Gretel« vor, womit sie sich zwar schon länger immer wieder befaßt hatte, sich aber wegen der elterlichen Härte gegenüber den beiden Kindern nicht zu einer Bearbeitung entschließen konnte. Wie schon das eine oder andere Mal geschehen, so bat sie auch dieses Mal ihren Bruder Engelbert, ihre eigens dazu gedichteten Lieder zu vertonen. Er kam ihrem Wunsche gern entgegen, und der enorme Erfolg, den das Spiel im Familien- und Bekanntenkreis errang, veranlaßte die Geschwister, daraus eine abendfüllende Märchenoper zu machen. Gegen Ende 1891 war Humperdincks Kompositionsskizze fertig, in den Jahren 1892 und 1893 entstand die Partitur. Im Mai 1893 nahm zunächst München das Werk an, wenig später meldete sich auch Karlsruhe, dann Weimar. Da es in München und Karlsruhe zu Verzögerungen und Verschiebungen kam, widerfuhr Weimar die Ehre der Uraufführung. Sie fand am 23. Dezember 1893 in einer von *Richard Strauss* geleiteten Nachmittagsvorstellung statt. Wenige Tage später folgten München und Karlsruhe, und schon in kurzer Zeit eroberte sich das Werk alle deutschen und die bedeutendsten ausländischen Theater. Bis heute ist Humperdincks »Hänsel und Gretel« die unangefochten weltweit meistgespielte Märchenoper der Musikgeschichte geblieben.

Ort und Zeit. Die Märchenwelt der Brüder Grimm

Die Personen der Oper. Peter, Besenbinder (Bariton) – Gertrud, sein Weib (Mezzosopran) – Hänsel (Mezzosopran) und Gretel (Sopran), deren Kinder – Die Knusperhexe (Mezzosopran; häufig auch mit einem Tenor besetzt) – Sandmännchen (Sopran) – Taumännchen (Sopran).

Kinder (Kinderchor) – 14 Engel (Ballett).

Die Handlung. 1. BILD: Kleine, dürftige Stube im Hause des Besenbinders Peter. Die beiden Kinder sind allein: Hänsel bindet einen Besen, Gretel ist singend mit Strumpfstricken beschäftigt *(Lied der Gretel »Suse, liebe Suse, was raschelt im Stroh...«).* Beide »beißt« der Hunger, seit Wochen haben sie nicht viel mehr als trockenes Brot gegessen, denn die Eltern sind arme Leute. Um so ungeduldiger warten die Kinder auf die Heimkehr der Mutter, in der Hoffnung, sie koche ihnen dann aus der ihnen von der Nachbarin geschenkten Milch einen süßen Reisbrei. Hänsel kann nicht umhin, schon mal zu naschen, doch Gretel treibt zur Weiterarbeit an, da es sonst Ärger mit der Mutter gibt, wenn die Arbeit bei ihrer Rückkehr nicht getan ist. Doch Hänsel hat keine Lust mehr, lieber möchte er fröhlich herumtanzen. Schon hat er die Schwester überredet und lustig und ausgelassen geht es quer durch die Stube *(Duett Gretel-Hänsel »Brüderchen, komm tanz mit mir...«).* Da betritt die heimkehrende Mutter die Stube und ist erbost über das Herumtollen der Kinder, die die Arbeit haben liegen lassen. Schimpfend jagt sie hinter ihnen her, stößt dabei den Milchtopf vom Tisch und schickt die Kinder zum Erdbeerpflücken in den Wald, damit sie wenigstens etwas zum Abendbrot haben. Müde und voller Sorgen, was aus ihnen werden soll bei dieser Armut, weint sie sich leise in einen leichten Schlaf. So findet sie der Vater, der fröhlich und leicht angeheitert von der Arbeit kommt

(Lied des Besenbinders Peter »Ralalala, heißa Mutter, ich bin da!«). Er hat allen Grund zur Freude: der Verkauf seiner Besen läuft auf einmal gut, das Geschäft blüht und seine Kiepe ist voller guter Sachen zum Essen. Er weckt die Mutter, sie hilft ihm beim Auspacken und kommt dabei aus dem Staunen nicht mehr heraus. Doch als Peter nach Hänsel und Gretel fragt und Gertrud ihm gesteht, sie habe sie in den Wald zum Beerenpflücken geschickt, nun befänden sie sich wohl am Ilsenstein – da erschrickt der Vater: dort hause, so sagt man, die böse Knusperhexe! *(Lied des Besenbinders Peter »Eine Hex', steinalt, haust tief im Wald...«)*. Die Angst, den Kindern könnte etwas geschehen, treibt die Eltern aus dem Haus, um nach ihnen zu suchen *(Orchestervorspiel zum zweiten Bild: »Hexenritt«)*. –

2. BILD: Tiefer Wald mit dem Ilsenstein im Hintergrund. Gretel windet singend einen Kranz *(Lied der Gretel »Ein Männlein steht im Walde...«)*, während Hänsel Beeren sammelt. Der Korb ist schon voll. Fröhlich übergibt er ihn der Schwester, und unversehens beginnen beide zu naschen, bis er ganz leer ist. Erschrocken über das, was sie taten, will Gretel gleich neue pflücken. Doch Hänsel macht sie auf die hereinbrechende Dunkelheit aufmerksam, da werden sie wohl keine Beeren mehr finden. Und außerdem weiß er den Weg nicht mehr. Gretel fürchtet sich, Hänsel versucht den Mutigen zu spielen, beide verbergen sich und schmiegen sich dicht aneinander. Aus dem Nebel taucht der Sandmann auf und streut ihnen Sand in die Augen, damit sie schlafen können *(Lied des Sandmännchens »Der kleine Sandmann bin ich...«)*. Schlaftrunken knien Hänsel und Gretel zum Abendsegen nieder *(Lied Hänsel-Gretel »Abends, wenn ich schlafen geh...«)*. Während sie schlafen, wird im Hintergrund eine herabführende Treppe sichtbar, auf der 14 Engel herabschreiten und sich um die schlafenden Kinder gruppieren, um sie zu beschützen. Dann verschwindet die Erscheinung wieder. –

3. BILD: Der gleiche Schauplatz bei Anbruch des Morgens. Das Taumännchen weckt Hänsel und Gretel mit seinen Tautropfen *(Lied des Taumännchens »Der kleine Taumann heiß ich...«)*. Die Geschwister stellen fest, beide die gleiche Geschichte von einer goldenen Himmelsleiter und 14 darauf herabschreitenden Engeln geträumt zu haben. Als Hänsel der Schwester zeigen will, wohin er die Engel hat schreiten sehen, bleibt er wie angewurzelt stehen: ein Knusperhäuschen steht plötzlich im Wald, daneben in einiger Entfernung ein Stall und ein Backofen, umgeben von einem Lebkuchenzaun. Neugierig nähern sich die Kinder dem Häuschen und beginnen von seinen Süßigkeiten zu naschen. Zweimal hören sie eine Stimme aus dem Inneren des Hauses rufen »Knusper, knusper Knäuschen, wer knuspert mir am Häuschen?« Dann erscheint die Knusperhexe. Sie nähert sich unbemerkt den Kindern, wirft Hänsel einen Strick um den Hals und lädt beide mit vorgetäuschten Versprechungen auf allerlei Leckereien zu sich ein. Doch die Kinder haben Angst

vor ihr und wollen fortlaufen. Da aber hebt die Hexe ihren Zauberstab, bannt Gretel auf der Stelle und leitet Hänsel in den Stall, den sie fest abschließt. Sie will Hänsel mit Mandeln und Rosinen mästen und holt sie selbst aus dem Haus. Das nützen die Geschwister, sich einander abzusprechen und darauf zu hoffen, die Hexe überlisten zu können. Und das gelingt ihnen auch: Während sich Hänsel schlafend stellt, hört er zu, wie sich die Hexe schon ausmalt, wie sie aus Gretel im Backofen ein »feines Brätelchen« machen will. In wilder Vorfreude darauf reitet sie auf dem Besen umher *(Hexenlied »So wie ich's mag am lichten Tag...«)*. Danach gelingt es Gretel, mit dem der Hexe abgelauschten Zauberspruch Hänsel zu entzaubern. Der öffnet die Stalltür, während die Hexe Gretel befiehlt, im Ofen nach den Lebkuchen zu schauen, doch Gretel stellt sich dumm und läßt sich zeigen, wie sie es machen soll. Im Moment, da die Hexe in den Ofen schaut, geben ihr die Kinder einen Stoß, so daß sie in den Ofen hineinfliegt, schlagen die Tür zu und tanzen ausgelassen vor Freude über ihre Rettung *(Knusperwalzer Hänsel-Gretel »Juchhei! Nun ist die Hexe tot!«)*. Dann verliert der ganze Zauber seine Kraft: der Ofen bricht donnernd zusammen, viele in Lebkuchen verzauberte Kinder werden wieder lebendig, und auch Vater und Mutter haben den Weg zum Hexenhäuschen gefunden und schließen Hänsel und Gretel in die Arme. –

Aufführungsdauer: 2¼ Stunden

Eugen d'Albert
TIEFLAND
Musikdrama in 1 Vorspiel und 2 Akten
Dichtung nach Angel Guimerà von Rudolf Lothar
Uraufführung Prag 1903

Quelle. Literarische Vorlage für d'Alberts Oper bildet das dreiaktige Drama »Terra baixa« (Tiefland) des spanischen Dramatikers *Angel Guimerà (1849–1924)*, das am 30. November 1896 im Teatro de la Pricesa Madrid zur Uraufführung gelangte. Der katalanische Dichter wurde in Santa Cruz de Tenerife auf den Kanarischen Inseln geboren, kam aber schon früh nach Katalonien, für dessen Unabhängigkeit er kämpfte. Zunächst Mitarbeiter im väterlichen Geschäft und dann Journalist, gewann er als Verfasser von romantischen Historiendramen und lyrischen Gedichten Ansehen in ganz Spanien. Später schrieb er unter dem Einfluß u. a. von Gerhart Hauptmann realistische Dramen, deren bekannteste »Maria Rosa« (1894) und »Terra baixa« wurden. Letzteres wurde eigentlich erst durch d'Alberts Vertonung zum berühmtesten, auch in anderen Ländern vielgespielten Drama der katalanischen Literatur. Es lebt von der dramatischen Spannung zwischen dem unschuldigen Naturleben in der ursprünglichen Bergwelt der Pyrenäen und der angeblich zivilisierten, durch Betrug, Verrat und menschliche Bosheit verdorbenen Gesellschaft des Tieflandes. Schon das Geschehen des Dramas konzentriert sich wie später auch das der Oper auf die Dreiecksgeschichte zwischen dem mächtigen reichen Großgrundbesitzer Sebastià, seiner Geliebten Marta und dem Hirten Manelic, die er aus rein egoistischen Gründen zur Heirat zwingt und damit sein eigenes Schicksal besiegelt

Entstehung und Uraufführung. Der österreichische Schriftsteller, Kritiker und Essayist *Rudolf Lothar (1865–1933)* war als Autor von Dramen und Lustspielen, von Opern- und Operettenlibretti sowie von Erzählungen und Romanen sehr erfolgreich. In Berlin gründete er 1912 gar das Komödienhaus. Zu seiner Bekanntschaft zählte auch eine ungarische Gräfin, die nicht nur das Theater liebte, sondern auch selbst gern als Schauspielerin auftrat. Sie bat ihn, eine ihr vorliegende italienische Übersetzung des spanischen Dramas von *Guimerà* ins Deutsche zu übersetzen, da sie sich mit dem Gedanken einer Aufführung trug. Daraus wurde jedoch nichts: sie heiratete und vergaß den Plan. Lothar bot das Stück mehreren Theatern an. So kam es in die Hände des berühmten Dirigenten *Ernst von Schuch (1846–1914)*, der seit 1872 fast ein halbes Jahrhundert lang musikalischer Leiter der Dresdner Oper war und sie vor allem auch durch die Uraufführungen der ersten Opern von Richard Strauss zu einem der führenden Opernhäuser machte. Offenbar erkannte er in dem spanischen Drama den Stoff für eine Oper, denn er gab es dem ihm befreundeten Eugen d'Albert. Der machte sich begeistert an die Arbeit, entwarf erste Kompositionsskizzen und bat Lothar um Hilfe, der ihm umgehend das Libretto verfaßte, wobei er das kurze Vorspiel in den Bergen hinzu erfand. Im Sommer 1902 widmete sich d'Albert konzentriert der Komposition, schon Anfang September war der erste Akt fertig, Anfang Oktober die Partitur. Dann ging er zunächst wieder als Klaviervirtuose auf Konzertreisen. Anfang Juli des folgenden Jahres lag das Werk vollendet vor und wurde am 13. November 1903 am Neuen Deutschen Theater in Prag uraufgeführt. Doch trotz des Erfolges fand sich außer Leipzig kein weiteres Theater. Auf Vorschlag seines Verlegers unterzog der Komponist seine Oper einer Umarbeitung, die vor allem in der Straffung des Handlungsgeschehens und in der Zusammenfassung der Akte 2 und 3 zu einem Akt bestand. Die (bis heute gültige) Neufassung erlebte ihre Uraufführung am 6. Januar 1905 am Theater in Magdeburg. Sie ebnete dem Werk langsam aber stetig den Weg zum dauerhaften Erfolg. Noch heute gehört »Tiefland« zu den 25 meistgespielten deutschen Opern.

Ort und Zeit. Das spanische Tiefland von Katalonien am Fuße der Pyrenäen Ende des 19. Jahrhunderts.

Die Personen der Oper. Sebastiano, ein reicher Grundbesitzer (Bariton) – Tommaso, der Älteste der Gemeinde, 90jährig (Baß). – Im Dienste Sebastianos: Moruccio, Mühlknecht (Bariton) – Marta (Sopran) – Pepa (Sopran) – Antonia (Mezzosopran) – Rosalia (Alt) – Nuri (Sopran) – Pedro, ein Hirt (Tenor) – Nando, ein Hirt (Tenor)- Eine Stimme (Baß) – Der Pfarrer (stumme Rolle). Bauern und Bäuerinnen (Chor).

Die Handlung. VORSPIEL: Eine felsige Halde hoch oben in den Pyrenäen. In der Einsamkeit der Berge lebt der junge und elternlose Hirt Pedro. Manchmal begegnet er monatelang keinem Menschen. Doch er liebt die Einsamkeit, in der er frei und friedlich lebt und glücklich seinen Träumen nachgeht. Und er betet, so gesteht er dem Hirten Nando, zu Gott um ein Weib, das er sich sehnlichst wünscht *(Traumerzählung des Pedro »Wie ich nun gestern abend...«).* Nando ist skeptisch, daß ein Weib das Glück des Mannes ausmache, doch Pedro läßt nicht ab von seinem Wunsch. Er möchte sogar gerne wissen, aus welcher Gegend seine Frau wohl kommen würde. Nando ›spielt Schicksal‹: mit seiner Schleuder wirft er einen Stein hinab ins Tal, und von dort werde die Ersehnte kommen. Beinahe trifft der Stein seinen und Pedros Dienstherrn, den reichen Grundbesitzer Sebastiano. Der steigt zusammen mit seiner Geliebten Marta und dem alten Tommaso aus dem Tal herauf, denn er hat einen Plan: er will Marta mit Pedro verheiraten, den ihm Tommaso empfohlen hat, der freilich Sebastianos Hintergedanken nicht kennt. Sebastiano nahm Marta einst als junges Mädchen bei sich auf, als diese mit ihrem Vater bettelnd im Dorf erschien. Um ihrer schönen Augen willen machte er den Alten zum Müller und sie später zu seiner Geliebten. Nun, da der Vater tot ist, ist Marta Müllerin, die ihre Pacht an ihren Herrn widerwillig mit Liebesdiensten zahlen muß. Pedro, der zu träumen glaubt, nimmt Sebastianos Angebot freudig an und folgt ihm hinab ins Tiefland, wo die Hochzeit schon für den nächsten Tag vorbereitet ist. Beim Abstieg nimmt Pedro Abschied von den Bergen *(Pedros Abschied »Ich grüß noch einmal meine Berge...«).*

1. AKT: Das Innere der Mühle, in der Marta lebt. Die schwatzhaften Frauen Pepa, Antonia und Rosalia, alle ebenfalls in Diensten Sebastianos, bedrängen den Mühlknecht Moruccio, ob es wahr sei, daß Marta Hochzeit halte? Moruccio ist mürrisch ihnen gegenüber, hat er sich doch selbst Hoffnung gemacht, die Mühle samt Marta für sich zu gewinnen. Die junge, etwas naive aber herzensgute Nuri kommt hinzu. Schon fallen die Frauen über sie her, um von ihr, die sich gut mit Marta versteht, Neuigkeiten zu erfahren. Nuri hat von Tommaso erfahren, daß Marta noch heute Pedro heiraten werde. Und sie selbst hörte aus dem Munde Sebastianos, daß Marta nur dem Herrn gehöre *(Erzählung der Nuri »Lang schon wußt' ich...«).* Doch sie kann nicht recht verstehen, was sie weiß, weshalb sie die Weiber auslachen. Da erscheint Marta und wirft die Weiber hinaus, nur Nuri bleibt. Marta ist verzweifelt wegen der bevorstehenden

Hochzeit, die sie als Verbrechen sieht, denn sie haßt Pedro und ist sich bewußt, niemals von Sebastiano loskommen zu können, der sie wie einen Besitz hält. – Wenig später empfangen die Bauern und Bäuerinnen des Dorfes den von den Bergen herabsteigenden Pedro. Moruccio nützt den Augenblick, um dem alten Tommaso von dem Verhältnis zwischen Sebastiano und Marta zu erzählen. Und warum dieser sie mit Pedro verheiratet: Sebastiano geht es schlecht, er hat Schulden und ihm droht die Pfändung. Deshalb will er selbst ein reiches Mädchen heiraten, was ihm jedoch nur gelingt, wenn er das Gerücht über seine Beziehung zu Marta zum Schweigen bringen kann. Deshalb deren Heirat mit Pedro. Tommaso kann nicht glauben, was er da von Moruccio hört; er will Sebastiano selbst darauf ansprechen. Indessen wird Pedro jubelnd begrüßt, dem das Herz vor Glück fast bricht. In einer Stunde soll der Pfarrer die Trauung vollziehen. Marta fleht Sebastiano an, ihr die Heirat mit Pedro zu ersparen. Der aber denkt nicht daran und bedeutet ihr, sie weiter als seine Geliebte zu halten. »*Keinen anderen Willen hast Du als den meinen!*« Er will sie, die sich vor ihm fürchtet, liebkosen und sie in der Hochzeitsnacht in ihrer Kammer besuchen. Als der Hochzeitszug in die Kapelle zieht, kommt es zur Auseinandersetzung zwischen Sebastiano, Moruccio und Tommaso. Der Mühlknecht begehrt gegen seinen Herrn auf, der wirft ihn hinaus, muß sich aber gefallen lassen, daß ihm Moruccio noch die Wahrheit ins Gesicht schreit. Nun weiß Tommaso, daß Pedro, der von alledem nichts ahnt, betrogen wird. Er will die Hochzeit noch verhindern, doch es ist zu spät: die Trauung ist bereits vollzogen. Der Alte erkennt seine Schuld, Fürsprecher für Pedros Ehe mit Marta gewesen zu sein. – Die Hochzeit ist vorbei, Pedro und Marta sind in der Mühle allein. Pedro bemüht sich um ein Gespräch mit der ihm unfreundlich begegnenden Marta und zeigt ihr seinen ersten selbstverdienten Taler, an dem sein Blut klebt. Sein Leben wagte er, und Sebastiano gab ihm diesen Taler, nachdem er den Wolf getötet hatte, der die Herde riß *(Wolfserzählung des Pedro »Es kam in jener Nacht ein Wolf...«)*. Die Erzählung bleibt nicht ohne Eindruck auf Marta, und doch hält sie Pedro vor, schamlos gehandelt zu haben, sie zu seiner Frau zu nehmen. Pedro weiß sich unschuldig und gesteht ihr seine Liebe. Da sieht er Licht in Martas Kammer: Sebastiano ist gekommen! Pedro ist irritiert, zumal Marta ihm heftig auszureden versucht, was er sah. Sie wird nicht in ihre Kammer gehen, sondern die Nacht in Pedros Nähe verbringen. –

2. AKT: Derselbe Schauplatz wie im ersten Akt. Marta erwacht als erste und geht den Hausarbeiten nach. Nuri kommt fröhlich herein und weckt Pedro, dessen Gedanken sogleich an den vergangenen Abend zurückkehren. Wie kam das Licht in Martas Kammer? Wer war es? Er ahnt, daß er betrogen wird und ist zu allem bereit, selbst zum Töten: denn alle wissen, das wird ihm klar, um sein Elend, nur er selbst nicht. Lachen ihn nicht die geschwätzigen drei Weiber

und die anderen Dorfbewohner ständig aus? Nur Nuri nicht, deren Gesellschaft ihm guttut. Marta beobachtet die beiden mißtrauisch, kann aber nicht verhindern, daß sie gemeinsam die Mühle verlassen. Stattdessen sieht sie sich plötzlich dem alten Tommaso gegenüber und spürt seine Verachtung ihr gegenüber dafür, was sie seiner Meinung nach Pedro angetan hat. Da erzählt sie ihm ihr Schicksal: den leiblichen Vater kannte sie nicht, mit der blinden Mutter zog sie bettelnd durch Barcelona, bis sich ein alter Mann ihnen anschloß, mit dem sie nach dem Tod der Mutter über die Dörfer zog, wo sie für ein paar Münzen vor gaffenden Leuten tanzen mußte. So kamen sie schließlich hierher und fanden Aufnahme bei Sebastiano, dem sie schließlich gehörte, um nicht wieder betteln zu müssen: »*Unglückselig war ich, doch nicht schlecht.*« *(Erzählung der Marta »Ich weiß nicht, wer mein Vater war...«).* Dann gesteht sie Tommaso, sie wisse, daß Pedro sie liebe – und sie liebe ihn. Tommaso fordert sie auf, Pedro endlich die Wahrheit zu sagen, und segnet sie. Pedro kehrt zurück, doch er will Marta verlassen und in die Berge zurückkehren. Sie aber will lieber, daß er sie töte statt sie zu verlassen. Sie reizt und provoziert ihn absichtlich, bis er sie mit seinem Messer verletzt. Das aber bricht das Eis zwischen ihnen: während Marta ihn anfleht, sie zu töten und so ihre Schuld und Schande zu sühnen, erkennt Pedro ihr Leiden. Er nimmt sie in seine Arme, und beide wissen nun, daß sie einander gehören *(Duett Marta-Pedro »Wir wollen hinauf in die Berge...«).* Da tritt ihnen Sebastiano in den Weg, gefolgt von Dorfbewohnern. Er zwingt Marta noch einmal, vor ihm zu tanzen. Widerwillig gehorcht sie, doch Pedro will sie an sich reißen. Es kommt zum heftigen Wortwechsel, Sebastiano schlägt Pedro, Marta fordert Pedro auf sich zu rächen und gesteht, Sebastiano sei am Abend in ihrer Kammer gewesen. Als sich Pedro wütend auf Sebastiano stürzen will, ergreifen ihn die Bauern und führen ihn aus der Mühle. Sebastiano und Marta sind einen Moment allein, doch dann tritt Tommaso ein: er hat dem Vater von Sebastianos Braut die Wahrheit über ihn gesagt, und so wird nun nichts aus der Hochzeit. Da er alles für sich verloren sieht, läßt Sebastiano erst recht nicht ab von Marta. Die ruft Pedro um Hilfe. Es kommt zum Kampf von Mann zu Mann, in dem Pedro seinen Gegner erwürgt. Dann ruft er die Leute herein und zeigt ihnen, wie er »*den Wolf erwürgt*« hat. Während alle entsetzt auf die Leiche starren, verlassen Pedro und Marta gemeinsam die Mühle und steigen hinauf in die Berge.

Aufführungsdauer. 2½ Stunden

Das östliche Europa: Zwischen Nationalkultur und Westorientierung

»Wie aus der Ferne längst vergangner Zeiten ...« möchte man mit einem Zitat aus Wagners »Fliegendem Holländer« das plötzliche Erscheinen Osteuropas in der westeuropäischen Kulturwelt des 19. Jahrhunderts bezeichnen. Es ist wie das Auftauchen einer versunkenen Insel, von deren Existenz man zwar längst weiß, die man aber selbst nicht so recht zu Gesicht bekommen hat. Seit Jahrhunderten immerhin ist das osteuropäische Gebiet immer wieder Schauplatz der gesamteuropäischen Geschichte. *Böhmen* etwa ist ein altes historisches Gebiet des mitteleuropäischen Raumes, seit dem Mittelalter ist seine Geschichte mit der des deutschen Reiches verbunden, in den folgenden Zeiten orientiert sich das Land nach dem deutschen Nachbarn im Westen, ist unter den Habsburgern bis Ende des Ersten Weltkriegs mit Österreich und Ungarn vereinigt und bildet schließlich das Kernland der im 20. Jahrhundert entstandenen Tschechoslowakei. Eingebunden in diese historische und politische Entwicklung ist die Kultur des Landes, von der sprichwörtlichen böhmischen Musikalität weiß man spätestens seit Gluck, der in jungen Jahren als Musikant durch Böhmen zieht. Und über die musikalische und theatralische Bedeutung Prags im Leben Mozarts sind wir bekanntlich eingehend unterrichtet. Wie in anderen Ländern, so erwachsen in Böhmen in der Spätfolge der europäischen Aufklärung im 19. Jahrhundert Nationalbewußtsein und Selbständigkeitsbestrebungen.

In sie wird auch *Friedrich Smetana (1824–1884)* verwickelt. Zunächst sieht es allerdings nicht danach aus. Nachdem er seine musikalischen Studien in Prag beendet hat, während derer er sich mehr und mehr für die Oper (besonders für Donizetti) interessiert und sich anschließend als Haus- und Klavierlehrer mehr schlecht als recht durchschlägt und als Pianist wenig, als Leiter einer eigenen Musikschule mehr Erfolg hat, muß er erkennen, in Prag nichts Rechtes werden zu können: »*Es ist ein altbekanntes Lied, daß das Vaterland seine Kinder nicht erkennen will, und daß ein Künstler gezwungen ist, sich im Ausland einen Namen zu machen und sein Brot zu verdienen. Auch mich hat dieses Los getroffen*«, heißt es an die Eltern. Er geht 1856 mit Frau und Tochter nach Göteborg, wo er Leiter der Abonnementskonzerte wird, kehrt aber drei Jahrer später endgültig nach Prag zurück. Ist er zuvor schon als vorübergehendes Mitglied der Nationalgarde in die Wirren der Prager Revolution geraten, so schließt er sich nunmehr aktiv den national-tschechischen Bestrebungen an. Das verbindet er mit seinem Lebensziel, als Komponist und Kapellmeister zu wirken. So organisiert er Konzertzyklen mit Werken vorwiegend tschechischer Komponisten und nimmt teil am Opernpreisausschreiben, durch das man anläßlich der geplanten Gründung eines tschechischen Nationaltheaters eine original tschechische Oper sucht. Mit »Die Brandenburger in Böhmen« erhält Smetana den 1. Preis, die Uraufführung 1866 am Prager Interimstheater wird ein großer Publikumserfolg. Das führt zur Ernennung zum Kapellmeister des Theaters, in dessen Orchester der junge *Antonin Dvořak (1841–1904)* als Bratschist spielt, von dessen zehn Opern das lyrische Märchen »Rusalka« (U Prag 1901) seit einigen Jahren öfter auch auf deutschen Spielplänen erscheint als sein deutsches Pendant »Undine« von Lortzing. Smetanas bevorzugtes Interesse für die französische und besonders für die deutsche Oper wirft man ihm in den folgenden Jahren ebenso als antinationales Verhalten vor wie seine lebenslange Freundschaft zu seinem künstlerischen Vorbild Franz Liszt und beschimpft ihn als Wagnerianer in einer Zeit, in der die Tschechen verstärkt um die politische Unabhängigkeit vom habsburgischen Wien und allem Deutschen kämpfen. Smetanas Gegner sind vor allem die Alt-Tschechen, die im Fortschritt der Kunst nur den Verrat an der Tradition sehen. Die auch in den Folgejahren nicht nachlassenden Angriffe seitens der alttschechischen Partei tragen bei Smetana zu einer unheilbaren Nervenschwäche bei, die schließlichen Wahnsinn zur Folge hat, bis er wie Donizetti im fortgeschrittenen paralytischen Stadium stirbt. Obwohl der nervenkranke Smetana ähnlich wie Beethoven völliger Taubheit verfällt, komponiert er auch in seinen letzten Jahren weiter, darunter seine komische Oper »Der Kuß« (U Prag 1876), der größte Opernerfolg zu seinen Lebzeiten. Und er beendet seinen berühmten sechsteiligen Orchesterzyklus »Mein Vaterland« mit der populären »Moldau« als zweitem Teil.

Smetana gilt allgemein als Begründer der nationalen tschechischen Musik. Obwohl er Anregungen von Chopin, Liszt und Wagner erhält, die er zeitlebens hoch schätzt, findet er zu einem ganz persönlichen Musikstil. Seine acht Opern beziehen sich auf die tschechische Geschichte und auf tschechisches Volksbrauchtum, und in ihren Handlungen spielt das Volk eine entscheidende Rolle, wofür die großen Chorsätze auch in den komischen Opern zeugen. Mit dem »Dalibor« greift er auf tschechische Verhältnisse des 15. Jahrhunderts zurück und folgt in der, letztlich jedoch vergeblichen, Rettungstat der in Männerkleidern erscheinenden Burggräfin Milada an dem vom König zum Tode verurteilten aufständischen Ritter Dalibor dem Beispiel von Beethovens »Fidelio«. Das Werk findet am 16. Mai 1868 unter Smetanas Dirigat seine Uraufführung im Neustädter Theater anläßlich der festlichen Grundsteinlegung für das geplante Nationaltheater und stellt heute die meist aufgeführten Oper des Komponisten nach der »Verkauften Braut« dar. Anläßlich der schließlichen Eröffnung des Nationaltheaters am 11. Juni 1881 folgt mit »Libussa« Smetanas eigentliche Nationaloper, ein sehr pathetisches, Rezitativ und Arie völlig auflösendes und sinfonisch durchkomponiertes Werk, das einerseits Wagners Einfluß nicht verleugnen kann, andererseits aber auch nationale Musik und böhmische Tanzweisen aufnimmt und mit einer großen, in fünf Bilder geteilten Apotheose auf die tschechische Geschichte schließt. Ganz anders die komische Oper »Die zwei Witwen« (U Prag 1874), deren Libretto die Qualität eines Konversationsstückes hat und in der sich Smetana als Meister heiterer Ensemblekunst erweist. Seine Musik inspiriert mit Witz und Verve das Spiel zwischen der Treue zum verstorbenen Gatten und dem Widerstand gegen eine neue Liebe, der am Ende natürlich erfolgreich gebrochen werden kann. Sie atmet zudem den Geist der opera buffa, zitiert sogar deren Parlando à la Rossini (Quartett im 1. Akt), sie wird von tänzerischer Heiterkeit und lyrischer Melodik getragen und kennt den fröhlichen Schwung wie die volkstümliche Kantilene der Operette. Smetanas Opern – allen voran natürlich »Die verkaufte Braut«, die auch international mit Abstand meist gespielte slawische Oper überhaupt – rechtfertigen das Bekenntnis des Komponisten gegenüber einem Bekannten, sein Musikstil sei ein rein tschechischer: »*Ich mache keinen berühmten Komponisten nach, ich bewundere nur ihre Größe und übernehme für mich, was ich als gut und schön in der Kunst und vor allem als wahrhaftig anerkenne. Sie kennen das schon lange von mir, aber andere kennen das nicht und glauben, ich führte den Wagnerismus ein!!! Ich habe genug zu tun mit dem Smetanismus, wenn dieser Stil nur ehrlich ist.*«

Nicht, daß es in Rußland spätestens seit der Orientierung Peters des Großen nach Westen und nach den sozialen wie bildungspolitischen Reformen Katharinas der Großen keine Dichtung und kein Theater gibt. Der Zar holt deutsche Schauspieler, die Zarin italienische Operntruppen an den Hof von St. Petersburg, Katharina schreibt selbst Theaterstücke und korrespondiert mit den besten Vertretern der französischen Aufklärung. Aber in dem Maße, wie russische Literatur und russische Musik im 19. Jahrhundert auftrumpfen, das kommt schon einem Steppensturm gleich. Und der trägt zunächst einen Namen: *Alexander Puschkin (1799–1836)*. Nicht nur begegnen wir in seinen Werken russischen Menschen, nicht nur hat er die russische Dichtung erstmals auf weltliterarisches Niveau gehoben; er ist auch die fruchtbare Quelle der wichtigsten russischen Opern: *Tschaikowsky* vertont in seinen beiden Meisterwerken Epen des Dichters, *Glinka* komponiert dessen »Ruslan und Ludmilla« (U St. Petersburg 1842), *Rimsky-Korssakow* das auch in Deutschland immer einmal wieder gespielte »Märchen vom Zaren Saltan« (U Moskau 1900) und *Mussorgsky* den »Boris Godunow«.

Als Begründer der nationalrussischen Oper, die die lange Vorherrschaft der ausländischen Oper bricht, gilt *Michael Iwanowitsch Glinka (1804–1857)*. Für Mussorgsky ist er der »*unsterbliche Begründer der russischen musikalischen Schule, welcher der Nachwelt das wahre, unerschütterliche Vermächtnis russischen musikalischen Schöpfertums hinterließ.*«(41) Und *Tschaikowsky* nennt ihn »*eine einmalige, erstaunliche Erscheinung im Bereich der Kunst*«, der nach dilettantischen Anfängen mit »Ein Leben für den Zaren« (U St. Petersburg 1836) eine heroische Historienoper komponiert habe, die »*in ihrer Genialität, ihrem Schwung, ihrer Neuheit und der Tadellosigkeit ihrer Technik in einer Reihe mit dem Größten und Tiefsten steht, was es in der Kunst gibt.*« (42)

Die entscheidenden musikalischen Anstöße und damit auch die zu einer nationalen Oper kommen jedoch von dem »Mächtigen Häuflein der Neurussischen Schule«. Der russische Kunstkritiker *Wladimir Stassow* gibt diesen Namen dem Petersburger Kreis um den Komponisten *Milij Balakirew (1837–1910)*, zu dem die Komponisten *Alexander Borodin (1833–1887), César A. Cui (1835–1918), Modest Mussorgsky (1839–1881)* und *Nikolai Rimsky-Korssakow (1844–1908)* gehören. Ihr Ziel ist die Schaffung einer nationalen russischen Musik. Mit Verweis auf die Reformen Peters des Großen, der die »Schwarzerde« Rußlands »*mit Geräten fremder Beschaffenheit*« beackerte, d. h. Rußland westlichen Einflüssen öffnete, formuliert *Mussorgsky* die musikalischen Reformen für sich so: »*Ich will kein gedüngtes Land beackern, sondern ich lechze nach Neuland. Nicht nur Bekanntschaft machen mit dem Volk, sondern sich mit ihm verbrüdern, danach dürstet mich.*« (43) Dieses Bekenntnis steht auch für eine entschiedene Hinwendung zur nationalen Geschichte, die durch die umfangreiche »Geschichte des russischen Staates« des Historikers *Nikolai Karamsin (1766–1826)* einen ganz aktuellen Stellenwert erhalten hat. Diesem historisch-nationalen Ansatz des Petersburger Komponistenkreises verdanken wir zwei bedeutende historische Opern.

Die eine ist »Fürst Igor« von *Alexander Borodin*. Hauptquelle ist das wohl 1186/87 verfaßte »Igorlied«, das berühmte altrussische Heldenepos. Es schildert den Feldzug des Fürsten Igor von Nowgorod-Sewerskij gegen das Nomadenvolk der Polowetzer (Kumanen), das durch ständige Einfälle das Kiewer Reich bedroht. Borodin, der sich zu naturwissenschaftlichen Studien zwei Jahre in Heidelberg, Darmstadt und Berlin aufhält, hauptberuflich an der Petersburger Medizinischen Akademie organische Chemie lehrt und sich der Musik nur nebenbei widmet, schreibt das Libretto zu seiner einzigen Oper selbst. Er beschäftigt sich mit dem Werk, immer wieder durch längere Schaffenspausen unterbrochen, nahezu zwanzig Jahre und hinterläßt es dennoch unvollendet. Das Textbuch ist eher ein genaues Szenarium, aber nicht in allen Einzelheiten ausgeführt. Ebenso nicht die Musik, die nur teilweise instrumentiert und zum Teil auch nur in musikalischen Skizzen festgehalten ist. *Rimsky-Korssakow* und dessen Schüler *Alexander Glasunow (1865–1936)*, beide mit Borodin eng befreundet, vollenden gemeinsam die Oper, die 1890 in St. Petersburg zur Uraufführung gelangt. Offenbar hat schon die Entstehungsgeschichte, vor allem aber die unvollendet gebliebene Oper selbst dazu beigetragen, daß der »Igor« außerhalb Rußlands keinen dauerhaften Platz im Opernrepertoire gefunden hat. Borodin hat selbst nie ein Hehl daraus gemacht, seine wissenschaftliche Tätigkeit sei ihm wichtiger als das Komponieren. Das sieht er eher als Erholung und Ablenkung von der eigentlichen Lebensaufgabe. Zudem hat sein Verhältnis zur Musik zeitlebens etwas Schwerfälliges an sich, das Komponieren geht ihm nicht eben leicht von der Hand und er äußert immer wieder Zweifel am Erfolg: »*Ich bin ganz hingerissen von diesem Stoff*«, läßt er Stassow wissen. »*Nur – werde ich ihn bewältigen können? Wer die Wölfe fürchtet, darf nicht in den Wald gehen.*« Es ist schade um ein Werk, das szenisch und musikalisch gleich groß ist, wovon die berühmten »Polowetzer Tänze« immerhin eine ungefähre Ahnung geben.

Das zweite Werk aus dem Kreis ist der »Boris Godunow« von *Modest Mussorgsky*. Eigenem Bekunden nach ist Mussorgsky schon früh »*mit dem Geist des russischen Volkslebens*« bekannt geworden, das dann in seiner Oper einen breiten Raum einnimmt. Er hat das im »Boris« einerseits in den großen Volksszenen gestaltet, was dieses Werk zu einer der größten Choropern überhaupt macht; zum andern hat er der russischen Volksseele Gestalt gegeben in der Figur des Schwachsinnigen, dessen Lied »Fließet, bittre Tränen« eine tief traurige, melancholische Melodie besitzt, die Sehnsucht und Hoffnungslosigkeit eines Volkes zum Ausdruck bringt, das unterdrückt und vom Zarentum wie von der Kirche gleichermaßen geschunden wird. Mussorgsky hat aber auch den Zaren nicht geschont, der ja nicht als Souverän und Triumphator in Erscheinung tritt, sondern als unter seiner Schuld leidender, von Wahnvorstellungen geplagter und schließlich in den Tod getriebener Mensch in seiner letztlich erbarmungswürdigen Kreatürlichkeit. Angesichts seines über hundert Kompositionen umfassenden Schaffens ist bedauerlich, daß Mussorgsky schon in jungen Jahren durch Alkoholexzesse sein Leben ruiniert, das in geistiger Umnachtung endet. Denn auch seine unvollendet gebliebenen und postum uraufgeführten Opern legen Zeugnis ab von seiner großen Begabung für das musikalische Theater. In dem musikalischen Volksdrama »Chowanschtschina« (U St. Petersburg 1886) greift er die russische Geschichte vom Ende des 17. Jahrhunderts kurz vor der Durchsetzung der absolutistischen Herrschaft Peters des Großen auf und stellt auch hier in großen Chorszenen das russische Volk in den Mittelpunkt. In der komischen Oper »Der Jahrmarkt von Sorotschinzy« (U Petrograd 1917), deren Textbuch Mussorgsky nach einer Novelle Gogols selbst verfaßt, hat er das von Aberglauben, Ehe- und Liebeshändeln sowie von der Trunksucht gezeichnete Alltagsleben des einfachen Volkes auf dem Lande eingefangen und eine auf russischer und ukrainischer Volksmusik basierende, folkloristisch geprägte und stark rhythmisierte Musik komponiert. »*Die Schaffenskraft*«, so äußert sich Mussorgsky einmal, »*trägt in sich selbst das Gesetz des Schönen. Die Probe aufs Exempel zu machen ist Sache der inneren Kritik; sie wahrzunehmen – Sache des künstlerischen Instinkts. Fehlt das eine und das andere, dann fehlt es an künstlerischer Schaffenskraft.*« (44)

Nichts im Sinn mit dem Petersburger Kreis, dem Mussorgsky später vorwirft, er sei »*zu einer Schar hirnloser Verräter entartet*«, hat *Peter Iljitsch Tschaikowsky (1840–1893)*. Das liegt zum einen an seinem Naturell, denn er liebt die Einsamkeit, er führt ein zurückgezogenes Leben und meidet so gut es geht die Gesellschaft, weshalb er später auch lange braucht, um seinen wachsenden Weltruhm zu verkraften. »*Von Natur aus bin ich menschenscheu*«, schreibt er seiner Freundin und Gönnerin Frau von Meck einmal. »*Jede Bekanntschaft, jede Begegnung mit fremden Menschen war für mich stets die Ursache seelischer Leiden.*« (45) Von Anfang an interessiert sich Tschaikowsky für das Theater, als Kind schon kann er nicht lassen vom mechanischen Klavier in seinem Elternhaus, aus dem Opernmelodien von Rossini, Bellini und Donizetti erklingen – und Stücke aus dem »Don Giovanni« von Mozart, der ihm ein Leben lang der Abgott unter den Komponisten bleibt, ein deutlicher Hinweis, daß Tschaikowsky innerhalb des Jahrhundertdiskurses der russischen Kultur entgegen der slawophilen Position des Mächtigen Häufleins eine Orientierung der russischen Musik an den Traditionen des westlichen Europa vertritt. In jungen Jahren schlägt er zunächst als Titularrat die Beamtenlaufbahn im Petersburger Justizministerium ein, kehrt dem Staatsdienst jedoch den Rücken und widmet sich nur noch der Musik. Er ist dazu bestimmt, der russischen Musik den endgültigen Durchbruch zu verschaffen und mit seinen Konzertouvertüren, Sinfonischen Dichtungen, Orchester- und Instrumentalwerken sowie mit seinen Sinfonien zum bis heute berühmtesten russischen Komponisten zu werden. Nur einer seiner komponierenden Landsmänner wird später an seinen Ruhm heranreichen: *Igor Strawinsky*.

Tschaikowsky gehört zu jenen Opernkomponisten, die ein besonders tiefes Verhältnis zur Literatur haben. Zu den vielen Bekanntschaften mit den Großen seiner Zeit – unter den Komponisten zählen dazu auch *Johannes Brahms* und der junge *Richard Strauss* – gehört auch die Garde der russischen Dichter mit *Turgenjew, Tolstoi, Dostojewskij* und *Tschechow*. So ist es nicht verwunderlich, daß er sowohl in seinen sinfonischen Werken wie in seinen Bühnenwerken nach großen Dichtungen u. a. von *Ostrowskij, Shakespeare, E. T. A. Hoffmann, Gogol* oder *Schiller* komponiert. Drei Opern liegen Dichtungen *Alexander Puschkins* zugrunde: dem »Mazeppa« (U Moskau 1884) sowie den beiden Meisterwerken »Eugen Onegin« und »Pique-Dame«, mit denen Tschaikowsky nach wie vor im internationalen Repertoire vertreten ist. Diese zwei Opern belegen seinen Hang zum eher intimen Bühnenschaffen statt zur großen Oper wie bei Borodin und Mussorgsky, sie belegen damit auch seinen Sinn für poetische und phantasievolle Sujets, für die diffizile Charakterisierung russischer Menschen durch seine Musik wie für den musikalischen Ausdruck atmosphärischer Situationen und den Kontrast in der Gestaltung dramatischer bis expressiver, lyrischer bis elegischer Stimmungen. Beide Opern strotzen nicht gerade vor Handlungsfülle – Tschaikowsky war selbst wenig von der Bühnentauglichkeit des »Onegin« überzeugt – aber die Musik belebt das an sich epische Bühnengeschehen von innen heraus, weil sie der Gefühlswelt der Personen großen Raum gibt und Wirkungen schafft, was sowohl die Arien wie die Soloszenen (etwa die Briefszene der Tatjana im »Onegin«) nachdrücklich bestätigen. Sie festigen zudem den Glauben an Tschaikowskys Bekenntnis, er schaffe aus einer starken inneren Notwendigkeit heraus, höre dabei auf seine innere Stimme, er werde von einem unaussprechlichen Gefühl beflügelt und könne bei normaler Gemütsverfassung im Grunde ununterbrochen komponieren: »*Ich brauche die Arbeit wie die Luft zum Atmen.*« Doch dann gibt es immer wieder Momente der Angst, es werde ihm nichts richtig gelingen: »*Der Gedanke, daß ich ein unnützes Wesen bin und daß nur meine Tätigkeit auf dem Gebiet der Musik meine Fehler in einem milderen Licht erscheinen läßt und mir – im wahrsten Sinne des Wortes – die Würde eines Menschen verleiht, bemächtigt sich meiner immer mehr und quält mich. Das einzige Mittel, mich diesen qualvollen Zweifeln und Selbstbeschuldigungen zu entziehen, ist eine neue Arbeit ... Nur die Arbeit rettet mich.*« (46)

STERNSTUNDEN DES SPIELPLANS: DIE HAUPTWERKE VON SMETANA, MUSSORGSKY UND TSCHAIKOWSKY

Friedrich Smetana (1824–1884)
DIE VERKAUFTE BRAUT (Prodán nevesta)
Komische Oper in 3 Akten,
Libretto von Karel Sabina
Uraufführung Prag 1866

Quelle. Wie schon bei Smetanas erster Oper »Die Brandenburger in Böhmen« stammt das Libretto ebenfalls von *Karel Sabina (1813–1877)*. Er trat als Dichter und Journalist, Literarhistoriker und Kritiker hervor und schrieb Gedichte, Novellen und Romane, die teilweise sozialkritisch gestaltet waren. Das hing mit Sabinas politischem Engagement zusammen. Als radikaler Demokrat betätigte er sich an führender Stelle in den Unabhängigkeitsbestrebungen der Tschechen aus dem mehrnationalen Großstaat der habsburgische Monarchie, die während ihrer Erhebungen in den Jahren 1848/49 eine nationalstaatliche Selbständigkeit zum Ziel hatten. Das brachte Sabina das Todesurteil ein, er wurde jedoch begnadigt. Als Librettist der »Verkauften Braut« fand er die Quelle bei sich selbst, nämlich in seiner Erzählung »Der ewige Bräutigam«. Ein Titel für die Oper wollte ihm jedoch nicht einfallen, auf den kam Smetana selbst durch ein damals in Prag aufgeführtes Lustspiel »Der Bräutigam verheiratet seine Braut« von A. Wehl.

Entstehung und Uraufführung. Etwa um 1864, als Smetana an der Komposition seiner ersten Oper arbeitete, regte er Sabina zu einem weiteren Opernstoff an. Der Dichter bot es ihm zunächst als einaktige Posse an, womit Smetana allerdings nicht zufrieden war. Es erfolgte die Umarbeitung in zwei Akte – und bevor auch nur eine Note davon komponiert war, hatte Smetana bereits die Ouvertüre fertig! Die Oper in ihrer ersten, zweiaktigen Fassung war Mitte Mai in der Partitur fertig und gelangte unter Smetanas musikalischer Leitung am 30. Mai 1866 im Interimstheater zur Uraufführung. Es war kein Erfolg, was wohl an den gesprochenen Dialogen lag und am Fehlen einiger musikalischer Höhepunkte wie der Arie Maries im 3. Akt. Die kam in der zweiten Fassung ebenso hinzu wie der Trinkchor im 2. Akt. Der Uraufführung dieser zweiten Fassung am 29. Januar 1869 folgte noch am 1. Juni des gleichen Jahres die der dritten Fassung, die bereits über die heute bekannten drei Akte verfügte und einige neue Musiknummern brachte, darunter das Ballett zu Beginn des 2. Aktes mit dem »Furiant« (feuriger böhmischer Volkstanz). Die vierte und endgültige Fassung entstand kurz danach und fand ihre Uraufführung am 25. September 1870. Smetana blieb seinem Meisterwerk gegenüber bis zuletzt eher reserviert, er selbst schätzte seinen »Dalibor« zeitlebens höher ein. Dennoch nahm er an den Festlichkeiten zur 100. »Braut«-Vorstellung in Prag im Mai 1882 teil. Doch noch immer blieb die Oper eine innertschechische Angelegenheit. Das änderte sich erst 1892: das Gastspiel der tschechischen Nationaloper in Wien mit der Aufführung der »Verkauften Braut« rief bei Publikum und Kritik gleichermaßen Begeisterung hervor. Schon im folgenden Jahr fand in Wien die erste Aufführung in deutscher Sprache statt, und zwar am Theater an der Wien. Von dort trat die »Verkaufte Braut« ihren weltweiten Siegeszug an, sie blieb bis heute besonders im deutschen Sprachraum eine der jährlich meistgespielten komischen Opern.

Ort und Zeit. In einem böhmischen Dorf Mitte des 19. Jahrhunderts

Die Personen der Oper. Kruschina, ein Bauer (Bariton) – Ludmila, seine Frau (Sopran) – Marie, beider Tochter (Sopran) – Micha, ein Grundbesitzer (Baß) – Háta, seine Frau (Mezzosopran) – Wenzel, beider Sohn (Tenor) – Hans, Michas Sohn aus erster Ehe (Tenor) – Kecal, ein Heiratsvermittler (Baß) – Direktor einer Wandertruppe (Tenor) – Esmeralda, eine Tänzerin (Sopran) – Ein ›Indianer‹ der Truppe (Baß).

Dorfbewohner, Komödianten und Buben (Chor)

Die Handlung. <u>1. AKT:</u> Dorfplatz mit Wirtshaus. In einem böhmischen

Dorf feiern die Bewohner das Kirchweihfest. Wenig Lust zum Feiern und Tanzen hat die junge hübsche Marie, Tochter des Bauern Kruschina und seiner Frau Ludmila. Die Eltern wollen sie mit dem einfältigen und stotternden Wenzel verheiraten, dem Sohn des Grundbesitzers Micha und seiner Frau Háta. Doch ihre Liebe gilt allein dem fremden Knecht Hans, dessen Herkunft ein Geheimnis umgibt. Marie erfährt von ihm nur soviel, daß er auf einem großen Hof aufwuchs und diesen in jungen Jahren verließ und in die Fremde zog, weil sich der Vater nach dem Tode der Mutter eine neue Frau nahm, die ihm das Vaterhaus verleidete *(Duett Marie-Hans »Muttersegen schafft dir Heimat ...«)*. Was Hans, der Marie aufzuheitern versucht, verschweigt: er ist Michas erstgeborener Sohn und Stiefbruder Wenzels. Aber man kennt ihn hier nicht, weil es schon lange her ist, daß er den Vater und seine neue Frau verlassen hat, denen er seit seiner Rückkehr noch nicht wieder begegnet ist. Nachdem sich Marie und Hans erneut ihre Liebe geschworen haben, ziehen sie sich zurück, als sie Maries Eltern kommen sehen. In deren Begleitung befindet sich der eingebildete Heiratsvermittler Kecal, der den ganzen Heiratsplan zwischen Marie und Wenzel ausgeheckt hat. Die Zustimmung Kruschinas hat er bereits sicher, allein dessen Frau Ludmila erscheint die ganze Angelegenheit überstürzt. Man müsse, so hält sie den Männern vor, darüber noch gründlich nachdenken und vor allem die Braut mitentscheiden lassen. Kecal sieht das völlig anders, ihm genügen der Wille der Brauteltern und vor allem seine eigene Klugheit, die er wort- und gestenreich zu betonen pflegt. Und schließlich sei ja Michas Bauernhof stattliche 30 000 Gulden wert! Doch Ludmila bleibt bei ihren Bedenken, auch wenn Kecal den Wenzel als ein Muster der Tugend lobt – im Gegensatz zu Michas Sohn Hans aus erster Ehe, den er einen Taugenichts nennt und der als verschollen gilt. Schon wird auch Ludmila leicht schwankend. Da tritt Marie hinzu und gesteht, Wenzel nicht heiraten zu können und zu wollen, da sie allein Hans liebe. Kecal kanzelt solches Geständnis als ganz unwichtig ab und fordert Kruschina auf, im Wirtshaus mit Micha handelseinig zu werden. Er selbst will sich im Vertrauen auf seine eigene unbesiegbare Schlauheit den Hans vorknöpfen. –

2. AKT: Saal im Wirtshaus. Die Burschen des Dorfes preisen mit einem zünftigen Trinklied das köstliche Bier, in das Hans mit seinem Lobpreis der Liebe einstimmt. Da wird er von den Burschen vor dem bei ihm sitzenden Kecal gewarnt, daß der ihm seine Freude nicht trübe. Wenig später betritt Wenzel, fein als Freier heraus geputzt, das Wirtshaus *(Arie des Wenzel »Ma-mein Mü-Mütterlein ...«)*. Er wird von Marie angesprochen. Da beide sich noch nie gesehen haben, nützt sie die Situation, ihm seine künftige Marie (er ahnt ja nicht, daß sie es selbst ist) in allem schlecht zu machen: sie liebe einen anderen und betrüge und quäle ihn, Wenzel. Es wäre besser, er schaute sich nach einem anderen Mädchen um *(Duett Marie-Wenzel »Eine ist mir gutbekannt ...«)*.

Wenzel fällt auf Maries Spiel ahnungslos herein und erklärt sich unter dem Eindruck dessen, was seine Braut angeblich gegen ihn ins Feld führen würde, bereit, auf sie zu verzichten und das Mädchen, das Marie ihm so anpreist, sofort zu nehmen. Mehr noch: er ist von Marie selbst höchst angetan. Die aber luchst ihm das Versprechen ab, auf Marie zu verzichten. – Auch Hans soll auf seine Braut verzichten, so will es wenigstens Kecal, der sich mit ihm ebenfalls im Wirtshaus trifft. Er will Hans den Verzicht mit Geld schmackhaft machen und preist ihm ein anderes reiches Mädchen an *(Duett Kecal-Hans »Nun, mein Freundchen, hör mal zu, hab was vorzuschlagen...!«).* Als Hans von Kecal hört, er werbe für den Sohn des Micha, geht er auf den Handel ein und verkauft Marie für 300 Gulden unter der Bedingung, sie dürfe allein den Sohn des Micha heiraten, keinen anderen sonst. Kecal ist es wohl zufrieden, während Hans frohlockt, ihn hinters Licht geführt zu haben *(Arie des Hans »Wie war's denn möglich, daß ich dich, Marie, für Geld verkaufte?«).* Kecal jedoch, seines Sieges sicher, kommt mit einem Vertrag, den Hans vor Zeugen unterschreibt, die sei Vorgehen freilich als Schande bezeichnen: man verkauft nicht seine Braut! –

3. AKT: Der Dorfplatz wie im ersten Akt. Wenzel sucht nach dem Mädchen, das ihm Marie verheißen hat *(Arie des Wenzel »Wa-was soll ich nur ma-machen...?«).* Plötzlich erscheint eine wandernde Komödiantentruppe im Dorf, deren Direktor für den Abend »eine noch nie gesehene Galaproduktion« ankündigt und schon mal eine Probe geben läßt. Wenzel findet Gefallen an der Seiltänzerin Esmeralda und wird vom Direktor von der Stelle weg engagiert: der Darsteller des Bären (angekündigt als lebende Attraktion!) liegt stockbetrunken im Wirtshaus, und so steigt Wenzel ins Bärenfell. Micha und seine Frau Háta erscheinen mit Kecal, müssen aber erstaunt hören, daß Wenzel die Marie nicht nehmen will, da man ihm gesagt hat, die wolle ihn vergiften. Die drei werden argwöhnisch und vermuten den fremden Knecht Hans dahinter, den zu allem Unglück Marie auch noch liebt. Diese aber ist derzeit eher verzweifelt, als sie von ihren Eltern erfährt, Hans habe sie verkauft *(Arie der Marie »Mein Liebestraum, wie war er schön...«).* Erneut will Hans sie trösten, doch sie wendet sich von ihm ab, wirft ihm Verrat vor und gibt ihm keine Gelegenheit, ihr die Wahrheit zu gestehen *(Duett Hans-Marie »Marie, mein Schatz! Wie gut, daß ich dich finde!«).* Erst als die Elternpaare hinzukommen und Micha seinen Sohn erkennt, kann dieser alles aufklären. Kecal sieht sich blamiert, denn er muß den mit Hans geschlossenen Vertrag erfüllen. Und in dem steht ausdrücklich – wenn auch ohne Namensnennung! – Marie müsse den Sohn Michas heiraten, und nur den. Der Micha aber hat zwei Söhne, und so muß Marie allein entscheiden, wen sie will. Erst jetzt erkennt sie die feine List ihres Hans, zu dem sie sich vor allen liebevoll bekennt. Während sich Kecal unter dem allseitigen Spott davonschleicht, schreien die Buben des Dorfes plötzlich:

»Rettet Euch! Der Bär ist los!« Doch Wenzel demaskiert sich, was seine Mutter verärgert betrachtet und sich rasch mit ihm entfernt, da sie die Schande dieses Dummkopfes von Sohn nicht ertragen kann. Micha aber gibt seinem Erstgeborenen seinen Segen, und so steht der Hochzeit von Hans und Marie nichts mehr im Wege. –

Aufführungsdauer. 2¾ Stunden

Modest Mussorgsky (1839–1881)
BORIS GODUNOW (Boris Godunov)
Musikalisches Volksdrama in 1 Vorspiel
und 4 Akten, Dichtung nach Alexander Puschkin
und Nikolaj M. Karamsin vom Komponisten
Uraufführung St. Petersburg 1874

Quellen. Die politische Einigung des seit dem 12. Jahrhundert in zahlreiche Fürstentümer zerfallenen Rußland setzte in der ersten Hälfte des 14. Jahrhunderts ein. Um die Wende 15./16. Jahrhundert stellte praktisch das gesamte nicht polnisch-litauische Rußland unter der Vorherrschaft Moskaus eine Einheit dar. Aus dem Moskauer Großfürstentum ging die russische Zarenherrschaft hervor. *Iwan der Schreckliche (geboren 1530)* wurde am 16. Januar 1547 zum ersten russischen Zaren (von lat. Caesar = Kaiser) gewählt. Er starb am 18. März 1584 bei einer Schachpartie mit *Boris Godunow (1551–1605)*, der verdächtigt wurde, ihn vergiftet zu haben. Godunow, dem Moskauer Bojarenadel entstammend (Bojaren: russischer Feudal- und Landadel, zugleich Offiziere des Heeres wie auch Beschützer und Ausbeuter der russischen Bauern), war unter Zar Iwan zu hohem Ansehen gelangt. Da dessen Sohn und Nachfolger *Fjodor* ein Halbidiot war, begannen schwere Machtkämpfe am Zarenhof, die Boris Godunow als neuer Reichsverweser für sich entschied. Er wurde Regent unter dem neuen Zaren und erwies sich als kluger und umsichtiger Politiker, der während der katastrophalen Herrschaft Fjodors auf seine Stunde wartete. 1591 verbannte er Iwans letzte (siebte) Gemahlin *Marfa* und deren achtjährigen Sohn *Dimitrij*, der angeblich unter epileptischen Anfällen litt, in die weit oben im Norden Moskaus gelegenen Stadt Uglić. Dort wurde Dimitrij – auf Befehl Boris', wie man allgemein annahm und was man bis heute nur vermuten, weil nicht beweisen kann – ermordet und Marfa in ein abgelegenes Kloster verbannt. Als Fjodor 1598 kinderlos starb, ließ sich Boris Godunow durch eine geschickte Taktik vom Volk zum Zaren des moskowitischen Reiches wählen.

Während seiner siebenjährigen Herrschaft wuchsen die sozialen Spannungen im Reich, das Volk litt zusätzlich unter langen Hungersnöten und es verbreitete sich das Gerücht, nicht Iwans jüngster Sohn Dimitrij sei ermordet worden, sondern ein untergeschobenes Kind, während der echte Zarewitsch gerettet wurde. So tauchte im Jahre 1603 ein falscher Dimitrij (Demetrius) auf (seine wahre Identität konnte nie geklärt werden), der Anspruch auf die Zarenkrone erhob. Er gewann die Unterstützung des Woiwoden Mnischek von Sendomir (Woiwode: Landshauptmann einer polnischen Provinz), der ihm seine Tochter Marina versprach und ihm den polnischen Adel als Verbündeten zuführte. Vergebens versuchte Boris Godunow ihn als den aus seinem Kloster entlaufenen Mönch Grischka (Grigorij) Otrepjeff zu entlarven. Als Boris Godunow am 13. April 1605 plötzlich starb (möglicherweise wurde er vergiftet), ging das russische Heer fast geschlossen zu dem falschen Dimitrij über, der bereits bei der Stadt Kromy stand. Von dort zog er nach Moskau, ließ sich zum Zaren ausrufen und heiratete Marina, wurde jedoch schon wenige Tage später bei einem von dem Bojarenfürsten Schuiskij – der unter Boris eine geheime Intrigenpolitik betrieb – organisierten Aufstand ermordet.

Diesen Abschnitt der nationalen russischen Geschichte stellte der russische Schriftsteller und Historiker *Nikolaj Karamsin (1766–1826)* im zehnten und elften Buch seiner »Geschichte des russischen Staates« ausführlich dar. Mit seiner in den Jahren 1816–1819 verfaßten zwölfbändigen Staatsgeschichte legte Karamsin ein grundlegendes Werk der frühen russischen Geschichtsschreibung vor, das während des gesamten 19. Jahrhunderts der zur Weltgeltung gelangenden russischen Dichtung und Literatur als verläßliche historische Quelle diente. Dies galt auch für die 1831 erschienene, jedoch erst 1870 in St. Petersburg aufgeführte, dreiundzwanzig Szenen umfassende historische Tragödie »Boris Godunow« von *Alexander Puschkin (1799–1837)*. Der Dichter, der sich ausdrücklich zu Shakespeares Dramaturgie bekannte, gestaltet in der sieben Jahre umfassenden Handlung die Zeit von Boris' Thronbesteigung bis zu seinem Tode und der Ernennung des falschen Dimitrij zum neuen Zaren. Puschkins Tragödie stellt die unmittelbare literarische Quelle für Mussorgskys gleichnamige Oper dar.

Entstehung und Uraufführung. Die Anregung, aus Puschkins Dichtung eine Oper zu machen, erhielt Mussorgsky im Herbst 1868 von *Wladimir Nikolskij (1836–1883)*, Professor für russische Geschichte und Sprache. Mussorgsky nahm die Anregung mit großem Interesse auf und bekannte schon kurz nach Beginn der Arbeit im Oktober des Jahres: »*Ich lebe als Boris und im Boris.*« Er verfaßte das Libretto selbst und studierte dabei auch das Karamsin'sche Geschichtswerk. Unterstützung widerfuhr ihm durch *Wladimir Stassow*, der damals noch Bibliothekar an der Öffentlichen Bibliothek in Petersburg war. Von den 23 Szenen Puschkins gestaltete Mussorgsky insgesamt 14, wobei er

Teile zusammenzog, änderte und strich sowie das umfangreiche Personal des Dramas deutlich reduzierte, jedoch auch neue Personen hinzufügte (z. B. den Jesuitenpater Rangoni). Textbuch und Komposition entstanden in der unglaublich kurzen Zeit von nicht viel mehr als einem Jahr, wobei man bedenken muß, daß Mussorgsky tagsüber ja als Beamter im Ministerium arbeitete. Schon im November lag der Prolog in der Klavierfassung vor und am 15. Dezember 1869 war die gesamte Partitur der ersten Fassung beendet. Im Frühjahr 1870 reichte Mussorgsky sein Werk dem Marinskij-Theater in Petersburg ein, wo zunächst am 17. Dezember 16 von den 23 Szenen der Puschkin'schen Dichtung uraufgeführt wurden. Mitte Februar 1871 erhielt Mussorgsky das eingereichte Kompositionsmaterial wieder zurück mit der Ablehnung, das Werk aufzuführen. Anfang September begann der Komponist mit der 2. Fassung, die als entscheidende Neuerung den Polenakt mit der in der 1. Fassung noch fehlenden großen Frauenpartie der Marina Mnischek enthielt. Anfang Februar 1872 fand eine konzertante Aufführung des Krönungsbildes (Prolog, 2. Bild) im Marinskij-Theater statt, das jedoch die Ende Juli in Partitur fertiggestellte 2. Fassung Ende Oktober erneut ablehnte. Zusammen mit dem 2. Akt von *Wagners* »Lohengrin« und der 1. Szene des 2. Aktes von *Webers* »Freischütz« gelangten das Schankbild und der Polenakt Anfang Februar 1873 zur konzertanten Aufführung. Der große Erfolg machte es möglich, daß Mussorgsky mit dem Petersburger *Verleger Bessel* einen Vertrag schließen konnte, so daß Mitte Januar 1874 der gedruckte Klavierauszug von »Boris Godunow« publiziert werden konnte. Da liefen bereits die Vorbereitungen zur Uraufführung, die am 27. Februar 1874 am Marinskij-Theater herauskam – in den gleichen Dekorationen, in denen zuvor Puschkins Drama uraufgeführt worden war! Die Oper wurde ein vom Publikum umjubelter Erfolg, bei der Premiere soll Mussorgsky an die 20 Mal vor den Vorhang gerufen worden sein. Mussorgskys Meisterwerk erfuhr später durch zwei russische Komponisten Bearbeitungen. Zunächst eine erste durch *Nikolai Rimsky-Korssakow* (U Petersburg 28. November 1896), bei deren Moskauer Erstaufführung am 7. Dezember 1898 der legendäre russische Bassist Fjodor Schaljapin sein Debüt in der Titelpartie gab. Er sang auch den Boris in der 2. Fassung am 19. Mai 1908 in Paris, womit die Oper ihren endgültigen Siegeszug über die Bühnen der Welt antrat. Im Jahre 1940 schloß dann *Dimitrij Schostakowitsch (1906–1975)* seine Neuinstrumentation des »Boris Godunow« ab, die jedoch erst lange nach dem Weltkrieg zur ersten Aufführung gelangte (U Leningrad 4. November 1959).

Die nachstehende Inhaltsangabe folgt Mussorgskys zweiter Fassung (sog. »Original-›Boris‹«) von 1872 einschließlich der Polenbilder, die bei heutigen Aufführungen oft gestrichen werden.

Ort und Zeit. Rußland in den Jahren 1598–1605

Die Personen der Oper. Boris Godunow, Zar (Baß) – Feodor, sein Sohn

(Mezzosopran) – Xenia, seine Tochter (Sopran) – Xenias Amme (Alt) – Fürst Wassili Iwanowitsch Schuiski (Tenor) – Andrej Schtschelkalow, Geheimschreiber (Bariton) – Pimen, Chronist, Mönch (Baß) – Grigori (Grischka) Otrepjeff, der falsche Dimitrij (Tenor) – Marina Mnischek, Tochter des Woiwoden von Sendomir (Sopran) – Rangoni, geheimer Jesuit (Bariton/Baß) – Warlaam (Baß) und Missail (Tenor), zwei entlaufene Mönche – Eine Schenkwirtin (Mezzosopran/Alt) – Ein Schwachsinniger (Tenor) – Nikititsch, Vogt (Baß) – Ein Leibbojar (Tenor) – Bojar Chruschtschow (Tenor) – Lowitzkij (Baß) und Tschernjakowskij (Baß), zwei Jesuiten – Mitjuch, ein Bauer (Baß) – 1. Bäuerin (Sopran) – 2. Bäuerin (Alt) – Ein Bauer (Tenor) – Hauptmann der Streifenwache (Baß).

Bojaren, Strelitzen, Wachen, polnische Gäste bei Marina, Pilger, russisches Volk und Kinder (Chor).

Die Handlung. PROLOG: *1. Bild:* Hof des Jungfrauenklosters bei Moskau. Boris Godunow befindet sich nach dem Tode des Zaren Fjodor zur Trauer im Kloster. Obwohl er den rechtmäßigen Zarewitsch Dimitrij hat ermorden lassen, will er insgeheim selbst Zar werden. Er scheint aber darauf verzichten zu wollen. So zwingt unter Androhung der Knute der Vogt das im Hof versammelte Volk, Boris Godunow anzuflehen, die Zarenkrone anzunehmen, die er nach den Worten von Schtschelkalow, dem Sekretär der Duma (Rat der russischen Fürsten), noch immer abzuweisen scheint. Doch dann entnimmt das Volk dem Gesang frommer Pilger, daß sich Boris nun doch für den Thron Rußlands entschieden hat. Daraufhin befiehlt der Vogt dem Volk, am nächsten Tag im Kreml zu erscheinen. – *2. Bild:* Platz im Moskauer Kreml vor dem Zarenpalast. Boris Godunow wird in der Uspenskij-Kathedrale zum Zaren gekrönt. Das Volk preist ihn *(Große Chorszene »Heil dem Zaren! Heil Boris!«)*. Wenig später tritt Boris aus der Kathedrale, von bangen Ahnungen erfüllt und Gott um Segen für seine Herrschaft bittend *(Auftritt des Boris Godunow »Wie bang ist mir! Wie seltsam angstbeklommen!«)*. Das Volk jubelt dem gekrönten Zaren zu. –

1. AKT: *1. Bild:* Eine Zelle im Schudovkloster im Kreml. Bis tief in die Nacht hinein sitzt der Mönch Pimen an seinem Schreibpult und beendet seine Chronik über die Geschichte Rußlands, die ein Spiegelbild der Zeit abgeben soll. Während er am letzten Kapitel schreibt und im Hintergrund der Bittgesang der Mönche erklingt, erwacht der junge Mönch Grigorij Otrepjeff, der sich die Zelle mit Pimen teilt, aus einem Traum, der ihn zum wiederholten Male heimsucht. Fasten und Beten, so rät ihm Pimen, würden die bösen Träume vertreiben. Doch Grigorij hält nicht viel davon, er sehnt sich nach dem Leben draußen in der Welt, das Pimen ihm als Trugbild geträumter Herrlichkeit auszureden versucht. Oft hätten selbst die Herrscher Rußlands erst als Mönche ihren Frieden gefunden. Doch diese Zeiten seien nun leider vorbei, jetzt sitze auf dem Zarenthron ein Mörder. Auf Grigorijs Bitte hin erzählt Pimen

von der Mordtat an dem noch knabenhaften Thronerben Dimitrij, die auf Befehl Boris Godunows in der Stadt Uglić zu einer Zeit geschah, da er sich selbst dort aufhielt *(Erzählung des Pimen »Gott schickte mich nach Uglić...«)*. Diese Freveltat an dem Zarewitsch, der heute im gleichen Alter wie Grigorij wäre und auf dem Zarenthron säße, wird der Schluß von Pimens Chronik beinhalten. Er wird sie Grigorij geben, der sie fortschreiben soll mit allem, dessen Zeuge er sein wird. Doch dieser, angeregt von der Erzählung Pimens, faßt einen ganz anderen Entschluß. – *2. Bild:* Eine Schenke an der litauischen Grenze. Die Schenkwirtin ist singend bei der Arbeit *(Lied der Schenkwirtin »Hab, gefangen ich einen Enterich...«)*, als die dem Kloster entflohenen und nun als Landstreicher umherziehenden ehemaligen Mönche Missail und Warlaam die Schenke betreten. In ihrer Gefolgschaft befindet sich der ebenfalls dem Kloster entflohene Grigorij, der sich nach Litauen absetzen will. Während die beiden anderen kräftig dem Wein zusprechen, und sich dabei langsam in den Schlaf singen, erkundigt er sich bei der Wirtin nach dem Weg. Von ihr erfährt er auch, daß seit einiger Zeit Häscher unterwegs sind und nach einem aus Moskau entflohenen Mann suchen. Schon betritt eine Streifenwache die Schenke, und Grigorij weiß nun, daß man hinter ihm her ist. Als Warlaam den Verdacht auf ihn lenkt, entflieht er. –

<u>2. AKT:</u> Inneres eines prunkvoll ausgestatteten Zarengemachs im Kreml in Moskau. In diesem halten sich die Kinder von Boris mit ihrer Amme auf. Während diese einer Handarbeit nachgeht und Fjodor einen Atlas Rußlands studiert, trauert Xenia um den plötzlichen Tod ihres Bräutigams. Auch der hinzutretende Vater kann sie nicht trösten. Schon im sechsten Jahr herrscht er über Rußland, doch seine schuldbeladene Seele findet keine Ruhe *(Monolog des Boris Godunow »Die höchste Macht ist mein!«)*. Nun wird ihm auch noch hinterbracht, daß sich sein Ratgeber Fürst Schuiski offenbar heimlich mit seinen Feinden trifft. Boris stellt ihn zur Rede, nennt ihn einen Rädelsführer und Heuchler, doch Schuiski weiß sich mit einer Neuigkeit dem Donnerwetter seines Zaren zu entziehen: aus Polen naht ein Usurpator, der sich Dimitrij nennt. Boris erschrickt bei diesem Namen zu Tode und befiehlt augenblicklich, die Grenzen nach Litauen abzusperren und fragt Schuiski ängstlich, ob er schon jemals gehört habe, »daß ermordete Kinder aus Gräbern auferstehen, um Zaren zu verhören, um sie zu foltern?« Als er zweifelt, daß der damals in Uglić ermordete Knabe wirklich der Zarewitsch Dimitrij war, versucht ihn Schuiski zu beruhigen, was ihm jedoch nicht gelingt: das böse Gewissen bringt Boris an den Rand des Wahnsinns *(Szene des Boris Godunow »Ich ersticke! Der Atem geht mir aus!...«)*. –

<u>3. AKT:</u> *1. Bild:* Ankleideraum der Marina Mnischek auf Schloß Sendomir in Polen. Die Mädchen von Sendomir huldigen Marina und singen von schmachtenden Verehrern, die ihr sehnsuchtsvoll zu Füßen liegen. Doch solch

»schmeichlerisches Loblied« mag Marina gar nicht, sie liebt vielmehr die Helden- und Siegeslieder, die von Polens Größe reden. Sie selbst sehnt sich nach Herrschaft und Ruhm, und dafür ist ihr der fremde Abenteurer Dimitrij gerade recht, der den ermordeten Zarewitsch an seinem Mörder rächen will und der um sie wirbt. Schon sieht sie sich als Zarin in Moskau *(Arie der Marina »Langweilig ist's mir! Ach, wie ekelt's mich!«).* Plötzlich taucht der ebenso fanatische wie intrigante Jesuit Rangoni auf, der Marinas Ehrgeiz anstachelt, sie in ihren geheimen Wünschen bestärkt und ihre Verführungskünste dem (falschen) Dimitrij gegenüber beschwört – denn sein religiöser Eifer geht dahin, durch die beiden Rußland für den Katholizismus zu gewinnen. – *2. Bild:* Im Garten des Schlosses Sendomir. Grigorij, der falsche Dimitrij, verzehrt sich nach Marina, die er leidenschaftlich liebt. Doch statt ihrer kommt Rangoni, der vorgibt, in ihm den wahren Zarewitsch zu sehen, und der sich ihm als Beschützer aufdrängt, wobei er ihm von Marinas angeblicher Liebe zu ihm vorschwärmt. Doch Dimitrij zweifelt ebenso an der Aufrichtigkeit des Jesuiten, den er für einen Schwätzer voller Arglist und Falschheit hält, wie an der Liebe Marinas, die am Arm eines alten Adligen den Garten betritt. Als er schließlich allein mit ihr ist und ihr seine heiße Liebe gesteht, schreckt sie ihn mit dem Geständnis, nur der Zarenthron könne sie verführen. Als sie nur Spott für seine »Liebestollheit« hat, entgegnet er ihr mit einer flammenden Vision seiner künftigen Zarenherrschaft, und als Zar werde er sie dann in ihren Qualen um das verschenkte Glück mit ihm verlachen. Marina merkt, daß sie zu weit gegangen ist und umschmeichelt Dimitrij erfolgreich *(Duett Marina-Dimitrij »Hör, Zarewitsch, ich beschwör dich...«).* Als sie sich in die Arme sinken und im langen Liebeskuß finden, werden sie von Rangoni beobachtet, der sich seines Erfolges sicher ist. –

4. AKT: *1. Bild:* Platz vor der Basiliuskathedrale in Moskau. Das hungernde Volk wartet vor der Kirche, in der für den ermordeten Zarewitsch ein Requiem gesungen und über den falschen Dimitrij der Kirchenbann ausgesprochen wird. Doch das Volk glaubt, daß Dimitrij der wahre Zarewitsch ist, der schon vor der Stadt Kromy steht, bereit, gegen Moskau zu marschieren. Als Boris aus der Kirche tritt, schreit ihm das Volk seinen Hunger entgegen. Er läßt Almosen verteilen und bittet den Schwachsinnigen, der sich bei im beschwert, daß die Kinder ihn bestohlen haben, und der ihn an die Mordtat erinnert, für ihn zu beten. Das aber lasse, so läßt dieser Boris wissen, die Heilige Jungfrau nicht zu, er dürfe für einen Herodes nicht beten. Dann läßt er sich nieder und singt sein trauriges Lied von der finsteren Zukunft Rußlands und seines hungernden Volkes *(Lied des Schwachsinnigen »Fließet, fließet, heiße, bittere Tränen...«).* – *2. Bild:* Der große Empfangssaal im Schloß des Kreml. Boris hat eine außerordentliche Sitzung der Bojarenduma (russischer Staatsrat) einberufen. Auf ihr verliest Schtschelkalow einen Vorschlag des Zaren, das Urteil über den falschen

Dimitrij zu sprechen. Es fällt einstimmig aus: Tod ihm und seinen Anhängern! Ungehalten über sein spätes Erscheinen werfen die Bojaren Schuiski vor, er hetze mit seiner öffentlich erhobenen Behauptung, der echte Zarewitsch lebe noch, nur das Volk auf. Schuiski verteidigt sich, dies sei alles nur böses Geschwätz gegen ihn. Und er warnt die Bojaren vor Boris: der Zar sei krank, er leide unter Angstvisionen und sähe im Fiebertraum den toten Zarewitsch vor sich, den er wie ein Gespenst von sich scheuche. Die Bojaren nennen Schuiski einen Lügner, müssen sich aber dann selbst von der Wahrheit seiner Worte überzeugen. Boris erscheint, wie von Wahnsinn gezeichnet verscheucht er angstverzerrt ein eingebildetes Gespenst von seiner Seite. Erst langsam kommt er wieder zu sich. Schuiski meldet ihm die Ankunft eines frommen Greises, der ihm ein wichtiges Geheimnis offenbaren möchte. In der Hoffnung, der fromme Mann lindere seine Seelenqualen, läßt er ihn kommen. Es ist der Mönch Pimen, der ihm von einem »heil'gen Wunder« berichtet *(Erzählung des Pimen »An einem Abend kam zu mir ein alter Hirt...«)*. Als Boris die Geschichte von dem blinden Hirten hört, der durch sein Gebet am Grabe des ermordeten Zarewitsch plötzlich sehend wurde, bricht er zusammen und fühlt sein Ende nahen. Er fordert das Bußkleid, um – alter Tradition folgend – ins Kloster zu gehen als Zeichen dafür, daß er auf den Zarenthron verzichtet. Er ruft seinen Sohn Fjodor herein und übergibt ihm seine Herrschaft. Gott und die Menschen um Vergebung für seine Schuld bittend, verliert er das Bewußtsein und stirbt *(Sterbeszene des Boris Godunow »Leb wohl, mein Sohn, ich sterbe...«)*. – 3. Bild: Eine Waldlichtung bei Kromy. Eine Horde Vagabunden bringt den gefesselten Bojaren Chruschtschow herbei, den sie einen Zarenknecht und Peiniger des Volkes schimpfen und ihr fröhlich-spöttisches Schindluder mit ihm treiben, um sich zu rächen. Angestachelt werden sie durch Missail und Warlaam, die vom Jammer und vom Elend des Volkes singen, das unter der Hand des verfluchten Zarenmörders stöhnt *(Große Chorszene »Frei und ledig ihrer Fesseln bricht sich Bahn des Volkes Kraft«)*. Gleichzeitig wollen sie auch die beiden psalmodierenden Jesuiten Lowitzkij und Tschernjakowskij aufhängen. Dann jedoch geht der ekstatische Freiheitsgesang über in die Huldigung für den falschen Dimitrij, in dem sie den wahren Zarewitsch und damit rechtmäßigen Zaren sehen und dem überall die Menschen zulaufen. Hoch zu Roß erscheint er selbst und fordert die Menge auf, ihm in den siegreichen Kampf um den Zarenthron nach Moskau zu folgen. Begeistert gehen sie mit ihm und lassen den Schwachsinnigen einsam zurück, der noch einmal seine traurige Weise vom Schicksal Rußlands anstimmt.

Aufführungsdauer. 4 Stunden

Peter Iljitsch Tschaikowsky (1840–1893)
EUGEN ONEGIN (Evgenij Onegin)
Lyrische Szenen in 3 Akten
Text nach Alexander Puschkin von Konstantin
Schilowskij und Peter Tschaikowsky
Uraufführung Moskau 1879

Quelle. Tschaikowskys bekannteste, gerade an den deutschsprachigen Theatern meistgespielte und zum festen internationalen Opernrepertoire zählende Oper hat den in 8 Gesängen eingeteilte Versroman »Eugen Onegin« von *Alexander Puschkin (1799–1837)* zur Vorlage. Der Dichter schrieb den »Onegin« in den Jahren 1825–1832, veröffentlichte fast jedes Jahr einen Gesang und ließ das fertige Gesamtwerk 1833 in Moskau erscheinen. In diesem realistischen Roman, der erstmals wirkliche russische Menschen des Alltags schildert und über einhundert Personen aufweist, wird in dem reichen und zynischen, schon in jungen Jahren des langweiligen Lebens und des Lebensgenusses überdrüssigen Titelhelden der russische Prototyp des westeuropäischen ›Dandy‹ charakterisiert. Doch hinter ihm verbirgt sich bereits jene Tragödie der russischen Menschen, deren Welt später in den Dramen *Anton Tschechows (1860–1904)* vor dem Beginn einer neuen Zeit zusammenbricht.

Puschkin charakterisiert Onegin, Sohn eines durch Vergnügen und Geldborgen in den Ruin getriebenen Lebemannes, als ebenso klugen und phantasievollen wie menschenfeindlichen und spöttischen jungen Mann, der schon früh das galante Spiel um Eifersucht und Heuchelei, trügerische Launen und täuschende Überredungskünste beherrscht. Durch eine Erbschaft zum Grundbesitzer geworden, flieht er die »Weltlust« und die Leere gesellschaftlichen Vergnügens, zieht sich aufs Land zurück und wird lebensunlustig und trübsinnig, er gilt als gefühlskalt und teilnahmslos. In dem jungen Wladimir Lenskij, seinem reichen Gutsnachbarn, lernt er eine schwärmerische Poetennatur kennen und freundet sich mit ihm an. Sie werden mit der Gutsherrenfamilie Larin und deren beiden Töchter bekannt, der fröhlichen Olga und der schwermütigen Tatjana. Bald gelten Lenskij und Olga als künftiges Brautpaar, während Tatjana sich zu Onegin hingezogen fühlt. Sie offenbart sich ihm in einem Brief, den er mit einem Besuch bei ihr beantwortet, um ihr zwar seinen Respekt zu bekunden, ihr aber auch rücksichtsvoll und doch offen seine Untauglichkeit für eine Verbindung mit ihr zu gestehen. Seine verschmähte Liebe trifft Tatjana schwer, sie welkt dahin und irrt seltsam bleich und teilnahmslos umher. Anders Lenskij und Olga, die ihr Glück genießen, was Onegin fast anwidert. Als Lenskij ihn wider seinen Willen zum Ballbesuch bei den Larins überredet und er der dortigen Gesellschaft einmal mehr nur mit Verachtung begegnen kann, rächt er sich am Freund, indem er nahezu ausschließlich mit Olga tanzt. Das macht Lenskij unheilbar wütend und eifersüchtig, er verläßt »in blinder Eile« den Ball und fordert von Onegin Genugtuung, der ihm im Duell tötet. Von Schuldgefühlen geplagt und voller Unruhe reist er plötzlich ab. Nach angemessener Trauerzeit heiratet Olga einen jungen Offizier, dem sie in seine Garnisonsstadt folgt. Tatjana bleibt allein zurück, ohne Freude und voller unstillbarer Sehnsucht nach Onegin. Um auch für sie eine Heirat zu ermöglichen, reist die Familie nach Moskau, wo sie Tatjana bei Verwandten, in Gesellschaften, auf Bällen und im Theater »präsentiert«. Mit einem älteren Fürsten, einem hohen Militär, geht sie schließlich die Ehe ein. Zwei Jahre später trifft sie Onegin in ihrem Haus, erstaunt und verwirrt darüber, wie aus dem einstigen für sentimentale Romane schwärmenden Provinzmädchen eine souverän auftretende Dame der Moskauer Gesellschaft geworden ist. Verzehrende Leidenschaft nach ihr erwacht plötzlich in Onegin, er offenbart sich nun seinerseits ihr gegenüber in einem Brief, so wie sie es damals ihm gegenüber getan hatte, und bittet um eine Unterredung: »An Ihrem Urteil hängt mein Leben/Mein Schicksal ruht in Ihrer Hand!« Bei einem letzten Zusammentreffen gesteht Tatjana ihm, daß auch sie ihn noch immer liebt, bekennt sich jedoch in fester Treue zu ihrem Ehemann: »So geht sie. Wie vom Blitz getroffen,/Zerschmettert bleibt Onegin stehn,/Sieht voll Verzweiflung all sein Hoffen/Unwiederbringlich untergehn!«

Entstehung und Uraufführung. An einem Nachmittag Anfang Mai 1877, so wissen wir durch den Komponisten selbst, war Tschaikowsky zu Gast bei *Jelisaweta Lawrowskaja*, Sängerin und Lehrerin am Moskauer Konservatorium. Er hatte gerade seine 4. Sinfonie beendet und suchte einen neuen Opernstoff. Sie empfahl ihm Puschkins Versroman. Auf dem Nachhauseweg besorgte sich Tschaikowsky in einer Buchhandlung den Text. Er las die Dichtung auf einen Zug in der Nacht, machte einen ersten groben Handlungsentwurf und fuhr am nächsten Tag zu seinem Schüler und Freund *Konstantin S. Schilowskij (1849–1893)*, der ihm sein Szenarium bearbeitete und ihm beim Abfassen des Librettos half. Tschaikowsky begeisterte sich vor allem an der Poesie Puschkins und an der Gestalt Tatjanas. Dabei folgten Autor und Komponist sehr getreu der literarischen Vorlage: die Paradestücke der Oper – Tatjanas Briefszene, Lenskijs Abschiedsbrief an Olga oder die große Schlußszene zwischen Tatjana und Eugen Onegin – sind in ihr genau vorgegeben und werden teilweise mit wörtlichlichen Zitaten übernommen. Ausgeschlossen blieben jedoch die vielen literarischen Anspielungen Puschkins ebenso wie dessen offensichtliche Ironie (die auch seine Erzählung »Pique-Dame« auszeichnen) in der Erkenntnis, dies tauge nicht für eine Opernhandlung. Tschaikowsky zog sich auf Schilkowskijs Landsitz in Glebow zum Komponieren zurück, um ungestört zu sein, denn – so schrieb er am 19. Mai an seinen Schwager Leo Dawidow: »*Wenn ich komponiere, habe ich die Gewohnheit laut zu singen, und der Gedanke, daß man mich* *hört, stört mich sehr.«* Anfang Juli war der größte Teil komponiert, Ende August (Tschaikowsky hielt sich einmal mehr im Hause seiner Schwester Sascha in Kamenka auf) war das 1. Bild instrumentiert, Ende Januar 1878 der Klavierauszug und Anfang Februar die Partitur fertig. Er war mit dem Werk durchaus selbst zufrieden. Seinem Verleger Jürgenson schrieb er Anfang Februar 1878: *»Der Erfolg dieser Oper muß von unten, nicht von oben anfangen... Im Publikum wird sie nicht durch das Theater bekannt werden, nein, im Gegenteil: Das Publikum wird sie allmählich zu lieben beginnen, und dann werden auch die Theater sie spielen, um den Forderungen des Publikums gerecht zu werden.«* An den ihm befreundeten Komponisten und Pianisten Sergej Tanejew ereiferte er sich zur gleichen Zeit: *»Ich pfeife darauf, daß es keine bühnenmäßige Oper wird! Dann spielt es eben nicht! Ich habe diese Oper nur komponiert, weil ich eines Tages das unüberwindliche Verlangen fühlte, alles, was im ›Onegin‹ geradezu nach Vertonung verlangt, in Musik zu setzen. Ich habe mit ungeheurer Begeisterung und tiefem Genuß an dieser Oper gearbeitet, ohne mich um Wirkungen zu kümmern. Auf diese Wirkungen pfeife ich!«* An anderer Stelle schrieb er, er sei während der Komposition von einer unbeschreiblichen Seligkeit erfaßt gewesen und bekannte: *»Diese Musik hat sich buchstäblich aus mir ergossen, ich habe sie mir nicht ausgedacht.«* Die Uraufführung fand am 29. März 1879 im Moskauer Maly-Theater mit Studenten des Moskauer Konservatoriums (Solisten, Chor und Orchester) unter der musikalischen Leitung von *Nikolaj Rubinstein* statt. Ihr folgten die ›offizielle‹ Premiere am 11. Januar 1881 am Bolschoi-Theater in Moskau und am 19. Januar 1892 die deutschsprachige Erstaufführung am Stadttheater in Hamburg unter der musikalischen Leitung des 31-jährigen Kapellmeisters *Gustav Mahler* in Anwesenheit des Komponisten.

Ort und Zeit. Auf dem Lande sowie in der Metropole St. Petersburg zu Beginn des 19. Jahrhunderts

Die Personen der Oper. Larina, Gutsbesitzerin (Mezzosopran) – Tatjana (Sopran) und Olga (Mezzosopran), ihre Töchter – Filipjewna, Amme (Alt) – Eugen Onegin (Bariton) – Lenskij (Tenor) – Fürst Gremin (Baß) – Ein Hauptmann (Baß) – Saretzkij (Baß) – Triquet, ein Franzose (Tenor) – Guillot, Kammerdiener Onegins (stumme Rolle).

Bauern und Bäuerinnen, Landleute, Gutsbesitzer(innen) und Offiziere (Chor)

Die Handlung. 1. AKT: Im Garten auf dem Landgut der Familie Larin. Die verwitwete Gutsherrin Larina und die Amme Filipjewna gehen Hausarbeiten nach und lauschen dem Gesang der Schwestern Olga und Tatjana im Hausinnern, wobei sie sich an vergangene Zeiten erinnern. Landleute kommen von der Feldarbeit. Die Ernte ist eingebracht, nun bringen sie der Larina eine geschmückte Garbe und singen ihr ein Huldigungslied. Dann beginnen sie einen fröhlichen Tanz *(Chor »Wie einst über eine Brücke kam ein junger Bursch gegangen...«),* dem sich auch Olga anschließt *(Arioso der Olga »Mir liegt die* *schmachtende Sehnsucht nicht ...«).* Tatjana jedoch hat wenig Sinn für das Fest, sie träumt sehnsüchtig und hängt einer seltsamen Schwermut nach. Sie hält sich abseits und liest in einem Liebesroman, der ihr sehr zu Herzen geht. Da erscheint der junge Dichter Lenskij, Nachbar der Larins und in Olga verliebt. In seiner Begleitung befindet sich sein Freund Eugen Onegin, ein reicher Lebemann aus der Stadt, der auf Tatjana sofort einen tiefen Eindruck macht, der sie aber eher herablassend behandelt. – Abends, in Tatjanas Zimmer. Filipjewna bringt Tatjana zu Bett und erfährt von ihr, daß sie verliebt ist: in Onegin, in dem sie die Inkarnation des Geliebten ihrer geheimen Sehnsüchte und Träume sieht. Sie schickt Felipjewna weg und schreibt Onegin einen langen Brief, in dem sie ihm ihre Liebe gesteht *(Briefszene der Tatjana »Und wenn ich zu Grunde gehe ..., mein Schicksal gebe ich nun in deine Hand ...«).* Die ganze Nacht schreibt sie an dem Brief, den sie am Morgen der Filipjewna übergibt mit der Bitte, deren Enkel möge ihn rasch zu Onegin bringen. – Im Garten des Gutes singen die Mädchen ein Liebeslied, während Tatjana aus dem Hause flieht, gefolgt von Onegin, der ihr Antwort gibt auf ihren Brief an ihn *(Arie des Onegin: »Sie schrieb mir ...«).* Er weiß Tatjanas Offenheit zu schätzen, aber Gatte, Vater sein in einem trauten Familienkreis: dazu ist er nicht geschaffen. Die Ehe würde ihnen beiden zur Qual werden, er selbst würde aufhören zu lieben, wenn er sich einmal an seine Liebe gewöhnt haben würde. Onegin lehnt Tatjanas Liebesantrag ab und läßt sie schmerzlich verletzt zurück. –

2. AKT: Ball im Hause der Larina anläßlich von Tatjanas Namenstag. Onegin tanzt erst mit Tatjana und bekommt das Gerede der Ballgäste über sie beide mit. Aus Wut über sich selbst, Lenskij zu diesem Ball begleitet zu haben, will er sich rächen und beginnt, mit Olga zu tanzen und ihr den Hof zu machen. Das reizt die Eifersucht Lenskijs, der Olga Koketterie mit Onegin vorwirft. Die freilich versteht seine Aufregung nicht und bezeichnet das Ganze als Lappalie, läßt Lenskij einfach stehen und bestraft seine Eifersucht, indem sie erneut mit Onegin tanzt. Unter den Ballgästen befindet sich auch der Franzose Triquet, den die jungen Damen umschwärmen und um ein Couplet bitten, das er zu Ehren Tatjanas singt *(Couplet des Triquet »A cette fête conviers ...«).* Nachdem er gesungen hat, überreicht er Tatjana das Couplet, und der Hauptmann bittet zum Contillon (Gesellschaftstanz), den Olga wieder mit Onegin tanzt. Als dieser Lenskij spöttisch fragt, warum denn er nicht tanze, beschuldigt Lenskij ihn, er verdrehe allen Mädchen den Kopf, habe mit Tatjana nicht genug und wolle auch Olga verderben. Als Onegin ihm darauf antwortet, er sei wohl nicht recht bei Sinnen, solche Anschuldigungen auszusprechen, fühlt sich Lenskij beleidigt, kündigt Onegin augenblicklich die Freundschaft, spricht ihm seine Verachtung aus und fordert, seine Beschwichtigunsversuche ignorierend, Genugtuung. Das ruft allgemeine Bestürzung hervor, Onegin erkennt sein schuldhaftes Verhalten und ist mit sich selbst unzufrieden. Allzu unbedacht, so wirft er sich selbst vor,

hat er die Leidenschaft des Freundes verhöhnt, den er doch liebt und dem gegenüber er sich nicht als Hitzkopf, sondern als reifer Mann zu benehmen habe. Doch nun ist nichts mehr zu ändern, er muß die Beleidigung durch Lenskij parieren, der ihn als niedrigen und ehrlosen Verführer beschimpft. Alle Versöhnungsversuche Olgas und der Gäste können die erzürnten Rivalen nicht besänftigen, und Tatjana sieht ihre Liebe zu Onegin verraten und verloren. – Am frühen Morgen des folgenden Tages kommt es zum Duell. Während Lenskij mit seinem Sekundanten Saretzkij auf den sich verspätenden Onegin wartet, verfällt er in dumpfe Vorahnungen und in schwermütige Erinnerungen an das unbeschwerte Leben früherer Tage *(Arie des Lenskij* »*Wohin, wohin seid ihr verflogen, ihr goldnen Tage meines Lenzes?*«*).* Dann erscheint Onegin mit seinem Diener Guillot, der ihm sekundieren soll. Die Freunde finden auch jetzt keinen Weg, aufeinander zuzugehen, und so ist das Duell unvermeidlich. Onegin tötet Lenskij und bricht entsetzt zusammen über das, was er getan hat. –

3. AKT: Jahre später nimmt Onegin im Hause seines Freundes Fürst Gremin in St. Petersburg an einem Ball teil. Während man die Polonaise tanzt *(bekanntes, auch im Konzert viel gespieltes Orchesterstück),* leidet Onegin noch immer unter der Langweiligkeit solcher Gesellschaften, vor allem aber darunter, daß der Glanz und das Treiben der großen Welt seine quälende Schwermut darüber nicht haben heilen können, Lenskij getötet zu haben, dessen blutiger Schatten ihn rastlos umhertreibt. Gerade ist er von einer langen Auslandsreise nach Petersburg zurückgehehrt. Zu seiner Überraschung begegnet er in Gremins Gemahlin Tatjana wieder, die ihrerseits über sein unerwartetes Erscheinen bestürzt ist, während Gremin dem Freund von seiner Frau vorschwärmt *(Arie des Gremin* »*Ein jeder kennt die Lieb' auf Erden...*«*).* Er stellt sie Onegin vor, der erstaunt ist, wie gelassen und gleichgültig sie ihm offenbar begegnet, kein bißchen verlegen und ebenso anmutig wie hoheitsvoll. Aber gerade das weckt seine verborgene Liebe zu ihr, die ihn plötzlich überfällt und der er nicht Herr werden kann, die ihn vernichten wird – da will er zuvor in »sinnverwirrender Hoffnung den Zaubertrank der Begierde trinken« *(Arioso des Onegin* »*Ist es wirklich die gleiche Tatjana...?*«*).* – Am nächsten Morgen sucht Onegin Tatjana auf, in der er ebenfalls die »verstummte Leidenschaft« so schnell wieder erweckt hat. Er fällt ihr zu Füßen und gesteht ihr mit verzweifelter Leidenschaft seine Liebe. Zugleich beschwört er ihre Liebe zu ihm, die sie nicht leugnet und zu der sie sich auch nach so langer Zeit bekennt. Aber sie will ihren Gremin gegebenen Schwur halten, sein Schicksal ist auch ihres, mit ihm will sie als seine angetraute Frau leben und ihn nie verlassen. Wie einst Onegin ihre Liebe verschmähte, so entsagt Tatjana jetzt ihm *(Schlußszene Tatjana-Onegin* »*Onegin, mein Entschluß steht fest...*«*).*

Aufführungsdauer. 2½ Stunden

Peter Iljitsch Tschaikowsky
PIQUE-DAME
Oper in 3 Akten, Text nach Alexander Puschkin
von Modest Tschaikowsky
Uraufführung St. Petersburg 1890

Quelle. Auch für diese Oper lieferte Puschkin die literarische Vorlage mit seiner Erzählung »Pique-Dame« (*Pikovaja Dama*), die 1834 erschien. Unverkennbar erinnert die von erzählerischer Ironie durchsetzte Mischung von Realistik und Phantastik an E. T. A. Hoffmann, den phantastisch-skurrilsten Dichter der deutschen Romantik. Der Titelheld Hermann ist ein junger Ingenieursoffizier, Sohn eines russifizierten Deutschen, eine an sich leidenschaftliche Natur und voller Phantasie, dabei jedoch wenig vergnügsam und ausgesprochen sparsam. Er gehört zu den ständigen Gästen bei den Spielabenden im Hause Narumows, eines Offiziers der Petersburger Gardekavallerie. So sehr er sich auch für das Kartenspiel interessiert, er nimmt selbst als Spieler nie daran teil: »Ich bin nicht in der Lage, das Unentbehrliche zu opfern, in der Hoffnung, Überflüssiges zu gewinnen.« Doch dann hört er eines Abends, wie der Mitspieler Tomskij von seiner fast 90jährigen Großmutter erzählt, der Gräfin Anna Fedorowna. Als junge Schönheit, weswegen man sie die ›Venus von Moskau‹ nannte, war sie eine bekannte Spielerin in der Pariser Gesellschaft. Als sie einmal auf Ehrenwort eine große Summe verlor und ihr Mann sich weigerte, ihre Spielschulden zu bezahlen, wandte sie sich an den geheimnisvollen alten Grafen St. Germain. Er nannte ihr drei Kartenwerte, mit denen sie all ihr Geld zurückgewann, behielt aber das Geheimnis für sich. Die ebenso launenhafte wie geizige Alte lebt mit ihrer jungen Pflegetochter Lisaweta Iwanowna und einer zahlreichen Dienerschaft in ihrem Hause, wo sie Gesellschaften nach alter strenger Etikette gibt, wenn sie nicht woanders »an allen Eitelkeiten der großen Welt« teilnimmt oder bei Bällen »abseits saß, ein häßliches, aber unvermeidliches Requisit des Ballsaals.« Diese Alte und ihre Geschichte lassen Hermann nicht mehr los: könnte sie ihm nicht ihr Geheimnis verraten und er damit sein Glück machen? Schon träumt er von Kartenglück und Spielgewinn, von Geld und Banknoten. Er entdeckt sich Lisa durch vorgetäuschte Liebesbriefe, die ihn im Glauben, er liebe sie, heimlich ins Haus der Gräfin holt. Dort aber wartet Hermann, so sein eigentlicher Plan, der Gräfin in ihrem Zimmer auf und bittet sie um Nennung der Kartenwerte, hilft ein wenig mit einer ungeladenen Pistole nach und erschreckt die Alte zu Tode. Dann erzählt er Lisa den Vorfall, die entsetzt erkennen muß, daß er nicht aus Liebe zu ihr, sondern aus Geldgier ins Haus gekommen ist. Hermann läßt das Geschehen nicht unberührt: »Er glaubte daran, daß die tote Gräfin einen verderblichen Einfluß auf sein Leben haben könnte, und beschloß daher, bei ihrem Begräbnis anwesend zu sein, um ihre Verzeihung zu erbitten.« Als er am offenen Sarg steht, ist ihm, »als ob die Tote ihn mit zusammengekniffenen Augen spöttisch« ansieht. Danach hat er eine Vision: der Geist der Gräfin erscheint ihm, nennt die Kartenwerte (Drei, Sieben und As), die er setzen und dann nie mehr spielen sowie Lisa heiraten soll. An drei Spielabenden hintereinander spielt Hermann, gewinnt mit Drei und Sieben – aber als er das As spielen will, hält er plötzlich die Pique-Dame (die in der Symbolistik für Krieg, Blitzstrahl und Tod steht) in der Hand und verliert alles: »In diesem Augenblick war es ihm, als ob die Pique-Dame die Augen zukniffe und lächelte. Die auffallende Ähnlichkeit traf ihn wie ein Blitz. ›Die Alte!‹ schrie er entsetzt.« Hermann fällt in Wahnsinn und dämmert in einem Krankenhaus vor sich hin, wo er auf alle Fragen nur in schnellem Rhythmus immer wieder nur mit »Drei-Sieben-As« antwortet.

Entstehung und Uraufführung. Tschaikowskys Beschäftigung mit »Pique-Dame« setzte um 1888/89 zu einer Zeit ein, die für sein Leben eine neue Wendung bedeutete: das langsame, aber unausweichliche Ende seiner Beziehung zu Nadeshda von Meck; die lange und erfolgreiche Konzerttournee als Dirigent durch ganz Europa, der endgültige Weltruhm als Komponist und der Beginn der letzten großen Schaffensperiode, in der u. a. die Sinfonien Nr. 5 und Nr. 6 entstanden. Erschöpft von den Tourneen, aber auch aus Sorge vor neuerlichen finanziellen Erpressungsversuchen seiner Frau entfloh er dem Trubel und suchte Ruhe: »*Wegfahren, nur so schnell wie möglich wegfahren! Niemanden sehen, nichts wissen, nur arbeiten, arbeiten, arbeiten ... das ist es, wonach meine Seele sich sehnt*«, schrieb er Anfang Januar 1890 an seine Brieffreundin. Wenig später reiste er für ein Vierteljahr nach Florenz, im Gepäck den Librettoentwurf zur neuen Oper. Puschkins Novelle zu vertonen hatte ihm sein Bruder Modest bereits 1888 empfohlen, aber erst jetzt interessierte ihn der Plan. Nach dem Reinfall mit der Oper »Die Zauberin« (1887) und dem nur mäßigen Uraufführungserfolg seines Ballettes »Dornröschen« am 3. Januar des Jahres im Marijnsky-Theater zu St. Petersburg wollte er seinen Kritikern beweisen, daß er mehr konnte, als sie ihm gemeinhin zutrauten: »*Ich bedaure außerordentlich, daß die russische Presse meine Triumphe verschweigt*«, äußerte er sich Glasunow gegenüber. Konzentriert begann er in Florenz mit der Komposition von »Pique-Dame«, zumal Iwan Alexandrowitsch Wsewoloshskij, Direktor der Kaiserlichen Theater in St. Petersburg, bereits Interesse für eine Aufführung schon in der kommenden Saison bekundet hatte: »*Daher bespricht man jetzt schon die Aufführung der Oper, von der noch keine Note geschrieben ist*«, so Tschaikowsky an Frau von Meck. Das Libretto des Bruders befand er, wie er ihm schrieb, »*im Ganzen ausgezeichnet*«, machte aber einige Verbesserungs- und Änderungsvorschläge. Zwar hielt man sich dicht an Puschkin, doch Tschaikowsky selbst schlug die Szene zwischen Lisa und Hermann am Flußufer vor, die es in der Erzählung nicht gibt. Er fürchtete, so ließ er Modest wissen, »*daß ohne diese Szene der ganze dritte Akt ohne Frauengestalt wäre, und das ist langweilig, auch muß man das Publikum wissen lassen, was aus Lisa geworden ist.*« Puschkin hatte am Ende nur lakonisch mitgeteilt: »Lisaweta Iwanowna hat sich mit einem sehr liebenswerten jungen Menschen verheiratet. Er steht im Staatsdienst und hat ein ansehnliches Einkommen.« Will sagen: Lisa ist versorgt, während Hermann im Wahnsinn dahin dämmert. Drei weitere Änderungen fallen ins Gewicht: Hermann liebt Lisa wirklich, diese ist jedoch mit dem Fürsten Jeletzkij verlobt, der sich an Hermann rächen wird, und dieser tötet sich selbst, als er das Spiel verliert; diese Motive finden sich in Puschkins Erzählung nicht. Regelmäßig sechs Stunden täglich arbeitete Tschaikowsky an der Komposition, die nach wenig mehr als gerade 40 Tagen Anfang März abgeschlossen war. Im Mai kehrte er nach Rußland zurück, Anfang Juni beendete er auf Frolowskoje Instrumentation und Partitur, so daß er im August das gesamte Notenmaterial der Direktion der Kaiserlichen Oper übergeben konnte. Dort begannen die Proben in den letzten Novembertagen, während der beiden Wochen vor der Premiere nahm der Komponist regelmäßig an den Proben teil, über die er sich sehr erfreut zeigte. Die Uraufführung am 19. Dezember 1890 war ein großer Publikumserfolg, die Presse war jedoch einmal mehr reserviert bis kritisch und wiederholte frühere grundsätzliche Einwände gegen Tschaikowskys Musik.

Mit der Popularität des »Eugen Onegin« – neben Smetanas »Verkaufter Braut« die weltweit meist gespielte slawische Oper – kann es »Pique-Dame« nicht aufnehmen, aber auch diese Oper gehört zum ständigen Repertoire. Sie ist dramatischer als der eher lyrische »Onegin«, die Tonsprache ist abwechslungsreich, diffizil und zitiert durch den Zeitrückgriff der Handlung ins 18. Jahrhundert (Puschkin siedelt seine Erzählung zu Beginn des 19. Jahrhunderts an, also in seiner eigenen Zeit) im Zwischenspiel des 2. Aktes bewußt den Stil des von Tschaikowsky zeitlebens hoch verehrten Mozart und der deutschen Klassik.

Ort und Zeit. St. Petersburg gegen Ende des 18. Jahrhunderts

Die Personen der Oper. Hermann (Tenor) – Lisa (Sopran) – Fürst Tomsky (Bariton) – Die Gräfin (Alt) – Fürst Jeletzky (Bariton) – Pauline (Mezzosopran) – Mascha (Sopran) – Die Gouvernante (Mezzosopran) – Tschekalinsky (Tenor) – Surin (Baß) – Festordner (Tenor) – Tschaplitzky (Tenor) – Narumow (Baß) – Der kommandierende Junge (Sprechrolle). Im Intermezzo: Prilepa/Chloe (Sopran) – Milowsor/Daphnis (Mezzosopran) – Slatogor/Pluto (Bariton) – Schäfer und Schäferinnen (Chor).

Kinder, Frauen, Gouvernanten, Ammen, Damen und Herren des Adels und der Gesellschaft, Freundinnen Lisas, Gäste, Zimmermädchen der Gräfin, Spieler (Chor)

Die Handlung. <u>1. AKT</u>: Platz im »Sommergarten« von St. Petersburg. Es herrscht reges Treiben an diesem schönen Frühlingstag, Damen und Herren promenieren durch den Garten, andere pflegen Konversation, Kinder tollen umher und kleine Jungen spielen Soldaten (*Großes Opening mit mehreren geteilten Chören*). Unter die Spaziergänger mischen sich die Freunde Tschekalinsky und Surin, der vergangene Nacht einmal mehr beim Kartenspiel verloren hat. Zu ihnen gesellt sich kurz darauf Hermann, junger Husarenoffizier in der Petersburger Garnison. Auch er gehört zu der Spielgemeinschaft, interessiert sich zwar sehr für das Spiel, setzt aber selbst nie mit. So gilt er bei den anderen für wunderlich, »als wenn er mindestens drei Verbrechen auf dem Gewissen hätte«, wie Surin spöttisch bemerkt. Hermann hängt trüben Gedanken nach und gesteht auf Nachfrage der beiden, daß er verliebt ist. Doch weder kennt er den Namen seiner Angebeteten, noch sieht er sich imstande, seine Leidenschaft zu bändigen, die er selbst wegen seiner eigenen Armut und wegen des Adels der jungen Dame als aussichtslos erkennt. Er fühlt sich aus der Ruhe gebracht, da seine »Seele in der Macht eines Traumes« gefangen ist, er fühlt sich krank, da er verliebt ist. Er lebt, aber er leidet. Während die beiden Bekannten leisen Spott mit ihm treiben, tritt Fürst Jeletzky zu ihnen und stellt seine Braut Lisa vor, Enkelin der alten Gräfin. Bestürzt erkennt Hermann in ihr seine unbekannte Liebe, Jeletzky dagegen preist sein Glück, doch die anderen befallen bange Ahnungen (*Duett Jeletzky-Hermann »Glücklicher/Unglücklicher Tag...«* und *Quintett Lisa-Gräfin-Hermann-Jeletzky-Tomsky »Mir ist so bang!«*). Unangenehm berührt sind die jungen Männer vor allem von der alten Gräfin, die sie als Hexe bezeichnen und die den Spitznamen ›Pique-Dame‹ trägt. In ihrer Jugend galt sie als Schönheit von Paris, genannt ›Die Venus von Moskau‹. Auf Drängen der anderen erzählt Tomsky ihre Geschichte: Sie war eine in Paris bekannte Pharao-Spielerin, verlor aber einst in Versailles alles Vermögen. Der ebenso heftig wie erfolglos in sie verliebte Graf St-Germain half ihr mit drei Spielkarten alles zurückzugewinnen und forderte als Gegenleistung nur ein einziges Rendezvous, das sie ihm gewährte. Unvorsichtigerweise verriet sie das Kartengeheimnis erst ihrem Ehemann und dann einem jungen Galan, worauf ihr ein Gespenst erschienen sein soll mit der Drohung: »Du wirst einen tödlichen Schlag erhalten von dem dritten, der, leidenschaftlich liebend, kommt, um mit Gewalt von dir zu erfahren das Geheimnis der drei Karten!« (*Szene und Ballade Tomskys »Die Gräfin galt vor vielen Jahren...«*). Nun reizen die Freunde den trübseligen Hermann mit dem Erzählten, der für sich schwört, Lisa nicht Jeletzky überlassen zu wollen, sondern für sich zu gewinnen. – Lisas Zimmer im Hause der Gräfin. Lisa hat Freundinnen bei sich, die Lisas Freundin Pauline mit einem russischen Lied unterhält (*Romanze der Pauline »Freundinnen, im Leichtsinn tummelt ihr euch auf den Wiesen.«*). Doch da das Lied etwas zu melancholisch ist und die merklich traurige Stimmung Lisas nicht bessert, stimmen die Mädchen eine fröhlichere Weise an. Das ruft die Gouvernante auf den Plan, die den Mädchen Vorhaltungen macht, von ihnen gutes Benehmen fordert und der späten Stunde wegen zum Aufbruch mahnt. Lisa verabschiedet Pauline, schickt auch das Zimmermädchen Mascha weg und fällt in schwermütige Gedanken an einen Unbekannten, der ihr die Ruhe nimmt, obwohl sie sich und ihre Zukunft doch Fürst Jeletzky anvertraut hat (*Arie der Lisa* »*Woher kommen diese Tränen?*«). Plötzlich steht der Unbekannte vor ihr: Hermann. Schweigend blicken sie einander an, dann will Lisa fliehen, doch Hermann kann sie zurückhalten und ihr seine Liebe gestehen. Zugleich bittet er sie um Verzeihung dafür, »daß ich in deinen Frieden einbrach.« Da nähern sich Schritte auf dem Flur und die Gräfin erbittet Einlaß in Lisas Zimmer. Sie hat Lärm gehört, ist mißtrauisch geworden und will nun nach dem Rechten sehen. Hermann hat sich rechtzeitig verstecken können, Lisa vermag die Gräfin zu beruhigen, dann sinkt sie Hermann, dessen Drängen sie nicht widerstehen kann, in die Arme. –

2. AKT: Großer Saal. Bei einem Maskenball im Hause eines reichen Würdenträgers vergnügt sich der junge Petersburger Adel (*Eingangschor* »*Freudig und fröhlich vereinigt euch an diesem Tag, Freunde!*«). Auch Surin und seine Freunde sind da, denen er mitteilt, Hermann habe ihm seine Hoffnung auf die geheimnisvollen drei Karten gestanden. Während Jeletzky seiner Braut Lisa seine aufrichtige Liebe gesteht (*Arie Jeletzkys* »*Ich liebe Sie, ich liebe Sie unermeßlich...*«) und dennoch spürt, wie sie sich ihm entzieht, erscheint Hermann. Er hat von Lisa einen Brief erhalten, in dem sie ihn um ein Wiedersehen bittet. Doch seine Gedanken kreisen mehr um das Geheimnis der drei Spielkarten, womit er von den Freunden auch noch aufgezogen wird, was ihn sichtlich verstört. Zunächst jedoch wendet man sich einem vom Hausherrn arrangierten Intermezzo zu, der Pastorale »Die treue Schäferin«. Mit Tanz und Gesang erinnert das kurze Spiel an die aus der antiken Mythologie bekannte und in die europäische Pastoraldichtung übernommene Geschichte von dem Hirten Daphnis, der sich rühmte, den Verlockungen der Liebe widerstehen zu können. Doch dann verfiel er der ihn aufrichtig und treu liebenden jungen Schäferin Chloe, heiratete sie und bereitete so seinen Liebesqualen in den »Entzückungen der Liebe« ein glückliches Ende. Dieser spielerischen Apotheose auf die Liebe hat Hermann nur zerstreut folgen können, da sie ihn an seine eigene Leidenschaft für Lisa erinnert. Plötzlich sieht er sich der alten Gräfin gegenüber, die er gebannt anstarrt, und hört wieder die kichernden Spötteleien der anderen, bis ihn Lisa erlöst. Sie spielt ihm einen Hausschlüssel zu, damit er durch eine geheime Tür in ihr Zimmer gelangen kann, wo sie ihn erwarten will, um ganz ihm zu gehören. Hermann verspricht zu kommen und verläßt im Moment, da man als Ehrengast die Zarin Katharina persönlich begrüßt, die Gesellschaft. – Schlafzimmer der Gräfin. Hermann tritt durch eine geheime Tür ein und erwartet die Heimkehr Lisas und der Gräfin von dem Maskenball. Er schaut wie hypnotisiert auf das Porträt der Gräfin, von dem sich sein »begieriger Blick« nicht lösen kann: »Einer von uns beiden wird an dem anderen zugrundegehen! Ich starre auf dich und hasse dich, aber ich kann mich nicht satt sehen an dir!« Als die Gräfin das Zimmer betritt, versteckt sich Hermann und lauscht ihren Erinnerungen an die frühere schöne Zeit, als sie von der Pariser Gesellschaft bewundert wurde (*Arie der Gräfin* »*Ach, widerlich ist mir diese Welt!*«). Dann schläft sie ein, schreckt aber wieder hoch und schaut voller Entsetzen auf Hermann, der vor ihr steht. Eindringlich fleht er sie an, das Geheimis der drei Spielkarten preiszugeben und so sein Glück zu besiegeln, wofür er auch bereit ist, ihre Sünde auf sich zu nehmen, die er mit den Karten verbunden glaubt (*Szene Hermanns* »*Erschrecken Sie nicht!*«). Die Gräfin bleibt stumm, richtet sich aber drohend gegen ihn auf, der mit seiner ungeladenen Pistole seiner Forderung Nachdruck verleihen will, sie aber damit nur zu Tode erschreckt. Lisa erscheint, weil sie ein Geräusch gehört hat, erblickt die tote Gräfin und muß erkennen, daß Hermann nicht ihretwegen kam, sondern um von der Gräfin die Kartenwerte zu erfahren. Schluchzend bricht sie über der Toten zusammen, während Hermann unter der Beteuerung, den Tod der Alten nicht gewollt zu haben, hinausstürzt. –

3. AKT: Hermanns Zimmer in der Kaserne. Hermann liest den Brief Lisas, die ihn für unschuldig am Tod der Großmutter hält und ihn um Mitternacht zu einem Treffen am Flußufer bittet. Immer mehr verwirren sich Hermanns Gedanken an das vergangene Geschehnis und mischen sich mit Wahnvorstellungen, die im Sarg liegende Gräfin lächle ihm spöttisch zu – und schließlich sieht er sich ihrem Gespenst gegenüber. Unter der Bedingung, Lisa zu heiraten und damit zu retten, nennt der Geist die drei Karten: »Drei, Sieben, As!« Damit werde er dreimal hintereinander gewinnen. – Winterliche Gracht mit der Peter-Pauls-Festung im Hintergrund. Lisa wartet auf Hermann, hin- und hergerissen zwischen Hoffnung und Zweifel an seiner Unschuld (*Arioso der Lisa* »*Bald ist Mitternacht, aber von Hermann ist nichts zu sehen...*«). Schon schlägt es Zwölf, als Hermann erscheint und sie beruhigt. Glücklich schließen sie sich in die Arme (*Duett Hermann-Lisa* »*Vergangen sind die Leiden, vergessen die Qualen und Tränen...*«). Doch in Hermanns Liebesschwüre mischt sich sein Drängen, Lisa möge ihn zur Spielbank begleiten, dort warte viel Geld auf ihn. Da weiß Lisa endgültig um die eigentliche Wahrheit und erkennt in Hermann den Mörder der Gräfin, der sich selbst ekstatisch als jenen prophezeiten dritten Mann bezeichnet, der mit Gewalt das Kartengeheimnis zu lüften vermochte. Schon halb dem Wahnsinn verfallen stößt er Lisa von sich, die im Fluß den eigenen Tod sucht. – In der Spielbank. Die Freunde widmen sich ausgelassen dem Kartenspiel, als überraschend Jeletzky auftaucht, den man hier noch nie gesehen hat. Er weiß, daß er Lisa verloren hat, und will

sich dafür an Hermann rächen. Fröhlich nimmt man ihn in die Runde der Spieler auf (*Lied des Tomsky und Chor der Gäste* »*Wenn die lieben Mädchen fliegen könnten wie die Vögel*...«, dem sich ein *Spiellied* aller anschließt). Als Hermann erscheint und mit den beiden ersten Karten große Summen gewinnt, beschleicht die anderen das unheimliche Gefühl, hier gehe es nicht mit rechten Dingen zu. Doch als Hermann die dritte Karte setzen will, fordert ihn Jeletzky heraus. Verwundert zieht Hermann das As – und hat Pique-Dame in der Hand, mit der er alles verliert. Da erscheint ihm noch einmal das Gespenst der toten Gräfin und treibt ihn endgültig in den Wahnsinn, in dem er sich selbst richtet. Sterbend bittet er Jeletzky um Vergebung, sein letzter Gedanke aber gilt Lisa. –

Aufführungsdauer: ca 3 Stunden

Verdi: Opernrealismus

In den frühen Morgenstunden des 27. Januar 1901 stirbt *Giuseppe Verdi (1813–1901)* an den Folgen eines Schlaganfalls im 88. Lebensjahr. Einen Monat später werden sein und seiner 1897 verstorbenen Frau Giuseppina Särge in die Casa di Riposo von Mailand überführt und im dortigen Oratorium endgültig beigesetzt. Der Trauerzug führt durch die Stadt, es folgen ihm über 300 000 Mailänder. Der 34jährige, schon berühmte Arturo Toscanini dirigiert den von 900 Sängerinnen und Sängern vorgetragenen Gefangenenchor aus »Nabucco«. Italien trägt den Mythos seiner nationalen Musikgeschichte zu Grabe.

26 Opern hat Verdi komponiert, von denen 18 regelmäßig im internationalen Repertoire stehen, das sind 70 % seiner Bühnenwerke. Darin ist er unvergleichbar, darin spiegelt sich aber auch seine Bedeutung und seine ungebrochene weltweite Popularität. Er ist der erfolgreichste Komponist in der Geschichte des musikalischen Theaters. (47)

Er war schon zu Lebzeiten eine Legende, und Legenden ranken sich noch heute um sein langes Leben. Dazu gehört die von seiner Herkunft aus ärmlichsten Verhältnissen. Das muß man geradebiegen. Verdis Vater ist zwar ein einfacher Schankwirt in dem norditalienischen Dorf Le Roncole, das im Kreis Busseto nordwestlich von Parma gelegen ist. Aber die Schenke läuft gut und wirft zwar keine Reichtümer ab, jedoch allemal ein ausreichendes Einkommen, das durch den Zuverdienst der Mutter mit Spinnarbeiten aufgerundet wird. Zudem verfügt die Familie seit Generationen über beachtlichen Landbesitz. Verdis Eltern müssen also nicht die viel beschworenen Opfer bringen, um dem hochbegabten Sohn die musikalische Ausbildung zu ermöglichen, der keine von bitteren Entbehrungen geprägte Jugend verbringt, sondern sie verläuft harmonisch und ihn fördernd. Weder schämt er sich jemals seiner Herkunft, noch sucht er später die angebliche Armut der Kindheitstage zu vertuschen. Sein nicht sonderlich gutes Verhältnis zu den Eltern hat andere Gründe und verursacht ihm zeitweilig aufrichtige Schuldgefühle. Er selbst sieht sich »*dazu verdammt, ein Bär zu sein*«, er nennt sich einen »*schroffen Biedermann*«, einen »*gewöhnlichen Bauersmann*« und bekennt immer wieder: »*Ich war, bin und bleibe ein Bauer aus Le Roncole.*« (48) Auch das darf man nicht so ganz wörtlich nehmen, denn auf seinem weitläufigen Besitz Sant'Agata, den er im Mai 1848 erwirbt, legt er zwar oft selbst Hand an, verwaltet ihn aber eher in der Manier eines Großgrundbesitzers, der als herrisch bis tyrannisch beschrieben wird, seine Angestellten nennen ihn ›bestia furore‹, also ein wildes Tier. Später wird er noch mehr Boden, Felder, Wälder und Landwirtschaften hinzugewinnen und seinen riesigen Besitz bis an die Stadtgrenzen von Busseto ausdehnen. Er ist, um es deutsch zu sagen, weniger ein bayrischer Hofbauer sondern mehr ein preußischer Landjunker.

Mit Begabung und Fleiß, aber auch nicht ohne Glück wird der Junge als Organist an der Dorfkirche beschäftigt und findet in dem ebenso angesehenen wie vermögenden Geschäftsmann und Musikliebhaber *Antonio Barezzi* aus Busseto seinen väterlichen Gönner, der sein Schwiegervater wird und mit dem er sich zeitlebens sehr gut versteht. Er kommt mit einem Stipendium nach Mailand, wird in jungen Jahren zum Leiter des Philharmonischen Orchesters von Busseto und zum dortigen Domorganisten ernannt, erlangt damit eine sichere Stellung, heiratet Margherita Barezzi, die Tochter seines Wohltäters, und hat gleich mit seiner ersten Oper »Oberto, Graf von Bonifacio« im November 1839 an der Mailänder Scala Erfolg.

Dann aber schlägt das Schicksal zu: Tod der beiden Kinder Virginia (1838) und Ilico (1839), schließlich auch seiner Frau Margherita (1840). Und die Uraufführung der zweiten Oper »König für einen Tag« wird ein Fiasco, Werk und Komponist werden ausgelacht und ausgepfiffen. Verdis Verzweiflung ist unermeßlich, von einem Freund ist die Bemerkung überliefert, Verdi stehe am Rand des Wahnsinns. Todesahnungen suchen ihn heim und er will niemals wieder komponieren: »*Ich war entmutigt und wandte keinen Gedanken an die Musik*«. Da lernt er zwei Menschen kennen, die ihn aus seinen Depressionen reißen. *Bartolomei Merelli*, Direktor der Scala, läßt sich seinen Glauben an Verdis Genie nicht nehmen. Und da ist *Giuseppina Strepponi (1813–1897)*. Sie ist eine bekannte Sängerin, eine Primadonna in Italien, die freilich zu viel und für ihre Stimme auch untaugliche Partien singt – wie die Abigail in »Nabucco«, die sie kreiert. Deshalb muß sie ihre verheißungsvolle Bühnenkarriere schon 1847 aufgeben. Sie beendet zugleich ihre leidenschaftliche Liaison mit dem berühmten Tenor Moriani, von dem sie zwei Kinder hat, und geht als anerkannte und gesuchte Gesangslehrerin nach Paris. Dort trifft sie Verdi erneut, sie wird seine Geliebte, dann seine Lebensgefährtin und später (1859) seine Frau. Die Ehe dauert fast vierzig Jahre, ihr Tod trifft Verdi zutiefst und läßt ihn für seine letzten vier Lebensjahre vereinsamen; komponiert hat er nach dem *Falstaff* (U Mailand 1893) nicht mehr. Die Strepponi wird eine ebenso verständige wie sachkundige Gefährtin seines Aufstiegs zum Weltruhm und eine Dulderin seiner Launen, Affären und jähzornigen Ausbrüche.

Die große Wende in Verdis Leben markiert die Uraufführung von *Nabucco* am 9. März 1842 in der Mailänder Scala. Sie wird ein totaler Erfolg, mehrmals unterbricht der Jubel des Publikums die Vorstellung, am Ende feiert man Verdi begeistert, der später bekennt: »*Das ist die Oper, mit der meine künstlerische Laufbahn eigentlich begann.*« Aus den dramatisch komponierten Soloszenen (besonders des Nabucco und der Abigail) und den wuchtigen Chorsätzen – beides besondere Merkmale des musikalischen Bühnenrealismus der Opern Verdis – ragt der bis heute populäre Chor der gefangenen Hebräer »Zieht, Gedanken, auf goldenen Flügeln« hervor. Er wird zu einem in Töne gesetzten politischen Fanal des um seine staatliche Einheit ringenden Italien und symbolisiert die Verbindung Verdis zur politischen Entwicklung in seinem Heimatland, ohne die er als Opernkomponist zumindest in der ersten Schaffenshälfte schlichtweg nicht denkbar ist.

Bis zum *Rigoletto*, seinem ersten wirklichen und dauerhaften Welterfolg (immerhin schon seine 16. Oper!), lebt und schafft Verdi in der Zeit des Risorgimento (ital. *Wiederaufstieg*), der Zeit der italienischen Einigungsbewegungen. Sie beginnen mit dem Wiener Kongreß 1815 und dauern bis zur Einsetzung des ersten italienischen Parlaments und der Ernennung *Victor Emanuels II.* zum König von Italien im Jahr 1861. In diese Jahrzehnte fallen die Unabhängigkeitsbestrebungen von der österreichischen Fremdherrschaft, die Aufstände von 1848/49 unter dem Freiheitskämpfer und Nationalhelden *Giuseppe Garibaldi (1807–1882)* und die schließliche staatliche Selbständigkeit unter der späteren Eingliederung auch des Kirchenstaates in das Königreich Italien.

Verdi nimmt wie selten ein Komponist interessiert und leidenschaftlich an den politischen Entwicklungen teil und erweist sich als aufrechter Patriot, der aber anders als Wagner nie als aktiver Kämpfer in Erscheinung tritt. Er hält sich gerade in Paris auf, als Anfang März 1848 in Wien die Revolution ausbricht, die den einst mächtigen Fürsten Metternich stürzt und in dem von den Österreichern besetzten Mailand zu einem fünftägigen Märzaufstand führt: »Die österreichische Garde rückt vor; auf Befehl schießen sie gnadenlos in die Menschenmenge. Empörung, Wut bricht los! Fünf Tage lang bietet die Stadt ein satanisches Szenario: Barrikaden, Leichen auf den Straßen, Österreicher, die auf Frauen und Kinder schießen, Frauen, die siedendes Wasser und Öl von ihren Fenstern auf die kaiserlichen Truppen schütten, Männer, die im fanatischen Zorn mit Messern, Säbeln, Bajonetten kämpfen, Erschlagene, brennende Häuser. Es sind die berühmten ›Cinque Giornate‹. Nach diesem Inferno ist Mailand frei.« (49) Verdi sieht die »*Stunde der Befreiung*« für gekommen, denn gegen den Willen des Volkes, so seine Überzeugung, könne keine Macht bestehen. Er reist nach Mailand und schreibt voller Emphase von dort an seinen Librettisten *Francesco Maria Piave* Worte, die wir ihm eigentlich nicht zutrauen möchten: »*Du sprichst mir von Musik!! Was ist in Dich gefahren? Du glaubst, daß ich mich jetzt mit Noten, mit Tönen beschäftigen will? Es gibt, es darf nur eine Musik geben, die den Ohren der Italiener von 1848 gefällt: die Musik der Kanonen! Für alles Gold der Welt schriebe ich nicht eine Note: ich hätte die größten Gewissensbisse, Notenpapier zu benutzen, aus dem man so gute Patronen machen kann.*« Doch dann gibt es erneut Rückschläge, neue Besetzungen durch die Österreicher, erneut fließt Blut, und der Waffenstillstand von Villafranca 1859 zwischen Frankreich und Österreich bedeutet ein Unglück für Italien. So sieht es wenigstens Verdi: »*Statt eine Lobeshymne zu singen, scheint es mir richtiger, heute Klage zu erheben über den ewigen Unstern unseres Vaterlandes. Nach so vielen Siegen dieses Ergebnis! So viel Blut vergeudet! ... Es ist zum Verrücktwerden! Ich schreibe unter dem Eindruck der ärgsten Schande und weiß nicht, was ich davon halten soll.*« Doch noch einmal betritt Garibaldi die Szene und leitet die Befreiung und damit die Vereinigung Italiens ein.

Zu dieser Zeit ist Verdi mit *Rigoletto, Der Troubadour, La Traviata* und *Ein Maskenball* bereits Italiens musikalischer Heros und Europas führender Opernkomponist. Nun bemüht sich die Politik um ihn persönlich, sein Name erscheint als politisches Fanal an den Häuserwänden: **Vittorio Emanuele Re d'Italia!** Der König von Savoyen, der seit 1849 über Sardinien und über das Gebiet bis nach Mailand regiert, ist Hoffnungsträger der Italiener. Verdi versagt sich der Politik nicht. Als Anfang September 1859 das neue Parlament von Parma gewählt wird, vertritt er als Abgeordneter den Wahlkreis Busseto, wenig später leitet er eine Delegation, die in Turin Vittorio Emanuele um einen Zusammenschluß von Piemont und Parma bittet. Dort trifft er auch mit *Graf Benso Camillo Cavour (1810–1861)* zusammen, seit 1852 als italienischer Ministerpräsident und Regierungschef der führende Politiker Italiens und eigentlicher Begründer des Königreichs. Anfang 1861 konstituiert sich in Turin das neue italienische Nationalparlament, dem Verdi für die nächsten zwei Jahre als Abgeordneter angehört. Später wird man ihn zum Senator des Königreiches auf Lebenszeit ernennen.

Was hat das alles mit dem Opernkomponisten Verdi zu tun? Eine ganze Menge! Bis Ende des Jahres 1850 sind mit dem *Stiffelio* (der 1856 umgearbeitet wird und den neuen Titel »Aroldo« erhält) bereits 15 Opern Verdis entstanden, mehr als die Hälfte aller seiner Werke. Von ihnen gehören nur zwei zum internationalen Repertoire, die Heimrecht auch an den deutschsprachigen Opernhäusern haben: *Nabucco* (U 1842 an der Mailänder Scala) und *Macbeth* (U 1847 im Teatro La Pergola zu Florenz). Die anderen sind nur vereinzelt jenseits der italienischen Theatergrenzen zu Aufführungen gelangt, gelten aber als die sogenannten ›Risorgimento-Opern‹ Verdis. Unabhängig von ihren historischen Sujets spiegeln sie die aktuelle politische Lage Italiens auf dem Wege zur nationalen Einheit wider. Das ist an den groß angelegten Szenen dieser Opern wie an ihrer Sprache ablesbar, wofür Verdi vor allem in seinen das Volk repräsentierenden gewaltigen Chören – den Italienern gilt Verdi als ›papa dei chori‹ (Vater der Chöre) – schwungvolle, dynamische, teilweise geradezu martialische Musik komponiert. In *Nabucco* dient der Befreiungskampf der Hebräer von der babylonischen Gefangenschaft als biblisch-historische Metapher für Wunsch und Wille der italienischen Provinzen, die nun schon seit Jahrzehnten währende österreichische Fremdherrschaft abzuschütteln. In dem berühmten Gefangenenchor (3. Akt, 2. Szene) heißt es bei der Wiederholung der Grundmelodie unzweideutig: »Zur verlorenen Heimat, der süßen,/Zieht, Gedanken, lindert der Knechtschaft Qual!« und endet in der sanft verklingenden Hoffnung »Bald wird Juda (Italien) vom Joch des Tyrannen (der Habsburger) befreit!« In den *Lombarden* (U 1843 an der Mailänder Scala) klingt die als musikalischer Aufschrei komponierte Bitte der patriotisch eingestimmten Kreuzfahrer und Pilger »Oh, Herr, Du hast uns gerufen mit heiligem Versprechen« (4. Akt, 2. Szene) dem von den Österreichern gebeugten und gedemütigten Italienern als Ruf nach der eigenen politischen Freiheit. In *Die beiden Foscari* (U 1844 im Teatro Argentino zum Rom) spiegelt ein historischer Vorfall in Venedig – Jacopo Foscari, Sohn des Dogen Francesco Foscari, wird von seinen und des Vaters politischen Feinden für einen angeblichen politischen Mord gefangengesetzt, gefoltert und verbannt – die Zerrissenheit Italiens um 1840, wobei die Feinde der Foscari unverkennbar für die österreichische Besatzungsmacht stehen. In *Attila* (U 1846 im Teatro La Fenice zu Venedig) ist der Hunnenkönig (die »Geißel Gottes«) in Italien eingefallen, hat Aquileia zerstört und rüstet zum Kampf um Rom. In seiner Zusammenkunft mit dem römischen Gesandten General Ezio sieht er sich mit dessen patriotischen Bündnisvorschlag konfrontiert: »Behalte du das Universum, doch Italien bleibe mir!« Das Publikum der Uraufführung versteht und applaudiert der Forderung nach Unabhängigkeit. Noch deutlicher verweist Verdi auf die aktuelle politische Lage in *Die Schlacht von Legnano* (U 1849 im Teatro Argentino zu Rom). Die lombardische Liga rüstet zum Freiheitskampf gegen den deutschen Kaiser Friedrich Barbarossa. Der mit »Die Schande« überschriebene dritte Akt löst bei der Uraufführung höchste Begeisterung aus und muß komplett wiederholt werden: In den unterirdischen Gewölben der Basilika S. Ambrosio in Mailand schwören die ›Ritter des Todes‹ aus Liebe zu ihrem Vaterland den heiligen Eid,

Francisco d'Andrade in der Rolle des »Rigoletto« (1905).

»Italiens Unrecht zu beenden und seine Tyrannen bis über die Alpen zu verfolgen.« Musikalisch ist diese Szene, die an den Rütlischwur in Schillers »Wilhelm Tell« erinnert, den der von Verdi bewunderte und geliebte Rossini in seinem »Guillaume Tell« (U 1829 in Paris) vertont hat, typischer Verdi und ähnelt dem erwähnten *Nabucco*-Chor. Dem düsteren, von den Bässen markant untermalten Anfang des Orchestervorspiels folgt ein breiter Bläsersatz, der in den ruhigen, eher zurückhaltenden Chorseinsatz überleitet. Erst mit dem eigentlichen Schwur schwillt die Musik pathetisch an, blüht unter der Sekundanz treibender Streicherrhythmen erhaben auf, verharrt zwischendurch im feierlichen, fast nachdenklichen Piano und erhebt sich noch einmal zum würdevollen Gesang heiliger Überzeugung, der über tiefen Orchesterakkorden schließlich sanft verklingt.

Verdis zweite Schaffensperiode, die mit den drei Meisterwerken *Rigoletto*, *Troubadour* und *La Traviata* beginnt, bringt eine deutliche Reduzierung seines unmittelbaren politischen Engagements, das jedoch bis ins hohe Alter nicht völlig erlahmt, und die Konzentration auf das Komponieren. Die politischen Zeichen der Zeit geben eine andere Tonart an, die Melodie spielt jetzt die italienische Zensur. Mit aller Macht hat Verdi sie bei der Arbeit am *Rigoletto* zu spüren bekommen, jetzt, 1859, droht sie zu eskalieren, als er *Ein Maskenball* komponiert. Einen Königsmord auf der Bühne kann das auf Konsolidierung bedachte und ein neues Königreich vorbereitende Italien nicht gestatten. Verdi muß aus dem schwedischen König Gustav III. einen Gouverneur von Boston machen. Ohne Kompromisse geht es nicht, aber Verdi klagt, er befände sich »*in einem wahren Inferno*« und schwimme »*in einem Meer von Unannehmlichkeiten.*« Seinem Librettisten *Antonio Somma* erklärt er die von ihm geforderten Änderungen als inakzeptabel und malt ihm eine ganze Kette von Folgen aus: »*Folglich ist es aus mit der Oper; folglich bezahlen die Abonnenten keine zwei Raten; folglich hält die Regierung den Zuschuß zurück; folglich gerät die Impresa mit allen in Streit und droht mit einem Schadenersatz von 50 000 Dukaten!! ... Welche Hölle!*«

So kompromißbereit er sich, wenn auch erklärtermaßen gegen seinen Willen, den Zensurbehörden gegenüber verhalten muß, so kompromißlos ist seine Auseinandersetzung mit den italienischen Theaterverhältnissen und seine Anklage der dort herrschenden Zustände. Seinen Zorn bekommen zunächst die Theaterleiter zu spüren, die er für unfähig hält und denen er vorwirft, nicht begreifen zu wollen, daß sie keine willkürlichen Änderungen an seinen Opern (Szenenumstellungen, Striche, Änderungen des Inhaltes und vieles mehr) vornehmen dürfen, womit sie nur die künstlerischen Intentionen des Schöpfers eines Bühnenwerkes verraten und zerstören. Da geht es ihm um die Würde der Kunst und er verbitet sich energisch jede auch noch so geringe Verstümmelung seiner Werke durch willkürliche Änderungen von »*Text, dramatischen*

Wendungen, musikalischen Formen, Instrumentatio usw.«. Das wirft kein gutes Licht auf die Hauptverantwortlichen an den Theatern, und damit sind vor allem die Impresari in Mailand, Venedig, Rom und anderswo gemeint. Doch die sind im italienischen Theater des 19. Jahrhunderts eine Macht! Nach dem gefürchteten *Domenico Barbaja*, der die Theater Neapels leitete, herrscht nunmehr *Bartolomeo Merelli (1794–1879)* als ›Napoleon der Impresari‹. Er ist nicht nur der allgewaltige Direktor der Mailänder Scala, an der zehn Verdi-Opern uraufgeführt werden, er ist zugleich auch Direktor des Kärntnertortheaters in Wien und leitete zuvor Opterntheater in St. Petersburg, Paris, London und Berlin. Er bestimmt sowohl die künstlerischen wie die wirtschaftlichen Belange des Opernhauses, hat also das Sagen bei der Verpflichtung von Dirigenten, Sängern und Komponisten ebenso wie bei der Vergabe der Gelder. Darin aber hat er nicht mehr die Freiheit früherer Potentaten, die selbst bezahlten was sie wollten und was ihnen gefiel. Es waren ja ihre Gelder. Er dagegen ist ein künstlerischer Unternehmer, und darin liegt sein Zwiespalt. Verrechnet er sich und stellt sich der kalkulierte Erfolg nicht ein, muß er notfalls sein Theater schließen.

Verdis Verhältnis zu den italienischen Opernhäusern ist zeitlebens wahrlich nicht das beste. Er kritisiert immer wieder den künstlerischen Schlendrian, die Schlamperei schon bei der ungenügenden Einstudierung der darum unvorbereitet zu den Proben erscheinenden Sänger, aber auch die seiner Meinung nach auffallenden Mängel von Orchesterspiel und Gesang, Inszenierung und Ausstattung. Verantwortlich dafür macht er nicht nur das Tyrannengehabe der Direktoren, sondern auch das verbreitete Vorherrschen von Intrigen und Disziplinlosigkeit unter den Künstlern. Mit den Jahren fordert er ein immer stärkeres Mitspracherecht bei Besetzung und Inszenierung seiner Werke, er inszeniert sie selbst und dirigiert sie viel und verbucht unverkennbare Erfolge, denn er kennt den Leistungsstand der italienischen Opernsänger sehr genau, er gibt kompetente Ratschläge und weiß, was das Opernheater des 19. Jahrhunderts von seinen Solisten verlangen kann. Er verwirft den bloßen Schöngesang um seiner selbst willen und fordert den charaktervollen Gesang und die realistische Darstellung, der Sänger muß auch ein Schauspieler sein. Von der vielfach gepriesenen »*Vollendung des Gesanges*« hält er nicht viel, die schöne Stimme allein genügt ihm nicht, man muß auch »*den Teufel im Leib haben*«. Später, während der Komposition des *Falstaff*, schreibt er an Ricordi: »*Unsere Sänger können im allgemeinen nur mit großer Stimme singen; sie haben weder stimmliche Elastizität noch klare und leichte Diktion, und es fehlen ihnen Akzente und Atem.*« Mit Aufmerksamkeit lesen wir, was er über die Partie der Lady Macbeth schreibt, die man mit einer Sängerin besetzt, von deren Qualitäten er zwar überzeugt ist, doch von den stimmlichen und schauspielerischen Anforderungen an diese Partie hat er ganz andere als die üblichen Vorstellungen. Er will keine »*klare, helle, mächtige Stimme*«, sondern eine »*rauhe, erstickte, hohle Stimme, die etwas Teufliches hat.*« Es klingt für einen Komponisten fast ein wenig absurd, wenn er von der Nachtwandlerszene der Lady – Herzstück der Oper – verlangt, sie dürfe »*absolut nicht gesungen werden. Man muß sie mit einer recht hohlen und verschleierten Stimme darstellen und deklamieren: Ohne das kann es keine Wirkung geben*«. Als der Macbeth 1846 an der Mailänder Scala herauskommen soll, will er die Aufführung geradezu verbieten. Er schreibt an Ricordi: »*Ich habe genug Beispiele, um überzeugt zu sein, daß man dort nicht weiß oder nicht wissen will, wie man Opern ordentlich aufführt, und ganz besonders die meinen. Ich kann nicht vergessen, wie scheußlich die ›Lombarden‹, ›Ernani‹, ›Due Foscari‹ inszeniert worden sind ... Ich wiederhole Dir also, daß ich die Aufführung des ›Macbeth‹ an der Scala weder erlauben kann noch darf, zumindest nicht, bis sich eine Änderung zum Besseren ergeben hat. Ich halte mich für verpflichtet, Dir zu Deiner Orientierung mitzuteilen, daß diese Bedingung, die ich jetzt für den ›Macbeth‹ stelle, von nun an für alle meine Opern gelten wird.*« Offenbar haben gerade die Mailänder die künstlerischen Bedingungen im Laufe der Jahre verbessert, denn die Scala wird so etwas wie Verdis künstlerische Heimat, eine Art Festspielhaus für ihn.

Immer wieder äußert Verdi Gedanken zu einer Reform des italienischen Operntheaters, die vor allem auf eine Verbesserung der nicht nur von ihm als sehr niedrig erachteten künstlerischen Qualität abzielt. Schwerpunkte seiner Überlegungen sind: Leitung des Theaters von je einem musikalischen und szenischen Direktor, ausgeprägte realistische Inszenierungen, Engagement eines guten festen Ensembles, hohen Standard der musikalischen Interpretation, Intelligenz und Disziplin statt Routine und Schablone bei der künstlerischen Gestaltung der Musiker und Sänger sowie einen auch im Detail ausgefüllten natürlichen und realistischen Darstellungsstil, der ebenso aus Gefühl und Inspiration hervorgehen soll wie der Gesang: »*Der Künstler muß sich seinen eigenen Inspirationen hingeben.*« Der singende und darstellende Künstler soll ein Individuum sein, um »*im Musikdrama die Persönlichkeit, die er darstellen sollte*« zu verwirklichen. Und immer wieder verlangt Verdi darin Natürlichkeit und Einfachheit, ohne die es seiner Ansicht nach keine Kunst gibt. Hatte das nicht schon Gluck gefordert? Interessant schließlich seine Überlegungen betreffs der Aufstellung des Orchesters, die er für wichtig wegen der Mischung der Instrumente, wegen des Klangs und der Wirkung erachtet. Dabei denkt er an das unsichtbare Orchester und gibt offen zu: »*Diese Idee ist nicht von mir, sie ist von Wagner; sie ist ausgezeichnet.*«

Die Forderungen nach guten Aufführungsbedingungen für die Verwirklichung seiner Opern formuliert Verdi freilich nicht nur als theoretisches Manifest, das sich schön liest. Er verlangt sie für die Umsetzung seiner Werke in Italien und in Paris, die er ab 1860 häufiger direkt kontrolliert, indem er selbst dirigiert und inszeniert. Dabei ist er extrem streitsüchtig und egoistisch. Er will nicht nach Schulen und Systemen, Konventionen und Regeln bemessen werden, ihm geht es um die individuelle Inspiration, den schöpferischen Gedanken, das wahrhaftige Gestalten, wodurch Kunst erst entsteht: »*Wenn ich etwas wider die Regel schreibe*«, so äußert er sich einmal gegenüber dem Musikkritiker Filippi, »*so tue ich es, weil die strenge Regel mir nicht gibt, was ich will.*« Jedem, der seine Haltung kritisiert oder gar mißbilligt, hält er immer wieder entgegen: »*Ich bin, der ich bin! Es steht aller Welt völlig frei, von mir zu denken, was sie will.*« Wer jedoch erkennbar gegen seine künstlerischen Absichten und Überzeugungen verstößt, die er in seinen Opern veranschaulicht und verwirklicht zu haben besteht, der bekommt seinen ganzen Zorn zu spüren. Da kann er geradezu rücksichtslos sein und krönt seine Angriffe und Verurteilungen mit Verwünschungen und der alle Folgen ignorierenden Androhung, sein Werk noch nach der Generalprobe zurückzuziehen. Er beansprucht, Herr seiner Sachen zu sein und daß man seine Bedingungen akzeptiert, so man ihn nicht anders zu überzeugen vermag: »*Ich erkläre nochmals, daß ich, und wenn die Welt unterginge, keine Aufführung freigebe, solange die Oper nicht auf meine Weise aufgeführt wird*« heißt es noch Ende 1892 anläßlich der Vorbereitungen zur Uraufführung des *Falstaff* an der Mailänder Scala.

»*Auf meine Weise*«: was wir bei Verdi darunter verstehen dürfen, haben wir zu skizzieren versucht. Doch uns, die wir geprägt bis verwöhnt sind durch die gegenwärtige Zeit des Regietheaters auch in der Oper, berührt uns manche Ansicht Verdis als traditionell bis reaktionär. Doch damit werden wir Verdi nicht gerecht. Zwar bleibt er skeptisch sogenannten künstlerischen Schlagworten gegenüber, die ihm nur eine Mode und keine Wahrheit ausdrücken. ›Zukunftsmusik‹ oder ›Nationalmusik‹ sind ihm solche Schlagworte. Für ihn aber gibt es einfach nur Musik, und die ist international, weder italienisch noch deutsch oder türkisch: »*Ich lasse mir weder heute noch im nächsten Jahr den Glauben nehmen, daß man zur Herstellung von einem Paar Schuhe Leder braucht!*« schreibt er einmal dem befreundeten Grafen Arrivabene. »*Verstehst Du, was ich mit diesem hinkenden Vergleich sagen will? Daß man, um eine Oper zu schreiben, zunächst einmal Musik im Bauch haben muß! Ich bin und werde immer ein begeisterter Bewunderer der Zukunftsmusik sein, aber nur unter einer Bedingung: daß es Musik ist – egal welcher Art sie ist, aber Musik muß es sein!*« Und an anderer Stelle verlangt er unmißverständlich: »*Wenn Opernmusik gemacht wird, dann hat sie vor allen Dingen Musik zu sein.*« Hört er in einer Oper keine Musik, dann spielt es keine Rolle, ob sie von einem Zeitgenossen ist oder aus vergangenen Zeiten stammt. An vielen alten Opern beklagt er nämlich die konventionelle Machart, die nur Langeweile hervorruft – »*Im Theater ist ein Fiasko besser als Langeweile!*« – die Pedanterie der Ensemblestücke, die zu Geläufigkeitsübungen ausartende Melodie, falschen

Gefühlsausdruck, harte und monotone Orchesterbehandlung »*ohne Poesie und erkennbaren Zweck*« und er fordert natürlichen und wahren Ausdruck sowie individuelle Leidenschaft, um »*konventionelle Schnittmuster*« der Opern zu überwinden.

In all dem liegt viel Überzeugungskraft. Aber hat er selbst alles eingelöst? Zweifel sind von jeher besonders hinsichtlich der Stoffe und Handlungen mancher seiner Opern geäußert worden. Ungereimtes und Unwahrscheinliches, Sensationelles und Kolportagehaftes findet sich durchaus in seinen Werken. Führen wir nur ein signifikantes Beispiel aus einer auch hierzulande populären Opern von ihm an. Der Inkaabkömmling Don Alvaro liebt Leonora, die Tochter des Marchese von Calatrava, der entschieden gegen diese Verbindung ist und Alvaro deshalb der Justiz übergeben will. Als sich die beiden unterschiedlichen Männer gegenüberstehen, löst sich aus Alvaros Pistole versehentlich ein Schuß und tötet den Marchese. Es fällt schwer, diesen aufgesetzt wirkenden Unglückszufall als ein Zeichen für die unabänderlich waltende »Macht des Schicksals« zu begreifen, wie der Titel dieser Oper lautet. Es ist jedoch nicht zu übersehen, daß Verdi im Rückgriff auf große Literatur und in der Auseinandersetzung mit ihr seine eigentlichen Meisterwerke schuf: mit *Rigoletto* nach einem Stück von Victor Hugo, mit *La Traviata* nach Roman und Schauspiel von Alexander Dumas d. J. und mit *Don Carlos* nach dem Drama von Friedrich Schiller, der ihn mit seinen »*interessanten Situationen*« und der großen »*Mannigfaltigkeit*« zuvor schon zu *Giovanna d'Arco* (nach »Die Jungfrau von Orléans«), zu *Il Masnadieri* (nach »Die Räuber«) und zu *Luisa Miller* (nach »Kabale und Liebe«) inspirierte und dessen »Demetrius« er 1862 vorübergehend zu vertonen plant, dann aber davon abläßt, als er merkt, daß der Stoff ihn nicht ansprechen will und er keinen emotionalen und dramatischen Zugang zu dem Stück findet. Und da ist vor allem William Shakespeare, den er »*allen Dramatikern einschließlich der Griechen*« vorzieht. Seinen *Macbeth* vertont er 1847, ihm verdankt er seine Alterswerke *Othello* und *Falstaff*. Lange trägt er sich mit dem Gedanken, Shakespeares »Der Sturm« zu komponieren, und nahezu ein Leben lang beschäftigt ihn der »König Lear«, über den er schon 1845 ausruft: »*Eine himmlische Sache! Eine der höchsten Leistungen des menschlichen Genies.*« Fünf Jahre später legt er ein genaues Szenarium an, erwägt gleichzeitig eine »Hamlet«-Oper und fordert noch 1893 nach dem *Falstaff* seinen Librettisten Boito auf: »*Nun sollten wir uns an den ›König Lear‹ machen.*« Ein Lebensplan bleibt unausgeführt.

Große dramatische Situationen, Mannigfaltigkeit des jeweiligen Handlungsgeschehens, Feuer und Pathos findet Verdi in großen Dichtungen, gerade sie führen ihn zu seinen unverkennbaren musikalischen Ausdrucksformen zwischen lyrischer Melodik (wie Desdemonas Lied von der Weide) und expressiver Dramatik der Ensembles in nahezu allen seinen Opern von *Nabucco* bis zu

Othello. Von Donizetti wie von der französischen Grand Opéra übernimmt er ebenso Szene und Arie für seine Protagonisten (wie beispielsweise für die Leonore in *Der Troubadour* und in *Die Macht des Schicksals*, für Amelia in *Ein Maskenball*, für Prinzessin Eboli im *Don Carlos*) wie das ›Tableaux‹ genannte große Bild mit Chor und Solisten (die Autodafészene in *Don Carlos*, der Triumphmarsch in *Aida*, der Sturmchor zu Beginn des ouvertürelosen *Othello*). Er verwendet die theatralische Geste und kleidet sie in vitale Melodik (Kanzone des Herzogs in *Rigoletto*, die Stretta des Manrico in *Der Troubadour*, das Lied des Pagen Oskar in *Ein Maskenball*); er komponiert ergreifende Duette unterschiedlichster Stimmungen und Leidenschaften wie Freundschaft (Don Carlos-Marquis von Posa in *Don Carlos*), Rache (Othello-Jago), überschäumende Lebensfreude (Trinklied Alfred-Violetta mit Chor in *La Traviata*) und immer wieder Liebe (darunter die wohl zwei schönsten überhaupt: Radames-Aida in *Aida* und Othello-Desdemona in *Othello*); und er schafft, wir erwähnten es schon, wuchtige Chorszenen. Seine Musik kennt zarte Lyrismen, aufblühende Kantilenen, leidenschaftliches Espressivo, versiegendes Piano, aufwühlendes Forte, treibende und peitschende Rhythmen und den schwungvollen Aplomb der orchestralen Introduktion im Dreivierteltakt vor den großen Arien, Markenzeichen von Verdis musikalischer Verve, seiner ganz persönlichen ›italianità‹.

Wir eröffneten diese Kapitel mit dem Hinweis auf die Legende, die Verdi schon zu Lebzeiten darstellte und nannten ihn den musikalischen Mythos der Italiener. Schließen wir mit einem persönlichen Understatement Verdis, wovon sich manches in seinen Briefen findet – bescheidene, kokette, diplomatische. In seinem Brief vom 2. Mai 1879 schreibt er aus Sant' Agata an seinen Mailänder Verleger Giulio Ricordi: »*Ich sagte Euch in Genua, daß ich nutzlose Dinge verabscheue. Es ist wahr, daß ich in meinem Leben nichts anderes gemacht habe, aber dafür gab es in der Vergangenheit mildernde Umstände. Heute gibt es im Theater nichts Nutzloseres als eine meiner Opern.*«

So lange das musikalische Theater von Verdis ›Nutzlosigkeiten‹ lebt, lebt es bestens!

STERNSTUNDEN DES SPIELPLANS: DIE HAUPTWERKE VON VERDI

Giuseppe Verdi (1813–1901)
NABUCCO
Oper in 4 Akten
Dichtung von Temistocle Solera
Uraufführung Mailand 1842

Quelle. Den Stoff zu Verdis dritter Oper liefert die frühe vorderasiatische Geschichte um *Nebukadnezar II.,* der von 605–562 v. Chr. König von Babylon war, dem südlichen Teil des Zweistromlandes von Euphrat und Tigris mit dem Zentrum Babylon (Babel). Er gewann seinem Lande nicht nur die Unabhängigkeit von Assyrien zurück, das Babylon 1116 v. Chr. erobert hatte und damit über 500 Jahre lang vorderasiatische Weltmacht war. Er bescherte dem ehemaligen babylonischen Weltreich (1890–1331 v. Chr.) auch eine zweite bedeutende Epoche, bis es im Jahre 539 v. Chr. an die Perser fiel. Zu Nebukadnezars Reich gehörte auch Juda, der Südteil des einst von *König David* gegründeten großpalästinensischen Reiches Israel, das sich gegen ihn erhob. Daraufhin eroberte er zweimal (597 und 587/86 v. Chr.) die israelische politische und religiöse Metropole Jerusalem mit seinem von *König Salomo,* Davids Sohn, erbauten Heiligen (Salomo-) Tempel, in dem sich die Bundeslade befand, der wichtigste Kultgegenstand des vorexilischen Israel. Tausende von Juden wurden aus Israel nach Babylon deportiert (Babylonische Gefangenschaft), um neuerliche Aufstände zu verhindern. Die Exulanten wurden in geschlossenen Ortschaften angesiedelt, so daß sie die Hoffnung auf die von den Propheten geweissagte Heimkehr nach Israel nie aufgaben. Sie erfolgte jedoch wahrscheinlich erst um 520 v. Chr. durch die Erlaubnis der Perser, der neuen Herren Babylons.

Entstehung und Uraufführung. Im Herbst 1841, als sich Verdi durch den Tod seiner Familie und das Fiasko seiner Oper »König für einen Tag« am Tiefpunkt seiner Verzweiflung am Leben befand, erhielt er das Libretto zu »Nabucco«. Es stammte von dem Librettisten und Komponisten (und späteren Geheimagenten!) *Temistocle Solera (1815–1878),* der dazu durch ein französisches Theaterstück angeregt worden war und den Stoff mit den Überlieferungen des Alten Testamentes bereicherte. Der Text wurde Verdi von *Mirelli,* dem Direktor der Mailänder Scala, gegeben, der unverrückbar an Verdis Begabung glaubte. Wir sind darüber durch Verdi selbst eingehend (und ein wenig dramatisch) unterrichtet. Er nahm das Manuskript mit nach Hause und warf es heftig auf den Tisch, wo es aufgeschlagen liegen blieb: »*Unwillkürlich haftet mein Blick auf der aufgeschlagenen Seite und dem Vers* ›Va, pensiero sull'ali *dorate*‹ (Zieht, Gedanken, auf goldenen Flügeln). Ich überlese hastig die folgenden Verse, sie machen mir starken Eindruck, und um so mehr, als sie beinahe eine Paraphrase der Bibel sind, die ich immer zu meiner Erbauung las. Ich lese einen Abschnitt, ich lese zwei. Dann, fest in meinem Vorsatz, nicht zu komponieren, gebe ich mir einen Ruck, klappe das Heft zu und lege mich zu Bett. Aber – ›Nabucco‹ ging mir im Kopf herum. Der Schlaf wollte sich nicht einstellen. Ich stehe wieder auf und lese das Libretto. Nicht einmal – zweimal, dreimal. So oft, daß ich am Morgen Soleras ganzes Libretto sozusagen auswendig konnte ... Heute ein Vers, morgen ein anderer, hier ein Motiv, dort eine Phrase ... so ist nach und nach die Oper zustandegekommen.« Die Uraufführung am 9. März 1842 in der Mailänder Scala war eine Sensation, ein umjubelter Erfolg, der berühmte Gefangenenchor wurde von den patriotischen, die Freiheit und Einigung ihres Landes herbeisehnenden Italienern sofort verstanden und zur heimlichen Nationalhymne – und Verdi war am nächsten Morgen ein berühmter Mann.

Ort und Zeit. Jerusalem und Babylon zur Zeit König Nebukadnezars II. im Jahre 587 v. Chr.

Die Personen der Oper. Nabucco, König von Babylon (Bariton) – Ismael, Neffe des Königs von Jerusalem (Tenor) – Zacharias, Oberpriester der Hebräer (Baß) – Abigail, Nabuccos erstgeborene Tochter (Sopran) – Fenena, jüngere Tochter des Nabucco (Mezzosopran) – Oberpriester des Gottes Baal (Baß) – Abdallo, Vertrauter Nabuccos (Tenor) – Hanna, Schwester des Zacharias (Sopran) – Babylonische und hebräische Soldaten, Leviten, Priester, hebräische Mädchen und Frauen, Gesandte, Volk (Chor)

Die Handlung. 1. AKT (Jerusalem): Das Innere des Salomo-Tempels. Nebukadnezar II. (Nabucco), König des assyrisch-babylonischen Großreiches, hat zum zweiten Male Jerusalem erobert und bedroht das religiöse Heiligtum der Hebräer, den Tempel Salomos. Hebräer und Leviten haben sich im Tempel versammelt und beklagen ihr Schicksal. Der hebräische Hohepriester Zacharias jedoch macht ihnen Hoffnung: in seiner Macht befindet sich Fenena, die Tochter Nabuccos *(Arie des Zacharias »Habt keine Furcht!«).* Um deren Leben nicht zu gefährden, werde der König den Tempel nicht schänden. Doch Ismael, der Neffe des Königs von Jerusalem, meldet das Unheil kündende Vorwärtsdringen Nabuccos, der sich bereits dem Heiligtum nähert. Zacharias ruft die Gläubigen auf, der Hilfe Gottes zu vertrauen und gibt Fenena in die Obhut Ismaels. Als die beiden allein sind, verspricht Ismael der Geliebten die Freiheit. Als er einst als jüdischer Gesandter in Babylon gewesen war, hatte auch sie ihn unter Einsatz ihres eigenen Lebens aus der Gefangenschaft befreit. Doch da wird sein Plan von Abigail vereitelt, der Halbschwester Fenenas. Unter ihrer Führung ist es babylonischen Kriegern gelungen, als Hebräer verkleidet in den Tempel zu dringen. Abigail ist in leidenschaftlicher Liebe zu Ismael entbrannt *(Arie der*

Abigail »*Ach, ich weihte dir mein ganzes Leben ...«)*, doch ihre Liebe ist hoffnungslos: Ismael bekennt sich vor ihr zu Fenena. Damit schafft er sich und der Geliebten eine rachsüchtige und haßerfüllte Feindin. – Nabucco dringt in den Tempel ein. Mutig stellt sich Zacharias ihm entgegen: wage er, den Tempel zu entweihen, werde Fenena von seinen Händen sterben. Während die Hebräer Gott um Hilfe anflehen, Abigail Rache schwört und Fenena den Vater um Erbarmen bittet, bleibt dieser unbeugsam und schwört allen Verbannung und Tod. Zacharias ist fest entschlossen, Fenena zu töten, wird daran aber im letzten Augenblick von Ismael gehindert. Fenena gelingt es, sich zu befreien, was den Haß der rachsüchtigen Abigail noch erhöht. In seinem Blutrausch ordnet Nabucco die Deportation der Juden in die babylonische Gefangenschaft an. –

2. AKT (Der Gottlose): In der Königsburg von Babylon. Abigail hat ein Schriftstück gefunden, das ihr eine für sie entsetzliche Wahrheit enthüllt: sie ist die Tochter einer Sklavin. Das aber bedeutet, daß die jüngere Fenena Thronerbin ist. In einem großen Ausbruch von Rache und Haß schwört sie, Schwester und Vater zu töten, auch wenn dabei das babylonische Reich zugrunde geht *(Szene und Arie der Abigail »Ich fand das verhängnisvolle Schriftstück ...«)*. Zusätzlich angestachelt wird ihr übertriebener Ehrgeiz durch den Oberpriester des babylonischen Gottes Baal. Er überbringt ihr die Nachricht, Fenena habe die gefangenen Hebräer befreit, wodurch Juda neu erstarken werde. Nun brauche das assyrische Reich einen starken Herrscher. Er habe auch schon Vorsorge getroffen: man werde das Gerücht verstreuen, Nabucco sei im Kampf gefallen; und ihr, Abigail, trage er die Krone an. Sie willigt umso freudiger ein, als sie nunmehr erst recht ihr Rachewerk beginnen kann. – In einem Saal der Königsburg trifft sich Zacharias heimlich zu nächtlicher Stunde mit Leviten, die ihm die Gesetzestafeln bringen. Er weiß sich von Gott auserwählt, ein Wunder zur Rettung seines gefangenen Volkes zu vollziehen: er werde dem gottlosen Nabucco das Licht des wahren Glaubens schenken. Dann treffen die Leviten auf Ismael, den sie verstoßen hatten, da er Fenena vor dem Tode rettete *(Szene des Ismael mit den Leviten »Ausgestoßner, flieh von hier!«)*. Doch Zacharias und seine Schwester Hanna verkünden den Anwesenden Vergebung; Ismael habe mit Fenena nicht eine Feindin gerettet, sondern eine von ihnen: sie ist zum hebräischen Glauben übergetreten. Da meldet Abdallo, Vertrauter Nabuccos, Fenena, man beklage den Tod des Königs und plane neue Verfolgungen der Juden. Unter Führung Abigails erscheinen der Oberpriester des Baal und sein Gefolge. Abigail fordert von Fenena die Krone. Da erscheint der totgesagte Nabucco, bemächtigt sich der Krone, höhnt den Göttern Babylons und Judas und ruft sich selbst zum Gott aus. Ein Blitz fährt auf ihn nieder, die Krone wird ihm wie von einer übermächtigen Macht entzogen, Wahnsinn befällt ihn. Schwer gezeichnet und voller Angst bittet er um Mitleid *(Scene des Nabucco »Wer entreißt mir die Krone?«)*. Während Zacharias in dem Geschehen ein klares Gotteszeichen erblickt, glaubt sich Abigail am Ziele und nimmt die von Nabuccos Haupt heruntergefallene Krone an sich. –

3. AKT (Die Prophezeiung): Die hängenden Gärten von Babylon. Abigail hat den Thron Babylons bestiegen. Gesandte aus Teilen des assyrisch-babylonischen Großreiches huldigen der neuen Regentin *(Chor der Babylonier »Unsere Herrscherin lenkt die Geschicke...«)*. Der Oberpriester des Baal bringt ihr das Urteil des Volkes mit der Bitte, es zu vollstrecken: die gefangenen Juden und Fenena, die den babylonischen Gott verriet, müssen sterben. Da kommt es zwischen ihr und dem vom Wahnsinn gezeichneten Nabucco zu einer leidenschaftlichen Auseindersetzung. Abigail verlangt, er solle das Urteil vollstrecken lassen, wozu er erst nach längerem Zögern bereit ist. Auf seine Frage, was mit Fenena geschehen werde, gibt Abigail zur Antwort: sie sterbe! In ohnmächtiger Wut nennt Nabucco sie eine Sklavin, doch Agail gesteht, daß sie um ihre Herkunft wisse. Sie zieht das ihr so gefährliche Schriftstück hervor und zerreißt es. Dann läßt sie Nabucco gefangensetzen. Kein noch so schmerzvolles Flehen des gebrochenen Königs um Erbarmen kann sie erweichen *(Arie des Nabucco »Einem Vater schenk Erbarmen...«)*. Nun, so triumphiert Abigail, hat sie alles erreicht. – »Zieht, Gedanken, auf goldenen Flügeln...« – die gefangenen Hebräer stimmen ihren Sehnsuchtsgesang an die verlorene Heimat an *(der berühmte Gefangenenchor)*. Zacharias prophezeit ihnen jedoch Rettung aus der babylonischen Gefangenschaft durch den Gott ihres Glaubens. Neue Hoffnung keimt in ihnen auf. –

4. AKT (Das zerbrochene Götzenbild): Gemächer in der Königsburg. Verwirrt schreckt der gefangengehaltene Nabucco aus bösen Träumen auf. Da hört und sieht er, wie die gefesselte Fenena für den Opfertod zum Tempel des Gottes Baal geschleppt wird. In seiner Verzweiflung erkennt er seine tiefe Schuld. Er bittet Jehova, den Gott des israelitischen Volkes, um Vergebung und bekennt sich zu dessen Glauben *(Gebet des Nabucco »Neu will ich bauen dir, Jehova, den Altar!«)*. Die Sinnesverwirrung weicht von ihm, neue Kraft erfüllt ihn. Von seinem Vertrauten Abdallo und einigen Getreuen befreit, eilt er mit ihnen zum Tempel, um Fenena vor dem Tode zu retten. – Schon ist alles zur Opferung Fenenas bereit *(Arie der Fenena »Schon geöffnet seh' ich das Himmelszelt...«)*. Da erschallen plötzlich Huldigungsrufe für Nabucco. Der wiedergenesene und bekehrte Babylonierkönig stürmt den Tempel, läßt das Götzenbild des Baal zerstören und die Gefangenen befreien. Von den Trümmern tödlich getroffen, bekennt Abigail sterbend ihre Schuld und bittet Fenena und die Hebräer um Vergebung. Nabucco aber verspricht den Juden die Heimkehr in ihr gelobtes Land an den Ufern des Jordans, wo ihrem Gott neue Tempel erstehen sollen – jenem Gott Jehova, den nun auch er anerkennt. Erstmals gemeinsam mit den Hebräern betet Nabucco zum Gott der Juden *(Großes Finale der Oper)*.

Aufführungsdauer. 2¾ Stunden

Giuseppe Verdi
MACBETH
Oper in 4 Akten
Libretto von Francesco Piave nach der gleichnamigen Tragödie von William Shakespeare
Uraufführung Florenz 1847

Quelle. Macbeth und Lady Macbeth gehören zu den großen Schreckens- und Verbrechergestalten des europäischen Theaters, deren Ehrgeiz nach der Königskrone sie vor keiner Bluttat zurückschrecken läßt, der sie aber auch in den schließlichen Untergang treibt. *Shakespeares* Tragödie »Macbeth« enstand wohl um 1606, eine erste gesicherte Aufführung ist jedoch erst für 1611 im berühmten Globe-Theatre in London belegt. Der Text ist nur in der Erstausgabe der Werke des Dichters (in der sogenannten »First-Folio«) aus dem Jahre 1623 überliefert. Shakespeares Quellen waren einmal mehr – wie schon bei seinen anderen Tragödien und Historien – der bedeutende Historiker *Edward Hall (gestorben 1547)* und die »Chronik Englands, Schottlands und Irlands« von *Raphael Holinshad (gestorben um 1580)* in der zweiten Auflage von 1587. Darin ist die Regierungszeit von Macbeth zwischen 1040 und 1057 angesetzt, in der nach und nach alle die ungeheuerlichen Ereignisse stattfanden, die Shakespeare in der Handlung seiner Tragödie auf eine Zeit von etwa zehn Wochen zusammenfaßt. Er konzentriert sich dabei ganz auf das Ehepaar Macbeth als die zentralen Charaktere, dem er – entgegen den historischen Quellen – auch menschliche tragische Züge verlieh: Macbeth durch seinen Zweifel und seine Skrupel, durch seine Ängste und seine Reue; Lady Macbeth dadurch, daß sich schließlich ihr Gewissen rührt, das seine Schuld nur noch in der geistigen Umnachtung zu tilgen vermag, die zum Tode führt. Ihre zu den großen Auftritten des Theaters zählende berühmte Wahnsinnsszene ist ebenso die ureigene Erfindung Shakespeares wie die große Bankettszene mit der Erscheinung von Banquos Geist. Aus seinen Quellen nahm Shakespeare das stoffliche Material, aber auch die Motive zur Gestaltung der Welt des Übernatürlichen und Dämonischen. Hexen galten schon in alten Überlieferungen als Gestalten des Bösen wie als Verbündete des Teufels und somit als unheimliche und gefährliche Wesen aus dem Bereich der gegengöttlichen Macht. Sie verfügen über magische Kräfte, sind des Zauberns kundig sowie fähig zu Weissagung und Prophezeiung – und das alles nur zu bösen Zwecken: sie richten Schaden an und verführen Menschen zu Verbrechen. So kennen sie früh auch die Literatur und das Theater, besonders auch in England. Auch für Shakespeare sind sie Repräsentanten der übernatürlichen Macht des Bösen, als welche sie mit ihren zwischen Wahrheit und Trug ambivalenten Weissagungen insofern Gewalt über Macbeth erlangen, als sie seinen im wahrsten Sinn des Wortes tödlichen Ehrgeiz anstacheln und bestärken und so Macbeth zu zwanghaften widernatürlichen Freveltaten versuchen. Wichtig dabei ist: »Die Hexen im Stück sind keine personifizierten seelischen Kräfte, sondern geglaubte Wirklichkeit« (Georg Hensel).

Entstehung und Uraufführung. Ähnlich wie Shakespeare sah auch Verdi die Hexen. Als er seine Oper umarbeitete, schrieb er an seinen französischen Musikverleger und Pariser Theaterdirektor *Léon Escudier*, der Verdi nahestand und sich für ihn in Frankreich besonders einsetzte: »*Die Hexen beherrschen das Drama; alles stammt von ihnen; grob und geschwätzig im ersten Akt, erhaben und prophetisch im dritten. Sie bilden wirklich eine Persönlichkeit, und zwar eine von allerhöchster Bedeutung.*« (Brief Verdis aus Genua vom 8. Februar 1865). Schon vor der Uraufführung der Urfassung hatte er seinem Textdichter *Piave* im September 1846 geschrieben, die Hexen müßten »*vulgär, doch extravagant und orginell*« sein. Und an *Alessandro Lanari*, den Direktor des Teatro La Pergola in Florenz, dem Uraufführungstheater, hieß es Mitte Oktober des gleichen Jahres, es werde »*zwei Chöre der Hexen von größter Wichtigkeit*« geben. Die Beschäftigung mit Shakespeare gehört zu den wichtigen Merkmalen in Verdis gesamten Schaffen. Hatte er lange mit dem Plan einer Vertonung von »König Lear« geliebäugelt, den er dann der Schwierigkeit des Sujets wegen aufgab, so stellte der »Macbeth« seine erste Shakespeare-Oper dar, die ihn, wie er selbst gestand, von allen seinen bis dahin entstandenen Opern am meisten interessierte. Mitte August 1846 begann Verdi ernsthaft mit den Vorarbeiten und entwarf während der Komposition der »Räuber« ein erstes Szenario. Zu seinem Librettisten bestimmte er *Francesco Maria Piave*, doch schrieb er große Teile des Textbuches selbst. Denn er wollte Shakespeares Geist in Musik setzen, was ihn in einem Brief an den Sänger *Felice Varesi*, der die Titelpartie gestaltete, zu der Bemerkung veranlaßte, er komme ihn nicht so sehr auf die Musik – »*die Musik kommt von selbst*« – und auf Schöngesang – »*achte auf die Worte und auf das Sujet*« – an, sondern vor allem auf die Darstellung des Dramas: »*Mir ist es lieber, wenn Du dem Dichter mehr dienst als dem Maestro (dem Komponisten)*«. Verdi komponierte den »Macbeth« für Florenz und untersagte seinem Mailänder Musikverleger *Ricordi* ausdrücklich, ihn der Mailänder Scala anzubieten – zumindest nicht, bis sich eine Änderung zum Besseren ergeben hat. Während der letzten zwei Probewochen hielt sich Verdi den ganzen Tag über im Theater auf und leitete persönlich die musikalische und szenische Einstudierung – wobei er erstmals durchsetzte, daß die Solisten schon zur Generalprobe (!) im Kostüm erschienen. Die Uraufführung am 14. März 1847 am Teatro La Pergola in Florenz wurde ein Erfolg, doch die wenig später uraufgeführten ersten wirklichen Meisterwerke Verdis ließen den »Macbeth« weniger populär bleiben. Zudem ahnte der Komponist selbst, nicht das erreicht zu haben, was er sich mit Shakespeare vorgenommen hatte. Achtzehn Jahre später unterzog er seine Oper einer Überarbeitung für das Théâtre-Lyrique in Paris, änderte u. a. die Orchestrierung und fügte ein Ballett ein – und mußte nach der Erstaufführung der Neufassung am 21. April 1865 feststellen: »*›Macbeth‹ war eine Schlappe. Amen. Ich gestehe, daß ich das nicht erwartet hatte.*« Erst spät hat man erkannt, daß Verdi mit dem »Macbeth« auf dem Weg zu seinem eigenen Musikdrama war. Und ebenfalls erst spät setzte der dauernde Erfolg des Werkes ein, das heute auch in Deutschland zum festen Repertoire gehört. Ahnte Verdi auch dies? In seiner Widmung an Antonio Barezzi, dem Vater seiner ersten, 1839 allzu früh verstorbenen Frau Margeritha, heißt es kurz nach der Uraufführung von 1847: »*Nun ist hier der »Macbeth«, den ich mehr liebe als all meine übrigen Opern und der es, wie ich meine, am meisten wert ist, ein Geschenk für Sie zu sein. Es kommt mir aus dem Herzen: möge das Ihre es empfangen, und nehmen Sie es stets als Zeichen der Dankbarkeit und der Zuneigung.*«

Ort und Zeit. Schottland Mitte des 11. Jahrhunderts

Die Personen der Oper. Duncan, König von Schottland (stumm) – Macbeth (Bariton) und Banqo (Baß), Anführer des königlichen Heeres – Lady Macbeth, Macbeths Frau (Sopran) – Kammerfrau der Lady (Mezzosopran) – Macduff, schottischer Edler, Herr von Fife (Tenor) – Malcom, Duncans Sohn (Tenor) – Fleance, Banquos Sohn (stumm) – Diener Macbeths (Baß) – Ein Arzt (Baß) – Ein Mörder (Baß) – Ein Bote (Baß) – Hekate, Königin der Nacht (stumm).

Hexen, Königliche Boten, Schottische Edle und Flüchtlinge, Mörder, Englische Soldaten, Barden, Geister und Erscheinungen (Chor).

Die Handlung. 1. AKT: Wald in Schottland. Unter Blitz und Donner erscheinen mehrere Hexen und berichten von ihren lustvoll begangenen bösen Taten. Eine Trommel kündigt die Ankunft von Macbeth und Banquo an, beides siegreiche Heerführer in Diensten des schottischen Königs Duncan. Die Hexen begrüßen sie mit Tanz und einem rätselhaften Schicksalsspruch: Macbeth werde erst Herr von Cawdor und dann König von Schottland; Banquo werde nicht selbst König, aber Vater künftiger Könige. Dann verschwinden die Hexen, und schon erfüllt sich die erste Prophezeiung: Boten des Königs kommen und bringen Macbeth die Ernennung zum Herrn von Cawdor. Der ist von dieser Botschaft wie betäubt und wird von der Ahnung befallen, auf seinem Weg auf Schottlands Thron werde viel Blut fließen. Dennoch treibt ihn sein Ehrgeiz, König zu werden. – Vorhalle in der Burg Macbeths. Lady Macbeth liest den Brief ihres Gemahls, in dem dieser ihr von den Weissagungen der Hexen berichtet. Das entflammt ihren Ehrgeiz, den Gemahl auf den Thron Schottlands zu bringen *(Szene und Kavatine der Lady Macbeth »Komm, daß ich reize dein träges Blut...«)*. Da wird die Ankunft König Duncans gemeldet, der auf Macbeths Burg mit seinem Gefolge zu nächtigen beabsichtigt. Der Entschluß

Lady Macbeths, die noch ehrgeiziger als ihr Gemahl ist, steht fest: Macbeth kann nur König von Schottland werden durch die Ermordung Duncans. Ihrem Gemahl, der noch unter dem Bann des Hexenspruchs steht, hat sie schnell in der Hand *(Szene des Macbeth »Ich sehe einen Dolch! Der Griff dreht sich zu mir...!«)*. In der Nacht schleicht er sich, von seiner Gemahlin angetrieben, zu Duncans Lager und ermordet den schlafenden König – und tötet damit für immer auch seinen eigenen Schlaf. Denn schon schwächen Furcht und aufkommende Reue seinen Geist. So ist es an der Lady, den Verdacht vom Mörder auf andere zu wenden. Am frühen Morgen begegnet Macduff, der den König wecken will, Banquo. Er entdeckt die Mordtat, Aufruhr entsteht in der Burg, die Edlen der königlichen Begleiterschar packt das Entsetzen, und auch Macbeth und seine Gemahlin heucheln Abscheu über die grauenvolle Tat *(Sextett Macbeth-Lady Macbeth-Malcolm-Macduff-Banquo-Kammerfrau der Lady »Großer Gott, der du schaust in die Herzen...«)*. –

2. AKT: Burggemach. Durch den Mord ist Macbeth König von Schottland geworden. Duncans Sohn Malcolm hat nach der Tat noch rechtzeitig nach England fliehen können und wird deshalb des Vatermordes beschuldigt. Macbeth gerät ins Grübeln über seine Tat und über die seltsame Prophezeiung der Hexen, die Banquo Königsvater nannten. In ihm und in seinem Geschlecht sieht er seine gefährlichsten Gegner. Lady Macbeth bestärkt ihm in dem Vorsatz, deshalb auch Banquo zu töten *(Arie der Lady Macbeth »Nun sinkt der Abend und das Licht vergeht...«)*. – Park unweit von Macbeths Burg. Macbeth hat Mörder gedungen, die Banquo auflauern, um ihn und seinen Sohn Fleance zu töten *(Chor der Mörder »Die Sonne sank...«)*. Banquo und Fleance erscheinen, Banquo ist voller dunkler Vorahnungen *(Szene und Arie des Banquo »Beschleunige deine Schritte, mein Sohn«)*. Dann fällt er unter den Dolchstichen seiner Mörder, während Fleance fliehen kann. – Prunksaal in der Burg. Ein großes Gelage wird veranstaltet, man huldigt Macbeth als neuem König. Er und Lady Macbeth nehmen auf dem Thron Platz, zuvor aber stimmt sie einen Trinkspruch an *(Trinklied Lady Macbeth und Chor »Füllet den Becher mit köstlichem Wein...«)*. Macbeth täuscht Bedauern darüber vor, daß Banquo nicht unter den Gästen ist. Doch dann fällt er in furchtbare Halluzinationen: der Geist des ermordeten Banquo nimmt Platz an der Tafel, aber nur er kann ihn sehen. Lady Macbeth ruft ihn leise zur Ordnung, tut so, als sei nichts geschehen und stimmt erneut das Trinklied an. Doch Banquos Geist erscheint ein zweites Mal, und der dem Wahnsinn nahe Macbeth spricht ihn an. Das erschreckt die Gästeschar, unter der Macduff schlimme Geheimnisse hinter Macbeths Verhalten vermutet *(Quartett Macbeth-Lady Macbeth-Macduff-Kammerfrau »Dieser Schatten will mein Blut...«)*. –

3. AKT: Dunkle Höhle. Um sein weiteres Schicksal in Erfahrung zu bringen, sucht Macbeth erneut die Hexen auf, die um einen kochenden Kessel tanzen und

Erscheinungen aus der Tiefe beschwören: ein behelmtes Haupt warnt ihn vor Macduff; ein blutiges Kind weissagt ihm rätselhaft, keiner, der von einem Weib geboren wurde, könne ihm schaden; ein gekröntes Kind schließlich verheißt ihm: »Wirst unbesiegt sein, bis der Wald von Birnam sich auf dich zubewegt.« Gerade diese Warnung verlacht Macbeth, doch die Erscheinung von acht Königen mit Banquo am Schluß macht ihm klar, daß ihm von dessen Geschlecht Gefahr droht. Er sieht sich verloren und bricht ohnmächtig zusammen. So findet ihn Lady Macbeth, die die Warnungen nur als Aufforderungen zu neuen Schreckenstaten versteht: auch Macduff und seine Familie müssen sterben, seine Burg muß fallen – und Banquos entflohener Sohn muß aufgespürt und getötet werden. Von widernatürlichem Ehrgeiz getrieben, fordert sie ihren Gemahl zu neuen Mordtaten auf *(Duett Macbeth-Lady Macbeth »Stunde des Todes und der Rache...«)*. –

4. AKT: An der Grenze zwischen Schottland und England; in der Ferne der Wald von Birnam. Malcolm, des ermordeten Königs Duncan Sohn, trifft mit einer von ihm angeführten englischen Streitmacht auf den wehklagenden Macduff. Seine Gemahlin und seine Kinder wurden von Macbeth ermordet, nichts ist ihm geblieben, vertrieben findet er sich zwischen schottischen Flüchtlingen. Doch Malcolm gewinnt ihn als Waffengefährten für den Zug gegen Macbeth *(Malcolm, Macduff und Chor »Verratenes Vaterland, dein Jammer uns fand!«)*. Gemeinsam ziehen sie los, wobei sie sich alle mit einem Ast aus dem Wald von Birnam tarnen. – In Macbeths Burg. Das böse Gewissen hat Lady Macbeth heimgesucht und in die geistige Umnachtung getrieben. Der Arzt und ihre Kammerfrau beobachten sie, wie sie durch die Burg nachtwandelt, sich dabei ständig die Hände reibend, um sich vom Blute der Mordtaten zu reinigen *(Wahnsinnsszene der Lady Macbeth »Dieser Fleck kommt immer wieder...«)*. Inzwischen hat Macbeth erfahren, daß die Engländer unter Malcolms Führung gegen ihn marschieren *(Szene und Arie des Macbeth »Verräter! Mit dem Engländer zieht ihr gegen mich!«)*. Als man ihm meldet, der Wald von Birnam bewege sich auf die Burg zu, sieht er sich durch die Weissagung der Hexen zu trügerischen Schlußfolgerungen getäuscht und ruft zur Verteidigung auf. Im Kampf fällt er gegen Macduff, und die Prophezeiungen erfüllen sich: Macduff wurde nicht auf natürlichem Wege geboren, sondern mußte aus dem Schoß seiner Mutter herausgerissen werden; der Wald von Birnam ist gegen ihn gezogen. Macbeth wird getötet, sein Heer gefangengesetzt und Sieger und Befreite huldigen Malcolm als dem neuen rechtmäßigen König *(Schlußchor »Heil, König!«)*.

Aufführungsdauer. 2½ Stunden

Giuseppe Verdi
RIGOLETTO
Oper in 3 Akten
Dichtung von Francesco Maria Piave nach
Victor Hugos Schauspiel »Le Roi s'amuse«
Uraufführung Venedig 1851

Quelle. Das der Oper zugrundeliegende fünfaktige historische Versdrama »Le Roi s'amuse« (Der König amüsiert sich) von *Victor Hugo (1802–1885)* gelangte am 22. November 1832 an der Comédie Française zur Uraufführung und wurde schon am nächsten Tag von der Zensur verboten. Grund dafür war: Hugo, Wortführer der französischen Romantiker und erklärter Antimonarchist, verlegte sein Schauspiel zwar in die Regierungszeit *Franz I. von Frankreich (1494–1547; König ab 1515).* Aber die Liebe des lebensfrohen und genußsüchtigen Monarchen der Renaissance (der bei Hugo dem Wahlspruch »Eßt, trinkt, liebt und genießt« lebt) zu der Tochter seines *Hofnarren Triboulet* (den Ludwig XII. angeblich aus einer Straßenprügelei heraus an seinen Hof engagiert haben soll) war nur Vorwand. Hugo formulierte in seinem Schauspiel seine Anklage gegen das Königtum und die monarchistische Gesellschaftsordnung Frankreichs – und die galt entschieden dem regierenden ›Bürgerkönig‹ *Louis Philippe,* der 1830 den französischen Thron bestiegen hatte. So begründete denn auch die Zensur ihr Verbot entsprechend: »Einen schlechten, brutalen, ausschweifenden König auf die Bühne zu bringen, kann in der konsolidierten oder nach Konsolidierung strebenden Juli-Monarchie nicht geduldet werden.« So mußte Hugo fünfzig Jahre bis zur (freilich auch dann nicht sonderlich erfolgreichen) Wiederaufführung seines Schauspiels warten.

Entstehung und Uraufführung. »*Ich suche neuartige und große, abwechslungsreiche und schöne, lebhafte und gewagte Themen, die ebenso kühn wie komponierbar sind*« schrieb Verdi Anfang der fünfziger Jahre, einmal mehr auf der Suche nach guten Opernlibretti. Sogar eine Liste ihm interessant erscheinender Stoffe legte er an. Und auf der notierte er auch Hugos Schauspiel, das er dann auch aufgriff. Da sein Librettist *Salvatore Cammarano* wegen Arbeitsüberlastung absagte, übergab der Komponist den Auftrag an *Francesco Maria Piave,* den Hausdichter am Teatro la Fenice in Venedig. Zu Beginn des Jahres 1850 schloß Verdi mit dem Fenice-Präsidenten *Mazari* einen Vertrag und machte sich an die Arbeit. Er nannte Hugos Drama einen »großartigen Stoff« und hielt die Figur des Triboulet für eine *Shakespeare* würdige Schöpfung des Dichters. Zunächst sollte die Oper »La Maledizione« (Der Fluch) heißen in Anlehnung an die Szene des Grafen Monterone, die zwar nur von episodischer Kürze ist, dennoch aber die übergeordnete Klammer des Geschehens sowohl im Drama wie in der Oper bildet. Piave und Verdi hielten sich eng an Hugos Drama (Handlungsablauf, atmosphärische Gestaltung, Personencharakterisierung) – und prompt schritt auch ihnen gegenüber die Zensur ein: ein König als Lüstling, sein Hof als Amüsierstätte, der Adel verhöhnt, ein häßlicher Buckliger als königlicher Hofnarr, ein Verbrechen, an dem der König letztlich mitbeteiligt ist – das geht nicht! Doch Verdi kämpfte erfolgreich um sein Werk, lehnte ein von Mazari eiligst in Auftrag gegebenes neues Textbuch kathegorisch ab, war aber zu gewissen Änderungen bereit, vor allem: aus König Franz I. wurde ein angenommener Herzog von Mantua, aus dem berühmten historischen Narren Triboulet wurde Rigoletto, worin das italienische »rigolo« steckt, was soviel wie ›Spaßvogel‹ oder ›Spötter‹ heißt. Die Uraufführung am 11. März 1851 am Teatro la Fenice in Venedig wurde ein triumphaler Publikumserfolg und ein großer persönlicher Erfolg für Verdi, der seine erste wirkliche Meisteroper schuf, die auch heute noch ungebrochen weltweite Popularität genießt.

Ort und Zeit. Mantua und Umgebung im 16. Jahrhundert

Die Personen der Oper. Der Herzog von Mantua (Tenor) – Rigoletto, sein Hofnarr (Bariton) – Gilda, dessen Tochter (Sopran) – Sparafucile, ein Bravo (Baß) – Maddalena, seine Schwester (Mezzosopran) – Giovanna, Gildas Gouvernante (Alt) – Der Graf von Monterone (Bariton) – Marullo, ein Edelmann (Bariton) – Borsa, ein Höfling (Tenor) – Der Graf von Ceprano (Baß) – Die Gräfin, seine Gemahlin (Sopran) – Ein Gerichtsdiener (Tenor) – Ein Page der Herzogin (Mezzosopran).

Hofgesellschaft, Hellebardiere, Diener (Chor)

Die Handlung. 1. AKT: Der Herzog von Mantua gibt in seinem Palast ein Fest. Dem Höfling Borsa gesteht er sein Abenteuer mit einem unbekannten Bürgermädchen, dem er schon mehrfach in der Kirche begegnete und in dessen Haus in einer abgelegenen Gasse jede Nacht ein geheimnisvoller Mann kommt, zu Ende bringen zu wollen. Der Herzog ist ein genußsüchtiger Frauenheld, der von einer Schönen zur anderen wechselt, denn Treue kennt er ebenso wenig wie Liebe ohne Freiheit *(Ballade des Herzogs »Freundlich blick' ich auf diese und jene...«).* Besonders angetan hat es ihm heute die Gräfin Ceprano, der er den Hof macht, um sie zu erobern. Rigoletto, des Herzogs buckliger Hofnarr, macht sich lustig über die Eifersucht des Grafen Ceprano. Er rät seinem Herzog, die Gräfin zu entführen und, wenn nötig, den Grafen kurzerhand zu enthaupten. Die grenzenlose Spottlust des Narren, die auf ihre Weise verletzen und gar töten kann, bringt den Grafen in Rage. Auch die anderen Höflinge sind der Spöttereien des Narren überdrüssig und stellen sich an Cepranos Seite, um Rigoletto eins auszuwischen. Da fügt es sich gut, daß der Edelmann Marullo erfahren haben will, Rigoletto habe eine Geliebte. Da könnte man sich doch an Rigoletto rächen, der seinen Spott auch auf den alten Grafen Monterone häuft, der plötzlich das Fest stört und Rache fordert für die Beleidigung seiner Familie und für die verletzte Ehre seiner Tochter. Als der Herzog ihn festnehmen läßt, verflucht Monterone alle – auch Rigoletto, der über den Schmerz eines Vaters lacht. – Vor dem Hause Rigolettos, das sich gegenüber von dem Palast des Grafen Ceprano befindet. Es ist Nacht. Rigoletto kommt nach Hause, gefolgt von dem Bravo Sparafucile (Bravo: italienische Bezeichnung für einen Meuchelmörder und Räuber). Er mordet für Geld, in der Stadt oder in seinem Hause, wo ihm seine Schwester Maddalena hilft. Er trägt Rigoletto seine Dienste an, denn er habe beobachtet, daß er wohl einen Rivalen habe. Rigoletto, durch diese Bemerkung mißtrauisch geworden, lehnt (für den Augenblick) ab. Doch nun plagt ihn der Argwohn, jemand habe sich seiner Tochter Gilda zu nähern versucht, die er abgöttisch liebt und aus Vorsicht vor Gefahren vor aller Welt in seinem Hause abschirmt. Umso mehr muß er an den Fluch des Grafen von Monterone denken *(Arie des Rigoletto »Der alte Mann verfluchte mich...«)*. Gilda kommt dem Vater entgegen, sieht ihn bedrückt und fragt ihn, ob ihn ein Geheimnis belaste. Ihre Fragen nach seinem Namen, seiner Familie, nach der Mutter beantwortet Rigoletto ausweichend und beschwört sie, das Haus außer zum Kirchgang nicht zu verlassen. Und Gildas Gouvernante Gioavanna ermahnt er, das Haus stets verschlossen zu halten und Gilda sorglich zu bewachen. Als er, mißtrauischer als sonst, auf die Straße hinaustritt, um zu sehen, daß ihm auch niemand folgte, schlüpft der Herzog ungesehen in den Hof, erkauft sich das Schweigen Giovannas mit einer Geldbörse und versteckt sich. So erfährt er, daß Gilda (und niemand anderes als sie ist das ›unbekannte Bürgermädchen‹) die Tochter seines Hofnarren ist. Nachdem Rigoletto gegangen zu sein scheint, verläßt der Herzog sein Versteck und bekennt Gilda seine Liebe *(Duett Herzog-Gilda »Unzertrennlich hat der Gott der Liebe«)*. Er gibt sich ihr als Student mit Namen Gualtier Maldé aus, muß sich aber rasch wieder verabschieden, weil Ceprano und Borsa samt Gefolge auf der Straße erscheinen, um Rigolettos vermeintliche Geliebte zu entführen. Giovanna bringt den Herzog zu einem anderen Ausgang und Gilda sieht ihm sehnsüchtig nach *(Arie der Gilda »Teurer Name, dessen Klang...«)*. – Überraschend kehrt Rigoletto zurück und trifft auf Borsa. Der macht ihm weiß, sie wollten die Gräfin Ceprano für den Herzog entführen, und Rigoletto erklärt sich bereit, dabei zu helfen. Da sie maskiert sind, tun sie das gleiche auch mit ihm, verbinden ihm die Augen mit einem Tuch und geben ihm die Leiter zu halten. Dann entführen sie Gilda. Als es Rigoletto zu lange dauert, reißt er sich das Tuch von den Augen, sieht die offene Tür zu seinem Hause und begreift den Fluch des Grafen von Monterone. –

2. AKT: Im Herzoglichen Palast. Der Herzog ist in höchster Aufregung, denn er war, einer inneren Stimme folgend, noch einmal zu Rigolettos Haus gegangen und hatte so Gildas Entführung entdeckt. Doch die auftretenden Höflinge können ihn beruhigen, sie erzählen ihm genau ihr nächtliches Werk, und so erfährt er, daß man Gilda in seinen Palast gebracht hat; rasch eilt er zu ihr. Wenig später erscheint auch Rigoletto und gibt sich zunächst gleichgültig, bis er an der Hartnäckigkeit, mit der die Höflinge dem Pagen der Herzogin, die ihren Mann zu sprechen wünscht, den Zutritt zum Herzog verweigern, sicher ist, daß Gilda sich im Palast befindet. Nun bekennt er, daß es seine Tochter ist, die sie entführten und verlangt ihre Herausgabe *(Arie des Rigoletto »Feile Sklaven, ihr habt sie verhandelt!«).* Da stürzt Gilda herein und gesteht dem Vater ihre Liebe zu dem Herzog *(Duett Gilda-Rigoletto »Wenn ich an Festestagen betend im Tempel kniete...«).* Doch Rigoletto denkt nur daran, Rache an dem Herzog zu nehmen – damit will er zugleich auch den auf gleiche Weise entehrten Grafen von Monterone rächen, den soeben ein Gerichtsdiener in den Kerker bringen läßt. Danach will er mit der Tochter die Stadt für immer verlassen. –

3. AKT: Das Wirtshaus des Sparafucile am Ufer des Mincio. Trotz eines Unwetters nähert sich Rigoletto mit Gilda dem Hause, um sie von der Treulosigkeit des Herzogs zu überzeugen. Dieser betritt wenig später das Innere des Hauses und verlangt ein Zimmer für die Nacht. Dann beginnt er mit Sparafuciles Schwester Maddalena zu flirten *(Kanzone des Herzogs »Ach, wie so trügerisch sind Weiberherzen...«).* Gilda ist verzweifelt, daß der Herzog Maddalena mit ganz ähnlichen Worten umschmeichelt, die er auch ihr gegenüber gebrauchte *(Quartett Herzog-Maddalena-Gilda-Rigoletto »Holdes Mädchen, sieh mein Leiden...«).* Rigoletto fordert Gilda auf, in Männerkleidern Mantua unerkannt zu verlassen und nach Verona zu reisen, er werde am nächsten Tage folgen. Zunächst dingt er Sparafucile, den Herzog zu töten. Doch Maddalena beschwört den Bruder, es nicht zu tun, lieber soll Rigoletto selbst sterben. Dazu verweigert er seine Zustimmung, lenkt aber ein: der erste Mann, der bis Mitternacht das Haus noch betreten wird, soll an Stelle des Herzogs sterben. Gilda, die von der Liebe zum Herzog getrieben, noch einmal zurückkehrte, nun schon in Männerkleidern, belauscht das Gespräch der beiden und entschließt sich, sich für den Herzog zu opfern. Sie gibt sich als Bettler aus und liefert sich im Moment, da sie das Haus betritt, Sparafucile aus. – Das Unwetter hat nachgelassen, Rigoletto kommt und erhält, wie abgesprochen, den in einen Sack gehüllten vermeintlichen Leichnam des Herzogs. Er bezahlt Sparafucile für seinen Dienst und will zum Fluß gehen, um den Sack ins Wasser zu werfen. Da hört er die Stimme des Herzogs, ahnt den Betrug, öffnet den Sack und erblickt seine Tochter. Sterbend bekennt Gilda, sich für die Liebe zu dem Herzog geopfert zu haben. Mit der verzweifelten Erkenntnis, daß sich der Fluch des alten Grafen von Monterone an ihm erfüllt hat, bricht Rigoletto an der Leiche seiner Tochter zusammen. –

Aufführungsdauer. 2½ Stunden

Giuseppe Verdi
DER TROUBADOUR (Il Trovatore)
Lyrisches Drama in 4 Akten,
Libretto von Salvatore Cammarano
Uraufführung Rom 1853

Quelle. Wieder liegt einer Verdi-Oper ein Drama zugrunde, diesmal ein spanisches. *Antonio Garcìa y Gutierrez (1813–1884)* läßt sein fünfaktiges romantisches Ritterdrama »El Trovador« im Spanien des 15. Jahrhunderts spielen. Der Autor absolvierte zuerst medizinische Studien und eine militärische Laufbahn, bevor er sich der Literatur verschrieb. Er war Mitglied der spanischen Akademie sowie Direktor des Archäologischen Museums von Madrid und avancierte dann zum erfolgreichsten spanischen Dramatiker des 19. Jahrhunderts. Er schrieb mehr als 70 Tragödien und Komödien mit meist geschichtlichen und politischen Stoffen, die nahezu alle eine jeweils recht verworrene Handlungsführung aufwiesen. Sein »Trovador« gelangte im August 1836 in Madrid zur Uraufführung und wurde sein erfolgreichstes Theaterstück.

Entstehung und Uraufführung. Wahrscheinlich kannte Verdi das spanische Drama nur vom Hörensagen, ohne es bereits selbst gelesen zu haben. Jedenfalls brachte er es im Januar 1850 dem erfahrenen Librettisten *Salvatore Cammarone (1801–1852),* mit dem er schon zusammengearbeitet hatte, selbst in Vorschlag. Es erschien ihm als »*sehr schön*« und »*reich an Einfällen und starken Situationen*«. Doch dann entschied er sich zunächst für die Komposition des »Rigoletto« und kam erst im März 1851 Cammarone gegenüber auf den »Troubadour«-Plan zurück. Er gab genaue Anweisungen für die Konzeption des Textbuches und wollte den ganzen Plan schon fallen lassen, als ihm nicht gefiel, was ihm Cammarone lieferte. Dann jedoch nahm er die Arbeit wieder auf, wollte die Oper am Teatro San Carlo in Neapel uraufführen lassen, gab sie dann aber dem Apollo-Theater in Rom. Während der Komposition starb der schwerkranke Cammarone, ohne das Buch fertiggestellt zu haben. Auf Vorschlag von Verdis Freund *De Sanctis* vollendete es der junge Dichter *Leone Emanuele Bardare* aus Neapel. Die Uraufführung am 19. Januar 1853 im Apollo-Theater in Rom wurde ein triumphaler Publikumserfolg, während die Kritik das Libretto bemängelte, das wohl zu den verworrensten nicht nur unter Verdis Opern gehört.

Ort und Zeit. Die Biscaya und Aragón während des spanischen Bürgerkrieges im 15. Jahrhundert

Die Personen der Oper. Der Graf von Luna (Bariton) – Leonore, Hofdame der Prinzessin von Aragón (Sopran) – Azucena, eine Zigeunerin (Alt) –

Manrico, der Troubadour (Tenor) – Ferrando, Hauptmann bei dem Grafen Luna (Baß) – Ines, Leonores Vertraute (Sopran) – Ruiz, Soldat im Gefolge Manricos (Tenor) – Ein alter Zigeuner (Baß) – Ein Bote (Tenor).
Nonnen, Soldaten, Zigeuner und Zigeunerinnen (Chor)

Die Handlung. DIE VORGESCHICHTE: Der alte Graf von Luna hatte zwei Söhne. Eines Tages sah sich die Amme der Kinder an der Wiege des jüngeren Sohnes Garzia einer Zigeunerin gegenüber, die durch ihr Hilfegeschrei verjagt wurde. Da jedoch das Kind unmittelbar darauf krank wurde, glaubte man, es sei von der Zigeunerin verhext worden. Man verfolgte sie, nahm sie gefangen, beschuldigte sie der Zauberei und bestimmte sie zum Tode auf dem Scheiterhaufen. Ihre Tochter rächte den Tod der Mutter, indem sie den Sohn Garzia raubte, um ihn in das noch glimmende Feuer zu werfen, wo man später auch tatsächlich das Gerippe eines Kindes fand. Doch dem Grafen, durch diese entsetzlichen Vorfälle selbst dem Tode nahe, befiel die dumpfe Ahnung, sein Sohn sei nicht umgekommen. So ließ er seinen älteren Sohn schwören, die Nachforschungen nach dem Bruder nie aufzugeben. Allein die Tochter wußte, was der sterbende Graf ahnte: der jüngere der Luna-Söhne blieb am Leben, denn die Zigeunerin stieß im Wahn, der sie angesichts der lodernden, die Mutter verschlingenden Flammen befiel, ihren eigenen Sohn ins Feuer. –

1. AKT (Das Duell): Im Palast des Grafen Luna, dem älteren der beiden Söhne des alten verstorbenen Grafen, erwarten die Wachen die Rückkehr ihres Herrn, der seiner Angebeteten einen Besuch abstattet, obwohl er einen unbekannten Troubadour zum Rivalen hat. Ferrando, Hauptmann der Wache, erzählt die grausame Geschichte, deren Zeuge er selbst war (siehe Vorgeschichte). Man hat die Zigeunerin nie wiedergesehen, doch er würde sie sofort erkennen, auch nach so vielen Jahren. Und dann sollte sie ihr Verbrechen büßen. – In den Gärten des Palastes, spät in der Nacht, wartet Leonore, Hofdame der Prinzessin von Aragón, auf jenen Troubadour, den sie einst als Sieger bei einem Turnier krönen durfte, sich in ihn verliebte, dann aber aus den Augen verlor. Vor einiger Zeit tauchte er wieder auf und bringt ihr nun allabendlich seine Ständchen zu Gehör. Sie liebe ihn und er liebe sie, so gesteht sie ihrer Vertrauten Ines *(Arie der Leonore »Es glänzte schon das Sternenheer...«).* Die Damen begeben sich in ihre Gemächer, als Graf Luna erscheint, der Leonore umwirbt. Da stört ihn der Troubadour Manrico, der Leonore ein erneutes Lied singt *(Romanze des Manrico »Einsam steh'ich verlassen...«),* die daraufhin in den Garten eilt. Doch in der Dunkelheit hält sie Luna für Manrico, erkennt ihren Irrtum und gesteht Manrico ihre Liebe. Luna, vor Eifersucht fast wahnsinnig, fordert den Namen seines Rivalen, in dem er einen Anhänger des Grafen Jaime von Urgel erkennt, der ebenso Anspruch auf den verwaisten spanischen Thron erhebt wie sein Feind Ferdinand, der Infant von Kastilien, auf dessen Seite Luna steht. Mit gezückten Schwertern gehen die Kontrahenten

aufeinander los und entfernen sich kämpfend, während Leonore, die Luna nicht lieben kann und will, ohnmächtig zusammensinkt. –

2. AKT (Die Zigeunerin): Am Abhang eines Berges in der Biscaya lagert eine Zigeunerschar *(Chor der Zigeuner »Seht, wie die Wolken am Himmel ziehen...«)*. Unter ihnen der im Kampf mit Luna verwundete Manrico und die Zigeunerin Azucena, die vom Tod ihrer Mutter auf dem Scheiterhaufen klagt *(Arie der Azucena »Lodernde Flammen...«)*. Als die Zigeuner wenig später bei Anbruch des Tages zur Arbeit ins nächste Dorf ziehen, erzählt Azucena auf Drängen Manricos diesem, was sie beim Tod ihrer Mutter tat, von der Sterbenden zur Rache aufgefordert (siehe Vorgeschichte). Manrico ist bestürzt und fragt sie, ob er denn nicht ihr Sohn sei. Doch sie hält ihm entgegen, sie sei doch immer wie eine Mutter zu ihm gewesen, vor allem erst jetzt, als er im Zweikampf den Grafen Luna besiegt, ihn aber wie unter dem Zwange einer geheimnisvollen Macht nicht getötet habe, worauf dieser mit seiner Schar über ihn hergefallen sei. Unterbrochen werden die beiden durch Manricos Gefolgsmann Ruiz. Er bringt die Nachricht, die Burg Castellor sei in ihre Hände gefallen, und der Landesherr habe Manrico zu ihrer Verteidigung bestimmt. Außerdem, so erfährt Manrico noch, werde Leonore, der man fälschlicherweise Manricos Tod gemeldet habe, ins Kloster gehen. Das aber will Manrico verhindern, vergeblich versucht Aucena ihn aufzuhalten. – Im Kreuzgang des Klosters erscheint Graf Luna, um seinerseits Leonore daran zu hindern, den Schleier zu nehmen. Er hält Manrico für tot, und nun soll sie die Seine werden *(Arie des Luna »Ihres Auges himmlisch Strahlen...«)*. Er stellt sich den Nonnen in den Weg und fordert Leonore auf, mit ihm zu kommen. Da tritt Manrico dazwischen; daß er noch lebt, kann Leonore vor Freude, Luna vor Haß kaum glauben *(Terzett Leonore-Graf Luna-Manrico »O Gott! Ist's nur ein schöner Traum?«)*. Luna fordert Manrico auf, ihn und Leonore zu fliehen, falls ihm sein Leben lieb ist. Doch da kommen Ruiz und seine Leute Manrico zu Hilfe und entwaffnen Luna. Leonore aber folgt Manrico. –

3. AKT (Der Sohn der Zigeunerin): Vor Castellor lagern die Soldaten Lunas, um die Burg zu stürmen. Da führt man Azucena herbei, die man aufgriff. Auf Lunas Fragen gibt sie an, ihren Sohn zu suchen. Ferrando aber erkennt in ihr die Zigeunerin von damals und entdeckt es Luna, der umso mehr triumphiert, als sie ihm sagt, sie sei die Mutter Manricos, seines Todfeindes. Er läßt sie abführen. Leonore befindet sich bei Manrico auf Castellor. Es wird zum Kampfe kommen, deshalb soll Leonore sich in der Kapelle in Sicherheit bringen. Da meldet Ruiz, Luna halte Azucena gefangen und lasse schon den Scheiterhaufen für sie richten. Manrico ruft zu den Waffen, um die Mutter zu befreien *(Stretta des Manrico »Lodern zum Himmel seh ich die Flammen...«)*. –

4. AKT (Die Hinrichtung): Manrico ist in Lunas Hände gefallen und erwar-

tet als Gefangener in dessen Palast zusammen mit Azucena sein Todesurteil. Leonore, die entfliehen konnte, kommt mit Ruiz, um Manrico zu retten *(Arie der Leonore »In deines Kerkers tiefe Nacht...«)*. Da trifft sie auf Luna, den sie um Mitleid mit Manrico bittet, das er ihr entschieden ablehnt. Da bietet sie sich ihm an, wenn er Manrico freiläßt. Das scheint zu wirken, doch unbemerkt von Luna nimmt sie das Gift, das sie ständig in ihrem Ring bei sich führt *(Duett Leonore-Luna »Sieh meiner hellen Tränen Fluten...«).* – Im Kerker warten Azucena und Manrico auf ihre Hinrichtung. Wieder wird Azucena von den grausamen Bildern der Vergangenheit heimgesucht, als sie ihre Mutter in den Flammen umkommen sah. Ermattet sinkt sie auf das Lager. Leonore erscheint, um Manrico die Freiheit zu verkünden. Der aber ahnt, um welchen Preis sie seine Freilassung erwirkte, und stößt sie von sich. Dann jedoch, als das Gift bereits zu wirken beginnt, begreift er die Opfertat Leonores. Nun erkennt aber auch der hinzugetretene Luna, daß er von Leonore um ihrer Liebe zu Manrico willen getäuscht wurde. Augenblicklich läßt er Manrico auf das Schafott führen. Zu spät erwacht Azucena aus dem Schlaf der Erschöpfung, um Manricos Tod noch verhindern zu können. Da schreit sie Luna entgegen, er habe seinen eigenen Bruder töten lassen. –

Aufführungsdauer. 2¼ Stunden

Giuseppe Verdi
LA TRAVIATA
Oper in 3 Akten
Dichtung von Francesco Maria Piave
nach dem Drama »La Dame aux Camélias«
von Alexandre Dumas d. J.
Uraufführung Venedig 1853

Quellen. Die Wirklichkeit, ein Roman, ein Theaterstück und eine Oper: der ungewöhnliche Weg eines literarisch-musikalischen Stoffes nimmt seinen Ausgang in der gesellschaftlichen Wirklichkeit von Paris der ersten Hälfte des 19. Jahrhunderts. Alphonsine Plessis, genannt *Marie Duplessis (1824–1847),* stammte aus der Normandie, wurde früh verstoßen, trieb sich herum, machte schon im Alter von 12 Jahren erste zweifelhafte Männerbekanntschaften, war als Wäscherin, Dienstmagd, Fabrikarbeiterin und Putzmacherin tätig, gelangte nach Paris, machte dort 1839 die Bekanntschaft eines wohlhabenden Restaurateurs, der ihr eine eigene Wohnung einrichtete, und sie begann das Leben einer rasch stadtbekannten Kurtisane. Sie war außerordentlich schön, gut erzogen, sehr gebildet, avancierte zum Mittelpunkt von Festen, Bällen und im Theater (wo sie sich meist mit einer Kamelienblüte sehen ließ, was ihr den Name »Kameliendame« einbrachte), hatte Verbindungen bis ins Ministerium und zählte berühmte Leute zu ihrem Kreis. Dazu gehörte auch der Dichter *Alexandre Dumas d. J. (1824–1895)*, unehelicher Sohn des Schriftstellers *Alexandre Dumas d. Ä.* (berühmter Autor u. a. von »Die drei Musketiere« und »Der Graf von Monte Christo«). Als Marie Duplessis im Alter von gerade erst 23 Jahren an Schwindsucht starb (ihr Grab auf dem Friedhof Pére Lachaise gibt es heute noch), hinterließ sie einen Berg Schulden, so daß ihr gesamter Besitz versteigert werden mußte. Unter ihren persönlichen Dingen fand sich auch ein Exemplar von *Abbé Prevosts* berühmtem Roman »Manon Lescaut« mit eigenhändigen Notizen. Dieses »Manon«-Exemplar spielt in dem 1848 erschienenen gesellschaftskritischen Roman »La Dame aux Camélias« (Die Kameliendame) von dem jüngeren Dumas eine wichtige Rolle.

Der Roman erzählt die Geschichte der Pariser Kurtisane Marguerite Gautier (deren Verbild Marie Duplessis war) und beginnt mit einer Rahmenhandlung, in der der Autor selbst zunächst die Hauptfigur darstellt, um dann jedoch ganz die Rolle des Chronisten zu übernehmen. Bei der Versteigerung von Marguerites Hinterlassenschaft erwirbt er ein Exemplar des »Manon«- Romans mit der Widmung eines gewissen Armand Duval an Marguerite. Wenig später sucht dieser Duval den Autor wegen des »Manon-Exemplares« auf und erzählt ihm die Geschichte seiner Liebe zu Marguerite Gautier.

Dumas wurde von der Kritik heftig angegriffen, als Anwalt von Laster und Unzucht bezeichnet, der eine Kurtisane »zu einer Heiligen im Hurenkalender mache«. Als Dumas seinen Roman auch noch dramatisierte und das fünfaktige Schauspiel »Die Kameliendame« am 2. Februar 1852 am Théâtre du Vaudeville in Paris uraufgeführt wurde, warf man dem Stück gar vor, es bringe »Schande über das Zeitalter, in dem es entstand«. Der Erfolg des Schauspiels war enorm und hielt jahrzehntelang an dank zweier überragender Schauspielerinnen, die Theaterlegenden wurden: *Sarah Bernhardt (1844–1923)* und *Eleonora Duse (1858–1924)*.

Entstehung und Uraufführung. Vor allem zwei Komponenten trafen zusammen, warum Verdi sich zur Komposition der »Kameliendame« entschloß, als er das Schauspiel während eines Paris-Aufenthaltes 1851/52 im Théâtre du Vaudeville sah. Erstens fand er hier endlich den großen, neuen und zeitnahen Stoff, den er suchte. Zweitens sah er deutlich, daß sich ihm hier die Chance eröffnete, eine Primadonnen-Partie ersten Ranges zu schaffen. Mit dem Libretto beauftragte er wieder *Francesco Maria Piave*, war aber selbst sehr maßgeblich an seiner schließlichen Erstellung beteiligt. Schon aus der Zeit der Romanlektüre zwei Jahre zuvor existierte von ihm ein grobes Opernszenarium.

In der unwahrscheinlich kurzen Zeit von fünfundvierzig Tagen komponierte Verdi die gesamte Oper. Am 6. März 1833 geriet die Uraufführung am Teatro Fenice in Venedig zu einem eklatanten Mißerfolg, zumal die stattliche Sängerin der Titelpartie nur auf Kosten unfreiwilliger Komik beim Publikum versuchen konnte, eine sterbende Schwindsüchtige auch nur einigermaßen glaubhaft zu gestalten. Verdi unterzog die Oper einer nur sehr geringfügigen Umarbeitung und übergab sie dem Teatro San Benedetto in Venedig zur zweiten Aufführung. Von da begann der Siegeszug von »La Traviata« (der Titel bedeutet soviel wie »Die vom Weg Abgekommene«) über die Bühnen der Welt. Seit Jahrzehnten bis heute stellt sie im deutschsprachigen Theaterraum Verdis meistaufgeführte Oper dar und nimmt für diesen Zeitraum unter den 100 meistgespielten Opern überhaupt einen hervorragenden 9. Platz ein.

Ort und Zeit. Paris und Umgebung um 1850/51

Die Personen der Oper. Violetta Valéry (Sopran) – Flora Bervoix (Mezzosopran) – Annina, Violettas Dienerin (Sopran) – Alfred Germont (Tenor) – Georges Germont, sein Vater (Bariton) – Gaston, Vicomte von Letorières (Tenor) – Baron Douphal (Bariton) – Marquis d'Obigny (Baß) – Doktor Grenvil (Baß) – Joseph, Diener Violettas (Tenor) – Ein Diener Floras (Baß) – Ein Bote (Baß).

Damen und Herren der Pariser Gesellschaft, Freunde von Violetta und Flora, maskierte Ballbesucher (Chor)

Die Handlung. 1. AKT: Auf einem Fest, das sie in ihrem Hause gibt, lernt die Kurtisane Violetta Valéry den jungen Alfred Germont kennen, der in Begleitung des Vicomte Gaston de Letorières erscheint. Man fordert ihn zu einem Trinkspruch auf, in dem er die Schönheit der Gastgeberin preist *(Trinklied Alfred-Violetta mit Chor »Auf, trinket in durstigen Zügen...«).* Dann begibt man sich nach nebenan zum Tanze, nur Violetta bleibt zurück. Sie ist schwer an Schwindsucht erkrankt und hat einen ihrer Schwächeanfälle. Alfred beobachtet sie, bleibt bei ihr und gesteht ihr schließlich, daß er sie schon lange liebt *(Duett Alfred-Violetta »So hold, so reizend...«).* Violetta gibt ihm eine Kamelienblüte, ihre Lieblingsblume, zum Zeichen, daß er wiederkommen darf. Denn er hat sie tief beeindruckt, sie spürt erwachende Liebe zu ihm *(Arie der Violetta »s'ist seltsam...«).* –

2. AKT: Schon seit einiger Zeit leben Violetta und Alfred in ihrem Landhaus außerhalb von Paris zusammen. Dankbar genießt Alfred sein Glück *(Arie des Alfred »Ach, ihres Auges Zauberblick...«).* Von Violettas Dienerin Annina erfährt er jedoch, daß Violetta ihren Besitz veräußern will, um ihr Leben bezahlen zu können. Rasch entschließt er sich ohne ihr Wissen nach Paris zu fahren, um alles in Ordnung zu bringen. In seiner Abwesenheit sucht sein Vater Georges Germont Violetta auf und bittet sie, seinem Sohn zu entsagen, um das Glück seiner Tochter nicht zu zerstören, die vor einer glücklichen und aussichtsreichen Heirat steht *(Arie des Germont »Gott schenkte eine Tochter*

mir...«). Violetta weiß, daß sie nicht mehr lange zu leben hat, die Liebe zu Alfred ist ihr einziges Gut. Doch sie verspricht Germont, das von ihr geforderte Opfer zu bringen und schreibt Alfred einen Brief. Als dieser aus Paris zurückkehrt, teilt ihm Violettas Diener Joseph mit, sie und Annina seien nach Paris gereist. Ein Bote bringt ihm ihren Brief, dem er glaubt entnehmen zu müssen, sie habe ihn verraten. Da sieht er sich plötzlich seinem Vater gegenüber, der ihn auffordert, zur Familie zurückzukehren *(Arie des Germont »Hat dein heimatliches Land keinen Reiz für deinen Sinn...«)*. Doch Alfred will sich rächen an Violetta für ihren vermeintlichen Bruch mit ihm. Als er eine Einladung von Flora Bervoix, einer gemeinsamen Bekannten, sieht, weiß er, wo er Violetta zu finden hat. – Flora hat zu einem Spielabend geladen und erfährt dort durch den Marquis d'Obigny, daß sich Violetta und Alfred getrennt haben. Sie ist darüber ebenso erstaunt wie Doktor Grenvil. Violetta erscheint am Arm des Barons Douphal, während Alfred bereits viel Glück im Spiel entwickelt. Sie sucht die Aussprache mit ihm, begegnet aber nur seiner Verachtung, da er den Baron für ihren neuen Liebhaber hält. Da sie ihm nicht widerspricht, ruft er in einem Anfall rasender Eifersucht und enttäuschter Liebe die Gesellschaft herein und beleidigt Violetta vor allen, wirft ihr gar eine Geldbörse für die geleisteten Liebesdienste vor die Fuße *(Scene des Alfred »Seht diese Frau, ihr kennt sie?«)*. Die Anwesenden empfinden jedoch nur Abscheu für sein Verhalten, auch sein Vater, der die Gesellschaft aufgesucht hat, bezeugt ihm seine Verachtung, schweigt aber ebenso wie Violetta über die Gründe, warum sie den Sohn verließ. Alfred beginnt sein Verhalten zu bereuen.

3. AKT: In Violettas Landhaus. Violetta hat einen Brief von Germont erhalten, in dem dieser ihr mitteilt, er habe seinem Sohn ihr Opfer enthüllt. Alfred sei bereits auf dem Wege zu ihr, um sie um Verzeihung zu bitten. Doch es ist zu spät, Violetta hat nach Doktor Grenvils Befürchtungen nur noch wenig Zeit zu leben, und sie weiß es selbst *(Arie der Violetta »Lebt wohl jetzt, ihr glücklichen Träume...«)*. Sie kann auch Alfred nichts mehr vormachen, den Liebenden bleibt nur noch, ein Glück träumend zu beschwören, das es für sie nicht mehr geben wird *(Duett Alfred-Violetta »O laß uns fliehen aus diesen Mauern...«)*. Voller Reue ist auch Germont eingetroffen, doch er wird nur mehr schmerzlich betroffener Zeuge, wie Violetta in den Armen Alfreds stirbt.

Aufführungsdauer. 2¼ Stunden

Giuseppe Verdi
EIN MASKENBALL (Un ballo in maschera)
Oper in 3 Akten, Libretto von Antonio Somma
nach Eugène Scribe
Uraufführung Rom 1859

Quelle. Auf der Suche nach einem neuen Opernstoff stieß Verdi auf das Stück »Gustav III.«, das *Eugène Scribe (1791–1861)* als Libretto für *Aubers* Oper »Le bal masqué« (Uraufführung 1833 in Paris) verfaßt hatte. Den Stoff lieferte die Geschichte Schwedens: die Ermordung *König Gustavs III. (1746–1792),* eines Neffen Friedrichs des Großen, eines geistvollen, den Künsten sehr aufgeschlossenen (er schrieb selbst Dramen) und vor allem reformfreudigen Herrschers. Er hatte sich durch seinen ein Jahr nach seiner Thronbesteigung vollzogenen Staatsstreich im Jahre 1772 den Adel verfeindet, dessen jahrzehntelange Adelsregierung er damit beendete. Den Ausschlag der Verschwörung gegen ihn gab die Auflösung des neugebildeten Reichstages von 1792. Endgültig sah sich der Adel um seine Vorrechte gebracht und fürchtete eine grundsätzliche, bürgerlich orientierte Änderung der Verfassung. Man beschloß die Ermordung des Königs. Auf einer Hof-Maskerade in der Oper zu Stockholm kam es am 17. März 1792 durch den entlassenen *Hauptmann Ankerström* zu jener blutigen Tat, die Scribe als Haupthandlung seines Librettos für Auber gestaltete, die er mit einer Liebesgeschichte verband.

Entstehung und Uraufführung. An der Herstellung des Librettos war Verdi maßgeblich beteiligt, beratend, ändernd, verbessernd in enger Zusammenarbeit mit dem meist in Venedig lebenden Dichter *Antonio Somma (1809–1864).* Die Uraufführung sollte in Neapel stattfinden, erste Vorbereitungen waren bereits getroffen. Da erfuhr Verdi von den Schwierigkeiten, die die Zensur machte. Sie beanstandete – in Erinnerung an das Attentat Orsinis auf Napoleon III. 1849 in Neapel – vor allem die Darstellung eines Königsmordes auf der Bühne. Sie verlangte außerdem die Rückverlegung der Handlung in das 14. Jahrhundert und eine andere Nationalität des Titelhelden. Inzwischen war die Partitur Ende 1857 fertig, da legte ihm die neapolitanische Behörde ein völlig neues Libretto vor, das Verdi empört ablehnte. Da ihm ein Prozeß drohte, verzichtete er auf die Uraufführung in Neapel, was ihm eine Schadensersatzklage des Theaterdirektors einbrachte, die jedoch abgewendet werden konnte. Rom war mit einer Aufführung einverstanden, verlangte aber Namens- und Standesänderungen im Original (aus Gustav III. wurde ein Graf Richard Warwick, Gouverneur in Boston u. a.). In dieser Fassung, deren Uraufführung am 17. Februar 1859 im Apollo-Theater zu Rom ein umjubelter Erfolg wurde, wird die Oper noch heute oft gespielt, auch wenn man häufiger wieder auf das Original mit dem schwedischen König zurückgreift.

Ort und Zeit. Boston im 17. Jahrhundert

Die Personen der Oper. Graf Richard von Warwick, Gouverneur von Boston (Tenor) – René, dessen Freund und Vertrauter (Bariton) – Amelia, Renés Gemahlin (Sopran) – Ulrika, eine Wahrsagerin (Alt) – Oskar, Page des Grafen (Sopran) – Silvano, ein Matrose (Bariton) – Samuel, ein Verschworener (Baß) – Tom, ein anderer Verschworener (Baß) – Ein Richter (Tenor) – Ein Diener Amelias (Tenor).

Deputierte, Stadtbewohner, Offiziere, Volk, Ballgäste (Chor)

Die Handlung. 1. AKT: Graf Richard Warwick, Bostons Gouverneur, gibt Audienz in seinem Hause. Sein Page Oskar legt ihm die Gästeliste für den Maskenball vor, auf der auch der Name seines Freundes René und dessen Gemahlin Amelia stehen, die Richard heimlich liebt und sich auf ein Wiedersehen mit ihr freut *(Arie Richards »Welche hohe Wonne wird mir das Fest gewähren...«)*. René warnt ihn vor einer Verschwörung gegen ihn *(Arie des René »Für dein Glück und für dein Leben...«)* und der Richter unterbreitet ihm die Liste der zur Verbannung Verurteilten. Darauf befindet sich auch der Name der Wahrsagerin Ulrika, für die Oskar ein gutes Wort einlegt *(Couplet des Oskar »Mit starrem Angesicht blickt sie nach oben...«)*. Das macht Richard neugierig, und er verabredet sich mit seinen Anhängern bei Ulrika, verkleidet, um unerkannt zu bleiben. Auch die Gegner, vor denen René ihn warnte, werden sich unter der Führung der beiden Verschwörer Samuel und Tom dort einfinden. – Eine Schar neugieriger Frauen und Männer wartet bei Ulrika, die mit ihrer Beschwörung beginnt *(Szene und Arie der Ulrika »König des Abgrunds, zeige dich...«)*. Richard, als Fischer verkleidet, drängt sich durch die Menge und entdeckt zu seiner Überraschung auch Amelia. Sie ist gekommen, Ulrika um Rat zu bitten, von ihrer verbotenen Liebe zu Richard loszukommen. Ulrika bedeutet ihr, ein Wunderkraut könne ihr die gewünschte Ruhe bringen. Sie müsse es aber um Mitternacht an der Hinrichtungsstelle pflücken. Richard, der sich in einer Nische versteckt hat und das Gespräch belauscht, will Amelia an dem grausigen Ort beistehen. Dann läßt auch er sich aus der Hand lesen *(Kanzone Richards »O sag, wenn ich fahr' auf stürmischen Wogen...«)*. Widerstrebend prophezeit sie ihm, er werde von Freundeshand den Tod finden. Auf seine Frage, wer der Mörder sein wird, antwortet sie, dies sei der erste, der ihm die Hand zum Gruße reichen werde. Keiner der Umstehenden wagt, die dargebotene Hand Richards zu ergreifen. So begrüßt er den hereintretenden René mit Handschlag und verlacht so die Weissagung der Zauberin, die ihn durch eine Bemerkung Renés erst jetzt erkennt. Während die Menge, die Richard liebt und verehrt, ihn hochleben läßt und er selbst alles nur als Scherz nimmt, weiß Ulrika um die Wahrheit ihrer Prophezeiung, und die Verschwörer bekräftigen ihren Entschluß, ihn zu töten. –

353

2. AKT: Um Mitternacht am Galgenhügel sucht Amelia nach dem Wunderkraut, dessen Kraft sie von ihrer Leidenschaft erlösen soll *(Szene und Arie Amelias »Hier ist der grauenvolle Ort...«)*. Richard ist ihr gefolgt, und beide gestehen sich ihre Liebe *(Duett Richard-Amelia »Ich bin dir nah!«)*. Doch sie werden von René gestört, der Richard folgte, um ihn vor den Verschwörern zu retten, die ihm im Verborgenen auflauern. Er drängt ihn zur raschen Flucht, legt ihm seinen eigenen Mantel um und verspricht ihm, die verschleierte Dame sicher in die Stadt zurückzubringen. Kaum ist Richard verschwunden, tauchen die Verräter auf, sind aber enttäuscht, René statt Richard anzutreffen. Sie bedrängen ihn und die Unbekannte, die René mit dem Degen verteidigt. Als man sich auf ihn stürzen will, wirft sich Amelia dazwischen und gibt sich zu erkennen, um ihren Gemahl zu retten. René sieht sich der Schmach und dem Spott ausgesetzt, seine Freundschaft zu Richard schlägt augenblicklich in Haß und Rachegefühle um. Er bestellt Samuel und Tom für den Morgen zu sich. –

3. AKT: In Renés Hause. Amelias Betrug will René durch ihren Tod gesühnt wissen *(Szene René-Amelia »Solch Vergehen tilgt kein Jammern, nur dein Blut sühnt dies Vergehen«* und *Arie der Amelia »Der Tod sei mir willkommen...«)*. Als letzte Gnade erbittet sie sich, noch einmal ihren Sohn sehen zu dürfen. René läßt es geschehen und faßt in ihrer Abwesenheit den Entschluß, seine Schmach nicht an seiner Gemahlin, sondern an dem ehemaligen Freund zu rächen *(Arie des René »Ja, nur du hast dies Herz mir entwendet...«)*. Den eintretenden Samuel und Tom eröffnet er, schon lange um ihren Mordplan an dem Grafen zu wissen. Nun will er selbst daran teilnehmen, ohne Gründe für seinen plötzlichen Haß zu nennen. Das Los soll entscheiden, wer die Tat begehen soll. Er zwingt Amelia, das Los zu ziehen – es trifft ihn. Der bevorstehende Maskenball, zu dem Richards Page die Einladungen überbringt *(Arie des Oskar »Durchstrahlt von tausend Lampen wird der weite Saal erglänzen...«)*, bietet dazu die beste Gelegenheit. – In seinem Kabinett unterschreibt Richard die Ordre, die René in hoher Stellung nach England beruft, denn Ehre und Pflicht verlangen von ihm, Amelia für immer zu vergessen *(Szene und Arie Richards »Hier steht mein Name – das Opfer ist vollzogen!«)*. Dann eilt er zum Ball. – Der ist bereits im Gange *(Chor der Gäste »O Lust, im muntern Tanze den Saal dahinzuschweben!«)*. Auch die Verschwörer haben sich eingefunden, mit ihnen René. Er kann dem Pagen nach dessen anfänglichen Zögern *(Arioso des Oskar »Laßt ab mit Fragen!«)* entlocken, in welcher Maskerade Richard auf dem Ball erschienen ist. Dann stürzt er sich auf ihn und ersticht ihn. Sterbend gesteht Richard ihm, daß seine Ehre unverletzt und Amelia ihm treu gewesen ist. –

Aufführungsdauer. 2½ Stunden

Giuseppe Verdi
DIE MACHT DES SCHICKSALS
(La forza del destino)
Oper in 4 Akten, Dichtung von Francesco Maria
Piave. Neufassung Antonio Ghislanzoni
Uraufführung St. Petersburg 1862

Quelle. Literarische Vorlage der mittlerweile 22. Oper Verdis bildet das damals auch in Italien vielgespielte spanische Drama »Don Alvaro o la Fuerza del Sino« (Don Alvaro oder Die Macht des Geschicks) des spanischen Diplomaten und Schriftstellers *Don Angel de Saavedra, Herzog von Rivas (1791–1865)*. Wegen seiner liberalen politischen Anschauungen aus Spanien verbannt, hielt sich der aus Córdoba stammende Diplomat mehrere Jahre lang in Frankreich und England auf, wurde dann amnestiert, kurz danach wieder ins Exil geschickt (diesmal nach Portugal) und schließlich in seinem Heimatland zum Botschafter ernannt. Saavedra, der als einer der bekanntesten spanischen Dramatiker seiner Zeit galt, starb im Alter von 74 Jahren in Madrid.

Entstehung und Uraufführung. Drei Jahre lang, zwischen 1859 und 1862, kam keine neue Oper Verdis auf das Theater. Ein Grund dafür war die Verstimmung, der Ärger des Komponisten über die Schwierigkeiten, die ihm bei »Rigoletto« und »Ein Maskenball« die italienische Zensur gemacht hatte. Den zweiten Grund lieferte die aktuelle Politik Italiens. Für sie begann sich Verdi in einem hohen Maße zu engagieren. Sein unverhohlener, jedoch nie in Fanatismus umschlagender Patriotismus gewann in diesen Jahren die Oberhand. Anfang des Jahres 1861 erhielt er schließlich aus St. Petersburg von Zar Alexander II. den Auftrag zu einer neuen Oper für das kaiserlich-russische Theater, das über ein ausgezeichnetes italienisches Opernensemble verfügte. Verdi dachte zunächst an eine Vertonung des »Ruy Blas« von *Victor Hugo*, stieß damit aber auf wenig Interesse in Petersburg. So entschied er sich für »Don Alvaro«. Der Stoff des spanischen Dramas weckte sein Interesse, fand er doch darin vor allem zwei große Gefühle (wie im »Maskenball«) dargestellt, die zu den wesentlichen Motiven seiner weiteren Opern gehören sollten: Patriotismus und Freundschaft, beides gestützt von menschlicher Leidenschaft. Hatte er nicht gerade patriotische Zeiten durchgemacht sowie alte Freundschaften erneuert und neue dazugewonnen? Er beauftragte ein weiteres Mal *Francesco Maria Piave* mit dem Libretto. Im August 1861 begann er mit der Komposition. Ende November reiste er mit seiner Frau nach St. Petersburg zu der für den Winter geplanten Uraufführung. Wegen der schweren Erkrankung der Primadonna, für die man keinen Ersatz finden konnte, wurde die Uraufführung ins nächste Jahr verschoben. Die Verdis reisten zurück und waren im Herbst 1862 wieder in Petersburg, von wo aus Verdi einen Abstecher nach Moskau machte, um sich inkognito eine »Troubadour«-Aufführung anzusehen. Natürlich wurde er erkannt und stürmisch gefeiert. Die Uraufführung der »Macht des Schicksals« fand am 10. November 1862 im kaiserlichen Operntheater statt und wurde nicht mehr als ein Achtungserfolg. Verdi schrieb an Piave: »*Wir müssen unbedingt vermeiden, daß sich am Schluß die Leichen nur so türmen.*« Deshalb entschloß er sich zu einer Überarbeitung der Oper, da auch Verleger *Ricordi* und die Direktion der Mailänder Scala darauf drängten. Da Piave inzwischen völlig gelähmt war, übernahm *Antonio Ghislanzoni (1824–1893)* die Textänderungen, die auch den Schluß betrafen: statt Selbstmord zu begehen, soll Alvaro Buße tun. Verdi war damit ebenso einverstanden wie mit den Szenenumstellungen im dritten Akt, er selbst nahm musikalische Korrekturen vor, besonders im Finale, und er ersetzte das kurze Vorspiel durch die neu komponierte, heute so populär gewordene Ouvertüre. In Verdis eigener Einstudierung gelangte die Uraufführung der Neufassung am 20. Februar 1869 an der Mailänder Scala zu jenem Erfolg, der dem Werk endgültig den Weg bahnte.

Ort und Zeit. Spanien und Italien gegen Ende des 18. Jahrhunderts

Die Personen der Oper. Der Marchese von Calatrava (Baß) – Donna Leonora, seine Tochter (Sopran) – Don Carlos di Varga, sein Sohn (Bariton) – Don Alvaro (Tenor) – Preziosilla, eine Wahrsagerin (Mezzosopran) – Pater Guardian (Baß) – Fra Melitone (Baß) – Curra, Leonoras Kammerfrau (Sopran) – Mastro Trabuco, Maultiertreiber (Tenor) – Ein Alkalde (Baß) – Ein Feldarzt im spanischen Heer (Baß).

Spanische und italienische Soldaten, Volk, Bettler und Bettlerinnen, Pilger, Mönche u. a. (Chor)

Die Handlung. 1. AKT: Im Hause des Marchese von Calatrava in Sevilla. Leonora di Varga, Tochter des Marchese, liebt den Inkaabkömmling Don Alvaro. Ihr Vater verbietet jedoch die Verbindung, da er den Fremden seiner angeblich niederen Herkunft wegen für unwert erachtet. So haben sich die Liebenden entschlossen, zu fliehen. Ungeduldig erwartet Leonora den Geliebten zur verabredeten Stunde, von Angst und Gewissensbissen gepeinigt (*Romanze der Leonora »Ich sollte ihn nicht lieben?«*). Als Alvaro schließlch erscheint, schwören sich die beiden, in Freud und Leid zusammenzuhalten und sich vom Schicksal nicht trennen zu lassen (*Duett Leonora-Don Alvaro »Ich bin Dein...«*). Doch sie werden von dem Marchese gestört, der Verdacht geschöpft hat. Vergebens sind Leonoras Bitten um Vergebung und Alvaros Beteuerungen, Leonora sei unschuldig, er allein trage die Schuld an allem: der Marchese will den verhaßten Verführer seiner Tochter dem öffentlichen Scharfrichter ausliefern. Als sich Alvaro zum Zeichen seines Schuldgeständnisses selbst entwaffnet, löst sich aus der weggeworfenen Pistole versehentlich ein Schuß, der den Marchese tödlich trifft. Sterbend verflucht er seine Tochter. –

2. AKT: Eine Schenke in Hornachuelos, einem kleinen Dorf. Don Carlos di Varga, Sohn des auf unglücklich-schicksalshafte Weise ums Leben gekommenen Marchese von Calatrava, hat sich auf die Suche nach Leonora und dem ihm unbekannten angeblichen Verführer der Schwester gemacht, um die seinem Namen widerfahrene Schande zu rächen. Als Student verkleidet mischt er sich unter das Volk. Dort erscheint in Begleitung des Maultiertreibers Mastro Trabuco auch Leonora in Männerkleidern. Sie sucht Alvaro, von dem sie in jener Schicksalsnacht getrennt wurde. Zu ihrem Entsetzen entdeckt sie den Bruder, der sie jedoch nicht erkennt. Unter der Menge wirbt die junge Wahrsagerin Preziosilla Leute für den Krieg. Da ziehen Pilger vorbei, deren Bittgesang auch das Volk um Gnade bitten läßt. Im Innersten bewegt, stimmt auch Leonora in den Gesang ein, Gott um Beistand anflehend gegenüber dem rachedurstigen Bruder. Dieser treibt mit Trabuco und seinem Begleiter seinen Spott, bis sich der Alkalde schützend vor sie stellt und Carlos auffordert zu erzählen, wer er denn selber sei. So berichtet Carlos vom Schicksal seiner Familie, gibt dieses aber als das eines Freundes aus, der nun auf dem Wege nach Amerika sei *(Ballade des Carlos »Nun gut, hört meine Geschichte ...«)*. Während das Volk von der Erzählung beeindruckt ist, erregt Carlos mit ihr erst recht den Argwohn Preziosillas, die ihm den Studenten nicht glaubt und ihm eine unglückliche Zukunft vorhersagt. – Leonora konnte unerkannt dem Bruder entkommen und gelangte vor das Kloster von Hornachuelos. Aus der Erzählung des Carlos glaubte sie entnehmen zu müssen, Alvaro habe das Land verlassen und sie vergessen. So will sie im Kloster Frieden finden *(Arie der Leonora »O, Mutter Gottes, Heilige Jungfrau ...«)*. Sie wurde an Pater Guardian, den Abt des Klosters, empfohlen, der ihr helfen werde. So ist sie bis hierher gelangt. Den die Pforte öffnenden Fra Melitone bittet sie um eine Unterredung mit dem Abt. Pater Guardian gegenüber offenbart sie sich und erbittet Zuflucht in der nahe dem Kloster gelegenen Felsengruft, um sich als Einsiedlerin Gott zu weihen. Der Abt entspricht ihrer Bitte und ruft die Mönche des Klosters zusammen, um gemeinsam den Fremden aufzuzuehmen. Er verpflichtet die Bruderschaft zum unbedingten Gehorsam, sich weder der Einsiedelei zu nähern noch Namen und Geheimnis des Fremden zu ergründen. Wer das Verbot übertrete, sei verflucht. Hoffend, der Glaube werde ihr Ruhe und Kraft schenken, bereitet sich Leonora auf ihr Leben in der Einsamkeit vor. –

3. AKT: Feldlager in Velletri /Italien. Alvaro ist unter die Soldaten gegangen und gilt den spanisch-italienischen Truppen, die gegen die österreichische Besatzung im italienischen Befreiungskrieg kämpfen, als Held. Er selbst freilich will mit diesem Leben die Erinnerung an die Vergangenheit fliehen *(Szene und Arie des Don Alvaro »Schwer ruht auf mir der Fluch des Schicksals ...«)*. Doch die Vergangenheit holt ihn ein: Don Carlos taucht im Feldlager auf, gerät unter Falschspieler, wird verfolgt und von Alvaro gerettet. Da beide unter falschem

Namen leben und sich persönlich nicht kennen, schließen sie Freundschaft. Als jedoch Alvaro während eines Gefechtsabschnittes schwer verwundet wird, vertraut er Carlos einen versiegelten Brief an mit einem Geheimnis, das er mit ins Grab nehmen will. Wenn er sterbe, so möge der Freund den Brief vernichten. Carlos schöpft Verdacht, zumal Alvaro sehr heftig den Orden von Calatrava abgelehnt hat, den er seiner Tapferkeit wegen erhalten sollte. Und da Carlos überdies ein Medaillon Leonoras entdeckt, weiß er, wen er vor sich hat. Unbeugsam in seiner Rache schwört er, den Betrüger und Verführer zu töten *(Szene und Arie des Don Carlos »Sterben! Welch furchtbarer Gedanke...«).* – Einige Zeit später ist Alvaro von seinen Wunden genesen. Carlos, der seine Freude darüber nicht verhehlen kann, gibt sich ihm zu erkennen und fordert ihn zum Duell. Als Alvaro erfährt, daß Leonora noch am Leben ist, beschwört er Carlos, dem Blutvergießen für immer ein Ende zu machen. Doch er erntet nur Spott, Carlos bleibt unversöhnlich. Nur mühsam kann die Patrouille die Kämpfenden trennen. Während Carlos abgeführt wird, beschließt Alvaro Frieden hinter Klostermauern zu suchen. – Das Lager erwacht, Marketenderinnen, Landsleute und Soldaten lassen sich von Preziosilla die Zukunft lesen und tanzen eine ausgelassene Tarantella. Da platzt Fra Militone mitten in den Tanz und schleudert der Menge eine flammende Buß- und Zornespredigt entgegen *(Szene des Fra Melitone »He, he! Hoch geht's hier her...«).* Aber er erntet nur Gelächter, und schnell hat man sich des wetternden und moralisierenden Mönches wieder entledigt. Zum anfeuernden Klang der elektrisierenden Trommeln besingt die Menge Glück und Ruhm des Krieges *(sogenannter »Rataplan«-Chor).* –

4. AKT: Im Kloster teilt Fra Melitone Essen an die Bettler aus, mit denen er nicht gerade zimperlich umgeht, was ihm den Tadel von Pater Guardian einbringt, der ihn zur Barmherzigkeit den Armen gegenüber ermahnt. Doch Melitone bringt nicht sonderlich viel Geduld »mit dem Pack auf«, wie er sich ausdrückt, und drängt die bettelnde Schar schließlich hinaus. Da läutet die Klosterglocke: Don Carlos fragt nach Pater Raphael – unter diesem Namen lebt seit langer Zeit Don Alvaro in der Gemeinschaft des gleichen Klosters, bei dem auch Leonora Zuflucht gefunden hat, ohne daß die beiden voneinander wissen. Carlos, der unversöhnlich in seinem Bestreben ist, den Tod des Vaters und die der Schwester angeblich widerfahrene Schande zu rächen, macht auch vor dem Frieden des Klosters nicht halt *(Arie des Don Carlos »Vergebers flohst Du die Welt, Alvaro...«).* Noch einmal beteuert Alvaro ihm seine Unschuld: nicht er, sondern das Schicksal habe den Marchese getötet, und die Schwester sei nicht entehrt worden; aufrichtige Liebe verband sie beide, bis das Schicksal sie trennte. Doch Carlos gelingt es schließlich doch, den vergebens um Verzeihung bittenden Alvaro derart zu provozieren, daß dieser selbst in Möchskleidung ein letztes Mal zum Schwert greift. Kämpfend entfernen sich die einstigen Freunde, die nun zu erbitterten Feinden geworden sind. – In ihrer Einsiedelei hat Leonora

umsonst gehofft, Vergessen finden zu können. Noch immer an ihrem Unglück leidend, bittet die Verzweifelte Gott um Frieden, den sie nunmehr allein im Tode finden zu können glaubt *(Arie der Leonora »Frieden, mein Gott, gib mir Frieden!«).* Doch Erlösung vom Schicksal wird ihr anders, als sie erfleht, zuteil: uneinsichtig aufeinander einschlagend, sind Alvaro und Carlos bis in die Nähe von Leonoras Behausung gelangt. Tödlich getroffen ruft Carlos nach einem Beichtvater. Alvaro weiß, daß hier ein frommer Eremit lebt und bittet diesen um Hilfe für den Sterbenden – und erkennt Leonora! Auch sie ist bestürzt, den Geliebten so wiederzusehen, der ihr kurz von der neuen schicksalshaften Begegnung mit Carlos berichtet. Sie läuft zum Kloster hinauf um Hilfe und begibt sich zu ihrem Bruder. Doch der ist auch in seiner letzten Stunde nicht zur Verzeihung bereit und tötet mit letzter Kraft die Schwester. Sterbend empfiehlt Leonora ihre und Alvaros Seele der ewigen Gnade Gottes. –

Aufführungsdauer. 3 Stunden

Giuseppe Verdi
DON CARLOS (Don Carlo)
Oper in 5 Akten, Libretto von
Françoise-Josephe Méry und Camille du Locle
nach Friedrich Schillers gleichnamigem Drama
Uraufführung Paris 1867

Quellen. *König Philipp II. von Spanien (geb. 1527, reg. 1556–1598)* übernahm das spanische Reich samt der habsburgischen Niederlande und Italien von seinem Vater, *Kaiser Karl V..* Der hatte 1556 abgedankt und sich in die Einsamkeit des Klosters von S. Yuste in der westlichen Sierra de Gredos zurückgezogen, wo er zwei Jahre später starb. Philipp war ein ungeheuer fleißiger Arbeiter voller energischer Selbstdisziplin, aber sehr verschlossen, unnahbar und außerordentlich mißtrauisch. Seine Charakterveranlagungen und sein Verständnis der Königsmacht als unumschränkte und deshalb auch unantastbare absolutistische Staatsautorität fanden Unterstützung durch das strenge und ebenso unmenschlich-kalte burgundische Hofzeremoniell und durch die besonders unmenschliche Form der spanischen Inquisition. Dadurch wurde Philipp seiner Familie und seinem Volk entfremdet, er lebte und arbeitete isoliert in der kalten Einsamkeit des von ihm angeregten und in den Jahren 1563–1584 erbauten Escorial während seiner letzten 14 Lebensjahre. (Daß *Schillers* Drama und *Verdis* Oper im Escorial spielen, ist also historisch nicht richtig: Don Carlos starb 1568, Elisabeth von Valois im gleichen Jahr; das Liebesverhältnis zwischen der Königin und ihrem Stiefsohn, zentrales Motiv in Drama und Oper, hat historisch nie bestanden). *Schiller* urteilte über Philipp: »Nach dem Beispiel aller großen Köpfe entsteht er zwischen Finsternis und Licht, eine hervorragend isolierte Erscheinung. Der Zeitpunkt, wo er sich bildet, ist allgemeine Gärung der Köpfe, Kampf der Vorurteile mit der Vernunft, Anarchie der Meinungen, Morgendämmerung der Wahrheit – von jeher die Geburtsstunde außerordentlicher Menschen … Die schönsten Träume von Freiheit werden ja im Kerker geträumt; das kühnste Ideal einer Menschenrepublik, allgemeiner Duldung und Gewissensfreiheit, wo konnte es besser und wo natürlicher zur Welt geboren werden, als in der Nähe Philipps II. und seiner Inquisition?« (aus dem zweiten der insgesamt zwölf »Briefe zum Don Carlos«). Die Politik Philipps II. war auf die bedingungslose Verteidigung des Katholizismus gerichtet, alles andere galt als Ketzerei und wurde von der Inquisition erbarmungslos verfolgt. Die außenpolitischen Belastungen von Philipps Regierungszeit lagen in der traditionellen Feindschaft mit Frankreich, die er durch Heirat mit *Elisabeth von Valois* (1539) nur vorübergehend beilegen konnte, mit England – deren große Königin *Elisabeth I.* er ebenfalls zu ehelichen gedachte – und mit den habsburgischen Niederlanden, deren Abfall von der spanischen Herrschaft er nicht verhindern konnte. Aus seiner 1543 geschlossenen ersten von insgesamt vier Ehen mit seiner Cousine *Maria von Portugal (sie starb bereits 1545)* stammte sein einziger Sohn, der Infant *Don Carlos (1543–1568).* Schon von frühester Kindheit an äußerst labil und wenig intelligent, zog sich dieser 1564 durch einen Unfall eine derart schwere Kopfverletzung zu, daß bei ihm in der Folgezeit immer häufiger Anzeichen von Wahnsinn auftraten. Sie äußerten sich in einem unmäßigen Leben, in vielen Gewalttaten, in versuchter Rebellion durch Sympathisieren mit der nach politischer Selbständigkeit strebenden niederländischen Provinz Flandern und schließlich in einem Mordkomplott gegen den eigenen Vater. Der setzte ihn als Thronfolger ab, nahm ihn gefangen und machte ihm den Prozeß, dessen Urteilsspruch Don Carlos nicht mehr erlebte. Noch sein Großvater Karl V. hatte aus politischen Interessen heraus den 13-jährigen Infanten mit Elisabeth von Valois, der Tochter *Heinrichs II. von Frankreich* und von dessen Gemahlin *Katharina von Medici,* vermählen wollen, doch der Plan zerschlug sich, bevor Philipp sie heiratete. Er nahm seinem Sohn also nicht die Braut weg.

Dieser Geschichtsabschnitt diente *Friedrich von Schiller (1759–1805)* als Vorlage für sein politisches Drama »Don Carlos«, das sich allerdings in entscheidenden Handlungsmotiven und -abschnitten von der Historie entfernte. Noch eimmal sei der Dichter zitiert: »Der Charakter eines feurigen, großen und empfindenden Jünglings, der zugleich der Erbe einiger Kronen ist – einer Königin, die durch den Zwang ihrer Empfindungen bei allen Vorteilen ihres

Schicksals verunglückt, eines eifersüchtigen Vaters und Gemahls, eines grausamen, heuchlerischen Inquisitors und barbarischen Herzogs von Alba usf. sollten mir, dächte ich, nicht wohl mißlingen«. Dazu an anderer Stelle: »Außerdem will ich es mir in diesem Schauspiel zur Pflicht machen, in Darstellung der Inquisition die prostituierte Menschheit zu rächen und ihre Schandflecken fürchterlich an den Pranger zu stellen.« Als Vorarbeiten zu seiner dramatischen Dichtung betrieb Schiller ausgedehnte historische Studien und schrieb noch während der Arbeit am »Don Carlos« seine »Geschichte des Abfalls der vereinigten Niederlande von der spanischen Regierung.« Dort heißt es über die Inquisition, sie finde »im ganzen Laufe der Zeiten kein Vorbild« und sei »mit keinem geistlichen, keinem weltlichen Tribunal zu vergleichen ... Schändung der Vernunft und Mord der Geister heißt ihr Gelübde, ihre Werkzeuge sind Schrecken und Schande ... Die Furcht ihrer Allgegenwart hält selbst in den Tiefen der Seele die Freiheit gefesselt. Wohin sie ihren Fuß setzte folgte ihr die Verwüstung; aber so, wie in Spanien, hat sie in keiner andern Weltgegend gewütet.« Schiller begann mit seinem fünfaktigen dramatischen Gedicht »Don Carlos« im Jahre 1782, nachdem ihn der Intendant des Nationaltheaters Mannheim, *Heribert von Dahlberg,* auf den Stoff aufmerksam gemacht hatte. Schiller arbeitete mehrere Jahre an seinem Schauspiel, das über das ursprünglich angelegte Liebes- und Familiendrama hinaus zu einem von Schiller ausdrücklich beabsichtigten politischen Schauspiel wurde. In einer vom Dichter selbst eingerichteten Prosafassung wurde der »Don Carlos« am 29. August 1787 in Hamburg uraufgeführt. Heute gilt die endgültige Versfassung von 1805 allgemein als Spieltext. Sie liegt auch Verdis Oper zugrunde, der sich in den entscheidenden Handlungsomenten und Motiven dicht an Schiller hielt. Die hier zitierten Gedanken Schillers verweisen auch klar auf Verdis Intenionen, wie dessen Äußerungen beweisen.

Entstehung und Uraufführung. In der Größe und der Vielschichtigkeit der Handlung des Librettos, das zu den besten der Operngeschichte gezählt werden muß, sowie in der Fülle des gesamten musikalischen Materials stellt der »Don Carlos« die bei weitem umfangreichste Oper dar, die Giuseppe Verdi je komponiert hat. *Schiller* gehörte von jeher zu des Komponisten Lieblingsdichtern neben *Shakespeare* und *Victor Hugo,* schon zweimal zuvor hatte er Dramen des deutschen Klassikers vertont: dessen rebellische »Räuber« (*I Masnadieri*; U 1847 in London) und das bürgerliche Trauerspiel »Kabale und Liebe« (*Luisa Miller*; U 1849 in Neapel). Nach der Aufführung des umgearbeiteten »Macbeth« in Paris am 21. April 1865 wurden Verdi von seinem französischen Verleger *Léon Escudier (1821–1881)* im Juli mehrere Opernvorschläge unterbreitet. Darunter befand sich ein Szenarium für eine große Oper nach Schillers Drama von *Camille du Locle (1832–1903)* und *Françoise-Josephe Méry (1798–1866).* Verdi, der den »Don Carlos« Schillers kannte, nahm die Anregung sofort auf und war auch mit der Ausarbeitung des ersten Aktes zufrieden. Während er sich an die Komposition machte, entstanden die weiteren Akte des Librettos, an dessen Fertigstellung Verdi nicht unerheblichen Anteil hatte. Es ging ihm vorrangig darum, auch in der Oper den hohen dichterischen Rang des Dramas zu erhalten. Das bedurfte natürlich der Kürzung und Ergänzung, besonders durch den 1. Akt in Fontainebleau mit der ersten Begegnung zwischen Elisabeth und Don Carlos und der wenig später überbrachten Nachricht, Philipp II. werde selbst die Braut seines Sohnes heiraten. Diese Exposition wie auch die irreale Figur Karls V. gibt es bei Schiller ebenso wenig wie die Autodafé-Szene des dritten Aktes. Sie gehört zu den aufwendigsten Szenen der gesamten Opernliteratur und ist wohl nur vergleichbar u. a. mit dem Triumphzug in Verdis »Aida« oder mit dem Krönungsbild im Mussorgskys »Boris Godunow« oder mit der Festwiese in Wagners »Die Meistersinger von Nürnberg«. Als Méry nach schwerer Krankheit während der Arbeit am 17. Juli 1866 starb, vollendete du Locle das Textbuch allein mit Hilfe Verdis. Der hatte sich inzwischen auf seinem Besitz Sant'Agata zurückgezogen, wo er unter Vernachlässigung seiner sonstigen geliebten landwirtschaftlichen Arbeiten sich wochenlang ausschließlich mit der Komposition beschäftigte: »*Ich mache hin und wieder einen Spaziergang im Garten, das ist alles. Trozdem geht der ›Don Carlos‹ nicht so rasch voran, wie ich möchte.*« Und an Escudier schrieb er von einer »*Oper zwischen Feuer und Flamme und Aufregungen aller Art; entweder wird sie dadurch besser als die anderen, oder sie wird etwas Schreckliches.*« Später begann er in Genua mit der Partitur. Ende Juli fuhr er nach Paris und begann nach dem Erstellen ersten umfangreichen Probenmaterials am 11. Agust mit den Proben an der Grand-Opéra. Doch schon wenige Tage später verließ er Paris wieder, um in Cauterets in den Pyrenäen die Komposition abzuschließen. Mitte September war er wieder in Paris, wo die Uraufführung für Dezember geplant war. Doch die Oper erwies sich als zu lang, Verdi mußte Konzessionen machen, auch damit, daß er – wie an der Opéra üblich – in die Oper ein Ballet einfügte. Unter ständigem Hin und Her, das Verdi schon zu entnerven drohte, kam es schließlich nach 270 Proben innerhalb vom 8 Wochen am 11. März 1867 zur Uraufführung an der Grand-Opéra anläßlich der Pariser Weltausstellung und in Anwesenheit von *Napoleon III.* und der gesamtem Regierung. Doch der »Don Carlos«, eines der bedeutendsten Werke der französischen Gattung der ›Großen Oper‹, war kein Erfolg und brachte dem Komponisten erstmals geharnischte Vorwürfe des Wagnerianismus ein. Selbst *Bizet* urteilte abfällig, Verdi wolle »sich wie Wagner gebärden.« Noch am nächsten Tag reiste Verdi mit seiner Frau aus Paris ab. Erst die italienische Erstaufführung in Bologna am 27. Oktober des gleichen Jahres sicherte dem Werk den ihm bis heute treugebliebenen Erfolg.

Dennoch unterzog Verdi den »Don Carlos« zweimal einer Umarbeitung. Die erste und umfangreichste geschah anläßlich der Anfrage aus Wien in den Jahren 1882/83 unter der Mitarbeit des »Aida«-Librettisten *Antonio Ghislanzoni:* der Fontainebleau-Akt entfiel ebenso wie das Ballett, einige für Paris vorgesehene Passagen wurden wieder aufgenommen, andere geändert, das Textbuch insgesamt dem Niveau der dichterischen Vorlage angepaßt und damit deutlich verbessert, und schließlich komponierte Verdi einen nicht unerheblichen Teil an neuer Musik. An den befreundeten Juristen *Giuseppe Pirolli* schrieb er Anfang Dezember 1882 aus Genua: »*Ich arbeite, aber ich arbeite an etwas beinahe Nutzlosem. Ich reduziere den ›Don Carlos‹ für Wien auf vier Akte. In dieser Stadt schließen nämlich die Hausmeister um zehn Uhr abends die Haupttore. Folglich muß das Theater bzw. die Vorstellung bis dahin aus sein. Zu lange Opern werden grausam amputiert, wie in irgendeinem Theater Italiens. Da man mir die Beine abschneiden wollte, habe ich vorgezogen, das Messer selber zu wetzen und anzusetzen.*« Diese erste Neufassung fand ihre Erstaufführung jedoch am 10. Januar 1884 an der Mailänder Scala. Die zweite Umarbeitung folgte zwei Jahre später. Sie umfaßte u. a. durch Wiederaufnahme des Fontainebleau-Aktes wieder fünf Akte und griff im wesentlichen auf die Revision von 1884 zurück. An dieser letzten Version, die in ihrer Verbesserung zugleich auf das französische Original zurückgriff und erstmals im Dezember 1886 am Teatro Communale in Modena zur Aufführung gelangte, orientiert sich die folgende Inhaltsangabe.

Ort und Zeit. Frankreich (1. Akt) und Spanien (2.–5. Akt) Mitte des 16. Jahrhunderts zur Regierungszeit Philipps II.

Die Personen der Oper. Philipp II., König von Spanien (Baß) – Don Carlos, Infant von Spanien (Tenor) – Rodrigo, Marquis von Posa, dessen Freund (Bariton) – Elisabeth von Valois, Gemahlin Philipps (Sopran) – Prinzessin von Eboli (Mezzosopran) – Der Großinquisitor des Königreiches, ein greiser und blinder Mann von neunzig Jahren (Baß) – Ein Mönch (Karl V.; Bariton) – Thibault, Page der Königin (Sopran) – Der Graf von Lerma (Tenor) – Ein königlicher Herold (Tenor) – Eine Stimme von oben (Sopran) – Sechs flandrische Deputierte (Tenor und Baß).

Jäger, Hofdamen der Elisabeth, Volk, Mönche, Granden von Spanien, Angehörige des Inquisitionsgerichtes (Chor)

Die Handlung. 1. AKT: Der Wald von Fontainebleau. Die einander verfeindeten Königreiche Spanien und Frankreich wollen Frieden schließen. Eine spanische Gesandtschaft unter der Leitung des Grafen von Lerma hält sich in Fontainebleau auf. Besiegelt werden soll der Friede durch die Heirat von Don Carlos, dem spanischen Infanten und Sohn Philipps II. von Spanien, mit Elisabeth von Valois, der Tochter Heinrichs II. von Frankreich. Um seine Braut schon zu sehen, bevor sie spanischen Boden betreten wird, hat sich Don Carlos gegen den ausdrücklichen Willen seines Vaters unerkannt der Gesandtschaft angeschlossen und begegnet Elisabeth bei einer Jagd im Walde von Fontainebleau, als sie mit ihrem Pagen Thibault etwas vom Weg abgekommen ist. Carlos gibt sich zunächst als ein spanischer Fremder aus, doch als er ihr eine Schatulle überreicht, erkennt sie an dem darin befindlichen Porträt, wer vor ihr steht. Beide gestehen sich, daß sie sich lieben, und beschwören eine gemeinsame glückliche Zukunft *(Duett Don Carlos-Elisabeth »Zittre nicht, fasse dich!«)*. Doch dann erhalten sie die niederschmetternde Nachricht, daß Philipp II. die französische Königstochter für sich selbst als Gemahlin bestimmt und daß Heinrich II. ihm bereits seine Zustimmung gegeben hat. Während das Volk das Glück des Friedens in dieser Hochzeit feiert, sehen sich Don Carlos und Elisabeth um ihr ganzes gemeinsames Glück betrogen. In den Jubel der Menge über die Beendigung des blutigen Krieges zwischen beiden Völkern mischt sich der verzweifelte und schmerzliche Abschied der Liebenden *(Chor des Volkes »O Lieder des Jubels und der Freude...«* und *Duett Don Carlos-Elisabeth »Die Stunde des Verhängnisses hat geschlagen...«)*. Denn um des Friedens willen muß sich Elisabeth der Heirat mit dem spanischen König fügen. –

2. AKT: Der Kreuzgang des Klosters St. Just in Spanien. Vor dem Grabmal Kaiser Karls V. kniet ein geheimnisvoller Mönch und betet, während in der nahegelegenen Kapelle der Chor der Mönche psalmodiert. Hier, wo sein Großvater seine letzte Ruhe gefunden hat, sucht auch Don Carlos Friede und Vergessen darüber, daß der Vater ihm die Braut raubte. Doch vergebens, auch des Mönchs Hinweis, der Frieden des Herzens liege allein bei Gott, kann ihn in seiner Verzweiflung nicht trösten. Zudem glaubt er mit schaudervollem Entsetzen in dem Mönch den Kaiser zu sehen, von dem es heißt, er erscheine hier. Plötzlich und unerwartet sieht er sich seinem besten Freund gegenüber, Rodrigo Marquis von Posa. Der ist gekommen, um den Freund für die Freiheitsbewegung der niederländischen Provinzen Flandern und Brabant zu gewinnen, die sich vom Joch der spanischen Tyrannei befreien wollen. Doch er trifft auf einen von Schmerzen gezeichneten Don Carlos, der ihm seine Liebe zu Elisabeth gesteht, seiner einstigen Braut und jetzigen Stiefmutter. Um so mehr beschwört Posa ihn, sich der Sache Flanderns anzunehmen und darin zugleich mit Würde seine unglückliche Liebe zu bezwingen, die dem König selbst bislang noch verborgen geblieben ist. Don Carlos und der Marquis von Posa geloben sich daraufhin erneut ihre Treue *(Duett Don Carlos-Marquis von Posa »Gott, du hast in unsere Seelen gesandt die Liebe zur Freiheit...«)*. – Freundliche Gegend vor den Toren des Klosters. Elisabeths Hofdamen, unter denen sich auch die Prinzessin Eboli befindet, warten vor den Toren auf ihre Königin, die sich im Kloster befindet. Sie vertreiben sich die Zeit mit Singen, und die Prinzessin Eboli stimmt das Lied vom Schleier an: Es erzählt von der Begegnung eines maurischen Königs mit einer verschleierten Frau, der er seine Liebe gesteht und in der er nach ihrer Entschleierung seine eigene Gemahlin erkennt *(Lied der Eboli »Am Feenpalast der Könige von Granada...«)*. Wenig später kommt die Königin aus dem Kloster, als ihr der Marquis von Posa gemeldet wird. Der überbringt ihr einen Brief ihrer Mutter aus Paris und fügt ein Billett von der Hand Don Carlos' bei. Darin bittet dieser sie darum, ganz dem Marquis von Posa zu vertrauen. Der hat, während Elisabeth das Billett liest, geschickt ein Gespräch mit der Prinzessin Eboli über das Hofleben in Frankreich geführt. Nun ersucht er Elisabeth um eine Unterredung zwischen ihr und dem Freund, um diesen von seinem Leid zu befreien. Den Grund dieses Leides glaubt die Prinzessin Eboli in seiner heimlichen Liebe zu ihr sehen zu dürfen. Obwohl sie kaum ihre Gefühle beherrschen kann, erklärt sich die Königin zu einem Gespräch bereit. Carlos bittet sie um Vermittlung bei Philipp, ihn nach Flandern zu schicken. Elisabeth sagt ihre Hilfe zu und wird dann wie Carlos von den schmerzlichen Erinnerungen daran übermannt, daß ihrer beider Glück unerfüllt bleiben wird. Beim Abschied mahnt sie selbst ihre Pflicht als Gemahlin des spanischen Monarchen an, worauf Carlos schreckensbleich davonstürzt *(Duett Elisabeth-Don Carlos »O Gott in deiner Gnade...«).* Allein, ohne Begleitung auch nur einer Hofdame begegnet ihr der König und tadelt sie, gegen die Regeln des Hofes zu verstoßen. Die verantwortliche Gräfin Aremberg verweist er des Hofes und schickt sie zurück nach Frankreich. Elisabeth tröstet die Gräfin und schenkt ihr zum Abschied einen Ring als Pfand ihrer ungebrochenen Gunst *(Romanze der Elisabeth »O meine liebe Gefährtin«).* Als sie sich unter Tränen dem Gehen zuwendet, spricht Philipp den Marquis von Posa an, von dem ihm bekannt ist, daß er der Krone gute Dienste geleistet hat. Dafür soll er sich eine Gunst erbitten. Posa ergreift die Gelegenheit, für das einst schöne, jetzt aber mit Schrecken überzogene und verwüstete Flandern zu sprechen. Philipp hält ihm entgegen, damit habe er den Frieden der Welt gesichert. Posa entgegnet ihm unerschrocken, er habe Tod gesät, denn die vermeintliche Ruhe in den spanischen Ländern gleiche nur dem Frieden eines Friedhofs. Er beschwört Philipp, sich über alle Monarchen Europas zu erheben und den unterdrückten Menschen die Freiheit zu geben. Der König ist von der mutigen und selbstlosen Art des Marquis tief beeindruckt und möchte ihn künftig seinem Throne nahe wissen. Er beauftragt ihn den Sinn seines Sohnes Carlos zu entdecken, den er der geheimen Liebe zu Elisabeth verdächtigt. Posa ist glücklich, daß der so unnahbare und verschlossene Monarch ihm sein Herz öffnet und läßt sich auch nicht durch dessen Bemerkung einschüchtern, er solle die Inquisition fürchten. –

3. AKT: Die Gärten der Königin. Ein geheimer Brief hat Don Carlos hierher bestellt, der glaubt, er stamme von Elisabeth. Doch ist es die Prinzessin Eboli, die dieses Treffen mit dem von ihr leidenschaftlich geliebten Infanten arrangiert hat. Entsetzt erkennt Carlos seinen Irrtum, noch entsetzter ist jedoch die Prinzessin, als ihr die volle Wahrheit klar wird. Der Marquis von Posa tritt zwischen die beiden und warnt die Eboli vor einer unüberlegten Tat. Sie nennt ihn einen

Günstling des Königs und rät ihm, sich vor ihrer Macht und Wut zu hüten und in ihr die zutiefst beleidigte Frau zu fürchten. Sie fühlt sich durch den Verrat der Königin, die sie für eine Heilige hielt, selbst schwer verletzt und will sich rächen. Posa erkennt die Gefahr, die von ihr ausgeht und bedroht sie mit dem Dolch. Carlos wirft sich zwischen die beiden *(Terzett Eboli-Posa-Carlos »Unglück über dich, ehebrecherischer Sohn...«)*. Da Posa für Carlos nun das Schlimmste befürchten muß, bittet er ihn, ihm voll zu vertrauen und ihm als Beweis dieses Vertrauens alle seine wichtigen Papiere zu übergeben. Im Vertrauen auf die unerschütterliche Treue des Freundes stellt sich Carlos unter dessen Schutz. – Großer Platz vor der Kathedrale von Valladolid. Das Volk strömt heran, um Zeuge des kommenden Autodafés (Ketzergericht und Ketzerverbrennung) zu sein. Jubelnd huldigt es König Philipp *(Chor des Volkes »Dieser glückliche Tag ist von Jubel erfüllt!«)*. Vor der Kirche formieren sich indessen der Hof mit der Königin, die Granden Spaniens mit dem Marquis von Posa unter ihnen und die Deputierten aller Provinzen des Reiches. Der königliche Herold ruft nach alter Tradition den Monarchen aus der Kirche, der unter einem Baldachin erscheint, begleitet von Mönchen. Als er sich seiner Gemahlin zuwendet, führt Don Carlos flandrische Deputierte vor ihn, die um Gnade und Freiheit für ihre Heimat bitten. Philipp jedoch läßt sie von den Wachen abführen, denn in seinen Augen sind sie Rebellen, die von Gott und Reich abgefallen sind. Da stellt sich Don Carlos beherzt dem Vater in den Weg und fordert ihn auf, ihm Flandern und Brabant anzuvertrauen. Als der König sich weigert und den Sohn der Usurpation verdächtigt, zieht dieser den Degen gegen ihn und bekennt sich persönlich zur Rettung des flandrischen Volkes. Da verlangt Philipp von den Wachen und den Granden, Carlos zu verhaften, doch keiner wagt es, die Hand gegen den Infanten zu erheben. Posa aber erkennt die große Gefahr, in der der Freund schwebt, und bittet um seinen Degen. Spontan ernennt ihn der König zum Herzog. Man führt Carlos ab, während unter dem Gesang der Menge die Flammen der Scheiterhaufen emporlodern, in denen die Ketzer verbrennen sollen. –

4. AKT: Das Arbeitszimmer des Königs. Einsam hat Philipp die Nacht ohne Schlaf verbracht, versunken in tiefes Nachdenken. Mehr denn je wird ihm bewußt, daß Elisabeth ihn nie geliebt hat, daß er seiner Frau beraubt wurde und daß der eigene Sohn nach seiner Krone greift. Ruhe und Schlaf wird er nicht mehr finden, höchstens am Ende seiner Tage, wenn ihn die Gruft des Escorial für immer der Welt entführt hat *(Monolog des Philipp »Sie hat mich nie geliebt! Nein! Ihr Herz blieb kalt!«)*. Graf Lerma meldet den Großinquisitor, den der König zu sich gebeten hat, um Hilfe und Rat zu holen, wie er gegen seinen Sohn vorzugehen habe. Der blinde Greis fordert den Tod des Infanten, denn der Friede der Welt sei das Blut eines rebellischen Sohnes wert. Zugleich aber fordert er auch den Marquis von Posa: ein verführerischer Dämon habe sich in das Vertrauen des Königs geschlichen und untergrabe dessen und der Kirche

Autorität. Ein verbrecherischer Neuerer ergreife Besitz von seinem Schüler Philipp, der nun verpflichtet sei, den Marquis der Kirche auszuliefern. Philipp begehrt gegen den Hochmut des Priesters auf, muß sich aber der Macht der Kirche und der Heiligen Inquisition beugen, die der Großinquisitor verkörpert und die über der Macht des Königs steht. Kaum ist der Großinquisitor gegangen, stürzt Elisabeth Philipp zu Füßen und fordert von ihm Gerechtigkeit. Man hat aus ihren Räumen ihre private Schatulle mit Juwelen und anderen persönlichen Kostbarkeiten gestohlen. Doch dann prallt sie vor ihrem Gemahl zurück, der ihr höhnisch ihre Schatulle entgegenhält und sie auffordert, sie zu öffnen. Da sie sich weigert, es zu tun, öffnet er sie selbst. Unter dem Schmuck befindet sich ein Porträt des Infanten! Es sei das Bild, das er ihr in glücklichen Brautzeiten selbst gegeben habe, erwidert Elisabeth. Doch Philipp sieht in dem Porträt den Beweis für den Meineid seiner Frau. Als er sie wütend eine Ehebrecherin nennt, fällt sie in Ohnmacht. Er ruft nach Hilfe, woraufder Marquis von Posa und die Prinzessin von Eboli erscheinen, der bewußt wird, was sie getan hat. Während Posa einen letzten schweren Entschluß faßt, die Zukunft Spaniens zu sichern, bekennt die Eboli der Königin gegenüber ihre schwere Verfehlungen: Sie hat die Eifersucht des Königs geschürt, sich von ihm verführen lassen und ihn so zum Ehebruch veranlaßt, sie hat die Schatulle aus den Gemächern der Königin gestohlen und Elisabeth des Ehebruchs mit dem Infanten beschuldigt. Und das alles aus Eifersucht und aus verletzter Ehre heraus, denn sie liebe Don Carlos grenzenlos, doch dieser habe sie um seiner Liebe zu Elisabeth willen zurückgestoßen. Tief getroffen über diese Eröffnungen, verbannt Elisabeth die Prinzessin. Die aber beklagt nicht nur ihren Verrat und verflucht sich selbst, sie will es damit wiedergutmachen, daß sie Carlos retten will, bevor sie sich für immer in ein Kloster zurückziehen wird *(Arie der Eboli »O verhängnisvolles, abscheuliches Geschenk!«).* – Das Gefängnis. Posa sucht den inhaftierten Carlos auf, um ihm seine Rettung durch ihn mitzuteilen. Er hat sich an des Infanten Stelle als Nebenbuhler des Königs und als flandrischer Rebell bezichtigt, wofür ihm auch die Papiere des Freundes dienten, die man bei ihm entdeckte. Nun ist es an Carlos, die Rettung Flanderns zu betreiben und ein friedliches Zeitalter unter seiner Herrschaft erstehen zu lassen. Doch der Freunde Träume von Freiheit und Glück zerstieben in einer Gewehrsalve der Inquisition. Tödlich getroffen sinkt Posa Carlos in die Arme. Sterbend kann er ihm noch zuflüstern, Elisabeth erwarte ihn im Kloster St. Just. In der Hoffnung, mit der Rettung seines Freundes den Grundstein für ein künftiges glückliches Spanien gelegt zu haben, stirbt er *(Tod des Marquis von Posa »Ah! Ich sterbe, und meine Seele ist froh!«).* Zu spät erscheint Philipp mit dem Großinquisitor, um Carlos den Degen zurückzugeben. Er erfährt die Wahrheit über den Toten aus dem Munde seines Sohnes – eine Wahrheit, die er selbst schon ahnte. Da wird er von dem herandrängenden Volk bedroht, das die Freilassung

des Infanten fordert. Noch einmal vermögen Kirche und Staat, das aufbegehrende Volk in Schach zu halten. Doch während dies geschieht, gelangt Prinzessin von Eboli unerkannt zu Carlos und verhilft ihm zur Flucht. –
5. AKT: Das Kloster von St. Just. Elisabeth kniet am Grabe von Kaiser Karl V. Sie will das dem Marquis von Posa gegebene Versprechen einlösen und Carlos helfen, sein Unglück zu vergessen und sich ganz der Zukunft Spaniens zuzuwenden. Dann hat sie ihre Aufgabe erfüllt und wünscht für sich selbst nur noch den Frieden im Tode *(Arie der Elisabeth »Du hast die Nichtigkeit der irdischen Größe erkannt...«).* Carlos erscheint als ein völlig Gewandelter, fest entschlossen, seiner großen Liebe zu entsagen und in ihrem Sinne und im Sinne seiner ungebrochenen Freundschaft mit Posa die Befreiung Flanderns ganz zu seiner kommenden Aufgabe zu machen *(Duett Don Carlos-Elisabeth »Ich hatte einen schönen Traum...«).* Doch auch hier im Kloster folgen ihnen die weltliche und geistliche Macht. Aber bevor sich Philipp und der Großinquisitor des Infanten bemächtigen können, entzieht der geheimnisvolle Mönch, in dem sie alle Kaiser Karl V. zu erkennen glauben, Don Carlos aller irdischen Gerichtsbarkeit.

Aufführungsdauer. 3¾ Stunden

Giuseppe Verdi
AIDA
Oper in 4 Akten
Libretto von Antonio Ghislanzoni
Uraufführung Kairo 1871

Quelle. Der »Aida«-Stoff geht auf den berühmten französischen Archäologen und Ägyptologen *Auguste Mariette (1821–1881)* zurück, der sich in Frankreich bereits als Journalist einen Namen gemacht hatte, bevor er nach Ägypten ging und dort viele erfolgreiche Ausgrabungen u. a. in Memphis, Gizeh, Sakkara und Theben leitete und schließlich Gründer und erster Direktor des ägyptischen Nationalmuseums in Kairo wurde. Seine Ausgrabungen regten ihn zu dem Stoff an, auch wenn sich lange das Gerücht hielt, Mariette habe einen unerwarteten Papyrusfund entziffert, der eine Legende aus der frühägyptischen Geschichte zu Tage förderte. Sicher ist, daß es sich – wie lange angenommen wurde – nicht um eine Novelle handelte, sondern um einen ausführlichen Entwurf für eine Oper. Mariette ließ ihn im April 1870 in Ägypten drucken, danach galt er als verschollen, bis man 1977 (!) in der Pariser Opernbibliothek ein 23 Seiten umfassendes Exemplar fand. Mariette war einer der engsten Vetrauten und Berater des ägyptischen *Vizekönigs (Khediven) Ismail Pascha (1830–1895),* der – in Frankreich erzogen – in seinem Land viele westlich orientierte Reformen durchführte. Er war es auch, der den Anstoß zum Bau des Suezkanals gab (Eröffnung am 17. November 1869) und in Kairo ein Opernhaus errichten ließ, das am 6. November 1869 mit Verdis »Rigoletto« eröffnet wurde. Als der Khedive von Mariette das »Aida«-Buch erhielt und es für gut befand, bot er es Verdi an; sollte dieser ablehnen, so dachte er auch an *Charles Gounod* oder *Richard Wagner.* Doch Verdi nahm an.

Entstehung und Uraufführung. Nachdem Ismail Pascha den Opernentwurf gelesen hatte, erfuhr *Camille Du Locle (1832–1903),* Regisseur, Librettist und Sekretär der Opéra Comique in Paris, davon. Da Verdi im Frühjahr 1870 gerade in Paris weilte, machte Du Locle ihn auf das »Aida«-Projekt aufmerksam und erarbeitete zusammen mit dem Komponisten im Juni in Sant'Agata ein erstes Szenarium. Die eigentliche Ausarbeitung des Textbuches übertrug Verdi dem Journalisten und *Librettisten Antonio Ghislanzoni (1824–1893),* der von Juli bis Oktober eine erste Fassung erstellte. Zu dieser Zeit saß Verdi bereits an der Komposition, und in Paris wurden nach historisierenden Entwürfe Mariettes (der sich in frühen Jahren auch zum Zeichner hatte ausbilden lassen) Bühnenbild und Kostüme gefertigt. Am 29. Juli unterschrieb Verdi den Uraufführungskontrakt für die von *Paul Draneth* geleitete Oper in Kairo für die Nachfestlichkeiten zur Eröffnung des Suezkanals. Im Januar 1871 sollte die Uraufführung stattfinden, sie mußte jedoch wegen des deutsch-französischen Krieges verschoben werden, da die Arbeiten an der Ausstattung in Paris unterbrochen werden mußten. Am 24. Dezember 1871 hob sich dann in Kairo erstmals der Vorhang. Verdi war bei der Uraufführung selbst nicht anwesend, da bereits die europäische Erstaufführung an der Mailänder Scala in seiner Einstudierung vorbereitet wurde, die sich am 8. Februar 1872 mit *Teresa Stolz* in der Titelrolle zu einem überragenden Erfolg vor allem auch für Verdi selbst gestaltete, der 32 mal vor den Vorhang treten mußte.

Ort und Zeit. Memphis und Theben in Ägypten zur Zeit der Herrschaft der Pharaonen (wahrscheinlich während der Regierungszeit von Pharao Ramses III., 1198 bis 1166 v. Chr.)

Die Personen der Oper. Der König von Ägypten (Baß) – Amneris, seine Tochter (Mezzosopran) – Aida, äthiopische Sklavin am Königshof (Sopran) – Radames, ägyptischer Feldherr (Tenor) – Ramphis, Oberpriester (Baß) – Amonasro, König der Äthiopier und Vater der Aida (Bariton) – Ein Bote (Tenor) – Eine Tempelsängerin (Sopran).

Priester und Priesterinnen, Soldaten und Volk, Sklaven und Gefangene u. a. (Chor und Ballett)

Die Handlung. 1. AKT: Saal im Königspalast von Memphis. Der Oberpriester Ramphis hat die Göttin Isis befragt, wer das ägyptische Heer gegen die feindlichen Äthiopier anführen soll, die erneut das Niltal und die Stadt Theben bedrohen. Radames, der junge Hauptmann der Wache, hofft, daß er berufen werde, um dann siegreich zu Aida zurückkehren zu können, die als Sklavin hier lebt und die er liebt *(Arie des Radames »Holde Aida...«).* Amneris, Tochter des ägyptischen Königs und ebenso leidenschaftlich in Radames verliebt wie dieser in Aida, tritt zu ihm. Eifersüchtig, er könne eine andere lieben, beobachtet sie ihn, vor allem in dem Augenblick, wo auch Aida erscheint. Sie beginnt, Verdacht zu schöpfen. Da verkündet der mit Ramphis und Gefolge erscheinende König, Radames sei zum Feldherrn gewählt worden im Kampf gegen die Äthiopier. Während Amneris ihm zum Zeichen seiner Würde die Fahne überreicht und man ihn zum Tempel begleitet, wird die allein zurückbleibende Aida hin und hergerissen zwischen der Liebe zu ihrem Vaterland und ihrer Liebe zu Radames *(Romanze der Aida »Als Sieger kehre heim...«).* – Im Innern des Vulkantempels in Memphis beten Priester und Priesterinnen zu dem allmächtigen Gott Phta, er möge Ägypten im bevorstehenden Feldzug beschützen. In einer feierlichen Zeremonie überreicht Ramphis das heilige Schlachtenschwert dem zum Feldherrn und militärischen Anführer gekürten Radames. –

2. AKT: Die Ägypter haben die Äthiopier vernichtend geschlagen und viele Gefangene gemacht. In ihren Gemächern bereitet sich Amneris auf die Siegesfeier vor *(Arie der Amneris »Komm Geliebter, o komm...«).* Aida bringt ihr die Krone und nährt mit ihrer Trauer und Verzweiflung erneut die Zweifel der Amneris. Diese heuchelt ihr Mitgefühl gegenüber Aida und gibt, um sicher zu gehen, vor, Radames sei gefallen. Auf die verzweifelte Reaktion von Aida hin bekennt sie haßerfüllt ihre List, Aida gesteht ihre Liebe zu Radames und die beiden Frauen stehen sich als unversöhnliche Rivalinnen gegenüber *(Duett Amneris-Aida »Zittre, elende Sklavin!«).* – Vor dem Tore der Stadt Theben beginnt die pompöse Feier für den siegreich heimkehrenden Radames *(Szene mit dem berühmten Triumphmarsch).* Der König begrüßt den Retter des Vaterlandes, der viele Gefangene mit sich führt. Unter ihnen befindet sich auch Amonasro, Aidas Vater. Er gibt sich als Soldat aus, beschwört seine Tochter, ihn nicht zu verraten, berichtet vom angeblichen Tod des äthiopischen Königs und bittet den ägyptischen Herrscher um Milde für die Gefangenen, die ihrerseits um Erbarmen und Gnade flehen. Dem kann sich der König nicht verschließen, trotz des heftigen Widerstandes von Ramphis, der wenigstens erreicht, daß Aida und ihr Vater als Friedenspfand bei ihnen bleiben. Der König trägt Radames die Hand seiner Tochter an. Amneris triumphiert, doch Radames ist nicht bereit, Aida für den Thron Ägyptens aufzugeben. –

3. AKT: Am Ufer des Nils. Ramphis begleitet Amneris am Abend vor ihrer Hochzeit mit Radames zum Tempel der Isis. Dort am Ufer hat sich Aida mit Radames verabredet. Während sie auf ihn wartet, kehren ihre Gedanken

zurück in die Heimat *(Nilarie der Aida »O Vaterland, nie werde ich dich wiedersehen!«).* Da trifft sie auf ihren Vater Amonasro, der um ihre Liebe zu Radames und über die Rivalität zwischen ihr und Amneris weiß. Er beschwört sie angesichts der Not seines Volkes, den Plan zu neuer Erhebung gegen die Ägypter zu unterstützen: sie soll Radames nach dem Weg des ägyptischen Heeres fragen, um dieses überfallen zu können. Als sich Aida weigert, den Geliebten zu betrügen, verflucht der Vater sie. Schweren Herzens beugt sie sich seiner Forderung. Dem ihr entgegeneilenden Radames gesteht sie ihre Hoffnungslosigkeit für ein gemeinsames Glück. Da er jedoch erneut die Ägypter gegen die aufständischen Äthiopier führen soll, will er als Lohn dafür Aida von Ägyptens König fordern. Doch Aida, die daran nicht glauben kann, stimmt ihn um und überredet ihn zur gemeinsamen Flucht *(Duett Radames-Aida »Laß uns fliehen aus diesen Mauer...«).* Als sie ihn dann fragt, wie sie auf der Flucht das ägyptische Heer meiden können, nennt er den Weg. Da tritt Amonasro, der sie beide belauscht hat, aus seinem Versteck und gibt sich Radames als König von Äthiopien zu erkennen. Verzweifelt erkennt dieser seinen Verrat, läßt die beiden entfliehen und liefert sich selbst dem Oberpriester Ramphis aus. –

4. AKT: Saal im Königspalast. Amneris, die den gefangenen Radames trotz seines Verrates und seiner mit Aida geplanten Flucht auch weiterhin liebt, läßt ihn zu sich kommen. Sie beschwört ihn, um Verzeihung zu bitten, damit sie dann vom Thron herab sich für seine Begnadigung einsetzen kann. Doch Radames weigert sich, das zu tun und Aida zu vergessen, die, wie er erfährt, noch lebt, wenn auch niemand weiß, wo sie sich aufhält; Amonasro aber sei auf der verzweifelten Flucht der Äthiopier gefallen *(Duett Amneris-Radames »Du wirst sterben, doch du mußt leben!«).* – In der folgenden Gerichtsszene in den unterirdischen Gewölben, die Amneris von oben herab verfolgen kann, wird Radames aufgefordert, sich zu rechtfertigen. Da er jedoch beharrlich schweigt, wird er zum Tode der Ehrlosen verurteilt: lebendig begraben in der Gruft unter dem Altar des großen Gottes. – In dem Gewölbe unterhalb des Vulkantempels wartet Radames auf seinen Tod, während Priester den Eingang mit einem Stein verschließen *(Szene des Radames »Der Stein hat sich über mir geschlossen...«).* In der Todesstunde gelten seine letzten Gedanken allein der Geliebten, die plötzlich neben ihm aus dem Dunkel des Gewölbes auftaucht: seine Verurteilung erahnend, hat sie sich vor einiger Zeit hier unten versteckt, um mit ihm zu sterben. Gemeinsam nehmen sie Abschied vom Leben *(Schlußduett Aida-Radames »Lebwohl, o Erde, o du Tal der Tränen...«).* –

Aufführungsdauer. 3 Stunden

Giuseppe Verdi
OTHELLO (Otello)
Lyrisches Drama in 4 Akten
Textbuch von Arrigo Boito nach der gleichnamigen Tragödie von William Shakespeare
Uraufführung Mailand 1887

Quellen. Mit seinen beiden Alterswerken kehrte Verdi zu *William Shakespeare* zurück. Dessen Tragödie »Othello der Mohr von Venedig«, das wohl menschlich ergreifendste Eifersuchtsdrama des Theaters, ist um 1603 entstanden, Aufführungen sind für 1604 bezeugt. Als Quelle diente dem Dramatiker die 1565 in Venedig erschienene Erzählsammlung »Degli Hecatommithi« (Hundert Novellen) von *Giovanni Battista Giraldi Cintio (1504–1573)*. Eingebettet in eine Rahmenhandlung, in der sich eine Gesellschaft auf der Flucht aus dem durch Karl V. verwüsteten Rom nach Marseille im Jahre 1527 Geschichten erzählt, umfaßt die Sammlung insgesamt 113 Novellen. Sie werden an zehn Tagen erzählt und stehen für jeden Tag unter einem bestimmten Thema. Shakespeares Vorlage ist die siebte Erzählung des dritten Tages, die er in seinem Drama jedoch teilweise entscheidend ändert. Das betrifft vor allem den Charakter und die Handlungsweise der Titelfigur: bei Cintio tarnt Othello die mit Jago geplante und ausgeführte Ermordung Desdemonas als angeblichen Unfall und wird erst sehr viel später zum Tatverdächtigen, der Desdemonas Unschuld nie erfährt; bei Shakespeare ist die Tat Othellos ureigene, aus den Tiefen seiner ihn verzehrenden Eifersucht wachsende Entscheidung.

Entstehung und Uraufführung. Nach der »Aida« zog sich Verdi auf dem Höhepunkt seiner weltweiten Anerkennung und Erfolge als Opernkomponist für eineinhalb Jahrzehnte zurück. Er komponierte andere Werke (darunter sein einziges Streichquartett und sein berühmtes »Requiem«), er war aber auch gekränkt über den immer wieder erhobenen Vorwurf des Wagnerianismus und unzufrieden mit den italienischen Opernverhältnissen, die nicht vielmehr als eine nur durchschnittliche bis unbefriedigende Einstudierung seiner Opern zuließ. Doch dann gab im Sommer 1879 Verdis Verleger *Ricordi* den ersten Anstoß zur Vertonung des »Othello«. Er arrangierte ein Zusammentreffen mit dem Dichter und Komponisten *Arrigo Boito (1842–1918)*, der als der größte Shakespeare-Kenner Italiens galt und der Verdi seit langem sehr verehrte. Im November des Jahres legte Boito einen ersten Libretto-Entwurf vor, den Verdi sehr gut fand und den Boito rasch zu einem fertigen Buch erweiterte. Nach Fertigstellung des vollständigen Textes fand im August 1880 das entscheidende »Werkstattgespräch« über das »Schokoladenprojekt« statt, wie der »Othello«-Plan genannt wurde. Verdi erkannte, daß Boito der ideale Textdichter war, nach dem er im Grunde ein ganzes Leben lang gesucht hatte. Er war von dessen Können so überzeugt, daß er erst einmal mit ihm zusammen eine Überarbeitung seiner frühen Oper »Simone Boccanegra« erstellte, deren Neufassung am 24. März 1881 in der Mailänder Scala uraufgeführt wurde. Dann erst begann Verdi so eigentlich mit der »Othello«-Komposition. Von Dezember 1884 bis April 1885 entstand in Genua der erste Teil, der zweite Teil danach (ab September/Oktober 1885) auf Verdis Landsitz in Sant'Agata. Ursprünglich sollte die Oper den Titel »Jago« tragen – Verdi hatte von Anfang an gerade dieser »*böse Geist, der alles bewegt*« fasziniert – doch dann kehrte man zu Shakespeare zurück und scheute auch nicht die Konkurrenz zu der gleichnamigen Oper von *Gioacchino Rossini*, die schon 1816 in Neapel uraufgeführt worden war. Das ganze Jahr 1886 über erstellte Verdi die Partitur, die Anfang November fertig war. Mitte Dezember gingen die letzten Partiturseiten nach Mailand ab, wo die Uraufführung am 5. Februar 1887 in der Scala zu einem beispiellosen Erfolg für Verdi wurde, den man mit Ehrungen überhäufte und schon zwei Tage später zum Ehrenbürger Mailands ernannte.

Ort und Zeit. Eine Hafenstadt auf Zypern Ende des 15. Jahrhunderts

Die Personen der Oper. Othello, Befehlshaber der venezianischen Flotte (Tenor) – Jago, Fähnrich Othellos und dessen Vertrauter (Bariton) – Cassio, Hauptmann (Tenor) – Rodrigo, venezianischer Edelmann (Tenor) – Lodovico, Gesandter der Republik Venedig (Baß) – Montano, Othellos Vorgänger als Gouverneur von Zypern (Baß) – Desdemona, Othellos Gemahlin (Sopran) – Emilia, Jagos Gemahlin (Mezzosopran) – Ein Herold (Baß) – Soldaten, Matrosen, Edeldamen und Edelleute, Einwohner von Zypern, Volk u. a. (Chor)

Die Handlung. 1. AKT: Auf der Insel Zypern, vor dem Kastell. Sturm und Gewitter herrschen über der Insel, während die Zyprioten die Rückkehr ihres gegen die Türken siegreichen Feldherrn, des Mohren Othello, erwarten. Im Aufruhr der Elemente drohen die Schiffe zu sinken, weshalb die von Angst und Hoffen getriebenen Menschen Gott um Hilfe anflehen (*Großer Eingangschor »Gott, der Blitze und Stürme ...«*). Doch Othello besiegt auch die Naturgewalten und wird jubelnd begrüßt. Nur Jago, Othellos Fähnrich und sein engster Vertrauter, ist tief gekränkt. Er empfindet Haß und Neid gegen seinen Herrn, da er sich ständig hintangesetzt fühlt. Nun wurde auch wieder ein anderer bevorzugt: statt seiner wurde Cassio zum Hauptmann ernannt. Jago will sich rächen. Zunächst macht er beim Trinkgelage Cassio betrunken (*Trinklied des Jago »O, komm, mein liebes Becherlein ...«*) und hetzt Rodrigo gegen Cassio auf, so daß die beiden aneinander geraten. Der ehemalige Statthalter Zyperns und Othellos Vorgänger Montano versucht den Streit zu schlichten und muß sich Cassio gegenüber mit der Waffe verteidigen. Was Jago beabsichtigt hat, tritt ein: Othello wird durch den entstandenen Tumult herbeigerufen und

Cassio fällt in Ungnade. Othello ordnet allgemeine Ruhe an. Da erscheint auch Desdemona, Othellos Gemahlin. Angesichts des nächtlichen Sternenhimmels versichern sich die Gatten ihrer Liebe und Treue *(Duett Othello-Desdemona »Nun in der nächtigen Stille verliert sich jeder Ton ...«).* –

2. AKT: Um seinen Plan der Rache an Othello weiter zu führen, empfiehlt Jago dem Cassio, sich um Vermittlung bei Desdemona zu bemühen – und damit verrät Jago sein eigentliches teufliches Gesicht *(Credo des Jago »Ich glaube an einen grausamen Gott ...«).* Cassio spricht mit Desdemona, während Jago das Mißtrauen Othellos und vor allem dessen Eifersucht weckt. Als Desdemona wenig später bei ihm um Gnade für Cassio bittet, wirkt Jagos Gift in Othello, der einen schweren Wutanfall bekommt. Desdemona will ihn besänftigen, wobei ihr Taschentuch zu Boden fällt, das Othello ihr einst als erstes Liebesgeschenk überreichte. Emilia, Desdemonas Gesellschafterin und Jagos Frau, hebt es auf, doch Jago entreißt es ihr. Er wird es als wichtiges Requisit seines hinterhältigen Planes gebrauchen. Emilia ahnt als einzige den feigen Anschlag ihres Mannes. Jago jedoch bestärkt Othello in dessen Eifersucht, indem er ihm eine Traumerzählung vorlügt, die Cassios Liebe zu Desdemona beweisen soll *(Arie des Jago »Es war Nacht, Cassio schlief schon ...«).* Und dann gibt er vor, Desdemonas Taschentuch in Cassios Besitz zu wissen. In seiner rasenden Eifersucht, die Jago geschickt zu schüren versteht, schwört Othello gewaltsame Rache *(Racheduett Othello-Jago »Bei des Himmels ehernem Dache ...«).*

3. AKT: Othellos Eifersucht erhält weitere Nahrung: er fordert von Desdemona das Taschentuch, doch sie hat es nicht; Othellos Reaktion darauf macht ihr Angst. Othellos Argwohn wächst und bohrt sich tief in ihn hinein *(Monolog des Othello »Gott, warum hast du gehäuft dieses Elend ...«).* Dann wird er, von Jago angestachelt, Zeuge eines Gesprächs zwischen Cassio und Jago, der geschickt die Rede auf die Kurtisane Bianca lenkt, die Cassio liebt. Othello jedoch glaubt, daß die beiden von Desdemona sprechen, da er nur Bruchstücke von dem mitbekommt, worüber die beiden reden. Da erscheint Ludovico, der Gesandte der Republik Venedig, und bringt Othellos Rückberufung. An seiner Stelle soll Cassio Statthalter von Zypern werden – womit man Jago erneut übergangen hat, dessen Rache umso stärker in ihm wütet. Cassios Beförderung bringt aber auch Othello noch mehr gegen Desdemona auf, die er öffentlich demütigt. Alles ist entsetzt über Othellos Verhalten gegenüber seiner unschuldigen Gemahlin, denn keiner kann es verstehen. Nur Jago läßt nicht locker, er treibt Othello weiterhin an, sich zu rächen und Desdemona zu töten. Othello verflucht sie und bricht zusammen, Jago aber triumphiert. –

4. AKT: In ihrem Gemach will sich Desdemona, von dunklen Ahnungen bange, zur Nacht begeben. Emilia will sie trösten in ihrer Traurigkeit, doch Trost findet Desdemona nur im Gebet *(Lied von der Weide »Sie saß mit Leide«* und *Abendgebet »Ave, Maria« der Desdemona).* Doch nichts kann sie mehr vor

der Rache des verblendeten Othello retten. Er wirft ihr Treubruch mit Cassio vor, worauf sie vergebens ihre Unschuld und Reinheit beteuert. Er beschimpft sie erneut als Dirne, für die er kein Mitleid hat, und erwürgt sie. Zu spät kommt Emilia, die nun den Verrat Jagos enthüllt. Othello erkennt, daß er Jagos Intrige erlegen ist und weiß um seine Schuld, die er nur noch mit seinem eigenen Tod sühnen kann. Heimlich zieht er einen Dolch aus seinem Gewande und ersticht sich. Sterbend gibt er der toten Desdemona einen letzten Kuß. –

Aufführungsdauer. 2¾ Stunden

Giuseppe Verdi
FALSTAFF
Lyrische Komödie in 3 Akten
Dichtung von Arrigo Boito nach
William Shakespeare
Uraufführung Mailand 1893

Quellen. Mit Falstaff schuf *Shakespeare* eine der großen Komödienfiguren des Welttheaters. Sie hat viele literarische Ahnen: den prahlerischen Aufschneider, den wortgewaltigen ›Helden‹, den fröhlichen und vitalen Saufprotz gibt es in den vielfältigsten Figuren schon der griechischen wie römischen Komödie oder der Commedia dell'arte. Von ihnen allen sind Charaktereigenschaften in die Figur des Falstaff eingeflossen, und dennoch ist sie eine überragende eigene Schöpfung Shakespeares. Sir John Falstaff, der Ritter von der gewaltigen Figur, tritt in zwei Werken des britischen Dramatikers in Erscheinung. Als Zechkumpan und Begleiter des jungen Prinzen von Wales (und späteren Königs Heinrich V.) ist er bedeutsam in das Handlungsgeschehen der beiden Teile des historischen Dramas »König Heinrich IV.« eingebunden, die um 1596 und 1597 entstanden. Wahrscheinlich kurz darauf schrieb Shakespeare, wohl auf Anregung von *Königin Elisabeth I.* persönlich, die Falstaff als Liebhaber sehen wollte, seine Komödie »Die lustigen Weiber von Windsor«, in der Falstaff als zum Narren gehaltener Freier im Zentrum des Bühnenspaßes steht (siehe dazu auch bei Otto Nicolai!). Motive und Handlungsstränge fand Shakespeare bei dem römischen Komödienschreiber *Plautus (250–184 v. Chr.)*, in der Novellendichtung der italienischen Renaissance und in zwei zeitgenössischen Theaterstücken des englischen Theaters, die als verschollen gelten. Shakespeares »Lustige Weiber von Windsor« stellen die Hauptquelle für Verdis Oper dar.
Entstehung und Uraufführung. Mit dem Gedanken, eine komische Oper

zu schreiben, befaßte sich Verdi schon in früheren Jahren, aber er fand nie den geeigneten Stoff. Mitte des Jahres 1868 brachte eine Mailänder Zeitschrift Verdi erstmals in Verbindung mit dem Falstaff-Stoff, doch Verdi dementierte und erklärte, es handle sich um ein Gerücht. Wenig später überlegte er einige Zeit, Molières »Tartuffe« zu vertonen, ließ den Plan dann aber wieder rasch und für immer fallen. Es dauerte schließlich einige Jahre, bis der Plan zu einer Falstaff-Oper konkretere Konturen annahm. Im Sommer 1889 schlug *Boito* den Stoff vor und schickte Verdi kurz darauf ein heute als verschollen geltendes Exposé, an dem sich Verdis Interesse entzündete. Sofort begann Boito mit der Ausarbeitung des Librettos, wobei er sich auf eine neue, 1838 erschienene italienische Übersetzung der Shakespeare-Komödie durch *Carlo Rusconi* stützte. Im März 1890 war das Libretto abgeschlossen und Verdi legte noch im gleichen Monat eine Kompositionsskizze des ersten Aktes vor ohne die sonst üblichen eigenen Textänderungen. Mit nur wenigen längeren Unterbrechungen arbeitete Verdi etwa zwei Jahre an der Komposition, deren fertige Partitur im Oktober 1892 vorlag. Im Winter begannen die musikalischen Proben an der Mailänder Scala, wo die Uraufführung am 9. Februar 1893 freilich nicht viel mehr als ein Achtungserfolg war ohne die Begeisterung bei früheren Verdi-Uraufführungen.

Ort und Zeit. Die englische Stadt Windsor während der Regierungszeit von König Heinrich IV. (1399–1413)

Die Personen der Oper. Sir John Falstaff (Bariton) – Ford, Alicens Ehemann (Bariton) – Fenton (Tenor) – Dr. Cajus (Tenor) – Bardolf (Tenor) und Pistol (Baß), in Falstaffs Diensten – Mrs. Alice Ford (Sopran) – Nanetta, ihre Tochter (Sopran) – Mrs. Quickly (Alt) – Mrs. Meg Page (Mezzosopran) – Der Wirt des Gasthofs »Zum Hosenband«, Falstaffs Page Robin und ein Page bei Ford (stumme Rollen).

Bürger und Volk, Diener, Masken, Kobolde, Gespenster und Quälgeister (Chor und Ballett).

Die Handlung. 1. AKT: Sir John Falstaff ist im wahrsten Sinne des Wortes ein ›Mann von Format‹: ein ebenso trinkfreudiger wie trinkfester, den Genüssen des Lebens verfallener Fettwanst, der seinen gewaltigen Bauch als sein Königreich bezeichnet, das er ständig zu erweitern sucht. Zu seiner Residenz hat dieser vitale Ritter von der mächtigen Gestalt den Gasthof »Zum Hosenband« in der englischen Kleinstadt Windsor erkoren. Gerade hat er einmal mehr ordentlich getafelt, als der französische Arzt Dr. Cajus, den es nach Windsor verschlagen hat, aufgebracht die Wirtsstube betritt, gefolgt von Bardolf und Pistol, den beiden Spießgesellen Falstaffs. Lauthals macht Dr. Cajus Sir John Vorwüfe darüber, daß dieser sein ganzes Haus auf den Kopf gestellt hat, daß es ein Skandal war – worauf Falstaff zur Antwort gibt, das habe er gern getan. Obendrein, so entrüstet sich Dr. Cajus weiter, hätten ihn Bardolf und Pistol betrunken gemacht und beraubt. Nun werfen sich die Kontrahenten gegenseitig die Schimpfworte an den Kopf, und Falstaff kann gerade noch verhindern, daß es zu einer Prügelei kommt. Er komplimentiert Dr. Cajus hinaus, denn er hat für die beiden, die in seinem Dienste stehen, einen Auftrag. Falstaff glaubt nämlich, zwei Verehrerinnen in der Stadt zu haben: Alice Ford, die Ehefrau des angesehenen und reichen Bürgers Ford, und Mrs. Margarete Page, genannt ›Meg‹. Beide sind nicht nur hübsch, sondern sie haben jeweils auch »die Hand auf dem Gelde«. Das aber ist in Falstaffs Plan nicht unwichtig: denn in seiner Kasse ist mal wieder Ebbe. Er hat den beiden Damen einen Brief geschrieben, worin er ihnen mit salbungsvollen Worten den Hof macht. Bardolf und Pistol sollen die Briefe besorgen, weigern sich jedoch: Kupplerdienste zu leisten verbietet ihnen die Ehre. Falstaff beauftragt daraufhin den Pagen Robin mit dem Botendienst, hält seinen beiden Zechkumpanen eine gehörige Standpauke, kündigt ihnen die Freundschaft und jagt sie aus dem Gasthof. – Vor dem Hause Fords treffen Alice und ihre Tochter Nanette, Meg und Mrs. Quickly zusammen. Alice und Meg tauschen sich über die Briefe Falstaffs aus, die jeweils den gleichen Wortlaut haben. Die von Falstaff erbetene Antwort auf seine Liebesgeständnisse wollen die Damen gerne geben: sie werden »dieses Ungeheuer« zum Narren halten, und das mit dem größten Vergnügen! Kaum haben sich die lustigen Weiber zur genaueren Beratung zurückgezogen, erscheinen Ford und Dr. Cajus, der junge, in Nanette verliebte Fenton, sowie Bardolf und Pistol. Ford wird gewarnt, Falstaff habe eine Intrige gegen ihn vor, mehr noch: Bardolf und Pistol, die die Fronten gewechselt haben, versichern ihn, Falstaff wolle ihm Hörner aufsetzen! Ford ist aufgebracht und will wachsam sein. So braut sich das Unwetter über Falstaff zusammen: Alice und Meg werden ihn mit Schmeicheleien zum Rendezvous locken und sich dann an ihm rächen; Ford will unter falschem Namen Falstaff aufsuchen, um herauszufinden, was er genau vorhat. –

2. AKT: Bardolf und Pistol kehren, Reue vortäuschend, zu Falstaff zurück in die Wirtsstube und kündigen den Besuch von Mrs. Quickly an. Sie ist von Alice und Meg geschickt worden, um Falstaff zum Stelldichein zu bitten. Mit den größten Schmeicheleien gaukelt sie dem eingebildeten Falstaff vor, Alice und Meg seien ganz von Sinnen nach ihm, er sei aber auch ein großer Verführer und habe die beiden Damen schier verhext. Huldvoll nimmt Falstaff die Einladung an, gönnerhaft entlohnt er Mrs. Quickly für ihren freundlichen Dienst und sonnt sich schließlich in seinem vermeintlichen Charme, dem die Weiber nicht zu widerstehen vermögen. Er glaubt ernsthaft, Alice und Meg seien in ihn verliebt. Da meldet Bardolf einen gewissen Mister Fontana an, der unbedingt die Bekanntschaft von Falstaff machen möchte. Es ist Ford, der sich unter falschem Namen bei Sir John einschmeichelt, was ihm mit einer stattlichen Geldbörse und einem prächtigen Weinkorb auch problemlos gelingt. Dann

bringt er sein Anliegen vor: er liebe eine gewisse Alice Ford, fände aber keine Gegenliebe. Deshalb bitte er ihn, Sir John Falstaff, als Gentleman, Alice zu erobern. Die Dame sei von größter Sittenstrenge, doch wenn ein Falstaff sie erobere, dürfte vielleicht ein Ford noch hoffen. Falstaff fühlt sich als Ehrenmann und Liebhaber gefordert und sagt zu. Mehr noch: er verrät Ford sogar, daß ihn Alice bereits zu sich gebeten habe, und er macht sich auch noch über deren Ehemann lustig, den er nicht kennt, ihn aber als einen Tölpel von Mann bezeichnet. Rasch geht er nach nebenan, um sich ein wenig schön zu machen. Derweil geht Ford mit sich zu Rate, hat er doch etwas vernommen, das er nicht recht glauben kann. Da er nichts weiß von dem Spiel der Damen mit Falstaff, verdächtigt er seine Frau der Untreue und befürchtet, daß man ihn zum Hahnrei macht. Das aber muß er um jeden Preis verhindern! – Im Hause Fords berichtet Mrs. Quickly von ihrer erfolgreichen ›Audienz‹ bei Falstaff, der pünktlich zur Stelle sein will. Gut, daß die Vorbereitungen, ihn in die Falle zu locken, schon getroffen sind, denn viel Zeit bleibt nicht mehr. Auf Anordnung von Alice bringen Diener einen großen Wäschekorb, während Nanette über den Plan des Vaters jammert, sie mit Dr. Cajus zu verheiraten, wo sie doch Fenton liebt, den aber der Vater offenbar nicht leiden kann. Erst ein entschiedenes »Nein!« der Frauen heitert sie wieder auf. Dann ist die »Zeit des großen Gelächters« gekommen für die lustigen Weiber von Windsor: alle verstecken sich bis auf Alice, die Falstaff erwartet. Dieser tritt rasch ein und will Alice leidenschaftlich umarmen. Sie entzieht sich ihm geschickt, spielt ihm aber zugleich die Verliebte vor und verdächtigt ihn der heimlichen Liebe zu Meg. Doch Falstaff findet wenig charmante Worte über Meg und wird noch zudringlicher Alice gegenüber. Da hört man Mrs. Quickly nach ihr rufen, schon kommt sie schier außer Atem herein und kündigt die aufgebrachte Meg an. Schnell verbirgt sich Falstaff hinter einem Paravant und hört dort, wie Meg in angeblich hellster Aufregung die unerwartete Rückkehr des wütenden Ford meldet, der einen Liebhaber seiner Frau in seinem Hause vermutet. Und schon hört man diesen brüllen, dann stürmt er herein, in seinem Gefolge Dr. Cajus, Fenton, Bardolf und Pistol. Die Jagd nach Falstaff hebt an, dem hinter dem Paravant Hören und Sehen vergeht. Die letzte Rettung – von den Damen längst raffiniert arrangiert – ist der Waschkorb. Falstaff drängt seinen fülligen Leib hinein, man deckt ihn mit Wäschestücken so zu, daß er im Verlauf des weiteren Geschehens immer wieder einmal nach Luft schnappen muß und damit Gefahr läuft, von den wütend nach ihm suchenden Männern entdeckt zu werden. Der Tumult wird immer größer, bis er plötzlich für einen Moment zur Ruhe kommt – und gerade in diese Stille hinein vernimmt man deutlich das Geräusch des Küssens! Ford ist sicher, Falstaff treibe es hinter dem Paravant mit seiner Frau, er umzingelt ihn mit seinen Helfern, sie stürmen das Bollwerk – und vor ihnen steht das Liebespaar Nanette und Fenton, die sich in dem Durcheinander der wilden

Jagd nach Falstaff hinter den Paravant zurückgezogen hatten, um Zärtlichkeiten auszutauschen. Ford wird noch wütender, wirft Fenton aus seinem Hause und rast erneut mit den anderen die Treppe nach oben, wo man Falstaff gesehen haben will. Diesen Moment nutzen die Frauen, um ihren Plan abzuschließen: schnell schaffen die herbeigerufenen Diener den Korb zum Fenster und schütten seinen Inhalt hinunter in den Kanal. Auf das Gelächter der lustigen Weiber eilen die Männer herbei. Alice führt ihren Mann zum Fenster und entdeckt ihm so den Spaß, den sie sich mit Falstaff machten. –

3. AKT: Vor dem Wirtshaus räsoniert Falstaff über das, was ihm widerfahren ist. Seine Lebensphilosophie heitert sich nur durch den Wein wieder auf. Mrs. Quickly reißt ihn aus seinen Betrachtungen: Alice sei unschuldig an dem nachmittäglichen Vorfall und erwarte ihn um Mitternacht an der Herne-Eiche im Königlichen Park. Er solle aber in der Maske des Schwarzen Jägers erscheinen, von dem man behaupte, er gehe dort um. Während Falstaff mit Quickly ins Wirtshaus geht, um Näheres zu erfahren, erscheinen alle anderen Personen. Die Frauen wollen Falstaff einen zweiten Denkzettel verpassen und sich als Geister verkleiden, um sich so an der Herne-Eiche auf ihn zu stürzen, bis er seine Schändlichkeit gesteht und sich erst dann demaskieren. Aber auch Ford soll für sein Mißtrauen gegenüber seiner Frau Alice büßen, und sein Heiratsplan mit Dr. Cajus durchkreuzt werden. – Zu mitternächtlicher Stunde an der Herne-Eiche. Die Frauen treffen die letzten Vorbereitungen, um Falstaff und Ford bloßzustellen. Schon erscheint Sir John als Schwarzer Jäger: weiter Mantel und ein Hirschgeweih auf dem Kopf. Alice nähert sich ihm, er bestürmt sie mit Liebesschwüren, will sie umarmen – da kommt Meg schreiend angerannt: die Geister kommen! Voller Angst wirft sich Falstaff auf den Boden, um sich so zu schützen. Die Schar der Feen, Geister, Hexen, Teufel u. a. erscheint: es sind Bürger und Kinder der Stadt, von Alice für die mitternächtliche Geisterstunde engagiert. Unter ihnen Nanette als Feenkönigin, Meg als Nymphe, Mrs. Quickly als Hexe, die maskierten Dr. Cajus, Fenton, Bardolf und Pistol sowie das unmaskierte Ehepaar Ford. Sie alle umtanzen den am Boden liegenden Falstaff, sie beschwören und schlagen, sie kugeln und stoßen den um Erbarmen flehenden Dickwanst, sie kneifen und zwicken ihn, sie krabbeln und kitzeln ihn, sie malträtieren und drangsalieren ihn, daß er vor Schmerzen und Angst stöhnt, Reue zeigt und um Vergebung bittet. Erst dann läßt man von ihm ab und desmaskiert sich. Falstaff erkennt, daß alles nur Theater war und er ein Esel. Und er erfährt zu seiner Überraschung, daß jener gewisse Herr Fontana niemand anderer ist als Ford, der Ehemann von Alice, um die er so geworben hat. Ford will der ganzen Maskerade ein versöhnliches Ende bereiten und kündigt die Vermählung seiner Tochter Nanette mit Dr. Cajus an. Auch einem zweiten Paar will er seinen Segen geben – und dann ist er der Düpierte: als sich die verschleierten Paare demaskieren, hat er, auf die gezielte Intrige der

lustigen Weiber von Windsor hereinfallend, Bardolf mit Dr. Cajus und Nanette mit Fenton verbunden. Doch nach anfänglicher Verblüffung lenkt er ein und heißt Fenton als Schwiegersohn willkommen. Durch Fords Reinfall hat Falstaff wieder Oberwasser bekommen und verkündet, wieder ganz Sir John, die Moral von der Geschichte: Alles in der Welt ist nur Posse und ein jeder wird geprellt – darum lacht auch am besten, wer als letzter lacht! –

Aufführungsdauer. 3 Stunden

Wagner: Musikdrama

»*Sie kommt dahergebraust auf den Flügeln der Stürme, das hehre Haupt von Blitzen umstrahlt, das Schwert in der Rechten, die Fackel in der Linken, das Auge so finster, so strafend, so kalt, und doch, welche Glut der reinsten Liebe, welche Fülle des Glückes strahlt dem daraus entgegen, der es wagt, mit finsterem Blicke hineinzuschauen in dies dunkle Auge!* ... *Doch hinter ihr, da öffnet sich uns, von lieblichen Sonnenstrahlen erhellt, ein nie geahntes Paradies des Glückes, und wo ihr Fuß vernichtend geweilt, da entsprossen duftende Blumen dem Boden, und fohlockende Jubelgesänge der befreiten Menschheit erfüllen die noch vom Kampfgetöse erregten Lüfte!*« Mit der Emphase und dem Pathos des Revolutionärs begrüßt *Richard Wagner (1813–1883)* die Revolution in Deutschland als die »*Erlöserin aus dieser Welt des Jammers, als die Schöpferin einer neuen, alle beglückenden Welt.*« (50)

Bekenntnis zum und Anteilnahme am politischen Geschehen seiner Zeit teilt Wagner mit Verdi. Doch beide reagieren unterschiedlich und sind persönlich konträr in die Entwicklungen ihrer Heimatländer involviert. Verdi hofft auf Veränderung als Patriot, Wagner ist revolutionär aktiv; Verdi versucht am Aufbau mitzuwirken, Wagner ist zunächst am Zerstören beteiligt. Individuelle Freiheit, postulierendes Gehabe und politisches Theoretisieren im Wirtshaus kennzeichnen schon Wagners Leipziger Studentenjahre 1831–1833, die er voll und genußsüchtig durchlebt. Er treibt sich in Kneipen herum, kommt oft tagelang nicht nach Hause, verfällt dem Spiel, verliert in nur einer Nacht die gesamte Monatsrente der Mutter, gewinnt dann in einem einzigen Spiel alles zurück, kann seine Schulden bezahlen und ist nach einigen Monaten von der Spielleidenschaft geheilt. Dann bestimmen mit Macht die Musik und die praktische Theatertätigkeit zunächst sein weiteres Leben: Chordirektor in Würzburg, Musikdirektor in Magdeburg, Königsberg und Riga, von wo aus er vor seinen Gläubigern 1839 nach Paris flieht. Dort lernt er zwar wichtige Leute kennen, darunter *Giacomo Meyerbeer* und *Heinrich Heine*, aber kann weder als

Komponist noch als Schriftsteller Fuß fassen, er verlebt eine von Hunger und Entbehrungen geprägte schwere Zeit und findet erst 1843 vorübergehend Rettung in Dresden. Den dortigen Uraufführungserfolgen von »Rienzi« (20. Oktober 1842) und »Der fliegende Holländer« (2. Januar 1843) verdankt er die Ernennung zum Königlich-Sächsischen Hofkapellmeister auf Lebenszeit an der gerade von dem Hamburger Architekten *Gottfried Semper (1803–1879)* erbauten und 1841 eröffneten Dresdner Oper.

Kaum hat er sich in Sachsens Kulturmetropole eingerichtet, schließt er enge Freundschaft mit dem österreichischen Dirigenten, Komponisten und Schriftsteller *August Röckel (1814–1876)*, seit kurzem erst Musikdirektor. Durch Aufenthalte in Frankreich und England zum Sozialisten geworden, unterweist er Wagner in der aktuellen sozialen und politischen Lage in Deutschland und gewinnt ihn zur politischen Tätigkeit im Sinne seiner eigenen sozialrevolutionären Ideen, die er in den von ihm herausgegebenen »Volksblättern« öffentlich macht und an denen Wagner mitarbeitet. Zugleich schult sich Wagner an der Philosophie des Junghegelianers *Ludwig Feuerbach (1804–1872)*, deren Zentralgedanke, das eigentlich Wirkliche sei das Sinnliche, das sinnlich Gegebene, das sich allein im Menschen zeige, ihn fasziniert: »*Daß er in die ästhetische Wahrnehmung unserer Sinnenwelt das, was wir Geist nennen, setzte, dies war es, was mich für meine Konzeption eines allumfassenden, für die einfachste rein menschliche Empfindung verständlichen Kunstwerkes, des vollendeten Dramas, im Momente seiner jede künstlerische Intention verwirklichenden Darstellung als ›Kunstwerk der Zukunft‹ so ergiebig unterstützte.*« (51) Mit Feuerbachs Denkansatz, des Menschen neue Religion müsse die Politik sein, findet Wagner im Hause Röckels auch Zugang zu dem russischen Sozialisten und Berufsrevolutionär *Michael Bakunin (1814–1876)*, der eine aus dem Studium *Hegels* für sich gewonnene Philosophie der Negation aller politischen Verhältnisse und deren darum notwendigen Vernichtung vertritt und als Begründer des politischen Anarchismus gilt: »*Diese Zerstörung aller Zvilisation*«, schreibt Wagner in seiner Autobiographie, »*war das seinem Enthusiasmus vorschwebende Ziel; hierfür aller Hebel der politischen Bewegung als Hilfsmittel sich zu bedienen, war seine einstweilige, oft zur ironischen Heiterkeit dienende Unterhaltung.*« Seine durch diesen Umgang gewonnenen eigenen politischen Ansichten vertritt Wagner nachdrücklich u. a. in Vorträgen beim Dresdner ›Vaterlandsverein‹, womit er sich am sächsischen Königshof wie beim konservativen Dresdner Bürgertum des politischen Umstürzlertums verdächtig macht. Im Zuge der deutschen Revolution von 1848/49, die nach der nationalen Einheit in einer demokratischen Republik strebt, nimmt er am Dresdner Mai-Aufstand von 1849 neben Bakunin aktiv teil: er ist unter den Straßenkämpfern, verteilt politische Flugblätter, leistet Widerstand gegen die Obrigkeit und wird polizeilich beschuldigt, er habe Handgranaten bestellt und anfertigen lassen. Als Republikaner und Sozialist wird er steckbrieflich gesucht und ist per polizeilicher Verordnung vom 16. Mai 1849 »wegen wesentlicher Teilnahme an der in hiesiger Stadt stattgefundenen aufrührerischen Bewegungen zur Untersuchung zu ziehen. Es werden daher alle Polizeibehörden ersucht, Wagner im Betretungsfalle zu verhaften.« Während Bakunin in Chemnitz verhaftet und zum Tode verurteilt wird, später mehrere Jahre in russischer Haft lebt, aber aus der sibirischen Deportation fliehen kann, gelingt Wagner durch glücklichen Zufall und unter falschem Namen die Flucht über Freiberg und Chemnitz zu *Franz Liszt* nach Weimar. Inzwischen war auch der »Tannhäuser« schon uraufgeführt worden (19. Oktober 1845 in Dresden), Wagners Ruf als Dirigent und Orchestererzieher gewachsen und er selbst hat sich bereits anderen Plänen zugewandt, darunter einem Projekt »Jesus von Nazareth« und den »Nibelungen« (literarische Keimzelle der späteren »Ring«-Tetralogie) sowie politischen und kunstphilosophischen Schriften. Liszt rät ihm, seine Zukunft in Frankreich zu suchen. Über Coburg und Lindau/Bodensee gelangt Wagner Ende Mai 1849 erneut nach Paris, kehrt aber enttäuscht kurze Zeit später nach Zürich zurück. Damit ist endgültig sein Leben als Revolutionär beendet und das des Emigranten beginnt. Schließlich macht die Uraufführung des »Lohengrin« (28. August 1850 in Weimar unter Liszts musikalischer Leitung) Wagner als Opernkomponisten endgültig bekannt.

Das politische Engagement einerseits und die Kritik an den dringendst der künstlerischen Reform bedürfenden Theaterverhältnisse andererseits sind für *Verdi* zwei verschiedene Dinge. Nicht so für Wagner. Er sieht die Dresdner Erhebung als Beginn einer allgemeinen Erhebung in Deutschland, die Änderung der politischen und sozialen Verhältnisse muß für ihn Hand in Hand gehen mit einer künstlerischen Reform an Haupt und Gliedern für das deutsche Operntheater. Er selbst sieht sich genötigt, einer (noch) bestehenden Welt den Rücken zu kehren, der er sich längst nicht mehr zugehörig fühlt. In dieser Welt, so Wagner, geben sich nämlich die Herrschenden zugleich auch als Beschützer der Kunst aus. So verbindet er für sich die persönlichen Erfahrungen einer revolutionären Bewegung mit den Gedanken an eine revolutionäre Kunst. Er erklärt sich zum Gegner des Formellen im herrschenden Kunstwesen und sieht dieses im Zusammenhang mit dem allgemeinen politisch-sozialen Zustand seiner Zeit. Dieser Zusammenhang ist der Grundtenor seines 1849 erscheinenden Revolutionstraktates »Die Kunst und die Revolution«. Was aber ist die Kunst der Zeit? Wagner gibt eine knappe Definition, die zugleich eine vernichtende Anklage ist: »*Ihr wirkliches Wesen ist die Industrie, ihr moralischer Zweck der Gelderwerb, ihr ästhetisches Vorgeben die Unterhaltung der Gelangweilten.*« Er definiert Kunst also als den Ausdruck des gültigen öffentlichen Lebens seiner Gegenwart. Es ist nicht immer einfach, den Gedanken Wagners zu folgen und die Spreu seiner mitunter pseudophilosophischen Geschwätzigkeit vom

Weizen seiner fraglos überzeugend vorgebrachten ästhetischen Argumentation zu trennen. Wiederholungen und eine gewisse Weitschweifigkeit erschweren das Auffinden einer gedanklichen Konzeption, die freilich ganz unzweifelhaft vorhanden ist und die, nehmen wir es vorweg, entschieden Eingang in sein Musikdrama findet, mit dem er die traditionelle Oper durch etwas Neues überwindet.

Seine Ausführungen konzentrieren sich verständlicherweise auf das Theater, dem ›Lieblingsplatz‹ der Kunst. So war es auch bei den Griechen, auf deren Tragödie und Theater Wagner mehrfach ausführlich zu sprechen kommt. Doch im Vergleich erkennt er den grundsätzlichen Unterschied: der attische Geist der Griechen ermöglichte in der dramatischen Kunst die Blüte ihrer Kultur, der Geist seiner eigenen Zeit hingegen »*die Blüte der Fäulnis einer hohlen, seelenlosen, naturwidrigen Ordnung der menschlichen Dinge und Verhältnisse.*« In dieser »naturwidrigen Ordnung« stellt er fest, daß das gegenwärtige Theater nicht das wirkliche Kunstwerk zeigt. Er weiß, wovon er redet, er kennt den deutschen Opernbetrieb schließlich aus der unmittelbaren Praxis. Und die ist weit entfernt von seinem eigenen Kunstideal, da sie entschieden nur auf die Zerstreuung und Unterhaltung des Publikums ausgerichtet ist, das sich ihm genußsüchtig aus Langeweile darstellt, und auf den Geldgewinn für die Kosten der »Schaustellungen«, wie er die landläufigen Opernaufführungen abfällig benennt: »*Das ganz eigentümliche, nagende Wehgefühl, das mich beim Dirigieren unserer gewöhnlichen Opern befiel, wurde oft wieder durch ein ganz unsägliches, enthusiastisches Wohlgefühl unterbrochen, wenn hier und da, bei Aufführungen edlerer Werke, mir die ganz unvergleichliche Wirkung dramatischer Musikkombinationen, eben im Momente der Darstellung, wie zum innerlichsten Bewußtsein kam, eine Wirkung von solcher Tiefe, Innigkeit und zugleich unmittelbarster Lebhaftigkeit, wie keine andere Kunst sie hervorzubringen vermag. Daß solche Eindrücke, welche blitzartig mir ungeahnte Möglichkeiten erhellten, immer wieder sich mir bieten konnten, das war es, was immer wieder mich an das Theater fesselte, so heftig auch andererseits der typisch gewordene Geist unserer Opernaufführungen mich mit Ekel erfüllte.*« (53)

Den Geist oder besser den Ungeist der Opernaufführungen sieht Wagner in der Gefallsucht der Theater dem Publikum gegenüber, dessen Teilnahme an der Aufführung sich im genüßlichen Anhören einzelner Musikstücke (Arie, Duett etc.) begnügt. Der große dramatische Zweck, der allein den »*Verbrauch so mannigfaltiger Mittel*« rechtfertigt, ist dem Theaterbesucher nicht mehr gegenwärtig. Verantwortlich dafür macht Wagner den Verfall des deutschen Theaters, namentlich der Oper, das sich allenfalls im künstlerischen Handwerk und in der handwerklichen Routine erschöpft und deshalb von den Gebildeten kaum mehr beachtet wird, geschweige denn, daß man von ihm noch etwas erhoffen könnte. Das deutsche Theater als Quelle aller Kunst sieht Wagner »*neu versumpfen, zur Pfütze für die Ernährung von Ungeziefer«* werden. Zimperlich ist er in seiner Ausdrucksweise nicht! Im Vergleich zwischen Schauspiel und Oper sieht er im Grunde gleich Negatives. Im Schauspiel habe die reaktionäre Politik der Zeit zum Abstieg des deutschen Dramas zum theatralischen Zeitungsartikel geführt, d. h. zur langweiligen und flachen Produktion des Effektstückes mit der Mode für politisches Tagesinteresse und sogenannte Zeittendenzen, was ihm nichts anderes als ein »*theatralisch-journalistisches Verwürfnis*« ist. (54) Im Opertheater sieht Wagner gar das eigentlich bedenkliche Kunstinstitut, und das nicht nur national. In Italien schreibe der Komponist vorzugsweise für den Sänger und zwischen beiden gäbe es volle Übereinstimmung, aber die Musik der italienischen Oper habe mit dem eigentlichen wahren Drama nichts mehr zu tun. In Frankreich trete der dramatische Dichter wenigstens zur Mitwirkung ein. In Deutschland hingegen habe sich die Oper mit der bloßen Nachahmung der italienischen und französischen Oper begnügt, nur die Sprache sei deutsch. In diesem Zusammenhang kommt er zu einer eher amüsanten Charakteristik der drei nationalen Opern, für die er weibliche Synonyme findet. Die italienische Opernmusik nennt er eine »*Lustdirne*«, eine Buhlerin, die zwar nicht individuell Liebe schenkt, aber doch wenigstens »*sinnliche Funktionen*« ausübt. Die französische Opernmusik gälte dagegen zu Recht als »*Kokotte*«, die bewundert und geliebt sein will, was ihr als Genuß des Lebens gilt. Da sie außer sich selbst niemanden und nichts lieben und bewundern kann, ist ihre Lebenskraft frostige Kälte, weshalb »*wir uns wohl in Verzweiflung zur italienischen Lustdirne*« hinwenden. Die sogenannte deutsche Opernmusik bezeichnet er als »*die Prüde*«, deren Tugend, da sie nach den Regeln des Anstandes erzogen wurde, grundsätzlich in der Lieblosigkeit und Liebesunfähigkeit besteht: »*Ihre Tugend ist die Vermeidung des Lasters, ihr Wirken die Unfruchtbarkeit, ihre Seele impertinenter Hochmut.*« (55) Das aber habe nach Gluck und Mozart zu einer Stillosigkeit der deutschen Theatermusik geführt, die eine musterhafte Oper verhindert und uns von dem Weg entfernt habe, den Mozart eingeschlagen hatte. Ein gleiches Dilemma beobachtet Wagner in der künstlerischen Darstellungsform, wo allseitige Unfertigkeit herrsche: »*Nirgends ein tonangebendes, nach vernünftigen Tendenzen geleitetes Muster-Operntheater; mangelhafte oder gänzlich fehlende Ausbildung selbst nur der vorhandenen Stimmorgane; überall künstlerische Anarchie.*« (56)

Gibt es aus all dem einen Ausweg? Wagner sieht ihn in der Vereinigung von Dichtung und Musik, was eine Zusammenführung von Dichter und Komponist und eine Verbindung zwischen Dichter und Darsteller erfordert. Nur auf diesem Wege kann man, so Wagner, zu dem Neuen gelangen, »*nämlich auf der Basis der absoluten Musik das wirkliche Drama zustande zu bringen.*« (57) Damit sind wir nunmehr an einer zentralen Vorstellung von Wagners Kunstkonzeption: dem *Musikdrama*. Den Begriff hat Wagner weder erfunden noch selbst verwendet. Aber er ist zum Synonym für sein musikdramatisches Schaffen geworden, für das in Musik gesetzte wirkliche Drama im Gegensatz zum althergebrachten Opernlibretto und seiner Vertonung als Nummernoper. Wagner findet im übrigen die italienische Bezeichnung ›Dramma per musica‹ als seinen Vorstellungen am gemäßesten und wünscht sich insgeheim, daß man seine eigenen Werke im Sinne des Wortes ›Drama‹ als ›Handlung, Tat‹ als »*ersichtlich gewordene Taten der Musik*« versteht. Ironisch fügt er hinzu, da die deutschen Theater ohnehin nur Opern kennen, würden sie auch aus dem konkreten Musikdrama doch wieder eine Oper machen. Weshalb er, um aus der Verwirrung der Begriffe herauszukommen, auf die Idee verfällt, seine Werke als ›Bühnenfestspiel‹ zu bezeichnen. So hat er zwar den »Fliegenden Holländer«, »Tannhäuser« und »Lohengrin« noch als romantische Opern betitelt, nennt den »Tristan« lediglich eine Handlung und bezeichnet den »Ring« dann tatsächlich als Bühnenfestspiel, den »Parsifal« gar als ›Bühnenweihfestspiel‹.

Wagner greift im Grunde das alte Streitthema vom Verhältnis zwischen Wort und Ton in der Oper auf, hält aber die Dominanz des einen oder des anderen für falsch und fordert die Einheit von Dichtung und Musik als sinnstiftende Grundvoraussetzung für das Musikdrama. Daß dies noch nicht erreicht ist, begründet er mit der Tatsache, daß der Dichter in der Oper auf ein bereits festes Gefüge musikalischer Formen traf, die ihm die Ideen und Gesetze vorschrieb, nach denen er das Libretto zu verfassen hatte. Nicht er, sondern der Musiker sei daher aufgefordert, die nur scheinbar unantastbare Opernform zu verändern. Da Wagner mehrfach von der Zerstückelung der Oper in einzelne Teile wie Rezitativ, Arie, Ensemble, Orchesterstück usw. spricht, also von der Zerteilung eines Ganzen in künstlerische Einzelheiten, die für sich genommen nicht nur die Aufmerksamkeit des Publikums erheischen, sondern auch die von Dichter und Musiker, kann die neue Opernform als eine künstlerische Einheit nur über die unaufhebbare Verschmelzung von Dichtung und Musik erreicht werden. Und darin muß eine alte Forderung *Glucks* endlich erfüllt werden, nämlich daß der Sänger zum »*Organ der Absicht des Komponisten*« wird. Wagner verlangt vom Sänger, daß er nicht als Gesangsvirtuose lediglich auf den äußerlichen Effekt aus ist, der das sinnliche Gefühl des Zuschauers betäubt und über den Sinn der Opernhandlung hinwegtäuscht. Er beklagt das an besonders gängigen Effektmitteln der Oper, den »*brillanten Abgängen durch Anordnung eines gehörigen Schreiakzentes am Schlusse jeder beliebigen Sängerphrase.*« Vielmehr fordert er, der Sänger müsse auch Schauspieler sein, der den Ausdruck einer Textunterlage »*mit Bewußtsein und grundsätzlich*« auszusprechen habe, getragen von der Musik »*auf der Grenzscheide zwischen Tanz und Sprache, Empfindung und Gedanke,*« Nur die sich gegenseitig bedingende und erfüllende Beziehung zwischen der Dichtung als dem männlich-zeugenden und der Musik als dem weiblich-gebärenden Prinzip führe zum Gesamtkunstwerk der Zukunft. Hier treffen sich Verdi und Wagner.

Erst wenn wir uns Wagners Grundgedanken vergegenwärtigen, die er in einem umfangreichen Schrifttum niedergelegt hat und die wir, wenn sie auch nicht jeder zu übernehmen bereit ist, für ihn auch gelten lassen müssen, dann wird ersichtlich, warum er selbst nur als Dichter und Komponist in künstlerischer Personalunion schaffen konnte. Er hat es von Anfang an schon bei seinen frühen, heute nur noch sehr selten gespielten Opern so gehalten: bei »Die Feen« (entstanden 1832/34, uraufgeführt postum 1888 in München; nach der Tragikomödie »Die Frau, die Schlange« von Carlo Gozzi), bei »Das Liebesverbot oder Die Novize von Palermo« (U 1836 in Magdeburg; frei nach der Komödie »Maß für Maß« von William Shakespeare) und bei »Rienzi, der Letzte der Tribunen« (U 1842 in Dresden; nach dem historischen Roman gleichen Titels von Edward Bulwer-Lytton); er beabsichtigte es auch bei den nicht ausgeführten Plänen »Die Sarazenin« (Entwurf zu einer Manfred-Oper um Friedrich II. von Hohenstaufen aus den Jahren 1841–1843) und »Die Bergwerke zu Falun« (Prosaentwurf 1842 nach E. T. A. Hoffmann); und er tat es bekanntlich bei allen seinen Werken vom »Fliegenden Holländer« bis zum »Parsifal«. Zwar bekennt er einmal, nur aus der Not, keine guten Texte angeboten bekommen zu haben, sei er aufs Dichten verfallen, aber er räumt zugleich die eigene Unfähigkeit ein, ein fremdes Opernbuch zu komponieren, was er auch begründet: *»Es ist bei mir nicht der Fall, daß ich irgendeinen beliebigen Stoff wähle, ihn in Verse bringe und darüber nachdenke, wie ich auch eine passende Musik dazu machen wolle; bei dieser Art des Verfahrens würde ich allerdings dem Übelstande ausgesetzt, micht zweimal begeistern zu sollen, was unmöglich ist. Zunächst kann mich kein Stoff anziehen, als nur ein solcher, der sich mir nicht nur in seiner dichterischen, sondern auch in seiner musikalischen Bedeutung zugleich darstellt. Ehe ich daran gehe, einen Vers zu machen, ja eine Szene zu entwerfen, bin ich bereits in dem musikalischen Dufte meiner Schöpfung berauscht, ich habe alle Töne, alle charakteristischen Motive im Kopfe, so daß, wenn dann die Verse fertig und die Szenen geordnet sind, für mich die eigentliche Oper ebenfalls schon fertig ist und die detaillierte musikalische Behandlung mehr eine ruhige und besonnene Nacharbeit ist, der der Moment des eigentlichen Produzierens bereits vorausgegangen ist.«* (58) Ganz ähnlich ist, eigenem Bekunden zufolge, auch *Mozart* vorgegangen.

So singulär die Erscheinung Richard Wagners in der Geschichte des musikalischen Theaters auch ist, so dürfen wir nicht vergessen, daß er im geistigen Umfeld der deutschen Romantik aufwächst. Darin liegt ein wesentlicher Grund, warum er seine Stoffe der Welt des Mittelalters und aus der germanischen Mythologie entnimmt. Auch in der Konsequenz und der Ausschließlichkeit, mit der es es seit dem »Holländer« tut, ist er einzigartig. Die wiederholte

Beschäftigung mit dem griechischen Drama stiftet sein Verhältnis zum Mythos und läßt ihn erkennen, daß Geschichte erst aus dem Mythos entstand und daß aus ihm »*erst das wirklich verständliche Bild des Lebens gewonnen*« wurde. (59) In der Sage findet er den rein menschlichen Inhalt sowie die inneren Handlungsmotive und die Seelenmotive der Personen, »*welche schließlich einzig uns die Handlung als notwendig erklären sollen, und zwar dadurch, daß wir selbst im innersten Herzen an diesen Motiven sympathisch teilnehmen.*« (60) Hinzu kommt eine persönliche biographische Erfahrung. Als sich Wagner nach der Rückkehr aus Paris nach Deutschland Ende 1842 mit der deutschen Sagenwelt befaßt, bedeutet ihm dies eine Rückkehr in die geistige Heimat. Er versenkt sich in die Dichtung der deutschen Vergangenheit auch deshalb, weil »*sie uns um so wärmer und anziehender berührt, als die Gegenwart uns mit feindseliger Kälte von sich abstößt.*« Die Bilder der Vergangenheit dienen ihm zur Gestaltung, weil er in ihnen dem wirklichen, nackten Menschen in seiner wahren Menschlichkeit begegnet. Es ist das, was wir in der Beschreibung des Mythos als dessen Grundwirklichkeit bezeichneten, hier also eine Ur-Menschlichkeit, die Wagner das »*von allem Historisch-Formellen Losgelöste*« nennt: das Reinmenschliche in seiner abstrakten Absolutheit.

Es spielen aber auch religiöse Überlegungen mit, die Wagner teilweise direkt aus dem Christentum gewinnt. So den Gedanken der *Erlösung*, der in seinem Werk von zentraler Bedeutung ist und den er durch die Erlösungsmotive seiner Musik zur Ton-Sprache bringt. Freilich ist seine Anschauung weniger christlich, da er die Erlösung an die Liebe des Weibes bindet. Womit Goethe seine »Faust«-Dichtung schließt – »Das Unbeschreibliche,/Hier ist's getan;/Das Ewigweibliche/Zieht uns hinan« – das hat Wagner in den ersten drei seiner gültigen Opern zum zentralen Handlungs- und Seelenmotiv gemacht und in Senta, Elisabeth und Elsa Gestalt werden lassen: »*Das Weib, nach dem sich der ›fliegende Holländer‹ aus der Meerestiefe seines Elends aufsehnte; das Weib, das dem ›Tannhäuser‹ aus den Wollusthöhlen des Venusberges als Himmelsstern den Weg nach oben wies, und das nun aus sonniger Höhe ›Lohengrin‹ hinab an die wärmende Brust der Erde zog.*« (61) Gewissermaßen kontrapunktisch hat Wagner das Erlösungsmotiv auch in den beiden folgenden Opern gestaltet. Erlösung kann dem schuldbeladenen und todkranken Tristan nur durch Isolde werden, deren Haß auf den Mörder ihres ihr anverlobten Vetters Morold sich angesichts seines Jammers in Liebe verwandelte. Doch irdische Erfüllung wird ihrer alle Konventionen sprengende mystische Verbundenheit nicht zuteil (»Tristan und Isolde«). Ganz irdisch hingegen ist die Erlösung des fränkischen Ritters Walther von Stolzing aus seiner Liebesnot, die er freilich selbst tatkräftig betreibt, als er sich, wenn auch mit Hans Sachsens Hilfe, die Nürnberger Bürgerstochter Eva Pogner mit dem Preislied zur Frau ersingt (»Die Meistersinger von Nürnberg«).

Der Brautzug Lohengrins zum Münster. Zeichnung von Michael Echter nach der Münchener Inszenierung von 1867.

Wagners Opernanfänge gründen zunächst noch in der Tradition. So hat er selbst eingestanden, den »Rienzi« bewußt nach der großen französischen Oper komponiert zu haben mit all ihrer szenischen und musikalischen Pracht und ihrer Leidenschaftlichkeit, die Effekt macht. Er nennt ihn eine große tragische Oper, gliedert ihn, nach dem französischen Vorbild, in fünf Akte und komponiert Finales und Hymnen (wie Cola Rienzis berühmtes Gebet zu Beginn des letzten Aktes »Allmächt'ger Vater, blick herab, hör mich im Staube zu Dir flehn!«), Duette und Terzette, Aufzüge und »*musikalisches Waffengeräusch*«. Auch das für die französische Oper typische Ballett fehlt nicht und findet während der Feier des Friedenfestes (2. Akt, 3. Szene) statt: Der römischen Pantomime, in der der Tyrann Tarquinius sich Lucretia mit Gewalt gefügig machen will, sie sich zur Rettung ihrer Ehre ins Schwert stürzt und Brutus den Frevler verfolgt und so Rom von dessen Tyrannenherrschaft befreit, folgt ein Waffentanz zwischen mittelalterlichen Rittern und den Römern des Brutus, die als Sieger hervorgehen, woraufhin die Siegesgöttin sich zur Schutzpatronin über das vereinte alte und neue Rom ernennt. Das Ballett ist Huldigungsfeier und spiegelbildliches Spiel zugleich, da es Anlaß gibt zur geplanten, jedoch fehlschlagenden Ermordung Rienzis auf dem Fest, den die gegnerischen Nobili der römischen Adelsfamilien Colonna und Orsini als Tyrannen denunzieren, der er nicht ist.

Erst mit dem »Holländer« findet Wagner zu seinem eigenen Musikdrama. Zwar richtet er seine Kritik an der formellen, zerstückelten Oper der Zeit besonders auf den Mißbrauch der Arienkomposition und deren effektheischende Behandlung durch die Virtuosenroutine der Sänger, verkündet, mit den *»hübschen Melodien«* sei es aus und fordert neue musikalische Einfälle. Dennoch verlieren sich die Spuren der traditionellen Oper erst langsam in seinem Werk. Auf die Arienform verweisen, wenn auch schon in veränderter Gestalt, das Lied des Steuermanns, der Monolog des Holländers, die Ballade der Senta und die Traumerzählung des Erik im »Holländer«; Hallenarie und Gebet der Elisabeth, Wolfram von Eschenbachs Lied an den Abendstern und Tannhäusers Romerzählung im »Tannhäuser«; Elsas Traumerzählung, König Heinrichs Gebet und Lohengrins Gralserzählung im »Lohengrin«. Und doch tritt zugleich etwas völlig Neues zu Tage. Die Abfolge von Rezitativ, Arie, Ensemble und Orchesterstück hebt Wagner gänzlich auf, von der formaldramaturgischen Einteilung bleibt nur noch die in Szenen und Akte. Das klassische Rezitativ verschwindet völlig, Arien und Duette lösen sich als selbständige, vom Ganzen ab- und herausgehobene Einzelstücke auf und verschmelzen mit einer durchgehenden Melodie, die das ganze Werk als durchkomponierte musikalisch-dramatische Großform charakterisiert. Am signifikantesten stellt sich das vor der »Ring«-Komposition im »Tristan« dar, in dem sich Arien- und Duettformen auch ansatzweise nicht mehr finden. Zum Träger der Melodie macht Wagner entschieden wieder das Orchester, das der Oper aus der absoluten sinfonischen Musik heraus einen *»ungeheuren Zuwachs an Mitteln des mannigfaltigen Ausdrucks«* zuführt. Denn auch Wagner anerkennt die Melodie als das Wesen der Musik: *»So sind Harmonie und Rhythmus wohl die gestaltenden Organe, die Melodie aber ist erst die wirkliche Gestalt der Musik selbst.«* Und: *»Die Tonsprache ist Anfang und Ende der Wortsprache, wie das Gefühl Anfang und Ende des Verstandes, der Mythos Anfang und Ende der Geschichte ist.«* (62) Auch da verweist Wagner auf den unauflöslichen Zusammenhang zwischen Ton- und Wortsprache, spricht davon, daß der tönende Laut der Musik Ausdruck des reinen inneren Gefühls ist und das Wort sucht, um diese Gefühl zu beschreiben. So hat die Musik und mit ihr auch das Orchester ein Sprachvermögen, das Wagner in seinem Musikdrama zu jener Fülle entwickelt, wie er es sonst nur in der reinen Instrumentalmusik der Sinfonik findet. In seinem Vergleich, während sich in der Sinfonie die Melodie über alle Teile erstrecke, stehe sie beispielsweise in der italienischen Oper immer nur ganz vereinzelt da und sei durch unmelodische Zwischenmusik verbunden, sieht er den vollen Charakter der Melodie in der Sinfonik *Beethovens* ausgeprägt. Und zwar dahingehend, daß man jedem harmonischen Ton und jeder rhythmischen Pause eine melodische Bedeutung zuerkennen müsse. Somit ist für Wagner die Melodie der sinfonischen Musik Beethovens durch die reichste Entwicklung der in ihr liegenden Motive »*zu einem großen, andauernden Musikstücke*« ausgedehnt, »*welches nichts anderes als eine einzige, genau zusammenhängende Melodie war.*« Er spricht deshalb auch immer wieder von der *Orchestermelodie*, die das Drama musikalisch als Ganzes gestaltet, indem sie nicht nur dekorative Girlande und schönes Gehäuse ist, sondern selbständiger Teil des Inhalts des Dramas und seiner immerwährenden, ununterbrochenen musikalischen Gestaltung. Ihre konstituierenden Elemente sind die *Leitmotive*, die Personen und deren Empfindungen, Ereignisse und Situationen sozusagen als musikalische Symbole und Formprinzipien zur Charakterisierung und Wiedererkennung im Fortlauf der Handlung zugeordnet sind. Wir haben uns angewöhnt, von der »*unendlichen Melodie*« bei Wagner zu sprechen, ein Begriff, den er selbst nur ganz selten verwendet, den er aber geprägt hat. Er versteht darunter, daß die Melodie »*wie ein ununterbrochener Strom sich durch das ganze Werk ergießt*«, um auch das Unaussprechliche im Schweigen des Dichters auszusprechen – also das zwischen den Zeilen, hinter den Worten liegende Gedankliche, Sinnliche und Gefühlsmäßige, der nicht in Worte gefaßte, aber dem Text immanente Sinnzusammenhang, was wir heute als den ›Kontext‹ bezeichnen: »*Der Musiker ist es nun, der dieses Verschwiegene zum hellen Ertönen bringt, und die untrügliche Form seines laut erklingenden Schweigens ist die unendliche Melodie.*« (63)

Analyse und Kritik des (Opern)Theaters seiner Zeit sowie die Umsetzung der künstlerischen Schlußfolgerungen und kunstästhetischen Forderungen im eigenen Werk weisen bei Wagner eine seltene Übereinstimmung auf. Die von ihm selbst noch begründeten Bayreuther Festspiele sind daher die folgerichtige letzte Konsequenz seines Lebenswerkes. Eine »*Umbildung des deutschen Theaters*« durch die Überwindung der ganzen »*Theaterwirtschaft*« ist ja sein Ziel, die künstlerische Darstellung muß wegkommen vom routinemäßigen Bedürfnis nach bloßer Zerstreuung und von der »*Anhäufung und Nebeneinanderstellung gesteigerter theatralischer Virtuosenleistungen*«, um wieder eine »*Außerordentlichkeit*« zu werden, die sich in »*Mustervorstellungen*« ereignet. Das sieht er schließlich nur zu leisten in einem das Publikum »*von seinem gewohnten allabendlichen Zufluchtsorte für theatralische Unterhaltung abgelegenen, eigens nur dem Zwecke diesen außerordentlichen, eximierten Aufführungen sich erschließenden, besonderen Kunstbau.*« (64)

Die Festspielidee ist geboren. 1871 entscheidet er sich für Bayreuth, der dortige Magistrat stellt ihm ein Grundstück zur Verfügung, die Grundsteinlegung erfolgt am 22. Mai 1872, das Richtfest begeht man Anfang August 1873 und die ersten Vorproben beginnen 1875. Das Festspielhaus wird weitgehend nach Wagners eigenen Vorstellungen gebaut, in die seine Erfahrungen aus der Kapellmeisterzeit in Riga einfließen: amphitheatralisch ansteigendes Parkett, Verdunkelung des Zuschauerraums während der Vorstellung und vor allem der tiefliegende Orchestergraben, der das Orchester für das Publikum unsichtbar macht und für eine besondere Akustik sorgt.

Daß die Bauarbeiten zügig vorangehen und die ersten Festspiele trotz großen finanziellern Aufwandes überhaupt stattfinden können, verdanken sie einem großzügigen Kredit mit persönlicher Bürgschaft durch Bayerns *König Ludwig II. (1845–1886)*, der seit 1864 Nachfolger seines verstorbenen Vaters Maximilian II. Joseph ist. Die Freundschaft zwischen dem König und dem Musiker gehört zu den eigenartigsten in der Kunstwelt des 19. Jahrhunderts und ist für Wagner von großer Bedeutung. Ende April 1874 bezieht er mit der Familie die eigens für ihn gebaute Villa ›Wahnfried‹ und wird damit zu Beginn seines letzten Lebensjahrzehnts nach unsteter Jugend, politischer Aktivität, Exil und Emigration sowie wechselnder Sicherheit und ständiger Wanderschaft erstmals in seinem Leben wirklich seßhaft. Seine Freundschaft zu dem bayerischen Monarchen – der König unterschreibt seine Briefe an Wagner mit »Bis in den Tod Ihr Ludwig« und Wagner redet ihn mit »mein himmlischer Freund« an – ist tief aber nicht ewig, das schließliche Zerwürfnis der beiden so sehr unterschiedlichen Männer ist fast vorprogrammiert. Seine erste Erfahrung mit der Welt von Wagners Werk macht Ludwig II. mit 15 Jahren bei dem Besuch einer »Lohengrin«-Aufführung, der bald der »Tannhäuser« folgt. Der junge künftige Regent ist zu Tränen erschüttert, er geht ganz in den mythologischen Stoffen auf und schwärmt geradezu von der Musik, obwohl er selbst als eher unmusikalisch gilt. Zeit seines Lebens bleibt er ein romantischer Schwärmer voller Empfindsamkeit und sehnsüchtiger Bewunderung der Kunst. Kaum auf dem bayerischen Thron, wünscht er sich Wagner zum Freund, schickt nach ihm und läßt ihn durch seinen Hofsekretär Pfistermeier von seinem königlichen Wunsch wissen, künftig ihn und sein Werk tatkräftig zu unterstützen. Das trifft Wagner einmal mehr in einem der vielen Wechselfälle, an denen sein Leben so reich ist. Er hat mit seinem wachsenden Ruhm als Komponist und Dirigent zwar großen künstlerischen Erfolg in Europa, gibt Konzerte in Deutschland sowie u. a. in Paris, Brüssel, Wien, Prag, Budapest, Venedig und geht auf Tournee durch Rußland mit Konzerten natürlich auch in St. Petersburg und Moskau. Aber nach der Rückkehr nach Wien erleidet er wieder einmal den finanziellen Zusammenbruch und flieht vor der drohenden Schuldhaft nach München. Dort trifft er Anfang Mai 1864 zum ersten Mal mit Ludwig II. zusammen, wohnt in München, gestaltet seine Beziehung zur Liszt-Tochter *Cosima von Bülow* immer enger und erlebt im Sommer 1865 die Uraufführung des »Tristan« an der Münchner Hofoper in Anwesenheit Ludwigs, der ihn jedoch im Herbst wegen gegen den Hof gerichteter Äußerungen aus Bayern ausweist, ohne freilich die persönliche Beziehung abzubrechen. Als sich Wagner in die Schweiz zurückzieht, kann er sich dort auf Kosten des Königs das Haus in Tribschen bei Luzern mieten, das er von April 1866 bis

April 1872 bewohnt. Dort arbeitet er konzentriert an den »Meistersingern von Nürnberg«, er vollendet den »Siegfried« und bringt am 1. Weihnachtstag 1870 im Treppenhaus der weiträumigen Villa das ›Siegfried-Idyll‹ zur Uraufführung. In dieser Zeit gelangen 1868 nicht zuletzt auf Betreiben Ludwigs im Juni 1868 auch »Die Meistersinger von Nürnberg« in der Münchner Hofoper zur Uraufführung, im Jahr darauf erscheint »Das Rheingold« auf der gleichen Bühne.

Maschinen, die bei den Rheintöchtern Schwimmbewegungen vortäuschen sollen (Bayreuther Ring-Inszenierung von 1876).

Vom 13. bis 30. August 1876 finden schließlich die ersten Bayreuther Festspiele statt. Eröffnet werden sie im Markgräflichen Opernhaus mit einer Aufführung der Neunten Sinfonie von Ludwig van Beethoven unter Wagners musikalischer Leitung. Dann folgt die Aufführung der gesamten »Ring«-Tetralogie mit den Uraufführungen von »Siegfried« (16. August) und »Götterdämmerung« (17. August). Unter den Festspielgästen befinden sich der deutsche *Kaiser Wilhelm I.*, Ludwig II., der brasilianische Kaiser und *König Karl von Württemberg* sowie hohe Vertreter von Politik und Aristokratie. Die Festspiele enden mit einem riesigen finanziellen Defizit, was ihre Wiederholung in den kommenden Jahren unmöglich macht. Nach Aufenthalten in Italien, wo er ein letztes Mal mit *Friedrich Nietzsche* zusammentrifft, dessen Philosophie ihn vorübergehend stark beeinflußt hat, mit dem er sich aber inzwischen gedanklich auseinanderlebt, und in London, wo ihn *Königin Victoria* auf ihrem Schloß empfängt, reist Wagner mitten in den Kompositionsarbeiten am »Parsifal« im Herbst 1880 erneut nach München. Neben dem König in der Königsloge sitzend verfolgt er Aufführungen von »Tristan« und »Lohengrin« und dirigiert für ihn separat das Vorspiel zu »Parsifal«. Es ist das letzte Zusammentreffen zwischen Wagner und Ludwig II., der in seinen letzten Lebensjahren (nach Meinung seiner Umgebung) dem Wahnsinn verfällt und nach seiner erzwungenen Abdankung 1886 auf bis heute ungeklärte Weise im Starnberger

See ertrinkt. Schon den zweiten Bayreuther Festspielen bleibt der König trotz Wagners persönlicher Einladung fern, sagt ihm aber erneut finanzielle Unterstützung zu. So können die zweiten Bayreuther Festspiele vom 26. Juli bis 29. August 1882 mit der Uraufführung des »Parsifal« gleich am ersten Festspieltag durchgeführt werden. Unter den Besuchern befinden sich mehrere berühmte Komponisten, darunter Franz Liszt, Anton Bruckner, Leo Delibes, Camille Saint-Saens und Engelbert Humperdinck. Es sind die letzten Festspiele, die Wagner persönlich erlebt. Ab 1886 werden sie zunächst von seiner Witwe *Cosima* geleitet. Vor und nach dem Ersten Weltkrieg fanden sie mit Unterbrechungen statt, seit der Wiedereröffnung 1951 jährlich. Nach dem Zweiten Weltkrieg revolutionierten Wagners Enkel *Wieland (1917–1966)* und *Wolfgang (geb. 1919)* die Opernregie und wirkten stilbildend.

Sehr unterschiedlich wirken die großen Antipoden der Oper des 19. Jahrhunderts. *Giuseppe Verdi* ist ein Vollender, *Richard Wagner* ein Neuerer. Das in den wichtigsten Grundzügen aufzuzeigen, ist Absicht der beiden Kapitel über sie. Bedauerlich, daß nur ganz spärliche Äußerungen der beiden Komponisten über den jeweils anderen überliefert sind, die sich persönlich nie begegnet sind. Als Wagner am 13. Februar 1883 im Palazzo Vendramin zu Venedig an einem Herzanfall stirbt, schreibt Verdi zwei Tage später an seinen Mailänder Verleger Giulio Ricordi: »*Traurig, traurig, traurig! Wagner ist tot! Als ich gestern die Depesche las, war ich, das kann ich sagen, entsetzt. Diskutieren wir nicht. – Es ist eine große Persönlichkeit, die vergeht! Ein Name, der in der Geschichte der Kunst einen sehr mächtigen Eindruck hinterläßt!*«

STERNSTUNDEN DES SPIELPLANS: DIE HAUPTWERKE VON WAGNER

Richard Wagner (1813–1883)
DER FLIEGENDE HOLLÄNDER
Romantische Oper in 3 Akten
Uraufführung Dresden 1843

Quellen. Wagner nennt den Holländer einmal den »*Ahasverus des Ozeans*« und verweist damit auf den ursprünglichen Kern der ganzen Sage, die vom Leidensweg Jesu Christi her ihren Ausang nahm. Als der kreuztragende Gottessohn am Hause des jüdischen Schusters Ahasver in Jerusalem anlangt und sich ermattet gegen die Hauswand lehnt, wird er von Ahasver vertrieben. Daraufhin antwortet Christus: »Ich will sterben und ruhn, Du aber sollst wandern.« Dieser Verdammung zufolge wanderte seitdem der ewige Jude als lebender Zeuge von Jesu Kreuzigung rastlos über die Erde, nicht Ruhe findend und nicht sterben könnend. In verschiedenen Abwandlungen und in den einzelnen Literaturen auch unter verschiedenen Namen tauchte die Gestalt des ewigen Juden in der mittelalterlichen Sagen- und Legendendichtung erstmals auf, zurückgehend auf religiös verwurzelten Volksglauben und mündliche Weitergabe. Als im 19. Jahrhundert der Ozean, das Weltmeer als Quell abenteuerlichen und sagenhaften Erzählgutes Eingang in die europäische Literatur fand, tauchte die Holländer-Sage in deutscher und dänischer, englischer und amerikanischer Dichtung auf, basierend auf mündlicher Weitergabe in Seemannsgesprächen beim Löschen der Schiffe, beim geselligen Zusammensein in den Hafenkneipen, beim Müßiggang bei Windstille auf großer Fahrt, durch eigene schreckliche Erlebnisse bei stürmischem Wetter auf hoher See und durch Hörensagen aus fremden Ländern mitgebrachter Schilderungen. Nun sprach die Sage von einem Kapitän, der um das Kap der Guten Hoffnung segeln wollte, von schwerem Wetter daran gehindert wurde, den Elementen Trotz bot und müsse er auch bis zum Jüngsten Tag auf dem Meere umherirren, worauf ihn der Teufel beim Wort nahm. Dabei ist von allem Anfang an die Rede von einem Geisterschiff, das den Handelsschiffen aller Nationalitäten erst in den ostindischen Gewässern, dann überall auf den Meeren plötzlich Unheil verkündend begegnete, eine verwünschte Fregatte, die seit Jahrhunderten auf den Ozeanen spukte. Etwa ab 1820 entstanden immer mehr dichterische Formen der Sage.

Als erstes bekanntes deutsches Beispiel erschien 1825 *Wilhelm Hauffs* Erzählung »Das Gespensterschiff« und 1826 folgte der Roman »Bruchstücke aus Karl Bertholds Tagebuch« des schriftstellernden Hamburger Rathsherrn *M. H. Hudtwalcker*. Neben Roman und Novellistik nahm sich dann auch das Theater des Stoffes an. So verfaßte der englische Bühnenschriftsteller *Edward Fitzball* ein Drama »Der fliegende Holländer oder Das Fantomschiff«, das am 4. Dezember 1826 im Londoner Adelphi-Theater erfolgreich aufgeführt wurde. Wenn es auch noch im ersten Halbjahr des Jahres 1827 gespielt wurde, dann könnte es *Heinrich Heine* gesehen haben, der Anfang April 1827 nach London kam und dort für einige Monate blieb. Das wäre dann jene Amsterdamer Theateraufführung, die er literarisch festhielt. Während seiner folgenden Pariser Jahre verfaßte Heine die vier Bände seines »Salon«: eine Sammlung von Reportagen, Kritiken, Kunstbetrachtungen, literarischen Fantasien und Erzählungen. Darin erschienen 1834 die fiktiven »Memoiren des Herren von Schnabelewopski«, eine 14 Kapitel umfassende Erzählung. Im 7. Kapitel schildert der Dichter die Sage vom »Fliegenden Holländer«, die er auf dem Theater in Amsterdam gesehen hat. Dies ist Wagners eigentliche Quelle, in der er über den reinen Erzählstoff hinaus ein weiteres ganz entscheidendes Motiv fand:

soweit es sich feststellen läßt, ist bei Heine erstmals das Erlösungsmotiv des Holländers durch die Liebe einer Frau gestaltet. In dieser poetischen Erfindung Heinrich Heines fand Richard Wagner das Erlösungsmotiv für die Beziehung zwischen dem Holländer und Dalands Tochter Senta – zugleich aber auch das nunmehr lebenslange Thema seines Werkes überhaupt. *Nietzsche* schrieb dazu: »Das Problem der Erlösung ist selbst ein ehrwürdiges Problem. Wagner hat über nichts so tief wie über die Erlösung nachgedacht: seine Oper ist die Oper der Erlösung«.

Entstehung und Uraufführung. Um 1837, als Wagner Musikdirektor in Riga war, machte er Bekanntschaft mit Heines Erzählung und seiner Version des Holländer-Stoffes. Als er im Sommer 1839 dann vor seinen Gläubigern nach Paris floh, reiste er in den Tagen vom 19. bis zum 29. Juli auf dem Kaufmannsschiff »Thetis« über die Ostsee. Stürmisches Wetter zwang den Kapitän, an der norwegischen Küste vorübergehend vor Anker zu gehen. Die beschwerliche Seereise hatte entscheidenden Einfluß auf Wagner, sich mit der Holländer-Sage als dem »*mythischen Gedicht des Volkes*« zu befassen, dessen »*allgemeinste Bedeutung, die Sehnsucht nach Ruhe aus Stürmen des Lebens*« ihm durch sein eigenes Erleben nachdrücklich bewußt wurde. Im Verlaufe des Frühjahrs 1840 entstand der Prosaentwurf, nachdem er sich persönlich mit *Heinrich Heine* in Paris in Verbindung gesetzt hatte. In gekürzter Form übergab Wagner diesen Entwurf an den Direktor *Léon Pillet*, Leiter der Pariser Großen Oper, »*mit dem Vorschlage, mir danach ein französisches Textbuch machen zu lassen.*« Doch Pillet machte ihm wenig Hoffnung auf einen Opernauftrag binnen der nächsten Jahre und kaufte ihm den Entwurf für 500 Francs ab, um ein altes Auftragsversprechen zu erfüllen. Danach schrieb der Librettist *Paul Foucher* ein Operntextbuch, das *Louis Dietsch* vertonte. Doch die Oper der beiden stieß bei ihrer Uraufführung am 9. November 1842 beim Publikum wie bei der Kritik auf einhellige Ablehnung. Wagner hatte sich mittlerweile daran gemacht, den Stoff in deutschen Versen auszuarbeiten. Mit der Komposition begann er, nachdem gegen Ende Mai 1841 die Dichtung vollständig vorlag. Matrosenchor und Spinnerlied entstanden als erstes. Im ersten Juli-Drittel folgte die Orchesterskizze des ersten Aktes, für die Komposition benötigte er eigenen Angabe zufolge nur sieben Wochen. Die Partitur war am 21. Oktober 1841 fertig, danach komponierte Wagner die Ouvertüre. Am 20. November schickte er alles an den Intendanten des Berliner Hoftheaters, *Graf von Redern*, dem er auch die Uraufführung der Oper anbot. Doch dann machte Dresden das Rennen, mit dem »Rienzi«-Erfolg im Rücken. Die Uraufführung des »Fliegenden Holländers« am 2. Januar 1843 am Königlich Sächsischen Hoftheater in Dresden wurde lediglich ein Achtungserfolg und erreichte nur vier Vorstellungen. Wohl ahnte das Publikum, daß hier eine ganz neue Opernform entstanden war, die zu sehen und zu hören es nicht gewohnt war. Wagner, der nach eigenem Bekunden mit dem »Holländer« seine Laufbahn als Dichter begann, schrieb wenig später an den ihm eng befreundeten Dresdner Schauspieler, Regisseur und Bühnenbildner Ferdinand Heine: »*Um meine Absicht zu erreichen, durfte ich nicht links und rechts sehen, dem modernen Geschmack nirgends das geringste Zugeständnis machen, weil ich sonst nicht nur unkünstlerisch, sondern auch unklug verfahren wäre. Den modernen Zuschnitt in Arien, Duetten, Finales etc. mußte ich sogleich aufgeben, und dafür in einem Zug fort die Sage erzählen, wie es eben ein gutes Gedicht tun muß.*«

Ort und Zeit. Die norwegische Küste; keine Zeitangabe

Die Personen der Oper. Daland, ein norwegischer Seefahrer (Baß) – Senta, seine Tochter (Sopran) – Erik, ein Jäger (Tenor) – Mary, Sentas Amme (Alt) – Der Steuermann Dalands (Tenor) – Der Holländer (Bariton).

Matrosen des Norwegers. Die Mannschaft des fliegenden Holländers. Mädchen (Chor)

Die Handlung. 1. AKT: Steiles Felsenufer an der norwegischen Küste. Nahe dem heimatlichen Hafen hat das Schiff des Norwegers Daland vor dem stürmischen Wetter Schutz in der Bucht von Sandwike gesucht. Dort muß es warten, bis sich die schwere See beruhigt hat. Daland schickt seine Matrosen zur wohlverdienten Ruhe und übergibt seinem Steuermann die Wacht. Dann zieht er sich in seine Kajüte zurück. Langsam beginnt der Sturm sich zu legen, während der Steuermann seine Wachrunde macht. Von Müdigkeit überfallen, läßt er sich am Steuerruder nieder und versucht den Schlaf mit einem Lied zu vertreiben, in dem er von seinem daheim auf ihn wartenden Mädel singt *(Lied des Steuermanns »Mit Gewitter und Sturm aus fernem Meer...«)*. Sein Mühen ist jedoch umsonst, er schläft ein. Währenddessen naht das gespenstische Schiff des Fliegenden Holländers mit blutroten Segeln und legt gegenüber dem norwegischen Schiff an. Der Holländer geht an Land. Wieder sind sieben Jahre vergangen, erneut wirft das Meer ihn an Land, damit er sein Heil suche in der Liebe eines treuen Weibes, um dadurch Erlösung von seinem fluchbeladenen rastlosen Leben zu finden, das durch Tod zu enden ihm durch »der Verdammnis Schreckgebot« verwehrt ist *(Monolog des Holländers »Die Frist ist um...«)*. Ohne Hoffnung, dem eigenen »furchtbar eitlen Wahn« ausgeliefert, bleibt er an Land. So erblickt ihn der aus seiner Kajüte kommende Daland, der das Schiff sieht und seinen eingeschlafenen Steuermann unsanft wachrüttelt. Dessen Rufen hinüber zum fremden Schiff bleibt ohne Antwort. Daland macht sich mit dem Holländer bekannt, der ihn um kurze Freundschaft und Aufnahme in seinem Hause bittet. Dafür bietet er ihm vorteilhaften Handel mit Schätzen aller Gegenden und Zonen an, die er in reichem Maße auf seinem Schiff mit sich führt. Er läßt eine mit Edelsteinen und Perlen gefüllte Kiste herbeischaffen. Der Reichtum blendet Daland, der ein gutes Geschäft wittert. Der Holländer bedeutet ihm, dies sei sein Preis für eine einzige Nacht in seinem Hause.

Als er erfährt, Daland habe eine Tochter, bittet er ihn um deren Hand. Bedenkenlos schlägt dieser in den Handel ein, von dem er sich nur Vorteile verspricht. Er segnet die Winde, die ihn in diese Bucht trieben und mit dem reichen Fremden bekanntmachten. Der Holländer jedoch schöpft noch einmal Hoffnung, seine Sehnsucht nach dem endlichen Heil werde sich durch die Liebe eines treuen Weibes doch noch erfüllen. Da sich das Wetter inzwischen völlig geklärt hat, segeln beide Schiffe Dalands Heimathafen zu. –

2. AKT: Ein geräumiges Zimmer im Hause Dalands. Mary und die Mädchen sitzen um den Kamin herum und spinnen fleißig *(Spinnchor der Mädchen »Summ und brumm du gutes Rädchen...«)*. Schweigend sitzt Dalands Tochter Senta unter ihnen, gebannt auf das Bild eines Mannes blickend, das an der Wand hängt. Mary ermahnt sie, mitzuarbeiten, um sich einen Schatz zu gewinnen, und nicht ihr ganzes Leben vor dem Konterfei des geheimnisvollen Fremden zu verträumen. Senta erinnert sie daran, das Bild stelle den Fliegenden Holländer dar, von dem sie selbst ihr schon oft gesungen habe. Als Mary sich weigert, die Ballade zu singen, stimmt Senta sie selbst mit einem dreifachen »Johohoe!« an *(Ballade der Senta »Traft ihr das Schiff im Meere an, blutrot die Segel, schwarz der Mast?«)*. Die Ballade bleibt nicht ohne Wirkung auf die Mädchen, während Senta plötzlich vor begeisterter Ergriffenheit aufspringt und sich freiwillig der Erlösungstat stellt. Das vernimmt der hereintretende Erik, der Senta liebt. Er meldet die Heimkehr von Dalands Schiff, für dessen Besatzung zu sorgen Mary die Mädchen sofort in die Pflicht nimmt. Als Senta ihnen folgen will, hält sie Erik zurück und stellt sie zur Rede. Darf er auf ihre Zuneigung weiter bauen und auf ihre Fürsprache bei dem Vater, der nur nach Schätzen geizt und wohl nicht viel übrig hat für einen armen Jäger wie ihn, wenn es gilt, seiner Tochter einen Gatten zu geben? Er bittet Senta, von ihrer Schwärmerei für den auf dem Bild dargestellten Fremden abzulassen, muß aber erkennen, daß sie für dessen »Schreckenslos« mehr übrig hat als für sein Leiden. Das mahnt ihn an einen bösen Traum, der ihm die Heimkehr Dalands mit dem Unbekannten schilderte, dem sich Senta zu eigen gab und mit dem sie aufs Meer floh *(Traumerzählung des Erik »Auf hohem Felsen lag ich träumend...«)*. Als er an Sentas verzückter Reaktion erkennen muß, daß der Traum die Wahrheit sprach, stürzt er voll Verzweiflung und Entsetzen davon. Senta stimmt noch einmal leise die Ballade an, als Daland mit dem Holländer die Stube betritt. Senta erkennt ihn sofort und stößt einen Schrei aus. Daland muß sie zur Begrüßung erst auffordern und stellt ihr seinen Gast als ihren Bräutigam vor *(Begrüßung des Daland »Mögst du, mein Kind, den fremden Mann willkommen heißen...«)*. Senta und der Holländer stehen schweigend einander gegenüber, tief in den Anblick des anderen versunken. Daland zieht sich diskret zurück und läßt sie allein, die erst langsam aus ihrer tiefen Ergriffenheit die Sprache wiedergewinnen. Sie erkennt in ihm jenen, dem allein das Heil durch sie zuteil werden kann; er sieht in ihr den ihm verheißenen Engel, durch dessen Liebe und Treue er nach qualvollem Leben endlich die lang ersehnte Ruhe und Erlösung finden kann *(Duett Holländer-Senta »Wie aus der Ferne längst vergangner Zeiten ...«)*. Daland kehrt zurück, gemeinsam sollen sie die glückliche Heimkehr mit den Bewohnern feiern, wie es Brauch ist. Zudem hofft er auf eine Verlobung, und er hofft nicht vergebens: Senta gelobt dem Fliegenden Holländer Treue bis in den Tod. –

3. AKT: Seebucht mit felsigem Gestade, im Hintergrund die Schiffe Dalands und des Holländers, seitwärts das Haus Dalands. Die norwegischen Matrosen feiern auf ihrem Schiff ausgelassen fröhlich die Heimkehr *(Chor der norwegische Matrosen »Steuermann! Laß die Wacht!«)*. Die Mädchen kommen mit Proviantkörben aus Dalands Haus und gehen auf das holländische Schiff zu, um auch dessen Mannschaft Trank und Speise zu reichen. Doch dort herrscht merkwürdige Stille, kein Licht ist zu sehen, keine Spur von der Mannschaft, alles Rufen der Mädchen ist ebenso erfolglos wie der Spottgesang der Matrosen über den Fliegenden Holländer. Die Mädchen lassen die Sachen bei den Matrosen, die sich darüber hermachen und ihr fröhliches Lied erneut anstimmen. Da beginnt es sich auch auf dem Holländerschiff zu regen und das Meer hebt sich in seinem unmittelbaren Umkreis, der Sturmwind heult und pfeift durch die Taue und schließlich stimmt die Mannschaft einen unheimlichen Gesang an *(Chor der Mannschaft des Fliegenden Holländers »Huih-ssa! Nach dem Land treibt der Sturm!«)*. Der Spuk auf dem Schiff des Holländers erfüllt die norwegischen Matrosen mit Grauen und Entsetzen, schweigend schlagen sie das Kreuzeszeichen. Darauf antworten die holländischen Seeleute mit einem gellenden Hohngelächter – und plötzlich herrscht wieder Stille und Finsternis. Senta kommt aus dem Haus, aufgeregt folgt ihr Erik. Er kann nicht glauben, daß sie sich dem Fremden, kaum daß dieser die Schwelle des Vaterhauses überschritt, ewig verbinden will. Er erinnert sie an vergangene Zeiten, da der Vater sie seinem Schutze anvertraute und sie ihm ihre Liebe gestand. Das hört der Holländer, der sich abermals verraten und verloren und um das schon nahe geglaubte Heil betrogen sieht. Wieder muß er auf ewige Zeit aufs Meer, mit der vertanen Treue Sentas ist auch seine erhoffte Erlösung vertan. Er ruft seine Mannschaft zum Aufbruch, Senta kann ihn trotz allem Bemühen nicht daran hindern, auch wenn sie ihm beteuert, zu halten, was sie ihm gelobte. Der Holländer glaubt ihr nicht und läßt sie nun wissen, was sein Geschick ist: zum gräßlichsten Lose der ewigen Verdammnis verurteilt, kann er nur Erlösung durch die Treue eines Weibes erhalten. Da Senta den Treueschwur ihm zwar gab, ihn aber noch nicht vor Gott einlöste, kann sie davor gerettet werden, durch Treuebruch selbst auf ewig verdammt zu werden. Schließlich gibt er sich ihr als Fliegender Holländer zu erkennen. Sie aber weiß dies längst, weiß auch, daß nunmehr nur ihr freiwilliger Opfertod ihn noch erlösen kann. Während das Schiff des Fliegenden Holländers bereits die freie See wieder erreicht hat, stürzt sich Senta, ihm das erneute Treugelöbnis nachrufend, vom Felsenriff hinab ins Meer. So vollbringt sie das Erlösungswerk: das Geisterschiff versinkt in den Fluten und der Holländer entsteigt mit Senta – »*beide in verklärter Gestalt*« – dem Meere.

Aufführungsdauer. 2½ Stunden

Richard Wagner
TANNHÄUSER UND DER SÄNGERKRIEG AUF DER WARTBURG
Große romantische Oper in 3 Akten
Uraufführung 1845 Dresden

Quellen. Stoffliche Keimzelle der Oper bildet die wohl im 13. Jahrhundert von einem unbekannten Autor verfaßte und in mehreren Handschriften überlieferte »Sage vom Sängerkrieg auf der Wartburg«. Sie geht auf die im Mittelalter viel vertretene literarische Gattung von Lob- und Preisdichtungen zurück, die vor allem durch die wandernden Dichter und Sänger der Zeit vor Königen und Fürsten vorgetragen wurden. Sie galten ebenso als Verehrung und Verherrlichung von Herrscherpersönlichkeiten wie als Danksagungen für vorübergehende Aufnahme und Bewirtung an den Höfen. Die Dichtung vom Sängerkrieg versammelt am Hofe des *Landgrafen Hermann von Thüringen* auf der Wartburg bei Eisenach eine erlauchte Schar von im literarischen Wettstreit erprobter Dichter und Minnesänger. Unter ihnen befinden sich die berühmten *Walther von der Vogelweide (1170–1230)*, *Wolfram von Eschenbach (1170–1220)* und *Reinmar von Zweter (1200–1252)*. Sie alle vertreten im Wettstreit gemeinsam die Ehre des Landgrafen. Ihnen tritt als Einzelner *Heinrich von Ofterdingen* entgegen, der als Herausforderer den Ruhm des Fürsten von Österreich verficht. Die Teilnehmer des Kulturwettkampfes verpfänden ihr Leben. Durch eine List seiner Gegner verwirkt Ofterdingen sein Leben, das ihm jedoch durch die Fürsprache der *Landgräfin Sophie* gnadenhalber geschenkt wird.

Hat der Sängerstreit wirklich stattgefunden, was bis heute historisch nicht belegt wurde, so geschah es wohl in der Zeit von *Landgraf Hermann I. (1190–1217)*, der als Freund und Förderer der Minnesänger bekannt war und dessen Hof als eines der bedeutendsten Zentren der Literatur des deutschen Mittelalters galt. An seinem Hof befand sich die aus Ungarn stammende *Königstochter Elisabeth (1207–1231)*, die durch ihre Heirat mit Hermanns

Sohn Ludwig, dem sie vier Kinder schenkte, Landgräfin von Thüringen wurde, als welche sie sich vor allem selbstlos der Armen und Kranken annahm, was ihr bei Hof gefährliche Gegner schuf. Als sie nach dem Tode ihres Mannes (er starb auf einem Kreuzzug) im Winter 1227 aus dem Lande verbannt wurde verbrachte sie ihre letzten Lebensjahre in Marburg. Dort gründete sie 1228/29 ein Spital und lebte nur noch der Religion und den Kranken. Sie starb Ende 1231 und wurde bereits im Jahre 1235 von *Papst Gregor IX.* heiliggesprochen und seitdem als eine der größten deutschen Heiligen verehrt.

Ob der Sängerkrieg auf der Wartburg tatsächlich stattfand, ist ebenso unbewiesen wie Heinrich von Ofterdingen als historische Gestalt. Wahrscheinlich war er eine fiktive Figur, auch wenn es Thesen gab, die in ihm u. a. den Verfasser des Nibelungenliedes oder auch den Autor des »Sängerkrieges« sahen. Die Sage selbst jedenfalls fand Eingang in die Literatur, vor allem auch in die der Zeit Wagners selbst. *E. T. A. Hoffmanns* Novellensammlung »Die Serapionsbrüder« (1819) nahm sie ebenso auf wie *Ludwig Tieck* in seiner Erzählung »Der getreue Eckhart und der Tannhäuser« (1812), *Novalis* in seine Novelle »Heinrich von Ofterdingen« (1802), *Ludwig Bechstein* in seinen »Sagenschatz des Thüringerwaldes« (1835) und *Heinrich Heine* schrieb »Tannhäuser. Eine Legende« die er in seiner 1837 veröffentlichten Sammlung »Salon« aufnahm. In diesen Dichtungen wird Bezug genommen zu einer weiteren sagenumwobenen Gestalt des deutschen Mittelalters, die historisch ein wenig greifbarer ist als Ofterdingen: auf einen Minnesänger namens ›*Tannhäuser*‹. Er stammte, soviel wir wissen, aus dem bayerischen Geschlecht der Tannhusen und führte, wie sich aus seiner nicht eben umfangreichen Dichtung herleiten läßt, ein abenteuerliches Leben samt Kreuzzugsteilnahme; und er bekannte von sich selbst, er habe seinen einstigen Wohlstand an ein ausschweifendes Leben und an die Frauen verloren. Aus dem 14. Jahrhundert ist die Tannhäusersage überliefert, deren literarisch bedeutsamstes Zeugnis in dem um 1515/20 entstandenen »Tannhäuserlied« überliefert ist. Darin wird der Ritter Tannhäuser mit der Liebesgöttin Venus in Verbindung gebracht, die ihn bei sich im Venusberg festhält, deren Bannkreis er aber entfliehen kann und nach Rom pilgert, um Buße zu tun. In der alten deutschen Volksüberlieferung wurde Venus mit der altgermanischen Fruchtbarkeitsgöttin Holda identifiziert. In der Vorbemerkung zu seinem Opern-Textbuch schreibt Richard Wagner: »*Später ging ihr (Holdas) Name sogar in den der Venus über, an welchen sich alle Vorstellungen eines unseligen, zu böser, sinnlicher Lust verlockenden zauberischen Wesens ungehinderter anknüpften. Als einer ihrer Hauptsitze ward in Thüringen das Innere des Hörselberges bei Eisenach bezeichnet; dort war der Frau Venus' Hofhaltung der Üppigkeit und Wollust.*« Eine ganz entscheidende Anregung für seine Oper erhielt Wagner schließlich durch den Königsberger Professor *C. T. L. Lucas*. In seiner 1838 veröffentlichten literarhistorischen Abhandlung »Über den Krieg von Wartburg« stellte er die Hypothese auf, Heinrich von Ofterdingen und Tannhäuser seien ein und dieselbe Person gewesen. Nun hatte Wagner die Verbindung beider Überlieferungsstränge und konnte seinen Helden Tannhäuser den Zwiespalt zwischen der sinnlichen Lust (Venus) und der reinen Liebe (Elisabeth) durchleben und durchleiden lassen.

Entstehung und Uraufführung. *»Zu meiner nächsten Oper habe ich die schöne und so eigentümliche Sage vom ›Tannhäuser‹ gewählt, der im Venusberge verweilte und dann zur Buße nach Rom zog; ich habe diese Sage in Verbindung mit dem Sängerkriege auf der Wartburg gebracht, wo Tannhäuser die Stelle des Heinrich von Ofterdingen vertritt: durch diese Verbindung erhalte ich ein reiches dramatisches Leben. Bei diesem Stoffe, glaube ich, wird es recht klar werden, daß ihn nur ein Musiker behandeln konnte.«* So schrieb Richard Wagner in seinem Brief vom 30. Januar 1844 aus Dresden an den Berliner Kritiker *Karl Gaillard*. Da war er bereits mitten in der Arbeit am »Tannhäuser«, der ihm, wie er Jahre später (»Eine Mitteilung an meine Freunde«, 1851) bemerkte, keineswegs *»an sich eine völlig unbekannte Erscheinung«* war: *»Schon früh war er mir durch Tiecks Erzählung bekannt geworden.«* Und durch die anderen erwähnten Dichtungen, dürfen wir hinzufügen. Bereits ein halbes Jahr vor der »Holländer«-Uraufführung fertigte Wagner Juni/Juli 1842 während seines Urlaubes in Treplitz auf *»einer kleinen Fußreise«*, die ihn von dort in die Berge von Aussig führte und auf der er auf dem Schreckenstein übernachtete, eine Erst- und Zweitschrift seines Text-Entwurfes. Dieser Prosaentwurf trug zunächst noch den Titel »Der Venusberg«, der dann auf Anraten seines *Verlegers Meser* geändert wurde. Wagner war sich schon damals sicher, *»daß diese Oper mein originellstes Produkt wird.«* Anfang April 1843 war die Urschrift der Dichtung fertig, Mitte Juli begann Wagner mit der Kompositions- und im November mit der Orchesterskizze des 1. Aktes. Im Herbst 1844 folgten 2. und 3. Akt, am 13. April 1843 schloß er die Partitur ab. Die Uraufführung am Dresdener Hoftheater am 19. Oktober 1845 unter der Leitung des Komponisten war zunächst kein Erfolg. Der stellte sich erst bei der dritten Vorstellung ein. Ungenügend empfand man wohl vor allem den Schluß der Oper, den Wagner in der Folgezeit änderte mit der leibhaftigen Erscheinung der Venus und Tannhäusers Tod am Sarge der Elisabeth. Dieser Schluß wurde erstmals in der Aufführung vom 1. August 1847 gegeben. Deutliche Änderungen nahm Wagner noch einmal vor, als *Napoleon III.* eine »Tannhäuser«-Aufführung an der Pariser Großen Oper für 1861 anordnete. Wagner gestaltet das ganze Venus-Bacchanal neu, weil ihm, wie er bekannte, das *»Weiblich-Ekstatische«* fehlte und er selbstkritisch von der *»Kulisse-Venus«* seiner Dresdener Fassung sprach. Diese und andere Änderungen bedurften großenteils auch der Neukomposition, deren Partitur Anfang 1861 fertig war. Die Erstaufführung der Pariser »Tannhäuser«-Fassung am 13. März 1861 gestaltete sich zu einem von

401

den Gegnern Wagners nachdrücklich inszenierten Theaterskandal: es wurde gelacht, gejohlt, gepfiffen und ständig mit Zwischenrufen gestört. Nach der dritten Vorstellung, bis zu der sich alles eher verschlimmert denn gebessert hatte, zog Wagner sein Werk zurück, das inzwischen in Deutschland seinen Weg über die Theater machte. Die erste Aufführung in Bayreuth fand allerdings erst am 21. Juli 1891 statt, lange nach Wagners Tod.

Ort und Zeit. Thüringen. Wartburg. Zu Anfang des 13. Jahrhunderts

Die Personen der Oper. Hermann, Landgraf von Thüringen (Baß) – Die Ritter und Sänger: Tannhäuser (Tenor); Wolfram von Eschenbach (Bariton); Walther von der Vogelweide (Tenor); Biterolf (Bariton); Heinrich der Schreiber (Tenor); Reinmar von Zweter (Baß) – Elisabeth, Nichte des Landgrafen (Sopran) – Venus (Sopran/Mezzosopran) – Ein junger Hirt (Sopran) – Vier Edelknaben (Sopran und Alt).

Thüringische Grafen und Edelleute. Edelfrauen. Ältere und jüngere Pilger. Sirenen (Chor).

Die drei Grazien. Najaden. Nymphen. Amoretten. Bacchantinnen. Satyre. Faune (Ballett)

Die Handlung. 1. AKT: Das Innere des Venusberges. Seit Tannhäuser den Hof des Landgrafen Hermann von Thüringen auf der Wartburg bei Eisenach verlassen hat, befindet er sich bei der Liebesgöttin Venus in ihrem unterirdischen Reich. Ein wildes Bacchanal mit Najaden, Sirenen, Amoretten, Jünglingen, Satyrn, Faunen sowie den drei Grazien und zahlreichen Bacchantinnen vermittelt in seiner ausgelassenen Trunkenheit, seinem sinnlichen Taumel und seinen rasenden Tänzen die ekstatische Lebens- und Liebesfreude der Untertanen der Liebesgöttin, die sich in zügellosen Leidenschaften Bahn bricht. Durch das Eingreifen der durch das ungezügelte Treiben empörten drei Grazien weicht die tolle Ausgelassenheit allmählich ruhigeren Bildern, bis Venus und Tannhäuser allein zurückbleiben. Ohne Teilnahme am Bacchanal, wie in einem Traum gefangen, ruht der Sänger im Schoße der Göttin. Nun erwacht er mit dem Bewußtsein, schon zu lange bei Venus geweilt zu haben. Er vermißt Sonne und Himmel, Erde und Gestirne und das Treiben der Menschen. Venus fordert ihn auf, die Liebe zu besingen. So greift er einmal mehr zur Harfe, doch nicht um die Liebe an sich zu feiern, sondern um seiner Sehnsucht Ausdruck zu geben, neu ins Leben der Sterblichen zurückkehren zu wollen. Er bittet Venus, ihn ziehen zu lassen *(Gesang des Tannhäuser »Dir töne Lob!«)*. Das ruft jedoch den Zorn der Göttin hervor, die ihn einen Treulosen und einen Heuchler nennt, der ihre Liebe nur verhöhne, indem er sie gleichzeitig preist und ihr entfliehen will. Dann setzt sie alle ihre Verführungskünste ein, um Tannhäuser zu halten. Hingerissen preist er sie erneut und beteuert, stets ihr kühner Streiter zu bleiben. Doch nun drängt es ihn zurück in die Welt der Menschen, nach Freiheit und Kampf; er wiederholt seine Bitte, ihn ziehen zu lassen. Im heftigen Zorne verklagt Venus ihn als Verräter und gibt ihn dennoch frei, höhnend: »Hin zu den kalten Menschen flieh, vor deren blödem, trübem Wahn der Freude Götter wir entflohn tief in der Erde wärmenden Schoß!« Möge er sein Heil suchen, es aber nie finden, sondern einst reumütig und jammernd und mit Schmach und Schande bedeckt, gebannt und verflucht, zerknirscht und mit staubbedecktem Haupt zu ihr zurückkehren, um allein bei ihr Friede, Ruh und Heil zu finden. Mit inbrünstiger Sehnsucht nach der Welt, nach Leben wie nach dem Tod entsagt Tannhäuser aller göttlichen Wonnen und Lust und nimmt für immer Abschied von Venus, denn sein Heil liege bei der Jungfrau Maria. Augenblicklich versinkt das Reich der Liebesgöttin, und Tannhäuser findet sich in einem schönen, frühlingsgrünen Tal, in dessen Hintergrund die Wartburg zu sehen ist. Hirtengesang erklingt *(Lied des jungen Hirten »Frau Holda kam aus dem Berg hervor...«)* und der Gesang älterer Pilger, die aus der Richtung der Wartburg kommen und sich nun auf der Wallfahrt nach Rom befinden. Von Reue erfüllt kniet Tannhäuser nieder, als der Jagdtroß des Landgrafen Hermann von Thüringen mit ihm selbst an der Spitze naht. Auch Wolfram von Eschenbach ist unter der Schar, er erkennt den lange vermißten Tannhäuser. Man bittet ihn, zu bleiben und neu in die Runde der Sänger zurückzukehren, die er einst im Hochmut stolz verließ. Doch Tannhäuser will der Einladung nicht Folge leisten, es zieht ihn ohne Verweilen immer fort. Da fordert ihn Wolfram auf, um Elisabeths Willen zu bleiben: die Nichte des Landgrafen habe er allein für sich errungen, doch seit er fort sei, meide auch sie für immer den Kreis der Freunde. Da erkennt Tannhäuser, wo er hingehört. –

2. AKT: Die Sängerhalle auf der Wartburg. Elisabeth hat von Tannhäusers Rückkehr gehört. Frieden und Freude sind ihr zurückgekehrt, aus düsterem Traum ist sie erwacht und betritt seit langer Zeit erstmals wieder die Sängerhalle *(Hallenarie der Elisabeth »Dich, teure Halle, grüß ich wieder...«)*. Tannhäuser erscheint mit Wolfram und stürzt zu Elisabeths Füßen. Wo er gewesen und warum er zurückgekehrt sei, fragt sie ihn. Dichtes Vergessen habe sich zwischen gestern und heute gesenkt und ein »unbegreiflich hohes Wunder« habe ihn zurückgeführt. Freudig bekennt Elisabeth, ein seltsam neues Leben habe einst sein Gesang in ihr erweckt, Gefühle, die sie nie zuvor empfunden, ein Verlangen, das sie nie gekannt habe. Doch als er gegangen war, da zogen Freude und Lust aus ihrem Herzen, betrübten Schmerz und Wahn ihre Sinne. Nun aber finden sich beide im gegenseitigen Bekennen *(Duett Elisabeth-Tannhäuser »Gepriesen sei die Stunde, gepriesen sei die Macht«)*. Wolfram, selbst von hoher und reiner Liebe zu Elisabeth erfaßt, wird Zeuge des Gelöbnisses der beiden und sieht seine eigenen Hoffnungen schwinden. Der Landgraf tritt ein und verkündet, daß er einen neuen Sängerwettstreit anberaumt habe zu Ehren von Tannhäusers Rückkehr. Schon folgen ihm die geladenen Grafen, Ritter und Edelfrauen und werden von ihm und Elisabeth begrüßt *(Einzug der*

Gäste »Freudig begrüßen wir die edle Halle...«). Danach treten die Sänger auf, und der Landgraf begründet den wiederaufgenommenen Wettstreit des Preissingens mit der Rückkehr des so lange und schmerzlich vermißten Tannhäuser. Ein »wunderbar Geheimnis« habe ihn wohl zurückgebracht, das nun durch die Kunst des Liedes sich enthüllen soll. So stellt er den wettstreitenden Sängern die Aufgabe: »Könnt ihr der Liebe Wesen mir ergründen?« *(Ansprache des Landgrafen »Gar viel und schön ward hier in dieser Halle schon gesungen«).* Das Los bescheidet Wolfram von Eschenbach, den Wettstreit zu eröffnen. Er preist der Liebe »reinstes« Wesen in der berührungslosen Anbetung des einzig blendend strahlenden Sterns am Himmel (womit er Elisabeth meint), und das allein erfüllt seinen Geist mit »gnadenreichen Wonnen« und sein Herz ist »namenlos erquickt« *(Lied des Wolfram »Blick ich umher in diesem edlen Kreise...«).* Tannhäuser hält ihm darauf entgegen, auch er habe gleiches geschaut. Doch gelte es, die Sehnsucht zu stillen, die Wonnen der Liebe zu genießen und sich in ihrem Verlangen zu laben: darin erkenne er der Liebe wahrstes Wesen. Ihm wiederum antwortet Walther von der Vogelweide: auch er habe den von Wolfram beschriebenen Bronnen der ›Tugend‹ geschaut, den es allein mit Inbrunst zu verehren gelte, nicht aber, mit »kühler frevler Leidenschaft« ihm seine Wunderkraft zu nehmen. Heftig tritt ihm Tannhäuser entgegen und wirft ihm vor, er entstelle die Liebe: die Wunder Gottes, die man nicht zu begreifen vermag, soll man anbeten; doch den Trieben der Sinne soll man durch Berührung des geliebten Wesens sich beugen, denn »im Genuß nur kenn' ich Liebe!« Das ruft große Aufregung unter den Zuhörern hervor und treibt nun Biterolf zu ungestümer Antwort: Frauenehre und hohe Tugend würden ihm die Waffen stählen, und dafür, daß die hohe Liebe ungeschmäht bleibe, vergösse er stolz sein letztes Blut. Der Liebesgenuß hingegen zeuge von Hochmut und Lästerung, sei wohlfeil und keines Waffenstreiches wert. In den tobenden Beifall der Versammelten hinein verspottet Tannhäuser Biterolf hitzig als törichten Prahler, der die Freuden des Lebens und des Liebens noch nie genossen hat. Biterolf zieht daraufhin sein Schwert, die Zuhörer wenden sich gegen Tannhäuser und der Landgraf schreitet persönlich ein, um die Gemüter zu beruhigen. Doch als Wolfram erneut die hohe, von keiner gemeinen Leidenschaft getrübte Liebe preist, hält es Tannhäuser nicht länger mehr. In höchster Verzückung weiht er sein Lied der Göttin der Liebe, denn nur deren Reiz sei »Quelle alles Schönen« und nur der kenne die Liebe, der sie mit Glut umarmt habe *(Preisgesang des Tannhäuser »Dir, Göttin der Liebe, soll mein Lied ertönen!«).* Entsetzen macht sich breit, da man erkennt, daß Tannhäuser im Venusberg weilte und dort die »Lust der Hölle« genoß. Mit Abscheu und Bestürzung wendet sich der Kreis von ihm und verläßt den Saal. Der Landgraf, die Sänger und die Ritter wollen Tannhäuser verbannen, doch da tritt Elisabeth entschlossen für ihn ein. Offen bekennt sie, wie tief sie ihn geliebt habe und wie sehr er nun ihr Herz zerbrach, doch sie fleht um sein Leben und fordert ihn auf, Reue und Buße im Glauben zu suchen. Tannhäuser sinkt in Zerknirschung zusammen und bittet Elisabeth, sich seiner zu erbarmen, »der ach! So tief in Sünden schmachvoll des Himmels Mittlerin verkannt!« Der Landgraf, zutiefst von Elisabeths Fürsprache für den Verdammten beeindruckt, weist den fluchbeladenen Tannhäuser an, in Buße für sein Verbrechen und zur Rettung vor dem ewigen Verderben sich den Pilgern anzuschließen. »Der Buße frommen Drang zu stillen ziehen sie nach Rom zum Gnadenfest!« In der Hoffnung, Gnade zu finden für seinen Frevel, den er mit seiner Lobpreisung der Venus an Elisabeth beging, dem »Engel meiner Not, der sich, so frech verhöhnet, zum Opfer doch mir bot«, schließt Tannhäuser sich den Pilgern an. –

3. AKT: Tal vor der Wartburg wie am Ende des ersten Aktes. Es ist Herbst und die Pilger kehren von ihrer Wallfahrt aus Rom entsühnt zurück *(Pilgerchor »Beglückt darf nun dich, o Heimat, ich schauen...«).* Seit Tannhäuser mit ihnen fortzog, betet Elisabeth täglich hier draußen vor dem Marienbild für sein Heil. Doch nun findet sie ihn nicht unter den Heimkehrenden. In schmerzlicher, aber ruhiger Fassung bittet sie die Mutter Gottes um Erlösung *(Gebet der Elisabeth »Allmächt'ge Jungfrau, hör mein Flehen!«).* Wolfram von Eschenbach nähert sich ihr und bietet ihr sein Geleit an. Stumm wehrt sie es höflich und dankend ab, sie hat allem Irdischen entsagt und sich dem Himmel anvertraut. Ihr lange nachsehend, läßt sich Wolfram in melancholischer Stimmung nieder und weiht ihr sein Lied *(›Lied an den Abendstern‹ des Wolfram von Eschenbach »Wie Todesahnung Dämmrung deckt die Lande...«).* Als es bereits dunkel ist, erscheint ein Mann in abgerissener Pilgerkleidung und von bleichem Aussehen, in dem Wolfram sofort Tannhäuser erkennt, der ihn nach dem Weg zum Venusberg fragt. Entsetzt und doch voller Mitleid mit dem müden Tannhäuser bittet Wolfram ihn, zu sagen, was ihm widerfuhr in Rom. Erschöpft läßt sich Tannhäuser in seiner Nähe nieder und beginnt zu erzählen: Beglückt durch die Fürsprache Elisabeths zog er mit den Pilgern nach Rom, um in Demut zu büßen und das Heil für sich zu erflehen. Doch von allen Pilgern verweigerte ihm allein der Papst die Gnade, ihm, der »so böse Lust geteilt« und sich »an der Hölle Glut entflammt« hat. Der Papst verbannte ihn mit den Worten: »Wie dieser Stab in meiner Hand/nie mehr sich schmückt mit frischem Grün,/kann aus der Hölle heißem Brand/Erlösung nimmer dir erblühn!« Da trieb ihn das Grauen vor den frommen Gesängen, die ihm nurmehr wie lügnerische Verheißungen erschienen, fort, um neue Lust und Wonne auf ewig bei Frau Venus zu genießen *(›Romerzählung‹ des Tannhäuser »Inbrunst im Herzen, wie kein Büßer noch sie je gefühlt, sucht' ich den Weg nach Rom...«).* Trotz der Bitte Wolframs, es nicht zu tun, ruft Tannhäuser nach Venus, die wenig später auch erscheint. Sie heißt ihn willkommen und kämpft mit Wolfram um ihn, der ihn an seine Liebe zu Elisabeth erinnert. Da beginnt

die Fürsprache Elisabeths als Erlösungswerk an Tannhäuser zu wirken. Er wendet sich von Venus ab, die erkennt, ihn für immer verloren zu haben, und mit ihrer ganzen zauberischen Erscheinung verschwindet. Währenddessen kommt aus dem Tale der Trauerzug herauf, den offenen Sarg mit der Leiche Elisabeths in seiner Mitte. Von Wolfram geleitet, kniet Tannhäuser am Sarge nieder, wo er mit den Worten »Heilige Elisabeth, bitte für mich!« stirbt. In diesem Moment kündet der Gesang der jüngeren Pilger vom Wunder Gottes: »Den dürren Stab in Priesters Hand/hat er geschmückt mit frischem Grün:/ dem Sünder in der Hölle Brand/soll so Erlösung neu erblühn!«

Aufführungsdauer. 3 1/2 Stunden

Richard Wagner
LOHENGRIN
Romantische Oper in 3 Akten
Uraufführung 1850 Weimar

Quellen. Der »Tannhäuser« bedeutete für Wagner die erste Begegnung mit der Welt und der Literatur des deutschen Mittelalters. Mit dem »Lohengrin« drang er tiefer in sie ein, die ihm nun zeitlebens das geistige und literarische Zentrum für sein musikdramatisches Schaffen blieb. Er vereinnahmte sich die drei wichtigsten Überlieferungsstränge, die man als literarische wie als geistig-philosophische Gegenkonzeptionen zur griechischen Mythologie sehen kann, aus der sich die großen antiken Dichtungen (Literatur und Theater) ihre Stoffe und Themen holten: Artus-, Grals- und Nibelungensage. Zumindest die Sagen um die Artusrunde und um die Gralsburg standen in einem thematischen wie auch in einem literarischen gesamteuropäischen Zusammenhang. In ganz Europa tauchten sie auf, und: Lohengrin war der Sohn des Gralskönigs Parzival, der zur Artusrunde gehörte. Die Artussage ist keltischen Ursprungs und entstand anonym im 7. Jahrhundert um einen König Arthur (Artus), der als historische Gestalt dem 6. Jahrhundert zugeordnet wurde, ohne daß er als geschichtliche Figur auch wirklich nachgewiesen werden konnte und so eine legendäre Gestalt blieb. Die Urgestalt Lohengrins findet sich als Schwanenritter wohl zuerst in dem altfranzösischen anonymen Epos »Le Chevalier au Cygne« (Der Schwanenritter), das Anfang des 13. Jahrhunderts entstand. Der Inhalt: Während der ungarische König Lothar gegen die Heiden kämpft, verzaubert seine auf seine Ehefrau eifersüchtige Mutter deren sieben Kinder in Schwäne. Fünf von ihnen erhalten ihre menschliche Gestalt zurück und ziehen auf Abenteuer in die Welt. Unter ihnen ist Helias, der Schwanenritter, der in einem Nachen, den einer seiner als Schwan verzaubert gebliebener Brüder zieht, nach Nimwegen gelangt. Dort gewinnt er durch ritterliches Eintreten eine Frau, die er jedoch wieder verläßt, als sie ihn verbotener Weise nach Namen und Herkunft fragt. Diese Sage übernahm *Wolfram von Eschenbach (um 1170 bis nach 1220)* in sein »Parzival«-Epos, worauf sich wiederum das eigenständige »Lohengrin«-Epos stützte. Dieses um 1280/1290 von zwei unbekannten Dichtern verfaßte Versepos beinhaltet die ausführlich dargestellte Lohengrinsage, deren Held die Autoren zu einer historischen Gestalt zur Zeit *Königs Heinrichs I. (reg. 919–936)* machten. In diesem Epos wird Lohengrin von dem Rat der Gralsritter ausgesandt, um die Sache der Elsa von Brabant ritterlich zu verteidigen. Elsa wird von Friedrich von Telramunt, einem Dienstherrn ihres verstorbenen Vaters, fälschlicherweise vor dem König verklagt, ihm angeblich die Ehe versprochen zu haben. Telramunt fällt im ritterlichen Zweikampf mit Lohengrin, der Elsa ehelicht, sie aber wieder verläßt, nachdem sie das Verbot übertreten hat, ihn nach Namen und Herkunft zu fragen. Das mittelalterliche »Lohengrin«-Epos stellte die wichtigste, wenn auch nicht die einzige Quelle für Wagner dar.

Entstehung und Uraufführung. Seinem ältesten *Bruder Albert* gegenüber trug Wagner seine Sorge vor, nach dem »Tannhäuser« keinen weiteren Opernstoff zu finden. Erst während seines Kuraufenthaltes im Juli 1845 in Marienbad las er das anonyme Epos in einer von dem bekannten Publizisten, Historiker und bedeutenden Kenner der mittelalterlichen Literatur *Joseph Görres (1776–1848)* besorgten und ausführlich eingeleiteten und kommentierten deutschen Ausgabe, die bereits 1813 erschienen war. Auf den Stoff aufmerksam gemacht hatte ihn die 1838 erschienene Abhandlung über den Wartburgkrieg des Königsberger *Professors Lucas* (siehe dazu bei »Tannhäuser«), in der die Lohengrin-Sage ausführlich berichtet wurde. Wagner erwärmte sich an dem Sujet und gewann sein besonderes Interesse vor allem an dem Liebesverhältnis zwischen Elsa und Lohengrin. In der Verbindung des Epos mit der Sage vom Schwanenritter wünschte er seine ganz eigene Anschauung darüber in der Oper zur Gestaltung zu bringen: »*Lohengrin suchte das Weib, das an ihn glaubte; er suchte das Weib, dem er sich nicht zu erklären, nicht zu rechtfertigen habe, sondern das ihn unbedingt liebe*« (nach »Eine Mitteilung an meine Freunde«, 1851). Noch in Marienbad vollendete Wagner den großen Prosaentwurf, der ihm dann als Grundlage diente für die detaillierte Abfassung der Dichtung, die er Ende November 1845 abschloß. Mitte des folgenden Jahres beendete er die Kompositionsskizze und fing im ersten Jahresdrittel 1847 mit der Orchesterskizze an, nachdem er zunächst *Glucks* Oper »Iphigenie in Aulis« musikalisch neu bearbeitet hatte. Er begann mit dem 3. Akt, dann folgten Akt 1 und 2. Die Ausarbeitung war im August 1847 fertig. Unmittelbar zu Jahresbeginn 1848 arbeitete er an der Partitur, die er Ende April vollendete. *Franz Liszt* war Dirigent und Regisseur der Uraufführung des »Lohengrin« am 28. August 1850 am Hoftheater zu Weimar. Das Publikum nahm die Oper zurückhaltend auf, die Kritik jedoch wertete die Uraufführung als ein bahnbrechendes Ereignis und den Komponisten als einen der bedeutendsten lebenden Musiker. Wagner erlebte erst im Mai 1861 erstmals eine »Lohengrin«-Vorstellung. Das Werk war inzwischen über die größten deutschen Bühnen gegangen und gelangte in Bayreuth erstmals im Jahre 1894 zur Aufführung.

Ort und Zeit. Antwerpen in der ersten Hälfte des 10. Jahrhunderts

Die Personen der Oper. Heinrich der Vogler, deutscher König (Baß) – Lohengrin (Tenor) – Elsa von Brabant (Sopran) – Herzog Gottfried, ihr Bruder (stumme Rolle) – Friedrich von Telramund, brabantischer Graf (Bariton) – Ortrud, seine Gemahlin (Mezzosopran) – Der Heerrufer des Königs (Bariton) – Vier brabantische Edle (Tenor und Baß) – Vier Edelknaben (Sopran und Alt).

Brabantische, sächsische und thüringische Grafen und Edle. Edelfrauen. Mannen. Frauen. Knechte (Chor)

Die Handlung. 1. AKT: Eine Aue am Ufer der Schelde bei Antwerpen. Umgeben von seinem sächsischen und thüringischen Heerbann hält König Heinrich Reichsrecht in den Niederlanden. Es gilt alle Kräfte des Reiches gegen den ungarischen Feind zu sammeln, der nach Ablauf der vereinbarten Waffenruhe erneut das deutsche Reich bedroht. Doch es herrscht Zwietracht in Brabant, deren Grund der König von Graf Friedrich von Telramund wissen will. Der gibt ihm Bescheid und klagt Elsa von Brabant des Mordes an ihrem Bruder Gottfried an, zugleich das Herrschaftsrecht über Brabant für sich reklamierend, da er der Nächstfolgende auf den verstorbenen Herzog sei, der ihm sterbend seine Kinder Elsa und Gottfried anvertraute. Elsa habe sich zudem geheimer Buhlschaft schuldig gemacht, um sich nach dem Tode des Bruders mittels eines Buhlen die Herrschaft zu sichern. Von seiner der heidnischen Zauberkunst mächtigen Gemahlin Ortrud zu dieser Lüge angestiftet, verschweigt er, daß Elsa sein Liebeswerben verschmähte, bevor er Ortrud ehelichte. Telramunds Anklage wird argwöhnisch und mit Zweifel aufgenommen, weshalb König Heinrich ein Gottesurteil anberaumt. Zuvor hört er Elsa an, die von einem Traum um einen tugendhaften Ritter erzählt, dem sie nun ihre Verteidigung übergebe *(Traumerzählung der Elsa »Einsam in trüben Tagen...«).* Beeindruckt von Elsas Antwort läßt Heinrich das Urteil vorbereiten, das durch einen Zweikampf zwischen Telramund und dem von Elsa bestimmten Ritter gefällt werden soll. Telramund ist bereit, seine Klage auf Tod und Leben zu vertreten, Elsa will ihrem Ritter im Fall des Sieges die Krone Brabants und ihre Hand entbieten. Doch auch auf zweimaliges Rufen des königlichen Heerrufers antwortet kein Ritter. Da kniet Elsa zum Gebet nieder und bittet Gott, ihr den Ritter zu schicken. Plötzlich naht aus dem Hintergrund ein von einem weißen Schwan gezogener Nachen, in dem Lohengrin in schillernder Rüstung steht. Er geht an Land und verabschiedet das Gefährt *(Lohengrin »Nun sei bedankt, mein lieber Schwan!«)*. Dann tritt er vor den König. Er sei gesandt, um der beklagten Elsa von Brabant beizustehen. Diese vertraut sich ihm ganz an, muß aber geloben: »Nie sollst du mich befragen, noch Wissens Sorge tragen, woher ich kam der Fahrt, noch wie mein Nam' und Art.« Elsa gelobt es ihm, sein Gebot in Treue zu halten. Daraufhin bezichtigt Lohengrin Telramund falscher Anklage, der Heerrufer mahnt die Kontrahenten, von Trug und List im Kampfe abzusehen und diesen ritterlich zu führen, und König Heinrich ruft Gottes Urteil an *(Gebet König Heinrichs »Mein Herr und Gott, nun ruf ich dich!«)*. Lohengrin besiegt Telramund, schenkt ihm aber das eigentlich verwirkte Leben. Die Versammelten erkennen Gottes Gerechtigkeit und jubeln dem Sieger zu *(König Heinrich mit Chor »Ertöne Siegsweise, dem Helden laut zum Preise!«)*. –

2. AKT: In der Burg von Antwerpen. Telramund ist geächtet und seiner Ehre beraubt. Nachts, während in den Rittersälen gefeiert wird, sitzen er und Ortrud auf den Stufen des Münsters. Telramund macht seiner Gemahlin heftige Vorwürfe, ihn zu falscher Aussage gegen Elsa verleitet zu haben *(Szene Telramund-Ortrud »Erhebe dich, Genossin meiner Schmach!«)*. Ortrud, der geheimen Zauberkünste kundig, weiß die Schande zu rächen: Elsa soll ihrem Ritter das Geheimnis entreißen und so ihm alle Macht nehmen, die er ohnehin durch eigene Zauberkraft errungen habe und nicht durch Gottes Urteil. Als Elsa auf dem Söller ihres Gemaches erscheint *(Elsa »Euch Lüfte, die mein Klagen so traurig oft erfüllt...«)*, täuscht Ortrud ihr die unglückliche, von Reue geplagte Frau vor und erregt ihr Mitleid. Elsa erbarmt sich ihrer und steigt zu ihr hinab, um sie bei sich aufzunehmen. Indessen ruft Ortrud die heidnischen Götter um Hilfe für ihren geplanten heimtückischen Anschlag auf Elsa an *(Ortrud »Entweihte Götter! Helft jetzt meiner Rache!«)*. Elsa gegenüber heuchelt sie Demut und findet bei ihr Schutz und Aufnahme. – Am Morgen verkündet der Heerrufer des Königs, Heinrich habe die Hochzeit Elsas mit dem von Gott gesandten Ritter anberaumt und diesen zum Führer Brabants gegen den ungarischen König ernannt *(Heerrufer »Des Königs Wort und Will, tu ich euch kund...«)*. Elsa begibt sich zum Münster, begleitet von ihren Frauen und vom Volk begrüßt *(Chor »Gesegnet soll sie schreiten...«)*. Auf den Stufen des Münsters tritt ihr plötzlich Ortrud in den Weg, stolz den Vortritt vor ihr fordernd und den fremden Ritter lästernd: die Reinheit seiner Sendung zweifelt sie an, ein Zauber sei sein Geheimnis, deshalb verbiete er auch, daß man ihn frage, wer er ist und woher er kommt. Über Ortruds Falschheit entsetzt, sucht Elsa Schutz beim König und bei ihrem Ritter. Da tritt Telramund ihnen entgegen und klagt Lohengrin des zauberischen Betruges und der

Machterschleichung durch List an, die er nun entdecken und so ihn besiegen will, indem er vor allen die verbotene Frage stellt. »Nach Namen, Heimat, Stand und Ehren frag ich ihn laut vor aller Welt.« Lohengrin antwortet ihm, durch die gute Tat, in der Wahrheit und Recht durch Gottes Urteil gesprochen wurde, sei seine Reinheit offenbart. Nur Elsa habe er zu antworten, nicht ihm und auch dem König nicht. Als er Elsa öffentlich noch einmal nach ihrer Treue fragt, gibt sie trotz aller sie schon quälenden Zweifel zur Antwort: »Hoch über alles Zweifels Macht soll meine Liebe stehn!« Damit betritt der Hochzeitszug das Münster. –

3. AKT: Das Brautgemach. Unter Musik und Gesang werden Elsa und Lohengrin vom König mit Gefolge einander zugeführt *(Brautchor der Männer und Frauen »Treulich geführt ziehet dahin ... «).* Dann sind die Brautleute allein und gestehen einander leidenschaftlich ihre Liebe *(Szene Lohengrin-Elsa »Das süße Lied verhallt ... «).* Doch die Zweifel bleiben bei Elsa, nagen tiefer und tiefer, der Wunsch, den Geliebten wenigstens in der Zweisamkeit beim Namen nennen zu wollen, wird übermächtig und verleitet sie schließlich dazu, die unheilvolle Frage zu stellen. Da plötzlich treten Telramund und vier brabantische Edle auf, um Lohengrin zu ermorden. Rasch kann Elsa ihm sein Schwert reichen, mit dem er Telramund tötet. Den zu seinen Füßen fallenden Edlen trägt er auf, den Leichnam vor König Heinrich zu bringen. Dort werde er dann auch vor allen Antwort auf Elsas Frage geben. – Die Aue am Ufer der Schelde wie im 1. Akt. In voller kriegerischer Rüstung erwarten der König und sein Heerbann den fremden Ritter, um den Feldzug gegen die Ungarn zu beginnen. Doch da bringt man den Leichnam Telramunds und Elsa kommt, von ihrem Gefolge begleitet, in schreckensbleichem Aussehen. Wenig später naht auch Lohengrin in der Rüstung, in der er kam, doch allein. Er klagt Elsa an, den Schwur gebrochen zu haben, ihn nie zu fragen, wer er sei. Nun dürfe er das Heer nicht führen, seines Bleibens sei nicht mehr, zuvor aber müsse er vor König und Reich sein Geheimnis enthüllen: Er sei Lohengrin, Sohn des Gralskönigs Parzival und selbst ein Ritter vom Heiligen Gral. Von dort sei er hierher gesandt »zum Streiter für der Tugend Recht ernannt«. Einem Gralsritter gelte jedoch als unbeugsames Gesetz, nur unerkannt in der Fremde gute Werke zu tun und sich für Recht und Wahrheit einzusetzen. Erkenne man ihn dort, so müsse er weiterziehen und zum Gral zurückkehren *(Gralserzählung des Lohengrin »In fernem Land, unnahbar euren Schritten ... «).* Lohengrins Entdeckung ruft allgemeines Staunen und gleichzeitiges Bedauern hervor angesichts der bevorstehenden Trennung, die niemand zu hindern vermag. Besonders Elsa fordert ebenso leidenschaftlich wie voller verzweifelter Selbstaufgabe Lohengrin zum Bleiben auf. Ebenso leidenschaftlich verabschiedet er sich von ihr, aber er darf nicht bleiben, der Gral ruft ihn zurück und bindet ihn an sein Gelübde als Gralsritter. Schon naht der Schwan als Bote des Grals *(Lohengrin*

»Mein lieber Schwan!«). Schon will er den Nachen besteigen, da wird er Zeuge von Ortruds jubelndem Triumph: Sie bekennt, selbst einst Gottfried in einen Schwan verzaubert zu haben, um sich mit Telramund des Erbes von Brabant zu bemächtigen. Nur ein Jahr hätte Lohengrin bei Elsa verbringen müssen, und Gottfried wäre wieder frei gewesen. So aber wirke nun ihr Zauber ewig, denn für Elsas Bruder gebe es keine Erlösung mehr. Lohengrin hat Ortrud aufmerksam zugehört und kniet dann im stummen Gebet nieder. Wenig später senkt sich eine weiße Taube auf den Nachen nieder. Lohengrin erkennt das heilige Zeichen des Grals, löst die Kette des Schwans, der augenblicklich untertaucht – und an seiner Stelle steht unversehrt der junge Gottfried, Herzog von Brabant. In seinen Armen gleitet Elsa entseelt zu Boden, während die Taube den Nachen mit Lohengrin fortführt. –

Aufführungsdauer. 4 Stunden

Richard Wagner
TRISTAN UND ISOLDE
Handlung in 3 Akten
Uraufführung 1865 München

Quellen. Obwohl die Kelten nie ein einheitliches politisches Staatsgebilde besaßen, gehörten sie seit dem 4. bis 3. Jahrhundert v. Chr. lange Zeit zu den mächtigsten Völkern Europas. Zugleich waren sie poetisch und musikalisch hochbegabt, weshalb es nicht wunder nimmt, daß sie mit ihrer Kultur prägende Eindrücke hinterließen. Ihre Dichtungen haben sie jedoch nicht schriftlich fixiert, sondern nur mündlich weitergegeben. Spätestens mit dem 12. und 13. Jahrhundert, als die bretonischen Kelten an den Fürstenhöfen in Nordfrankreich, der Normandie und des anglo-normannischen England auftraten, beeinflußten sie die großen Literaturen mit ihren mündlich überlieferten Sagen und Legenden. Sie brachten sie in Form der erzählenden Prosa ein und gaben damit deren Stoffe und Motive weiter, die sie aus heute nicht mehr bekannten Quellen entnahmen oder die sie selbst erfanden. Durch sie lernte das übrige Europa zwei aus dem irisch-keltischen Cornwall stammende Stoffe kennen, die von ungemeiner Tragweite waren: die Artussage und die Tristansage, in denen beiden Cornwall eine zentrale Rolle spielt. Über Frankreich fand die Tristansage Eingang auch in die hohe deutsche Literatur des Mittelalters. Der wohl um 1150/1160 entstandene, nur fragmentarisch in verschiedenen Handschriften überlieferte Versroman »Tristan«

des altfranzösischen Dichters *Thomas d'Angleterre (Thomas von Britanje)* gilt als älteste Tristandichtung überhaupt. Sie basierte auf einer älteren Version des keltischen Sagenstoffes, die nicht erhalten ist. Um 1170 entstand der mittelhochdeutsche Versroman »Tristrant« von *Eilhart von Oberge*. Der Dichter ist nicht weiter bekannt, nannte sich aber in seinem Roman, der die älteste vollständig erhaltene Tristan-Dichtung der gesamten Sage darstellt. Als Quelle gibt der Dichter selbst eine »Buch« genannte französische Vorlage an, die als verloren gilt. Das dichterisch wohl bedeutsamste Werk über die Tristansage blieb unvollendet: der Versroman »Tristan« von *Gottfried von Straßburg (um 1150–1210),* einer der großen Erscheinungen der mittelalterlichen Literatur. Um 1200 entstanden, bildete dieser Roman Richard Wagners Hauptquelle. Allen Tristandichtungen gemeinsam ist, daß die Liebe zwischen Tristan und Isolde keine eigentliche irdische Erfüllung findet. Sie wird in ihren ritterlichen wie in ihren religiösen Ausformungen als metaphysisch-absolut dargestellt, als ein Mysterium. Die Liebe der beiden zueinander beruht auf Täuschung und Zauber und sie ist ausgesprochen todessehnsüchtig schon durch die Geburt Tristans: sein Vater zeugte ihn todeswund, und als seine Mutter im schwangeren Zustand vom Tod ihres Gemahls hörte, starb sie, so daß Tristan aus dem Leib der Toten herausgeschnitten werden mußte. Symbolisch auch das Ende dieser zu den großen Liebesmythen der Weltliteratur zählenden Geschichte: nach Tristans und Isoldes Tod wachsen aus den Gräbern beiderseits einer Kapelle eine Weinrebe und eine Rose, die sich über dem Dach der Kapelle ineinander verschlingen. In allen Dichtungen wird das Schicksal Tristans in zum Teil unterschiedlichen Handlungssträngen, die die Abenteuer des ritterlichen Helden wiedergeben, weit ausgebreitet. Wagner entnahm der Sage, hauptsächlich gestützt auf das Werk Gottfrieds von Straßburg, nur den Kern um das Liebeswerben Tristans bei Isolde um König Marke (der in den alten Dichtungen als Bruder von Tristans Mutter oder als sein leiblicher Vater gesehen wird). –

Entstehung und Uraufführung. Wichtig für Wagners musikalische Dichtung des alten Sagenstoffes wurden die Philosophie *Schopenhauers* und *Nietzsches,* das letztlich unerfüllt gebliebene Liebesverhältnis zu *Mathilde von Wesendonck* und die Lektüre von und die Beschäftigung mit der romantischen deutschen Literatur, hier besonders mit der des *Novalis*. Dessen berühmte »Hymnen an die Nacht« hatten ganz besonderen Einfluß auf Wagners Konzeption der Liebe zwischen Tristan und Isolde als einer der Nacht zugewandten und todessehnsüchtigen. In den Oktober des Jahres 1854 fiel die erste Konzeption des Werkes, die Wagner dann gleichzeitig neben der Arbeit am »Ring« ausführte. Im August 1857 begann er mit dem umfangreichen Prosaentwurf, der vollständig erhalten ist. Zwei Monate später entstanden Kompositions- und Orchesterskizze zum ersten Akt, wobei Wagner entschieden chronologisch vom ersten bis zum dritten Akt in seiner Arbeit fortschritt. Die Partitur schloß er Anfang August 1859 ab, denn noch für das selbe Jahr sollte die Uraufführung in Karlsruhe stattfinden. Der Plan scheiterte jedoch an den für Sänger und Musiker ungewohnten hohen musikalischen Schwierigkeiten des Werkes. Dann interessierte sich Wien dafür, doch wurden die Mitte August 1861 begonnenen Proben nach einigen Wochen abgebrochen mit der Erklärung, das Werk sei unaufführbar. So dauerte es weitere vier Jahre bis zur tatsächlichen Uraufführung von »Tristan und Isolde« am 10. Juni 1865 am Hof- und Nationaltheater in München. Erst drei Jahre nach Wagners Tod erschien das Werk erstmals bei den Bayreuther Festspielen von 1886. Das, was Richard Wagner selbst als »*unendliche Melodie*« bezeichnete, charakterisiert die »Tristan«-Partitur ganz besonders: die Geschlossenheit der einzelnen und selbständigen musikalischen Nummern wie Arie, Duett, Ensemble und Chor ist ebenso aufgehoben wie das Rezitativ, ihre Abfolge ist auch nicht mehr erkennbar, der Dialog ist durchkomponiert und die »*Orchestermelodie*« (Wagner) dekoriert nicht nur Gesang und Bühnengeschehen, sondern stellt selbst musikalisch-dramatische Handlung dar, die aus den »*gewaltigsten Tiefen der reichsten menschlichen Natur*« (Wagner) dringt. Diese durchkomponierte Großform stellen mehr als schon »Tannhäuser« und »Lohengrin« die folgenden Opern Wagners dar. Dies berücksichtigend, verstehen sich die musikalischen Hinweise in den folgenden Inhaltsangaben auch nur noch als Angaben von bestimmten, das musikalisch-dramatische Geschehen verdichtenden Abschnitten und bezeichnen nicht mehr Arien etc..

Ort und Zeit. Cornwall und die Bretagne. Sagenhaftes Mittelalter

Die Personen der Oper. Tristan (Tenor) – König Marke (Baß) – Isolde (Sopran) – Kurwenal (Bariton) – Melot (Tenor/Bariton) – Brangäne (Mezzosopran) – Ein Hirt (Tenor) – Ein Steuermann (Bariton) – Stimme eines jungen Seemanns (Tenor) – Schiffsvolk, Ritter und Knappen, Frauen aus Isoldes Gefolge (Chor)

Die Handlung. VORGESCHICHTE: In vergangener Zeit war Cornwall noch ein Lehen des irischen Königs. Als dieser seinen Vasallen Morold nach Cornwall schickte, um den fälligen Tribut einzuziehen, kam es zwischen ihm und König Markes treustem Vasallen, seinem Neffen Tristan, zum Kampf. Tristan tötete Morold und schickte dessen abgeschlagenes Haupt als Zins zurück nach Irland. Aber auch Tristan war schwer verwundet, denn Isolde, die ihrem Vetter Morold anverlobt war, hatte dessen Schwertspitze vergiftet. Da nur sie seine Wunde heilen konnte, begab sich Tristan zu Schiff nach Irland. Als Tantris der Spielmann verkleidet, fand er bei Isolde Aufnahme. Doch sie erkannte den Mörder ihres Verlobten, denn in seinem Schwert entdeckte sie eine Scharte, in die genau jener Schwertsplitter paßte, den sie zuvor in Morolds abgeschlagenem Haupte fand. Da wollte sie Rache nehmen und Tristan erschlagen, doch das erhobene Schwert entfiel ihrer Hand: da sie Tristans Blick traf, jammerte sie sein Elend und aus Haß wurde Liebe *(Isolde zu Tristan »Als dein messender Blick mein Bild sich stahl«)*. Sie pflegte den tödlich Verwundeten und ließ den Genesenen, unentdeckt der Rache ihrer Familie, zurück nach Cornwall. Von dort segelte er ein zweites Mal nach Irland, um für seinen König Marke um Isolde zu werben. Damit wurde die Feindschaft zwischen beiden Völkern beendet und Urfehde (eidliches Friedensversprechen mit Verzicht auf Rache) geschworen. Auf Wunsch ihres Vaters folgte Isolde auf Tristans Schiff nach Cornwall, um König Markes Gemahlin zu werden. Hier setzt Wagners Oper ein, in deren Verlauf mehrfach Bezug auf diese Vorgeschichte genommen wird. –

1. AKT: Zeltartiges Gemach auf dem Vordeck von Tristans Schiff. Beim Klang der fröhlichen Weise eines jungen Seemannes *(»Westwärts schweift der Blick...«)* fährt Isolde von ihrem Lager hoch, der dies Lied wie Hohn für ihre Lage klingt. Sie ruft alle Gewalten der Natur auf, das Schiff zu zerschellen und alles Leben auf ihm zu vernichten. Isoldes Vertraute Brangäne ist entsetzt über den Ausbruch ihrer Herrin, die die Fahrt zur Hochzeit mit Cornwalls König Marke nicht fröhlich antrat. Sie fragt nach dem Grund, doch statt zu antworten, weist Isolde auf Tristan, der am Steuerbord steht und während der gesamten Fahrt nicht einmal ihre Nähe suchte. Nun schickt sie Brangäne zu ihm mit dem Befehl, vor seiner Herrin zu erscheinen. Höflich und ruhig antwortet Tristan, man werde in Kürze Cornwalls Küste erreichen, da könne er das Steuer des Schiffes nicht verlassen. Wütend hingegen reagiert sein treuer Vasall Kurwenal auf Isoldes Ansinnen: Tristan stehe hier als Vertreter König Markes und sei nicht ihr Diener. Dann stimmt er lautstark einen höhnischen Gesang über Morolds Schicksal an. Isolde hört es, und nun erzählt sie Brangäne von ihrer schicksalshaften Begegnung mit Tristan *(Isolde »Erfuhrst du meine Schmach, nun höre, was sie mir schuf...«; dazu siehe auch Vorgeschichte!)*. Brangäne sucht sie zu trösten, Tristan lohne allen Dank an ihr nunmehr mit »der herrlichsten der Kronen« und grüße sie, auf sein eigenes Erbe des Oheims verzichtend, als seine Königin. Doch Isolde will Rache für Tristans Liebesverrat an ihr nehmen. Ihre Mutter gab ihr verschiedene Zaubertränke mit auf die Reise, davon will sie Tristan den Todestrank reichen. Eile ist geboten, denn schon nähert man sich Cornwalls Küste. Kurwenal kommt und fordert die Frauen auf, sich für die baldige Ankunft zu rüsten. Isolde bittet durch ihn Tristan zu sich. Sie kann in seinem Geleit nicht vor König Marke treten, bevor sie nicht Sühne für ungesühnte Schuld von ihm empfange. Tristan leistet der Aufforderung Folge und antwortet auf Isoldes Vorwurf, er verhalte sich ihr gegenüber nicht so, wie die Sitte es verlange: die Sitte gebiete, daß der Brautwerber während der Brautfahrt die Braut meide. Isolde erkennt diese Antwort nicht an und hält ihm vor, es sei nur seine Furcht vor der zwischen ihnen liegenden Blutschuld, die sein Verhalten präge. Sie aber will nun diese Blutschuld tilgen,

will Rache üben für den ermordeten Morold: »Da er gefallen, fiel meine Ehr': in des Herzens Schwere schwur ich den Eid, würd' ein Mann den Mord nicht sühnen, wollt ich Magd mich des erkühnen.« Tristan erkennt, was Morold ihr bedeutet hat und reicht ihr sein Schwert, damit sie ihn töte. Doch so schnöde will sie sich nicht rächen, sie will mit ihm den Sühnetrunk nehmen, um endlich die alte Schuld zu begleichen. Wissend von »ihrer Künste Wunderkraft« leert Tristan die dargereichte Trinkschale mit dem vermeintlichen Todestrank bis zur Hälfte, dann trinkt auch Isolde. Doch Brangäne hatte den Todestrank mit dem Liebestrank getauscht, den Isoldes Mutter der Tochter für König Marke mitgegeben hatte. Das gemeinsame Ende erwartend, weicht in beiden der Todestrotz überschäumender sehnsuchtsvoller Liebesglut, und beseligt fallen sich Tristan und Isolde in die Arme. Während der Schiffsruf die Ankunft in Cornwall kündet, begreift Brangäne angesichts des in Liebesumarmung versunkenen Paares verzweifelt, daß sie durch den heimlichen Tränketausch »ew'ge Not für kurzen Tod« geschaffen hat. Sie stürzt sich zwischen die beiden, denn König Marke naht mit seinem Hofstaat, um seine Braut zu begrüßen. –

2. AKT: Garten vor dem Gemach Isoldes. Von fern ist Jagdgetön zu hören. Isolde erwartet zu nächtlicher Stunde Tristan. Brangäne ist in großer Furcht, sie vermutet hinter der so rasch anberaumten Jagd nur eine Falle von Markes treuem Untertan Melot, dessen »mit böslicher List lauernder Blick« ihr bei der Ankunft nicht entgangen war. Isolde beruhigt sie, dies sei nur Melots Freundes- und Liebesdienst an Tristan, sich mit ihr zu treffen *(Isolde »Frau Minne kenntest du nicht? Nicht ihres Zaubers Macht?«)*. Tristan stürzt herbei und beide finden sich in langer Umarmung, während Brangäne sich zur Wache auf die Zinne begeben hat. In selig entrücktem Überschwang ihrer Gefühle schwören Tristan und Isolde einander ewige Liebe und Treue, in völliger Liebestrunkenheit alles Leid und allen Schmerz vergessend bekennen sie, seit jener ersten Begegnung einander verfallen zu sein, als Isolde Tristan pflegte. Wissend, daß ihre Liebe, die sie heimlich in sich bargen und die die Helle des Tages meiden mußte, auch jetzt keine Erfüllung finden kann, sehnen sie den Liebestod herbei und preisen die Wonne verheißende Nacht *(Tristan und Isolde »O sink hernieder, Nacht der Liebe ...«)*. In ihrer grenzenlos sich steigernden Ekstase, in der Liebes- und Todessehnsucht eins werdend *(Tristan und Isolde »O ew'ge Nacht, süße Nacht! Hehr erhab'ne Liebesnacht!«)*, hören sie nicht Brangänes zweimalige Warnung, daß der Tag sich naht, merken sie auch nicht, daß Kurwenal herbeistürmt, um Tristan zu retten. Ihm folgt König Marke mit Melot und Gefolge. Der Verrat des treuen Vasallen wurde dem König von Melot gemeldet, nun ist er offenbar. In tiefer Erschütterung fragt Marke nach dem Grund, weshalb Tristan ihm »mit der Waffe quälendem Gift« so tiefe, schmerzende Wunde schlug *(König Marke »Dies, Tristan, mir? Wohin nun Treue, da*

Tristan mich betrog?«). Tristan vermag es ihm nicht zu sagen. Er wendet sich an Isolde und fragt sie, ob sie bereit sei, ihm in die dunkle Nacht des Todes zu folgen, aus der er kam im Augenblick seiner Geburt aus der toten Mutter heraus. Als Isolde sich ihm zu eigen bekennt, stürzt sich Melot auf Tristan und verwundet ihn schwer. –

3. AKT: Burggarten. Der treue Kurwenal hat seinen tödlich verwundeten Herrn Tristan nach Kareol, der heimatlichen Burg, gebracht, die Tristan verlassen hatte, als er nach Cornwall ging. Da Kurwenal weiß, daß nur eine Ärztin Tristan heilen kann, hat er nach Isolde geschickt. Einen Hirten hat er zur Wache abgestellt, um nach dem erwarteten Schiff Ausschau zu halten und sein Kommen mit einer fröhlichen Weise anzukündigen. Doch noch ist kein Schiff zu sehen. Tristan erwacht aus seinen Fieberträumen, aus dem »weiten Reich der Weltennacht«, wo nur »göttlich ew'ges Vergessen« dem Menschen zu eigen ist. Geblieben ist ihm die qualvoll inbrünstige Sehnsucht nach Isolde; das Verlangen, sie zu finden und zu sehen, entriß ihn dem Tod *(Tristan »Die Sonne sah ich nicht ...«)*. Als Kurwenal ihm gesteht, nach Isolde geschickt zu haben, die man noch heute erwarte, gerät Tristan vor Freude außer sich *(Tristan »Mein Kurwenal, du trauter Freund ...«)*. Doch wieder ertönt nur die melancholische Weise des Hirten, noch immer naht das ersehnte Schiff nicht. Tristan erinnert die Weise an seine Geburt und sein Leben, an sein Sehnen und Sterbenwollen als des Daseins ewiger Wechsel *(Tristan »Muß ich dich so verstehen, du alte ernste Weise ... die nie erstirbt, sehnend nun ruft um Sterbens Ruh sie der fernen Ärztin zu.«)*. Verzweifelt verflucht er den Liebestrank und dem, der ihn braute, dann sinkt er erneut in tiefe Ohnmacht. Aus ihr erwacht er nur, um in neuen Wahnbildern die Erscheinung Isoldes zu beschwören *(Tristan »Wie sie selig, hehr und milde wandelt durch des Meers Gefilde ...«)*. Doch der Wahn wird Wahrheit: der Hirt meldet die Ankunft des Schiffes, Tristan schickt Kurwenal zum Empfang hinunter an den Strand und erwartet in fiebriger Ekstase das Kommen der Geliebten *(Tristan »O diese Sonne!«)*. Er reißt sich den Verband von der Wunde, verläßt das Lager und taumelt auf Isolde zu, in deren Armen er erlöst stirbt. Sie ist zu spät gekommen, klagend bricht sie über Tristans Leiche ohnmächtig zusammen. Da meldet der Hirt ein zweites Schiff. Schnell ruft Kurwenal alles zur Verteidigung zusammen. König Marke dringt mit Melot und Gefolge herein, Kurwenal wirft sich ihnen entgegen, tötet Melot und wird selbst schwer verwundet. Mit letzter Kraft schleppt er sich an die Seite des toten Tristan, faßt dessen Hand und stirbt, auch im Tode mit seinem Herrn verbunden. Während sich König Marke erschüttert über Tristans Leichnam beugt, gelingt es Brangäne, die mit dem König mitgekommen ist, ihre Herrin Isolde wachzurufen. Marke bekennt ihr den Grund seines Kommens: Brangäne entdeckte ihm das Geheimnis des Trankes, so wußte er den Neffen und Freund Tristan frei von Schuld und kam, um ihn und Isolde zu vermählen. Doch Isolde ist der Wirklichheit bereits entrückt, in sich steigernder mystischer Liebesverklärung fühlt sie sich schon eins mit Tristan werden, bis sie sterbend auf ihn niedersinkt *(Isoldes Liebestod »Mild und leise, wie er lächelt«).* –

Aufführungsdauer: 4½ Stunden

Richard Wagner
DIE MEISTERSINGER VON NÜRNBERG
Oper in 3 Akten
Uraufführung 1868 München

Quellen. Schon für die vorhomerische Zeit Griechenlands nimmt man Dichtung an und ihre mündliche Verbreitung durch Rhapsoden, die als Sänger und Erzähler durch die Lande zogen und ihre Werke an den Königshöfen vortrugen. Ihnen entsprach im Mittelalter der wandernde Spielmann, der zunächst fremde Werke vortrug, dann aber selbst als Dichter auftrat. Als Hauptform der weltlichen höfischen Dichtung des 12. bis 14. Jahrhunderts trat der Minnesang in Erscheinung. Der Minnesänger gehörte selbst dem Ritterstande an und trat an den Höfen der Mark- und Landgrafen, der Herzöge und der Könige auf. Er besang das Rittertum in seinen Taten und Kämpfen, besonders aber auch in seiner Liebe. Die Liebeslyrik des höfischen Minnesängers (dazu siehe auch »Tannhäuser«!) war vielfach von einer nahezu überirdischen Sehnsucht nach der unerreichbaren ›hohen Frau‹ geprägt. *Walther von der Vogelweide* – in Wagners Oper bekennt sich Walther von Stolzing ausdrücklich zu ihm als seinem Lehrmeister – wandelte diese Dichtung zur ›niederen Minne‹: das Bürgertum war neben Klerus und Adel als dritte gesellschaftliche Kraft entstanden, und so galt das Minnelied nunmehr auch dem einfachen, natürlichen Bürgermädchen, und der Ausdruck der Dichtung wurde persönlicher und inniger. Die ›hohe Minne‹ war vor allem kunstvolle Dichtung, die ›niedere Minne‹ entwickelte sich zur echt empfundenen Erlebnislyrik. So entstand als Brückenschlag zwischen Adel und Bürgertum aus dem höfischen Minnesang der bürgerliche Meistergesang (bei Wagner übernimmt Walther von Stolzing diese Mittlerfunktion). Rhapsoden kannten alle Kulturen und Spielmänner gab es in ganz Europa; den Minnesang gab es hauptsächlich in Frankreich (mit den troubadours und trouvères) und in Deutschland; der Meistergesang war eine ausschließlich deutsche Angelegenheit, anfangs der kirchlich organisierten Singbruderschaften, dann vor allem auch der bürgerlichen Zunfthandwerker. Letztere waren die eigentlichen Träger des Meistergesanges, der seine Blüte im 15./16. Jahrhundert hatte und an Meistersingerschulen besonders im süddeutschen Raum erlernt werden konnte.

Zentrum und Hochburg des deutschen Meistergesanges war Nürnberg, und dort trat auch der bedeutendste Meistersinger und einer der wichtigsten Dichter der spätmittelalterlichen deutschen Literatur überhaupt auf: *Hans Sachs (1494–1576),* Sohn eines Nürnberger Schneidermeisters und selbst Meister im Schuhmacherhandwerk. Sein umfangreiches Werk umfaßt mehrere tausend Meisterlieder, über dreihundert Theaterstücke (von denen einige seiner Fastnachtspiele am populärsten geblieben sind), Spruchgedichte, Erzählungen und Lyrik. Wie schon die Rhapsoden alter Kulturen führten auch die Meistersinger öffentliche Wettkämpfe (sog. ›Singschulen‹) durch. Sie fanden meist einmal im Monat an Sonn- und Feiertagen im Anschluß an den Mittagsgottesdienst statt, griffen auf Regeln des höfischen Minnesangs zurück und schrieben vor, die Preislieder (Liebeslieder, Spruchreden, Spottverse, Zechlieder, Historien und Fabeln) nur in deutscher Sprache zu verfassen und vorzutragen. Beurteilt wurden Dichtung, Musik und Vortrag durch eine Jury, die aus vier Merkern bestand, die als Aufpasser, Schiedsrichter, Kritiker und Preisrichter in einem abgetrennten Gemerk fungierten, in dem sie die Wettstreiter nur hören, aber nicht sehen konnten, was ihre Objektivität unterstreichen sollte. Sieger des Meistersinger-Wettbewerbes wurde, wer die wenigsten Fehler machte, ausscheiden mußte, wer allzu sehr über die übliche Vorgabe von sieben Fehlern hinaus weitere Regelverstöße inhaltlicher wie formaler Art beging: er hatte »versungen« und fiel durch. Über die Stationen des Schülers, Schulfreundes, Singers und Dichters konnte der zum Meister aufsteigen, der ein den Regeln entsprechendes neues und selbständiges Meisterlied erfolgreich einbrachte, d. h. eine nach Inhalt und Melodie neue ›Weise‹ fertigte und beim Vortrag die Zustimmung der Merker erhielt. Der Meistergesang ist als literarische Form ebenso vielfach erhalten wie als Gegenstand gelehrter Abhandlungen und späterer Dichtungen.

Für Richard Wagner sind als direkte Quellen mehrere Werke bezeugt, darunter poetische Texte wie *E. T. A. Hoffmanns* Erzählzyklus »Die Serapionsbrüder« und andere Darstellungen. Zu nennen ist auch *Jakob Grimms* Streitschrift »Über den altdeutschen Meistergesang« wie vor allem das bereits 1697 verfaßte »Buch von der Meister-Singer Holdseligen Kunst« des Nürnberger Juristen und Kulturhistorikers *Johann Christoph Wagenseil (1633–1705).* Dazu kam die »Geschichte der deutschen Dichtung« (1833 erschienen) von Wagners Zeitgenossen *Georg Gottfried Gervinus (1805–1871).* Er wirkte als Geschichtsprofessor, Literarhistoriker und Politiker (Mitglied der deutschen Nationalversammlung) vorwiegend in Heidelberg. Für Wagner wurde sein Hauptwerk besonders dadurch interessant, daß Gervinus als erster Dichtung in ihrer Entwicklung und Bedeutung im Zusammenhang mit der geschichtlichen und politischen Entwicklung darstellte. Schließlich kannte Wagner auch die 1840 in Leipzig uraufgeführte Oper »Hans Sachs« von *Albert Lortzing* und das ihr zugrundeliegende Lustspiel gleichen Titels, das der Wiener Hofdichter *Ludwig Franz Deinhardstein* bereits 1823 verfaßt hatte. Hauptquellen blieben jedoch die Werke von Gervinus und Wagenseil, letzterem entnahm Wagner Begriffe, Tabulatur (Schreibtafel oder Dokument mit den Regeln des Meistergesanges) und Namen altdeutscher Meistersinger, wenn auch die meisten historischen Persönlichkeiten keine Zeitgenossen von Hans Sachs waren.

Entstehung und Uraufführung. Zwischen Wagners erstem konkreten Plan, den er während des ärztlich verordneten Kuraufenthaltes im böhmischen Marienbad im Juli 1845 faßte, und der Uraufführung der »Meistersinger« lagen mehr als zwei Jahrzehnte. Zunächst skizzierte Wagner das Handlungsgerüst und fertigte danach einen ersten Prosaentwurf, der vorerst liegen blieb. Erst 1851 griff er den Plan wieder auf, ließ ihn nach kurzer Zeit jedoch abermals lange liegen, fast zehn Jahre. 1861 kam er schließlich darauf zurück, und nun ließen ihn die »Meistersinger« nicht mehr los. Als er sich ab Mitte November des Jahres zu den »Tristan«-Proben in Wien aufhielt, entstanden ein zweiter und ein dritter Prosaentwurf. Darüber schrieb er an Mathilde von Wesendonck: »*Was werden Sie für Augen machen zu meinen Meistersingern! Gegen Sachs halten Sie Ihr Herz fest: in den werden Sie sich verlieben! ... Manchmal konnte ich vor Lachen, manchmal vor Weinen nicht weiterarbeiten. Ich empfehle Ihnen Herrn Sixtus Beckmesser. Auch David wird Ihre Gunst gewinnen.*« Während des Aufenthaltes in Paris im Dezember fertigte er die Urschrift des Werkes, die er Ende Januar 1862 beendete und in Reinschrift übertrug. Anfang Februar las er die Dichtung im Hause Schott in Mainz vor, was ihm die Zusage des Verlegers und einen dringend benötigten Vorschuß einbrachte. Ende März begann er mit der Kompositionsskizze zum berühmten Vorspiel der Oper, das im November bei einem Konzert im Leipziger Gewandhaus uraufgeführt wurde. Mitte Juni 1863 setzte dann die kontinuierliche Arbeit ein, aber erst das Jahr 1866 war ganz mit der Komposition ausgefüllt, die bis zur Orchesterskizze des dritten Aktes gedieh. Im März 1867 schließlich begann Wagner mit der Partitur des zweiten, dann des dritten Aktes, so daß die gesamte Partitur Ende Oktober abgeschlossen werden konnte. Wagner und *König Ludwig II.* von Bayern hatten ursprünglich an Nürnberg als Uraufführungsort gedacht, doch dann wurde es München. Im März 1868 begannen die Proben am Münchner Hof- und Nationaltheater, die Wagner ab Ende Mai persönlich überwachte. An Ludwig II. schrieb er: »*Alles ist für die Meistersinger nun ganz nach meinem Wunsche vollständig, und die Proben haben mir bereits die angenehmste Befriedigung geboten.*« Die Uraufführung von »Die Meistersinger von Nürnberg« am 21. Juni 1868 wurde vor einem illustren Publikum, darunter Ludwig II. mit seinem gesamten Hofstaat, das Ehepaar Wesendonck, der Komponist *Peter*

Cornelius und der berühmte russische Dichter *Iwan Turgenjew,* zum größten Erfolg im Leben Richard Wagners. In Bayreuth wurden die »Meistersinger« erstmals 1888 gegeben.

Ort und Zeit. Nürnberg um die Mitte des 16. Jahrhunderts

Die Personen der Oper. Hans Sachs, Schuster (Bariton) – Veit Pogner, Goldschmied (Baß) – Kunz Vogelgesang, Kürschner (Tenor) – Konrad Nachtigall, Spengler (Baß) – Sixtus Beckmesser, Schreiber (Bariton) – Fritz Kothner, Bäcker (Bariton) – Balthasar Zorn, Zinngießer (Tenor) – Ulrich Eisslinger, Würzkrämer (Tenor) – Augustin Moser, Schneider (Tenor) – Hermann Ortel, Seifensieder (Bariton) – Hans Schwarz, Strumpfwirker (Baß) – Hans Foltz, Kupferschmied (Baß) – Walther von Stolzing, ein junger Ritter aus Franken (Tenor) – David, Sachsens Lehrbube (Tenor) – Eva, Pogners Tochter (Sopran) – Magdalene, Evas Amme (Mezzosopran) – Ein Nachtwächter (Baß).

Meistersinger. Bürger und Frauen aller Zünfte. Gesellen. Lehrbuben. Mädchen. Volk (Chor)

Die Handlung. 1. AKT: Das Innere der Katharinenkirche zu Nürnberg. Walther von Stolzing, ein fränkischer Ritter, ist nach Nürnberg gekommen, um Bürger dieser Stadt zu werden. Im Hause des Goldschmiedes Veit Pogner, der ihm beim Verkauf seiner Güter geholfen hat, fand er Aufnahme und verliebte sich in dessen Tochter Eva. Nun, da in der Kirche mit dem Gesang der Gemeinde der Mittagsgottesdienst zuendegeht *(Choral »Da zu mir der Heiland kam...«),* drängt Walther Eva zur Antwort auf die Frage, ob sie schon Braut sei. Magdalene, Evas Amme und Sachsens Lehrbuben David versprochen, gibt ihm Bescheid: ja, Eva sei Braut, doch kenne man den Bräutigam noch nicht. Denn sie werde dem Sieger des anderntags zum Johannisfest (24. Juni zu Ehren des Heiligen Johannes der Täufer) stattfindenden Wettsingens vermählt. Von dieser Nachricht betroffen, will Walther von Stolzing selbst versuchen, Eva »als Meister zu ersingen.« Da fügt es sich gut, daß David gerade dabei ist, alles für die folgende Sitzung der Meistersinger vorzubereiten. Er gibt Stolzing im Schnellverfahren Einblick in die Meistersingerregeln, damit er sich bei der Freiung (das ist die Sitzung der Meistersinger, bei der über die Aufnahme eines Bewerbers in die Meistersingerzunft entschieden wird) als Singer melden kann *(David »Mein Herr, der Singer Meister-Schlag gewinnt sich nicht in einem Tag.«).* Als die Meistersinger erscheinen, unterbreitet Stolzing seinen Wunsch Pogner, der über Stolzings Plan hocherfreut ist. Beckmesser begegnet dem Junker von Anfang an mit Mißtrauen, erkennt in ihm einen ungebetenen Rivalen. Dann gibt Pogner bekannt, »dem Singer, der im Kunstgesang vor allem Volk den Preis errang« seine Tochter Eva zur Frau zu geben *(Ansprache des Pogner »Das schöne Fest, Johannistag, ihr wißt, begehn wir morgen...«).* Die Meister stimmen seinem Preisangebot begeistert zu, allein Hans Sachs meldet Bedenken an, wird aber überstimmt. Auf die Frage, ob sich ein Werber für die Freiung gefunden hat, präsentiert Pogner den Ritter Stolzing. Doch der versingt. Auch die anderen Meister melden Kritik und Einspruch an. Wieder ist es Sachs, der eine andere Meinung vertritt. Ihn hat Stolzings Lied beeindruckt, er wirft den Meistern pedantische Regelauslegung vor und greift Beckmesser an: der gehe ja selbst auf Freiersfüßen, wie könne er da den Nebenbuhler dulden, gar ihn gerecht beurteilen? Doch die Meister bleiben bei ihrer Ansicht und erkennen auf »Versungen und vertan!« –

2. AKT: Straße in Nürnberg vor Sachsens und Pogners Häusern. Erschrocken erfährt Magdalene von David, Stolzing habe versungen. Von den Lehrbuben gehänselt, will David wütend zwischen sie fahren, als Sachs dazwischentritt und ihn ins Haus schickt. Wenig später kehren Pogner und seine Tochter nach Hause zurück. Eva, voller Erwartung, daß Stolzing sein mittags beim Abschied in der Kirche gegebenes Versprechen einlöst, am Abend zu kommen, drängt den Vater ins Haus. Zutiefst beunruhigt hört sie von Magdalene, was Stolzing widerfahren ist. Um Näheres in Erfahrung zu bringen, will sie Sachs noch aufsuchen. Dieser hat sich mit Schusterarbeiten vor sein Haus gesetzt und sinnt unter dem wohligen Gefühl der lauen Nacht über das Lied Stolzings nach, das zwar ohne alle Regel, aber auch ohne Fehler war. »Es klang so alt, und war doch so neu wie Vogelsang im süßen Mai« (›Fliedermonolog‹ des Hans Sachs »Wie duftet doch der Flieder so mild, so stark und voll!«). In dieser Stimmung trifft ihn Eva an, um Näheres von Stolzings Scheitern zu erfahren. Sachs steht ihr wohl Antwort, errät jedoch aus ihren Reaktionen deren heimliche Not. »Das dacht' ich wohl. Nun heißt's: schaff Rat.« Das, was sie von Sachs erfahren hat, läßt Eva mit noch größerer Ungeduld dem Kommen Stolzings entgegensehen. Als er erscheint, bekennt sie sich leidenschaftlich zu ihm *(Szene Eva-Stolzing »Ja, ihr seid es! Nein, du bist es!«)*. Für Stolzing gibt es nur einen Ausweg aus dem Dilemma: sie müssen gemeinsam fliehen. Sachs wird Zeuge ihres Gesprächs, nun gilt es, eine geplante Entführung zu verhindern. Die Liebenden, von Sachs unerwartet gestört, können sich gerade noch verstecken – und erleben so eine folgenschwere nächtliche Szene: Beckmesser kommt, um Eva ein Ständchen zu bringen. Magdalene hatte schon vorgewarnt, woraufhin die beiden Mädchen verabredet hatten, die Kleider zu tauschen, in denen Magdalene an Evas Stelle sich am Fenster zeigen sollte. Sachs bringt das Erscheinen des Merkers Beckmesser auf die Idee, diesem einen Streich zu spielen. Er stört schon im Ansatz dessen Ständchen durch eigenen Gesang, wobei er sich mit lauten Hammerschlägen auf den Leisten der Schuhe selbst ›begleitet‹ *(Szene Sachs-Beckmesser »Als Eva aus dem Paradies von Gott dem Herrn verstoßen...«)*. Das Lied aber, Eva merkt es in ihrem Versteck nur allzu deutlich, beschreibt die reale Situation, in der sie sich befinden. Beckmesser indessen sieht seine Sache durch Sachs gefährdet, zumal sich nun die verkleidete Magdalene am Fenster zeigt, die er natürlich für Eva hält. So versucht

er, Sachs für sich zu gewinnen: er möge sein Lied anhören, ob er damit auch gewinnen könnte und ob es nach Sachsens Sinne sei. Der erkennt sofort eine neue Chance für sich und schlägt Beckmesser vor, er werde bei dieser Gelegenheit das ehrenwerte Amt des Merkers erlernen, indem er mit dem Hammer auf den Leisten Gericht über das Lied halte: »Nach den Regeln, wie sie der Schuster kennt, dem die Arbeit unter den Händen brennt« – und das heißt, Beckmessers bei ihm bestellte Schuhe bis zum Morgen fertig zu haben. Notgedrungen willigt Beckmesser ein, muß er doch befürchten, daß »die Jungfer vom Fenster geht« *(Lied des Beckmesser »Den Tag seh ich erscheinen der mir wohl gefall'n tut ...«).* Und so begleitet Sachs den Vortrag Beckmessers mit zahlreichen und heftigen ›Merker-Schlägen‹, rächt so das von Beckmesser verschuldete Versingen Walther von Stolzings in der Kirche und ruft durch den Lärm wachsenden Tumult der um ihre Ruhe gebrachten Nachbarn hervor. Inzwischen hat David seine Magdalene am Fenster entdeckt und glaubt, Beckmesser bringe ihr ein Ständchen. Er stürzt sich auf ihn, beide prügeln sich, die herbeigeeilten Meister geraten sich selbst in die Haare, jeder geht auf jeden los, eine allgemeine Schlägerei hebt an, ein lärmendes Streiten und Prügeln: in Nürnbergs Gassen ist der Teufel los! *(Prügelszene »Heda! Herbei! ›s gibt Prügelei!«).* Eva und Stolzing wollen das Durcheinander zur Flucht nützen, werden aber von Sachs daran gehindert, der den Junker in seinem Haus in Sicherheit bringt. Allmählich löst sich der allgemeine Aufruhr auf, als der Nachtwächter erscheint und die elfte Stunde verkündet. –

3. AKT: Schusterstube von Hans Sachs. Am nächsten Morgen sinnt Hans Sachs in seiner Schusterstube über die Vorfälle der vergangenen Nacht nach. Der Wahn, so philosophiert er, ist der Urgrund allen Quälens und Schindens der Menschen *(›Wahnmonolog‹ des Hans Sachs »Wahn, Wahn! Überall Wahn!«).* Da betritt Walther von Stolzing den Raum, und erzählt Sachs von seinem Traum. Der fordert ihn auf, daraus ein Meisterlied zu dichten und hilft ihm, dabei zugleich die Regeln zu beachten. Er schreibt es ihm auch selbst auf, läßt es aber, als sie sich zum Umkleiden für das Fest begeben, liegen. So entdeckt es Beckmesser und nimmt es an sich. Ihm scheint es Beweis dafür zu sein, daß Sachs, in dem er den Dichter des Liedes vermutet, selbst um Eva freit. Davon aber, so beteuert dieser ihm, könne keine Rede sein – aber wenn er, Beckmesser, in Verlegenheit um ein neues Werberlied sei, so möge er als Entschädigung für die Unbill der vergangenen Nacht das Lied ruhig behalten. Beckmesser sieht sich gerettet. Dem Schuster freilich ist Beckmessers unrechtmäßiges Verhalten nur willkommen zugunsten Stolzings. Zuvor aber gilt es noch, nach alter Meistersingerart Taufe für das neue Lied zu halten. Walthers Preislied, zu dessen dritter Strophe er durch den Anblick der festlich gekleideten Eva angeregt wird, gibt Sachs den Namen »selige Morgentraum-Deutweise«. – Die Festwiese. Zum großen Fest ziehen die einzelnen Zünfte auf die Festwiese *(Chor-*

ensembles der Zünfte). Dann begrüßt und ehrt das Volk Hans Sachs mit dessen »Wach auf«-Lied *(Chor »Wach auf, es nahet gen dem Tag...«)*. Der dankt bescheiden und erklärt den Anwesenden den Entschluß Veit Pogners, als »der Werbung selt'nen Preis« seine Tochter Eva dem zum Lohne zu bieten, der im Wettsingen als Sieger erscheint *(Ansprache des Hans Sachs »Euch wird es leicht, mir macht ihr's schwer...«)*. Als erster Bewerber tritt Beckmesser an und erlebt ein Fiasko mit seinem von Sachs zugestandenen Lied: kam er schon eingestandenermaßen mit dem Text nicht zurande, so bietet er das Lied nun entstellt und sinnwidrig dar und macht sich so zum Gespött *(Beckmessers Gesang »Morgen ich leuchte in rosigem Schein...«)*. Als er Sachs für das Lied verantwortlich macht – »mich hat der Schändliche bedrängt, sein schlechtes Lied mir aufgehängt« – klärt dieser den Irrtum auf und ruft Walther von Stolzing auf, das Lied selbst vorzutragen *(Preislied des Walther von Stolzing »Morgendlich leuchtend in rosigem Schein...«)*. Mit seinem Preislied ersingt er sich, von Volk und Meistern gleichermaßen darum bewundert, Eva zum Weib. Doch die angebotene Meisterwürde lehnt er ab, er wolle ohne Meister selig sein. Da belehrt ihn Hans Sachs ernsthaft eines besseren *(Ansprache des Hans Sachs »Verachtet mir die Meister nicht und ehrt mir ihre Kunst«* und *Schlußchor »Ehrt eure deutschen Meister...«)*. –

Aufführungsdauer. 5½ Stunden

Richard Wagner
DER RING DES NIBELUNGEN
Ein Bühnenfestspiel, aufzuführen
in 3 Tagen und 1 Vorabend

Quellen. Richard Wagners Tetralogie »Der Ring des Nibelungen« hat in ihrer Stoffülle, ihren mythologischen und kunstphilosophischen, ihren sozialen und ideologischen Dimensionen sowie in ihrer gewaltigen zeitliche Ausdehnung (Gesamtspieldauer ca. 17 Stunden) nicht ihresgleichen. Stofflich und thematisch bindet sie germanische Mythologie, Geschichte und deren dichterische Überlieferungen.

<u>Mythologie</u> heißt hier germanische Religion, die nicht als struktuierte Glaubenskonzeption überliefert ist, sondern sich aus den überkommenen Götter- und Heldensagen herauskristallisieren läßt. Dabei tragen auch die Götter – sehr ähnlich wie in der griechischen Mythologie – ausgesprochen menschliche Züge. Zudem waltet auch über ihnen wie über den Menschen und den anderen

jenseitigen, untergöttlichen aber übermenschlichen Wesen (Riesen, Zwerge, Walküren) das namen- und wesenlose, also abstrakte Schicksal. Seine gestaltgewordenen Sendboten sind die drei Nornen (Schicksalsfrauen), die den Schicksalsfaden spinnen, am Fuße der Weltesche wohnen und für die drei Zeitstufen stehen: das Gewordene, das Seiende und das Werdende. Bezüglich des Wagnerschen »Ring« sind drei Gestalten der Mythologie von ganz besonderer Bedeutung:

Wotan (nordisch: *Odin*), oberster Gott, der an der Spitze des Göttergeschlechtes der Asen steht. Er ist der mächtige Göttervater, zugleich Gott des Zaubers und der Verwandlung, der Dichtkunst und der Weisheit (für die er ein Auge opferte). Wagner nennt ihn ›Heervater‹ (d. h. Gott des Krieges und Schirmherr der Helden) und ›Walvater‹ (d. h. Vater der Toten) und bezeichnet damit zwei weitere wesentliche Seinsweisen des Gottes. Wotan tritt als Wanderer auf, er kann binnen kürzester Zeit überall sein, er liebt die Verkleidung und wird oft in einem weiten Mantel gekleidet und mit einem großen Schlapphut auf dem Kopf, der sein fehlendes Auge verdeckt, beschrieben. Er hat zwei Raben, die ihm ins Ohr raunen, was sie auf ihren Flügen durch die Welt sehen und die *Walküren* als Dienerinnen. Symbol seiner Götterherrschaft ist der Speer, den er aus einem Ast der heiligen und immergrünen Esche schnitt, die als Weltenbaum Himmel und Erde miteinander verbindet und unter deren drei Wurzeln die *Riesen* (die älter als die Götter sind) und die Menschen wohnen und wo die Totengöttin *Hel* über das Totenreich wacht. Wotan beigesellt sind die – von Wagner übernommenen – Gottheiten *Erda* (›Mutter Erde‹), *Fricka* (nordisch: Frigg; Wotans Gemahlin, die Göttermutter und Göttin der Liebe und der Ehe), *Freia* (nordisch: Freyja; Göttin der Schönheit, der Liebe und der Fruchtbarkeit, Hüterin der goldenen Äpfel, deren Genuß den Göttern ihre Jugend und Schönheit erhält), *Donner* (nordisch: Thor; der stärkste und populärste germanische Gott des Gewitters und des Wetters, dessen Waffe und Attribut der Hammer ist), *Loge* (nordisch: Logi; Gott des Feuers (die ›Lohe‹) und des Windes, als ›Lauffeuer‹ der schnellste, aber auch gewitzeste Gott) und *Froh* (nordisch: Freyr; Fruchtbarkeits- und Friedensgott, Bruder der Freia).

Siegfried (nordisch: *Sigurd*) wird in der Überlieferung als Sohn des Wotan-Sohnes *Sigmund* bezeichnet und stellt die bekannteste Heldengestalt aller germanischen Dichtungen dar. Alle Versuche, in ihm einen historischen niederländischen oder fränkischen Königssohn zu individualisieren, blieben bislang erfolglos. Mangels einer nachweisbaren geschichtlichen Identität bleibt er auch weiterhin die heldische Lichtgestalt der Mythologie.

Brünnhild (nordisch: *Brynhildr*) gilt als Tochter Wotans und Erdas und ist die oberste der *Walküren* (›Totenwählerinnen‹). Diese halbgottähnlichen Wesen der Mythologie reiten in glänzender Rüstung hoch zu Roß durch die Luft und zeichnen die zum Tode bestimmten Helden, die sie vom Kampfplatz (*Walstatt*) in die auf Wotans Geheiß von Riesen erbaute Götterburg *Walhall* (Totenhalle) bringen und sie dort solange bewirten, bis sie in den vom Schicksal bestimmten und auch von Wotan nicht verhinderbaren Untergang von Himmel (*Götterdämmerung*) und Welt erneut eingreifen. Erst in der Dichtungsüberlieferung wurde Brünnhild zu einer Kampfjungfrau und Schwester des Hunnenkönigs Attila (deutsch: Etzel). In Wagners »Ring«-Dichtung stellt sie die personale Bindung einerseits zwischen ihrem Vater Wotan und Siegfried, andererseits damit zwischen Mythologie und Geschichte dar, wenn sie als Frau des Burgunderkönigs Gunther durch den Tarnkappenbetrug Siegfrieds gewonnen wird.

<u>Geschichte</u> ist bestimmbar durch das ostgermanische Volk der *Burgunder*, die auch *Gibichungen* heißen (so nennt sie auch Wagner) nach einem in verschiedenen mittelhochdeutschen Heldensagen wohlbekannten burgundischen König Gibich, der am Rhein geherrscht habe. Nach der Zerstörung ihres Reiches am Rhein mit Worms als Reichsmittelpunkt durch einander verbündete Römer und Hunnen im Jahre 436 wanderten die Burgunder westwärts ins Rhône-Gebiet. Dort wurde 534 ihr letztes Reich von den Franken zerstört. Nach den Burgundern wurde die historische französische Landschaft Bourgogne benannt, auf deren Territorium während des 15. Jahrhunderts in dem Herzogtum Burgund eine einflußreiche politische und kulturelle europäische Großmacht entstand.

<u>Dichtung</u>, die Mythologie und Geschichte sowie Götter- und Heldensagen kongenial miteinander verbindet, ist in vielen poetischen Zweigen überliefert. In Bezug zu Wagners Tetralogie sind zwei herausragende Werke besonders zu nennen:

1. Das Nibelungenlied ist nicht nur das umfangreichste strophische Heldenepos der mittelhochdeutschen Dichtung, sondern eines der bedeutendsten Epen der Weltliteratur. Entstanden ist es in der Zeit zwischen 1180 und 1210 im Donauraum zwischen Passau und Wien und überliefert in zahlreichen vollständigen und fragmentarischen Handschriften. Der Verfasser des Nibelungenliedes ist unbekannt, gehörte aber wohl selbst dem süddeutschen Ritterstand an, denn sein Werk ist ritterlich-höfische Dichtung. Ihre Quellen sind nicht bekannt, werden aber in der mündlichen Überlieferung der wahrscheinlich teilweise schon in vorchristlicher, hauptsächlich jedoch in vor- und hochkarolingischer Zeit (5. bis 8. Jahrhundert) entstandenen Götter- und Heldensagen gesehen. Die dem Nibelungenlied zugrundeliegende Sage stellt die Verbindung her zwischen einem alt-fränkischen Mythos und dem Untergang des historisch nachweisbaren Burgunderreiches. Das Nibelungenlied gilt nicht als freie dichterische Erfindung des unbekannten Autors, sondern als planvoll geordnete Sammlung alten Sagengutes, die jedoch durch den Dichter ihre künstlerische Vollendung erfuhr. Sein Inhalt:

- Siegfrieds Werbung um die burgundische Königstochter Kriemhild (nordisch: Gutrune; diesen Namen übernahm auch Wagner) und seine Vermählung mit ihr;
- Siegfrieds Tarnkappenbetrug, Brünhild (Brünnhilde) als Frau für seinen königlichen Dienstherrn Gunther von Burgund zu gewinnen;
- Siegfrieds Tod durch Hagen von Tronje;
- Kriemhilds Rache an Hagen und den Burgundern für Siegfrieds Tod während ihres Aufenthaltes am Königshof der Hunnen, wohin sie als zweite Gemahlin des Hunnenkönigs Etzel (nordisch: Attila) nur ging, um ihr Rachewerk zu vollbringen.

Eine nordische Variante des Nibelungenliedes entstand wenig später in der *Völsunga Saga* (Geschichte der Völsungen, etwa um 1260), die im mythischen Bereich beginnt und Wotan (Odin) als Stammvater des Geschlechtes der Völsungen (bei Wagner ›Wälsungen‹) benennt. Er ist Vater des (als fränkischer König ausgewiesenen) Sigmunds und der Sieglinde, aus deren inzestiöser Verbindung Sigurd (Siegfried) hervorging.

2. Die Edda (richtiger: ›Lieder-Edda‹ oder auch ›Ältere Edda‹), die um 1250 entstandene isländische Sammlung nordischer Göttermythen, Heldenlieder und Spruchdichtungen, ist jünger als das Nibelungenlied. Auch ihr Verfasser, wohl ein isländischer Gelehrter, ist unbekannt. Überliefert ist die Edda in einer Pergamenthandschrift vom Ende des 13. Jahrhunderts in norwegisch-isländischer Sprache, die erst im Jahre 1643 in der Königlich-Dänischen Bibliothek zu Kopenhagen aufgefunden wurde. Im Mittelpunkt der Götterlieder stehen die Entstehung der Welt, das Wirken des höchsten Gottes Odin (Wotan) und das Weltende (Ragnarökr, Götterdämmerung), während die Sigurd- (Siegfried-) Sage den Kern der Heldenlieder darstellt.

Nibelungen. Der Name ist nicht genau zu bestimmen. In der germanischen Heldensage heißt *Nibelung* (etymologisch soviel wie »Sohn des Nebels«) ein dämonischer Herrscher, König der Nibelungen. Er besitzt einen Goldschatz, den *Nibelungenhort*, den er von *Alberich* hüten läßt. Dieser gehört den *zwergenhaften Alben* an, überirdischen Wesen der niederen Mythologie, die jünger als Götter und Riesen, aber älter als die Menschen sind. Sie sind klug und fleißig und leben unter der Erde wie auch zwischen den Felsen. Ihr Lebensraum wird *Niflheim (Nibelheim)* genannt, das man auch mit dem neun unterirdische Welten umfassenden Totenreich der *Unterweltsgöttin Hel* (von ›hehlen‹ = bergen) in Verbindung bringt. Die Zwergalben herrschen über die Metalle und arbeiten nur dort, wo die Erde ihre Schätze birgt. Das macht sie zu besonders guten Schmieden u. a. auch von Götterschmuck und Zauberschwertern. In der nordischen Sagendichtung entspricht Alberich der fischgestaltige Zwerg Andwardi, der ebenfalls einen Goldschatz bewacht. So hat man Alberich als Hüter des Nibelungenhortes selbst als Nibelungen bezeichnet, ein Name, den man schließlich nach Erwerb des Schatzes durch *Siegfried* auch auf diesen und die *Burgunder* übertrug. Daher sprechen Dichtung und Bildende Kunst vom Gang der Burgunder an den Hof des Hunnenkönigs *Attila (Etzel)* auch als dem *Nibelungenzug*.

Wagners Ansatz. Auf das *Nibelungenlied* und die *Edda* hat Richard Wagner in Schriften und Briefen mehrfach Bezug genommen, aber auch einige andere dichterische wie auch literarhistorische Quellen genannt. Für die Gestaltung »*des großen, ein ganzes Weltverhältnis umfassenden Nibelungenmythus*« (Wagner) verwandte er fast drei Jahrzehnte: von der im Spätsommer des Jahres 1848 aufgezeichneten Studie »Die Nibelungen. Weltgeschichte aus der Sage« bis zur Uraufführung der »Götterdämmerung« bei den ersten Bayreuther Festspielen von 1876. Wagner entwickelte das Gesamtwerk von seinem Ende her, denn schon im Oktober 1848 entstand als erstes der Prosaentwurf zu einem Drama »Siegfrieds Tod«. Erst drei Jahre später konzipierte er die »Ring«-Dichtung als vierteiliges Werk und veröffentlichte sie im Februar 1853 nur als Privatdruck. Dazu zwei Zitate des Komponisten.

(1) »*Seit meiner Rückkehr aus Paris nach Deutschland hatte mein Lieblingsstudium das des deutschen Altertums ausgemacht. Ich erwähnte bereits näher des damals tief mich erfüllenden Verlangens nach Heimat. Diese Heimat konnte in ihrer gegenwärtigen Wirklichkeit mein Verlangen auf keine Weise befriedigen, und ich fühlte, daß meinem Triebe ein tieferer Drang zu Grunde lag, der in einer anderen Sehnsucht seine Nahrung haben mußte, als eben nur im Verlangen nach der modernen Heimat. Wie um ihn zu ergründen, versenkte ich mich in das urheimische Element, das uns aus den Dichtungen einer Vergangenheit entgegentritt, die uns um so wärmer und anziehender berührt, als die Gegenwart uns mit feindseliger Kälte von sich abstößt. Meine Studien trugen mich so durch die Dichtungen des Mittelalters hindurch bis auf den Grund des alten urdeutschen Mythos, ein Gewand nach dem anderen, das ihm –* (Wagner meint damit den »*jugendlich schönen Menschen*«) *– die spätere Dichtung entstellend umgeworfen hatte, vermochte ich von ihm abzulösen, um ihn so endlich in seiner keuschesten Schönheit zu erblicken. Was ich hier ersah, war nicht mehr die historisch konventionelle Figur, an der uns das Gewand mehr als die wirkliche Gestalt interessieren muß; sondern der wirkliche, nackte Mensch, an dem ich jede Wallung des Blutes, jedes Zucken der kräftigen Muskeln in uneingeengter, freiester Bewegung erkennen durfte: der wahre Mensch überhaupt.*«

(Aus »Eine Mitteilung an meine Freunde«, 1851)

(2) »*Jetzt sehe ich, ich muß, um vollkommen von der Bühne herab verstanden zu werden, den ganzen Mythos plastisch ausführen. Nicht die Rücksicht allein bewog mich aber zu meinem neuen Plane, sondern namentlich auch das hin-*

reißend Ergreifende des Stoffes, den ich somit für die Darstellung gewinne, und der mir einen Reichtum für künstlerische Bildung zuführt, den es Sünde wäre, ungenützt zu lassen ... Aber noch Eines bestimmte mich zur Erweiterung dieses Planes: die gefühlte Unmöglichkeit, auch den ›jungen Siegfried‹ einigermaßen entsprechend in Weimar – oder sonst wo aufführen zu können. Ich mag und kann jetzt nicht mehr die Marter des Halben durchmachen. Mit dieser meiner neuen Konzeption trete ich gänzlich aus allem Bezug zu unserm heutigen Theater und Publikum heraus: ich breche bestimmt und für immer mit der formellen Gegenwart ... So ausschweifend dieser Plan ist, so ist er doch der einzige, an den ich noch mein Leben, Dichten und Trachten setze. Erlebe ich seine Aufführung, so habe ich herrlich gelebt; wenn nicht, so starb ich für was Schönes. Nur dies aber kann mich noch erfreuen.«

(Aus dem Brief vom 12. November 1851 an Theodor Uhlig, Musiker und Schriftsteller in Dresden, einer der engsten Freunde Wagners)

Vorabend
DAS RHEINGOLD
Uraufführung München 1869

Entstehung und Uraufführung. Mit den Kompositionen von »Tannhäuser« und »Lohengrin« hatte sich Richard Wagner der Welt des Mittelalters genähert und sich immer mehr mit ihr vertraut gemacht. Während dieser Begegnung muß er auch den Anstoß zu seiner »Ring«-Tetralogie erhalten haben. Ein genauer Zeitpunkt dafür, der vielleicht auch Rückschlüsse auf ein Schlüsselerlebnis (wie zum Beispiel beim »Fliegenden Holländer«) zuließe, fehlt. Der Textentwurf der Dichtung hatte mit dem »Siegfried« begonnen, erst Anfang November 1851 schrieb der Komponist die erste Prosaskizze zum »Rheingold« (zunächst unter dem Titel »Der Raub des Rheingoldes«) nieder. Der folgte im März 1852 die Niederschrift des großen Prosaentwurfes und im Herbst die Aufzeichnung der Urschrift. Nachdem die gesamte Dichtung abgeschlossen war, konnte sich Wagner – der fünf Jahre lang nichts komponiert hatte – der musikalischen Arbeit widmen. Während seines Aufenthaltes in Italien widerfuhr ihm in La Spezia nach einer Fußwanderung durch die Pinienwälder der Umgebung das berühmte ›Halbschlaf‹-Erlebnis, worüber er in »Mein Leben« selbst berichtet:

»*Am Nachmittag heimkehrend, streckte ich mich todmüde auf ein hartes Ruhebett aus, um die langersehnte Stunde des Schlafes zu erwarten. Sie erschien nicht, dafür versank ich in eine Art von somnabulem Zustand, in welchem ich plötzlich die Empfindung, als ob ich in ein stark fließendes Wasser versänke,* erhielt ... Mit der Empfindung, als ob die Wogen jetzt hoch über mich dahinbrausten, erwachte ich in jähem Schreck aus meinem Halbschlaf. Sogleich erkannte ich, daß das Orchester-Vorspiel zum ›Rheingold‹, wie ich es in mir herumtrug, doch aber nicht genau hatte finden können, mir aufgegangen war; und schnell begriff ich auch, welche Bewandtnis es durchaus mit mir habe: nicht von außen, sondern nur von innen sollte der Lebensstrom mir zufließen.«

Nach Zürich zurückgekehrt, entwarf und vollendete Wagner zwischen November 1853 und Januar 1854 die Kompositionsskizze und schrieb an Franz Liszt: »*Glaub' mir, so ist noch nicht komponiert worden: ich denke mir, meine Musik ist furchtbar, es ist ein Pfuhl von Schrecknissen und Hoheiten!*« Liszt war es auch, der im Sommer 1856 die Ende Mai 1854 vollendete Partitur erhielt. Später schenkte Wagner die Partitur Otto von Wesendonck, erbat sie jedoch zurück und schenkte sie König Ludwig II. zu dessen 20. Geburtstag am 25. August 1865. Die Uraufführung von »Das Rheingold« am 22. September 1869 am Münchner Hof- und Nationaltheater fand auf Befehl Ludwigs II. statt und gegen Wagners Willen, der die Aufführung seiner gesamten »Ring«-Tetralogie mit dem Plan verband, am Rhein ein eigenes Theater dafür zu errichten.

Die Personen des Vorabends. DIE GÖTTER: Wotan (Bariton/Baß); Donner (Baß); Froh (Tenor); Loge (Tenor) – DIE RIESEN: Fasolt (Baß); Fafner (Baß) DIE NIBELUNGEN: Alberich (Baß). Mime (Tenor) – DIE GÖTTINNEN: Fricka (Mezzosopran); Freia (Sopran); Erda (Alt) – DIE RHEINTÖCHTER: Woglinde (Sopran); Wellgunde (Sopran); Floßhilde (Mezzosopran)

Die Handlung. 1. SZENE: In der Tiefe des Rheins. Die drei Rheintöchter bewachen das tief unten im Rhein liegende Rheingold. Der Zwerg Alberich, dem finsteren Abgrund aus »Nibelheims Nacht« entstiegen, beobachtet mit lüsternem Wohlgefallen ihr scherzendes und lachendes Spiel. Liebeshungrig trachtet er danach, eine von ihnen für sich zu gewinnen, wird aber von ihnen, die sich ihm immer wieder entziehen, nur gefoppt und verspottet. Da erblickt er das Rheingold, über dessen Zauberkraft er von den Rheintöchtern erfährt: wer der Liebe entsagt und das Gold gewinnt, kann aus ihm einen Ring schmieden, der ihm alle Macht verleiht. Zugleich zeigen sie ihre gefährliche Sorglosigkeit, denn alles was lebt, so meinen sie, möchte auch lieben, kein Wesen wolle auf Liebe verzichten. Seiner vergeblichen Liebesmüh um eine der Rheintöchter überdrüssig, sagt sich Alberich von der Liebe los und raubt aus Rache für verschmähte Gunst das Rheingold, antwortet auf die entsetzten Hilferufe der Rheintöchter mit gellendem Hohngelächter und verschwindet in der Tiefe. –

2. SZENE: Freie Gegend auf Bergeshöhen. Der Tag bricht an, das Götterpaar Wotan und Fricka erwacht und sieht die fertige Götterburg Walhall. Sie als Zeichen seiner Macht zu bauen hatte Wotan die Riesen Fafner und Fasolt vertraglich verpflichtet. Als Sold versprach er ihnen seine Schwägerin Freia. Deshalb macht ihm Fricka auch heftige Vorwürfe, nichts sei ihm heilig und wert,

wenn es um Herrschaft und Macht ginge. Wotan aber hatte gar nicht daran gedacht, Freia den Riesen zu überlassen. Als der listige Loge ihm zu dem Vertrag riet, versprach er zugleich auch, Freia zu lösen. Nun wartet Wotan ungeduldig auf ihn, während die Riesen schon kommen, um ihren Lohn einzufordern (*Fasolt »Sanft schloß Schlaf dein Auge...«*). Wotan weigert ihnen Freia, sie sollen anderen Lohn von ihm fordern. Die Riesen werfen dem Göttervater Vertragsbruch vor und wollen Freia gewaltsam entführen. Da stellen sich ihnen erst ihre Brüder Donner und Froh entgegen, dann endlich erscheint auch Loge. Rastlos durchstöberte er jeden Winkel der Erde, um einen Ersatz für Freia zu finden, mit dem sich auch die Riesen zufriedengeben könnten. Doch nirgendwo fand er einen solchen Ersatz für »Weibes Wonne und Wert«, bis er durch die klagenden Rheintöchter von Alberich hörte, der der Liebe um des Goldes wegen entsagte. Die bestohlenen Rheintöchter rufen nun Wotans Hilfe an, den Goldschatz zurückzuschaffen. Als Wotan, der von dem Zauber des Rheingoldes schon gehört hat, von Loge erfährt, Alberich habe aus dem Gold bereits den unermeßliche Macht verheißenden Ring geschmiedet, will er diesen für sich selbst gewinnen. Doch auch die Riesen fordern Gold und Ring und nehmen dafür Freia als Geisel. Das setzt die Götter dem Altern und schließlichem Tod aus, denn die Hüterin der ewige Jugend schenkenden goldenen Äpfel ist an die Riesen verpfändet; so wird das zauberische Obst seine Kraft verlieren und faulen. Um Freia zu lösen und so den Untergang der Götter zu verhindern, machen sich Wotan und Loge auf, Alberich das Gold zu rauben und es den Riesen zu bringen. –

3. SZENE: Nibelheim. Alberich hat Mime gezwungen, ihm einen Tarnhelm zu schmieden, mit dem er sich unsichtbar machen und in alles verwandeln kann, was er sich wünscht. Nun hat er mit dem Helm und dem Ring die alleinige Macht über die Nibelungen errungen. Mime spürt sie als erster, schmerzende Geißelhiebe legen ihn in Bande und zwingen ihn zum Gehorsam gegenüber dem Bruder. So finden ihn Wotan und Loge und erfahren von ihm, was sich zugetragen hat. Und schon sehen sie auch die Folgen. Alberich treibt aus den Tiefen die Nibelungen herauf, wo sie Gold und Silber horten sollen (*Alberich »Hierher! Dorthin! Träges Heer! Dort zu Hauf schichtet den Hort!«*). Dann jagt er sie zur neuen Goldsuche zurück in die Tiefen und schickt auch Mime nach unten. Denn er hat Wotan und Loge entdeckt. Der fragt ihn, was er denn mit dem ganzen Golde wolle? Die ganze Welt gewinnen einschließlich der Götter, ist die Antwort. Doch der listige Loge stellt sich dumm, schmeichelt Alberich und trotzt ihm zweifache Verwandlung zum Zeichen seiner Macht ab. Alberich verwandelt sich in einen Riesenwurm und in eine Kröte, deren sich die Götter rasch bemächtigen, ihr die Tarnkappe abziehen, Alberich fesseln und den sich wütend Wehrenden mit sich hinauf auf die Erde nehmen.

4. SZENE: Freie Gegend auf Bergeshöhin. Die beiden Götter steigen mit

dem geknebelten Alberich aus den Klüften herauf. Für den wütenden Zwerg hat Loge nur Spott übrig, und Wotan nimmt ihm alle Macht. Den Goldhort bringen die Nibelungen hoch, auch die Tarnkappe und der Ring gehören dazu. Alberich, entmachtet aber wieder befreit, stößt seinen Fluch aus *(Alberich »Wie durch Fluch er mir geriet, verflucht sei dieser Ring! ... Tod dem, der ihn trägt!«).* Kaum ist er verschwunden, erscheinen die Riesen mit Freia von der einen, Donner, Froh und Fricka von der anderen Seite. Das Gold soll Freia auslösen, doch den Ring will Wotan, der Alberichs Fluch mißachtet, nicht hergeben. Da erscheint Erda und warnt Wotan vor dem Ring, der den Untergang bedeute *(Erda »Weiche, Wotan! Weiche!«).* Wotan gibt den Ring und wird Zeuge, wie sich sein Fluch erfüllt. Als die Riesen den Goldschatz einhorten, nimmt Fasolt den Ring an sich, doch Fafner begehrt ihn auch und erschlägt Fasolt. Wotan ist erschüttert, Sorge und Furcht befallen ihn. Doch dann begleiten die Götter die erlöste Freia über die von Froh und Donner rasch geschlagene Regenbogenbrücke hinauf in die Götterburg Walhall *(Wotan »Abendlich strahlt der Sonne Auge...«).* –

Aufführungsdauer. 2½ Stunden

Erster Tag
DIE WALKÜRE
Uraufführung München 1870

Entstehung und Uraufführung. Unmittelbar nach der ersten Prosaskizze zu »Rheingold« im November 1851 entstand noch im gleichen Monat die zur »Walküre«, deren großen Prosaentwurf Wagner im Mai 1852 niederschrieb. Die Urschrift der Dichtung zeichnete er im Sommer noch vor der zum »Rheingold« auf. Dann blieb die Arbeit erst einmal liegen, bis Wagner im Sommer 1854 mit der »Walküre«-Komposition beginnen konnte, deren gesamte Skizzierung bis Ende des Jahres beendet war. Über das ganze folgende Jahr 1855, unterbrochen nur durch den längeren Aufenthalt in London, war Wagner nahezu ausschließlich mit der Partitur des zweiten »Ring«-Teiles beschäftigt. Gegen Ende März 1856 konnte er die Partitur abschließen. Auch sie schickte er an *Liszt,* der sich sofort mit seinem Schwiegersohn, dem Dirigenten *Hans von Bülow,* mit dem Werk befaßte und Wagner schrieb: »*Ich konnte ihm [Bülow] die Freude nicht entziehen, Dein ›Walhall‹ zu beschaulichen; und so klimpert und klappert er das Orchester am Klavier, während ich die Gesangs-Stimmen heule, stöhne und brülle.*« (Brief aus Weimar vom 1. August 1856) Das weitere Schicksal der »Walküre« glich dann dem des »Rheingold«. Wagner schenkte die Partitur wieder dem bayerischen König zum Geburtstag am 25. August 1866, und Ludwig II. befahl auch die Uraufführung von »Die Walküre« gegen den ausdrücklichen Wunsch Wagners. Sie fand am 26. Juni 1870 ebenfalls im Hof- und Nationaltheater statt. »Rheingold« und »Walküre« gelangten bei den Ersten Bayreuther Festspielen 1876 erstmals ins Festspielhaus, zusammen mit den Uraufführungen der beiden anderen Teile der Tetralogie.

Die Personen des Ersten Tages. Siegmund (Tenor) – Hunding (Baß) – Wotan (Bariton/Baß) – Sieglinde (Sopran) – Fricka (Mezzosopran) – DIE WALKÜREN: Brünnhilde (Sopran), Gerhilde (Sopran), Ortlinde (Sopran), Waltraute (Mezzosopran), Schwertleite (Alt), Helmwige (Sopran), Siegrune (Mezzosopran), Grimerde (Alt), Roßweiße (Mezzosopran)

Die Handlung. VORGESCHICHTE: Viel Zeit ist vergangen, seit die Götter in Walhall einzogen. Seit er den Bau der Götterburg mit dem Ring des Nibelungen Alberich bezahlte, ist Wotan in Not. Seine Macht ist gefährdet, das Ende der Götter naht. Da Alberich durch den Ring unermeßliche Macht besaß, mußte Wotan diese Macht brechen. Mit Loges listiger Hilfe gewann er den Ring und entmachtete Alberich, der den Ring mit einem Fluch belud: »Gab sein Gold mir Macht ohne Maß, nun zeug' sein Zauber Tod dem, der ihn trägt!« Wer ihn besitzt, den erfüllt er mit Sorge, wer ihn nicht hat, ist voller Neid. So ist der Herr des Ringes zugleich sein Knecht. Alberichs Fluch erfüllte sich umgehend, als Fafner, um den Ring in seinen Besitz zu bekommen, Fasolt erschlug. Wotan aber begab sich zu Erda, der Allwissenden, hinab, um mehr über das von ihr prophezeite Ende der Götter zu erfahren. Er nahte sich ihr mit Liebeszauber, und sie gebar ihm Brünnhilde. Sie und die Walküren bestimmte er zu seinem Dienst, um die gefallenen Helden nach Walhall zu bringen, wo sie sich durch tägliche Kampfübungen auf den letzten Kampf vorbereiten am Tage des Weltunterganges und der Götterdämmerung. Erda warnte Wotan: Gefahr droht ihm durch Alberich, der ihn mit Haß und Neid verfolgt; gewinnt er den Ring zurück, ist Walhall verloren. Um sein Ziel zu erreichen, hat Alberich, der der Liebe fluchte, sich durch Gold ein Weib gewonnen, mit dem er in Haß seinen Sohn Hagen zeugte, der ihm helfen soll, den Ring zurückzuerlangen. Den aber hütet noch Fafner in Gestalt eines furchtbaren Wurmes. Wotans Not: er selbst kann den Ring nicht zurückholen, denn ihn binden Verträge, auf denen sich seine Herrschaft gründet, und der Ring ist Vertragsgegenstand, weil er mit ihm den Bau der Götterburg Walhall bezahlte. So bedarf der Göttervater eines Helden, der ohne Schutz und Hilfe der Götter aus eigenem freien Willen den Ring erwirbt und ihn den Rheintöchtern zurückbringt, um so des Ringes Fluch zu bannen. In der Hoffnung, dieser Held werde geboren, zeugte Wotan das Wälsungenpaar Siegmund und Sieglinde. –

1. AKT: Das Innere eines Wohnraumes, in dessen Mitte der Stamm einer mächtigen Esche hochragt. Auf der Flucht vor seinen Feinden findet der

erschöpfte Siegmund Aufnahme im Hause Hundings. In dessen Abwesenheit begrüßt und erfrischt sein Weib Sieglinde den Fremden, der sich sogleich seltsam zu ihr hingezogen fühlt. Wenig später kehrt Hunding zurück und gewährt Siegmund, über dessen Ähnlichkeit mit Sieglinde er sich wundert, Gastrecht. Nach Namen und Herkunft befragt, gibt Siegmund Antwort: Er wurde zusammen mit einer Zwillingsschwester geboren. Als er eines Tages vom Kampfe zurückkehrte, war das Haus zerstört, die Mutter erschlagen und die Schwester verschwunden. Mit seinem Vater Wolfe lebte er lange im Wald, bis sich des Vaters Spur verlor. Da ging er selbst unter die Menschen, die ihn jedoch nur ächteten, da er überall Unheil stiftete. Zuletzt stand er einer jungen Frau bei, die wider ihren Willen verheiratet werden sollte, erschlug ihre Brüder und floh waffenlos hierher *(Siegmunds Erzählung »Friedmund darf ich nicht heißen; Frohwalt möcht' ich wohl sein: doch Wehwalt muß ich mich nennen.«)*. Durch die Erzählung Siegmunds erkennt Hunding in ihm seinen Feind, dessen Tat zu rächen er gerufen wurde, jedoch zu spät kam. Für die Nacht gewährt er ihm Gastrecht, doch am kommenden Tag muß er sich ihm zum Kampfe stellen. Dann befiehlt er Sieglinde, den Schlaftrunk zu bereiten. Sie, die von Anfang an von Siegmunds Erscheinung fasziniert ist, mischt Hunding ein Betäubungsmittel in den Trank. Als Siegmund allein ist, gewahrt er ein Schwert in der Esche und erinnert sich, daß ihm sein Vater verhieß, er werde in der höchsten Not ein Schwert finden. Sieglinde kehrt zurück und erzählt ihm, dieses Schwert habe ein fremder Mann in den Stamm gestoßen, der bei ihrer Hochzeit mit Hunding, dem sie widerwillig und ungeliebt vermählt wurde, plötzlich erschienen sei. Er habe auch geweissagt, nur dem Stärksten werde es gelingen, dieses Schwert wieder herauszuziehen, und dann gehöre es ihm. Diesen Helden sieht sie nun in Siegmund, von dem sie voller Sehnsucht sühnende Rache für all ihre Schande und Schmach erwartet *(Erzählung der Sieglinde »Der Männer Sippe saß hier im Saal, von Hunding zur Hochzeit geladen...«)*. Selig erkennen die beiden sich als Geschwister und finden sich in leidenschaftlicher Liebe *(Siegmund »Winterstürme wichen dem Wonnemond«)*. Siegmund zieht das Schwert aus der Esche, nennt es Nothung, weil er es in der Not gewonnen hat, und verläßt mit Sieglinde Hundings Haus. –

2. AKT: Wildes Felsengebirge. Wotan bereitet seine Lieblingstochter Brünnhilde auf den Kampf zwischen Hunding und Siegmund vor, dem der Sieg gelten soll. Doch erst einmal muß sich der Göttervater einer Auseinandersetzung mit seiner Gemahlin Fricka stellen. Sie, die Hüterin der Ehe, wurde von Hunding um Hilfe gebeten. Schwere Vorwürfe macht sie Wotan, daß er zugelassen hat, daß Siegmund und Sieglinde nicht nur die Ehe brachen, sondern auch Blutschande begingen. Wotan bittet sie um ihren Segen für diese Liebe, was sie nur noch wütender macht. Er selbst, so wirft ihm Fricka zornig vor, habe Ehebruch an ihr begangen und das Wälsungenpaar gezeugt, verteidige nun auch noch dessen blutschänderische Geschwisterliebe und verwerfe damit alles, was er selbst einst geachtet habe *(Fricka »So ist es denn aus mit den ewigen Göttern, seit du die wilden Wälsungen gezeugt?«)*. Sie zwingt Wotan schließlich den Eid ab, seinen Schutz von Siegmund abzuziehen, um so den Ehebruch zu sühnen und ihr ihre göttliche Ehre zu wahren. Machtlos fügt sich Wotan, denn Fricka hat ihn durchschaut und er sich selbst in Fesseln gelegt. Denn Siegmund kann nicht der erhoffte Held sein, da er sich das Schwert durch Wotans Gunst gewann. Erschrocken fragt ihn Brünnhilde nach dem Grund, worauf er ihr seine Not ausführlich erklärt: »Ich berührte Alberichs Ring, gierig hielt ich das Gold! Der Fluch, den ich floh, nicht flieht er nun mich!« (dazu siehe die ›Vorgeschichte‹). In dem allen, so Wotan zu Brünnhilde, liege seine Machtlosigkeit, weshalb er sich Frickas Gebot beugen müsse. Nun will er sein Werk aufgeben, allein nach dem Ende sehnt er sich noch. Dann befiehlt er Brünnhilde, für Ehe und Eid zu streiten und Frickas Willen nach Hundings Sieg zu erfüllen: »Siegmund falle! Dies sei der Walküre Werk!« Doch gegen dieses Gebot lehnt sich Brünnhilde auf. Als sie Siegmund den Losspruch Wotans überbringt, rührt sie die übermächtige Liebe der Geschwister und sie beschließt, Siegmund im Kampf gegen Hunding beizustehen. Doch da schreitet Wotan ein, mit seinem Speer zerschlägt er Siegmunds Schwert in Stücke, und den so Unbewehrten tötet Hunding. Brünnhilde eilt rasch zu Sieglinde und flieht mit ihr, verfolgt von dem wütenden Wotan. –

3. AKT: Auf dem Gipfel eines Felsenberges. Die Walküren bringen gefallene Helden nach Walhall *(Walkürenritt »Hojotoho!«)*. Als letzte erscheint Brünnhilde mit Sieglinde. Auf der Flucht vor Wotan bittet sie die Schwestern um Hilfe, denn Sieglinde ist schwanger. Um sie zu retten, schicken sie sie in jenen Wald, in dem Fafner in Gestalt eines Drachenwurmes den Nibelungenhort mit dem Ring Alberichs hütet und den zu betreten Wotan meidet. Sieglinde folgt dem Rat der Walküren und erhält von Brünnhilde die Schwertstücke von Nothung, die sie vom Kampfplatz entwenden konnte. »Der neu gefügt das Schwert einst schwingt, den Namen nehm er von mir: Siegfried erfreu sich des Siegs!« Brünnhilde selbst verbirgt sich im Kreise der Schwestern, doch Wotan verlangt die Tochter, die seinem Willen trotzte und sein Gebot verhöhnte. Sie stellt sich dem Vater. Der scheidet sie aus der göttlichen Schar, Walküre kann sie länger nicht sein, er verweist sie aus seinem Angesicht, bannt sie auf dem Felsen in wehrlosen Schlaf und überantwortet sie dem Gehorsam eines künftigen herrischen Gatten *(Szene Brünnhilde-Wotan »Hier bin ich Vater! Gebiete die Strafe!«)*. Die übrigen Walküren vertreibt er aus ihrer Nähe, wer sein Gebot verletzt, muß Brünnhildes Schicksal teilen. Entsetzt lassen die Walküren Vater und Tochter allein. Brünnhilde ist getroffen von der schweren Strafe des Vaters, die sie als erniedrigend empfindet. Sie habe, so sagt sie ihm, doch nur sein erstes Gebot befolgt, daß er selbst nur zurücknahm, weil er sich durch Frickas Willen

seiner selbst entfremdete, da er doch Siegmund liebte. Was Brünnhilde ihm so vorhält, erkennt Wotan als seinen eigenen Zwiespalt und stürzt in wehmütige Stimmung. Die nützt Brünnhilde aus: nicht dem gewöhnlichen, feigen Manne will sie ausgeliefert sein, nur ein »furchtlos freiester Held« soll sie finden und sie werben: »Auf dein Gebot entbrenne ein Feuer; den Felsen umglühe lodernde Glut.« Nur dem allein, der mutig durch die Flammen zu ihr vordringe, will sie gehören. Wotan sagt es ihr zu, küßt ihr die Gottheit von den Augen, legt sie zur Ruhe und entfacht die Lohe zu ihrem Schutz. Dann nimmt er ergriffen Abschied von seinem Lieblingskind und verschwindet durch das Feuer *(Wotans Abschied »Leb wohl, du kühnes, herrliches Kind« und Feuerzauber).*

Aufführungsdauer: 4½ Stunden

Zweiter Tag
SIEGFRIED
Uraufführung Bayreuth 1876

Entstehung und Uraufführung. In den Monaten Mai und Juni des Jahres 1851 entwarf Wagner Konzeption und erste Prosaskizze zu dem »Jungen Siegfried« und zeichnete unmittelbar danach die Urschrift der Dichtung auf. Mit dem Werk wollte er dem Publikum den Mythos »*wie einem Kinde ein Märchen*« beibringen und beabsichtigte dabei, keinen so heldenhaften, eher einen heiteren und jugendlichen Siegfried zu gestalten. An Theodor Uhlig schrieb er im Mai 1851: »*Habe ich Dir nicht früher schon einmal von einem heiteren Stoffe geschrieben? Es war dies der Bursche, der auszieht, ›um das Fürchten zu lernen‹, und so dumm ist, es nie lernen zu wollen. Denke Dir meinen Schreck, als ich plötzlich erkenne, daß dieser Bursche niemand Anders ist, als – der junge Siegfried, der den Hort gewinnt und Brünnhilde erweckt.*« Mit der Komposition begann Wagner jedoch erst im September 1856, nachdem er kurz zuvor den Titel endgültig in »Siegfried« geändert hatte. Die Arbeit an Kompositions- und Orchesterskizze nur für den ersten Akt erstreckte sich über nahezu ein halbes Jahr. Doch erst als er Ende April 1857 mit der Familie in das von dem Ehepaar Wesendonck zur Verfügung gestellte »Asyl auf dem grünen Hügel« bei Zürich einzog, konnte er an eine kontinuierliche Arbeit des zweiten Aktes denken, die ihn bis zum August des Jahres in Beschlag nahm. Dann trat eine längere Pause ein, während der »Tristan« entstand. Ende September 1864 – Wagner war inzwischen von König Ludwig II. nach München berufen worden – setzte er die Arbeit am »Siegfried« fort. Danach trat erneut eine vierjährige Pause ein, bis er im Februar 1869 in Tribschen bei Luzern die Arbeit mit der Partiturreinschrift des zweiten Aktes wieder aufnahm. Dann konzentrierte er sich ganz auf den dritten Akt, vollendete die gesamte Partitur im Februar 1871 und widmete sich ganz seinem Festspielplan in Bayreuth. Bei den ersten Bayreuther Festspielen wurde »Siegfried« am 16. August 1876 innerhalb der Gesamtaufführung der »Ring«-Tetralogie uraufgeführt.

Die Personen des Zweiten Tages. Siegfried (Tenor) – Mime (Tenor) – Der Wanderer (Bariton/Baß) – Alberich (Baß) – Fafner (Baß) – Erda (Alt) – Brünnhilde (Sopran) – Stimme eines Waldvogels (Sopran).

Die Handlung. 1. AKT: Wald mit Felsenhöhle. Unmutig schmiedet Mime wieder einmal ein Schwert für Siegfried, doch alles, was er ihm schmiedet, zerschlägt dieser sofort. Der junge Siegfried, Siegmunds und Sieglindes Sohn, ist bei dem Zwerg Mime, Alberichs Bruder, aufgewachsen. Der hofft mit seiner Hilfe Fafner, den »wilden Wurm«, zu vernichten und sich so des Nibelungenhortes und des Ringes zu bemächtigen, den Fafner hütet. Das aber wird nur möglich sein mit dem Zauberschwert Nothung, das aus den einzelnen Stücken neu zusammenzuschweißen Mime nicht gelingen will. Siegfried jedoch ist es leid, immer nur den alten Alb von kühnen Taten schwatzen und sich seiner Schmiedekunst rühmen zu hören, wo er doch nur Stümperarbeit leistet. Außerdem kann er Mime nicht leiden, der ihm doch Vater und Mutter in eins ist. Da er jedoch keine Ähnlichkeit zwischen sich und dem Zwerg entdecken kann, will er endlich das Geheimnis um seine Herkunft von Mime erfahren. Von Siegfried gewaltsam bedrängt, gibt dieser ihm Auskunft: Seine Mutter Sieglinde fand er im Wald, nahm sie bei sich auf, wo sie einen Sohn gebar und bei der Geburt starb. Den elternlosen Knaben zog er auf und lehrte ihn manches. Siegfried verlangt ein Zeichen dafür, daß Mime auch die Wahrheit gesagt hat. Der holt die beiden Teile des zerschlagenen Schwertes Nothung, die ihm Sieglinde als Lohn gegeben hatte mit dem Hinweis, der Vater habe das Schwert in seinem letzten Kampf, in dem er erlag, geführt. Siegfried ist begeistert und weist Mime an, das Schwert neu zu schmieden. Damit will er dann, frei allen Bindungen, in die Welt ziehen. Während Siegfried im Wald weilt und Mime darüber nachsinnt, wie er ihn zu Fafner führen kann, betritt Wotan als Wanderer Mimes Höhle. Dem ist der Fremde nicht geheuer, deshalb stellt er ihm drei Fragen, bevor er ihm Gastrecht gewähren will. Mit den Antworten muß Wotan ihm sein Leben verpfänden, so will es das Gesetz der Wette. Wotan nimmt an und beantwortet die drei Fragen nach den Geschlechtern in den Tiefen der Erde, auf dem Rücken der Erde und in wolkigen Höhen mit den Namen der Nibelungen, Riesen und Götter. Da Mime ihn ungastlich begrüßte und die Wettpflicht es so will, stellt nun Wotan drei Fragen: Welches Geschlecht ist Wotan das liebste, mit welchem Schwert nur kann Fafner besiegt werden und wer allein vermag dieses Schwert zu schmieden? Mime nennt das Geschlecht der Wälsungen und den Schwertnamen Nothung, aber die dritte Frage kann er nicht beantworten. Wotan belehrt ihn: »Nur wer das Fürchten nie erfuhr, schmiedet Nothung neu.« Mime hat sein Leben verwirkt, doch Wotan läßt es dem verfallen, der das Fürchten nicht gelernt hat. Lächelnd verläßt er den verstörten und heftig zitternden Mime. So findet ihn Siegfried bei seiner Rückkehr. Als er nach Nothung fragt, wird Mime die Antwort des Wanderers klar. Vergebens versucht er, Siegfried das Fürchten zu lehren. Doch als er von dem gefährlichen Ungeheuer Fafner erzählt, hat Siegfried nur den Wunsch, es zu töten. Da Mimes Künste versagen, schmiedet Siegfried selbst Nothung zusammen *(Siegfrieds Schwertlied* »*Nothung! Nothung! Neidliches Schwert!*« und *Schmiedelied* »*Hoho! Schmiede, mein Hammer, ein hartes Schwert!*«*).* Mime erkennt nun, daß er nur durch Siegfried zu Hort und Ring gelangen kann, und heckt einen hinterlistigen Plan aus: da Siegfried nach dem Kampf mit dem Wurm müde und durstig sein wird, will er dem Labetrunk ein Schlafmittel beimischen und dann den schlafenden Siegfried mit dem Schwerte töten, wodurch er in den Besitz des Nibelungenringes kommen wird. Schon sieht sich Mime als neuer Nibelungenfürst. »Alberich selbst, der einst mich band, zur Zwergenfrone zwing ich ihn nun!« –

2. AKT: Tiefer Wald. Vor der »Neidhöhle« Fafners trifft zu nächtlicher Stunde Wotan auf Alberich, der auf die Zeit wartet, da sich sein Fluch auch an dem erfüllt, der jetzt Nibelungenhort und Ring besitzt. Wütend droht er dem Gott, ihn und Walhall zu vernichten, sobald er wieder im Besitz des Ringes ist. Wotan nimmt die Drohung des Zwerges gelassen und warnt ihn vor seinem Bruder Mime, der nach Gold und Ring trachtet. Darum führt er auch einen jungen Helden mit sich, der für ihn Fafner töten soll. Bei Anbruch des Tages erscheinen Mime und Siegfried, den sein Ziehvater das Fürchten lehren will durch den »greulich wilden Wurm« Fafner. Doch all sein Mühen, durch grausliche Schilderungen Siegfried Furcht einzuflößen, sind vergebens. Mutig und fröhlich wartet der auf Fafner, während er dem Gesang des Waldvogels lauscht *(Orchesterstück* »*Waldweben*« und *Siegfrieds Gesang* »*Du holdes Vöglein, dich hört ich noch nie...*«*).* Als er ihm mit seinem Jagdhorn antwortet, ruft er Fafner herbei. Ihm stellt er sich furchtlos entgegen, weicht seinem giftigen Geifer und seinem schlagenden Schweif geschickt aus und stößt ihm in dem Moment, da er sich mit seinem Vorderleib auf ihn stürzen will, Nothung ins Herz. Sterbend gibt sich Fafner zu erkennen, doch auch von ihm erfährt Siegfried nicht, wer er ist. Als er das Schwert aus dem Wurm zieht, gerät etwas Blut an seinen Finger, der wie Feuer brennt. Unwillkürlich führt Siegfried seinen Finger zum Mund, um das Blut abzusaugen. Da plötzlich versteht er die Sprache des Waldvogels, der ihm rät, Fafners Tarnkappe und den Ring aus der Höhle zu holen, dessen Besitzer zum »Walter der Welt« wird. Dem Ruf folgend, stürzt Siegfried hinab in Fafners Höhle zum Hort. Während seiner Abwesenheit strei-

ten sich Alberich und Mime um des Nibelungen Ring. Doch als Siegfried mit Ring und Tarnkappe zurückkehrt, erschlägt er den falschen Mime, der ihm einen giftigen Trank mischte; Siegfried aber verstand nicht nur den Waldvogel, der ihn vor Mime warnte, sondern Fafners Blut hat ihn auch hellhörig gemacht, weshalb er Mimes böse Gedanken wie gesprochene Worte vernehmen kann. Dann fragt er den Waldvogel um weiteren Rat und erfährt so von Brünnhilde, die zu befreien nur dem gelingt, der das Fürchten nicht kennt. Siegfried folgt dem Vogel. –

3. AKT: Wilde Gegend am Fuße eines Felsenberges. Wotan erscheint und ruft Erda aus den Tiefen herauf, um von ihr, der Allwissenden, mehr über die Zukunft zu erfahren, für die sie ihm den Untergang der Götter weissagte. Seitdem ist er in Sorge, doch sie kann sie ihm nicht nehmen und ihm auch nicht mehr sagen, als er schon weiß. Er teilt ihr seinen Willen mit: Er selbst wünscht sein und der Götter Ende herbei und will sein Erbe dem Wälsungensproß übergeben, dem furcht- und neidlosen Siegfried, der Brünnhilde erwecken und im Liebesbund mit ihr die »erlösende Welttat« begehen wird, nämlich den Rheintöchtern den Ring des Nibelungen zurückbringen. Als Siegfried erscheint, stellt er dessen Mut auf die Probe. Er warnt ihn vor dem Feuer, wodurch sich Siegfried jedoch nicht einschüchtern läßt. Da versperrt Wotan ihm den Weg mit seinem Speer, den ihm Siegfried mit dem Schwert zerschlägt. Da läßt ihn Wotan ziehen, er weiß, daß er ihn nicht mehr halten kann und daß seine Macht erlischt, wenn Siegfried sich Brünnhilde zur Braut gewinnt. »Verschlossen hält meine Macht die schlafende Maid; wer sie erweckte, wer sie gewänne, machtlos macht er mich ewig.« – Die Szene verwandelt sich in das Schlußbild von »Walküre« und gibt den Blick frei auf den Felsen mit der schlafenden Brünnhilde. Siegfried hat die sie beschützende Waberlohe, die Wotan mit seinem Speer aus dem Felsen schlug, überwunden und nähert sich der Schlafenden, die er zunächst für einen Mann hält. Er löst ihr die Brünne (Rüstung; genauer: der Nackenschutz der mittelalterlichen Ritterrüstung) und ist gebannt von dem Anblick, der sich ihm bietet. Zum ersten Male sieht er, freudig und ängstlich zugleich, ein Weib, das ihn mit banger Furcht fesselt *(Siegfried »Brennender Zauber zückt mir ins Herz...«)*. Mit einem Kuß weckt er Brünnhilde, und beide verlieren sich in ihren gegenseitigen Anblick *(Siegfried-Brünnhilde »O Heil der Mutter, die mich/dich gebar!«)*. Noch wehrt sich Brünnhilde, doch dann erliegt sie Siegfrieds Liebeswerbung. Auch ihre Liebe erwacht, und um dieser Liebe willen entsagt sie der Welt Walhalls und ihrer Göttlichkeit und gibt sich ganz dem sterblichen Manne zu eigen *(Schlußgesang Brünnhilde-Siegfried »Lachend muß ich dich lieben...«)*.

Aufführungsdauer. 5¼ Stunden

Dritter Tag
GÖTTERDÄMMERUNG
Uraufführung Bayreuth 1876

Entstehung und Uraufführung. Mit dem im Oktober 1848 verfaßten Prosaentwurf zu »Siegfrieds Tod« hatte Wagner mit der Dichtung zu der späteren Tetralogie »Der Ring des Nibelungen« begonnen. In der anschließenden wirren und von politischen Unruhen erfüllten Dresdner Zeit kam er nicht zur Arbeit. So konnte er erst nach der erfolgreichen Flucht nach Zürich dort im August 1850 mit der Orchester-Skizze beginnen. Die weitere Arbeit verteilte sich dann zunächst auf die ersten drei Teile des Gesamtwerkes. Im Oktober 1869 begann er schließlich mit der fortlaufenden Arbeit am Schlußstück, dem er bereits 1856 den nunmehr endgültigen Titel »Götterdämmerung« gegeben hatte. Wieder machte er mit der Abschrift der abgeschlossenen Orchesterskizze des gesamten ersten Aktes König Ludwig von Bayern ein Geburtstagsgeschenk (25. August 1870), dem später auch die anderen zwei Akte folgten. Da war er jedoch schon in Bayreuth, wo er dauerhaften Wohnsitz nahm und die Festspiele vorbereitete. Hier entstand die Partitur des Werkes, über das er am 1. Oktober 1874 seinem königlichen Gönner schrieb: »*... denke man von der ›Götterdämmerung‹ nicht gering! Ich habe jetzt unter der unablässigsten Unterbrechung mit völlig qualvoller Mühe an der Instrumentation dieses Schlußwerkes arbeiten müssen, und oft verwünschte ich mich, daß ich es so verschwenderisch reich entworfen: es ist der Turm, der das ganze Nibelungen-Gebäude bis hoch in die Wolken überragt.*« Die Uraufführung der »Götterdämmerung« erfolgte dann bei den ersten Bayreuther Festspielen am 17. August 1876 während der ersten kompletten Aufführung der Tetralogie »Der Ring des Nibelungen« in den Tagen vom 13. bis 17. August.

Die Personen des Dritten Tages. Siegfried (Tenor) – Gunther (Bariton) – Alberich (Baß) – Hagen (Baß) – Brünnhilde (Sopran) – Gutrune (Sopran) – Waltraute (Mezzosopran) – 1. Norne (Alt) – 2. Norne (Mezzosopran) – 3. Norne (Sopran) – Woglinde (Sopran) – Wellgunde (Sopran) – Floßhilde (Alt).

Mannen und Frauen (Chor)

Die Handlung. <u>VORSPIEL:</u> Auf dem Walkürenfelsen (wie im Schlußbild von »Siegfried«). In nächtlicher Dunkelheit weben die drei Nornen (Schicksalsfrauen) den Schicksalsfaden und verkünden das Ende der bestehenden Welt einschließlich der alten Götter (Götterschicksal = Götterdämmerung). Die erste Norne berichtet, wie Wotan sich den Speer als Zeichen seiner göttlichen Macht aus der Weltesche schnitzte, die daraufhin im Laufe der Zeit verdorrte. Die zweite Norne spricht davon, daß Wotan die Verträge, auf denen seine Macht sich gründet, in seinen Speer schnitt, den ihm dann der kühne Held Siegfried als Künder einer neuen Welt zerschlug, woraufhin Wotan die Weltesche fällen ließ. Die dritte Norne erzählt vom Bau der Götterburg Walhall, die umschichtet ist durch die Scheite der gefällten Weltesche. Brennt die Lohe, von Wotan entfacht, einst, so ist das Ende der Götter und Helden besiegelt. Wann aber wird das sein? Das wissen auch die Nornen nicht, denn der Schicksalsfaden hat sich verwirrt und gibt das wüste Gesicht Alberichs frei, und der rächende Fluch des Nibelungenringes senkt sich auf das Geflecht und nagt an dem Faden. Als die Nornen ihn straffen wollen, reißt er: »Zu End ewiges Wissen! Der Welt melden Weise nichts mehr!« Die Nornen verschwinden und es beginnt zu tagen. Brünnhilde und Siegfried treten aus ihrem Gemach heraus. Siegfried verabschiedet sich, um neue Taten zu bestehen. Gemeinsam beschwören sie ihre Liebe, ihre Treue und ihre Eide, die sie einander geschworen haben. Siegfried gibt Brünnhilde den Ring des Nibelungen als Treue- und Liebespfand, dann begibt er sich hinunter zum Rhein, auf dem er hinaus in die Welt fahren wird *(Orchesterzwischenspiel »Siegfrieds Rheinfahrt«)*. –

<u>1. AKT:</u> Die Halle der Gibichungen am Rhein. Gunther, seine Schwester Gutrune und Hagen, der Sohn Alberichs, sitzen beim Gespräch. Gunther fragt Hagen, was ihren Ruhm noch mehren könnte. Der antwortet, um Gibichs Stamm zu erhalten, sollte Gunther um Brünnhilde freien, und zwar durch den Helden Siegfried, der allein dies könne und der zudem der richtige Mann für Gutrune sei. Als sie Zweifel äußert, daß gerade sie Siegfried an sich binden könnte, erinnert Hagen sie an den Zaubertrank, den er ihr gab. Würde Siegfried ihn trinken, so würde er vergessen, »daß vor dir ein Weib er ersah, daß je ein Weib ihm genaht.« Das wirkt und entfacht Gutrunes wie Gunthers Sehnsucht nach Siegfried. Dieser macht auf seiner Rheinfahrt Halt bei den Gibichungen, da er viel Rühmens über Gunther hörte, mit dem er sogleich kämpfen will. Doch Gunther heißt ihn lieber als Freund willkommen. Hagen fragt ihn, ob es stimme, daß man ihn den Herrn des Nibelungenhortes nenne. Siegfried bekennt, er habe des Schatzes ganz vergessen, besitze aber eine Tarnkappe und einen Ring, den er einem Weibe geschenkt habe. Gutrune reicht ihm den Willkommensgruß, in den sie auf Hagens Rat hin den Zaubertrank gemischt hat. Kaum hat Siegfried ihn getrunken, so tut er seine Wirkung: Siegfried befällt völliges Vergessen und zugleich leidenschaftliche Liebe zu Gutrune, um die er bei Gunther wirbt. Dafür trägt er ihm seine Hilfe an, Brünnhilde für ihn zu erringen, deren Name ihn an nichts erinnert: »Durch des Tarnhelms Trug tausch ich mir deine Gestalt.« Er und Gunther schließen Blutsbrüderschaft und brechen sofort auf, Brünnhilde zu freien. Hagen, von Gunther zum Wächter der Gibichungenhalle bestellt, sieht sich schon als neuer Besitzer des Ringes *(Hagen »Hier sitz ich zur Wacht...«)* – Die Felsenhöhle wie im Vorspiel. Brünnhilde sitzt am Eingang und denkt in seliger Erinnerung an Siegfried, dessen Ring sie mit Küssen bedeckt. Da erscheint die Walküre Wal-

traute in großer Erregung und mit schlimmer Nachricht. Wotan durchwanderte, seit er von Brünnhilde schied, rastlos die Welt und kehrte erst jüngst nach Walhall zurück. Seitdem sitzt er dort in dauerndes Schweigen gehüllt. Nur einmal sprach er von Brünnhilde und wünschte, diese gäbe den Rheintöchtern den Ring zurück, um ihn und die Welt von seinem Fluch zu erlösen *(Erzählung der Waltraute »Höre mit Sinn, was ich dir sage!«)*. Sie bittet die Schwester, den Ring denen zurückzugeben, denen er geraubt wurde; damit könne sie Wotans und Walhalls Elend beenden. Brünnhilde weigert sich jedoch, sich von Siegfrieds Liebespfand zu trennen *(Brünnhilde »Weißt du, was er mir ist? Mehr als Walhalls Wonne, mehr als der Ewigen Ruhm.«)*. Klagend stürzt Waltraute davon. Wenig später erscheint Siegfried in Gunthers Gestalt und wirbt um Brünnhilde mit verstellter Stimme. Sie, die ihn nicht erkennt und das Rätsel nicht lösen kann, daß ein zweiter Held zu ihr vordringen konnte, sieht darin die besondere Strafe Wotans. Sie wehrt sich, beide ringen miteinander, Siegfried zieht ihr den Ring vom Finger und drängt die so Machtlose, deren Widerstand bricht, in das Gemach. –

2. AKT: Uferraum vor der Halle der Gibichungen. Vor dem schlafenden Hagen kniet Alberich und beschwört seinen Sohn, ihm den Ring von Siegfried zurückzuerobern. Nicht Wotan fürchtet der Zwerg, denn der Gott verlor Macht und Gewalt an Siegfried. An diesem furchtlosen Helden aber erlahmt auch sein Fluch, denn Siegfried kennt nicht den Wert des Ringes, den er auch nicht für seine eigene Macht nutzt. Nur sein »zu zähem Haß« erzogener Sohn Hagen kann den Ring für Alberich zurückgewinnen. Hagen sagt es zu. Als es tagt, kehrt Siegfried von der Brautfahrt für Gunther zurück, der wird mit Brünnhilde folgen. Hagen ruft die Mannen zusammen, um Gunther und seine Braut würdig zu empfangen *(Chor der Mannen »Heil dir, Gunther! Heil dir und deiner Braut!«)*. Als Brünnhilde Siegfried erblickt, bricht sie zusammen. Dann sieht sie den Ring an seinem Finger und ihr wird klar, daß sie durch Betrug geworben wurde. Laut klagt sie ihn des Verrates an, nicht Gunther, sondern Siegfried habe sie gefreit, nachdem er schon früher ihre Liebe gewann *(Brünnhilde »Heil'ge Götter, himmlische Lenker!«)*. Siegfried jedoch erinnert sich nur daran, den Ring im Kampfe mit einem wilden Wurm errungen zu haben. Treue habe er nicht gebrochen, denn in der Brautnacht, die er an Stelle von Gunther mit ihr verbrachte, habe er sein Schwert Nothung zwischen sich und sie gelegt. Darauf schwört er den Eid, den Brünnhilde als Meineid beklagt. Sie ist entschlossen seinen Verrat zu rächen, wofür ihr Hagen seine Hilfe anbietet. Er gewinnt mit dem Versprechen, den Ring zu gewinnen, auch den über seine Schmach klagenden Gunther für das Rachewerk, denn Siegfried habe durch seinen Meineid auch den Bund der Blutsbrüderschaft gebrochen. Sie beschließen, daß Siegfried auf einer Jagd sterben soll *(Gunther-Brünnhilde »So soll es sein! Siegfried falle! Sühn er die Schmach, die er mir schuf!«)*. Danach

schließen sie sich dem Brautzug von Siegfried und Gutrune an, Brünnhilde an der Seite Gunthers. –

3. AKT: Wildes Wald- und Felsental am Rhein. Auf der Jagd hat sich Siegfried verirrt und begegnet nun den drei Rheintöchtern, die ihn um Rückgabe des Ringes des Nibelungen bitten. Erst schmeicheln sie ihm und haben fast schon Erfolg, doch dann nennen sie Siegfried den Fluch des Ringes, den dieser nicht kennt. Doch ihre Drohungen machen ihn nicht furchtsam, er trotzt seinem von ihnen prophezeiten Tod und behält den Ring, so seinem Schicksal verfallend, noch heute erschlagen zu werden. Schon hat sich die Jagdgesellschaft eingefunden und zur Rast niedergelassen. Geschickt bringt Hagen das Gespräch darauf, man sage, Siegfried verstehe die Sprache der Vögel und animiert diesen damit, von sich zu erzählen *(Siegfried »Mime hieß ein mürrischer Zwerg...«)*. Während der Erzählung mischt Hagen heimlich einen Erinnerungstrank in Siegfrieds Horn. Als dieser ihn trinkt, kehrt ihm die Erinnerung an Brünnhilde zurück. So werden sein Verrat und sein Meineid, die er unter Zaubereinwirkung beging, offenbar. Hagen rächt beides und stößt Siegfried den Speer in den Rücken. Sterbend ruft dieser Brünnhilde einen letzten Gruß zu *(Siegfrieds Tod »Brünnhilde! Heilige Braut!«* und *Trauermusik)*. – Die Halle der Gibichungen. Gutrune wird von schlimmen Träumen geplagt, der Schlaf flieht sie. Als sie aus ihrem Gemach in die Halle tritt, begegnet sie dem zurückgekehrten Hagen, der ihr den Tod Siegfrieds meldet. Wenig später von Gunther des feigen Mordes angeklagt, bekennt sich Hagen zu seiner Tat, die er für gerecht hält, und fordert als Lohn den Ring. Als Gunther ihm diesen weigert, stürzt er sich auf ihn und erschlägt ihn. Brünnhilde tritt hinzu und öffnet Gutrune die Augen, die nun Hagen verflucht: »Daß du das Gift mir rietest, das ihr den Gatten entrückt!« Voll des Jammers darüber, wozu sie sich hat verleiten lassen und was daraus alles geschah, bricht sie über der Leiche Gunthers zusammen. Brünnhilde ordnet indessen an, den Scheiterhaufen zu errichten, um Siegfrieds Leiche zu verbrennen. Während es geschieht, nimmt sie Abschied von dem Toten und klagt Wotan an, Siegfried dem Fluche ausgeliefert zu haben, dem er als Gott selbst verfiel *(Brünnhilde »Wie Sonne lauter strahlt mir sein Licht...«)*. Dann nimmt sie den Ring an sich und wird Siegfried auf den Scheiterhaufen folgen, um so alles Unheil zu sühnen. Das Feuer, das sie beide verbrennen wird, soll zugleich den Ring des Nibelungen von seinem Fluch reinigen, bevor er den Rheintöchtern zurückgegeben wird. Damit aber dämmert zugleich das Ende der Götter herauf, denn indem Brünnhilde den Scheiterhaufen entzündet, wirft sie den Brand in die Götterburg Walhall, wo Wotan mit den Göttern und den gefallenen Helden das Weltende erwartet. Mit ihren letzten Worten »Siegfried! Sieh! Selig grüßt dich dein Weib!« wirft sie sich in die Flammen, die auch die Halle der Gibichungen zu erfassen drohen. Doch dann weichen sie, während gleichzeitig der Rhein anschwillt und seine

Flut über die Brandstätte wälzt. Als Hagen die drei Rheintöchter gewahrt, fürchtet er um den Ring. Um ihn zu retten, stürzt er sich in die Flut. Dort aber ziehen ihn die Rheintöchter mit sich hinab in die Tiefen, aus denen einst Alberich auftauchte und ihnen das Rheingold raubte, womit alles Unheil begann. Zum Schluß sieht man Walhall, wo die Götter sitzen, in Flammen und Rauch versinken.

Aufführungsdauer. 5¼ Stunden

Richard Wagner
PARSIFAL
Ein Bühnenweihfestspiel in 3 Akten
Uraufführung Bayreuth 1882

Quellen. Die Ursprünge der Sage von Parsifal (Parzival, Perceval) sind nicht einwandfrei zu ergründen. Sicher ist, daß es mehrere Quellen gab, die sowohl ursprünglich aus dem Orient kamen (ägyptischer, indischer und iranischer Sagen- und Märchenschatz), als auch auf frühe keltische und irische Dichtungen zurückgehen. Dort zumindest hat sich die Keimzelle des uns heute bekannten Parsifal-Mythos gebildet: Parsifal als Ritter der Artusrunde. Der Artussage entnahm der altfranzösische Dichter *Chrétien de Troyes (ca. 1150–1190)* die Stoffe zu seinen in Versen gedichteten Ritterromanen. Darunter befindet sich der Fragment gebliebene »Perceval«, der um 1181/87 entstand und den der Dichter seinem späteren Dienstherrn, dem Grafen Philipp von Flandern, widmete. Der Perceval des Chrétien ist ein junger walisischer, in naiver Frömmigkeit aufgewachsener Junker, der seine mit ihm in idyllischer Weltabgeschiedenheit lebende Mutter verläßt, um Ritter zu werden. Er besteht viele Abenteuer und Ritterkämpfe siegreich, wird von dem alten Edelmann Gornemant zum Ritter geschlagen und gelangt an den Hof von König Artus, danach an die Gralsburg. Dort wird er Zeuge eines geheimnisvollen Rituals, dessen heilige Requisiten eine an der Spitze blutende Lanze sowie ein Gral aus feinstem Golde und kostbaren Steinen sind. Eingedenk des Rates Gornemants, ein Ritter dürfe nicht zuviel fragen, schweigt Perceval nach den Vorgängen, deren Sinn ihm so verborgen bleibt. Dadurch wird er schuldig an dem fortdauernden Siechtum des der Gralsritterschaft vorstehenden Anfortas, weil er nicht die Frage nach den Ursachen von dessen Leiden stellt, durch die allein Anfortas erlöst werden kann. Als Perceval nach vielen Jahren und reichlichen Abenteuern, in denen er auch Gottes vergessen hat, am Karfreitag plötzlich den innigen Wunsch verspürt, Buße zu tun und die Beichte abzulegen, führt ihn sein Weg zu einem alten Einsiedler. Bis hierhin hatte Chrétien seine Dichtung geschrieben, dann brach sie ab.

In seinem um 1200–1210 entstandenen »Parzival«-Epos, das zu den großen Dichtungen der deutschen Literatur gehört, lehnt sich *Wolfram von Eschenbach (um 1170 bis ca. 1220?)* im chronologischen Handlungsablauf teilweise eng an Chrétiens »Perceval« an, führt die Geschichte jedoch zu Ende bis zur Krönung Parzivals zum neuen Gralskönig. Bei Wolfram ist der Einsiedler der ehemalige Gralsritter Trevrizent aus dem Geschlecht des Titurel. Obwohl er Parzival vorwirft, die erlösende Frage nach der Not des Anfortas nicht gestellt zu haben, spricht er ihn von der Sünde frei. Als Parzival wieder bei König Artus weilt, erscheint dort Kundrie, »des Grals Insiegel«, mit froher Botschaft: Eine am Gral erschienene Inschrift berief Parzival zum Erlösungswerk an Anfortas. Bei seinem zweiten Aufenthalt in der Gralsburg stellt er dem leidenden Gralskönig die Erlösungsfrage: »Oheim, was wirret Dir?« (Was fehlt Dir?). Anfortas gesundet und Parzival wird der neue Gralskönig.

Die Herkunft des *Grals* erfuhr verschiedene Deutungen: Sie verweisen auf uralte heidnische Riten, auf orientalische Überlieferungen, auf keltische Sagen, auf die Vorstellung eines Licht- und Feuerkraft verströmenden Meteoriten oder auf einen Stein, der bei Luzifers Fall aus dessen Krone brach und auf der Erde blieb. Bei *Chrétien de Troyes* wird er als Gegenstand nicht konkret beschrieben, aber es heißt, er sei aus feinstem Gold und kostbaren Edelsteinen, er verbreite einen großen Glanz und spende Speisen und Trank aller Art. Bei *Wolfram von Eschenbach* ist der Gral ein Stein »von ganz reiner Art«. Seine höchste Kraft entfaltet er am Karfreitag, da erscheint vom Himmel eine Taube (Symbol für den Heiligen Geist), die eine weiße Oblate auf den Gral legt. Davon empfängt der Gral die besondere Kraft, Trank und Speise zu spenden. Zudem benennt nur er die neuen Mitglieder der Gralsschar: durch Erscheinen einer Inschrift wird der Auserwählte berufen. Die *christliche Überlieferung* spricht vom Gral als eucharistischem Gefäß. Danach ist der Gral der Abendmahlskelch, aus dem Christus seinen Jüngern den Wein schenkte, den er als sein Blut bezeichnete, und aus dem er auch das letzte Abendmahl spendete. Von Pontius Pilatus geriet der Kelch an Joseph von Arimathia, Mitglied des jüdischen Hohen Rates und heimlicher Anhänger Jesu. Joseph fing mit dem Kelch das Blut des Gekreuzigten auf, das aus der Wunde floß, die der römische Söldner Longinus dem Heiland mit der Lanze beigebracht hatte (die Lanze ist der Heilige Speer der Parsifal-Geschichte). Der Kelch wurde in der über dem Grab Christi errichteten Basilika, die Lanze in der Zionskirche von Jerusalem aufbewahrt. Beide Reliquien gingen im 7. Jahrhundert bei der Zerstörung der Stadt verloren. Man hoffte, sie wiederzufinden, vor allem zur Zeit der Kreuzzüge: Lanze und Kelch (Speer und Gral) wurden zum höchsten überweltlichen Ziel des Rittertums. Die entstandene Grallegende überliefert nun, der Gral sei dem Geschlecht des Titurel zur Pflege übergeben.

Entstehung und Uraufführung. Bei seinem Kuraufenthalt in Marienbad im Juli 1848 las Wagner Wolframs »Parzival«-Roman. Als er Jahre später an der Arbeit zu »Tristan« war, trug er sich vorübergehend mit dem Gedanken, Parsifal an Tristans Siechbett auftreten zu lassen. Er verwarf den Gedanken wieder und entschied 1857 endgültig, die Parsifalgeschichte selbständig zu dichten. In »Mein Leben« schrieb er später: »*Seit jenem Aufenthalte in Marienbad hatte ich mich nie wieder mit jenem Gedicht beschäftigt; jetzt trat sein idealer Gehalt in überwältigender Form an mich heran, und von dem Karfreitagsgedanken aus konzipierte ich schnell ein ganzes Drama, welches ich sofort mit wenigen Zügen flüchtig skizzierte.*« 1859 begann eine erste intensive Beschäftigungsphase, in der ihn besonders die Figur der Gralsbotin Kundry faszinierte, die er »*ein Weib mit zwei Naturen*« nannte und »*ein weltdämonisches Weib*«. Dann trat eine längere Pause in der Arbeit ein, die er 1862 wieder aufnahm, wohl ahnend, der »Parsifal« werde sein letztes Werk. Die Arbeit schleppte sich hin wie selten: »*Zum Untergang einer Zivilisation wie zur Vollendung des ›Parsifal‹ braucht es nur Zeit.*« 1865 fertigte er auf Anregung *Ludwigs II.* einen ausführlichen Entwurf des Dramas, der von der endgültigen Fassung noch um einiges abwich. Nach dem Urteil von *Franz Liszt* war er jedoch »vom reinsten Geiste des Christentums erfüllt und durchdrungen.« 1873 las Wagner den fertigen Entwurf in seinem Haus einem Kreis geladener Gäste vor, doch erst Mitte April 1877 lag die Dichtung vollendet vor. Nun begann Wagner sofort mit der Komposition, so daß er schon im Januar 1878 die Kompositionsskizze des ersten Aktes abschließen konnte, und schon Ende Oktober ging er an den letzten Akt. Am 26. Dezember überraschte er seine Frau Cosima zu ihrem Geburtstag mit der Uraufführung des kompletten Vorspiels in der großen Halle des Hauses »Wahnfried«; Wagner dirigierte selbst die zu diesem Zweck ausgeliehene Meininger Hofkapelle. Mit der Instrumentierung des Werkes begann der Komponist Anfang August 1879. Während seines Italienaufenthaltes, der länger als geplant ausfiel, verfügte er in seinem Brief vom 28. September 1880 aus Siena an König Ludwig II. von Bayern, daß der »*Parsifal« nur in Bayreuth aufgeführt werden darf: Nie soll der ›Parsifal‹ auf irgendeinem anderen Theater dem Publikum zum Amüsement dargeboten werden.*« Ende September unterzeichnete Wagner einen Vertrag mit dem Musikverlag Schott's Söhne in Mainz über die Veröffentlichungsrechte des Werkes, dessen Partitur schließlich Mitte Januar 1882 abgeschlossen werden konnte. Im Mai kehrte Wagner nach Bayreuth zurück und am 2. Juli war offizieller Probenbeginn. Anläßlich der zweiten Bayreuther Festspiele fand die Uraufführung des »Parsifal« am 26. Juli 1882 eine alle Erwartungen übertreffende begeisterte Aufnahme. Der enorme Erfolg von Richard Wagners letztem Werk setzte sich auch bei den noch folgenden 15

Aufführungen bis zum Ende der Bayreuther Festspiele jenes Jahres ungemindert fort.

Ort und Zeit. Auf dem Gebiete und in der Burg der Gralshüter ›Monsalvat‹; Gegend im Charakter der nördlichen Gebirge des gotischen Spanien. Sodann: Klingsors Zauberschloß, am Südhange derselben Gebirge, dem arabischen Spanien zugewandt anzunehmen. – Sagenhafte Ritterzeit.

Die Personen des Bühnenweihfestspiels. Amfortas (Bariton) – Titurel (Baß) – Gurnemanz (Baß) – Parsifal (Tenor) – Klingsor (Bariton) – Kundry (Sopran) – 1. Gralsritter (Tenor) – 2. Gralsrittter (Baß) – 1. Knappe (Sopran) – 2. Knappe (Alt) – 3. Knappe (Tenor) – 4. Knappe (Tenor) – Sechs Blumenmädchen solistisch (Sopran, Mezzosopran und Alt) – Stimme aus der Höhe (Alt) – Die Brüderschaft der Gralsritter. Jünglinge und Knappen. Blumenmädchen in Klingsors Zaubergarten (Chor).

Die Handlung. VORGESCHICHTE: Dem Ahnherrn der Gralsritterschaft Titurel wurde durch Himmelsboten Gral und Speer in Obhut gegeben, wofür er die unzugängliche Gralsburg ›Monsalvat‹ erbaute. Die Gralskönigswürde übergab Titurel dann seinem Sohn Amfortas. Der machte es sich zur besonderen Aufgabe, das Treiben des Zauberers Klingsor, der über alle nicht unter Gottes Schutz stehenden Menschen Gewalt ausübte, ein für allemal Einhalt zu gebieten. Klingsor wollte einst selbst Gralsritter werden und versuchte durch Buße und Gebet die sinnliche Begierde in sich zu töten. Da es ihm jedoch nicht gelang, schändete er sich selbst. Titurel wies ihn daraufhin zurück, »*und zwar aus dem Grunde, daß die Entsagung und Keuschheit aus innerster Seele fließen, nicht aber durch Verstümmelung erzwungen sein müsse*« (Wagner). Aus Rache dafür schuf Klingsor aus öder Heidelandschaft einen Wonnegarten mit Zauberschloß, wohin er die Gralsritter lockte, um sich zugleich in den Besitz von Gral und heiligem Speer zu bringen. Als ›sinnliche Werkzeuge‹ mißbrauchte er Kundry und schöne Blumenmädchen. Kundry steht sowohl in Klingsors Zauberbann wie sie auch als Gralsbotin wirkt und so Mittlerin ist zwischen der Zauber- und der Gralswelt. Gefangen in der Gegensätzlichkeit von Erscheinung und Wirkung übt sie als wildes Wesen Gutes und stiftet als Inkarnation der triebhaften sinnlichen Schönheit Böses. Als Amfortas Klingsor im Kampf vernichten wollte, verfiel auch er den Verführungskünsten der dämonisch schönen Kundry. So konnte sich Klingsor des Heiligen Speeres bemächtigen, mit dem er den fliehenden Amfortas in der Seite verwundete, wie es einst dem Heiland am Kreuz geschah. Seitdem ist Amfortas siechkrank, seine Wunde will sich nicht schließen, Heilung kann ihm – so verhieß es die Inschrift am Gral – nur »durch Mitleid wissend der reine Tor« bringen. –

1. AKT: Im Gebiet des Grals, schattiger Wald. Der alte Gralsritter Gurnemanz verrichtet im heiligen Wald, der die Gralsburg Monsalvat umgibt, mit den Knappen das Morgengebet. Da erscheint die Gralsbotin Kundry mit Balsam,

den sie aus dem fernen Arabien geholt hat. Es ist ein weiterer Versuch, die Leiden des siechkranken Gralskönigs Amfortas zu heilen. Bisher war alles vergebens. Es bleibt nur die Hoffnung auf die Erfüllung jener Gralsverheißung, nach der Amfortas nur Erlösung bringen kann »durch Mitleid wissend der reine Tor«. Man bringt Amfortas zum Bade im heiligen See, während Gurnemanz den Knappen von des Königs Leiden und Not, von Kundry und von dem Zauberer Klingsor berichtet *(Gurnemanz »Oh, wundenwundervoller, heiliger Speer!«;* dazu siehe auch die Vorgeschichte!). Da erscheint Parsifal. Er hat einen über dem See kreisenden Schwan erlegt und wird wegen dieser Freveltat von Gurnemanz zur Rechenschaft gezogen *(Gurnemanz »Du konntest morden...?«)*. Auf die Fragen des Gralsritters, woher er sei, wer ihn gesandt und wie sein Name laute, gibt Parsifal nur immer die gleiche Antwort: er wisse es nicht. Kundry hingegen weiß, wer vor ihnen steht *(Kundry »Den Vaterlosen gebar die Mutter...«)*. Da Gurnemanz ahnt, Parsifal müsse in seiner Unwissenheit rein sein, da ihn offenbar Mitleid zur Erkenntnis führen kann, nimmt er ihn mit zur Gralsburg. – Der Saal in der Gralsburg. Hier wird Parsifal Zeuge der wundersamsten Vorgänge, als die Ritterschaft erscheint *(Einzug der Gralsritter »Zum letzten Liebesmahle gerüstet Tag für Tag...«)*. Er hört die Stimme des alten Titurel »wie aus einem Grabe heraufdringen«, die Amfortas befiehlt, den Gral zu enthüllen. Diesen versetzt das Ritual peinigende Qualen, seit er einst das Gebot des Grals überschritt, als er sich durch sinnliche Leidenschaft verführen ließ. Seitdem schmerzt ihn seine offene Wunde, die sich nicht schließen will, besonders beim Anblick des Grals *(Amfortas »Oh! Daß keiner, keiner diese Qual ermißt, die mir der Anblick weckt, der euch entzückt!«)*. Während eine Stimme aus der Höhe an die Abendmahlsworte Christi erinnert, wird der Gral enthüllt: eine in einem goldenen Schrein aufbewahrte Kristallschale, die durch einen Lichtstrahl von oben in leuchtender Purpurfarbe erglüht. Amfortas hebt den Gral hoch und segnet mit ihm Brot und Wein, von Knappen den Gralsrittern dargereicht. Der Einladung Gurnemanz', am Mahle teilzunehmen, folgt Parsifal nicht, der das, was er erlebt, nur verständnislos aufnimmt und so auch nicht zum Mitleid fähig ist. Gurnemanz jagt ihn deshalb davon. –

2. AKT: In Klingsors Zauberreich. Parsifal ist hierher gelangt. Der Zauberer will ihn, den »der Torheit Schild« schützt, vernichten *(Klingsor »Die Zeit ist da.«)*. Er ruft Kundry und die Blumenmädchen herbei, Parsifal zu verführen und verwandelt den Turm, in dem er sich aufhält, in den Zaubergarten mit üppigster Blumenpracht. Dort nahen sich die Blumenmädchen, um Parsifal zu verführen *(Szene der Blumenmädchen »Komm! Komm! Holder Knabe!«)*. Kundry, jetzt ein jugendliches Weib von höchster Schönheit, ruft ihn bei seinem Namen, den ihm sein Vater Gamuret gab, als er in Arabien starb. Sie nähert sich ihm, wobei sie ihn an seine Mutter Herzeleide erinnert *(Kundry »Ich sah das Kind an seiner Mutter Brust...«)*. Doch Parsifal wird sich dadurch

nur seiner Schuld der Mutter gegenüber bewußt, die er vergaß. Als Kundry ihm »als Muttersegens letzten Gruß« den ersten Kuß der Liebe schenkt, geht eine plötzliche Veränderung in Parsifal vor: der Kuß wandelt Torheit in Erkenntnis von des Amfortas Sünde und Leid *(Parsifal »Amfortas! Die Wunde! Sie brennt in meinem Herzen!«)*. So gelingt es Kundry nicht, ihn zu verführen. Auch der herbeieilende Klingsor vermag ihn nicht zu besiegen. Als er den Heiligen Speer, mit dem er einst Amfortas die Wunde schlug, nach Parsifal schleudert, fängt dieser ihn auf und schwingt ihn zur Abwehr im Zeichen des Kreuzes. Damit ist Klingsors Macht gebrochen und sein Reich versinkt. –

3. AKT: Freie Gegend auf dem Gebiet des Grals. Nach Jahren des Umherirrens findet Parsifal entgegen dem Fluch Kundrys, der Weg zu Amfortas möge ihm für immer verwehrt sein, an einem Karfreitag zurück ins Gralsgebiet. Dort begegnet er dem alten Gurnemanz, der ihn wiedererkennt und die Stunde der Erlösung für gekommen sieht: denn Parsifal bringt »des Grales heil'gen Speer« zurück *(Gurnemanz »O Gnade! Höchstes Heil!«)*. Er berichtet Parsifal von der Not der Gralsbrüderschaft: Amfortas begehrt zu sterben und weigert sich, seines Amtes zu walten. So blieb der Gral, dessen Anblick Heldenkraft und Jugend verleiht, im Schrein verschlossen und die Ritterschaft wurde mut- und führerlos. Titurel starb, »den nun des Grales Anblick nicht mehr labte«. Parsifal empfindet schmerzvoll seine Schuld, das Elend durch seine Torheit geschaffen zu haben. Gurnemanz aber weiß nun, daß Parsifal durch die Rückgewinnung des Speeres die endliche Erlösertat vollbringen wird. Er bereitet ihn für den Gang zur Totenfeier Titurels vor, bei der Amfortas zur Ehre seines Vaters ein letztes Mal seines Amtes walten und den Gral enthüllen will. Gurnemanz segnet Parsifal und grüßt ihn als den neuen König, den der Gral ihnen verhieß. Bevor sie gemeinsam aufbrechen, tauft Parsifal Kundry, die ihm zum Zeichen ihrer Verehrung und Dienerschaft die Füße wusch, und preist die im Frühling neu erblühte Natur *(Parsifal »Wie dünkt mich doch die Aue heut so schön!«)*. – Die Halle der Gralsburg. Die Gralsritter tragen den Sarg Titurels wie auch Amfortas auf seinem Siechbett mit dem verhüllten Gralsschrein herein *(Chor der Gralsritter »Geleiten wir im bergenden Schrein den Gral zum heiligen Amte...«)*. Beim Anblick des toten Titurel bittet Amfortas um Gnade und Erlösung durch den Tod *(Amfortas »Mein Vater!«)*. In ekstatischer Verzweiflung bietet er sich den Rittern an, ihn zu töten. Während diese entsetzt von ihm zurückweichen, tritt Parsifal zu ihm und berührt mit dem Speer seine Wunde *(Parsifal »Sei heil, entsündigt und gesühnt! Denn ich verwalte nun dein Amt.«)*. Dann befiehlt er, den Gral zu enthüllen, vor dem er niederkniet und die Huldigung der Gralsritterschaft als neuer König empfängt. –

Aufführungsdauer. 5 Stunden

III. OPER UND MUSIKTHEATER IM 20. JAHRHUNDERT

Ein Jahrhundert der Spannungen

Die politischen und gesellschaftlichen, sozialen und wirtschaftlichen Umwälzungen und Erneuerungen, begleitet von technischen Errungenschaften und wissenschaftlichen Fortschritten, kennzeichnen das von zwei verheerenden Weltkriegen erschütterte 20. Jahrhundert. Das alles spiegelt sich in einer nie dagewesenen kulturellen Vielfalt wider, in der man leicht die Orientierung verlieren kann. Stilrichtungen wechseln rascher den je zuvor, jede versteht sich zwar als der Kunstweisheit letzter Schluß, aber nur wenigen wie dem Impressionismus und dem Expressionismus gelingen in Literatur, Musik und bildender Kunst auch Werke von gültiger Dauer. Wie selten zuvor beeinflußt das uneinheitliche Weltbild dieses Jahrhunderts auch die Musik. Angesichts der vielen neuen Wege und Experimente ist man fast geneigt, sie verliere an Bodenhaftung. Doch dem ist nicht so. Nahezu seismographisch spürt sie ähnlich wie die Literatur die Veränderungen und verarbeitet sie in ihrem harmonischen, melodischen und rhythmischen Gefüge. Der spannungsgeladenen Weltlage, dem unsicher sich darbietenden Alltag und einem weit verbreiteten unausgeglichenen Weltgefühl der Menschen entspricht die Aufwertung der Dissonanz in der Musik. Schlagworte wie Atonalität, Melodieverlust, Musique

Debussys »Pelléas und Mélisande«. Bühnenentwurf für den 4. Akt von L. Jusseaume (Uraufführung in der Opéra Comique, 1902).

concrète, serielle Musik, Zwölftonmusik u. a. stehen für die Auflösung alter musikalischer Ordnungen, in denen die Harmonie der Klänge und die eingängige Melodie als konstitutive Kräfte des musikalischen Wohlklangs galten.

Uneinheitlich stellt sich uns auch das musikalische Theater dar. Abgesehen davon, daß mit der in der zweiten Hälfte des 19. Jahrhunderts entstehenden Operette und mit dem aus Amerika kommenden Musical zwei ernst zu nehmende musiktheatralische Gattungen in Konkurrenz zur traditionellen Oper treten, befindet sich deren eigene fortlaufende Geschichte an einem Wendepunkt zwischen Tradition und Avantgarde, zwischen musikalischem Experiment und szenischer Revolution. Allen Versuchen und Ergebnissen gemeinsam ist das Bestreben nach der Einheit von Ton- und Wortsprache, nach der Überwindung des Dualismus im Wort-Ton-Verhältnis. Das hat zwar, wie wir schon mehrfach zeigen konnten, Tradition. Aber es erhält einen neuen Akzent durch das gleichzeitige Bemühen um eine (Re)Theatralisierung, und das heißt: sowohl das Komponieren selbst als auch die szenische Neuorientierung impliziert von vornherein das Theatralische. Dafür hat man den Begriff *Musiktheater* geprägt mit der gleichwertigen Betonung beider zusammengefaßter Begriffe *Musik* und *Theater*. Dabei ist, zumindest während der ersten Jahrzehnte, die werkschöpferische Seite sehr viel abhängiger von den divergierenden Erscheinungsformen der Kunst im allgemeinen und der Musik im speziellen. Dieses Problem versucht man individueller als früher zu lösen, was es freilich schwerer macht, die Komponisten und besonders die Opernkomponisten in bestimmten Richtungen oder gar Schulen zusammenzufassen: Traditionalisten stehen neben Neutönern, die einen greifen zu großen, die anderen zu kleinen Formen. Eines eint sie allerdings, nämlich die Adaptation großer Dichtung aus Vergangenheit und Gegenwart, und darin besonders der des Theaters. Auch hierin mag man ein bewußtes Zeichen für die angesprochene Retheatralisierungs-Bemühungen sehen. Dem verdanken wir eine neue Opernform, die man als Literaturoper bezeichnet, die den Text des ihr zugrundeliegenden Theaterstückes wörtlich vertont. Das gab es noch nicht, auch Mozarts »Figaro« ist keine Literaturoper in diesem Sinn, auch wenn ihm die Komödie des Beaumarchais zugrundeliegt, die Da Ponte in ein eigenständiges Libretto formte.

Literaturoper und Neue Musik

Als erste Literaturoper kann die am 30. April 1902 in der Opéra-Comique zu Paris uraufgeführte Oper »Pelléas und Mélisande« von *Claude Debussy (1862–1918)* gelten. Der bedeutendste der impressionistischen Komponisten vertont das gleichnamige Schauspiel des Belgiers *Maurice Maeterlinck*. Das an sich handlungsarme symbolistische Schauspiel spielt in einem mythischen Mittelalter und handelt von der jungen Melisande, die in unschuldige Liebe zu Pelleas, den Stiefbruder ihres Ehemannes Golo, fällt, weshalb beide von der Hand des eifersüchtigen Golo sterben müssen. Debussy hat eine lyrische, feinnervige impressionistische, ganz durch Momente des absoluten Gefühls charakterisierte Musik komponiert und eine sinfonische Großform ohne Arien, Rezitative und Ensembles geschaffen. Zwei deutsche Literaturopern sind bekannter und gehören hierzulande zum Repertoire, Alban Bergs »Wozzeck« nach dem Schauspiel von Georg Büchner und die »Salome« von Richard Strauss nach dem Drama von Oscar Wilde.

Darf man, wenn auch mit Einschränkungen, die Oper Debussys noch mit der traditionellen Oper des 19. Jahrhunderts in Verbindung bringen und sie mit dem Musikdrama Wagners vergleichen – ihrer thematischen Verwandtschaft und ihrer kompositorischen Form wegen besonders mit »Tristan und Isolde« – so gehört *Alban Berg (1885–1935)* einer ganz anderen Richtung an. In Wien geboren und von der Mutter zur Musik geführt, hat Berg zunächst andere Berufsvorstellungen. Mit 18 Jahren tritt er als unbesoldeter Rechnungspraktikant in die niederösterreichische Statthalterei ein, will Landesbeamter werden und belegt gleichzeitig an der Wiener Universität die Fächer Staatsverechnungswesen und Jura. Doch die Begegnung mit *Arnold Schönberg (1874–1951)* bringt die Wende. Er wird dessen Schüler und erkennt ihn als absolute Autorität in allen Lebens- und Kunstfragen an, lernt bei ihm Komposition und Theorie und beginnt später ein Buch über Schönbergs Doppelbegabung als Komponist und Maler. Nach dem Ersten Weltkrieg, den Berg seiner labilen Gesundheit wegen in der Kanzlei des österreichischen Kriegsministers verbringt, wird er Schönbergs engster Mitarbeiter, als dieser 1918 den »Verein für musikalische Privataufführungen« gründet mit dem Ziel, die moderne Musik »*von Mahler über Strauss bis heute*« einem interessierten Kreis vorzuspielen und, in wöchentlichen nicht öffentlichen Sitzungen, zu analysieren. Dieser Kreis versteht sich als Zweite Wiener Schule (nach der Ersten, der klassischen mit Haydn, Mozart und Beethoven), in der Schönberg seine Zwölftonmusik (auch ›Dodekaphonie‹ genannt) vorstellt, eine »*Komposition mit zwölf nur aufeinander bezogenen Tönen*«, wie er es selbst formuliert und mit der, wie er sich einem Freund gegenüber äußert, »*die Vorherrschaft der deutschen Musik für die nächsten hundert Jahre gesichert ist.*« Schönberg, der allgemein als Begründer der Neuen Musik gilt, verfeinert seine Kompositionstechnik gerade auch in seinen Bühnenwerken, von denen seine 1930/32 entstehende, jedoch unvollendete dreiaktige Oper »Moses und Aron« das bekannteste, zugleich aber auch schwierigste und monumentalste Werk ist. Erst nach seinem Tode gelangt es 1954 in Hamburg zur konzertanten und 1957 in Zürich zur szenischen Uraufführung. Schönberg verfaßt den Text selbst nach mehreren Kapiteln des Zweiten Buches Mose, das von Moses Berufung, vom Auszug der Israeliten aus der ägyptischen Knechtschaft, von der Ankunft am Berge Sinai und vom Bacchanal um das von Moses Bruder Aron geschaffene goldene Kalb und seiner Götzenverehrung berichtet sowie von den Strafbestimmungen Gottes für schwere Sünden nach dem Dritten Buch Mose, Kapitel 20. Außer mehreren mittleren und kleinen Gesangspartien komponiert Schönberg nur die große Tenorpartie des Aron, während Moses selbst eine Sprechrolle ist. Das mit großem Bläserensemble und erweitertem Schlagzeug besetzte Orchester sowie gewaltige Chorszenen charakterisieren das wirkungsvolle Werk, dessen musikalische Szenen nahtlos ineinander übergehen.

Zwischen Schönberg und Berg entwickelt sich eine tiefe Lebensfreundschaft, die auch nicht durch die Gleichzeitigkeit der Angriffe gegen Schönberg und dem Weltruhm Bergs Schaden nimmt. Die Musik beider Komponisten wird von den Nationalsozialisten als ›entartete Kunst‹ gebrandmarkt, was Schönberg ins Exil treibt und Berg noch schmerzhaft erleben muß, zumal sein »Wozzeck« in Deutschland Aufführungsverbot erhält. Bergs früher Tod verhindert die Vollendung seiner zweiten großen Oper »Lulu«. Ihre Handlung gründet auf den beiden Schauspielen »Erdgeist« (U Leipzig 1898) und »Die Büchse der Pandora« (U Nürnberg 1904) von *Frank Wedekind (1864–1918)*, der seine beiden Schauspiele selbst noch zu einem einzigen unter dem Titel »Lulu« bearbeitet. Berg ist von der Titelfigur fasziniert, die geschaffen ist »Unheil anzustiften, zu locken, zu verführen, zu vergiften und zu morden, ohne daß es einer spürt«, wie es im Prolog heißt. Lulu ist die Inkarnation des die Männer mit seiner sinnlichen Schönheit und seiner triebhaften Sexualität zerstörenden, letztlich unbekannten und daher dämonischen Weibes. Von der Straße, auf der sie sich mit ihrem zum Bettler herabgesunkenen Vater Schigolch herumtreibt, wird sie von dem Chefredakteur Dr. Schön aufgelesen, zu seiner Geliebten gemacht, mit einem alten Medizinalrat verheiratet; sie betrügt Schön mit einem Maler und mit seinem Sohn Alwa, heiratet dann Schön, der von ihr nicht loskommt und ihr ein vornehmes Leben bietet, den sie jedoch bei einer Auseinandersetzung erschießt, darum ins Gefängnis kommt und mit Alwa nach London fliehen kann. Dort lebt sie mit ihm in einer heruntergekommenen Dachkammer, die als Metapher für ihren sozialen Abstieg in die Gosse steht, in der sie schließlich als billige Straßendirne ein erbärmliches Leben fristet, bis sie das Opfer von Jack the Ripper wird. Bergs Musik zeichnet das Schicksal Lulus und ihrer ›Freunde‹ mit aggressiven Dissonanzen, atonalen Orchestersätzen und der durchgehenden Zwölftontechnik seines Lehrers Schönberg, findet aber auch zu lyrischer Intimität, aus der sich durchaus ein gewisses Mitleid mit Lulu heraushören läßt. Die unvollendet bleibende Oper wird postum 1937 in Zürich uraufgeführt, nachdem sowohl Schönberg als auch *Anton Webern* und *Ernst Křenek* die Bitte von Bergs Witwe Helene abgelehnt haben, die Oper zu Ende zu komponieren. Damit wird erst 1963 der österreichische Komponist *Friedrich Cerha* beauftragt, der »Lulu« 1974 vollendet und sie Anfang 1979 an der Pariser Oper mit großem Erfolg zur Uraufführung bringt.

Zur Zeit, da sich Alban Berg mit der Komposition des »Wozzeck« beschäftigt, haben er und Schönberg die ersten Anfänge der atonalen Musik hinter sich, diese aber vorwiegend in kleinen Formen (Lieder, Klavier- und Orchesterstücke) angewendet. Berg begründet dies damit, daß der atonale Stil auf die tonalen Mittel verzichtet, deren die großen Formen (Sinfonie, Oratorium und Oper) traditionsgemäß bedürfen. Er fragt sich: »*Wie erreiche ich ohne die bis dahin bewährten Mittel der Tonalität und ohne die auf ihr basierten formalen Gestaltungsmöglichkeiten dieselbe Geschlossenheit, dieselbe zwingende musikalische Einheitlichkeit? Und zwar eine Geschlossenheit nicht nur in den kleinen Formen der Szenen und Auftritte, sondern auch, was ja das Schwierige war, die Einheitlichkeit in den großen Formen der einzelnen Akte, ja in der Gesamtarchitektonik des ganzen Werkes?*« Er findet eine Konzeption, die in ihrer formalen Geschlossenheit einen kompositorischen Sonderfall im Repertoire des musikalischen Theaters darstellt: er strukturiert die drei Akte in jeweils 15 einzelne musikalische Formen. Den ersten Akt teilt er in 5 Charakterstücke (Suite, Rhapsodie, Militärmarsch/Wiegenlied, Passacaglia und Andante affetuoso), den zweiten gestaltet er als Sinfonie in 5 Sätzen (Sonatensatz, Fantasie und Fuge, Largo, Scherzo sowie Rondo con Introduzione) und den dritten gliedert er in 5 Inventionen, d. h. musikalische Erfindungen (Invention über ein Thema, einen Ton, einen Rhythmus, einen Sechsklang und über eine gleichmäßige Achtelbewegung). Berg greift also auf alte musikalische Formen zurück und komponiert die Szenenabfolge durchgehend, was aufführungspraktisch zwar nicht einfach, aber äußerst reizvoll ist: die Dauer der szenischen Umbauten in die einzelnen Schauplätze muß sich exakt nach dem ununterbrochenen musikalischen Ablauf richten. In der formalen Geschlossenheit der einzelnen Szenen bei gleichzeitiger Durchkomposition des Ganzen sieht man heute durch den »Wozzeck« die Überwindung des Gegensatzes zwischen der traditionellen Nummernoper und dem Musikdrama Richard Wagners. Dennoch ist Alban Berg über den Welterfolg seiner Büchner-Oper selbst am meisten überrascht: »*Es ist mir nicht im Schlaf eingefallen, mit der Komposition des* ›*Wozzeck*‹ *die Kunstform der Oper reformieren zu wollen. Ebensowenig wie dies Absicht war, als ich sie zu komponieren begann, ebensowenig habe ich je das, was dann entstanden war, für etwas gehalten, was für ein weiteres Opernschaffen – sei es das eigene oder das anderer Komponisten – vorbildlich sein sollte, und auch nicht angenommen oder gar erwartet, daß der* ›*Wozzeck*‹ *in diesem Sinne* ›*Schule*‹ *machen könnte.*« (65)

Da das 20. Jahrhundert im Grunde genommen keinen einheitlichen Musikbegriff kennt, ist es nicht weiter verwunderlich, daß es außer der Zweiten Wiener Schule keine weitere »Schule« gibt, auch dort nicht, wo einzelne Komponisten durchaus ihre Schüler haben. Auch die Komponisten, die für das Theater schreiben, folgen streng genommen keiner verbindlichen Tendenz. Aufmerksam registrieren sie jedoch die Entwicklungen und entscheiden individuell, inwieweit sie sich von ihnen in ihrem eigenen Schaffen beeinflussen lassen. So kann man viele Mischformen erkennen, die die atonale Musik ebenso verwenden wie den Jazz oder sich auf die eine oder andere Art bestimmten Traditionen verpflichtet fühlen. Für letzteres zwei Beispiele.

Pfitzner und Korngold: zwei Gegensätze

Das erste ist die musikalische Legende »Palestrina« von *Hans Pfitzner (1869–1949)*, die der Komponist nicht nur selbst dichtet, sondern auch in eigener Regie am 12. Juni 1917 am Prinzregententheater in München zur Uraufführung bringt. Der in Moskau geborene Sohn eines Orchestermusikers blickt auf eine lange Tätigkeit als Kapellmeister und Regisseur zurück – so ist er mehrere Jahre Operndirektor in Straßburg – als er mit der Komposition seines bedeutendsten Bühnenwerkes beginnt, das er selbst als sein Lebenswerk bezeichnet. Er wählt ein weit zurückliegendes historisches Ereignis, um sein eigentliches, durchaus autobiographisch gefärbtes Thema von der freien Schöpferkraft des künstlerischen Menschen zu gestalten. Das mit Unterbrechungen von 1549 bis 1563 dauernde Konzil von Trient (das sogenannte ›Tridentinum‹) erwog in seiner Diskussion um die Wiederherstellung der durch die Reformation gefährdeten Einheit der katholischen Kirche auch das Verbot der mehrstimmigen Kirchenmusik, deren Reinheit die Konzilsteilnehmer durch weltliche Einflüsse bedroht sah. Daß das Tridentinium die Mehrstimmigkeit unter der Bedingung, die Textverständlichkeit zu wahren, dann doch erlaubte, gilt als Verdienst des Komponisten *Giovanni Pierluigi da Palestrina (1525–1594)*. Die Legende besagt, er habe mit der 1562 komponierten Marcellus-Messe (›Missa Papae Marcelli‹) die Konzilskongregation für die Beibehaltung der Mehrstimmigkeit in der Kirchenmusik gewinnen können. Der dramatische zweite Akt von Pfitzners Oper, in dem Palestrina selbst nicht auftritt, stellt das Konzil dar und ist vom Komponisten mit einer klangvollen, bis zu hitziger Erregtheit sich steigernden Musik komponiert. Der erste Akt ist dagegen in erster Linie ein ebenso nachdenklich wie leidenschaftlich geführtes Streitgespräch zwischen Palestrina und dem römischen Kardinal Borromeo, der ihn mit einer Meßkomposition beauftragt, um eine für die Kirchenmusik günstige Konzilsentscheidung vorzubereiten. Der dritte Akt spielt nach der Fertigstellung der Komposition und stellt eine etwas stark pathetisierende, beim Besuch von Papst Pius IV. in Palestrinas Haus allzu feierliche Huldigung an den Retter der Musik dar. Für die Schwierigkeit, dem Konversationsstück über den Stil der alten und neuen Musik zu folgen, wird man durch Pfitzners Komposition weitgehend entschädigt, die im besten Sinne Theatermusik ist. Das groß besetzte Orchester wartet mit einer dramatischen, dynamischen Tonsprache, mit sinfonischen Klangballungen und teilweise exzessiver Rhythmik auf, doch Pfitzners Musik kennt daneben auch lyrische Melodik und filigrane Gesangslinien in den Solo- und Ensembleszenen. Wagners Einfluß ist unverkennbar, Pfitzners musikalische Intentionen erinnern klanglich teilweise unmittelbar an die »Parsifal«-Musik, so in der Vision der neun verstorbenen Meister der Tonkunst (von denen lediglich zwei namentlich genannt werden) und der Engelserscheinung im ersten, dem längsten Akt der Oper. Der Schluß des Konzilsaktes läßt in seinem szenischen Durcheinander an die Prügelszene in den »Meistersingern von Nürnberg« denken. Erstaunlich, wie Pfitzner den wilden Ausgang, das tumultuarische, lärmende Ende mit expressiver, rhythmisch bis an die Grenzen gehender Musik geradezu bändigt, ohne daß diese über ihre Dissonanzen hinaus in die Atonalität umschlägt.

Das ist bei der Oper »Die tote Stadt« des Wiener Komponisten *Erich Wolfgang Korngold (1897–1957)* schon etwas anders. In Brünn als Sohn eines Rechtsanwalts und einflußreichen Wiener Musikkritikers geboren und seiner frühen Kompositionen wegen als Wunderkind gefeiert, emigriert Korngold 1938 wegen des nationalsozialistischen »Anschlusses« seines Heimatlandes in die USA, wird amerikanischer Staatsbürger und wirkt in Hollywood bis zu seinem Tode als begehrter Filmkomponist, wofür er zweimal mit dem Oscar ausgezeichnet wird. Er ist noch keine zwanzig Jahre alt, als er während des Ersten Weltkrieges mit der Komposition der »Toten Stadt« beginnt. Sie wird am 4. Dezember 1920 gleichzeitig am Hamburger Stadttheater und am Opernhaus in Köln uraufgeführt, gehört während der folgenden Jahrzehnte zu den meist gespielten Opern überhaupt, wird ein Welterfolg und gelangt noch heute gelegentlich zu Neuinszenierungen. Als Vorlage dient Korngold der dem literarischen Symbolismus verpflichtete Roman »Bruges-la-Morte« des Flamen *Georges Rodenbach (1855–1898)* aus dem Jahre 1892. In Brügge lebt der junge Paul ganz in der Erinnerung an seine verstorbene Frau Marie, der er in seiner Wohnung ein Zimmer mit vielen Erinnerungsstücken eingerichtet hat, das er »Kirche des Gewesenen« nennt. Die tote Frau und die tote Stadt Brügge sind für Paul zu einem geheimnisvollen Gleichnis zusammengeflossen. Da lernt er die junge lebensfrohe Tänzerin Marietta kennen, der er verfällt, in der er aber ihrer Ähnlichkeit mit Marie wegen nur die Tote liebt. Marietta ist ihm nur ein leerer Schatten Maries. Er klagt sich selbst an, im Begehren nach der Tänzerin das Recht der Verstorbenen schändlich entweiht zu haben. Erst ein Tagtraum, in dem er Mariettas Untreue erlebt und sie mit einem als Reliquie aufbewahrten Haarschopf seiner toten Frau erwürgt, öffnet Paul die Augen. Er erkennt, sich in diesem Leben mit der Verstorbenen nicht in Liebe und Treue verbinden zu können, was ihn von seinen Schuldgefühlen ihr gegenüber erlöst. Erleichtert nimmt er die Einladung seines Freundes Frank an, mit ihm die tote Stadt für immer zu verlassen. Die mit tiefenpsychologischen Motiven arbeitende, ouvertürelos unmittelbar in die Handlung springende Oper ist eine durchkomponierte dramatische Großform, in der sich spätromantische Melodieführung – die in dem Duett Marietta-Paul »Glück, das mir verblieb« (1. Bild) zur traditionellen Gesangsform zurückfindet und einen weltbekannten Opernschlager gebiert – mit impressionistischen Klangfarben mischt. Korngold komponiert eine eher an Strauss denn an Wagner orientierte nahezu durchgehend hochdramatische, expressive Musik, die Leidenschaft und Sehnsucht in schwelgenden Orchesterklängen und selten einmal ruhig geführten Gesangslinien zum Ausdruck bringt und sich auch in extremen Dissonanzen gerade noch der Atonalität verweigert.

In beiden Werken gehen Traditionsgebundenheit und persönlicher Kompositionsstil eine wirkungsvolle Symbiose ein. Je weiter jedoch das 20. Jahrhundert fortschreitet, desto mehr lösen sich die Bindungen zur musikalischen Tradition des 19. Jahrhunderts oder gar früherer Zeit, ohne freilich ganz zu verschwinden. Der Amalgamierungsprozeß in der absoluten Instrumentalmusik zwischen Melodie und Klang, Tonalität und Atonalität, Cluster und Klangfarbe, Geräusch und elektronischer Musik hat auch Auswirkungen auf das Musiktheater, bei dem die Verschmelzung von Gesang, melodramatischem Sprechgesang und reinem Sprechen hinzutritt. Der Rahmen unseres Buches erlaubt uns freilich nicht mehr als das in einem groben Überblick sowie hier und da punktuell an einem exemplarischen Werk außerhalb des eigentlichen Repertoires anzusprechen. Um darin nicht ganz die Orientierung zu verlieren, bietet es sich an, die wichtigsten Vertreter des modernen Musiktheaters nach ihrer nationalen Zugehörigkeit zu erfassen.

Opernländer der Moderne im Überblick

Beginnen wir mit dem Ursprungsland der Oper, so fällt *Italiens* geringer Beitrag zum internationalen Repertoire auf. Einige der Komponisten der veristischen und nachveristischen Ära unterhielten engere Beziehung zum deutschen Musikleben: *Ruggero Leoncavallo* schrieb als Auftragswerk eine Festoper für Berlin (»Der Roland von Berlin«, U 1904); *Ottorino Respighi (1879–1936)* vertonte ein Märchenspiel von Hauptmann (»Die versunkene Glocke«, 1927). Der bei Florenz geborene *Ferruccio Busoni (1866–1924)* wirkte als Mittler zwischen der Tradition des 19. Jahrhunderts und dem 20. Jahrhundert. Der Sohn eines erfolgreichen Musiker-Ehepaares gibt mit gerade acht Jahren sein erstes öffentliches Konzert als Pianist und tritt mit zwölf Jahren als Dirigent in Graz auf, wohin die Familie mittlerweile gezogen ist. Dann studiert und konzertiert er zunächst in Wien und Leipzig (wo er u. a. Tschaikowsky und Grieg kennenlernt und von Brahms protegiert wird), dann ist er in Finnland, heiratet in Moskau und dehnt seine Pianistentourneen nach London, Boston und New York aus, bevor er sich 1894 für immer in Berlin niederläßt. Im Musiktheater will er die moderne Musik und *»eine neue klassische Kunst«* aus dem melodischen Geist Mozarts entwickeln, worüber er sich neben anderen grundlegenden Reformideen in seiner Schrift »Entwurf einer neuen Ästhetik der Tonkunst« (1907) ausführlich ausläßt. Neben gelegentlichen Aufführungen seines Einakters »Arlecchino« und seiner musikalischen Fabel »Turandot« (beider U Zürich 1917) ist der von einem seiner Schüler vollendete »Doktor Faust« (U Dresden 1925) Busonis epochemachendes Hauptwerk, dem der Dichterkomponist nicht Goethes Faust, sondern bewusst den von protestantischem Denken geprägten Faust-Roman des 16. Jahrhunderts (das sogenannte »Volksbuch«) zugrundegelegt hat, Dokument eines Umbruchzeitalters: »Scheinbar eine lose gefügte Bilderfolge, gewinnt das Werk bei näherer Betrachtung an Kontinuität und organischem Aufbau. Alle Figuren und Szenen sind durchdacht und einem Formwillen untergeordnet, der stets ins Große strebt. In der Musik kommt Busoni seinem Ideal der Einheit sehr nahe. Romantische Allsuche verbindet sich klassischer Formstrenge. Gotisch-lineare Polyphonie ist gekoppelt mit expressionistischer Klangverfeinerung. Wie in Bergs ›Wozzeck‹ – und später in Hindemiths ›Cardillac‹ – herrschen strenge Formen der absoluten Musik.« (66) Der Erfolg der Oper in ihrer Entstehungszeit beruhte zweifellos auch auf der deutlichen Parallelisierung der in der Oper geschilderten Glaubenskämpfe und -krisen der Reformationszeit und der revolutionären Auseinandersetzungen nach dem Ersten Weltkrieg. Im erweiterten Repertoire haben sich die theaterwirksamen Buffo-Opern des »Deutschvenezianers« *Ermanno Wolf-Ferrari (1876–1948)* gehalten, charakteristische Zeugnisse der mit Formen und Inhalten des 18. Jahrhunderts spielenden Neoklassizismus. Das einaktige Intermezzo »Susannas Geheimnis« (U München 1909) ist ein launiger Spaß um einen eifersüchtigen Ehemann, der sich von seiner jungen Frau Susanna (Biblisches und Mozartisches lassen bei der Namenswahl grüßen!) betrogen fühlt, deren Geheimnis jedoch kein Liebhaber ist, sondern das heimliche Laster des Rauchens (als Ausdruck emanzipatorischer Sehnsüchte der Protagonistin). Neben den »Neugierigen Frauen« (U München 1903) gelten seine beiden anderen Goldoni-Vertonungen als Meisterwerke: die erzkomödiantischen »Die vier Grobiane« (U München 1906), deren witzige und spritzige und dabei kaum als ›modern‹ empfundene Musik köstliche Figuren der Commedia dell'arte charakterisiert, wie es ihm noch in der turbulenten, venezianisches Straßenleben beschwörenden Musikkomödie »Il Campiello« (U Mailand 1936) noch einmal gelungen ist. Ein Solitär im buffonesken Werk Wolf-Ferraris ist die im Verbrechermilieu der Camorra spielende veristische Kriminaloper »Der Schmuck der Madonna« (U Berlin 1911).

Der Beitrag *Frankreichs* zum internationalen Opernrepertoire fällt noch spärlicher aus, auch wenn bedeutende französische Komponisten dem Geist der Zeit entsprechend experimentelle Grenzüberschreitungen der Gattung realisierten wie *Maurice Ravel* (»L'Enfant et les Sortilèges«, U 1925: eine surrealistische Kinderoper mit starken Ballett- und Jazzeinflüssen) und der Schweizer/Franzose Arthur Honegger (dramatische Opernoratorien wie »Johanna auf dem Scheiterhaufen«, szenische U 1942). Das Musiktheater verdankt *Francis Poulenc (1899–1963)* die viel gespielte, ebenfalls experimentelle Studiooper »Die menschliche Stimme« (U 1958) nach dem Telephonmonolog einer Frau von Jean Cocteau und die musikalisch wie szenisch gleichermaßen eindrucksvolle große Oper »Die Gespräche der Karmeliterinnen« (U 1953).

Das *englische* Musik- und Theaterleben präsentiert mit *Benjamin Britten (1913–1976)* seit Purcell und Händel erstmals wieder einen Komponisten von Weltgeltung. Der englische Sänger Peter Pears, mit Britten eng befreundet, stellt fest, mit den mehr als zehn Opern Brittens sei die grundsätzliche Hoffnung auf englischsprachige Opern verbunden, denn Britten habe erstmals seit der Barockzeit die innere Verbundenheit der englischen Sprache mit Musik verwirklicht: »Aus seinem klaren, lebhaften musikalischen Geist heraus hat er es stets verstanden, musikalische Ausdrücke für die Dichtung zu finden, eine Entwicklung, die die Verbindung zwischen Sinn und Klang der Worte geschaffen hat, die jedoch logisch und im höchsten Grade musikalisch ist. Brittens Sinn für Form und sein schöpferischer Reichtum sind, zusammen mit seinem Gefühl für die Sprache, die Qualitäten, die seinen dramatischen Werken zu solchen Erfolgen verholfen haben.« Gleich mit seiner ersten Oper »Peter Grimes« (U London 1945), die vier Jahre nach seiner Operette »Paul Bunyan« entsteht, landet Britten einen Welterfolg, der neben »Albert Herring« (U Glyndebourne 1947) auch auf deutschen Bühnen viele Aufführungen erlebt hat. Es ist die Geschichte eines gesellschaftlichen Außenseiters: Der Eigenbrötler Peter Grimes wird in seinem heimatlichen Fischerdorf von den Menschen beargwöhnt und geschnitten. Weder hat er Familie noch scheint er sich für etwas außer Geld zu interessieren, außerdem gibt man ihm die Schuld an dem Tod eines Waisenjungen, den er zu seiner Hilfe aus dem Armenhaus gekauft hat. Grimes hat keine Chance zu bestehen, sein düsteres Schicksal schnürt ihn ein, bis er den Freitod auf See sucht, auch die Liebe zu der verwitweten Gemeindelehrerin

Helen vermag ihn nicht zu schützen. Ein Sozialdrama wird zur realistischen, fast veristischen Oper mit einer vielschichtigen Musik, die das Geschehen dramatisch illustriert und die Charaktere knapp charakterisiert. Dem Werk kommt die unmittelbare Beziehung des Komponisten zum Meer zugute, der in langen frühen Jahren am Meer lebt, auf das er aus dem Elternhaus weit hinausblicken kann: »*Und zu den Erlebnissen meiner Kindheit gehörten die wilden Stürme, die oftmals Schiffe an unsere Küste warfen und ganze Strecken der benachbarten Klippen wegrissen*«, erinnert er sich in einem Essay zu seiner Oper. Einen anderen Britten zeigt seine nicht weniger erfolgreiche komische Oper »Albert Herring« nach einer Novelle des französischen Erzählers Guy de Maupassant. In gewisser Weise steht auch hier ein Sonderling im Mittelpunkt der Geschichte. Der naiv-tugendhafte, selbstlos im mütterlichen Gemüseladen aushelfende Albert Herring wird, in Ermangelung einer geeigneten Kandidatin für die Wahl zur Maikönigin, zum Maikönig erkoren. Beim Fest setzt man ihn heimlich unter Alkohol, und im angeheiterten Zustand befreit sich Albert aus der gar zu engen Fürsorge seiner Mutter, verschwindet und ist zwei Tage unauffindbar. Dann taucht er einigermaßen verwahrlost plötzlich wieder auf und es bleibt unentschieden, ob ihn die unerwartete kurze Freiheit nennenswert verändert hat. Das Werk atmet den Geist der alten Buffa in neuem Gewande, denn Britten arbeitet mit ganz unterschiedlichen musikalischen Mitteln, neben melodiösen Gesangspassagen stehen gesprochene Dialoge oder melodramatischer Sprechgesang, und die Partitur wartet mit einer Fülle witziger Einfälle auf, die präzise rhythmisiert sind und gerade dadurch wie treffliche tonale Karikaturen wirken. 1960 bringt er mit dem »Sommernachtstraum« nach Shakespeares Komödie noch einmal eine komische Oper zur Uraufführung, in der vor allem die Handwerkerszenen von Brittens musikalischem Humor profitieren. Einer ganz anderen Welt gehört »Tod in Venedig« (U beim Aldeburgh Festival 1973) an nach Thomas Manns diffiziler, vom Firnis der Melancholie und der Todesahnung überzogenen Künstlernovelle gleichen Titels. Wieder steht in dem deutschen Schriftsteller Gustav von Aschenbach ein gesellschaftlicher Sonderfall im Mittelpunkt, der seiner Einsamkeit nach Venedig entflieht, sich dort in homoerotische Neigung zu dem polnischen Knaben Tadzios verliert und Opfer einer plötzlich wütenden Choleraepidemie wird.

Der *osteuropäische* Raum wartet mit einer Reihe bedeutender Komponisten auf, von denen einige auch bemerkenswerte Werke des Musiktheaters geschrieben haben. Der Ungar *Béla Bartók (1881–1945),* der ohnehin zu den Großen in der neueren Musik zählt, hat nur einmal für das Theater komponiert. Sein 1918 an der Budapester Staatsoper uraufgeführter Einakter »Ritter Blaubarts Burg« (U Budapest 1918) greift die alte, im 17. Jahrhundert zu neuen literarischen Ehren gelangte und auch schon von Jacques Offenbach vertonte Legende von dem blutrünstigen Ritter mit dem blauen Bart auf, der seine Frauen umbringt, bei Bartók aber von seiner letzten Frau Judith von seinem dämonischen Schicksal erlöst wird. Bartóks Musik mit neuen Klangfarben und dynamischen Rhythmen findet den ihr adäquaten Opernstoff und verlebendigt ihn in schauriger Theatralik. Das Werk löst des Komponisten grundsätzliche Absicht ein, das ganze vorhandene Tonmaterial möglichst vollständig auszunützen. Das schließt auch die Verwendung folkloristischen Materials ein, das er durch die gemeinsam mit seinem Landsmann *Zoltán Kodály (1882–1967)* betriebenen Forschungen ungarischen Volksliedgutes gewinnt. Kodálys ungarische Volksoper »Háry János« (U Budapest 1926), ein farbig instrumentiertes Märchen- und Schelmenepos zwischen Münchhausen und Eulenspiegel, blieb außerhalb ihrer magyarischen Heimat Episode. Jahrzehnte später macht mit *György Ligeti (*1923)* neuerlich ein ungarischer Komponist auf sich aufmerksam, der seit den fünfziger Jahren nahezu ausschließlich in Deutschland lebt mit der Hauptwirkungsstätte Hamburg. Mit seiner groß angelegten Oper »Le Grand Macabre« (U Stockholm 1978) entwirft er eine musiktheatralische Weltuntergangs-Vision, die ganz bewußt das szenisch Spektakuläre sucht. Das läßt sich auch von Polens bedeutendstem Komponisten der Gegenwart *Krzysztof Penderecki (*1933)* und seiner Oper »Die Teufel von Loudun« (U Hamburg 1969) sagen. Sie basiert auf dem gleichnamigen Buch des englischen Romanciers Aldous Huxley aus dem Jahr 1952. Es handelt sich dabei um den literarisch gestalteten Prozeß gegen den Weltpriester Urbain Grandier im Jahr 1634 in dem von Kardinal Richelieu regierten Frankreich. Der Pfarrer an St. Peter lebt wider den Zölibat, wird beschuldigt, Frauen zu verführen, und von Jeanne (Johanna von den Engeln), der Oberin am Kloster des Ursulinenordens, angeklagt, sie und die Nonnen als Teufel besessen zu machen und sexuell zu belästigen. Eine Verschwörung gegen Grandier führt zu dessen Anklage und Hinrichtung auf dem Scheiterhaufen wegen Unzucht und Gotteslästerung, zumal er selbst unter der gefürchteten Folter kein Schuldgeständnis ablegt. Penderecki komponiert die von sinnlicher Leidenschaft, religiöser Besessenheit, psychologischem Terror, menschlicher Intoleranz und politischer Indoktrinierung gekennzeichnete historische Begebenheit als metaphorisches Gleichnis für die weltweite Verfolgung und Denunzierung unserer Gegenwart mit einer von neuen Klängen, Clusters und eruptiver Rhythmik getragenen Theatermusik. Ihm ist es dabei wichtiger, die insgesamt dreißig Kurzszenen der unterschiedlich bebilderten drei Akte »musikalisch plastisch zu umreißen, atmosphärisch sowohl wie in der dramatischen Situation, als Charaktere individuell zu zeichnen. Der Deklamationsstil von Jeanne oder von Grandier ist nahezu austauschbar. Um so prägnanter gelingt die Orchester- und Chorsprache: Liegeklänge, Clusters und psalmodierende Repetitionen bestimmen die Kloster- oder Kirchenszenen; aufrührerische Hektik, die von den Pilatus- oder Golgatha-Szenen der *Passion* begleitet ist, kennzeichnet die orgiastische Besessenheit, die Teufelsaustreibungen, die Folterung und die Hinrichtung. Seine gestalterische Kraft beweist Penderecki gerade hier mit einer musikalischen Überhöhung der krassen Vorgänge des letzten Akts; mit der Magie seiner Chor- und Orchesterklänge erreicht er eine entscheidende Vertiefung des äußerlichen Geschehens.« (67)

Mit drei markanten Musiker-Persönlichkeiten meldet sich *Rußland* zu Wort. Da ist zunächst der alles überragende *Igor Strawinsky (1882–1971).* Das Musiktheater, das in der russischen Tradition tiefverwurzelte Ballett und die Oper spielen in seinem Schaffen eine enorm wichtige Rolle. Vielleicht ist das auch herkunftsbedingt, galt doch sein mit Tschaikowsky persönlich sehr gut bekannter Vater als einer der bedeutendsten russischen Opernsänger in der zweiten Hälfte des 19. Jahrhunderts, gleichermaßen erfolgreich wie bewundert und von der zaristischen Regierung mehrfach ausgezeichnet. Strawinsky, zumindest in seiner ersten Schaffensperiode nicht ohne Einfluß durch seinen von ihm verehrten Lehrer Nikolai Rimsky-Korssakow, beginnt mit dem lyrischen Märchen »Die Nachtigall« (U Paris 1914) nach Hans Christian Andersen und verbindet Ballett und Oper: die Sänger sind im Orchestergraben postiert, Tänzer gestalten deren Rollen auf der Bühne. Vier Jahre später folgt »Die Geschichte vom Soldaten« (U Lausanne 1918), sein bis heute populärstes und nach wie vor überall gespieltes Bühnenwerk, dessen Text der große Schweizer Schriftsteller Charles Ferdinand Ramuz nach Motiven russischer Volksmärchen aus der Sammlung des Alexander Afanassjew schrieb. Die Grundfabel ist welttheatralisch, zugleich aber auch ein Symbol der Krisenzeit nach dem Weltkrieg: der arme Mensch, der gemeine Soldat läßt sich mit dem Teufel ein und verliert. Hier betrügt der Teufel den Soldaten zuerst um seine Geige und gibt ihm dafür ein Buch, das ihn zum Reichtum verführt, dann betrügt er ihn um Raum, Zeit und Glück und schließlich fällt der Soldat der teuflischen Verdammnis anheim. Das Stück soll zu lesen, zu spielen und zu tanzen sein für einen Sprecher (Erzähler), zwei Schauspieler (Soldat und Teufel), eine Tänzerin (die kranke Prinzessin) und sieben Instrumentalisten einschließlich Schlagzeuger. Die Form ist einfach und klar: alle Texte werden gesprochen und nicht gesungen, die insgesamt elf Szenen sind durch kleine musikalische Stücke (Marsch, Pastorale, Tanz, Choral etc.) geteilt und verbinden Sprach-, Ton- und Tanzkunst miteinander. Die Musik kommentiert das Geschehen, ist durchgängig rhythmisch gehalten und verwendet auch Elemente des neu aufkommenden Jazz, der auf Strawinsky einen lebendigen Eindruck macht: »*Jazz bedeutet auf jeden Fall einen völlig neuen Klang in meiner Musik, und die ›Geschichte vom Soldaten‹ bezeichnet den letzten Bruch mit der russischen orchestralen Schule.*« In dem ebenfalls nicht abendfüllenden »König Oedipus« (U Paris 1927) wendet sich Strawinsky dem Altertum zu und zielt auf die Verbindung zwischen antikem Drama und Oper. Es gibt Arien der Gesangssolisten, Chöre und einen Sprecher, der den Fortgang der von den anderen mehr reflektierten denn gestalteten Handlung erzählt. Es ist ein Opern-Oratorium, das eigentlich nicht für die Bühnendarstellung, sondern für eine statische konzertante Darbietung in einem szenischen Rahmen gedacht ist. Zu seiner abendfüllenden Oper »Der Wüstling« (The Rake's Progress; U Venedig 1951) wird Strawinsky zweifach angeregt: inhaltlich durch die 1735 geschaffene achtteilige satirische Bilderfolge »Leben eines Wüstlings« des englischen Malers und Kupferstechers *William Hogarth (1697–1764)*, musikalisch – nach eigenem Bekunden – durch Mozarts »Così fan tutte«. Das hat formale Auswirkungen, denn Strawinsky greift auf die alte und von den meisten Komponisten verpönte Nummernoper des 18. Jahrhunderts mit Arien, Duetten und Chören zurück, die er mit Rezitativen verbindet; eine Sprechrolle gibt es in diesem Werk nicht. Die Geschichte: Trotz seiner aufrichtigen Liebe zu seiner Verlobten Ann Trulove genießt der junge Tom Rakewell in London zügellos und gewissenlos das ausschweifende Leben, angetrieben durch seinen Diener Nick Shadow, seinem bösen Geist. Es ist der Teufel, der Toms Seele will, von diesem mit Hilfe von Anns Liebe aber beim Kartenspiel überlistet wird. Doch der Teufel schlägt Tom mit Wahnsinn und dieser verdämmert den Rest seines Lebens in einem Irrenhaus. Wie selten in seinen Kompositionen legt Strawinsky im »Wüstling« Wert auf Melodien, denen er zwar seinen ausgeprägten Rhythmus unterlegt, die er aber bewußt tonal und sangbar gestaltet, was der Oper zu einer wenigstens temporären Wiederkehr ins Repertoire verholfen hat. Dennoch ist Strawinskys Schaffen für das Theater vor allem durch seine berühmten Ballette dokumentiert wie »Der Feuervogel« (U Paris 1910), »Petruschka« (U Paris 1911), »Le Sacre du printemps« (U Paris 1913), »Pulcinella« (U Paris 1920), »Apollon musagète« (U Washington 1928), »Der Kuß der Fee« (U Paris 1928) und »Jeu de cartes« (Kartenspiel; U New York 1937). Auch das hat er mit Tschaikowsky gemein. Ähnlich verhält es sich bei seinem Landsmann *Sergej Prokofieff (1891–1953)*, dessen Ballette »Romeo und Julia« (U St.Petersburg 1940) und »Aschenbrödel« (U St.Petersburg 1944) zu den internationalen Standardwerken gehören. Von seinen acht Opern hat sich bis heute »Die Liebe zu den drei Orangen« gehalten, eine spielfreudige, musikalisch pointiert witzige Commedia dell'arte-Oper nach Carlo Gozzi um einen von Schwermut befallenen Prinzen, der neue Lebensfreude durch die Liebe zu einer in eine Orange verzauberten Prinzessin gewinnt. Zu den international oft gespielten komischen russischen Opern gehört auch »Die Nase« (U St. Petersburg 1930) von *Dmitrij Schostakowitsch (1906–1975)* nach einer Novelle Nikolaj Gogols. Mehr Erfolg erzielt der Komponist, der in der stalinistischen Zeit zwischen bedrohlicher kulturpolitischer Verfemung und offizieller Anerkennung lebt und arbeitet, mit seiner Oper »Lady Macbeth von Mzensk« (U St.Petersburg 1934) nach einer Meistererzählung Nikolai Leskows. Das an Jánáceks »Katja Kabanowa« erinnernde sozialkritische Werk zeigt in krassem Realismus den Versuch einer jungen Frau, sich aus den Fesseln einer langweiligen und lieblosen Ehe durch eine sündhafte neue Liebe zu befreien, die jedoch in der Ächtung durch die Dorfgemeinschaft und im sinnlosen Morden aussichtslos endet und auf dem Sträflingstransport nach Sibirien zum schließlichen Selbstmord aus hoffnungsloser Verzweiflung führt.

Igor Strawinsky zur Zeit der Komposition seiner Oper »The Rake's Progress«.

Den Gipfel osteuropäischer Opernkunst des vergangenen Jahrhunderts stellt der Tscheche *Leoš Janáček (1854–1928)* dar. Er schafft ein umfangreiches Werk an Klavierkompositionen, Kammermusik und Orchesterstücken, Liedern, Chören, Kantaten und Kirchenmusik und wendet sich erst relativ spät auch dem Theater zu. Neben Plänen, Skizzen und Entwürfen (so zu einem »Geizigen« nach Molière, zu einer »Anna Karenina« nach Tolstoi und einem

»Schluck und Jau« nach Hauptmann) hinterläßt er neun vollendete Opern, von denen die drei Meisterwerke »Jenufa«, »Katja Kabanowa« und »Das schlaue Füchslein« (U Brünn 1924) zum festen Bestand des internationalen Opernrepertoires zählen. Aber auch zwei weitere Opern finden häufiger auf die Bühne: »Die Ausflüge des Herrn Brouček« (U Prag 1920) und »Aus einem Totenhaus« (U postum Brünn 1930). In einem mährischen 600-Seelen-Bergdorf an der schlesisch-polnischen Grenze geboren, wächst Janáček in einem gut bürgerlichen aber armen Elternhaus auf, in dem die Musik innerhalb der Erziehung einen bedeutenden Stellenwert hat. Über die Lehramtskandidatenzeit in Brünn sowie die Tätigkeit als Organist, Chorleiter und Klavierlehrer wird er, inzwischen in der russischen und deutschen Sprache ebenso zu Hause wie in der französischen, Mitarbeiter einer musikalischen Fachzeitschrift und lernt den zeitlebens verehrten Anton Dvořak kennen. Anschließend ist er mehrere Jahre Musiklehrer in Brünn, vervollständigt seine musikalischen Studien in Leipzig, kehrt 1880 nach Brünn zurück, heiratet, entscheidet sich für ein Leben als freischaffender Komponist und wird zu einem prägenden Mitgestalter der Brünner Musikszene, für deren Streben nach einem Nationaltheater er sich als Komponist, ausübender Musiker und Musikschriftsteller engagiert einsetzt. Um 1885 verläßt er mit neuen künstlerischen Forderungen den bisherigen konservativen Weg und wendet sich einer realistischen, sozial beeinflußten Kunst zu, deren Geist sein Schaffen für das Theater wesentlich bestimmt. Regen Anteil nimmt er am politischen Umsturz der Jahre 1918/19, der dem tschechischen Volk die nationale Unabhängigkeit beschert. Da steht er als Komponist bereits auf dem Höhepunkt, der »Jenufa«-Erfolg trägt ihm ersten Weltruhm ein. Das steigert sich nach der »Katja«-Uraufführung von 1921. Janáček bereist in der Folgezeit nahezu ganz Europa und ist ein gern gesehener Ehrengast bei den zahlreichen Festivals für moderne Musik in Salzburg, Venedig und anderswo. Als er im 74. Lebensjahr an den Folgen einer Lungenentzündung stirbt, formiert sich ein riesiger Trauerzug in Brünn, der ihn stellvertretend für eine ganze Nation zu Grabe trägt. »*Ich komme mit dem jungen Geist unserer Republik, mit einer jungen Musik*« ruft er in einer Rede anläßlich eines Aufenthaltes in London 1926 aus, wo man ihm ähnlich wie in Deutschland alle Hochachtung und Ehrungen seitens der Presse und des Publikums entgegenbringt. »*Ich gehöre nicht zu denen, die zurück blicken, sondern zu denen, die lieber vorwärts schauen.*« Dieses Bekenntnis verrät freilich nichts von den zwischenzeitlichen Anfeindungen in seiner Heimat, als man ihm vor allem aus Prager Musikerkreisen seine unkonventionelle moderne Musik und seine musikästhetischen Anschauungen vorwirft. Er selbst hat nie verhehlt, daß er bei aller Modernität dem gründlichen Studium der elementaren tschechischen Volksmusik entscheidende Anregungen und Impulse gerade auch für seine Opern verdankt. Er lernt die Lieder und Tänze der einfachen

Landbevölkerung Mährens kennen und beginnt wie Bartók in Ungarn auf den Reisen durch seine tschechische Heimat Volkslieder zu sammeln. 1901 veröffentlicht er sie zusammen mit dem ihm befreundeten Folkloristen František Bartoš in einer umfangreichen Anthologie. Dazu bekennt er: »*Sie wissen es, daß meine Motive aus der Erde wachsen, aus den Tieren, aus den Menschen – daß sie mit allem verknüpft sind, was ist. Die Vision meiner Operngestalten will ich immer tatsächlich leben. Bereits seit dreizehn Jahren besteht bei mir dieser seelische Kontakt, und niemals ist er von der Linie einer Freundschaftsbeziehung abgewichen. Das klingt unglaublich, aber es ist so. Ich bin mir der psychologischen Seite dieser Bindung meiner Motive an die Wirklichkeit voll bewußt. Die Verständlichkeit der Motive wird gesteigert, ihre Bedeutung und Frische erhöht. In meinen Arbeiten ist dies ganz deutlich. Aus dieser Art des Schaffens bin ich erwachsen – und darüber hinausgewachsen.*« (68)

Zwischen den Weltkriegen erhebt nun auch *Amerika* seine Stimme. Nachdem es seit Mitte des 19. Jahrhunderts mit Oper und Operette aus dem alten Europa vielseitige Bekanntschaft gemacht hat, entwickelt es nach 1900 mit Jazz und Musical eine eigene Musikkultur, wovon später noch ausführlich die Rede sein wird. Jetzt muß der Hinweis genügen, daß den USA in dem aus Italien stammenden *Gian Carlo Menotti (*1911)* ein international anerkannter Komponist erwächst. Schon mit seiner ersten heiteren Oper »Amelia geht zum Ball« (U Philadelphia 1937) hat er großen Erfolg, der sich auch bei »Das Medium« (U New York 1946) und bei »Das Telephon« (U New York 1947) wiederholt. Mit seinem musikalischen Drama »Der Konsul« bringt er eine durchkomponierte Großform auf die Bühne (U Philadelphia 1950). Die Geschichte um den geflohenen und von der Geheimpolizei gesuchten Freiheitskämpfer John Sorel, dessen Frau Magda sich im Bemühen um ein Ausreisevisum mit der undurchschaubaren Bürokratie des Konsulats auseinandersetzen muß, hat kafkaeske Züge und spielt auf das weltweite humanitäre Problem der Flüchtlinge und Emigranten an. So tritt die Titelfigur gar nicht auf, ist nur als, wenn auch unansprechbares, Hoffnungssymbol für Magda gegenwärtig, aber unerreichbar. Es ist ein sehr modernes Sujet, dessen Komposition jedoch Menottis Verwurzelung in der musikalischen Tradition seiner italienischen Heimat erkennen läßt. Original amerikanisch durch und durch hingegen ist »Porgy und Bess« von *George Gershwin (1898–1937)*, nicht nur Amerikas bisher einziger wirklicher Opern-Welterfolg, sondern auch eine der bedeutendsten Opern des 20. Jahrhunderts überhaupt. Die größte Schwierigkeit für eine Aufführung dieser fesselnden Geschichte mit einer musikalisch überreichen, vom Jazz stark geprägten Partitur, relativiert sich dank der Internationalität der heutigen Musiktheaterszene: die Besetzung mit schwarzen Sängern. Die Zeiten, da man weiße Ensembles schwarz schminkte (und umgekehrt!), sollten längst und endgültig vorbei sein! Über Gershwin und seine Dominanz am

Broadway werden wir übrigens im Musical-Teil noch eingehend zu sprechen haben.

Nun aber ein Blick auf den *deutschsprachigen* Opernraum, in dem eine Reihe wichtiger Komponisten die Szene betritt, mit denen wir uns, freilich auch hier in Auswahl, etwas näher beschäftigen müssen. Allerdings: die wenigsten von ihnen haben sich einen Platz wenigstens im erweiterten Opernrepertoire sichern können. Dies gilt beispielsweise für *Franz Schreker (1878–1934)*, dessen bekanntestes Werk, die symbolistisch-impressionistische Oper »Der ferne Klang« (U Frankfurt/Main 1912) ihren großen Uraufführungserfolg ebenso wenig hat halten können wie der erst vor einigen Jahren in Hamburg wieder hervorgeholte »Schatzgräber« (U Frankfurt/Main 1920). Auch *Ernst Křenek (1900–1991)* mit seinem einst vielgespielten »Jonny spielt auf« (U Leipzig 1927) sowie mit den Opern »Karl V.« (U Prag 1938) und »Pallas Athene weint« (U Hamburg 1955) findet so gut wie keine Aufmerksamkeit seitens der Bühnen mehr. Repertoirefähigkeit kann für längere Zeit *Werner Egk (1901–1983)* verbuchen, besonders mit seiner Märchenoper »Die Zaubergeige« (U Frankfurt/Main 1935), mit der Ibsen-Oper »Peer Gynt« (U Berlin 1938) und mit »Der Revisor« (U Schwetzingen 1957) nach Gogols Komödie; *Wolfgang Fortner (1907–1987)* meldet sich mit der Lorca-Adaption »Bluthochzeit« (U Köln 1957) nachhaltig zu Wort, während *Gottfried von Einem (1918–1996)* mit »Dantons Tod« (U Salzburg 1947) nach Büchner und mit »Der Besuch der alten Dame« (U Wien 1971) nach Dürrenmatt in Erscheinung tritt. Zu ihnen gesellt sich *Giselher Klebe (*1925)* mit »Die Räuber« (U Düsseldorf 1957) nach Schiller, mit »Alkmene« (U Berlin 1961) nach Kleist und vor allem mit »Jacobowsky und der Oberst« (U Hamburg 1965) nach Werfel. Dauererfolge oder gar Repertoirefestigkeit ist diesen Komponisten und ihren Werken jedoch nicht vergönnt.

Das ist bei *Paul Hindemith (1895–1963)* anders, einem der vielseitigsten, wirkungsvollsten und international bekanntesten deutschen Komponisten des 20. Jahrhunderts. Unter seinen mehr als zehn Opern, die er mit »Mörder, Hoffnung der Frauen« (U Stuttgart 1921) zu komponieren beginnt und zu denen die originelle ›lustige‹ Oper »Neues vom Tage« (U Berlin 1929) gehört, ragen zwei Werke heraus. An der Dresdner Staatsoper gelangt 1926 sein »Cardillac« zur Uraufführung, ein dramatisch komponierter Kriminalfall nach der Novelle »Das Fräulein von Scuderi« des deutschen Erzromantikers E. T. A. Hoffmann. Sie erzählt die Geschichte des Goldschmiedes Cardillac, der die Käufer seiner Schmucksachen ermordet, weil er sich von seinen Kunstwerken nicht trennen kann, denn was er erschafft, betrachtet er als sein Eigentum. Kauf ist für ihn Raub, die Kunden sind Verbrecher, die bestraft werden müsssen, deshalb mordet er im Wahnsinn des unbedingten schöpferischen Besitzanspruchs. Bis der Offizier, der Cardillacs Tochter liebt und dessen Mordversuch an ihm überlebt, den Goldschmied zur Selbstanklage zwingt, indem er die Tat einem anderen in die Schuhe schiebt. Den expressionistisch verknappten, stilisierten Text vertont Hindemith durchgehend, seine Musik ist bei aller Modernität melodisch und ausgesprochen sangbar, wobei er Arie, Duett und Ensemble verwendet und dem Chor eine wichtige Rolle zuweist. Die Partitur wechselt zwischen dramatischen und lyrischen Passagen und schließt mit einem fast choralartig gestalteten Finale. Größere Form gibt Hindemith seinem »Mathis der Maler«, der 1938 in Zürich uraufgeführten Oper um den Maler Matthias Grünewald, den Schöpfer des berühmten Isenheimer Altars. Auch die Dichtung dieses bilderreichen, solistisch groß besetzten Werkes stammt vom Komponisten, der auch hier wieder mit traditionellen Gesangsformen arbeitet und die einzelnen Bilder musikalisch miteinander verbindet. Mehr als im »Cardillac« ist die »Mathis«-Musik von dramatischer Polyphonie, sinfonischer Dichte und herber Klangfülle, die so eingesetzt sind, daß die Sangbarkeit der Solo- wie der zahlreichen Ensembleszenen nicht leidet. In der dramaturgischen Anlage, der sinfonischen Großform und der szenischen Ereignisse, wozu auch Erscheinungen gehören und in deren Mittelpunkt der schöpferische Mensch steht, ist der »Mathis« durchaus mit Pfitzners »Palestrina« vergleichbar.

Ein ganz eigenständiges, unverwechselbares Musiktheater hat *Carl Orff (1895–1982)* entwickelt. Der geborene Münchner ist in jungen Jahren zunächst Kapellmeister an den Kammerspielen und gegen Ende des Ersten Weltkrieges an den Theatern in Mannheim und Darmstadt tätig. Als Mitbegründer und pädagogischer Mitarbeiter der Günther-Schule für Gymnastik, Musik und Tanz verfolgt er mit seinem 1930 veröffentlichten musikalischen »Schulwerk« die erklärte Absicht, *»an die Urkräfte und Urformen der Musik«* heranzuführen. Das findet seinen Niederschlag auch in den kleinen wie großen Formen seiner Bühnenwerke, in denen Musik, Wort und Szene eine Einheit bilden, wobei dem Text Dominanz vor der Musik zugesprochen, beides aber dem Theatralischen untergeordnet wird. Seine stark rhythmisierte Musik, bei der er auch Schlagwerke der sogenannten Frühkulturen einsetzt, dynamisiert das szenische Geschehen. Eigenem Urteil nach sieht Orff sein Werk selber nicht so sehr als musikalische, sondern vor allem als geistige Auseinandersetzung. Neben dem ›großen Welttheater‹ von »Die Bernauerin« (U Stuttgart 1947), »Antigonae« (U Salzburg 1949) und »Oedipus der Tyrann« (U Stuttgart 1959) sind die Werke seines ›kleinen Welttheaters‹ (von Orff selbst so genannt) deutlich populärer geworden und geblieben. In »Der Mond« (U München 1939) steht der Himmelskörper für das Licht des Lebens, das durch Diebstahl in ein bis dahin in Finsternis lebendes Land gelangt, bis die Diebe im Greisenalter sterben und ihren jeweiligen Anteil des Mondes mit hinab ins Totenreich nehmen. Von dort holt Petrus den Mond herauf und hängt ihn an den Himmel, damit er allen Licht geben kann. Die Szene der tanzenden und zechenden Toten greift alte Totentanz-Motive auf und ist von Orff mit einer geradezu orgiastischen Musik versehen, in die sich mannigfaltige Geräusche mischen, die das Ganze zusätzlich lärmend illustrieren. Sprechgesang, stilisierter Sologesang und große Chorsätze gestalten die märchenhafte Handlung, die der Komponist nach den Brüdern Grimm selbst dramatisiert hat. Auf deren Märchensammlung greift er auch in »Die Kluge« (U Frankfurt/Main 1943) zurück und verfaßt den Text in gereimten Versen. Die mit zarter Melodik musikalisch charakterisierte kluge Bauerstochter, die mit Klugheit, List und Witz den König sich zum Ehemann gewinnt, setzt sich deutlich ab gegenüber dem mit exzessivem Rhythmus ausgestatteten machtbewußten, mit harten Entscheidungen auftretenden König, den die Kluge am Ende wortspielerisch überlistet. Auch in dieser Kurzoper wechseln sich lyrische Kantilenen und stilisierter Kunstgesang mit großen Tonsprüngen ab mit Passagen, in denen rhythmisches Sprechen oder gesprochene Dialoge ohne musikalische Untermalung vorherrschen. Orffs unverkennbare, stark vom Rhythmus der teilweise exotischen Schlaginstrumente geprägte Musik findet ihre Vollendung schon in den 1937 in Frankfurt/Main uraufgeführten »Carmina burana«, seinem bis heute größten Welterfolg. Die insgesamt 25 jeweils in sich geschlossenen Musiknummern bilden weder eine Kantate, noch ein Oratorium oder gar eine Oper. Sie sind alles zusammen und darin elementares Musiktheater. Darum werden je nach künstlerischer Überzeugung die Aufführungen entweder von der tänzerischen Choreographie oder von der darstellerischen Regie geprägt. Die betont rhythmische Musik dieser »Weltlichen Gesänge«, die auf alte Liedformen zurückgreifen und auch im Konzertsaal nichts von ihrer vokalen und orchestralen Energie verlieren, ist von archaischer Wucht und überwältigender Vitalität. Sie hält alle szenischen Möglichkeiten offen und stellt im Musiktheater nicht nur des 20. Jahrhunderts einen einmaligen Sonderfall dar.

Auch nach dem Zweiten Weltkrieg ist das deutsche Musiktheater aktiv. Zu seinen prägenden Komponisten der jüngsten Zeit gehört zweifelsohne *Aribert Reimann (*1936)*. Seine Kammeropern »Ein Traumspiel« (U Kiel 1965) und »Gespenstersonate« (U Berlin 1984) sind nach Schauspielen von August Strindberg komponiert, seine große Oper »Lear« (U München 1978) nach der Tragödie Shakespeares. Reimann verwendet, ähnlich wie der jüngere *Wolfgang Rihm (*1952)* mit seiner viel gespielten Studiooper »Jacob Lenz« (U Hamburg 1979) nach der Novelle von Büchner, zwar unterschiedliche Stilmittel und Formen der modernen Musik, doch beide Komponisten schreiben nicht nur für die Szene, sondern auch für die menschliche Stimme. Ob dies auch bei *Bernd Alois Zimmermanns (1918–1970)* gewaltiger, die Möglichkeiten schon mittlerer Opernhäuser schlichtweg sprengenden Oper »Die Soldaten« (U Köln 1965) nach dem Schauspiel des Sturm-und-Drang-Dramatikers Jakob Michael Reinhold Lenz der Fall ist, darf man bezweifeln. Unverkennbar handelt es sich bei diesem exorbitanten Bühnenwerk um Theater, denn die szenische Realität ist ja vorhanden, das Spiel in ständiger theatralischer Bewegung, die Schauplätze originell und wirkungsvoll zueinander geordnet sowie die Darstellung selbst in ihrer zeitweiligen Simultanität und mit ihrer filmischen Überblendungsdramaturgie im zweiten Teil von unbestreitbarer Modernität. Dazu eine Regieanweisung zu Beginn des 4. Aktes bei der Vergewaltigung Maries: »Das Geschehen hat den Charakter eines Traumes. Das Geschehen mehrerer Szenen spielt sich losgelöst von deren Raum und Zeit, der Handlung vorgreifend, auf sie zurückgreifend, gleichzeitig auf der Bühne, in drei Filmen und in den Lautsprechern ab.« Theater ja – aber auch *Musik*-Theater? Die Musik wirkt nicht komponiert, sondern aus Tönen konstruiert, ohne Harmonie und Melodik, mehr rhythmisch geordnete Geräusche. Von Gesang kann im Grunde keine Rede sein, es handelt sich durchweg um unpersönliche und unbeseelte, rein artifizielle und stimmakrobatische Intervallsprünge, die ganz zufällig und improvisiert wirken, was besonders in den Ensembles jede Textverständlichkeit unmöglich macht. In der offensichtlichen Tendenz zu einem totalen Theater, das auch Berührungen mit dem instrumentalen Theater eines *John Cage (*1912)* und *Mauricio Kagel (*1931)* zeigt, bleibt die Musik gewissermaßen auf der Strecke, was »Die Soldaten« zum Grenzfall des Musiktheaters macht.

Als bedeutendster deutscher Komponist der Gegenwart gilt auch international *Hans Werner Henze (*1926)*. Sein Schaffen ist vielseitig und komplex, und das Theater nimmt darin einen gewichtigen Platz ein. Das gründet sich auch auf den praktischen Erfahrungen, die Henze schon 1949 als Leiter des Balletts an dem von Heinz Hilpert geleiteten Konstanzer Theater und ab 1950 als Leiter und Dirigent des Balletts und gleichzeitiger Musikdramaturg am Hessischen Staatstheater Wiesbaden macht, bevor er sich 1953 als freischaffender Komponist nach Italien zurückzieht, wo er sich Einflüssen der traditionellen italienischen Gesangsoper nicht verschließt. Das lyrische Kurzdrama »Boulevard Solitude« (U Hannover 1952) macht ihn bekannt, die umfangreiche Märchenoper »König Hirsch« (U Berlin 1956) proviziert einen Skandal und mit »Elegie für junge Liebende« (U Schwetzinger Festspiele 1961) landet er einen veritablen Erfolg. In »Die Bassariden« (U Salzburg 1966) komponiert Henze eine anspruchsvolle Oper nach der »Bakchen«-Tragödie des Euripides und in »Wir erreichen den Fluß« (1976) vertont er einen Text des zeitgenössischen englischen Dramatikers Edward Bond. Zu den besten komischen Opern des 20. Jahrhunderts überhaupt zählt »Der junge Lord« (U Berlin 1965) mit dem literarisch hochwertigen Libretto der deutschen Dichterin *Ingeborg Bachmann (1926–1973)* nach einem satirischen Märchen von Wilhelm Hauff. Die betulich-spießige deutsche Residenzstadt Hülsdorf-Gotha erwartet einen hohen und interessanten neuen Mitbürger, den reichen und vornehmen Engländer Sir Edgar, der ein altes verlassenes Haus gekauft hat. Die Honoratioren der Stadt sind voller gespannter Erwartung, wissen aber nicht recht, was sie eigentlich von dem seltsamen Gebaren Sir Edgars (eine stumme Rolle) und seiner Gefolgschaft halten sollen. Als dessen kleine Kutschenkolonne verspätet anrollt, entsteigen ihr zunächst eine Ziege, ein Kranich, ein Äffchen und Perlhühner in einem Käfig, dann folgen ein Mohr, eine Negerin, der Sekretär mit zwei Windhunden und erst am Schluß Sir Edgar selbst, der sich sofort zurückzieht und das Begrüßungskomitee enttäuscht und ratlos einfach stehen läßt. Er ist ein schon älterer, vornehmer, aber keineswegs hochmütiger Herr, der vor allem seine Ruhe liebt. Da er für keine der vielen extra für ihn geplanten Festlichkeiten zur Verfügung steht, wachsen Argwohn und Unmut über sein Gebaren. Zumal Sir Edgar mit sichtlichem Interesse einer Zirkusvorstellung vor seinem Haus beiwohnt und anschließend die Zirkusleute zu sich einlädt. Das sieht man als Affront gegen die städtischen Bemühungen um seine Person, was prompt in beflissenes Wohlwollen und untertänige Bereitwilligkeit umschlägt, als man zu einem Fest bei Sir Edgar geladen wird, auf dem dieser seinen Neffen, den jungen Lord Barrat, vorstellen möchte. Dieser benimmt sich recht ungewöhnlich und wenig vornehm, was man jedoch als erfrischende Extravaganz geradezu servil anzuerkennen bereit ist. Das Scharwenzeln um den jungen Lord, das vorgetäuschte Entzücken über sein sonderbares Auftreten, das Schmeicheln und Hoffieren treibt seltsame Blüten und gipfelt in der Erwartung seiner Verlobung mit Luise, dem jungen Mündel der Baronin Grünwiesel, der ersten Dame der Stadt. Beim Kasinoball gebärdet sich der junge Lord besonders ungebührlich, bis sich das Geheimnis seiner wahren Identität lüftet: er ist der Affe Adam aus dem Zirkus. Skandal! Die Herren sind entsetzt, die Damen einer allgemeinen Ohnmacht nahe. Tableau! Die Gesellschaft dieser verschlafenen und vom echten deutschen Untertanengeist gesellschaftlich höher stehenden Lebewesen gegenüber beseelt, ist der eigentliche Protagonist dieser ungemein bühnenwirksamen komischen Oper, weshalb es vor allem Ensemble- und Chorszenen gibt. Das Ganze stellt sich als wahres Panoptikum provinziellen Lebens dar, das Henzes Partitur mit einer Fülle witziger Einfälle, grotesker musikalischer Inspirationen punktgenau beschreibt, entlarvt und konterkariert. Die Musik ist ebenso rhythmisch straff wie melodiös, dramatische Effekte wechseln mit weichen Lyrismen, skandierter Sprechgesang mit ausgesprochen kantablen Gesangspassagen. Die Fähigkeit Henzes zur individuellen musikalischen Charakterisierung der Personen und Situationen innerhalb einer konzentriert ablaufenden, an Überraschungen und daher auch an Spannung nie nachlassenden Bühnenhandlung machen das Werk zu einem Glücksfall modernen Musiktheaters. Aber es hat leider auch einen Schönheitsfehler. Das groß besetzte Orchester (das Schlagzeug beispielsweise erfordert gleichzeitig mehrere Musiker) und die vielen gleichwertigen, nicht einfachen Gesangspartien, die auch darstellerische Delikatesse verlangen, erschweren die

Aufführung an mittleren oder gar an kleinen Opernhäusern. Das ist um so mehr zu bedauern, als Henzes »Der junge Lord« eigentlich ins ständige Opernrepertoire gehört.

Richard Strauss: Synthese und Welttheater

Einsam und nahezu unanfechtbar, wie ein erratischer Block inmitten einer durch Stile, Richtungen, Versuche, Manifeste und Irrungen zerklüfteten Opernlandschaft erhebt sich das Werk von *Richard Strauss (1864–1949)*. Er hat noch einmal und bis heute gültig die Opernformen zusammengefaßt und sich selbst zu Recht »*als vielleicht letzten Ausläufer der Welttheater-Entwicklung ins Reich der Musik*« verstanden (69). In München als Sohn des Hofmusikers Joseph Strauss und dessen zweiter Frau Josepha Pschorr, einer Tochter aus der bekannten Brauereifamilie, geboren, erhält Strauss schon früh Klavier- und Geigenunterricht und komponiert mit sechs Jahren sein erstes Stück. Nach glänzendem Abitur, kurzem Studium (Philosophie und Kunstgeschichte) sowie der Förderung durch den ersten wirklich weltbekannten deutschen Dirigenten *Hans von Bülow* wird er Kapellmeister am Theater in Meiningen. Das ist die eine Seite von Strauss, der lebenslang auch als Dirigent eine Weltberühmtheit ist. Bis 1918 ist er dies in festen Positionen in München, Weimar und Berlin mit Gastdirigaten bei vielen großen Orchestern und Konzerttourneen durch ganz Europa von Moskau bis London, von Paris bis Zürich sowie durch Nordamerika. 1919–1924 leitet er die Wiener Staatsoper, gründet mit dem Dichter *Hugo von Hofmannsthal* und dem Regiezauberer *Max Reinhardt* 1922 die Salzburger Festspiele und ist spätestens ab Mitte der zwanziger Jahre der berühmteste deutsche Komponist. Mit der Machtübernahme durch die Nationalsozialisten beginnt auch für ihn eine schwierige Zeit, die ihm später viel Kritik einbringt. Denn er ist vorübergehend Präsident der Reichsmusikkammer und verwahrt sich nach Meinung seiner Kritiker nicht genügend dagegen, daß die Nazis ihn als kulturelles Aushängeschild mißbrauchen, bis sie auch ihn mißachten. Wie eine tiefe persönliche Beleidigung empfindet er in den Kriegsjahren die Zerstörung der Opernhäuser, an denen seine Werke uraufgeführt werden und an denen er jahrzehntelang in leitender künstlerischer Verantwortung tätig ist: der Semperoper in Dresden, der Staatsoper Wien und der Staatsoper ›Unter den Linden‹ in Berlin. Im Mai 1949 nach Garmisch-Partenkirchen zurückgekehrt, werden Strauss zu seinem 85. Geburtstag höchste Ehrungen zuteil, er dirigiert letztmalig an der Bayerischen Staatsoper in München und am Rundfunk, erhält die Ehrendoktorwürde der Münchner Universität und wird Ehrenbürger von Garmisch und Bayreuth, wo er bei den Festspielen von 1882 noch Richard

Wagner erlebt und wo er später auch dirigiert hat. Drei Monate später stirbt er an Herzschwäche.

Wie kein anderer Komponist löst sich Strauss von den anfänglichen Einflüssen durch Wagner, den er zeitlebens sehr verehrt, und findet über ihn zu seiner eigenen, unverwechselbaren Tonsprache. Darin gibt er dem noch einmal größer besetzten und erweiterten Orchester eine zentrale Funktion. In dem schon erwähnten Brief schreibt er dazu: »*Das von Haydn, Mozart, Berlioz und Wagner geschaffene moderne Orchester ist das Instrument geworden, das allein fähig ist, jenes Inkommensurable, von dem der alte Goethe spricht (das dem Verstande nicht mehr erreichbar ist), darzustellen in Symbolen, die nur dem ahnenden Gefühl sich erschließen; nur die Musik kann es wagen, das ›Reich der Mütter‹ ohne Schauer und Entsetzen zu betreten. Was die schönsten Verse der größten Dichter in seitenlangen Umschreibungen der Phantasie des Lesers oder Hörers allenfalls zu suggerieren vermögen, mit einem Akkord gelingt es der Musik, die Empfindung selbst auszusprechen: Das Gefühl der Liebe, der Sehnsucht, der Bußfertigkeit, der Todesbereitschaft.*« Das heißt freilich nicht, daß Strauss dem Sänger eine allenfalls zweitrangige Bedeutung beimißt. Im Gegenteil, kein Opernkomponist des 20. Jahrhunderts hat wie er in erster Linie Gesangsopern komponiert, die, wie bereits erwähnt, die jahrhundertelange Operntradition zu einem vorläufigen Ende gebracht haben. Doch wie viele andere Komponisten ist auch Richard Strauss nicht nur Opernkomponist, sondern er hat gültige Repertoirewerke auch auf sinfonischem Gebiet geschaffen. Eine Schneiderpolka für Klavier und ein Weihnachtslied aus dem Jahre 1870 sind die ersten Kompositionen, die »Vier letzten Lieder« und das Sinfonische Fragment »Die Liebe der Danae« für Orchester des 84Jährigen beschließen 1948 das Gesamtwerk. Dieses umfaßt Klavierwerke und Lieder, Orchesterstücke und Instrumentalwerke, Sonaten, Märsche, Walzer, Chöre, die »Sinfonia domestica« und das Ballett »Josephslegende«, zwei Sinfonien und die »Alpensinfonie« sowie seine bedeutenden Tondichtungen für großes Orchester *Macbeth, Don Juan, Tod und Verklärung, Till Eulenspiegels lustige Streiche, Also sprach Zarathustra, Don Quixote* und *Ein Heldenleben*. Dazu kommen die 15 Opern mit den hier besprochenen fünf Meisterwerken, die zum festen Bestand des Standardrepertoires gehören. (70).

STERNSTUNDEN DES SPIELPLANS: DIE HAUPTWERKE VON BERG, JANAČEK, GERSHWIN, RICHARD STRAUSS UND KURT WEILL

Alban Berg (1885–1935)
WOZZECK
Oper in 3 Akten (15 Szenen)
Dichtung von Georg Büchner
Uraufführung Berlin 1925

Quelle. Bergs Oper ist das, was man eine ›Literaturoper‹ nennt, denn ihr Text ist identisch mit dem des Sozialdramas »Woyzeck« von *Georg Büchner (1813–1837)*. Allerdings ist es nicht der ganze Text. Berg vertonte von den 25 Szenen Büchners insgesamt 15 und verband zwei Szenen miteinander. Dazu nahm er einige Umstellungen und Änderungen vor und strich unwesentliche Sätze. Büchner hatte den ›historischen‹ Fall des Friseurs und Perückenmachers *Johann Christian Woyzeck (1780–1824)* seinem Drama zugrundegelegt. Dieser ›arme Kerl‹ hatte 1821 seine Geliebte, die um fünf Jahre ältere verwitwete Christiane Woost, aus krankhafter Eifersucht mit sieben Messerstichen umgebracht. Er wurde nach der Tat rasch gefaßt, gab bei den Vernehmungen immer wieder an, Stimmen gehört und entsetzliche Träume gehabt sowie unter spukhaften Verfolgungen und Einflüsterungen gestanden zu haben, und mußte sich einem drei Jahre dauernden Prozeß unterwerfen. Immer neue Gutachten sollten Klarheit in der Frage bringen, ob Woyzeck geisteskrank oder für seine Tat verantwortlich zu machen war. Man entschied sich am Ende für die letztere Möglichkeit trotz vehementer Proteste seitens der Verteidigung, und so wurde Woyzeck im August 1824 in Leipzig vor einer riesigen Zuschauermenge öffentlich hingerichtet.

In Büchners Nachlaß von 1837 fand man das unvollendete Drama in vier verschiedenen Handschriften, von denen die Büchner-Forschung bis heute keine als die originale und authentische hat nachweisen können, weshalb es auch keine aufführungsverbindliche Bühnenfassung gibt. Die Uraufführung des um 1835 entstandenen »Woyzeck« erfolgte am 8. November 1913 im Residenztheater in München – und damit erst 76 Jahre nach dem Tode seines Autors!

Entstehung und Uraufführung. Am 5. Mai 1914 besuchte Alban Berg eine Aufführung von Büchners Drama an der Residenzbühne Wien (später »Wiener Kammerspiele«) mit dem berühmten Schauspieler *Albert Steinrück* in der Titelrolle. Er war zutiefst beeindruckt und entschloß sich ziemlich spontan, das Drama zu einer Oper zu vertonen. Schon wenige Tage später entstanden die

473

ersten Skizzen, doch die Arbeit nahm Berg dann doch über ein volles Jahrzehnt in Anspruch. Erst im Sommer1919 gab es eine längere Arbeitsperiode, die sich auch auf das folgende Jahr ausdehnte, so daß im Juni 1921 die beiden ersten Akte fertig waren. Schon im Oktober war die Komposition abgeschlossen, das Particell (Entwurf zur Partitur) lag vor und Berg ging an die Instrumentierung, die er im August 1922 beendete, weshalb die Universal-Edition den vollständigen Klavierauszug an Weihnachten zum Verkauf anbieten konnte. Anfang 1923 erschienen Auszüge der Oper in verschiedenen Musikzeitschriften, einige Teile wurden konzertant aufgeführt und Anfragen kamen aus Wien, Berlin, Hamburg und Paris. Im Januar 1924 spielte der Schönberg-Schüler Ernst Barich den »Wozzeck« (die geänderte Schreibweise des Namens rührte von einem früheren Abschreibfehler aus den Büchner-Handschriften her) dem bedeutenden Dirigenten *Erich Kleiber* vor, seit einem Jahr Generalmusikdirektor an der Berliner Staatsoper, der daraufhin gesagt haben soll: »*Die Oper mache ich in Berlin, und wenn sie mich meine Stellung kostet!*« Die erfolgreiche Uraufführung fand am 14. Dezember 1925 an der Staatsoper ›Unter den Linden‹ in Berlin statt. Innerhalb der nächsten Jahre wurde die Oper zum dauerhaften Welterfolg und stellt heute eine der wenigen Opern des 20. Jahrhunderts dar, die zum festen Repertoire des nationalen wie internationalen Musiktheaters gehören.

Ort und Zeit. Keine Angaben

Die Personen der Oper. Wozzeck (Bariton) – Tambourmajor (Tenor) – Andres (Tenor) – Hauptmann (Tenor) – Doktor (Baß) – Erster Handwerksbursch (Baß) – Zweiter Handwerksbursch (Bariton) – Der Narr (Tenor) – Marie (Sopran) – Margret (Alt) – Mariens Knabe (Sopran) – Ein Soldat (Tenor).

Die Handlung. 1. AKT: *Szene 1:* Zimmer des Hauptmanns. Wozzeck, Soldat und Barbier, rasiert den Hauptmann, der ihn ermahnt, seine Arbeit langsamer zu tun. Er solle sich die viele Zeit, die er noch zu leben habe, besser einteilen. Außerdem sähe er so »verhetzt« aus. Dabei sei er doch ein guter Mensch, auch wenn er keine Moral habe: er habe ein Kind ohne den Segen der Kirche! Wozzeck entgegnet ihm, er sei halt ein armer Kerl, der sein Fleisch und Blut habe und nicht so tugendhaft sein könne wie ein Herr: »Unsereins ist doch armselig in dieser und der andern Welt!« Der Hauptmann fühlt sich durch den Diskurs mit Wozzeck angegriffen. Er schickt ihn weg, aber er solle langsam gehen, »hübsch langsam«! – *Szene 2:* Freies Feld. Wozzeck und sein Freund Andres schneiden Weidenstöcke. Andres singt, Wozzeck hat Angst: der Ort sei verflucht. Er hat Halluzinationen, Wahnvorstellungen; er hört Stimmen und hat Gesichte, die Erde sei hohl, auf der sie stehen, ein Schlund befinde sich darunter, ihm ist, als schwanke der Boden. Das Licht der untergehenden Sonne wirkt wie Feuer auf ihn: »Das führt von der Erde in den Himmel und ein Getös, herunter wie Posaunen.« Andres mahnt zum Heimweg. – *Szene 3:* Mariens Stube.

Marie, Wozzecks Geliebte, die ein Kind von ihm hat, steht mit dem Buben am Fenster und lauscht der herannahenden Militärmusik. Die Nachbarin Margret schwärmt von dem starken Mannsbild von Tambourmajor. Dieser grüßt herüber zu Marie, sie winkt freundlich zurück. Margret meint, Marie mache dem Tambourmajor schöne Augen, und wirft ihr ein lasterhaftes Leben vor. Marie bricht wütend das Gespräch ab und wiegt ihr Kind in den Schlaf: »Bist nur ein arm' Hurenkind und machst deiner Mutter doch so viel Freud' mit deinem unehrlichen Gesicht!« Wozzeck kommt, tief in Gedanken versunken, »vergeistert«, wie Marie findet. Sein Verhalten ängstet sie. Wie soll sie das weiterhin aushalten? – *Szene 4:* Studierstube des Doktors. Wozzeck dient dem Doktor als medizinische Versuchsperson und erhält dafür täglich drei Groschen, die er regelmäßig der Marie gibt. Der Doktor treibt seine Experimente mit Wozzeck, denn er sieht sich als Apologeten einer künftigen Revolution in der Wissenschaft. Am Verhalten Wozzecks hat er zwar oft etwas auszusetzen, es ist ihm jedoch auch gleichzeitig Anlaß zu neuen wissenschaftlichen Theorien. Als Wozzeck ihm sagt, er höre Stimmen, will er ihm gleich die Löhnung erhöhen, eine Zulage geben: »Er ist ein interessanter Fall, halt' er sich nur brav!« – *Szene 5:* Straße vor Mariens Tür. Marie und der Tambourmajor sind sich nähergekommen. Sie bewundert seine kraftvolle Männlichkeit, er ist diesem wilden Weibsbild verfallen. Er will sie verführen; erst wehrt sie sich, dann läßt sie es geschehen, denn sie kann nicht an gegen das Verlangen ihrer Natur: »Meinetwegen, es ist alles eins!« –

2. AKT: *Szene 6:* Mariens Stube. Marie hat Schmuck vom Tambourmajor. Als sie sich im Spiegel besieht, steht plötzlich Wozzeck hinter ihr. Woher hat sie den Schmuck? Ein kurzer Verdacht kommt ihm, dann hat er sich wieder beruhigt. Er gibt ihr Geld: die Löhnung, dazu etwas vom Hauptmann und vom Doktor. Dann verläßt er sie. Marie hat Gewissensbisse, weil sie Wozzeck betrügt: »Ich bin doch ein schlecht Mensch. Ich könnt' mich erstechen.« – *Szene 7:* Straße in der Stadt. Der Hauptmann und der Doktor beggnen sich. Den Doktor pressiert's, der Hauptmann hält ihn auf. Ein Gespräch entwickelt sich, in dem der Doktor dem ängstlichen Hauptmann eine schlechte Konstitution vorhält und ihm Angst einjagt mit der Bemerkung, er könne eine Lähmung bekommen. Und da werde er mit ihm die »unsterblichsten Experimente« machen. Während der Hauptmann sich von seinem Schrecken zu erholen sucht, hetzt Wozzeck vorbei. Der Doktor hält ihn an: »Er läuft ja wie ein offenes Rasiermesser durch die Welt, man schneidet sich an ihm!« Und sie machen Anspielungen: Wozzeck habe doch ein braves Weib? Wozzeck schöpft Verdacht: machen die Herren sich einen Spaß mit ihm, oder ist da was mit Marie, was er nicht weiß: »Es ist viel möglich ... Man könnte Lust bekommen, sich aufzuhängen! Dann wüßte man, woran man ist!« Ohne zu grüßen stürzt er davon – für den Doktor ein Phänomen, für den Hauptmann ein Hundsfott, vor

dem es ihm ganz schwindelig wird. – *Szene 8:* Straße vor Mariens Wohnungstür. Wozzeck stellt Marie zur Rede: hat sie was mit dem Tambourmajor? Marie weicht aus und verrät sich so doch. Als Wozzeck sich auf sie stürzen will, schreit sie ihn an: »Rühr mich nicht an! Lieber ein Messer in den Leib als eine Hand auf mich.« Wozzeck starrt ihr nach: »Der Mensch ist ein Abgrund, es schwindelt einem, wenn man hinunterschaut.« – *Szene 9:* Wirtshausgarten. Burschen, Soldaten und Mägde auf dem Tanzboden. Darunter zwei betrunkene Handwerksburschen. Der eine sieht die Welt so traurig, der andere sieht sie rosenrot schön. Unter den Tanzenden sind auch Marie und der Tambourmajor. Wozzeck beobachtet die beiden eifersüchtig: »Alles wälzt sich in Unzucht übereinander: Mann und Weib, Mensch und Vieh!« Andres, der sich dem fröhlichen Treiben anschließt, ist von Wozzecks seltsamem Verhalten gelangweilt. Da beginnt der erste Handwerksbursch in seinem Suff eine Predigt über die Frage: Was ist der Mensch? Ein allgemeines Gejohle belohnt ihn. Nur Wozzeck sitzt teilnahmslos da, bis ihn der Narr hochrüttelt, der ihm zu verstehen gibt, er rieche Blut. Wozzeck: »Blut! Blut! Mir wird rot vor den Augen. Mir ist, als wälzten sich alle übereinander.« – *Szene 10:* Wachstube in der Kaserne. Wozzeck stöhnt im Schlaf und fährt hoch: immer wieder zeigt sich ihm das Bild des tanzenden Paares Marie-Tambourmajor. Es verdichtet sich zu Gesichten, denen er sich ausgeliefert fühlt: »Und dazwischen blitzt es immer vor den Augen wie ein Messer, wie ein breites Messer!« Wozzeck hat Angst und betet. Da poltert der angetrunkene Tambourmajor herein und fordert Wozzeck zum Saufen auf. Der aber will nicht. Es gibt ein Handgemenge, in dem Wozzeck unterliegt. Nach den Demütigungen durch den Hauptmann, den Doktor und Marie ist er nun auch körperlich mißhandelt worden. Er ist eine geschundene Kreatur durch und durch.

3. AKT: *Szene 11:* Mariens Stube. Marie liest in der Bibel. Sie fühlt sich sündig gegenüber Wozzeck, den sie seit zwei Tagen nicht gesehen hat. Kann ihr Vergebung werden wie einst Maria Magdalena? Marie bereut ihren Betrug an Wozzeck: »Heiland! Du hast Dich ihrer erbarmt, erbarme Dich auch meiner.« – *Szene 12:* Waldweg am Teich. Marie kommt mit Wozzeck. Ihr ist nicht geheuer, sie will rasch heim. Wozzeck hält sie zurück, fragt sie, wie lange sie sich schon kennen und wie lange ihre Beziehung wohl noch dauern werde. Marie weicht aus, sie zittert aus Angst vor seinen Andeutungen. Sie hat Angst vor ihm und kann ihm nicht entrinnen. Als der Mond rot aufgeht »wie ein blutig Eisen«, zieht Wozzeck ein Messer und ersticht Marie. – *Szene 13:* Eine Schenke. Dirnen und Burschen tanzen ausgelassen. Wozzeck ist auch da, er grölt ein Lied und greift sich dann Margret. Die entdeckt an seinem Arm Blut und fragt ihn, woher das stamme. Wozzeck macht sich durch seine Antworten verdächtig: klebt da nicht Menschenblut an seinem Arm? Er fühlt sich bedroht und stürzt davon »Platz! Oder es geht wer zum Teufel!« – *Szene 14:* Waldweg am Teich.

Wozzeck sucht die Tatwaffe, um alle Spuren des Verbrechens zu vernichten. Denn man wird ihn suchen und das Messer wird ihn verraten. Er findet es und wirft es ins Wasser. Aber nicht weit genug, sie werden es beim Baden oder Tauchen finden. Er geht in den Teich, um es zu suchen. Das Messer findet er jedoch nicht, so will er sich wenigstens reinwaschen von seiner Bluttat. Doch der rote Mond ergießt sich über den Teich und treibt Wozzeck in den endgültigen Wahnsinn: »Weh! Weh! Ich wasche mich mit Blut! Das Wasser ist Blut, Blut...« Der Hauptmann und der Doktor, die am Teich entlangkommen, hören das Stöhnen und Ächzen des ertrinkenden Wozzecks. Doktor: »Das stöhnt als stürbe ein Mensch.« – *Szene 15:* Straße vor Mariens Haus. Kinder spielen und lärmen, darunter Mariens Knabe. Man hat die Leiche seiner Mutter am Teich gefunden, die Leute sind schon hinaus. Die Kinder eilen ihnen nach. Am Ende folgt ihnen auch der Knabe Mariens, der nicht weiß, was passiert ist.

Aufführungsdauer: 1 ¾ Stunden

Leos Janáček (1854–1928)
JENUFA (Její pastorkyňa)
Oper aus dem mährischen Bauernleben in 3 Akten
Text nach Gabriela Preissová vom Komponisten
Uraufführung Brünn 1904

Quelle. Die literarische Vorlage zu »Jenufa« bildet das Drama »Ihre Ziehtochter« (Její pastorkyňa) der tschechischen Dichterin *Gabriele Preissová (1862–1946)*. Das im November 1890 in Prag uraufgeführte Schauspiel erschien 1891 im Druck, wurde das erfolgreichste Bühnenstück der Autorin und zählt zu den bekanntesten tschechischen Schauspielen überhaupt. Es spielt in einem mährischen Dorf und gestaltet mit der Geschichte um die Liebe der Stiefbrüder Stewa und Laca zu Jenufa, der Ziehtochter ihrer Tante, der ebenso stolzen wie strengen Küsterin Buryjovka, einen sozialkritischen Stoff. Denn es kritisiert nicht nur gesellschaftliche, menschliche und aus der religiösen Tradition entstandene Vorurteile im Zusammenleben der Menschen, sondern es tritt auch couragiert für das Recht der Frau auf eigene Lebensentscheidungen ein. Gabriele Preissová arbeitete ihr eigenes Bühnenstück Jahrzehnte später zu einem Roman um (erschienen 1930), in dem sie auch die Vorgeschichte der Hauptpersonen darstellte.
  Entstehung und Uraufführung. Janáček hat das Stück, das gilt als sicher, im Jahre 1894 gelesen und sich schnell entschlossen, daraus eine Oper zu kom-

ponieren. Möglich ist, daß er sogar eine frühere Aufführung des Werkes in Brünn gesehen hat. Noch vor 1897 begann er mit der Komposition, nachdem er das Libretto selbst verfaßt hatte und große Teile des Textes wörtlich übernahm. Während der Komposition starb seine Tochter Olga, an der er mit zärtlicher Liebe hing und deren Tod ihn zutiefst traf. Ihrem Andenken widmete er sein Werk. Es war im März 1903 fertig, und Janáček reichte es wenig später dem Nationaltheater Prag ein. Da er sich jedoch Jahre zuvor schon mit dessen Leiter *Karel Kovarovič* in eine polemische Auseinandersetzung eingelassen hatte, wurde die Oper abgelehnt. Die Absage traf Janáček schwer, erst im Oktober des Jahres entschloß er sich dann, das Theater in Brünn mit der Uraufführung zu betrauen, die am 21. Januar 1904 zwar ein großer Erfolg wurde, der jedoch lokal begrenzt blieb. In den Jahren 1906 und 1911 unterzog Janáček »Jenufa« einer Umarbeitung und erwarb sich in seinem Freund *František Vesely* und dessen Frau, der bekannten Sängerin und Schriftstellerin *Marie Calma,* unermüdlich tätige Fürsprecher für seine Oper. Schließlich wurde sie 1915 auch vom Prager Nationaltheater angenommen, allerdings unter der Bedingung, in Dramaturgie und Instrumentation einiges zu ändern. Die Erstaufführung am 26. Mai 1916 begeisterte sowohl das Publikum als auch einen Großteil der Presse. Das ebnete dem Werk den Weg auf die internationalen Bühnen und verschaffte dem mittlerweile schon 60-jährigen Komponisten den endgültigen Weltruhm.

Ort und Zeit. Ein tschechisches Gebirgsdorf in der Gegenwart

Die Personen der Oper. Die alte Buryja, Hausfrau in der Mühle (Alt) – Laca Klemen, ihr Enkel (Tenor) – Stewa Buryja, dessen Stiefbruder (Tenor) – Die Küsterin Buryja, Witwe, Schwiegertochter der alten Buryja (Sopran) – Jenufa, ihre Ziehtochter (Sopran) – Altgesell (Bariton) – Dorfrichter (Baß) – Seine Frau (Mezzosopran) – Karolka, beider Tochter (Mezzosopran) – Eine Magd (Mezzosopran) – Barena, Dienstmagd in der Mühle (Sopran) – Jano, ein Hirtenjunge (Sopran) – Tante (Alt) – 1. Stimme (Sopran) – 2. Stimme (Bariton).

Rekruten, Gesinde, Musikanten, Dorfmädchen, Volk (Chor)

Die Handlung. 1. AKT: Eine einsame Mühle im Gebirge. Jenufa befürchtet, daß ihr Liebster Stewa zum Militär einrücken muß und daß damit zumindest vorerst nichts aus der bevorstehenden Heirat wird. Das würde sie in Schande bringen, denn sie erwartet von ihm ein Kind, was jedoch niemand weiß. Auch Laca nicht, Stewas Stiefbruder, der Jenufa seit ihrer gemeinsamen Kinderzeit leidenschaftlich liebt. Er beklagt sich bei der alten Buryja, daß man sich nie sonderlich um ihn gekümmert und Stewa immer vorgezogen habe. Nun muß er seine Hoffnungen auf Jenufa wohl für immer begraben, denn Stewa, so erfährt es Laca von dem Altgesell, ist bei der Musterung freigekommen und braucht nicht zu den Soldaten. Wenig später erscheint Stewa in Begleitung von angemusterten Rekruten sowie Dorfbewohnern. Er hat sich aus lauter Freude ordentlich betrunken und kann sich nur schwer auf den Beinen halten *(Szene*

Stewa, Ensemble und Chor »'*s will jeder hochzeiten, keiner in Krieg reiten*«). Die ausgelassene Stimmung wird jäh durch die Küsterin Buryja, Jenufas Ziehmutter, unterbrochen. Da sie mit mütterlicher Liebe an Jenufa hängt, will sie aus Stolz und Sorge die Heirat mit Stewa erst nach einem Jahr der Prüfung erlauben, vorausgesetzt, daß er nicht mehr trinkt. Vergebens sucht die alte Buryja ihre strenge Schwiegertochter zu beschwichtigen, während Jenufa Stewa beschwört, sie müßten schnell heiraten: »Kennst ja mein Elend!« Stewa beruhigt sie, er werde sie schon nicht aufgeben. Dann geht er erstmal seinen Rausch ausschlafen. Als Laca sich spöttisch über das Benehmen seines Stiefbruders äußert, erträgt er nicht, wie sehr Jenufa ihn verteidigt. In einem Anfall von Leidenschaft und Eifersucht schneidet er ihr mit seinem Messer in die Wange. Entsetzt über seine Tat, bekennt er seine Liebe zu ihr. –

2. AKT: Bauernstube im Hause der Küsterin. Jenufa hatte ihrer Ziehmutter ihre Schwangerschaft gestanden, was diese bereuen ließ, so streng gegen Stewa gewesen zu sein. Seitdem hält sie, damit die Schande nicht bekannt wird, Jenufa versteckt in ihrem Hause und gibt vor, ihre Tochter sei nach Wien gereist. Jetzt, sechs Monate später, hat Jenufa einen Knaben zur Welt gebracht, den die Küsterin selbst auf den Namen des Vaters getauft hat, der sich die ganze Zeit weder hat sehen lassen noch sich um sie kümmerte. Auch wenn die Küsterin es für besser hält, das Kind würde sterben, das sie ebensowenig leiden kann wie Stewa, hat sie diesen nun herbestellt, denn: »Bleibt nichts andres mehr, als sie dem schlechten Kerl zur Frau zu geben.« *(Szene der Küsterin* »*Ja, in all den zwanzig Wochen hat er bei dir nicht angeklopft ...*«*)*. Während sich Jenufa schlafen gelegt hat, erscheint Stewa. Die Küsterin fleht ihn an, Jenufa zu heiraten und so ihr die Ehre zurückzugeben. Stewa ist sehr bedrückt, er verspricht Geld, aber er kann Jenufa nicht heiraten: er habe Angst vor ihr wie vor der Küsterin, die ihm wie eine Hexe erscheine, seine Liebe zu Jenufa sei nach ihrer Verunstaltung durch Laca plötzlich verflogen – und außerdem habe er sich kürzlich mit Karolka verlobt, der Tochter des Dorfrichters. Wütend will die Küsterin auf ihn los, da erwacht Jenufa nebenan. Rasch eilt Stewa davon, kurz darauf kommt Laca, der ihm unterwegs noch begegnet ist. Als er zum wiederholten Male die Küsterin bittet, ihm Jenufa zur Frau zu geben, gesteht sie ihm die ganze Wahrheit. Doch als Laca betroffen äußert, dann müsse er ja auch Stewas Kind zu sich nehmen, lügt sie ihm vor, das Kind sei gleich nach der Geburt gestorben. Sie schickt Laca fort und entschließt sich in ihrer Verzweiflung zu einer entsetzlichen Tat: sie nimmt das Kind und bringt es hinunter an den Fluß; unter dem Eis soll es sündig sterben, wie es aus der Sünde geboren wurde *(Szene der Küsterin* »*Und muß ich verlieren in alle Ewigkeit mein Seelenheil ...*«*)*. Kaum ist sie weg, sucht Jenufa nach ihrem Kind, glaubt aber, da sie es nicht findet, die Mutter bringe es Stewa *(Szene und Gebet Jenufas* »*Schon ist's Abend ...*«*)*. Als die Küsterin bei ihrer Rückkehr Jenufa wach antrifft, lügt sie auch ihr den Tod des Kindes vor, gestorben während des fiebrigen Wochenbettes. Als Jenufa nach Stewa fragt, erklärt die Küsterin ihr, der habe sich von ihr losgesagt und mit Karolka verlobt. Nun sei sie frei für Laca. Der ist zurückgekommen und bittet Jenufa, ihn zu nehmen. Die erkennt seinen guten Charakter und willigt ein. –

3. AKT: Gleicher Schauplatz wie zuvor. Die Küsterin richtet Jenufa die Hochzeit mit Laca aus. Die ersten Gäste sind der Richter und seine Frau. Während sie sich nebenan gemeinsam die Aussteuer der Braut ansehen, kommt es zu einer Aussprache zwischen den Brautleuten *(Szene Laca-Jenufa »Sieh nur diesen Strauß, den ich mitgebracht...«)*. Stewa und Karolka kommen als nächste Gratulanten, in wenigen Tagen werden auch sie heiraten. Als die Küsterin das Brautpaar segnen will, entsteht vor dem Hause Lärm. Der Hirtenjunge Jano stürzt herein mit der Nachricht, im Eis habe man ein Knäblein gefunden. Man bringt das tote Kind, in dem Jenufa ihr eigenes erkennt und gleich des Mordes beschuldigt wird. Man will sie steinigen, doch da gesteht die Küsterin die Tat *(Szene der Küsterin mit Chor »Ich selbst tat es, sühn's auch selber!«)*. Ihr Geständnis stiftet große Verwirrung: Karolka schiebt alles auf Stewa und verläßt ihn; Laca sieht die Schuld allein bei sich, denn hätte er Jenufa nicht verwundet, hätte Stewa sie genommen; die alte Buryja ist völlig gebrochen, die anderen wenden sich entsetzt ab und die Küsterin will sich umbringen. Doch Jenufa verzeiht ihr, da sie erkennt, daß sie alles nur aus Liebe und Sorge zu ihr getan hat – sie alle haben nur aus Liebe gesündigt: die Küsterin aus Liebe zu Jenufa, sie selbst aus Liebe zu Stewa und Laca aus Liebe zu Jenufa. Als sich Laca trotz allem, was geschah, unbeirrt zu Jenufa bekennt, fühlt endlich auch sie ihre Liebe zu dem besten Menschen, der ihr je begegnet ist. –

Aufführungsdauer. 2½ Stunden

Leos Janáček
KATJA KABANOWA
Oper in 3 Akten
Text nach Alexander Ostrowskij vom Komponisten
Uraufführung Brünn 1921

Quelle. Als literarische Vorlage für diese Janáček-Oper diente das fünfaktige Schauspiel »Das Gewitter« (Groza) von *Alexander Nikolajewitsch Ostrowskij (1823–1886)*, der zu den bedeutendsten Dramatikern der russischen Literatur gehört. Er schrieb mehr als 40 Bühnenwerke, Dramen und Komödien, und war kurz vor seinem Tode selbst eine Zeit lang künstlerischer Direktor des Staatstheaters in Moskau. Seine Meisterwerke, die drei großen Komödien »Eine Dummheit macht auch der Gescheiteste« (U 1868), »Der Wald« (U 1871) und »Wölfe und Schafe« (U 1875) gehören auch auf den deutschen Bühnen zu den vielgespielten Werken des russischen Theaters. Ostrowskij zeichnet in ihnen kritisch-sarkastisch das Leben der reichen und herrschsüchtigen Gesellschaft im alten Rußland. In seinem 1859 entstandenen und noch im gleichen Jahr in Moskau uraufgeführten Drama »Das Gewitter« gestaltete Ostrowskij sein Thema auf tragische Weise innerhalb einer überschaubaren Gesellschaft in dem von ihm erfundenen Wolgastädtchen Kalinow. Im Milieu des sogenannten »dunklen Reiches« scheitert die junge Kaufmannstochter Ekaterina doppelt: an der von ihrer Schwiegermutter, der Kaufmannswitwe Kabanowa, mit despotischen Moralvorstellungen tyrannisierten Ehe mit deren Sohn Tichon und an ihren eigenen, von den erstarrten Konventionen geprägten und davon noch nicht befreiten Überzeugung, daß ihr Ehebruch mit dem jungen Boris – der (wie Tichon und sie von der Kabanowa) von seinem Onkel Dikoj tyrannisiert wird – eine Todsünde ist, die sie nur durch Selbstmord sühnen kann.

Entstehung und Uraufführung. In der Zeit nach der Prager »Jenufa«-Aufführung beschäftigte sich Janáček einmal mehr mit der russischen Literatur, die er in der Originalsprache las. Dazu gehörte auch Ostrowskijs Drama »Das Gewitter«. Im Jahre 1919 gelangte es in Prag zur Aufführung in tschechischer Sprache, die er sich wohl auch angeschaut hat. Wie schon zu »Jenufa« schrieb er auch für »Katja« das Libretto selbst, das er unter erheblichen Kürzungen und Änderungen sowie unter Herausarbeitung der wichtigsten Stränge der dramatischen Handlung von fünf auf drei Akte reduzierte. In der Zeit von 1919 bis Mitte Februar 1921 entstand das Werk und gelangte am 23. November 1921 am Theater in Brünn zur Uraufführung.

Ort und Zeit. Die russische Kleinstadt Kalinow am Ufer der Wolga um 1860

Die Personen der Oper. Sawjol Prokofjewitsch Dikoj, ein Kaufmann (Baß) – Boris Grigorjewitsch, sein Neffe (Tenor) – Marfa Ignatjewna Kaban (Kabanicha), eine reiche Kaufmannswitwe (Mezzosopran) – Tichon Iwanytsch Kabanow, ihr Sohn (Tenor) – Katharina (Katja), seine Frau (Sopran) – Wanja Kudrjasch, Lehrer, Chemiker, Mechaniker (Tenor) – Kuligin, dessen Freund (Bariton) – Barbara, Pflegetochter im Hause Kabanow (Mezzosopran) – Glascha und Fekluscha, Dienstboten (Mezzosopran) – Eine Frau aus dem Volk (Alt) – Bürger der Stadt (Chor)

Die Handlung. <u>1. AKT:</u> Park am Steilufer der Wolga. Der Lehrer Kudrjasch ist versunken in den Anblick der Wolgalandschaft und preist die Natur. Glascha, Dienstmädchen im nebenan gelegenen Hause der reichen Kaufmannswitwe Kabanow, hat dafür wenig Sinn, zumal der Frieden dieser Nach-

mittagsstunde durch den Kaufmann Dikoj gestört wird. Der ist ein roher und streitsüchtiger Mann, unter dessen Fuchtel vor allem sein Neffe Boris zu leiden hat. Kudrjasch versteht nicht, wie er das aushalten kann. Boris erklärt es ihm: die Großmutter konnte es seinem Vater nicht verzeihen, daß er eine Adelige geheiratet hatte, die das Bürgerliche verachtete und mit ihrer Familie in Moskau lebte, wo sie ihm, Boris, und seiner Schwester eine gute Schulbildung ermöglichte. Als die Eltern jedoch an Cholera starben, blieben die Kinder allein zurück. Dann starb auch die Großmutter und hinterließ ihnen ein Vermögen, das ihnen aber erst bei Volljährigkeit zusteht unter der Bedingung, daß sie sich mit ihrem Onkel Dikoj vertragen. Nun soll auch die Schwester nach Kalinow kommen, doch die adeligen Verwandten lassen sie nicht gehen. So befürchtet Boris, daß ihm die Zeit unter Not und Entbehrung davonläuft in einem Leben in einer Gesellschaft, in der zwar alle reich sind, zugleich aber gottesfürchtig auf alten Sitten und Bräuchen beharren, die in ihrer Unbedingtheit erstarrt und der Menschlichkeit entkleidet sind und so für die neue Zeit jeden Sinn verlieren. Das gilt besonders für die Kabanicha, die ihre Schwiegertochter Katja, die Boris heimlich liebt, ebenso tyrannisiert wie ihren Sohn Tichon, Katjas Mann. Die gefühllose und herrische Kabanicha ist überaus streng zu den Ihren und wirft ihrem Sohn vor, er ziehe seine Frau der Mutter vor und zeige dies auch noch öffentlich. Tichon sieht nichts Schlimmes darin, beide zu lieben. Seine Mutter hält ihm jedoch vor, Katja habe keine Angst vor ihm, weil er sie nicht streng halte – wie sollte sie da treu bleiben? Von Barbara, der Pflegetochter des Hauses, muß sich Tichon dagegen vorhalten lassen, er verteidige seine Frau zu wenig, wenn seine Mutter auf sie losginge, und denke mehr ans Saufen als an sie. Ihr aber tut Katja leid, zu gerne möchte sie ihr helfen. – Zimmer im Kabanowschen Hause. Im Gespräch mit Barbara erinnert sich Katja an die glückliche Zeit in ihrem Elternhaus, wo es friedlich und fröhlich zuging und wo man nichts von Seelenschmerzen kannte *(Erzählung der Katja »Ach, es war ein andres Leben!«)*. Jetzt ist sie von Sehnsucht erfüllt, Gedanken schwirren durch ihren Kopf, Träume lassen sie nur unruhig schlafen und sie ahnt, daß Sünde und Schande auf sie herniederfahren werden. Dann gesteht sie Barbara ihre Not: sie liebt einen anderen Mann und die sehnsuchtsvollen Gedanken an ihn lassen sie nicht schlafen. Barbara hat dafür volles Verständnis, denn auch sie habe ihre Sünden. Da werden sie von Tichon unterbrochen, der auf Wunsch der Mutter für einige Zeit verreisen wird. In ihrer Angst, während seiner Abwesenheit eine Sünde zu begehen, fleht Katja ihn an, sie mitzunehmen. Tichon, der sich selbst im Hause der Mutter eingekerkert fühlt, weigert ihr diesen Wunsch. So fordert sie ihn auf, ihr zur Vermeidung eines Unglücks den Eid abzunehmen, keinem anderen Mann auch nur einen Blick zu gönnen solange er außer Haus sei. Tichon versteht sie nicht und bezeichnet den geforderten Eid als lästerlich. Die Kabanicha tritt hinzu und verlangt von ihrem Sohn, die alten Bräuche zu erfüllen und seiner Frau die notwendigen Verhaltensmaßregeln während seines Fortseins zu erteilen. Wie eine Litanei betet sie ihm diese vor, gehorsam spricht er sie nach. Dem Zusammenbruch nahe, fällt Katja beim Abschied Tichon um den Hals, worüber die Kabanicha empört ist: »Unverschämte! Als ob's dein Liebster wär!«

2. AKT: Arbeitsstube im Kabanowschen Hause. Die Frauen sind mit Strickarbeiten beschäftigt. Die Kabanicha wirft ihrer Schwiegertochter vor, sie liebe ihren Mann nicht, weil sie wegen dessen Abwesenheit nicht klage, wie es die Sitte verlangt. Katja hält ihr entgegen, sie könne keine Komödie spielen. Barbara steckt ihr heimlich den Schlüssel zum Gartentor zu, sie werde Boris dorthin bestellen, damit sie sich mit ihm treffen kann. Katja kann die Sehnsucht, den Geliebten auch nur von ferne zu sehen, nicht unterdrücken. Als sie gegangen ist, führt die Kabanicha den betrunkenen Dikoj herein, der sich bei ihr einschmeicheln will. Sie wehrt ihn ab, denn sie werde mit ihm nur reden, wenn er sich »schicklich« aufführe. – Felsen mit Gebüsch unterhalb des Kabanowschen Gartens, Sommernacht. Kudrjasch vertreibt sich das Warten auf Barbara mit einem Lied *(Lied des Kudrjasch »Früh am Morgen geht die Schöne in den Garten...«)*. Boris kommt und gesteht ihm seine Liebe zu Katja. Barbara kommt hinzu und kündigt Boris das Kommen Katjas an und zieht sich mit Kudrjasch zurück. Dann erscheint Katja. Erst ist sie unsicher, doch dann umarmt sie Boris leidenschaftlich. –

3. AKT: Ein verfallenes Gewölbe am Ufer der Wolga. An einem regnerischen, gewittrigen Spätnachmittag flüchten mehrere Menschen in die Ruine, um Schutz vor dem Gewitter zu finden. Unter ihnen befinden sich Kudrjasch, sein Freund Kuligin, Boris und Dikoj, vor dem sich die Leute ehrfürchtig verbeugen. Der läßt sich mit Kudrjasch in einen Disput über Gewitter ein, in dem er die Strafen Gottes sieht, während Kudrjasch ein Gewitter nur als »elektrischen Ausgleich« definiert. Daraufhin nennt ihn Dikoj einen Götzendiener, schreit nach der Wache, herrscht die anderen an, sie stünden nur untätig herum und geht wütend ab. Wenig später erscheint Barbara und teilt Boris die Rückkehr Tichons an. Sie fürchtet um Katja, die in ihrer Verzweiflung ihrem Mann ihren Ehebruch beichten werde. Da erscheint sie selbst, sie fürchtet sich vor dem Gewitter und hat Angst vor Tichon und seiner Mutter, die ihr in Begleitung Dikojs folgen. Da bricht sie zusammen und gesteht ihr Liebesverhältnis mit Boris. Tichon will sie umarmen, doch sie reißt sich los und rennt hinaus ins Gewitter. – Einsame Gegend am Wolgaufer. Schon naht die Nacht, während Tichon in Begleitung Glaschas nach Katja sucht. Barbara und Kudrjasch tauchen auf und beschließen, sich aus der bürgerlichen Enge Kalnows zu befreien und nach Moskau zu gehen. Wenig später taucht Katja auf. Ihr Geständnis hat ihr keinen Frieden, sondern Entehrung und für Boris die Schande gebracht, die Blicke der Leute scheinen sie vernichten zu wollen, das

Leben wird ihr unerträglich. So trifft sie Boris an, um sich von ihr zu verabschieden, sein Onkel schickt ihn zu einem Geschäftsfreund nach Sibirien. Weinend wirft sich Katja ihm in die Arme, doch er kann sie nicht mitnehmen. Da ihr in Kalinow nur noch ein Leben in Schande bleibt, will sie lieber sterben. Sie stürzt sich in die Wolga. Kaligin sieht es und ruft nach Hilfe, doch die kommt zu spät. Dikoj bringt die tote Katja, Tichon bezichtigt die Leute, sie getötet zu haben, und bricht an ihrem Leichnam zusammen. Mit gefühlloser, eiskalter Beherrschung bedankt sich die Kabanicha für die Anteilnahme der Leute. –

Aufführungsdauer. 2½ Stunden

George Gershwin (1898–1937)
PORGY UND BESS (Porgy and Bess)
Oper in 3 Akten
Libretto von DuBose Heyward und Ira Gershwin
Uraufführung Boston 1935

Quelle. Der amerikanische Schriftsteller *DuBose Heyward (1885–1940)* stammte aus einer alteingesessenen, nach dem nordamerikanischen Bürgerkrieg der Jahre 1861–1865 jedoch verarmten Familie der Pflanzeraristokratie in den amerikanischen Südstaaten. Er wurde in Charleston (Süd-Carolina) geboren und begann als Lyriker. Dort begegnete er auch einer populären, volkstümlichen Gestalt unter der schwarzen Bevölkerung, die man ›Ziegen-Sam‹ nannte. Er lebte als verkrüppelter Bettler und konnte sich nur mit Hilfe eines selbstgebastelten Ziegenwagens fortbewegen. Seine Geschichte und das Leben der Farbigen boten Heyward Anlaß zu seinem Roman »Porgy« um einen verkrüppelten schwarzen Bettler, der sein Dasein durch milde Gaben und Würfelspiel in Catfish Row, einem Negerviertel nahe dem Fischereihafen von Charleston, fristete. Porgy ist Mittelpunkt der schwarzen Bevölkerung, die sich zum großen Teil ihren Lebensunterhalt auf den Baumwollplantagen verdient. Der 1925 in New York veröffentlichte Roman schildert das aus der Oper bekannte Geschehen und liefert zugleich die Charaktermuster der Hauptfiguren: den verkrüppelten, aber dennoch lebensbejahenden Porgy; die durch Alkohol und Drogen heruntergekommene Bess; den gewalttätigen Glücksspieler Crown, der zum Mörder wird; den Mulatten Sporting Life, der mit Rauschgift handelt. Der Erfolg des Romans veranlaßte den Autor, zusammen mit seiner Ehefrau *Dorothy K.* daraus ein Bühnenstück zu machen. Es wurde am

10. Oktober 1927 am Guild Theatre in New York uraufgeführt, erreichte den horrenden Dauererfolg von insgesamt 367 Vorstellungen und brachte seinem Autor den Pulitzer-Preis ein, einen nach dem wie Heyward aus Charleston stammenden amerikanischen Verleger *Joseph Pulitzer (1847–1911)* benannten und seit 1917 von der Columbia Universität New York verliehener Preis, der noch heute als höchste literarische Auszeichnung Amerikas gilt.

Entstehung und Uraufführung. Schon in frühen Jahren hatte George Gershwin den Wunsch, eine Oper zu komponieren (was er das erste Mal mit der Jazzkurzoper »Blue Monday« von 1922 tat). Als er 1929 ernsthaft auf die Suche nach einem geeigneten Stoff ging, erinnerte er sich an den Roman von Heyward, den er nahezu in einer Nacht geradezu verschlungen hatte, kaum daß er erschienen war. Seine Begeisterung weckte schon damals (1923) den Wunsch, eine Oper danach zu komponieren. Er trug seinen Wunsch Heyward vor, beide lernten sich persönlich kennen, verschoben aber den Plan: Heyward war gerade dabei, seine Bühnenversion zu schreiben, Gershwin war mit einigen anderen Kompositionsplänen beschäftigt. Doch im Jahre 1932 griff Gershwin die Idee erneut auf und schrieb Heyward: »*Ich will etwas Neues komponieren und komme einmal mehr auf ›Porgy‹ zurück. Es ist nach wie vor das beste Stück über die Farbigen, das ich kenne.*« Aber dabei blieb es zunächst wieder, bis Heyward von sich aus im Jahr darauf Gershwin drängte. Der Grund: das inzwischen wohl berühmteste amerikanische Musical-Gespann *Jerome Kern* und *Oscar Hammerstein II* (Autoren u. a. des weltberühmten »Showboat«) planten ein Musical. Nun griff Gershwin sofort zu, Heyward übertrug ihm die Rechte und beteiligte sich selbst entscheidend an der Abfassung des Textbuches. Über ihre Arbeitsweise zumindest am Anfang schrieb Heyward später: »*Gleich zu Beginn hatten wir ein ziemliches Problem. Ich weigerte mich entschieden, den Süden zu verlassen und nach New York zu ziehen. Gershwin wiederum war an seinen Rundfunk-Kontrakt in der ›Radio City‹ gebunden. Wir wußten zunächst nicht, wie wir über tausend Meilen hinweg Text und Musik glücklich in Einklang bringen sollten. Die Lösung ergab sich von selbst, als Ira Gershwin in das Projekt einbezogen wurde. Das System funktionierte nun so, daß ich zwar häufig nach Norden reiste oder George einen Abstecher nach Charleston machte, zwischendurch aber schickte ich Szenen und Textentwürfe nach New York. Dann setzten sich George und Ira ans Klavier, redeten, rauften und schwitzten sich in ihrer unnachahmlichen Art zusammen, brachen in seltsamen Gesang aus – und fabrizierten zu guter Letzt einen ausgefeilten Text.*«

Da Gershwin inzwischen nicht nur in Amerika ein berühmter Komponist war, erbot sich sogar die Metropolitan Opera (›Met‹), das Werk uraufzuführen. Gershwin lehnte ab: er wollte die Aufführung seiner Oper ausschließlich mit farbigen Sängern besetzen, und das war damals an der Met noch undenkbar; und er wollte, daß möglichst viele Menschen das Werk sehen konnten und nicht nur das elitäre Opernpublikum. Während der Monate Juli und August 1933 studierte Gershwin das Leben der Farbigen vor Ort und richtete sich eine bescheidene Arbeitshütte auf der kleinen, der Küste von Charleston ummittelbar vorgelagerten Insel Folly Island ein. Die gesamte Arbeit erstreckte sich über zwei Jahre, Mitte April 1934 war ein erster Teil der Komposition fertig. Ab September des Jahres begann Gershwin mit der Instrumentierung, der Hauptarbeit unterzog er sich dabei abwechselnd in Palm Beach, in der Nähe von Long Island und in New York selbst. Anfang September 1935 war die Partitur fertig, textliche und musikalische Korrekturen wurden noch während der Proben für die ›Theatre Guild‹ New York vorgenommen. Eine Woche vor der eigentlichen Uraufführung fand vor geladenen Freunden und Mitarbeitern in der Carnegie Hall ein konzertanter Durchlauf der ganzen Oper statt. Dann folgte am 30. September 1935 die Uraufführung der Oper »Porgy and Bess« (diesen Titel schlug Ira vor) im ›Colonial Theatre‹ von Boston und erntete beim Publikum begeisterte Ovationen und bei der Kritik einhelliges Lob. Gershwin kommentierte die Aufführung so: »*Die Musik klang genau so, wie ich sie mir beim Komponieren vorgestellt hatte.*« Am 10. Oktober fand die Premiere im New Yorker ›Alvin-Theatre‹ statt, wieder unter gleicher Begeisterung des Publikums, diesmal aber mit geteilter Aufnahme bei der Kritik. Wenig später faßte Gershwin einige der musikalischen Hauptnummern zu der fünfsätzigen »Porgy und Bess Suite« zusammen, die am 21. Januar 1936 in Philadelphia uraufgeführt wurde und die Ira erst 1958 mit dem heute gebräuchlichen Titel »Catfish Row« versah. Die europäische Erstaufführung der Oper fand erst am 27. März 1943 an der Königlichen Oper in Kopenhagen statt, ihr folgte die deutschsprachige Erstaufführung im Sommer 1945 in Zürich. Erst nach einigen erfolgreichen Europa-Tourneen verschiedener farbiger Opernensembles, die auch in Deutschland gastierten, gelangte »Porgy und Bess« im Sommer 1970 an der Komischen Oper in Berlin zur eigentlichen deutschen Erstaufführung. Die Songs, Chorsätze und Arien der Oper sind berühmt geworden in der Originalsprache, einem besonderen amerikanischen Südstaaten-Slang. Deshalb werden sie an betreffender Stelle in der folgenden Inhaltsangabe auch original zitiert.

Ort und Zeit. Charleston in Süd-Carolina/USA im Spätsommer des Jahres 1866

Die Personen der Oper. Porgy, ein verkrüppelter Neger (Bariton) – Bess, eine junge Negerin (Sopran) – Crown, ein brutaler Neger (Bariton) – Robbins, ein junger Fischer (Tenor) – Serena, seine Frau (Sopran) – Jake, ein Fischer (Bariton) – Clara, seine Frau und Mutter eines kleinen Sohnes (Sopran) – Sporting Life, Rauschgifthändler und Schmuggler (Tenor) – Peter, ein alter Neger, Honigverkäufer (Tenor) – Maria, seine Frau (Mezzosopran) – Mingo (Tenor) und Nelson (Tenor), zwei farbige Fischer – Lily, Negerin (Mezzosopran) – Annie eine andere Negerin (Mezzosopran) – Eine Erdbeerverkäuferin (Mezzosopran) – Ein Krabbenverkäufer (Tenor) – Simon Frazier, ein Negeradvokat (Bariton) – Jim, ein farbiger Fischer (Bariton) – Ein Leichenbestatter (Bariton) – Scipio, ein Negerjunge (Sprechrolle) – Mr. Archdale, ein weißer Rechtsanwalt (Sprechrolle) – Ein Detektiv (Sprechrolle) – Ein Polizist (Sprechrolle) – Ein Leichenbeschauer (Sprechrolle) – Die Farbigen (Erwachsene und Kinder) der Catfish Row in Charleston sowie Polizisten (Chor)

Die Handlung. 1. AKT: Catfish Row, das Wohnviertel der Schwarzen von Charleston in Südcarolina/USA. Es ist Abend, der ruhig beginnt. Ein Blues erklingt auf dem Klavier, zu dem einige der Einwohner auf dem Platz tanzen. Während andere beim Würfelspiel sind, wiegt Clara, die junge Frau des Fischers Jake, ihr Kind im Arm und singt es in den Schlummer *(Lied der Clara »Sommertime and the livin's easy...«/Zur Sommerzeit ist das Leben erträglich).* Unter den Spielern befindet sich auch der charmant-zynische Mulatte Sporting Life, der mit Rauschgift handelt. Jake spielt den Würfel und wehrt Sporting Lifes Verlangen, mit seinem eigenen (und gefälschten) Würfel zu spielen. Robbins will auch spielen, doch seine Frau Serena bittet ihn, dies heute nicht zu tun. Das kann er nicht einsehen, denn, so entgegnet ihr Robbins, das hat alles seine Ordnung: in der Woche arbeitet er, sonntags geht er zum Beten in die Kirche und samstags hat er ein Recht, zu spielen. Die anderen Spieler stimmen ihm zu und beschwören den Würfel, die richtige Zahl anzuzeigen. Inzwischen hat Jake das Kind genommen und versucht seinerseits, es in den Schlaf zu singen, was ihm unter dem Gelächter der anderen jedoch nicht gelingt. Dabei beklagt er den Wankelmut der Weiber, worin ihn die anderen unterstützen *(Lied des Jake »A Woman is a Sometime Thing...«/Ein Weib ist ein wankelmütiges Wesen).* Porgy, der allseits beliebte Krüppel, kommt in seinem Ziegenwagen und wird von allen begrüßt, aber auch damit aufgezogen, er habe ein Auge auf Bess geworfen, die mit Crown geht. Porgy verteidigt sich: wen Gott zum Krüppel gemacht habe, den bestimme er auch dazu, allein zu sein. Da hört man außerhalb den Hafenarbeiter Crown schreien, der bärenstark und wieder einmal betrunken ist, mehr Geld hat als die meisten anderen und es gern für Alkohol ausgibt. In seiner Begleitung erscheint Bess, die nicht sonderlich gemocht wird, da sie stolz ist und sich immer etwas extravagant kleidet. Crown sucht wie üblich Streit, zwischendurch nimmt er von Sporting Life etwas Rauschgift. Als Robbins sein gewonnenes Geld einstreichen will, hindert ihn Crown daran. Es kommt zu einem erbitterten Kampf zwischen den beiden, den keiner zu stoppen vermag und an dessen Ende Crown Robbins tötet. Dann flieht er, raunt Bess aber noch zu, er werde wiederkommen. Serena bricht über dem Leichnam ihres Mannes zusammen, während Sporting Life die Situation nützt, sich an Bess ranzumachen, die ihn um etwas Kokain bittet. Doch ihm nach New York folgen will sie nicht, sondern hier bei den Schwarzen Schutz und Unterschlupf suchen. Doch die Türen bleiben ihr verschlossen, nur Porgy nimmt sie auf, während schon die Polizeisirene zu hören ist. – In Serenas Zimmer. Der ermordete Robbins liegt aufgebahrt und eine Büchse ist aufgestellt, um Geld für die Beerdigung zu sammeln. Die Trauernden stimmen ein Klage-Spiritual an *(Chor »He's gone, gone, gone ... «/Robbins ist tot ...)*. Auch Porgy und Bess erscheinen und spenden ebenfalls Geld. Dann verhören ein Detektiv und ein Polizist die Versammelten. Peter wird des Mordes verdächtigt und auf die Polizeistation mitgenommen, bis man Crown gefunden hat. Und der Detektiv besteht darauf, daß Robbins bis zum nächsten Morgen beigesetzt wird, sonst wird sein Leichnam der Anatomie übergeben. Porgy beklagt die Ungerechtigkeit, daß Peter unschuldig verhaftet wurde und Frau und Kind schutzlos zurücklassen muß, während Crown seinen bösen Weg weiter und weiter gehen kann. Serena stimmt ihre Klage über den Tod ihres Mannes an, mit dem sie so gut zusammenlebte und der sie nun mit allen Sorgen alleinläßt *(Klage der Serena »My man's gone now ... «/Mein Mann ist nun tot ...)*. Den eintretenden Leichenbestatter bittet sie, ihren Mann nicht den Anatomiestudenten zu überlassen und ihn auch für das wenige Geld, das zusammenkam, zu bestatten. Der freundliche Mann verspricht es ihr und bittet alle, am Morgen auf dem Friedhof zu erscheinen. Als er gegangen ist, stimmt Bess plötzlich ein Spiritual an, das von der Hoffnung auf das Gelobte Land spricht *(Bess und Chor »Oh, the train is at the station ... an it's headin for the Promise Lan' ... «/Der Zug wartet auf dem Bahnhof und wird uns ins Gelobte Land bringen ...)*. –

2. AKT: Catfish Row. Jake und andere Fischer bessern die Fischnetze aus und singen dabei ein altes Arbeitslied, wobei sie sich im Rhythmus wiegen, als säßen sie bereits in ihren Fischerbooten, deren Auslaufen hinaus aufs Meer zu den Blackfish Banks sie vorbereiten *(Jake und Chor »I take a long pull to get there ... «/Ich geh auf lange Fahrt, um dorthin zu gelangen ...)*. Jake überhört die Warnung Claras, jetzt nicht hinauszufahren, wo die Septemberstürme drohen. Porgy schaut aus seinem Fenster dem Treiben zu und ist glücklich darüber, daß Bess bei ihm lebt *(Lied des Porgy »Oh, I got plenty o' Nuttin' ... «/Oh, ich bin sehr glücklich ...)*. Sporting Life schlendert zu Maria, wird von ihr aber weggejagt. Der Negeradvokat Jim Frazier fragt nach Bess und wird von Porgy beschieden, sie sei seine Frau. Frazier will Bess eine Scheidungsurkunde verkaufen und erhöht den Preis, als sie ihm bedeutet, sie sei mit Crown nicht verheiratet – denn, so Frazier, es sei sehr viel schwieriger, Leute zu scheiden, die gar nicht miteinander verheiratet sind. Dennoch bezahlt ihm Porgy das Geld, und Frazier quittiert dies mit der Bemerkung, für nur eineinhalb Dollar sei Bess aus einer Frau zur Lady geworden. Mr. Archdale, ein freundlicher weißer Rechtsanwalt, fragt nach Porgy und teilt diesem mit, er habe sich seines eingesperrten Freundes Peter angenommen und ihn freibekommen, weil er nicht Robbins Mörder sei. Peter werde in Kürze hier sein. Als

Porgy sich für die gute Nachricht bedankt, fliegt plötzlich ein Bussard über den Platz und wirft Unheil verkündenden Schatten. Das ist ein schlechtes Zeichen, das bedeutet Unglück und Tod, so sagt der Aberglaube. Ängstlich ziehen sich die Bewohner in ihre Wohnungen zurück, so ist Bess plötzlich allein. Wieder nähert sich ihr Sporting Life, doch sie widersteht seinen Einflüsterungen. Porgy beobachtet die beiden und packt dann Sporting Life mit der Androhung, ihm das Genick zu brechen, wenn er Bess nicht in Ruhe lasse. Vorsichtshalber verdrückt sich Sporting Life, während Porgy und Bess von ihrer Liebe singen *(Duett Porgy-Bess »Bess, you is my woman now...«/Bess, du bist jetzt meine Frau ...)*. Dann kommen die Bewohner von Catfish Row aus ihren Häusern, nichts kann sie mehr davon abhalten, auf die benachbarte Insel Kittiwah zu fahren, um dort ihr großes Picknick abzuhalten *(Chor »Oh, I can't sit down...«/Oh, ich kann nicht länger ruhig bleiben ...)*. – Auf Kittiwah Island. Ausgelassen feiert man das Picknick, singt und tanzt und ist fröhlich. Auch Sporting Life beteiligt sich daran und gibt ein Lied zum besten, mit dem er einige Gestalten der Bibel und ihre Geschichten ins Lächerliche zieht *(Lied des Sporting Life »It ain't necessarily so...«/Es muß nicht notwendigerweise so gewesen sein ...)*. Viele stimmen in das Lied ein, andere sind von ihm weniger begeistert, vor allem Serena nicht. Sie hält ihnen vor, sich als Christenmenschen zu betrachten und doch ein Verhalten wie Sodom und Gomorrha zu zeigen. Dann ruft das Schiff zur Rückkehr. Bess verliert ein wenig den Anschluß zu den Zurückeilenden, da hört sie Crowns Stimme. Er hat sich seit der Mordtat hier versteckt und auf sie gewartet. Für ihre Bemerkung, sie lebe jetzt bei Porgy, hat er nur ein hämisches Lachen *(Duett Bess-Crown »Oh, what you want wid Bess ...?«/Was willst du von Bess?)*. Als Crown sie leidenschaftlich küßt, kann sie sich von ihm losmachen und in den Wald fliehen. Crown folgt ihr. – Catfish Row. Jake und die Fischer laufen mit ihren Booten aus. Während sie sich verabschieden, kämpft Bess in Porgys Zimmer mit einer schweren Erkrankung. Zwei Tage war sie auf Kittiwah Island, seit einer Woche ist sie wieder hier und liegt in ständigen Fieberfantasien. Porgy will sie in ein Krankenhaus bringen, doch Serena will für sie beten, das habe noch immer geholfen *(Gebet der Serena »Oh Doctor Jesus...«)*. Während das Leben in Catfish Row erwacht, die Erdbeerfrau ihre Beeren, der zurückgekehrte Peter seinen Honig und der Krabbenmann seine Ware anpreisen, erwacht Bess tatsächlich aus ihren Fantasieträumen. Sie berichtet Porgy, was vorgefallen ist und gibt ehrlich zu, selbst wankelmütig zu sein: sie möchte gerne bei ihm bleiben, doch Crown hypnotisiere sie immer wieder und wenn er sie rufe, müsse sie zu ihm gehen. Sie bittet Porgy um seinen Schutz, denn sie liebt ihn *(Duett Bess-Porgy »I loves you, Porgy...«/Ich liebe dich, Porgy ...)*. Da kündigt sich plötzlich Sturm an, Clara fürchtet um das Leben ihres Mannes Jake. – In Serenas Zimmer. Draußen wütet der Sturm und es gewittert, durch Singen wollen die bei Serena versammelten Bewohner dem Unwetter Einhalt gebieten (*Spiritual Solisten mit Chor* »*Oh, Doctor Jesus, look down on me wit' pity ...*«/*Oh, Doktor Jesus, blick auf mich herab und habe Erbarmen ...*). Während der Sturm weiter wütet, pocht es kräftig gegen die Tür. Wenig später wird sie von außen aufgestoßen und Crown bricht in das Zimmer auf der Suche nach Bess. Serena tritt ihm mutig entgegen, Gott werde ihn richten. Doch darüber kann Crown nur lachen: dazu habe Gott schon mehrfach Gelegenheit gehabt; Gott und er seien Freunde. Plötzlich schreit Clara auf: vom Fenster aus hat sie gesehen, wie das Boot ihres Mannes untergegangen ist. Sie legt ihr Baby in die Arme von Bess und eilt hinaus. Bess fragt, ob ihr niemand folgen wolle und ob es unter ihnen keinen mutigen Mann gebe. Crown spottet über Porgy, eilt dann aber Clara nach, nicht ohne vorher noch zu beteuern, er werde wiederkommen. –

3. AKT: Catfish Row. Der Sturm ist vorbei, doch die Bewohner glauben, daß Clara, Jake und Crown das Unwetter nicht überlebt haben. Sporting Life ist da anderer Ansicht, zumindest ist er sicher, daß Crown noch lebt. Was aber fängt Bess mit zwei Männern an? Sie werden einander bekämpfen, nur einer wird übrigbleiben und den wird die Polizei holen – und so wird Bess letztlich ohne Mann dastehen. Bess hört nicht hin, sie sitzt am Fenster, wiegt das Kind in den Armen und stimmt »Sommertime ...« an. Da erscheint Crown auf dem leeren Platz. Auf allen Vieren kriecht er zu Porgys Tür. Als er dort anlangt, öffnet sich langsam der Fensterladen, Porgy streckt seinen Arm heraus und stößt Crown ein Messer in den Rücken. Als dieser sich taumelnd aufrichtet, packt ihn Porgy mit beiden Händen am Hals und erwürgt ihn. Dann schleudert er den Leichnam auf den Hof und beginnt zu triumphieren. »Bess, nun hast du einen Mann, nun hast du Porgy!« Am nächsten Morgen erscheint wieder der Detektiv, diesmal zusammen mit dem Leichenbeschauer, um den Mord an Crown zu untersuchen. Zuerst verdächtigt er Serena, die Witwe des von Crown erschlagenen Robbins, doch die gibt vor, drei Tage lang krank gewesen zu sein und nichts gesehen zu haben; andere schwören, dies sei so gewesen. Der Detektiv ist machtlos und wendet sich an Porgy. Bess hilft ihm heraus und bleibt bei ihm, Claras Baby auf dem Arm, um das sie sich nun kümmert. Der Leichenschauer bittet Porgy, Crown zu identifizieren. Porgy erschrickt darüber, als Mörder kann er dem Toten nicht ins Antlitz sehen. Bess hilft ihm, er soll halt die Augen zumachen dabei. Sporting Life, inzwischen wieder einmal aufgetaucht, mischt sich ein: wenn Crowns Mörder ihn ansehen werde, begännen die Wunden des Toten erneut zu bluten. Porgy erschrickt noch mehr, doch kann er keinen Widerstand leisten, als zwei Polizisten ihn zum Wagen bringen. Allein mit Bess, verspricht Sporting Life ihr erneut ein schönes Leben in New York: er wird ihr dort eine luxuriöse Wohnung kaufen, sie in Samt und Seide kleiden und sie verwöhnen (*Lied des Sporting Life* »*There's a boat dat's leavin' soon for New York ...*«/*Bald wird ein Schiff nach New York fahren ...*). Bess ahnt

wohl, daß er sie nur mit nach New York mitnehmen will, um sie dort auf den Strich zu schicken und zu kassieren. Sie nennt ihn einen kriechenden Hund und eine Klapperschlange und läßt ihn abblitzen. Doch Sporting Life gibt so schnell nicht auf, er legt ein Päckchen Rauschgift auf die Türschwelle, er ist sicher, daß sie ihre Meinung noch ändern wird. – Gleicher Schauplatz wie zuvor, eine Woche später. Ein neuer Tag beginnt, fröhlich begrüßen sich die Menschen. Porgy kehrt zurück und wird willkommen geheißen. Er verteilt kleine Mitbringsel und fragt nach Bess. Betreten schweigt man und er ahnt nichts Gutes. Als er Serena mit dem Baby sieht, um das sich sonst Bess kümmerte, weiß er Bescheid. Aufgeregt und voller Angst sucht er nach Bess *(Lied des Porgy »Oh, Bess, Bess, oh where's my Bess ...«/Oh, Bess, wo ist meine Bess?)*. Serena sagt ihm die Wahrheit: Bess ist mit Sporting Life nach New York gegangen, und das sei für ihn besser so. Davon aber will Porgy nichts wissen. Er läßt sich sein Ziegenwägelchen bringen und bricht auf nach New York, um Bess zu suchen *(Finale Porgy und Chor »Im on my way to a Heav'nly Lan'/Ich nehme meinen Weg in ein himmlisches Land ...)*.

Aufführungsdauer: 3½ Stunden

Richard Strauss (1864–1949)
SALOME
Musikdrama in 1 Akt
Nach dem gleichnamigen Schauspiel
von Oscar Wilde
Uraufführung Dresden 1905

Quellen. Die dritte Oper von Richard Strauss, seine erste und bis heute erfolgreichste, hat ihren historischen Urgrund in der judäischen Geschichte zur Zeit von Christi Geburt. Landschaftlich war Judäa das Gebiet um Jerusalem, politisch bildete es mit Samaria und Galiläa die römische Provinz Palästina. Diese wurde nach dem Tode von *Herodes dem Großen* im Jahre 4 v. Chr. unter seinen Söhnen in vier Teile aufgeteilt. Sein zweiter Sohn, der in Rom erzogene *Herodes Antipas*, herrschte als Tetrarch (Vierfürst) über Galiläa. Um seine Schwägerin *Herodias*, die Frau seines Halbbruders *Philippus*, heiraten zu können, verstieß er seine erste Frau, und Herodias verließ um seinetwillen ihren Mann, mit dem sie die Tochter *Salome* hatte, die sie mit in ihre zweite Ehe nahm. Diesen doppelten Ehebruch geißelte *Johannes der Täufer* öffentlich als doppelten Gesetzesbruch, worauf er vor allem auf Betreiben der Herodias inhaftiert wurde. Bei einem wilden

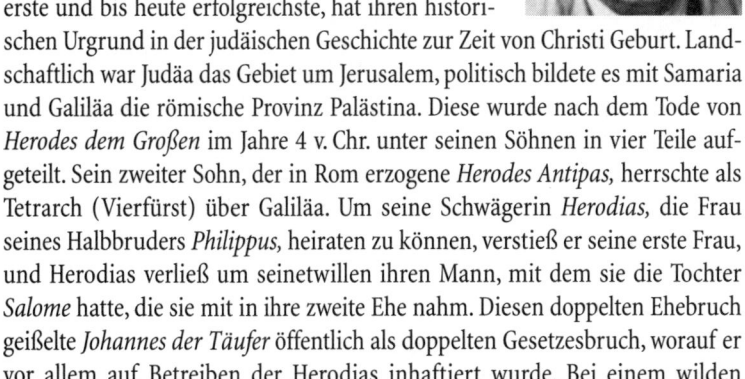

Gelage in seinem Hause ließ sich Herodes durch den aufreizenden erotischen Tanz seiner schönen Stieftochter zu dem Versprechen verleiten, ihr jede Bitte zu erfüllen. Auf Einflüsterung ihrer Mutter Herodias hin forderte Salome das Haupt Johannes des Täufers. Diesen historischen Stoff, der uns vor allem auch durch die *Evangelisten Matthäus* (Kap. 14, 3-11) und *Markus* (Kap. 6, 17-28) überliefert ist, schildert der französische Dichter *Gustave Flaubert (1821-1880)* in der Novelle »Herodias«, die zu den »Drei Erzählungen« (Trois contes), seinem reifen Spätwerk, gehört. Sie erschien 1877 und diente *Jules Massenet (1842-1912)* als Vorlage für seine Oper »Hérodiade« (U 1881 in Brüssel). Sie hat auch *Oscar Wilde (1854-1900)*, den englisch-irischen Dichter vielgespielter Gesellschaftskomödien, zu seiner einzigen Tragödie »Salome« angeregt (eine weitere Anregung erhielt er durch das Gemälde »Salomes Tanz« des französischen symbolistischen Malers *Gustave Moreau, 1826-1898)*. Wildes Drama entstand 1891 in französischer Sprache, wurde für die 1892 geplante Aufführung in England verboten, erschien 1893 in französischer und 1894 in englischer Erstausgabe (beide Male mit den berühmten Jugendstil-Illustrationen des Engländers *Aubrey Beardsley, 1872-1898*) und wurde am 11. Februar 1896 mit *Sara Bernhardt* in der Titelrolle am Théâtre de l'Oeuvre in Paris uraufgeführt; die englische Erstaufführung folgte erst 1905 in London, nachdem das Drama inzwischen auch in der deutschen Übersetzung von *Hedwig Lachmann* vorlag (Leipzig 1903). Wildes Theaterstück stellt die direkte Vorlage für die Oper von Richard Strauss dar.

Entstehung und Uraufführung. Strauss sah Wildes »Salome« Anfang 1903 in der Inszenierung von *Max Reinhardt* und mit *Gertrud Eysoldt* in der Titelrolle am Berliner Kleinen Theater. Zuvor hatte ihm der Wiener Lyriker *Anton Lindner* das Stück zugeschickt und sich selbst als Librettist empfohlen. Strauss war überzeugt, Wildes Drama »*schreie nach Musik*«, entschied jedoch, das Textbuch selbst zu verfassen. Er kürzte das Original um nahezu die Hälfte, verringerte die Personenzahl und vertonte ansonsten den Text Wildes fast wörtlich nach Hedwig Lachmanns Übersetzung. Ende Juli 1903 begann er mit der Komposition, im September 1904 war die Oper fertig skizziert, Juli 1905 gingen Partitur und Klavierauszug in Druck, Ende August lag das Werk dann vollständig vor. Die Proben zur Uraufführung waren von zahlreichen Schwierigkeiten geprägt, da sich fast alle Sänger und Sängerinnen außerstande sahen, die schwierige Musik zu lernen und die Salome-Darstellerin vor allem immer wieder betonte, sie sei »eine anständige Frau«. Dann gestaltete sich jedoch die Uraufführung am 9. November 1905 an der Hofoper in Dresden zu einem großen persönlichen Erfolg für Richard Strauss, dessen Werk in nur wenig mehr als zwei Jahren seinen Siegeszug über die Bühnen der europäischen Opernhäuser antrat.

Ort und Zeit. Jerusalem während der Regierungszeit von Herodes II. Antipas zu Beginn der christlichen Zeitrechnung

Die Personen der Oper. Herodes, Tetrarch von Jerusalem (Tenor) – Herodias, sein Weib (Mezzosopran) – Salome, Tochter der Herodias (Sopran) – Jochanaan (Bariton) – Narraboth, ein junger Syrier (Tenor) – Ein Page der Herodias (Alt) – 1. Jude (Tenor) – 2. Jude (Tenor) – 3. Jude (Tenor) – 4. Jude (Tenor) – 5. Jude (Bass) – 1. Nazarener (Tenor) – 2. Nazarener (Bass) – 1. Soldat (Bass) – 2. Soldat (Bass) – Ein Cappadocier (Bass) – Ein Sklave (Sopran).

Die Handlung. Die Terrasse im Palast des Tetrarchen Herodes in Jerusalem. In heller orientalischer Mondnacht halten Soldaten Wache im Palast, in dem Herodes ein rauschhaftes Fest feiert. Der junge Syrer Narraboth liebt die judäische Prinzessin Salome, Tochter der Herodias, der zweiten Frau des Tetrarchen. Der Page der Herodias warnt ihn, Salome nicht immer so viel anzusehen, Schreckliches könnte geschehen. Da hört man die Stimme des Propheten Jochanaan, der in einer unterirdischen Zisterne gefangengehalten wird, da er die blutschänderische Ehe des Herodes mit seiner Schwägerin Herodias öffentlich brandmarkte. Jochanaan, vor dem sich Herodes fürchtet, verkündet das Kommen des Erlösers, des Messias. Die wachhabenden Soldaten sehen in ihm einen heiligen Mann. Da tritt Salome erregt aus dem Palast. Sie flieht das Gelage, bei dem sie Herodes mit begehrlichen Blicken verfolgt, die Juden ständig über die Religion streiten und die Ägypter und die Römer ihr gleichermaßen verhaßt sind. Nun, da er sie sieht, schwärmt Narraboth noch stärker von ihrer Schönheit, während erneut die Stimme Jochanaans zu hören ist. Salome erkundigt sich nach ihm und erfährt, daß er jener Mann ist, der »schreckliche Dinge« über ihre Mutter sagte. Seine Stimme berührt sie seltsam, und sie will ihn sehen. Das, so bedeutet ihr die Wache, habe Herodes ausdrücklich verboten. Da becirct Salome den Narraboth, der ihr erliegt und den Wachen befiehlt, Jochanaan aus seinem Kerker herauszulassen. Gebannt in seinen Anblick versunken, weicht Salome zunächst langsam vor Jochanaan zurück, der erneut Herodias wegen ihrer Blutschande beschimpft, sie habe »die Erde erfüllt mit dem Wein ihrer Lüste und das Unmaß ihrer Sünden schreit zu Gott«. Salome gibt sich ihm, der sie nicht kennt, zu erkennen und versucht ihn, von seiner Erscheinung sinnlich erregt, dreimal: sie will seinen weißen Leib und sein schwarzes Haar berühren und sie will seinen roten Mund küssen. Doch Jochanaan widersteht allen ihren Verführungskünsten, verflucht sie als Tochter Babylons und Tochter der Unzucht und fordert sie auf, den Messias aufzusuchen, der sie allein von ihren Sünden erlösen kann. Die sich steigernde Lüsternheit, mit der Salome Jochanaan um so mehr begehrt, als dieser sie »Tochter der blutschänderischen Mutter« nennt, treibt Narraboth vor Entsetzen in den Selbstmord. Jochanaan steigt wieder hinab in seine Zisterne und läßt Salome in ihrer rasenden, unerfüllten Leidenschaft allein zurück. – Inzwischen hat Herodes bemerkt, daß Salome dem Gelage fernbleibt. Er kommt mit Herodias heraus, um sie zu suchen. Er stößt auf den Leichnam Narraboths, deutet dies als böses Zeichen und befiehlt, den Toten wegzuschaffen. Furcht befällt ihn, er hört das Wehen des Windes und das Rauschen von Flügeln, obwohl kein Ton die Luft erfüllt. Herodias wirft ihm vor, dies komme davon, daß er Salome immer so begehrlich anstarre. Herodes fordert Salome zum Essen und Trinken auf, stößt aber nur auf ihre Abwehr. Wieder erhebt Jochanaan seine Stimme. Herodias verlangt, daß er schweigt und greift Herodes, der ihn einen großen Propheten nennt, an, er habe Angst vor diesem Manne und liefere ihn deshalb auch nicht an die Juden aus, die »seit Monaten nach ihm schreien«. Doch Herodes ist auch jetzt dazu nicht bereit, denn Jochanaan sei ein heiliger Mann, der Gott geschaut habe. Damit beschwört er einen heftigen religiösen Disput mit den fünf Juden herauf, in den sich erneut die Weissagung des Jochanaan mischt. Die wird von zwei Nazarenern bestätigt, die vom Wunderwirken des Messias berichten, wovon die Juden jedoch nichts wissen wollen. Herodias kann die Stimme Jochanaans und seine neuerlichen Schmähungen nicht mehr ertragen und verlangt, Herodes soll ihn zum Schweigen bringen. Dessen Interesse hat sich aber wieder ganz auf seine Stieftochter konzentriert, die er bittet, für ihn zu tanzen. Dafür wolle er sie auch mit allem belohnen, was sie sich wünscht; er bietet ihr sein halbes Königreich an und unermeßlich kostbaren Schmuck. Salome nimmt ihm beim Wort und läßt ihn den Eid schwören, ihr wirklich jeden Wunsch zu erfüllen. Herodias, Schreckliches ahnend, beschwört ihre Tochter, nicht zu tanzen. Doch Salome überhört die Warnung der Mutter und tanzt vor Herodes den Tanz der sieben Schleier. Sie beglückt damit den Tetrarchen, der sein Versprechen noch einmal bekräftigt. Da nennt sie ihren Wunsch: das Haupt des Jochanaan, dargereicht auf einer silbernen Schale. Entsetzt weigert sich Herodes, Herodias hingegen triumphiert über den Einfall der Tochter. Die bleibt unerbittlich: Herodes habe einen Eid geschworen, den er nun erfüllen müsse. Kein Flehen und Beschwören des Herodes kann sie umstimmen, der schließlich – in seiner Angst vor einem schrecklichen Unheil fast dem Wahnsinn nahe – befiehlt, Salome zu geben, was sie verlangt. Herodias zieht ihm den Todesring vom Finger und übergibt ihn dem Henker. Der steigt hinab in die Zisterne, enthauptet Jochanaan und reicht dessen Haupt auf einer silbernen Schüssel nach oben. Salome nimmt sie entgegen und bricht in einen ekstatischen Triumphgesang aus (*Szene der Salome »Du wolltest mich nicht deinen Mund küssen lassen, Jochanaan...«*). Auf dem Höhepunkt ihres Triumphes, der elementarer Ausdruck ihres ungezügelten sinnlichen Liebesverlangens nach Jochanaan ist, küßt sie den Mund des heiligen Mannes. Herodes, in Todesangst vor dem Schrecklichen, das diese Untat rächen wird, zitternd, befiehlt, Salome zu töten. Die Soldaten stürzen sich auf sie und begraben sie unter ihren Schilden.

Aufführungsdauer. 1¾ Stunden

Richard Strauss
ELEKTRA
Tragödie in 1 Akt
Dichtung von Hugo von Hofmannsthal
Uraufführung Dresden 1909

Quellen. Der Atridenmythos gehört zu den bekanntesten Abschnitten der griechischen Mythologie und zu einem der vielgestalteten Stoffe der Weltliteratur. Bedeutsam ist er allein schon wegen seines unmittelbaren Zusammenhanges mit dem Trojanischen Krieg. Dieser brach aus, als Paris, Sohn des Trojanischen Königs Priamos und seiner Gattin Hekabe, die spartanische Königin Helena nach Troja entführte, als deren königlicher Gemahl Menelaos, der Paris zuvor gastfreundlich aufgenommen hatte, auf Kreta weilte. Um Helena zurückzuholen, rüsteten die Griechen zum Kriegszug gegen Troja, an dem sich nach dem Gesetz alle mit Sparta verbündeten Könige beteiligten. Zum Anführer und obersten Heeresleiter wurde Menelaos' Bruder Agamemnon, Sohn des Atreus (daher: *Atriden*) und König von Mykene, ernannt. Da er angeblich die zu den zwölf großen olympischen Gottheiten zählende Jagdgöttin Artemis beleidigt haben sollte, schickte die erzürnte Göttin eine Flaute, als die griechische Flotte im Hafen von Aulis (kleiner Ort in Böotien) vor Anker lag. Um Artemis gütig zu stimmen und so die Weiterfahrt nach Troja zu sichern, opferte Agamemnon seine älteste Tochter Iphigenie, die jedoch Artemis als Priesterin ihres Tempels in das Barbarenland der Taurer entrückte. Da Iphigenie zu der Zeit noch in Mykene weilte, mußte Agamemnon seine Gattin Klytemnästra hintergehen. Er machte ihr weis, er wolle Iphigenie mit dem Achilleus verheiraten. Klytemnästra erfuhr später die Wahrheit, vergab ihrem Gatten niemals und verfiel willig den Verführungskünsten des Aigisthos, eines Neffen Agamemnons. Als sie schließlich noch erfuhr, Agamemnon werde aus dem Krieg die Seherin Kassandra als seine Konkubine mit nach Mykene bringen, entschloß sie sich zu einem hinterhältigen Racheakt. Zusammen mit Aegisth erschlug sie den heimkehrenden Agamemnon mit dem Beil. Zeugen dieser gräßlichen Tat wurden die bei der Mutter wohnenden Töchter Elektra und Chrysothemis. Elektra gelang es, den jungen Bruder Orest zu ihrem Onkel, dem König von Phokis, zu bringen. Dort wuchs er heran, freundete sich mit dessen Sohn Pylades an und wurde von Elektra jahrelang als Rächer für die Ermordung des Vaters erwartet. Orest kehrte als junger Mann zunächst unerkannt nach Mykenae zurück und tötete auf Geheiß des Orakels von Delphi die Mutter und ihren Liebhaber.

Schon in der Antike war dieser Mythos zu einem beherrschenden Stoff des griechischen Theaters geworden, den die drei großen Tragiker der antiken

Klassik mehrfach dramatisierten: die »Orestie« des *Aischylos (525–456 v. Chr.)* sowie die Dramen »Elektra« von *Sophokles (497–406 v. Chr.)* und *Euripides (485/80–406 v. Chr.)* sind überliefert und gehören noch heute zu den großen Herausforderungen für das europäische Schauspieltheater. Nach der Sophokleischen »Elektra« dichtete *Hugo von Hofmannsthal (1874–1929)* seine einaktige Tragödie nach, die auf eine neue Art Mythos und moderne Psychologie miteinander verbindet. Sie entstand als eigenständiges Werk des Sprechtheaters im Jahre 1903 und wurde am 30. Oktober des gleichen Jahres am Kleinen Theater in Berlin uraufgeführt.

Entstehung und Uraufführung. Richard Strauss trug sich nach der Uraufführung der »Salome« zunächst mit dem Gedanken an eine komische Oper, fand aber keinen ihm geeignet erscheinenden Stoff. Da machte ein Freund ihn auf Hofmannsthals »Elektra« aufmerksam. Strauss sah sich die Inszenierung von *Max Reinhardt* mit *Gertrud Eysoldt* in der Titelrolle an und schlug dem Dichter die Vertonung vor. Der war sofort damit einverstanden, und so begann 1906 die einzigartige Zusammenarbeit der beiden. Unterbrochen wurde Strauss in der Komposition nur durch eine zwischenzeitliche ausgedehnte Gastiertätigkeit als Dirigent. Doch 1907/08 widmete er sich konzentriert seiner neuen Oper. Ende September 1908 lag die Partitur fertig vor, am 25. Januar 1909 gelangte das Werk an der Dresdner Oper zur Uraufführung, ohne zunächst den gleichen Erfolg wie »Salome« zu erringen, der sich später jedoch umso nachhaltiger einstellen sollte. Wie schon »Salome«, so stellt auch »Elektra« eine durchkomponierte Großform dar ohne einzelne geschlossene Nummern im herkömmlichen Sinne.

Ort und Zeit. Mykene, einige Jahre nach Beendigung des Trojanischen. Krieges

Die Personen der Oper. Klytemnästra (Mezzosopran) – Elektra (Sopran) und Chrysothemis (Sopran), ihre Töchter – Aegisth (Tenor) – Orest (Bariton) – Der Pfleger des Orest (Baß) – Die Vertraute (Sopran) – Die Schleppenträgerin (Sopran) – Ein junger Diener (Tenor) – Ein alter Diener (Baß) – Die Aufseherin (Sopran) – 1. Magd (Alt) – 2. Magd (Mezzosopran) – 3. Magd (Mezzosopran) – 4. Magd (Sopran) – 5. Magd (Sopran).

Dienerinnen und Diener (Chor)

Die Handlung. Der Fluch des Mordes an Agamemnon herrscht in seinem Hause und sät Haß und Angst, Mißtrauen und Rachegefühle zwischen seinen Töchtern Elektra und Chrysothemis sowie zwischen Elektra und ihrer Mutter Klytämnestra, die mit Aegisth Tisch und Bett teilt. Die keifenden Mägde am Brunnen lästern über Elektra, die klagend um den toten Vater trauert und auf Rache sinnt für den feigen Mord. Wie ein wildes Tier gebärdet sie sich oft, liegt in Lumpen gekleidet auf der Schwelle des Hauses und lebt mehr unter den Hunden des Hofes als unter den Menschen. Als die Mägde ins Haus getreten sind, erscheint Elektra. Ihre Einsamkeit beklagend, ohne Vater und ohne den Bruder Orest, auf dessen Heimkehr sie seit langem sehnlichst hofft, beschwört sie wie in Trance den Schatten Agamemnons und die Stunde, da sie zusammen mit der Schwester und dem Bruder den Vatermord endlich rächen kann. Chrysothemis tritt zögernd aus dem Haus und bedeutet der Schwester angstvoll, man werde sie in den Turm sperren, da man ihren Haß fürchtet. Zugleich beschwört sie sie, Erbarmen ihr gegenüber zu zeigen, sie wolle weg aus dem Haus, um leben zu können: »Hab Mitleid mit dir selber und mit mir! Wem frommt denn solche Qual? Der Vater, der ist tot. Der Bruder kommt nicht heim.« Da schreckt sie Lärmen im Hause auf: überall Fackellicht und Feuerschein, Schatten eilen an den grell erleuchteten Fenstern vorbei, ein Hasten und Jagen ist von drinnen zu hören. Klytemnästra hat wieder schlimm geträumt, und dann ist sie am schrecklichsten. Deshalb, so beschwört Chrysothemis die Schwester, soll sich Elektra heute von der Mutter fernhalten. Doch die hat gerade besondere Lust, mit der Mutter zu reden. Chrysothemis stürzt davon, und wenig später erscheint Klytemnästra: gestützt auf einen Stock, begleitet von Dienerin und Vertrauter, mit aufgedunsenem Gesicht und schweren Augenlidern, kurzatmig und zur Abwehr böser Geister und schrecklicher Gedanken voller Schmuck behangen – eine Frau, deren Kraft gelähmt und die nur noch ein Zerrbild ihrer selbst ist, gezeichnet von den bösen Träumen, die sie nachts heimsuchen. So nähert sie sich Elektra, von ihr ein gutes Wort erbittend, das ihr nützt, um von den Dämonen der nächtlichen Träume, die sie nicht schlafen lassen und Opfer um Opfer von ihr verlangen, erlöst zu werden. Welches geweihte Tier kann ihre Träume beenden, so fragt sie die Tochter. Vielsagend gibt Elektra ihr zur Antwort, das Opfertier müsse ein Weib sein, geopfert von einem Fremden, der vom Hause sei. Klytemnästra fordert die Tochter auf, nicht in Rätseln zu sprechen, woraufhin Elektra den Namen des Bruders Orest ausspricht, den zu nennen die Mutter ihr streng verboten hat. Sie hält Klytemnästra vor, sie habe Angst vor dem eigenen Sohn, der entgegen ihrer Überzeugung noch immer lebe und eines Tages zurückkehren werde, um den Vatermord zu rächen – dann erst seien ihre schrecklichen Träume zu Ende. Als sich Elektra in wilder Trunkenheit und Klytemnästra in furchtbarer Angst gegenüberstehen, erscheint ein Diener Klytemnästras und flüstert ihr etwas ins Ohr, das Elektra nicht hören kann. Klytemnästras Anspannung löst sich in einem bösen Triumph auf, den Elektra nicht zu deuten weiß. Dann erfährt sie den Grund dafür von Chrysothemis: Fremde sind gekommen mit der Nachricht vom Tode des Orest. Elektra glaubt die Nachricht erst, als man einen Diener nach Aegisth schickt. Nun gibt es für sie nur eines noch: sie selbst und Chrysothemis müssen die Rache vollziehen. Doch so sehr Elektra auch um die Schwester wirbt und ihr den Schwur abringen will, Chrysothemis weigert sich, Helferin bei einer Mordtat zu sein. So erkennt Elektra, daß sie allein

497

gefordert ist. Sie gräbt das Beil aus, mit dem Agamemnon erschlagen wurde und das sie für Orest aufbewahrt hat. Plötzlich steht ein Fremder am Hoftor. Elektra weist ihn hinweg, doch er antwortet ihr, er müsse warten, weil er den Auftrag habe, der Frau des Hauses den Tod ihres Sohnes Orest zu melden. Die Verzweiflung, Schmerz und Trauer verratende Reaktion Elektras macht den Fremden stutzig. Er fragt, wer sie sei, und Elektra nennt ihren Namen. Da gibt auch er sich zu erkennen: es ist Orest selbst, der die Schwester nach so langer Zeit der Trennung ebenso wenig wiedererkannt hat wie diese ihn. Er ist gekommen, weil die Götter ihm auferlegten, den Vater an seinen Mördern zu rächen. Die Vertraute der Klytemnästra begrüßt den ihr fremden Mann und geleitet ihn ins Haus. Während Elektra noch beklagt, dem Bruder das Beil nicht gegeben zu haben, ertönt von drinnen Klytemnästras Todesschrei. Wenig später kehrt Aegisth zurück. Elektra begrüßt ihn auffällig zuvorkommend und leuchtet ihm persönlich den Weg ins Haus. Auf Aegisths mißtrauische Frage nach ihrem ungewohnten Verhalten antwortet sie, endlich klug geworden zu sein, sich zu denen zu halten, die die Stärkeren seien. Kaum ist Aegisth im Hause, schreit er in Todesangst um Hilfe. Das ruft auch Chrysothemis und die Dienerinnen herbei, die erfahren haben, daß Orest im Hause die Rachetat an Klytemnästra und Aegisth vollzogen hat. Drinnen wütet ein kurzer tödlicher Kampf zwischen den zu Orest haltenden Sklaven und den Angehörigen des Aegisth. Dann hört man Jubelrufe auf Orest, die Chrysothemis in freudige Erregung versetzen, während Elektra bekennt, dies sei auch ihre Stunde, auch sie erfülle sich in der Tat des Bruders: »Ich war ein schwacher Leichnam unter Lebenden, und diese Stunde bin ich das Feuer des Lebens und meine Flamme verbrennt die Finsternis der Welt.« Dann beginnt sie langsam den Tanz des Triumphes, in den sie sich rauschhaft hineinsteigert, bis sie am Ende tot zusammenbricht. –

Aufführungsdauer: 1¾ Stunden

Richard Strauss
DER ROSENKAVALIER
Komödie für Musik in 3 Akten
Dichtung von Hugo von Hofmannsthal
Uraufführung Dresden 1911

Quellen. Das Textbuch zu der nach wie vor populärsten Strauss-Oper entstand unmittelbar als Libretto, ohne eine direkte Quelle zu haben. Doch steht das

Werk ganz in der Tradition des europäischen Theaters und erinnert in vielfacher Weise an den Typus der Spieloper. Die Verbindungen zur Tradition zeigen sich vor allem in den Personen der Oper: in dem geprellten älteren eitlen Liebhaber Ochs auf Lerchenau etwa oder in dem Intrigantenpaar Annina und Valzacchi, in dem jungen Liebespaar Sophie und Octavian und natürlich in der Handlungsführung der opera buffa, die ihre Herkunft aus der Commedia dell'arte nicht verleugnen kann. Manches allerdings (Motive wie Personen), so legt es Hofmannsthals Weimarer Textentwurf nahe, den man erst nach dem Tode des Dichters auffand, weist auf literarische Vorbilder hin: auf *Molières* Komödien »Monsieur von Pourceaugnac« (1669) und »Die Schelmenstreiche des Scapin« (1671) sowie auf den Roman »Die Liebesabenteuer des Chevalier Faublas« von *Jean-Baptiste Louvet de Couvray (1760–1797),* erschienen in den Jahren 1787–1790. In diesem Roman wird der jugendliche Titelheld von einer Marquise der Pariser Gesellschaft in die Geheimnisse der Liebe eingeführt, er gerät in verschiedene galante Abenteuer, wird in manche Eifersuchtsaffäre verwickelt und mehrmals gefangenengenommen, bis er sein Glück bei der im Kloster erzogenen jungen Sophie macht. Er entführt sie aus dem Kloster, heiratet sie heimlich und findet schließlich Heilung durch ihre reine Liebe, als er wegen ungeahnter Folgen seiner erotischen Eskapaden in Gefahr gerät und fast den Verstand verliert.

Entstehung und Uraufführung. Noch während der Arbeit an »Elektra« diskutierten Strauss und Hofmannsthal erneut über gemeinsame Pläne für eine komische Oper. Strauss soll damals geäußert haben: *»Das nächste Mal schreibe ich eine Mozart-Oper«.* Hofmannsthal entwickelte den Grundgedanken zum »Rosenkavalier« im Februar 1909, als er seinen Freund *Graf Harry von Kessler* in Weimar besuchte. Sofort setzte er Strauss von seinem *»kompletten, ganz frischen Szenar einer Spieloper«* in Kenntnis, das *»drastische Komik«* ebenso besitze wie *»Gelegenheit für Lyrik, Scherz und Humor«.* Die Handlung sollte im Wien zur Zeit von Maria Theresia spielen. Strauss war sofort begeistert und begann seine umfangreiche Korrespondenz mit Hofmannsthal, durch die wir in allen Einzelheiten über die Entstehung der Oper unterrichtet sind. Im April 1909 schickte Hofmannsthal die erste Szene an Strauss, der überzeugt war, schon diese werde sich *»wie Öl und Butterschmalz«* komponieren lassen. Anfang Mai lag der ganze erste Akt vor und Strauss, der *»einfach entzückt«* davon war, begann mit *»Haut und Haar«* zu komponieren, die Arbeit, so schrieb er, *»fließt wie die Loisach«.* Er war in der Folgezeit maßgeblich an der Entstehung des Librettos beteiligt und machte mehrfach Änderungs- und Verbesserungsvorschläge. Gleichzeitig dichtete Hofmannsthal auch musikalisch; so ist beispielsweise der berühmte Walzer einer Anregung von ihm zu verdanken. Er schrieb: *»Lassen Sie sich für den letzten Akt einen altmodischen, teils süßen, teils frechen Wiener Walzer einfallen, der den ganzen Akt durch-*

weben muß.« Anfang August war der Text des zweiten Aktes fertig, den Strauss im April 1910 auch kompositorisch abschloß und ungeduldig auf den dritten Akt wartete, dessen endgültige Fassung er im Sommer von Hofmannsthal erhielt. Ende September hatte Strauss die Komposition beendet und die Partitur ging vollends in Druck. Die Uraufführung am 26. Januar 1911 in der Semperoper in Dresden wurde in der Inszenierung von *Max Reinhardt* (Strauss hatte ihn geholt, als der Dresdener Hausregisseur mit dem Werk große Schwierigkeiten hatte), in der Ausstattung von *Alfred Roller* (die als ›Modell‹ Theatergeschichte geschrieben hat) und unter dem Dirigat von *Ernst von Schuch* (dem Dresdener GMD) zu einem epochalen Opernerfolg.

Ort und Zeit. Wien in den ersten Regierungsjahren Maria Theresias (also zwischen 1740 und 1750)

Die Personen der Oper. Die Feldmarschallin Fürstin Werdenberg (Sopran) – Der Baron Ochs auf Lerchenau (Baß) – Octavian, genannt Quinquin, ein junger Herr aus großem Haus (Mezzosopran) – Herr von Faninal, ein reicher Neugeadelter (Bariton) – Sophie, seine Tochter (Sopran) – Jungfer Marianne Leitmetzerin, eine Duenna (Sopran) – Valzacchi, ein Intrigant (Tenor) – Annina, seine Begleiterin (Alt) – Ein Polizeikommissar (Baß) – Der Haushofmeister bei der Feldmarschallin (Tenor) – Der Haushofmeister bei Faninal (Tenor) – Ein Notar (Baß) – Ein Wirt (Tenor) – Ein Sänger (Tenor) – Ein Gelehrter, ein Flötist, ein Friseur, dessen Gehilfe und eine adelige Witwe (stumme Rollen) – 1. Adelige Waise (Sopran) – 2. Adelige Waise (Mezzosopran) – 3. Adelige Waise (Alt) – Eine Modistin (Sopran) – Ein Tierhändler (Tenor) – 1. Lakai der Marschallin (Tenor) – 2. Lakai (Tenor) – 3. Lakai (Baß) – 4. Lakai (Baß) – 1. Kellner (Tenor) – 2. Kellner (Baß) – 3. Kellner (Baß) – 4. Kellner (Baß).

Ein kleiner Neger, Lauffer, Haiducken, Küchenpersonal, Gäste, Musikanten, zwei Wächter, vier kleine Kinder. Verschiedene verdächtige Gestalten (Chor und stumme Rollen).

Die Handlung. <u>1. AKT:</u> Das Schlafzimmer der Feldmarschallin Werdenberg in deren Wiener Palais. Nach einer Liebesnacht mit ihrem Geliebten, dem jungen Octavian Rofrano, den sie zärtlich »Quinquin« nennt und der auch am Morgen noch im Schwärmen und Sehnen nach seiner um einiges älteren Herzensdame versunken ist, befürchtet die Marschallin die Entdeckung ihres Liebesgeheimnisses. Zwar kündigt ein feines Klingeln zunächst nur den kleinen Mohren an, der das Frühstück bringt; doch hält es die Marschallin für geraten, daß sich Octavian versteckt, zumal er seinen Degen unvorsichtigerweise offen im Zimmer hat liegen lassen. Während des gemeinsamen Frühstücks jedoch werden sie erneut gestört: Lärm ist zu hören, der der Marschallin sicher die frühe Heimkehr ihres Gemahls von der Jagd in den kroatischen Wäldern anzeigt. Schon ist es für Octavian zu spät, noch rechtzeitig aus dem

Schlafgemach zu flüchten. Der Lärm nähert sich, eine polternde Stimme verlangt sofortigen Einlaß bei der Marschallin, was diese erst einmal beruhigt. Sie kennt die Stimme: es ist nicht der Feldmarschall, sondern ihr Vetter, der Baron Ochs auf Lerchenau, der nun die Tür aufreißt und ins Zimmer tritt, woran die Lakaien des Hauses ihn vergeblich zu hindern suchen. Gerade kann sich die Marschallin wieder an den Frühstückstisch setzen, während Octavian rasch in Frauenkleidern schlüpft, um so unauffällig das Zimmer verlassen zu können, in der Tür jedoch unglückseligerweise mit dem Baron zusammenprallt. Der wirft sofort einen begehrlichen Blick auf das vermeintliche Mädchen, das die Marschallin geistesgegenwärtig als ihre Kammerzofe Mariandel ausgibt, »ein junges Ding vom Lande«. Das Verhalten ihrer Dienerschaft entschuldigt sie damit, sie habe sie angewiesen, niemanden hereinzulassen, da sie an Migräne leide und noch immer sich nicht ganz wohlfühle. Baron Ochs faßt denn auch keinerlei Verdacht, hat aber ein besonderes Auge für das hübsche ›Mariandel‹. Dann rückt er mit seinem Anliegen, das ihn zu der Feldmarschallin führt, heraus. Er steht vor der Verheiratung mit der jungen Sophie, Tochter des reichen, von der Kaiserin gerade geadelten Herrn von Faninal. Nun bittet er die Marschallin, ihm einen geeigneten Brautwerber zu nennen, der der Braut gemäß herrschender Gepflogenheit zuvor die silberne Rose überreicht. Einer spontanen Laune folgend, schlägt die Marschallin dem Baron, der sein Auge nicht von der vermeintlichen Kammerzofe lassen kann und sie gar zu seiner künftigen Gemahlin Bedienung erbittet, ihren »jungen Vetter, den Grafen Octavian« als Brautwerber vor. Sie offeriert Ochs sogar ein Medaillon mit Octavians Bildnis, und da ist der Baron doch einigermaßen irritiert über die Ähnlichkeit mit dem ›Mariandel‹. Nun aber, so die Marschallin, ist es Zeit für das Lever, was Octavian die Gelegenheit verschafft, zu verschwinden. Dann läßt der Haushofmeister die Antichambre herein, die schon eine Weile im Vorzimmer gewartet hat. Darunter befinden sich drei adlige Waisen, die die Marschallin um Schutz anflehen; ein Tierhändler, der seine lebende Ware anpreist; das Intrigantenpaar Valzacchi und Annina, das seine Dienste anbietet; der Friseur mit seinem Gehilfen, die sich um die Toilette der Marschallin kümmern; ein Flötist und ein Sänger, der eine virtuose italienische Arie vorträgt *(Arie des Sängers »Dirigori armato il seno...«)*, und verschiedene andere Gestalten. Baron Ochs interessiert sich vorzugsweise für den Notar, der ihn hinsichtlich seiner bevorstehenden Hochzeit juristisch beraten soll, denn mit der Hochzeit hat es der Baron vor allem auf die stattliche Mitgift abgesehen. Das geht nicht ohne lautes Reden und Poltern ab, so daß die Marschallin schließlich den Morgenempfang für beendet erklärt. Nunmehr allein, sinniert sie melancholisch über die allzu rasch verrinnende Zeit und über den Lauf der Welt *(Szene der Marschallin »Da geht er hin, der aufgeblasene, schlechte Kerl«)*. Sie erinnert sich an die Zeit, da sie noch ein Mädchen war, »das frisch aus dem Kloster ist in den heiligen

Ehstand kommandiert word'n« – und nun ist aus der »kleinen Resi« die »alte Marschallin« geworden. Der noch einmal zurückkehrende Octavian bemerkt ihre Traurigkeit und schließt sie in seine Arme, was die Marschallin noch wehmütiger macht: denn sie weiß auch, daß er sie wegen einer Jüngeren »über kurz oder lang« sitzen lassen wird, sie aufgeben wird um einer andern willen, »heut oder morgen oder den übernächsten Tag.« Damit aber verstimmt sie Octavian, der sich rasch entfernt und ganz vergißt, das Futteral mit der silbernen Rose mitzunehmen. So muß der kleien Mohr es ihm eben bringen. –

2. AKT: Saal im Hause des Herrn von Faninal. Man erwartet den Brautwerber des Herrn Baron Ochs auf Lerchenau. Herr von Faninal verabschiedet sich vorübergehend von seiner Tochter Sophie, denn die »Schicklichkeit« verlangt, daß der Brautvater das Haus verläßt, bevor der Rosenkavalier vorfährt. Die Leitmetzerin und der Haushofmeister drängen Faninal, der mit dem Bräutigam zurückzukehren verspricht. Wenig später betritt Octavian mit der silbernen Rose in der Hand den Saal *(Auftritt des Octavian und Überreichung der Rose »Mir ist die Ehre widerfahren...«)*. Er und Sophie stehen verwirrt einander gegenüber und versinken in unbekannte Gefühle, ohne schon recht zu begreifen, daß sie füreinander bestimmt sind. In der folgenden Unterhaltung kommen sie sich näher, doch dann werden sie unterbrochen: Herr von Faninal führt zeremoniös den Baron Ochs auf Lerchenau herein und auf Sophie zu, gefolgt von der Lerchenau'schen Livree. Sophie ist sofort verstört durch die groben Manieren des Barons, die die beeindruckte Leitzmetzerin ihr als »ungezwungenes, leutseliges Betragen« aufzuschwätzen versucht, während Ochs selber erstaunt ist über die Ähnlichkeit Octavians mit einem gewissen ›Mariandel‹. Das weiterhin derbe Auftreten des Barons stößt Sophie immer mehr ab und macht Octavian wütend gegenüber dem ungehobelten Bräutigam. Während Ochs im Nebenzimmer mit dem Notar und Faninal den Ehekontrakt bespricht, wendet sich Sophie hilfesuchend an Octavian. Denn »nicht um die Welt« will sie den Baron heiraten, dessen Bediente sich ebenso ordinär benehmen wie ihr Herr. Octavian ist nur allzu gern bereit, die erbetene Hilfe auch zu leisten, und so finden sich die beiden jungen Menschen in ihrer Glückseligkeit *(Duett Octavian-Sophie »Mit Ihren Augen voller Tränen...«)*. Doch sie werden dabei überrascht: das Intrigantenpaar Valzacchi und Annina hat sie belauscht und schlägt Lärm. Der ruft die Herrschaft aus dem Nebenzimmer zurück, und der Baron fordert Aufklärung. Octavian läßt ihn unmißverständlich wissen, Sophie werde ihn nicht heiraten. Das irritiert den Baron anfangs wenig, er will Sophie recht ungalant ins Nebenzimmer zerren, doch Octavian versperrt ihm den Weg, beleidigt ihn und provoziert ein Duell. Ochs fordert seine Bedienten auf, einzugreifen, da sie aber unschlüssig herumstehen, zieht er seinen Degen und wird durch eine Unvorsichtigkeit von Octavians Degen leicht am Arm verletzt. Nun entsteht erst recht wahrer Tumult: die Lerchenau'-

schen stürzen sich auf Octavian, der sich furios verteidigt, die Faninalsche Dienerschaft strömt erschrocken herein, der Baron stöhnt vor Schmerzen, tut, als werde er sterben, schimpft Octavian einen Mörder und ruft nach der Polizei. Man kümmert sich angelegentlich um ihn, während Faninal jammert, daß ihm solche Schande in seinem eigenen Hause widerfahren muß, welch eine Blamage! Und dann weigert sich auch noch Sophie standhaft, den Baron zu heiraten! In dem allgemeinen Durcheinander gelingt es Octavian schließlich, sich zu entfernen, nachdem er Sophie noch hat zuflüstern können, sie werde von ihm hören. Langsam beruhigt sich der Baron bei einem guten Glas Wein und sinniert über den seltsamen Vorfall *(Szene des Baron Ochs auf Lerchenau »Da lieg ich. Was einem Kavalier nit all's passieren kann«).* Kurz darauf schleicht sich Annina herbei mit einem Brief »von der Bewußten«: eine Einladung des ›Mariandel‹ zu einem abendlichen Tête-à-têtes. Das weckt die Lebenskräfte des Barons aufs neue, rasch ist alles Ungemach vergessen – er hat halt »schon einmal ein Lerchenauisch' Glück«! –

3. AKT: Ein Extrazimmer in einem drittklassigen Gasthaus. ›Mariandels‹ Einladung an den Baron Ochs ist eine Falle Octavians, der diesem mit Hilfe Valzacchis und Anninas (die wütend war über den Geiz des Barons, der ihr den erhofften Botenlohn nicht zahlte) einen Denkzettel verpassen will. Octavian hat sich wieder als ›Mariandel‹ verkleidet und erwartet den Baron zum Souper. Der ist zunächst aufs neue von der Ähnlichkeit des ›Mädchens‹ mit Octavian überrascht, dann aber nähert er sich ›ihr‹ mit lüsterner Zärtlichkeit. Da hebt plötzlich ein seltsamer Spuk an: Gestalten und Köpfe werden aus allen Ecken, Löchern, Nischen, Fenstern und aus der Falltür am Boden sichtbar und ängstigen den Baron, der die »Congestion« zu haben glaubt. Schließlich rauscht eine verschleierte Dame in Trauerkleidern herein, begleitet von vier plärrenden Kindern, die den Baron als »Papa« titulieren. Es ist Annina, die ihn glauben macht, seine verlassene Frau zu sein. Ochs verliert endgültig die Contenance und ruft nach der Polizei. Schon ist ein Kommissar zur Stelle und mit ihm der von Valzacchi benachrichtigte Faninal samt Tochter Sophie, während sich an der Tür neugierig das Gasthauspersonal und Gäste versammeln. Der Baron ist düpiert und wird der Verführung angeklagt. Skandal! Und totale Verwirrung des Barons: ›Mariandel‹ ist plötzlich verschwunden, statt ihrer steht der junge Graf Octavian Rofrano vor ihm! Schließlich fällt die Maskerade, als die Marschallin erscheint, die des Barons Kammerdiener Leopold zur Ehrenrettung seines Herrn schnell herbeigeholt hat. Sie erklärt alles für eine Komödie und gibt dem Baron, der das Spiel verloren weiß, die Chance zu einem doch noch einigermaßen standesgemäßen Rückzug mit der Erkenntnis, das es mit der Einheirat in die Familie des reichen Neuadeligen Faninal nichts wird. Und die Marschallin? Sie sieht ihre Ahnung bestätigt: der Augenblick des Abschieds von Octavian ist gekommen, der sie nun um einer anderen willen verlassen wird

(Terzett Marschallin-Octavian-Sophie »Hab mir's gelobt, ihn lieb zu haben ...«). Unbemerkt von dem jungen Liebespaar zieht sie sich ins Nebenzimmer zurück, während Sophie und Octavian sich voller Glückseligkeit ihre Liebe gestehen *(Schlußduett Sophie-Octavian »Ist ein Traum, kann nicht wirklich sein, daß wir zwei beieinander sein.«).*

Aufführungsdauer 4 Stunden

Richard Strauss
ARIADNE AUF NAXOS
Oper in 1 Akt nebst einem Vorspiel
Dichtung von Hugo von Hofmannsthal
Uraufführung Stuttgart 1912

Quellen. Zum zweiten Mal nach »Elektra« griff Strauss auf einen Mythos der griechischen Antike zurück, die ihm bei seinen folgenden Werken noch öfter den Stoff liefern sollte. Der Mythos um Ariadne ist in verschiedenen Varianten überliefert, fügt sich aber im Grunde zu einer Einheit. Ariadne war die Tochter des Minos, den Zeus mit Europa zeugte. Er herrschte als König über Kreta und hatte mit seiner Gemahlin Pasiphaë, einer Tochter des Sonnengottes Helios, viele Kinder, darunter die Töchter Phädra und Ariadne. Als Pasiphaë in widernatürliche Liebe zu einem Stier fiel, gebar sie ein Ungeheuer mit Menschenleib und Stierkopf, den Minotaurus (Stier des Minos). Minos hielt ihn in einem Labyrinth und opferte ihm Menschen, die er als Tribut von der von ihm besiegten Stadt Athen forderte. Davon hörte Theseus, der als ein Sohn des Meeresgottes Poseidon und als größter Heros Athens galt. Er machte sich auf nach Kreta, um den Minotaurus zu töten. Bei seiner Ankunft verliebte sich Ariadne in ihn, er versprach ihr die Heirat und die Mitnahme nach Athen, sie half ihm dafür bei seiner Tat: sie gab ihm ein Schwert und eine Rolle Garn (Wollknäuel), damit er aus dem Labyrinth wieder herausfinden konnte (der Faden Ariadnes). Nach vollbrachter Tat entführte Theseus Ariadne von Kreta und segelte heim nach Athen. Unterwegs legte er an der Insel Naxos an und ließ dort Ariadne allein zurück. So fand sie Dionysos, der Gott des Weines (lateinischer Name: Bacchus), heiratete sie und hatte mehrere Söhne mit ihr. Als Ariadne starb, führte Dionysos sie aus der Unterwelt hinauf in den Olymp und setzte sie als Sternenbild (Corona borealis = Nördliche Krone) an den Himmel. Schon die antike Dichtung griff den Ariadne-Mythos vielfach auf, der im Laufe der Jahrhunderte immer wieder literarische Umformungen erhielt und während der Barockzeit als Vorlage für mehr als vierzig Opern diente. Die vielleicht bedeutendste davon, die am 28. Mai 1608 in Mantua uraufgeführte Oper »L'Arianna« von *Claudio Monteverdi* auf den Text des Dichters *Ottavio Rinuccini*, gilt bis auf das berühmte ›Lamento‹ (Klage der Arianna) als verschollen.

Entstehung und Uraufführung. Den Ariadne-Plan teilte Hofmannsthal Ende Mai 1911 Strauss brieflich mit, es schwebte ihm eine »*30-Minuten-Oper für kleines Kammerorchester*« vor, »*gemischt aus heroisch-mythologischen Figuren im Kostüm des 18. Jahrhunderts ... und aus Figuren der Commedia dell'arte ... welche ein mit dem heroischen Element fortwährend verwebtes Buffo-Element tragen.*« Er machte zugleich den Vorschlag, auf die Dramaturgie der Nummern-Oper zurückzugreifen, und er wollte diese Oper mit *Molières* Komödie »Der Bürger als Edelmann« (Le Bourgeois Gentilhomme, uraufgeführt 1670), die er gerade bearbeitet hatte, zusammenfügen. Das lief auf eine gewisse Wiederbelebung des comédie-ballet hinaus, einer Gattung, die Molière zusammen mit dem Komponisten *Jean-Baptiste Lully (1632–1687)* geschaffen hatte. Das Textbuch Hofmannsthals lag im Juli 1911 vollständig vor, die Partitur war im April 1912 abgeschlossen und die Uraufführung fand am 25. Oktober 1912 in einer Inszenierung von *Max Reinhardt* und mit dem Komponisten als Dirigenten in Stuttgart statt. Ohne sonderlichen Erfolg: Schauspiel und Oper fügten sich nicht zusammen. So tauchte in dem Briefwechsel zwischen Strauss und Hofmannsthal schon 1913 der Gedanke auf, die Koppelung wieder aufzuheben. Dennoch konnte sich Strauss lange nicht damit anfreunden, so daß er erst im Jahre 1916 (er hatte inzwischen »Die Frau ohne Schatten« komponiert) mit der Neufassung begann. Die Autoren sahen sich veranlaßt, so schrieb Strauss später, »*den großen Schnitt zu vollziehen und Molière und Hofmannsthal-Strauss zu trennen.*« Neu an dieser zweiten Fassung war vor allem das Vorspiel, das sich von Molière löste und in das Palais eines reichen Wiener Grafen verlegt wurde, sowie die Figur des Haushofmeisters (durch den sich der nicht in Erscheinung tretende Hausherr vertreten läßt) und der Bedeutungszuwachs, der der Gestalt des (schon in der ersten Fassung vorhandenen) Komponisten widerfuhr. Die Neufassung (›Ariadne II‹) gelangte am 4. Oktober 1916 an der Wiener Staatsoper zur Uraufführung, wurde aber erst Jahre später zu jenem bleibenden Erfolg, den Dichter und Komponist sich von ihrem »*Liebling unter den gemeinsamen Kindern*« (Hofmannsthal an Strauss) von Anfang an erhofft hatten.

Ort und Zeit. Wien im 17./18. Jahrhundert

Die Personen der Oper. *1. DAS VORSPIEL:* Der Haushofmeister (Sprechrolle) – Ein Musiklehrer (Bariton) – Der Komponist (Mezzosopran) – Der Tenor (Bacchus; Tenor) – Ein Offizier (Tenor) – Ein Tanzmeister (Tenor) – Ein Perückenmacher (Baß) – Ein Lakai (Baß) – Zerbinetta (Sopran) – Primadonna (Ariadne; Sopran) – Harlekin (Bariton) – Scaramuccio (Tenor) – Truffaldino (Baß) – Brighella (Tenor). – 2. *DIE OPER*: Ariadne (Sopran) – Bacchus (Tenor) – Najade (Sopran) – Dryade (Alt) – Echo (Sopran). – 3. *ALS INTERMEZZO*: Zerbinetta (Sopran) – Harlekin (Bariton) – Scaramuccio (Tenor) – Truffaldino (Baß) Brighella (Tenor).

Die Handlung. DAS VORSPIEL: Ein tiefer Raum mit einem Haustheater im Hintergrund im Hause eines großen Herrn. Der Hausherr, der nach seines Haushofmeisters Einschätzung der reichste Mann Wiens ist und der sich durch ihn vertreten läßt, ohne selbst in Erscheinung zu treten, veranstaltet eine große Versammlung in seinem Haus. Dazu hat er eine Theatervorstellung arrangieren lassen mit der Aufführung der eigens für diese Festlichkeit komponierten tragischen Oper »Ariadne« eines jungen Komponisten und einer heiteren Tanzmaskerade »Die ungetreue Zerbinetta und ihre vier Liebhaber« durch Mitglieder einer Commedia dell'arte-Truppe. Darüber allerdings ist der Musiklehrer, der zugleich als Regisseur der Aufführung fungiert, sehr verwundert und der Komponist schlichtweg empört. Die Vorbereitungen für die Vorstellung zehren ohnehin schon an den Nerven der Beteiligten: dem Komponisten stehen die Geiger noch nicht zur Verfügung, weil sie erst bei der Tafel des Hausherrn aufspielen müssen; der Tenor ist mit der Maske unzufrieden und verabreicht dem Perückenmacher eine Ohrfeige; der Tanzmeister lästert über die neue Oper; Zerbinetta hat Bedenken, die Leute wieder lachen zu machen, wenn sie sich erst einmal gelangweilt haben; die Primadonna ist pikiert, am gleichen Abend mit Possenreißern auftreten zu müssen; und schließlich geraten Musiklehrer und Tanzmeister darüber in Streit, welches der Stücke wohl den alleinigen Beifall erringen wird. Dahinein platzt der Haushofmeister mit einer neuen Anordnung seines gnädigen Herrn: die beiden Werke sollen nicht nacheinander, sondern gleichzeitig gespielt werden! Und das »mit allen Personen und der richtigen Musik, so wie er sie bestellt und bezahlt hat.« Zudem darf die Vorstellung deshalb nicht einen Moment länger dauern, denn zum Abschluß des Festes soll pünktlich ein Feuerwerk im Garten stattfinden. Komponist und »Ariadne«-Darsteller sind empört über diese ihrer Ansicht nach unzumutbare Anordnung des Hausherrn, während der Tanzmeister sie für einen vernünftigen Vorschlag hält und auch keine Schwierigkeiten sieht, sie umzusetzen. Man braucht nur zu streichen und auf das Improvisationstalent Zerbinettas und ihrer Mitspieler vertrauen. Während der Komponist seine Partitur lieber ins Feuer werfen möchte, Tenor und Primadonna gegeneinander intrigieren, damit im Part des anderen besonders viel gestrichen wird, erklärt der Tanzmeister Zerbinetta den Inhalt der Oper über Ariadne, die von Theseus verlassen wurde, sich in Sehnsucht nach ihm verzehrt und sich nur noch den Tod wünscht. In Zerbinettas Sprache heißt das: »Eine Prinzessin ist von ihrem Bräutigam sitzen gelassen und ihr nächster Verehrer ist vorerst nicht angekommen. Wir sind eine muntre Gesellschaft, die sich zufällig auf dieser wüsten Insel befindet.« Das bringt den Komponisten auf, der Ariadnes eigentlichen Seelenzustand philosophisch erklären will, was Zerbinetta veranlaßt, ihm an ihrem eigenen Leben den Unterschied zwischen der Welt des Irdischen und der der Kunst klarzumachen, denn sie sei selbst im Leben eine ernsthafte Natur mit Sehnen und Hoffen und damit anders als jene heitere Figur, die sie stets auf der Bühne darstellen muß. Der Komponist ist von Zerbinetta ganz hingerissen und sieht nun alles mit anderen Augen. –

2. DIE OPER: Das Haustheater zeigt eine wüste Insel. Vor ihrer Höhle liegt die von Theseus verlassene Ariadne. Najade, Dryade und Echo beklagen das Schicksal der Trauernden, die langsam aus ihrem jammervollen Zustand erwacht und sich zu erinnern beginnt an das, was war *(Szene der Ariadne »Ein Schönes war: hieß Theseus-Ariadne.«)*. Da versucht zunächst Harlekin, sie zu trösten *(Lied des Harlekin »Lieben, Hassen, Hoffen, Zagen ...«)*; doch sein Mühen bleibt vergebens. Ariadnes sehnsuchtsvolles Erinnern an Theseus weicht der stillen Erwartung des Todesgottes. Daraufhin schicken sich die Figuren der Commedia dell'arte an, Ariadne durch einen Tanz zu erheitern *(Tanzlied von Brighella, Scaramuccio, Harlekin und Truffaldino »Die Dame gibt mit trübem Sinn sich allzusehr der Trauer hin.«)*. Doch nur Zerbinetta findet Gefallen an dem Tanz ihrer vier Liebhaber, die sich auf ihre Aufforderung hin zurückziehen. Da es auch ihnen nicht gelang, Ariadne zu trösten, will sie es nun selbst versuchen *(Arie der Zerbinetta »Großmächtige Prinzessin ...«)*. Doch ihre musikalische Philosophie über die Treue in der Liebe – von Frau zu Frau sozusagen – ist auch nur eine Predigt für taube Ohren, wie Harlekin befindet, dessen Liebeswerben sie zum Leidwesen der anderen drei Verehrer nicht widerstehen kann und mit ihm verschwindet. Hastig treten Najade, Dryade und Echo auf und verkünden aufgeregt die Ankunft eines jungen Gottes. Es ist Bacchus, der den Verführungskünsten der Zauberin Circe widerstand. Nun ist er hier, besingt seinen Sieg und lockt mit seinem Gesang Ariadne aus ihrer Höhle. Beide stehen sich verwirrt gegenüber, sie begrüßt ihn als vermeintlichen Todesboten, der sie zu erlösen gekommen ist, er befürchtet zunächst, einer anderen Circe, einer neuen Zauberin zu begegnen. Doch dann wird ihm seine Göttlichkeit bewußt und seine Liebe zu Ariadne erwacht, mit der er ihr ihre Schmerzen nimmt. Ein neues, gemeinsames Leben beginnt für sie beide *(Schlußduett Bacchus-Ariadne »Ich sage dir, nun hebt sich erst das Leben an für dich und mich ...«)*.

Aufführungsdauer. 2¼ Stunden

Richard Strauss
ARABELLA
Lyrische Komödie in 3 Akten
Dichtung von Hugo von Hofmannsthal
Uraufführung Dresden 1933

Quelle. Als literarische Vorlage zur letzten gemeinsamen Oper von Richard Strauss und Hugo von Hofmannsthal diente des Dichters 1910 erschienenes Werk »Lucidor. Figuren zu einer ungeschriebenen Komödie.« Es stellt die epische Fassung zu einem geplanten, dann aber nicht ausgeführten Lustspiel für das Theater dar. Die Grundgeschichte der späteren Oper ist wesentlich vorgegeben: Frau von Murska, frühere Besitzerin eines bekannten Salons mit großen Abendgesellschaften, jetzt vor dem finanziellen Ruin, lebt mit ihren beiden Töchtern Lucile und Arabella in einem Wiener Hotel. Die Verheiratung der beiden erscheint ihr als einziger Ausweg aus der Misere, wobei ein mysteriöser reicher Onkel eine besondere Rolle spielt. Weil der aber dem weiblichen Geschlecht nicht sonderlich gewogen ist, wird Lucile in Männerkleider gesteckt und als junger Herr Lucidor geführt. Aber die Liebe der Töchter geht andere Wege, als die Mutter sich das vorstellt. So bleibt auch der erhoffte finanzielle Erfolg aus. Hofmannsthal vollendete seinen Entwurf nicht und begründete sein selbsterkanntes Scheitern so: »*Einen Dialog, wie der sich nun entwickelnde, kann das Leben hervorbringen und die Komödie nachzuahmen versuchen, aber niemals die Erzählung.*«

Entstehung und Uraufführung. Nur der erste Akt der Oper erfuhr eine endgültige Fassung und legte so noch einmal Zeugnis ab von der einmaligen Zusammenarbeit zwischen dem Dichter Hofmannsthal und dem Komponisten Strauss, die durch den plötzlichen Tod des Dichters (15. Juli 1929) jäh beendet wurde. Zu der Zeit hatte Strauss mit der Komposition noch gar nicht begonnen. Erst jetzt fing er damit an, nahm die ihm notwendig erscheinenden Kürzungen, Änderungen und Ausfertigungen an den Akten zwei und drei vor. Im November 1931 schließlich war die Komposition in der Klavierskizze nahezu fertig, mit der Partitur jedoch ließ sich Strauss Zeit. Doch Mitte Oktober 1932 hatte er das Werk abgeschlossen, wollte es aber zunächst verschließen, da ihm die politische Entwicklung der Zeit mit der Machtübernahme durch die Nationalsozialisten nicht geeignet erschien für eine neue Strauss-Oper. Schließlich gab er sein Einverständnis zur Uraufführung, die am 1. Juli 1933 unter der musikalischen Leitung von *Clemens Krauss* an der Dresdner Oper zu einem für Richard Strauss »*riesigen Theatererfolg*« geriet.

Ort und Zeit. Wien im Jahre 1860

Die Personen der Oper. Graf Waldner, Rittmeister a. D. (Baß) – Adelaide, seine Frau (Mezzosopran) – Arabella (Sopran) und Zdenka (Sopran), beider Töchter – Mandryka (Bariton) – Matteo, Jägeroffizier (Tenor) – Graf Elemer (Tenor), Graf Dominik (Bariton) und Graf Lamoral (Baß), Verehrer der Arabella – Die Fiakermilli (Sopran) – Eine Kartenaufschlägerin (Sopran) – Welko, Leibhusar des Mandryka (Sprechrolle) – Djura und Jankel, Diener Mandrykas; Ein Zimmerkellner (Sprechrollen) – Drei Spieler (Baß) – Begleiterin der Arabella, Ein Arzt und Ein Groom (stumme Rollen).

Fiaker, Ballgäste, Hotelgäste, Kellner (Chor)

Die Handlung. 1. AKT: Salon in einem Wiener Stadthotel. Der ehemalige Rittmeister Graf Waldner wohnt hier mit seiner Frau Adelaide und seinen beiden Töchtern Arabella und Zdenka. Der Graf ist dem Spiel verfallen, bei dem er sein Vermögen verliert. Die Familie steht vor dem finanziellen Ruin. Sie kann sich nicht einmal leisten, beide Töchter standeswürdig auszuführen, weshalb Zdenka in Männerkleidern als junger Herr ›Zdenko‹ gehalten wird. Während der Graf sich beim Spiel außerhalb befindet, läßt sich Adelaide von einer Kartenaufschlägerin aus den Karten die Zukunft prophezeien. Denn in der raschen Verheiratung Arrabellas sieht sie den einzigen noch möglichen Ausweg aus dem Dilemma der Familie. Die Karten verheißen einen reichen fremden Mann, der von weither kommt, doch zwischen ihn und Arabella drängt sich ein anderer. Zdenka weiß sofort, wer damit gemeint ist: der junge Offizier Matteo, der Arabella unsterblich liebt und in ›Zdenko‹ seinen besten Freund weiß, ohne dessen wahre Identität zu kennen. Zdenka wiederum liebt Matteo, doch sie ist zu jedem Opfer für die über alles geliebte Schwester bereit. Da gesteht ihr Arabella, von einem Spaziergang zurückkehrend, daß sie ein fremder Mann fasziniert, dem sie am Morgen vor dem Hause begegnet ist. Außerdem erfülle Matteo nicht ihre Ansprüche an das Leben und an die Liebe *(Duett Arabella-Zdenka »Aber der Richtige, wenn's einen gibt für mich auf dieser Welt ...«).* Sie werden unterbrochen durch den Grafen Elemer, der neben den Grafen Dominik und Lamorel zu Arabellas hartnäckigsten Verehrern gehört. Er will sie ausführen, das habe das Los unter ihnen so bestimmt. Arabella sagt zu unter der Bedingung, daß ›Zdenko‹ mitkommt. Dann kehrt der Graf zurück, wieder hat er im Spiel verloren. Ungeduldig wartet er auf Antwort von seinem Regimentskameraden, dem reichen Mandryka, an dessen Großmut er in einem Brief appellierte. Er legte ein Bild von Arabella bei in der Hoffnung, Mandryka werde sich darin verlieben, Arabella heiraten und die Familie vor der drohenden Armut bewahren. Zu seiner Überraschung wird Mandryka als Besucher gemeldet – aber es ist der Neffe des bereits verstorbenen Freundes des Grafen, der junge Mandryka, reicher Großgrundbesitzer und früh schon verwitwet. Da er glaubte, der Brief sei an ihn gerichtet gewesen, hatte er ihn geöffnet und sich augenblicklich in das Bildnis Arabellas verliebt. Nun ist er gekommen, um den Grafen um die Hand seiner Tochter zu bitten. Diesen schmeichelt der Antrag umso mehr, als Mandryka ihm großherzig seine Brieftasche öffnet und Geld anbietet: da hat er doch Grund genug, das unterbrochene Spiel fortzusetzen und erneut sein Glück zu probieren. Er erklärt sein Einverständnis und verabredet das Zusammentreffen mit Arabella für den abendlichen Faschingsball, für den Arabella zur Königin auserkoren worden ist. –

2. AKT: Ein öffentlicher Ballsaal. Graf Waldner, der Arabella von Mandrykas Absicht, sie heiraten zu wollen, noch unterrichtet hat, stellt die beiden einander vor und zieht sich mit seiner Frau zurück. Mandryka, in dem Arabella den Fremden vom Vormittag wiedererkennt, bittet sie, seine Frau zu werden. Sie weiß, daß er der Richtige ist und auf den sie gewartet hat *(Duett Arabella-Mandryka »Und du wirst mein Gebieter sein ...«)*. Doch heute will sie auf dem Ball noch fröhlichen Abschied von ihrer Mädchenzeit nehmen. Schon begehrt die von der Fiakermilli angeführte Ballschar ihre Königin für sich *(Arie der Fiakermilli »Du sollst unsres Festes Königin sein«)* und nimmt sie mit sich. Das mißfällt Matteo, fühlt er sich doch von Arabella ganz vergessen. Zdenka hat Mitleid mit ihm, sie war es, die die vermeintlichen Liebesbriefe Arabellas an ihn schrieb. Nun überreicht sie ihm ein Kouvert mit dem angeblichen Schlüssel zu Arabellas Hotelzimmer. Matteo kann sein Glück kaum fassen, während sich Mandryka, der das Gespräch der beiden zufällig mitbekommen hat, von Arabella verraten glaubt – und das um so mehr, als sie ihm eine kurze Nachricht zuspielen läßt, sie fahre nach Hause. Er ist sicher, sie verbringt die Nacht mit Matteo, und wirft sich hemmungslos ins Ballgeschehen und der Fiakermilli direkt in die Arme. So überraschen ihn der Graf und seine Frau, die ihn auffordern, ihnen ins Hotel zu folgen, um Arabellas plötzliches Verschwinden vom Ball aufzuklären. –

3. AKT: Offener Raum mit Stiegenhaus im Hotel. Matteo hat gerade jenes Zimmer verlassen, in dem er eine glückliche Liebesstunde verbrachte – mit Arabella, wie er glaubt. Umso erstaunter ist er, als er nun auf die vom Ball heimkehrende Arabella trifft. Er spricht sie an, wähnend, sie wolle noch einmal ausgehen. Doch Arabella versteht nicht, was er meint, als er vom Glück der vergangenen Stunde spricht. Matteo aber ist höchst irritiert von ihrem plötzlichen abweisenden, recht kühlen Verhalten ihm gegenüber. So werden sie von den anderen heimkehrenden Ballbesuchern überrascht. Mandryka glaubt, die Situation eindeutig einschätzen zu können und entschließt sich zur spontanen Abreise. Er ist nicht bereit, in einer »häßlichen Komödie« die Rolle zu spielen, die ihm, wie er glaubt, Arabella zugedacht hat. Noch immer ist er überzeugt, sie habe ihn mit Matteo betrogen, in dem er den Mann erkennt, dem der Schlüssel übergeben wurde. Als er ihn zum Duell fordert, erscheint Zdenka im Negligé, wirft sich dem Vater vor die Füße und bekennt Arabella ihre Verfehlung: sie hat sich, die Schwester vortäuschend, dem Geliebten selbst hingegeben, der sie in dem dunklen Zimmer nicht erkennen konnte. Sie will sich aus Scham in der

Donau ertränken. Arabella erkennt ihre Not und nimmt sie schützend in ihre Arme. Zdenka bekennt Matteo ihre Liebe, der sich in seiner Ahnungslosigkeit selbst schuldig ihr gegenüber fühlt. Nun, da alles offenbar ist, möchte Mandryka in den Boden versinken ob seines tölpelhaften und beleidigenden Verhaltens Arabella gegenüber, der anzugehören er sich nun für unwert hält. Doch sie verzeiht ihm seinen Verdacht. Entschlossen bittet er daraufhin bei dem Grafen Waldner für seinen neu gewonnenen Freund Matteo um Zdenkas Hand. Der Graf ist es wohl zufrieden und kann sich endlich mit den drei ihn begleitenden Spielern zurückziehen. Während sich die Übrigen zur Nachtruhe begeben, finden sich Arabella und Mandryka endgültig. Sie bittet seinen Diener Welko, ihr Wasser aus dem Brunnen zu holen. Mit dem gefüllten Glas geht sie auf Mandryka zu, angerührt »von einer großen Macht«: nach der Sitte seines Landes gibt sie damit das Zeichen zu ihrer Verlobung mit ihm *(Arie der Arabella »Das war sehr gut, Mandryka, daß Sie noch nicht fortgegangen sind...«)*. Mandryka trinkt das Glas auf einen Zug leer und schmeißt es hinter sich, daß keiner außer ihm daraus trinken kann, wie es die Sitte zur Verlobung vorschreibt. –

Aufführungsdauer: 3 Stunden

Kurt Weill (1900–1950)
AUFSTIEG UND FALL DER STADT MAHAGONNY
Oper in 3 Akten
Dichtung von Bertolt Brecht
Uraufführung Leipzig 1930

Quelle. Im Herbst 1926 erhielt Kurt Weill den Auftrag, für das Deutsche Kammermusikfest in Baden-Baden, einem jährlich stattfindenden Festival für zeitgenössische Musik, eine Kurzoper zu schreiben. Sie sollte gemeinsam mit anderen Kurzopern von *Ernst Toch, Paul Hindemith* und *Darius Milhaud* im Juli 1927 zur Aufführung gelangen. Da Weill gerade mit viel Interesse eine Hörspielfassung von *Bertolt Brechts* Schauspiel »Mann ist Mann« (szenische Uraufführung am 25. September 1926 in Darmstadt) gehört und dessen Gedichtband »Hauspostille« gelesen hatte, erkannte er in dem Autor *»einen Dichter, einen wirklichen Dichter«*, den er gerne persönlich kennenlernen wollte. Die Begegnung fand bei Brecht in dessen Berliner Wohnung im Oktober statt. Weill fragte Brecht nach einem Libretto, doch der hatte keine Idee. Angesprochen auf die »Mahagonny«-

Gedichte der »Hauspostille«, gab Brecht sofort seine Zusage und verband diese Gedichte durch eine kurze Handlung zu einem mehrteiligen Songspiel für sechs Darsteller um die imaginäre amerikanische Stadt Mahagonny. Weill komponierte es für ein kleines Orchester von zehn Musikern (je zwei Violinen, Klarinetten und Trompeten sowie für Altsaxophon, Posaune, Klavier und Schlagzeug). Die Uraufführung zum Musikfest in Baden-Baden am 17. Juli 1927 wurde ein nahezu sensationeller Erfolg und bewog Brecht und Weill nicht unwesentlich dazu, daraus eine große und neuartige Oper zu machen, die bewußt als Gegenstück zur herkömmlichen Oper konzipiert wurde.

Enstehung und Uraufführung. Die Arbeit an der »Mahagonny«-Oper erstreckte sich über etwas mehr als zwei Jahre von August 1927 bis November 1929. Zum einen wurde sie unterbrochen durch zwei andere gemeinsame Stücke – die »Dreigroschenoper« und »Happy End« – zum anderen wurde sie von ständigen und langen Gesprächen über das epische Theater und über die Oper begleitet, deren Gedanken beide Autoren auch in verschiedenen Beiträgen veröffentlichten. Dabei betrachteten sie, wie Weill später schrieb, das Baden-Badener Songspiel »als eine Stil-Studie zu einem Opernwerk«. Erklärte Absicht des Komponisten, der die Oper einmal »*die gesteigerte Form des musikalischen Theaters*« nennt, war, durch die epische Chronologie der Erzählung eine »*Aneinanderreihung von Zuständen*« in der Geschichte der Stadt Mahagonny auch musikalisch auszudrücken. Das erreichte er dadurch, daß die einzelnen Szenen jeweils in sich abgeschlossene musikalische Formen darstellen. Brecht unterstützte diese Aufforderung mit der These: »Der Einbruch der Methode des epischen Theaters in die Oper führt hauptsächlich zu einer radikalen Trennung der Elemente. Der große Primatkampf zwischen Wort, Musik und Darstellung (wobei immer die Frage gestellt wird, wer wessen Anlaß sein soll – die Musik der Anlaß des Bühnenvorganges oder der Bühnenvorgang der Anlaß der Musik und so weiter) kann einfach beigelegt werden durch die radikale Trennung der Elemente.« Die Uraufführung der Oper am 9. März 1930 im Neuen Theater Leipzig wurde zu einem handfesten Skandal: Nazi-Störtrupps hatten schon am Nachmittag vor dem Opernhaus demonstriert und störten auch während der Vorstellung. Weills Ehefrau Lotte Lenya erinnerte sich noch später: »Nach der Pause merkte ich, daß etwas Merkwürdiges und Häßliches im Publikum mitschwang. Gegen Ende der Aufführung hatte der Tumult auf die Bühne übergegriffen.«

Ort und Zeit. Die imaginäre Stadt Mahagonny in Amerika; Gegenwart

Die Personen der Oper. Witwe Leokadja Begbick (Alt) – Fatty der Prokurist (Tenor) – Dreieinigkeitsmoses (Bariton) – Jenny (Sopran) – Jim Mahoney (Tenor) – Jack O'Brien (Tenor) – Bill, genannt ›Sparbüchsenbill‹ (Bariton) – Joe, genannt ›Alaskawolfjoe‹ (Baß) – Tobby Higgins (Tenor).

Sechs Mädchen von Mahagonny. Männer von Mahagonny (Chor)

Die Handlung. 1. AKT: Auf der Flucht vor den sie verfolgenden Konstablern geht den drei Abenteurern Witwe Leokadja Begbick, Fatty der Prokurist und Dreieinigkeitsmoses das Fluchtauto kaputt. Am Rande der Wüste können sie nicht weiter hinauf zur Küste, wo es Gold gibt. So beschließen sie, eine Stadt zu gründen. Sie nennen sie ›Mahagonny‹: Netzestadt, wo sie Männer einfangen wollen, »deren Wollust es ist, nicht zu leiden und alles zu dürfen«. Die Stadt soll zum El Dorado des Amüsements werden, wobei sie selbst durch das Vergnügen anderer das große Geld scheffeln wollen. Mahagonny wächst auch rasch heran und die ersten ›Haifische‹ gehen ins Netz: Jenny und sechs Dirnen auf der Suche nach Geld, Männern und Whiskey *(Alabamasong »O Mond von Alabama...«)*. Fatty und Dreieinigkeitsmoses werben in den Großstädten, in denen die Männer unzufrieden sind, für Mahagonny, das diese denn auch aufsuchen. Unter den Neuankömmlingen befinden sich eines Tages auch vier Holzfäller aus Alaska, die dort sieben Jahre lang als Freunde tätig waren: Jim Mahoney, Jack O'Brien, Bill (genannt ›Sparbüchsenbill‹) und Joe (genannt ›Alaskawolfjoe‹). Sie werden auf dem Landungsplatz von Mahagonny durch die Witwe Begbick begrüßt, die sie als erstes mit »frischen Mädchen« versorgen will. Jenny und die anderen Mädchen bieten sich sofort an. Dabei verliebt sich Jim in Jenny. Doch in Mahagonny läuft nicht alles so, wie sich ihre Gründer das eigentlich gedacht hatten. Es gibt Verbrechen und seltsame Geldumläufe, und immer mehr Leute reisen wieder ab. Mahagonny ist kein Geschäft geworden, denn die Netzstadt hat offensichtlich keine Netze. So wollen auch die Stadtgründer wieder weiterziehen, doch sie können nicht: Fatty liest in einer Zeitung, daß man schon im unweit gelegenen Pensacola nach ihnen sucht. Auch Jim Mahoney will Mahagonny wieder verlassen, in dem nichts los und zuviel verboten ist. Nur mühsam können die Freunde ihn zurückhalten, denn Jim sieht es als Dummheit an, daß sie sich aus dem doch so schönen Alaska in diese öde Stadt aufmachten *(Song des Jim »Tief in Alaskas weißverschneiten Wäldern...«)*. Man muß ihn sogar festhalten, sonst gibt es noch ein Unglück wegen seiner Wut darüber, daß nichts los ist. So könne hier kein Mensch glücklich werden, »weil zu viel Ruhe herrscht und zu viel Eintracht.« Da wird ein Taifun gemeldet, ein Hurrikan in Bewegung auf Mahagonny. Die Bewohner der Stadt ängstigen sich und sprechen sich gegenseitig Mut zu, verbringen aber eine Nacht des Entsetzens. Jim jedoch ist der heranziehende Taifun ein Symbol: des Menschen Glückseligkeit liegt nicht in Verboten (die die Witwe Begbick über die Stadt ausgesprochen hat), sondern darin, das Leben auszukosten und sich nach dem Prinzip zu verhalten: Du darfst! Denn auch der Hurrikan halte sich nicht an Gesetze, und wenn er jeden Tag dem Menschen ans Leben gehen kann, was hat dann ein Leben voller Verbote überhaupt für einen Sinn? Leben ist doch nur sinnvoll, wenn man tut, was einem beliebt. Das leuchtet schließlich auch der Witwe Begbick ein, die ihre Verbote in der Nacht des drohenden

Hurrikans für falsch hält. So lehrt Jim die Bewohner von Mahagonny eine neue Philosophie, die da heißt: »Du darfst es!« Inzwischen meldet das Radio, der Hurrikan bewege sich direkt auf Mahagonny zu und hinterlasse überall Verwüstung und Zerstörung. Doch der Hurrikan macht einen Bogen um Mahagonny und verschont die Stadt der Freude. –

2. AKT: In dem vom Hurrikan verschonten Mahagonny herrscht Hochbetrieb, denn man darf hier alles *(Chor »Erstens, vergeßt nicht, kommt das Fressen ...«)*: Essen, Lieben, Boxen und Trinken sind die vier Säulen des Lebens und werden eindrücklich vorgeführt. Jack huldigt bedingungslos den leiblichen Genüssen und ißt sich zu Tode. Die Witwe Begbick verkuppelt die Mädchen zu Liebesdiensten an die Kunden und kassiert. Dreieinigkeitsmoses boxt gegen Joe, auf den Jim sein ganzes Geld setzt und es verliert, weil Joe unter den Boxhieben seines Gegners stirbt. In der Kneipe spendiert schließlich Jim den Männern von Mahagonny Whiskey, kann aber nicht zahlen und versucht ein Täuschungsmanöver. Er baut den Billardtisch zu einem Schiff um, auf dem er mit Jenny zurück nach Alaska segeln will. Die Männer in der Kneipe steigen engagiert in das Spiel ein, doch die Fliehenden ›ankern‹ nicht in Alaska, sondern bei Dreieinigkeitsmoses, der Zahlung für den Whiskey verlangt. Jim gesteht, kein Geld zu haben, doch Bill und Jenny wollen ihm nicht helfen, denn wenn es um Geld geht, hören Freundschaft und Liebe auf *(Lied der Jenny »Denn wie man sich bettet, so liegt man ...«)*. –

3. AKT: Mahagonny hält Gericht über Jim Mahoney. Witwe Begbick ist der vorsitzende Richter, Dreieinigkeitsmoses gibt den Staatsanwalt und Bill den Verteidiger. Zunächst zeigt sich die Moral der Stadt, die schließlich ihren Fall herbeiführen wird: der Mörder Tobby Higgins wird angeklagt aber freigesprochen, da er das Gericht mit hohen Summen zu bestechen weiß. Dafür hat Jim keinen Sinn, auch wenn ihm die Witwe Begbick insgeheim ein Zeichen macht, sich damit zu retten. So wird er verurteilt: wegen indirektem Mord an einem Freund beim Boxkampf (weil er auf dessen Sieg sein ganzes Vermögen setzte) zu zwei Tagen Haft; wegen Störung von Ruhe und Eintracht während des drohenden Hurrikan verliert er auf zwei Jahre seine Ehre; wegen Verführung eines Mädchens namens Jenny werden vier Jahre zur Bewährung ausgesetzt; wegen des Singens verbotener Lieder beim Hurrikan erhält er zehn Jahre Kerker; doch weil er den Whiskey nicht bezahlen konnte, wird er zum Tode verurteilt, denn: kein Geld zu haben gilt in Mahagonny als größtes aller Verbrechen. Auf dem Wege zu seiner Hinrichtung nimmt Jim Abschied von Jenny und vertraut sie der Obhut seines Freundes Bill an. Seine Richter erinnert er an Gott, die aber antworten ihm mit dem Spiel von Gott in Mahagonny *(Ensemble »Mitten im Whiskey kam Gott nach Mahagonny«)*. Dreieinigkeitsmoses wirft als Gott den Leuten von Mahagonny ihre Sünden vor, zu denen sie sich bekennen, die sich aber weigern, Gottes Befehl zu gehorchen, der sie in die Hölle schickt, denn da

sind sie schon ihr ganzes Leben. Am Ende bleibt die Erkenntnis, daß die Paradiesstadt Mahagonny alles hat und bietet, solange Menschen Geld haben. Denn alles ist käuflich, doch ohne Geld gibt's nichts. Nur das Geld ist etwas, woran man sich halten kann. Wer aber kein Geld hat wie Jim Mahoney, der ist ein toter Mann – einem toten Mann aber kann man nicht helfen. Im Chaos einer endlos sich drehenden Demonstration aller gegen alle versinkt Mahagonny. –

Aufführungsdauer: 2½ Stunden

ZWEITER AKT DIE OPERETTE

Charmante Tochter der Oper

»Die Operette ist ein öffentliches Übel, man soll sie erwürgen wie eine schändliche Bestie« befindet *Émile Zola*, Frankreichs großer Romancier in der zweiten Hälfte des 19. Jahrhunderts. Ein hartes Urteil, das erstaunlich viele Kritiker teilen. Zolas komponierender Landsmann *Camille Saint-Saens* sieht das schon anders: »Die Operette ist eine auf Abwege geratene Tochter der Oper – aber nicht daß auf Abwege geratene Töchter weniger charmant sind.« Der scharfsinnige Wiener Autor und Kulturkritiker *Karl Kraus* betrachtet schon die Oper als Unsinn, weil sie seiner Meinung nach eine vorausgesetzte reale Welt mit Menschen bevölkert, »die bei einer Eifersuchtsszene, bei Kopfschmerzen, bei einer Kriegserklärung singen, ja sterbend selbst auf die Koloratur nicht verzichten.« In der Operette hingegen werde munter fortgelebt »nach den Gesetzen des Chaos, aus dem die Welt erschaffen wurde« und wo »der Gesang als Verständigungsmittel beglaubigt ist.« Und er hält fest: »Der Gedanke der Operette ist Rausch, aus dem Gedanken geboren werden.« Womit wir wieder einmal bei Dionysos wären, dem Ekstatiker unter Griechenlands Göttern, der im Rausch das Theater schuf. Aber auch Karl Kraus greift den Vorwurf auf, den die meisten Menschen der Operette machen, nämlich daß sie dem Unsinn fröne und der verantwortungslosen Heiterkeit. Wogegen die Liebhaber dieser charmanten Tochter der Oper protestieren und die Komponisten sich wehren. *Franz Lehár* etwa: »Ich bin gegen den Operettenblödsinn! Ich will Menschen komponieren: ihre Herzen und Seelen, ihre Empfindungen und Leidenschaften, ihre Fröhlichkeit und Betrübnis.« Ähnlich äußert sich sein Zunftgenosse *Oscar Straus* über die Operette: »Sie muß stets ein Vorwand sein, schöne Musik und wahrhaft empfundene Herzenstöne erklingen zu lassen; sie muß Sängern die Möglichkeit geben sich auszusingen, und dem Publikum, sich ungetrübt zu freuen!« Den Operetten-Gegnern klingt das schon wie Anbiederung ans Publikum, und dieser Meinung hat manch ein Komponist unbedacht Vorschub geleistet. So sieht *Eduard Künneke* in der Operette das Theater des Volkes und in dem, was sie zeigt, ein Abbild von uns selbst. Sie ist ihm ein Unterhaltungsstück, dessen Erfolg nicht ihre Schöpfer und nicht ihre Darsteller ausmachen, sondern das Publikum: »Hat ein Stück alles das, was das Publikum verlangt, Sentimentalität und Komik, dramatische Ballung im guten szenischen Aufbau, dann ist es vielleicht zu einem Erfolg prädestiniert.« Und *Johann Strauß* schreibt einmal kurz und bündig an seinen Bruder *Eduard*: »Vox populi, vox Dei. Man will, so ist es auch im Theater, jetzt nur erheitert werden.«

Die Verurteilung der Operette bündelt eine ganze Reihe von ästhetischen und moralischen Vorurteilen: sie biete lediglich billiges Amüsement, oberflächlichen Klamauk, triviale Handlungen, frivole Situationen, blutleere Typen, Sentimentalität statt Leidenschaft, Seitensprung statt Treuegelöbnis, Ehebruch statt Liebesbekenntnis, Kitsch statt Kunst – und seichte Musik. In all dem liegt ein Körnchen Wahrheit, aber pauschal genommen sind sie nachweislich falsch. Denn der Seitensprung, so sehr er auch gewollt wird, scheitert meistens, Liebe und Treue werden überreich geschworen und weit mehr gehalten als gebrochen, Leidenschaft gibt es ohne Ende und wenigstens in den besten Werken der Gattung haben die Typen auch Charakter. Sicher: die Operette ist musikalisches Theater von lebensfroher, lebensbejahender, lachender, fröhlicher, lustvoller, beschwingter, frivoler, sinnlicher und genießender Art, sie ist walzerselig und champagnertrunken – »Freunde, das Leben ist lebenswert!« beginnt das berühmte Tenorlied aus Lehárs »Giuditta«, und das kann wie ein Motto für die ganze Gattung gelten. Aber das ist nur die eine Seite der Medaille, die andere zeigt Schwermut und Melancholie, bittere Süße und unerfüllte Sehnsucht, banges Träumen und schmerzliches Erwachen, Entsagung und Trennung, Dekadenz und Morbidität, Verzicht und Verlust, Untergangsstimmung und Todesmüdigkeit. Oft hat die scheinbar heile Welt Risse und Brüche, nicht jedes (wieder)gewonnene Glück garantiert Dauerhaftigkeit über das Finale hinaus, und die Ahnung um die Vergänglichkeit gerade des Schönen im Leben nistet im Bewußtsein der Beteiligten. »Glücklich ist, wer vergißt, was doch nicht zu ändern ist« heißt es in der »Fledermaus« ebenso voller Resignation wie voller trotzigem Überlebenswillen.

Die Operette ist also eine durchaus reale Angelegenheit, was schon die Wahl ihrer Stoffe und Schauplätze zeigt. Im Gegensatz zur Oper greift sie nur in ihren Anfängen auf die Mythologie zurück wie bei Offenbachs »Orpheus« und »Helena« oder bei Suppés »Galathee«; Geschichte ist kaum mehr als bloße Staffage ohne dramaturgische Notwendigkeit wie beim »Zigeunerbaron« von Strauß, beim »Bettelstudenten« von Millöcker oder bei Falls »Madame Pompadour«. Der Ort als globaler Schauplatz hat insofern größeres Gewicht, als er das gesellschaftliche Ambiente der Bühnenhandlung abgibt, oft verbunden mit einer »Glücklichen Reise«. So genießt man das Pariser Leben wie das Wiener Blut, verbringt eine Nacht in Venedig oder eine Saison in Salzburg, vergnügt sich auf dem Opernball oder auf dem Ball im Savoy, feiert eine ungarische Hochzeit oder ein Feuerwerk, reist an den Wolfgangsee oder in den Schwarzwald, nach Ungarn, Polen oder Hawaii, besucht Orpheus in der Unterwelt, Lisa im Land des Lächelns und Frau Luna auf dem Mond und schließt Bekanntschaft mit Damen und Herren von Stand: mit der Gräfin Mariza, der

Csárdásfürstin und der Zirkusprinzessin sowie mit dem Grafen von Luxemburg, dem Zigeunerbaron und dem Zarewitsch.

Die Zeit, in der die Operette entsteht, blüht und vergeht, umfaßt gerade ein Jahrhundert von der Uraufführung des Einakters »Die beiden Blinden« von Jacques Offenbach am 5. Juli 1855 in Paris bis zur Uraufführung von Paul Burkhards abendfüllendem »Feuerwerk« am 16. Mai 1950 in München. In dieser Zeit haben etwa 60 Komponisten insgesamt ca. 1 500 Operetten komponiert – Einakter wie abendfüllende Werke – die, soweit bekannt, auch jeweils ihre Uraufführung erlebten. (1) Von diesen Komponisten schufen allein 18 zusammen 390 Operetten, von denen wiederum nur 30 Werke das dauerhafte, noch heute gültige Standardrepertoire an den deutschsprachigen Bühnen darstellen, das sind gerade einmal 2 % aller je komponierten Operetten. Das Komponistenquintett Emmerich Kálmán, Franz Lehár, Karl Millöcker, Jacques Offenbach und Johann Strauß schrieb mit 17 Meisterwerken mehr als die Hälfte des Standardrepertoires, worunter »Die Fledermaus« und »Die lustige Witwe« mit Abstand die beiden ersten Plätze belegen.

Die Gattungsbezeichnung ›Operette‹ besagt zunächst genau so wenig wie die der ›Oper‹, ist nur deren Verkleinerungsform. Sie ist ein ›kleines Werk‹. Wohlgemerkt dem Wortsinn nach, nicht als qualitative Wertung. Wer will ernsthaft leugnen, daß die bedeutendsten und schon deshalb immer wieder gespielten Operetten zum Besten gehören, was das musikalische Theater zu bieten hat und die hunderte von Opern, die nur mehr selten oder überhaupt nicht mehr gespielt werden, in den Schatten stellen. Gewiß, die Operette ist zunächst und vor allem musikalisches Unterhaltungstheater. Was ist daran so verwerflich? Eine Kunstgattung bemißt sich nicht nach dem Durchschnitt, den sie fabriziert, sondern nach ihren besten Werken, die schließlich beweisen, wozu sie fähig ist. Wenn wir Herkunft und Geschichte der Operette verfolgen, so werden wir ihre Erscheinung, ihre Leistung und ihre Wirkung auch an einigen ihrer Meisterwerke verdeutlichen. Dabei wird sich herausstellen, daß sie einerseits ihre Wurzeln im Sprech- wie im Musiktheater hat und andererseits zwar einer grundsätzlichen Dramaturgie folgt, aber darin sehr wohl findig genug ist, Variationen zu schaffen statt im immerwährenden Gleichklang zu verharren.

Eine kleine Ahnentafel

Wir hatten bereits mehrfach gesehen, daß es nach dem Aufkommen des literarischen Theaters Brauch ist, eine Bühnenhandlung durch Liedeinlagen aufzulockern und zu bereichern, aber auch zu kommentieren. Es haben sich im europäischen Sprechtheater Formen auch des komischen Theaters gebildet, die sich in vielem gleichen und nur wenig voneinander unterscheiden. Man muß sehr genau hinschauen, um voneinander abweichende Merkmale beispielsweise zwischen Posse, Schwank und Farce zu erkennen. Aber alle diese Untergattungen des komischen Theaters arbeiten auch mit Musik- und Gesangseinlagen, wobei Mischformen entstehen. Das ist in Frankreich, dem Geburtsland der Operette, nicht anders als anderswo. Sie alle tragen zur Entstehung bei, auch wenn sich ihre konkreten Spuren in größeren, sozusagen zusammengesetzten Gattungen verlieren. Sie alle gehören letztlich zur Ahnentafel der Operette, auf der sich vor allem drei Vorfahren besonders auszeichnen.

Etwa seit dem 15. Jahrhundert kennt man in Frankreich das *Vaudeville*. Das ist ursprünglich ein in der Normandie entstehendes Spott- und Trinklied, ein Liebes- und Tanzlied. Es ist von ausgesprochen volkstümlichem Charakter und daher von Anfang an sehr populär, ein einstimmiges mehrstrophiges Lied, das man auch als Chanson bezeichnet, einfach zu singen und in seiner parodistischen Grundhaltung für jedermann verständlich. Schon deshalb, weil die sinnliche Liebe schnell zum Hauptthema avanciert, zugleich aber auch alle Möglichkeiten zu Spott, Hänselei, Ulk und Parodie bietet, was sich mit fröhlichen musikalischen Melodien viel weniger verletzlich singen als mit der Ironie des gesprochenen Wortes sagen läßt. Später nimmt man das Vaudeville in die Komödien des Volkstheaters auf, vor allem in diejenigen des französischen Jahrmarktstheaters (Théâtre de la Foire). Im 17. und 18. Jahrhundert erfreuen sie sich größter Popularität, die durch ganz Frankreich ziehenden Schauspieltruppen finden gerade auf den Jahrmärkten in Scharen ihr Publikum. Das kritische komische Volkstheater, das die Spielformen der Commedia dell'arte übernimmt und deren hervorragendster Vertreter der Regisseur, Schauspieler und Verfasser von ca. 150 Vaudevilles *Charles Simon Favart (1710–1792)* ist, ist ohne Musik, Tanz und Gesangseinlagen nicht denkbar. Das Vaudeville kommt diesen Theatern also wie gerufen, sie werten es literarisch auf, arrangieren ganze Vaudeville-Finales und verwenden den Namen schließlich für eine besondere Art ihrer Stücke. Aus diesen Vaudevillekomödien entwickelt sich gegen Ende des 18. Jahrhunderts u. a. die für Frankreichs Theater so typische Boulevardkomödie. Der Erfolg der Jahrmarktstheater, besonders der auf den großen Pariser Jahrmärkten von St. Germain und St. Laurent, ist der Comédie Française ein Dorn im Auge. Sie ist das von Subventionen des Hofes lebende französische Staatstheater und besitzt das königliche Vorrecht, Einfluß auf die Theaterkultur zu nehmen und diese zu erhalten. So bestimmt sie weitgehend auch, was und wie gespielt wird. Sie verbietet, daß bei den Aufführungen der Jahrmarktstheater gesungen wird, kann die Verbreitung des Vaudeville aber nicht verhindern.

Das Théâtre de la Foire ist zeitkritisches Volkstheater und parodiert auch gern bekannte Opern. So entsteht eine Vorform der *Opéra Comique*, der nach dem Buffonistenstreit von 1752 entstehenden eigenen französischen Gattung der komischen Oper. Der Begriff selbst taucht erstmals im Jahre 1694 auf, als der Abbé Laurent Bordelon in Paris sein Stück »Arlequin Roland furieux« zur Aufführung bringt, in dem er einzelne Szenen und musikalische Nummern aus Lullys tragischer Oper »Roland« parodiert. Rollenträger der opéra comique sind nicht die edlen Charaktere der italienischen opera seria und ihrem französischen Pendant opéra lyrique, sondern Bauern, Bürger und Handwerker, das ›gemeine Volk‹ also. Die Stoffe holt man sich aus der Gesellschaft der Gegenwart, das Geschehen spielt sich in der Alltagswelt ab zwischen Komik und Satire, Heiterkeit und Idyllik. Die opéra comique ist besonders gekennzeichnet durch den Wechsel von gesprochenen Dialogen und musikalischen Formen, die sich gegenseitig durchdringen, wobei der Sologesang als Arie, Chanson und Couplet in Erscheinung tritt. Diese Grundstruktur übernimmt die Operette.

Auch die aus England stammende *Ballad Opera* zählt zu den Vorläufern der Operette. Sie wird sehr rasch auch in Frankreich populär, denn dort singt man schon im 14. Jahrhundert die im Norden des Landes entstehende Ballade, bevor diese Eingang in die europäische Literatur findet. Die ursprüngliche französische Ballade ist ein gereimtes Strophenlied mit Refrain, das eine Geschichte erzählt. In England gelangt es als ›broadside ballad‹ zu großer Popularität. Man versieht die jeweiligen Neudichtungen mit im Volk wohlbekannten Melodien, so daß sie sich leicht nachsingen lassen und durch den verbreiteten Verkauf von Flugblättern (Einblattdrucken) oder von Balladenbüchern gutes Geld bringen. Die Ballad Opera ist also als eine Liedoper zu verstehen, die aus einer Abfolge von gesprochenen Dialogen, Tanznummern und Liedern (ballads) besteht, deren Texte neu sind und neben bekannten Volksweisen (sog. ›ballad tunes‹) auch Melodien bekannter Komponisten aus Vergangenheit und Gegenwart verwendet. Ihre Entstehung verdankt die Ballad Opera, die nur selten und dann nur vereinzelt eigene, das heißt neu komponierte Musik enthält, der Unzufriedenheit des nach 1700 erstarkenden Bürgertums mit der elitären, allem Volksgeschmack zuwiderlaufenden Kunst der gebildeten Aristokratie. Als Ausdruck dieser als lebensfern, unnatürlich und gekünstelt betrachteten Kunst gilt vor allem die opera seria mit ihren mythologischen, der Lebenswirklichkeit der Menschen fremden Inhalten, bei der man sich nur noch langweilt. Etwa 150 solcher Ballad Operas entstehen bis um die Mitte des 18. Jahrhunderts, von denen die »Bettleroper« (*The Beggar's Opera*) von John Gay und Johann Pepusch das bekannteste Werk ist. Benjamin Britten hat in unserer Zeit eine in England wiederholt aufgeführte Neufassung geschrieben, nachdem Bertolt Brecht und Kurt Weill mit der »Dreigroschenoper« (U Berlin 1928) ein ganz eigenständiges weltberühmtes Werk geschaffen haben. Das englische Original, uraufgeführt 1728 im Lincoln's Inn Fields Theatre zu London, ist eine gezielte Persiflage auf die beim englischen Theaterpublikum immer weniger beliebten italienischen opera seria, die auch Händel pflegt, der durch den Erfolg der Bettleroper in größte Bedrängnis gerät und deshalb vorübergehend seine eigene Operngesellschaft schließen muß.

Der Dichter *John Gay (1685–1732)* wird in Barnstable/Devonshire geboren und entstammt bescheidenen Verhältnissen. Seine Eltern sterben früh, weshalb ihn sein Onkel Thomas (gest. 1702) in seine Obhut nimmt. Gay besucht die Grammar School seiner Geburtsstadt, geht bei einem Seidenhändler in die Lehre, ist 1708–1711 Sekretär des Dramatikers und Theaterunternehmers Aaron Hill (wo er vermutlich erstmals Händel kennenlernt), arbeitet danach für drei Jahre als Sekretär der Herzogin von Monmouth und läßt sich schließlich als freier Schriftsteller nieder. Das verdankt er der Unterstützung einflußreicher und vermögender Freunde, zu denen die großen englischen Dichter und Satriker Alexander Pope und Jonathan Swift gehören. Gay bekleidet vorübergehend mehrere öffentliche Ämter, scheitert aber mit dem Versuch, in den höheren Staatsdienst zu gelangen – aus politischen Gründen, die sehr modern anmuten: er gehört den oppositionellen konservativen Tories an, die Regierung bildet aber seit 1714 die fortschrittlich-liberale Whig-Partei. Als Dramatiker bevorzugt Gay das humorvolle Singspiel, ist darin recht erfolgreich und gewinnt durch den Erfolg von »The Beggar's Opera« sogar ein Vermögen, das er jedoch vollständig verliert. Er spekuliert nämlich und tritt als Teilhaber in die ›Südseekompagnie‹ ein, die auf spektakuläre Weise bankrott macht. Aristokratische Gönner helfen ihm, darunter der Herzog von Queensbury, auf dessen Landgut Gay bis zu seinem Tod lebt. Sein Werk umfaßt Lyrik, Fabeln, Schauspiele, Lieder, Balladen und Komödien, in denen er besonders die beliebte sentimentale Schäferdichtung seiner Zeit satirisch aufs Korn nimmt. Als zweifelhaft gilt seine Autorschaft von Händels Schäferspiel »Acis und Galatea« von 1708, zumindest wird in der Ausgabe dieser Oper sein Name nicht genannt.

Der Komponist *Johann Christoph Pepusch (1667–1752)* ist gebürtiger Deutscher, Sohn eines armen protestantischen Geistlichen in Berlin, wo er seinen ersten Musikunterricht erhält. 1681–1697 ist er lange als Musiker am Preußischen Hof tätig, wird dort Zeuge eines brutalen Willküraktes und flieht deshalb über Holland nach England, wo er ab 1700 in einem Londoner Orchester als Bratschist und als Cembalist spielt, zugleich auch Einlagen für die italienische Oper schreibt. Er studiert alte Musik und ist 1710 Mitbegründer der ›Academie of Ancient Music‹, die ein ausgedehntes Konzertwesen mit alter und neuer Musik unterhält. Ab 1712 ist er zwanzig Jahre lang Musikdirektor des Duke of Chandos und promoviert 1713 zum Musikdirektor in Oxford. Wenig später ist er zugleich musikalischer Leiter am renommierten Lincoln's Inn Fields Theatre und komponiert die Musik zu einigen Masques mythologischen

Inhalts. 1718 heiratet er die vermögende Opernsängerin Margarita de l'Epine, mit der er einen musikalisch hoch talentierten Sohn hat, der aber schon jung stirbt. Seit 1737 ist Pepusch Organist am Charterhouse in London und wird 1752 kurz vor seinem Tod zum Mitglied der ›Royal Society‹ gewählt. Als Komponist erringt Pepusch einen hohen Bekanntheitsgrad, als Lehrer und Musikwissenschaftler zählt er noch heute zu den Großen der englischen Musik und darf für sich in Anspruch nehmen, nachhaltigen Einfluß auf die Entwicklung des britischen Musiklebens ausgeübt zu haben.

»The Beggar's Opera« spielt in der Unterwelt Londons, unter Verbrechern und Bettlern, wobei sich ihre Grundfabel an einen zeitgenössischen Kriminalfall anlehnt. Die durchgehende Handlung ist im Grunde die der »Dreigroschenoper«: Der Londoner Bettlerkönig Peachum und seine Frau führen ein gut gehendes Bettlergeschäft; sie geraten in Schwierigkeiten, als ihre Tochter Polly heimlich Londons Verbrecherkönig Macheath (Mackie Messer bei Brecht/Weill) heiratet; Peachum will ihn vor Gericht und an den Galgen bringen, um ihn aus dem Weg zu räumen; Polly bittet Macheath, sich eine Weile zu verstecken, da ihre Eltern ihm nach dem Leben trachten; Verhaftung Macheaths durch Verrat der Londoner Huren; Ehekrach im Gefängnis zwischen Polly, Macheath und Lucy Lockit, Tochter von Londons korruptem und mit Peachum in zwielichtige Geschäfte verstrickten Polizeichef; Umwandlung der Todesstrafe Macheaths durch Bestrafung mit der als rechtskräftig erklärten Ehe mit Polly. Die Handlung ist aufgeteilt in gesprochene Dialoge und insgesamt 69 Lieder (ballads), die Pepusch mit Musik versieht, die er zwei englischen Melodiesammlungen (2) sowie verschiedenen Werken der italienischen opera seria entnimmt, darunter einigen von Händel. Die Partitur gilt als verloren, sicher ist, daß die Ouvertüre eine Originalkomposition im französischen Stil von Pepusch selbst ist.

Außer der Handlung selbst, die als solche schon eine Parodie auf herrschende Gesellschaftszustände ist, fallen drei formale Elemente auf, die sich auf das Parodieren der opera seria direkt beziehen. Das beginnt mit dem Vorspiel der Bettleroper als Parodie des Prologs der frühen Oper. Hier treten statt Göttergestalten oder allegorischen Figuren ein Schauspieler und ein Bettler auf, die mit ihren eigenen Lebensansichten die allgemeinen moralischen Sentenzen der mythologischen Figuren satirisch entpathetisieren. Der Feststellung des Bettlers, die allgemeine Ansicht, daß man erst dann ein wahrer Poet sei, wenn man am Hungertuche nage, mache ihn zum Dichter, setzt der Schauspieler entgegen, den Musen sei es gleich wie einer angezogen ist: »Sie wissen: auch in einem gut geschnittenen Anzug kann ein Esel sitzen, und es kommt vor, daß ein großer Geist sich in die Lumpen der Armut kleidet.« Bertolt Brecht und Kurt Weill ersetzen den Prolog ebenfalls durch ein Vorspiel mit der Szene des Moritatensängers auf dem Jahrmarkt von Soho, wo dieser den berühmten

Mackie-Messer-Song »Und der Haifisch, der hat Zähne« vorträgt. Die Lieder der Bettleroper selbst geben nicht wie die stereotype Arienform der opera seria Affekte oder gar Emotionen der handelnden Personen wieder, sondern deren allgemein gehaltene Kommentare zu dem, was sie beschäftigt, was sie betrifft oder was sie gerade verhandeln. Die in der Arie der Barockoper abstrakt verbalisierten allgemeinen menschlichen Affekte (3) werden umgewandelt in kritische Gesangskommentare zum Handlungsgeschehen. Brecht/Weill finden über Gay/Pepuschs ballads zu ihrem besonderen Songstil, der in den zwanziger Jahren des vergangenen Jahrhunderts als etwas ganz Neues im musikalischen Theater erscheint und den Brecht in seinem gesamten Werk als eine besondere Art der Verfremdung (V-Effekt) einsetzt. Schließlich parodiert das zweifelhafte Happy End von Macheath schadenfroh und kritisch das übliche ›lieto fine‹ der Barockoper, was Brecht/Weill ebenfalls aufgreifen. Denn in der »Dreigroschenoper« kommt es durch einen ›Deus ex machina‹ zu einem unverhofften glücklichen Ende, indem Londons oberster Polizeichef Tiger Brown als reitender Bote der Königin erscheint mit höchsteigenem majestätischen Gnadenerlaß anläßlich der Krönung: Mackie Messer wird nicht gehängt, wird frei, wird in den erblichen Adelsstand erhoben, erhält ein Schloß als Wohnsitz und eine hohe staatliche Rente auf Lebenszeit.

Die Autoren der Bettleroper üben aber nicht nur Kritik an der großen Oper ihrer Zeit, sondern auch an der englischen Gesellschaft und entlarven mit der satirischen Geschichte um den Bettlerkönig Peachum und seinen Gegenspieler Macheath die geradezu privilegierte Unmoral der oberen Gesellschaftsschicht. Und sie setzen sich kritisch mit Sir Robert Walpole auseinander, der zunächst Heeresminister und dann Schatzkanzler im Kabinett von Königin Anna ist, wegen Korruption in den Tower gesperrt wird und eine dubiose Beziehung mit dem Herzog von Marlborough eingeht, der als zeitweilig mächtigster Mann Englands wegen Veruntreuung öffentlicher Gelder angeklagt und seiner Ämter enthoben wird. Dieser Beziehung der beiden wichtigen Politiker entspricht das Dreiecksverhältnis zwischen Bettlerkönig Peachum, Verbrecherkönig Macheath und Polizeichef Lockit (respektive Peachum/Mackie Messer/Tiger Brown). Gerade die soziale Kritik des Werkes hat später Brechts Interesse an dem Stoff hervorgerufen: »*The Beggar's Opera* war eine Händel-Travestie und hatte, wie berichtet wird, den großartigen Erfolg, daß Händels Theater ruiniert wurde. Da uns heute ein so großer Anlaß zur Parodie wie die Händelsche Oper fehlt, wurde die Absicht zu parodieren aufgegeben: die Musik ist vollständig neu komponiert. Nicht fehlen uns Heutigen die soziologischen Anlässe von *The Beggar's Opera*: Wie vor 200 Jahren haben wir eine Gesellschaftsordnung, in der so ziemlich alle Schichten der Bevölkerung, allerdings auf die allerverschiedenste Weise, moralische Grundsätze berücksichtigen, indem sie nicht *in* Moral, sondern natürlich *von* Moral leben.« (4)

Was Gay und Pepusch mit ihrer parodistischen Ballad Opera gestalten, macht uns den Einfluß dieser spezifischen und, wenn auch kurzlebigen so doch wirkungsvollen theatralischen Gattung auf die Operette deutlich, wenn wir uns jetzt Jacques Offenbach zuwenden, dem »Vater der Operette«. Denn sein »Orpheus in der Unterwelt« ist ja auch beides: Parodie eines traditionellen mythologischen Stoffes der opera seria und damit in gewisser Weise auch der Opernform selbst sowie zeitkritischer thatralischer Kommentar. Als Offenbach mit seinem Meisterwerk großen Erfolg auch in der Musikstadt Wien hat, weckt er das Interesse dort lebender und schaffender Komponisten und gibt so den Anstoß zur Entwicklung der anders gearteten Wiener Operette, unter der wir ja Operette schlechthin verstehen.

Französisches Kaiserreich und Offenbachiade

Die Geburtsstunde der Operette können wir genau bestimmen. Am 5. Juli 1855 eröffnet *Jacques Offenbach (1819–1880)* anläßlich der am 15. Mai beginnenden Weltausstellung in Paris sein eigenes Theater ›Bouffes Parisiens‹, das die Pariser liebevoll ›Bonbonnière‹ nennen werden. Es befindet sich in unmittelbarer Nähe schräg gegenüber dem neuen riesigen Industriepalast in den Champs-Élysées auf dem Terrain des einst revolutionsträchtigen Marsfeldes. Es ist das ehemalige kleine Theater ›La Salle Lacaze‹, das im Laufe der Zeit verfallen ist und eher einer jämmerlichen Bretterbude gleicht. Freunde machen Offenbach auf das Gebäude aufmerksam, auf seine günstige Lage unmittelbar neben der Weltausstellung. Im April erst erhält er die Konzession als künstlerischer Direktor, Autor und Geschäftsführer der Firma ›Offenbach & Cie‹. Seinen wichtigsten Kompagnon findet er in Henri de Villemessant, immerhin Herausgeber des »Figaro«. Am 4. Juni wird Offenbach das offizielle Dekret des Ministers zur Leitung des Theaters ausgehändigt. An dem historischen Juliabend folgt nach dem Eröffnungsprolog zunächst ein Singspiel und darauf Offenbachs als ›Musiquette‹ (Musikstück) bzw. ›Bouffonerie musicale‹ (musikalische Schelmerei) bezeichneter Einakter »Die beiden Blinden« *(Les Deux Aveugles)*. Es ist die Geschichte von zwei Bettelmusikanten, der eine ein Gitarrist, der andere ein Posaunist, der eine dünn, der andere dick. Wie es die Situation gerade erfordert, sind sie heute taub und morgen blind. Sie spielen auf einer Pariser Brücke, geraten sich über das Recht auf den Platz dort in die Haare und verlieren darüber auch das einzige Geldstück, das man ihnen in den Hut wirft. Eher eine Belanglosigkeit an Handlung, aber witzig und unterhaltsam, mit gesprochenen Dialogen und Gesangsnummern, denen Offenbach eine fröhlich-freche Musik verpaßt. Eine neue musiktheatralische Gattung – eben die Operette

– betritt erfolgreich die Bühne und schafft auf Anhieb das, wovon die ehrwürdige Oper nicht einmal träumen kann: vierhundert Vorstellungen nahezu en suite! Aber erst Offenbachs achtzehntes Werk, die einaktige Dorfkomödie »Die Rose von Saint Flour« (U 12. Juni 1856) firmiert offiziell unter der Gattungsbezeichnung *Operette*. Da hat der Siegeszug des aus Deutschland stammenden Komponisten und Theaterdirektors jedoch bereits begonnen.

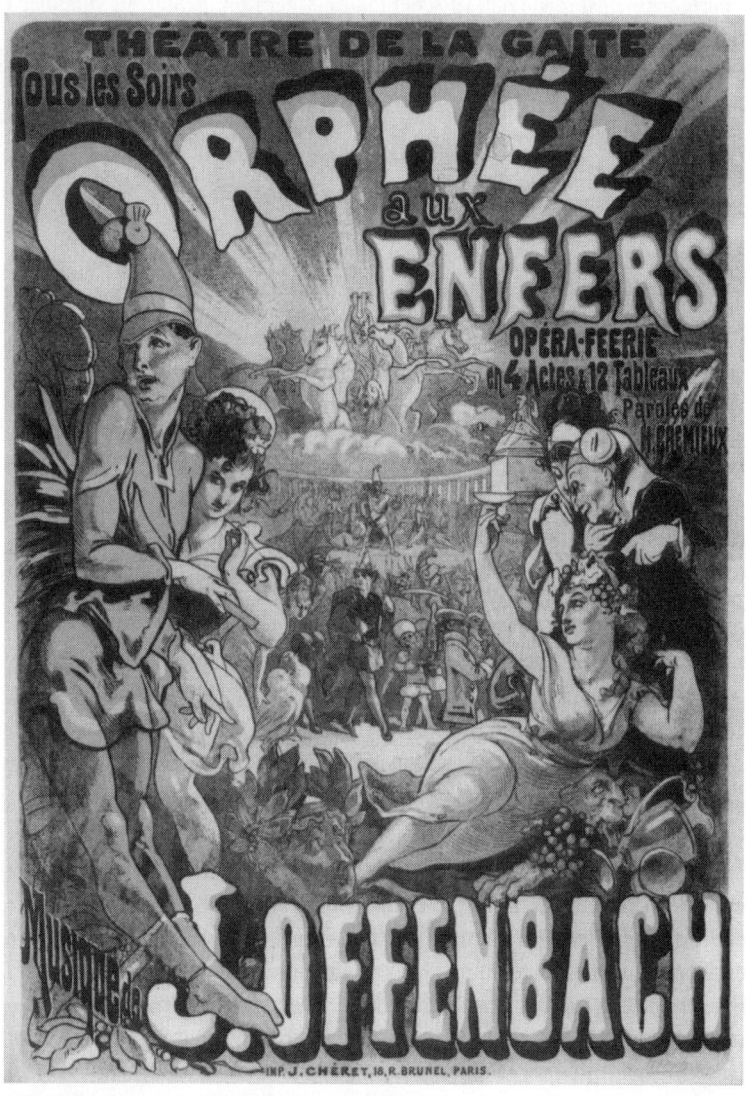

Offenbachs »Orpheus in der Unterwelt«, Plakat für die 1874 aufgeführte vieraktige Fassung der Operette.

Jakob Offenbach wird am 20. Juni 1819 in Köln als siebtes Kind seiner seit 1805 verheirateten und erst seit drei Jahren in der Domstadt lebenden Eltern Isaac und Marianne Offenbach geboren. Der Vater ist Musiklehrer und Kantor der Synagoge, wenig später auch Vorbeter der Kölner Synagogengemeinde, und gibt sich den Familiennamen nach seiner Geburtsstadt Offenbach am Main; die Mutter ist die Tochter eines jüdischen Lotterieeinnehmers und Geldwechslers aus Deutz bei Köln. Der Vater lehrt, schreibt, komponiert, publiziert und unterrichtet nebenbei seine Söhne, von denen Jakob auf musikalischem Gebiet eine besondere Begabung zeigt. Ab seinem zehnten Lebensjahr erhält er Cellounterricht bei dem Cello-Virtuosen Joseph Alexander und lernt durch einen Orchestermusiker das Theater kennen. Im November 1833 reist der Vater mit seinen Söhnen Jakob und Julius nach Paris, wo Jakob dem berühmten Luigi Cherubini am Konservatorium vorspielt, der ihn sofort als seinen Schüler aufnimmt. Aber er bekommt nicht den erhofften Unterricht, verläßt schon nach einem Jahr das Konservatorium, schlägt sich als Aushilfsmusiker bei verschiedenen Orchestern durch, wird Cellist an der Opéra Comique, nimmt nebenbei Kompositionsunterricht, beginnt selbst zu komponieren, teilt sich mit Julius (der später ein guter Geiger und Dirigent wird, aber zeitlebens im Schatten seines berühmten Bruders lebt) ein Mansardenzimmer im Montmartreviertel, lernt das fröhliche Bohème-Leben der Tanzlokale und Boulevards kennen, erlebt dort den Einzug des Can-Can und französiert seinen Vornamen von Jakob zu Jacques. Er gewinnt wachsende Anerkennung als Cellospieler, freundet sich mit Friedrich von Flotow an, die beiden geben gemeinsame Konzerte in den Pariser Salons, und Offenbach komponiert erfolgreich Walzer und Ballmusik. Nach der Rückkehr von einem London-Aufenthalt, bei dem er auch am Hof konzertiert, heiratet er im Frühsommer 1844 und konvertiert seiner Frau und ihrer Familie zuliebe zum Katholizismus. Vor der Revolution von 1848 flieht die junge Familie nach Köln, Jacques tritt dort als Cellist auf, lehnt das Angebot als Kapellmeister auf Lebenszeit jedoch ab und kehrt im Frühjahr 1849 nach Paris zurück, wo er im Jahr darauf bis 1855 Kapellmeister und Leiter der Schauspielmusik an der Comédie Française wird. Mit der Eröffnung seines ersten Theaters beginnt auch die Zusammenarbeit mit seinen zwei berühmten Librettisten *Henri Meilhac (1831–1897)* und *Ludovic Halévy (1834–1908)*. Beide sind Mitglieder der Académie Française, anerkannte Erzähler und viel gespielte Dramatiker, beide erwerben sich bleibenden Ruhm als Librettisten von Offenbachs Werken wie von Bizets »Carmen«. Da sein Theater floriert, wechselt er im Dezember 1855 in das Gebäude eines ehemaligen Zauber- und Kindertheaters in der Rue Monsiguy, das er festlich renovieren läßt. Bis 1858 werden dreißig Werke des Komponisten aufgeführt, deren Melodien man auf den Pariser Straßen singt und pfeift. Offenbach entdeckt Talente wie die von der unbekannten Sängerin zum Pariser Star aufsteigende

Hortense Schneider, und er gewinnt vorübergehend den jungen *Léo Delibes* als Hauskomponisten für sein Theater. Er ist bekannt dafür, gute Gagen zu zahlen, auch die Ausstattungen werden immer prunkvoller und damit teurer und seine berühmten Hausgesellschaften, die unter dem Namen ›Freitag-Abende bei Jacques‹ stattfinden, kosten immer mehr, so daß Offenbach in finanzielle Nöte gerät. Um sie zu meistern, unternimmt sein Theater ausgedehnte Gastspiele u. a. nach London (1857), Berlin (1858) und nach Wien (1861). Als Komponist findet er immer größere Anerkennung, die Grand Opéra wie die Opéra Comique nehmen Werke von ihm in ihre Spielpläne, der Staat verleiht ihm die französische Staatsbürgerschaft (Januar 1860) und das Band der Ehrenlegion. Er arbeitet rastlos und muß dafür gesundheitlichen Tribut zollen: der anfängliche Rheumatismus wächst sich zur Gicht aus, die ihn zu Kuraufenthalten zwingt, die schleichende Verschlimmerung seiner Kurzsichtigkeit verlangt immer stärkere Brillengläser, Offenbachs berühmter Zwicker und Kneifer bestimmt nunmehr sein Aussehen, wie es uns auf mehreren Fotografien überliefert ist. Das folgende Jahrzehnt widmet er vor allem der Kompositionsarbeit, es entstehen seine berühmten abendfüllenden Meisterwerke, denen die Musikwissenschaft später den Ehrentitel ›Offenbachiaden‹ verleiht. (5) Der deutschfranzösische Krieg 1870/71 bringt Offenbach ungeahnte Schwierigkeiten, denn Frankreich wie Deutschland sehen in ihm einen Anhänger des jeweiligen Gegners, man wirft ihm Verrat vor, die Franzosen sehen in ihm einen verkappten Spion Bismarcks, die Deutschen einen Verräter seines Geburtslandes, gegen das angeblich seine Werke gerichtet sind. So gelangen seine Stücke nur noch selten zur Aufführung, doch Offenbach setzt sich gegen die deutschen Angriffe immerhin öffentlich zur Wehr: »*Ich bin zutiefst traurig bei dem Gedanken, am Rhein geboren zu sein und durch irgendwelche Bande mit diesen entsetzlichen Wilden verbunden zu sein.*« Da er um seine Familie fürchtet, schickt er sie ins spanische San Sebastián, er selbst reist über Italien nach Wien. Krank und sichtlich gealtert kehrt er nach dem Krieg nach Paris zurück. Mit Beginn der Republik endet die kultur- und gesellschaftsgeschichtliche Ära der Kaiserzeit, der Offenbach seine Erfolge zu verdanken hat. Doch trotz herber Rückschläge wirft er sich ab 1873 noch einmal voll ins Pariser Theaterleben, er übernimmt die Leitung des Théâtre de la Gaîté, erleidet Bankrott, opfert sein eigenes Vermögen für die zu zahlenden Gagen und vergibt seine Autorenrechte. Er ist fast so arm, wie er einst mit Vater und Bruder nach Paris kam, nun aber ist er zusätzlich von unheilbarer Krankheit gezeichnet. Dennoch bricht er im April 1876 zu einer Reise nach Amerika auf, wo er wochenlang große Konzerte gibt, durch das weite Land reist, zahlreiche Triumphe erringt und Ehrungen erfährt, er dirigiert u. a. bei der Weltausstellung in Philadelphia und verdient gut. Damit kann er nach der Rückkehr seine Schulden aus dem Zusammenbruch seines Theaters restlos begleichen, so daß er selbst während der letzten

Lebensjahre keine finanzielle Not leiden muß. Zumal nach 1878 seine Werke wieder öfter gespielt werden, während er selbst, inzwischen mehr oder weniger bettlägerig, an der Komposition zu »Hoffmanns Erzählungen«, seiner einzigen Oper, arbeitet, die erst nach seinem Tod uraufgeführt wird und bis heute auch international zu den Meisterwerken des Opernrepertoires zählt. Nur die ersten Proben in der Opéra Comique erlebt er noch, bevor er am 5. Oktober 1880 frühmorgens stirbt. Zwei Tage später folgt im strömenden Regen eine unübersehbare Trauermenge dem Sarg auf dem Weg durch Paris, die Totenmesse findet in der Kirche Sainte-Madeleine statt und die Beisetzung auf dem Friedhof von Montmartre.

Von einigen Instrumental- und Vokalwerken abgesehen, unter denen sich vor allem Kompositionen für Violoncello und für Gesangsstimmen befinden, gilt Offenbachs Schaffen ein Leben lang nahezu ausschließlich dem Theater. Er selbst veröffentlicht noch in seinem Todesjahr ein eigenes Verzeichnis seiner Werke, das 102 Bühnenwerke aufführt. Den 45 abendfüllenden, meist als *opéra bouffe* bezeichneten Operetten stehen 57 Einakter zur Seite: kurze, prägnante Handlung, 3–4 Personen, kleines Orchester, kein Chor. Offenbach selbst nennt diese Stücke *musiquettes*, von denen »Die Verlobung bei der Laterne« (1857) und »Die Insel Tulipatan« (1868) bis heute gern gespielt werden.

Offenbachs erste lange, eigentliche Schaffensperiode fällt in die Zeit des Zweiten französischen Kaiserreichs. *Louis Napoléon (1808–1873)*, Neffe Napoleons I. und lange im vornehmlich süddeutschen Exil lebend, findet sich nach zwei Putschversuchen der Jahre 1836 und 1840, die er in selbsternannter Nachfolgeschaft seines berühmten Onkels unternimmt und die offenbar dilettantisch vorbereitet sind, im Gefängnis wieder. Durch die Revolution von 1848 wird er jedoch überraschend zum Präsidenten der Republik gewählt. Er gilt als unbeholfener und wankelmütiger Emporkömmling, wird anfangs nicht ernst genommen und kämpft sich doch nach oben. Er vernichtet mit Hilfe der Monarchisten die Republikanische Partei, organisiert 1851 einen Staatsstreich und läßt sich 1852 durch ein Plebiszit zum erblichen Kaiser ernennen und beginnt nun als Napoleon III. eine ausgesprochen autoritär-reaktionäre Regierung. Geben wir dem Historiker das Wort:

»Die Regierung Louis Napoleons ist eine mit scheinrepräsentativen Einrichtungen verbrämte Diktatur bis etwa 1860. Minister, abhängig vom Monarchen, der neben ihnen oder gegen sie noch oft seine persönliche Politik führt; eine allwissende, all-spionierende Polizei; strenge Überwachung der Presse; Unöffentlichkeit der parlamentarischen Debatten, deren Träger ohnehin fast ausschließlich loyale Bejaher des Regimes sind; Verwarnungen, Verhaftungen, Verbannungen – von all diesen Stützen des modernen Polizeistaates wird Gebrauch gemacht. Die Diktatur ist jedoch nie vollständig. Der Diktator selber ist kein Tyrann von Natur, ist, hinter elegant-phlegmatischer Maske, gutmütig, zögernd und träumerisch. Er spielt den Monarchen, die Monarchie mildert die Diktatur … Louis Napoleon glaubt an das ›Volk‹, will als Bonaparte und ›Erwählter der sieben Millionen‹ (Franzosen) daran glauben und verspricht die politische Freiheit nicht als Basis, aber als Krönung seines Werkes. Merkwürdig ist nun, wie Freiheit, Kritik, Feindschaft durch enge Spalten des Baues eindringen, die zu schließen er verschmäht. Es ist viel schwelender Haß im Lande. Louis Napoleon versteht ihn nicht; er traut der politischen Freiheit des Volkes nicht, aber er will den Armen Gutes tun … Die Stützen des Regimes aber sind und bleiben: die Armee; die vom Staat reichlich bedachte, mit Erziehungsprivilegien ausgestattete katholische Kirche; die Bauern; der Teil des Bürgertums, dem Ruhm und Ordnung wichtiger sind als politische Rechte.« (6)

So beschreibt Golo Mann das Kaiserreich Frankreich unter Napoleon III. (der mit dem Krieg von 1870/71 ins Exil nach England gehen wird), während der Jacques Offenbach einen Großteil seiner Bühnenwerke schreibt, und zwar gegen die amtierende Regierung, indem er Kritik an Politik und monarchischer Macht sowie an der von ihr abhängigen, ihr kritiklos Gefolgschaft leistenden Gesellschaft übt. Dafür steht vor allem »Orpheus in der Unterwelt«.

Wir erinnern uns an den Mythos von dem Sänger Orpheus, der durch einen Schlangenbiß seine Gemahlin Eurydike verliert, hinab ins Totenreich steigt, um sie zurückzuholen, dort mit seinem Gesang sie von den Göttern zurückerhält, sie aber für immer verliert, da er das göttliche Gebot aus Liebe übertritt, sich nicht nach Eurydike umzusehen. Die erste bedeutende Oper aus dem Jahr 1607 stammt von Monteverdi, danach, so hat man herausgefunden, entstehen etwa 50 Orpheus-Opern bis zu Glucks 1762 uraufgeführtem Werk, das ein glückliches Ende hat: der Liebesgott Amor überzeugt sich höchstpersönlich von der Gattenliebe und der Treue der beiden und kehrt mit Orpheus und Eurydike zur Erde zurück, wo das Finale die Macht der Liebe besingt. Tod der Geliebten, Schuldigwerden durch Übertretung göttlichen Gebotes und ein Ende in auswegloser Verzweiflung bei Monteverdi und vielen anderen Komponisten – Verlust der Gattin, Trotz des Orpheus gegen ein unmenschliches Gebot der Götter und Belohnung durch Wiedergewinnung der Gattin bei Gluck. Was bleibt danach? Wiederholung des ewig Gleichen? Oder eine Umkehrung, eine Umänderung des Mythos? Orpheus und Eurydike als verheiratetes Ehepaar, das sich nichts mehr zu sagen hat? Wo jeder mit dem Ehebruch liebäugelt? Soll, kann, darf man das? Offenbachs Antwort darauf ist eindeutig. Vordergründig und hintergründig zugleich, dabei nichts verschleiernd. Wie aber das?

Sein »Orpheus« ist doppelte Parodie. Zunächst parodiert er schlichtweg den Mythos. Nichts von ewigem Treueschwur, von Trauer über die verlorene Liebe, von übermenschlicher Anstrengung, sie zurückzugewinnen. Statdessen: eine Ehe am Ende, man ist sich gleichgültig geworden, Scheidung wäre angebracht, eine neue Liebe noch besser. Eurydike zeiht Orpheus kleinbürgerlicher Geisteshaltung und bringt bei ihrem Verschwinden schriftlich ihre Freude darüber zum Ausdruck, ihn und das gemeinsame Leben verlassen zu können – er kommentiert den Vorgang mit der befreienden Erkenntnis, dies sei ein beglückender Verlust. Offenbach setzt die spöttische Textvorgabe musikalisch teilweise in das Gegenteil von dem um, was wir erwarten. Ein besonders feines Beispiel: Eurydike ist von Orpheus' Musik nur noch genervt, sie kann sie nicht mehr hören und hält sich die Ohren zu, sobald er zu spielen beginnt. Wir erwarten schräge Töne, spöttische zumindest, vielleicht gar disharmonische Ballungen (die Atonalität gibt es schließlich noch nicht). Offenbach treibt es eigentlich viel ärger und entlarvt spöttisch sowohl unsere Erwartungen als auch die Glaubwürdigkeit der Vorwürfe einer genervten Ehefrau: er komponiert für Orpheus' Geigenspiel eine berückende Weise von geradezu betörender Melodik, eine instrumentale Kantilene, die die sprichwörtliche Metapher von der singenden Geige wahrhaftig heraufbeschwört. Wir genießen die klingenden Lyrismen dieser feinen Melodie und erkennen absolute Musik als Parodie einer menschlichen Reaktion. Allein mit solchen einzelnen Motiven wird uns klar: nichts ist an dem Verhältnis Orpheus-Eurydike noch so, wie wir es vom Mythos (und damit auch von der ihn gestaltenden opera seria!) her kennen, dessen ewige humanitas sich zur bitteren Erkenntnis menschlicher Lebensrealität gewandelt hat. Zum ersten: wie modern ist Offenbachs »Orpheus«! Dieses parodistische Verfahren en detail erfährt seine Entsprechung im Großen. Eine Ehe ist nicht nur eine private Lebensgemeinschaft, sondern auch eine soziale Zweckgemeinschaft, nicht nur eine offene Zweierbeziehung, sondern auch eine öffentliche Angelegenheit. Als Direktor des städtischen Konservatoriums ist Orpheus eine öffentliche Person, die Rücksicht zu nehmen hat auf die öffentliche Meinung. Und der ist es ganz und gar nicht egal, was in der Ehe zweier ihrer Bürger sich abspielt. Schließlich sieht sie sich als Hüterin von Sitte und Moral. Die Schöpfer des »Orpheus« haben scharfsinnig erkannt, was man mit einer solchen allegorischen Figur für sprachliche und szenische Möglichkeiten des Parodierens hat! Der zudem ein opernparodistisches Moment eigen ist: in Monteverdis »L'Orfeo« begleitet die allegorische Gestalt der Hoffnung den Sänger in der Unterwelt, auf die Orpheus sozusagen seine ganze Hoffnung setzt – aber was, so ist zu fragen, ist schon von der öffentlichen Meinung zu hoffen! Schließlich hat diese Bühnenfigur einen immensen dramaturgischen Vorteil: sie, die in gewisser Weise doch den Zeitgeist vertritt, läßt alle Freiheiten der textlichen Aktualisierung zu, die Offenbachs Musik allemal aushält. Die verschiedenen, aktualisierten Textfassungen wie auch lokale Aktualisierungen bei den Aufführungen sind dafür ein glaubhaftes Argument. Zum zweiten: wie modern ist Offenbachs »Orpheus«!

In der obersten Parodieebene schließlich kommt das angeführte Historikerzitat zum Tragen. Sie wird musikalisch eingeführt, und zwar schon in der Ouvertüre. Nach deren eher dramatischer Einleitung ähnlich wie bei Monteverdi und Gluck sowie nach einem lyrischen Thema der Sologeige (das ›Leitmotiv‹ des Titelhelden) irritiert der dritte Teil. Der klingt nach Jubel, Trubel, Taumel und dionysischer Ekstase – und nach Aufstand, Rebellion! Des tyrannischen Gebarens von Göttervater Jupiter und seiner scheinheiligen Doppelmoral, sich über die Amouren anderer zu entrüsten und darin selbst an List und Tücke, Verstellung und Maskerade unübertroffen zu sein, ist die Götterschar überdrüssig. Sie begehrt auf, probt die Revolution, weil sie Jupiters Absicht zur Reise in die Unterwelt durchschaut: nicht nach dem Rechten will er sehen, sondern er verspricht sich ein neues amouröses Abenteuer mit der dort weilenden Eurydike. Doch die frivole Göttersatire entpuppt sich als rhythmisch zündende und melodisch schwelgende Persiflage auf die französische Regierung der Entstehungszeit, auf deren immer geringeres innenpolitisches Ansehen und und auf ihre wachsende Unbeliebtheit beim französischen Volk, das sich gegen eine als autoritär und tyrannisch empfundene Staatsregierung auflehnt. Die Götter zu Beginn des 2. Aktes als vor sich hindösende Gesellschaft einzuführen, ist ein Verweis darauf, daß sich die Regierung immer weniger und immer weniger ernsthaft um ihre Aufgaben und um die Belange der Bevölkerung kümmert, sich ihrer Versprechen (beispielsweise aus Wahlzeiten) nicht mehr erinnern will und sich in olympischer Entrücktheit vom Volk fernhält. Zum dritten: wie modern ist Offenbachs »Orpheus«! Jupiters Feststellung »Wir (Olympier) dürfen keine Schwächen mehr zeigen, denn die Zeiten haben sich gewaltig geändert. Wir genießen nicht mehr das alte Ansehen auf Erden,« könnte auch Napoleon III. sagen. Und die Antwort, die ihm darauf Venus gibt »Da mußt du uns erst einmal mit gutem Beispiel vorangehen!« könnte ebenso Volkesstimme sein wie der wiederkehrende Refrain: »Schaue nicht so fromm darein, wir kennen dich, Jupiterlein!« Und: Wer wie Jupiter anderen Sitte und Moral predigt und sich selbst nicht daran hält, macht sich autoritärer Willensbildung sowie unbotmäßiger Doppelmoral verdächtig und zeigt Tyrannenwillkür. Die Götter empören sich gegen Jupiter und zetteln eine Revolte an wie es das französische Volk 1789 und 1848 getan hat. Schließlich: Jupiters aus der antiken Mythologie sattsam bekannten Amouren und Sex-Abenteuer verstehen sich nicht nur als spöttischer Hinweis auf die nicht minder bekannte Mätressenwirtschaft und Libertinage der französischen Könige nicht erst seit Ludwig XIV. Sie sind auch, in Jupiters Durchtriebenheit gespiegelt, deutliche Kritik der Autoren an der Verschlagenheit der Diplomatie, mit der die französische Regierung und allen voran Napoleon III. selbst außenpolitisch jongliert, um an alte vergangene Größe anknüpfen zu können.

Auch »Die schöne Helena« (*La Belle Hélène;* U 17. Dezember 1864 im Pariser Théâtre des Variétés) ist zunächst Göttertravestie und mythologische Parodie.

Der trojanische Prinz Paris – er und die spartanische Königin Helena sind von der Parodie ausgenommen – will seinen Siegpreis persönlich abholen. Im Streit zwischen Hera, Athena und Venus hatte ihm die Liebesgöttin die schönste Frau der Welt versprochen, also Helena. (7) Bei Offenbach ist Paris der listen- und trickreiche Spielführer des Geschehens. Erst erscheint er als einfacher Schäfer und gewinnt sich den Oberpriester Kalchas zum Bundesgenossen, dann nähert er sich als Sklave der bereits für ihn entflammten Helena in ihrem Privatgemach, zerstreut ihre Bedenken der Ehrverletzung mit dem von Kalchas priesterlich abgesegneten Beteuerung, er erscheine ihr nur als Traumgebilde. Schließlich kündigt er ihre Entführung offiziell an, doch niemand schenkt ihm Glauben, bis er sie am Schluß in die Tat umsetzt, wenn er auf der Galeere der Venus als vermeintlicher Oberpriester erscheint mit dem göttlichen Auftrag, Helena zur Sühnefahrt auf die Insel Kythera zu bringen, wo sich eine der berühmtesten antiken Kultstätten der Liebesgöttin befand. Schon auf hoher See, gibt er sich den wutschnaubenden Königen zu erkennen, denen nichts anderes übrig bleibt, als zum Trojanischen Krieg zu rüsten.

Mit seiner Götterpersiflage zeichnet Offenbach ein parodistisches Bild von Gesellschaft und Monarchie des Kaiserreichs seiner Zeit. Die Gesellschaft: das ist das in dummer Loyalität zur blutleeren Monarchie verharrende Volk von Sparta, das beim Adonisfest des Anfangs die Liebesgöttin um Liebesleidenschaft bittet, ohne die es nicht leben kann. Die Monarchie: die verkörpern die Könige Ajax I und II, Agamemnon (dessen Sohn Orest als pubertierender Jüngling der Kneipen- und Hetärenwelt auftritt, im übrigen eine Sopranpartie), Achilles und vor allem Menelaos, der senile König von Sparta, Gemahl der sich an seinem Hof und in ihrer Ehe langweilenden lebens- und liebeshungrigen Helena. In ihm porträtiert Offenbach ein zweites Mal Napoleon III. wie schon im Jupiter des »Orpheus«. Menelaos ist quengelig, einfältig, ruhebedürftig, liebesunfähig, uninteressiert, argwöhnisch und dennoch leicht zu hintergehen, weil er gern glaubt, was seinem Status und seiner Ehre als König und Gemahl nützlich ist. Er ist zwar König von Sparta, in Wirklichkeit aber ein spießiger Bourgeois. Er und seine königlichen Kollegen wirken wie vor affektierter Selbstgefälligkeit strotzende Dümmlinge, was Offenbach in ihrem in Marschrhythmus vorgetragenen Auftrittsensemble des ersten Aktes köstlich parodiert, in dem er sie sich in einzelnen Couplets selbst vorstellen läßt. Mit ihnen hat Paris ein leichtes Spiel. Den vertrottelten Menelaos vermag er zu überreden, göttliches Geheiß schicke ihn auf Erholungsreise nach Kreta, damit er sich in dessen Abwesenheit um so ungestörter Helena gewinnen kann. Ihn läßt er auch glauben, was er bei seiner verfrühten Rückkehr gesehen hat – nämlich die Verführung der eigenen Gattin – sei nur ein Traum. Und Helena, von Paris liebesbezwungen, kontert die Frage des Gatten, was sie ihm in seiner Abwesenheit mit seiner Ehre angetan habe mit dem Vorwurf, er habe seine

Rückkehr nicht, wie es sich gehört, rechtzeitig angekündigt, platze stattdessen unerwartet in ihr Gemach und kompromittiere sie. Darum sei er selbst schuld, wenn er sehe, was er sehe. Noch komplimentiert er Paris mit allerdings kläglicher königlicher Autorität hinaus aus Sparta, hat aber keinerlei Sensibilität für dessen Ankündigung, er werde wiederkommen und Helena entführen. Mehr noch: als Paris in der Maske eines Venuspriesters auf der Galeere der Liebesgöttin erscheint und vorgibt, Helena auf Befehl der Göttin nach Kythera zu bringen, da beschwört Menelaos seine Gemahlin so lange, bis sie gehorcht und Paris sich demaskiert. Da ist es jedoch zu spät, die Ehre des Königs ist futsch. Also muß man um der Wiedergewinnung alter Ehre willen den Trojanischen Krieg anzetteln – so wie der Krieg von 1870/71 angezettelt wird, der zur Abdankung der französischen Monarchie und zum Gang Napoleons III. ins Exil führt, so wie der angezettelte Erste Weltkrieg zur Abdankung des deutschen Kaisertums führt und zum Gang Wilhelms II. ins holländische Exil. Welche bittere Ironie der Geschichte, daß die Prophetie eines musikalischen Bühnenstücks zur politischen Realität wird!

Auch »Pariser Leben« (*La Vie parisienne;* U am 31. Oktober 1866 im Pariser Théâtre du Palais Royal) ist parodistisch grundiert, aber das zielt nicht so sehr auf Politik und Monarchie, sondern auf die Pariser Gesellschaft, die so, wie sie ist, schon den Keim des Untergangs in sich trägt. Denn die Grenzen alter europäischer Standesordnungen haben sich aufgelöst, es ist eine Mesalliance entstanden zwischen Adel und Bürgertum, zwischen vornehmer Welt und Boheme, zwischen Herrschaften und Domestiken, zwischen dem Bourgeois und der Hetäre, zwischen Salongesellschaft und Caféhauskameradschaft, zwischen dem Aristokraten und dem Stubenmädchen. Geblieben sind die Lust aufs Abenteuer, nach Champagnerrausch und die Sucht nach Vergnügungen aller Art. Der Titel des Werkes ist zunächst trügerisch, denn nicht das große Pariser Leben selbst wird uns vorgeführt, sondern eine Kopie von ihm, um die Vergnügungslust eines schwedischen Barons und seiner Gattin zu stillen. Darin liegt das parodistische Element. Die Lebemänner und Nichtstuer Raoul de Gardefeu und Bobinet, einst zerstritten und nun wieder befreundet wegen Metella, die eine neue Liebschaft hat, gaukeln dem schwedischen Ehepaar, das zur Weltausstellung nach Paris gekommen ist und das Pariser Leben kennenlernen will, eben dieses nur vor. Die Stadt und ihr Treiben bleiben im Grunde außen vor. Zwar wird die Pracht der Boulevards bei Ausfahrten bewundert, man besucht auch das Theater. Aber Vergnügen und Abenteuer, Eleganz und Galanterie, Koketterie und Verführung, Chic und Demimonde von Paris werden nur zitiert, erscheinen als Imitat, werden zum Erlebnis sozusagen aus zweiter Hand, ein inszenierter Schwindel. Das Pariser Leben ist kostspielig, die Freunde aber sind abgebrannt. So kostümieren sie ihre Dienerschar und ihre Bekanntschaft als höhere Gesellschaft, man feiert im Haus Gardefeus, das dieser als Dependance des Grand Hotels ausgibt, wo er auf ein erotisches Abenteuer mit der schwedischen Baronin hofft. Metella deckt den Schwindel auf und die Lebemänner sind die Düpierten. Doch Paris wäre nicht Paris, wenn es für solche Verfehlungen wie ihren nicht das Verzeihen gäbe. Und so trifft man sich im Schlußakt auf dem Ball des reichen Brasilianers doch noch im echten Pariser-Leben-Milieu im Festsaal des Café Anglais. Denn die Moral von der Geschicht: man muß Paris erleben, erst das ist Pariser Leben!

Offenbachs Bühnenpersonal besteht noch nicht aus vollgültigen individuellen Charakteren, uns begegnen eher austauschbare denn unverwechselbare Typen der Gesellschaft, darum sind sie aber besonders bühnenpräsente Spielfiguren mit unbestreitbaren ganz menschlichen Zügen. Witz, Esprit, Laune, Rausch und Quirligkeit der Personen wie der einzelnen Szenen zünden freilich erst so recht durch Offenbachs Musik. Sie ist von ausgelassener Fröhlichkeit, sie hat rasantes Temperament und aufpeitschenden Rhythmus, aber sie weist auch lyrische Delikatesse auf und schwelgerische Melodik. Sie ist in jedem Takt von unmittelbarer szenischer Wirkung, selbst Teil des Spiels und zugleich Kommentar zu ihm. Gesanglicher Garant dafür ist vor allem das *Couplet*, das aus dem mittelalterlichen Rondeau entstandene mehrstrophige Lied überwiegend heiteren Inhalts, dessen Refrain als überspitzte, freche bis frivole Pointe daherkommt, was das Couplet so geeignet macht für das spätere Kabarett. Märsche verleihen der Musik das notwendige martialische Brio, doch den Elan, die Wildheit, den Rausch, den Taumel, die Erotik und Frivolität transportiert vor allem der *Can-Can*. Dieser erst nach 1800 aus Algerien nach Frankreich importierte und sich anfänglich eher schicklich gebende modische Gesellschaftstanz entwickelt sich zu einem schnellen, dem Galopp ähnlichen Schautanz und bei Offenbach zum musikalischen Feuerwerk. Seiner überbordenden Sinnlichkeit und erotischen Schaustellung wegen wird er vom öffentlichen Ballvergnügen verbannt, feiert aber gerade deshalb um so mehr auf der Bühne seine dionysischen Triumphe. Darüber hat Cole Porter später ein auch in Deutschland gern gespieltes Musical geschrieben. (8) Der Can-Can ist das Herz der Offenbachiade – wie der Walzer die Seele der Wiener Operette ist.

Der Walzer: Seele der Wiener Operette

Als sich im 17. und 18. Jahrhundert die frühe Barockoper hin zur klassischen Oper Mozarts entwickelt und der Tanz von den Volkstänzen über die Hoftänze zum Ballett führt, so ist – allen massiven wie sporadischen Verdikten zum Trotz – das Theater insgesamt zu einem hohen kulturellen Unterhaltungsfaktor der europäischen Gesellschaft geworden. Das verstärkt sich in der zweiten

Hälfte des 19. Jahrhunderts durch das Aufkommen der Operette. Seele dieser neuen Gattung des musikalischen Theaters ist ein Tanz, der sich über Jahrhunderte aus verschiedenen Vorformen entwickelt und dann zu einer beispiellosen Welteroberung aufbricht. Die Rede ist vom *Walzer*.

Er wird allgemein als ein geschlossener Paardrehtanz im Dreivierteltakt definiert, der auf der Drehung des Tanzpaares nach rechts und nach links beruht. Er nimmt seine Entwicklung parallel zu der eines allgemeinen Gefühls der Lebensfreude, des positiven Lebensgefühls und des individuellen wie gesellschaftlichen Vergnügens, also dem Bedürfnis nach Unterhaltung im weitesten Sinn. Dabei stehen sich am Anfang Volkstanz und Hoftanz eher widerstrebend gegenüber, nur selten verschmelzen sie miteinander. Dennoch ist die genaue Entstehung des Walzers noch heute eher strittig, da sich der Paartanz nahezu gleichzeitig in ganz Europa ausbreitet. Frankreich und Deutschland gelten mit ihren jeweiligen Vorformen als eigentliche Entstehungsländer.

Die *Volte* (ital.: *Volta,* was so viel wie ›Umdrehung‹ bedeutet) ist ein ursprünglich französischer schneller Paartanz im Tripeltakt, ein Springtanz im einfachen ¾-Takt unter enger Berührung der Tanzenden. Wahrscheinlich in der Provence entstanden, gelangt er dort bereits im 16. Jahrhundert nach Paris und entwickelt sich rasch zu einem populären Modetanz, nachdem ihn König Heinrich II. Valois (1519–1559) selbst gern an seinem Hof tanzt. Die ältesten Spuren der Volte führen sogar in das ausgehende 12. Jahrhundert zurück, als sie in der Provence noch von Gesang und Zimbelspiel begleitet wird und sich schon damals durch Gleitschritt und Drehsprünge im Dreiertakt auszeichnet. Als Solist fungiert derjenige, der die Tanzpaare anführt, die den Refrain singen. Besonderer Beliebtheit erfreut sich die Volte in England, zumal Königin Elisabeth I. (1533–1603) sie selbst gern tanzt und springt, weshalb man von einem »Sprung der Elisabeth« spricht, über den einzelne Bildquellen überliefert sind.

Neu an diesem Paartanz ist die Umarmung der Tanzpartner, die sich dadurch sehr viel näher sind als in allen anderen Tänzen, bei denen sie schon aus Gründen von Sitte und Anstand auf eine gewisse körperliche Distanz bedacht sind und sich bei näherer Begegnung in aller steifen Gewohnheit begrüßen. Die gewagten Sprünge und abrupten Drehungen werden von den Tanzenden gleichzeitig und gemeinsam ausgeführt, wobei sie sich eng umschlungen halten. Das gibt verschiedentlich Anlaß zur Moralkritik vor allem seitens der Kirche. So schreibt 1549 der italienische Moralist Zuccolo: »Bisher war es Sitte, daß sich der Herr und die Dame beim Tanzen nicht bei der Hand fassen. Heutzutage bieten die Frauen den Männern nicht nur die bloßen Hände, sondern auch ihre bis zu den Schultern entblößten Arme, ja sogar ihre Brust und alle anderen Körperteile dar, die sonst nur die Kurtisanen enthüllen. Wegen des Wirbels, den diese schamlosen Damen verursachen, werden sie immer wieder zum Tanzen aufgefordert. Man zieht, wirft, stößt und dreht sie in alle Richtungen.« In einem anderen Bericht anläßlich eines Bischofsbesuchs lesen wir: »Der besagte Herr Bischof, der auf Besuch weilt, wird darüber informiert, daß am Sonntag nach dem Gottesdienst ein Fest stattfindet, bei dem Tänze aufgeführt werden, und daß durch das Tanzen gegen die Schicklichkeit verstoßen wird. Man pflegt einen Tanz namens Volte, bei dem sich Mann und Frau umarmen, was gegen die guten Sitten verstößt. Der Bischof hat seinen Gemeindemitgliedern, Frauen und Männern, verboten, einen Tanz zu tanzen, bei dem Umarmungen vorkommen. Als Strafe droht die Exkommunikation.« Weil die Volte nun einmal die Umarmung der Tanzenden verlangt, sieht man in der damit verbundenen Erotik eine Gefahr für das Tanzpaar. So nennt man die Volte einen »satanischen Tanz«, einen »dämonischen Tanz«, einen »Trancetanz«, einen »Hexentanz« und gar einen »sexuellen Tanz«. In einer Verfügung des Bischofs von Troyes von 1541 ist niedergelegt: »Die Volte, die die Hexer aus Italien nach Frankreich gebracht haben, zeichnet sich nicht nur durch unsittliche und unzüchtige Bewegungen aus, sondern hat auch eine Unzahl von Morden und Fehlgeburten zur Folge und ist für den Tod all jener verantwortlich, die nicht mehr am Leben sind.« Bei solchen absurden kirchlichen Verdikten streikt jedes Verständnis.

Die *Allemande*, wahrscheinlich ursprünglich aus einem alten deutschen Volkstanz entstanden, kommt ebenfalls im 16. Jahrhundert in Mode und ist als Hoftanz in England, Frankreich, Italien und den Niederlanden sehr populär. Es handelt sich dabei um einen Schreittanz in gemessenem Tempo, der später auch als Musikstück in die Orchestermusik Eingang findet und schließlich als Eröffnungssatz der Suite bevorzugt wird.

Der *Ländler* (auch *Dreher* oder *Schleifer* genannt) ist ein ruhiger, langsamer Tanz im ¾ Takt, besonders auf dem Lande in Süddeutschland, Österreich, in der Schweiz und im Elsaß beheimatet. Seine einfachen Vorgänger kennt man bereits im 15. Jahrhundert, man tanzt auch sie hauptsächlich auf dem Land, der Adel lehnt sie zunächst ab. Haydn erweist ihm sogar in einigen Sinfonien seine Reverenz. Zum Ländler zählt man auch den *Deutschen Tanz*, der im 18. Jahrhundert in Süddeutschland und in Österreich aufkommt und u. a. von Mozart und Schubert in die Orchestermusik übernommen wird.

Schließlich tanzt man seit der Wende 16./17. Jahrhundert an den europäischen Höfen mit Vorliebe das wohl aus bäuerlichen Liedern entstandene *Menuett*, das danach üblicherweise den zweiten bzw. dritten Satz der frühen und vor allem der klassischen Sinfonie darstellt. Mit Ausbruch der Französischen Revolution 1789 wird das Menuett vom Walzer abgelöst, den die Revolutionäre auch auf den Barrikaden tanzen. Bei der Erstürmung der Bastille trägt man Tafeln mit der Aufschrift »Hier wird getanzt!«

Etymologisch leitet sich das Wort Walzer von gotisch ›waltjan‹ ab, das soviel wie sich wälzen, drehen, umherirren, bummeln, einrollen, gleiten bedeutet. Der Begriff taucht in Deutschland um die Mitte des 18. Jahrhunderts auf und wird rasch als Paartanz bekannt. Seinen ersten offiziellen Bühnenauftritt hat der Walzer am 17. November 1786 im Wiener Burgtheater bei der Uraufführung der Oper »Una cosa rara« von *Martin y Soler (1754–1806)*. In Paris findet der Walzer in der Zeit des Direktoriums Eingang in die Salons, nachdem sich in Frankreich und England der öffentliche Ball als neues Gesellschaftsvergnügen großen Stils eingebürgert hat, zu dem nun auch das einfache Volk eingeladen wird, so es zahlen kann: »Alle Mauern sind mit Plakaten versehen, die Bälle aller Art ankündigen. Einige sind so billig, daß sogar das Dienstmädchen daran teilnehmen kann.« (9)

Der Walzer verleiht dem Gesellschaftsvergnügen der Höfe und der aristokratischen Kreise neuen Glanz und er begibt sich gleichzeitig auch mit seinem unwiderstehlichen Charme unter das Volk der Dörfer und Städte. Denn er birgt in sich eine noch nie gekannte soziale Komponente: »Man kann behaupten, daß der Walzer in seiner Formenvielfalt seit dem 12. Jahrhundert in Europa existierte. Er ist der erste Paartanz in der Geschichte der Menschheit. Mit dem Walzer tritt das Tanzpaar in Erscheinung, aber es bildet sich auch eine Gesellschaft, die dem Paar seinen Platz einräumt. Vor dem Walzer hatte das Paar in der Gesellschaft keinen richtigen Platz. Die Geschichte des Walzers, mit all den zu bewältigenden sozialen Schwierigkeiten, beinhaltet auch die Durchsetzung des Paares in Europa. Jahrtausendelang gab es das Paar weder als Lebensform noch als grundlegende Wirtschaftseinheit noch als Gesellschaftsform. Mit der Geschichte des Walzers kristallisiert sich gleichzeitig auch das Paar als soziales Phänomen in Europa heraus.« (10)

Nach dem Sturz Napoleons I. und dem Zusammenbruch seines Empire soll es eigentlich Aufgabe des Wiener Kongresses von 1814/15 sein, eine Lösung zu finden für die Neuordnung Europas. Politische Entscheidungen zu treffen tut man sich schwer, ein leichtes ist es, zu feiern. Die Vertreter der einzelnen Staaten reisen mit einem großen Troß von Mitarbeitern, Hofleuten, Diplomaten und Bediensteten an. Das Ende Napoleons will man fröhlich begehen. Und so ist der Kongreß von Wien in die Geschichte eingegangen als der tanzende und feiernde Weltkongreß mit glanzvollen Festen, gesellschaftlichen Affären und diplomatischen Intrigen. Frankreichs Außenminister Charles-Maurice Talleyrand prägt das geflügelte Wort: »Der Kongreß tanzt, kommt aber nicht voran.«

In Wien versteht man ohnehin zu feiern, Geselligkeit und Fröhlichkeit gehören für die Wiener zu den lebensnotwendigen Selbstverständlichkeiten, und das zeigt man auch gern in aller Öffentlichkeit. Es herrscht ein buntes, lebensbejahendes Treiben, auch wenn dieses nicht die Erkenntnis der an sich ernsten Lage des Menschen zwischen Wirklichkeit und Ideal leugnet. Immer mehr hat man den Drang, das Leben in großer Gesellschaft zu feiern, und dem dient die wachsende Zahl der sogenannten »Erlustigungsorte«: Vergnügungsrestaurants, Ballsäle und Heurigenlokale. Im Jahr 1832, so heißt es in einem zeitgenössischen Bericht, finden im Wiener Fasching insgesamt 772 Bälle statt mit schätzungsweise 200 000 Ballbesuchern aus allen Sozialschichten, was bedeutet, daß jeder zweite Wiener unterwegs zu seinem Vergnügen ist. Und in einer Beschreibung des Wiener Apollo-Saals, einem der größten Balltreffpunkte der Stadt, lesen wir: »Der Apollosaal bestand aus 5 Riesensälen, 44 weiteren Gemächern, 3 kolossalen Glashäusern und 13 Küchen ... Die vielen Blumen und Bäume, die kühlenden Wasserfälle und Grotten, ein Bassin mit lebenden Schwänen, reizenden Girlanden, Blüten und Gebüschen mitten im Winter verwandelten das Ganze in einen Blumengarten mit vielen brillant geschliffenen Glaslüstern, die mit ihren irrisierenden Strahlen den Tanzsaal taghell beleuchteten ... Man schritt durch antike Triumphbögen herab, die auf marmornen Säulen ruhten und die die Namenszüge des Kaiserpaares und das Stadtwappen trugen.« (11)

Bei den Veranstaltungen spielen Ball- und Unterhaltungsorchester ganz unterschiedlicher Prägung, von denen zwei den Ruhm für sich in Anspruch nehmen dürfen, den Walzer erst in Wien endgültig hof- und gesellschaftsfähig zu machen, um ihn dann auch in die Welt zu tragen. Ihren musikalischen Leitern kommt dabei das Hauptverdienst zu. Da ist zunächst *Joseph Lanner (1801–1843)*. Erst ist er Geiger in dem stadtbekannten Tanzorchester von Michael Pamer, dann gründet er nebenbei ein Quartett und entwickelt 1818 daraus sein eigenes Orchester. Lanner komponiert Märsche, Polkas und an die 200 Wiener Walzer, als dessen eigentlicher Begründer er gilt. Zu seinem Quartett gehört als Bratschist *Johann Strauß Vater (1804–1849)*, der jahrelang auch in Lanners Orchester spielt, bis es zu Streitigkeiten zwischen den beiden Freunden kommt. 1825 trennen sie sich, Strauß verdient sich das Geld für den Unterhalt der Familie mit Kompositionen von Walzern und spielt sie neben anderen mit seinem neu gegründeten eigenen Orchester. Wien teilt sich künftig in ein Lanner- und ein Strauß-Lager, wobei Strauß größere Popularität genießt. Bald dringt sein und seines Orchesters Ruhm über Wiens und Österreichs Grenzen hinaus, Strauß geht auf Tournee, zunächst nach Berlin, dann durch Deutschland und 1838 gastiert er mit triumphalem Erfolg in London. Er gibt Konzerte, spielt bei Bällen und großen Gartenfesten und ist anläßlich der Krönung von Königin Victoria im Sommer des Jahres musikalischer Leiter der dreiwöchigen Krönungsfeierlichkeiten. Er macht Europa mit dem Wiener Walzer bekannt und bringt mit ihm auch die Pariser nahezu in Ekstase. Selbst *Hector Berlioz* spricht von einem musikalischen Ereignis ersten Ranges, von der Vollendung, dem Feuer, der Intelligenz und dem tiefen Gefühl für Rhythmus, die das Straußsche Orchester an die Seine bringt: »*Alle italienischen und ebenso alle unsere eigenen französischen Meister haben den Rhythmus stets unter dem gleichen schiefen Standpunkt betrachtet: als Zubehör zur Melodie und Harmonie, beinahe als Nebensache. Zumindest als ein Hilfsmittel, dem man kaum Veränderungen abgewinnen kann, ohne die Melodie in Unordnung oder gar in die Barbarei abgleiten zu lassen. Ich glaube, daß der Erfolg von Johann Strauß mehr den rhythmischen Akzenten seiner Walzer zu verdanken ist als ihrer melodischen Anmut oder dem Glanz ihrer Instrumentation.«* Was Johann Strauß Vater begonnen hat, wird sein Sohn fortsetzen und vollenden: den Walzer aus den Wiener Vororten hinauf in die »hohe Musik« zu heben und dort zur weltweiten Anerkennung zu bringen. Dafür gibt es im Jahr 1872, als Johann Strauß Sohn bereits ein berühmter Mann ist, ein außergewöhnliches Ereignis: das Mammutkonzert von Boston/USA.

Anläßlich der Vorfeiern zum 100. Jahrestag der Gründung der USA 1776 wird Johann Strauß nach Boston eingeladen. Dort soll vom 17. Juni bis zum 4. Juli 1872 ein Weltfriedensfest stattfinden. Die Veranstalter haben eigens dafür Florence Ziegfeld, den Leiter der berühmten »Follies Bergère« in Paris, als Agent nach Deutschland geschickt. Der Vertrag für Strauß ist superb: hohes Honorar (es sollen angeblich 100 000 US-Dollar sein) sowie Aufenthalt, Wohnen und Reisen durch das Land nach eigenem Belieben frei für ihn und seine Ehefrau. Anfang Juni startet Strauß per Schiff in Bremerhaven. Die dortige »Provinzial-Zeitung« notiert in ihrer Montag-Ausgabe vom 6. Juni: »Der Lloyddampfer ›Rhein‹ nahm am Sonnabend einen Teil der von Herrn Florence Ziegfeld für das große Bostoner Musikfest in Deutschland engagierten Künstler mit von hier fort. Es befanden sich darunter Johann Strauß nebst Frau aus Wien.« Am 14. Juni trifft das Schiff in New York ein, am 17. Juni findet in Boston ein Mammutkonzert als einmalige Attraktion statt: Johann Strauß dirigiert vor 100 000 Besuchern mit 100 Subdirigenten seinen schon damals populärsten Walzer »An der schönen blauen Donau«, wobei ihm ein fast 1 000 Musiker umfassendes Orchester sowie 10 000 Laiensänger, die aus 130 amerikanischen Chören rekrutiert werden, zur Verfügung stehen. Über das Konzert, das in einer eigens gebauten Halle von 165 m Länge und 105 m Breite stattfindet und mit dem Strauß einen sensationellen Erfolg erringt, berichtet der Walzerkönig nach seiner Rückkehr nach Wien selbst folgendermaßen: »*Auf der Musikertribüne befanden sich Tausende Sänger und Orchestermitglieder, und die sollte ich dirigieren. Zur Bewältigung dieser Riesenmassen waren mir viele Subdirigenten beigegeben, allein ich konnte nur die allernächsten erkennen, und trotz vorhergegangener Proben war an eine Kunstleistung, an Vortrag oder Zusammengehen nicht zu denken. Eine Absage hätte ich mit dem Preis meines Lebens bezahlen müssen. Nun denken Sie sich meine Lage angesichts eines Publikums von hunderttausend Amerikanern! Da stand ich auf dem obersten Dirigentenpult – wie wird die Geschichte anfangen, wie wird sie enden? Plötzlich kracht ein Kanonen-*

schuß, ein zarter Wink für uns zwanzigtausend, das Konzert zu beginnen. Die ›Blaue Donau‹ steht auf dem Programm. Ich gebe das Zeichen, meine hundert Subdirigenten folgen mir, so rasch und so gut sie können, und nun geht ein Heidenspektakel los, den ich mein Lebtag nicht vergessen werde. Da wir so ziemlich zu gleicher Zeit angefangen hatten, war meine ganze Aufmerksamkeit nur noch darauf gerichtet, daß wir auch zu gleicher Zeit aufhörten. Gott sei Dank, ich brachte auch das zuwege. Es war das Menschenmöglichste. Die hunderttausendköpfige Zuhörerschaft brüllte Beifall, und ich atmete auf, als ich mich wieder in freier Luft befand und festen Boden unter meinen Füßen fühlte.«

Als Offenbach 1862 die Direktion seines Theaters »Bouffes Parisiens« niederlegt, sich als freier Komponist seinem Werk widmet und viel auf Reisen geht, kommt er erstmals auch nach Wien, das für lange Zeit zur seiner zweiten Wirkungsstätte wird. Sein Ruhm ist ihm vorausgeeilt, seine Werke konkurrieren sehr erfolgreich am Carl-Theater und am Theater an der Wien, sein »Orpheus in der Unterwelt« und »Die schöne Helena« versetzen die ganze Stadt in einen Begeisterungstaumel und die Hofoper bestellt eine große romantische Oper bei ihm. Zur Uraufführung dieser »Die Rheinnixen« betitelten Oper am 8. Februar 1864 ist er wieder in Wien. Er trifft sich mit Johann Strauß, man fachsimpelt – und dabei soll Offenbach die folgenschweren Worte zu Strauß gesagt haben: »*Sie sollten Operetten komponieren. Sie haben das Zeug dazu!*« Ob Wahrheit oder Legende: erst jetzt interessiert sich Strauß als Komponist auch für das Theater, auf dem schließlich am 10. Februar 1871 mit »Indigo und die vierzig Räuber« die erste Strauß-Operette erscheint. Es wird ein sensationeller Erfolg, der bald vergessen ist, und auch die nach 1900 erfolgte Umarbeitung des Werkes zu »Tausendundeine Nacht« (U Wien 1907) wird keiner Repertoiretauglichkeit für würdig befunden. Aber der Walzerkönig pflanzt den Walzer endgültig in die bereits entstandene und immer populärer werdende Wiener Operette, der neuen Paradegattung des musikalischen Unterhaltungstheaters, die mit dem Walzer ihre Seele, ihren Charakter und ihr Temperament erhält.

Johann Strauß und das ›Goldene Zeitalter‹ der Operette

Die Wiener Operette unterscheidet sich trotz vieler Gemeinsamkeiten von der Offenbachiade durch ihre Verwurzelung im Altwiener Volkstheater und hier insbesondere in der um die Wende 17./18. Jahrhundert entstehenden eigenständigen Wiener Volkskomödie. Als ihr Begründer gilt der Volksschauspieler *Josef Anton Stranitzky (1676–1726)*. In der Auseinandersetzung mit dem heroisch-galanten Weltbild der Barockoper entwirft er seine komischen ›Haupt-

und Staatsaktionen‹, das sind Umwandlungen der Oper in Sprechstücke mit Musik, wobei Rezitativ und Arie in Dialog und Monolog aufgelöst und Berichte in Bühnenhandlung umgesetzt werden. Diese Stücke mit viel Wiener Lokalkolorit kennen den organisierten Aktschluß, bei dem ihre Personen, in kleine Gruppen geteilt, nochmals gemeinsam auftreten und ihre Schlußverse sprechen: damit ist das Operettenfinale vorweggenommen. Stranitzky ist auch der Schöpfer der Urgestalt des Hanswurst, der zentralen komischen Bühnenfigur, die verschiedene Entwicklungsstadien durchläuft vom grobschlächtigen Tölpel über den weinerlich veranlagten Aufschneider bis hin zum ethisch-verfeinerten, humorvollen und lebenslustigen Bewohner Wiens. Hanswurst und später Kasperl sind keine literarischen Figuren, sondern volkstümliche Schauspielergestalten, wie wir es auch von der italienischen Commedia dell'arte her kennen. Sie sind die Hauptfiguren in den Volkspossen und Lokalstücken, die ein bodenständiges volkstümliches Lebensbild vertreten, sich zugleich parodistisch mit der hohen Literatur auseinandersetzen und Einflüsse des europäischen Zaubermärchens aufnehmen. Sie sind von einfacher Denkungsart, deshalb aber nicht dumm, sondern pragmatisch, gewitzt und auf den eigenen Vorteil bedacht, ohne nach höheren Weihen zu streben. Papageno in Mozarts »Zauberflöte« ist der wohl bekannteste Vertreter dieses Menschenschlags.

Die Blütezeit erlebt die Altwiener Volkskomödie in den Jahren 1813–1860 vor allem am Leopoldstädter Theater, das damals von vielen als das »erste und beste Lachtheater Europas« angesehen wird. Dort wirken auch die ersten namhaften Volkstheaterdramatiker mit ihren Lokalstücken und Singspielen, Grotesken und Possen, Parodien und Lustspielen. Ohne sie sind jene beiden größten Dichter nicht denkbar, die das Wiener Volksstück auf einsame dichterische Höhen bringen. *Ferdinand Raimund (1790–1836)* beginnt als Süßwarenverkäufer auf der Galerie des Burgtheaters, wird vom Theaterfieber gepackt und bildet sich zum Schauspieler aus. Zunächst spielt er ernste und seriöse Rollen wie den Franz Moor in Schillers »Räubern«, dann wird er Komiker und schließlich Dramatiker. Er ist der große Poet unter Wiens Theaterdichtern, nennt seine Werke selbst vorzugsweise »Original-Zaubermärchen« und »Original-Zauberspiele« und schreibt einige berühmte Stücke, die noch heute in Wien und Süddeutschland gespielt werden und auch zu Filmehren gekommen sind. (12) Raimund, der sehr musikalisch ist und passabel Geige spielt, findet in dem Komponisten Wenzel Müller einen kongenialen Partner, der ihm volkstümliche Melodien für seine Couplets komponiert, die ein dramaturgisches Wahrzeichen seines Theaters darstellen. *Johann Nepomuk Nestroy (1802–1862)* beginnt als Sänger seriöser Opernpartien wie des Sarastro in der »Zauberflöte« in Wien, Amsterdam, Brünn und Graz, kehrt dann nach Wien zurück und beginnt seine eigentliche Laufbahn, wohl auch infolge wachsender Stimmprobleme, als Komiker am Josephstädter Theater. Als Dramatiker verdient er sich den Ehrentitel »Wiener Aristophanes«, denn er ist der intelligente Spötter, über dessen Witze man erst nachdenken muß, bevor man lachen kann. Seine Stücke spielen nicht mehr wie die Raimunds in der Märchenwelt der Feen, Geister und Zauberer, sondern im Wiener Alltag der Biedermeierzeit. Nestroy legt mit scharfem Witz, aber auch mit gemütlichem Humor die menschlichen Schwächen bloß, er jongliert mit brillanten Wortspielen – der Frosch in der »Fledermaus« ist letztlich eine Nestroy-Figur comme il faut – und gibt seinen Werken einen versöhnlichen Grundton (13).

Deutlich ist der Wiener Operette ihre Herkunft vom deutschen Singspiel und von der komischen Oper anzumerken. Ersteres entsteht in der zweiten Hälfte des 18. Jahrhunderts als einfaches bis bangloses, ausgesprochen volkstümliches musikalisches Unterhaltungstheater. Es versteht sich einmal grundsätzlich als nationaler Gegenpart zu den überall in deutschen Landen gespielten italienischen und französischen Opern, zum anderen als heiteres Gegenstück zur opera seria und zu allen dramatischen und heroischen Opernformen. Es ist aus dem volkstümlichen Sprechtheater entstanden, das traditionell auch Lied und instrumentale Musiknummern kennt. In Mozarts »Die Entführung aus dem Serail« erreicht es seinen Höhepunkt und geht dann in der deutschen Spieloper auf. Beide Gattungen sind dramaturgisch durch die Abfolge von gesprochenen Dialogen und musikalischen Gesangsnummern strukturiert. Das nun übernimmt die Operette ebenso ohne jeden Abstrich wie die Ouvertüre, die im Potpourri-Verfahren einige der bekanntesten Melodien des Werkes aneinanderreiht und diese durch musikalische Übergänge miteinander verbindet. Von der Oper übernimmt sie grundsätzlich die Gesangsformen (Arie, Duett, Ensemble, Chor) sowie aus deren Personal das Sängerpaar. Auch das Operettenpaar (Operettentenor und Diva) ist das zentrale Liebespaar, dem in der Regel ein junges Buffopaar (Tenorbuffo und Tanzsoubrette) an die Seite gestellt ist. Dieses Solistenquartett ist für die Operette obligatorisch, auch wenn es vereinzelt vorgeprägt ist wie in der »Entführung« mit Belmonte/Konstanze und Pedrillo/Blonde. Beide Paare stehen entweder in traditioneller Herrschaft-Diener-Beziehung, wie sie die europäische Komödie kennt, oder in einem direkten Freundschaftsverhältnis. Fünfter im Bunde ist der aus der komischen Oper übernommene Baßbuffo, ein Mann von altem Adel, eine Figurenmetamorphose des Typenarsenals der Komödie, Dottore, Pantalone und aufschneiderischer Capitano in einem. Meist ist er derjenige, der am Ende hereingelegt oder geprellt ist, was er zuweilen schicksalsergeben mit einer stereotypen Redewendung kommentiert wie »Das ist ausgezeichnet!« (Zsupan im »Zigeunerbaron«), »Schwamm drüber!« (Ollendorf im »Bettelstudent«), »Moritz, reg dich nicht auf!« (Populesco in »Gräfin Mariza«), »Det Jeschäft is richtig!« (Giesecke im »Weißen Rößl«), »Das bin ich meiner Gesundheit schuldig!« (Nasoni in »Gasparone«) oder »Da kascht nix mache!« (Blasius in

»Schwarzwaldmädel«). Schließlich kommt dem Ballett eine weit größere Bedeutung als in der Oper zu, denn die Operette ist ohne Walzer ein Nichts, er ist Ausdruck der tanzenden Operettengesellschaft und rhythmisiert die Liebesduette des Sängerpaars wie die Tanzduette des Buffopaares.

Sechs Komponisten prägen das ›Goldene Zeitalter‹ der Wiener Operette, als deren eigentlicher Begründer *Franz von Suppé (1819–1895)* gilt. Er stammt aus Dalmatien, wo sein Vater als italienischer Kreiskommissar arbeitet, und ist ein Neffe Gaetano Donizettis. Nach des Vaters Tod geht er 1835 mit seiner Mutter, einer gebürtigen Wienerin, in die Donaustadt, bringt es dort zum Kapellmeister und Komponisten von ca. 200 Bühnenmusiken zu Dramen, Schauspielen, Possen und Volksstücken und lernt die Werke Offenbachs kennen. Sie haben großen Erfolg in Wien und lassen den Wunsch aufkommen, eine eigene Wiener Operette zu schaffen. So überträgt Suppé das Offenbachsche Werk sozusagen auf Wiener Verhältnisse, auf die Gefühlswelt der hier lebenden Menschen. Mit der Uraufführung »Das Pensionat« 1860 am Theater an der Wien – das neben dem Carl-Theater und dem Harmonie-Theater seit 1858 eines der drei Operettentheater in Wien ist – betritt die leichte Muse in neuem Gewande die Bühne. Mit seinem ersten wirklichen Erfolg »Die schöne Galathee« (U 1865) greift Suppé ein altes mythologisches Thema auf. Der junge Bildhauer Pygmalion verliebt sich in sein Werk, die Marmorstatue Galathee. Er bittet die Liebesgöttin, die Statue lebendig zu machen. Es geschieht, doch Galathee will von ihrem Meister nichts wissen, um so mehr von dessen Diener Ganymed und von dem Schmuck des Kunsthändlers Mydias. Eifersüchtig, aber erfolgreich fleht Pygmalion um Rückverwandlung Galathees in die Statue, die er dann Mydias verkauft. Ähnliche Erfolge sind ihm mit »Leichte Kavallerie« (1866) sowie vor allem mit »Banditenstreiche« (1867) und »Fatinitza« (1876) beschieden, die allerdings heute kaum mehr gespielt werden. Anders ist es mit seinem Meisterwerk »Boccaccio«, das zu den besten Operetten überhaupt gezählt werden darf, aber seltsamerweise kein Publikumsstück ist. Uraufgeführt 1879 im Wiener Carl-Theater macht sie dennoch die Reise über die deutschen Bühnen bis in unsere Zeit und gelangt 1931 sogar in die Metropolitan Oper New York. Nach dem »Dekameron« des Boccaccio ist die Handlung gestrickt und der Dichter tritt, zunächst unerkannt, höchstpersönlich auf, sieht sich der Wut der Florentinerinnen und Florentiner ausgesetzt, weil er sie angeblich in seiner Novellensammlung verhöhnt, doch dann krönt man ihn mit dem Dichterlorbeer und er kann seine geliebte Fiametta heimführen, Ziehtochter des Gewürzkrämers Lambertuccio und seiner Frau Peronella.

Wiener von Geburt ist *Carl Millöcker (1842–1899)*, Sohn eines Goldschmiedemeisters, der das Handwerk des Vaters erlernen soll, den es aber zur Musik zieht. Er besucht das Konservatorium der Stadt und wird Flötist am Theater in der Josephstadt und danach, auf Empfehlung Suppés, Kapellmeister am Thalia-

Theater in Graz. Dort komponiert er erste Bühnenmusiken und Singspiele, wird Kapellmeister am Harmonie-Theater in Wien und komponiert für die Dramen seines Freundes Ludwig Anzengruber die Musik. Nach einem kurzen Kapellmeister-Gastspiel am Deutschen Theater in Budapest ist er ab 1869 für vierzehn Jahre in gleicher Position am Theater an der Wien tätig, für dessen Aufführungen er die Bühnenmusik komponiert. Mit »Das verwunschene Schloß« (1878) macht er sich einen Namen als Operettenkomponist, den er ein Jahr später mit dem vorübergehenden Welterfolg »Gräfin Dubarry« festigt. Bevor er 1883 seine Kapellmeistertätigkeit aufgibt, gastiert er u. a. in München, Berlin und Hamburg. Unter seinen 15 Operetten, von denen »Der arme Jonathan« früher viel gespielt wurde, gehören seine Meisterwerke »Der Bettelstudent« und »Gasparone« bis auf den heutigen Tag zum Standardrepertoire der leichten Muse.

Ein wechselvolles Leben führt *Carl Zeller (1842–1898)*, Sohn eines Arztes im niederösterreichischen St. Peter in der Au. Früh werden sein absolutes Gehör und sein musikalisches Talent entdeckt, er erlernt mehrere Instrumente und wird 1853 Sängerknabe der Wiener Hofkapelle. Seine Schulausbildung beendet er am Stift Melk, studiert Jura an den Universitäten Wien und Graz, graduiert 1869 zum Dr. iur. und tritt in den Staatsdienst. Vier Jahre später wird er Ministerialkonzipist im österreichischen Ministerium für Unterricht und Kultur, steigt zum Hofrat auf und zum Leiter des Kunstreferates im Ministerium. Erst 1876 gibt er sein Debüt als Bühnenkomponist, er komponiert Lieder, Chöre und 7 Operetten. Mehrere Krankheiten in den letzten Lebensjahren führen zu Lähmungserscheinungen und zum Schwund der geistigen Kräfte. 1892 erleidet er einen Gehirnschlag, verliert die Gedächtniskraft, verstrickt sich widersprüchlich in einen Erbschaftsprozeß mit Falschaussage unter Eid, wird deshalb zu Gefängnis verurteilt, tritt die Strafe aber nicht an und stirbt, inzwischen völlig gelähmt, nach längerem Siechtum. Die Uraufführung seines Welterfolges »Der Vogelhändler«, der noch immer zu den fünf meistgespielten aller Operetten gehört, hat er gerade noch wachen Geistes erleben können.

Carl Michael Ziehrer (1843–1921) ist zunächst Hutmacher in Wien und kommt erst danach zum Theater. Er gründet eine 50 Musiker starke Tanzkapelle, mit der er zu einem der populärsten Wiener Tanzkapellmeister wird. Er ist zunächst in Baden bei Wien tätig sowie beim Hoch- und Deutschmeister-Regiment und unternimmt dann ausgedehnte Tourneen bis Amsterdam, Konstantinopel und Chicago. 1908 wird er Hofballmusikdirektor in Wien und Ehrenbürger der Stadt. Ziehrers Schaffen umfaßt nahezu 600 Werke, darunter 23 Operetten, die früher viel und heute kaum noch gespielt werden, sieht man einmal von seinem größten Erfolg »Die Landstreicher« (1899) ab. Sproß einer wohlhabenden und kunstliebenden Grazer Bürgerfamilie ist *Richard Heuberger (1850–1914)*, der Technik studiert und ein gefragter Ingenieur für Straßenbau und Wasserwerke wird. Nebenbei nimmt er Unterricht in Musiktheorie, veröffentlicht eine Sammlung von Volksliedern der Steiermark, wird Chorleiter des Akademischen Gesangsvereins in Wien, dann Dirigent der dortigen Singakademie sowie Leiter des Wiener Männergesangsvereins. Vor allem aber gehört er zu den anerkannten Musikkritikern und Musikschriftstellern Wiens, seine Schubert-Biografie gilt als hervorragendes Buch. Am Wiener Konservatorium lehrt er schließlich Komposition und komponiert Opern, Orchester- und Vokalwerke sowie sieben Operetten. Noch heute gehört sein »Opernball« zum ständigen Operetten-Repertoire des deutschen Theaterraums.

Mit *Johann Strauß (1825–1899)* erreicht die Wiener Operette in ihrem goldenen Zeitalter den unangefochtenen Höhepunkt. Unter seinen ca. 500 Werken befinden sich 175 Polkas, 165 Walzer und 17 Operetten. ((14) Im Moment, da er sich mit Offenbachs Hilfe dem Theater zuwendet, wird in ihm der Wunsch wach, Opern zu komponieren. Es ist ihm eine große Genugtuung, als in seinem letzten Lebensjahr die »Fledermaus« Eingang in die Staatsoper Wien findet und er sie selbst dort dirigieren darf. Als er den »Ritter Pázmán« (1892) komponiert, erkennt er, daß er wohl doch nicht der rechte Mann für die Oper ist. Es käme für ihn bei der Opernschreiberei nichts heraus, meint er, das bereite ihm nur Plagen, allein die Instrumentation verlange mehr Zeit als die ganze Komposition. Er kann nicht umhin zu gestehen, »*daß mich mein heroischer Entschluß, eine Oper zu schreiben, nicht selten mit Kummer erfüllt*«, und wenn er mit dem Werk fertig sein werde, fügt er sarkastisch hinzu, »*dann kommen die Geburtswehen, die ohne Kaiserschnitt nicht denkbare Überlieferung des Corpus delicti, welches schon nach dem ersten Bade zu ersaufen das Mißgeschick haben wird.*« Geld wolle er mit dem »Pázmán« ohnehin nicht verdienen, jedoch beweisen, mehr als nur Tanzmusik schreiben zu können: »*Bei der Oper handelt es sich in erster Linie um dramatisches Geschehen, ferner aber um Situationen, welche Musik zum Bedürfnis machen.*«

Strauß wächst zunächst unter der strengen Fuchtel des Vaters auf, obwohl dieser sich immer mehr von der Familie entfernt. Am 25. Oktober 1825 in Wien geboren, durchlebt Strauß Sohn die ersten Jahre eine relativ geborgene und glückliche Kindheit. Es ist der Wunsch von Mutter Anna, daß er mit neun Jahren Geigenunterricht erhält, wovon der Vater nichts wissen darf. Als es dann doch geschieht, kommt es zu ersten schweren Familienauseinandersetzungen, Beginn des schließlichen Zerwürfnisses. Während der Vater auf Europatournee ist, wechselt der Sohn auf das bekannte Schottengymnasium und wird ein sehr guter Schüler. Heimlich nimmt er Klavierunterricht. Dann muß er auf die Handelsschule, weil der Vater einen Beamten aus ihm machen will, doch die Musik interessiert ihn so ausschließlich, daß er der Schule verwiesen wird. Die Mutter hält zu ihm, der Vater ist immer länger von Wien entfernt und unterhält seit Jahren ein festes Verhältnis zu einer Modistin, dem sieben illegitime Kinder entspringen. Die Mutter reicht die Scheidung ein. Schanni, wie die Familie den jungen Johann nennt, beantragt beim Wiener Magistrat erfolgreich Titel und Verantwortung eines Musikdirektors und begründet damit gegen den ausdrücklichen väterlichen Willen seine eigene Musikerlaufbahn. Er bildet ein 24 Mann starkes Orchester und gibt am 15. Oktober 1844 in Wien sein erstes öffentliches Konzert, worüber man am nächsten Tag in der Wiener Zeitung lesen kann: »Gute Nacht, Lanner! Guten Abend, Johann Strauß Vater! Guten Morgen, Johann Strauß Sohn!« Wien hat nunmehr zwei Strauß-Orchester, wobei der Sohn seine Konzerte nach dem Muster des Vaters gestaltet: erst ›ernste‹ Musik (Beethoven, Bellini, Donizetti, Liszt, Rossini, Schubert sowie Musik aus den Frühwerken Verdis und Wagners), danach Tanz- und Unterhaltungsmusik mit eigenen und fremden Kompositionen, also Walzer, Polkas und Märsche vor allem. Nachdem Anfang 1846 der Vater zum »k. k. Hofball-Musikdirektor« ernannt wird, geht er ein letztes Mal auf große Tournee und kehrt krank zurück. Sein unstetes, rastloses und kräftezehrendes Musikerleben neigt sich seinem Ende zu, Vater Strauß stirbt Ende Juli 1849 in Wien. Dem ebenso erfolgreichen Sohn geht er in den letzten Jahren aus dem Weg, es kommt zwischen beiden zum Streit, dann versöhnt man sich, doch der Sohn lehnt bis zuletzt ab, was der Vater sich so wünscht: die Vereinigung beider Orchester zu einem einzigen großen Strauß-Orchester. Das geschieht erst nach des Vaters Tod, als eine Abordnung seines Orchesters dem Sohn den Geigenbogen des Verstorbenen überbringt, mit dem dieser stets dirigiert hat. Der Sohn ist gerührt, akzeptiert und vollzieht die Verbindung beider Orchester zur neuen Johann-Strauß-Kapelle, die in Wien keine ernsthafte Konkurrenz mehr hat. Am 2. Oktober 1849 tritt sie im Volksgarten erstmals vor die Wiener Öffentlichkeit. Als Johann Strauß 1889 der Gesamtausgabe der Werke seines Vaters eine Vorrede voranstellt, schreibt er ihm einen ehrenvollen Nachruf, an dessen Ende es heißt: »*Was die Kompositionen meines Vaters für die Tanzmusik bedeuten, ziemt nicht mir, dem Sohne, rühmend zu proklamieren. Er hat den Ruhm deutscher Tanzmusik über die Welt verbreitet, und strenge Richter haben ihm die Anerkennung nicht versagt, daß seine prickelnden und pikanten Rhythmen den reinen Quellen der musikalischen Kunst entsprangen ... Seine Kunst hat manche Sorge verscheucht, manche Falte geglättet; vielen den Lebensmut gehoben, die Lebensfreude zurückgegeben; sie hat getröstet, erfreut und beglückt – und darum wird die Menschheit ihm ein Andenken bewahren.*« Im Todesjahr des Vaters ist der Sohn selbst schon eine Weltberühmtheit. Im Jahr 1856 engagiert ihn die russische Eisenbahngesellschaft für mehrere Jahre zu Konzerten in der vornehmen Residenz Pawlowsk während der Sommermonate Mai bis Oktober. Gespielt werden sollen »klassische Opern-, Garten- und Tanzmusik« sowie eigene Kompositionen, aber auch »die beliebtesten und neuesten Kompositionen anderer berühmter Meister«. Die folgenden zwölf Jahre sehen Strauß mit einem Großteil seines Orchesters in den Sommermonaten in Rußland, und die Begeisterung kennt keine Grenzen. Manchmal weiß man nicht, ob es an den Strauß-Kompositionen liegt oder allein schon an der Art, wie der Walzerkönig dirigiert. Davon haben wir ein anschauliches Zeugnis von *Ignaz Schnitzer*, Freund von Johann Strauß und dessen »Zigeunerbaron«-Librettist. Er schreibt: »Wie von einem unterirdischen Element immer wieder emporgeschnellt, akzentuierte er – ein lebendiges Perpetuum mobile – die schwingende Beweglichkeit des Rhythmus. Doch lag in dem allem nichts, was, wie so häufig bei anderen, als kokette Dirigentenmätzchen hätte erscheinen können. Es war eben seine Eigenart des Dirigierens. Zu dieser Eigenart gehörte auch, daß er den Fiedelbogen, mit dem er nun den Takt gegeben, plötzlich an die Geige setzte und als sein eigener Primgeiger sein mitreißendes Brio der ganzen Kapelle mitteilte. Das Orchester schien mit einem Male verdreifacht und der magischen Gewalt der einen alles überströmenden Geige folgend. Diese Zaubergewalt aber kam von dem gewissen ›Walzerstrich‹ her, der – in diesem Momente wohlig wiegend, im nächsten stürmisch aufpeitschend – dem Wiener beiläufig das geworden war, was die winselnde Zigeunerfidel des Magyaren – so beschwingend und mitreißend wie Johann Strauß hat vor und nach diesem kein anderer ihn getroffen.« In Wien eilt Strauß von Ball zu Ball, oft gibt er während des Faschings mehrere Konzerte an einem Tag und läßt sich dann gern von seinen Brüdern *Josef (1827–1870)* und *Eduard (1835–1916)* vertreten, um zu komponieren. Dazwischen geht er jahrelang auf Tournee und feiert in Italien, Paris und Deutschland fast noch größere Triumphe wie einst der Vater. Dann hat 1874 seine dritte Operette Uraufführung am Theater an der Wien, wird jedoch trotz seines Dirigates kein Erfolg und kommt nur auf enttäuschende 16 Vorstellungen. Erst die nachfolgenden Inszenierungen in Berlin, Hamburg und Paris rütteln die Wiener wach, und der Welterfolg der »Fledermaus« stellt sich ein. Als Komponist und Kapellmeister ist er erfolgreich wie kaum ein anderer, privat durchlebt auch er mit seinen drei Ehen alle Höhen und Tiefen. Die ehemalige gefeierte Sängerin Henriette Carolina Challupetzky (Künstlername: Jetty Trettz) wird ihm eine lebensfrohe und ihm alle Unterstützung gebende Ehefrau, deren Tod nach 16 Ehejahren ihn schwer trifft. Die zweite Ehe mit der Sängerin Angelika Diettrich wird übereilt geschlossen und geht nach fünf Jahren in die Brüche. Kurz nach der Scheidung wird die junge Witwe Adele Deutsch seine Lebensgefährtin, die er 1887 heiratet. Sie wird der Mittelpunkt seines Lebens und bleibt der Nachwelt als eigentliche Ehefrau des Walzerkönigs in Erinnerung. Der erlebt 1899 die vielleicht größte Anerkennung, als die »Fledermaus« ins Repertoire der Hofoper übernommen wird. Am Pfingstmontag des Jahres soll er eine Nachmittagsvorstellung dirigieren, kommt aber über die Ouvertüre nicht hinaus. Angestrengt und schweißgebadet verläßt er danach unter dem Jubel des Publikums die Oper, begibt sich in sein Palais in der Igelgasse, empfängt Besuch, spielt sein geliebtes Kartenspiel Tarock und setzt sich noch spätabends zum Komponieren hin. Da befällt ihn ein schwerer Schüttelfrost, er friert und wird krank. Vier Tage später trifft er sich noch mit einem weltberühmten Verehrer seiner Musik, mit dem amerikanischen Humoristen Mark Twain, dann verschlimmert sich sein Zustand. Die Ärzte diagnostizieren eine beidseitige, unheilbare Lungenentzündung, über die sie den Patienten auf Bitten Adeles nicht in Kenntnis setzen. Tags darauf beginnt Strauß zu phantasieren und fällt ins Delirium und schließlich in Agonie. Am 3. Juli stirbt er in den frühen Morgenstunden in den Armen seiner Frau. Drei Tage später findet das Begräbnis statt, alle Vergnügungen in Wien werden für diesen Tag abgesagt, eine unübersehbare Menschenmenge gibt ihm das letzte Geleit zum Wiener Zentralfriedhof. Dort erhält er ein Ehrengrab der Stadt ganz in der Nähe der Gräber von Franz Schubert und seines langjährigen engen Freundes Johannes Brahms, der einmal über Johann Strauß sagt: »*Strauß trieft nur so von Musik, dem fällt immer etwas ein. Darin unterscheidet er sich von uns anderen.*«

Ein Urteil, das vor allem die Operette »Die Fledermaus«, Prunkstück der ganzen Gattung, nachhaltig bestätigt. Sie ist der Prototyp der großen Sänger-Operette, denn ihre Sololieder (Csárdás der Rosalinde, Couplets der Adele) und Ensembles verlangen große (Opern)Stimmen. Allerdings fehlt ihr die personale Grundkonstellation von Sängerpaar (Eisenstein-Rosalinde, wobei er ein Bariton und kein Tenor ist; Alfred ist aber nicht die zentrale Tenorpartie) und Buffopaar (Adele hat keinen Partner), und den Baßbuffo gibt es überhaupt nicht. Sie ist ein Spiegel der Gesellschaft ihrer Entstehungszeit, den sie lachend und heiter vorzeigt und durch den wir die Lust am Vergnügen und Feiern, die Lebensfreude und die fröhliche Ausgelassenheit der in beschwingter Walzerseligkeit und beschwipster Champagnerlaune dahinlebenden Wiener erkennen können. Aber unter der Decke dieser offenkundigen Lebensbejahung und des frivolen, von wenigstens möglichen Verführungen und Seitensprüngen bedrohten Genießens steckt auch eine Portion Sehnsucht nach Flucht aus dem nicht immer so fröhlichen Alltag und die Wehmut über die Flüchtigkeit des genüßlichen Augenblicks. Für die bezeichnende Textzeile »Glücklich ist, wer vergißt, was doch nicht zu ändern ist« erfindet Strauß eine besinnlich-melancholische Melodie, die dem Werk einen bitter-süßen Grundton mit auf den Weg gibt ins wirbelnde Vergessen auf dem Fest beim Prinzen Orlofsky. Der steht überdies für eine versinkende Welt aristokratischer Hochherrschaftlichkeit, der bereits die Menetekel von Dekadenz und Morbidität anhaften. Was man in der üblichen Herablassung der Operette gegenüber gewöhnlich übersieht, ist deren Fähigkeit, uns Ahnung wenn nicht gar Gewißheit zu verschaffen über die Ambivalenz menschlicher Gefühle. Nehmen wir das die »Fledermaus« dominierende Ehepaar. Natürlich wollen und dürfen wir gern an dessen Reue und

Treue glauben, aber ein Rest von Zweifel ist ebenso erlaubt. Gabriel von Eisenstein läßt uns zumindest vermuten, er werde doch einmal rückfällig, Damen zu erobern, mit oder ohne Repetieruhr, und sei es auch nur im flüchtigen Abenteuer einer einzigen walzerseligen Ballnacht. Rosalinde ist vielleicht auch nicht absolut dagegen gefeit, nicht doch irgendwann einmal dem tenoralen Charme Alfreds zu erliegen, und sei es auch nur für die kurze Dauer eines Flirts, bei dem »nichts Übles passiert«, wie sie sich ihrem Gatten gegenüber rechtfertigt. Diese Doppelbödigkeit ist ein Kainszeichen der Operette schlechthin, manchmal wird sie auch zum schwankenden Boden unter tanzenden Füßen.

Berliner Uraufführung der Strauß-Operette »Eine Nacht in Venedig« (1883).

Interessant ist, wie die »Fledermaus« erst gar nicht den Versuch macht, ihre Ahnen zu verleugnen. Das Terzett Rosalinde-Eisenstein-Blind im 1. Akt, in dem der Arrestant seinem juristischen Verteidiger Vorwürfe über sein Verhalten macht, hat Strauß in prickelnde, plappernde Musik gesetzt, die uns an das furiose musikalische Parlando der opera buffa eines Donizetti und Rossini erinnert. Oder beim Abschied der Eheleute »So muß allein ich bleiben« mit dem unechten Treueschwur wird erst die opera seria parodistisch beschworen, um sie dann mit dem folgenden Refrain »O je, o je, wie rührt mich dies!« zu konterkarieren und zu entpathetisieren. Der dritte, der Gefängnisakt ist zu einem gut Teil Wiener Volkskomödie, die der slibowitztrunkene Gefängnisdiener Frosch mit seinem verdrehten Sprachwitz vertritt. Als er sich durch den Gesang des einsitzenden Alfred gestört fühlt, läßt er diesen wissen, das Singen sei hier dienstlich verboten und schreit ihn an: »Ruhe hab' i g'sagt, sonst fliegen Sie hier hinaus!« Aus dem Gefängnis nämlich! Als die verschleierte Rosalinde das »fidele Gefängnis« betritt, macht Frosch seinen Chef Frank auf die Dame aufmerksam: »Sie ist zwar verschleiert, aber der Stimme nach scheint sie sehr hübsch zu sein. Sie wollt' nix sagen, drum hab' ich sie ins Sprechzimmer g'führt.« Frosch erweist sich als Nachkomme Nestroys und als Vorfahre Karl Valentins. Als er schließlich Alfred hereinführt, um ihn dem herbeigerufenen Dr. Blind zuzuführen, aber keiner im Raum ist (weil Eisenstein den Blind ins Nebengemach beordert hat, um sich Alfred gegenüber für ihn auszugeben), da nimmt Frosch den Namen des Notars zum Anlaß einer witzigen Wortspielerei: »Jetzt ist der Kerl schon so blind, daß man ihn gar nicht mehr sieht.« Darüberhinaus arbeitet diese Operette mit den alten dramaturgischen Versatzstücken der Komödie (ohne die auch deren erlauchte Meister Shakespeare, Molière und Goldoni nicht auskommen), nämlich mit Täuschung und Verstellung, Verkleidung und Maskierung, was zu Verwechslungen und Irrtümern führt, worüber wir lachen, weil sie den Beteiligten ernsthafte Probleme schaffen. So wird Alfred von Frank für Eisenstein gehalten und an dessen Stelle arretiert; Frank bringt Adele durch Täuschung ins Spiel auf Orlofskys Fest; dort wird Adele als Künstlerin Olga vorgestellt und kleidet ihre Rechtfertigung, dies auch zu sein, dem angeblichen Herrn Marquis (Eisenstein) gegenüber in das bravouröseste Koloratur-Couplet der gesamten Operettenliteratur; Eisenstein selbst erscheint unter dem Pseudonym Marquis Renard und bringt so zumindest den Gefängnisdirektor Frank in Bedrängnis; der selbst, da als Neuling in der Stadt noch allseits unbekannt, wird als Chevalier Chagrin eingeführt; schließlich verschleiert, also maskiert sich Rosalinde derart geschickt als vermeintliche ungarische Gräfin, daß sogar der eigene Ehemann sie nicht erkennt und mit ihr »anbandelt« wie man in Wien sagt. Erst der dritte Akt – die Einteilung in 3 Akte wird für die Operette nachgerade obligatorisch – bringt die allgemeine Desmaskierung eines Spiels im Spiel, das »Die Rache der Fledermaus« genannt wird. Diese Demaskierung ist wieder doppeldeutig: sie bedeutet nicht nur, optisch sein wahres Gesicht zu zeigen, sondern auch die Entlarvung der Verhaltensweisen und damit des Charakters eines jeden einzelnen. Der Spiegel der Wiener Gesellschaft ist glasklar und keinesfalls – so würde vielleicht Frosch es ausdrücken – ›blind‹.

STERNSTUNDEN DES SPIELPLANS: DIE HAUPTWERKE VON OFFENBACH, MILLÖCKER, ZELLER, HEUBERGER UND JOHANN STRAUSS

Jacques Offenbach (1819–1880)
ORPHEUS IN DER UNTERWELT
(Orphée aux enfers)
Opéra bouffon in 2 Akten
Text von Hector Crémieux und Ludovic Halévy
Uraufführung Paris 1858

Quelle. Natürlich ist die Quelle erst einmal die Mythologie der Griechen, die uns den Mythos von dem sagenhaften Sänger und Musiker Orpheus überliefert hat (Näheres dazu siehe bei Glucks »Orpheus«-Oper!). Aber es ist eben nicht die mythologische Geschichte selbst, die erzählt und vertont wird, sondern deren fröhlich-frivole Parodie. Und damit ein zeitkritisches Werk von enormer Sprengkraft: ein Stück gegen die Politik des Zweiten Kaiserreichs von Frankreich, gegen die Offenbach (aber nicht nur er) seine Werke geschrieben hat.

Entstehung und Uraufführung. Schon 1856 hatte *Hector Crémieux (1828–1892)*, der zu den erfolgreichen Boulevard-Dramatikern in Paris zählte und als Librettist nicht nur für Offenbach tätig war, einen ersten Entwurf für ein Orpheus-Stück gegeben. Die Anregung dazu freilich kam von Offenbach selbst. Aber erst zwei Jahre später, als sein Theater florierte und er sich mit seinem deutlich vergrößerten Ensemble auch an größere Stücke wagen konnte, kam er auf die Idee zu diesem Werk zurück. Er arbeitete selbst am Libretto mit und drängte zur Eile, dennoch ging es nicht ohne Schwierigkeiten ab. Die Uraufführung am 21. Oktober 1858 an Offenbachs eigenem Théâtre des Bouffes-Parisiens war ein eher durchschnittlicher Publikumserfolg. Doch dann half Offenbach eine öffentlich ausgetragene Fehde zweier renommierter Pariser Kritiker, nun wollte das Publikum sehen, worum es da eigentlich ging, und strömte ins Theater. Eine Aufführungsserie von über 220 Vorstellungen war die nie erwartete Folge, dann streikte erst einmal das Ensemble und verlangte eine

Pause. Doch inzwischen hatte sich der Erfolg herumgesprochen, auch im Ausland, von Deutschland bis nach Amerika.

Ort und Zeit. Theben, der Olymp und die Unterwelt im klassischen Altertum

Die Personen der Operette. Jupiter, der Göttervater (Baß) – Juno, seine Gemahlin (Alt) – Mars, Gott des Krieges (Bariton) – Vulkan, Gott der Schmiedekunst (Bariton) – Minerva, Göttin der Weisheit (Sopran) – Diana, Göttin der Jagd (Sopran/Mezzosopran) – Merkur, Götterbote (Tenor) – Venus, Göttin der Liebe (Sopran) – Amor, Liebesgott (Sopran) – Pluto, Gott der Unterwelt, vorübergehend als Schäfer Aristeus verkleidet (Baß) – Hans Styx, Faktotum bei Pluto (Tenor/Baß) – Orpheus, Direktor und Musiklehrer am Konservatorium von Theben (Tenor) – Eurydike, seine Gemahlin (Sopran) – Die Öffentliche Meinung (Alt/Sprechrolle) – Morpheus, Gott des Schlafes und der Träume (stumme Rolle) – Bacchus, Gott des Weines (Komiker/stumme Rolle)

Götter und Göttinnen, Nymphen und Dämonen der Unterwelt (Chor)

Die Handlung. 1. AKT. 1. Bild: Gefilde in der Umgebung von Theben. Im Hintergrund ein Getreidefeld. An den Seiten die Hütte des Schäfers Aristeus mit der Tür-Inschrift »Aristeus. Honigfabrikant en gros und en détail« sowie das Haus des Orpheus mit der Inschrift über dem Eingang »Orpheus. Direktor des Konservatoriums von Theben, erteilt Musikunterricht«. Die Öffentliche Meinung – als allegorische Figur Hüterin von Sitte und Ordnung und als Bühnengestalt von selbst auferlegter moralischer Autorität – eröffnet das Spiel mit einem Prolog. Sie, so läßt sie uns wissen, ersetze den Chor des alten Dramas und mische sich darüber hinaus mitten ins Geschehen unter die Akteure. Ihre Aufgabe sieht sie darin, strenge Kritik zu üben und belehrend Tadel vor allem dann auszusprechen, wenn es um die Treue bzw. Untreue zwischen Eheleuten geht, also wenn es in einer Ehe schlecht bestellt ist. So wie in der zwischen Orpheus und Eurydike. Sie haßt ihren Mann als einen »überspannten kleinbürgerlichen Geigenspieler« und liebt den Schäfer Aristeus von neben an (*Lied der Eurydike »Ein Weib, das Lieb' und Sehnsucht plagen...«*). Er liebt die Nymphe Chloe (Offenbach entnahm den Namen der europäischen Hirten- und Schäferdichtung »Daphnis und Chloe«). Orpheus überrascht Eurydike, wie sie wieder einmal frische Blumen als Liebesgruß an das Haus des Aristeus hängt und stellt sie zur Rede. Sie bekennt ihre Liebe zu dem jungen Schäfer und ihre Verachtung für ihren Ehemann und seine Musik. Dafür wird sie von Orpheus hart bestraft, indem er ihr sein neues Violinkonzert vorspielt (*Orchesterzwischenspiel mit Violinsolo*). Er ist ganz verliebt in seine Musik: »Die Melodie schuf mein Genie!« Eurydike hingegen findet sie abscheulich und entsetzlich, bittet aber vergebens um Gnade und Schonung: »O welch ein Graus/Ich halt's nicht aus!« Man will sich scheiden lassen – aber das geht nicht so einfach. Orpheus ist schließlich stadtbekannt in Theben und unterrichtet nur »in sehr anständigen Familien«, da muß er auf die öffentliche Meinung hören. Deshalb schmiedet er auch finstere Pläne: er will jeden Anbeter Eurydikes beseitigen. Und so hat er dem Aristeus eine giftige Schlange ins Kornfeld gelegt, dort, wo er und Eurydike ihre Schäferstündchen verbringen. Wie Eurydike zumindest glaubt. Denn Aristeus ist eine erfundene, vorgetäuschte Figur, eine Verkleidung, eine Spielfigur im Spiel. In Wahrheit verbirgt sich dahinter der Unterweltsgott Pluto, der nach Eurydike verlangt. Deshalb hat er auch Orpheus im Traum eingegeben, die Giftschlange ins Kornfeld zu legen, da er es leid ist, den schmachtenden Hirten Aristeus zu spielen (*Hirtengesang des Aristeus* »*Hört, Aristeus bin ich ...*«). Pluto will Eurydike in die Unterwelt entführen, und dieser Plan gelingt auch. Denn Eurydike ist es, die von der Schlange tödlich gebissen wird. Sie sinkt Pluto/Aristeus in die Arme (*Couplet der Eurydike* »*Der Tod will mir als Freund erscheinen ...*«). Da gibt sich Pluto zu erkennen und diktiert ihr, bevor sie sich von dannen machen, noch eine kurze Botschaft an Orpheus und befestigt diese an der Tür zu seinem Haus: »Mein Leben löschte aus/Nichts mich mehr auf Erden hält./Freudig verlaß ich das Haus/Mit Aristeus, dem Gott der Unterwelt.« Orpheus findet die Botschaft und ist sehr zufrieden: »Welch ein beglückender Verlust!« Die Öffentliche Meinung freilich nimmt da einen ganz anderen Standpunkt ein. Sie befiehlt ihm, ihr auf den Olymp zu folgen, um von Göttervater Jupiter die verlorene Gattin zurück zu fordern. Orpheus wehrt sich anfangs, muß dann aber klein beigeben, als die Öffentliche Meinung droht, seine Verfehlungen publik zu machen. So folgt er ihr, wenn auch widerwillig (*Duett Öffentliche Meinung-Orpheus* »*Also komm! Folge der Ehre ...*«). – 2. Bild: Der Olymp. Die Götter haben ständig zu tun? Sind ewig beschäftigt und auf Achse zum Wohl der Menschen? Müssen göttliche Gesetze machen und auf deren Einhaltung achten? Nichts von alledem! Die Götter pflegen der Ruhe, haben sich auf Wolken gebettet und schlafen, wobei ihnen Morpheus Mohn in die Augen streut. Die Schlafenden singen und brummen leise vor sich hin (*Schlafchor der Götter* »*O Seligkeit, im Schlafe zu liegen ...*«). Plötzlich ertönt aus der Ferne Jagdmusik. Diana erscheint. Sie ist niedergeschlagen, denn vergeblich suchte sie ihren Liebsten Actäon, mit dem sie sich sonst immer täglich wenigstens einmal trifft (*Lied der Diana* »*Vor Gram und Schmerz muß ich vergehen ...*«). Jupiter jedoch klärt sie auf: er selbst habe Actäon in einen Hirsch verwandelt, denn sie habe es allzu toll mit ihm getrieben. Venus pflichtet ihm bei und provoziert damit einen Streit mit Diana, den der Göttervater sofort unterbindet. Die Zeiten, so mahnt er, seien nicht günstig für einen Streit unter Göttern, denn »wir Olympier genießen nicht mehr das alte Ansehen auf Erden.« Ausgerechnet Jupiter gibt sich als Moralprediger, was die anderen Götter in Harnisch geraten läßt, geht doch gerade er ständig neuen Liebesabenteuern nach! Da weiß Venus zu berichten, man habe ein schönes Weib von der Erde entführt und der Entführer soll ein Gott sein. Jupiter weist jeden Verdacht von sich, mehr noch: er hat den Götterboten Merkur die Geschichte bereits erkunden lassen. Dieser hat denn auch Pluto als den

Übeltäter ausgemacht und zitiert ihn in Jupiters Auftrag auf den Olymp. Dort wird er freudig begrüßt, denn er bringt endlich mal Abwechslung ins Einerlei des göttlichen Alltags. Zumal Pluto seine Furien als Begleiterinnen mitbringt, die Wein und Speisen auftischen. Zwar stellt der Göttervater den Unterweltsgott zur Rede, doch der leugnet alles. Und er hat Glück, denn das Verhör wird von der hereinbrechenden Götterschar gestört, die eine Revolte gegen Jupiter anzettelt. Man will Jupiters Tyrannei abschütteln. Ewig nur diese faden Götterspeisen Nektar und Ambrosia! Wein wollen sie und Champagner! Sich amüsieren und Feste feiern! (*Götterchor »Zum Kampf! Ihr Götter, kommt herbei!«*). Jupiter wird des Aufruhrs nicht Herr, im Gegenteil. Als er nochmals Plutos Vergehen verurteilt, wird er von den Göttern angegriffen: gerade er müsse sich moralisch entrüsten und habe doch selbst ganz andere Amouren auf dem Kerbholz! In die Enge getrieben, will sich Jupiter mit dem Scheinhinweis, dringende olympische Staatsgeschäfte bedürften seiner Amtsführung, verabschieden. Vergebens, man zwingt ihn, zuzuhören, wenn sie nun seine Verfehlungen aufzählen. Minerva hält ihm seine Verführung Alkmenes vor, der treuen Gattin des thebanischen Feldherrn Amphitryon; Diana erinnert ihn daran, wie er sich Europa als Stier nahte; Venus wirft ihm vor, Leda habe er in Gestalt eines Schwans vergewaltigt; und Pluto zieht die bittere Folgerung: »Warum so viele Metamorphosen/So oft es zu verführen galt?/Weil dich kein Weib je wird liebkosen/In deiner wirklichen Gestalt!« Und jedesmal fällt die gesamte Götterschar in den Gelächter-Refrain ein: »Schaue nicht so fromm darein/Wir kennen dich, Jupiterlein!« Bevor sich jedoch der Göttervater über das Gehörte so recht mokieren kann, meldet Merkur die Ankunft von Orpheus und der Öffentlichen Meinung an. Orpheus erhebt nur widerwillig seine Klage, denn die Öffentliche Meinung droht ihm, die Nachwelt werde sich an ihm rächen, wenn er nicht um die Rückgabe seiner entführten Gattin flehe. Dabei zitiert er sich selbst – aus Glucks »Orpheus«-Oper »Ach, ich habe sie verloren ...«. Die Götter stimmen in dieses musikalische Zitat ein, während Jupiter das Urteil spricht: Pluto muß Eurydike zurückgeben. Ob man ihm aber auch gehorcht, davon will er sich höchst persönlich durch einen Besuch in der Unterwelt überzeugen. Natürlich ist das nur ein Vorwand, denn ihn interessiert Eurydike, mit der er sich ein neues Liebesabenteuer verspricht. So zieht er in Begleitung der gesamten olympischen Götterschar sowie mit Orpheus und der Öffentlichen Meinung hinunter in Plutos Reich, wofür man ihn sehr lobt (*Finale des 1. Aktes »Jupiter lebe hoch! Wie huldreich ist er heut!«*). –

2. AKT. 3. Bild: In der Unterwelt. Im Boudoir langweilt sich Eurydike derart, daß sie sich sogar nach Orpheus zurück sehnt. Besonders leidet sie unter den Besuchen des alten Hans Styx. Er heißt wie einer der Unterweltsflüsse, der seinen Namen von der Göttin Styx bekam, der mächtigsten Tochter des Meeresgottes Okeanos. Auf Erden war er einst Prinz von Arkadien, jetzt aber ist er nur noch

ein langweiliger, ausgehöhlter und ausgetrockneter Schatten. Mit stets gleichbleibender Monotonie trägt er Eurydike seine traurige Erinnerung an einst glückliche Zeiten vor, die sie sich ständig anhören muß und sie schon ebenso flieht wie einst die Musik ihres Gatten Orpheus (*Couplet des Hans Styx* »*Als ich einst Prinz war von Arkadien...*«). Noch immer leugnet Pluto, etwas mit der Entführung Eurydikes zu tun zu haben, doch noch immer glaubt ihm Jupiter nicht. Während das berauschende Begrüßungsfest beginnt, das Pluto zu Ehren des hohen Besuches in seinem finsteren Reich hat bereiten lassen, riskiert der Göttervater einen Blick durch das Schlüsselloch in Plutos Boudoir. Vom Anblick Eurydikes ist er sofort derart entzückt, daß er sich in eine Fliege verwandelt, durchs Schlüsselloch zu ihr schlüpft und sie liebestoll umflattert (*Duett Eurydike-Jupiter* »*Ich glaubte hier etwas zu fühlen, als wehte ein Lüftchen mich an...*«). Wie eine Fliege summend umwirbt er sie, läßt sich willig von ihr fangen und gibt sich dann zu erkennen. Er sei nur gekommen, um sie mit sich auf den Olymp zu nehmen. Eurydike ist begeistert. Um aber keinen Verdacht zu erregen, wollen sie sich auf dem Fest treffen, Eurydike in Gestalt einer Bacchantin, also einer Begleiterin aus dem Gefolge des Weingottes Bacchus. – 4. Bild: Die Hölle. Im Ballsaal der Unterwelt, in dessen Hintergrund der Styx vorbei fließt, sitzen die Götter um einen Tisch versammelt und trinken auf das Wohl Plutos. Jupiter hat sich bereits unter sie gemischt, als Eurydike als Bacchantin erscheint. Er fordert sie zum Tanz eines Menuetts auf, woran sich die übrigen Götter herzlich erfreuen (*Ensemble Diana und Chor* »*Vater Jupiter vor uns tanzen sehn, ei, der Anblick ist gar zu schön.*«). Während Jupiter und Eurydike den Augenblick zur Flucht auf den Olymp für günstig halten, werfen sich die anderen in das ekstatische Finale des Balles (*Can-Can* »*Galopp schließet nun den Ball...*«). Doch Pluto hat Jupiters Plan durchschaut und stellt sich ihm in den Weg. Erst jetzt gibt er zu, Eurydike entführt zu haben, bereue dies aber inzwischen. Sie schikaniere ihn genau so wie einst ihren Gatten Orpheus. Jupiter lacht erst höhnisch, doch dann ist er sauer über sich selbst. Denn Pluto erinnert ihn an sein göttliches Versprechen, Eurydike müsse zurück zu ihrem Gatten. Er sucht nach einem Ausweg und verfällt auf die Idee, Orpheus dürfe sich auf dem Weg zurück auf die Erde nicht nach Eurydike umsehen. Leider bleibt Orpheus unter den ständigen Ermahnungen der Öffentlichen Meinung standhaft, so daß Jupiter auf neue List verfallen muß. Er läßt es plötzlich blitzen und donnern, worauf Orpheus erschrocken zurückschaut – und so ist ihm Eurydike für immer verloren. Aber weder Jupiter noch Pluto dürfen sich ihrer erfreuen, denn als Bacchantin wird Eurydike künftig Priesterin des Weingottes Bacchus sein. Und das freut sie ganz besonders, nun muß sie weder zu ihrem Gatten zurück noch sich im Olymp oder in der Unterwelt langweilen (*Finale* »*Du darfst den Blick nicht rückwärts lenken...*«). –

Aufführungsdauer. 3 Stunden

Karl Millöcker (1842–1899)
DER BETTELSTUDENT
Operette in 3 Akten
Textbuch von Friedrich Zell und Richard Genée
Uraufführung Wien 1882

Quellen. Millöckers Operette hat einen konkreten historischen Hintergrund. Unter den mehr als dreihundert deutschen Duodezfürstentümern um die Wende 17./18. Jahrhundert gehörte das Reichsfürstentum Sachsen unter der Regentschaft des Hauses Wettin zu jenen, die nach besonderer politischer und kultureller Macht strebten. *Kurfürst Friedrich August I. dem Starken (1670–1733)* gelang es, seinem Land vorübergehend politisches Ansehen zu verschaffen und die bedeutende kulturelle Entwicklung Dresdens in die Wege zu leiten. In einem erbitterten, von Bestechungen und Intrigen geprägten Kampf um die Krone Polens sicherte sich dieser lebenslustige Barockfürst mit russischer und österreichischer Unterstützung 1697 die Krone und regierte als König August II. von Polen. Zwischen Schweden unter Karl XII. und Rußland unter Zar Peter I. dem Großen geraten, machte sich in Polen zu Beginn des 18. Jahrhunderts Unmut und Widerstand gegen die sächsische Fremdherrschaft bemerkbar, was schließlich zu Augusts vorübergehender Abdankung im Jahre 1704 führte. In diesem Jahr spielt der »Bettelstudent«, der seine Grundgeschichte zwei in ihrer Zeit erfolgreichen Theaterstücken verdankt. Das erste war »Die Gräfin von Lyon« von *Edward George Bulwer Lord Lytton (1803–1873)*, dessen 1834 erschienener historischer Roman »Die letzten Tage von Pompeji« einer der Weltbestseller des 19. Jahrhunderts war. Das zweite Theaterstück hieß »Fernande« und wurde 1870 in Paris uraufgeführt. Dessen Verfasser *Victorien Sardou (1831–1908)* gehörte zu den erfolgreichsten französischen Dramatikern des 19. Jahrhunderts (siehe Puccinis »Tosca«!). Bei Bulwer-Lytton rächen sich zwei abgewiesene Lyoner an der Dame ihres Herzens dadurch, daß sie einen Bauernburschen als italienischen Prinzen ausgeben, ihn mit ihr verheiraten und nach der Hochzeit ihr gemeinsames Rachewerk aufdecken. Bei Sardou ist es eine Gräfin, die ihren ungetreuen Liebhaber mit einem ehemaligen leichten Mädchen verheiratet und dann deren Vergangenheit enthüllt. In beiden Fällen sind die Rächer die Verlierer, denn die unter jeweils falschen Voraussetzungen verheirateten Paare entdecken ihre Liebe und bleiben zusammen.

Entstehung und Uraufführung. Den historischen Hintergrund kennen die literarischen Vorlagen nicht, den haben die beiden Librettisten *Friedrich Zell (eigentlich Camillo Walzel; 1829–1895)* und *Richard Genée (1823–1895)* eingeführt. In der siebten Szene des ersten Aktes heißt es dazu, wenn der Bürgermeister von Krakau folgenden obrigkeitlichen Aufruf verliest: »In letzter Zeit erhebt die Rebellion in Polen gegen unsern angestammten Herrscher August und die gütige sächsische Gewaltherrschaft immer frecher ihr Haupt. Der vertriebene Herzog Adam Kasimir von Polen versucht das Werk der Rebellion in Krakau persönlich zu leiten. Hiermit wird jeder sächsisch gesinnte Staatsbürger und Untertan aufgerufen, die Behörden bei der Ergreifung des Herzogs tatkräftig zu unterstützen.« Der Titel der Operette bezieht sich auf jene ›Bettelstudenten‹ genannten Studenten früherer Zeit, die bestimmte Kosttage in den Klöstern hatten oder freien Tisch bei wohlhabenden Bürgersleuten bekamen und oft auch eine Schlafstelle umsonst erhielten. Das Textbuch hatten die Autoren zunächst Johann Strauß angeboten, der es aber ablehnte. Millöcker hingegen griff sofort zu und machte sich unverzüglich an die Vertonung. Die Uraufführung am 6. Dezember 1882 am Theater an der Wien wurde zu einem beispiellosen Erfolg, der dem Werk bis heute treu geblieben ist.

Ort und Zeit. Das von sächsischen Truppen besetzte Krakau in Polen unter der Regierung August des Starken im Frühjahr 1704

Die Personen der Operette. Palmatica Gräfin Nowalska (Alt) – Laura (Sopran) und Bronislawa (Soubrette), ihre Töchter – Oberst Ollendorf, Gouverneur von Krakau (Baßbuffo) – Simon Rymanowicz, Student (Tenor) – Jan Janicki, Student (Tenorbuffo) – Major Wangenheim, Rittmeister Henrici, Leutnant Schweinitz und Kornett Richthofen, Offiziere im sächsischen Reiterregiment Ollendorfs – Onuphrie, Diener im Hause Nowalska – Enterich, Gefängniswärter – Piffke und Puffke, seine Gehilfen – Roy, Wirt – Der Bürgermeister von Krakau – Ein Kurier

Gefangene und deren Frauen. Messebesucher. Hochzeitsgäste und Brautjungfern. Pagen, Diener und Lakaien. Volk. Soldaten (Chor und Ballett)

Die Handlung. 1. AKT: Freier Platz vor der Festung Krakau und Gefängnishof. Frauen aus dem von sächsischen Truppen besetzten Krakau besuchen ihre Männer im Gefängnis (*Chor der Frauen »Ach, unsre Lieben sperrt man ein; wir armen Weiber sind nun allein.«*). Auf schmeichelndes Bitten hin öffnet Gefängniswärter Enterich mit seinen Gehilfen Piffke und Puffke die Verliese. Dabei wird von den mitgebrachten Sachen aus Gründen der Staatssicherheit das, was verdächtig scheint, »sogleich notiert und registriert und höflich dankend konfisziert.« Dieses ›Ausmustern‹ wird jäh unterbrochen, als vier Offiziere des von Oberst Ollendorf kommandierten sächsischen Reiterregiments erscheinen. Der Grund: ein Racheplan des beleidigten Ollendorf, Gouverneurs von Krakau. Auf einem Ball am vergangenen Abend hat er Laura, der von ihm begehrten Tochter der polnischen Gräfin Nowalska, ein wenig zu sehr den Hof gemacht und sich dafür von ihr einen Schlag mit dem Fächer eingehandelt (*Auftrittslied des Oberst Ollendorf »Und da soll man noch galant sein mit dem schöneren Geschlecht« mit dem Refrain »Ach, ich hab' sie ja nur auf die Schulter* *geküßt!«*). Nun dürstet er nach Satisfaktion, um seine Blamage zu verschmerzen. Er hat einen Brief der Gräfin an ihre Schwester in Warschau abgefangen, in der er als alter Trottel tituliert wird und in dem sie schreibt, Laura dürfe nur einen Polen heiraten, aber mindestens einen Fürsten. Das hat Ollendorf auf eine Idee gebracht, sich zu rächen. Er fragt Enterich nach einem hübschen und eleganten Burschen, und der hat gleich deren zwei: die Studenten Jan (in Wirklichkeit der polnische Herzog Adam Kasimir, der die Bevölkerung von Krakau zum Widerstand gegen die Sachsen aufwiegelt) und Simon (dessen Freund, dem gegenüber sich Jan als Medizinstudent ausgibt), den man seiner Schulden wegen den ›Bettelstudent‹ nennt (*Auftrittsduett Jan-Simon »Und bleibt uns der Humor nur treu, ist alles Spielerei.«*). Einen von ihnen will Ollendorf zu einem Fürsten von seinen Gnaden machen, ihn mit dem nötigen Kleingeld versehen und auf die stolze Laura loslassen, die mit Mutter und Schwester Bronislawa in Armut gefallen ist und deshalb sicher hereinfallen wird. Simon erbietet sich, das Spiel mitzumachen, während es Jan gelingt, zu fliehen und trotz sofortiger Verfolgung in der Menge zu verschwinden, die sich auf dem Ringplatz zur Eröffnung der Krakauer Frühjahrsmesse durch den Bürgermeister der Stadt eingefunden hat (*Chor der Messebesucher »Jucheissa, hurrah, die Messe beginnt!«*). Unter den Besuchern sind auch Gräfin Nowalska und ihre Töchter (*Auftrittsterzett »Wenn man wie wir, so hochgeboren ...«*). Deren Diener Onuphrie hat von seiner gräflichen Herrschaft genug, immer nur für sie arbeiten ohne Lohn und Essen, da sucht er sich lieber eine neue Stellung. Jan hat den Auftritt der Damen beobachtet, sofort ein Auge auf Bronislawa geworfen und kauft für 100 Dukaten dem Diener Livree und Stellung ab. So stellt er sich den Damen als neuer Diener vor, die ihn auf Probe engagieren. Oberst Ollendorf und seine Offiziere erscheinen wie zufällig und legen ihren Köder aus: ihr gemeinsamer reicher Freund Fürst Wybicki sei aus Paris gekommen und habe mit ihnen gewettet, binnen acht Tagen verheiratet zu sein und seiner Braut als Mitgift fünf Millionen zu verschreiben. Und schon ist der Fürst alias Simon da (*Ensemble »Das ist der Fürst Wybicki, der große Millionär« mit dem Refrain der Offiziere »Bravo, bravo, es geht ganz famos. Es reift unser Racheplan, Racheplan, Racheplan!«*). Simon bemüht sich vor allem um Laura, und natürlich gehen die Damen den Herren auf den Leim (*›Lied der Polin‹ des Simon »Ich knüpfte manche zarte Bande, studierte die Pariserin ...«*). Auch Laura findet ihn äußerst sympathisch, so daß Simon um ihre Hand anhält (*Ensemble »Ich bin die Seine/Sie ist die Meine/Er der Ihre, gratuliere!«*), alle zum Diner auf Kosten Ollendorfs einlädt und ein vaterländisches Lied anstimmt (*Lied des Simon »Höchste Lust und tiefstes Leid, die Träne macht Euch ähnlich beid'!«*). Worauf sich Laura mit einer fröhlichen Weise anschließt, in die am Schluß alle einfallen (*Lauras Lied »Doch wenn's im Lied hinaus dann klinget, la, la, la, la!«*). –

2. AKT: Im Palais Nowalska. Gräfin Palmatica und ihre Töchter bereiten sich

auf das Hochzeitsfest vor und werden von Onuphrie-Jan mit neuen kostbaren Kleidern versorgt. Sie glauben, das lang ersehnte Glück durch Lauras Verheiratung mit Simon gefunden zu haben (*Terzett »Einen Mann hab' ich/hat sie gefunden!«*). Jan ist als Diener eine Perle, aber Bronislawa, die sich in ihn verliebt hat, durchschaut ihn, nicht der zu sein, für den er sich ausgibt. Jan gibt deshalb zu, daß die Not des Vaterlandes ihn zu der Verkleidung als Diener zwingt. Als sie ihm gesteht, aus Patriotismus Herzog Adam zu lieben, macht er ihr ein Liebesgeständnis, ohne sich freilich zu erkennen zu geben (*Duett Jan-Bronislawa »Durch diesen Kuß sei unser Band geweiht für alle Zeit«* mit dem Refrain *»Nur das eine bitt' ich Dich: Liebe mich, liebe mich!«*). Wenig später begegnet er Simon, der ihm von seiner Liebe zu Laura erzählt, der gegenüber er sich nicht mehr verstellen möchte. So fragt er Laura vorsichtig, ob sie ihn auch lieben würde, wenn alles ganz anders sei, er ein armer Vagabund und sein Fürstenrang nur Schwindel. Ja, so antwortet sie ihm, ihre Liebe und ihre Treue zu ihm seien unabhängig von Rang und Reichtum (*Duett Simon-Laura »Ich setz den Fall...«*). In einem Brief gesteht er ihr dann die volle Wahrheit und bittet die Gräfin, ihn der Tochter auszuhändigen. Doch Ollendorf konfisziert den Brief und zieht Onuphrie alias Jan ins Vertrauen. Denn er hat eine Depesche aus Dresden erhalten, der zufolge sich Herzog Adam im gräflichen Palais verstecke. Als Diener wisse Onuphrie doch alles, er bietet ihm für die Entdeckung des Herzogs 200 000 Taler. Das, so stellt Jan zufrieden fest, ist genau die Summe, die er braucht, um den Kommandeur der Zitadelle zu bestechen, um dann losschlagen zu können. So verspricht er Ollendorf, den Herzog nach dem Fest auszuliefern (*Lied des Ollendorf »Seit ich als Feldherr tätig, ist mir der Kriegsgott gnädig ... Na ja, Schwamm drüber!«*). Sein ganzer Racheplan, dessen ist er sicher, gelingt aufs beste: »Der Bettelstudent und die Bettelgräfin sind ein Paar!«, melden ihm seine Offiziere, und die Gratulationscour beginnt (*Ensemble und Chor »Wir gartulieren dem holden Paar!«*). Dann schlägt Ollendorf einen Rundgesang vor, denn es ist Brauch, daß der Pole Chamapgner aus dem Schuh seiner Dame trinkt (*Ensemble und Chor »Trink uns zu! Trink uns zu! Aus der Schönen kleinem Schuh! Glu, glu, glu, gluglu!«*). Schließlich aber deckt Ollendorf den ganzen Schwindel auf, Simon sei nur ein Bettelstudent und die Heirat ein zum allgemeinem Gaudi von ihm arrangierter Racheakt für den Schlag mit dem Fächer: »Die schönen Kleider sind geborgt, das Geld von mir besorgt, damit er also ausstaffiert bei den Damen reüssiert!« Die gräflichen Damen erkennen ihre Schmach und Simon läuft davon, als er hört, sein Brief an Laura sei nicht bestellt worden, in dem er ihr doch die Wahrheit bereits gestanden hatte. –

<u>3. AKT:</u> Ein Garten vor dem gräflichen Schloß. Simon ist der ganze Vorfall bei seiner Hochzeit peinlich, und doch schämt er sich seiner Armut nicht (*Lied des Simon »Ich hab' kein Geld, bin vogelfrei, will aber nicht verzagen, Du Jugend*

Leichtsinn steh' mir bei, mein Schicksal zu ertragen.«). So trifft er auf Jan, der sich ihm nun als Herzog zu erkennen gibt. Er braucht aber noch etwas Zeit, um die Zitadelle einzunehmen und bittet Simon, an seiner Stelle sich als Herzog dem Oberst Ollendorf zu stellen. Spätestens um Mitternacht sei die polnische Sache gerettet. Im übrigen hat er Ollendorf bereits unauffällig auf Simons Spur als vermeintlichem Herzog gelenkt. So glaubt der wirklich, in dem Bettelstudenten den gesuchten Herzog vor sich zu haben, er läßt ihn arretieren und ins Gefängnis abführen. Dort erlebt Ollendorf freilich eine Überraschung: Die Gefangenen und die Wachen sitzen kreuzfidel beisammen, die Krakauer Frauen haben die ganze Garnison betrunken gemacht! Und, so meldet Enterich, der Kommandant hat für 200 000 Taler kapituliert – für Ollendorfs Geld, der obendrein feststellen muß, den falschen Herzog Adam Kasimir arretiert zu haben! Der richtige hat inzwischen das Befreiungswerk vollendet und sich Branislawa gewonnen. Den Bettelstudenten Simon aber ernennt er zum Grafen, und so hat auch Laura bekommen, was ihre Mutter wollte: einen Hochwohlgeborenen! –

Aufführungsdauer. 2½ Stunden

Karl Millöcker
GASPARONE
Operette in 3 Akten
Textbuch von Friedrich Zell und Richard Genée
Uraufführung Wien 1884

Quelle. Banditen als Schmuggler, Straßenräuber, Diebe und sonstige Verbrecher stellen schon früh, besonders jedoch seit der europäischen Romantik ein beliebtes literarisches Motiv dar. Darin spiegelt sich nicht nur der Wunsch nach einem freien Leben und prickelnden Abenteuern wider, sondern auch die sozialen Spannungen zwischen der Gesellschaft und jenen Menschen, die aus den verschiedensten Gründen aus ihr heraus in die Gesetzlosigkeit getrieben wurden. Nicht selten werden jedoch gerade Gesetzlose zu Kämpfern für Freiheit und Gerechtigkeit, für Ordnung und Gesetz. Besonders in der Unterhaltungsliteratur haben sich abenteuerliche Räubergeschichten etabliert und bewährt, die oft nicht ohne Humor auf Sensation und Liebesromantik abzielen. Solcher Stoffe bediente sich von Anfang an auch das Theater. So sind denn Millöckers diesem Genre zugehöriger Operetten-Räuberpistole drei Werke des musikalischen Theaters vorausgegangen, die noch heute zumindest zum erweiterten Repertoire der Musiktheates gehören: *Daniel François Esprit Aubers* komische Oper »Frau Diavolo« (U Paris 1830) sowie die beiden Operetten »Banditenstreiche« von *Franz von Suppé* (U Wien 1867) und »Die Banditen« von *Jacques Offenbach* (U Paris 1869).

Entstehung und Uraufführung. Stoff und Geschichte des »Gasparone« sind Erfindung der schon vom »Bettelstudent« her bekannten Autoren. Den Titelhelden aber hat es offenbar wirklich gegeben, im ersten Drittel des 19. Jahrhunderts in Italien. So vermeldete die »Wiener Zeitung« in ihrer Ausgabe vom 2. Februar 1830: »In den Gefängnissen zu Rom befindet sich ein Räuberhauptmann, nämlich *Gasparone,* den man zweihundertundvierzig Mordtaten beschuldigt, von denen er hundertfünf eingesteht.« Und in der »Zeitschrift für Kunst, Literatur, Theater und Mode« vom Jahr 1835 ist von einem »berüchtigten Freibeuter und Mörder *Gasparone*« die Rede, der in einem Kerker in Civitavecchia bei Rom »mit seinen vierundzwanzig Raubgenossen« in strenger Haft einsitzt, »seinem Endurteile entgegenharrend.« Millöcker ging bei der Komposition seines bereits sechsten Bühnenwerkes wie immer mit Fleiß und Gewissenhaftigkeit zu Werke und verbuchte seinen zweiten bleibenden Operettenerfolg. Über die Wiener Uraufführung am 26. Januar 1884 am Theater an der Wien schrieb die »Neue Freie Presse« in ihrer Premierenberichterstattung u. a.: »Noch beherrscht sein *Bettelstudent* alle deutschen und nichtdeutschen Operettenbühnen, und schon wieder hat er mit einem neuen Werk einen unbestrittenen Erfolg errungen!« Das hat freilich nicht verhindert, daß »Gasparone« im Laufe der Jahrzehnte einige textliche Umarbeitungen und musikalische Bearbeitungen erfahren hat, in die Musikbeispiele aus anderen Werken Millöckers aufgenommen wurden, so auch das zum Schlager gewordene Lied »Dunkelrote Rosen«. Die folgende Inhaltsangabe folgt der textlichen Neugestaltung von *Ernst Steffan* und *Paul Knepler.*

Ort und Zeit. Die Hafenstadt Trapani an der NW-Küste Siziliens Anfang des 19. Jahrhunderts

Die Personen der Operette. Carlotta, verwitwete Gräfin Santa Croce (Sopran) – Baboleno Nasoni, Bürgermeister von Trapani (Baßbuffo) – Sindulfo, sein Sohn (Bariton) – Der Fremde (Tenor) – Luigi, dessen Freund – Benozzo Malvatti, Wirt der Hafenschenke von Trapani (Tenorbuffo) – Sora, seine Frau (Soubrette) – Massaccio, Petruccio, Benito und Calvazzi, Schmuggler – Angelo, ein Fischer (Tenor) – Major Corticelli – Ein Amtsdiener – Eine Tänzerin

Einwohner von Trapani. Schmuggler. Gendarmen und Karabinieri. Tänzerinnen (Chor und Ballett)

Die Handlung. 1. AKT: Das Innere einer verfallenen Hütte. Ein Fremder wartet ungeduldig auf seinen Freund Luigi, während er sich die Zeit mit dem Säubern seiner Pistole vertreibt und dabei ein Lied singt (*Lied des Fremden*

»*Denk an mich, schwarze Ninetta*...«). Luigi taucht auf und entrollt ein mitgebrachtes Fahndungsplakat, auf dem sich der Bürgermeister von Trapani, Baboleno Nasoni, an die Einwohner der Stadt wendet: Gasparone, der berüchtigte Räuber aus den Abruzzen, hause in den Wäldern Trapanis und zeige sich laut Aussage von Überfallenen in stets wechselnder Aufmachung. Doch der Fremde interessiert sich vor allem für den Bürgermeister, der als bestechlich gilt und hinter dessen Geldern er her ist. – Die Hafenschenke in Trapani. Sie ist Sitz einer erfolgreich operierenden Schmugglerbande, deren Anführer der Wirt Benozzo ist und die vor allem den Bürgermeister Nasoni und seine Polizei an der Nase herumführt. So hat Benozzo das Gerücht um Gasparone in die Welt gesetzt und inszeniert fingierte Raubüberfälle, die er dann Gasparone in die Schuhe schiebt. So können er und seine Helfershelfer ungestört ihren Schmuggelgeschäften nachgehen, während die Gendamerie Nasonis Tag und Nacht den unsichtbaren Gasparone sucht. Da in der Nacht neue Schmuggelware, riesige Mengen Zucker und Kaffee, per Schiff zu erwarten ist, muß ein weiterer Überfall die Polizei vom Hafen abziehen. Er soll dieses Mal der verwitweten Gräfin Carlotta Santa Croce während ihres allmorgendlichen Ausrittes gelten, deren Kammerzofe pikanterweise Benozzos Ehefrau Sora, eine feurige Spanierin, ist. Da betritt der Fremde die Schänke und bringt das Gespräch auf Gasparone, von dem Benozzo selbst überfallen worden sein will. Als der Fremde das Spottlied des Räuberhauptmannes anstimmt (*Lied des Fremden* »*Nur Gold will ich haben und Edelgestein, welch herrliches Leben, ein Räuber zu sein!*«), da schaut Benozzo ihn entgeistert an, glaubt er doch in ihm Gasparone leibhaftig vor sich zu sehen! – Der Marktplatz von Trapani mit dem Bürgermeisteramt auf der einen und dem Schloß der Gräfin Carlotta auf der anderen Seite. Benozzo sucht Bürgermeister Nasoni auf, der kaum noch Schlaf findet, seit dieser Gasparone in den Wäldern um Trapani hausen soll (*Lied des Nasoni* »*Der verdammte Gasparone treibt es mir denn doch zu bunt!*«). Benozzo hat deshalb eine Idee: da es der Polizei allein nicht gelingt, den berüchtigten Räuber dingfest zu machen, muß man eine Belohnung von 10 000 Zechinen aussetzen. Als Nasoni unter der Bedingung einer zwanzigprozentigen Beteiligung an der Belohnung darauf eingeht und einen amtlichen Aufruf verfassen läßt, will Benozzo das Geld haben, denn er kann Gasparone genau beschreiben, er sei nämlich gerade erst in seiner Schenke gewesen. Plötzlich hören sie Hilferufe der Gräfin und ihrer Zofe, denn Carlotta ist von zwei Räubern überfallen worden, die jedoch ein Fremder in die Flucht schlagen konnte (*Lied der Carlotta* »*Im dunklen Wald, so ganz allein*...«). Der Fremde kommt, um sich nach Carlottas Befinden zu erkundigen. Benozzo erkennt in ihm Gasparone wieder, Nasoni aber ist er gleich nicht geheuer. Hat er nicht einmal von einem Retter gelesen, der selbst der Räuber war?! Er will ihn gleich verhaften, doch da stellt ihn Carlotta als Kavalier Erminio della Torella vor, der sich zudem mit einem (falschen) Paß ausweisen kann und Carlotta ein galantes Kompliment macht (*Lied des Fremden* »*Oh, daß ich doch ein Räuber wäre, für immer hielt ich Euch gefangen!*«). Daraufhin lädt sie ihn in ihr Haus ein, was Nasoni äußerst mißfällt. Er sieht in ihr nämlich seine künftige Schwiegertochter, denn sie hat in einem Erbschaftsprozeß das Schloß und eine Million Bargeld ihres verstorbenen Mannes zu erwarten. Auf das Vermögen ist Nasoni scharf, weshalb er die Gräfin mit seinem Sohn Sindulfo verheiraten will, einem allein seinen Vergnügungen lebenden Nichtsnutz. Carlotta ist Vater und Sohn dankbar, denn Nasoni hat sich in dem Prozeß für sie verwandt. Um sie einzuschüchtern und gefügig zu machen, gibt er vor, der Prozeß sei leider verloren und das Vermögen futsch. Nun, da sie arm sei, werde sie an Sindulfos aufrichtiger Liebe nicht mehr zweifeln. Sora hingegen glaubt allen Grund zu haben, an der Liebe ihres Benozzos zweifeln zu müssen, denn für die Liebe hat er kaum Zeit, sie aber ist eine feurige Spanierin. Das habe, so gibt Benozzo vor, mit seiner »politischen Mission« zu tun. Sie aber verdächtigt ihn anderer Liebschaften, und beide beschweren sich über den anderen bei Nasoni (*Terzett Benozzo-Sora-Nasoni* »*So sind die jungen Leute von heute!*«). Der Fremde und Carlotta sind sich seit dem Überfall mehr als sympathisch, aber sie will ihr Wort halten und Sindulfo heiraten, auch wenn der Fremde sie vor Vater und Sohn warnt (*Duett Fremder-Carlotta* »*Liebe erhellt die ganze Welt!*«). Sindulfo freilich ist Carlotta gleichgültig, er will nur ihr Geld, um seinen Vergnügungen weiterhin frönen zu können, die ihn inzwischen in Schulden gestürzt haben (*Auftrittslied Sindulfo mit Mädchen* »*Wenn der Champagnerwein nicht gar so süffig wär'*...«). Und dann muß er in seinem eigenen Vater auch noch einen Nebenbuhler entdecken! Doch der hat derzeit andere Sorgen: Sindulfo muß Carlotta unbedingt sofort heiraten, denn der Prozeß ist in Wahrheit längst gewonnen und bringt Carlotta Schloß und Vermögen ein, und das muß in der Familie bleiben. Er läßt die gute Nachricht nun auch die darüber höchst erfreute Gräfin wissen und verkündet auch gleich ihre Verlobung mit seinem Sohn. Das macht sie eben so betroffen wie den Fremden, der sie nochmals vor beiden warnt, doch sie kann nicht mehr zurück. Man beglückwünscht das Paar mit Tanz und Gesang (*Ensemble und Chor* »*Hör' doch die Töne, Estrella, man tanzt Tarantella, berauschende Musik bringt mir der Liebe süßes Glück!*«). –

2. AKT: Großer Saal im Schloß der Gräfin Carlotta. Die Verlobungsfeier für Carlotta und Sindulfo ist in vollem Gange, alle sind da – bis auf den Bräutigam selbst. Luigi bringt einen Brief Gasparones, in dem der Räuberhauptmann Nasoni mitteilt, sein Sohn befinde sich in seiner Gewalt und werde gegen ein Lösegeld in Höhe von 10 000 Zechinen freigelassen. Benozzo verdächtigt erneut den Fremden, Gasparone zu sein. Dieser erscheint, um Carlotta zu gratulieren (*Lied des Fremden* »*Dunkelrote Rosen bring ich, schöne Frau!*«). Die Gräfin bringt das Lösegeld auf und Benozzo wird beauftragt, es wie verlangt zum Steinbruch zu bringen. Sora ist darüber empört, warum muß ausgerechnet er zu dem gefährlichen Gasparone geschickt werden. Was, wenn der ihm ein Leid zufügt und sie ihren Liebsten nur lädiert zurückerhält – schließlich ist sie eine feurige Spanierin! Benozzo versucht sie zu beruhigen, ihm werde schon nichts passieren – schließlich ist er ein mutiger Sizilianer! (*Duett Sora-Benozzo »Ich stamme aus Kastilien/Sizilien ...«*). Nasoni wird der Fremde immer widerlicher, so wie er hinter Carlotta her ist. Wäre er doch selbst nur etwas jünger, dann ... (*Lied des Nasoni »Auch ich war einst ein junger Mann – das waren Zeiten!«*). Selbst Carlotta bleibt der Fremde rätselhaft, so sehr sie sich auch zu ihm hingezogen fühlt. Doch so nachdrücklich er ihr seine Liebe auch gesteht und sie vor Sindulfo warnt, der heuchle seine Liebe nur, weil er und sein Vater hinter ihrer Million her sind, sie will ihr Wort nicht brechen, das sie aus Dankbarkeit gab (*Duett Carlotta-Fremder »Sprich es aus, das süße Wort, und verschließ dich nicht!«*). Benozzo kehrt von seinem angeblichen Treffen mit Gasparone zurück, gesteht jedoch, aus Angst vor ihm unterwegs das Lösegeld vertrunken und verspielt zu haben. Und er tischt eine abenteuerliche Geschichte auf (*Sindulfo mit Ensemble und Chor »Stockfinster war die Nacht, kein Mond, kein Sternlein wacht ...«*). Nasoni hat jetzt endgültig genug, er wird selbst mit seinen bewaffneten Gendarmen Gasparone stellen (*Nasoni und Gendarmen »Erscheinen wir als Rächer mit lautem Trarara, so wissen die Verbrecher von weitem, daß wir da!«*). – In ihrem Schlafgemach bereitet sich Gräfin Carlotta mit ihrer Zofe für die Nacht vor. Von weitem erklingt der Liebesgesang des Fischers Angelo, in das sie einstimmt (*Carlotta »Wenn die Sommernacht deine Glut entfacht ...«*). Als sie schon im Bett liegt, betritt der Fremde durch die Balkontür das Gemach, verschließt alle Türen, verlangt Carlottas Million und verschwindet wieder. Nun ist auch die Gräfin überzeugt, daß er Gasparone ist. –

<u>3. AKT:</u> Der Marktplatz von Trapani. Nach dem nächtlichen Raubüberfall im Hause Carlottas hat Nasoni Verstärkung bei den Karabinieri angefordert, bis zur Gefangennahme Gasparones das Standrecht über Trapani verhängt und bereits über zweihundert Verdächtige festgenommen – was seiner Meinung nach die Wahrscheinlichkeit erhöht, unter den Verhafteten befinde sich auch der Gesuchte, für den er überzeugter denn je den Fremden alias Signor Torella hält. Auch Benozzo und sein Kumpan Massaccio sind darunter und werden als Schmuggler entlarvt, von Nasoni jedoch wieder auf freien Fuß gesetzt, als sie ihm eine zehnprozentige Gewinnbeteiligung versprechen. Nun erfährt auch Sora, was ihr Mann nachts tut und das befreit sie von ihrer Eifersucht (*Duett Benozzo-Sora »Er soll dein Herr sein, wie stolz das klingt!«*). Nasoni hat inzwischen seinen Sohn wieder, dem er nun aber die Heirat mit Carlotta ausredet, denn Gasparone hat sie bestohlen und als verarmte Witwe ist sie nicht mehr interessant. Deshalb begegnet er ihr auch ganz als Amtsperson, als er den

nächtlichen Raubüberfall zu Protokoll nimmt und ihn Carlotta gegenüber einwandfrei als eine Tat della Torellas alias der Fremde alias Gasparone feststellt. Sie hingegen behauptet, der Eindringling sei ein ihr völlig unbekannter Mann gewesen. Plötzlich steht dieser neben ihr. Er hat das Geld zurückgebracht, weil er es nur stahl, um ihr zu beweisen, daß Sindulfo es nur auf ihr Geld abgesehen und sie nicht geliebt hat. Als er ihr gesteht, nicht Torella zu heißen und einen gefälschten Paß zu haben, beschwört sie ihn aus Liebe zu ihm zu fliehen. Dafür aber scheint es zu spät zu sein, denn Nasoni rückt mit bewaffneten Männern an, um ihn zu verhaften. Da endlich läßt der Fremde die Maske fallen und weist sich als Gouverneur der Region aus. Er ist gekommen, die ihm zugetragenen Mißstände in und um Trapani persönlich zu untersuchen. Außerdem sitze Gasparone bereits seit zwei Monaten in der Festung von Messina, folglich habe man in Trapani seinen Namen für dunkle Zwecke mißbraucht. Dennoch will er nicht strafen, sondern Gnade walten lassen und ernennt Nasoni zum Ober-Bürgermeister von Trapani – aus Dank dafür, daß er durch ihn in der Gräfin Carlotta sein Lebensglück gefunden hat (*Finale »Die Karabinieri ziehen ein und stell'n die Ordnung her!«*). –

Aufführungsdauer. 2 Stunden

Carl Zeller (1842–1898)
DER VOGELHÄNDLER
Operette in 3 Akten
Textbuch von Moritz West und Ludwig Held
Uraufführung Wien 1891

Quelle. Die Grundidee der Handlung dieser Operette verweist auf den nicht näher bekannten Autor *Edmond Desnoyers de Biéville*, ist aber wohl in erster Linie eine des Komponisten *Carl Zeller* selbst. Sie soll ihm während eines Ferienaufenthaltes in den Tiroler Bergen gekommen sein.

Entstehung und Uraufführung. Die beiden Librettisten *Moritz West (eigentlich: Moritz Georg Nitzelberger; 1840–1904)* und *Ludwig Held (1837–1900)* arbeiteten das erste Mal mit Zeller zusammen, der sie später auch für seinen »Obersteiger« wieder verpflichtete. Neben seiner beruflichen Tätigkeit mußte sich Zeller die Zeit für die Komposition gewissenhaft einteilen. Ohnehin sah man es gar nicht gerne, daß er als Musiker tätig war. Man ließ ihn, wenn auch erfolglos, wissen, »es wäre wohl natürlich, daß mit Rücksicht auf seine Eigenschaft als Staatsbeamter der Herr Dr. Zeller nicht auf der Bühne erscheinen könne.« Die Uraufführung des »Vogelhändler« am 10. Januar 1891 im Theater an der Wien wurde ein großer Erfolg, der dieser Volksoperette bis auf den heutigen Tag treu geblieben ist: seit Jahrzehnten rangiert sie auf der Beliebtheitsskala noch immer hinter der »Fledermaus« und der »Lustigen Witwe« auf einem mehr als respektablen dritten Platz!

Ort und Zeit. In der Pfalz zu Beginn des 19. Jahrhunderts

Die Personen der Operette. Kurfürstin Marie (Sopran) – Baronin Adelaide, Hofdame (Alt) – Komtesse Mimi, Hofdame – Baron Weps, kurfürstlicher Wald- und Wildmeister (Baßbuffo) – Graf Stanislaus, Gardeoffizier, sein Neffe (Tenorbuffo) – Süffle und Würmchen, Professoren für Zoologie – Adam, Vogelhändler aus Tirol (Tenor) – Die Briefchristel (Soubrette) – Schneck, Dorfschulze – Nebel, Wirtin – Jette, Kellnerin – Gundel, Hoflakai – Egydi, ein Tiroler

Landvolk. Damen und Herren am Hof. Jäger und Bauern. Mädchen und Burschen (Chor und Ballett)

Die Handlung. 1. AKT: Eingang zum kurfürstlichen Jagdrevier bei einem kleinen pfälzischen Weinort mit dem Garten eines Weinlokals an der Seite. Landvolk tummelt sich, die Wirtin Nebel und ihre Kellnerin Jette servieren Wein und die Männer machen sich bereit zur geheimen Wildsaujagd (*Eingangschor »Hurra! Her die Gewehr!«*). Seit Jahren haben sie den ganzen Wildschweinbestand gewildert, denn der Kurfürst hat sich hier noch nie sehen lassen. Jetzt aber will er jagen. Deshalb gebietet der Dorfschulze Schneck aufgeregt Einhalt mit den Vorbereitungen, zumal festgestellt wurde, daß sich kein einziges Wildschwein mehr im Revier befindet! Woher eines nehmen, damit dem Kurfürsten nichts auffällt? Schon erscheint Baron Weps, der kurfürstliche Wald- und Wildmeister. Er ist ihnen auf die Schliche gekommen, und nun ist guter Rat teuer (*Schneck und Chor »Jekus! Jekus! Das ist schwer, wo nimmt man ein Wildschwein her?«*). Schneck hat eine Idee: man müsse ein normales Hausschwein als Wildschwein »kostümieren« und ins Revier schicken. Um Weps dafür zu gewinnen, bietet man ihm eine gute Summe aus der Gemeindekasse an, denn Weps ist bestechlich. Das alles geschieht ausgerechnet am Martinstag, wo es Brauch ist, dem Kurfürsten eine schöne Jungfrau als Martinsbraut zu präsentieren! Eine solche hat man auch schon in der Brief-Christel, die dem Vogelhändler Adam aus Tirol versprochen ist, der hier in der Gegend seine Vögel verkauft. Und der sich gerade wieder einmal einfindet, um endlich auch sein ›Täuberl‹ Christel einzufangen (*Auftrittslied des Adam mit Chor »Grüß Euch Gott, alle miteinander!« mit dem Refrain »Flix, flux, flax, Florian! Fragt, woher's der Vogel kann!«*). Doch die Christel will den Adam erst dann heiraten, wenn er eine feste und bezahlte Stellung hat. So rät man Adam, sich eine Protektion bei Baron Weps zu holen. Der hat mal wieder Kummer mit seinem feschen Neffen, dem Gardeoffizier Stanislaus, den zwar ständig hohe Spielschulden drücken, der deswegen aber noch lange nicht die zwar millionenschwere, aber schon etwas ältliche Adelaide, Hofdame von Kurfürstin Marie, ehelichen will, die hinter ihm her ist. Da taucht die Kurfürstin mit ihren Hofdamen auf. Sie wollen den Kurfürsten und seine Begleiter überraschen, die sie eifersüchtig verdächtigen, ganz anderes Wild zu jagen! (*Auftrittslied der Kurfürstin mit Chor »Fröhliche Pfalz, Gott erhalt's!«*). Der erste, den sie trifft und der sie nicht kennt und sie wegen ihrer pfälzischen Tracht für ein Bauernmädchen hält, ist Adam. Er findet spontan Gefallen an der Marie und beginnt mit ihr zu flirten, denn sie scheint ihm »ein sakrisch saubres Frauenzimmer« zu sein. Wie gut, daß die Brief-Christel davon nichts merkt, die gerade die Post bringt (*Auftrittslied der Christel »Ich bin die Christel von der Post, klein das Salair und schmal die Kost!« mit dem Refrain »Nur nicht gleich, nicht auf der Stell', denn bei der Post geht's nicht so schnell!«*). Fröhlich begrüßt Adam sie und erfährt von ihr, der Kurfürst wolle eine Menagerie einrichten und suche dafür einen Inspektor. Das wäre doch der ersehnte Posten für Adam, dann könnten sie doch auch endlich heiraten (*Duett Christel-Adam »Zu jeder Zeitz träumt' ich von Glück und Sonnenschein...«*). Der Kurfürst hat überraschend die Jagd abgesagt, was Weps gar nicht lieb sein kann, denn ohne Jagd keine Bestechungsgelder, mit denen er doch die Schulden seines Neffen bezahlen wollte! Stanislaus kommt durch die Absage jedoch auf den Gedanken, den Kurfürsten, den hier ja keiner kennt, selbst zu spielen. Schon hat er den ersten Erfolg, denn Christel hält ihn tatsächlich für den, als den er sich ausgibt, und übergibt ihm eine Bittschrift für Adam als Menagerieinspektor. Sie überreicht ihm auch als Zeichen der Ehrerbietung ein Blumenbukett, und zwar ausgerechnet den Edelweißstrauß, den ihr Adam als Treuepfand gab. Mit Weps Bemerkung, dies sei Angelegenheit einer geheimen Audienz, zieht sich Stanislaus mit ihr in den Pavillon zurück (*Terzett Christel-Stanislaus-Weps »Ach, Ihre Reputation...«*). Das Landvolk erscheint wieder mit Jette, die zur Martinsbraut gewählt wurde und nun dem Kurfürsten ihre Aufwartung machen soll. Als Weps ihnen bedeutet, eine andere sei bereits beim Kurfürsten im Pavillon und habe ihm ihr Bukett übergeben, fordern sie das »fremde Mädchen« heraus. Der Forderung schließt sich auch die noch immer als Bauernmädchen verkleidete und so unerkannte Kurfürstin an. Als Adam erfährt, der Kurfürst habe seine Christel bei sich und seinen Edelweißstrauß von ihr entgegengenommen, will er den Pavillon stürmen. Doch da hält ihn die Kurfürstin zurück und überreicht ihm ihr Rosenbukett, das sie eigentlich für ihren Gemahl gedacht hatte. Adam klärt sie auf, dies bedeute in Tirol, daß man sich damit selbst einbringe (*Adam-Kurfürstin und Chor »Schenkt man sich Rosen in Tirol, weißt Du, was das bedeuten soll?«*). Christel kommt aus dem Pavillon mit der Ernennungsurkunde Adams zum Inspektor der kurfürstlichen Menagerie. Der aber fühlt sich von ihr betrogen, zerreißt das Dokument und sagt Christel Lebewohl (*Lied des Adam

»*B'hüt' Dich Gott, Du Unschuld Du!*«). In der Zwischenzeit hat sich Stanislaus durch das Fenster unbemerkt davongemacht wie auch Weps auf der einen sowie die Kurfürstin und Adelaide auf der anderen Seite sich ebenfalls vorsichtshalber zurückgezogen haben. –

2. AKT: Große Terrasse vor dem kurfürstlichen Schloß. Verstörung herrscht im Schloß, es geht gar das Gerücht von einem Skandal um, doch keiner weiß Genaueres (*Chor »Haben Sie gehört, alles ist verstört!«*). Daß sich jemand fälschlich für den Kurfürsten ausgegeben hat, weiß man, aber wer es war, weiß niemand, auch nicht die Kurfürstin, die Adam mit ins Schloß genommen hat. Er soll Hüter der Schloßmenagerie werden, muß dafür aber eine Prüfung machen, die er unbedingt bestehen muß. Würmchen und Süffle, Professoren für Zoologie, werden als Prüfungskommissäre bestellt (*Duett Würmchen-Süffle »Ich bin der Prodekan, man sieht's mir gar nicht an ...«*). Die Fragen sind so, daß Adam die Prüfung mit Bravour besteht, denn alles andere hätte Weps und Stanislaus die Posten gekostet. So aber konnten sie sich auf Adams Vogelverstand verlassen (*Quintett Süffle-Würmchen-Weps-Adam-Stanislaus »Ja, die Gelehrsamkeit ist heute weit und breit das hohe Ideal in unserm Erdental!«*). Indessen unternimmt Adelaide weiterhin alle Anstrengungen für eine Ehe mit Stanislaus, dessen Wechsel und Schuldscheine sie alle eingelöst hat. Über diese Mitgift kann Weps nur staunen! Ebenso staunen kann die Kurfürstin, die wegen der Affäre im Pavillon Ermittlungen anstellen läßt und Christel ins Schloß gerufen hat, die nun ausführlich den Vorfall schildert (*Terzett Christel-Kurfürstin-Adelaide »Bescheiden, mit verschämten Wangen, so trat vor seine Durchlaucht ich ...«*). Kurz darauf begegnet Christel dem vermeintlichen Kurfürsten im Schloß, der sich erinnert, sie schon irgendwo gesehen zu haben, was sie leugnet (*Duett Stanislaus-Christel »Mir scheint, ich kenn' Dich, spröde Fee!« mit dem Refrain »Schau' mir nur recht ins Gesicht – bin ich's oder bin ich's nicht?«*). Von dieser Begegnung berichtet sie schleunigst der Kurfürstin, deren wahre Identität nun auch Adam erfährt und die das Ganze nicht glauben kann. Ihr Gemahl ist verreist, und als sie Christel ein Medaillon mit dem Bild des Kurfürsten zeigt, erkennt diese in dem Kurfürsten nicht den, mit dem sie im Pavillon war. Die Kurfürstin ist erleichtert, daß ihr Gatte ihr ganz offensichtlich treu war – aber es liegt ein Betrug vor! Wer diesen beging, das will sie mit Christels Hilfe auf dem gleich beginnenden Fest herausbekommen. Es muß jemand vom Hof sein, der auch das Fest besuchen wird. Wenn sie ihn erkennt, soll Christel der Kurfürstin ein Zeichen geben. Eröffnet wird das Fest mit einem Lied Adams (*Lied des Adam mit Chor »Wie mein Ahnl zwanzig Jahr ...« mit dem Refrain »Noch amal, noch amal, noch amal, sing, nur sing, Nachtigall!«* und anschließendes *Toastlied Ensemble und Chor »Wem bring ich den Pokal mit Gunst zum ersten Mal?«*). Als Adelaide und Stanislaus, von Weps als Brautpaar vorgestellt, erscheinen, demaskiert Christel den Bräutigam als vermeintlichen

Kurfürsten. Da Stanislaus den Adam um seine Ehre brachte, beauftragt die Kurfürstin Adam, das Urteil zu sprechen. Es fällt überraschend aus, denn Stanislaus soll Christel zur Frau nehmen, er selber will sie nicht mehr! Der allseitige Protest, besonders lautstark von Weps und Adelaide vorgebracht, scheint nichts zu nützen. Nun liegt alles bei Christel. –

3. AKT: Gleiche Dekoration wie im zweiten Akt. Natürlich will Christel ihren Adam haben und nicht Stanislaus. Deshalb führt sie sich wie toll gegen die Zofen auf, hat im Boudoir schon einiges zertrümmert und legt eine gemeine Art an den Tag (*Chor der Zofen »Nein, nein! Das ist uns zu gemein!«*). Während die Kurfürstin glücklich über die Treue ihres Gatten ist und sich an ihre Hochzeit erinnert (*Lied der Kurfürstin »Als geblüht der Kirschenbaum...«*), zeigt sich Christel auch wütend über Adam, der, wie sie hörte, für eine Marie schwärmt, für die er sich sogar in Stücke reißen lassen würde. Man müßte diese Person einsperren! Zumal Christel die angebliche Liebesverwicklung mit Stanislaus aufdecken kann, da sei – sehr zu dessen Bedauern – nichts gewesen (*Marschterzett Christel-Stanislaus-Weps »Kämpfet nie mit Frau'n!«*). Da Stanislaus nach wie vor Adelaide nicht heiraten will, macht Weps der Baronin einen Heiratsantrag, den sie gern annimmt. So ist nun auch der Weg frei für Christel und Adam, sich wieder zu versöhnen. Sie wollte den Kurfürsten doch nur um einen Posten für den Geliebten bitten, was ihr schließlich auch gelungen ist. –

Aufführungsdauer. 2¼ Stunden

Richard Heuberger (1850–1914)
DER OPERNBALL
Operette in 3 Akten
Textbuch von Viktor Léon und
Heinrich von Waldberg
Uraufführung Wien 1898

Quelle. Das Boulevardtheater mit seinen quirligen Lustspielen und seinen augenzwinkernd moralisierenden Komödien, mit seinen Farcen, Possen und Schwänken ist eine besondere Erfindung des französischen Theaters des 19. Jahrhunderts. Autoren wie *Eugène Labiche, Eugène Scribe* und *Georges Feydeau* stehen als Meister dieses Genres in den Annalen der Theatergeschichte. Mag das Geschehen ihrer heiteren und leichten Stücke noch so dünn motiviert und die Handlung noch so routiniert auf vordergründige Situationskomik ausgerichtet sein, so zeichnen sie sich doch immer wieder durch pointierte Dialoge und dankbare Rollen aus.

Es sind keine großen dramatischen Entwürfe, aber unterhaltsame Schauspielerstücke. So finden wir sie ihrem Esprit nach oder als direkte literarische Vorläufer immer wieder auch im Bereich der heiteren Muse des musikalischen Theaters. So auch in diesem Falle mit dem Boulevardlustspiel »Die rosa Dominos« (*Les Dominos roses*) der französischen Autoren *Delacour (eigentlich Alfred Charlemagne Lartigue)* und *Alfred Hennequin*, das 1876 in Paris uraufgeführt wurde und sich einer längeren Laufzeit erfreuen durfte.

Entstehung und Uraufführung. Heuberger zufolge haben er und *Heinrich von Waldberg*, einer der beiden Librettisten, gleichzeitig die Idee gehabt, aus dem französischen Lustspiel eine Operette zu machen. Heuberger hatte sich mit ihm in einem Wiener Café verabredet, und dort fiel die Entscheidung. Er erzählt: »Von Waldberg lieferte bald genügend Text, ich begann eifrigst zu komponieren. In der Zeit von Ende Juni 1895 bis Januar 1896 war die ganze Musik (ohne die nachträglich gemachte Instrumentation) fertig. Ich arbeitete mit wahrer Freude und meist mit Glück. Nur einzelnes wollte nicht recht werden. So die – in letzter Stunde geschaffene – Tanzszene im 3. Akt, namentlich aber die Nummer, die dann das meiste zum Erfolge der Operette beitrug: das Duett ›Im Chambre Séparée‹. Ich hatte dieses Stück zehn-, zwanzig-, dreißigmal entworfen, mehrmals auch ganz ausgeführt. Ich war stets unzufrieden. Endlich – an einem entsetzlich heißen Sommertage – schrieb ich in ein paar Minuten das Stück hin, wie es steht. In ähnlicher Weise, in einem Stück hingeschrieben, entstand die Ouvertüre, die sich auch längere Zeit nicht formen wollte. Endlich kamen die Proben. Die Musik wurde als enorm schwierig mit mehr Mißtrauen als Vergnügen studiert.« Das hat dem Werk freilich nicht geschadet, denn der Uraufführung am 5. Januar 1898 im Theater an der Wien folgte eine erste längere Laufzeit.

Ort und Zeit. Paris während des Karnevals um 1900

Die Personen der Operette. Theofil Beaubuisson, Rentier (Baß) – Madame Palmira Beaubuisson, seine Frau (Alt) – Henri, Marinekadett, beider Neffe (Mezzosopran/Tenor) – Paul Aubier (Tenor) – Angèle, seine Frau, Madame Beaubuissons Nichte (Sopran) – Georges Duménil (Tenor) – Marguérite Duménil, seine Frau (Sopran) – Hortense, Kammermädchen bei Duménil (Soubrette) – Féodora, Chansonette (Sopran) – Philippe, Oberkellner im Opernfoyer – Jean, Kellner – Germain, Diener bei Duménils

Ballgäste. Kellner (Chor und Ballett)

Die Handlung. 1. AKT: Eleganter Salon im Hause des Ehepaars Duménil in Paris. Marguérite und Georges Duménil haben das ihnen befreundete Ehepaar Angèle und Paul Aubier aus Orléans zu Besuch. Paul soll sich in Paris von seinen vielen Geschäften ein wenig erholen. Auch das Ehepaar Theofil und Palmira Beaubuisson erscheint, denn Palmira möchte ihre Nichte Angèle begrüßen. Georges und Paul lieben zwar ihre Frauen, sind aber auch außerehelichen Abenteuern nicht gerade abgeneigt (*Entrée-Duett Georges-Paul* »Man *lebt nur einmal in der Welt – je toller, je lieber!«*). Beaubuisson geht es ähnlich, ihm hat es vor allem Marguérites Kammermädchen Hortense angetan. Aber er steht unter der strengen Aufsicht seiner resoluten Gemahlin. Hortense genießt die Verehrung des jungen Seekadetten Henri, den sie sehr sympathisch findet (*Duettino Henri-Hortense »Ein Seekadett von meinem/Deinem Schlag, wenn der einmal ein Mädel mag...«*). Henri hat seiner Tante Palmira von einer Seereise ein Armband mitgebracht, das ihr jedoch zu weit ist, weshalb er es beim Juwelier ändern lassen soll. Er empfiehlt ihr jedoch in einem frivolen Lied, sie solle es nach der neuesten Mode am Fuß tragen (*Fußbandlied Henris »Es war am Boulevard des Capucines. Ich fand ein goldnes Armband da...«*). Unterschiedlicher Meinung über die Treue ihrer Ehemänner sind Angèle und Marguérite. Zwar gefällt es Angèle in Paris (*Arie der Angèle »Paris ist eine Götterstadt...«*), aber am liebsten ist sie zu Hause bei ihrem braven Mann, der nur seinen Geschäften lebt. Und der, so glaubt sie, keine Heimlichkeiten vor ihr hat. Marguérite hat da ihre Zweifel, sie kennt die Männer und vor allem den ihren, der sich allerdings bei seinen amourösen Abenteuern nicht erwischen läßt. Da beschließen die beiden Frauen, die Treue ihrer Männer auf die Probe zu stellen und wollen sie von einer Unbekannten zum heutigen Opernball einladen. Sie weihen Hortense in ihren Plan ein. Angèle sinniert darüber, ob es recht ist, was sie tun (*Lied der Angèle »Mir ist, als wär's nicht recht, was ich beginne...«*). Dann diktiert Marguèrite auf besonders vornehmem Briefpapier Hortense die gleichlautende Einladung an Georges und Paul, unterschrieben mit »Ein Rosa-Domino!« (*Billetoux-Terzett Marguérite-Angèle-Hortense »Heute Abend hoff' ich, Sie bestimmt zu sehen in der Oper.«*). Was die Freundinnen nicht wissen: Hortense schreibt eine dritte Einladung – an Henri! Dann spielt sie die Billette den Männern zu, die so reagieren, wie Marguérite es vorausgesagt hat. Paul täuscht eine unerwartete Geschäftsdepesche vor, die ihn sofort nach Orléans zurückruft, und Georges nimmt die Einladung zu einem anonymen Rendezvous wie ein erfahrener Lebemann an und lädt Beaubuisson ein, ihn zu begleiten. Natürlich werden ihnen die Damen folgen – in rosa Dominos!

2. AKT: Das Foyer der Pariser Oper. Der Opernball ist in vollem Gange, die Ballgäste tanzen zu den Klängen einer Mazurka und der Oberkellner Philippe hat mit seinen Kellnern alle Hände voll zu tun. Dann erscheinen die Protagonisten des folgenden Verwechslungsspiels. Zuerst Beaubuisson mit der als Slowakin pittoresk kostümierten Chansonette Féodora. Sie beziehen das Séparée Nr. 4 und Féodora bestellt ein mehrgängiges Essen. Dann kommt Henri, den Hortense mit sich in das Séparée Nr. 3 nimmt (*Duett Hortense-Henri »Gehen wir in's Chambre séparée, ach, zu dem süßen tête-a-tête...«*). Danach kommen Georges und sein unbekannter rosa Domino, in dem Pauls Frau Angèle steckt, und verschwinden im Séparée Nr. 2. Schließlich erscheinen Paul und Domino, hinter dem sich Georges Ehefrau Marguérite verbirgt. Für sie ist Séparée Nr. 1

noch frei, und Paul möchte nur zu gern wissen, ob seine Begleiterin auch eine echte Pariserin ist (*Duett Marguérite-Paul »Mon cher ami, verzeihen Sie...«*). Während Beaubuisson von Féodora sitzen gelassen wird und das ganze Essen allein verspeisen muß, weil sie tanzen gehen will (*Duett Féodora-Beaubuisson »Im Dorf die kleine Barbuschka...«*), beginnen Paul und Georges mit ihren Dominos heftig zu flirten. Die klingeln, so wie sie es mit Philippe zuvor verabredet hatten, um ihren Begleitern vorzutäuschen, man rufe nach ihnen. So treffen diese aufeinander, denn sie hatten von ihren jeweiligen Einladungen keine Ahnung. Wenig später glauben sie in dem rosa Domino, auf den sie bei ihrer Rückkehr nacheinander treffen, ihre jeweilige Partnerin wiederzusehen. Es ist aber Hortense, um die sie sich recht verfänglich bemühen, wobei sie von ihren Ehefrauen beobachtet werden, die ihrerseits eifersüchtig glauben, es sei die jeweils andere (*Ensemble »Jetzt geht die Sache über'n Spaß/Jetzt macht mir das erst rechten Spaß!«*). Im Trubel des folgenden Gesellschaftstanzes (*Orchesterzwischenspiel mit einem Cotillon*) können die Dominos unbemerkt verschwinden und die düpierten Herren zurück lassen. –

3. AKT: Gleiche Dekoration wie im ersten Akt. Hortense hat den Ballbesuch genossen, doch Georges hat ihren Domino mit der Zigarette verbrannt und Paul ihn zerrissen. Angèle ist zutiefst traurig über die Lüge Pauls, Marguérite hingegen meint, hin und wieder ein Auge zuzudrücken sei »das beste Rezept für eine glückliche Ehe.« Henri schwärmt von der Ballnacht, sein Onkel weniger (*Duettino Henri-Beaubuisson »Komm' den Frauen zart entgegen, du gewinnst sie auf mein Wort!«*). Da entdeckt Georges das fremde Briefpapier und hegt einen Verdacht, den er Paul, der gerade von seiner vermeintlichen Geschäftsreise zurückkehrt, mitteilen will. Angèle begrüßt ihren Gatten mit auffälliger Reserviertheit (*Ensemble »Sie scheint etwas kühl und kalt! Hat das etwas zu bedeuten?«*). Als sie erfahren, daß auch ihre Frauen auf dem Opernball waren und daß es mit den Dominos zum Frauentausch kam, kommt es zu Szenen gegenseitiger Ausreden, Vorwürfen und Eifersüchteleien bis zur Forderung zum Duell. Dann aber folgen Überraschungen. Die erste: Angèles und Marguérites Dominos sind nicht beschädigt. Und Palmiras Armband, das Hortense von Henri erhielt, im Séparée verlor und das nun Philippe bringt, gehört auch nicht ihnen. Also muß es einen dritten unbekannten Domino gegeben haben! Die zweite Überraschung: Palmira erkennt das Armband als das ihre und wird ebenfalls des heimlichen Ballbesuches (als dritter rosa Domino?!) verdächtigt. Dritte Überraschung schließlich: Hortense klärt alles auf und bestätigt, daß Georges und Paul ihren Domino, der Marguérites Kostüm vom vergangenen Jahr ist und den sie sich heimlich ausgeliehen hat, beim tête-a-tête mit ihr ramponiert haben: »Ja, wenn die Herren so ungeschickt sind!« –

Aufführungsdauer. 2½ Stunden

Johann Strauß (1825–1899)
DIE FLEDERMAUS
Operette in 3 Akten
Text von Carl Haffner und Richard Genée
Uraufführung Wien 1874

Quelle. Als Autoren des französischen Boulevardtheaters und als Librettisten vieler Operetten Offenbachs sowie der »Carmen« waren *Henri Meilhac* und *Ludovic Hálevy* nicht nur in Paris bekannte Größen. Dort hatten sie jedoch ihre größten Erfolge, zu denen sich die Komödie mit Musik »Le Réveillon« (kaum übersetzbar; soviel wie »Das ausgelassene Fest«) gesellte, die am 10. September 1872 am Théâtre du Palais Royal zur Uraufführung gelangte. Sie basierte auf der 1851 uraufgeführten Berliner Posse »Das Gefängnis« von *Roderich Julius Benedix*, in der die Grundgeschichte bereits vorgegeben ist: Eine verheiratete Frau empfängt in Abwesenheit ihres Gatten ihren Liebhaber just in dem Moment, da ein Gerichtsvollzieher ihren Gatten ins Gefängnis bringen soll, um eine Strafe abzusitzen. Damit seine Geliebte nicht bloßgestellt wird, gibt sich der Liebhaber für ihren Gatten aus und wird an dessen Stelle inhaftiert.

Entstehung und Uraufführung. Die deutschen Aufführungsrechte an der französischen Vaudeville-Komödie hatte sich auf Empfehlung des Wiener Verlegers *Gustav Lewy* das Theater an der Wien gesichert, es schreckte dann aber vor einer Aufführung zurück (vor allem weil das frivole Stück am Weihnachtsabend spielt) und bot es dem Carltheater an, das jedoch ebenfalls ablehnte. Da kam Lewy auf den Gedanken, es Johann Strauß für eine neue Operette anzubieten. Das Textbuch schrieben *Karl Haffner (eigentlich: Karl Schlachter; 1804–1876)*, der die französische Vorlage übersetzt hatte, und vor allem *Richard Genée (1823–1895)*, der hauptberuflich Kapellmeister am Theater an der Wien war. Strauß komponierte die Operette innerhalb der vier Wintermonate 1873/74, und auch dabei half ihm Genée tatkräftig. Am 5. April 1874 führte Strauß als Dirigent sein neues Werk selbst zum Uraufführungserfolg am Theater an der Wien. Es war die Geburtsstunde des mit Abstand meistgespielten Werkes der leichten Muse und des zumindest im deutschsprachigen Theaterraum bis auf den heutigen Tag nach Mozarts »Zauberflöte« erfolgreichsten musikalischen Bühnenwerkes überhaupt.

Ort und Zeit. In einem Badeort in der Nähe einer Großstadt Ende des 19. Jahrhunderts

Die Personen der Operette. Gabriel von Eisenstein, Rentier (Bariton) – Rosalinde, seine Frau (Sopran) – Frank, Gefängnisdirektor (Bariton) – Prinz Orlofsky, ein russischer Fürst (Mezzosopran) – Alfred, sein Gesangslehrer

(Tenor) – Dr. Falke, Notar (Bariton) – Dr. Blind, Notar (Tenor) – Adele, Rosalindes Kammermädchen (Sopran) – Ida, ihre Schwester (Sopran) – Frosch, Gerichtsdiener (Sprechrolle) – Ivan, Kammerdiener Orlofskys (Sprechrolle) Gäste des Prinzen Orlofsky, Bediente (Chor); Ballett

Die Handlung. DIE VORGESCHICHTE: Gabriel von Eisenstein, begüterter und den Freuden des Lebens frönender Rentier, hatte seinem besten Freund, dem Notar Dr. Falke, vor einigen Jahren einen Streich gespielt. Beide besuchten damals einen Maskenball, er als Schmetterling, Falke als Fledermaus. Da dieser mehr als angetrunken war, ließ ihn Eisenstein auf dem Nachauseweg seinen Rausch unter einem Torbogen in frischer Nachtluft ausschlafen. Am hellichten Tag mußte Falke dann in seinem Fledermauskostüm durch die halbe Stadt zu seiner Wohnung gehen, sehr zum Vergnügen und zum Spott der Marktweiber und Schuljungen. Seitdem sinnt Falke auf Rache an Eisenstein. Dafür kommt ihm das bevorstehende Fest bei dem russischen Fürsten und Lebemann Prinz Orlofsky wie gerufen, und der Tag der Rache naht. Auch Eisenstein will hingehen, doch da gibt es eine Schwierigkeit. Er hat sich der Beamtenbeleidigung schuldig gemacht, weil er einem Polizisten eine Watschen (Ohrfeige) gab und ihn obendrein einen Esel nannte. Dafür soll er fünf Tage Arrest im Gefängnis absitzen. Durch das ungeschickte Taktieren seines Verteidigers Dr. Blind aber wurden daraus acht Tage. Eisenstein ist entsprechend geladen, was auch seine Ehefrau Rosalinde zu spüren bekommt. Sie hat in Alfred, dem jungen Gesangslehrer des Prinzen, einen ebenso stürmischen wie ausdauernden Verehrer. Um ihre Ehe nicht zu gefährden, versucht sie ihm aus dem Weg zu gehen. Das aber geniert Alfred überhaupt nicht, sie auch weiterhin mit seiner Anbetung zu verfolgen. Und Rosalinde muß sich insgeheim selbst eingestehen, zwar in einem Gespräch mit ihm standhaft bleiben zu können, nicht aber gegenüber dem verführerischen Schmelz seiner Tenorstimme.

1. AKT: Ein Zimmer im Hause Eisensteins. Von der Straße her gibt Alfred seiner angebeteten Rosalinde ein Ständchen (*Lied des Alfred »Täubchen, das entflattert ist...«*). Während des Gesangs betritt Adele, das Kammermädchen Rosalinde Eisensteins, das Zimmer. Sie hat einen Brief ihrer Schwester Ida erhalten. Die ist Ballettänzerin und, so teilt sie der Schwester mit, sie werde bei dem bevorstehenden großen Fest im Haus des Prinzen Orlofsky auftreten. Adele soll doch »eine Toilette von der Gnäd'gen annektieren« und ebenfalls das Fest besuchen. Sie, Ida, werde schon dafür sorgen können, daß man sie auch herein läßt. Adele möchte sich nur allzu gerne dort amüsieren. So bittet sie Rosalinde um einen freien Abend und hat dafür auch eine Ausrede: ihre Tante sei schwer erkrankt und bedürfe ihres Besuches. Rosalinde schlägt das Ansinnen zunächst mit dem Hinweis aus, ihr Mann müsse doch heute abend seine Arreststrafe antreten (*Duett Adele-Rosalinde »Ach, ich darf nicht hin zu ihr...«*). Plötzlich aber hat sich Alfred Zutritt in das Eisensteinsche Haus ver-

schafft. Rosalinde wird seinen Liebesbeteuerungen gegenüber immer schwächer, bis sie ihm schließlich ein Rendezvous erlaubt, sobald ihr Mann den Gang zum Gefängnis angetreten hat. Der erscheint mit dem Notar Dr. Blind, dem er heftige Vorwürfe macht ob seiner Unfähigkeit, ihn zu verteidigen, was ihm, Eisenstein, drei Tage mehr Arrest eingebracht hat, als ursprünglich vorgesehen war. Er wirft ihn schließlich hinaus. Rosalinde teilt die Wut ihres Gatten und versucht ihn zu trösten. Da kommt ihr der ihnen eng befreundete Dr. Falke gerade recht. Der hat einen Plan, zu dem auch gehört, Eisenstein zu überreden, seine Haftstrafe nicht schon am Abend, sondern erst am Morgen anzutreten und ihn auf das Fest bei Orlofsky zu begleiten. Er werde ihn dort als fremden Marquis Renard einführen. Eisenstein ist mit dem Plan, dessen eigentliche Bedeutung er natürlich nicht kennt, der ihm aber einen Abend besten Vergnügens bescheren soll, einverstanden. Nur soll Rosalinde nichts davon erfahren (*Duett Eisenstein-Dr. Falke »Komm mit mir zum Souper...«*). Die ahnt in der Tat nichts, ist aber verwundert, daß Gabriel im Frack ins Gefängnis gehen will. Ihre Gedanken indes sind bereits bei Alfred, und in Erwartung des kommenden Rendezvous' gibt sie Adele doch frei für den Abend. Mit gespielter Anteilnahme nehmen die Ehegatten voneinander Abschied (*Terzett Rosalinde-Eisenstein-Adele »So muß allein ich bleiben, acht Tage ohne dich!«* mit dem Refrain *»O je, O je, wie rührt mich dies...«*). Sobald die beiden Herren gegangen sind, ist auch schon Alfred da. Er nistet sich ein, als wäre er hier zu Hause, macht es sich gemütlich, umflirtet Rosalinde und spricht dem Champagner ordentlich zu (*Duett Alfred-Rosalinde »Trinke, Liebchen, trinke schnell...«*). Da kommt unerwarteter Besuch, und zwar der neue Gefängnisdirektor Frank, um den Arrestanten persönlich ins Gefängnis zu bringen. Da dieser aber das Haus bereits verlassen hat, man sich obendrein noch nicht kennt und Alfred Rosalinde bereits arg in Bedrängnis gebracht hat, bittet sie diesen, sich für ihren Gatten Frank gegenüber auszugeben, um sie nicht zu kompromittieren. Als Frank zur Eile drängt, weil auch er zu Orlofskys Fest eingeladen ist und nicht zu spät kommen möchte, nützt der bereits stark angeheiterte Alfred die Aufforderung, er möge seiner ›Gattin‹ den Abschiedskuß geben, weidlich aus. Dann folgt er dem erneut drängenden Frank (*Finalterzett Frank-Alfred-Rosalinde »Mein Herr, genug der Zärtlichkeit...«*). –

2. AKT: In der Villa des Prinzen Orlofsky, eines schon leicht dekadenten und morbiden russischen Lebemannes. Die Gäste sind bereits nahezu vollständig anwesend (*Chor der Gäste »Ein Souper heut' uns winkt...«*). Adele trifft ihre Schwester und erlebt eine Überraschung: der Brief ist nicht von Ida, da muß sich jemand einen Scherz erlaubt haben. Aber nun ist sie da, Ida freut sich und schlägt vor, sie als Schauspielerin vorzustellen. Orlofsky kommt mit Dr. Falke, der ihm zur Belebung des Festes einen Scherz vorschlägt, den er bereits vorbereitet hat: »Die Rache der Fledermaus«. Nacheinander treten die von Falke

dafür vorgesehenen und eigens von ihm zum Fest eingeladenen Personen auf. Adele ist die Künstlerin Olga; Eisenstein der Marquis Renard, den der Prinz mit den »nationalen Eigentümlichkeiten meines Landes« bekanntmacht (*Couplet des Prinzen Orlofsky* »*Ich lade gern mir Gäste ein...*«). Adele und Ida, vom Prinzen mit gefüllter Brieftasche an den Roulettetisch geschickt, kehren erfolglos zurück. Adele und Eisenstein entdecken einander, werden aber von Falke mit ihren Pseudonymen vorgestellt. Eisenstein bemerkt ›Olgas‹ verblüffende Ähnlichkeit mit Adele, dem Kammermädchen seiner Gemahlin. Darüber amüsiert sich Orlofsky, Adele aber spielt Eisenstein die Künstlerin vor und gibt ihm vor allen Gästen zu verstehen, der ›Herr Marquis‹ müsse sich die Leute halt genauer ansehen, bevor er etwas so Lächerliches behaupte (*Couplet der Adele* »*Mein Herr Marquis, ein Mann wie Sie...*«). Noch ein von Falke geladener Gast erscheint: Chevalier Chagin alias Gefängnisdirektor Frank, der erst neu in der Stadt ist und den daher keiner kennt. Man wird einander vorgestellt, und schließlich tritt der letzte von Falkes geladenen Gästen auf. Es ist Rosalinde als ungarische Gräfin, mit einer Maske vor dem Gesicht. Ahnungslos wer sie ist, fängt Eisenstein sofort Feuer und macht der ›Gräfin‹ den Hof. Rosalinde hat ihn natürlich sofort gesehen und sinnt auf Strafe für ihn: »Statt zu schmachten im Arreste/Amüsiert er sich aufs beste/Denkt ans Küssen statt ans Büßen;/Warte nur, du Bösewicht,/Du entgehst der Strafe nicht!« Sie hält den Herrn ›Marquis Renard‹ auf Distanz und bringt ihm eine doppelte Niederlage bei: sie widersteht seinem Drängen, sich zu demaskieren, und sie entwendet ihm seine Repetieruhr, eine kostbare Taschenuhr mit Schlagwerk. Mit ihr glaubt er nämlich noch immer jede Dame ködern zu können, ohne sie je hergegeben zu haben. So muß er düpiert feststellen: »Sie ist nicht ins Netz gegangen,/Hat die Uhr mir abgefangen;/Dieser Spaß ist etwas teuer,/Hab' blamiert mich ungeheuer!« (*Duett Eisenstein. Rosalinde* »*Dieser Anstand, so manierlich...*«). Aber sie hat es nicht nur Eisenstein angetan, sie gefällt allen Anwesenden, denen sie sich mit einem zünftigen Csárdás als ungarische Gräfin vorstellt (*Csárdás der Rosalinde* »*Klänge der Heimat...*«). Nun, da alle versammelt sind, erinnert Orlofsky Dr. Falke an den versprochenen Scherz mit der Fledermaus. Als Eisenstein dies hört, erzählt er selbst höchst amüsiert die Geschichte. Das steigert Vergnügen und Amüsement der Gäste, was man jetzt nur noch mit Champagner begießen muß, mit dem »König aller Weine«, mit »Seiner sprudelnden Majestät Chamapagner der Erste« (*Finale 1* »*Im Feuerstrom der Reben sprüht ein himmlisch Leben. Stoßt an! Stoßt an!...*«). Der Champagnerseligkeit folgt eine allgemeine Verbrüderung der Gäste zu einem großen Verein von Schwestern und Brüdern (*Ensemble und Chor* »*Brüderlein und Schwesterlein wollen alle wir sein...*«). Von der lyrischen Beschwingtheit wechselt die frohe Schar rasch zur temperamentvollen Polka (*Ballettpolka* »*Blitz und Donner*«) über und zum abschließenden Höhepunkt, auf dem alle im Walzertakt das Fest als Nacht der Freude preisen, bis der Glockenschlag der Uhr zur frühen Morgenstunde Eisenstein und Frank daran erinnert, daß der eine eigentlich längst in der Obhut des anderen seinen Arrest angetreten haben müßte (*Finale 2 »Stellt euch zum Tanze...«*). –

3. AKT: Das Büro des Gefängnisdirektors. Während der etwas einfältige und slibowitzselige Gefängniswärter und Gerichtsdiener Frosch seine gewisse Not mit diesem »fidelen Gefängnis« und dem einsitzenden vermeintlichen Herrn Eisenstein (alias Alfred) hat, kehrt Gefängnisdirektor Frank vom Fest bei Orlofsky zurück. Gezeichnet vom Champagner und noch immer in Festeslaune, aber doch recht müde, will er seinen Dienst antreten, versinkt aber erst einmal in ein Nickerchen. Daraus weckt ihn unsanft Frosch. Zwei Damen sind eingetroffen und wollen einen Chevalier ›Kagran‹ sprechen. Es sind Adele und Ida, die auf Dr. Falkes Empfehlung Frank um Hilfe bitten, Adele zum Theater zu bringen. Auf die Frage, ob sie denn auch das nötige Talent dafür besitze, gibt Adele ihm eine Kostprobe ihres Talentes, wie sie die Unschuld vom Lande oder eine Königin oder eine Dame von Paris spielen würde (*Couplet der Adele »Spiel ich die Unschuld vom Lande...«*). Erneut meldet Frosch Besuch im Gefängnis, den Marquis Renard alias Eisenstein. Mit ihm möchte Frank allein sein, denn er fürchtet eine Blamage für sich, weil er incognito bei Orlofsky erschien. Er gibt Frosch zu verstehen, die Damen möchten sich vorerst auf Nr. 13 einquartieren. Dann entdeckt er sich dem vermeintlichen Marquis. Eisenstein ist amüsiert und gibt ebenfalls seine wahre Identität preis, muß aber zu seiner Überraschung hören, er sitze doch bereits in Arrest. Frank erzählt ihm seine Verhaftung. Schon meldet Frosch den nächsten Besuch an, die ungarische Gräfin alias Rosalinde. Frank eilt zu ihr, während sich Eisenstein seines Verteidigers Dr. Blind annimmt, den Alfred für seine Verteidigung hat rufen lassen und den Frosch bereits als nächsten ins fidele Gefängnis führt. Blinds Erscheinen bringt Eisenstein nämlich auf eine Idee, wie er erfahren kann, wer statt seiner und unter seinem Namen im Gefängnis sitzt. Er drängt Blind in den Nebenraum und tauscht dort mit ihm die Kleider, um sich für ihn auszugeben. Nun treffen Rosalinde und Alfred aufeinander und sehen sich plötzlich dem verkleideten Eisenstein gegenüber, den sie nicht erkennen. Der verdächtigt Rosalinde der Untreue und horcht die beiden aus. So erfährt er alles, was sich am Morgen in seinem Hause zugetragen hat, wobei Rosalinde nicht müde wird zu beteuern, es sei nichts weiter geschehen, sie sei durch die ganze Angelegenheit jedoch komprimittiert, wenn ihr Gatte etwas davon erfahre. Als Eisenstein daraufhin noch stärker in sie dringt, beklagt sie sich über die Treulosigkeit ihres Mannes, der sich die ganze Nacht amüsiert habe statt im Arrest zu sitzen. Diesen schändlichen Betrug werde sie mit der Scheidung beantworten! Das aber ist zu viel für Eisenstein, er demaskiert sich und macht seiner Frau wütende Vorhaltungen, sie habe ihn betrogen. Doch als plötzlich seine

Repetieruhr, die sich in Rosalindes Hand befindet, schlägt, erkennt er seinen Irrtum mit der angeblichen ungarischen Gräfin und schilt sich selbst einen Trottel. Dem Verzeihen und dem glücklichen Ausgang des Geschehens steht nichts mehr im Wege, zumal nun auch Orlofsky und die ganze Festgesellschaft in dieses fidele Gefängnis einrücken und Eisenstein endlich aufklären: die ganze von Falke angezettelte Geschichte war die Rache der Fledermaus. So ist am Ende ein jeder zufrieden, man hat allseits seinen Spaß gehabt, Falke konnte sich erfolgreich für frühere Schmach rächen, Eisenstein ist von Rosalindes Treue und diese von seiner aufrichtigen Reue überzeugt und Adele erfährt durch den Prinzen Orlofsky höchstpersönlich mäzenatische Förderung für ihre so sehnlichst gewünschte Theaterkarriere. Wer aber hat letztlich an all den Irrungen und Wirrungen schuld? Die Antwort ist ebenso einfach wie allgemein anerkannt: »Der König aller Weine, Seine Majestät Champagner der Erste«! (*Finale* »*O Fledermaus, o Fledermaus, laß endlich jetzt dein Opfer aus...*«). –

Aufführungsdauer. 3 Stunden

Johann Strauß
EINE NACHT IN VENEDIG
Operette in 3 Akten
Textbuch von Friedrich Zell und Richard Genée
Uraufführung Berlin 1883

Quelle. Eine literarische Vorlage oder eine tatsächliche Begebenheit liegt dieser Strauß-Operette nicht zugrunde. Dafür aber ein alljährlich stattfindendes Großereignis, das Kulturgeschichte geschrieben und in Literatur und Theater vielfach Eingang gefunden hat: der Karneval von Venedig. Und doch hat man die Autoren – wieder sind es *Friedrich Zell* und *Richard Genée* – des Plagiats bezichtigt. Der Vorwurf kam aus Paris, man habe sich einiger Ideen aus der komischen Oper »Le Château Trompette« (U Paris 1860) des belgischen Komponisten *François A. Gevaert (1828–1908)* bedient. Der hatte lange in Paris gelebt und die letzten drei Jahre die Opéra geleitet, bevor er 1870 nach Brüssel zurückkehrte und dort die Direktion des Konservatoriums übernahm.
    Entstehung und Uraufführung. Im Frühjahr 1882 begann Strauß mit der Komposition und spielte bereits Mitte April einige Musiknummern einer internen Gesellschaft vor. Dann zog er sich den Sommer über auf sein Landgut Schönau zurück und vollendete dort die Partitur. Die Uraufführung am 3. Oktober 1883 im Neuen Friedrich Wilhelmstädtischen Theater Berlin diri-

gierte Strauß selbst, aber auch er konnte nicht verhindern, daß es nur ein lauer Erfolg wurde. Man ging vor allem mit dem Libretto ins Gericht. So schrieb das »Berliner Tageblatt« in seinem Premierenbericht: »Der Text der Operette, ein italienischer Salat von Torheit und Langeweile, schmälerte von Szene zu Szene immer mehr die Empfänglichkeit für die lustige Sprache des Orchesters.« Ganz anders war die Aufnahme bei der Wiener Erstaufführung einige Tage später, bei der mehrere Musiknummern mehrmals wiederholt wurden, da die Begeisterung des Publikums keine Grenzen kannte.

Ort und Zeit. Venedig um die Mitte des 18. Jahrhunderts

Die Personen der Operette. Guido, Herzog von Urbino (Tenor) – Bartolomeo Delacqua, Senator von Venedig (Baßbuffo) – Stefano Barbaruccio und Giorgio Testaccio, Senatoren – Barbara, Delacquas Frau (Sopran) – Agricola, Barbaruccios Frau (Alt) – Annina, Fischermädchen, Barbaras Milchschwester (Sopran) – Caramello, Leibbarbier des Herzogs (Tenor) – Pappacoda, Makkaronikoch (Tenorbuffo) – Ciboletta, Köchin im Dienste Delacquas (Soubrette) – Enrico Piselli, Seeoffizier in venezianischen Diensten und Neffe Delacquas – Centurio, Page des Herzogs – Balbi, Diener des Herzogs

Senatoren und Senatorenfrauen. Kavaliere und Gäste. Musikanten und Gondoliere. Matrosen und Fischer. Mädchen, Frauen und Männer aus dem Volk (Chor und Ballett)

Die Handlung. 1. AKT: Platz am Canal Grande am Abend mit dem Haus des Senators Delacqua und dem Palast des Herzogs von Urbino. Die Venezianer feiern den Karneval (*Eingangschor* »*Wenn vom Lido wieder Kühlung weht...*«) und der Makkaronikoch Pappacoda preist sich und seine Kochkünste an (*Couplet des Pappacoda* »*Pappacoda in Person hat nach Venedig sich gewandt...*«). Ihm bestellt der junge Seeoffizier Enrico Piselli eine Nachricht an seine Tante Barbara, Gattin des wesentlich älteren Senators Delacqua, mit der er heimlich eine Beziehung unterhält. Auch das Fischermädchen Annina preist ihre Ware an (*Auftrittslied Anninas* »*Frutti di mare! Kommt und kauft frische Ware!*«). Sie ist gekommen, um sich mit ihrem Geliebten Caramello zu treffen, der Leibbarbier des Herzogs Guido von Urbino ist. Der Herzog lebt dem Vergnügen, hat den Ruf eines überaus erfolgreichen Frauenerobers und kommt alljährlich zum venezianischen Karneval, wo er sich amüsiert und dabei viel Geld in der Stadt läßt. Ihm hat es im vergangenen Jahr Delacquas Frau Barbara abgetan. Der Senator ist höchst eifersüchtig, weil er überzeugt ist, daß der Herzog, dessen Verwalter er gern werden möchte, seiner Frau nachstellt. Im Jahr zuvor hat er ein Rendezvous zwischen den beiden gerade noch verhindern können, so daß der Herzog der schönen Frau nur maskiert begegnet ist. Deswegen hat Delacqua in der Senatssitzung gegen einen feierlichen Empfang des Herzogs protestiert, desen Ankunft Caramello bereits ankündigt (*Entreelied Caramellos* »*Der Herzog von Urbino, er liebt die schönen Frau'n'...*«). Es hat sogar einen

Senatsbeschluß gegeben, daß die Senatorenfrauen die Einladung des Herzogs zum abendlichen Fest in dessen Palast nicht annehmen dürfen. Delacqua will seine Frau überdies nach Murano in Sicherheit bringen. Als Zeichen der Abfahrt ist abgemacht, daß der Gondoliere Francesco das alte Gondellied singt. Barbaras Ausflug nach Murano will Caramello verhindern, damit sich der Herzog mit ihr verabreden kann. Die hat ihrerseits bereits andere Vorkehrungen getroffen für ein Rendezvous mit ihrem Neffen Enrico. Deshalb hat sie ihre Milchschwester Annina gebeten, an ihrer Stelle mit einem Domino verkleidet nach Murano zu fahren. Davon weiß aber Caramello nichts, der sich über Anninas sprödes Verhalten ihm gegenüber beklagt (*Duett Caramello-Annina »Rondinella pellegrina!«*). Klage führt auch Ciboletta, Köchin bei Delacqua und Liebste von Pappacoda, weil der ihr kein Geld für ein Kostüm geben will, damit sie zum Tanzen gehen kann. Caramello weiß Rat und verteilt Einladungen zum Fest des Herzogs (*Quartett Annina-Caramello-Ciboletta-Pappacoda »Alle maskiert, wie amüsant das wird...«*). In einer Gondel naht der Herzog von Urbino mit Gefolge und macht unweit seines Palastes halt (*Auftrittslied des Herzogs »Sei mir gegrüßt, du holdes Venetia!«*). Caramello unterrichtet ihn über die Sachlage und darüber, daß er Delacquas Plan mit seiner Frau vereiteln wird: er wird selbst den Gondoliere spielen, Barbara Delacqua in den Kanälen nur etwas spazieren fahren und sie schließlich von der Wasserseite aus in den herzoglichen Palast bringen. Was er aber ebenfalls nicht weiß, ist, daß Delacqua dem Herzog eine falsche Barbara vorstellen will. Wenig später erscheint Caramello mit der Gondel, um Barbara abzuholen, an deren Stelle jedoch Annina unerkannt von dem geprellten Delacqua in die Gondel geführt wird (*Gondellied Caramellos »Komm in die Gondel, mein Liebchen, o steige nur ein!«*). Während sich die Gondel entfernt, bringen Matrosen und Schiffsjungen unter Enricos Leitung als Ablenkungsmanöver Delacqua ein überraschendes Ständchen am Vorabend seines 60. Geburtstages (*Herrenchor »Du, den wir hoch verehren, bist morgen 60 Jahr!«*). –

2. AKT: Im Palazzo Urbino. Trotz des Verbotes ihrer Männer sind die Senatorenfrauen, angeführt von der ebenso resoluten wie lebenslustigen Agricola Barbaruccio, zum Fest des Herzogs erschienen (*Damenchor »So ängstlich sind wir nicht!«*). Sie wollen den »tollen Herzog« persönlich kennenlernen, der viel in der Liebe vermag, weil er ihr ausschließlich lebt. Eines liegt ihm dabei ganz und gar nicht: treu sein (*Lied des Herzogs »Treu sein – das liegt mir nicht!«*). Caramello bringt Annina in den Palast, die sich ihm, der in ihrer Maskerade doch Barbara Delacqua vermutet, entdeckt. Er will sie sofort zurückbringen, sie aber will sich mit dem Herzog amüsieren (*Duett Caramello-Annina »Hör mich, Annina, komm in die Gondel...«*). Da Annina ihren Willen durchsetzt, versucht Caramello, den Herzog vor der angeblichen Barbara Delacqua zu warnen, man dürfe ihr nicht trauen, sie sei gefährlich. Das reizt den Herzog um so

mehr, auch wenn Annina ihn auf Distanz hält (*Duett Herzog-Annina »Sie sagten meinem Liebesfleh'n Gewährung zu beim Wiederseh'n...«*). Caramello jedoch vergeht fast vor Eifersucht, und da kommt ihm der als Senator verkleidete Pappacoda gerade recht. Der ist auf der Suche nach Ciboletta und hat seine Freunde mitgebracht (*Ensemble mit Chor »Solch' ein Wirtshaus lob' ich mir...«*), die Caramello helfen sollen, Annina aus dem Palast zu bringen. Da erweisen sich jedoch die Senatoren Delacqua, Barbaruccio und Pestaccio als Hindernis, die dem Herzog ihre Frauen vorstellen wollen. Die von Delacqua ist keine andere als die maskierte Ciboletta. Sie soll für einen Abend seine Frau spielen und den Herzog um den Verwaltungsposten für ihn bitten. Der erfährt von Annina, es sei nur die Zofe, und macht das Spiel mit, bringt Ciboletta sogar jene Serenade dar, die vor Jahresfrist die echte Frau Delacqua entzückt hatte. Deshalb singt er sie auch gleichzeitig für Annina, von der er ja glaubt, daß sie Barbara ist (*Serenade des Herzogs »Ninana, Ninana, Dir will ich singen!«*). Da erlebt Delacqua eine böse Überraschung, als Ciboletta den Herzog nicht um den Verwaltungsposten für ihn, sondern um die Stellung des Leibkochs für ihren Pappacoda bittet. Lachend sagt der Herzog zu und diniert anschließend mit Annina und Ciboletta. Um des Herzogs all zu forsche Annäherungsversuche zu unterbinden, servieren Caramello und Pappacoda höchstpersönlich (*Ensemble »Lasset die andereren tanzen da...«*). Als der Herzog sie hinaus komplimentieren will, um ungestört mit den Damen zu sein, reißt Caramello den großen Vorhang zur Seite, und der Herzog sieht sich von einer großen bunt kostümierten Gästeschar umringt, die zur eigentlichen Karnevalsfeier ruft und der sich der Herzog nicht verweigern kann (*Finale »Jetzt ist's Zeit zur Lustbarkeit« und »Horch von San Marco der Glocken Geläut...«*). –

3. AKT: Der Markusplatz um Mitternacht. Mit Tanz und Gesang feiert man in der Nacht in Venedig den Karneval (*Chor »Karneval ruft uns zum Ball!«*). Der Herzog wirft sich mit den als Tauben kostümierten Annina und Ciboletta mitten hinein ins ausgelassene Treiben (*Taubenterzett Annina-Ciboletta-Herzog mit Chor »In Liebesseligkeit, vereint in Zärtlichkeit, stets sanft und hold und zart nach Taubenart!«*). Traurig blickt Caramella den Dreien nach (*Lied des Caramello »Ach, wie so herrlich zu schau'n sind all' die herrlichen Frau'n...«*). Noch trauriger ist Delacqua, der zwischenzeitlich in Murano und zu Hause war, aber nirgendwo seine Frau fand. Nun glaubt er, daß man sie geraubt hat und daß sie irgendwo hier steckt. Ciboletta führt ihn auf eine falsche Fährte, um die ganze Verwechslungskomödie nicht zu verraten. Plötzlich taucht Barbara mit Enrico auf, und nun erfährt der Herzog, was eigentlich die ganze Zeit gespielt wurde. Caramello gesteht seine Verfehlung ihm gegenüber und entschuldigt sie mit seiner Eifersucht auf Anninas Rendezvous mit dem Herzog als falsche Frau Delacquas. Barbara schwindelt ihrem immer noch nach ihr suchenden Ehemann eine Entführung durch vermummte Gondoliere vor, aus der sie nur das

beherzte Eingreifen Enricos gerettet habe. Dankbar schließt Delacqua seinen Neffen in die Arme. Der Herzog freilich sieht sich blamiert, nimmt es aber mit Grandezza, ernennt Caramello zu seinem Verwalter und stürzt sich dann erst recht ins Karnevalsgetümmel (Finale »Alle maskiert, alle maskiert, wo Spaß, wo Tollheit und Lust regiert!«). –

Aufführungsdauer. 2¼ Stunden

Johann Strauß
DER ZIGEUNERBARON
Operette in 3 Akten
Textbuch von Ignaz Schnitzer
Uraufführung Wien 1885

Quelle. Der Schriftsteller *Mór (eigentlich: Móric oder Maurus) Jókai (1825–1904)* gilt als einer der populärsten Erzähler der ungarischen Literatur. Selbst altem Adel entstammend, gestaltete er in seinen volkstümlichen Romanen und romantischen Abenteuergeschichten vor allem das Leben der ungarischen Adelsgesellschaft des 18. und 19. Jahrhunderts. Dazu gehört die 1885 erschienene Erzählung »Der Zigeunerbaron«, die in der Literatur auch unter dem Titel »Saffi« geführt wird. Sie spielt zu Beginn des 18. Jahrhunderts während der Türkenvertreibung im Temeser Banat, einer ungarischen Landschaft an den Südkarpaten zwischen den Flüssen Donau und Theiß. Das Gebiet stand erst unter Türkenherrschaft, dann unter österreichischer Militärverwaltung, wurde 1779 mit Ungarn vereinigt und während des 18. Jahrhunderts mehrfach neu besiedelt, vor allem mit Rumänen, Ungarn und Deutschen. Jókais Erzählung beginnt mit der Flucht des reichen Gutsbesitzers Botsinkay vor den einmarschierenden österreichischen Truppen. Zuvor vergräbt er noch die Schätze seiner Familie und des türkischen Paschas. Sein Sohn Jónás kehrt viele Jahre später auf das Erbgut zurück und findet den vergrabenen Schatz, dessen Versteck inzwischen niemand mehr kennt. Er wird reich, heiratet das Zigeunermädchen Saffi und wird spöttisch ›Zigeunerbaron‹ genannt. Er geht zum Militär und kehrt nach dem Krieg, seiner Heldentaten wegen mittlerweile zum Baron erhoben, nach Wien zurück. Dort trifft er Saffi wieder, die sich von aristokratischer Abstammung erweist, denn ihre Mutter war die Tochter des geflohenen letzten Temeser Paschas.

Entstehung und Uraufführung. Als Strauß 1883 am Ungarischen Volkstheater in Budapest die ungarische Erstaufführung seiner Operette »Der lustige

Krieg« (U Wien 1881) dirigierte, kam es zu einem persönlichen Zusammentreffen mit Jókai. Strauß bat ihn um Rat für ein Libretto und fragte ihn, ob er ihm nicht selbst eins schreiben würde. Jókai verwies auf seine »Saffi«-Novelle und beauftragte selbst seinen in Wien lebenden und im übrigen sehr musikalischen Übersetzer *Ignaz Schnitzer (1839–1921)* mit dem Libretto. Der änderte Motive, Handlungsteile und Charaktere der Personen der literarischen Vorlage entscheidend, um dem Ganzen die notwendige Dramatik und Bühnentauglichkeit zu geben. Zwei Jahre lang, so lange wie nie zuvor, beschäftigte Strauß die Komposition. Mit dem Uraufführungserfolg am Theater an der Wien am 24. Oktober 1885 machte sich Strauß am Vorabend seines 60. Geburtstages selbst das schönste Geschenk.

Ort und Zeit. Im Temeser Banat und in Wien gegen Mitte des 19. Jahrhunderts

Die Personen der Operette. Graf Peter Homonay, Obergespan des Temeser Komitates (Bariton) – Conte Carnero, königlicher Kommissär (Bariton) – Sandor Barinkay, ein junger Emigrant (Tenor) – Kálmán Zsupán, ein reicher Schweinezüchter im Banat (Baßbuffo) – Arsena, seine Tochter (Soubrette) – Mirabella, Erzieherin im Hause Zsupáns (Alt) – Ottokar, ihr Sohn (Tenorbuffo) – Czipra, Zigeunerin (Alt) – Saffi, Zigeunermädchen (Sopran) – Pali, Jószi, Ferko und Mihály, Zigeuner – Miksa, Schifferknecht – Ein Zigeunerknabe

Schiffsknechte. Zigeuner und Zigeunerinnen. Grenadiere und Husaren. Hofherren und Hofdamen. Volk (Chor und Ballett)

Die Handlung. 1. AKT: Das Banat im ungarischen Temesvar. Wenn sich die Zigeuner auf den Wochenmarkt begeben, gehen einige Männer in die alte Burgruine, um nach einem verborgenen Schatz zu graben. Zu den Leuten gehört Ottokar, Sohn Mirabellas, der Erzieherin im Hause des reichen Schweinezüchters Kálmán Zsupán. Der ist auf den Schatz besonders erpicht. Doch die Männer kehren wieder einmal unverrichteter Dinge nach Hause zurück (*Lied des Ottokar »Jeden Tag Müh' und Plag' mit der Hacke und dem Spaten!«*). Ihre vergebliche Schatzsuche freut die alte Zigeunerin Czipra, die auf die Wiederkehr des rechtmäßigen Besitzers von Grund und Boden wartet, den Sohn des vor einem Vierteljahrhundert im Exil verstorbenen ehemaligen Schloßherrn. Dieser soll vor seiner Verbannung zusammen mit dem letzten Pascha vom Ungarland in dem jetzt verkommenen Schloß einen Schatz vergraben haben. Sein Sohn Sandor Barinkay ist unter die von dem Grafen Homonay erwirkte Amnestie der im Exil lebenden Ungarn gefallen und kehrt nun tatsächlich auf die Güter seiner Familie zurück (*Auftrittslied des Barinkay »Als flotter Geist...« mit dem Refrain »Ja, das alles auf Ehr, das kann ich und noch mehr!«*). Begleitet wird er von dem königlichen Kommissär Conte Carnero, der zugleich Obmann-Stellvertreter der Geheimen Sittenkommission ist und der Barinkay von Amts wegen die angestammten Güter überschreiben soll. Dafür braucht man zwei Zeugen. Man ruft Czipra auf, die Barinkay aus der Hand liest (*Lied der Czipra* »*Bald wird man dich viel umwerben, reiche Schätze sollst du erben...*«) und Carnero vorhersagt, auch er, der seit zwanzig Jahren nicht mehr in dieser Gegend war, werde »etwas finden«. Zweiter Zeuge ist Zsupán, der jedoch freimütig bekennt, weder schreiben noch lesen zu können (*Lied des Zsupán* »*Ja, das Schreiben und das Lesen ist nie mein Fach gewesen...*«). Um bestehenden Grenzstreitigkeiten aus dem Wege zu gehen, will Barinkay Zsupáns Tochter Arsena heiraten. Der Vater ist einverstanden, nicht aber die Tochter, denn die liebt Ottokar (*Lied der Arsena* »*Ein Freier meldet sich schon wieder, welche Tücke!*«). Außerdem gäbe sie allenfalls einem Freier von Rang und Adel ihr Jawort, mindestens ein Baron müßte er sein. Damit kann Barinkay jedoch nicht aufwarten. Da sieht er Saffi, die bei der alten Czipra lebt, und hört von ihr ein Lied, das auch seine Mutter gerne sang (*Lied der Saffi* »*O habet acht, habet acht vor den Kindern der Nacht!*«). Heimlich werden sie Zeugen von Arsenas und Ottokars Liebesschwüren, was Barinkay erklärt, warum Arsena seine Werbung ablehnte. Czipra hat in ihm den Sohn des letzten Wojwoden (Landeshauptmann) erkannt und stellt ihn den Zigeunern als ihren Herrn vor, die ihn zum ›Zigeunerbaron‹ ausrufen und ihm huldigen. So stellt er sich ein zweites Mal als Freier bei Zsupán ein. Doch als er nur Spott erntet, gibt er Arsena einen Korb und erwählt sich Saffi, die ihr Glück kaum fassen kann. Nun schnaubt die Gegenseite voller Wut und spricht von Schmach, die es zu rächen gilt. Zu diesem Kreis gehört auch Carnero, der in Mirabella seine ehemalige Frau und in Ottokar seinen Sohn wiedergefunden hat. –

2. AKT: Im Zigeunerlager bei der Schloßruine. Saffi hat einen Traum gehabt, den Czipra nun Barinkay erzählt (*Traumerzählung der Czipra* »*Ein Greis ist mir im Traum erschienen...*«). Durch den Traum erfahren sie, wo der vergrabene Schatz liegt. Die Zigeuner werden wach und gehen an die Arbeit (*Zigeunerchor* »*Ja, das Eisen wird gefüge, Kessel, Sensen, Pflüge...*«) Schimpfend erscheint Zsupán mit Carnero, der Barinkay samt Saffi einsperren lassen will, weil sie seiner Meinung nach gegen die Sitte verstoßen haben. Barinkay stellt Saffi jedoch als sein rechtmäßiges Weib vor (*Duett Barinkay-Saffi* »*Wer uns getraut? Sag du's! Der Dompfaff hat uns getraut!*«). Barinkay findet den Schatz unter einer Marmorplatte, wie Saffis Traum es vorhergesagt hat und an welcher Stelle Zsupán bislang nicht hat suchen lassen. Als Carnero die vermeintliche Kriegskasse, die Barinkays Vater veruntreut haben soll, an sich nehmen will, erscheint Graf Homonay mit seinen Husaren. Er wirbt Soldaten für das Heer des ungarischen Königs, das gegen Italien, Frankreich und Spanien kämpfen muß (*Werberlied des Grafen Homonay* »*Her die Hand, es muß ja sein, komm zu den Husaren!*« und anschließender Csárdás »*Wir alle wollen lusig sein...*«). Es entwickelt sich ein improvisiertes Lagerleben, und im Schnellverfahren sind auch Zsupán und Ottokar geworben. Carnero bringt seine Anklage gegen Barinkay vor Homonay: Entdeckung eines Schatzes, der wahrscheinlich den ehemaligen gestohlenen Kriegsschatz darstellt, und Leben in wilder Ehe mit dem Zigeunermädchen Saffi. Er fordert, Barinkay vor das Sittentribunal nach Wien zu bringen (Ensemble »*So voll Fröhlichkeit gibt es weit und breit keine Stadt, wie die Wienerstadt...*«). Doch Barinkay stellt den Schatz dem Vaterland zur Verfügung und erfährt, daß Saffi nicht Czipras Tochter ist, sondern, wie ein vorliegendes Dokument belegt, die Tochter des letzten Paschas vom Ungarnland (*Saffi-Czipra und Chor* »*Ein Fürstenkind, kaum kann ich's verstehn/ein Wunder ist geschehn!*«). Barinkay schließt sich daraufhin ebenfalls dem Militär an, denn nun hält er sich nicht mehr für würdig genug, mit Saffi zu leben, da sie ein Fürstenkind ist (*Finale* »*Lebet wohl, ich zieh hin in den Kampf, um das Vaterland zu rächen...*«). –

3. AKT: Auf der Bastei vor dem Kärntnertor in Wien, zwei Jahre später. Tribünen sind aufgebaut, eine gemischte Volksmenge »wogt freudig bewegt durcheinander«. Der spanische Feldzug ist beendet und man erwartet die siegreichen Husaren (*Chor* »*Freuet euch, uns're Leute kommen sogleich an Ehren reich!*«). In der Menge befinden sich auch Arsena, Mirabella und Conte Carnero. Arsena wartet mit Herzklopfen auf Ottokar (*Lied der Arsena* »*Ein Mädchen hat es gar nicht gut!*«). Als erster erscheint Zsupán und berichtet von seinen angeblichen Heldentaten (*Lied des Zsupán* »*Von des Tajo Strand, wo mit starker Hand wir die Feinde Mores gelehrt...*«). Dann treffen auch die anderen Husaren ein (*Chor der Husaren* »*Hurra, die Schlacht mitgemacht hab'n wir im fernen Land...*«). Barinkay hat sich besonders ausgezeichnet und wird von Graf Homonay geehrt. Ihm wird der Schatz zugesprochen, den er auf väterlichem Grund fand, und per Adelsbrief die Baronie verliehen. Barinkay bedankt sich dafür auf seine Weise: im Namen Ottokars hält er um Arsenas Hand an, er selbst bekennt sich jedoch zu seinen Zigeunern und Homonay führt ihm Saffi als seine Frau zu (*Finale* »*Ja, das alles auf Ehr, das kann ich/er und noch mehr!*«). –

Aufführungsdauer. 2¾ Stunden

Johann Strauß
WIENER BLUT
Operette in 3 Akten
Textbuch von Viktor Léon und Leo Stein
Musik von Adolf Müller nach Werken
von Johann Strauß
Uraufführung Wien 1899

Quelle. Es ist wohl einmalig in der Geschichte des musikalischen Theaters, daß ein Bühnenwerk sozusagen wie im chemischen Verfahren zur künstlerischen Herstellung gelangt. Am Anfang war die Musik, aber vom Text existierte noch kein Wort, geschweige denn, daß es eine Story und eine Handlung gab. Das alles entstand erst nach der ausgewählten vorhandenen Musik. Zwar spielt »Wiener Blut« zur Zeit des Wiener Kongresses, aber das epochale Geschichtsereignis von 1815 kann man nicht eigentlich als Quelle des Werkes betrachten. Die Autoren zogen aus ihm nicht unmittelbar ihre Inspirationen, es sind nur periphere Anklänge und atmosphärische Stimmungen in das Libretto eingegangen. Die Geschichte dieser Operette hat einen frei erfundenen Stoff und ist eine frei gestaltete Verwechslungskomödie, die sich durchaus alter Spieltraditionen bedient.

Entstehung und Uraufführung. Strauß fühlte sich selbst zu alt, um einen neuen originalen Operettenstoff zu suchen und zu vertonen. Das brachte *Franz Jauner*, den damaligen Direktor des Carl-Theaters, an dem 1877 mit »Prinz Methusalem« die letzte Premiere einer Strauß-Operette stattgefunden hatte, auf eine Idee. Man wußte, daß der Walzerkönig einen reichen Bestand an Kompositionsskizzen besaß und daß ein Teil unveröffentlichter Werke bei seinem Verlag existierte. Daraus ließe sich doch eine Operette sozusagen zusammenstellen! *Viktor Léon* und *Leo Stein*, die bewährten Librettisten für Werke der leichten Muse, erboten sich, das zu tun. So entstand das Werk mit ausdrücklicher Billigung des Komponisten, der *Adolf Müller* noch konkrete musikalische Angaben machte. Der war Erster Kapellmeister am Theater an der Wien und zeichnete für die Partitur nach der Musik von Johann Strauß verantwortlich, der die Premiere seines letzten Bühnenwerkes selbst nicht mehr erlebte. Die Uraufführung fand am 25. Oktober 1899 am Carl-Theater statt und wurde mehr oder weniger ein echter Reinfall. Nach bereits vier Wochen verschwand das Werk vom Spielplan. Erst die Wiederaufführung am Theater an der Wien im Jahre 1902 holte den vermißten Erfolg nach, und von da an wurde »Wiener Blut« nicht nur ein Welterfolg, sondern gehört noch heute im Repertoire der deutschsprachigen Theater zu den 15 meistgespielten musikalischen Bühnenwerken überhaupt.

Ort und Zeit. Wien im Jahre 1815

Die Personen der Operette. Fürst Ypsheim-Gindelbach, Premierminister von Reuß-Schleiz-Greiz (Baßbuffo) – Balduin Graf Zedlau, Gesandter von Reuß-Schleiz-Greiz in Wien (Tenor) – Gabriele, seine Frau (Sopran) – Graf Bitowski – Demoiselle Franziska Cagliari, Tänzerin im Wiener Kärntnertor-Theater (Koloratursoubrette) – Kagler, ihr Vater, Karussellbesitzer – Pepi Pleininger, Probiermamsell (Tanzsoubrette) – Josef, Kammerdiener des Grafen (Tenorbuffo) – Anna, Stubenmädchen bei der Cagliari – Ein Fiakerkutscher – Nebenfiguren

Festgäste und Volk. Komtessen und Kellner (Chor und Ballett)

Die Handlung. <u>1. AKT:</u> Zimmer in der Döblinger Villa des Grafen Zedlau. Sein Kammerdiener Josef sucht seinen Herrn, dem er Akten in »einer wicht'-gen Staatsaffäre« überbringen soll (*Auftrittslied Josef* »*Ich such' jetzt da, ich such' jetzt dort...*«). Wenigstens ist die Tänzerin Franziska Cagliari im Haus, die ihren bürgerlichen Wiener Namen ›Kagler‹ vornehm italienisiert hat und die man ›Franzi‹ nennt. Sie ist die Geliebte des verheirateten Grafen, der sich aus einem ehemals soliden Provinzler zu einem echten Wiener Don Juan entwickelt hat. Aber auch sie weiß nicht, wo der Graf steckt (*Lied der Franzi* »*Fünf Tag' hab' seinen Herrn ich nicht geseh'n...*«). Welcher Frau steigt er, so fragt sie sich, denn nun wieder nach! Josef weiß nur, daß er sich die vergangenen Tage bei seiner Frau auf deren elterlichen Schloß in Oberösterreich aufgehalten hat und daß er heute mit ihr nach Wien gekommen ist, um an den Feierlichkeiten des Wiener Kongresses der europäischen Mächte teilzunehmen. Franzi macht das eher eifersüchtig als ruhig, und da kann ihr auch der Vater nicht helfen, der Karussellbesitzer und Musiker Kagler. Endlich aber erscheint der Graf und muß sich Franzis Vorhaltungen anhören, daß er sie so lange hat warten lassen. Daß er bei seiner Frau war, will sie ihm nicht glauben (*Duett Graf-Cagliari* »*Dann und wann muß man doch auch bei der Frau sein...*«). Vor seinem Kammerdiener hat der Graf kaum Geheimnisse, so erzählt er ihm, daß er seine Frau auf deren Wunsch beim Einkaufen begleitet und bei der Schneiderin eine junge Probiermamsell getroffen hat, mit der er sich verabreden will. Josef schlägt ihm den Kasinogarten in Hietzing vor, wo am Abend ein großes Volksfest stattfinden wird. Der Graf soll ihr doch am besten eine schriftliche Einladung zukommen lassen. So diktiert der Graf und Josef schreibt (*Briefduett Graf-Josef* »*Du süßes Zuckertäuberl mein, o komm, o komm zum Stelldichein...*«). Der Graf ist weg, Pepi Pleininger kommt. Die Cagliari hat sie wegen eines Kostüms herbestellt, weil sie beim Ball des Grafen Bitowski, zu dem auch Graf und Gräfin Zedlau geladen sind, für eine plötzlich erkrankte Komtesse einspringen muß. Pepi ist die Freundin von Josef, der jedoch nicht weiß, daß sie jene Probiermamsell ist, die der Graf mit Josefs Handschrift gerade zu einem Rendezvous eingeladen hat! Ahnungslos, was auf sie zukommen wird, verabreden sich die beiden auf den Abend in Hietzing (*Duett Pepi-Josef* »*Drauß' in*

Hietzing gibt's a Remasuri...«). Zuvor aber muß Pepi zum Fest bei Bitowski, denn das Kostüm paßt der Cagliari nicht, aber ihr, und so soll sie an deren Stelle den Komtessentanz anführen. Da fährt Premierminister Fürst Ypsheim-Gindelbach vor der Villa vor. Er möchte der Gräfin seine Aufwartung machen. Da er sie persönlich noch gar nicht kennt, hält er Franzi für die Gräfin und will sie über des Grafen Liaison mit der Tänzerin Cagliari aufklären und zugleich trösten (*Duett Minister-Franzi »Ich sag', Verhältnisse wie diese, die sind nach Adam Riese auf eins, zwei, drei vorbei und aus!«*). Franzi, die sich nicht zu erkennen gibt, empfindet das nur als Hohn und bittere Ironie, weshalb der Minister selber merkt, höchst undiplomatisch gewesen zu sein und sein Verhalten wieder gutmachen will – und damit nur alles noch mehr durcheinander bringt. Denn nun betritt die Gräfin die Villa, denn sie glaubt ihrem Mann nicht, daß das Haus renoviert wird, sondern daß hinter seiner Ausrede ein Geheimnis steckt, das sie lüften will. Hier hat sie übrigens die erste glückliche Zeit ihrer Ehe verbracht (*Auftrittslied der Gräfin »Grüß dich Gott, du liebes Nesterl!«*). Als der Minister ihr begegnet, hält er sie für die Tänzerin Cagliari und macht ihr wegen ihres Verhältnisses zu dem Grafen moralische Vorhaltungen. Zum Glück erscheint der Graf und will seine Frau hinausführen, die nicht versteht, was hier eigentlich vorgeht. Doch da gerät er in Not, als Franzi hereintritt und sich nun Ehefrau und Geliebte gegenüberstehen. Geistesgegenwärtig bittet er den Minister, die Cagliari für seine Gemahlin auszugeben, der will ihn helfen, stellt aber die Gräfin als seine Frau vor. Darüber ist Franzi ebenso mißtrauisch wie die Gräfin, die ihren Mann des falschen Spiels verdächtigt, auf das sie jedoch vorerst scheinbar eingeht (*Quartett Franzi-Gräfin-Graf-Minister »Dahinter steckt wohl ein Betrug, doch kenn ich nicht das Ziel...«*). –

2. AKT: Festsaal im Palais des Grafen Bitowski. Die Gräfin stellt ihren Mann zur Rede wegen des Vorfalls in der Villa. Der Graf schwindelt ihr vor, der Minister habe dort eine Geliebte, um sie aber wegen einer neuen Liebschaft nicht zu kompromittieren, habe er ihr gesagt, seine Frau sei nach Wien gekommen und Gabriele als diese vorgestellt. Die Gräfin glaubt ihm kein Wort und bedauert, daß es mit ihrer Ehe nicht so läuft, wie sie sich das gewünscht hat. Schuld daran sei, daß ihm das Wiener Blut fehle (*Walzerduett Gräfin-Graf »Ich bin ein echtes Wiener Blut, doch Sie aus Reuß-Greiz-Schleiz, solch eine Ehe tut nicht gut...« mit dem Refrain »Wiener Blut! Wiener Blut! Eig'ner Saft voller Kraft, voller Glut!«*). Nach diesem Gespräch, das wie ein Verhör und eine Beichte zugleich anmutet, hat die Gräfin neuen Gefallen an ihrem Mann gefunden, der für sich feststellt: »Ich fürchte, ich verliebe mich wieder in meine Frau!« Doch schon wartet ein weiteres Verhör auf ihn. Franzi glaubt nämlich, die Dame in der Villa (also seine Frau Gabriele) sei seine Geliebte gewesen und nicht des Fürsten Gemahlin. Sie glaubt dem Grafen nicht einmal die Wahrheit, als er ihr gesteht, es sei seine eigene Frau (*Lied des Grafen »Als ich ward ihr Mann, sah*

man mir's nicht an, welch ein Don Juan aus mir werden kann.«). Dann sieht er sich auch noch Pepi gegenüber, die er im Modesalon nicht mehr angetroffen hatte und der er deshalb erst jetzt seine Einladung zum Rendezvous nach Hietzing übergibt. Sie wird der Einladung Folge leisten, denn von Josef, der wieder einmal geschäftig nach seinem Herrn sucht, fühlt sie sich vernachlässigt. Der Minister sieht mit Entsetzen die Gräfin auf dem Ball, die er noch immer für die Geliebte des Grafen hält. Und dann versucht ihr auch noch Vater Kagler, der als Musiker für den Ball engagiert wurde, die moralischen Leviten zu lesen. Er fordert sie auf, vom Grafen, seinem künftigen Schwiegersohn, abzulassen, sonst werde der nach Greiz versetzt – was der Graf fürchtet wie der Teufel das Weihwasser! Die Gräfin vermutet hinter all dem eine Intrige gegen ihren Mann und hält ihrerseits Pepi für die Tänzerin Cagliari, die nun den Tanz der Komtessen anführt, die nach den Uniformen der verschiedenen österreichischen Regimenter modisch gekleidet sind (*Chor der Komtessen »Bei dem Wiener Kongresse gibt die Wiener Komtesse auch von Österreichs schmuckem Militär ein Bild.«*). Nun ist sie mißtrauischer denn je, zumal der Graf ihr abschlägt, sie zum Volksfest nach Hietzing zu begleiten, weil er sich dort mit Pepi verabredet hat. Aus dem gleichen Grund gibt er auch Franzi einen Korb mit der gleichen Ausrede, er habe am Abend mit dem Minister noch Staatsgeschäfte zu besprechen. Der aber beteuert, abends niemals zu arbeiten. So haben die Gräfin und er den gleichen Verdacht, daß der Graf ein Rendezvous mit seiner Geliebten hat, das sie ihm beide verderben wollen (*Duett Gräfin-Minister »Erwarten nach dem Ball sie mich! Nach Hietzing fahren wir hinaus!«*). Als ob es nicht schon genügend Irrungen und Wirrungen gäbe, stehen sich plötzlich die Gräfin und Franzi gegenüber. Der Minister stellt sie einander vor – die Gräfin als Cagliari und diese als Gräfin! Die Damen können darüber nur lachen, der Minister ist erneut irritiert und die Gräfin begeht einen Fehler, weil sie es nicht anders weiß, und stellt Pepi als Cagliari vor. Nun ist der Wirrwarr total, aber weder Josef noch der Graf sind bereit, die Damen aufzuklären. Das bleibt dem Gastgeber vorbehalten, denn Bitowski bringt einen Toast auf Gräfin Zedlau aus, die nach langer Abwesenheit wieder in die Wiener Gesellschaft zurückgekehrt ist. Franzi und der Minister sind perplex, auf diese Weise die Wahrheit zu erfahren. Mit einem allgemeinen Walzer geht der Ball seinem Ende zu (*Finale »Die Wienerstadt, sie hat ein Symbol, in allen Landen kennt man es wohl: Walzer genannt...«*). –

<u>3. AKT:</u> Der Kasinogarten in Hietzing. Die Gräfin erscheint in Begleitung des Ministers, um den Grafen bei seinem Rendezvous zu ertappen. Sie ziehen sich in eine Laube zurück. Desgleichen tun Franzi und Josef sowie Pepi und der Graf, der sich geschworen hat, dies werde sein letztes Rendezvous sein (*Sextett Graf-Pepi-Gräfin-Franzi-Minister-Josef »Stoß an, stoß an, du Liebchen mein, und schlürf mit mir Champagnerwein und denk' an die Moral: Man lebt ja nur ein-*

mal!«). Josef warnt den Grafen, der mit der sich ihm gegenüber spröde gebenden Pepi seine liebe Not hat, daß auch die Cagliari da ist. Sie will der Graf erst einmal wegbringen, inzwischen soll Josef ihn bei Pepi vertreten. Ein ordentlicher Krach zwischen den beiden ist die Folge. Dem schließen sich zwei weitere Mißverständnisse an. Zuerst eines zwischen Josef und Kagler, der seine »geliebte« Klarinette sucht und dabei mit seinem mißverständlichen Gerede Josef glauben macht, auch er habe ein Stelldichein mit seiner Pepi gehabt. Dann ein zweites zwischen der Gräfin und Franzi, die sich dann aber zu erkennen geben und so wissen, mit wem sie es einander zu tun haben und den Grafen zurecht verdächtigen, mit einer Dritten da zu sein. Um ihn auf frischer Tat zu erwischen, tauschen sie ihre Lauben (*Duett Gräfin Franzi »Dann wird's gemacht, wie wir's erdacht!«*). Als der Gräfin gelingt, den Grafen zu überführen, gesteht er ihr alles. Und das klärt die Verhältnisse auch für die anderen: Pepi und Josef versöhnen sich schnell wieder, der Minister macht der Cagliari den Hof und das gräfliche Ehepaar erhofft sich eine glücklichere gemeinsame Zukunft. Allerdings schaut der Minister bis zuletzt nicht ganz durch, was wohl am Champagner liegen wird, dem er reichlich zugesprochen hat. Aber nein, so beteuert er – das mache nur der Walzer und das Wiener Blut (*Finale »Wiener Blut! Wiener Blut! Eig'ner Saft, voller Kraft, voller Glut!«*). –

Aufführungsdauer. 2½ Stunden

Franz Lehár und das ›Silberne Zeitalter‹

Kurz vor der Jahrhundertwende treten die Hauptvertreter der ersten Wiener Operettenzeit innerhalb weniger Jahre von der Bühne ab: Suppé 1895, Zeller 1898 sowie Millöcker und Strauß 1899. Zu dieser Zeit sind ihre Nachfolger bereits geboren, wirken z. T. schon an unterschiedlichen Orten, bringen ihre ersten Werke zur Uraufführung und vollziehen den Stabwechsel vom goldenen zum silbernen Zeitalter der Operette vorerst eher geräuschlos denn spektakulär. Die ersten wirklichen oder gar dauerhaften Erfolge stellen sich freilich erst nach 1900 ein, am Ende sind es einige hundert Operetten, von denen nur ein Bruchteil die Zeiten auf dem Theater überstehen. Auffallend, daß einige Komponisten ein zwar umfangreiches Schaffen aufweisen können, aus dem jedoch nur jeweils eine einzige Operette bis heute Bestand hat. So komponiert der Österreicher *Ralph Benatzky (1884–1957)* stattliche 35 Operetten, doch nur »Im Weißen Rößl« (1930) bleibt bis heute ein Volltreffer im Repertoire; von den 13 Operetten *Nico Dostals (1895–1981)* wird nur noch »Die ungarische Hochzeit« (1939) gespielt, und auch das immer weniger; von den 20 Operetten

Leon Jessels (1871-1942), der als jüdischer Komponist der nationalsozialistischen Verfolgung zum Opfer fiel, hat sich nur »Schwarzwaldmädel« im Repertoire gehalten; der Schweizer Komponist *Paul Burkhard (1911-1977)* ist allein durch sein »Feuerwerk« (1948) noch in den Spielplänen vertreten, das als musikalische Komödie bezeichnet ist, dessen Zuordnung zu den Gattungen jedoch zwischen Operette und Musical schwankt; von den 10 Werken des Tschechen *Oskar Nedbal (1874-1930)* verabschiedet sich »Polenblut« (1913) ebenso unauffällig aus dem Repertoire wie »Maske in Blau« (1937) und »Saison in Salzburg« (1938) von *Fred Raymond (1900-1954)*, drei Operetten, die noch lange nach dem Zweiten Weltkrieg in unseren Spielplänen vertreten waren. Von *Edmund Eysler (1874-1949)*, der nach seinem temporären Erfolg »Bruder Straubinger« (1903) ein fideles Leben führte, in dem Frauen, Pferde und das Kartenspiel die Hauptrollen spielten, wird die gemütvolle und gut getexte »Gold'ne Meisterin« (1927) allenfalls noch in Österreich hin und wieder gespielt. *Rudolf Kattnigg* ist mit seiner »Balkanliebe« (1937) ebenso vergessen wie *Friedrich Schröder* mit »Hochzeitsnacht im Paradies« (1942), die noch zu den besseren modernen Operetten gezählt werden darf. Vergessen ist inzwischen auch der Ungar *Paul Abraham (1892-1960)*, der zwar nur 6 Operetten schrieb, aber immerhin mit »Viktoria und ihr Husar« (1930), »Die Blume von Hawaii« (1931) und »Ball im Savoy« (1932) einst zu den führenden Operettenkomponisten des Repertoires zählte.

So ist auch die Operette der zweiten Blütezeit durch wiederum sechs Komponisten mit allerdings unterschiedlicher Präferenz vertreten. Wenig gehalten hat sich von *Oscar Straus (1870-1954)*, der nicht der Strauß-Dynastie zugehört. Sein Vater, ein Bankier, zieht mit der Familie von Mannheim nach Wien. Dort und später in Berlin studiert Oscar Straus Musik, komponiert zunächst Kammermusik und sinfonische Werke, ein Requiem und eine komische Oper. 1892 trifft er Johann Strauß, auf dessen Rat hin er zunächst als Operettenkapellmeister nach Preßburg, Brünn und Mainz geht, bevor er Assistent von Gustav Mahler in Hamburg wird. Die Sommermonate verbringt er unter Gleichgesinnten in Berlin, dazu gehört auch Arnold Schönberg. Er ist längere Zeit Hauskomponist des Kabaretts »Das Überbrettl« und schreibt Musik u. a. für Frank Wedekind und Christian Morgenstern. Sein erster, der Offenbachiade verpflichteter Bühnenerfolg ist die Operette »Die lustigen Nibelungen« (1904). Drei Jahre später folgt sein früher vielgespieltes Meisterwerk »Ein Walzertraum« (1907), dann nach viel Durchschnitt noch einmal ein Welterfolg mit »Der letzte Walzer« (1920). Straus, der in späten Jahren die Musik zur Verfilmung von Arthur Schnitzlers »Reigen« – mit dem legendären melancholischen Walzerchanson für Adolf Wohlbrück – komponiert, erreicht ein hohes Alter und stirbt 84jährig in Bad Ischl.

Leo Fall (1873-1925) wird als Sohn eines Regimentskapellmeisters in

Olmütz geboren, besucht dort die Volksschule und erhält vom Vater Unterricht auf der Violine. Als dieser 1882 nach Lemberg in Galizien versetzt wird, geht Fall erst auf das deutsche Gymnasium und danach auf das Konservatorium von Wien. Dort gehört er neben Franz Lehár zu den Geigern in der Militärkapelle von dessen Vater. Als Klavierbegleiter und Orchestermusiker wirkt er in Berlin und danach als Operettenkapellmeister in Hamburg, Köln und wieder Berlin, wo er ans Metropoltheater berufen wird. Für das Berliner Kabarett »Die bösen Buben« komponiert er Chansons und Lieder, daneben entstehen Orchesterwerke und zwei Opern und er reüssiert als Operettenkomponist mit »Der Rebell«, 1905 in Wien uraufgeführt und 1912 zu »Der liebe Augustin« umgearbeitet. Im Jahr darauf heiratet Leo Fall und läßt sich als freischaffender Komponist nieder, bezieht eine eigene Villa im Wiener Vorort Hietzing und hat 1907 mit der Mannheimer Uraufführung von »Der fidele Bauer« seinen endgültigen Durchbruch, dem noch im gleichen Jahr in Wien die Uraufführung von »Die Dollarprinzessin« folgt. Einen nochmaligen Erfolg verzeichnet er mit »Die Rose von Stambul« (1916). Seinen größten Hit verzeichnet er mit »Madame Pompadour« (1920). Fünf Jahre später kehrt er von einer anstrengenden und letztlich enttäuschenden Tournee durch die USA und Südamerika erschöpft nach Hause zurück und erliegt im September einem Gallenblasenleiden. Neben Opern und mehreren Walzern komponiert Leo Fall 24 Singspiele, musikalische Komödien und Operetten, die ihn als bedeutenden Vertreter der zweiten Operettenära ausweisen.

Grandseigneur der Operette nach 1900 ist *Robert Stolz (1880–1975)*, Sohn eines Dirigenten und Komponisten in Graz. Nach dem Besuch des Wiener Konservatoriums, wo er u. a. Schüler von Engelbert Humperdinck ist, wird er Korrepetitor in Graz, Kapellmeister in Salzburg, Brünn und am Theater an der Wien, wo er Operetten von Lehár, Straus und Kálmán zur Uraufführung bringt. 1903 gelangt mit »Schön Lorchen« in Salzburg seine erste Operette auf die Bühne. Stolz emigriert 1938 nach Paris und von dort 1940 nach Amerika, wo er sich am Broadway als Dirigent klassischer Wiener Operetten-Aufführungen einen Namen macht, kehrt 1946 jedoch nach Wien zurück. Mit unzähligen nationalen und internationalen Auszeichnungen versehen und hochdekoriert stirbt er im hohen Alter von 95 Jahren in Wien. Er komponiert unzählige Lieder, von denen einige sehr populär geblieben sind, viel Filmmusik, 19 Wiener Eisoperetten, musikalische Komödien und 44 Operetten, von denen sich auch sein größter Erfolg »Zwei Herzen im Dreivierteltakt« (1930; Neufassung 1975) ebenso wenig im Repertoire durchsetzen kann wie »Venus in Seide« (1932) oder »Frühling im Prater« (1949).

In dem gebürtigen Ungar *Emmerich Kálmán (1882–1953)* begegnen wir, wenn wir allein das Operettenrepertoire der letzten Jahrzehnte zum Maßstab nehmen, dem neben Johann Strauß und Franz Lehár meist gespielten Operettenkomponisten. Geboren wird er am 24. Oktober 1882 in Siófok am Plattensee, wo sein Vater ein Unternehmen besitzt. Dies geht mit dem Ende der Wirtschaftskonjunktur der Gründerjahre bankrott, der Vater muß Häuser und Fabriken verkaufen und die Familie gerät an den Rand der Armut. Sie zieht nach Budapest, wo Kálmán zunächst das Gymnasium besucht und sich dann das Geld für das Musikstudium durch Nachhilfeunterricht (Griechisch und Latein) sowie mit Adressenschreiben für ein Geschäftshaus selbst verdient. Denn er will Pianist werden, wozu er alle Voraussetzungen mitbringt. 1897 gibt er sein verheißungsvolles Debüt als Klaviervirtuose, doch eine Armerkrankung macht alle Pläne für eine Pianistenlaufbahn zunichte. Auf Wunsch des Vaters beginnt er an der Budapester Universität mit dem Jura-Studium, doch widersetzt er sich schließlich erfolgreich dem väterlichen Plan, einen Rechtsanwalt aus ihm zu machen, da er sich ganz der Musik verschreibt. Während er in einer Anwaltskanzlei arbeitet, studiert er an der Landesmusikakademie Musiktheorie, Harmonie und Kontrapunkt sowie Komposition und zählt zu seinen Mitschülern Bela Bartók und Zsoltan Kodály. Er wird Musikkritiker, ist am Kabarett tätig und komponiert. Sein erfolgreiches Debüt als Bühnenkomponist gibt er 1906. Unter dem Einfluß des Erfolges von Franz Lehár, den er sich zum Vorbild nimmt, widmet er sich der Komposition auf dem Gebiet der leichten Muse und hat zwei Jahre später seinen ersten großen Erfolg mit der Operette »Herbstmanöver« (U Budapest 1908). Ende des gleichen Jahres übersiedelt er nach Wien, die Sommermonate verbringt er von nun an in der Regel in Bad Ischl. Berühmtheit erlangt Kálmán 1912 mit »Der Zigeunerprimas«, dem drei Jahre später mit »Die Csárdásfürstin« der erste seiner Welterfolge uraufgeführt wird. Mit »Gräfin Mariza« (1924) und »Die Zirkusprinzessin« (1926) folgen zwei weitere, alle drei Operetten gehören bis heute zum Standardrepertoire. (15) Durch die Nazis verschiedenen Repressalien ausgesetzt, emigriert Kálmán 1938 mit seiner Frau und den beiden Kindern über die Schweiz und Paris in die USA, wo er acht Jahre bleibt und 1947 die amerikanische Staatsangehörigkeit erhält. Im Jahr darauf kehrt er nach Europa zurück, wird überall gefeiert und mehrfach ausgezeichnet. Am 30. Oktober 1953 stirbt er wenige Tage nach seinem 71. Geburtstag in Paris, wird nach Wien überführt und erhält dort ein Ehrengrab der Stadt. Seine Musik zeichnet sich durch akzentuierte Rhythmik, melodische Einfälle und starken Einfluß ungarischer Folklore aus. Den Hauptpartien seiner Erfolgsoperetten hat er mit seiner Musik ein in diesem Genre nicht alltägliches unverwechselbares Profil verliehen, in Boni (Graf Boni Káncsiánu) der »Csárdásfürstin« schuf er eine der besten Bufforollen der gesamten Operettenliteratur.

Schließlich muß *Eduard Künneke (1885–1953)* genannt werden, der als Sohn eines Kaufmanns aus dem niederrheinischen Emmerich stammt. Er besucht das Humanistische Gymnasium und bildet sich autodidaktisch zum

Pianisten aus. Nach dem Abitur studiert er ab 1903 an der Berliner Hochschule für Musik, belegt Literatur an der dortigen Universität und komponiert Militärmusik. 1905 ist er Meisterschüler von Max Bruch an der Akademie der Künste und wirkt nach Beendigung des Studiums als Klavierbegleiter, Korrepetitor und Dirigent eines Männer-Gesangsvereins in Potsdam, wird Mitarbeiter bei Schallplattenaufnahmen und schließlich musikalischer Leiter einer großen Schallplattenfirma. Ab 1907 ist er Chordirektor und Dirigent am Neuen Operettentheater am Schiffbauerdamm sowie Kapellmeister am Deutschen Theater Max Reinhardts, zu dessen legendären Klassiker-Aufführungen er die Bühnenmusik komponiert. 1909 heiratet er und bringt seine Oper »Robins Ende« in Mannheim zur Uraufführung. Während seiner Militärzeit ist er Hornist und Kapellmeister beim Infanterieregiment in Cottbus, danach Kapellmeister am Wilhelmstädtischen Theater in Berlin. Mit der Operette »Das Dorf ohne Glocke« wird er 1919 gleich an mehr als zwanzig Bühnen gespielt, was ihn auf den Weg zur Operette bringt, wo er 1921 mit »Der Vetter aus Dingsda« einen Welterfolg landet, der einzigen bedeutenden chorlosen Operette. Drei Jahre später weilt er in den USA und setzt seine Komponistentätigkeit fort. Zu Beginn des Zweiten Weltkrieges nehmen Gesundheit und Schaffenskraft stark ab, er wendet sich zwischenzeitlich ganz von der Musik ab und beschäftigt sich mit alten Sagen und mit Religionsphilosophie. 1953 stirbt er in Berlin und hinterläßt ein recht umfangreiches musikalisches Gesamtwerk, in dem sich neben Bühnenmusik, Orchesterwerken, Filmmusik, Gesangs- und Chorwerken 31 Opern, Operetten und Singspiele befinden. (16)

Konsequenter als ihre Vorgängerin erfüllt die ›silberne‹ Operette dramaturgische Grundbedingungen der Gattung. Deutlich korrespondieren Sänger- und Buffopaar miteinander, meist freundschaftlichen Beistand in kniffligen Situationen auch dann leistend, wenn man sich in Herzensangelegenheiten ein bißchen in die Quere kommt wie Hanna Glawari und Valencienne in Lehárs »Lustiger Witwe« oder auch nur zu kommen scheint wie Mariza und Lisa in Kálmáns »Gräfin Mariza«. Zwischen ihnen hin und her lavierend und durch eigene Unvollkommenheit am Ende ausgespielt und genasführt, betritt der ältliche Baßbuffo die Bühne. Der aber, oft ungewollt, gerade deshalb zum obligatorischen guten Ende beiträgt, dem lieto fine der alten opera seria und dem versöhnenden Abschluß der opera buffa, jetzt Happy End genannt. Formal geradezu zwingend ist die ausschließliche Gliederung in drei Akte, wobei die Exposition des Geschehens im 1. Akt sozusagen die These liefert, der die Antithese des 2. Aktes folgt als Komplikation der Gefühlswelt durch mißverständliche Kehrtwendungen des Handlungsablaufes, was durch Aufklärung und glückliche Fügung in der Synthese des 3. Aktes seine Lösung findet. Das kann auch durch einen leibhaftigen ›Deus ex machina‹ herbeigeführt werden wie in der »Gräfin Mariza«. Da ist es allerdings eine ›Dea‹ in der Gestalt der resoluten

Erbtante des Grafen Tassilo mit dem nicht weniger klangvollen wie respektgebietenden Namen Fürstin Bozena Cuddenstein zu Chlumetz, die samt ihrem zitatenseligen Kammerdiener Penizek den Neffen ihrer nie erlahmten Zuneigung versichert und darum für ihn die verlorenen väterlichen Güter zurückkauft, doch von ihren Zerwürfnissen mit Tassilos Familie erfährt man nichts Näheres.

Neu ist der Hauch des Exotischen, die Sehnsucht nach dem Fremden und nach fernen Ländern, wie es schon einmal das 18. Jahrhundert mit der Mode der Chinoiserie in Kunst und Literatur vorgemacht hat. Gern läßt man jetzt Operetten in fernen Ländern spielen, in Rußland, China, der Türkei sowie auf Hawaii und freut sich über die Heimkehr des so lange vermißten Vetters aus dem entlegenen Batavia. Die Operette des silbernen Zeitalters ist in ihren Schauplätzen und damit auch in Milieu und Atmosphäre internationaler und deshalb nur noch eingeschränkt eine Wiener Operette zu nennen. Zudem gewinnen folkoristische Elemente, gerade auch in der Musik, Eingang und Einfluß, so daß man mit gebührender Vorsicht von Folklore-Operetten sprechen kann, zu denen einige Meisterwerke gehören wie *Die Csárdásfürstin*, *Gräfin Mariza*, *Im Weißen Rößl*, *Schwarzwaldmädel*, *Die ungarische Hochzeit*, *Polenblut* und *Saison in Salzburg*. Neu ist auch die Reklamation der Glitzerwelt von Film (Nico Dostals *Clivia*), Varieté (Lehárs *Giuditta*, Kálmáns *Die Csárdásfürstin*) und Zirkus (Burkhards *Feuerwerk*, Kálmáns *Zirkusprinzessin*). Im Schlepptau dieser neuen Welten machen, sehr zum Vorteil der Operette, neue Mode- wie auch fremde Folkloretänze ihre Aufwartung im musikalischen Geschehen wie Foxtrott, Tango, Blues und Rumba auf der einen, Polka, Mazurka und Csárdás auf der anderen Seite. Besonders der Csárdas tritt in ernsthafte Konkurrenz zum Walzer, ohne freilich dessen Vorherrschaft zu brechen. Mit seinem zwischen schnellen und langsamen Rhythmen wechselnden hinreißenden Temperament, seiner Emotionalität und seiner elektrisierenden Erotik sorgt er als Sololied, Ensemble und Tanz für musikalische Belebung.

So ist die Operette im ersten Drittel des 20. Jahrhunderts auch ein Spiegel der Zeit. Untergangsstimmung und Dekadenz um die Jahrhundertwende, Wehmut und Melancholie einer sich verabschiedenden Epoche, Erster Weltkrieg und Wirtschaftskrisen der Zwanziger Jahre hinterlassen Spuren, prägen die Bälle, Beziehungen und Blessuren in einer sich trotz allem fröhlich und lebensbejahend gebenden Bühnen(schein)welt. Doch aus dem Rausch des Vergnügens steigt die Ernüchterung empor. Vielfach macht die Operette der Zeit dieses irisierende wie irritierende Lebensgefühl an der sich mehr und mehr selbst im Wege stehenden Aristokratie fest, die mit dem Absterben monarchischer Regierungsformen des eigentlichen Zentrums ihrer gesellschaftlichen Bestimmung beraubt ist. In der Stimmung des ›laissez faire‹ sieht der Adel im Amüsement sein einzig verbleibendes Betätigungsfeld, ob mit oder ohne Geld.

»Wir bummeln durchs Leben, was schert uns das Ziel« gilt für einen wie den Grafen von Luxemburg, der sein Vermögen »verjuxt, verputzt, verspielt und vertan« hat. Oder statt als pondevedrinischer Gesandtschaftssekretär geregelter, vielleicht gar verantwortungsvoller Arbeit nachzugehen, verbringt Graf Danilo seine Stunden lieber im Maxim, mit dessen Damen er sehr intim ist. Es gehört zu ihrem und anderer Standesvertreter Schicksal, zu ihrer Operetten-Fatalität, daß sie am Anfang arm und am Ende reich sind, wofür sie im Grunde selbst nicht mehr getan haben als mit einer gehörigen Portion Abenteuerlust und Risikofreude ihrem Vergnügen und der Liebe hinterherzurennen. Da hat es einer wie Graf Tassilo schon schwerer, der incognito als Gutsverwalter schuftet, in blühenden Landschaften Reichtum für andere erwirtschaftet und selbst etwas Geld verdienen muß, denn er hat nur Schulden geerbt und muß für die Zukunft seiner Schwester Lisa vorsorgen. Wenn er am Ende seine Gutsherrin Mariza als Ehefrau heimführt und seine Güter durch Rückkauf der vermögenden Erbtante wiedergewinnt, so ist das nur Ausdruck der charmanten Philosophie der Operette, die schließlich für ein gutes Ende zu sorgen hat.

Jedoch nicht mehr so bedingungslos wie früher, wie *Franz Lehár (1870–1948)* zeigt, in dessen Werk sich aller Wandel der Zeit und der Moden, der Ansichten und Gefühle niederschlägt. Wie Johann Strauß zuvor ist jetzt er der ungekrönte primas inter pares. Er wird am 30. April 1870 im ungarischen Komorn geboren. Der Vater ist ein Allroundmusiker, der mehrere Instrumente spielt, 1855 nach Wien kommt, ist dort Geiger in Tanzkapellen und Hornist im Orchester am Theater an der Wien unter Kapellmeister Franz von Suppé, studiert Musiktheorie und Orchestrierung, wird Militärkapellmeister in Komorn und erringt sich ein hohes Ansehen. Mehrfach versetzt man ihn in andere Regimenter quer durch die österreichisch-ungarische Donaumonarchie, die um 1900 insgesamt 12 Nationen in 19 Ländern mit ca. 51 Millionen Menschen umfaßt. Ersten Instrumentalunterricht (Klavier und Geige) erhält der junge Lehár vom Vater, die Mutter vor allem fördert seine musikalische Begabung. 1880 ist er Schüler des Piaristengymnasiums in Budapest und verbringt anschließend eine erfolgreiche Zeit bei einem Onkel, der Städtischer Musikdirektor in Mährisch-Sternberg ist, und erlernt die deutsche Sprache. 1882–1888 findet er Aufnahme auf dem Böhmischen Landeskonservatorium in Prag, an dessen Opernhaus unter dem jungen Kapellmeister Gustav Mahler er Bekanntschaft mit der Oper macht, er lernt Dvořák kennen, der ihm rät, Komponist zu werden, und Brahms, der ihn nach Wien empfiehlt. Doch erst einmal geht er nach Studiumsende als Primgeiger ins Theaterorchester von Barmen-Elberfeld, bricht den Vertrag und wird Geiger in des Vaters Wiener Militärkapelle. Neben ihm am Pult spielt Leo Fall, mit dem er Freundschaft schließt. Ab 1890 ist er jahrelang Regiments- und Marinekapellmeister in fünf verschiedenen slowakischen, italienischen, slowenischen und ungarischen Garnisonen, bis er sich vornimmt, sich der Operette zu widmen und sie zu erneuern, da sie seiner Meinung nach seit dem Tod von Johann Strauß in Stillstand geraten ist: »*Mein ganzes Sinnen und Trachten ist es, mir einen Namen zu machen.*« Mit dem Walzer »Gold und Silber« erringt er seinen ersten musikalischen Welterfolg, komponiert für die Gold- und Silber-Redoute der Fürstin Metternich Ende Januar 1902 während des Wiener Faschings. Er quittiert den Militärdienst und wird Kapellmeister am Theater an der Wien und reüssiert mit seiner ersten Operette »Der Rastelbinder« am 20. Dezember am Carl-Theater. Fast auf den Tag genau drei Jahre später gelangt mit »Die lustige Witwe« die bis heute wahrscheinlich weltweit noch vor der »Fledermaus« meist gespielte Operette aller Zeiten zur Uraufführung. Im folgenden Sommer ist er erstmals in Bad Ischl, in dessen Kurtheater die Operette seit Jahrzehnten eine Heimat hat. Unter den Kurgästen befinden sich Komponisten und Librettisten, Literaten und Theaterdirektoren, Verleger und Künstler, Vertreter des Hoch- und Finanzadels sowie Seine Majestät Kaiser Franz Joseph I., der das Kurbad seit Jahren zu seiner Sommerresidenz ernannt hat. Im gleichen Jahr lernt er seine spätere Frau Sophie Meth kennen und schließt Lebensfreundschaft mit Giacomo Puccini. Lehár komponiert und dirigiert viel und erfolgreich, wird reich, ersteht ein Haus in Wien und eine Villa in Bad Ischl, die heute das Lehár-Museum beherbergt. Während des Ersten Weltkrieges tritt er in Lazaretten auf und betreibt das, was man später Wehrmachtsbetreuung nennt. Mit Ende des Krieges widmet er sich vermehrt dem Komponieren und schließt Mitte der Zwanziger Jahre die für seine zweite Schaffensperiode so bedeutsame Freundschaft mit dem Tenor *Richard Tauber (1891–1948)*, der seine folgenden Meisterwerke aus der Taufe hebt. Mit ihm ist er in Berlin, London und Wien tätig, wo 1934 sein letztes Bühnenwerk »Giuditta« an der Staatsoper herauskommt. Danach gründet Lehár seinen eigenen »Glockenverlag« und macht nach dem Anschluß Österreichs ans Deutsche Reich schwere Jahre durch, doch lehnt er mehrmalige Angebote zur Flucht ins Ausland ab. Mit einer Mischung aus Naivität, Unerfahrenheit, Gutgläubigkeit und Nichtsehenwollen was geschieht bleibt er zunächst den Nazis gegenüber unkritisch, wird von Hitler und Mussolini empfangen, macht dann aber bittere Zeiten durch, erleidet 1943 einen physischen Zusammenbruch, wird mehrfach krank und durchlebt mit seiner Frau wiederholt Tage der Todesangst. Denn Sophie ist jüdischer Abstammung, wenn auch längst zum Katholizismus konvertiert. Ihr droht ernsthaft die Verschleppung, doch Lehárs hartnäckige Interventionen beim zuständigen Gauleiter verhindern das Schlimmste. Als sie im Herbst 1947 an Herzschwäche stirbt, verfällt auch Lehár zusehends, zumal wenig später auch Tauber stirbt. Im Sommer 1948 kehrt er mit seiner Schwester Emmy von Zürich nach Bad Ischl zurück, wo am 24. Oktober auch sein Leben zu Ende geht.

Obwohl er nach »Giuditta« nichts mehr komponiert, hinterläßt Franz Lehár ein reiches Werk an Liedern, Walzern, Märschen und anderen Tänzen, Filmmusiken, sinfonischer Musik, Konzertstücken, Kompositionen für Klavier und Geige, Bühnenmusik und insgesamt 26 Operetten. (17) Ihnen hat sich Lehár stets mit dem größten Ernst verpflichtet gefühlt, aber auch er hat wie Strauß eine heimliche Liebe zur Oper in sich gespürt, wollte mit »Giuditta« eine solche komponieren, doch Textbuch und Musik weisen das Werk eindeutig als Operette aus. Gegen die flüchtige Augenblicksunterhaltung der Operette protestiert Lehár ein Leben lang und bedauert gegen Ende seines Lebens die Entwicklung in diesem Genre, in der das Ziel immer mehr der Serienerfolg und nicht das Kunstwerk selbst ist, weil das Geschäftsinteresse Vorrang hat: »*Diese rein materialistische Tendenz der Operettenverfertiger hat die Operette entseelt*«, beklagt er einmal. »*Man sucht nur noch nach neuen Sensationen, nach Witzen, drastischer Situationskomik, ausgefallenen Tänzen und Akrobatentricks – und den gleichen Weg geht auf ihre Weise auch die Musik ... Ich aber meine, daß in der Operette niemals der Zusammenhang mit dem Menschlichen verloren gehen darf. Das ist das Geheimnis der Wirkung, die sich an das Gefühl wendet, und die tiefer, reiner und echter ist als die einer bloßen Schau, die vielleicht gewisser Augenblicksreize fähig ist, bei der Wiederholung aber nur Langeweile und Überdruß erzeugt. Jedenfalls steht für mich so viel fest: die Operette ist eine Kunstgattung, die ein menschliches Erlebnis in musikalisch-künstlerischer Gestaltung zum Gegenstand hat.*«

Bei Lehár wiederholt sich an mehreren, auch erfolgreichen Werken deutlicher als bei anderen Operettenkomponisten das, was wir vielfach bei der Oper zu bemängeln haben: eine manchmal schmerzliche Diskrepanz in der Qualität von Buch und Musik eines Werkes. Nehmen wir Lehárs »Das Land des Lächelns« als Beispiel und machen wir uns ein paar Unterschiede zu Offenbach und Strauß klar.

Der Mischung von Scherz, Satire, Parodie und doch einer gehörigen Prise tieferer Bedeutung bei Offenbach und der ungehemmten, überquellenden Lebensfreude und Ausgelassenheit bei Strauß steht bei Lehár das Sentiment, die gefühlsbetonte Entsagung gegenüber. Musikalisch bedeutet das, an Stelle von Offenbachs daherstürmendem Can-Can und Straußens Walzerseligkeit setzt Lehár liedhafte Lyrik, schmerzliche Melancholie ein. Ungewöhnlich, für Lehár aber nicht neu, ist die Operette ohne Happy End. »Paganini« und »Der Zarewitsch« enden zuvor schon im Verzicht und im Abschied, »Giuditta« wird nachfolgen. Die »Gelbe Jacke« als Urform hatte noch einen glücklichen Ausgang, wie es eigentlich ungeschriebenes Gesetz der Gattung ist. Bei Offenbach sind Orpheus und Eurydike geradezu froh, daß sie sich für immer verlieren, das ist ein Happy End mit umgekehrten Vorzeichen sozusagen. Bei Strauß werden die ehelichen Flirts, Eskapaden und Beinaheseitensprünge mit neuen Treue- und Liebesbeteuerungen glücklich übertüncht, denn glücklich ist der,

der vergißt. Bei Lehár stehen Einsicht und Verzicht auf ein endgültiges und dauerhaftes Miteinander. Nur in einem höheren Sinn kann man von einem Happy End sprechen, sozusagen von einem Ende mit Schrecken statt eines Schreckens ohne Ende. Denn der Verzicht läßt jedem der Beteiligten die Freiheit, und eine hoffnungsvoll begonnene Beziehung wird nicht dauerhaft unter den gegensätzlichen Bedingungen und Traditionen zweier so unterschiedlicher Kulturen wie der chinesischen und der westeuropäischen zu leiden haben. Womöglich noch ganz andere, erniedrigende und gefährliche Entbehrungen und Seelenverletzungen werden durch Trennung und Verzicht gar nicht erst relevant. Bedauerlich ist, daß der an sich wirkungsvolle Grundkonflikt, der in dem kulturellen Gegensatz als dramaturgischer Sprengsatz enthalten ist, in der qualitätsarmen Ausfertigung des Stoffes verschenkt wird. Die Libretti zu »Orpheus in der Unterwelt« und zu »Die Fledermaus« dürfen zu den besten der Operettenliteratur gezählt werden, das Libretto zu »Das Land des Lächelns« zu den schlechtesten. Allzu vordergründig überwiegt die sentimentale Liebesgeschichte vor dem tragischen Konflikt. Um so höher muß man Lehárs Meisterschaft bewerten, daß dieser Text ihn zu solcher Melodienfülle inspiriert hat. Man erinnert sich, beispielsweise, an Mozarts »Cosi fan tutte« und an Verdis »Der Troubadour«.

STERNSTUNDEN DES SPIELPLANS: DIE HAUPTWERKE VON JESSEL, BURKHARD, FALL, KÁLMÁN, KÜNNEKE UND LEHÁR

Leon Jessel (1871–1942)
SCHWARZWALDMÄDEL
Operette in 3 Akten
Textbuch von August Neidhardt
Uraufführung Berlin 1917

Quelle. Die Geschichte dieser Operette ist original erfunden. Autor und Komponist haben eine Folklore- und Heimatoperette geschaffen, deren Buch und Musik bewußt viel alemannisches Brauchtum atmen. So entstand eine der wenigen Repertoire-Operetten mit unverkennbarem volkstümlichen wie auch landschaftlichem Kolorit. *August Neidhardt* selbst lebte unter schwäbischen Bauern und schrieb nieder, was er selbst dort unmittelbar persönlich erlebte.

Entstehung und Uraufführung. Neidhardt verfaßte zunächst eine Art Manuskriptentwurf und schickte diesen mehreren Theatern zu. Von denen kam er, wie er selbst sagte, »hübsch der Reihe nach prompt zurück.« Jedesmal begründete man die Rücksendung mit der Unaufführbarkeit des Sujets. Doch dann interessierte sich Direktor *Charlé* von der Komischen Oper in Berlin für den Stoff. Und der wandte sich an Leon Jessel, der sich mit Elan und Begeisterung an die Komposition des Textes machte. Die Uraufführung fand am 25. August 1917 in der Komischen Oper statt, die mit der Aufführung dieses Werkes für die folgenden drei Jahre jeden Abend praktisch ausverkauft war.

Ort und Zeit. St. Christoph im Schwarzwald um 1917

Die Personen der Operette. Blasius Römer, Domkapellmeister (Baß) – Hannele, seine Tochter – Bärbele, bei Römer bedienstet (Soubrette) – Jürgen, Wirt zum »Blauen Ochsen« – Lorle, dessen Tochter – Malwine von Hainau (Sopran) – Hans (Tenor) – Richard (Tenorbuffo) – Die alte Traudl (Alt) – Schmußheim, ein Berliner – Theobald

Musikanten, Bauern und Bäuerinnen (Chor und Ballett)

Die Handlung. 1. AKT: Das idyllische St. Christoph im Schwarzwald erhält am Vortag des berühmten Cäcilienfestes fröhlichen Besuch aus Berlin. Während der verwitwete und nun schon in die Jahre gekommene Domkapellmeister Blasius Römer in seinem Haus sich beim Singen auf dem Harmonium selbst begleitet (*Blasius Römer »O sancta Caecilia«, übergehend in das schwungvollere »O Cäcilie, o Cäcilie, was nutzt die Hauspostille?«*), machen die sangesfreudigen Freunde Hans und Richard auf ihrer Wanderung durch Deutschland hier Station (*Duett und Quintett »Wir sind auf der Walz' vom Rhein nach der Pfalz...«*). Zugleich befinden sie sich aber auch auf der Flucht vor Malwine von Hainau. Die kann es nicht verwinden, daß Hans ihr den Laufpaß gegeben hat. Deshalb bestimmte sie Richard zu dessen Leibwächter, obwohl der es seinerseits bedauert, daß Malwine nicht ihn liebt. Doch was die beiden nicht einmal ahnen: Malwine ist mittlerweile ebenfalls auf dem Wege hierher. Hans und Richard finden kein Quartier mehr im Gasthaus zum »Blauen Ochsen«, dafür aber freundliche Aufnahme im Hause Römers. Der wohnt zusammen mit seiner Tochter Hannele und dem guten Hausgeist Bärbele. Diese und Hans finden sofort Gefallen aneinander. Das erschwert einerseits die neuerlichen Annäherungsversuche der inzwischen eingetroffenen Malwine bei Hans (*Duett Hans-Malwine »Mein Fräulein, ach, ich warne Sie...«*) und ist andererseits auch dem Domkapellmeister ganz und gar nicht willkommen. Denn er interessiert sich ebenfalls für das Bärbele, seit dieses ihm in einer Anwandlung von Glück ein herzhaftes »Schmätzle« gab. –

2. AKT: Das Cäcilienfest ist in vollem Gange. Es erinnert an die junge Heilige, die im dritten nachchristlichen Jahrhundert während der Christenverfolgung den Märtyrertod erlitt. Erst im 16. Jahrhundert wurde sie zur Schutzpatronin der Musik erklärt, seitdem wird ihr Gedenktag mit viel Musik begangen. So ist es Tradition auch in St. Christoph. Besonders unter der Jugend

des Ortes herrscht fröhliches Treiben. Domkapellmeister Römer indessen hängt seinen eigenen Gedanken nach. Bärbeles Kuß hat es ihm angetan, er will das Mädchen heiraten und ist davon auch nicht von Bärbeles Muhme, der alten Traudel, abzubringen. Inzwischen haben sich auch die Besucher unter die Feiernden gemischt (*Quintett Richard-Hannele-Lorle-Malwine-Bärbele* »*Mädle aus dem schwarzen Wald...*«). Malwine kokettiert mit Richard (*Duett Richard-Malwine* »*Malwine, ach Malwine!*«) und der Domkapellmeister wird von Bärbele aufgefordert, mit ihm zu tanzen, was er in Anbetracht seines Alters und Ansehens ablehnen will. Doch Bärbele schafft es und dreht mit ihm einen Walzer (*Duett Bärbele-Römer* »*Erklingen zum Tanze die Geigen...*«). Als sie ihn aber zum offiziellen Tanz auffordert und er ablehnt, beginnen die Burschen zu murren und wenden sich drohend ans Bärbele: sie hat hier nichts verloren, denn sie ist wie ihre Muhme doch eine Hexe! Schützend stellt sich daraufhin Hans vor Bärbele und beginnt mit ihr zu tanzen. Aus der anfänglichen Hänselei entwickelt sich ein Tumult mit einer deftigen Schlägerei, bei der auch der Berliner Schmußheim, ein echter Salontiroler, ebenso gehörig was abbekommt wie Richard, der sich von Malwine trösten läßt. –

3. AKT: Am nächsten Tag ist in St. Christoph zwar wieder Ruhe eingekehrt, geblieben sind jedoch einige Blessuren. Auch der Wirt zum »Blauen Ochsen«, der gleichzeitig Bürgermeister, Polizeichef und Feuerwehrhauptmann von St. Christoph ist, hat sein Teil abbekommen. Aber es gelingt ihm nicht, den Urheber der Schlägerei des vergangenen Tages zu ermitteln: »Alle sind verhaue worde und keiner hat gehaue!« Auch Schmußheim läuft dick bandagiert herum, er gibt ein Bild des Jammers ab. Deswegen hat er genug vom Schwarzwaldidyll und will nach Berlin zurück. Malwine lädt ihn gleich zur Hochzeit ein, denn sie und Richard haben sich in dem ganzen Tumult endgültig gefunden (*Terzett Malwine-Richard-Schmußheim* »*Wenn der Mann schon dreißig ist...*«). Bärbele aber gelangt durch eine große Erbschaft ihres plötzlich verstorbenen Vaters, der sich eigentlich nie um seine Tochter gekümmert hat, zu einem beträchtlichen Vermögen. Zugleich findet sie ihr Glück endgültig bei Hans, worein sich auch wehmütig Domkapellmeister Blasius Römer schicken muß (*Finale mit Reminiszenz* »*Erklingen zum Tanze die Geigen...*«). –

Aufführungsdauer. 2½ Stunden

Paul Burkhard (1911–1977)
DAS FEUERWERK
Musikalische Komödie in 3 Akten
Buch: Erik Charell und Jürg Amstein
Gesangstexte: Jürg Amstein und Robert Gilbert
Uraufführung München 1950

Quelle. Der Operette, die auch als Musical geführt wird, liegt eine schweizerische Dialektkomödie in einem Akt zugrunde. *Emil Sautter* schrieb sie anläßlich des 60. Jubiläums des Dramatischen Vereins Zürich, gab ihr den Titel »Die sächzigscht Giburtstag« und brachte sie 1925 durch eine Amateur-Theatertruppe im damaligen Stadttheater Zürich zur Uraufführung. In dieser Komödie wird ein Familienfest durch die unerwartete Ankunft eines Bruders des Jubilars gestört. Ihren Witz und ihre Wirkung erzielte die Komödie zum einen aus dem Aufeinanderprallen zweier unterschiedlicher Welten und zum anderen aus dem Dialekt, in dem die Personen sprechen.

Entstehung und Uraufführung. Gut zehn Jahre nach der Uraufführung lernte Paul Burkhard Sautters Dialektstück kennen und erkannte in ihm die geeignete Vorlage für eine musikalische Komödie. Er gewann *Jürg Amstein* als Autor und brachte die Urfassung seines musikalischen Werkes unter dem Titel »Der schwarze Hecht« am 1. April 1939 am Schauspielhaus Zürich heraus. Regie führte Oskar Wälterlin, damals Direktor des Theaters und einer der renommiertesten deutschen Regisseure. Kurz nach dem Zweiten Weltkrieg unterzog Burkhard sein Werk einer erweiterten Fassung, die am 17. November 1948 am gleichen Theater in der Inszenierung von Leonard Steckel und mit Gustav Knuth in der Rolle des Zirkusdirektors zur Premiere gelangte. Schließlich erhielt das Stück seine dritte und bis heute endgültige Form mit zusätzlichen Texten von Robert Gilbert und Erik Charell sowie auch den gültigen Titel »Feuerwerk«. Erik Charells Inszenierung hatte am 16. Mai 1950 im Münchner Staatstheater am Gärtnerplatz Premiere und läutete den beispiellosen Erfolg des Werkes an den deutschen Theatern ein.

Ort und Zeit. Das Bürgerhaus einer wohlhabenden Familie in einer deutschen Kleinstadt an einem Sommerabend um 1900

Die Personen der Operette. Albert Oberholzer, der Vater – Karline, die Mutter – Anna, die Tochter (Soubrette) – Kati, die Köchin – Onkel Fritz – Tante Berta – Onkel Gustav – Tante Paula – Onkel Heinrich – Tanze Lisa – Alexander Obolski, Zirkusdirektor (Tenor) – Iduna, seine Frau (Sopran) – Robert, ein junger Gärtner (Tenorbuffo) – Ein Stallmeister.

Die Handlung. 1. AKT: Die Wohndiele in einem Bürgerhaus im Stil der Jahrhundertwende. Der wohlhabende Fabrikant Albert Oberholzer feiert seinen 60. Geburtstag. Seine Frau Karline und seine Tochter Anna decken die festliche Geburtstagstafel und verteilen die Tischkarten (*Duett Mutter-Anna* »*Mutti! Wer sitzt auf den Ehrenplätzen?*«). Köchin Kati hat ihr Bestes getan und bringt die Geburtstagstorte herein (*Lied der Köchin* »*Ich koche gern, ich koche gut...*«). Und der junge Gärtner Robert – er und Anna lieben sich gegen den Willen vor allem von Annas Vater – bringt die Blumen (*Lied des Robert* »*Ich sag' es gern durch die Blume...*«). Eine besondere Überraschung wartet auf den Jubilar, denn Anna hat dem Vater ein Ständchen komponiert: »Jubiläumsgrüße, Duett für zwei Frauenstimmen und Pianoforte.« Mutter und Köchin werden singen, Anna wird sie am Klavier begleiten. Damit es nachher keinen Patzer gibt, probieren sie das Ständchen noch einmal. Aber sie kommen nicht weit. Jedes Mal werden sie in der Folgezeit an der jeweils gleichen Stelle von der Ankunft der Gäste – Brüder und Schwägerinnen des Geburtstagskindes – unterbrochen. Als da sind: Der fröhliche und etwas derbe Landwirt Fritz mit seiner freundlichen und etwas einfältigen Frau Berta; der ewig hustende Beamte Gustav mit seiner streit- und herrschsüchtigen Frau Paula (*Auftrittslied Gustav-Paula* »*Das Lied vom Husten*«); der gemütliche Bankier Heinrich mit seiner etwas eingebildeten Frau Lisa. Jedes Mal erfolgt das gleiche stereotype, von kleinbürgerlich-spießigen Traditionen geprägte Begrüßungsritual. Schließlich erscheint der Jubilar selbst und man setzt sich zu Tisch. Zwischen Suppe und Hauptgang soll das Ständchen dargebracht werden, doch wieder wird es an der gleichen Stelle unterbrochen. Völlig unerwartet erscheint der jüngste der Brüder, der Zirkusdirektor Alexander Obolski, der vor dreißig Jahren davonlief und seitdem als schwarzes Schaf der Familie mehr oder weniger totgeschwiegen wird. Er bringt seine bei der Verwandtschaft noch unbekannte Frau Iduna mit. Natürlich sind Onkel und Tanten überrascht, ja geradezu empört, während Obolski ihnen seine Zirkuswelt in den schönsten Farben malt (*Lied des Obolski mit Ensemble* »*Man hat's nicht leicht...*«). Anna ist von ihrem Onkel ebenso hingerissen wie die Onkel von Iduna, an deren mondäner Aufmachung und charmantem Auftreten die Tanten kein gutes Haar lassen. Iduna schwärmt Anna vom Zirkus vor und erzählt von ihrem Pony namens Jonny, mit dem sie stets eine berühmte Dressurnummer vorführt (*Lied der Iduna* »*Ich hab' ein kleines süßes Pony...*«). Anna möchte am liebsten auch zum Zirkus (*Ensemble* »*Die Welt ist groß und weit...*«). Je abfälliger sich die Tanten über die Zirkusleute äußern, desto mehr steigt die Bewunderung seitens der Onkel. Gustav vergißt sogar seinen Husten, so ist er von Iduna verzaubert, die mit den Brüdern kokettiert, sie würden sie so stark an ihren lieben Papa erinnern, der ein großer Künstler, ein wunderbarer Clown gewesen ist (*Lied der Iduna* »*O mein Papa...*«). Nun ist es völlig um Anna geschehen und ihr Entschluß, zum Zirkus zu gehen, steht fest. Da werde sie den kleinbürgerlichen Konventionen ihres Elternhauses, dem häuslichen Gefängnis entkommen (*Lied Annas* »*Ich*

will heut' nicht vernünftig sein...«). Aller Einspruch der Eltern nützt ebenso wenig wie die wachsende Empörung der Tanten, die Feier ist zerstört, eine wutschnaubende Köchin will kündigen, aber Iduna und Obolski betrachten das spießbürgerliche Kuddelmuddel mit Vergnügen und bestärken Anna in ihrem Entschluß *(Finale 1. Akt). –*

2. AKT: Der Garten hinter dem Haus. Während das von Onkel Fritz spendierte Feuerwerk abbrennt, stürmt Anna in glückseliger Stimmung aus dem Haus *(Lied Annas »Heut' hab' ich Flügel...«).* Vergeblich will die ihr nachlaufende Mutter sie von ihrer Zirkusidee abbringen. So aber erfährt Robert, der soeben den Garten betreten hat, was eigentlich los ist. Er macht Anna heftige Vorwürfe und will sie zur Vernunft bringen, indem er ihr eine schöne gemeinsame Zukunft verspricht *(Duett Robert-Anna »Ein Leben lang verliebt, ja, falls es sowas gibt...«).* Der gemeinsame Traum vom künftigen Glück endet, als die Verwandtschaft wieder auftaucht. Als die Tantengruppe auf Anna los rollt, sucht Robert vorläufig das Weite. In ihrer Verzweiflung ruft Anna Obolski um Hilfe. Der tröstet sie, ist aber auch erfreut, daß sie offenbar sein Zirkusblut in den Adern hat. Denn das Leben sei ein Rausch und der Zirkus eine Welt der Freiheit *(Obolskis Zirkuslied »Jetzt ist er da, der ganze Zirkus...«).* Während er noch singt, geschieht ein Wunder: der Garten verblaßt, ein Zirkuszelt wird aufgebaut, eine Manege eingerichtet, Artisten und Zirkusleute treten auf. Wie in Trance blickt Anna auf das Geschehen. Sie hat sich in die Kinderschaukel gesetzt und sieht sich plötzlich in luftiger Höhe auf der Trapezschaukel unter dem Zirkusdach *(Anna mit der Reprise ihres Liedes »Heut' hab' ich Flügel...«).* Und dann nimmt das Zirkusgeschehen seinen Lauf, in das auch die ganze Verwandtschaft integriert wird. Die Onkel treten als Clowns auf und die Tanten als Raubtiere, mit denen Obolski als Zirkusdirektor seine Dressur vorführt. Und Iduna zeigt ihre berühmte Ponynummer. Dann verschwindet der ganze Zirkus, so wie ein Feuerwerk zu Ende geht, und der Garten wird wieder sichtbar, in den mit höchster Erregung Robert hereinstürmt und sich aus Eifersucht und Wut mit Obolski ein kräftiges verbales Duell liefert. Dem gefällt der junge Mann, auch wenn er ihn einen Verführer und Mädchenjäger schimpft, er gratuliert Anna zu ihrem Verehrer und tröstet sie, die hin und her gerissen ist, mit der Versicherung, beim Zirkus bringe jeder neue Tag neue Wunder *(Finale »Hokuspokus-Fidibus!«). –*

3. AKT: Das Innere des Hauses wie zu Beginn des Stückes. Iduna tanzt mit den Onkels *(Quartett »So jung wie heut' war ich noch nie!«).* Die energische Paula beordert die Männer in den Salon nebenan, so daß Iduna einen Moment allein ist. So wird sie erst nicht von Kati und Robert erblickt. Die Köchin bedeutet dem jungen Gärtner, Anna werde von zu Hause abhauen und das werde sie auch tun, da in diesem Haus nichts Gutes mehr zu erwarten sei, nicht in der Küche und nicht in der Liebe. Robert schwört ihr, wenn Anna zum

Zirkus gehe, werde er Obolski umbringen, der ihm seine Liebe gestohlen und seinen Traum zerstört habe. Da beruhigt ihn Iduna, und Anna öffnet sie die Augen. Der Zirkus habe auch seine Nachteile, man sei dauernd unterwegs und nie daheim und mit Obolskis Seitensprüngen habe sie schon auch ihre Not. Dennoch liebe sie ihn und gehöre zu ihm (*Lied Idunas* »*Er ist mein Mann und ihm gehöre ich*...«). Das bringt Anna zur Vernunft, sie weiß nun, wohin sie gehört, nämlich an Roberts Seite – so, wie Iduna weiß, wo ihr Platz ist, nämlich an Obolskis Seite. Da ruft die Mutter zu Tisch, was auch Kati zum Bleiben bewegt, und Obolski und Iduna verabschieden sich von einer Welt, die nicht die ihre ist. Gustav schließt sich ihnen an: »Lieber ein Clown sein im Zirkus als ein Hanswurst zu Haus!« Zurück bleibt die Familie, in deren Schoß nun auch Robert aufgenommen wird (*Finale*). –

Aufführungsdauer. 2¼ Stunden

Leo Fall (1873–1925)
MADAME POMPADOUR
Operette in 3 Akten
Libretto von Rudolph Schanzer und Ernst Welisch
Uraufführung Berlin 1920

Quelle. Im Gegensatz zur Oper und vor allem zum Sprechtheater spielt die Geschichte als unmittelbare stoffliche Vorgabe für die Operette praktisch keine Rolle. Leo Falls Meisterwerk ist da eine rühmliche Ausnahme. Zwar folgt sie nicht sklavisch einer datenbesetzten historischen Chronologie, aber sie zitiert historische Personen und trifft erstaunlich genau den damaligen Lebensstil, deren Mittelpunkt hier Madame Pompadour bildet, die vielleicht bekannteste aller Mätressen französischer Könige. In Paris am 29. Dezember 1721 als Jeanne Antoinette Poisson geboren, heiratete sie mit 20 Jahren, ließ sich wenig später wieder scheiden, gelangte um 1745 an den französischen Königshof und bald darauf ins Bett Ludwigs XV. von Frankreich. Von eher kühlem Naturell, war sie darin weniger die leidenschaftliche Liebhaberin, deren der Monarch für sein eigenes Temperament bedurfte. Dafür war sie ihm jedoch eine ebenso intelligente wie verschwendungssüchtige und modebewußte Gesellschafterin (so trägt beispielsweise jenes bekannte kleine Damenhandtäschchen aus Stoff ihren Namen). Sie lebte mit Stil und Geschmack dem Vergnügen, wußte den königlichen Liebhaber für Kunst, Literatur und vor allem für das Theater zu interessieren, denn sie verfügte über einen angenehmen Sopran und galt als eine der besten Laiendarstellerinnen Frankreichs. Erst als ihre sinnlichen Kräfte nachließen, der König auf ihre Gesellschaft aber nicht verzichten mochte, übte sie einen gewissen Einfluß auf die Politik aus, den die Nachwelt gern überschätzt hat. Beim französischen Volk von jeher höchst unbeliebt, galten ihr dessen Angriffe und Diffamierungen mit verleumderischen Spottversen und verletzenden Pamphleten, die man in Verballhornung ihres bürgerlichen Namens *Poissonades* nannte. Darüber beklagte sie sich in einem Brief von 1762 an Voltaire: »Man ist unlängst so unverschämt gewesen, mir Verse zu überschicken, die sowohl für den König wie auch für mich sehr ehrenrührig waren. Meinen Feinden verzeihe ich recht gern; aber den Feinden des Königs vergebe ich nicht so leicht, und es würde mir nicht zuwider sein, wenn der Verfasser dieser schönen Verse eine Zeitlang nach Bicêtre« (Krankenhaus mit Gefängnis im SW von Paris) »geschickt würde, seine Sünden, seine Verleumdungen und seine schändliche Poesie zu beweinen.« Doch hatte sie auch Freunde und Bewunderer, die den Glanz und das geistige Feuer ihrer Augen, ihre Anmut und den Reiz ihrer Gestalt priesen, ihren Esprit und ihre Schönheit lobten wie auch ihre Klugheit und ihr charmantes Auftreten. Voltaire gehörte zu ihren Bewunderern: »Sie ist gebildet, liebenswürdig und verständig, hochbegabt. Ihr gutes Herz und ihr gesunder Sinn sind ihr angeboren.« Aus der Zeit kurz vor ihrem Tod ist das Wort Ludwigs XV. überliefert: »Meine Unruhe bleibt, ich gestehe, ich habe nicht viel Hoffnung, daß sie ganz wieder gesund wird, und große Angst, es könnte bald zu Ende gehen, vielleicht sehr bald. Eine Freundschaft, felsenfest, beinahe zwanzig Jahre, für die ich immer nur danken kann!« Madame Pompadour starb am 15. April 1764 in Versaille mit gerade erst 42 Jahren.

Entstehung und Uraufführung. Mit *Ernst Friedrich Wilhelm Welisch (1875–1941)* hatte Leo Fall schon anläßlich der 1912 in Berlin uraufgeführten Operette »Der liebe Augustin« (eine Überarbeitung des 1905 erschienenen erfolglosen »Rebell«) zusammen gearbeitet. *Rudolph Schanzer (1875–1944)* war ein neuer Librettist für ihn. Beide Autoren hatten nicht geringen Anteil an dem »Pompadour«-Erfolg, der schon mit der Uraufführung am 9. September 1922 im Berliner Theater begann.

Ort und Zeit. Paris und Versailles Mitte des 18. Jahrhunderts

Die Personen der Operette. Die Marquise von Pompadour (Sopran) – König Ludwig XV. (Baßbuffo) – Graf René D'Estrades (Tenor) – Madeleine, seine Frau ((Sopran) – Belotte, Kammerfrau der Marquise (Soubrette) – Joseph Calicot (Tenorbuffo) – Maurepas, Polizeiminister (Bariton) – Poulard, ein Spitzel – Collin, Haushofmeister der Marquise (Sprechrolle) – Prunier, Wirt (Sprechrolle) – Boucher, Hofmaler (Tenor). – Tourelle – Der österreichische Gesandte – Der Leutnant.

Zofen, Grisetten, Volk, Damen und Herren bei Hof (Ballett und Chor)

Die Handlung. 1. AKT: Im Wirtshaus »Zum Musenstall«. Das Volk von

Paris feiert Fasching. Im Mittelpunkt: Calicot, der Poet, der sich besonders als Verfasser von Spottliedern auf die Marquise von Pompadour spezialisiert, einflußreiche Mätresse von Frankreichs König Ludwig XV. (*Callicot und Chor* »*Die Pom-, Pom-, Pompadour ist eine große – hahaha! Ist ein große Dame!*«). Mit von der fröhlichen Partie: Graf René D'Estrades, der auf dem Lande, wo er mit seiner jungen Frau Madeleine lebt, zu versauern fürchtet und sich deshalb Ferien von der Ehe gönnt. Da tauchen zwei hier unbekannte Damen auf: Madame Pompadour mit ihrer Kammerfrau Belotte incognito, die sich ebenfalls gern amüsieren möchten (*Walzerduett Pompadour-Belotte* »*Heut' könnt einer sein Glück bei mir machen...*«). Dennoch irren sie sich, wenn sie glauben, sich unerkannt und unbelästigt unter das Volk mischen zu können: Polizeiminister Maurepas und sein Spitzel Poulard folgen ihnen. Maurepas, Intimfeind der Marquise, möchte diese nur allzu gern bei einem Abenteuer überraschen. Doch Madame, die sich schnell in den feschen René verliebt hat (*Duett René-Pompadour* »*Mein Prinzeßchen, Du, ich weiß ein verschwiegenes Gäßchen...*«) – während Calicot und Belotte Gefallen aneinander finden (*Duett Belotte-Calicot* »*Liebe lehrt die Esel tanzen...*«) – ist um einiges gewitzter. Als der Minister René verhaften will, kommt sie ihm zuvor und beordert René zum Militär – damit er aber ständig in ihrer Nähe ist, selbstverständlich in ihr Leibregiment. Und Calicot wird zum Hofpoeten ernannt und dazu bestimmt, das geplante Festspiel zum Geburtstag des Königs zu verfassen (*Finale* »*Rataplan...*«). –

2. AKT: Saal bei der Marquise im königlichen Schloß von Versailles. Madame geben Audienz, doch wird die wartende Hofgesellschaft rasch abgefertigt, da sie dem rekrutierten René noch persönliche Instruktionen zu geben hat (*Duett Pompadour-René* »*Ich bin dein Untertan, dein treuer...*«). Doch es droht Gefahr. Zunächst erscheint eine Dame aus der Provinz mit einem Empfehlungsschreiben ihres Vaters an die Marquise. Es ist Madeleine, die ihren Mann sucht und sich an Madame Pompadour um Hilfe wendet. Welche Überraschung, als sich die beiden als Schwestern erweisen! Wovon René vorerst nichts erfährt. Er bezieht glücklich Wache bei der Pompadour, was ihm viel mehr als nur eine Ehre bedeutet (*Arie des René* »*Madame Pompadour, Kronjuwel der Natur...*«). Eine zweite Gefahr droht durch Maurepas, der die Pompadour eines Liebesverhältnisses mit Calicot verdächtigt. Das aber kommt Madame gar nicht ungelegen, kann sie doch so den Verdacht von René abwenden. Auf ihre Weise kümmert sie sich um Calicot, dem schier Hören und Sehen vergehen (*Duett Pompadour-Calicot* »*Josef, ach Josef, was bist du so keusch?!*«). Doch dann überfällt sie maßlose Enttäuschung und Empörung, als sie entdeckt, daß René der Ehemann von Madeleine ist. Und da naht auch noch der König selbst, in dessen Gegenwart René, der sich im Schlafzimmer der Pompadour aufhält, gestellt wird. Welch ein Skandal! Den Drohungen des Königs jedoch begegnet die Pompadour mit dem energischen Hinweis, er müsse wohl

in Zukunft die Staatsgeschäfte alleine erledigen. Demonstrativ läßt sie eine Truhe mit Akten in das Zimmer Seiner Majestät schaffen – nicht ahnend, daß sich eben darin Calicot versteckt hat! –

3. AKT: Das Arbeitszimmer des Königs. Maurepas scheint sich seiner Sache sicher. Und so wird für Calicot das Todesurteil vorbereitet. Doch als dieser in Anwesenheit der Marquise aus der Truhe steigt, müssen sich König und Maurepas von der Unschuld des Poeten überzeugen lassen. Doppelt ist nun auch Madame Pompadour rehabilitiert in der königlichen Gunst, da sie den in ihrem Schlafgemach ausgespürten René als den Ehemann ihrer Schwester Madeleine vorstellen kann. Maurepas ist auf der ganzen Linie blamiert, der König aber versöhnt. Das große Glück freilich macht Calicot: der König hat die Akten auf seinem Schreibtisch verwechselt, und so wird Calicot nicht sein unterschriebenen Todesurteil ausgehändigt, sondern er gelangt in den Genuß einer hohen Pension. Dem gemeinsamen Eheglück Calicots und Bellotes steht somit nichts mehr im Wege (*Duett Calicot-Belotte »Wenn die Kirschen wieder reifen...«*). Und René wird in die Arme seiner Frau Madeleine zurückkehren. Madame Pompadour jedoch wird nicht viel vom König zu erwarten haben (*Lied der Pompadour »Dem König geht in meinem Schachspiel meist es kläglich...«*) und sich mit einem jungen Leutnant trösten, der sie auf ausdrückliches königliches Geheiß hin auf ihr Schloß begleiten wird. –

Aufführungsdauer. 2¼ Stunden

Emmerich Kálmán (1882–1953)
DIE CSÁRDÁSFÜRSTIN
Operette in 3 Akten
Textbuch von Leo Stein und Béla Jenbach
Uraufführung Wien 1915

Quelle. Die Fabel des Werkes ist Erfindung der Autoren, aber wie selten eine Operette nach Offenbach widerspiegelt die »Csárdásfürstin« die gesellschaftliche Situation ihrer Entstehungszeit. Es ist ja noch die Zeit der sogenannten Decadence, eine große Umbruchzeit, in der einstige aristokratische Wertvorstellungen im frivolen Amüsement der Bälle, Gesellschaften, Cafés und der wie auch immer zu bewertenden Halbwelt – Relikt des 19. Jahrhunderts – zugrundegehen.

Entstehung und Uraufführung. Entstanden ist die »Csárdásfürstin« vorwiegend in Bad Ischl. Der kleine österreichische Kurort war sozusagen zu einem Wallfahrtsort für Operettenliebhaber geworden. Hier hatte Lehár sich die sogenannte »Rosenvilla« erstanden, in der mancher Musiker wohlverdiente Ruhepausen einlegte. Oder arbeitete, wie Kálmán, dem Lehár die Villa für einige Zeit überließ, um »Stimmung aus inspirierten Wänden« zu ziehen. Kálmán tat es nicht nur genüßlich, sondern auch äußerst erfolgreich. Danach sah es jedoch zunächst gar nicht aus. Die Generalprobe im Wiener Johann-Strauß-Theater war noch reibungslos und unter gutem Stern verlaufen, Eingeweihte prophezeiten dem neuen Werk, das ursprünglich den Titel »Es lebe die Liebe« tragen sollte, einen großen Erfolg. Für den 13. November 1915 war die Uraufführung geplant. Dann die Schreckensnachricht:: »Wegen plötzlich eingetretener Heiserkeit des Komikers Josef König« – so verkündete ein schnell von Hand angefertigtes Theaterplakat – mußte die Premiere kurzfristigst verschoben werden. Das hielt man natürlich für eine faule Ausrede für das angenommene Eingeständnis, das Werk werde ein Flop. Doch es entsprach der Wahrheit: König hatte sich während der Schlußproben derart überschrien, daß er ärztliches Auftrittsverbot erhielt, um seinen lädierten Stimmbändern Ruhe zu gönnen. Kálmán ahnte nichts Gutes und war übernervös. Nicht so die Librettisten, die noch schnell die bekannte Telefonszene des dritten Aktes schrieben. Vier Tage später, am 17. November, war König wieder in Ordnung und die Uraufführung wurde zu einem beispiellosen Erfolg beim Publikum, dessen Begeisterung keine Grenzen kannte und dessen Applaus nach jeder Musiknummer nicht enden wollte. Die Kritik war zunächst geteilt, der »Adelscourier« gar rückte zur Vernichtung aus und beschimpfte die Operette als »lächerliches Produkt, das die Herren Stein und Jenbach sich zu schreiben erfrechten und zu dem der sonst rühmlichst bekannte Komponist Kálmán sich nicht entblödete, einige Takte Musik zu entwerfen.« Selten hat eine Uraufführungskritik so daneben gehauen, denn das Werk lief schon gleich über 800 Mal (!) en suite.

Ort und Zeit. Budapest und Wien um die Wende 19./20. Jahrhundert

Die Personen der Operette. Leopold Maria, Fürst von und zu Lippert-Weylersheim (Sprechrolle) – Anhilte, seine Frau (Sprechrolle) – Edwin Ronald, beider Sohn (Tenor) – Komtesse Stasi, Nichte des Fürsten (Soubrette) – Graf Boni Káncsiánu (Tenorbuffo) – Sylva Varescu (Sopran) – Feri Kerekes, genannt Feri Bácsi (Bariton) – Eugen von Rohnsdorf (Sprechrolle) – Zigeunerprimas (Geiger) – Etliche Chargen (Sprechrollen).

Kavaliere, Varietédamen, Damen und Herren der Gesellschaft, Lakaien und Kellner (Chor und Ballett).

Die Handlung. 1. AKT: Sylva Varescu, die gefeierte Chansonette und Varietésängerin, gibt in dem Nachtlokal ›Orpheum‹ in Budapest ihre Abschiedsvorstellung, bevor sie eine ausgedehnte Amerika-Tournee antreten wird (*Lied Sylvas mit Chor »Heia! Heia! In den Bergen ist mein Heimatland!«*).

Unter ihren Verehrern befinden sich Graf Boni Káncsiánu und Feri Bácsi, die für das Varieté leben und sterben (*Marschlied Boni, Feri und Herren* »*Die Mädis, die Mädis, die Mädis vom Chantant, sie nehmen die Liebe nicht zu tragisch...*«). Und da ist auch Fürst Edwin Ronald, der Sylva leidenschaftlich liebt. Sie erwidert diese Liebe (*Duett Edwin-Sylva* »*Mädchen gibt es wunderfeine, doch wer liebt, der sieht nur eine...*«). Doch nach den alten Standesvorstellungen von Edwins Vater, dem Fürsten zu Lippert-Weylersheim, darf diese Liebe nicht sein. Deshalb soll der Sohn seine Kousine Stasi heiraten. Das aber will Edwin nicht. Lieber würde er Sylva nach Amerika begleiten, so, wie es Boni tun wird, der schon mal Abschied von seinen Mädchen nimmt (*Lied des Boni mit Mädchen* »*Aus ist's mit der Liebe bei mir ein- für allemal!*«). Sylva selbst erfüllt dieser Abschied mit Wehmut, denn er heißt, sich von Edwin zu trennen (*Lied Sylvas mit Ensemble* »*O jag dem Glück nicht nach auf meilenweiten Wegen!*«). Denn Edwin kann sie nicht nach Amerika begleiten, er ist k. k. Offizier und hat sich umgehend beim Korpskommando in Wien einzufinden. Überbringer dieser Botschaft ist sein Vetter Oberleutnant Eugen von Rohnsdorff. Edwin hält das für ein abgekartetes Spiel seines Vaters und will ihm einen Strich durch die Rechnung machen. Vor einem eilends herbeizitierten Notar gibt er Sylva das Versprechen, sie binnen acht Wochen zu ehelichen. Schon will diese ihre Tournee abbrechen, da zeigt ihr Boni die gedruckte Familienanzeige von der Verlobung Edwins mit Komtesse Stasi. Sylva glaubt, Edwin habe sich über sie nur lustig machen wollen, sie fühlt sich von ihm hintergangen und tritt nun doch zusammen mit Boni die Reise nach Übersee an (*Finale 1. Akt*). –

2. AKT: Acht Wochen später im Wiener Palais des Fürsten zu Lippert-Weylersheim. Heute soll die Verlobung Edwins mit Stasi stattfinden. Stasi hat durch Rohnsdorff von Edwins Liebe zu Sylva erfahren, der aber gibt der verständnisvollen Stasi gegenüber vor, es sei alles aus mit Sylva. Doch mit der Verlobung müßten sie noch warten, bis er eine wichtige Nachricht erhalten habe. Dann werde er Stasi auch heiraten (*Schwalbenduett Stasi-Edwin* »*Machen wir's den Schwalben nach, bau'n wir uns ein Nest!*«). Unter den Gästen tauchen auch die aus Amerika zurückgekehrten Sylva und Boni auf, der sie als seine Ehefrau ausgibt. Sylva möchte ihre große Liebe von einst noch einmal sehen. Boni fühlt sich plötzlich in seiner Haut nicht mehr wohl: zum einen hat er sich sofort in Stasi verguckt, zum anderen durchschaut Edwin sein Spiel. Allgemein wird Sylva jedoch für eine Gräfin gehalten, wenn auch von verblüffender Ähnlichkeit mit einer gewissen bekannten Chansonette Sylva Varescu. Edwin liebt Sylva noch immer (*Duett Edwin-Sylva* »*Weißt Du es noch? Denkst Du auch manchmal der Stunden?*«). Deshalb schlägt er Boni vor, er möge sich von Sylva scheiden lassen. Der gibt sein Einverständnis, denn so kann er sich Stasi zuwenden (*Quartett Sylva-Edwin-Stasi-Boni* »*Liebchen, mich reißt es, Liebchen, du weißt*

es, glühend, sprühend zu dir!«). Doch Stasi glaubt noch immer, Boni und Sylva seien verheiratet, und wundert sich, daß er trotzdem so unverhohlen ihr den Hof macht (*Duett Boni-Stasi »Das ist die Liebe, die dumme Liebe, die macht das Männchen wie den Auerhahn so blind!«*). Als Sylva erfährt, daß Boni sie ›frei‹ gibt, ist sie zunächst überglücklich (*Duett Edwin-Sylva »Tanzen möchte ich, jauchzen möchte ich ...«*). Dann aber ist sie zutiefst gekränkt über das Bekenntnis Edwins – der im übrigen ebenfalls glaubt, Boni und Sylva seien verheiratet – jetzt könne er sie auch heiraten, denn sie sei ja als ehemalige Frau Bonis eine geschiedene Gräfin und keine Varietékünstlerin mehr. Als der Fürst die Verlobung zwischen Stasi und Edwin verkünden will, lüftet Sylva ihr Incognito und rächt sich so an der ganzen feinen und hochmütigen Gesellschaft, der sie als Künstlerin nichts zu gelten scheint. Und sie rächt sich an Edwin: sie zeigt allen dessen schriftliches Heiratsversprechen, zerreißt es vor aller Augen und wirft es Edwin vor die Füße. Dann geht sie, entsagt ihm, will seinem Glück mit Stasi nicht im Wege stehen (*Finale des 2. Aktes*). –

3. AKT: Das Vestibül eines Hotels in Wien am gleichen Abend. Vergeblich sucht Boni die Erregung Sylvias zu beschwichtigen. Besser glückt es Feri Bácsi, der als »Beschützer von weiblicher Tugend« einige Mädchen aus dem Budapester Orpheum, die im Wiener ›Apollo‹ auftreten werden, begleitet hat. Er versucht Sylva, für das Theater zurückzugewinnen, und läßt die im hoteleigenen Konzertsaal spielenden Zigeuner heraufkommen, um Sylva ganz umzustimmen (*Terzett Feri-Sylva-Boni »Nimm, Zigeuner, deine Geige, spiel, Zigeuner, mir was feines ...«*). Edwin ist Sylva nachgeeilt, aber auch der alte Fürst, um seinen Sohn zur Vernunft zu bringen. Nun aber stellt sich heraus, daß auch seine Gemahlin keine geborene Aristokratin ist, sondern ebenfalls ein bekannter Varieté-Star war! In sie hatte sich einst Feri verliebt, aber außer einem Bild von ihr ist ihm nichts geblieben. Er zeigt es dem alten Fürsten, der seine Frau erkennt! Diese Duplizität der Fälle bei Vater und Sohn räumt letztlich alle Hindernisse aus dem Weg und so ist ein doppeltes Happy End angesagt: Edwin und Sylva werden ebenso ein Paar wie Boni und Komtesse Stasi (*Finale »Tausend kleine Engel singen: Habt euch lieb!«*). –

Aufführungsdauer. 2½ Stunden

Emmerich Kálmán
GRÄFIN MARIZA
Operette in 3 Akten
Textbuch von Julius Brammer und Alfred Grünwald
Uraufführung Wien 1924

Quelle. Der in Deutschland wenig bekannte Schriftsteller *Octave Feuillet (1821–1890)* gilt in der französischen Literatur als einer der letzten Vertreter des psychologischen und moralisierenden Romans. Er kam aus einer Beamtenfamilie und sollte Jurist werden, entschied sich dann aber ganz für die Literatur. Mit Theaterstücken (meist bürgerliche Komödien) und Erzählungen war er so erfolgreich, daß er Mitglied der Académie Française und kaiserlicher Hofbibliothekar in Fontainebleau wurde. Zu seinen bekanntesten Werken gehört der 1858 erschienene »Roman eines armen jungen Mannes«. Darin erzählt Feuillet die Geschichte eines verarmten Edelmannes, der Gutsverwalter einer reichen jungen Witwe wird, um seiner jüngeren Schwester eine ihrem aristokratischen Stand entsprechende Erziehung zu ermöglichen. Er verliebt sich in die Witwe und gewinnt sie schließlich zu seiner Frau.

Entstehung und Uraufführung. Die Autoren der »Mariza« übertrugen die französische Vorlage ins Ungarische, womit auch Kálmán zu seinen eigenen musikalischen Wurzeln zurückkehrte. *Julius Brammer (1877–1943)* und *Alfred Grünwald (1886–1951)* waren ein außerordentlich erfolgreiches Autorengespann. Gemeinsam schrieben sie die Textbücher zu Leo Falls »Die Rose von Stambul« (1916) und zu Oscar Straus' »Der letzte Walzer« (1920). Grünwald verfaßte später mit *Fritz Löhner (1883–1942)* die Libretti zu den früher viel, heute noch gelegentlich aufgeführten Operetten »Viktoria und ihr Husar« (1930) und »Die Blume von Hawaii« (1931) von Paul Abraham. Für Kálmán waren Brammer und Grünwald zuvor mit »Die Bajadere« (1921) und danach noch für »Die Herzogin von Chicago« (1928) tätig. Kálmán machte sich mit Verve an die Komposition, doch stellte sich das Werk bei den Schlußproben als zu lang heraus. Darüber geriet der Komponist in Streit mit Hubert Marischka, der nicht nur Direktor des Theaters an der Wien war, sondern auch die Inszenierung besorgte und den Tassilo darstellte. Dem Streit wäre beinahe das berühmte Tenorlied »Grüß mir die süßen, die reizenden Frauen im schönen Wien« zum Opfer gefallen, doch konnte sich der Sänger-Direktor mit Unterstützung des gegen die geplante Streichung des Liedes heftig protestierenden Orchesters durchsetzen. Auch hinsichtlich der opulenten Ausstattung, die Kálmán mit dem Hinweis kommentiert haben soll, er habe eine Operette und keine Revue komponiert. Doch Marischka behielt in allem recht, denn die Uraufführung am 28. Februar 1924 wurde ein sensationeller Erfolg. Bis auf den heutigen Tag gehört »Gräfin Mariza« zu den meistgespielten Operetten überhaupt.

Ort und Zeit. Ungarn im Jahr 1924

Die Personen der Operette. Gräfin Mariza (Sopran) – Fürst Moritz Dragomir Populescu (Baßbuffo) – Baron Koloman Zsupan, Gutsbesitzer aus Varasdin (Tenorbuffo) – Graf Tassilo Endrödy-Wittenburg (Tenor) – Lisa, seine Schwester (Soubrette) – Manja, eine junge Zigeunerin (Sopran) – Karl Stephan Liebenberg – Fürstin Bozena Cuddenstein zu Chlumetz – Penizek, ihr Kammerdiener – Tschekko, ein alter Diener Marizas – Ilka von Dambössy – Rittmeister Grasuvesko – Berko, Zigeuner – Sari, Mariska und Ersika, Dorfkinder.

Gäste, Damen und Herren, Tänzerinnen und Zigeuner, Mädchen und Burschen des Dorfes (Chor und Ballett)

Die Handlung. 1. AKT: Vor dem schloßartigen Herrenhaus auf dem ungarischen Gut der Gräfin Mariza. Der alte Diener Tschekko wienert einmal mehr die Türbeschläge in der Hoffnung, seine Herrin, die verehrte Gräfin Mariza, werde doch einmal herkommen. Von fern hört man das Lied der jungen Zigeunerin Manja, das sie, sehr zum Verdruß des jungen Zigeuners Berko, dem neuen Verwalter, der bei allen ausgesprochen beliebt ist, singt (*Lied der Manja* »*War einmal ein reicher Prasser*...«). In Wahrheit ist der Verwalter jedoch der junge Graf Tassilo Endrödy-Wittenburg, einst ein lebenslustiger Husarenoffizier in Wien und Budapest. Weil ihm sein verstorbener Vater nur Schulden hinterlassen hat, muß er seinen Besitz veräußern und Geld verdienen, damit er für eine gute Mitgift für seine jüngere Schwester Lisa sorgen und sie dann standesgemäß verheiraten kann. Sie befindet sich im nahe gelegenen Bukarest in einem Internat und weiß nichts von seiner Verwaltertätigkeit. Er nennt sich Béla Török, so wie der Verwalter auf dem Gut seines Vaters hieß. Mit dem Verkauf der verschuldeten väterlichen Besitzungen hat Tassilo seinen Freund beauftragt, den jungen Husarenoffizier Karl Stephan Liebenberg. Der besucht ihn nun auf dem Gut, denn die Geschäfte sind abgewickelt und keiner hat mehr Forderungen an Tassilo. Der fühlt sich sehr wohl auf dem Gut, seine Arbeit ist erfolgreich und macht ihm Spaß und die Gräfin bezahlt ihn fürstlich, obwohl sich beide persönlich noch gar nicht kennen. Dennoch denkt er manchmal etwas wehmütig an vergangene Zeiten (*Lied des Tassilo* »*Wenn es Abend wird, wenn die Sonne sinkt*...«). Da meldet Tschekko einen weiteren Besuch. Es ist Fürst Populescu, ein komischer, ewig polternder und schimpfender älterer rumänischer Kavalier, Verehrer der Gräfin. Der wiederum kündigt den Besuch der Gräfin Mariza an, die ihn vorausgeschickt hat, um für sich und die Begleiterschar ein Souper mit Zigeunermusik vorbereiten zu lassen. Die Gräfin hat ihre Verlobung mit Koloman Zsupan bekanntgegeben und will ihre Verlobung zunächst auf dem Gut feiern, bis die ganze Gesellschaft am Abend wieder in die Stadt zurückkehren wird. Von den Mädchen und Burschen des Gutes und von Kindern der hier lebenden Familien wird sie herzlich begrüßt (Chor »Lustige Zigeunerweisen, die den Ruhm der Herrin preisen...«). Mariza selbst begrüßt besonders die Zigeuner mit einem eigenen Lied (*Lied der Mariza* »Höre ich Zigeunerweisen bei des Cymbals wildem Lauf...«). Doch für ihren neuen Verwalter hat sie erst einmal wenig übrig, ist dann aber von seiner Erscheinung und seinem Auftreten beeindruckt. Tassilo seinerseits ist überrascht, als er erfährt, daß zur gräflichen Begleiterschar seit einigen Wochen auch seine Schwester Lisa gehört. Auf Grund seiner Reaktion vermutet Mariza einen »kleinen Herzensroman«. Das vermutet auch Lisa hinter des Bruders Inkognito, dem sie nicht wirklich glaubt, daß er hier Verwalter ist, sondern nur vorgibt, es zu sein (*Begrüßungsduett Tassilo-Lisa* »*Schwesterlein, Schwesterlein! Sollst mir fein glücklich sein!*«). Marizas angebliche Verlobung, so erfährt ihre Freundin Ilka von Dambössy von ihr, ist jedoch eine Flucht vor den vielen Verehrern, den Zsupan hat sie sich aus dem »Zigeunerbaron« sozusagen geborgt, in Wirklichkeit gibt es ihn gar nicht. Darin irrt sie sich aber, denn plötzlich steht Baron Koloman Zsupan, ein reizender junger Herr mit starkem ungarischen Dialekt, leibhaftig vor ihr. Er hat aus der Zeitung von seiner Verlobung erfahren und ist gekommen, seine Braut kennenzulernen und sie als seine Frau mit ins heimatliche Varasdin mitzunehmen, wo er auf seinem Gut Schweine züchtet. Daß sie, wie sie ihm gesteht, alles nur erfunden hat, glaubt er ihr zwar nicht, findet es aber sehr amüsant (*Duett Zsupan-Mariza* »*Komm mit nach Varasdin, solange noch die Rosen blühn!*«). Im Saal beginnt man mit der Feier. Die Zigeunermusik stimmt Tassilo erneut wehmütig und er fühlt sich nur als »Zaungast des Glücks« (*Lied des Tassilo* »*Auch ich war einst ein feiner Csárdáskavalier...*«). Sein Gesang lockt die ganze Gesellschaft heraus, doch als Mariza ihm befiehlt, das Lied noch einmal zu singen, weigert er sich. Das ist sie nicht gewöhnt und so entläßt sie ihn. Als man in die Stadt aufbrechen will, um im dortigen ›Tabarin‹ weiter zu feiern, entscheidet sich Mariza, auf dem Gut zu bleiben. Denn Manja liest ihr aus der Hand, sie werde sich binnen vier Wochen in einen Mann von edler Herkunft verlieben. Dem will sie entgehen, wenn sie auf dem Lande bleibt, droht ihr keine Gefahr. In vier Wochen aber, so verspricht sie, soll es ein Wiedersehen geben. Und weil sie bei diesem Gedanken ihre gute Laune wiederfindet, bittet sie Tassilo, zu bleiben. Was dieser glücklich annimmt, denn Mariza hat es ihm trotz ihrer zeitweiligen Herrschsüchtigkeit angetan (*Tassilo mit Reprise* »*Komm Zigan, komm Zigan, spiel mir was vor!*«). –

2. AKT: Luxuriöser Raum im Inneren des Herrenhauses, vier Wochen später. Die jungen Damen aus Marizas Begleitung, darunter Lisa und Ilka, umschwärmen Tassilo. Mariza sieht es mit gemischten Gefühlen, lädt ihn aber persönlich zum Damensouper in den Waldpavillon ein. Natürlich wird auch Lisa dort sein, die sich inzwischen in Koloman Zsupan verliebt hat. Der ist

zwischen ihr und Mariza hin- und hergerissen. Denn wenn die Gräfin nicht wär', dann möchte er die ganze Nacht nur von Lisa träumen (*Duett Zsupan-Lisa »Ich möchte träumen, von dir, mein Puzikam!«*). Tassilo und Mariza haben sich inzwischen für den Abend umgezogen. Schon im Frack, bringt er ihr die Rechnungsabschlüsse und Akten über das letzte Quartal, in dem er beachtliche Überschüsse erwirtschaftet hat. Doch Mariza hat bald genug von den Geschäften, Tassilo soll sie lieber unterhalten. In einem Spielduett mit ihr parodiert er zwei Freier, doch als sie ihn auffordert, selbst als Kavalier aufzutreten, werden sie beide von echten Gefühlen füreinander erfaßt (*Duett Tassilo-Mariza »Einmal möcht' ich wieder tanzen, so, wie damals im Mai...«*). Um so weniger gefällt Mariza, daß Zsupan die Hochzeit mit ihr noch immer für eine »ausgemachte Sache« hält. Es gibt allerdings, so verrät er ihr, ein Hindernis: ihr Geld! Laut Testament seines Großvaters muß er nämlich bis zu seinem 30. Geburtstag ein armes Mädel heiraten, sonst verliert er das ganze Familienvermögen als Erbteil. Trotzdem will er sie ins Tabarin begleiten, doch das hat Populescu bereits alles arrangiert. Aber wenn Mariza nicht ins Tabarin kommen will, dann kommt eben das Tabarin zu Mariza. In kurzer Zeit verwandelt sich die Bühne in ein in vollem Betrieb befindliches Lokal (*Chor »Heut um zehn sind wir im Tabarin, wo schon hundert Flaschen Schampus stehn.«*). Wieder bleibt Tassilo außerhalb der Gesellschaft, die es versteht, zu feiern und sich zu amüsieren. Er beginnt einen Brief an Karl Stephan zu schreiben, von seinem Ärger, von Lisa, von seinem unbeugsamen Willen, dennoch nicht eher zu ruhen, bis er deren Mitgift zusammen hat, und von seiner Hoffnung auf die Zukunft. Da stört ihn Mariza, die ihm gesteht, sich in seiner Nähe viel wohler zu fühlen als bei den anderen. Aber noch immer können sie sich ihre Liebe nicht offen gestehen, verbergen sie ihre wahren Gefühle füreinander hinter der Maske, andere zu sein als die, die sie in Wirklichkeit sind (*Duett Tassilo-Mariza »Sag ja, mein Lieb, sag ja, solang das Glück dir noch nah!«*). Doch Populescu weckt Marizas Eifersucht, denn er hat Tassilo und Lisa beobachtet. Mariza glaubt sich um so mehr verraten, als sie Tassilos Brief findet, glaubt, er habe sich ihr nur als Verwalter genähert, um sie zu heiraten und sich mit ihrem Reichtum seine Zukunft zu sichern. Vor der ganzen Gesellschaft macht sie ihm eine Szene (*Lied der Mariza »Hei Mariza! Hei Mariza! Heute mach' dein Meisterstück!«*). Sie demütigt Tassilo und bezahlt ihn mit dem Geld, das er für sie erwirtschaftet hat. Mit der Zusage, ihre Bedingung, ihr gegenüber nie mehr von Liebe zu sprechen, zu erfüllen, nimmt er das Geld an und wirft Mariza mit großer Leidenschaft vor, sie sei nur ein stolzes Weib, habe aber kein Herz (*Lied des Tassilo »Hab' mich einmal toll verliebt, spiel dazu Zigeuner...«*). Dann tanzt er einen wilden Csárdás und schleudert die Banknoten unter die Zigeuner. Da wirft sich ihm Lisa in den Arm, und die Gesellschaft erfährt, daß sie Geschwister sind. Mariza erkennt ihren Fehler, ist aber überglücklich. –

3. AKT: Gleiches Bild am nächsten Morgen. Man hat die ganze Nacht durchgefeiert, jetzt aber liegen selbst die Zigeunermusikanten im Schlaf. Zwischen ihnen liegen, umgeben von leeren Flaschen, Zsupan, der im Halbschlaf an Lisa denkt, und Populescu, der von Mariza träumt. Mariza erscheint, bereit zur Arbeit, denn sie ist ohne Verwalter, der sie verlassen will. Zuvor verlangt er ein Zeugnis, das er ihr gleich selbst diktiert, wobei beide mit ihren Gefühlen kämpfen müssen, aber keiner will nachgeben. So bedarf es erst des energischen Eingreifens einer unerwarteten Besucherin. Fürstin Bozena Cuddenstein zu Chlumetz, Tassilos reiche Tante, mit der seine Familie seit vielen Jahren im Zwist liegt, erscheint. In ihrer Begleitung ihr komischer Kammerdiener Penizek. Er zitiert nicht nur dauernd aus klassischen Dramen, sondern er muß auch an Bozenas Stelle sich ärgern, weinen, lachen etc., denn der Arzt hat ihr jede Gemütsaufregung verboten. Die reiche Tante, die von jeher ihren Neffen Tassilo in ihr Herz geschlossen hat, erfuhr durch Karl Stephan von den Vermögensverhältnissen Tassilos und Lisas und kaufte alle Besitzungen für ihn zurück. Inzwischen hat Lisa von ihrer Armut erfahren, was wiederum Zsupan glücklich macht, denn jetzt kann er ja die Testamentsbedingungen erfüllen (*Zsupan mit Reminiszenz jetzt zu Lisa* »Komm mit nach Varasdin...«). Nun endlich finden sich auch Gräfin Mariza und Tassilo (*Duett-Reminiszenz Mariza-Tassilo* »Sag ja, die Stunde des Glücks ist nah!«). –

Aufführungsdauer. 2½ Stunden

Emmerich Kálmán
DIE ZIRKUSPRINZESSIN
Operette in 3 Akten
Textbuch von Julius Barmer und Alfred Grünwald
Uraufführung Wien 1926

Quelle. Die Geschichte der »Zirkusprinzessin« ist eine Erfindung der Autoren, doch sie hat genau genommen Vorbilder in der Wirklichkeit. In der Welt der Zirkusleute gab es nicht nur tragische Schicksale, sondern auch ungewöhnliche Liebesromanzen zwischen Artisten und Mitgliedern der Aristokratie. So sind Beispiele bekannt, daß Artistinnen solange von reichen Adeligen umworben wurden, bis sie das Zirkuszelt mit einem hochherrschaftlichen Wohnsitz vertauschten und fortan das luxuriöse Leben der höheren Gesellschaft führten. Das Vorbild für den geheimnisvollen Mister X. fanden die Väter dieser Operette wahrscheinlich in dem berühmten Kunstreiter *Georg Sanger*

(1827–1897), der vor allem in London lebte, vom englischen König zum Lord ernannt wurde, Schwarm zahlreicher Damen aus der adeligen Gesellschaft war und einen großen Landbesitz besaß. Besondere Popularität errang der Zirkus im 19. Jahrhundert in Rußland. Die von Zar Nikolaus I. ausdrücklich geförderten Zirkusveranstaltungen in St. Petersburg und Moskau legten den Grundstein für die circensische Ausbildung russischer Artisten und Dresseure wie für die Entwicklung des russischen Staatszirkus.

Entstehung und Uraufführung. Kálmán hatte als erster die Idee zu einer Zirkus-Operette. Das war, wie er sich erinnerte, bei einem Praterspaziergang mit seinem Autorenduo im Jahre 1923. Zwei Jahre später, im Mai 1925, kam er auf diesen Plan zurück und gewann seine Autoren dafür. Sie machten sich sofort daran, das Textbuch zu dem neuen Werk zu schreiben, dessen Titel bereits feststand. Kálmán zog sich für die erste Zeit seiner Kompositionstätigkeit nach Bad Gastein zurück: »Daß ich an der Niederschrift und Instrumentation acht Monate lang täglich sechzehn Stunden gearbeitet habe, darüber ist wirklich nicht der Mühe wert zu reden.« Wieder führte Hubert Marischka als Regisseur und Hauptdarsteller die neue Kálmán-Operette zum Erfolg. Der Uraufführung am 26. März 1926 im Theater an der Wien schlossen sich 300 Vorstellungen en suite an.

Ort und Zeit. St. Petersburg und Wien vor dem Ersten Weltkrieg

Die Personen der Operette. Fürstin Fedora Palinska (Sopran) – Prinz Sergius Wladimir (Baßbuffo) – Graf Saskusin, Rittmeister eines russischen Gardehusarenregiments – Peter Paul von Petrowitsch, Leutnant im gleichen Regiment – Baron Peter Brusowsky, Adjutant des Prinzen – Direktor Stanislawski – Mister X. (Tenor) – Luigi Pinelli, Regisseur und Clown – Miss Mabel Gibson, Zirkusreiterin (Soubrette) – Olly, Sonja, Betty, Lilly, Susanne und Daisy, Tänzerinnen im Zirkus Stanislawski – Baron Rasumowsky – Samuel Friedländer – Carla Schlumberger, Besitzerin des Hotels »Erzherzog Karl« (Spielalt) – Toni, ihr Sohn (Tenorbuffo) – Pelikan, Oberkellner – Maxl, Pikkolo

Damen und Herren der Gesellschaft. Gäste. Offiziere. Artisten. Kosaken. Pagen. Clowns. Zirkusmusikanten. Tänzerinnen (Chor und Ballett)

Die Handlung. 1. AKT: Die Kolonnaden im Zirkus Stanislawski in St. Petersburg. Zirkusleute, Clowns und Artisten mischen sich während der Vorstellungspause unter das flanierende Publikum, das Zirkusdirektor Stanislawski für die gute Zirkusvorstellung lobt (*Chor »Bravo, bravo, Herr Direktor! Das Programm ist grandios!«*). Attraktion des Programms ist der Kunstreiter Mister X. Hoch oben in der Zirkuskuppel spielt er zunächst auf der Geige, dann wird er über eine Gleitbahn durch die Luft geschleudert und landet auf dem Rücken seines gallopierenden Pferdes. Dabei trägt er stets eine schwarze Maske, die er nie abnimmt, so das Geheimnis seiner wahren Identität wahrt und die Phantasie von ganz Petersburg beschäftigt. Keiner weiß, wer er eigentlich ist und woher er kommt. Auch Fürstin Fedora Palinska nicht, die in Begleitung einiger Offiziere den Zirkus besucht. Sie ist eine ebenso attraktive wie sehr reiche junge Witwe, von den Herren der höheren Gesellschaft heftig begehrt, und selbst der Zar dringt auf eine baldige neue Heirat, damit die reichen Palinskischen Güter und Bergwerke für Rußland erhalten bleiben. Besonders die hohen Chargen des Militärs werben um sie, doch sie hat noch nicht gewählt (*Lied Fedoras* »*Ja, ist denn die Liebe wirklich gar so schön?*«). Das ärgert besonders Seine Kaiserliche Hoheit Prinz Sergius Wladimir, den nicht mehr ganz jungen und nicht unbedingt sehr intelligenten Großneffen des Zaren. Er möchte Fedora heiraten und drängt sie auf eine Entscheidung. Unter den Zirkusbesuchern befindet sich auch der junge Toni Schlumberger, Sohn der Besitzer des renommierten Wiener Hotels »Erzherzog Karl«, der im Ausland das Hotelgewerbe erlernen soll, um einmal das elterliche Hotel weiterführen zu können. Er schaut sich die Zirkusvorstellung vor allem wegen der hübschen jungen Zirkusreiterin Mabel Gibson an, die zu seiner freudigen Überraschung gar keine junge Engländerin ist, sondern ein nettes Wiener Mädel (*Duett Toni-Mabel* »*Du mein süßer Wiener Fratz...*«). Unmittelbar vor seiner Programmnummer erscheint Mister X. in Kostüm und Maske (*Auftrittslied Mister X.* »*Wieder hinaus ins strahlende Licht!*«). Wie vor jedem Auftritt trinkt er ein Glas Champagner, um sich zu stimulieren, und erinnert sich wehmütig an sein verlorenes Glück (*Lied Mister X.* »*Wenn man das Leben durch's Champagnerglas betrachtet...*« mit dem Refrain »*Zwei Märchenaugen, wie die Sterne so schön...*«). So trifft ihn auch Fedora an, in der er sein »verlorenes Glück« wiedererkennt, jene Frau, der noch immer seine Liebe gehört. Er hatte sie einst als junger Husarenoffizier Fedja Palinski in der Oper kennengelernt, sich in sie verliebt und wollte sie heiraten. Da erfuhr er, daß sie die Braut seines Erbonkels Fürst Palinski war, eines der reichsten Fürsten Rußlands. Der wurde eifersüchtig auf seinen geliebten Neffen, enterbte ihn und versetzte ihn in ein schmutziges Grenznest, was das Ende seiner zu großen Hoffnungen berechtigenden Militärkarriere bedeutete. Da er jedoch ein ausgezeichneter Reiter war, ging er zum Zirkus. Dort gilt er der Gesellschaft nur als Artist, der mit seinem waghalsigen Kunststück zwar ihre Nerven reizt, den sie aber nie als einen der Ihren akzeptieren würde. So fordern denn auch die Fedora begleitenden Offiziere seine Demaskierung, die Fedora im letzten Moment verhindern kann, wofür er ihr mit verhaltener Leidenschaft dankt. Seine Erscheinung und sein Verhalten ängstigen und beglücken Fedora, die ihn ihrerseits nicht wiedererkannt hat, gleichermaßen, sie ist von ihm fasziniert (*Duett Mister X. - Fedora* »*Leise schwebt das Glück vorüber und der Himmel öffnet sich weit!*«). Als Mister X. in der Manege verschwunden ist, tanzt Toni mit einigen Tänzerinnen herein (*Tonis Lied mit Damen* »*Wenn ich in den Zirkus gehe abends dann und wann...*« mit dem Refrain »*Die kleinen Mäderln im Trikot mit ihrem reizenden Trousseau...*«). Dem Prinzen Wladimir dagegen ist ganz und gar nicht nach Tanzen zumute: Fedora hat ihm entschieden einen Korb gegeben, sie würde sogar eher einen Zirkusreiter heiraten als ihn! Nun will er sich an ihr dafür rächen, und da kommt ihm Mister X. gerade recht. Er lädt ihn zu einem Souper unmittelbar im Anschluß an die Vorstellung ein, schlägt ihm vor, ihn als ›Prinz Korossow‹ der Gesellschaft vorzustellen, und lockt ihn mit der Zusage, auch Fedora werde unter den Gästen sein. Mister X. sagt zu, denn so kann auch er mit Fedora abrechnen. Zuvor muß er jedoch noch die enttäuschte Mabel trösten, die mit ihrer Zirkusnummer keinen sonderlichen Erfolg beim Publikum hat (*Duett Mister X. – Mabel »Wer wird denn gleich weinen, mein Kind!«*). Nach Ende der Zirkusvorstellung werden die Räumlichkeiten für das Fest des Prinzen hergerichtet. Auch Mabel und Toni sind eingeladen, den der Prinz mißverständlich für den Sohn seines Freundes Erzherzog Karl hält. Noch größer ist freilich seine Überraschung, als Mister X. gleich zweifach erscheint: als ›Prinz Korossow‹ und als Konterfigur. Dahinter, so Mister X. zu seinem Gastgeber, verberge sich sein Kammerdiener, den er immer als sein getreues Abbild in die Gesellschaft schickt, damit er sich selbst unerkannt frei bewegen und ungezwungen amüsieren kann. Der Prinz macht ›Korossow‹ mit Fedora bekannt und bietet ihm an, wenn er wolle, werde sie in sechs Wochen seine Frau. Und schon nimmt das Fest seinen schwungvollen Verlauf (*Ensemble und Chor »Juppla, Josefinchen, juppla, tanz mit mir ...«*). –

2. AKT: Saal im Palais des Prinzen Wladimir in St. Petersburg, sechs Wochen später. Kaiserliche Hoheit haben zu einem Fest geladen, das in seinem Streich, den er Fedora spielen will, den zweiten Akt darstellen soll (*Entree-Chor »Freut euch des Lebens und harrt nicht vergebens ...«*). Schon betreten die ›Helden der Komödie‹ den Schauplatz: zunächst Fedora, wenig später Mister X. alias Prinz Korossow. Prinz Wladimir hat alles vorbereitet, denn ein Husarenoffizier läßt sich von einer Dame nicht an der Nase herumführen, ohne sich zu revanchieren (*Herrenensemble mit dem Husarenmarsch »Mädel, gib acht!«*). Fedora und Mister X. sind sich nähergekommen und verbringen die Tage zusammen, allerdings bis auf jene für Fedora geheimnisvolle Stunde, in der Korossow verschwindet – um als Mister X. im Zirkus aufzutreten, was sie nicht einmal ahnt (*Duett Fedora-Mister X. »My Darling, my Darling, muß so sein wie Du!«*). Unter den Gästen befinden sich auch Mabel und Toni, den der Hausherr noch immer für den Sohn des Erzherzogs hält, ihm das ›Du‹ anbietet und glaubt, der Name Schlumberger bedeute dessen Inkognito. Mabel erliegt immer mehr der charmanten Werbung Tonis (*Duett Toni-Mabel »Liese, Liese, komm mit mir auf die Wiese ...«*). Währenddessen treibt der Prinz sein infames Spiel auf die Spitze. Er läßt Fedora eine fingierte Depesche des Zaren zukommen, in der dieser persönlich Fedora auffordert, einen Mann seiner Wahl zu heiraten. Empört wendet sich Fedora an den Prinzen, der ihr einen Ausweg anbietet: sie soll noch auf dem Fest heiraten, um dem Zaren sagen zu können, sein Befehl sei leider zu

spät gekommen. Fedora ist einverstanden und wählt, ganz im Sinne des Prinzen, den Mann, den sie inzwischen liebt, ohne zu wissen, wer er eigentlich ist (*Duett Mister X. – Fedora* »*Ich und Du – Du und ich! Deinen Arm schling um mich!*«). Toni hört von der geplanten Hochzeit und reiht sich mit Mabel in die ›Verheiratung‹ ein (*Duett Mabel-Toni* »*Iwan Peter Petrowitsch nahm ein junges Weibchen…*«). Die Trauungen werden sogleich von einem zuvor längst bestellten Popen in der Hauskapelle des Palais vollzogen. Als Gratulanten erscheint zur allgemeinen Überraschung die ganze Zirkusgesellschaft, und nun entdeckt der Prinz sein Spiel und entlarvt den Prinzen Korossow als Mister X., womit er Fürstin Fedora, die ihn selbst verschmäht hat, zur Zirkusprinzessin degradiert! Die aber glaubt in Korossow den eigentlichen Drahtzieher ihrer Blamage sehen zu müssen und sagt sich von ihm los. Prinz Wladimir triumphiert, bedeutet Mister X. hämisch, er habe seine Rolle famos gespielt – und erlebt eine böse Überraschung: Mister X. gibt sich als einstmaliger adeliger Husarenoffizier Fedja Palinski zu erkennen. Das weckt auch Fedoras Erinnerung, sie gesteht ihm ihre Liebe – doch nun ist er es, der sie zurückweist. –

3. AKT: Im Hotel »Erzherzog Karl« in Wien. Es wird von der resoluten Carla Schlumberger geführt, Tonis Mutter. Faktotum seit nunmehr vierzig Jahren ist der alte und liebenswerte Zahlkellner Pelikan, dem der etwas vorlaute Pikkolo Maxl assistiert. Toni hat einen »Mordsrespekt« vor seiner energischen Mutter, weshalb er ihr auch nocht nicht gestanden hat, daß Mabel, die er als Gast auf Zimmer 16 einquartiert hat, seine Frau ist. Pelikan soll ihm helfen und es der Mama sagen. Aber das ist nicht so einfach. Da ergreift Mabel die Initiative (*Duett Mabel-Toni* »*Wenn du mich schon sitzen läßt, fahr ich sofort nach Budapest!*«). Erst ist Clara Schlumberger entsetzt, als sie vom Zirkus hört; dann aber schließt sie Mabel gerührt in die Arme und gibt den beiden ihren Segen, als sie erfährt, daß Mabel die Tochter ihrer Jugendliebe Baron Burgstaller ist! In der Zwischenzeit verbringt Mister X. den letzten Abend im Hotel, in dem er während des Zirkusgastspiels in Wien logiert. Dort gibt es ein Wiedersehen mit Fedora, die in Begleitung des Prinzen Wladimir dem Zirkus nachgereist ist. Sie liebt Fedja mehr denn je, doch der Prinz macht sich noch immer Hoffnungen, sie heiraten zu können. Dank der gewitzten Mithilfe Pelikans finden sich Fedja und Fedora nach nochmaligen anfänglichen Schwierigkeiten – und so können sich der aristokratische Zirkusreiter und die aristokratische Zirkusprinzessin endlich in die Arme schließen. –

Aufführungsdauer. 2½ Stunden

Eduard Künneke (1885–1953)
DER VETTER AUS DINGSDA
Operette in 3 Akten
Textbuch von Hermann Haller und Rideamus
Uraufführung Berlin 1921

Quelle. Vorlage für den »Vetter aus Dingsda« ist das gleichnamige Lustspiel von *Max Kempner-Hochstädt*, das 1919 in Berlin uraufgeführt wurde. Es ist ein typisches Stück des Gebrauchstheaters, das auf Unterhaltung des Publikums setzt und in dem Moment aus dem Repertoire verschwindet, in dem es seine Dienste für den Tagesgebrauch getan hat. Bestenfalls hat es gewisse indirekte Überlebenschancen durch die Adaptation in ein anderes theatralisches Genre, wie in diesem Fall.

Entstehung und Uraufführung. Künneke gehörte zu jenen Komponisten, die den Erfolg mit der sogenannten ernsten Musik suchten, ihn aber mit der leichten Muse errangen. Durch den Mißerfolg seiner zweiten Oper »Coeur As« (U Dresden 1913) ist er eigenem Bekenntnis zufolge erst so recht zur Operette gekommen. Angeregt wurde er zusätzlich durch den Erfolg des Schubert-Singspiels »Das Dreimäderlhaus« (U Wien 1916), das kurz nach seiner Uraufführung zu einer dreijährigen Aufführungsserie am Wilhelmstädtischen Theater in Berlin reüssierte, deren erste Vorstellungen Künneke im Auftrag der Theaterdirektion dirigierte. Künneke: »Das ermutigte mich ebenfalls, ein Singspiel zu schreiben, denn ich hatte nun einmal den starken Drang, gehört zu werden, und ich glaubte, daß sich auf diese Weise eine Plattform ergeben könnte, von der aus man zu Wort kam. So kommt man im Leben unbeabsichtigt auf andere Wege, denn an Operetten hatte ich früher ganz und gar nicht gedacht.« Für das Buch zum »Vetter aus Dingsda«, das im wesentlichen der Lustspiel-Vorlage folgte, gewann Künneke mit *Hermann Haller (eigentlich: Hermann Freund; 1871–1943)* einen versierten Theatermann des Berliner Revue- und Unterhaltungstheaters und mit dem Berliner Feuilletonisten *Rideamus (eigentlich: Fritz Oliven; 1874–1956)* einen erprobten und bekannten Chansontexter. Erinnerungen von Zeitgenossen zufolge soll Künneke einen Teil der Melodien sich unterwegs auf seine Hemdmaschetten notiert und sie im Hotel Adlon einer zufälligen Gästeschar vorgespielt haben. Die Uraufführung fand am 15. April 1921 im Theater am Nollendorfplatz in Berlin statt.

Ort und Zeit. Nicht näher bezeichneter niederländischer Ort um 1920

Die Personen der Operette. Julia de Weert (Sopran) – Hannchen, ihre Freundin (Soubrette) – Josef Kuhbrot, ihr Onkel (Buffo) – Wilhelmine (Wimpel), seine Frau (Sopran/Spielalt) – Egon von Wildenhagen (Tenorbuffo)

– Erster Fremder (Tenor) – Zweiter Fremder (Tenor/Tenorbuffo) – Karl und Hans, Diener.

Kein Chor. Kein Ballett

Die Handlung. 1. AKT: Der Garten vor dem Schlößchen der de Weerts. Das mit dem ewigen Treueschwur zwischen Verliebten ist so eine Sache. Julia de Weert kann da im wahrsten Sinn des Wortes ein Lied singen. Sie war noch ein Kind, als sie sich mit ihrem Vetter Roderich de Weert ewige Liebe und Treue schwor. Als der jedoch in einen handfesten Streit mit seinem Onkel Josef Kuhbrot geriet, verließ er mit 16 Jahren das Haus und ging fort nach ›Dingsda‹, sprich: nach Batavia auf der Insel Java (das heutige Jakarta, Hauptstadt des Inselstaates Indonesien). Seit nunmehr sieben Jahren wartet Julia auf Roderichs Rückkehr. Das ist das eine Problem, das sie hat. Das zweite bilden Onkel Josse, Julias Hauptvormund, und Tante Wimpel. Julia ist eine Waise und Alleinerbin eines großen Vermögens. Da sie aber noch nicht volljährig ist, darf sie darüber vorerst nicht verfügen, es sei denn, der Landrat von Wildenhagen (sozusagen ihr zweiter oder Neben-Vormund) erklärt sie vorzeitig dazu. Genau das aber befürchtet Onkel Josse, der Julias Vermögen in der Familie belassen und damit in gewisser Weise selbst davon profitieren will und zur Zeit nur über die Zinsen verfügen darf. Um damit zum Erfolg zu gelangen, will er Julia mit seinem Neffen August Kuhbrot verheiraten: »So eine Vormundschaft muß man schmieden, so lange sie heiß ist!« Er kennt August zwar nicht persönlich, hat ihn aber telegrafisch aus Berlin herbestellt. Nun wartet er auf ihn, während er sich einmal mehr an Essen und Trinken auf Julias Kosten gütlich tut. Das ärgert vor allem Hannchen, Julias beherzte Freundin (*Lied Hannchens »Onkel und Tante, ja, das sind Verwandte, die fallen einem Mädchen aufs Gemüt...«*). Julia schmachtet indessen den Mond an, der ihr sozusagen als interplanetarischer Liebesbriefträger dient. Als nämlich Roderich Abschied nahm, gaben sie sich das Versprechen, jeden Abend zum Mond emporzuschauen und dabei einander zu gedenken (*Lied der Julia »Strahlender Mond, der am Himmelszelt thront...«*). Aus diesem Grunde ist sie auch dem jungen Egon von Wildenhagen gegenüber äußerst reserviert, der ihr im geheimen Auftrag des Vaters den Hof macht. Immerhin überbringt er die erfreuliche Nachricht, daß der Landrat beim Vormundschaftsgericht die vorzeitige Volljährigkeitserklärung für Julia erwirkt hat. Die und Hannchen versuchen ihm dennoch auszureden, weiterhin Heiratsabsichten zu bekunden (*Terzett Julia-Hannchen-Egon »O werter Verehrter, von Liebe Betörter, mach' dir doch deine Lage klar!«*). Dann aber sind sie in ihrer ausgelassenen Freude über die gute Nachricht zu jeder Tollheit bereit. Da fügt es sich gut, daß ein Fremder auftaucht, der vorgibt, auf der Wanderschaft zu sein und ein Logis sucht (*Auftrittslied Erster Fremder »Hallo! Hallo! Hier rief's doch irgendwo!«*). Julia und Hannchen bewirten ihn wie einen hohen Gast und erfüllen ihm prompt seine Wünsche, so daß er sich wie in einem

Zauberschloß fühlt, bedient von hübschen Märchenfeen. An Julia findet er augenblicklich besonderen Gefallen, die ihn auch für die Nacht im Zimmer ihres verreisten Bruders Kurt einquartiert. Auch sie empfindet Sympathie für ihn, doch als sie wissen will, wer er ist, weicht er ihr mit seiner Antwort charmant aus (*Lied Erster Fremder* »*Ich bin nur ein armer Wandergesell*...«). –

2. AKT: Am nächsten Morgen sind die Freundinnen besonders gut gelaunt (*Duett Hannchen-Julia* »*Weißt du, warum die Sonne heut' so hell am Himmel lacht?*«). Der Fremde allerdings genießt seinen Aufenthalt, gibt sich recht anspruchsvoll und klingelt ständig nach der ›Bedienung‹. Der Diener Karl findet den Gast deshalb wenig vertrauensvoll und hat sich sogar bewaffnet, um die beiden Damen vor dem »wildfremden Menschen« zu beschützen. Julia aber gefällt dessen Art, auf ihren Scherz einzugehen. Und die beiden Damen sind neugierig, Näheres über ihn zu erfahren. Hannchen will ihn deshalb ausfragen, aber dann ist er es, der von ihr alles Wissenswerte über Julia erfährt, auch über ihren Vetter Roderich, der irgendwo in Dingsda weilt, aber all die Jahre nichts von sich hat hören lassen. Da faßt der Fremde einen Plan (*Lied des Ersten Fremden* »*Ganz unverhofft kommt oft das Glück*...«) und setzt ihn auch gleich in die Tat um, als er sich Onkel Josse und Tante Wimpel gegenübersieht. Er gibt sich als der erwartete Vetter Roderich aus. Wimpel ist entzückt, Josse entsetzt, Julia glücklich, Hannchen erstaunt und die Diener Karl und Hans überrascht (*Ensemble* »*Der Roderich, der Roderich, na, solch ein Pech, das hab' nur ich/O Gott, o Gott, wie freu' ich mich!*«). Während Josse darüber nachdenkt, wie er den Vetter wieder loswerden und Neffe August so schnell wie möglich herbekommen kann, gestehen sich Julia und ›Roderich‹ ihre Liebe. Julia schwelgt in Erinnerungen, ist aber auch ein wenig unsicher, ob er es denn wirklich ist (*Duett Erster Fremder-Julia* »*Kindchen, du mußt nicht so schrecklich viel denken, küß mich und alles ist gut!*«). Egon von Wildenhagen ist verdutzt, denn da bringt er eine vermeintliche telegrafische Neuigkeit, die die Ankunft des Vetters erst ankündigt, der aber ist schon da! Zu allem Überfluß bekommt er von Julia auch noch einen weiteren Korb, was ihm Hannchen unmißverständlich erklärt (*Duett Hannchen-Egon* »*Mann, o Mann, an dir ist wirklich nichts dran*...«). Die lieben Verwandten dringen in den vermeintlichen Roderich, was er denn in all der langen Zeit in der Fremde erlebt habe (*Ensemble* »*Sieben Jahre lebt' ich/er in Batavia*...«). Triumphierend kehrt Egon zurück mit einem weiteren Telegramm: das Schiff aus Batavia ist noch gar nicht eingetroffen, wie kann dann Roderich schon da sein? Die lieben Verwandten stutzen und fordern eine Erklärung. Der Fremde bekennt, nicht Roderich zu sein, weshalb sich Julia betrogen fühlt und ihn gehen läßt, obwohl sie ihn liebt, aber er ist nicht Roderich! –

3. AKT: Trotz eines aufziehenden Gewitters verläßt der Fremde das gastliche Haus (*Erster Fremder* »*Ob Sturm, ob Graus, mir macht's nichts aus*...«). Wo-

rüber Julia weint, Wimpel heult, Josse tobt und Egon sich freut, während Hannchen die Zustände ganz allgemein beklagt. Da wird die ganze verwandtschaftliche Verwirrung noch einmal gesteigert: ein zweiter Fremder fährt plötzlich mit einem Auto vor. Er verliebt sich prompt in Hannchen, die sich auch gar nicht erst dagegen wehrt (*Duett Hannchen-Zweiter Fremder* »*Na, nun sagen Sie bloß – na, das ist doch zu toll!*«). Dann stellt er sich als Roderich de Weert vor, gibt unumwunden zu, daß er das Versprechen mit Julia für Kinderschwärmerei und Jugendalbernheit gehalten hat, freundet sich spontan mit dem anderen Fremden an – und der gesteht nun, daß er der erwartete Neffe August Kuhbrot ist! Diese Verwicklungen aufzulösen macht Hannchen entschieden zu ihrer Sache, wozu ein Kleiderwechsel der beiden Fremden gehört, die das Spiel um so bereitwilliger mitmachen, als es zu einem zweifachen Happy End führt. Nachdem sich nämlich der (echte) August als (falscher) Roderich ausgegeben hat, gibt sich nun der (echte) Roderich als (falscher) August aus – um Julia klarzumachen, daß sie in ihrer Liebe zu Roderich einem Phantom nachgehangen war. Was Julia denn auch einsieht. Dann wäre also für sie nicht der Roderich, sondern der August …?!

Aufführungsdauer. 2 Stunden

Franz Lehár (1870–1948)
DIE LUSTIGE WITWE
Operette in 3 Akten
Libretto von Viktor Léon und Leo Stein
Uraufführung Wien 1905

Quelle. Mit seinen Lustspielen und unterhaltsamen Komödien gehörte *Henri Meilhac (1831–1897)* zu den bedeutendsten Vertretern des französischen Boulevardtheaters in der zweiten Hälfte des 19. Jahrhunderts. Bleibenden Ruhm erwarb er sich darüber hinaus als Librettist einiger Offenbach-Operetten, darunter der »Schönen Helena« und von »Pariser Leben« sowie als Mitautor von Jules Massenets Oper »Manon« (1884) und vor allem von Bizets »Carmen« (1875). Die meisten Libretti verfaßte er zusammen mit dem französischen Dramatiker und Erzähler *Ludovic Halévy (1834–1908)*. Beide Autoren gingen jedoch auch getrennte Wege, so Meilhac mit dem dreiaktigen Konversationsstück »Der Gesandtschaftsattaché« (*L'Attaché d'Ambassade;* U Paris 1861). Das Lustspiel erzählt die Geschichte der schwerreichen jungen Madeleine, verwitwete Baronin von Palmer. Damit ihr Vermögen ihrer Heimat, einem kleinen deutschen Herzogtum, nicht verloren geht, soll sie den Attaché Graf Prachs von der deutschen Gesandtschaft in Paris heiraten. Da dieser jedoch nicht der einzige Verehrer der jungen Witwe ist, die er allerdings aufrichtig liebt, muß er findungsreich alle anderen Verehrer, die es nur auf den Reichtum Madeleines abgesehen haben, aus dem Felde schlagen. Das gelingt ihm auch, wodurch er die geliebte Frau für sich gewinnt und deren Vermögen für das Vaterland rettet.

Entstehung und Uraufführung. Was Meilhac und Halévy für Offenbach waren, das waren *Viktor Léon (eigentlich: Viktor Hirschfeld; 1858–1940)* und *Leo Stein (eigentlich: Leo Rosenstein; 1861–1921)* für die Wiener Operette. Léon hatte als Autor wie als Mitautor die Libretti zu Leo Falls Operetten »Der fidele Bauer« (1907) und »Die geschiedene Frau« (1908) sowie zu Richard Heubergers Welterfolg »Der Opernball« (1898) geschrieben und schuf später die erste Buchfassung von Lehárs »Land des Lächelns«. Stein festigte seinen mit der »Witwe« errungenen Ruhm in der Folgezeit als Librettist des »Grafen von Luxemburg«, von Otto Nedbals früher zu den Operettenhits zählendem »Polenblut« (1913) und zu Kálmáns »Csárdásfürstin« (1915). Gemeinsam hatten sie ebenfalls schon einen Welterfolg hinter sich mit dem Buch zu »Wiener Blut« (1898) von Johann Strauß. Leo Stein hatte Meilhacs Lustspiel, das schon kurz nach der Pariser Uraufführung am Wiener Carl-Theater gespielt worden war, in einer Neuinszenierung am Burgtheater gesehen. Er erkannte in ihm die geeignete Vorlage für eine neue Operette, gewann Léon für den Plan, die beiden machten sich sofort an die Arbeit, Léon bot das Buch Richard Heuberger zur Vertonung an und die Direktion des Theaters an der Wien schloß mit dem Komponisten einen Vertrag einschließlich einem üblichen Vorschuß. Doch weder Heuberger selbst noch die Autoren noch die Theaterleitung waren mit den ersten musikalischen Nummern zufrieden. Der Theatersekretär Emil Steininger empfahl, das Buch Franz Lehár zu geben. Heuberger erklärte sich damit einverstanden, Lehár las das Buch in der Nacht durch und entschied sich am nächsten Morgen, das Textbuch mit dem Titel »Die lustige Witwe« zu komponieren. Das alles geschah im Frühjahr 1905, den ganzen folgenden Sommer widmete sich Lehár ausschließlich der Komposition während seiner Aufenthalte in Bad Ischl und in Unterach, meist in direktem Kontakt mit den Librettisten. Im Herbst war das Werk fertig, die tage- und nächtelangen Proben am Theater an der Wien wurden von der Begeisterung der Darsteller getragen, doch die Uraufführung am 28. Dezember 1905 in Victor Léons Inszenierung und mit Lehár als Dirigent wurde nur ein mäßiger Erfolg mit unterschiedlichem Echo bei der Prominenz. So sagte Oscar Straus einen Welterfolg voraus, der berühmte Karl Kraus aber fällte das vernichtende Urteil: »Das Widerwärtigste, was ich je in einem Theater erlebt habe!« Die Aufführung schleppte sich mühevoll bis zur 100. Vorstellung. Danach aber wurde sie in neuer, glanzvollerer Ausstattung ins Raimundtheater übernommen, und dort begann der Siegeszug der »Witwe«. In den folgenden Jahren wurde sie in allen Musikmetropolen erfolgreich aufgeführt, aber nirgendwo rief sie eine derart ungewöhnliche Begeisterung hervor wie in New York, womit sie indirekt Einfluß auf das musikalische Unterhaltungstheater Amerikas ausübte, das sich zum Musical hin entwickelte.

Zeit und Ort. Paris im Jahre 1905

Die Personen der Operette. Baron Mirko Zeta, pontevedrinischer Gesandter in Paris (Baß) – Valencienne, seine junge Frau (Soubrette) – Graf Danilo Danilowitsch, Gesandtschaftssekretär (Tenor) – Hanna Glawari (Sopran) – Camille de Rosillon (Tenor) – Vicomte Cascada (Bariton) – Raoul de St. Brioche (Tenor) – Bogdanowitsch, pontevedrinischer Konsul (Bariton) – Sylviane, seine Frau (Sopran) – Kromow, pontevedrinischer Gesandtschaftsrat (Tenor) – Olga, seine Frau (Sopran) – Pritschitsch, pontevedrinischer Oberst in Pension und Militärattaché (Bariton) – Praskowia, seine Frau (Mezzosopran) – Njegus, Kanzlist an der pontevedrinischen Gesandtschaft in Paris (Bariton) – Lolo, Dodo, Jou-Jou, Frou-Frou, Clo-Clo und Margot, Grisetten (singende Tänzerinnen).

Damen und Herren der Pariser und pontevedrinischen Gesellschaft, Musikanten, Grisetten, Diener (Chor und Ballett)

Die Handlung. <u>VORGESCHICHTE:</u> Graf Danilo Danilowitsch hatte sich einst in seinem Heimatland, dem Fürstentum Pontevedro auf dem Balkan, in das schöne junge Mädchen Hanna verliebt und wollte es heiraten. Das aber ließ sein reicher Erbonkel nicht zu, da Hanna arm war, und drohte Danilo mit Enterbung. So verloren sich die beiden aus den Augen. Als junge Frau ehelichte Hanna den alten reichen Bankier Glawari. Als er starb, hinterließ er seiner jungen Witwe ein millionenschweres Vermögen. Graf Danilo war inzwischen zum Militär gegangen und hatte als Kavallerieleutnant Karriere gemacht. Jetzt ist er Sekretär an der pontevedrinischen Gesandtschaft in Paris. Auch Hanna Glawari ist nach Paris gereist, um das Leben zu genießen und eventuell wieder zu heiraten.

1. AKT: Im pontevedrinischen Gesandtschaftspalais zu Paris. Der patriotisch gesinnte pontevedrinische Gesandte Baron Mirko Zeta feiert mit geladenen Gästen den Geburtstag seines auf dem fernen Balkan regierenden Fürsten (*Ensemble und Chor »Verehrte Damen und Herren...«*). Was er nicht weiß, ist, daß seine junge Ehefrau Valencienne in Camille de Rosillon einen glühenden Verehrer hat, dessen Liebesbeteuerungen sie gar zu gerne hört, aber leider ist sie verheiratet (*Duett Valencienne-Camille »Ich bin eine anständ'ge Frau und nehm's mit der Ehe genau...«*). Um die Finanzen von Pontevedro steht es nicht zum Besten. So will Zeta seinen Sekretär Graf Danilo mit der reichen Witwe Hanna Glawari verheiraten, damit deren Millionen im Lande bleiben. Er

hat seinen Kanzlisten Njegus ins Maxim geschickt, wo sich Danilo amüsiert. Und er hat Hanna auf sein Fest eingeladen, wo sie von dem Vicomte Cascada und Raoul de St. Brioche sowie anderen Verehrern herzlich begrüßt wird (*Hanna und Herrenensemble »Hab' in Paris mich noch nicht ganz so akklimatisiert...«*). Sie weiß, daß sie vor allem wegen ihrer Millionen verehrt wird, und hält deshalb die Herren geschickt auf Distanz, lädt sie aber trotzdem für den nächsten Tag zu einem pontevedrinischen Fest in ihr Haus. Inzwischen erscheint auch Danilo aus dem Maxim (*Auftrittslied des Danilo »O Vaterland, du machst bei Tag mir schon genügend Müh' und Plag'...« mit dem Refrain »Da geh ich zum Maxim, da bin ich sehr intim...«*). Müde von dem anstrengenden Amüsement legt er sich erst einmal auf eine Ottomane. So trifft ihn Hanna, und alte wehmütige Erinnerungen werden wach, denn ihre Liebe zueinander ist nicht erloschen. Beide ahnen jedoch nicht, daß Valencienne ihre Liaison mit Camille beenden und ihn mit der Glawari verheiraten will, obwohl sie sich selbst ein trautes Familienglück an seiner Seite ersehnt (*Duett Valencienne-Camille »Das ist der Zauber der stillen Häuslichkeit...«*). Baron Zeta beschwört Danilo, die reiche Witwe zu heiraten, das Vaterland verlange es von ihm. Denn wenn sie einen Pariser heiratet, verliert das geliebte Vaterland »ein unermeßliches Kapital, und das darf nicht sein!« Erst weigert sich Danilo, aber als er sieht, wie Hanna umschwärmt wird (*Hanna und Herrenensemble »Damenwahl! Hört man rufen rings im Saal...«*), erwacht seine Eifersucht und er schafft Abhilfe. Er holt Damen aus dem Saal nebenan, die sich ihre Partner wählen und mit ihnen abtanzen (*Danilo, Ensemble und Chor »O kommt doch, o kommt, ihr Ballsirenen...«*). Danilo scheint erfolgreich zu sein, doch da bietet Valencienne ihren Camille als Tanzpartnerin für Hanna an (*Valencienne »Der junge Mann tanzt Polka...«*). Da aber Hanna sich Danilo zum Tanzpartner erwählen will, erklärt dieser den Tanz einfach zu seinem Eigentum und bietet ihn gegen 10 000 Francs für einen wohltätigen Zweck ihren Verehrern an. Die aber kneifen ob des hohen Angebotes und Danilo erreicht, was er will: beseligt tanzt er mit Hanna. –

2. AKT: Im Garten des Palais der Hanna Glawari. Das von ihr arrangierte Fest nimmt seinen Anfang, man singt und tanzt Volksweisen der pontevedrinischen Heimat und Hanna erinnert in einem Lied an die Legende von dem Waldmägdelein Vilja, das einen jungen Jägersmann liebeskrank macht (*Viljalied Hannas »Es lebt' eine Vilja, ein Waldmägdelein...«*). Hanna hat noch eine spezielle Überraschung für Danilo: sie ließ das Grisettencabaret aus dem ›Maxim‹ auftreten. Sie will ihn auf diese Weise für sich gewinnen, denn sie spürt, wie er ihr ausweicht. Er sei ein Reitersmann, hält sie ihm vor, der nicht begreifen und nicht kapitulieren wolle (*Duett Hanna-Danilo »Dummer, dummer Reitersmann, der nicht verstehen kann...«*). Hannas Verehrer lassen in ihren Bemühungen nicht nach, auch wenn es keinen Plan dafür gibt, wie man

Frauen behandelt, damit sie treu bleiben (*Danilo und Herrenensemble mit dem Marschlied »Ja, das Studium der Weiber ist schwer...«*). Das weiß auch Camille nicht so recht, er weiß nur, daß er von Valencienne nicht loskommt (*Lied des Camille »Wie eine Rosenknospe im Maienlicht erblüht, so ist in meinem Herzen die Liebe aufgeglüht!«*). Valencienne will ihn noch immer mit Hanna verheiraten, aber dann läßt sie sich von ihm widerstandslos in den Gartenpavillon führen, nachdem sie ihm ihren Fächer als Andenken verehrt hat, freilich mit der darauf geschriebenen Versicherung, sie sei eine anständige Frau (*Duett Camille-Valencienne »Sieh dort den kleinen Pavillon...«*). Baron Zeta, der Camille einer geheimen Liaison mit einer verheirateten Frau verdächtigt, erkennt in dieser seine eigene Frau Valencienne, als er heimlich durchs Schlüsselloch in den Pavillon schaut. Njegus gelingt es im letzten Moment, an Valenciennes Stelle Hanna in den Pavillon zu Camille zu schmuggeln. Zeta ist der Düpierte, aber Danilo packt die Eifersucht, und das um so mehr, als Hanna ihre angebliche Verlobung mit Camille bekanntgibt (*Hanna und Ensemble »Ein toller Ehestand soll's sein...«*). Zu der vermeintlich anstehenden Vermählung liefert Danilo eine Erzählung, die sein und Hannas Verhältnis widerspiegelt (*Erzählung des Danilo »Es waren zwei Königskinder, ich glaube, die hatten sich lieb...«*). Hanna weiß nun, daß Danilo sie liebt. –

<u>3. AKT:</u> Im Palais der Hanna Glawari hat Njegus im Auftrag der Hausherrin das Cabaret der Grisetten imitiert. Auch Danilo läßt sich von der allgemeinen Stimmung hinreißen, vor allem, als Valencienne und sechs Grisetten ein zündendes Chanson anstimmen (*Valencienne und Grisetten »Ja, wir sind es, die Grisetten, von Pariser Cabaretten...«*). Zeta erinnert Danilo daran, daß der Staatsbankrott droht, wenn das Vermögen der Glawari nicht im Lande bleibt. Also muß er sie heiraten, und das sagt er ihm auch unverblümt. Als Hanna gesteht, sie habe gar kein Rendezvous mit Camille im Pavillon gehabt, sondern das sei eine andere, verheiratete Frau gewesen, da endlich bekennen sie einander offen ihre Liebe (*Duett Danilo-Hanna »Lippen schweigen, 's flüstern Geigen: Hab' mich lieb!«*). Doch plötzlich ändert sich die Situation erneut: man hat im Pavillon Valenciennes Fächer gefunden, Zeta erkennt darauf die Handschrift seiner Frau, betrachtet sich dadurch als geschieden und macht Hanna im Namen des Vaterlandes selbst einen Heiratsantrag. Doch den zieht er sofort wieder zurück, als Hanna ihm eröffnet, laut Testament ihres seligen Mannes verliert sie im Falle einer Wiederverheiratung das ganze Vermögen. Da ist sie wohl, so Danilo, wieder das arme Mädel von einst? Nun hält ihn nichts mehr zurück, und vor versammelter Gesellschaft bekennt er seine Liebe zu ihr. Sie antwortet mit der zweiten testamentarischen Bedingung: Hanna verliert zwar das Geld, aber nur, weil es nach der Heirat in den Besitz ihres neuen Gatten übergeht. Zeta ist ausgetrickst. Und die Sache mit dem Fächer? Valencienne bedeutet ihm, er soll doch lesen, was auf ihm steht: »Ich bin eine anständige

Frau!« Da bittet er seine Frau um Verzeihung, denn das habe er schließlich nicht gewußt! Wie soll man auch die Frauen verstehen ... (*Finale »Ja, das Studium der Weiber ist schwer...«*). –

Aufführungsdauer. 2½ Stunden

Franz Lehár
DER GRAF VON LUXEMBURG
Operette in 3 Akten
Textbuch von Alfred Maria Willner
und Robert Bodanzky
Uraufführung Wien 1909

Quelle. Es ist schon ein ungewöhnlicher Fall in der Geschichte der Operette: eines ihrer Meisterwerke, mitbeherrschend im Spielplan bis auf den heutigen Tag, geht zurück auf einen veritablen Reinfall des Genres aus der Feder eines der Größten unter den Komponisten der leichten Muse. Vorlage für den »Luxemburg« stellt »Die Göttin der Vernunft« dar, letzte Operette von *Johann Strauß*. Ihre Uraufführung am 13. März 1897 am Theater an der Wien war ein Desaster. Strauß hatte sich, so wird berichtet, ohnehin nur widerwillig an die Arbeit gemacht, da er die Vertonung des Buches von *Alfred Maria Willner* zu rasch zugesagt hatte und sich dann mit seiner Weigerung (weil er die Schwächen erst bei näherer Kenntnis erkannte) einem Prozeß ausgesetzt sah. Strauß zwang sich ohne jedes Interesse zur Vertonung und meldete sich zur Premiere einfach krank. Er ahnte den Mißerfolg, denn das Sujet war ihm, wie sich während der Komposition immer deutlicher herausstellte, entschieden zu fremd. Denn die Geschichte spielt – für eine Operettenhandlung offensichtlich reichlich ungeeignet – in den Wirren der Französischen Revolution. Komtesse Nevers und Kapitän Robert müssen aus politischen Gründen heiraten, verlieren sich dann aber aus den Augen und finden schließlich in aufrichtiger Liebe zueinander. Dank der Musik von Strauß hielt sich das Werk kurze Zeit im Spielplan des Uraufführungs-Theaters, dann aber verschwand es in der Versenkung der Theatergeschichte.

Entstehung und Uraufführung. Den Durchfall seiner Operette konnte Willner nie überwinden. Als 1909 die Strauß-Familie um Freigabe der Musik bat, sah er seine Chance zur Rehabilitierung für gekommen. Er tat sich mit *Robert Bodanzky* zusammen, arbeitete mit ihm das Buch völlig um und bot es Lehár an. Der hatte gerade mit dem »Fürstenkind« am Johann-Strauß-Theater in Wien einen beachtlichen Erfolg errungen und sich bereits an die Arbeit zu seiner nächsten Operette »Zigeunerliebe« für das Carl-Theater gemacht. Da aber auch das Theater an der Wien auf die Einlösung einer vertraglichen Zusage für eine neue Lehár-Operette pochte, schob Lehár den »Grafen von Luxemburg« dazwischen. Die melodischen Einfälle sprudelten nur so und die Komposition ging ungewöhnlich flott von der Hand, er benötigte gerade drei Wochen dafür. Sie machte ihm viel Spaß, aber er erkannte selbst nicht, daß ihm da einer seiner größten Würfe gelang: »Eine schlampige Arbeit, gar nichts dran!« soll er geäußert haben. Publikum und Presse waren da ganz anderer Meinung. Der Uraufführung am 12. November 1909 im Theater an der Wien folgten 300 Vorstellungen en suite und nur mehr als ein Jahr später eine ähnliche Erfolgsserie in London, die dem Werk in den folgenden Jahren in Europa eine gleiche Bekanntheit und dem Komponisten gleichen Ruhm verschaffte wie zuvor die »Lustige Witwe«.

Ort und Zeit. Paris um 1909

Die Personen der Operette. René, Graf von Luxemburg (Tenor) – Fürst Basil Basilowitsch (Baßbuffo) – Gräfin Stasa Kokozow – Armand Brissard, Maler (Tenorbuffo) – Angèle Didier, Sängerin an der Großen Oper in Paris (Sopran) – Juliette Vermont (Soubrette) – Pawel von Pawlowitsch, russischer Botschaftsrat – Sergej Mentschikoff, Notar – Pélégrin, Munizipalbeamter – Manager des Grandhotels – Anatole Saville, Henri Boulanger, Charles Lavigne und Robert Marchand, vier Maler – Sidonie und Coralie, zwei Modelle – Francois, Diener – James, Liftboy

Maler, Modelle, Masken, Hotelgäste (Chor und Ballett)

Die Handlung. 1. AKT: Paris feiert den Karneval (*Ensemble und Chor »Karneval, ja du allerschönste Zeit...«*). Des »Faschings toller König« ist René, Graf von Luxemburg, der sein väterliches Millionenerbe nach Art seiner Ahnherren »verjuxt, verputzt, verspielt und vertan« hat und dessen reiche Güter beschlagnahmt wurden (*Auftrittslied des René »Mein Ahnherr war der Luxemburg...«*). – In seinem Atelier will sich der junge Maler Armand Brissard seiner Arbeit widmen, während seine Verlobte Juliette Vermont sich lieber ins Faschingstreiben stürzen und amüsieren möchte. Sie ist enttäuscht und äußert leisen Zweifel, ob sie beide denn überhaupt zueinander passen. Was könne Armand ihr denn schon bieten? Ein kleines trautes Heim zum gemütlichen und sorglosen Leben, antwortet er ihr (*Duett Armand-Juliette »Ein Stübchen so klein, grad zwei geh'n hinein...«* mit dem Refrain *»Wir bummeln durch's Leben, was schert uns das Ziel...«*). Da stürmen maskierte Freunde in das Atelier, man trinkt Champagner und verputzt Delikatessen, die Armand vom Händler für ein Stilleben besorgt hat, und Juliette trägt ein Lied zur allgemeinen Unterhaltung bei (*Chanson der Juliette »Pierre, der schreibt an Klein-Fleurette: ›Abends heut' um zehn‹...«*). Schließlich taucht auch René auf, von den Freunden überschwenglich begrüßt. Ihm folgen drei unbekannte Masken. Es sind der russische Botschaftsrat Pawlowitsch, der Munizipalbeamte Pélégrin und der Notar Mentschikoff. Sie kommen im geheimen Auftrag des Fürsten Basil Basilowitsch und sollen mit René allein eine delikate Angelegenheit besprechen. Der schwerreiche Fürst will nämlich die Sängerin Angèle Didier, Star der Pariser Oper, heiraten. Leider ist sie eine Bürgerliche, der Fürst aber muß standesgemäß heiraten. Deshalb will er sie für drei Monate mit René verehelichen, damit sie eine Gräfin wird, dann werden sie wieder geschieden und aus der Gräfin wird eine Fürstin. Das will er sich auch was kosten lassen, denn Renés Geldmangel ist ihm bekannt. Und er ist schrecklich verliebt in die Sängerin (*Auftrittslied des Fürsten Basil Basilowitsch »Ich bin verliebt, ich muß es ja gestehen...«*). Nur seine langjährige Freundin, »die alte Kokozow«, darf nichts erfahren, denn die will ihn heiraten! Das Angebot verlockt René, auf den Handel einzugehen (*Quintett René-Basil-Pawlowitsch-Pélégrin-Mentschikoff »Ein Scheck auf die englische Bank! Fünfmalhunderttausend Francs!«*). Der Fürst hat es eilig, schon wartet Angèle unten, die sofort heraufgerufen wird (*Auftrittslied der Angèle »Unbekannt! Deshalb nicht minder int'ressant ist mir der heil'ge Ehestand!«*). So kann die Vermählung unter notarieller Aufsicht gleich vollzogen werden, freilich unter folgenden Bedingungen Basils: René und Angèle dürfen sich nicht sehen und René muß bis zur Scheidung einen anderen Namen führen und aus Paris verschwinden. René ist einverstanden, die beiden werden durch einen Paravent voreinander abgeschirmt und die Zeremonie beginnt. Immerhin erfährt René den Namen der Dame und beim Ringwechsel hält er für einen Moment ihre kleine Hand in der seinen. Er bedauert, daß sie inkognito bleiben und nach vollzogener Trauung ihrer Wege gehen müssen (*Duett René-Angèle »Frau Gräfin, Sie erlauben wohl, daß ich jetzt gratuliere«* mit dem Refrain *»Sie geht links, er geht rechts...«*). Allein zurückgeblieben, sinniert René über das Geschehen, bis Armand und Juliette mit den Freunden wieder zurückkehren. Er reißt sich von der Erinnerung los und lädt alle auf seine Kosten zum Weiterfeiern ein (*Finale René-Armand-Juliette mit Chor »Ganz unverhofft warf mir das Glück das Geld in meine Hände.«*). –

2. AKT: Festsaal im Palais von Angèle Didier, drei Monate später. Angèle hat ihre Abschiedsvorstellung in der Oper gegeben und am Abend zu einem Ball bei sich eingeladen (*Chor »Hoch, evoe, Angèle Didier, hoch unsrer schönen Diva...«*). Wer aber war der unbekannte Mann in der Loge, der sie wie in einem Zauberbann hielt? (*Lied der Angèle »Der Fremde, den ich heute sah...«*). Es war René, der unter seinem Pseudonym Baron von Reval nach Paris zurückgekehrt ist, denn morgen läuft sein unfreiwilliges Inkognito ab. Nun meldet er sich in Armands Begleitung bei Angèle an, in die er sich bei seinem Opernbesuch verliebt hat. Da begegnet ihnen eine Überraschung: Juliette, die Angèle schon aus Konservatoriumszeiten her kennt, ist deren Gesellschafterin. Stolz und empört zugleich tritt sie den beiden Freunden entgegen, die einfach ver-

schwunden waren und sie sitzen gelassen haben! Dennoch spürt Armand, daß sie ihn noch immer liebt. René seinerseits gesteht Angèle unumwunden seine Liebe, auch wenn er gehört hat, sie werde eine hochgestellte Persönlichkeit heiraten. Angèle erkennt in ihm zwar den Herrn aus der Theaterloge, gibt ihm aber zu verstehen, er fordere Unmögliches (*Duett Angèle-René »Lieber Freund, man greift nicht nach den Sternen...«*). Sie muß ihm seine Illusion zerstören, auch wenn beide voneinander erfahren, zwar verheiratet, aber bereits in Scheidung begriffen zu sein. Auch Armand hat so seine Schwierigkeiten mit Juliette, die seinen Liebesbeteuerungen nur glauben will, wenn er am folgenden Tag mit ihr aufs Standesamt geht (*Duett Armand-Juliette »Mädel klein, Mädel fein, gib dich/gibt sich drein, sag/sagt nicht nein.«*). Natürlich ist auch Fürst Basilowitsch Gast bei Angèle, die sich bei ihm nach dem Grafen von Luxemburg erkundigt, von dem sie vereinbarungsgemäß am nächsten Tag wieder geschieden werden soll. Als René zufällig einen ihrer Handschuhe findet, erinnert er sich an die kleine Hand und an das Parfüm jener Dame, mit der er vor drei Monaten verheiratet wurde (*Szene des René »Trèffle incarnat«*). Der Fürst ist in ausgelassener Stimmung, tanzt mit Juliette (*Duett Basil-Juliette »Ein Löwe war ich im Salon, im Liebeskampf ein Sieger...«* mit dem Refrain *»Polkatänzer, Polkatänzer bin ich/ist er comme il faut!«*) und gibt sich Angèle gegenüber sehr verliebt (*Lied des Basil »Kam ein Falter leicht geflattert, setzt sich auf ein Knöspchen hin...«*). Dann stellt er sie den Gästen als seine Verlobte vor. Armand tritt dazwischen: er wisse, die Dame sei für eine Ehe nicht mehr frei. Da lüftet Basil das Geheimnis mit dem Grafen von Luxemburg, der kein Recht mehr auf Angèle habe. Sie selbst bestätigt die Scheinehe mit dem ›Heiratsgrafen‹ und denkt nur geringschätzig an ihn, der seinen Namen um Geld verkauft habe und sie ihn deshalb verachte. Da tritt ihr René gegenüber, lüftet sein Inkognito und gesteht, er habe nicht nur seinen Namen, sondern sein ganzes Glück verkauft. Als er die Gesellschaft verlassen will, bekennt sich Angèle zu ihm und zu ihrer beider Liebe. Basil ruft ihm nach, er habe doch sein Ehrenwort – und René antwortet ihm, das werde er auch halten. –

3. AKT: Vestibül des Grand-Hotels, kurze Zeit danach zu vorgerückter Stunde. Gräfin Stasa Kokozow ist aus St. Petersburg nach Paris gekommen, um Fürst Basil an die Einlösung seines ihr vor drei Jahren gegebenen Eheversprechens zu erinnern. Schließlich hat sie ihm Zeit genug gelassen, denn das Tempo der neuen Zeit ist nicht ihre Sache (*Couplet Gräfin Kokozow »Alles mit Ruhe genießen, nie gleich sein Pulver verschießen – ich laß zu allem mir Zeit!«*). In dem Hotel logieren auch René und Armand, der Juliette mitgebracht hat und auf den wütenden Basil trifft, der von der Blamage auf dem Ball bei Angèle einen Skandal für sich befürchtet (*Terzett Armand-Juliette-Basil »Liebe, ach, du Sonnenschein, du bist so zuck-zuck-zuckersüß!«*). René wird zwar telegrafisch mitgeteilt, daß die Beschlagnahme seiner Güter aufgehoben ist, aber er kann

sich nicht so recht darüber freuen, lieber erhielt er sein Ehrenwort zurück. Er hat es verpfändet und muß in seiner Frau Angèle, die er liebt, »die Braut eines anderen respektieren«! Als die beiden ihren Kummer in Champagner ertränken wollen, tritt Gräfin Kokozow als Retterin in Erscheinung. Von ihr erfahren sie von Basils Eheversprechen, wofür es sogar Briefe als Beweise gibt. Über das unerwartete Wiedersehen mit der Gräfin ist Basil alles andere als entzückt. Er kann nun aber auch nicht anders, als Angèle frei zu geben und René von seinem Ehrenwort zu entbinden. Und da Armand und Juliette sogar zu dieser späten Stunden auf dem Standesamt waren, gibt es ein doppeltes Happy End (*Finale »Wir bummeln durch's Leben, was schert uns das Ziel, geht's auch daneben, wir fragen nicht viel!«*). –

Aufführungsdauer. 2¼ Stunden

Franz Lehár
PAGANINI
Operette in 3 Akten
Textbuch von Paul Knepler und Béla Jenbach
Uraufführung Wien 1925

Quelle. Als Teufelsgeiger und geigender Hexenmeister gilt *Nicolò Paganini (1782–1840)* noch heute als Inbegriff des Instrumentalvirtuosen schlechthin. Nachdem er vom strengen Vater ersten Unterricht erhalten und sich dann vorwiegend autodidaktisch weitergebildet hatte, lief er mit 16 Jahren von zu Hause weg und zog ab 1805 durch die Konzertsäle Europas. Sein bis zu seinem Auftreten noch nicht erlebtes brillantes Spiel auf der Geige riß die Menschen ebenso in einen wahren Taumel der Begeisterung wie er sie mit seinem exzentrischen Wesen und seiner dämonischen Ausstrahlung geradezu verhexte. *Heinrich Heine* hat Paganinis Geigenspiel in seiner bekannten Novelle »Florentinische Nächte« beschrieben, wo es u. a. heißt: »Um seine Schultern wallte in glänzenden Locken das schwarze Haar; und wie er da fest und sicher stand, ein erhabenes Götterbild, und die Violine strich: da war es, als ob die ganze Schöpfung seinen Tönen gehorchte.« Hinzu kam, daß Paganini sich zwischen den Tourneen gern der Öffentlichkeit entzog (wahrscheinlich um in Ruhe zu komponieren), was Anlaß zu den tollsten Spekulationen gab bis hin zu der Vorstellung, er paktiere wie einst Doktor Faust mit dem Teufel und lasse sich von ihm neue Tricks im Violinspiel geben. Unterstützt wurde dieser Aberglaube durch sein Äußeres, das, so wird von Heine und anderen Zeitgenossen berichtet, von flackernden Augen in einem extrem blassen Gesicht ebenso geprägt wurde wie durch seine stets einfache tiefschwarze Kleidung bei seinen Konzertauftritten. Schließlich trug auch sein zeitweiliges sorgloses und exzentrisches, an Spielschulden und Liebesaffären reiches Privatleben zu der Legendenbildung bei. Die bekannteste Affäre hatte er über fast drei Jahre mit Napoleons ältester Schwester *Marie-Elise Baciocchi, Fürstin von Lucca*. Sein leidenschaftliches Geigenspiel läßt sich heute nur noch mit seiner für die damalige Zeit neuen virtuosen Technik erklären und die Aura seiner extravaganten Künstlerpersönlichkeit aus zeitgenössischen Beschreibungen erahnen. Daß Paganini darüber hinaus auch ein begabter Komponist war – schon im Alter von gerade acht Jahren komponierte er seine erste Sonate für Geige – dessen Werk begreiflicherweise im Zeichen der Violine steht, erkannte man erst nach seinem Tod.

Entstehung und Uraufführung. »Mein Geburtstagsgeschenk vom lieben Gott«, notierte Lehár in sein Tagebuch, als er das Textbuch zu »Paganini« im April 1923 erhielt. Zunächst wußte er nicht, wer der Autor war, und das aus gutem Grund, wie sich herausstellte. *Paul Knepler (1880–1968)* war Verlagsbuchhändler in Wien, hatte ein Lustspiel geschrieben und auch ein bißchen komponiert. Deshalb dachte er auch daran, seinen »Hexenmeister« (so der ursprüngliche Titel) selbst zu vertonen. Ein guter Freund erkannte jedoch die musikalischen Schwächen der ersten Nummern und spielte das Buch Lehár in die Hände, der sofort anbiß. Als er Anfang Mai mit Knepler zusammentraf und ihm seinen Plan mitteilte, sagte dieser: »Hier muß ein Irrtum vorliegen! Wie das Buch in Ihre Hände gekommen ist, weiß ich nicht – ich habe es jedenfalls für mich selbst geschrieben – und nicht für Sie, Meister.« Doch Lehár ließ nicht locker, Knepler erkannte schließlich seine Chance auf die Zusammenarbeit mit dem berühmten Komponisten, beide wurden Freunde auf Lebenszeit und Lehár begann mit der Komposition. Er ließ sich viel Zeit, vertiefte sich in die Biografie Paganinis und engagierte *Béla Jenbach (1871–1943)*, den Mitautor von Kálmáns »Csárdásfürstin«, als Co-Autor. Vor der Uraufführung am 30. Oktober 1925 am Johann-Strauß-Theater in Wien häuften sich die Hindernisse. Zunächst sagte Richard Tauber wegen einer skandinavischen Konzerttournee seine Mitwirkung ab, die Hauptpartien wurden nur mittelmäßig besetzt, das Theater an der Wien stand nicht zur Verfügung, und Regie und Ausstattung erwiesen sich als sehr mangelhaft und entsprachen nicht der Qualität des Werkes, über das im »Neuen Wiener Tagblatt« zu lesen war: »Der ›Paganini‹ ist das Beste, was Lehár bisher geschrieben hat – ein Gipfelpunkt unserer heiteren Kunst.« Doch die Uraufführung gestaltete sich zu einem unverkennbaren Mißerfolg. Enttäuscht und voller Sorge hinsichtlich der bereits vertraglich vereinbarten Berliner Aufführung schrieb Lehár an Tauber: »Leere Sitze bei einer Lehár-Premiere: stell Dir das doch vor, Richard! Du mußt in Berlin singen, ein zweiter Fehlschlag ist für mich unausdenkbar!« Tauber erkannte die Not des Freundes, er kam, sang und siegte als Paganini. Bei der Berliner Erstaufführung am 30. Januar 1926 mußte er Arien und Duette mehrmals wiederholen, das Publikum raste vor Begeisterung, Lehár wurde stürmisch gefeiert und soll Tauber gegenüber gesagt haben: »Dank Dir, Richard – heut' bin ich zum zweiten Mal auf die Welt gekommen!« Das hatte doppelten Sinn, denn mit dem »Paganini« begann Lehárs zweite fruchtbare Schaffensperiode, in der u. a. neben der noch heute aufgeführten »Giuditta« (U Wien 1934) mit dem »Zarewitsch« und dem »Land des Lächelns« zwei seiner nach wie vor meistgespielten Operetten entstanden.

Ort und Zeit. Das Fürstentum Lucca Anfang des 19. Jahrhunderts

Die Personen der Operette. Maria Anna Elisa Bacciocchi, Fürstin von Lucca und Piombino (Sopran) – Fürst Felice, ihr Gemahl (Baßbuffo) – Nicolò Paganini (Tenor) – Bartucci, sein Impresario (Bariton) – Graf Hédouville, General in Napoleons Diensten – Marchese Giacomo Pimpinelli, Kammervorsteher der Fürstin (Tenorbuffo) – Gräfin de Laplace, Hofdame (Sopran) – Bella Giretti, Primadonna an der fürstlichen Oper zu Lucca (Soubrette) – Marco, Philippo, Emanuele und Julia, Einwohner von Capannari – Der Wirt – Foletto, Tofolo und Beppo, Schmuggler – Corallina, Herbergswirtin

Damen und Herren des Hofes, Tänzerinnen des Hoftheaters, Soldaten, Landvolk, Schmuggler, Dirnen (Chor und Ballett)

Die Handlung. 1. AKT: Idyllische Gegend in der Nähe des Dorfes Capannari bei Lucca. Der Wundergeiger Nicolò Paganini soll am nächsten Tag in Lucca ein Konzert geben. Er hat sich in einem Wirtshaus in der Nähe des Dorfes Capannari einquartiert. Er übt auf seiner Geige und erfreut mit seinem Spiel die Dorfbewohner. Da naht die Hofgesellschaft mit der Fürstin Anna Elisa von Lucca, der ältesten Schwester Kaiser Napoleons. Sie befindet sich auf der Jagd, macht hier Rast und ist ebenfalls von Paganinis Spiel gebannt. (*Entréelied der Fürstin »Mein lieber Freund, ich halte viel auf Etikette...«*). Der bedankt sich bei den Dorfbewohnern für ihre Ovationen und trinkt ihnen zu (*Lied des Pagagini »Schönes Italien, erst gedenk' ich dein!«*). Als die Fürstin dem Geiger gegenübersteht, sich ihm aber noch nicht zu erkennen gibt, ist sie sichtlich verwirrt und er sofort von ihr entflammt (*Duett Paganini-Anna Elisa »Höchstes Glück und tiefstes Leid...«*). Aufgeregt erscheint Bartucci, Impresario Paganinis, mit der Schreckensnachricht, Fürst Felice habe das Konzert verboten, weil ihm der Lebenswandel Paganinis nicht gefalle. Das wird die Fürstin allerdings zu verhindern wissen, denn ihr Herr Gemahl ist selbst alles andere als tugendhaft, sorgt er doch mit seinem Liebesverhältnis zu Bella Giretti, der Primadonna an der fürstlichen Oper zu Lucca, für ständigen Gesprächsstoff. Sie selbst ist von Paganini wie verhext, allemal ist er ihr eine Sünde wert (*Szene der Anna Elisa »Feuersglut lodert heiß in meinem Blut...«*). Noch einer hält sich für einen geborenen Don Juan: Pimpinelli, der Kammervorsteher der Fürstin.

Er macht auch Bella Avancen und bekennt ihr gegenüber, seit seiner Jugend nichts als Weiber im Kopf zu haben (*Duett Pimpinelli-Bella »Mit den Frau'n auf du und du, jede fliegt mir/ihm nur so zu ...«*). Als auch Fürst Felice selbst mit seinem Gefolge erscheint, stellt ihn die Fürstin wegen des verbotenen Paganini-Konzertes zur Rede (*Quartett Anna Elisa-Felice-Bella-Pimpinelli mit Chor »Seiner Geige holder Klang tönt im Ohr noch süß und bang ...«*). Sie macht das Verbot ihres Gatten, dessen Seitensprünge ihr schließlich nicht verborgen bleiben, rückgängig. So wird Paganini sein Konzert ihr zu Ehren geben, die seinen Liebesbeteuerungen ohnehin keinerlei Widerstand entgegenzusetzen vermag. –

2. AKT: Der große Festsaal im fürstlichen Schloß zu Lucca. Paganini, dessen Konzert nun schon ein halbes Jahr zurückliegt, ist noch immer in Lucca. Die Fürstin hat ihn zum Hofkapellmeister und Direktor des Opernhauses ernannt und am Hof fest angestellt. In seiner freien Zeit gibt er sich gern dem Glücksspiel hin, verliert aber meist sein ganzes Geld. So auch heute, wo er einmal mehr sein Geld verspielt, ja sogar seine Geige! Bella gegenüber gibt er zu, daß ihm Glück im Spiel längst nicht so viel bedeutet wie Glück bei den Frauen (*Duett Bella-Paganini »Wenn keine Liebe wär', gäb's keine Tränen, wenn's keine Liebe gäb', gäb's auch kein Sehnen!«*). Pimpinelli gelingt es, die Geige zurückzugewinnen – freilich nicht ohne Gegenleistung. Er ist so verliebt in die Frauen, vor allem in Bella, aber er hat kein Glück. Paganini möge ihm doch Ratschläge geben, wie er sich Frauen gegenüber verhalten soll. Paganini rät ihm, erst nichts zu machen, dann dem ahnungslosen Opfer einen »faszinierenden Blick« zuzuwerfen und es schließlich wortlos einfach zu küssen – obwohl er selbst nie darüber nachgedacht hat, die Kunst der Verführung zu ergründen, er hat einfach gehandelt (*Szene des Paganini »Gern hab' ich die Frau'n geküßt, hab' nie gefragt, ob es gestattet ist ...«*). Pimpinelli setzt die Ratschläge gleich bei einer Zofe und bei Bella in die Tat um, handelt sich aber jedes Mal nur eine Ohrfeige ein. Paganini ist da ungleich erfolgreicher: die Fürstin gesteht ihm ihre Liebe (*Duett Paganini-Anna Elisa »Deinen süßen Rosenmund küß ich gern zu jeder Stund' ...«*). So hat er denn auch kein Ohr für Bartuccis Mahnungen, über den Frauen seine Kunst nicht zu vergessen und Lucca zu verlassen. Währenddessen läßt Pimpinelli nicht nach, Bella den Hof zu machen, woran sie durchaus Gefallen hat (*Duett Bella-Pimpinelli »Einmal möchte' ich was Närrisches tun, sag' mir, bist du dabei?«*). Paganinis Glück ist nicht von Dauer und gerade die Liebe zur Fürstin (*Duett Anna Elisa-Paganini »Niemand liebt dich so wie ich, bin auf der Welt ja nur für dich!«*) wird ihm zum Verhängnis. Napoleon hat davon erfahren, ganz Paris spricht schon über das Verhältnis seiner Schwester zu dem Geiger. So schickt er seinen General Graf Hédouville nach Lucca mit dem persönlichen kaiserlichen Befehl, Paganini zu verhaften und aus Lucca wegzuschaffen. Die Fürstin kann es nicht glauben, daß der Bruder ihren Liebestraum grau-

sam zerstören will (*Lied Anna Elisa* »*Liebe, du Himmel auf Erden...*«). Sie versucht, den Geliebten zu halten, doch dann erfährt sie eine große Enttäuschung: Paganini hat das Lied, das für sie bestimmt war, Bella gewidmet! Nun soll er dafür büßen! Sie befürwortet den Plan ihres kaiserlichen Bruders und gibt nun selbst den Befehl, Paganini zu verhaften. Bella kann ihn gerade noch warnen. –

3. AKT: Die verrufene Schmugglerschenke »Zum rostigen Hufeisen« an der Grenze des Fürstentums Lucca. Hier pflegt sich allerlei lichtscheues Gesindel herumzutreiben, Schmuggler, Dirnen und Landstreicher, unter ihnen der bucklige Beppo, Foletto und Tofolo, die sich beim Spiel schon mal gegenseitig betrügen und dann handgreiflich werden. Die Herbergswirtin Corallina muß jedes Mal couragiert und energisch dazwischenfahren. Denn erst in der Nacht gehen sie ihren Geschäften nach (*Chor* »*Liegen um Mitternacht alle Bürger schnarchend im Schlaf, sittsam und brav...*« und *Schnapslied*). Auf seiner Flucht findet Paganini für eine Nacht Unterschlupf in dieser »Mördergrube«, wie sich Bartucci ausdrückt. Aber noch kann er der Vergangenheit in Lucca nicht entfliehen, denn Pimpinelli und Bella sind ihm gefolgt. Während Pimpinelli von den Schmugglern ausgetrickst und bis aufs Hemd ausgeraubt wird, bittet Bella Paganini, sie mitzunehmen. Aber, so Pimpinelli, nicht ohne ihn, denn er will sie heiraten. Sie sagt schließlich gern ja, aber ihre Auffassungen von der Ehe gehen ein wenig auseinander (*Duett Pimpinelli-Bella* »*Jetzt beginnt ein neues Leben, riesig freu' ich mich schon auf die Eh'!*«). Endlich gelingt es Bartucci, seinen Schützling an seine Kunst zu erinnern. So entsagt Paganini allem und allen, auch der Fürstin Anna Elisa. Sie, die zu spät von der Flucht erfuhr, ist den Flüchtigen nachgeeilt und gibt sich in der Spelunke zunächst als Straßensängerin aus (*Lied Anna Elisas* »*Wo meine Wiege stand? Ich weiß es nicht...*«). Sie hat erkannt, daß sie Paganini nicht halten kann, nicht mit Liebe und nicht mit Gewalt. So nimmt sie letzten Abschied von dem Geliebten und gibt ihn frei – frei für seine Kunst, der er dient und die für alle bestimmt ist. –

Aufführungsdauer. 2¼ Stunden

Franz Lehár
DER ZAREWITSCH
Operette in 3 Akten
Libretto von Béla Jenbach und Heinz Reichert
Uraufführung Berlin 1927

Quellen. Russische Geschichte und polnische Literatur bilden die Quellen, aus denen sich die Story zu Lehárs Spätwerk speist. Der Titelheld hat sein ursprüngliches (negatives) Vorbild in *Zarewitsch Alexei (1690–1718),* Sohn aus der ersten Ehe von *Peter dem Großen (1672–1725),* dem seit 1696 allein regierenden Zaren Rußlands. Der labile und schwache Zarewitsch entwickelte sich zu einem unbesonnenen und beeinflußbaren Gegner des westlich orientierten Reformwerkes seines Vaters, vor dessen Zorn und zu Gewalt neigender Abscheu vor ihm er mit seiner Geliebten, einem finnischen Bauernmädchen, über Wien nach Italien floh. Peter, von einer politischen Konspiration seines Sohnes überzeugt, überredete diesen zur Rückkehr nach St. Petersburg, wo er ihm einen Strafprozeß machte. Zunächst drohte er ihm mit dem Ausschluß von der Thronfolge und der Verbannung in ein Kloster, schließlich überzeugte er das Gericht, Alexei verdiene die Todesstrafe. Über den Tod des Zarewitsch entstanden viele Gerüchte: er sei erstickt, zu Tode geprügelt, enthauptet oder von seinem Vater persönlich im Gefängnis ermordet worden. Das Verhältnis zwischen Zar und Zarewitsch stand im Mittelpunkt des bühnenwirksamen Schauspiels »Der Zarewitsch« von *Gabryela Zapolska (eigentlich: Maria Korwin-Piotrowska; 1860–1921),* das sich der Geschichte freilich eher oberflächlich annahm. Anfangs als Schauspielerin in Polen und Paris tätig, dann Kritikerin und Leiterin einer Schauspielschule, wurde die Autorin eine namhafte polnische Schriftstellerin. In ihren Romanen, Novellen und dramatischen Bühnenwerken, mit denen sie auch in Deutschland bekannt wurde, vertrat sie einen gesellschaftskritischen Naturalismus und entlarvte die Doppelmoral des polnischen Spießbürgertums. Ihr historisches Drama um den Zarewitsch Alexei blieb eher ein Sonderfall innerhalb ihres Gesamtwerkes.

Entstehung und Uraufführung. Lehár sah das Drama der Zapolska in einer Aufführung des Deutschen Volkstheaters in Wien und erkannte für sich darin die geeignete Vorlage für eine neue Operette. Er beauftragte Béla Jenbach und Heinz Reichert mit dem Libretto, für das die Autoren den Stoff natürlich entsprechend abänderten und vor allem entpolitisierten sowie aus der historischen Zeit heraus in das ausgehende 19. Jahrhundert verlegten. Mit dem Buch war Lehár zunächst sehr zufrieden und machte sich an die Arbeit. Dann aber verlor er das Interesse, weil er für sich selbst größte Schwierigkeiten mit Sonjas Hosenrolle bekam, er hielt sie für »unkomponierbar«. Die Autoren waren erst entsetzt, fanden dann aber einen Ausweg, wie sie glaubten. Sie boten das Buch *Pietro Mascagni* an, der aber zwei Jahre lang nichts von sich hören ließ. Daraufhin gewannen sie *Eduard Künneke*. Der hatte bereits mit der Komposition begonnen, als Lehár sich plötzlich anders besann, wahrscheinlich auf Anraten von Richard Tauber. Künneke hatte inzwischen selber Schwierigkeiten mit dem Stoff bekommen und brachte daher alles Verständnis für Lehárs Wunsch auf, den »Zarewitsch« doch zu vertonen: »Es ist mir eine Freude, meinem Freund Lehár zu einem neuen Meisterwerk mitzuverhelfen!« Im Mai 1926 begann Lehár in Bad Ischl mit der Komposition, schon im Sommer war der Klavierauszug fertig, im Herbst folgte die Orchesterpartitur und Anfang Januar 1927 fanden bereits die ersten Proben am Berliner Künstlertheater statt. Die Uraufführung am 21. Februar 1927 unter Lehárs musikalischer Leitung wurde ein Riesenerfolg, an dem Richard Tauber in der Titelpartie maßgeblichen Anteil hatte, die zeitlebens eine seiner Lieblingspartien war.

Ort und Zeit. St. Petersburg und Neapel Ende des 19. Jahrhunderts

Die Personen der Operette. Der Zarewitsch (Tenor) – Der Großfürst, sein Oheim (Bariton) – Der Ministerpräsident – Der Oberhofmeister – Sonja Iwanowna, Tänzerin (Sopran) – Der Kammerdiener – Iwan, Leiblakai des Zarewitsch (Tenorbuffo) – Mascha, seine Frau (Soubrette) – Eine Fürstin – Eine Gräfin – Olga – Vera – Bordolo – Lina – Zwei Lakaien

Damen der Aristokratie, Tänzerinnen, Offiziere, Wachen (Chor und Ballett)

Die Handlung. 1. AKT: Ein Saal im Palast des Zaren in St. Petersburg. Der Zar und mit ihm seine engsten Berater machen sich Sorgen über die Zukunft des Zarewitsch Alexej. Der junge Thronfolger lebt nicht so, wie man es vom Zarensohn erwartet. Er ist ein eher melancholischer, ja introvertierter als ein weltoffener Mensch, er lebt spartanisch und ist vor allem jeder Weiblichkeit abhold. Ganz anders sein Leiblakai Iwan, der mit Mascha verheiratet ist und gern auch mit anderen Frauen flirtet. Das macht Mascha ebenso eifersüchtig wie mißtrauisch trotz aller Beteuerungen Iwans, daß er ihr treu ist (*Duett Iwan-Mascha »Dich nur allein nenne ich mein, bin wie ein Engel so rein!« mit dem Refrain »Schaukle, Liebchen, schaukle!«*). Aus politischen Gründen wünscht der Zar die baldige Vermählung seines Sohnes. Um ihn darauf vorzubereiten, hat man ihm bislang immer nur käufliche Damen zugeführt, ist damit aber noch jedesmal gescheitert. Nun ist man auf eine neue Idee verfallen. Alexeijs Oheim, der Großfürst, arrangiert in den Privatgemächern des Zarewitsch eine Zusammenkunft mit der als Tscherkessen verkleideten Tänzerin Sonja Iwanowna. Sie soll Alexej aus seiner Zurückgezogenheit reißen. Man hat sie über ihre Aufgabe instruiert und ihr zu verstehen gegeben, daß ihr Glück und ihre Zukunft allein von ihrem Verhalten abhängt. Nun ist sie voller Erwartung, wie sich ihr Schicksal erfüllen wird (*Lied der Sonja »Einer wird kommen, der wird mich begehren, einer wird kommen, dem soll ich ge-*

hören...«). Der Zarewitsch betritt seinen »goldenen Käfig« und versinkt augenblicklich wieder in Träumerei (*Wolgalied des Zarewitsch »Allein, wieder allein! Einsam wie immer!* ... *Es steht ein Soldat am Wolgastrand, hält Wache für sein Vaterland, in dunkler Nacht, allein und fern...«*). Er fühlt sich wie in einem goldenen Gefängnis eingesperrt und erhofft sich von dem jungen Tscherkessen, den er im Theater bewundert hat, wenigstens etwas Aufheiterung. Als sich Sonja jedoch zu erkennen gibt, will er sie hinauswerfen. Sie fleht ihn an, bei ihm bleiben und ihm sein Leid mit Frohsinn vertreiben zu dürfen. Und macht ihm den Vorschlag, den ganzen Hof zum Narren zu halten, indem sie sich als seine Liebste gibt und er das Spiel zum Schein mitmacht (*Duett Sonja-Zarewitsch »Jag mich nicht fort!«*). Alexej gefällt die Idee, schon beginnen sie mit dem Spiel und bestellen bei dem darob völlig verdatterten Iwan reichlich Champagner (*Duett Sonja-Zarewitsch »Champagner ist ein Feuerwein, und wer ihn trinkt, dem heizt er ein...«*). –

2. AKT: Ein Saal im Kronprinzenpalais. Der Zarewitsch ist zum Kommandanten ernannt worden und hat mit den Offizieren seines Regiments getafelt. Das Mahl ist vorbei, man trinkt ihm zu, doch er verfällt in melancholische Gedanken über das Glück und über die Liebe (*Lied des Zarewitsch mit Chor »Herz, was schlägst du so bang?«*). Der Großfürst läßt ihn wissen, daß er als neuer Kommandant auch Pflichten hat, und dazu gehört, im Offizierskasino eine offizielle kurze Ansprache zu halten. Den Text hat er ihm gleich mitgebracht, und Alexej beginnt ihn auswendig zu lernen. Sonja ist froh, daß ihr Spiel bereits Wirkung am Hof gezeigt hat. Doch was seitens des Hofes als belanglose Ablenkung und von Sonja als Spiel geplant war, das entwickelt sich zwischen ihr und dem Zarewitsch zu tiefer Liebe (*Duett Zarewitsch-Sonja »Hab' nur dich allein, die ganze Welt sollst du mir sein, du bist der Himmel mir...«*). Während Iwan ihm hilft, die Galauniform anzulegen, memoriert Alexej seine Rede und spricht ordentlich dem Champagner zu. Danach kehren seine Gedanken zu Sonja zurück, deren Liebe ihn glücklich macht (*Napolitana des Zarewitsch »O komm, es hat der Frühling ach nur einen Mai. O komm, es geht der Liebe Traum gar schnell vorbei.«*). Mascha hat sich in den Kopf gesetzt, ganz zu Iwan ins Palais zu ziehen (*Duett Mascha-Iwan »Heute abend komm ich zu dir, auf eine schwache Stund'...«*). Sonja genießt ihr Glück (*Walzerlied Sonjas »Das Leben ruft...«*), doch der Großfürst sieht mit Besorgnis, was sich zwischen ihr und dem Zarewitsch entwickelt hat. Der Ministerpräsident ist nämlich mit dem kaiserlichen Auftrag gekommen, daß der Thronfolger aus politischen Gründen mit der ausländischen Prinzessin Miliza vermählt werden soll. Deshalb muß Sonja aus seinem Leben verschwinden und nichts darf an sie erinnern. Als Sonja darüber unterrichtet wird, sieht sie ihr Glück zerbrechen, der Zarewitsch aber widersetzt sich offen dem Befehl des Zaren. –

3. AKT: Römische Villa in einem Park von Neapel, im Hintergrund das

Meer. Alexej ist mit Sonja nach Italien geflohen, auch Iwan und Mascha haben ihn begleitet. Während sich Iwan mit seinem Interesse für die italienischen jungen Mädchen in Gefahr begibt, weil er deren Kavaliere eifersüchtig macht, genießen Alexej und Sonja ihr Glück (*Duett Zarewitsch-Sonja »Küss mich! Oh, wie ich dich liebe!«*). Doch es währt nicht lange. Der Großfürst ist ihnen nachgereist, um Alexej zurückzuholen. Doch der will eher auf den Zarenthron als auf Sonja verzichten. Sie aber hat erkannt, daß er seiner Pflicht nachkommen muß. Als eine Depesche aus Rußland den plötzlichen Tod des Zaren meldet, weiß auch Alexej, daß das Glück seines Volkes Vorrang haben muß vor seinem privaten Glück mit Sonja. Schmerzlich nehmen die Liebenden für immer voneinander Abschied. –

Aufführungsdauer. 2¼ Stunden

Franz Lehár
DAS LAND DES LÄCHELNS
Romantische Operette in 3 Akten
Libretto nach Viktor Léon von Ludwig Herzer und Fritz Löhner
Uraufführung Berlin 1929

Quelle. Die erste Idee zu diesem Werk hatten Lehár und seine Freunde schon im Sommer 1916. Bei einem Besuch des Komponisten in der Hietzinger Villa von Viktor Léon erinnerte man sich des jungen Attachés der kaiserlichen Botschaft Chinas, der in der Wiener Gesellschaft ein gern gesehener Gast war und der viel und anschaulich von seiner chinesischen Heimat zu erzählen wußte. Die Idee zu einer Operette mit einer exotischen Geschichte aus dem fernöstlichen Land mit einem Vertreter einer fremden Kultur im Mittelpunkt wurde geboren. Aber erst um 1920 nahm die Idee konkretere Formen an und die Schöpfer des Werkes machten sich an die Arbeit. So entstand »Die gelbe Jacke«, deren Uraufführung am 9. Februar 1923 am Theater an der Wien zu den Mißerfolgen in Lehárs Leben zählte.

Entstehung und Uraufführung. Es waren wieder Freunde Lehárs, die ihn auf die Idee brachten, die »Gelbe Jacke« einer gründlichen Überarbeitung zu unterziehen. Denn sie waren noch immer sowohl von der Tragfähigkeit der Grundgeschichte wie von der Exotik des fernöstlichen Riesenreichs und vor allem von der Musik – die ja schon in der Urfassung einige der später weltberühmten Melodien beinhaltete – derart überzeugt, daß ihnen eine Umarbeitung als nur allzu sinnvoll erschien. Schließlich sah es auch Lehár so. Das Buch wurde von allen überflüssigen, Handlung und Spannung behindernden Textpassagen befreit, die Handlung selbst erhielt eine insgesamt wirkungsvollere und glaubhaftere dramatische Gestalt – und man wagte eine einschneidende Kehrtwendung in der Gestaltung des Schlusses. Die »Gelbe Jacke« hatte noch mit der Rückversetzung des chinesischen Gesandten nach Wien ein glückliches Ende gefunden. Jetzt, im »Land des Lächelns«, steht am Schluß die Erkenntnis der Liebenden, daß die Unterschiede der beiden Kulturen, die sie vertreten, größer sind, als ihre Liebe sie tragen kann. Es kommt zum endgültigen, sogar zum doppelten Verzicht. Mit der Uraufführung von »Das Land des Lächelns« am 10. Oktober 1929 am Metropoltheater in Berlin wurde aus dem Mißerfolg von 1923 ein bis heute andauernder Welterfolg.

Ort und Zeit. Wien und Peking um 1910

Die Personen der Operette. Graf Ferdinand Lichtenfels, Feldmarschalleutnant (Sprechrolle) – Lisa, seine Tochter (Sopran) – Lore, seine Nichte (Sopran) – Graf Gustav von Pottenstein, Dragonerleutnant (Tenorbuffo) – Exzellenz Herdegg, seine Tante (Sprechrolle) – Tassilo Graf Herdegg, Kavaliergeneral, ihr Gemahl (Sprechrolle) – Fini, Franzi, Wally und Toni, Freunde Lisas (Sprechrollen) – Prinz Sou-Chong (Tenor) – Mi, seine Schwester (Soubrette) – Tschang, beider Oheim (Sprechrolle) – Ling, Oberpriester (Bariton) – Obereunuch (Tenorbuffo).

Damen, Herren und Militärs der Wiener Gesellschaft, chinesische Mandarine und Diener (Chor und Ballett)

Die Handlung. 1. AKT: Im Wiener Palais des Grafen Lichtenfels. Seine Tochter Lisa hat ein Reitturnier gewonnen, weshalb der Vater ihr eine Soiree einrichtet. Freundinnen und Verehrer von ihr feiern sie. Unter ihnen befindet sich auch Graf Gustav von Pottenstein, den sie Gustl nennen und der Lisa liebt. Er gratuliert ihr zu ihrem Sieg und will sich ihr nun endlich erklären. Die Bedingungen, zu denen auch die Hinterlegung einer hohen Kaution für heiratende Offiziere gehört, hat er bereits erfüllt. Doch er findet keine Gegenliebe bei Lisa, die ihn jedoch auch weiterhin zu ihren Freunden und Kameraden zählen will, wofür sie ihn um Verständnis bittet (*Duett Lisa-Gustl »Freunderl mach dir nix draus ...«*). Der eigentliche Grund für Lisas abweisende Haltung ist jedoch der chinesische Diplomat Prinz Sou-Chong, der als Gesandter seines Landes in Wien tätig ist und in den sie sich verliebt hat. Auch er gehört zu den Gästen dieses Festes und hat Lisa, die er ebenfalls liebt, bereits eine goldene Buddha-Statue als Geschenk zukommen lassen. Mit allem Zweifel, ob Lisa seine Neigung erwidert und ob er überhaupt Hoffnungen haben darf auf eine ›weiße‹ Frau, betritt er erstmals das Lichtenfels'sche Palais (*Arie des Sou-Chong »Ich trete ins Zimmer von Sehnsucht umschwebt ...«*). Von Lisas Freundinnen umschwärmt, erzählt der Prinz von seiner fernöstlichen Heimat. Dann findet er Gelegenheit, mit Lisa zu plaudern (*Duett Sou-Chong/Lisa »Bei einem Tee en deux in selig süßer Näh...«*). Doch plötzlich heißt es für ihn unerwarteten Abschied von Wien zu nehmen. Sein Gesandtschaftssekretär überbringt ihm die Nachricht, daß er zum Ministerpräsidenten von China ernannt worden ist, was seine sofortige Abreise verlangt. Das stellt Lisa vor eine schwere Entscheidung, die sie schließlich gegen alle Warnungen ihres Vaters für Sou-Chong trifft. Sie gesteht ihm ihre Liebe und will ihm als seine Gattin nach China folgen. Der Prinz ist darüber sehr glücklich (*Arie des Sou-Chong »Von Apfelblüten einen Kranz leg ich beseligt dir zu Füßen.«*). –

2. AKT: Im Palast des Prinzen zu Peking. Sou-Chong erhält für seine Verdienste die höchste Auszeichnung seines Landes, die ›Gelbe Jacke‹ (*Chor und Ensemble als Opening des zweiten Aktes*). Lisa genießt ihr Glück mit dem Prinzen, dessen Liebe es ihr leichter macht, mit den ihr fremden Sitten und Gebräuchen des Landes zu leben (*Duett Sou-Chong/Lisa »Wer hat die Liebe uns ins Herz gesenkt...«*). Neben dem Ehemann ist es vor allem auch dessen Schwester Mi, die Lisa das Leben angenehm macht. Sie ist ein liebenswertes Geschöpf und allem (europäischen) Fortschritt gegenüber derart aufgeschlossen, daß sie für rückständiges Denken eher nur Spott übrig hat. So kann sie mit dem halsstarrigen Traditionsbewußtsein von Onkel Tschang, der sich als unbeugsamer Hüter der alten chinesischen Lebensweise und damit auch als Gegner der Heirat zwischen Sou-Chong und Lisa zeigt, nichts anfangen (*Couplet der Mi »Im Salon zur blauen Pagode ist das jetzt die große Mode...«*). Aber auch Mi hat inzwischen die Liebe kennengelernt. Denn Gustl hat sich als Militärattaché an die österreichische Botschaft nach Peking versetzen lassen, um Lisa nahe zu sein. Er findet rasch große Sympathie für Mi, aus der schließlich eine tiefe gegenseitige Neigung wird (*Duett Mi-Gustl »Meine Liebe, deine Liebe, die sind beide gleich...«*). Sou-Chong beteuert Lisa immer wieder, daß es nur eine Frau für ihn gibt und daß er nur sie allein liebt (*Arie des Sou-Chong »Dein ist mein ganzes Herz...«*). Doch kann seine Liebe allen Anfechtungen und Schwierigkeiten widerstehen? Geburt und Stellung in der chinesischen Gesellschaft zwingen auch ihn dazu, gewisse Traditionen zu bewahren. Und so steht die Ehe vor ihrer größten Bewährungsprobe. Lisa hat durch Gustls Besuch Sehnsucht nach der alten Heimat bekommen (*Lied der Lisa »Ich möchte' wieder einmal die Heimat sehn...«*). Doch Sou-Chong befürchtet, wenn er Lisa die Reise nach Wien erlaubt, dann wird er sie nie wiedersehen. Zumal er nach langem Widerstand nun doch aus Staatsräson einer alten chinesischen Tradition folgen muß, vier Mandschumädchen zu heiraten. Zwar wertet er dies Lisa gegenüber lediglich als Formsache, doch die sieht das anders. Hat doch Tschang ihr bereits zu verstehen gegeben, daß für sie dann kein Platz mehr an der Seite des geliebten Mannes ist. Sou-Chong verbietet ihr nun auch noch die Reise nach Wien und befiehlt ihr, sich seiner Entscheidung zu fügen. Nach der

politischen und sittlichen Lehre des Konfuzius darf die Frau nicht nach ihrem eigenen Willen handeln, sondern muß sich dem ihres Gatten unterwerfen (*Szene Sou-Chong/Lisa »Ich bin dein Herr...«*). –

3. AKT: Im Frauenpalais des Prinzen. Lisa wird gefangengehalten und ist verzweifelt. Sie kann sich nur Gustl anvertrauen, der sich mit Hilfe des Obereunuchen bis zu ihr hat durchschlagen können. Sie beschließen zu fliehen und finden in Mi eine selbstlose Helferin. Obwohl sie mit einer harten Strafe rechnen muß, führt sie die Fliehenden aus dem Gemach. – Im Tempel. Mi hat Lisa und Gustl durch jenen Geheimgang des Palastes geführt, der sie ins Freie bringt und den nur die engsten Familienmitglieder des Prinzen kennen. Sie weiß, daß sie sich selbst damit den größten und schmerzvollsten Verzicht abverlangt, den auf Gustls Liebe (*Lied der Mi »Meine Liebe, deine Liebe...«*). Doch sie haben nicht mit dem Prinzen gerechnet, der eine Flucht Lisas befürchtete. Als Mi das Portal des Palasttempels öffnet, steht er plötzlich vor ihnen. Die größte Gefahr droht. Doch Sou-Chong hat eingesehen, daß er Lisas Liebe nicht mit Gewalt erzwingen und auf Dauer erhalten kann. So läßt er sie und Gustl nach Wien zurückkehren, wissend, daß dies ihre Trennung für immer bedeutet. Die weinende Mi versucht er mit dem Hinweis auf die Lehre Buddhas zu trösten, nämlich in allen Lebenssituationen immer nur zu lächeln und immer vergnügt zu sein (*Schlußduett Sou-Chong/Mi »Liebes Schwesterlein, sollst nicht traurig sein...«*). –

Aufführungsdauer. 2½ Stunden

Berliner Luft, Londoner Nebel und spanische Zarzuela

Die Wiener Operette zweier Zeitalter erobert die Welt, wie es die großen Offenbachiaden zuvor auch schon getan haben. Das kann man von den drei weiteren Spielarten der europäischen Operette nicht behaupten, von denen abschließend noch die Rede sein soll.

Die *Berliner Operette* ist in erster Linie eine lokale Angelegenheit. Um die Wende 19./20. Jahrhundert ist Berlin eine Weltstadt, in der sich ein vielfältiges kulturelles Leben abspielt. Allein mehr als 30 Theater stehen den mittlerweile etwa 2 Millionen Einwohnern zur Verfügung, von der großen Oper über das klassische und zeitgenössische Drama bis hin zum Unterhaltungstheater. Mit Otto Brahm, Leopold Jessner und Max Reinhardt, der mit Beginn des Dritten Reiches ins amerikanische Exil gehen und nie wieder zurückkehren wird, erringt das deutsche Sprechtheater vielleicht das erste Mal überhaupt in seiner Geschichte Weltgeltung. Das Berliner Unterhaltungstheater entwickelt sich seit

Ende des 19. Jahrhunderts bis in die »Golden Twenties«, nachdem die Katastrophe des Weltkriegs zwar die erste Glanzzeit Berlins in der Kaiserzeit beendet, zugleich aber zu einer zweiten nicht weniger glänzenden Epoche übergeleitet: »Wenn die Zeit auch nicht ›golden‹ war, so war sie doch interessant und überwältigend ›modern‹, diese laute, turbulente, verwirrende und von einer Unzahl von Talenten und Begabungen immer wieder neu profilierte Epoche Berlins. Allen internationalen Einflüssen, vor allen denen Amerikas, aufgeschlossen, fand Berlin seinen eigenen Stil und wurde damit für ein halbes Jahrzehnt tatsächlich zur Metropole Europas. Und zu all dem faszinierend Neuen gehörten Jazz, Shimmy und Foxtrott – Bubikopf, Lippenstift und kurzer Rock, expressionistische Theaterstücke und Filme, wie kleine Bars mit hohen Hockern und Toilettenfrauen, die heimlich Kokain anboten.« (18) Leben und Kunst im Berlin jener Zeit sind immer wieder mit Tempo, Schwung und Schmiß beschrieben worden – oder mit den Worten eines Lincke-Marschs mit »Humor, Radau und Feetz«.

Wie Offenbach für Paris und Strauß für Wien so ist *Paul Lincke (1866–1946)* das musikalische Wahrzeichen Berlins. Der Sohn eines musikliebenden und Geige spielenden, allzu früh an der Cholera verstorbenen Magistratsbeamten besucht zunächst das Realgymnasium und tritt mit gerade 14 Jahren für längere Zeit in die Stadtpfeiferei von Wittenberge an der Elbe ein, wo er seinen musikalischen Schliff erhält und neben der Geige mehrere Instrumente zu spielen erlernt. 1884 nach Berlin zurückgekehrt, wird er Musiker (vorzugsweise Fagottist) im Orchester des Central-Theaters, das, wie die Berliner sagen, »Amüsiertheater« macht mit Varieté-Nummern, Tanz, Gesang und einem witzig-frechen, Tagesereignisse und öffentliche Personen durch den Kakao ziehenden Conferencier, der durch das Programm führt. Seine Dirigenten-Karriere beginnt Lincke am Ostend-Theater und lernt um 1889 den Schauspieler Heinz Bolten-Baeckers kennen, der Texter seiner Lieder und Librettist seiner ersten 13 Operetten wird – und dazwischen Büttenreden für den Kölner Karneval schreibt. 1893 wird Lincke Kapellmeister und Schaudirigent am Apollo-Theater in der Friedrichstraße. Es befindet sich in den ehemaligen Concordia-Sälen, die zwischenzeitlich zum Concordia-Theater umgebaut worden sind, das ab 1895 den neuen Namen führt. Das Apollo-Theater setzt sich als Operettentheater vom Friedrich-Wilhelmstädtischen Theater, vom Wintergarten und vom Metropoltheater programmatisch ab. Es bringt die erste Berliner Operette heraus, die aus der Berliner Lokalposse erwächst, die im Sprachjargon der Stadt und auf derb-komische bis plump-drastische Weise Personen und Ereignisse, Sitten und Gebräuche Berlins aufs Korn nimmt, vergnüglich parodierend und lachend kritisierend. Meister dieser lokalkolorierten Posse ist *David Kalisch (1820–1872)*, dessen 1858 uraufgeführtes Volksstück »Berlin, wie es weint und lacht« schon dem Titel nach Programm ist. Zum

Lokalstück gehört als wichtiger Bestandteil das Couplet, wie denn überhaupt die Musik unentbehrlich ist. Die ersten Berliner Operetten sind in der Regel Einakter, in denen neben dem bis zum puren Klamauk und zum groben Kalauer reichenden Witz auch ein gehöriger Schuß gemütvoller Beschaulichkeit gehört, die typische Berliner Sentimentalität. Linckes erster Erfolg ist »Venus auf Erden« in jenem Jahr 1897, in dem der Komponist zu einem der ersten europäischen Schaudirigenten aufsteigt, als er die musikalische Leitung der ›Folies Bergères‹ in Paris übernimmt, des berühmtesten Varietés der Welt. Er bleibt dort zwei Jahre, bis ihn die neue Direktion des Apollo-Theaters 1899 mit einem lukrativen Vertrag für immer nach Berlin zurückholt. Am 1. Mai des gleichen Jahres findet die Uraufführung seiner berühmtesten Operette »Frau Luna« statt, deren große Fassung, in der das Werk jahrzehntelang zum Operettenrepertoire gehört, freilich erst 1935 entsteht. Lange bevor den Amerikanern die reale Landung auf dem Mond gelingt, schon seit der Antike, haben Dichter und Utopisten wie Lukian, Cyrano de Bergerac, Jules Verne und Gert von Bassewitz ihre Geschöpfe Phantasie-und Traumreisen zum Mond und tiefer hinein ins All antreten lassen; dieser kosmische Menschheitstraum spielt etwa in Opern von Joseph Haydn (»Die Welt auf dem Mond«) und Leos Janáček (»Die Ausflüge des Herrn Broucek«) sowie – im übertragenen Sinne – in Monteverdis »Orfeo« und Wagners »Tannhäuser« eine gewichtige Rolle. In Paul Linckes Operette sind es brave Berliner BürgerInnen, allen voran Friedel Blau (in der Urfassung noch Fritz Steppke; Tenorbuffo) und Frau Pusebach (Soubrette), die Mondgöttin (Diva), Prinz Philipp vom anderen Stern (Operettentenor) und Frau Venus (Sprechrolle) auf ihrem der Erde zugewandten Himmelskörper einen Besuch abstatten, um dann reumütig wieder ins vertraute Berlin zurückzukehren. Diesen Erfolg hat Lincke nie wiederholen können, weder mit der exotischen Operette »Im Reich des Indra« (1899), aus der das berühmte Glühwürmchen-Idyll stammt, noch mit der Aristophanes-Parodie »Lysistrata« (1902). Seine späteren Bühnenwerke nähern sich der Revue, die am Metropoltheater, dem ehemaligen Ronachertheater in der Behrenstraße, unter der langen und erfolgreichen Direktion von *Richard Schultz* floriert, der als Schöpfer der großen Ausstattungsrevue Berlins gilt, die er mit dem aus Wien stammenden legendären Revuestar *Fritzi Massary* aufführt. 1908 wird Lincke dort als Hauskomponist und Dirigent Nachfolger von *Friedrich Hollaender (1896–1976)*, einem der erfolgreichsten Revue-, Kabarett- und Filmkomponisten (z. B. »Der Blaue Engel« mit Marlene Dietrich), den das deutsche Theater je gehabt hat. Unter Lincke verteidigt das Metropoltheater seine Position gegen die starke Konkurrenz der Unterhaltungskunst an der Komischen Oper mit *Hans Albers* als Star und dem Admiralspalast. Die Vergnügungslust der Berliner wird nach 1918 immer größer und fordert ständig neue Werke, was – ähnlich wie es der Oper im 18. Jahrhundert widerfährt – zu deutlichen künstlerischen Qualitätseinbußen führt. Wenn Paul Lincke, der sich in späteren Jahren gemeinsam mit seinem Freund und Skatbruder Richard Strauss erfolgreich für die Verbesserung des Urheberrechts von Autoren und Komponisten einsetzt, auch als Hauptvertreter der Berliner Operette gilt, so hat er deren raschen Verfall nach relativ kurzer Lebensdauer weder verschuldet noch verhindern können. Sein Name verbindet sich über die Zeiten hinweg mit vielen ›Hits‹ unter seinen Chansons, Couplets und Märschen, deren bis heute populärster »Das ist die Berliner Luft« auch als Titel für Revue und Operette Berlins gelten darf.

Beide letztgenannten Gattungen sind eine Symbiose auch in den Werken von *Jean Gilbert (1879–1942)* eingegangen, der in Hamburg geboren wird und bis 1939 Kapellmeister an Theatern in Bremerhaven, Hamburg und Berlin ist, bevor er in Buenos Aires Komponist am dortigen Rundfunk wird. Schon 1910 bringt er seine Operette »Die keusche Susanne« zur Uraufführung, die sich danach eine Zeit lang einer überdurchschnittlichen Popularität erfreuen kann. Als dritter im Bunde der wichtigsten Berliner Unterhaltungsmusiker stößt der im ostpreußischen Neidenburg geborene *Walter Kollo (1878–1940)* zu den beiden anderen. Nach gründlicher Ausbildung an der Musikhochschule in Sondershausen lebt er ab 1928 in Berlin und unterwirft sich ganz dem Einfluß der Berliner Unterhaltungsmusik. Er ist Theaterkapellmeister und später Theaterdirektor in Berlin und Stettin, komponiert die Musik zu vielen Berliner Possen, Revuen und Operetten sowie Märsche und Couplets. Von seinen Operetten ist »Drei alte Schachteln« (1917) lange ein beliebter Repertoirerenner, vereinzelte Ausgrabungen erfährt allein sein zwischen Revue und Operette hin- und herschwankender, ebenso nostalgischer wie bühnenwirksamer Berliner Bilderbogen »Wie einst im Mai« von 1913, eine Hommage an die typische Berliner Familie über Generationen hinweg. »Was den Gilbert- und Kollo-Musiken die immense Zugkraft verlieh, waren ihr Schmiß und Elan, ihre Derbheit und Herzhaftigkeit. Was ihren Fortbestand sichert, ist ihre sympathische Anspruchslosigkeit und zündende Eingänglichkeit. Gilbert und Kollo waren beachtenswerte Könner. Es bleibt ihr Verdienst, den Schlagerton von 1910 gefunden und Linckes Ideen von der Berliner Operette konsolidiert zu haben.« (19)

Haben die Winde die Berliner Luft des einen oder anderen Werkes zeitweilig über die Lande getragen, so haben sie den Londoner Nebel nur äußerst spärlich zu lichten vermocht, um *Arthur Sullivan (1842–1900)* auch diesseits des Kanals gebührend zu Wort kommen zu lassen. Väterlicherseits irischer, mütterlicherseits italienischer Abstammung, wird er als Sohn eines britischen Militärmusikers in London geboren, wo er bis zu seinem Tode, abgesehen von den Zeiten seiner erfolgreichen Gasttourneen, nahezu ununterbrochen lebt und schafft. Seine Ausbildung erhält er zunächst in der Chapel Royal, 1858–1861 ist er Student des Konservatoriums in Leipzig, wird ab 1866 Lehrer für Komposition an der Royal Academie of Music in London und wirkt ebenso erfolgreich als Dirigent wie als Komponist. 1876 übernimmt er die Direktion des Royal College of Music und beginnt in dieser Zeit seine Zusammenarbeit mit dem Dramatiker *William Schwenck Gilbert (1836–1911)*, dem Librettisten seiner bekanntesten musikalischen Bühnenwerke. Beide verbringen 1879 eine sehr erfolgreiche Zeit in New York, nach der Rückkehr von einem längeren Aufenthalt in der Schweiz im Jahre 1900 erliegt der 1883 in den Adelsstand erhobene Sullivan einem heimtückischen Nierenleiden.

In Sullivans reichhaltigem Gesamtwerk spielen die 13 zusammen mit Gilbert geschaffenen Operetten eine wichtige Rolle, deren Qualität Sullivan mit den anderen Librettisten nach der Entzweiung mit Gilbert auch nicht mehr erreicht hat. In der angelsächsischen Welt gehören die meisten Gilbert-Sullivan-Operetten zum Repertoire, von denen vor allem drei Werke den Ruhm der beiden begründet haben. Da ist die zweiaktige Operette »H. M. S. Pinafore« mit dem Untertitel »Das Mädchen, das einen Seemann liebt« (U London 1878). Die Liebesgeschichte um eine Kapitänstochter, die einen Matrosen statt des ihr zugedachten Lords der britischen Admiralität zum Manne nimmt, gibt Gelegenheit zu einprägsamen, von zackigen Marschrhythmen unterstützten Matrosenchören. Sie wechseln sich ab mit akzentuierten Couplets und ausgesprochen lyrisch-melodischen, manchmal gar opernhaft anmutenden Liedern. 1879 werden »Die Piraten« nicht in London, sondern im Fifth Avenue Theatre in New York uraufgeführt. Der im idyllischen Fischernest Penzance in Cornwall spielende Zweiakter ist eine vergnügliche Geschichte über die Läuterung und seltsame Bekehrung rauflustiger, sich betont grobschlächtig gebender Piraten mit merkwürdigem Ehrenkodex. Sie werden gleich mehrfach mit den vielen Töchtern eines Generalmajors Ihrer Majestät verheiratet und erweisen sich am Ende als ehemalige Aristokraten, die ihrem Stand aus purer Langeweile entflohen sind. Was den Autoren textlich wie musikalisch mehrfache Gelegenheit zu Parodie und Kritik an der britischen Gesellschaft verschafft. Der größte internationale Erfolg gelingt den beiden jedoch mit »Der Mikado«, uraufgeführt 1885 im Londoner Savoy-Theatre. Das Werk spielt in der frei erfundenen Stadt Titipu eines nicht wirklichen, sondern künstlich entworfenen Japan, wo seltsame Sitten herrschen, von denen das Werk mit viel schwarzem Humor erzählt. Dort steht zum Beispiel auf Flirt die Todesstrafe, wenn er nicht zur Heirat führt. Weil Nanki-Puh, Sohn des Mikado (jap. ›Erlauchtes Tor‹, frühere Bezeichnung des japanischen Kaisers) unvorsichtigerweise mit der schon etwas ältlichen reichen Katisha kurz geflirtet hat, die ihm von seinem Vater zur Frau erkoren ist, die er aber nicht heiraten will, weil er die junge Yum Yum liebt, flieht er nach Titipu. Dort lebt die Geliebte als Mündel des Henkers, der den kaiserlichen Befehl für eine Hinrichtung erhält, für die ihm aber der Deliquent fehlt. Nanki-Puh erklärt sich zur Todeskandidatur bereit unter der Voraussetzung, Yum-Yum für vier Wochen (Dauer der kaiserlichen Frist zur Ausführung des Befehls) zur Ehefrau zu bekommen. Als die Frist um ist, erscheint der Mikado persönlich in der Stadt, um nach den Gründen der Verzögerung zu forschen. Der Henker erfindet den angeblichen Vollzug, soll aber selbst des Todes sterben, als sich herausstellt, daß der Gehenkte der Sohn des Mikado ist. Nun erklärt sich dieser erst bereit, von den Toten aufzuerstehen, wenn der Henker die eigentlich ihm zugedachte Katisha heiratet, worein sich dieser fügt. Da nun auch der Mikado überglücklich ist, daß sein Sohn doch nicht tot ist, kann man fröhlich zur mehrfachen Hochzeit rüsten. Die etwas makabre, aber mit viel szenischem Witz ausgestattete Geschichte vertont Sullivan mit einer dem Sujet entsprechenden delikaten, mit britischer Noblesse rhythmisierten Musik, die weniger den großen Operettengestus kennt, darum aber nicht weniger zündet. Aus den Chören und Ensembles blitzt ständig der musikalische Schalk und die Musik gibt reichlich Gelegenheit zum vokalen, teilweisen sogar halsbrecherischen opera-buffa-Parlando wie zur gefühlvollen Solokantilene. Es ist angesichts der bühnenwirksamen Handlung und der hohen musikalischen Qualität dieser drei englischen Meisteroperetten ausgesprochen bedauerlich, daß Gilbert-Sullivan auf den deutschen Musiktheatern nie heimisch geworden sind – ein Tatbestand, dem man zur Auflockerung und Abwechslung des landläufigen Operetten-Repertoires mit viel Lohn und Gewinn abhelfen kann. Das Wagnis wäre gering, der Erfolg sicher.

Am Kräftespiel der europäischen Kulturnationen nimmt *Spanien* spätestens seit dem 11. Jahrhundert regen Anteil. Zur Weltgeltung gelangten spanische Maler – »alte Meister« wie El Greco, Velásquez, Zurbarán, Murillo, an der Schwelle zur Romantik dann Goya, im 20. Jahrhundert Moderne wie Picasso oder die Katalanen Dalì, Gris und Mirò. Als ebenso hochrangig erwies sich die nationale spanische Literatur des »Goldenen Zeitalters« mit dem klassischen Dichterquartett *Miguel de Cervantes Saavedra, Lope de Vega, Tirso de Molina und Pedro Calderón de la Barca*. Ihr Schaffen ist eng verbunden mit der ersten Blüte des spanischen Theaters im religiösen Welttheater des Auto Sacramental, mit dem beliebten Mantel- und Degenstück und mit dem Teatro Corrale (die *corrales* sind durch Häuser gebildete Höfe, die von ihren Besitzern an Schauspieltruppen vermietet oder verpachtet werden mit den zum Hof weisenden Fenstern der Häuser als bevorzugten Zuschauerplätzen). Der berühmteste spanische Dichter des 20. Jahrhunderts, *Federico García Lorca*, hat in seinen Dramen verschiedentlich an das klasische spanische Barocktheater angeknüpft. Doch in der Musik und im musikalischen Theater – sieht man ab von dem auch in Spanien auf höchstem Niveau organisierten modernen Opernbetrieb – ist die iberische Halbinsel stets mehr ein Nehmer- als ein Geberland gewesen, wenn auch einige große Komponistenpersönlichkeiten wie vor allem *Manuel de Falla (1876–1946)* internationale Bekanntheit erlangten und die spanische Folklore, sprich der Flamenco, immer mehr Anhänger gewinnt. Trotzdem war kulturelle Abschottung aus religiösen und politisch-ideologischen Gründen für Spanien lange ein Problem, was dazu führte, daß die spezifisch spanische *Zarzuela* die Grenzen des Mutterlandes und Südamerikas kaum überschreitet. Als Keimzelle dieser der europäischen Operette in vielen Merkmalen verwandten spezifischen Bühnengattung darf die ›Tonadilla‹ angesehen werden, ein kleines Gesangsstück mit Refrain (span. ›tonada‹ = Lied), das, dem Brauch in ganz Europa folgend, dem Sprechstück eingefügt wird. Daraus entwickelt sich, dem italienischen Intermezzo nicht unähnlich, ein eigenständiges kurzes Zwischenspiel der Komödie. In der Liedform gehört es zur Zarzuela, als deren Schöpfer Calderón gilt mit seinem als ›comedia con musica‹ bezeichneten Stück »Die Sirenenbucht« (El golfo de las sirenas). Es wird 1657 im Palacio de la Zarzuela uraufgeführt, dem nahe Madrid gelegenen königlichen Lustschlößchen Philipps IV., das seinen Namen von den vielen es umgebenden Brombeerbüschen (span. ›zarzal‹) erhält und den man als Gattungsbezeichnung auf diese zunächst rein höfischen Stücke überträgt. Sie entnehmen ihre Stoffe der antiken Mythologie und der spanischen Geschichte sowie der zeitgenössischen Pastoraldichtung, wie wir es auch von den Opernanfängen her kennen. Götter und Göttinnen, Nymphen, Dorfbewohner, Gärtner, Hirten und burleske Typen bilden das Personal dieser nicht als unterhaltsame Literatur, sondern von Anfang an als theatralisches Spiel konzipierten Stücke. Sie sind mit viel Musik angereichert, worunter sich vor allem einfache Strophenlieder mit Refrain, aber auch kleine Arien und Duette, jedoch keine Rezitative befinden. Sie wechseln sich mit Tänzen sowie mit gesprochenen Dialogen ab, die anfangs in Versen gedichtet sind. In der ersten Zeit stellt die Zarzuela mehr eine höfische Unterhaltungsform dar, komponiert und musiziert von Hofmusikern, während Solisten und Chor aus den an den Höfen gastierenden Schauspieltruppen rekrutiert werden. Im Verlauf des 18. Jahrhunderts findet die meist einaktige Zarzuela verbreitet Eingang in die Theater der Corrales vor einem nicht speziell aristokratischen, sondern vor einem allen Bevölkerungsschichten angehörenden Publikum. Dementsprechend verliert das Spiel sein zunächst eher idealistisches Gepräge, es wird realistischer und volkstümlicher, in seiner Komik auch derber, unterhaltsamer, vergnüglicher. Im 19. Jahrhundert gewinnt die Zarzuela eine größere Form mit stark folkloristischem Charakter, behält aber nach wie vor den Wechsel zwischen Dialog und musikalischen Nummern wie in der Operette bei. »Einerseits unterscheidet sie (die Zarzuela) sich, erheblich, vom Herkommen des klassischen spanischen Schauspiels. Andererseits unterscheidet sie sich, nicht ganz so erheblich, vom zeitgenössischen Stand des europäischen Musiktheaters. Und hierbei strikter von den individual-dramatischen Verhältnissen sowohl bei Verdi wie bei Wagner als von den kollektiv-dramatischen Verhältnissen in slawischen

Volksopern oder in Operetten. Die musikalische Dramaturgie der Zarzuela besagt: unverfälscht leben und sprechen, singen und tanzen fast nur die Leute unterhalb der Oberklassen. Von ihnen überwiegend handelt der szenische Hergang. Und ihr Blick auf den szenischen Vorgang gibt den Ausschlag, auch fürs Publikum. Er erweist sich als triftig und verbindlich, weil weder eigensüchtig private Gesichtspunkte ihn lenken noch unersichtliche Weltanschauungen.« (20) Aber auch in den neuen, bis zu drei Akten erweiterten Gewande bleibt die Zarzuela der mit nationalen Bräuchen, Tänzen und Liedern ausstaffierten spanischen Alltagswelt verpflichtet. Im Gegensatz zur Zarzuela, die außerhalb Spaniens und Lateinamerikas allenfalls konzertant geboten wird, hat die in osteuropäischen Ländern spielende und viel dortige Folklore aufnehmende Operette den Vorteil, daß ihre Handlungen in Gebieten der ehemaligen Donaumonarchie angesiedelt sind und von Komponisten geschaffen werden, die vorwiegend in der Musikstadt Wien leben und schaffen.

Verlacht, verspottet und verpönt, als kunstlos betrachtet und für tot gesagt: die Operette hat alle Angriffe, Verhöhnungen und Vernichtungsurteile überlebt. Ihr Anteil am Repertoire ist unübersehbar, wenn auch nur mit ihren zwanzig bis allenfalls dreißig Meisterwerken. Das ist bei der Oper aber prinzipiell nicht anders. Mögen die Verächter der leichten Muse auch ihr Haupt verhüllen und ihren Blick abwenden, so können auch sie nicht ignorieren, was beweisbarer Fakt ist: Mit Mozart, Verdi, Wagner, Puccini und Richard Strauss gehören Johann Strauß, Lehár und Kálmán zu den meist gespielten Komponisten des musikalischen Theaters im deutschen Sprachraum – und kann noch immer Lehárs »Die lustige Witwe« weltweit ähnliche Popularität beanspruchen wie Mozarts »Die Zauberflöte«.

Kurz vor dem Ausbruch des Zweiten Weltkrieges ist die Zeit der Operette abgelaufen. Mit der Uraufführung von Franz Lehárs »Giuditta« 1934 an der Wiener Staatsoper stimmt sie ihren Schwanengesang an. Ihre Ermüdungs- und Auflösungserscheinungen treten parallel zum allmählichen Verlöschen jener Gesellschaft auf, die sie porträtiert. Die Zeit, Operetten zu komponieren, läuft ab, weil die Signale für das musikalische Unterhaltungstheater nicht mehr aus den Zentren des alten Europa kommen, sondern aus dem Zentrum der Neuen Welt. Und weil das amerikanische Musical der europäischen Operette den musiktheatralischen Rang abläuft.

DRITTER AKT DAS MUSICAL

Die kulturelle Vergangenheit der Neuen Welt

Geben wir es ruhig zu: wenn wir von Amerika sprechen, dann meinen wir in der Regel die Vereinigten Staaten von Nordamerika. Wir grenzen sie ab gegenüber Mittel- sowie Süd- bzw. Lateinamerika.

Dennoch waren es die großen mittel- und südamerikanischen Hochkulturen – Maya, Azteken und Inka –, nicht die indianischen Stammeskulturen Nordamerikas, die vor der europäischen Eroberung hochentwickelte urbane Lebensformen entfalteten. Aber auch sie überraschen bei näherer Betrachtung durch ein gewisses Vakuum in ihrer kulturellen Tradition. Sie besitzen zwar eine hochentwickelte politische und militärische, gesellschaftliche und juristische Sozialstruktur; sie entwickeln Steuersystem und Verkehrswesen, Wissenschaft, Astronomie und Medizin; sie verfügen über polytheistische Religionen (mit zum Teil grausamen Opferritualen); sie kennen Architektur, Malerei (die auch ein hochentwickeltes Medium der Nachrichtenübermittlung war), Plastik, Schmuckherstellung, Kunsthandwerk und Keramik; es gibt eine spezifische indianische Musik mit Pfeifen, Flöten, Schlag- und Geräuschinstrumenten, es ist eine eigenartige, schwer beschreibbare Gesangsweise überliefert und spärliche Dokumente verweisen auf rituelle Tänze. Doch weder die wenigen schriftlichen Überlieferungen noch die bisherigen archäologischen Forschungen (noch längst ist nicht alles erschlossen) geben eindeutige Hinweise auf die umstrittene Frage, welche Bedeutung Literatur (schriftlich und mündlich überlieferte) und Spiele innerhalb des Lebens dieser indianischen Gesellschaften hatten. Es ist daher sogar die Frage gestellt worden, ob es Literatur im Sinne eines europäischen Literaturbegriffs im alten Amerika überhaupt gab. Und dies keineswegs grundlos: Selbst von der Literatur der zum Zeitpunkt der spanischen Conquista jungen Aztekenkultur kann man sich trotz einiger aussagekräftiger Texte des 15. Jahrhunderts, die das Autodafé spanischer Missionare überlebt haben, und mehrerer überlieferter Dichternamen kein deutliches Bild machen. Es läßt sich allenfalls auch auf diesem Gebiet ein kulturelles »Anderssein« erkennen.

Warum diese kurze kulturgeschichtliche Reflexion? Weil sie eines klar macht: es gibt in der amerikanischen Geschichte keine eigene literarische und theatralische Tradition, die authentische Wurzeln in frühen Kulturen des Doppelkontinents haben könnte. Die Voraussetzungen für Amerikas kulturelle Entwicklung setzen die Europäer zur Zeit der Entdeckungen um die Wende 15./16. Jahrhunderts, und sie ist geprägt vor allem durch die Gestalten des Seefahrers Christoph Kolumbus (1451–1506) und des Konquistadors Hernán Cortez (1485–1547). Im spanischen Auftrag sucht Kolumbus den westlichen Seeweg nach Indien. Er ist bis zuletzt des Glaubens, die Ostküste Asiens bzw. Indiens betreten zu haben. Daß er einen neuen Kontinent »entdeckt« hat, ist ihm nicht bewußt geworden. Doch seine Seereisen sind mehr als nur waghalsige Handelsunternehmungen: »In seinem Charakter und in seinen Leistungen wird für uns das Grundmuster sichtbar, das dieses Zeitalter von Anfang an prägte und größtenteils auch heute noch prägt. Er war für die Art und Weise der Übertragung der europäischen Kultur auf den amerikanischen Kontinent verantwortlich, nicht nur als Befehlshaber der Spanier, sondern auch als Vorbote der nachfolgenden Nationen, und wie seine Segelrouten, so diente auch sein außergewöhnlicher Lebensweg allen, die nach ihm kamen, als Modell. Er begründete das Erbe der europäischen Zivilisation in der amerikanischen Welt; diese Zivilisation beherrschte unsere Kultur fünf Jahrhunderte lang, und ihre Auswirkungen stellen heute unser Überleben in Frage.« (1) Bereits in der Generation nach Kolumbus dringen dann Konquistadoren, teils auf eigene Initiative, teils gestützt auf die spanische Krone, in die riesigen Räume Mittel- und Südamerikas vor, wo man das märchenhafte Goldland »Eldorado« vermutet. Die Figur des größten dieser Konquistadoren, des rücksichtslosen, aber auch politisch klugen Hernán Cortez, zeigt, daß unser Bild der spanischen Eroberer als rüde Haudegen und Glücksritter nicht immer zutreffend ist. Schon in der Zeit der frühen Konquistadoren werden Elemente der europäischen Theaterkultur nach »Neu-Spanien« verpflanzt: 1538 veranstalten Cortez und der Vizekönig Mendoza in der Stadt Mexiko, die anstelle der großenteils zerstörten Aztekenmetropole Tenochtitlán errichtet worden ist, gemeinsam ein prunkvolles Renaissancefest mit »Trionfi« und Schauturnieren, das den Sieg Kaiser Karls V. über die Türken (sprich Indianer?) feiert (2). Mit der Übertragung der europäischen Kultur in die Neue Welt sind auch Literatur und Theater zunächst nichts anderes als Importwaren Europas.

Das Theater als Erbe und Import Europas

Auf den ersten Blick sieht die politische und kulturelle Eroberung Amerikas durch die europäischen Staaten, vorrangig durch Spanien und Portugal wie eine abenteuerliche Unternehmung aus, die mal eben so über die Bühne geht. Auf den zweiten Blick schon und erst recht bei näherem Nachdenken muß man zu der Erkenntnis gelangen, daß es sich hier um einen langen Prozeß handelt, der nur wenig mit den Expansionsbestrebungen und hegemonialen Machtgelüsten der Völker in vor- und frühgeschichtlicher Zeit zu tun hat. Es ist sehr viel mehr, und die Gründe sind sowohl politisch-wirtschaftlicher wie auch geistesgeschichtlicher Natur.

Während der ersten Blüte der christlich-abendländischen Kultur im 11./12. Jahrhundert, also im Hochmittelalter, gewinnen Naturwissenschaft und Technik einen hohen wissenschaftlichen Wert. Forschen, Erfinden und Entdecken sind aber rationale Vorgänge und keine Glaubensfrage. Die Kreuzzüge, obwohl religiös motiviert, bringen die Begegnung mit der orientalischen Kultur- und Geisteswelt und setzen Handels- und Wirtschaftsbeziehungen in Gang. Noch wichtiger sind die Kontakte zwischen Ost und West, die über das islamische Spanien und über Sizilien in Gang kommen (3). Der Europäer lernt bislang Fremdes kennen, dem er sich unvoreingenommen und freier als zuvor widmen kann, denn in dem Maße, wie sein Bewußtsein wächst, daß die Kirche mit ihren Vorstellungen von Sitte und Moral ihre Dominanz zu verlieren beginnt, schärft sich sein Realitätssinn. Europa will Genaueres über fremde Länder und Kontinente erfahren, von denen man aus alten Literaturen und neuzeitlichen Reiseberichten hört. Mischt sich hier bisweilen wirklichkeitsnahe Schilderung mit Legende, Mythos und Seefahrerphantasie, so will man nun wissen, ob die »Wunder des Ostens«, etwa das Reich des geheimnisvollen »Priesters Johannes«, wirklich existieren. Und da trifft es sich, daß das weltverschlafene alte Europa plötzlich wirtschaftliche Zwänge spürt. Die Ressourcen sind aufgebraucht, die Preise gerade für die beliebten orientalischen Waren (Gewürze, Färbemittel, Elfenbein) werden unerschwinglich, die Absätze sinken, die Wirtschaft stagniert, der Handel stockt und die großen traditionellen europäischen Handelszentren werden krisenanfällig: »Für den europäischen Handel, wenn nicht gar für das gesamte abendländische Wirtschaftssystem, stellt sich deshalb immer dringlicher die Frage, wie man sich einen freien, nicht von Arabern und Türken kontrollierten Zugang zu den märchenhaften Gold- und Gewürzländern verschaffen kann. Der Anstoß der Entdeckungsreisen auf dem Landwege und der Entdeckungsfahrten über die Ozeane ist damit gegeben.« (4) Inzwischen ist man auch nautisch gerüstet. Aus China ist der Kompaß nach Europa gekommen, der Schiffbau entwickelt Schiffe mit alleinigem Segelantrieb und ohne Ruderer, in Toledo findet ein erster internationaler astronomischer Kongreß statt, es entstehen bedeutende mittelalterliche Kartenwerke, von der sogenannten »Ebstorfer Weltkarte« (mit Jerusalem als Mittelpunkt) bis zu den Portulanen, den einigermaßen zuverlässigen Seekarten an der Schwelle des Entdeckungszeitalters. Die Kenntnis der Erdoberfläche verdoppelt sich zwischen 1400 und 1500. Fürsten und Könige fördern die Handels- und Erkundungsfahrten: Heinrich ›der Seefahrer‹, Sohn des portugiesischen Königs Johann I., soll auf seinem Residenzschloß in Sagres sogar die erste Seefahrerschule der Welt gegründet haben, und er ist tatsächlich einer der geistigen Urheber der folgenden Expeditionen nach Übersee. Die Neue Welt wird entdeckt, erobert, besetzt, geplündert und als hoffnungsvolles Handels- und Wirtschaftsgebiet der Zukunft aufgebaut. Ein deutscher Gelehrter setzt einen bedeutungsvollen Fixpunkt: Gerhard Mercator bezeichnet auf seiner Weltkarte erstmals den Nord- und Südteil des Doppelkontinents zusammen als ein ›Amerika‹. Spanier, Portugiesen und Franzosen erforschen, besetzen und kolonialisieren nach 1500 das Land. Es folgen als »Newcomer« die Engländer. 1584 gründet Sir Walter Raleigh namens und im Auftrag Elisabeths I. die erste englische Kolonie in Nordamerika und nennt sie nach seiner jungfräulichen (will heißen: unverheirateten) Königin ›Virginia‹. Schließlich setzt 1620 die eigentliche und kontinuierliche Kolonisierung Amerikas ein, als die ersten Puritaner aus dem Mutterland mit der »Mayflower« bei Cap Cod landen, religiöse Dissidenten, die in der Neuen Welt unbehelligt leben wollen. 1626 kommt es zur Gründung von ›Neu-Amsterdam‹, das später New York heißen wird, als Mittelpunkt der niederländischen Besitzungen, worüber Kurt Weill 1938 das Musical »Knickerbocker Holiday« schreibt, von dem noch zu sprechen sein wird. Nur wenig mehr als zwanzig Jahre später schließen sich vier Kolonien zum Bund »Vereinigte Kolonien von Neu-England« zusammen, der sich ein Jahrhundert danach gemeinsam mit weiteren neun Kolonien gegen die Unterdrückung durch König und Regierung des Mutterlandes erhebt und mit der Unabhängigkeitserklärung vom 4. Juli 1776 den Grundstein für die heutige Weltmacht USA legt.

Längst ist Amerika fest in europäischer Hand. Da es aus politischen und wirtschaftlichen, nicht aber aus kulturellen Gründen erobert wird, zeigt man sich wenig zivilisiert und noch weniger kultiviert. Man betrachtet mit der Überheblichkeit des Eroberers die kulturellen Restbestände als unangemessen und minderwertig, als etwas Fremdes und vielleicht auch Bedrohliches. Man zerstört es oder verbietet es, wie beispielsweise Musik und Tanz der »heidnischen« Eingeborenen. Stattdessen übertragen katholische Missionare den Indios, die als besonders musikalisch gelten, die Ausübung der ›christlichen Musik‹, die man aus Europa mitgebracht hat. So wird an den Höfen der spanischen Vizekönige in der Neuen Welt (die Besitzungen in Spanien sind rechtlich gesehen keine Kolonien, sondern integraler Teil des Königreichs Spanien) europäische Musik gespielt und spanisches Theater aufgeführt: »Die schnellsten Segler wurden eingesetzt, um neue Dramen und Lustspiele, neue Tänze und Lieder aus der Heimat in die Kolonien zu bringen. Lange Zeit war Lima die wichtigste Stadt Südamerikas und ein Ausstrahlungspunkt hispanischer Kultur. Hier blühte das spanische Theater, zumeist musikuntermalt durch einen am Ort lebenden Komponisten. Nicht nur ihr Spaniertum gab ihrer Musik den genau gleichen Klang, der auch im Mutterland ertönte: an eine ›amerikanische

Musik« konnte noch niemand denken.« (5) Der alte Glanz der spanischen und portugiesischen Ära setzt sich noch im Lateinamerika des 19. und beginnenden 20. Jahrhundert fort: Das Opernhaus von Buenos Aires, das Teatro Colón, genießt zumindest zeitweise Weltruf, und sogar in der abgelegenen brasilianischen Stadt Manaus entsteht um 1900, in den Zeiten des Kautschukbooms, ein Theater, in dem Caruso singt.

In Nordamerika gibt es jedoch erst 1703 eine erste Theateraufführung überhaupt, und um 1730 entstehen weltliche Konzerte, denen wenig später die Gründung der ersten musikalischen Gesellschaft in Bethlehem in Pennsylvania folgt, die über ein eigenes Orchester und einen eigenen Chor verfügt. Ein alter Bekannter begegnet uns 1750 in New York: auf ihrer Tournee führt eine englische Theatertruppe »The Beggar's Opera« auf. Es dauert jedoch noch lange, bis 1825 an gleicher Stelle mit Rossinis »Der Barbier von Sevilla« die erste Aufführung einer europäischen Oper stattfindet, und im Jahr darauf leitet der »Don Giovanni« die Mozart-Rezeption in Amerika ein. Das ist das Verdienst des inzwischen in New York lebenden Mozart-Librettisten *Lorenzo da Ponte*, der in seinen Memoiren darüber schreibt: »Nun entspann sich im Publikum ein wahrer Wettstreit; die einen gaben Rossini den Vorzug, die anderen Mozart. Eines jedoch muß ich dazu bemerken: Mozart hat, entweder weil er nicht mehr am Leben ist oder weil er kein Italiener war, keinen einzigen Gegner, Rossini hingegen hat zahlreiche Feinde.« (6) Nach den ersten Opernaufführungen gewinnt auch die sinfonische Musik an Bedeutung, und das besonders in der zweiten Hälfte des 19. Jahrhunderts, als viele europäische Komponisten wie Offenbach, Vater und Sohn Strauß, Tschaikowsky, Dvořak, Mascagni, Puccini, Mahler und andere nach Amerika reisen. Nun treten auch die ersten echt amerikanischen Komponisten in Erscheinung, so Stephen Collins Foster (1826–1864), der als Begründer des amerikanischen (Volks)liedes gilt, Louis Moreau Gottschalk (1829–1869) aus New Orleans, der als einer der ersten die Rhythmen der Kreolen und der schwarzen Plantagensklaven in seine schwungvollen Klavierstücke einfügt, oder John Philipp Sousa (1854–1932), bekannt vor allem als Marschmusiker und Erfinder des nach ihm benannten Sousaphons, einer großen Baßtuba. Am Ende seines Lebens stellt er mit Bedauern einen nur allzu bezeichnenden Tatbestand fest: »Ich habe zehn Opern und Hunderte anderer Werke komponiert: Kantaten, sinfonische Gedichte, Suiten, Lieder. Die Amerikaner wollten sie nicht hören. Man wollte mich einfach als Marschkomponisten, als Ausdruck von Macht und Willen unserer Nation.«

In die Zeit kurz nach 1700 können wir den Beginn einer selbständigen amerikanischen Theatergeschichte ansetzen, vorerst freilich nur auf dem Gebiet des Sprechtheaters und bestritten zunächst von Amateurensembles. Die ersten Berufsschauspieler gehören einer englischen Schauspieltruppe an, die sich ab 1752 in Williamsburg niederläßt und in ihrem Repertoire Dramen und

Komödien Shakespeares führt. Sie ist im Jahr darauf in New York, gründet im Süden von Manhattan das ›New Theatre‹ und geht später auf ausgedehnte Tournee durch nahezu ganz Nordamerika. Gegen Ende des 18. Jahrhunderts kommt es zu festen Theatergründungen in New York und anderswo, in denen die besten Plätze den Männern, die schlechten den Frauen vorbehalten sind und deren Besuch der schwarzen Bevölkerung verboten ist. Schon jetzt zeichnet sich ein für das amerikanische Theater allgemein und für das spätere Unterhaltungstheater besonders typischer Brauch ab, nämlich die Verpachtung von Theatern an Theaterdirektoren, die man ›Manager‹ nennt. So geschieht es mit dem über 2 500 Plätze verfügenden New Yorker Park Theatre, das 1804 der aus Heidelberg stammende Pelzhändler und Grundstücksmakler Jakob Astor (1763–1848) übernimmt und an Stephen Price verpachtet, ehemals Direktor des berühmten Drury-Lane-Theatre in London. Der begründet eigentlich das amerikanische Theatersystem, indem er Stars engagiert, vor allem aufs Geschäft schaut und es von Mäzenen (heute nennen wir diese ›Sponsoren‹) finanzieren läßt. Um 1850 hat New York ca. 500 000 Einwohner und etwa 40 Theater, aber noch keinen amerikanischen Dramatiker, obwohl die Literatur Nordamerikas ihren ersten Höhepunkt mit Edgar Allan Poe, Walt Whitman, Washington Irving, Nathaniel Hawthorne, dann Herman Melville und Mark Twain verzeichnen kann. Doch diese Dichter schreiben höchstens Theaterkritiken, nur keine Stücke, fordern aber energisch das eigenständige amerikanische Drama: das »amerikanischen Auffassungen und Institutionen angemessen« sein und nicht länger »von den Auffassungen und seit langem bestehenden Gewohnheiten des englischen Theaters geformt« sein soll, wie es Whitman formuliert. Die Popularität des Theaters in Amerika nimmt einen rasanten Verlauf, fast scheint es so, als müsse das Land nachholen, was es in früherer Theaterzeiten verpaßt und vermißt hat, weil es nichts gab.

Das führt zur Gründung erster Theaterschulen und zur Ausbildung von Theaterleitern, die wie in Europa zunächst identisch sind mit dem jeweils ersten Darsteller einer Truppe. Dann aber löst ihn der Unternehmer als Direktor ab und wird nun zum Vorgänger des späteren, für Theater und Film Amerikas so typischen Produzenten (Producer). Musiktheater mit vorwiegend italienischen und deutschen Opern ist ebenso akzeptiert wie das Sprechtheater, bei dem Shakespeare mit seinen Tragödien, Historien und Komödien im Repertoire überwiegt. Zugleich nimmt der Anteil amerikanischer Berufsschauspieler zu, auch außerhalb New Yorks kommt es zu Theatergründungen, und die Metropole selbst erhält 1854 mit der »Academy of Music« das erste feststehende Operntheater, das auch als Konzerthaus dient. Noch lange bleibt das Theater abhängig von europäischen Theatertruppen, die mit ihren landesweiten Tourneen überall gastieren. Lebt das Sprechtheater vorzugsweise vom englischen Import, so das Opertheater vor allem von Kompagnien aus Italien, Frankreich und Deutschland. Ohne Anfeindungen geht es auch im freien Amerika nicht ab, hier sind es vor allem die Puritaner und Quäker mit ihrem strengen Sittenkodex, mit dem sie für Verbote des Theaters eintreten – später werden konservative Frauenverbände und in der Zeit des Kalten Krieges der Mac-Carthy-Ausschuß »zur Bekämpfung unamerikanischer Umtriebe« diese Zensor-Rolle übernehmen. Theater – das setzen die puritanischen Sittenwächter mit Kneipe und Bordell gleich und die Schauspieler mit niederen Subjekten wie Bettlern, Dirnen und Vaganten. Geistliche bezeichnen das Theater als »Teufelskirche« oder als »Synagoge des Teufels«, selbst ein New Yorker Stadtführer aus dem Jahr 1825 gibt für die Besucher der Stadt den Hinweis, das Theater sei »eine der Hauptursachen der Unmoral«. Leider erhalten ihre Argumente Nahrung durch Vorkommnisse unter den Darstellern, die nicht gerade Ausdruck eines moralischen oder gar frommen Lebens sind. Und eines Tages findet jene entsetzliche Tragödie statt, die ein ganzes Land in Angst und Wut versetzt und die auf mehr als unrühmliche Art in die Geschichte Amerikas eingeht.

Um 1820 wandert die englische Familie Booth nach Amerika ein. Der junge Edwin Booth (1833–1893) geht zum Theater und gilt unter amerikanischen Theaterhistorikern noch heute als der bedeutendste Schauspieler in der Theatergeschichte der USA. Er hat einen Bruder, John Wilkes Booth, dem noch größeres Talent nachgesagt wird, der sich aber sein Leben selbst zerstört hat. John ist ein politisch engagierter Südstaatler zur Zeit des Amerikanischen Bürgerkrieges und sieht mit großer Sorge auf die wachsende Macht der Nordstaaten auf Grund ihrer modernen Industrialisierung. Er wird zum fanatischen Präsidentenhasser. Während einer Vorstellung der englischen Komödie »Our American Cousin« (Unser Vetter aus Amerika) an Karfreitag, 14. April 1865, im Ford-Theatre in Washington dringt er in die Loge von Präsident Abraham Lincoln ein und feuert aus nächster Nähe mehrere Schüsse auf ihn ab, an denen Lincoln stirbt. Major Rathbone, der Adjutant des Präsidenten, will den Mörder ergreifen, wird von diesem aber durch zwei Dolchstiche verletzt. Booth springt mit den Worten »Sic semper tyrannis!« (›So geschehe es allen Tyrannen!‹) auf die Bühne und verschwindet in den Kulissen. Der Attentäter kann zwar in dem entstehenden Chaos entkommen, wird aber einige Tage später von Soldaten aufgestöbert und von ihnen erschossen. Seine Familie bleibt lange verfemt und muß unter Polizeischutz leben. Es werden ganze Demonstrationszüge organisiert, sie marschieren durch die Straßen und rufen »Verhaftet alle Schauspieler!« Es dauert lange, bis Edwin Booth wieder auftreten darf. Er geht auf Tournee durch den Mittleren Westen und den Süden der USA, eröffnet im Februar 1869 am Broadway das »Booth's Theatre«, spielt wieder Shakespeare, macht als Theaterleiter bankrott, geht wieder auf Tournee und verläßt die Bühne 1891 für immer. In New York gründet er den Club »The Players« und macht ihn als Präsident so berühmt, daß er fast ein Jahrhundert lang das gesellschaftliche Zentrum der Theaterleute von New York ist.

Um 1900 ist mit dem inzwischen eingemeindeten Brooklyn die Einwohnerzahl New Yorks auf über 3.5 Millionen angestiegen, und die Stadt verfügt über insgesamt 41 Theater. Das Sprechtheater bleibt zwar weiterhin populär, zieht sich aber in die Seitenstraßen des Broadway zurück, weshalb man später auch vom Off-Broadway-Theater spricht. Dort werden in den folgenden Jahrzehnten Lagerhallen, Kellergeschosse und ähnliche Örtlichkeiten zu Theatern umgebaut, in denen das moderne Drama (die USA sind mit großen Dramatikern wie Eugene O'Neill, Tennessee Williams und Arthur Miller längst zu einem Theaterland ersten Ranges geworden!) gespielt wird, alles was die großen Theater direkt am Broadway nicht spielen wollen. Die befinden sich im eigentlichen, zwischen der 23. bis zur 41. Straße verlaufenden und ca 1.5 km langen Theatergebiet. Und die Häuser am Broadway spielen weder Drama noch Komödie, sondern vorwiegend musikalisches Unterhaltungstheater.

Show, Revue und Amüsierbetrieb

Es ist nur eine Frage der Zeit, daß der kulturelle Import von Europa nach Amerika dort nicht nur mehr mit allen Facetten und in allen theatralischen Schattierungen übernommen, sondern auch übertragen wird. Komödien, komische Opern und Operetten finden seit Mitte des 18. Jahrhunderts immer größere Beliebtheit bei den Amerikanern, so daß sie zwangsläufig auch Anregungen und Anstrengungen hervorrufen, aus der Beschäftigung mit den importierten Stücken zu eigenen Leistungen zu gelangen. Die Verwurzelung im Vorgegebenen bleibt gewahrt, die Umformung jedoch wird augenscheinlich und führt auf dem Weg des Unterhaltungstheaters während des 19. Jahrhunderts zur Entwicklung des Musicals als – und das darf man auch so hoch ansiedeln, ohne pathetisch zu werden – Amerikas Originalbeitrag zum Welttheater. Natürlich ist es nicht plötzlich da, auch Oper und Operette haben Anläufe, Vorgängerformen und Entwicklungsstadien benötigt. Ist es aber einmal geboren, so ist das Musical über Jahrzehnte hinweg spielplanbeherrschend im musikalischen Theater erst in Amerika selbst, nach dem Zweiten Weltkrieg auch in Europa. Heute, das ist unverkennbar, treten auch bei ihm erste Ermüdungserscheinungen auf, die Gedanken an seine Überlebenschancen hervorrufen.

Wirft man einen Blick auf die Vorstufen des Musicals, dann fällt eine musiktheatralische Unterhaltungsform auf, die es so in Europa eigentlich nicht gibt. Ihr Name »Extravaganza« trifft den Charakter schon genau, denn in der

Tat handelt es sich um etwas Ausgefallenes und Ungewöhnliches bis hin zum Verstiegenen und zur Überspanntheit. Geprägt wird der Name von der italienisch-französischen Balletttruppe ›Ronzani‹, die 1857 in der USA mit einem getanzten Märchen gastiert und aus einem ganz praktischen Grund mit dem neuen Begriff wirbt. Sie ist sich nämlich sicher, daß die Amerikaner mit dem französischen ›Féeries‹ (Märchen) nicht viel anfangen können. Und: märchenhaft ist der Inhalt nur begrenzt, dafür ist es seine Präsentationsform um so mehr, denn die Extravaganza ist ein theatralisches Spektakelstück mit viel Musik, Showteilen und Zirkuselementen. Sie startet ihren Siegeszug mit der Uraufführung von »The Black Crook« (Der schwarze Teufel) am 12. September 1866 am Theater Niblo's Garden in New York, das sich an der Ecke zwischen dem Broadway und der Price Street befindet. Auf dem Programm wird das Stück als »Originales, großes, romantisches, zauberisches und spektakuläres Drama« angekündigt, und die Häufung der Adjektiva ist schon bezeichnend für die bunte Mischform dieses »höchst unterhaltsamen und großartigen dramatischen Spektakels, das je in Amerika produziert worden ist«, wie es auf der Ankündigung weiter heißt. Drei weitere Hinweise auf dem Programm lassen schon mal aufhorchen, zielen sie doch schon auf die künftige Musical-Praxis hin: erstens wird es jeden Abend und dazu an Samstagnachmittagen gespielt, und das heißt en suite; zweitens werden Kosten in Höhe von 50 000 Dollar genannt, und diese Produktionssumme empfiehlt sich schon deshalb, um Besucher anzulocken, die dann auch für ihre Neugier mit einer fantastischen Ausstattung und einem enormen bühnentechnischen Aufwand belohnt werden; drittens wird ausdrücklich auf das Auftreten der »Parisienne Ballet Troupe« hingewiesen unter der Leitung des Ballettmeisters David Costa von der Großen Oper in Paris und mit nicht weniger als 100 schönen, jungen und darüberhinaus auch nur leicht bekleideten Tänzerinnen. Der Inhalt besteht aus einer recht verworrenen Geschichte aus Motiven von Goethes »Faust«, Webers »Freischütz« und Offenbachs »Ritter Blaubart«. Denn im Mittelpunkt der Handlung steht der böse Schurke Hertzog, dessen Leben der Herr der Unterwelt für jede Seele, die er ihm am Jahresende um Mitternacht übergibt, um ein Jahr verlängert. An dem Maler Rudolph scheitert Hertzog jedoch. Der liebt die junge schöne Amina und wird durch das Eingreifen der Feenkönigin Stalacta, der er als Taube das Leben rettet, aus Hertzogs Fängen befreit und kann Amina heiraten, weshalb Hertzog den Pakt mit dem Teufel nicht erfüllen kann und zur Hölle fahren muß. Nichts ist unmöglich, was sich die romantische Einbildungskraft des Menschen vorstellen kann: Feen tanzen im Nebel, böse Geister werden mit Feuerwerk vertrieben und idyllische Schauplätze verschwinden im Handumdrehen im Nichts, aus dem sie zuvor spukhaft aufgetaucht sind. Der Kritiker der »New York Times« schreibt bewundernd: »Etwas Ähnliches ist noch nie auf einer amerikanischen Bühne geboten worden, wenn man an dieses Zusammenspiel von Jugend, Anmut, Schönheit und Elan denkt. Zweifellos das Ereignis dieses sensationellen Zeitalters.« Die wohl eindrucksvollste Extravaganza der amerikanischen Theatergeschichte bringt es trotz einer mehr als fünfstündigen Spieldauer auf eine ununterbrochene Serie von 475 Vorstellungen.

Das Vaudeville kennen wir vom französischen Theater, doch sieht die amerikanische Abart anders aus. Sie ist reine Unterhaltungsshow und besteht in zwangloser Form und loser Folge aus Song und Tanz, Akrobatik und Humor, Dressurakt und Zauberei, Zirkuselementen und Operettenmotiven. Ab 1850 ziehen Truppen mit dieser künstlerisch und literarisch anspruchslosen, »Road Show« genannten Theaterform über die Lande, die dem europäischen Variété ähnelt. Sie standardisiert und gefestigt sowie in die Richtung des niveauvollen Spiels gebracht zu haben, ist das Verdienst von Tony Pastor. Er kommt vom Zirkus und gilt als »Vater des amerikanischen Vaudeville«. Seine Anregungen und Errungenschaften bauen wenig später Benjamin F. Keith und Edward Franklin Albee zu einem wahren Theaterimperium aus. Sie beginnen in Boston, dehnen sich nach Philadelphia und New York aus und besitzen um 1920 etwa 400 eigene Vaudeville-Theater in ganz Amerika, womit sie praktisch die gesamte Vergnügungsindustrie der USA beeinflussen.

Im Mittelpunkt des Vaudeville steht der Komödiant, der präzise und konzentriert wie selten zuvor sein muß. Ihm zur Seite die ›Chorus-Girls‹, die Tanz- und Ballettmädchen, die ihre Beine immer höher schwingen und ihre Kostüme immer kürzer machen, beides zur Freude vor allem der männlichen Zuschauer. Schließlich bringt das Vaudeville auch den ersten amerikanischen Star hervor, der gleichzeitig tanzen, singen und spielen muß, und das alles auf gleichem hohem Niveau. Es ist George M. Cohan (1878–1942), der aus einer Artistenfamilie stammt und in Personalunion als Komponist, Autor, Sänger, Tänzer, Darsteller, Entertainer, Regisseur und Produzent ein wahres Multitalent ist. Er schreibt selbst über 40 Stücke und die gleiche Anzahl noch einmal zusammen mit anderen Autoren und Komponisten, er komponiert Revuen und Lieder und stellt unter dem Ehrennamen »Mr. Broadway« Amerikas erste Theaterlegende dar. Er führt auch ein, was dann Usus wird, nämlich die ständige Erweiterung, Veränderung und Aktualisierung eines laufenden Programms durch neue Songs und Dialoge. Einer der größten Vaudeville-Erfolge ist »A Trip to Chinatown«, uraufgeführt am 9. November 1891 im St. James Theatre New York, nachdem das Stück fast ein Jahr lang erfolgreich als Tourneeaufführung gelaufen ist. Es handelt sich um eine Verwechslungskomödie alten europäischen Stils mit amerikanischem Inhalt und in amerikanischer Form. Rashleigh und Tony, Neffe und Nichte des reichen Junggesellen Ben Gay, wollen mit Freunden zu einem Maskenball, doch der Onkel erlaubt es nicht. So geben sie vor, einen Trip nach Chinatown in San Francisco zu machen. Als dem Onkel eine Einladung der Witwe Guyer, die Raleigh und Tony als Anstandsdame für den Ballbesuch engagiert haben, zu einem Diner vor besagtem Maskenball in die Hände fällt, erlaubt er den jungen Leuten den Ausflug nach Chinatown. Er selbst geht zum Ball, wo sich nun alles im dortigen Restaurant trifft, wenn auch in getrennten Räumen. Die jungen Leute feiern, der Onkel aber wartet griesgrämig auf die Witwe, deren Einladung an Neffe und Nichte er auf sich bezogen hat. Natürlich gibt es für alle ein Happy End – und »Hello, Dolly!« läßt schon mal grüßen. Auch dieses Stück löst die größte Begeisterung aus, bricht mit 657 Vorstellungen en suite alle bis dahin aufgestellten Rekorde und erreicht damit eine Aufführungsserie, die erst von den großen Musical-Hits des 20. Jahrhunderts übertroffen wird.

Eine ganz eigenartige Vorform auf dem Wege zum Musical begegnet uns in der spezifisch amerikanischen Minstrel-Show. Unter einem Minstrel versteht man einen Bänkel- und Moritatensänger, der durch die Lande zieht. Er steht also in gewisser Tradition zu seinen europäischen Vorfahren, den antiken Rhapsoden, den Barden, Minnesängern, Troubadours und Trouvères des Mittelalters. Urahn des Minstrel ist der aus Deutschland nach Amerika ausgewanderte Johann Gottlieb Graupner, der ab 1799 als »Black face Entertainer« auftritt. Er parodiert die Lieder und Tänze der schwarzen Plantagensklaven, schwärzt sich dafür mit angebranntem Korken das Gesicht und begleitet sich auf dem Banjo. Dieses mit den Fingern gezupfte Saiteninstrument mit rundem Korpus als Schall- und Resonanzkörper gehört zu den bevorzugten Musikinstrumenten der Schwarzen und leitet sich ursprünglich aus langhalsigen Lauten ab, die die Negersklaven aus ihrer afrikanischen Heimat mitbringen. Als vermeintlicher Negerdarsteller kreiert Graupner den »Negro Boy«, der später zu einer Art Pflichtnummer des amerikanischen Varieté-Theaters wird. Aus diesen Auftritten solistischer Entertainer erwachsen ganze Spiele mit mehreren Spielern, die Minstrel Shows. Eine der ersten ist die »Virginia Minstrels«, uraufgeführt am 6. Februar 1843 am Bowery Theatre New York durch den Schauspieler und Komponisten Dan Emmett. Schließlich werden die Truppen immer größer und umfassen bis zu 50 Darsteller, und zwar nur weiße männliche, die auch alle Frauenrollen spielen; schwarze Darsteller betreten erstmals 1898 die amerikanische Bühne. In der Regel ist eine Minstrel-Show dreigeteilt. Der fantasia genannte Teil besteht aus (Step-)Tänzen, komischen Sketchs und Instrumentalmusik, die burlesque wird aus parodistischen Sketchs und komischen Szenen mit Musik (sog. ›musiquettes‹) gebildet. Beiden Teilen geht der olio genannte Einleitungsteil voran. Dabei setzen sich zu Beginn die Darsteller in einem Halbkreis auf die Bühne und betreiben Konversation, aus der die folgenden einzelnen Show-Nummern (Sketchs, Dialoge, Songs, Instrumentalbeiträge) erwachsen. Der Anfang, eine Art musikalisches Kabarett mit Nachahmung und Parodie der Lieder und Tänze der Schwarzen, wird stets mit einem ›Walk around‹ abgeschlossen, einer Art Parade aller Darsteller, die Negersklaven nachahmen, die bei ihren Unterhaltungen ihre weißen Herren nachahmen, indem sie mit weit zurückgebeugtem Oberkörper hoheitsvoll-karikierend einen Tanz vollführen. Daraus entsteht gegen Ende des 19. Jahrhunderts der ›Cake Walk‹: »Er war ein typischer Negertanz und paradoxerweise die von Negern gemachte Nachahmung der von Weißen gemachten Nachahmung der Neger, die die Weißen nachäfften!« (7) Zwei Verdienste kommen der Minstrel-Show zu: zum einen führt sie den Sketch als pointierte szenische Kurzform (engl. sketch = Skizze) im Theater ein, zum anderen verhilft sie dem Ragtime zur Popularität, einem Tanz, dessen Musik altbekannte Melodien sozusagen synkopisch zerreißt (ragged time = ›zerrissener Takt‹). Inhalt und Musik stoßen bei Traditionalisten auf Kritik und Beschimpfung. So liest man in der Zeitschrift »The Musical Courier« in einer Ausgabe aus dem Jahr 1899: »Eine Welle vulgärer, entarteter und schlüpfriger Musik hat das Land überschwemmt. Kein Badeort war diesen Sommer ohne sein Ragtime-Orchester, seinen wöchentlichen Cake-Walk. Die bessere Gesellschaft hat beschlossen, daß Ragtime und Cake-Walk-Tanzen das Ereignis des Tages sind, und man liest mit Befremden und Abscheu von Personen mit historischen und aristokratischen Namen, die an diesem Sex-Tanz teilnehmen, während der Cake Walk doch nichts anderes als ein afrikanischer Bauchtanz, eine mildere Ausgabe afrikanischer Orgien ist, und die Musik ist degenerierte Musik.« (8) Das hat freilich der Minstrel Show letztlich keinen Ansehensverlust beschert, über 50 Jahre lang steht sie in theatralischer Blüte, bis sie gegen Ende des 19. Jahrhundert von der Bühne verschwindet.

Quellen und Dokumente vermitteln uns wahrscheinlich nur einen ungefähren Eindruck von der Popularität und den sensationellen Erfolgen der europäischen Operette in Amerika. Sie ist ein hochwillkommener Importschlager für das gesamte amerikanische Unterhaltungstheater und muß als ein wesentlicher Anreger für das entstehende Musical gewertet werden. Offenbachs »Die Großherzogin von Gerolstein« macht 1867 den Anfang, danach kommen weitere Offenbachiaden zur Aufführung, darunter »Pariser Leben«, »Die schöne Helena«, »Die Kreolin« und schließlich »Orpheus in der Unterwelt«. Die Aufführungen finden freilich durch französische Theatertruppen und folglich auch in französischer Sprache statt. Dann zieht die Wiener Operette nach, 1879 zunächst mit Franz von Suppés »Fatinitza«, im gleichen Jahr noch folgt Johann Strauß mit »Indigo«, dann mit »Eine Nacht in Venedig« und »Der Zigeunerbaron«, während »Die Fledermaus« erst 1884 nach Amerika gelangt, das inzwischen auch mit Millöckers »Der Bettelstudent« Bekanntschaft geschlossen hat. Zu höchster Beliebtheit bringt es Franz Lehár mit »Die lustige Witwe«, ganz besonderen Anklang finden die beliebtesten Gilbert-Sullivan-Operetten, die jeweils beachtliche Vorstellungsserien verzeichnen können.

Mit der Kenntnis der europäischen Operette versuchen amerikanische Komponisten eine eigene amerikanische Operette ins Leben zu rufen, doch nur mit mehr als mittelmäßigen und vorübergehenden Tageserfolgen. Eine Ausnahme freilich bildet *Victor Herbert (1859–1924)*. Geboren im irischen Dublin, übersiedelt er nach dem frühen Tod des Vaters mit der Mutter nach Stuttgart, wo ihm sein Stiefvater das Musikstudium in Baden-Baden und am Stuttgarter Konservatorium ermöglicht. Herbert erhält eine gründliche Ausbildung und macht sich schon bald als Orchestermusiker und Cellovirtuose einen Namen. Er hält sich ab 1879 längere Zeit in der Schweiz und in Österreich auf, spielt in Wien in der Kapelle von Eduard Strauß und lernt dort die Großen der Wiener Operette persönlich kennen. Als er Cellist im Stuttgarter Hoforchester wird, beginnt er zu komponieren, heiratet die Hofopernsängerin Therese Foerster, folgt ihr 1886 nach Amerika, als sie ein Engagement an der Metropolitan Opera New York erhält, und tritt als Cellist in das Opernorchester ein. Trotz großer Erfolge zieht sich Therese bald ins Privatleben zurück, während Herbert als Lehrer, Kapellmeister und Komponist tätig bleibt. Bis 1892 ist er musikalischer Leiter der Kapelle des 22. Regiments der New Yorker National Guard, schreibt 1894 seine erste Operette und übernimmt 1898 für fünf Jahre die Leitung des Pittsburgh Symphony Orchestra. 1904 ruft er sein eigenes Victor-Herbert-Orchester ins Leben und gehört 1913 zu den Mitbegründern der ›American Society of Composers, Authors and Publishers‹, die sich für eine bessere Anwendung des Urheberrechtes einsetzt. Am 26. Mai 1924 in New York gestorben, hinterläßt Victor Herbert ein recht umfangreiches musikalisches Gesamtwerk, worunter sich 2 Opern und 42 Operetten befinden, zu denen als erfolgreichste ein »Cyrano de Bergerac« nach dem berühmten Schauspiel des französischen Dichters Edmond Rostand gehört. Und Herbert komponiert zu dem 1916 entstehenden Film »The Fall of a Nation« die nachweislich erste Filmmusik der Geschichte.

Tausende von Aufführungen verbucht die europäische Operette am Broadway und anderswo in Amerika. Man liebt sie, bewundert sie, setzt sich mit ihr auseinander und nimmt sich von ihr, was man für gut erachtet und was man schließlich in das Musical als neue Gattung des musikalischen Theaters einbringen kann. Auf dem Wege dahin geht man, und auch das gehört zu dem ganzen theatralischen Entwicklungsprozeß dazu, in späteren Jahren wenig zimperlich, fast rigide und willkürlich mit ihr um. Ein Beispiel mag dies erläutern. Auch Franz Lehárs »Das Land des Lächelns« gelangt nach New York, erfährt dort aber in kürzester Zeit mehrere amerikanisierte Fassungen. Nahezu fassungslos muß der Komponist mit ansehen, was man seinem Werk antut. Seinem amerikanischen Agenten J. J. Schubert schreibt er am 28. September 1936 einen Brandbrief, in dem er empört gegen die Verballhornung seiner Operette am Broadway protestiert: »Jetzt kommt das fürchterlichste, was man mir überhaupt antun konnte. Sie schreiben, daß Sie schon vier oder fünf Versionen machen ließen und teilen mit, daß der Effekt nicht sehr günstig war. Das Werk wurde also ohne mein Wissen bereits fünfmal umgearbeitet und Sie schreiben, daß Sie sehr bald eine neuerliche Fassung machen lassen. Das ist ja der helle Wahnsinn! Sehen Sie nicht selbst ein, daß man an mir ein Verbrechen begeht? Sie schreiben: Die Amerikaner würden es nicht zugeben, daß ein amerikanisches Mädchen mit einem Chinesen zusammen ist. Ja, Herrgott noch einmal! Kommt denn im ›Land des Lächelns‹ ein amerikanisches Mädchen vor? Der erste Akt spielt doch in Wien. Die Musik ist wienerisch. Das Entréelied ist österreichisch. Österreichische Offiziere stehen mitten in der Handlung. Was hat da ein amerkanisches Mädchen zu suchen? Man hat mich also direkt massakriert. Fühlen Sie nicht selbst, was für ein Unrecht man an mir begangen hat? Sie schreiben, die gelbe Rasse wird in Amerika nicht toleriert. War ›Mikado‹, ›Geisha‹, ›Butterfly‹ kein Erfolg? Als Wiener Operette muß das ›Land des Lächelns‹ in Amerika herauskommen oder gar nicht! Haben Sie kein Vertrauen zum Werk, dann geben Sie es mir zurück. Ich schätze die Amerikaner sehr. Ich kenne Ihre Auffassung von Ehre und Moral. Sie sind Amerikaner und werden gewiß nicht zögern, das an mir begangene Unrecht wieder gut zu machen.« (9)

Schließlich finden sich in vielen Musicals auch musikalische wie szenische Elemente von Show und Revue. Die Entwicklung zu diesen vielleicht populärsten Vorformen setzt 1894 mit dem englischen Produzenten George Edwards und seiner Revue »The Passing Show« ein, in deren Mittelpunkt wieder ein Ballett steht, die ›Gaiety Girls‹. Den Höhepunkt schafft zweifelsohne Florence Ziegfeld, der legendäre Leiter der berühmten »Folies Bergères« in Paris. Sein Revuesystem überträgt er nach Amerika und eröffnet am 8. Juli 1907 in New York seine »Ziegfeld-Follies«. Seine Revuen, und damit im Grunde auch alle anderen, haben zwar keine durchgehende Handlung, aber immerhin ein Thema und sie orientieren sich wenigstens an einem roten Handlungsfaden. An ihm hängen sozusagen die Songs und Musikbeiträge, die Tänze und Dialoge, die Spiele und Sketchs. Vor allem aber kreiert Ziegfeld nun den für das amerikanische Theater wie für den Film so typischen weiblichen Star, bringt viele Stars hervor und gewinnt namhafte Komponisten zur Mitarbeit, die für die Entwicklung des Musicals von großer Bedeutung sind wie Victor Herbert, Jerome Kern und Irving Berlin. Auch in Ziegfelds Revuen sind Amüsement und Unterhaltung die Trümpfe, die stechen müssen. Zu den ersteren gehört neben dem Star das weibliche Show- und Revueballett. Voraussetzung, Revuetänzerin zu werden, sind Schönheit, eine gute Figur, ein besonderes Tanztalent und der Mut zu immer spärlicherer Bekleidung. Das erotische Moment gibt den Aufführungen den prickelnden Reiz, die schließlich zu den Striptease-Revuen späterer Jahre führen. Es sei auch an dieser Stelle einmal mehr darauf hingewiesen, daß es am Theater nichts gibt, was es nicht schon gegeben hat. Wovon gerade die Rede ist, das kennt die antike Schauszenik in Hülle und Fülle. Aber eben auch ohne Hülle, wenn sich die Tänzerinnen und Musikerinnen des griechischen Symposions (›Gastmahl‹; bei den Römern heißt es ›Cena‹) während ihrer Vorführungen entkleiden und zur Sinnenfreude der nur männlichen Teilnehmer nackt tanzen, spielen und musizieren oder als Feuerschluckereinnen, Akrobatinnen und Jongleurinnen auftreten. Zahlreiche bildliche Darstellungen aus antiker Zeit verdeutlichen den erotischen Schaueffekt jener ebenso anmutigen wie frivolen Darbietungen aus vergangener Zeit, die dem hemmungslosen Vergnügen, der Befriedigung der puren Schaulust und dem Lustgewinn der Zuschauer dienen.

Die musikalische Seele Amerikas: der Jazz

Wann und wo der Jazz eigentlich entstanden ist, läßt sich auch heute nicht genau sagen. Sicher ist jedoch, daß seine Ursprünge bei den Schwarzen Afrikas liegen. Seit etwa 1400 betreibt Europa den Sklavenhandel mit afrikanischen Gefangenen. Negersklaven, so die offizielle Benennung, gibt es in Nordamerika bereits seit 1620, man geht davon aus, daß es im Laufe der Zeit an die zwei Millionen werden. Als tonale Keimzelle des Jazz betrachtet man die Anfeuerungs- und Zurufe der Negersklaven auf den riesigen Mais- und Baumwollplantagen des amerikanischen Südens sowie in den Häfen am Mississippi und Missouri. Die »calls« als untereinander zugerufene Mitteilungen von Nachrichten aller Art unterscheidet man von den diffizileren »cries« als Ausdrucksformen individueller oder allgemeiner Empfindungen und Stimmungen. In der in New York erscheinenden Zeitung »Daily Times« findet sich in einer Ausgabe von 1856 ein Erlebnisbericht ihres Korrespondenten Frederick Olmstedt, in dem es u. a. heißt: »Um Mitternacht wurde ich durch ein lautes Lachen wach, sah hinaus und erblickte eine Gruppe von schwarzen Transportarbeitern, die ein Feuer gemacht hatten und vergnügt ihr Essen verzehrten. Auf einmal stieß einer von ihnen einen Laut aus, wie ich ihn noch nie gehört hatte, einen langen, lauten, musikalischen Schrei, der stieg und sank, im Falsetto umschwenkte; seine Stimme erschallte in der klaren, frostigen Nacht durch die Wälder wie ein Jagdhorn.« Aus diesen ursprünglichen Anfängen entwickeln sich drei Liedformen, die die Jazzmusik entscheiden prägen.

Die Work Songs sind Lieder der Negersklaven auf den Mais- und Baumwollplantagen, in den Häfen, beim Eisenbahnbau (dort gesungen von sogenannten ›Railroad gangs‹, das sind Arbeiterkolonnen beim Verlegen der Eisenbahnstrecken), unter Bauern, Holzfällern, Fischern sowie unter Sträflingen der

Zuchthäuser. In der Regel gibt es einen Vorsänger, in dessen Gesang die anderen als Chor bei einer ganz bestimmten musikalischen Phrase einfallen. Typisch für diese Lieder ist, daß sie den Rhythmus aufnehmen, den ihre Arbeit vorgibt. Es handelt sich also um weltliche Gesänge meist in der Form einer Ballade, in der eine beispielhafte Geschichte oder ein alltägliches Ereignis erzählt wird.

Die Negro Spirituals hingegen sind religiöse Lieder. Die Sklaven aus Afrika kommen ja aus einer archaischen Sozialstruktur, in der die Trennung zwischen der profanen und sakralen Welt längst nicht so ausgeprägt ist wie in den europäischen Zivilisationen. Das nehmen die amerikanischen Gutsherren und Geistlichen für einen Vorteil in ihrem missionarischen Bemühen, die Negersklaven zu Christenmenschen zu bekehren. Die Bibel hilft ihnen dabei, da sie immer wieder vom Dienen und Gehorchen spricht. So sind die Spirituals einerseits Preislieder für Gott, andererseits Hoffnungslieder auf die vom barmherzigen Gott garantierte Freiheit im jenseitigen Leben, aber auch Protestlieder gegen erlittenes Unrecht. Nach Beendigung des Amerikanischen Bürgerkrieges und der Abschaffung der Sklaverei 1865 gelangen die Spirituals auch in die Konzertmusik, sie werden harmonisiert und von professionellen Sängern interpretiert. Erst in den 1950er Jahren kehren die Gospel Songs (als Nachfahren der alten Spirituals) zum religiösen Ursprung zurück. Anton Dvořak, der sich lange in Amerika aufhält und seine berühmte »Sinfonie aus der Neuen Welt« komponiert, schreibt über die religiösen Lieder der aus Afrika stammenden Schwarzen einmal: »Die wirkungsvollsten und schönsten von diesen Melodien sind meiner Meinung nach gewiß unter den sogenannten Plantagenliedern und Sklavengesängen, die sich durch ihre ungewöhnlichen und subtilen Harmonien auszeichnen: etwas, was ich in keinem anderen Lied, es sei denn in den schottischen und irischen, finden konnte.«

Der Blues ist ebenfalls afrikanischen Ursprungs, ein überwiegend langsames, aus drei Textzeilen von je vier Takten Länge mit gleichmäßigem Rhythmus bestehendes Lied. Inhaltlich besingt der Blues Alltägliches, besonders aus Ehe und Familie sowie die eigene Sexualität. Aber er kennt auch die melancholische Klage darüber, daß der Schwarze vom Weißen und seinen Rassegesetzen diskriminiert und gedemütigt wird. In seinem Charakter ist der Blues ein affektbetontes, also vor allem ein emotionales Lied, ein Lamento über die eigene soziale Befindlichkeit. In der Zeit des sogenannten klassischen Blues mit fester strophischer Struktur und harmonischem Ablauf (ab der Zeit um 1920) entwickeln sich die ersten eigenen Neger-Shows. Sie ziehen auf Tourneen praktisch über den gesamten nordamerikanischen Kontinent und machen so die Musik der Schwarzen überall bekannt. Später steigen schwarze Künstler auch in andere Theatertruppen ein. »Den Blues haben (*to have the Blues*, Anm.) bedeutet, von einem existentiellen Lebensüberdruß, einer drückenden

Melancholie, die keinen Raum für Träumereien läßt, befallen zu sein; es bedeutet Selbstmitleid, Resignation, dumpfe Verzweiflung, Eintönigkeit und Elend. Es ist eine Poesie über Alltagsdinge und wohlvertraute Menschen, die in realistischem Licht und mit nüchternen Augen gesehen werden. Im Blues gibt es keine lyrische Verklärung, sie will auch nicht da sein, weil das ein Luxus für Weiße ist; es gibt kein Drama, weil das Drama aus Schatten, aber auch aus Licht besteht. Es gibt dagegen das Wissen um eine eingetretene Tragödie, die nie aufhören wird. Der Bluessänger besingt nicht das Leben, sondern das Nichtsterben, er spricht immer von dem, was er nicht hat und niemals haben wird. Der Blues ist keine Art, das Leben, die Tatsachen und die Dinge zu sehen und zu interpretieren; er ist das Leben selbst, alles das, was den amerikanischen Neger umgibt und traurig und grau ist.« (10)

Geographisch weist die weit verbreitete Ansicht die Entstehung des Jazz nach New Orleans, die 1718 im Mississippi-Delta von Louisiana gegründete französische Stadt. Als sie 1803 von Napoleon an die USA verkauft wird, hat sie gerade einmal 10 000 Einwohner, ist aber bereits ein bedeutender Handelshafen, ebenso wichtig wie verrufen. Die Hälfte der Einwohner besteht aus Schwarzen, von denen die meisten aus dem Senegal und aus Guinea, aus den Flußgebieten des Niger und des Kongo als Sklaven nach Amerika verkauft worden sind. Man behandelt sie hart, aber immerhin dürfen sie nach ihren Traditionen und Riten leben, was für den orthodoxen Katholizismus von New Orleans recht erstaunlich ist. In diesen Traditionen ist auch die Musik afrikanischer Herkunft verankert. Es sind Gesänge und Tänze, die die Schwarzen vornehmlich sonn- und feiertags auf dem Marktplatz aufführen. Oder es gibt die aufwendigen und malerischen Begräbnisse, bei denen mehrere ›Brass Bands‹ (Schwarze Kapellen) ihre Musik spielen, die ebenso an europäische Vorbilder erinnern wie an die Spirituals und an den Ragtime. Im Nordosten der Stadt liegt das Viertel ›Storyville‹, auch ›Viertel der roten Laternen‹ genannt, das von der Stadtverwaltung von New Orleans eigens eingerichtete größte Lasterzentrum ganz Amerikas. Hier blühen Prostitution, Alkoholismus, Drogenhandel, Glücksspiel und Verbrechen. Die Tanzlokale und Kneipen von Storyville sind die »Brutplätze des Jazz«, wo in der Regel kleine Orchester von 7–8 Musikern spielen: Klarinette, Posaune. Banjo, Gitarre, Baß, Baßtuba und Kornett. Diese Orchester kann man auch auf den Straßen hören, wenn sie auf ihren von Pferden gezogenen Wagen spielen, um für eine Veranstaltung in ihrem Lokal zu werben. In einer solchen Band des ›Cabaret von Pete Lala‹ beginnt eine der größten Jazzlegenden ihre Weltkarriere, der 1900 als Sohn eines Fabrikarbeiters im Armenviertel von New Orleans geborene Louis Armstrong. Auf Anordnung des Marinekommandos der USA wird Storyville 1917 geschlossen, wahrscheinlich weil bei Schlägereien und Unruhen zuviele vergnügungssüchtige Matrosen zu Tode kommen. Nach der Schließung verlassen viele, darunter nahezu alle guten Musiker die Stadt und gehen nach Chicago und New York oder sie spielen auf den ›Riverboats‹, die den Mississippi befahren. Bereits 1915 ist eine originale ›New Orleans Ragtime Band‹ nach Chicago gegangen und hat die Stadt neben New Orleans zu einer zweiten amerikanischen Jazzmetropole gemacht, der wenig später New York folgt. Damit, so die allgemeine Auffassung, beginnt erst so richtig das Jazz-Zeitalter. Aber erst zu Anfang der zwanziger Jahre des 20. Jahrhunderts wird der Jazz auch gesellschaftsfähig. Obwohl seine musikalisch-rhythmische Natur durch Improvisation geprägt ist, wird der Jazz durch den Orchesterleiter und Unterhaltungsmusiker Paul Whiteman orchestriert und so zu sinfonischer Musik. Höhepunkt dieser Entwicklung ist die Uraufführung von George Gershwins »Rhapsody in Blue« 1924 durch Whitemans Orchester und mit dem Komponisten am Klavier. Spätestens von da an ist der Jazz auch komponierbar, wie seine beiden Exponenten Duke Ellington und Benny Goodman beweisen – und spätestens damit findet der Jazz auch Eingang ins Musical, zu dessen musikalischen Wurzeln er doch gehört.

Fixpunkt 1: »Show Boat«

Nichts währt ewig, schon gar nicht am Theater. Als lebendiges Spiel ist es die gegenwärtigste aller Künste, selbst in unserer Zeit bleiben Aufzeichnungen von Theateraufführungen letztlich immer nur Konserve. So ist es nur folgerichtig, daß gerade das flüchtige, auf den aktuellen Tagesbedarf abzielende Unterhaltungstheater sich schnell selbst überlebt, wenn es in glatter Routine erstarrt. Genau das aber geschieht um 1900 in Amerika. Das Publikum ist der ewig gleichen, albernen und tanzenden Revuen und Shows insofern müde, als es auch vom Unterhaltungstheater etwas Neues und Gehaltvolleres verlangt. Deshalb erringt die europäische Operette neue Beliebtheit, nun sind es vorab die Werke der ›silbernen‹ Epoche. Das beginnt fast auf den Tag genau mit der amerikanischen Erstaufführung von Lehárs »Die lustige Witwe« am 21. Oktober 1907 im New Amsterdam Theatre am Broadway, keine zwei Jahre nach ihrer Uraufführung, die Karl Kraus mit dem vernichtenden Urteil begrüßt: »Das Widerwärtigste, was ich je in einem Theater erlebt habe!« Darum scheren sich die Amerikaner überhaupt nicht, im Gegenteil, sie würden schon damals vollstes Verständnis haben für das später ausgesprochene Bekenntnis von »My Fair Lady«-Librettist Alan Jay Lerner: »Ich lasse keinen Monat vorübergehen, ohne mir zu Hause die ›Merry Widow‹ vorzuspielen.« Neben dem neu erwachten Interesse an der Operette fragt man nach der eigenen Leistung unabhängig von ihr, die nachzuahmen ja praktisch scheitert. In gewisser Weise markiert der rasch populär werdende Jazz einen Wendepunkt, zumal mit ihm die schwarzen Musiker und Künstler Amerikas an Bedeutung gewinnen. Es dauert freilich noch bis zum Jahr 1921, bis mit »Shuffle Along« die erste rein schwarze Show über die Bühne geht, mit neuen Tönen, neuen Tänzen – und mit dem ersten weltberühmten schwarzen Star: Josephine Baker.

Missisippi Melodie: Szene aus dem Film von 1951 nach »Show Boat«.

Ist um diese Zeit das Musical bereits geboren, wenn nicht gar auf einem ersten Höhepunkt? Über die erste Frage streiten sich die Geister noch heute, denn manch einer verweist schon auf das Jahr 1884. Da wird nämlich am 4. September im Bijou Opera House New York ein Werk mit dem Titel »Adonis« herausgebracht. Buch und Songtexte stammen von William F. Gill und Henry E. Dixey, die Musik von Edward E. Rice. Titel und Handlung beziehen sich auf zwei antike Mythen: auf den des Gottes Adonis, dessen Name für die sprichwörtliche männliche Schönheit steht, und an den des zyprischen Königs Pygmalion. Der sieht nirgends sein Frauenideal verwirklicht, läßt sich deshalb nach seinen Schönheitsvorstellungen eine Marmorstatue anfertigen, verliebt sich in sie, Aphrodite erweckt sie zum Leben, Pygmalion heiratet sie und hat mit ihr eine Tochter. In dem amerikanischen Theaterstück ist es freilich die Bildhauerin Talamea, die sich in die von ihr selbst geschaffene Statue des Adonis verliebt. Zum Leben erweckt, findet der menschliche Gott Gefallen auch an anderen Frauen und bittet, als er das geliebte Bauernmädchen Rosetta nicht erringen kann und von Frauen, die ihn nicht interessieren, bedrängt wird, um Rückverwandlung zur Statue. Was denn auch geschieht. Mit über 600 Vorstellungen schafft »Adonis« einen bis dahin nie erreichten Aufführungsrekord und weist zwei Neuerungen auf: gegenüber allen anderen Produktionen des amerikanischen Unterhaltungstheaters besitzt es eine einheitliche durchgehende Handlung, und die Musik ist original und stammt von nur einem Komponisten.

Dennoch ist es inzwischen allgemeine Überzeugung, daß der erste Fixpunkt in der Geschichte des Musicals auf den 27. Dezember 1927 fällt. An diesem Tage findet im New Yorker Ziegfeld Theatre die Uraufführung von »Show Boat« statt. In diesem als ›Book-Musical‹ bezeichneten Werk läßt sich an Einzelheiten der Übergang von der Operette zum Musical nachvollziehen. Das Musical beschwört die heute versunkene Welt der Theaterschiffe (Show Boats), auch ›Komödiantenschiffe‹ genannt, die nach Beendigung des Amerikanischen Bürgerkrieges ab der siebziger Jahre des 19. Jahrhunderts den Ohio und vor allem den Mississippi befuhren. Das Show Boat und das Leben der Schwarzen und Weißen am Mississippi, dem »Helden« des berühmtesten Songs des Musicals, »Ol Man River«, bilden den Hintergrund für eine Liebesbeziehung mit ernsten, ja tragischen Zügen.

Als Jerome Kern (1885–1945) seinen Welterfolg komponiert, ist er im Unterhaltungstheater am Broadway bereits ein berühmter Mann. Sohn des deutschstämmigen Direktors eines großen New Yorker Straßenbewässerungsunternehmens, erhält er schon früh Musikunterricht durch die Mutter, eine begabte Pianistin tschechischer Herkunft. Er besucht die Mittelschule, dann das College of Music und wird ein hervorragender Orgelspieler. Auf Wunsch des Vaters tritt er jedoch als Kommis in ein Kaufhaus ein, darf dann aber zu

Musikstudien nach Heidelberg, anschließend nach London. Dort entstehen seine ersten Songs und Couplets, bis er 1904 nach New York zurückkehrt, wo er als Fachmann für Operette und musikalische Komödie gilt und als ›Song Plugger‹ in Tin Pan Alley arbeitet, dem Zentrum der amerikanischen Schlagerindustrie der Jahre 1900–1930 am Broadway, und als Musikverkäufer in einem Musikaliengeschäft. Als 1915 seine erste eigene Show ebenso erfolgreich über die Bühne geht wie die folgenden und ihm die Mitarbeit an den Ziegfeld-Follies ermöglicht, ist er als Komponist ein gemachter Mann. Bei seinem ersten Musical »Sunny« 1925 beginnt seine Zusammenarbeit mit Oscar Hammerstein II (1895–1960), der aus einer Theaterfamilie stammt. Sein Großvater, nach dem er seinen Namen erhält, war ein aus Berlin nach New York ausgewanderter Opernimpresario und sein Vater Theaterdirektor am Victoria-Vaudeville-Theatre. Nach seinem Jurastudium an der Columbia-Universität tritt Hammerstein II 1919 mit dem Schauspiel »Das Licht« hervor. Als Buch- und Songautor mehrerer berühmter Musicals wird er zu einer Broadway-Legende. Jerome Kern seinerseits arbeitet ab 1934 sehr erfolgreich beim Film in Hollywood u. a. für Fred Astaire, Rita Hayworth, Gene Kelly. Als Kern am 11. November 1945 an den Folgen eines auf offener Straße erlittenen Schlaganfalls stirbt, verliert die amerikanische Unterhaltungsbranche in der ersten Hälfte des 20. Jahrhunderts einen ihrer bedeutendsten Komponisten. Hammerstein hat seinen stets Pfeife rauchenden Freund, der sein Familienleben über alles stellt, einmal folgendermaßen charakterisiert: »Es scheint, daß Jerome Kerns Melodien nicht komponiert, sondern gewachsen sind, gewachsen wie die Narzissen, die plötzlich eines Morgens auf einer Frühlingswiese erscheinen. Jerry war einer jener grübelnden und tüftelnden Künstler, die ihrem angeborenen Talent ein phantastisches Streben nach Vollendung hinzufügten. Unermüdlich saß er am Klavier, und – alles um sich vergessend – fahndete er nach dem nebelhaften Etwas, das sich da irgendwo im Instrument vor ihm versteckte. War dann endlich sein Trachten belohnt, schien der ganze vorangegangene Prozeß unbegreiflich: so perfekt, so einzig möglich waren Melodie und Harmonie.«

Abgesehen davon, daß »Show Boat« das erste wirkliche Musical der Musikgeschichte ist, bringt es zugleich zwei erstaunliche Neuerungen. Erstmals gestaltet ein Werk des amerikanischen Unterhaltungstheaters eine dramatische, problembelastete Story, die auch durch die glückliche Wiedervereinigung der beiden Liebenden, Magnolia und Ravenal, nicht verwässert wird. Und zum ersten Mal überhaupt in der amerikanischen Theatergeschichte betreten schwarze und weiße Sänger gemeinsam eine Broadwaybühne. Dies hat, daran besteht kein Zweifel, anderen Stücken den Boden bereitet, nicht zuletzt auch Gershwins »Porgy und Bess«. Das alles veranlaßte Musikhistoriker zu der Bemerkung, die Geschichte des Musicals habe sich in zwei

Teilen vollzogen, nämlich in alles, was vor und was nach »Show Boat« entstanden ist.

An diesem Werk erkennen wir deutlich, welchen Einfluß die europäische Operette auf die Entstehung des amerikanischen Musicals ausgeübt hat. Da ist die klare Einteilung von gesprochenem Dialog und musikalischen Nummern, die im Gegensatz zur Oper (bis auf wenige Ausnahmen wie der deutschen Spieloper) zu einem generellen Merkmal der Operette gehört und die ein grundsätzliches dramaturgisches Merkmal auch des Musicals bleibt. Von der Operette kommt auch das Sängerpaar (Magnolia/Diva und Ravenal/Tenor). Ihr großes Duett »Bleib bei mir« ist ein typisches Operettenduett, die Musik erinnert in seiner sehnsuchtsvoll ausschwingenden Kantilene an Lehár, und mit seinen Arien im ersten Akt erweist sich Ravenal auch musikalisch als ein entfernter Verwandter von Danillo, Barinkay oder René Graf von Luxemburg. Das Buffopaar (Ellie/Soubrette und Frank/Tenorbuffo) gehört ebenfalls zum Erbe der leichten Muse Europas, wobei sich Ellie mit ihrem Lied »Geh nicht zum Theater« als Tanzsoubrette ausweist, während ihr Duett mit Frank »Sag nicht gleich Good Bye« ein typisches Buffoduett mit auskomponiertem Nachtanz ist. Diese beiden Paare nehmen vier große Gesangspartien in Anspruch, die mit singenden Schauspielern nicht zu bewerkstelligen sind, sondern erste Gesangskräfte verlangen. Auch die Sprechrolle von Käpt'n Andy Hawkes ist dem Personal der Operette entnommen, denn in ihr ist längst nicht jede Komikerrolle auch eine Gesangsrolle wie der Zsupan im »Zigeunerbaron« oder der Ollendorf im »Bettelstudent«. Schließlich gehört das Happy End als obligatorischer Operettenschluß dazu trotz einiger Abweichungen bei Lehár. Das wird auch bei der Musical Comedy so bleiben, nicht aber beim Musical Drama.

Damit haben wir schon einen Unterschied des Musicals genannt, denn da halten sich komische und dramatische Werke nahezu die Waage, wie wir es eben von der Operette her nicht kennen, wohl aber von der Oper, bei der die Opera Seria wesentlich häufiger vertreten ist als die Opera Buffa. Was »Show Boat« grundsätzlich als Musical ausweist, ist seine Story aus der nationalen Geschichte, der Gesellschaft und dem Rassenproblem. Dazu gehört die bessere Qualität des Textbuches und der Gesangstexte, was das Musical von der Oper und der Operette grundsätzlich unterscheidet. Nennt man dort ein Werk, so verbindet man es gewöhnlich nur mit dem Namen des Komponisten selbst da, wo bedeutende Librettisten schreiben wie, um nur drei zu nennen, Lorenzo da Ponte, Arrigo Boito oder Hugo von Hofmannsthal oder wo Stücke der Literatur wörtlich vertont werden wie in der Literaturoper. Beim Musical wird man sich von Anfang an daran gewöhnen, neben dem Komponisten auch den oder die Dichter von Buch und Gesangstexten zu nennen. Schließlich aber, und das ist am wichtigsten, hat die Musik von »Show Boat« einen neuen Klang und vielfach auch einen neuen Rhythmus. Dafür zwei Beispiele.

Die Wiederholung einer Melodie ist in der Oper und in der Operette keine Seltenheit. Sie taucht sozusagen leitmotivisch immer dann auf, wenn eine bestimmte Person charakterisiert, ein Gefühl oder eine Situation musikalisch beschworen wird. Der Wiedererkennungseffekt ist um so größer, als sie selten verändert erscheint. Das Musical kennt dieses Stilprinzip auch, aber es verändert eine Melodie sehr viel öfter, um sie geänderten inhaltlichen und szenischen Gegebenheiten der Handlung anzugleichen. Julias Lied »Wer fragt den Wind« taucht zunächst in der berühmten Originalmelodie auf. Wenn sich Magnolia im »Trocadero« damit als Sängerin vorstellt, da gibt sie dieser Melodie einen ausgesprochen elegischen Charakter und einen melancholischen Rhythmus, wodurch die Melodie wie verfremdet erscheint. Das schmeckt Jim ganz und gar nicht, aber sein Musiker Jack erkennt die musikalischen Qualitäten und gibt dem Lied einen neuen, schnellen, lebensbejahenden Rhythmus – den des Ragtime. Könnte man sich die Originalmelodie durchaus aus einer Operette stammend vorstellen, so hat sie jetzt mit Operettenmusik nichts mehr zu tun. Das Musical ist musikalisch sozusagen bei sich selbst angekommen.

Noch offensichtlicher ist das bei zwei zentralen Songs des Werkes, die durch Blues und Jazz resp. durch das Spiritual charakterisiert sind. Die vierte Szene des 1. Aktes wird von einem kurzen Orchesterzwischenspiel eingeleitet, das erst das musikalische Thema der folgenden Szene, dann eine Reminiszenz an »Wer fragt den Wind ...?« und schließlich eine Variation des neuen Themas bringt. Der Vorhang öffnet sich und man sieht Queenie und andere schwarze Frauen bei der Arbeit, den Zuschauerraum der ›Baumwollblüte‹ für die sich anschließende Probe herzurichten. Queenie zeigt sich ängstlich, überfiel sie doch die Ahnung von einem noch an diesem Tag bevorstehenden Unglück. Nur weiß sie nicht, wann dieses kommt und wem es gilt. Singend äußert sie ihre Vorahnung »Mis'rys comin' aroun'/Geh den Weg durch die Nacht...«, in die die Frauen einfallen. Joe läßt sie nur kurz wissen, sie fühle sich heute nicht in Ordnung. Danach setzt eine Frauenstimme ein, eine zweite folgt, eine dritte und eine vierte, bis der ganze Chor einfällt. Er wird von einem kurzen Dialog zwischen Julia und Magnolia abgelöst, melodramatisch vom Orchester untermalt. Dann beginnt Queenie erneut mit dem Song: »Geh den Weg durch die Nacht/Bis die Freiheit erwacht./Geh den Weg Schritt für Schritt/Und mein Volk, es wandert mit./Durch die Nacht klingt ein Schrei:/Dunkler Gott, mach' uns frei,/Reich' uns tröstend die Hand,/Schenk uns irgendwo ein Land.« Angst und Verzweiflung, aber auch Hoffnung und Sehnsucht des Textes drückt die Melodie in Rhythmus und Harmonie der Musik der Schwarzen aus. Julia singt zunächst mit, bis der Song auch in ihr alle Angst heraufbeschwört, so daß sie plötzlich losschreit: »Hört auf mit diesem verdammten Lied! Es reicht, wenn ihr mit eurem Singen das Unglück heraufbeschwört!« Nun gehen die Frauen ihrer Beschäftigung erst einmal still weiter nach, während die Musik im Orchester leise ausklingt. Noch deutlicher findet diese gerade auch von religiösen Gefühlen getragene Stimmung ihre Bestätigung in Joes Song »Ol Man River«. Seine Melodie charakterisiert zugleich den Schwarzen und den Fluß wie auch, gewissermaßen als Philosophie in Tönen, das Verhältnis beider zueinander. Schon der indianische Name des Mississippi drückt das aus (misi/groß und sipi/Wasser; also: großes Wasser). Der Negersklave auf den Plantagen der weißen Herren, aber auch der schwarze Werftarbeiter spricht von ihm als dem großen »alten Mann Strom« (Ol Man River). Beide drücken damit ihre Ehrfurcht dem großen Fluß gegenüber aus, den sie nach dem Sinn des Lebens befragen. Der Schwarze klagt ihm sein Leid und ruft seinen strömenden Wassern seine Sehnsucht hinterher, denn er will ebenso frei sein wie der Fluß selbst. Und er teilt ihm seine Träume und seine Sorgen mit und weint ihm seine Tränen nach: »Wo ist Frieden, wo wohnt die Freiheit? Was kann das Leben uns Schwarzen geben?« heißt es in dem Song, und diese Tränen nimmt der Fluß auf und trägt sie schweigend hinaus aufs Meer. So wird der Mississippi für die Schwarzen Amerikas zum Jordan, dem Fluß der Heiligen Schrift, der durch den See Genezareth fließt, hinter der Stadt Jericho ins Tote Meer mündet und an dessen südlichsten Ufern einst Johannes der Täufer und Jesus Christus gewirkt und getauft haben. Der Mississippi trägt die Sehnsucht der Schwarzen nach dem gelobten Land mit sich fort, sehnsuchtsvoll ist daher der Text Hammersteins, von trauriger und doch nicht hoffnungsloser Wehmut durchdrungen ist die Melodie wie die eines Spirituals. Weit hat sich literarischer und musikalischer Ausdruck von allen europäischen Traditionen entfernt.

Fixpunkt 2: »Oklahoma!«

Dieses 1943 am Broadway uraufgeführte Musical greift noch deutlicher als »Show Boat« amerikanische Geschichte auf. Der US-Bundesstaat Oklahoma ist bis 1800 indianisches Prairiegebiet im zentralen Tiefland des mittleren Westens und gelangt erst 1803 an die USA. Mitte des 19. Jahrhunderts sichert die Bundesregierung das Gebiet den Indianern für immer als ›Indian Territory‹ zu. Im Zuge der Kolonisierung des Westens durch amerikanische und europäische Siedler, die Land brauchen, ändert sich das wieder. Vor allem Briten, Deutsche, Iren und Skandinavier lassen sich neben Amerikanern dort nieder, so daß schnell die Einwohnerzahl zwischen 1830 und 1890 um das fast Zwanzigfache anwächst. In jenem Jahr wird das Indianergebiet zum Territorium der USA erklärt. Der Grund dafür liegt in dem ertragreichen Landbau (besonders Baumwolle, Mais, Weizen) und in den reichen Vorkommen an Bodenschätzen (vor allem Erdöl und Erdgas). Aber erst im Jahre 1907 wird das

Gebiet unter dem Namen Oklahoma als 46. der insgesamt 50 Bundesstaaten in die Union der Vereinigten Staaten von Nordamerika aufgenommen. In dieser Zeit unmittelbar vor der Eingliederung spielt das Musical.

Mit »Oklahoma!« erscheint ein typisches amerikanisches Musical auf der Bühne. Es spiegelt den amerikanischen Way of Life auf dem Lande unter Farmern und Cowboys wider und zeigt den für die Amerikaner bis heute typischen Optimismus und Patriotismus, wie er in den dreißiger und vierziger Jahren, der Roosevelt-Ära, durch das (nicht zuletzt agrarische) Wirtschaftsprogramm des »New Deal« und den Eintritt Amerikas in den Zweiten Weltkrieg neubelebt wurde. Eine Dreiecksbeziehung zwischen den Protagonisten Curly-Laurey-Jud ist eingebettet in die Entwicklung der nationalen Geschichte und hat etwas von dem einzigartigen Pionier- und Siedlergeist des 19. Jahrhunderts. Curly drückt das in der zweiten Szene des 2. Aktes Laurey gegenüber so aus: »Wenn wir verheiratet sind, werd' ich der glücklichste Mann der Welt sein! Und ich werde lernen, ein Farmer zu sein! Das werd' ich! Ich werde mein Lasso an den Nagel hängen und werde mir Schwielen bei der Farmarbeit holen. Alles verändert sich. Alle Welt kauft Mähmaschinen, um aus den Wiesen Äcker zu machen. Sie beschlagen die Pferde und spannen sie vor den Pflug. Sie werden einen Staat aus unserer Gegend machen, und der wird der Union beitreten. Das Land verändert sich und ich mich mit ihm. Dieses verrückte Land braucht junge Kerle, damit es vorangeht. Und wenn wir zwei zusammenhalten, dann werden wir's schon zu was bringen.« Es begegnen uns auch »typische Amerikaner« sowohl in den jungen Menschen wie auch in der herzlichen, erfrischend resoluten und lebenserfahrenen Ella, in dem robusten und schnell auch streitsüchtigen Farmer Carnes und in dem Landarbeiter Jud Fry, der fleißig, aber von rohem und wildem Charakter ist, ein Außenseiter der Gesellschaft. Aufbruchsstimmung spiegelt auch die Musik, vor allem im Finale mit dem ebenso weltberühmten Titelsong wie in Curlys nicht weniger populärem Auftrittslied zu Beginn des 1. Aktes. Insgesamt geht »Oklahoma!« einen großen Schritt über »Show Boat« hinaus, denn hier erinnert eigentlich nichts mehr an die Operette. Vielmehr gestaltet es zwei Prinzipien, die künftig unverlierbar für das amerikanische Musical gelten. Das erste liegt darin, daß es ein Musical play ist, was heißt, daß es im Grunde nicht mehr den Sänger europäischen Zuschnitts braucht, sondern den singenden, spielenden und tanzenden Allrounddarsteller. Das hängt mit dem zweiten Prinzip zusammen, den »Show Boat« noch nicht hat, von dessen Geist »Oklahoma!« jedoch ganz erfüllt ist: der Tanz. Es gibt keine andere Form des musikalischen Theaters, in dem gesprochener Dialog, Musik und Tanz eine derat geschlossene und darum unaufhebbare Einheit bilden.

In den vergangenen 75 Jahren seit der Uraufführung von »Show Boat« sind insgesamt etwa 600 Musicals entstanden. Davon können wir 205 Werke zum großen Repertoire rechnen, gebildet aus jenen Musicals, die in Amerika bekannt und auch erfolgreich, im deutschsprachigen Theaterraum aber längst nicht alle gespielt worden sind. Etwa 90 anglo-amerikanische Musicals, die in New York und London ihre Uraufführung erlebten, bilden das Repertoire, das auch hierzulande gespielt wird, unabhängig davon, wie lange, wie oft und wie erfolgreich. Davon macht wiederum nur ein knappes Drittel das Standardrepertoire aus, dessen Werke hin und wieder oder sehr häufig zu Neuinszenierungen gelangen. Dabei ist nicht ersichtlich (wäre aber einer wissenschaftlichen und historisch-kritischen Untersuchung wert), warum eine Reihe in Amerika sehr erfolgreicher Musicals den Weg nach Europa bzw. in den deutschsprachigen Theaterraum nur spärlich oder überhaupt nicht gefunden hat. (11) Nicht allen diesen Werken kann dieses Buch gerecht werden, nicht alle Titel kann es auch nur nennen. Aber es bietet sich zumindest an, in der weiteren Darstellung Schwerpunkte zu markieren, die – ähnlich wie bei Oper und Operette – durch einzelne Komponisten gesetzt werden. Auf diesem Weg sollten wir jedoch, schon um uns nicht wiederholen zu müssen, Merkmale mitnehmen, mit denen wir das Musical als eine eigenständige Form des musikalischen Theaters gegenüber Oper und Operette abgrenzen können.

Das betrifft natürlich zunächst einmal die Musik. Zwar nimmt sie europäische Traditionen auf, aber sie verweist in gleicher Vielfältigkeit auf die Wurzeln der amerikanischen Musik und hier vor allem auf die der schwarzen Bevölkerung, also auf den Jazz. Sie nimmt auch viel mehr moderne Tanzformen auf und zollt mit dem während der vergangenen zwei Jahrzehnte entstandenen Rockmusical auch der Unterhaltungsmusik der Gegenwart ihren Tribut. Das tut die zeitgenössische Oper nur in einem ganz verschwindenden Maße, während das Komponieren von Operetten ohnehin seit geraumer Zeit ein (vorläufiges?) Ende gefunden hat.

Als zweites fällt auf, daß sich das allgemein als musical play bezeichnete Musical zu gleichen Teilen in musical dramas und musical comedies teilt. Das ist weder bei der Oper so, wo das Verhältnis zwischen ernster und komischer Oper in etwa 3:1 lautet, während die Operette nahezu ausschließlich der heiteren Muse angehört und gewöhnlich mit einem fröhlichen Happy End schließt, sieht man, wie schon erwähnt, von einigen Lehár-Werken ab.

Zum dritten holt sich das Musical seine Stoffe nur im Ausnahmefall aus der antiken Mythologie oder aus der Bibel, dafür aber wiederholt vom Film. In weit mehr Fällen handelt es sich aber um frei erfundene Geschichten, Originalstories also, und noch öfter basieren Musicals auf literarischen Vorlagen, in erster Linie auf Romanen und Theaterstücken. Das mag ein Grund dafür sein, daß ein Musicalbuch gegenüber einem Opernlibretto oder einem Operettentext in der Regel deutlich höheres literarisches Niveau besitzt.

Schließlich erwächst der Tanz in allen seinen verschiedenen Erscheinungsformen von Revue- und Charaktertanz, Gesellschafts- und Modetanz wie auch des Balletts so unmittelbar aus der Handlung, daß nicht nur das Singen analog zu Oper und Operette zum ebenso natürlichen wie notwendigen Anlaß wird, Gedanken und Gefühle zum Ausdruck zu bringen, sondern auch das Tanzen. Ballett in der Oper und, zusammen mit Gesellschaftstänzen (vor allem dem Walzer), in der Operette sind zwar Situationen und Personen zusätzlich beschreibende und charakterisierende sowie Atmosphäre schaffende Ingredienzen der Handlung. Im Musical ist der Tanz jedoch ein zwangsläufig unmittelbar aus der Handlung entstehendes, selbst Handlung darstellendes Element, das sich in Einzelfällen zu reinen Tanzmusicals entwickelt hat, denken wir nur an »West Side Story« und »A Chorus Line«. Darin liegt die enorme künstlerische Bedeutung der Choreographie eines Musicals, die oft einen gleichen Stellenwert wie die Regie selbst behaupten darf. Da erhebt man bei der Operette ungleich bescheidenere Ansprüche, von der Oper ganz zu schweigen.

Protagonisten am Broadway: George Gershwin und Kurt Weill

In *George Gershwin (1898–1937)* begegnen wir dem bislang wohl bedeutendsten Komponisten in der jungen amerikanischen Musikgeschichte überhaupt. Einen Großteil seines Werkes machen die vielen Songs aus, die er als Einzelwerke oder als musikalische Nummern für Bühnenwerke und Filme komponiert. Dazu kommen Orchesterwerke und Konzertstücke, darunter die berühmte »Rhapsody in Blue« (1924), das »Concerto in F« für Klavier und Orchester (1925), die Tondichtung für Orchester »Ein Amerikaner in Paris« (1928; später mit Gene Kelly erfolgreich verfilmt) und die »Zweite Rhapsody« (1932). Unter den insgesamt 28 Bühnenwerken (Revuen, Musicals, Singspiele, musikalische Komödien und die bereits besprochene Oper »Porgy and Bess«) ragen einige Musicals hervor, die wir wenigstens kurz streifen müssen. Gershwins Musik ist sowohl der amerikanischen Unterhaltungsmusik verpflichtet wie auch der ›ernsten‹ europäischen Musik: Gershwin liebte vor allem Bach, Beethoven, Mozart und Brahms. Erfolgreich wie kaum bei einem anderen großen Komponisten integriert seine Musik den Jazz, über den er sich einmal folgendermaßen äußert:»Jazz ist Musik; sie verwendet keine anderen Töne als etwa Bach. Jazz ist das Ergebnis der in Amerika aufgespeicherten Energie. Jazz hat uns bleibende Werte vermittelt, weil er unsere spezifische Ausdrucksform wurde. Er ist eine amerikanische Errungenschaft und wird überleben – wenn nicht eigenständig, dann zumindest in den Spuren, die er auf diese oder jene Weise in zukünftigen Musikgattungen hinterlassen wird.«

Gershwin wird am 26. September 1898 in New York geboren. Seine Vorfahren stammen aus Rußland, seine Eltern, seit 1895 miteinander verheiratet, kommen direkt aus St. Petersburg, aus dem sie vor der drohenden Zwangsverpflichtung des Vaters zum Militär nach Amerika fliehen. Ihre Kinder, drei Söhne und eine Tochter, werden alle erst dort geboren. Der ältere Bruder Ira (1896–1983) wird Gershwins Songtexter und ähnlich berühmt wie dieser. Unter den Vorfahren gibt es keine Musiker, auch in der Familie selbst wird Musik nicht betrieben, weshalb sich auch George anfangs für sie nicht interessiert. Das ändert sich schlagartig durch die Begegnung mit dem Violinvirtuosen Max Rosen(zweig), von da ab lebt er in und mit der Musik und man erkennt sein Genie. 1914 tritt er erstmals als Pianist auf, spielt Klavier in einem Urlaubsort, beginnt Unterhaltungsmusik zu komponieren und wird Mitarbeiter in einem Musikverlag, wo er als Demo-Pianist und Songverkäufer die Hits des Verlages in den Cafés und Restaurants vorspielt und verkauft sowie Sänger begleitet. So lernt er Irving Berlin und Jerome Kern kennen, komponiert zahlreiche Songs, debütiert 1916 als Showkomponist, spielt gängige Schlager auf Walzen für das Pianola (ein elektromechanisches, besaitetes Tasteninstrument mit Hammermechanik) ein, nimmt Unterricht in Harmonielehre, Theorie und Instrumentation und studiert fleißig die Werke großer Meister von Bach über Beethoven bis zu Debussy und Richard Strauss. 1917 geht er als Klavierspieler an das Fox City Theatre, das ein Vaudevilletheater ist, dann nimmt er als Korrepetitor an einer Jerome Kern-Produktion teil. Als er 1923 die Sängerin Eva Gauthier bei einem Liederabend in der ›Aeolian Hall‹ begleitet und dabei eigene Songs auf dem Programm stehen, wird er als Komponist entdeckt. Seine Erfolgskurve steigt steil an, die Uraufführung seiner »Rhapsody in Blue« am 12. Februar 1924 wird von Kritikern als eine Sternstunde der amerikanischen Musik bezeichnet. Ersten Aufenthalten in London und Paris folgt am 1. Dezember 1924 in New York sein erster durchschlagender Bühnenerfolg mit der zweiaktigen Musical-Comedy LADY, BE GOOD!

Es handelt sich um eine Verwechslungsgeschichte, die in den 1920er Jahren in England spielt. Die Geschwister Susie und Dick Trevor werden wegen Mietrückständen aus ihrer Wohnung auf die Straße gesetzt, wo sie erst einmal zwischen ihren Möbeln sitzen. Dort machen sie die Bekanntschaft mit einem Tramp. Sie wissen nicht, daß die reiche Hausbesitzerin Josephine Vanderwarter (kurz ›Jo‹ genannt) den Rausschmiß der Geschwister selbst arrangiert hat. Sie hofft nämlich damit Dick, den sie liebt und der bislang keinerlei Reaktionen auf ihre Annäherungsversuche zeigt, in ihr Haus zu locken. Der aber liebt seine Jugendfreundin Shirley Vernon. Auf einer Party bei Jo begegnen die Geschwister Jos zwielichtigem und windigem Anwalt Watty Watkins, der von dem Tod Jack Robinsons gehört hat, dem Neffen des millionenschweren Senators, und davon, daß dies den Banditen Estrada auf den Plan gerufen hat. Watkins steht in einem dubiosen Abhängigkeitsverhältnis zu diesem Banditen und soll dessen Schwester als mexikanische Witwe des toten Millionenerben Jack ausgeben – nur: die sitzt gerade im Gefängnis. So gewinnt er die ebenso hübsche wie mittellose Susie für seinen Plan, sie als Witwe dem Erblaßverwalter zu präsentieren: »Oh, Lady, Be Good!/Lady, sei gut zu mir!« Susie sagt zu, zumal sie merkt, daß ihr Bruder Dick immer mehr in Jos Fänge gerät. Sie aber fühlt sich zu dem Tramp hingezogen – und justament dieser stellt sich als der tot geglaubte Jack Robinson heraus, der Susie ebenfalls liebt. So wird aus der vermeintlichen mexikanischen Witwe im Handumdrehen eine amerikanische Braut, womit die Geschichte auf ein dreifaches Happy-End zusteuert, denn auch Dick und Shirley finden sich und Jo angelt sich ihren Anwalt. Das Stück erweist sich als ein frühes Tanzmusical, denn bei der Uraufführung spielen Gershwins Bühnengeschwister die im amerikanischen Showgeschäft bereits berühmten Geschwister Fred und Adele Astaire. Gershwins Musik zeigt schon in diesem frühen Werk, was sie stets besonders auszeichnet: die ganz individuelle Einheit von Melodie und Rhythmus.

Dieser Musical-Erfolg ermöglicht der Familie Gershwin den Erwerb eines fünfstöckigen Hauses, in der große Gastfreundschaft herrscht. Theaterleute, Künstler, Verleger, Reporter und Produzenten gehen ein und aus, Freunde gehören zu den täglichen Gästen, darunter solche Weltberühmtheiten wie Igor Strawinsky, Cole Porter und der Geigenvirtuose Jascha Heifetz. Anfang November 1926 gelangt ein weiteres Musical der Brüder Gershwin zur Uraufführung und bringt es auf eine außergewöhnlich hohe Aufführungszahl erst in New York und dann auch in London, wo Gershwin mehrere Konzerte gibt und von der englischen Gesellschaft durch die Salons gereicht wird. Ihm ist es recht, denn dem Club- und Nachtleben sowie Partys mit schönen Frauen hat er sich schon immer gerne gestellt.

Diese neue musikalische Komödie OH, KAY! ist eine Schmuggler- und Liebesgeschichte, die 1926 während der Prohibitionszeit auf Long Island/USA spielt, also mitten in der Zeit des staatlichen Verbots der Herstellung, der Abgabe und des Verkaufs von Alkohol in den Jahren 1920–1933. Im Jahr darauf folgt eine weitere Musical Comedy mit dem Titel FUNNY FACE, eine Komödie um den schon älteren Jimmy Reeve, der seine Vormundschaft über sein Mündel Frankie Wynne streng und eifersüchtig ausübt. Doch die lernt den jungen Piloten Peter Thurston kennen, der zwei Gaunern, die Frankies wertvollen Schmuck aus Jimmys Safe gestohlen haben, abjagt und so das Herz der jungen Frau gewinnt. Das Stück verarbeitet uraltes europäisches Komödiengut. Den alten Vormund, der ebenso eifersüchtig wie geizig über sein viel jüngeres Mündel wacht und sich ihm gegenüber als Freier aufspielt, kennen wir beispielsweise aus Molières Charakterkomödie »Der Geizige« sowie aus den Buffo-Opern »Der Barbier von Sevilla« von Rossini und »Don Pasquale« von Donizetti. Moderneren Inhalts ist die Musical Comedy GIRL GRAZY von 1927, die ihre Geschichte aus der romantisch verklärten Westernwelt und aus dem Unterhaltungs- und Amüsierbetrieb der amerikanischen Gesellschaft des noch jungen 20. Jahrhunderts bezieht, wo die Tanz- und Jazzmusik bereits eine bedeutsame Rolle spielt.

Der im New Yorker Theaterleben als Starkritiker geltende Nathan urteilt über OF THEE I WILL SING (Von Dir will ich singen) anläßlich der Uraufführung 1931, das Werk sei »die beglückendste und erfolgreichste heimische Musiktheater-Satire, die jemals auf eine amerikanische Bühne gebracht wurde.« Diese Politsatire von ganz spezifischer nationaler Eigenart wird mit 441 Aufführungen in Folge der größte Erfolg der Gershwin-Brüder bei Presse und Publikum und das erfolgreichste Repertoire-Musical, das Gershwin zum unbestrittenen Herrscher am Broadway in den Dreißiger Jahren macht. Die Geschichte ist eine typisch amerikanische und hat zudem einen grundsätzlichen kritisch-parodistischen Aspekt, der auch in Europa zünden kann, zumal zu Wahlzeiten. In sehr viel direkterer Art erinnert sie an die zeitkritische Götter-Parodie »Orpheus in der Unterwelt« von Jacques Offenbach. Das Musical – das wie selten eines zuvor aus großen Massenszenen und vielen aufeinanderfolgenden Chorsätzen besteht – spielt vor dem politisch-sozialen Hintergrund seiner Entstehungszeit: der Zeit der großen Depression. Hatte Amerika während und nach dem Ersten Weltkrieg eine lange Phase der allgemeinen Prosperität erlebt, in der wirtschaftliches Wachstum und verbreiteter Wohlstand herrschten, so spürt es wie alle anderen Nationen auch nun die Folgen des Börsenkrachs und der Weltwirtschaftskrise, die 1929 ausbricht: Armut, Arbeitslosigkeit und sinkender Absatz der wirtschaftlichen Produkte auf dem Weltmarkt. 1928 wird Herbert Hoover von einer erwartungsvollen Wohlstandsgesellschaft zum Präsidenten der USA gewählt, wird jedoch schon früh von einer »Welle des Unmuts und der Verzweiflung aus dem Weißen Haus getrieben«. Die amerikanische Gesellschaft (und nicht nur sie!) zeigt sich äußerst skeptisch gegenüber vollmundigen Wahlversprechen. Die Autoren nehmen dies zum Anlaß, satirisch auf ein weltumspannendes Wort zu setzen: Love – Liebe! Wie aber das?

Die Nationale Partei Amerikas kürt im Präsidenten-Wahljahr ihr Mitglied John P. Wintergreen zum Kandidaten. Schon die erste Gesangsnummer, ein groß angelegter Chorsatz, zeigt den satirischen Grundcharakter des Werkes auf, wenn in einer textlich belanglosen Szene die Musik pompös daherkommt und selbst Sousas amerikanischen Nationalmarsch »Stars and Stripes Forever« zitiert, der ja erklärtermaßen »den Willen und die Kraft der amerikanischen Nation verkörpern« soll. Für die Präsidentenwahl muß eine zündende Idee her, die aber nichts versprechen und deshalb auch nicht wehtun soll. Aus dieser Idee muß ein Grundsatzprogramm entwickelt werden, »für das sich jeder interessiert und das keinen Pfifferling wert ist«, wie es heißt. Der geniale Plan hat mit der Liebe zu tun. In Atlantic City wird die Partei einen Schönheitswettbewerb mit der Wahl der ›Miss America‹ durchführen und die Siegerin wird die Ehefrau des noch unverheirateten Wintergreen und somit künftige First Lady des Landes werden. Doch dem Kandidaten paßt das ganz und gar nicht, er wird die aus dem amerikanischen Süden stammende Wettbewerbsgewinnerin Diana Deveraux nicht heiraten, denn er hat sich in Mary Turner verliebt, die Sekretärin des Wettbewerbs. Und die kann hervorragenden Maiskuchen backen, und wenn's sein muß auch ohne Mais! Das überzeugt den Parteiausschuß, dessen Sekretär Sam Jenkins die Meinung in einem temperamentvollen Duett mit seiner Sekretärin Miss Benson besingt: »Liebe überschwemmt das Land«. Die Liebe wird als Nationalgefühl bezeichnet, und so sehen es auch Wintergreen und Mary: just am Tag seiner Amtseinführung heiraten sie. Da aber taucht Diana auf, erinnert an das Wahlversprechen und bringt seine Nichteinlösung an die Öffentlichkeit. Nach einiger Zeit, da die neue Administration bereits in Langeweile und Unentschlossenheit dahindümpelt, erscheint sie abermals auf der politischen Bühne mit einem mächtigen Verbündeten, dem Botschafter Frankreichs. Die ›Grande Nation‹, so bedeutet der, fühlt sich beleidigt durch das, was Regierung und Senat Diana antun, die schließlich die illegitime Tochter eines illegitimen Sohnes von einem illegitimen Neffen Napoleons ist! Diplomatische und sogar kriegerische Verwicklungen drohen. Wintergreen lehnt jedoch Frankreichs Ansinnen ab, seine Ehe zu annullieren und Diana zu heiraten. Partei und Senat hingegen befürchten das Schlimmste und beraten über ein Impeachment, also über ein Verfahren zur Amtsenthebung des Präsidenten. Wieder kann man sich an einer herrlich satirischen Szene erfreuen, wenn Vizepräsident Throttlebottom die Senatoren beschwört, etwas zu unternehmen, denn ein großes Gelächter durchziehe bereits das Land und Frankreich müsse Genugtuung gewährt werden! Da naht die Rettung, und die ist auch wieder irgendwie typisch Amerika: das Präsidentenehepaar erwartet Nachwuchs! Und da die USA noch nie ein Amtsenthebungsverfahren gegen einen werdenden Vater durchgeführt haben, wird das geplante Verfahren gegen Wintergreen eingestellt. Als sich überdies Zwillinge einstellen, wird allen plötzlich klar: der Präsident hat doch auf geradezu spektakuläre Art das Wahlversprechen eingehalten, nämlich Liebe über alles! Ganz Amerika befindet sich im Freudentaumel. Doch Frankreich besteht weiterhin auf seiner Forderung, es kann die Diana angetane Kränkung nicht vergessen. Da findet man den Ausweg aus diesem Dilemma in der amerikanischen Verfassung. Dort steht: Kann der Präsident bestimmten Pflichten nicht nachkommen und steht er für gewisse Aufgaben nicht zur Verfügung, wie das in diesem Fall ganz offensichtlich ist, so muß ihn sein Vizepräsident vertreten. Glücklich stellt sich Throttlebottom der vaterländischen Verantwortung, indem er Diana heiraten wird. Und damit ist auch Frankreich zufrieden. Finale!

Das Werk wirkt durch seine geschlossene Form, durch die satirische Zuspitzung in der Parodierung typisch amerikanischer Gewohnheiten, mit der geistvollen Verspottung der politischen Klasse und durch die rhythmische, im wahrsten Sinne ›schlagfertige‹ Musik Gershwins, die sich in der musikalischen Entblößung üblicher politischer Sprücheklopferei auch gern des rasanten Parlandos der opera buffa à la Rossini und Donizetti bedient.

Der Erfolg dieses Musicals verleitet die Gershwins allerdings zu einer Fortsetzung mit gleichem Bühnenpersonal anläßlich der Wiederwahl Wintergreens nach vier Jahren Amtszeit. Der Wahlkampf erfolgt diesmal mit dem Motto »A New Deal« in der Absicht, die soziale und wirtschaftliche Lage der Amerikaner zu verbessern. Unter diesem Wahlspruch ist gerade Hoovers Nachfolger Franklin Delano Roosevelt 1933 amerikanischer Präsident geworden. Im Stück mit dem schier unübersetzbaren Titel LET'M EAT CAKE (wörtlich: Laßt sie doch Kuchen essen; U 1933) zieht sich Wintergreen zunächst mit Mary ins Privatleben zurück, betritt erneut die politische Bühne mit der Umwandlung der von seinem Vorgänger initiierten Demokratie in eine Diktatur des Proletariats und dem Plan, die inzwischen von Mussolini und Hitler beherrschte internationale politische Lage mit einem Baseball-Spiel zwischen den Mitgliedern des Obersten Bundesgerichts der USA und des Völkerbundes zu entschärfen, weil die europäischen Staaten ihre Kriegsschulden nicht bezahlen wollen. Die spritzige Politsatire des ersten Stückes ist nun zur bemühten, aber niveaulosen Albernheit herabgesunken und verliert sich schließlich im Kalauer und in der seichten Unterhaltung. Zwar gibt es einige gute Kritiken, aber das Publikum ist enttäuscht. Offenbar ist ihm, das unter Roosevelts sehr erfolgreicher Präsidentschaft neue Hoffnung schöpfen kann, das Musical zu politisch und zu wenig niveauvolle Unterhaltung. So wird die Aufführung höchstens ein höflicher Achtungserfolg und verschwindet nach gerade 90 Vorstellungen sang- und klanglos in der Versenkung.

Dennoch ist Gershwin der unangefochtene Herrscher am Broadway. Seine Popularität in Amerika steigt mit seinen bis 1935 durchgeführten mehrmonatigen Rundfunksendungen »Musik von Gershwin«, in denen er als Solist, Dirigent und Moderator in einer Person auftritt. In der Zeit beginnt er mit der Arbeit an »Porgy and Bess«, ist mit Bruder Ira in Hollywood an einem Filmprojekt von Fred Astaire beteiligt und fühlt sich glücklich, als er in dem in die USA eingewanderten Arnold Schönberg einen neuen Partner für seinen leidenschaftlich betriebenen Tennissport findet. Anfang 1937 erhält George Gershwin mit der Ehrenmitgliedschaft der renommierten ›Accademia di Santa Caecilia‹ in Rom die höchste italienische Auszeichnung für ausländische Komponisten. Er ist weltberühmt, reich, erfolgreich und voller neuer Pläne – aber er fühlt sich zugleich auch ausgelaugt und einsam, die Körperkräfte lassen sprunghaft nach, der Gesundheitszustand verschlechtert sich rapide und macht ständige ärztliche Aufsicht und mehrere Krankenhausaufenthalte notwendig. Am 9. Juli bricht Gershwin zusammen, fällt ins Koma und wird in das Krankenhaus von Beverly Hills gebracht. Eine mehrstündige Operation, durchgeführt von einem Expertenteam, bringt schließlich den endgültigen Beweis eines unheilbaren Gehirntumors. Gershwin überlebt den Eingriff nicht und stirbt am 11. Juli 1937, ohne das Bewußtsein wiedererlangt zu haben. Tags darauf wird der Leichnam nach New York überführt, der Trauerfeier und Beisetzung folgen Tausende von Menschen, darunter nahezu alle, die in der New Yorker Theater- und Musikszene einen Namen haben.

Ob auch *Kurt Weill* zu den trauernden Menschen gehört, ist nicht bekannt, aber wahrscheinlich, da er Gershwin kennt. Seit zwei Jahren befinden er und seine Frau Lotte Lenya sich in New York. 1931 brechen die letzten Jahre an, die die Weills noch in Deutschland verbringen. Die Nazis brandmarken immer heftiger die Werke des Juden aus Dessau als ›undeutsch‹. An der Städtischen Oper in Berlin gelangt seine Oper »Die Bürgschaft« am 10. März 1932 zur Uraufführung und wird ein Publikums- und Presseerfolg trotz massiver organisierter Störmanöver und Nazikrawalle während der Vorstellung. Das sind unüberhörbare Signale der Bedrohung. Doch Anfang des nächsten Jahres folgt noch sein dreiaktiges sozialkritisches Wintermärchen »Der Silbersee« mit dem Text von Georg Kaiser (1878–1945). Als es am 18. Februar 1933 gleichzeitig in Erfurt, Leipzig und Magdeburg uraufgeführt wird, sind die öffentlichen Angriffe der nationalsozialistischen Presse noch aggressiver und richten sich gleichzeitig gegen Theater, Autor und Komponist. Dem Intendanten des Magdeburger Theaters wirft die »Vossische Zeitung« vor, er mache mit der Aufführung sein Theater zu »einem Instrument gänzlich unkünstlerischer Bolschewisierungsversuche« und verlangt die sofortige Absetzung des Stückes. Der »Völkische Beobachter« attestiert Georg Kaiser, er habe nichts mehr als »plumpe, für den Tag verfertigte Szenenkitterei« betrieben, bezeichnet das Stück als »verlogene Theatermache«, als ein »in abgeschmackter Wirkungsberechnung verkümmertes Denkdrama«, als »geistloses Machwerk« und die Aufnahme in den Spielplan als »Dreistigkeit, die durch eine mit großem Aufwand bewerkstelligte künstlerische Aufmachung nicht gemildert werden« kann. Und in der gleichen Zeitung heißt es über Kurt Weill: »Einem ›Künstler‹, der sich mit solchen Vorlagen abgegeben hat, der zu zuchtlosen, die Kunst und den Sinn für echte Kunst bewußt zersetzenden Texten eine ›Musik‹ schrieb, die sich den Librettos ebenbürtig anpaßte, einem solchen Komponisten muß man mit Mißtrauen begegnen, noch dazu, wenn er sich als Jude erlaubte, für seine unvölkischen Zwecke sich einer deutschen Opernbühne zu bedienen! Daß dieses Mißtrauen gerechtfertigt war, zeigte die Musik zum ›Silbersee‹. Unschön und krankhaft – das sind die Merkmale, auch dadurch gekennzeichnet, daß Herr Weill, wie berichtet wird, noch während der Generalprobe einige mitwirkende Damen nach Hause schickte, weil ihm der Chor durch ihre Unterstützung ›zu schön und zu gesund‹ klänge.« Schon aus diesen wenigen Zeilen werden die Grundprinzipien der nationalsozialistischen Kultur- und Kunstauffassung deutlich. Die geltende Kunst hat sich allein nach der Nazi-Ideologie zu richten, sie muß in ihr ihre Wurzeln haben, muß deren Absichten verfolgen und ihre Grundsätze vertreten. Alle zeitgenössische Kunst, die dies nicht tut, wird verfolgt, bekämpft, verfemt. Die als ›entartet‹ verdammte Kunst und ihre Schöpfer müssen verfolgt und vernichtet werden, da sie sich, so klagt man sie pauschal an, gegen alle Tradition und Konvention wenden und darin als verlogen und unnatürlich gelten. Erst recht natürlich jede jüdische Kultur, die man genauso unbarmherzig vernichten muß wie die Juden selbst. Der politische Machtanspruch bestimmt eben auch alles kulturelle Leben und Schaffen in Deutschland und überwacht dieses mit dem nationalsozialistischen Instrumentarium von Reichskulturkammer, Reichstheaterkammer, Reichsmusikkammer und Reichsrundfunkgesellschaft. In der Reichsmusikkammer Berlin wird 1941 im Auftrag der Reichsleitung der NSDAP ein Lexikon der Juden in der Musik zusammengestellt, wobei die behördlich vorhandenen Unterlagen parteiamtlich geprüft werden. Über Kurt Weill heißt es da: »Der Name dieses Komponisten ist untrennbar mit der schlimmsten Zersetzung unserer Kunst verbunden. In Weills Bühnenwerken zeigt sich ganz unverblümt und hemmungslos die jüdisch-anarchistische Tendenz. Nach verschiedenen Werken ... errang er mit seiner gemeinsam mit Bert Brecht (Text) geschriebenen ›Dreigroschenoper‹ einen sensationellen Erfolg. Als Bearbeitung und Umformung, z. T. mit handgreiflichen Plagiaten nach der alten Bettler-Oper von Gay und Pepusch geschaffen, wurde dieses Werk mit seiner unverhohlenen Zuhälter- und Verbrechermoral, seinem Song-Stil und seiner raffiniert-primitiven Mischung von Choral, Foxtrott und negroidem Jazz von jüdischer und judenhöriger Seite als revolutionärer Umbruch der gesamten musikdramatischen Kunst gespriesen.«

Weill riecht Lunte. Spätestens mit der Machtergreifung durch die Nationalsozialisten Ende Januar 1933 weiß er, daß seines Bleibens in Deutschland nicht mehr sein kann. Er geht ins Exil und folgt damit vielen anderen deutschen Theaterleuten. Zunächst reisen er und seine Frau nach Paris, wo sie am 23. März eintreffen. Man kennt dort Weill gut und achtet ihn sehr, was ihm sofort einen Ballettauftrag einbringt. So erlebt das Ballett mit Gesang »Die Sieben Todsünden« als letztes gemeinsam mit Bertolt Brecht verfaßtes Werk am 3. Juni 1933 im Théâtre des Champs Elysées seine Uraufführung. Ein großer Finanzerfolg wird die Aufführung der »Sieben Todsünden« jedoch nicht, und da Kurt Weills Konten in Deutschland gesperrt und sein Vertrag mit der Universal Edition gekündigt werden, schreibt Weill zum Lebensunterhalt auch Gelegenheitskompositionen. Er freundet sich mit Jean Cocteau

(1889–1963) an, doch aus dem gemeinsamen »Faust«-Plan wird nichts. Aus der beginnenden Zusammenarbeit mit Franz Werfel (1890–1945) und Max Reinhardt (1873–1943) an dem biblischen Drama »Der Weg der Verheißung« mit einem Stoff aus dem Alten Testament, dessen Aufführung in New York stattfinden soll, reift der Entschluß des Ehepaars Weill, nach Amerika zu gehen. Am 10. September 1935 treffen sie per Schiff in New York ein, wohnen zunächst längere Zeit in Hotels und Weill versucht, Kontakte zu amerikanischen Theaterleuten herzustellen, denn in Amerika kennt man ihn kaum. Im Frühjahr 1936 lernt er den legendären amerikanischen Schauspiellehrer und Theatermann Lee Strassberg kennen, für dessen Group Theatre er zu arbeiten beginnt.

Sein erstes amerikanisches Bühnenwerk entsteht mit dem Musical JOHNNY JOHNSON, das am 19. November 1936 in einem mittleren Broadway-Theater uraufgeführt wird. Aus Anlaß der 200-Jahrfeier eines amerikanischen Provinzstädtchens hat der dort lebende junge Steinmetz und Grabsteinmacher Johnny Johnson eine Freiheitsstatue als Friedensdenkmal geschaffen und gestiftet. In die von Friedensgedanken weihevoll bestimmte Ansprache des Bürgermeisters platzen die Nachricht vom Eintritt der USA in den Ersten Weltkrieg gegen das kaiserliche Deutschland und der Befehl der Regierung zur sofortigen Mobilmachung. Das kehrt die Stimmung von der zitatenseligen Freiheits- und Neutralitätsbeschwörung um in patriotische Kriegsbegeisterung. Besonderes Kriegsfieber zeigt Minerva Tompkins, genannt Minny Belle. Um sie, die er liebt, zufrieden zu stellen, meldet sich Johnny gegen seine ausgesprochen pazifistische Überzeugung zur Armee. Als Soldat will er für die »Weltdemokratie«, wie er es nennt, kämpfen, und so bricht er vom Hafen aus nach Europa auf. Es gelingt ihm, sich ins dortige Hauptquartier der Alliierten durchzuschlagen, wo die Generäle gerade geschäftsmäßig über die Zahlen möglicher Toten in den einzelnen nationalen Reihen verhandeln. Er droht ihnen mit einem aus einem Krankenhaus entwendeten Lachgaszylinder, den Krieg zu beenden. Als er ihnen das Lachgas ins Gesicht sprüht, beginnen die Generäle einen ausgelassenen Veitstanz, in dessen Verlauf sie Johnny zum amerikanischen General küren und entsprechend einkleiden und dekorieren. Als die Wirkung des Lachgases nachläßt, machen sie sich auf die Suche nach dem inzwischen verschwundenen Mann. Der gibt, zunächst noch unerkannt, an der Front den Befehl zur sofortigen Einstellung aller Kampfhandlungen, wird dann aber enttarnt, kann zwar fliehen, den Krieg jedoch nicht aufhalten. Man verhaftet ihn und steckt ihn in ein Heim für Geistes- und Gemütskranke, wo man als Krankheit Friedenssehnsucht diagnostiziert. Dort begegnet er Minny, für die er doch alles getan und an die zu denken er in all der Zeit auch nicht einen Moment aufgehört hat. Doch auch sie hält ihn für geisteskrank und überläßt ihn der Obhut der Ärzte und deren gründlicher psychoanalytischer Behandlung. Dann aber soll er entlassen werden, denn seine Krankheit ist, wie der behandelnde Arzt erleichtert feststellt, nicht ansteckend. Als Spielzeugverkäufer auf der Straße verbringt Johnny seine Tage, während Minny eine brave amerikanische Hausfrau und Mutter geworden ist.

Weills Musical ist eine Antikriegssatire, böse und sarkastisch und mit unverhohlener Wut in jeder Szene, Wut über die Ohnmacht der Friedfertigen unter den Menschen. Sicher: Johnny Johnsons Friedenssehnsucht kommt manchmal etwas sehr naiv daher – aber man wünscht sich mit den Autoren schon, daß sie wenigstens höchst ansteckend ist.

1937 reist Weill nach Hollywood, um ins Filmgeschäft einzusteigen. Er führt mit den Brüdern George und Ira Gershwin Gespräche, trifft mit dem emigrierten deutschen Regisseur Fritz Lang und mit amerikanischen Autoren zusammen, doch konkrete Pläne kommen nicht zustande. Er kehrt nach New York zurück, wo er sich mit seiner Frau eine eigene Wohnung mietet und sich um die amerikanische Staatsbürgerschaft bemüht, die sie etwas verspätet 1943 erhalten.

Im Frühjahr 1938 lernt Weill den amerikanischen Dramatiker Maxwell Anderson (1888–1959) kennen, mit dem ihm in KNICKERBOCKER HOLIDAY sein erster überragender Broadway-Erfolg (U 19. Oktober 1938 im Ethel Barrymore Theatre) und sein bestes Musical überhaupt gelingt. Das bringt die Wende für den Komponisten, der sich nun ganz dem amerikanischen Musiktheater zuwendet, das man in Europa noch nicht kennt. Er wird darin schließlich erfolgreich wie kein anderer europäischer Emigrant. Weills neues Musical ist eine Politsatire in einem Prolog und zwei Akten.

Im Prolog sitzt der junge Journalist Washington Irving im Jahre 1809 in seinem kleinen Arbeitszimmer. Er will etwas Ernstes, etwas seriöses Literarisches schreiben: eine Geschichte New Yorks, um die Zeit, als die Stadt noch Neu Amsterdam hieß. Es soll witzig und trotzdem gut sein und von der guten alten Zeit, von den goldenen Jahren der Gründung New Yorks durch die Holländer erzählen, als Manhattan noch zu kaufen war und als man den durch das Land ziehenden roten Mann betrog, denn nie wieder waren so viele Schildbürger am Werke wie damals unter den ersten Siedlern aus Holland.

Der 1. Akt führt uns zur Befestigungsanlage »The Battery« nahe dem Hafen von Neu Amsterdam im Jahre 1647. Der Rat tritt auf: dickbäuchige, behäbig Pfeife rauchende Holländer, die den neuen Gouverneur Peter Stuyvesant erwarten. Der schlaue Ratsvorsitzende Tienhoven erklärt deshalb den Tag zum nationalen Feiertag, und aus diesem Grunde, so will es die Tradition, muß einer gehängt werden. Aber wer? Alle Gefängnisinsassen sind durch ein unausgebessertes Loch im Gefängnis geflohen. Was nun? Das Schicksal hilft. Brom Broek erscheint mit seinem Freund Tenpin, beide wollen sich als Messerschleifer eine selbständige Existenz hier aufbauen. Brom, der als »gewohnheitsmäßiger Umstürzler« gilt, bekommt aber keine Lizenz, vor allem weil er und Tina, die Tochter Tienhovens, einander lieben und der Ratsvorsitzende andere Heiratspläne mit seiner Tochter hat. Wegen unerlaubter Ausübung des Schleifergewerbes wird Brom sogar ins Gefängnis gesperrt, und Tienhoven möchte ihn gar hängen lassen, was den Ratsmitgliedern aber zu weit geht. Ihnen macht Brom einen Gegenvorschlag: Wenn er ihnen einen nennt, den sie aufhängen können, müssen sie ihn selbst frei lassen. Man sagt es ihm zu – und da nennt Brom den Namen seines früheren Arbeitgebers Tienhoven, der schon seit vielen Jahren Feuerwasser und Feuerwaffen an die Indianer verkauft und sich damit eindeutig gegen das Gesetz von Neu Amsterdam versündigt. Natürlich leugnet Tienhoven alles, mehr noch, er und der Rat seien von Brom beleidigt worden und deshalb müsse er gehängt werden, denn darauf stehe nun wirklich die Todesstrafe. Der Rat ist sich dieses Mal einig und schreitet zur Tat. Da kommt dem schlitzohrigen Brom eine Idee: er bittet, nach herkömmlicher Art am Halse gehängt zu werden und nicht nach moderner Art, die um sich greife, nämlich am Bauch. Denn dies sei eine besonders perfide Art, da der Delinquent länger leiden müsse, was das Vergnügen der Menge besonders erhöhe. Das aber – und damit hat Brom natürlich gerechnet – ist es ja gerade, was der Rat will. Und so hängen sie Brom auf, indem sie ihm den Strick um die Hüfte binden und ihn hochziehen. Da erscheint, quasi als deus ex machina, der neue Gouverneur Peter Stuyvesant. Er begnadigt Brom, nicht ohne Bewunderung dafür, wie dieser so geschickt sein Leben zu retten versuchte. Das Volk schreit »Hurra!« Stuyvesant ist gekommen, eine neue Regierung einzurichten mit ihm selbst an der Spitze. Alles soll zum Wohle des Volkes geschehen, aber nur so, wie Stuyvesant es anordnet, was heißt: zu seinem Vorteil. Dann deckt er den jahrelangen Verkauf von Waffen und Gin an die Indianer auf und stellt Tienhoven als Schuldigen bloß, der hohe Gewinne für sich eingestrichen und hohe Schweigegelder an die anderen Ratsmitglieder gezahlt hat. Gerade deshalb macht ihn Stuyvesant zum Geschäftsführer der auch künftig florierenden Geschäfte mit den Indianern, an denen natürlich die Regierung entscheidend beteiligt wird: der Indianer-Handel wird zum Staatsmonopol erklärt. Außerdem soll Tina den wesentlich älteren Stuyvesant heiraten und Frau Gouverneurin werden, die politische Klugheit erfordert das. Brom protestiert und hält Stuyvesant entgegen, auf diese Weise werde das Land kaum ein freies und demokratisches sein. Daraufhin läßt dieser ihn ins Gefängnis werfen. Das Volk schweigt betreten, Stuyvesant muß ihm erst befehlen, zu lächeln und fröhlich zu sein an einem solchen Feiertag.

Der 2. Akt spielt zunächst im Gefängnis. Brom und Tenpin sitzen in ihrer Zelle, die aber wegen des schon genannten Lochs keineswegs ausbruchssicher ist. Tina besucht ihren Ex-Bräutigam, um ihm den Verlobungsring zurückzugeben, da sie sich dem väterlichen Willen beugen will. Dann entscheidet sie sich aber, mit dem Geliebten aus der Stadt zu fliehen und in der Wildnis zu leben. Doch es ist zu spät. Tienhoven erscheint, um die endgültige Entscheidung zu bringen: Tina wird Stuyvesants Ehefrau und Brom soll an ihrem Hochzeitstag gehängt werden. Als jedoch gegen Abend im Freien die Hochzeitsvorbereitungen getroffen werden, tauchen Brom und Tenpin auf mit der Warnung, Indianer seien im Anmarsch. Wenig später stürzen diese leibhaftig auf die Bühne. Der Rat zeigt Feigheit und verzieht sich, Brom und Stuyvesant stürzen sich dagegen mutig den Indianern entgegen. Sie gewinnen, Brom rettet Stuyvesant das Leben, aber Tenpin scheint gefallen. Man bahrt ihn auf und trauert um ihn. Brom soll eine Totenrede auf seinen Freund halten, aber die gerät ihm umgehend zu einer Anklage gegen Stuyvesant: er habe das Kriegswerkzeug an die Indianer verkauft, mit dem diese nun angegriffen haben. Stuyvesant verlangt einen Zeugen für diese ungeheuerliche Anschuldigung. Alle schweigen; da erhebt sich der vermeintlich tote Tenpin und bezeugt, daß Brom die Wahrheit gesagt hat. Stuyvesants Reaktion: Brom soll wegen Hochverrat gehängt werden. Doch da spielen Volk und Rat plötzlich nicht mehr mit, sie schlagen sich auf Broms Seite, der ihnen Mut macht, die Befehle zu verweigern. Man probt den Aufstand gegen Stuyvesant, der ihn erst harsch unterbinden will, dann aber einlenkt eingedenk eines ihm in den schönsten Farben beschriebenen ruhmvollen Weiterlebens im Gedächtnis der Nachwelt. Er arrangiert sich mit dem Rat zugunsten einer demokratischen Regierungsform, verzichtet großmütig auf Tina und macht für sie und Brom damit den Weg frei in eine gemeinsame glückliche Zukunft.

Gewissermaßen die dramaturgische Klammer des Werkes setzt der Prolog in Gestalt des großen New Yorker Schriftstellers Washington Irving (1783–1859), der in seinem satirischen Geschichtswerk »A History of New York«, das er unter dem Pseudonym ›Diedrich Knickerbocker‹ erscheinen ließ, die Frühzeit New Yorks so geistvoll geschildert hatte (12).

Als Bühnenfigur gestaltet Washington Irving nicht nur das Opening, sondern er greift auch noch mehrmals in das Geschehen von außen ein. So bringt er Brom als »richtigen Helden« ins Spiel, der »am besten zum schlichten Volk gehört, ziemlich auf den Hund gekommen, ein Durchschnittsmensch«. Den bittet er später, als dieser die Machenschaften und Korruption der Ratsmitglieder aufdeckt, nicht weiter »Schmutz zu schleudern auf die Gründerväter«, denn sonst verkaufe sich sein (Irvings) Buch nur schlecht und stimmt mit ihm den Song »Wie ist der Mann aus Amerika?« an, eine Persiflage über den Ahnherrn des natürlich nur aus guten menschlichen Eigenschaften bestehenden amerikanischen Nationaltyps und eine der zentralen musikalischen Nummer des ganzen Musicals. Gleich zu Beginn des 2. Aktes singt Irving die witzignachdenkliche »Ballade von den Räubern«, die Weill in eine freche Musik packt. Überhaupt erzielt das Musical seine Wirkung immer wieder durch seinen satirischen Grundton. Offensichtlich hat Weill am Textbuch mitgearbeitet, denn es ist voller Anspielungen auf das Land, das er gerade verlassen hat, um am Leben zu bleiben. Es ist die Rede von der Machtergreifung Stuyvesants und von der »Erziehung durch Kraft und Freude«, in einem Song heißt es »Oh Führer, uns befiehl,/Wir folgen dir zum Ziel«, und am Ende überwindet die amerikanische Demokratie die Diktatur des Peter Stuyvesant, dessen Vorgehen deutliche Parallelen zu Hitler aufweist. Aber nicht nur diese zwar erkennbaren, aber nicht plump vordergründigen Verweise, sondern die grundsätzliche Qualität von Buch und Musik wären Grund genug, »Knickerbocker Holiday« eine Chance auf dem deutschen Theater zu geben. Gab es sie wenigstens im Weill-Doppeljubiläums-Jahr 2000?

Anfang 1939 zieht das Ehepaar Weill nach Suffern aufs Land in ein gemietetes Landhaus. Weill erhält einen Kompositionsauftrag für die New Yorker Weltausstellung und erringt mit der Uraufführung seines neuen Musicals am 23. Januar 1941 im Alvia Theatre derart enormen Erfolg, daß er nun auch finanziell unabhängig ist und sich in New York City ein eigenes Haus kaufen kann. Das Buch schreibt ihm Moss Hart, die Gesangstexte stammen von Ira Gershwin.

Dieses ›musical play‹ LADY IN THE DARK thematisiert das menschliche Unterbewußtsein, die aus ihm erwachsenden Träume und Ängste und deren psychoanalytische Behandlung. Es illustriert die Bedeutung der in den USA bereits in den Vierziger Jahren stark etablierten Psychoanalyse, die schon in Erich Wolfgang Korngolds expressionistischer Oper »Die tote Stadt« dezent mitschwingt. Norma Elliot, erfolgreiche Herausgeberin einer von ihr begründeten Modezeitschrift für die Frau, trägt ihre scheinbare Autorität wie eine Lackschicht, unter der sich Unsicherheit, Zweifel und Ängste verbergen. Sie begibt sich deshalb bei dem New Yorker Psychotherapeuten Dr. Alexander Brooks in Behandlung. In dem ständigen Zustand einer nicht greifbaren Angst und Beklemmung habe sie das Gefühl, in Stücke zu gehen. Ihr Zusammenleben mit ihrem verheirateten Verleger Kendall Nesbitt, dessen Frau sich nicht scheiden lassen will, bedrückt sie und legt sich auf ihre Arbeit. Sie fühlt sich in ein Frauenbild gepreßt, aus dem sie ausbrechen möchte. Ihre Träume verraten es. Sie schildert dem Psychiater in den Sitzungen vier dieser Träume. Der erste Traum vom Zauberglanz mit ihr als hinreißender Schönheit im Mittelpunkt der Gesellschaft spiegelt Normas Sehnsucht nach Anerkennung und Verehrung als Frau wider, zugleich aber auch die Belastung ihres Unterbewußtseins, daß die Wirklichkeit eben doch ganz anders ist: hart, erbarmungslos, von Konkurrenzkampf und Streitigkeiten geprägt und ohne Poesie. Dr. Brooks kommentiert den Traum mit dem Hinweis auf die offensichtliche Diskrepanz zwischen Traum und Wirklichkeit, die in Normas Charakter liegt: für sich selbst weise sie alle Schönheit zurück, widme sich aber mit ihrer Zeitschrift dem Ziel, anderen Frauen zu sagen, wie sie sich schöner machen können. Die Realität ihrer täglichen Arbeit in der Redaktion liefert das Material zum zweiten Traum. Der Filmstar Randy Curtis soll in Fotoserien, Artikeln und Kolumnen ihrer Zeitschrift einer großen Leserschaft vorgestellt werden. Er ist »das schönste Stück Mann«, wie es heißt, »ein Schlaganfall für Blinde« und eine »Mischung aus Buffalo Bill, Marcus Antonius und Don Juan«. Auch Norma kann sich seiner Faszination nicht entziehen. Um so mehr verliert sie ihre Sicherheit, als ihr Geliebter Rendall Nesbitt mit der Nachricht kommt, seine Frau willige nun doch in die Scheidung ein, und das sei doch das, was sie sich beide gewünscht haben. Doch Norma trifft diese Entscheidung wie ein Donnerschlag. Ist das wirklich das, was sie wollte? Normas mit »Hochzeit« betitelter zweiter Traum spiegelt ihren inneren Zwiespalt wider zwischen Kendall und Randy, der ihr leidenschaftlich den Hof macht, was sie nicht ungern sieht. Brooks deutet diesen Traum und Normas Verhalten in diesem Traum als ihren unterschwelligen Haß und ihre Verachtung für andere Frauen. Norma wehrt sich dagegen und zieht die Konsequenz: sie bricht die Analyse ab. Doch die Träume verfolgen sie weiter. Im dritten Traum (Zirkustraum) wird sie vor ein Gericht gestellt, bei dem ihr Werbemanager Charley Johnson als Staatsanwalt, Randy als ihr Verteidiger und die Richter als Clowns auftreten. Die Anklage gegen sie lautet auf Unentschlossenheit: Sie kann sich nicht entscheiden zwischen einer Oster- und einer Zirkusausgabe ihrer Zeitschrift »Faszination«; sie kann sich nicht entscheiden, ob sie Kendall Nesbitt heiraten soll oder nicht, weil sie Angst davor hat; sie kann sich nicht entscheiden, als Frau so zu sein, wie sie gern wäre, weil sie Angst hat, als Frau in Konkurrenz zu anderen Frauen zu treten. Der Traum hat das gleiche Ergebnis wie die Träume zuvor: In ihrem Unvermögen, sich zu entscheiden, fühlt sich Norma erniedrigt und verletzt. Deshalb kehrt sie zu Dr. Brooks zurück. Dort hat sie den vierten Traum (Kindheitstraum in vier Sequenzen), in dem ihre Mutter als strahlende und allseits bewunderte Schönheit auftritt – sie aber als reizloses Kind, an dessen Unscheinbarkeit sich ihre Eltern fast fatalistisch gewöhnt haben und daraus auch kein Hehl machen. Das führt dazu, daß sich Norma als Kind häßlich und beschämt fühlt. Brooks erklärt ihr, sie habe sich mit dieser Kindheitserinnerung als Frau zurückgezogen, um nicht verwundet zu werden, wenn sie zu anderen Frauen in Konkurrenz trete. Die Sehnsucht sei aber geblieben, auch die Wut und das Gefühl der Ungerechtigkeit, und nun erlebe sie ihre eigene Rebellion gegen ihr Unerfülltsein als Frau. Diese Sichtweise hilft Norma, sich selbst zu erkennen und zu finden. Sie ist stark genug, sowohl Kendall wie Randy zu vergessen, die sie nur für sich brauchen. Und sie erkennt, daß es jemanden gibt, der sie als Chefin achtet und als Frau bewundert und der seinen eigenen Charakter hat und seinen Mann im Beruf steht und dem sie sich als Frau ganz anvertrauen kann:

Charley! Die Handlung von »Lady in the Dark« läuft auf zwei Ebenen ab. Normas Redaktionsbüro und die Praxis von Dr. Brooks stellen die Ebene der Realität dar, während die zweite Ebene von den Traumsequenzen gebildet wird. Sie sind die großen Show- und Tanzbilder, die sich als eigentliche Musicalteile deutlich von den reinen Dialogszenen der ersten Ebene absetzen.

Beim Kriegseintritt der USA (Dezember 1941 nach japanischem Überfall auf Pearl Harbor am 7. Dezember) arbeiten Kurt und Lotte Weill für die amerikanische antifaschistische Propaganda, wo sie auch Brecht wieder treffen. Im Herbst 1943 hat mit ONE TOUCH OF VENUS ein weiteres Weill-Musical Premiere am Broadway (7. Oktober im Imperial Theatre). Es ist eine Variante des Pygmalion-Themas. Der junge Friseur Rodney Hatch ist von einer angeblich 3000 Jahre alten anatolischen Venusstatue so fasziniert, daß er ihr wie im Traum den eigentlich für seine Verlobte Gloria Kramer gedachten Ring überstreift. Das erweckt die Statue zum Leben, Venus verfolgt Rodney bis nach Hause und macht ihm in der Folgezeit eine Menge Schwierigkeiten, zumal der Besitzer nach seiner Staue sucht und Rodney des Diebstahls verdächtigt. Der und Venus kommen sich näher, doch als die Liebesgöttin in den gemeinsam entworfenen Zukunftsvorstellungen sich selbst nur als Hausfrau, Mutter und Gattin eines vor allem seine Comics und seinen Rasenmäher liebenden Ehemanns zu erkennen vermeint, kehrt sie lieber als Statue auf ihren Sockel zurück.

Weill ist am Broadway so erfolgreich, daß er sich inzwischen auch als Amerikaner fühlt. So beginnt er im Frühjahr 1942 damit, sich auf seine Weise in die Kriegsanstrengungen der USA einzubinden. Moss Hart berichtet ihm von der ENSA (Entertainment's National Service Association) in England, eine Art staatlichem Unterhaltungsbetrieb der englischen Regierung für die britischen Streitkräfte (nicht unähnlich der Wehrmachtsbetreuung in Deutschland) und für die Arbeiter in der Rüstungsindustrie. Mit Erlaubnis der US-Navy stellt Weill mit anderen eine Show in Form eines kleinen Unterhaltungsprogramms mit zehn Darstellern (je zwei Sänger und Komiker sowie sechs Tänzer) zusammen. Sie beginnen ihre Tournee auf einer Werft in Brooklyn und sind damit äußerst erfolgreich, da sie ja nur Unterhaltung und vergnügliche Darbietung in schweren Zeiten bieten wollen ohne Propaganda und Kampfparolen. Die Arbeiter sollten verstehen, so Weill später, »daß wir von ihnen nichts anderes verlangten, als sich zu entspannen, etwas Musik zu genießen und über ein paar Späße zu lachen.« Sie zogen durch die Rüstungsbetriebe von New York, Baltimore, New Jersey und des nördlichen Teils des Staates New York. Der Erfolg dieser etwa halbstündigen Unterhaltungsshows hing ab vom inhaltlichen Material, den Songs und vom Können der Darsteller wie vom Vermögen des durch das Programm führenden Conferenciers, spontanen und unmittelbaren Kontakt zu den Arbeitern zu finden.

Für das Theater schreibt Weill zwei ernste Stücke. Großen Erfolg hat er mit STREET SCENE, uraufgeführt am 9. Januar 1947 im Adelphi Theatre am Broadway. Es hat das 1929 in New York uraufgeführte und mit dem begehrten Pulitzerpreis ausgezeichnete gleichnamige Schauspiel von Elmer Rice zur literarischen Vorlage und erinnert in vielem an »Porgy und Bess«. Wie bei Gershwin spielt auch Weills Werk unter Nachbarn, hier sind es Menschen, die in einem großen Haus wohnen und deren Schicksale und alltägliche Begebenheiten eng miteinander verwoben sind. Im Mittelpunkt der Handlung steht die Familie Maurrant. Vater Frank ist Bühnenarbeiter und spielt zu Hause den Tyrannen mit altmodischen, puritanisch anmutenden Moralvorstellungen, die er gegenüber seiner Frau Anna und seinen Kindern Rose und Willie vehement bis zur verbalen und handgreiflichen Brutalität vertritt. Seinen Sohn erzieht er mit Schlägen, seine bereits erwachsene und berufstätige Tochter nennt er eine Herumtreiberin, seiner Frau gegenüber kennt er nur rücksichtsloses patriarchalisches Verhalten. Weil er den ganzen Tag schuftet, lebt er der Überzeugung, daß in seiner Familie nur das zu geschehen hat, was er für richtig hält. Deshalb betrachtet er auch alles Gerede von individueller Meinung, sozialer Gerechtigkeit, von Mitgefühl für Menschen in Not und von Hoffnungen auf ein besseres Leben nur als Quatsch und kommunistisches Gefasel. Anna leidet unter dem Despotismus ihres Mannes, der ihre Sehnsucht nach Anerkennung und Liebe nicht zu stillen vermag. So flieht sie in ein Verhältnis mit dem Manager eines Milchgeschäfts, der ebenfalls verheiratet und Vater zweier Töchter ist, was zur Katastrophe führt, als Frank dahinterkommt und beide tötet. Spätestens jetzt weiß Rose, daß sie New York verlassen und sich um ihren jüngeren Bruder Willie kümmern muß, in der Hoffnung, aus ihrer beider Leben etwas machen zu können und eines Tages zu dem jungen Polen Sam Kaplan zurückzukehren, den sie liebt.

Die Geschichte der Maurrants ist auch die des Hauses und seiner Mitbewohner, die unmittelbar in das Geschehen involviert sind. »Street Scene« hat etwas von einer Oper, denn es bevorzugt eher die Arien- als die einfache Liedform, obwohl es kaum strophische (da capo-)Wiederholungen gibt, da der Text fortlaufend komponiert ist, aber die Gesangsparts verlangen Opernsänger. Dennoch ist es weder durchkomponiert noch kennt es das Rezitativ. Es gibt aber auch den typischen Song des Musicals, der Tanz als konstitutives Element fehlt allerdings nahezu völlig, es wird nur einmal auf der Straße getanzt. Mit Mae Jones und Dick McGann tritt zudem das von der Operette her bekannte Buffopaar in Erscheinung, das am Ende des ersten Aktes ein schwungvolles Duett mit längerem Nachtanz zu singen hat. Und die Handlung ist in gesprochene Dialoge und musikalische Nummern geteilt, wobei die Dialoge teilweise vom Orchester melodramatisch untermalt werden. Die deutsche Fassung spricht von einer »Großstadt-Ballade« und trifft damit genauer den in der Tat balladesk komprimierten dramatischen Handlungsablauf. »Street Scene« zeigt einen anderen Kurt Weill, er hat den Jazz angenommen, seine Musik weist deutliche Amerikanismen auf, die das Musical vorgibt. In einem bleibt der Komponist sich selbst treu, indem er gestische Musik komponiert.

Zu LOST IN THE STARS (Der weite Weg; U 30. Oktober 1949 im Music Box Theatre am Broadway) hat wieder Maxwell Anderson Buch und Songtexte geschrieben. Literarische Vorlage dieser musikalischen Tragödie ist der Roman »Denn sie sollen getröstet werden« des südafrikanischen Schriftstellers und Publizisten Alan Stewart Paton. Thema seiner Romane und Erzählungen ist die Rassenfrage und der damit zusammenhängende Zustand der südafrikanischen Gesellschaft. Anderson und Weill folgen der Vorlage sehr genau und lassen ihr Stück ebenfalls in Britisch Südafrika spielen. Es ist die Geschichte des schwarzen Landgeistlichen Stephen Kumalo, der nach Johannisburg reist, um nach seinem Sohn Absalom zu suchen, der vor mehr als einem Jahr dorthin ging, um sich als Minenarbeiter Geld für seine weitere Ausbildung zu verdienen. Seitdem hat er nichts mehr von sich hören lassen. Stephen findet seinen Sohn, der auf die schiefe Bahn geraten ist, erst im Gefängnis, wo er auf seine Hinrichtung wartet. Bei einem mit zwei Kumpanen durchgeführten Raubüberfall im Hause des Arthur Jarvis, den er aus seinem Heimatort kennt und mit dem er befreundet ist, hat er ihn, als sie von ihm überrascht werden, aus Angst und in Notwehr erschossen. Auch vor Gericht bekennt er sich zu der Tat, die er in Panik begangen aber nicht gewollt hat. Mit der Last, Vater eines Mörders zu sein, geht Stephen zu James Jarvis, dem Vater des Ermordeten, der zu seiner Heimatgemeinde gehört und ebenfalls nach Johannisburg gekommen ist, um Sühne für den Ermordeten zu fordern. James hat seinen Sohn bereits verloren, Stephen kann seinen nicht mehr retten. Nach Hause zurückgekehrt, erklärt er seiner Gemeinde, das Amt des Geistlichen niederzulegen. Wenn er bleibe, sei er nur eine Bürde und keine Hilfe mehr für sie. Auch sei sein Glaube an das Gute zerstört, er sei seiner selbst nicht mehr sicher und fühle sich verloren. Ein Seelsorger jedoch dürfe sich nicht verlieren, sondern müsse den Weg wissen. Durch diese Erklärung erkennt James seine eigene Schuld, die in seiner bisherigen Überzeugung liegt, es dürfe kein Verstehen zwischen Schwarzen und Weißen geben, wie es ihrer beider Söhne ihm vorgelebt haben. Nun ist es an ihm, dem weißen Farmer, zu dem schwarzen Geistlichen zu gehen und ihm die Hand zu reichen. Denn er erkennt, daß ihrer beider Kummer der gleiche ist und daß das Zusammenleben zwischen Schwarzen und Weißen der Verbesserung dringendst bedarf. Der Entschluß, diesen weiten Weg zu gehen, beginnt mit der Bereitschaft, einander zu vergeben und sich gegenseitig im persönlichen Leid zu trösten.

Noch deutlicher als in »Street Scene« und anders als in den amerikanischen Werken Weills erinnert hier der Chor an die griechische Tragödie: mahnend, kommentierend, das Geschehen reflektierend und das über den Personen stehende Gewissen des Menschen vertretend, das nach Lüge und Wahrheit fragt, nach Gut und Böse. Der Chor erscheint oft, als stünde er außerhalb der Handlung wie ein Betrachter ihres schicksalhaften Ablaufes – und so kehrt Weill in gewisser Weise zurück zu den stilistischen Anfängen seines Theaterschaffens.

Es ist sein letztes Bühnenwerk, denn der gemeinsam mit Anderson gefaßte Plan eines Musicals nach Mark Twains berühmtem Mississippi-Roman »Huckleberry Finn« bleibt unausgeführt. Denn kaum beginnt Weill mit der Komposition, da zieht er sich eine Erkrankung der Herzkranzgefäße zu, an deren Folgen er am 3. April 1950 in einem New Yorker Krankenhaus stirbt. Bei der Trauerfeier zwei Tage später hält Maxwell Anderson die Gedenkrede auf den Verstorbenen, der seine letzte Ruhe auf dem Bergfriedhof Mount Repose in Haverstraw nahe bei New City findet. Dort wird auch seine Witwe Lotte Lenya, die noch dreißig Jahre lang zu den Großen des internationalen Entertainments gehört, im Jahre 1981 begraben.

George Gershwins und Kurt Weills überragende Bedeutung in der Geschichte des Broadway-Musicals ist unstrittig, aber zumindest hierzulande weniger bekannt. Daran zu erinnern, sieht die Darstellung in diesem Buch als eine ihrer Aufgaben. Sie schließt mit einem Wort Kurt Weills, das uneingeschränkt für beide Komponisten gilt: »Die Musik verfügt über das schönste von allen künstlerischen Bildungsmitteln: die Melodie ist der Atem, ist das pulsierende Leben der Musik, und die Vieldeutigkeit der Melodien schafft einer Komposition erst die Form.«

Klassiker des Broadway Musicals:
Von Irving Berlin bis Jerry Herman

Verfolgt man die Geschichte des Musicals, so ist nicht zu übersehen, daß sie bis zum Ende des Zweiten Weltkriegs eine mehr oder weniger inneramerikanische Angelegenheit bleibt. Zwar markieren »Show Boat« und »Oklahoma!« die beiden entscheidenden Fixpunkte, doch finden sie ihr europäisches Publikum erst sehr viel später. In ihrem zeitlichen Umfeld schreiben George Gershwin und Kurt Weill Broadway-Geschichte, deren Erfolgsmusicals erleben jedoch – wenn überhaupt – erst in den 1970er Jahren ihre deutschsprachigen Erstaufführungen. (13) Nicht zu übersehen ist aber auch, daß von den vielen zwischen 1920 und 1945 entstehenden Musicals in Amerika selbst sich kaum eines nach den ersten Erfolgen auf Dauer am Broadway halten kann. Das ist neben den beiden Werken von Jerome Kern und Richard Rodgers nur in sehr wenigen Einzelfällen anders wie bei Vincent Youmans Gesellschaftskomödie »No No Nanette« (1925) sowie bei »Anything Goes« (1934) von Cole Porter und »On Your Tours« (1936) von Richard Rodgers, die beide ihre jeweilige Geschichte im Milieu des Unterhaltungstheaters ansiedeln und mit einer Kriminalstory verbinden. Was wir heute mit der faszinierenden Glitzerwelt des Broadway-Musicals verbinden, gehört der Zeit nach 1945 an, in der praktisch alle jene Welterfolge entstehen, die auch das musikalische Repertoire des europäischen – und hier speziell des deutschen – Theaters so nachhaltig bereichert haben. Von den wichtigsten Werken und ihren Komponisten soll im folgenden die Rede sein.

Irving Berlin (1888–1989) heißt eigentlich Israel Baline. Er wird am 11. Mai 1888 in Temun/Rußland als Sohn des dortigen jüdischen Kantors geboren. 1893: Emigration der Familie in die USA; Berlin wächst auf der East Side von New York auf. 1902: Mit 14 Jahren reißt er von zu Hause aus, schlägt sich als Gelegenheitssänger in Cafés und auf Straßen durch, ist Claqueur, kellnert in den Stadtteilen Chinatown und Bovery, bringt sich selbst das Klavierspiel bei (er hat nie eine akademische Musikausbildung genossen), schreibt Songtexte und vertont sie dann. 1907: Eigentlicher Beginn seiner erfolgreichen Songkompositionen, Umbenennung seines Namens, festangestellter Textdichter bei der renommierten Ted Snyder Company. 1914: Erstes Musical »Watch your Step«, Mitarbeiter bei den berühmten Ziegfeld-Follies. Im gleichen Jahr Gründungsmitglied der ASCAP (Amerikanische Gesellschaft für Komponisten, Autoren und Publizisten) zur Wahrung des Urheberrechts der künstlerisch Schaffenden. 1919: Gründung eines eigenen Verlages. 1921: Gründung des eigenen Music Box Theatre in New York City, für das er Operetten und Musicals schreibt, in deren Musik er den Jazz aufnimmt. 1935: In Hollywood Beginn einer Reihe von Kompositionen zu Filmen Fred Astaires, wofür der geschäftstüchtige Komponist eine eigene Firma gründet. Nach dem Ende des Zweiten Weltkriegs zieht sich Berlin aus dem öffentlichen Leben zurück und genießt seinen enormen Reichtum als Privatmann. 1989: Am 22. September stirbt Irving Berlin in New York im biblischen Alter von 101 Jahren. – Zu seinem umfangreichen Gesamtwerk gehören Songs, Filmmusik, Musicals und Revuen, mit denen er zu den ganz Großen in der Geschichte des amerikanischen Unterhaltungstheaters gehört.

Cole Porter (1891–1964), am 9. Juni in Peru im Bundesstaat Indiana (USA) geboren, entstammt einer vermögenden Familie. Die Ausbildung im Geigen- und Klavierspiel bezahlte ihm sein millionenreicher Großvater, nachdem die Mutter den Sohn schon sehr früh zur Musik geführt hatte. Noch während der Schulzeit komponiert er für Schüleraufführungen seine ersten Songs. Er soll jedoch Jurist werden, studiert deshalb Jura an der Yale Universität und an der Harvard Universität, wechselt dann aber auf die Harvard School of Music.

1913: Graduierung mit Auszeichnung in Musik. 1917: Aufenthalt in Paris. Während des Ersten Weltkrieges Militärdienst in der französischen Armee; danach Niederlassung in Paris mit Erweiterung der musikalischen Studien an der dortigen Schola Cantorum. 1919: Heirat mit der reichen Linda Thomas aus Kentucky/USA und Rückkehr in die Staaten. Beginn als Songschreiber und Komponist für Broadway-Revuen, er blieb fortan Texter und Komponist in einer Person. 1932: Erster Triumph mit dem Musical »Anything Goes«. 1937: Ein schwerer Reitunfall zwingt ihn zu mehreren Hüftoperationen und zur schließlichen Beinamputation, was ihn zeitlebens zwischendurch immer wieder an den Rollstuhl fesselt. 1954: Nach dem Tod seiner Frau zieht er sich gänzlich zurück und komponiert ununterbrochen, um sich mit Musik selbst zu therapieren. 1964: In völliger Zurückgezogenheit stirbt Cole Porter am 15. Oktober in seinem Haus in Santa Monica/Kalifornien. – Über 20 Musicals und unzählige populäre Songs machten Porter zu einer Broadway-Legende, zu deren Ruhm neben seinen beiden Hauptwerken »Kiss me, Kate!« (1948) und »Can-Can« (1953) die vor allem in Amerika vielgespielten Musicals »Anything Goes« (1934), »Out of The World« (1950) und »Seidenstrümpfe« (1958) beitrugen.

Frederick Loewe (1904–1988) wird als Friedrich Löwe am 10. Juni in Berlin geboren, Sohn des in seiner Zeit berühmten Operettentenors Edmund Löwe. Seine musikalische Begabung führt zum Musikstudium u. a. bei Ferruccio Busoni und Eugen d'Albert. Schon früh ist er auch erfolgreich als Schlagerkomponist tätig. 1917: Klaviersolist bei Konzerten der Berliner Philharmoniker; Vorliebe jedoch für die Unterhaltungsmusik. 1924: Ausreise in die USA, dort als Frederick Loewe zunächst erfolgloser Pianist für Unterhaltungsmusik vornehmlich in Bars und Komponist von Gelegenheitsstücken, darunter auch für die Bühne. Seinen Lebensunterhalt verdient er sich zudem als Reitlehrer, Cowboy, Boxer, Goldsucher und Postreiter, danach Pianist auf einem Schiff. 1942: Beginn der Zusammenarbeit mit dem Textdichter Alan Jay Lerner (geb. 1918), dessen Vater ein wohlhabender Textilfabrikant ist. 1943: Beide beginnen mit der Show »Whats Up« ihre Karriere am Broadway. 1947: Endgültiger Durchbruch mit dem Musical-Dauererfolg »Brigadoon« nach einer Erzählung des deutschen Schriftstellers Friedrich Gerstäcker. 1956: Sensationserfolg mit »My Fair Lady«, dem bis heute wohl weltweit erfolgreichsten Repertoire-Musical. 1958: Filmmusik zu »Gigi« mit Leslie Caron und Maurice Chevalier in Hollywood, wonach das erfolgreiche gleichnamige Bühnenmusical entstand (U New York 1973). 1962: Uraufführung von Loewes letzter Komposition, dem Musical »Camelot« (nach dem satirischen Mittelalterroman »Ein Yankee am Hofe von König Artus« von Mark Twain). 1988: Loewe stirbt am 14. Februar in Palm Springs (Kalifornien).

Leonard Bernstein (1918–1990) wird am 25. August 1918 in Lawrence (Massachussets) geboren; früher Klavierunterricht und Studium an der Harvard-Universität (Komposition und Klavier) mit Promotionsabschluß. 1939/41: Fortsetzung der musikalischen Ausbildung am Curtis Institute in Philadelphia (Dirigieren, Instrumentierung). 1941/42: Lehrtätigkeit am Institut für moderne Kunst in Boston. 1942: Stellvertretender Leiter des Sinfonieorchesters am Berkshire Musikzentrum in Tanglewood. 1943/44: Zweiter Dirigent der New Yorker Philharmoniker; dort beginnt seine Dirigentenlaufbahn durch das legendäre Einspringen für den plötzlich erkrankten Bruno Walter, was ihm eine erfolgreiche Gastiertätigkeit in den USA und im Ausland eröffnet. 1945: Dirigent des City Center Orchesters New York, Gastspiele u. a. in Montreal, London, Prag, Paris, Brüssel, Tel Aviv. Nach dem Zweiten Weltkrieg steigt er zu den führenden Dirigenten auf, ist in aller Welt gefragt, dirigiert alle großen Orchester, Konzerte und an den berühmtesten Opernhäusern. 1951: Heirat mit der Schauspielerin Felicia Montealegre; der Ehe entstammen zwei Töchter und ein Sohn. 1953: Debüt als erster amerikanischer Dirigent an der Mailänder Scala. 1957–1969: Chefdirigent der New Yorker Philharmoniker. In den achtziger Jahren auch berühmte Fernsehkonzerte, die er selbst moderiert, viele Gastspiele auch in Deutschland, so beim Schleswig-Holstein-Festival und beim Fall der Berliner Mauer (Festkonzert mit Beethovens Sinfonie Nr. 9); weltweit zahlreiche und hohe Auszeichnungen. 1990: Am 14. Oktober stirbt Bernstein in New York mit 72 Jahren. – Als Komponist hinterließ er ein vielseitiges Werk, zu dem Vokalkompositionen, Klaviermusik, Orchesterwerke, Kammermusik, Bühnenmusik und einige vor allem in Amerika viel gespielte Musicals gehören, von denen neben seinem Meisterwerk »West Side Story« vor allem das Voltaire-Musical »Candide« (1956) gehört, das erst durch eine gründliche Umarbeitung von 1974 zu einem Erfolg wurde. In dieser Neufassung erlebte es seine deutschsprachige Erstaufführung am 5. August 1976 in der Stadthalle Wien. Bernstein ist auch Verfasser einiger Bücher und Schriften.

Jerry Herman (*1932) kommt am 10. Juli in New York zur Welt, verlebt seine Kindheit in New Jersey und erlernt das Klavierspiel bei seiner Mutter, einer bekannten Pädagogin für Klavier und Gesang, bildet sich dann aber musikalisch autodidaktisch weiter. Er studiert auf der Universität von Miami Theaterwissenschaft und leitet die dortige Studentenbühne als Komponist, Autor, Bühnenbildner und Regisseur in einer Person. 1954: Studienabschluß und Rückkehr nach New York. Zunächst ist er Komponist für Shows an Universitäten und in Nachtklubs sowie beim Fernsehen. 1961: Broadway-Erfolg mit dem Musical »Milch und Honig« macht ihn bekannt und bei den Produzenten begehrt. Mit 3 Welterfolgen, von denen zwei auch in Deutschland enorme Serienerfolge an nahezu allen Theatern erleben, gehört er zu den meistgespielten Musicalkomponisten auch in Deutschland: mit »Hallo, Dolly!« (1964), mit »Mame« (1966) und mit »Ein Käfig voller Narren« (1983).

Jerry Bock (*1928), der Komponist von »Anatevka«, des Musicals über jüdisches Kleinstadtleben im alten Rußland, erblickt am 23. November 1928 in New Haven/Connecticut das Licht der Welt und erhält schon als Kind Klavierunterricht. Besuch der Highschool und Komposition seines ersten Musiclas »My Dream«. Studium an der Universität von Wisconsin mit dem Ziel, Journalist zu werden. Dann aber Entscheidung für die Musik. 1945: Mit Ende des Zweiten Weltkriegs durchläuft Bock die Karriere eines erfolgreichen Songkomponisten für Shows am Broadway. Beginn der Zusammenarbeit mit dem Librettisten Sheldon Harnick, das erste gemeinsame Musical »Fiorello« erhält 1959 den begehrten Pulitzer-Preis. 1970: Gerade über 40 Jahre alt zieht sich Jerry Bock ins Privatleben zurück. Zu dieser Zeit hat er neben Film- und Bühnenmusik sowie Musik für Funk und Fernsehen auch 8 Musicals komponiert, die teilweise lange Laufzeiten erzielten.

Mich Leigh (*1928), dessen eigentlicher Name Irwin Mitchnick lautet, wurde am 30. Januar 1928 im New Yorker Stadtteil Brookly geboren. Sein Musikstudium absolvierte er als Schüler von Paul Hindemith an der Yale Universität von New Haven (Connecticut/USA). Dann arbeitete er als sehr erfolgreicher und hochbezahlter Komponist für Werbespots und gründete eine eigene Agentur für Komposition von Werbemusik im Fernsehen. 1963: Erste Verbindung zum Theater mit der Bühnenmusik zu George Bernard Shaws Schauspiel »Zu wahr um schön zu sein«. 1965: Welterfolg mit »Der Mann von La Mancha«, den er bislang noch nicht wiederholen konnte.

John Kander (*1927), geboren am 18. März 1927 in Kansas City (Missouri/USA), begann sein Musikstudium am renommierten Oberlin College in Ohio und wechselte dann an die Columbia-Universität in New York. Dort kam er eng mit dem Theater in Berührung, was seinen weiteren Werdegang entschied. 1953: Nach Abschluß des Studiums mit Auszeichnung Beginn seiner Pianistentätigkeit über neun harte Jahre, in denen er zugleich Ballettarrangements komponiert. 1962: Erster Erfolg als Broadway-Komponist für eine Show und Anfang der langen Zusammenarbeit mit dem Textdichter Fred Ebb (*1932 in New York). 1964: Erstes gemeinsames Musical »Flora« gelangt zur Uraufführung mit Lisa Minelli in der Hauptrolle. – Neben dem »Cabaret«-Welterfolg reüssierte das Musicalgespann Kander/Ebb noch mit dem auch in Deutschland vielgespielten Gaunermusical »Chicago« (1975; deutschsprache Erstaufführung 1977 am Thalia-Theater in Hamburg).

Marguerite Monnot (1903-1961) war Französin und wurde am 26. Juni 1903 in Decize/Nièvre geboren. Sie studierte Klavier und Komposition, wurde eine international renommierte Pianistin und weltberühmt als Komponistin einiger der erfolgreichsten Chansons für Edith Piaf, darunter »Milord«. Sie arbeitete für die Bühne, dabei u. a. zusammen mit dem bekannten französischen Boulevard-Autor Marcel Achard. 1961: Marguerite Monnot starb am 12. Oktober in einer Pariser Klinik im Alter von erst 58 Jahren.

Alan Menken (*1949) begann als noch unbekannter Komponist im Bereich des Musicals tätig zu werden, machte sich jedoch zunächst einen Namen als Komponist für das Fernsehen und für die TV-Werbung. Früh schon arbeitete er mit Howard Ashman zusammen. So am WAP-Theater (Works Progress Administration-Theatre), wo Menken Komponist und musikalischer Leiter war. Nach seinem »Horrorladen«-Erfolg blieb Menken ein gefragter Musiker u. a. für die auch in Deutschland beliebte Fernsehserie »Die Sesamstraße« und erhielt für seine Filmmusik zu der Walt-Disney-Produktion »Arielle« einen Oscar.

Die hier näher besprochenen 14 Musicals – zu denen noch Andrew Lloyd Webbers »Evita« hinzukommen wird – bilden nicht nur die erfolgreichsten hinsichtlich ihrer Laufzeiten am Broadway und ihres regelmäßigen Auftauchens im Repertoire der deutschsprachigen Theater. Sie weisen auch einige Merkmale auf, die sie als Prototypen des amerikanischen Musicals überhaupt kennzeichnen.

Dazu gehören zunächst das gute Buch und die griffigen Gesangstexte. Deren Autoren sind von Haus aus Lied- oder Schlagertexter, Sketchschreiber für Revue und Show, Journalisten, Schriftsteller oder auch Bühnenautoren und Regisseure des Sprechtheaters. Zu den Legenden unter ihnen gehören vor allem Oscar Hammerstein II (1895-1960) als Autor der großen Musical-Erfolge von Jerome Kern und Richard Rodgers sowie Ira Gershwin (1896-1983) als engster Mitarbeiter seines berühmteren Bruders George Gershwin. Andere Autoren bilden ebenfalls Gespanne mit bekannten Komponisten, so Alan Joe Lerner (1918-1986) mit Frederick Loewe oder Fred Ebb (*1932) mit John Kander. »Oklahoma!«-Komponist Richard Rodgers bekennt einmal: »Eine Partnerschaft zwischen einem Komponisten und einem Liedertexter ist wie eine Ehe. Abgesehen davon, daß man sich einfach gut verstehen sollte, müssen ein Liedertexter und ein Komponist darüber hinaus fähig sein, lange Zeit miteinander zu verbringen, wenn es sein muß, rund um die Uhr, ohne sich gegenseitig auf die Nerven zu gehen.« Zwei der renommiertesten Musicalkomponisten, nämlich Cole Porter und Jerry Herman, haben nur einen Buchautor und schreiben die Gesangstexte selbst. Umgekehrt beginnen Sheldon Harnick (*1924; Gesangstexte u. a. zu »Anatevka«) oder vor allem Stephen Sondheim (*1930;

Gesangstexte zu »West Side Story«) als Autoren, bevor sie Musicals auch selbst komponieren. Gerade Sondheim landet 1973 mit »Das Lächeln einer Sommernacht« nach einem bekannten Film von Ingmar Bergman einen seiner größten Broadway-Erfolge.

Die literarische Qualität von Buch und Gesangstexten ist für das Musical wesentlich bedeutsamer als bei Oper und Operette und darum mitentscheidend für den Gesamterfolg. Eine gewisse Erfolgsgarantie scheint in der hohen Dichtung als Vorlage für eine Musicalstory zu liegen, wie die meisten Musicals beweisen. Bei den genannten Werken sind es beispielsweise die Dramatiker Shakespeare, Nestroy, Shaw und Wilder sowie Cervantes mit seinem »Don Quijote«-Roman. Erfindungsreich sind die Musicalautoren in der formalen Umsetzung der literarischen Vorlagen. Es sind weniger die reinen Bearbeitungen der Originalgeschichte wie beim Opernlibretto, etwa zu Verdis »Othello«, oder das Komponieren direkt am originalen Wortlaut entlang wie bei der »Salome« von Richard Strauss als Beispiel der sogenannten Literaturoper. Für eine solche Verfahrensweise, die es natürlich auch beim Musical gibt, stehen »My Fair Lady« und »Hallo, Dolly!« oder »Ein Käfig voller Narren«. Aber raffinierter, dramaturgisch reizvoller und besonders bühnenwirksam zeigen sich Transformierungen der Grundstory in eine andere Zeit, womit man wie bei der »West Side Story« einer alten Geschichte zusätzlich eine überraschende Aktualität abgewinnt, ohne daß Shakespeares Liebesgeschichte von Romeo und Julia in ihrer dichterischen Substanz zerstört wird. Oder man durchdringt den thematischen Grundeinfall mit einer neuen Handlungsidee und erzählt eine bekannte Geschichte in einer neuen Form wie bei »Kiss me, Kate!« und bei »Der Mann von La Mancha«. Man darf sicher mit einigem Recht vermuten, daß auch diese wirkungsvolle theatralische Umsetzung dazu beigetragen hat, daß beide Musicals zu den besten gehören, die jemals geschaffen wurden.

Natürlich wird durch das Gesagte die Bedeutung der Musik nicht beeinträchtigt, die um so nachhaltiger zur Gesamtqualität beiträgt, wenn sie zwei bis drei musikalische Zugnummern hervorbringt. Nicht selten gelangt ein Lied oder ein Ensemble auf die internationalen Hitlisten, manche erreichen gar den Status eines Evvergreens wie die berühmten Musiknummern »Ol Man River« (Show Boat) und »There's No Bus'ness Like Showbus'ness« (Annie Get Your Gun), oder wie Elizas »Ich hätt' getanzt heut' nacht« (My Fair Lady), Tevjes »Wenn ich einmal reich bin« (Anatevka), Marias/Tonys Duett »Tonight« (West Side Story) und der Titelsong zu »Hallo, Dolly!«

Der Tanz gehört beim Musical im Gegensatz zu Oper und Operette als integraler Bestandteil zur Handlung, er entsteht unmittelbar aus ihr und ist nicht nur bloße Zutat oder wirkungsvolle Balletteinlage. Vielmehr werden ganze Handlungsabschnitte von vornherein als Tanzgeschehen konzipiert, ohne daß die Handlung in ihrem zeitlichen und szenischen Ablauf unterbrochen wird.

Besonders deutlich wird es an jenen Musicals, die das Umfeld von Show und Revue als ihren eigenen Wurzeln direkt zitieren wie es bei »Annie«, »Käfig« oder »Cabaret« der Fall ist oder wo es sich um ein ausgesprochenes Tanzmusical handelt wie bei der »West Side Story«.
Das Musical verlangt einen anderen Darstellertyp, den singenden und tanzenden Schauspieler. Die Musicalpartituren besitzen einen neuen, von den unterschiedlichsten modernen Tanzrhythmen getragenen musikalischen Sound, den traditionell ausgebildete Sänger von Oper und Operette in seltensten Fällen zu singen vermögen. Spiel, Gesang und Tanz bilden eine ganz andere feste dramaturgische Einheit, wodurch das Musical von allen Gattungen des musikalischen Theaters am meisten den vielfältigen Darstellungsformen des Sprechtheaters verpflichtet ist. Um es weniger charmant auszudrücken: reiner Schöngesang hilft bei Oper und Operette manchmal über andere Schwächen hinweg, beim Musical ist er fehl am Platz. Das gibt dem Musical größere Freiheiten, sich neuen Darstellungsformen und Musikstilen gegenüber zu öffnen. Mit dem Aufkommen und der rasch wachsenden Popularität von Rock, Beat und Pop in der modernen Unterhaltungsmusik hat es auch keine grundsätzlichen Schwierigkeiten zur Entwicklung eines eigenen Rockmusicals. Das beginnt in den 1960er Jahren mit dem zeitbezogenen Sensationserfolg »Hair« von Galt MacDermot (Musik) und Gerome Ragni/James Rado (Buch und Gesangstexte). Dieses Musical (U New York 1967), das keine durchgehende Handlung hat und nur durch die Situationen, Charaktere und musikalische Nummern wirkt, ist ein ›Protest mit langen Haaren‹ gegen Gewalt und Kriegsbereitschaft (es ist die Zeit des Vietnamkrieges), ein Appell für Frieden und Mitmenschlichkeit, wie ihn die Hippiebewegung der Entstehungszeit auslebt, die den freien Sex und leider auch den Genuß von Drogen als Mittel gegen Lebensangst und gesellschaftliche Einvernahme propagiert. Ganz anders sexbetont, dabei ausgelassener und fröhlich-frech in seinen bizarren und grotesken Handlungseinfällen gibt sich die Horror- und Travestitengeschichte »The Rocky Horror Show« (U London 1973), deren Musik und Texte von Richard O'Brien stammen. Poesievoller Höhepunkt des Rockmusicals ist vorläufig Alan Menkens »Der kleine Horrorladen«, der zu einem absoluten Renner auf den deutschen Bühnen avanciert ist. In diesem Zusammenhang muß in jedem Fall auch »Linie 1« genannt werden, das zwar keine durchgehend gebaute Handlung, aber als musikalische Rock-Revue zumindest einen roten Handlungsfaden hat. Es ist ein szenen- und typenreicher Bilderbogen über das Berliner Großstadtleben, wie es sich im Bereich der U-Bahn-Stationen abspielt. Zugleich ist es eine Mischung von komischen und dramatischen Situationen, deren sozialer Aspekt zwar dominant ist, in seiner Eindringlichkeit aber ebenso glaubwürdig, weil nicht plump aufdringlich. Volker Ludwig (Buch/Gesangstexte) und Birger Heymann (Musik) gelingt mit der Uraufführung am

30. April 1986 an dem von Ludwig geleiteten Berliner Grips Theater, dem führenden deutschen Kinder- und Jugendtheater, ein außergewöhnlicher wenn auch eher zeitlich begrenzter Erfolg (das Musical wird mehrere Spielzeiten lang nahezu an allen Theatern gespielt ohne dauerhafte Repertoire-Präsenz im Sinne von regelmäßigen Wiederaufführungen). Dessen ungeachtet stellt »Linie 1« das bisher beste deutsche Musical dar. (14)

Herr über Londons West End: Andrew Lloyd Webber

Das West End entwickelt sich im 19. Jahrhundert immer mehr zum vornehmen westlichen Teil der Millionenstadt London. Dort wohnen die betuchten Londoner, die zu den höheren Gesellschaftsschichten zählen oder sich selbst dazu rechnen. Und die möglichst nichts zu tun haben wollen mit der ärmeren Bevölkerung, die im östlichen Teil, im East End, lebt. Zwischen beiden Stadtteilen gibt es ein soziales Gefälle, das längst nicht immer zu einem letzendlichen Ausgleich findet, wie uns die Geschichte von »My Fair Lady« zwischen dem Professor Higgins und dem von der Straßengöre zur zivilisierten jungen Dame sich entwickelnden Blumenmädchen Eliza erzählt. Es nimmt denn auch nicht weiter wunder, daß zum West End die Londoner Theaterwelt gehört. Der Theaterbesuch ist nun einmal ein Status-Symbol des Bildungsbürgers, mag dieser auch sonst keinen näheren Kontakt mit Theaterleuten pflegen und die Nase rümpfen über das angeblich so unmoralische Komödiantenvolk. Das West End ist bis heute Londons Theaterzentrum, in dem sich neben der Royal Opera in Covent Garden und den großen altehrwürdigen Schauspielhäusern Haymarket und Drury Lane auch die bekanntesten Unterhaltungstheater befinden, darunter das Savoy Theatre, an dem 1885 Gilbert-Sullivans »Der Mikado« zur Uraufführung gelangt, sowie die Musical-Bühnen Adelphi-Theatre und Prince Edward Theatre. Das Londoner West End ist vergleichbar mit New Yorks Broadway. Freilich mit einem Unterschied: dort herrschen viele Könige des Musicals, hier nur einer. Der Herrscher des West End heißt *Andrew Lloyd Webber.*

Am 22. März 1948 wird er in London geboren, und die Musik wird ihm sozusagen in die Wiege gelegt. Der Vater ist Professor für Musiktheorie und Komposition am renommierten Royal College of Music, die Mutter eine anerkannte Musiklehrerein. Webber wächst in South Kensington auf, lernt das Geigen- und Klavierspiel und will eigentlich Architekt werden. Von einer Privatschule wechselt er 1956 auf eine Schule für Jungen in Westminster und 1961 nochmals auf eine dortige Privatschule. Schon als Schüler komponiert er Lieder, was ihm 1962 einen ersten sehr frühen Vertrag bei einer Theateragentur einbringt, als durch Musicalbesuche mit der Mutter sein Interesse für das musikalische Theater erwacht. Als er 1965 den vier Jahre älteren Tim Rice kennenlernt, ist der weitere Weg vorgezeichnet. Webber bricht sein erst im Jahr zuvor begonnenes Studium an der Oxford University ab und will Musicalkomponist werden. In relativ kurzer Zeit erringt er seine ersten großen Erfolge, die ihn schließlich zu einem der berühmtesten und zum erfolgreichsten Komponisten in der Geschichte des Musicals machen. Bedenkt man, wie viele Aufführungen seine Musicals erst im West End, dann am Broadway – »Eine Show ist erst eine Show, wenn sie am Broadway läuft«, wird Webber einmal sagen – und schließlich weltweit erreichen, dann ist es nicht übertrieben, von einem Webber-Imperium zu sprechen.

Wie viele andere Künstler auch beginnt Webber klein. Mit Rice verfaßt er zunächst eine biblische Kantate von gerade zwanzig Minuten Dauer. Grundlage bildet die alttestamentarische Geschichte von Joseph, die schon Thomas Mann in seinen Joseph-Romanen und Richard Strauss im Ballett »Josephslegende« gestaltet hat. (15) 1968 gelangt die Kantate in der Colet Court School zur ersten Aufführung und entwickelt sich bis 1976 unter dem kaum zu übersetzenden Titel »Joseph and the Amazing Technicolor Dreamcoat« zu einer abendfüllenden Musicalfassung. Da hat Webber mit »Jesus Christ Superstar« schon seinen ersten Welterfolg gelandet. Das Musical über die letzten Tage der Passion Christi in moderner Rockfassung kommt im Oktober 1971 erst am Broadway heraus, bevor ein Jahr später das West End nachzieht. Es spielt seinen Erfolg vor dem Hintergrund der Jesus-People-Bewegung in der ersten Hälfte der siebziger Jahre des vergangenen Jahrhunderts ein, die sich nur zum Teil als neue religiöse Bestimmung außerhalb der etablierten Kirche versteht, sondern mehr als Protest gegen das Leistungsprinzip der modernen Industrie- und Konsumgesellschaft, die ihre humanen Aufgaben immer mehr aus den Augen verliert. Nach dem Flop mit »Jeeves«, der es bei der Uraufführung Ende April 1975 gerade mal auf 38 West End-Vorstellungen bringt, gelingt dem Gespann Webber-Rice 1978 mit »Evita« der zweite große Wurf. Interessant, wie der Komponist die politische Idee seines Musicals in Beziehung zur aktuellen englischen Tagespolitik der Entstehungszeit setzt: »Es hatte einen Bergarbeiterstreik gegeben, der England faktisch paralysiert hatte. Die Massen waren auf den Straßen. Die Lage wurde ziemlich übel, und wir fanden, wir dachten, daß es dazu eine Parallele in der Geschichte von Eva Perón gibt. Wir suchten nach einer lehrhaften Geschichte, die zeigt, was für eine zerbrechliche Pflanze die liberale Demokratie ist und wie sie von Extremisten gestürzt werden kann.« (16) Drei Jahre später ahnt kein Mensch, wohl auch Webber nicht, daß mit der Uraufführung von »Cats« am 11. Mai 1981 im New London Theatre eine historische Stunde schlägt. Nach der 1939 erschienenen Sammlung von Katzengedichten »Old Possum's Book of Practical Cats« des Dramatikers und Lyrikers

Andrew Lloyd Webber. Szene aus dem Musical »Evita«.

T(homas) S(tearns) Eliot (1888–1965) – im Deutschen schlicht »Katzenbuch« genannt – kommt ein mit nur wenigen Zusatztexten (Trevor Nunn/Richard Stilgoe) versehenes Musical auf den Markt, wie es noch keines gegeben hat. Es hat praktisch keine Handlung, lebt nur von Situationen, szenischen Augenblicken, musikalischen Gesangsummern und Tanzsequenzen, die Personen sind Katzen und der Spielort ist eine verkommene Müllhalde. Dort treffen sich Londons Katzen zum alljährlichen Jellicle-Ball, Tiertypen mit durchaus sehr menschlichen Eigenschaften, die Humor und Sentimentalität ebenso versprühen wie zauberische und dämonische, komödiantische und soziale Energie. Heute, zwanzig Jahre danach, wissen wir, daß Webber das meist gespielte Musical aller Zeiten schuf, dessen internationale Erfolgskurve noch immer nicht nach unten tendiert. Der Sprung von diesen lebenden Katzen zu verlebendigten Dingen mit menschlichen Zügen konnte nicht krasser sein. Wie in »Cats« gibt es auch in »Starlight Express« keine Handlung, allenfalls so etwas wie einen roten Faden (Uraufführung am 27. März 1984 im Londoner Apollo Victoria Theatre). Unter Diesel-, Elektro- und Dampflokomotiven wird ein Wettrennen veranstaltet, das einen nostalgischen Ausgang nimmt, als ausgerechnet die alte Dampflok zur Siegerin über die modernen Loks gekürt wird. Wie kein anderes Musical lebt dieses von einem witzigen technischen Grundeinfall: die Darsteller verkörpern Lokomotiven und Eisenbahnwaggons und gleiten auf Rollschuhen in rasanten Berg- und Talfahrten über eine raffiniert ausgetüftelte Rennstrecke. Dort bleiben Handlung, Darstellung und bis auf wenige Ausnahmen im Grunde auch die laute, lärmende Musik nicht nur im technischen Sinn auf der Strecke. Immerhin: hier besinnt das Musical sich auf spektakuläre Art auf eine seiner Wurzeln, nämlich auf die alle optischen Wünsche eines neugierig auf Unterhaltung erpichten Publikums erfüllende Revueshow. Doch dann, nur zwei Jahre später, die totale Kehrtwendung mit »Das Phantom der Oper« (West End-Uraufführung am 9. Oktober 1986 im Her Majesty's Theatre). Von allen Webber-Musicals ist es dasjenige, das in opulenter Form alle Traditionen des musikalischen Theaters in sich vereinigt: die nervenkitzelnden Showelemente des Musicals, das romantische Empfinden guter und die Trivialität schlechter Operetten sowie die dramatische Verve der großen Oper. Nach dem gleichnamigen Roman des Franzosen Gaston Leroux (erschienen 1910) erzählen Richard Stilgoe und Charles Hart (Buch und Gesangstexte unter Mitwirkung des Komponisten) eine außergewöhnliche gruselige Begebenheit. In den unteren Gewölben der Pariser Oper lebt das Phantom, ein hoch intelligenter und musisch begabter Mann, von Geburt an im Gesicht entstellt, was er hinter einer Maske verbirgt. Er verliebt sich in die Chorsängerin Christine, die er zum Opernstar machen will, er bringt sie in seine Gewalt, läßt sie aber wieder frei, als er durch sie so etwas wie menschliche Zuneigung erfährt, und entzieht sich selbst jeder irdischen Bestrafung dafür, daß er Leitung und Ensemble der Oper durch kriminelle Tricks und Bedrohungen in ständiger Gefahr hält. Das große Gefühl, die besitzergreifende Leidenschaft einer letztendlich unerfüllt bleibenden Liebe hat Webber noch einmal in »Sunset Boulevard« (Uraufführung am 12. Juli 1993 im Adelphi Theatre) zur Gestaltung gebracht. Basierend auf dem gleichnamigen Filmklassiker von Altmeister Billy Wilder aus dem Jahre 1950 erzählt das Musical von dem Versuch des in seiner Villa am Sunset Boulevard zurückgezogen lebenden alten

Stummfilmstars Norma Desmond, noch einmal eine große Filmkarriere zu starten. Dafür benutzt sie den jungen Drehbuchautor Joe Gillis, der seine Flucht aus Normas Scheinwelt, in der er als Steigbügelhalter zu neuem Leinwandruhm und als Liebhaber nur ausgenutzt wird, mit dem Tod bezahlen muß.

Was man Webber nun wahrlich nicht vorwerfen kann, ist, er habe keine Phantasie. Nirgends wird ein grundsätzliches Strickmuster seiner Geschichten erkennbar, sie unterscheiden sich jedes Mal sowohl in ihrer Thematik wie in ihrer dramaturgischen Aufbereitung. Mal haben sie so gut wie gar keine Bühnenhandlung und leben allein vom spontanen szenischen Einfall und von augenblicklichen Stimmungen wie in Jesus Christ Superstar, Cats oder Starlight Express. Das andere Mal erzählen sie eine durchgehende Geschichte nach traditionellem Muster wie in Evita, Das Phantom der Oper oder Sunset Boulevard. Dabei entscheiden Webber und seine Autoren sich nicht für eine bestimmte Form, sie pendeln zwischen den formalen Fronten traditioneller geschlossener und moderner offener Dramaturgie und finden noch jedes Mal zur unmittelbaren, meist mit theatralischen Überaschungen aufwartenden Bühnenwirkung. Dabei schrecken sie auch nicht vor spektakulären bühnentechnischen Effekten zurück wie dem herabstürzenden Kronleuchter im Phantom der Oper. Dieses einfallsreiche Spielen mit dem Theatralischen findet seine Entsprechung in der Musik. Webber benutzt alle musikalischen Stile, die opernhafte sinfonische Großform ebenso wie den fetzigen Sound von Rock, Pop, Beat und Jazz, seine Musik ist ebenso melodienselig wie disharmonisch, sie setzt die weit ausschwingende Kantilene und den rauschenden Orchesterklang gegen hämmernde Rhythmen, ihm gelingen schwelgende Opernmelodien besonders im Phantom und in Sunset Boulevard und der Schlagerhit wie mit »Wein nicht um mich, Argentinien« (Evita) oder »Memory/Erinnerung« (Cats). Kritiker mögen Webber deshalb musikalischen Eklektizismus vorwerfen, aber sie müssen anerkennen, daß er die unterschiedlichen Musikstile passend zum Stoff einsetzt und daß er sie beherrscht.

Mehr als die Hälfte von Webbers musikalischen Bühnenwerken sind alle Aufführungsrekorde brechende Welterfolge. Das hat in der Geschichte des Musicals noch keiner geschafft. Dabei hat der Komponist, von Werk zu Werk sich steigernd, an den Grenzen des theatralisch Machbaren gerüttelt und die Produktionskosten extrem nach oben geschraubt. So bleiben die Musicals des Andrew Lloyd Webber zumindest vorerst außerhalb des Repertoiretheaters – bis auf eine Ausnahme: Evita. Doch Webber wäre nicht er selbst, wenn er nicht auch bei diesem Werk einen Superlativ für sich in Anspruch nehmen könnte. Es ist nicht nur das politischste Musical, sondern eines der politischsten Werke des musikalischen Theaters überhaupt.

Kunst und Kommerz im Showbiz

Das amerikanische Theatersystem ist vom deutschen grundverschieden. In Deutschland werden die Theater mit Geldern der öffentlichen Hand subventioniert, also von den kulturhoheitlichen Bundesländern oder von Städten und Gemeinden. Damit erkaufen sich die Zuschußgeber jedoch keinesfalls das Recht zur Mitsprache oder gar Entscheidung in künstlerischen Konzeptionen, Entwicklungen und Leistungen der Theater. Die Freiheit der Kunst, ihre absolute Unabhängigkeit von politischen Mandatsträgern ist im Grundgesetz der Bundesrepublik Deutschland verfassungsrechtlich garantiert und daher unantastbar.

Das ist in Amerika ganz anders, da es von ganz wenigen Beispielen abgesehen kein öffentlich subventioniertes Theater gibt, schon gar nicht im Unterhaltungstheater am Broadway. Dort herrscht das kommerzielle Theatersystem (Commercial Theatre). Zwar ist auch in Amerika die künstlerische Freiheit der Theaterschaffenden ein ungeschriebenes Gesetz, aber der Einfluß des Kommerz auf die Kunst ist dennoch spürbar. Er beruht zum größten Teil auf privatwirtschaftlichen Grundlagen, da die Quellen, aus denen Geld fließt, private sind. Wer sein Geld in eine Musicalproduktion investiert, möchte es nicht verlieren. So gehen Kunst und Kommerz insofern Hand in Hand, als sie sich des Zusammenhanges zwischen künstlerischem und finanziellem Erfolg durchaus bewußt sind. Freilich ist die Bereitschaft zum Risiko und zum künstlerischen Experiment viel geringer als bei uns. Groß bleibt das Risiko allemal für die Künstler selbst, die längst nicht sozial so abgesichert sind wie ihre deutschen Kollegen. Erweist sich ein Musical als Reinfall (Flop), wird es sofort abgesetzt und die Ensemblemitglieder bleiben ohne Gage. Sie müssen sich also umgehend darum bemühen, in einer anderen Produktion unterzukommen.

Die Seele des amerikanischen Unterhaltungstheaters ist der Broadway, die weltberühmte Theaterstraße im Herzen von Manhattan in New York mit mehr als 40 Theatern. Sie liegen allerdings an einem gerade mal 1.5 km langen Teilabschnitt der insgesamt ca. 20 km langen Straße. Zu jenen Theatern, die Musicalgeschichte geschrieben haben, zählen das St. James Theatre, das Palace Theatre, das Majestic Theatre, das Winter Garden Theatre und das Imperial Theatre. Den Beinamen »Dream Street« haben Schauspieler und Musicaldarsteller dem Broadway gegeben, die davon träumen, wenigstens einmal in ihrem Leben dort aufzutreten.

Am Anfang einer neuen Musicalproduktion steht natürlich das Werk selbst. Komponist und Autor(en) bieten es nach Fertigstellung einem Produzenten (Producer, Product-Manager) an. Er ist Herz und Hirn, Organisator und Finanzier des ganzen Unternehmens, ohne ihn geht zunächst gar nichts. Er beschafft das Geld bei reichen Privatleuten. Den Begriff ›Sponsor‹ haben wir aus dem Englischen übernommen, in der Sprache des amerikanischen Theaters heißen die Geldspender auch ›Angel‹ (Engel), da ihre Gelder eine Musicalproduktion ja überhaupt erst ermöglichen. Der Produzent mietet das Theater für Proben und Aufführungen, engagiert das aus dem Regisseur (Stage Director), Dirigenten (Musical Director), Choreographen und Ausstatter bestehende künstlerische Leitungsteam und in Zusammenarbeit mit diesem den Star/die Stars und das übrige Ensemble. Da es in Amerika im Gegensatz zu Deutschland keine Theater mit festem Ensemble gibt, wird das Musicalensemble für jede Neuproduktion eigens engagiert. Das geschieht für jene Künstler, die bekannt sind und die sich in anderen Aufführungen bereits bewährt haben, über Künstleragenturen oder direkt. Für die Darsteller kleinerer Rollen, für Chor und für die Tanzgruppe werden sogenannte Auditions (engl. wörtlich ›Anhörungen‹) durchgeführt. Eine Audition ist ein hartes, intensives, oft mehrere Tage dauerndes Ausleseverfahren, das aus der großen Zahl von Bewerbern für nur wenige Aufgaben nur die Besten überstehen. Das Musical »A Chorus Line«, das auch verfilmt worden ist, hat eine solche Vorstellungsprobe zu seinem Thema: aus einer riesigen Bewerberschar sollen nur je vier Tänzerinnen und Tänzer ausgesucht werden, die die kleine Tanzgruppe (= chorus line) in einer neuen Musicalaufführung bilden sollen. Ist das Ensemble komplett, werden etwa 6–8 Wochen lang Proben durchgeführt, danach wird die Inszenierung erst einmal 3 Wochen lang in der Provinz getestet. Bei diesen Voraufführungen (Try outs) wird das bisher erzielte künstlerische Ergebnis im wörtlichen Sinn des englischen Begriffs »ausprobiert«. Dabei kürzt, verbessert und feilt man am Text, an der Musik, am szenischen Ablauf, und nicht selten werden Textpassagen umgeschrieben, Songs herausgenommen oder umgetextet und neue Musiknummern hinzukomponiert. Hat man eine Form gefunden, die Aussicht auf Erfolg verspricht – gleichgültig wie gering oder wie umfangreich die Veränderungen an der Originalfassung ausgefallen sind – so kehrt man nach New York zurück. Dort folgen einige Probevorstellungen (sogenannte Prefiews), denen sich endlich die Broadway-Premiere (The First Night) anschließt. Über den ganz großen Erfolg (Blockbuster) und damit über die Dauer der Laufzeit in ein und demselben Theater (en suite-Aufführungen) entscheidet vor allem das Publikum. Aber auch die Kritik ist keineswegs zu unterschätzen, weshalb zu jedem Musicalteam auch ein Werbeleiter (Press Agent) gehört, der die Medien mit Informationsmaterial versorgt, Gespräche arrangiert und als wichtige Verbindungsperson den ständigen Kontakt zwischen dem Ensemble und den Medien herstellt und aufrechterhält. Von größter Werbewirksamkeit und in gewisser Weise eine Erfolgsgarantie ist die Auszeichnung mit dem Tony Award, dem wertvollsten Preis, den der Broadway für einzelne künstlerische Leistungen (Musik, Regie, Darstellung etc.) oder für die Musicalproduktion in ihrer künstlerischen und technischen Gesamtdarbietung zu vergeben hat. Dieser Preis ist nach der amerikanischen Schauspielerin und Broadway-Regisseurin Antoinette (Tony) Perry benannt und wird seit 1947 jährlich verliehen. In seinem künstlerisch-ideellen Wert ist er vergleichbar mit dem Oscar, mit dem Hollywood herausragende Leistungen im Filmgeschäft auszeichnet. Ist ein Musical zu einem wirklichen Erfolg geworden, sind mehrjährige Laufzeiten bei wöchentlich 6–8 Vorstellungen keine Seltenheit. Das jedoch ist von einem einzigen Ensemble nicht zu leisten, weshalb man wenigstens drei komplette Ensembles engagieren muß, die sich in der Durchführung der Vorstellungen abwechseln.

Das Musical erobert das deutsche Theater

Als Franz Lehár Ende Juni 1948 in seine Villa in Bad Ischl zurückkehrt, hat er nur noch wenige Monate zu leben. Zu seinen letzten Besuchern gehört der Operettenkomponist *Oscar Straus (1870–1954)*, der seit 1940 in New York und Hollywood gelebt hat. Der Heimkehrer hat seinem alten Freund Lehár viel zu erzählen von der Neuen Welt, vor allem über die neue Gattung des musikalischen Theaters, das Musical. Gern wären wir bei diesem Gespräch dabei gewesen. Nicht, daß sich die beiden Altmeister der Operette nur ihrer Erfolge und Niederlagen erinnern, sondern sie vergleichen die Operette, deren Zeit abgelaufen ist, mit dem Musical. Dessen erste Broadway-Erfolge stehen schon in den Annalen der Musiktheatergeschichte, vielleicht hat Straus sie selbst gesehen, darunter »Oklahoma!« und »Annie Get Your Gun«. Der Weg von Amerika in die Musikzentren der Welt wie London, Paris, Wien oder Sidney ist für das Musical geebnet. Auch der nach Deutschland, Österreich und in die Schweiz.

Eine erste, nicht weiter auffallende Bekanntschaft macht man in Deutschland schon 1925 am Metropoltheater in Berlin mit der Urfassung von Vincent Youmans' »No No Nanette«. Da ist das Stück jedoch noch eher eine überschaubare musikalische Komödie als ein Musical im eigentlichen Sinn, das es erst durch die Neufassung von 1971 wird. So vergehen noch drei Jahrzehnte, bevor das Musical sich auf dem deutschen Theater zu etablieren beginnt. Den bescheidenen Anfang macht 1951 Kurt Weills »Lady in the Dark« am Staatstheater Kassel. Vier Jahre später fällt der richtige Countdown an den Städtischen Bühnen Frankfurt/Main. Dort gelangt am 19. November 1955 Günter Neumanns deutsche Fassung von Cole Porters »Kiss me, Kate!« zur deutschsprachigen Erstaufführung. Zwei Jahre später, am 27. Februar 1957, folgt »Annie Get Your Gun« an der Wiener Volksoper, die sich künftig in der Musical-Rezeption bleibende Verdienste erwirbt. Weitere zwei Jahre danach zieht das Stadttheater Basel nach mit der Erstaufführung von »Can-Can«, und in den 1960er Jahren ist der Bann endgültig gebrochen und das Musical erobert sich unaufhaltsam das deutsche Theater: »Irma la Douce« (Baden-Baden) und »My

Fair Lady« (Theater des Westens Berlin) kommen 1961 heraus, »Hallo, Dolly!« am Düsseldorfer Schauspielhaus und »The King and I« am Gärtnerplatztheater in München 1966. Im Jahr 1968 geht es Schlag auf Schlag: »Anatevka« im Operettenhaus Hamburg, »Calamety Jane« in Erfurt, »West Side Story« und »Der Mann von La Mancha« in Wien sowie »Hair« in München. Seitdem gehört das Musical zum Repertoire der deutschen musikalischen Theater, von den Theaterleuten als Spielplanbereicherung wie als Rollenangebot gleichermaßen dankbar begrüßt und vom Publikum begeistert applaudiert.

Dann beginnt am 24. September 1983 eine neue Zeitrechnung des Musicals im deutschsprachigen Theaterraum. An diesem Tag findet im Ronacher-Theater, das zum Verband der Vereinigten Bühnen Wiens gehört, die offizielle deutsche Premiere von Andrew Lloyd Webbers »Cats« statt. Als die Produktion 1988 ins Operettenhaus an der Reeperbahn in Hamburg umsiedelt, ahnt keiner, welche Laufzeit von bisher in Deutschland noch nicht dagewesener Dauer sie erzielen wird. Erst im Jahr 2001 zieht sie von Hamburg nach Stuttgart um. Das Kommerzielle Theater des Broadway macht nun auch Schule in Deutschland. Hamburg holt sich 1990 mit Das Phantom der Oper einen anderen Webber-Welterfolg, gründet dafür eine eigene Betreibergesellschaft und baut mit der »Neuen Flora« an der Stresemannstraße mitten in der Stadt ein eigenes neues Theater mit der Kapazität von 2000 Sitzplätzen. Auch dieses Musical läuft fast auf den Tag genau 11 lange Jahre en suite. Während dieser Zeit schießen Musicalproduktionen à la Broadway und West End auch andernorts aus dem deutschen Theaterboden und machen auf eine ganz neue Art Deutschland zu einem Musical-Standort in der Welt. In Bochum startet Webber im Juni 1988 mit »Starlight Express« zum dritten und 1995 in Niederhausen/Taunus unweit von Wiesbaden mit »Sunset Boulevard« zum vierten sowie 1996 mit »Joseph and the Amazing Technicolor Dramcoat« in Essen zum fünften. Schon 1990 kommt in Wien »Freudiana« heraus, zwei Jahre später folgt dort das Sissy-Musical Elisabeth; in Köln gelangt 1993 Gaudi auf die Bühne, in Stuttgart 1994 »Miss Saigon« und 1995 »Die Schöne und das Biest« aus Wien; Duisburg präsentiert 1996 »Les Misérables«, Berlin schließt sich 1998 mit »Der Herr der Ringe« sowie 1999 mit »Der Glöckner von Notre Dame« an, Bremen steigt im gleichen Jahr mit »Jekyll & Hyde« auf das Musical-Karussell auf; seit knapp zwei Jahren läuft bei Füssen/Allgäu, unweit vom Königsschloß Neuschwanstein, ein Musical über Bayerns noch immer populären König Ludwig II.

Die Frage, die sich nicht erst heute stellt, lautet natürlich: kann der deutsche Musicalmarkt eine solche Ballung auf Dauer überhaupt vertragen? Als die Zahl der kommerziellen Musicalproduktionen noch überschaubar ist, profitieren die Aufführungen vom Reiz des Neuen, den sie ganz ohne Zweifel ausstrahlen. Doch in dem Maße, in dem man sich der Sättigungsgrenze nähert, wäre eigentlich Vorsicht geboten. Doch stattdessen überträgt man den fatalen Fortschrittsglauben an ein dauerhaftes Wirtschaftswachstum auch auf eine (noch) boomende Unterhaltungsbranche. Die Folgen machen sich längst bemerkbar: Einbrüche bei den Besucherzahlen, rückläufige Einnahmen bei bleibenden Kosten, Konkursanträge, Insolvenzverfahren. Eine solche Entwicklung hätte man kommen sehen und ihr schon vor Jahren begegnen müssen.

Woran liegt es? Dafür gibt es sicher mehrere Gründe, und es ist nicht einfach, die Tatsache zu erklären, warum den kommerziellen Musicalunternehmen die finanzielle Puste auszugehen droht. Lebt man schlichtweg über seine Verhältnisse? Eine Frage wird ohnehin kaum gestellt, und das scheint symptomatisch und beginnt sich zu rächen. Die Investoren haben sich in bester Absicht nicht vor hohen Kosten gescheut und auf immer neue Effekte gesetzt. Aber sie taten es mit einer gewissen Blauäugigkeit, der Erfolg werde noch Jahre andauern. »The Show must go on« ist zum alleinigen Akkumulator des Geschäfts geworden, das als eigentliches Ziel ausgegeben wird. Kommerz vor Kunst? Ja, denn man vergißt dabei eine Frage, die an dieser Stelle unseres Buches abschließend wenigstens einmal gestellt werden soll: die Frage nach der künstlerischen Qualität. Seit nunmehr 15 Jahren gibt es das kommerzielle Musicaltheater in Deutschland, und seitdem wird hierzulande die Musicaldiskussion leider auch nur einseitig und deshalb falsch geführt. Wieso? Die spektakuläre Musicalproduktion in eigens dafür gebauten oder hergerichteten Theatergebäuden wird nicht nur als das Neue, sondern auch als das Einzige gefeiert. Weil sie Wirkung von nachgerade barocken Ausmaßen erzielt. Auf das traditionelle Broadway-Musical, dessen sich das deutsche Repertoiretheater annahm und noch immer annimmt, blickt man herablassend bis verächtlich herab, tut die immer wieder neuen Aufführungen der Klassiker, von »My Fair Lady« bis zum »Kleinen Horrorladen«, als »Griff in die Mottenkiste« ab. Da sei denn die Frage erlaubt: Haben – Webbers »Cats« und »Phantom der Oper« sicher ausgenommen – die kommerziellen Musicals außer ihrer unbestreitbaren technischen Show-Qualität noch andere stofflich-textliche und musikalische Qualitäten ähnlich wie die besten Repertoiremusicals zu bieten, von denen dieses Buch zu erzählen versucht? Kennt eine Antwort auf diese Frage nur der Wind …?

Das ist nicht ironisch gemeint. Wir leben in einer Zeit, die rigoroser als früher auf den Wechsel von ständig Neuem erpicht ist. Daß Gutes in Ruhe wachsen will, hat die Theatergeschichte zur Genüge gezeigt. Erinnern wir uns nur an die eilig schaffende Zeit der Barockoper, in der die Komponisten der Nachfrage des Publikums fast nur hinterherhechelten. Sie schufen viel, aber nur weniges hat die Zeiten überdauert. Schnellverfahren in der Kunst führen immer nur zum Durchschnitt, das Schielen vor allem aufs Geschäft blockiert am Theater im Zweifelsfall Phantasie und Innovation. Vielleicht gönnt man sich eine Atempause und besinnt sich mehr auf künstlerischen Anspruch, mit dem man die Menschen wirklich ansprechen kann.

STERNSTUNDEN DES SPIELPLANS: DIE HAUPTWERKE DES MUSICALS VON JEROME KERNE BIS ANDREW LLOYD WEBBER

Jerome Kern (1885–1945)
SHOW BOAT
Musical in 2 Akten
Musik von Jerome Kern
Buch und Gesangstexte von Oscar Hammerstein II
Uraufführung New York 1927

Quellen. Das Musical erinnert an die Theaterschiffe (Show Boats), auch ›Komödiantenschiffe‹ genannt, die nach Beendigung des Amerikanischen Bürgerkrieges ab der siebziger Jahre des 19. Jahrhunderts den Ohio und vor allem den Mississippi befuhren. Der Krieg endete mit dem Sieg des durch die Industrialisierung immer stärker werdenden Nordens über den wegen seiner ausgedehnten Baumwoll- und Tabakplantagen reichen Süden. Auf diesen Plantagen leisteten die Negersklaven ihren Frondienst für die reichen weißen Plantagenbesitzer. Der Sieg der Nordstaaten bedeutete auch das offizielle Ende der Sklaverei in Amerika. Nun stellten diese schwimmenden Theater einen nicht zu unterschätzenden und beliebten Kulturfaktor für die Flußbewohner dar. Sie ankerten an den Ufern der Flüsse vor den Dörfern und Städten, um den dort lebenden Menschen etwas Abwechslung und Unterhaltung in ihren von schwerer Arbeit und drückender Armut geprägten Alltag zu bringen. Was sie spielten, waren meist romantisch-volkstümliche Theaterstücke vornehmlich in Form unterhaltsamer Komödien. Das letzte dieser namentlich bekannten und sehr populären Show Boats befuhr noch 1943 die Flüsse. Das besaß dann allerdings schon Seltenheitswert, denn längst hatten der wachsende Verkehr wie auch die rasche Weiterentwicklung des Films auch den wenig begüterten Flußanwohnern vielfache Möglichkeiten zur Unterhaltung eröffnet.

Unter diesen Show Boats gab es auch die »Cottom Blossom« (Baumwollblüte), die unter verschiedenen Theaterdirektoren noch bis zur Wirtschaftskrise des Jahres 1929 erfolgreich den Mississippi befuhr und mit einem professionellen Ensemble von Darstellern und Musikern vor allem musikalische Programme, Melodramen und klassische Theaterstücke aufführte. Die »Cottom Blossom« mit ihrem Ensemble und der Familie des ehemaligen Flußlotsen, Schauspielers und jetzigen Eigentümers Käpt'n Andy Hawkes ist Schauplatz der Geschichte des 1926 in New York erschienenen Romans »Show Boat« der amerikanischen Schriftstellerin Edna Ferber (1887–1968). Ungarischer Herkunft und in Michigan geboren, wurde sie Journalistin und dann freie Schriftstellerin. Mit ihren Romanen und Theaterstücken wird sie in der amerikanischen Literatur als Unterhaltungsschriftstellerin geführt, doch verkennt man nicht ihre aufrichtigen, wenn auch meist sentimentalen sozialkritischen Tendenzen. Die Idee zu ihrem Roman kam ihr im August 1924. Sie hatte gerade mit ihrem neuen Theaterstück »Old Man Minick« (Der alte Herr Minick) bei einer Voraufführung im alten Lyceum-Theatre in New York einen Mißerfolg errungen. Nach der Premiere traf sie sich mit dem Ensemble zu einer kleinen Feier bei dem bekannten Produzenten Winthrop Ames. Der erzählte ihr von seinem neuen Plan. Er wollte keine Theater-Tryouts mehr durchführen, bei denen Theaterstücke in der Provinz auf ihre Tauglichkeit für eine Produktion am Broadway geprüft wurden, sondern sich ein Show Boat pachten, damit den Fluß entlangfahren und die Städte bespielen. Er erklärte seinen Gästen, es handle sich dabei um »floating theatre« (schwimmendes Theater), auf dem die Theatergesellschaft lebte und spielte und bei dessen Ankunft das Publikum in hellen Scharen auch aus weiterer Entfernung herbeiströmt. Edna Ferber gewann Interesse und erkundigte sich nach allem Wissenswerten über diese Theaterschiffe. Sie suchte Schauspieler auf, die irgendwann einmal eine Zeit lang auf einem solchen Show Boat gelebt und gespielt hatten. Im April 1925 besuchte sie für eine Woche das Ehepaar Beulah und Charles Hunter in North Carolina, die dort mit ihrem eigenen »James Adams Floating Boat« die Küstengewässer der Chesapeakte-Bucht befuhr. Sie holte sich bei den Hunters, die sich zudem als Liebhaber ihrer Erzählungen herausstellten, die notwendigen Informationen. Im Sommer des gleichen Jahres reiste sie nach Europa und mietete sich für längere Zeit in dem südfranzösischen Dorf St. Jean de Luz am Golf von Biscaya unmittelbar an der spanischen Grenze ein. Dort begann sie mit der Niederschrift ihres zweiten Romans, einer umfangreichen Liebes- und Abenteuergeschichte über das Leben auf dem Mississippi, der sie den Titel »Show Boat« gab. Später arbeitete sie in Paris weiter an dem Roman und vollendete ihn nach ihrer Rückkehr nach New York – ohne selbst jemals auch nur einen Blick auf den Fluß geworfen zu haben. Im Herbst 1926 erschien das Buch in New York, dem eigentlichen Anreger Winthrop Ames gewidmet.

Entstehung und Uraufführung. Einer, der Edna Ferbers Roman bereits Anfang Oktober las, war der Komponist Jerome Kern. Sofort nach der Lektüre rief er den bekannten Theaterkritiker Alexander Woolcott an. Der hatte den Roman ebenfalls schon gelesen und kannte überdies die Autorin persönlich. Durch seine Vermittlung trafen sich Kern und Ferber anläßlich der Aufführung des Kern-Musicals »Criss Cross« am 12. Oktober 1926 in New York. Denn Kern hatte in dem Roman sofort den Stoff für ein Musical erkannt. Die Autorin hingegen war entgeistert: »Sind Sie verrückt geworden, Jerry?« soll sie zu ihm gesagt haben. Ein Musical sei musikalisches Unterhaltungstheater und vertrage keine ernste Geschichte, in der von Rassendiskriminierung und Alkoholismus die Rede sei und die von einer Frau erzähle, die ihren Mann, einen erfolglosen Glücksspieler, verlasse. Kern blieb von diesen Einwänden jedoch unberührt und nannte den Namen eines erfolgversprechenden Absolventen der Columbia University als Textautor: Oscar Hammerstein II. Das half offenbar, denn schon im November kam es zwischen Ferber und Kern/Hammerstein zu einem Vertrag, der festlegte, daß die beiden Autoren »das genannte Stück unmittelbar schreiben und bis Anfang Januar 1927 vollenden sollten.« Als Produzenten gewannen sie den berühmten Ziegfeld, dem sie rechtzeitig ein erstes Manuskript überreichten. Der nahm an und begann mit den Proben, obwohl der erste Akt noch nicht einmal fertig war.

Das Textbuch überträgt den Roman dadurch auf die Bühne, indem es die über viele Jahre laufende Handlung zeitlich entscheidend eingrenzt, Einzelheiten vereinfacht oder ganz eliminiert und die Zahl der Personen reduziert. Zugleich entfällt die Vorgabe des Romans, an dessen Ende sowohl Käpt'n Hawkes und seine Frau wie auch Schultz und Ravenal tot sowie Joe und Queenie längst vergessen sind. Daß am Ende des Musicals noch alle leben und es letztlich zu einem Happy End kommt, das ist zudem eine Konzession, die die Autoren an die Theatergewohnheiten ihrer Zeit machen mußten. Die eigentliche Uraufführung fand bereits am 15. November 1927 am National Theatre in Washington D. C. statt, doch bereits am 27. Dezember folgte die Erstaufführung am Ziegfeld-Theatre am New Yorker Broadway. Sie wurde ein enormer Publikums- und Presseerfolg. Man wertete das Ereignis als bahnbrechend für die Entwicklung des Musicals überhaupt. Das Stück lief 575 Mal en suite, wurde mehrfach verfilmt und erfuhr nach Kerns Tod 1946 eine Neufassung, die die umfangreiche Originalfassung – die beispielsweise noch Kim, die Tochter von Magnolia und Ravenal, als neuen gefeierten Musical-Star kennt – straffte. Ganze Handlungsteile sowie einige Songs fielen ganz weg, wodurch das Stück insgesamt übersichtlicher und spannender wurde. Diese Neufassung lag auch der deutschen Fassung von Janne Furch für die Deutschsprachige Erstaufführung am 31. Oktober 1970 an den Städtischen Bühnen Freiburg/Breisgau zugrunde.

Ort und Zeit. Am Mississippi um 1885 und in Chicago 1893

Die Personen des Musicals. Käpt'n Andy Hawkes, Eigentümer des Show Boats »Cottom Blossom«, Theaterdirektor und Regisseur (Sprechrolle) – Parthy Ann Hawkes, seine Frau (Sprechrolle) – Magnolia Hawkes, beider Tochter (Sopran) – Gaylord Ravenal, ein leidenschaftlicher Glücksspieler und Abenteurer (Tenor) – Julia Laverne, eine Mulattin, Star des Show Boat-Ensembles (Mezzosopran) – Steve Parker, ihr Mann (Sprechrolle) – Ellie Mary, jugendliche Komikerin (Soubrette) – Frank Schultz, ihr Bühnenpartner (Tenorbuffo) – Joe, der alte schwarze Heizer (Baß) – Queenie, seine Frau (Alt) – Pete Gavin, Maschinist (Sprechrolle) – Ruber Face, Inspizient (Sprechrolle) –

Sheriff Vallon (Sprechrolle) – Zwei Bärenfänger (Sprechrollen) – Jim, Besitzer des »Trocadero« (Sprechrolle) – Jake, sein Pianist – Ausrufer.

Bewohner von Natchez, Publikum, Besucher der Weltausstellung in Chicago (Chor und Ballett)

Die Handlung. 1. AKT: Am Kai des Hafenstädtchens Natchez am Mississippi in den 1880er Jahren. Farbige und weiße Arbeiter schleppen Baumwollballen zum Verladeplatz *(Chor der Arbeiter und Frauen »Schwarzer Mann plagt sich am Mississippi«)*. Da naht das Show Boat ›Cottom Blossom‹ und wird freudig begrüßt. Inspizient Ruber Face hängt ein Plakat auf, das die abendliche Theatervorstellung ankündigt. Käpt'n Andy Hawkes wird stürmisch begrüßt und geht an Land *(Chor der Bewohner von Natchez »Käpt'n Andy! Käpt'n Andy! Das ist ein Direktor und ein Dandy!«)*. Dort stellt er die Mitglieder seines Ensembles vor, zu denen auch der Star der Truppe Julia Laverne und ihr Mann Steve Parker gehören. Und der Maschinist Pete, der Julia nachstellt und ihr droht, sie möge sich ihm gegenüber nett geben, sonst geschähe ein Unglück. Steve beobachtet ihn, stellt ihn zur Rede, warnt ihn und schlägt ihn nieder. Hawkes rettet die Situation, indem er die Prügelei als einen Vorgeschmack auf das Stück ausgibt, das man heute abend geben werde. Dann entläßt er Pete und jagt ihn davon. Er hält zu seinem Star Julia, sehr zum Verdruß seiner Frau Parthy, die es höchst ungern sieht, daß ihre Tochter Magnolia und Julia sich wie Schwestern lieben. Noch ahnt sie nicht, in welcher Gefahr Magnolia schwebt. Ein Fremder ist erschienen, der Glücksspieler Gaylord Ravenal, der in Notwehr einen Croupier getötet hat. Er wurde zwar freigesprochen, findet aber keinen Halt im Leben und weiß nicht, wohin er so eigentlich gehört *(Lied des Ravenal »Weiß nicht, wohin mich das Glück führt...«)*. Da begegnet er Magnolia, und beide empfinden sofort Liebe füreinander *(Duett Ravenal-Magnolia »Mach die Augen zu und träume...«)*. Wird ihre Liebe nur ein Traum bleiben? Da taucht auch schon Sheriff Vallon auf und nimmt Ravenal mit, den sein Boss sprechen will. Ravenal verabschiedet sich höflich, und Magnolia will ihre Gefühle gleich den anderen mitteilen. Zuerst fragt sie den alten Joe, der ihr zur Antwort gibt, sie solle den Mississippi fragen, der wisse alles *(Song des Joe mit Chor »Ol' man river/Alter Mann Fluß...«)*. In der Küche des Theaterschiffs eröffnet Magnolia ihrer Freundin Julia und Joes Frau Queenie, daß sie verliebt sei, und zwar seit genau zehn Minuten! Julia wird nachdenklich, sie weiß nicht, was sie der Freundin raten soll, die sich in einen Fremden verliebt hat. Und warum, so fragt diese sie, liebe sie ihren Mann Steve? Julia weiß es selbst nicht so recht, außer, daß er eben ihr Mann ist und sie ihn liebt, weil sie ihn lieben muß *(Lied der Julia »Wer fragt den Wind, wo kommst du her?«)*. – Die kleine Spielbühne und der Zuschauerraum des Komödiantenschiffs. Noch einmal hält Hawkes eine Probe ab für sein eigenes Stück »Donner, Blitz und Sonnenschein«, ein – wie er es selbst anpreist –

»herrliches Drama zum Weinen und Lachen«. Geprobt wird eine Szene zwischen Julia als Luzzy und Steve als Pfarrer. Queenie, die mit Joe und anderen das Schiff für den Abend säubert, wird von unguten Ahnungen umgetrieben und fürchtet, daß heute noch ein Unglück geschehen wird. Ihre Ahnungen trügen nicht, denn während der Probe erfahren die Beteiligten von Petes Rache. Der hat Julia und Steve beim Sherff denunziert, denn Julia hat Negerblut in den Adern, eine Ehe zwischen einer Schwarzen und einem Weißen ist jedoch in diesem Bundesstaat nicht erlaubt. Bevor der Sheriff erscheint, weiß Steve Rat. Er ritzt sich und Julia in den Arm und sie tauschen Blut aus. Obwohl der Sheriff dem Ehepaar eine richterliche Vorladung wegen Gesetzesübertretung überbringt, zeigt er sich nachsichtig, als alle bezeugen, auch Steve habe Negerblut in seinen Adern. Dennoch sehen Julia und Steve für sich keine Chance mehr auf dem Schiff und verlassen das Ensemble. Bewegt nehmen sie von allen Abschied. Magnolia trifft es am schwersten, glaubt sie doch, ohne Julia nicht leben zu können. Getroffen ist auch Andy, denn er verliert seinen Star, was er soll er nun machen? Sein jugendlicher Komiker Frank weiß einen Ausweg. Er hat Gaylord Ravenal in der Stadt getroffen, der um Mitfahrt auf dem Show Boat bis Fort Adam bittet, wo er (angeblich) eine größere Geldsendung erwartet. Ravenal ist Andy auf Anhieb sympathisch, und so engagiert er ihn an Steves Stelle. Die Rolle Julias, um die sich, allerdings erfolglos, auch Ellie Mary bewirbt, die Soubrette des Ensembles, besetzt er mit seiner Tochter. So sind Magnolia und Ravenal das neue Liebespaar des Ensembles, sehr zum Leidwesen Parthys, die den fremden Gentleman nicht leiden kann und mit Argusaugen beobachtet, wie zwischen ihrer Tochter und dem Fremden das Feuer der Liebe entbrannt ist. – Drei Wochen später hat das Show Boat an einem anderen Ort Anker geworfen. Magnolia und Ravenal sind inzwischen die Stars des Theaterschiffs. Das bedauert keiner so sehr wie Frank, der das gern zusammen mit seiner Partnerin Ellie wäre, die er am liebsten auch im Leben zu seiner Partnerin hätte. Als er sich wieder einmal um sie bemüht, kommen ihm plötzlich zwei Bärenfänger ins Gehege, die sich als Ellies Beschützer aufspielen. Erneut hat Frank das Nachsehen, was Ellie mit schnippischen Bemerkungen kommentiert, auch wenn sie erkennen läßt, daß sie ihm gegenüber gar nicht so spröde ist, wie sie immer tut. Ganz anders Parthy, die Ravenal einfach nicht traut. Und nun hat sie obendrein einen Brief von Pete erhalten, in dem dieser auch Ravenal denunziert, der einen Croupier getötet hat. Andy wertet dies alles jedoch als boshafte Intrigen und steht auf Ravenals Seite. Zudem hat er andere Sorgen, denn die Vorstellung ist nicht ausverkauft. Da hilft Queenie, und mit ihrem Temperament vermag sie die Bewohner des Ortes für die Vorstellung zu interessieren *(Lied der Queenie »Hey, Queenie zieht ›ne Show ab ...«).* – Die Vorstellung selbst ist eine richtige Schmierenklamotte. Dauernd geht etwas schief, die Bärenfänger haben sich unter das Publikum gemischt und reden ständig dazwischen, die Dialoge stocken, die Darsteller sind verunsichert, Andy unterbricht das Spiel mit der Mitteilung an einen Besucher, er sei gerade Vater geworden und werde zu Hause erwartet, Frank in der Rolle des trunksüchtigen Ehegatten von Luzzy, die den Pfarrer liebt, spielt erst eine Knallcharge, vergißt dann aber angesichts der Bärenfänger seinen Text und stürmt von der Bühne, der Vorhang muß fallen. Andy aber gibt nicht auf, er erzählt und spielt allein das Stück zuende, in Stichworten und mit rasanter Geschwindigkeit in der Manier eines geborenen Erzkomödianten. Nach der Vorstellung wartet Ravenal auf Magnolia und bittet sie, seine Frau zu werden, den Segen ihres Vaters habe er schon *(Duett Ravenal-Magnolia »Bleib' bei mir!«)*. Und so feiert man am nächsten Tag auf dem Show Boat Hochzeit. Wieder erscheint der Sheriff, wieder glaubt Parthy, ihre große Stunde sei gekommen. Ravenal, so die Anklage, habe einen Mord auf dem Gewissen, ihre Tochter könne doch keinen Mörder heiraten! Mit seiner neuerlichen Beteuerung, er habe in Notwehr gehandelt und man habe ihn schließlich freigesprochen, beruhigt Ravenal seinen Schwiegervater. Der Hochzeitszug setzt sich in Bewegung zur Kirche, aber ohne die Brautmutter. Denn Parthy ist ob solcher Umstände dem Sheriff glatt ohnmächtig in die Arme gefallen *(Hochzeitschor und Finale)*.

2. AKT: Viel Zeit ist seit den Vorkommnissen auf der ›Cottom Blossom‹ vergangen. Das Jahr 1893 bringt die Weltausstellung in Chicago. Ausrufer machen auf die verschiedenen Attraktionen aufmerksam, der Platz ist überfüllt von neugierigen und Unterhaltung suchenden Mnschen, man flaniert, lacht und amüsiert sich *(Chor der Besucher »Ja, wer möchte da nicht sein!«)*. Unter den Besuchern ist auch Käpt'n Andy Hawkes, der auch hier bestens bekannt ist. In seiner Begleitung befinden sich seine Frau Parthy und seine Tochter Magnolia. Die wartet auf ihren Mann Ravenal, mit dem sie inzwischen eine achtjährige Tochter Kim hat, die sie in einem Nonnenkonvent erziehen lassen. Ravenal ist rückfällig geworden, er spielt wieder, aber erfolglos, er hat nun kein Geld mehr und will Frau und Tochter nicht mit ins Elend ziehen. Er schwindelt Magnolia den glücklichen Gewinner vor, steckt ihr Banknoten und einen Brief zu, seinen Abschiedsbrief, in dem er sich zur Wahrheit bekennt. Für Magnolia ist es zu spät, nun muß sie für sich und Kim sorgen. Glücklicherweise trifft sie auf Ellie und Frank, die sich im Showbusiness erfolgreich nach oben arbeiten und im berühmten Nachtlokal und Unterhaltungsetablissement »Trocadero« auftreten. Sie überreden Magnolia, mit ihnen zu kommen. – Zu den Künstlern im »Trocadero« gehört auch Julia. Ihr Mann Steve hat sie verlassen, sie ist dem Trunk verfallen und setzt so ihr Engagement aufs Spiel. Noch hört sich Jim, der Besitzer des »Trocadero«, ihr neues Lied an *(Lied der Julia »Hab' oft geträumt, er wird mir begegnen, mein Prinz, mein Traummann, mein Lord ...«)*. Doch dann interessiert ihn Magnolia, der er eine Audition gewährt. Julia wird heimlich Zeugin und kündigt ihr Engagement, um der arbeitslosen und ver-

lassenen Freundin eine Zukunft zu ermöglichen. – Am Silvesterabend ist Premiere der neuen Show mit Magnolia als Star. Unter den Besuchern befindet sich auch Andy, der durch Julia vom Engagement der Tochter erfahren hat. Er stachelt das anfangs träge Publikum an und verhilft so seiner Tochter zu einem großen Auftrittserfolg, danach engagiert er sie auf sein eigenes Theaterschiff. Dort trifft sie glücklich auf ihren heimgekehrten Mann Ravenal. Während Joe noch einmal seinen Mississippi-Song anstimmt, sehen die beiden einer hoffnungsvollen Zukunft entgegen. Die Spuren von Julia und Steve aber haben sich endgültig verloren. –

Aufführungsdauer. ca. 2¾ Stunden

Richard Rodgers (1902–1979)
OKLAHOMA!
Musical in 2 Akten
Buch und Gesangstexte von Oscar Hammerstein II
nach einem Schauspiel von Lynn Riggs
Musik von Richard Rodgers

Quelle. Am 26. Januar 1931 wurde am Guild Theatre New York das im Dialekt verfaßte Volksstück »Green Grow The Lilacs« (Es grünt der Flieder) uraufgeführt, ein Farmerstück, das um 1900 im Gebiet des Indian-Territory spielt. Sein Verfasser Lynn Riggs (1899–1954) wuchs dort selbst als Sohn eines Cowboys und späteren Farmers auf. Absicht des Autors war nach eigenem Bekunden, eine der »einfachen Geschichten, von denen alte Volkslieder erzählen«, in seinem Schauspiel zu gestalten. Dieser Hinweis hatte seine besondere Bedeutung: Riggs fügte eine Reihe von Balladensongs und Volksliedern des amerikanischen Westens in sein Stück ein und schuf damit selbst die Voraussetzungen dafür, daß aus seinem Schauspiel einmal ein Musical entstehen konnte. Und so geschah es denn auch.

Entstehung und Uraufführung. Wenn das Schauspiel auch das bekannteste des Autors war, so gestaltete sich sein Bühnenweg nicht sonderlich erfolgreich. Doch die Theaterleitung hatte offenbar das richtige Gespür, man könne daraus ein musikalisches Theaterstück machen. Sie bot es dem Komponisten Richard Rodgers (1902–1979) an, der einer musikalischen Familie entstammte und bereits erfolgreich im Unterhaltungstheater tätig war. Sein Buchautor sollte Lorenz Hart werden, mit dem er bereits seit 1918 zusammenarbeitete, als beide noch auf dem College waren und ihre ersten Studentenshows schrieben. »Es war Liebe auf den ersten Blick«, erinnerte sich Rodgers später. »Der eine Nachmittag hat mir einen unvergleichlichen Partner und Mitarbeiter eingebracht, einen besten Freund – und eine endlose Kette von Aufregungen.« Sie waren das erste erfolgreiche Gespann in der Geschichte des amerikanischen Musicals, dessen Zusammenarbeit durch Harts Tod nach 24 Jahren zuendeging, in denen sie etwa 450 Gesangsnummern und 29 abendfüllende musikalische Bühnenwerke schrieben. Rodgers mußte sich nach einem neuen Autor umsehen und fand ihn in Oscar Hammerstein II, mit dem er noch erfolgreicher wurde. Von ihren Musicals gelangten neben »Oklahoma!« auch »Carousel« (U 1945) und vor allem »Der König und ich« (The King and I; U 1951; berühmte Verfilmung von 1956 mit Yul Brynner und Deborah Kerr) auf das deutsche Theater. Bei »Oklahoma!« beließen die beiden die durch das Schauspiel vorgegebene Grundgeschichte. Unter dem ursprünglichen Titel »Away We Go!« erlebte das Werk seine Try-Out-Tour in New Haven und Boston. Unter dem endgültigen Titel fand die Broadway-Premiere am 31. März 1943 am St. James Theatre statt, und mit 2 212 Vorstellungen in Folge avancierte das Musical zum bis dahin erfolgreichsten überhaupt. Schon ein Jahr später wurde es mit dem begehrten Pulitzer-Preis ausgezeichnet und 1955 nicht minder erfolgreich verfilmt.

Ort und Zeit. Indianer-Territorium (dann Oklahoma) um 1906/07

Die Personen des Musicals. Tante Ella Murphy – Laurey Williams, elternlose Nichte Ellas und Besitzerin einer Farm – Curly McLaine, junger Cowboy auf Laureys Farm – Will Walker, Curlys Freund – Jud Fry, Landarbeiter auf der Farm – Ado Annie Carnes, Tochter des Ranchers Carnes – Ali Hakim, ein junger Perser – Andrew Carnes, Farmer und Annies Vater – Ike, Fred, Slim, Gertie, Ellen und Mike, Jungens und Mädchen aus der Gegend

Die Handlung. 1. AKT: Veranda und Garten von Laurey Williams' Farmhaus. Es ist ein wunderbarer Sommermorgen, der die Schatten der Menschen und der Tiere in sich vereinigt und eine goldene, liebliche und glückliche Stimmung bei den Menschen hervorzurufen vermag. Dies spürt auch Tante Ella Murphy, während sie auf der Veranda sitzt und zufrieden die Butter schlägt. Und in dieser Stimmung taucht auch Curly McLaine auf. Noch hinter der Szene stimmt er sein fröhliches Lied an *(Lied Curlys »Wunderschön ist dieser Morgen«)*. Ella tut erst so, als bemerke sie Curly gar nicht. Denn sie weiß, warum er gekommen ist und wem sein Lied gilt: ihrer Nichte Laurey. Mit ihr möchte Curly gern auf das abendliche Fest gehen, auf die ›Box-Social-Party‹ auf der Skidmore-Ranch. Doch Laurey, so bedeutet Ella ihm, will von ihm nichts wissen. Curly will protestieren, als er sich unvermittelt der offenbar mürrischen Laurey selbst gegenübersieht. Er lädt sie trotzdem ein, worauf sie schnippisch fragt, womit er sie denn zum Fest fahren will. Curly bedeutet ihr, er habe eine besonders schöne Kutsche für sie *(Curly »Die Kutsche, an der Fransen wehn«).* Er versteht es, Laurey die Kutsche, die doch nur eine Vision ist, schmackhaft zu machen. Doch dann läßt sie ihn schroff stehen, was Ella fachkundig kommentiert: »Curly, sie mag dich wirklich!« Inzwischen kommen auch einige von Curlys Freunden, darunter Will Parker. Er hat beim Rodeo in Kansas City 50 Dollar gewonnen und ein ›Kleines Wunder‹ gekauft, eine Art Kaleidoskop, in dem man leichtbekleidete Frauen betrachten kann. Ella schwärmt er von der Stadt vor, die für das beschauliche Leben, das sie hier führen, so etwas wie die große weite Welt bedeutet *(Will Parker und Ensemble »Kansas City«)*. Ausgelassen tanzt Will mit Ella. Curly kehrt zurück, er hat den Wagen von Ella hergerichtet, um Festgäste aus der Nachbarschaft vom Bahnhof abzuholen. Nun erfährt er, daß er in Jud Fry einen Rivalen bei Laurey hat. Und der hat bereits bestimmt, Laurey zum Fest zu begleiten. Die bekommt jedoch Angst, denn in Juds Nähe friert sie, seine Unterkunft im alten Räucherschuppen findet sie entsetzlich, ihr Zimmer verschließt sie vor ihm, seine »dunklen, finsteren, toten Augen« fürchtet sie. Als Ella sie zu beruhigen versucht, erscheint Freundin Ado Annie Carnes mit dem ›fliegenden Händler‹ Ali Hakim. Annie ist in Nöten. Früher, als sie noch »kratzbürstig war und so flach wie'n Plättbrett«, da haben die Jungs sie überhaupt nicht beachtet. Jetzt aber hat sie sich vorteilhaft verändert und kann keinem Flirt widerstehen *(Annie »Ich sag nie ›Nein‹ zu einem Mann«)*. Sie hat einfach Mitleid mit den Männern, und das sieht sie selbst als ihr Problem. Und daß deren Küsse ihr so schmecken, liegt einfach in ihrem Blut! Deshalb habe sie momentan Mitleid mit Ali Hakim, obwohl sie doch Will Parker so gut wie versprochen ist. Ali ist ein gerissener Händler, umschmeichelt Ella, verkauft Laurey ein altes Wunderelexier ägyptischer Pharaonentöchter zur Erleichterung von Entscheidungen, und Will hat bei ihm für die gewonnenen 50 Dollar Geschenke gekauft. Nun will er Annie heiraten. Plötzlich stürmen Jungens und Mädels herein mit ihren Picknickkörben, die dem Brauch gemäß auf dem Fest für einen guten Zweck versteigert werden sollen. Sie tanzen fröhlich umher, doch Laurey kocht innerlich vor Wut, denn Gertie, eines der Mädchen, macht sich allzu ungeniert an Curly ran, und dem scheint das auch noch zu gefallen! Dennoch gibt sie vor, das lasse sie im Grunde gleichgültig, sie stehe über solchen Dingen *(Laurey und Mädchen »So mancher Tag verfliegt«)*. Da Will sich erneut um Annie bemüht, gibt diese schweren Herzens Ali den Laufpaß. Das aber ist ein Irrtum, so bedeutet ihr Vater ihr. Er hat nämlich mit Will vereinbart, als Voraussetzung, ihm seine Tochter zu geben, müsse Will 50 Dollar aufbringen, aber in bar und nicht in Geschenken! Mit dem Gewehrlauf treibt er seine Tochter geradezu in der Arme von Ali, der Annie doch gar nicht will. Er ist sogar über den grobschlächtigen Farmer richtig empört, ist fassungslos über dessen Reaktion und fühlt sich schlichtweg von ihm hereingelegt. So treffen die Jungs auf ihn. Gefragt, was ihn bedrückt, antwortet er, er habe soeben in einen Gewehrlauf geschaut und dabei seine Freiheit verloren. Ja, das Leben der Männer sei schon schwer! *(Ali Hakim und Jungs »Skandalös und einfach scheußlich!«)*. Als Laurey ihren Picknickkorb packt, tritt Curly zu ihr. Er will noch immer nicht glauben, daß sie nicht mit ihm, sondern mit Jud Fry zum Fest gehen wird, alle würden doch sie beide zusammen erwarten. Das ist es eben, meint Laurey, die Leute würden ja schon über sie reden *(Duett Curly-Laurey »Sonst sagt man, wir sind ein Paar«)*. Als Laurey noch immer nicht einwilligt, mit ihm zu gehen, faßt Curly einen Entschluß: er wird Jud Fry in seinem Räucherschuppen besuchen und ihn dort zur Rede stellen. – Ein dunkler schmutziger Raum, der früher einmal als Lager für die Fleischvorräte diente und jetzt alle möglichen Gerätschaften beherbergt, ist das Zuhause von Jud Fry. Er empfängt Curly nicht sonderlich freundlich, und der behandelt ihn ziemlich von oben herab, verhöhnt ihn quasi, als er ihm seinen fiktiven Tod erzählt mit einer Trauerfeier, bei der viele Menschen angeblich um Jud trauern und von seinem doch an sich guten Herzen sprechen. Curly treibt ein ebenso gemeines wie gewagtes Spiel mit Jud und bringt schließlich die Sprache auf Laurey. Beide warnen sich gegenseitig und unterstreichen ihre Argumente damit, daß sie in die Luft ballern. Die Schüsse hören Ella und Ali samt Anhang, die, nichts Gutes vermutend, Curly gefolgt sind. Ella reagiert entsprechend ärgerlich, Curly verschwindet und Jud ruft ihm nach, die Finger von Laurey zu lassen. Allein mit Ali, bietet dieser ihm neue pornographische Postkarten an, doch Jud hat diese Weiberbilder satt: er will eine richtige Frau, er will Laurey. Und er will raus hier, will leben und nicht verrotten in einer Behausung, die wie ein Spiegelbild seines Charakters, seiner Seele, seines Inneren ist *(Lied des Jud Fry »Das Zimmer so leer wie ich«)*. – In einem kleinen Wäldchen nahe der Farm warten die Mädchen auf Laurey und fragen sie dann, ob sie wirklich mit Jud statt mit Curly aufs Fest gehen werde. Laurey macht ihren endgültigen Entschluß von der Wirkung ihres ägyptischen Wundertranks abhängig. Doch die Mädchen wissen nur allzu genau, was Laurey wirklich will, nämlich aus diesem Traum in Curlys Arme fliehen. Also soll sie sich auch für Curly entscheiden und mit ihm einen schönen Traum erleben. Laurey nimmt diesen Gedanken auf *(Laureys Traumlied »Aus meinem Traum und in seine Arme möchte ich flieh'n«)*.

2. AKT: Hinter Skidmore's Ranchhaus. Das abendliche Fest ist bereits im Gange. Man tanzt ausgelassen und singt ein Lied über die wünschenswerte Freundschaft zwischen Cowboy und Farmer, die sich nicht immer besonders mögen. Andrew Carnes stimmt das Lied an, in das dann alle anderen einfallen. Zwischendurch droht erneut eine Rauferei, aber die resolute Ella richtet das alles wieder, ballert in die Luft, ruft damit jeden zur Raison, man singt fröhlich weiter und die Szene endet in einem temporeichen Tanz *(Carnes und Ensemble »Der Farmer und der Cowboy«)*. Dann kommt es endlich unter Ellas Leitung zur Versteigerung der Picknickkörbe, um den weiteren Ausbau des Schulhauses zu gewährleisten. Währenddessen verhandeln Ali und Will miteinander. Ali möchte Annie loswerden und kauft deshalb Will's Geschenke alle zurück – für

50 Dollar! Als letzter Korb wird der von Laurey versteigert. Dabei kommt es zur Auseinandersetzung zwischen Curly und Jud, die sich gegenseitig hochbieten. Curly verkauft Sattel und Pistole und ersteigert so den Korb. Als die Rivalität zwischen den beiden zu eskalieren droht, rettet einmal mehr Ella die Situation. Während Jud mit Laurey abtanzt, kommen Will und Annie, deren Verlobung durch den Rückkauf von Will's Geschenken durch Ali möglich geworden ist. Und schon spielt Will den Starken und warnt Annie, sich an andere Männer zu verlieren, jetzt dürfe sie alles nur ihm geben, alles! *(Duett Will-Annie »Gib alles oder nichts!«)*. Annie hat also ihren Mann gefunden. Und Laurey? Jud ist hinter ihr her, er will sie um jeden Preis. Als er ihr droht, weil sie ihm bewußt ständig ausweicht, faßt sie Mut und feuert ihn fristlos, kündigt ihm die Arbeit auf ihrer Farm. Jud erkennt, daß er keine Chance mehr hat. Im Inneren rast seine Wut, aber er zieht sich zurück. Sein letztes Wort steht wie eine gefährliche Drohung im Raum: »Du hast es so gewollt!« Das flößt Laurey Angst ein und sie vertraut sich nun endlich ganz Curly an. Er beruhigt sie, macht ihr einen Heiratsantrag und entwirft für sie beide eine glückliche Zukunft. Er will nicht länger nur Cowboy bleiben, sondern Farmer werden und damit dazu beitragen, daß aus ihrem Land ein Staat entsteht, der der Union der anderen amerikanischen Bundesländer beitreten wird. Glücklich schließt sich Laurey dieser Vision an und gibt Curly ihr Jawort. – Drei Wochen später feiern Laurey und Curly Hochzeit. Zur Gästeschar gehören auch Gertie und Ali, der zur Heirat mit dem reichen und etwas exaltierten Mädchen, das sich einst so um Curly bemühte, regelrecht gezwungen wurde. Darüber ist er ganz niedergeschlagen. Plötzlich erfährt die Hochzeitsfeier eine entsetzliche Wendung. Jud Fry taucht auf, und als er die Braut küssen will, tritt Curly dazwischen und beide verwickeln sich in einen tödlichen Zweikampf. Jud zieht sein Messer, geht auf Curly los, dieser weicht ihm im letzten Augenblick aus, Jud fällt und stürzt sich in sein eigenes Messer. Man bringt den Sterbenden fort und hält ein Schnellgericht über Curly, der sich selbst dem Richter ausliefern will. Wieder einmal ist es Ella, die Andrew Carnes auffordert, den Richter zu spielen und ein Urteil zu fällen. Es lautet auf »Nicht schuldig!«, denn Curly habe aus Notwehr gehandelt und sei nicht dafür verantwortlich zu machen, daß Jud in sein eigenes Messer gefallen ist. Die Hochzeitsgäste lösen sich aus ihrem Entsetzen und applaudieren befreit und begeistert dem Urteil zu. Dann setzt man das Brautpaar in die bereitstehende Hochzeitskutsche, denn die Flitterwochen stehen bevor – und eine hoffnungsvolle Zukunft: für Curly und Laurey, für die Menschen dieses Landes und für das Land selbst. Das alte Indian Territory wird als 46. Bundesstaat unter dem Ländernamen ›Oklahoma‹ Aufnahme in die Union finden *(Finale »Oklahoma!«)*.

Aufführungsdauer. ca. 2½ Stunden

Irving Berlin (1888–1989)
ANNIE GET YOUR GUN
Musical in 2 Akten
Buch: Herbert und Dorothy Fields
Musik und Gesangstexte: Irving Berlin
Uraufführung New York 1946

Quelle. Stoff, Fabel und einige Personen entlehnt dieses Musical der amerikanischen Geschichte. Zweifachen Ruhm besaß William Frederick Cody (1845–1917). Als Kundschafter und Offizier der amerikanischen Kavallerie war er 1867 als Fleischlieferant für die Eisenbahnarbeiter im Westen maßgeblich an der Vernichtung riesiger Büffelherden beteiligt. Und zu legendärem Ruhm gelangte er unter seinem Künstlernamen ›Buffalo Bill‹ als Organisator der ersten Widwestshows im Jahre 1883 in Ohama/Nebraska, mit der er vier Jahre später auch in Europa gastierte. Zu seinem Ensemble gehörte ab 1885 für eine Zeit auch Sitting Bull (1831–1890, indianischer Name ›Tatanka Yotanka‹, was soviel wie ›Sitzender Stier‹ heißt), der berühmte Häuptling der Teton-Sioux-Indianer und deren siegreicher Anführer in den Freiheitskämpfen um 1876, als die Indianer der amerikanischen Armee unter deren befehlendem General G. A. Custer eine vernichtende Niederlage beibrachten. Nach seinem Tode gelangte er zu literarischen Ehren in vielen Jugenderzählungen. Schließlich hat es auch die Hauptperson wirklich gegeben. Mit 18 Jahren gewann die aus den Wäldern Ohios stammende Phoebe Ann Oakley Mozee (1860–1926) einen Schießwettbewerb gegen den Meisterschützen Frank Butler, der sie heiratete, mit ihr 1885 in Buffalo Bills Wild-West-Show eintrat und mit ihr auf Europa-Tournee ging, von der sie mit Ehren überhäuft, aber finanziell am Ende nach Amerika zurückkehrten. Damit geht dieses Musical auf Wurzeln zurück, aus denen es u. a. entstanden ist. Nicht zuletzt deshalb wurde der weltberühmte Schlager »There's No Bus'ness Like Showbus'ness« zu einer Art Erkennungsmelodie für das amerikanische Musical schlechthin.

Entstehung und Uraufführung. Ursprünglich sollte Jerome Kern die Musik komponieren. Doch durch seinen Tod Ende 1945 fiel die Wahl der Musicalproduzenten Rodgers und Hammerstein II auf Irving Berlin, der sich kurze Bedenkzeit erbat und dann zusagte. Er setzte sich sofort an die Arbeit und unterbreitete den Produzenten zwischenzeitlich seine Songs. Einen davon glaubte er nicht anbringen zu können in dem Irrglauben, er gefiele seinen Auftraggebern nicht, eben jenen »Show-Bus'ness Song«. Den Text übernahm Berlin weitgehend, einige Dialoge wurden jedoch zugunsten von Musiknummern gestrichen. Längst war Buffalo Bill auch in die Literatur eingegangen, denn der Schriftsteller Ned Buntline hatte ihn schon Ende der 1860er Jahre in den Mittelpunkt einer Serie von Romanen gestellt, die in der Zeitschrift »New

York Weekly« erschienen und nach denen bereits 1872 das Theaterstück »Scout of The Plains« (Kundschafter des Flachlands) entstanden war. Die Uraufführung des Berlin-Musicals fand am 16. Mai 1946 im Imperial Theatre in New York statt und wurde ein großer Publikumserfolg, der dem Stück sofort eine dreijährige Laufzeit einbrachte. Die deutschsprachige Erstaufführung fand am 27. Februar 1957 an der Wiener Volksoper statt.

Ort und Zeit. Amerika in der zweiten Hälfte der 1880er Jahre

Die Personen des Musicals. Colonel William F. Cody (genannt Buffalo Bill), Leiter der Wild-West-Show – Frank Butler, sein Meister-Kunstschütze – Charlie Davenport, Manager – Dolly Tate, Butlers Assistentin – Annie Oakley – Little Jake, Nellie, Minnie und Jessie, ihre Geschwister – Foster Wilson, Hotelbesitzer – Major Gordon Lillie (genannt ›Pawnee Bill‹) – Häuptling Sitting Bull – Iron Tail – Yellow Foot – Mac – Mrs. Little Horse – Mrs. Black Tooth – Mrs. Yellofoot – Indianerjunge – Schaffner – Schlafwagenschaffner – Kellner – Wild Horse – Pawnees Bote – Lakai – Mr. Schuyler – Dr. Percy Ferguson – Mrs. Percy Ferguson – Mr. Keefer – Mr. Ernest Henderson – Mrs. Henderson – Mrs. Potter-Porter – Mr. Clay

Mädchen und Jungen. Cowboys und Indianer. Gesellschaft und Volk (Chor und Ballett)

Die Handlung. <u>1. AKT:</u> Am Stadtrand von Cincinatti/Ohio. Vor dem Sommerhotel »Wilson House« beginnen Ensemblemitglieder der durch die Lande ziehenden »Buffalo Bill's Wild-West-Show« mit den Vorbereitungen ihrer Werbeveranstaltung, die sie in jeder Stadt zum Auftakt ihres Gastspieles durchführen. Charlie Davenport und Dolly Tate arrangieren einen Schießwettbewerb, in dem der jeweilige Lokalmatador der Stadt gegen Frank Butler antritt, den Meisterschützen des Show-Unternehmens. Der Besitzer des Hotels, Foster Wilson, ist entsetzt und will die Leute vertreiben. Es nützt nichts, daß Charlie ihm 100 Dollar bietet und Frank Butler persönlich interveniert. Frank ist der bewunderte Star der Show, den man überall begeistert hofiert, womit er gern kokettiert *(Frank Butler »Bin ein Bösewicht...«)*. Selbst Dolly, die sich an Mr. Wilson ranmachen soll, wird von diesem aus dem Haus hinausgeworfen. Da taucht die junge Annie Oakley mit ihren vier Geschwistern auf. Sie ist ein armes Landmädchen, das mit Wachteln, Wildenten und Moorhühnern handelt, die sie selbst schießt. Zwar kann sie weder schreiben noch lesen, aber sie ist eine Meisterschützin, wie sich Mr. Wilson persönlich überzeugen kann. Er kauft ihr nicht nur 20 sauber geschossene Vögel ab, sondern ernennt sie auch zur Lokalmatadorin, um sich die angebotenen 100 Dollar zu verdienen, von denen er Annie im Fall des Sieges einen Teil abgeben will. So tritt sie gegen Frank Butler an, bei dessen Anblick sie weiche Knie bekommt und sich sofort in ihn verliebt. Der findet sie jedoch für sich zunächst für zu jung, sie ist ihm noch zu wenig Frau *(Frank »Die Frau meiner Träume...«)*. Annie hingegen hat ein anderes Problem: wer will schon eine haben, die nur schießen kann *(Annie »Am Schießeisen beißt keiner an...«).* Als sie zur Gegnerin von Frank Butler im Tontaubenschießen ernannt wird, erntet sie erst einmal Gelächter, was sich freilich ändert, als sie gewinnt. Frank, der dreimal verfehlt, ist leicht pikiert und verletzt Annie mit der Bemerkung, sie habe nur Anfängerglück gehabt. Vor allem aber hält Dolly den Sieg von Annie für reine Glückssache. Anders Buffalo Bill, der in Annie die neue Sensation für seine Show sieht und sie engagiert. Sie ist begeistert, weiß sie sich doch dann immer in Franks Nähe. Er und die anderen müssen ihr aber eines erklären: Was versteht man unter Showbusiness? *(Solistenensemble »There's No Bus'ness like Showbus'ness...«).* – Einige Wochen später ist das Show-Unternehmen auf Reisen. Annie macht sich bei Dolly immer unbeliebter, weil sie deren Waggon den Indianern zuteilt, die beim Kochen Feuer in ihrem Abteil verursacht haben, und da muß der Rauch erst einmal abziehen. Ärgerlicher als dieser Zwischenfall ist eine Nachricht, die wie eine Bombe hereinplatzt: während ihres kommenden Gastspiels in Minneapolis tritt ganz in der Nähe auch das große Konkurrenzunternehmen Pawnee Bill's Show auf. Da die Zeitungen inzwischen auf Annie als Franks Assistentin aufmerksam geworden sind und schon über sie geschrieben haben, will Frank sie jetzt solistisch einsetzen und sie vielleicht später sogar zu seiner Partnerin machen. Annie, deren Liebe zu ihm täglich wächst, ist natürlich begeistert, zumal sie spürt, daß auch sie ihm nicht mehr gleichgültig ist *(Duett Annie-Frank »Man sagt, Verliebtsein das wäre wundervoll...«).* Annie will Frank sogar mit einem Schießkunststück auf dem Motorrad überraschen, was Buffalo Bill um so stärker unterstützt, als bislang noch keine Show einen weiblichen Meisterkunstschützen geboten hat. Mit Annie aber erhofft er sich den Sieg über seinen Kontrahenten und damit auch das große Geschäft. Deshalb werben die Plakate mit Annies Konterfei, was Frank absolut nicht gefällt, der auf Annies Erfolge neidisch zu werden beginnt, obwohl er sich zugleich immer mehr zu ihr hingezogen fühlt *(Frank »Ich bin wehrlos vor ihr...«).* Annie wird zur Zugnummer, selbst Pawnee Bill ist gekommen, um sie zu sehen. In seiner Begleitung befindet sich der Indianerhäupling Sitting Bull, der von Annie derart begeistert ist, daß er sie als seine Tochter in den Stamm der Sioux-Indianer aufnehmen will. Er selbst wird sich der Show anschließen und ihre Tournee sogar mitfinanzieren. Zuvor jedoch erfolgt die feierliche Indianerzeremonie für Annie *(Annie »Weil ich draußen und drin eine Indianerin bin«).* Das ist zuviel für Frank. In einem Brief an Annie teilt er ihr mit, er werde sich Pawnee Bill's Show anschließen und dort mit Dolly seine alte Nummer präsentieren. –

2. AKT: Das Oberdeck eines kleinen Frachtschiffes im Hafen von New York. Die Buffalo-Bill-Show ist von einer mehrmonatigen Europatournee in die Staaten zurückgekehrt. Sie hat künstlerische Erfolge errungen, ist aber am finanziellen Ruin und steht deshalb vor der Auflösung. Da bringt ein Bote der Pawnee-

Bill's-Show eine Einladung zu einem Empfang im Madison Square Garden, denn die Stadt könne es kaum erwarten, Buffalo Bill's »Wild-West-Show« kennenzulernen. Das bringt Sitting-Bull, der viel Geld auf der Europatournee verloren hat, auf die Idee der Fusionierung der beiden Showunternehmen – freilich in der irrigen Annahme, Pawnee Bill sei mit seiner Show inzwischen reich geworden. Was der von seinem Kontrahenten gleichfalls glaubt, weil auch er sich in finanziellen Nöten befindet. Besonders angetan von dem Fusionsplan ist Annie, denn dann wird sie mit Frank, den zu lieben sie nicht aufgehört hat, wieder zusammen auftreten. Schon stellt sie sich vor, was sie fühlen wird, wenn sie ihn sieht *(Annie »Als der Mond purpurrot wie Burgunder war...«)*. – Im Ballsaal vom Hotel Brevoort trifft man sich am nächsten Abend und wird durch New Yorks High Society geführt. Die Leiter der beiden Shows einigen sich auf die Zusammenlegung ihrer Unternehmen. Da beide pleite sind, weiß Siting Bull wieder einmal Rat: die vielen kostbaren Medaillen, mit denen Annie in Europa sogar von gekrönten Häuptern ausgezeichnet wurde, sollen verkauft werden und das nötige Startkapital bringen. Annie ist es selber ziemlich egal, ihr bleibt ja, was sie am Anfang hatte *(Annie und Ensemble »Ich hab' die goldne Sonne und den Silbermond...«)*. Sie möchte die Medaillenkollektion aber vorher Frank zeigen. Als beide sich wiedersehen, gestehen sie sich ihre Liebe *(Duett Annie-Frank »Eine romantische Hochzeit...«)*. Doch dann bricht ihre alte Rivalität aus, als Frank seine bescheidenen drei Medaillen mit der ganzen Kollektion Annies vergleichen muß. Als auf einer seiner Medaillen Annie die Widmung liest, die Frank als besten Schützen der Welt preist, und Frank obendrein erneut ihren Sieg damals in Cincinatti als reines Anfängerglück bezeichnet, fordert sie ihn zu einem neuen Schießwettbewerb heraus. Um Frank dabei den Sieg zu ermöglichen, manipuliert Dolly an Annies Gewehren, wird dabei aber von Charlie und Sitting Bull überrascht. Dann sind die beiden es, die sich um die Gewehre kümmern, um Annie zu helfen. Denn, so argumentieren sie, wenn Annie wieder gewinnt, dann verliert sie Frank auf immer, aber wenn sie verliert, gewinnt sie Frank fürs Leben. – Bevor es auf Govenor's Island in der Nähe des dortigen Forts zum Wettschießen kommt, schießen sich Annie und Frank erst einmal verbal aufeinander ein *(Duett Annie-Frank »Alles, was du kannst, das kann ich viel besser!«)*. Dann aber schießt Annie zu ihrem und der anderen Entsetzen einige Male daneben. Als ihr aber Sitting Bull zuflüstert, sie solle die zweitbeste sein, denn sie wisse doch, daß am Schießeisen keiner anbeiße, da begreift sie und schießt mit ihren präparierten Flinten weiter daneben. So gewinnt Frank das Wettschießen und schließt Annie glücklich in seine Arme, denn nun werden sie wirklich Partner sein, Partner fürs ganze Leben *(Finale »There's No Bus'ness Like Showbus'ness«)*. –

Aufführungsdauer. 2½ Stunden

Cole Porter (1891–1964)
KISS ME, KATE! (Küß mich, Kätchen!)
Musical in 2 Akten
Buch von Samuel und Bella Spewack
Uraufführung New York 1948

Quelle. Die Meinungen über die dichterische Qualität von *William Shakespeares* Komödie »Der Widerspenstigen Zähmung« *(The Taming of the Shrew)* gehen bis heute auseinander. Bei allem theatralischen Impetus, den dieses Stück so besonders auszeichnet, zählt man es nicht zu den besten humoristischen Werken des Dichters. Das hat freilich weder die englischen noch die deutschen Theater davon abgehalten, die »Widerspenstige« zu den seit jeher meistgespielten Komödien Shakespeares im Repertoire zu zählen. Die wahrscheinlich um 1593 in London uraufgeführte Komödie um die mehr psychische denn physische Zähmung einer zunächst sehr zänkischen und kratzbürstigen jungen Frau ist überdies in der modernen Gesellschaft zu einem theatralischen Streitobjekt geworden. Und das führte zu neuen theatralischen Deutungen, die von der Frage ausgehen, ob nicht Katharina letztlich die Klügere ist, da sie doch Petruchios Zähmungs- und Erziehungstaktik durchschaut und ihr großer Schlußmonolog einen sarkastischen Kommentar auf die (nur scheinbare) Herrschaft des Mannes darstellt: »Dein Eh'mann ist dein Herr, ist dein Erhalter,/dein Licht, dein Haupt, dein Fürst, er sorgt für dich ...«

Entstehung und Uraufführung. Ohne Zweifel haben die Autoren des Musicals, das Ehepaar *Sam und Bella Spewack,* den emanzipatorischen Wert der Komödie erkannt. Und sicher sind manche Erkenntnisse und Erfahrungen ihrer eigenen über fünf Jahrzehnte währenden Lebensgemeinschaft in das Buch eingeflossen. Sie übernahmen im übrigen die dramaturgische Grundstruktur von Shakespeares Werk, das Theater auf dem Theater ist. In der Komödie gibt es die Rahmenhandlung um den betrunkenen Kesselflicker Sly, der zum Spielball einer vergnügungssüchtigen Hofgesellschaft wird, die ihn als Schloßherren hofiert und ihm die eigentliche Komödie vorspielt. Im Musical ist die Rahmenhandlung das Theater selbst, da die Geschichte der aufgeführten Shakespeare-Komödie um Petruchio und Katharina sich in dem Ehestreit der beiden Protagonisten Fred Graham und Lilli Vanessi widerspiegelt, der die eigentliche Handlung ausmacht. Ebenso korrespondiert die Beziehung Ann Lane zu Bill Calhoun mit der Komödienhandlung von Katharinas Schwester Bianca mit ihren Freiern. *Cole Porter* landete mit »Kiss me, Kate!« seinen größten Broadway-Erfolg, der nach der Uraufführung am 30. Dezember 1948 am New Century Theatre eine einmalige Aufführungsserie erzielte. Die Deutsche Erstaufführung am 19. November 1955 durch die Städtischen Bühnen Frankfurt/Main war ein historisches Theater-Ereignis, denn damit begann man in Deutschland, sich für das Musical als neue Gattung des musikalischen Theaters überhaupt erst zu interessieren.

Ort und Zeit. Baltimore/USA. Gegenwart

Die Personen des Musicals. Fred Graham/Petruchio – Lilli Vanessi/Katharina – Ann Lane/Bianca – Bill Calhoun/Lucentio – Harry Trevor/Baptista – Gremio und Hortensio, Freier der Bianca in Shakespeares aufgeführter Komödie – Ralph, Inspizient – Hattie, Garderobiere von Lilli – Paul, Garderobier von Fred – Erster Ganove – Zweiter Ganove – Harrison Howell – Bühnenpförtner – Ein Putzmacher – Arzt und zwei Krankenschwestern (stumme Rollen)

Sänger und Sängerinnen, Tänzer und Tänzerinnen, Bediente, Bewohner von Padua

Die Handlung. 1. AKT: Der leere und dekorationslose Bühnenraum eines Theaters spät am Nachmittag. Die letzte Durchlaufprobe zu der Komödie »Der Widerspenstigen Zähmung« von William Shakespeare ist beendet. Die beteiligten Darsteller stehen zwanglos in einzelnen Gruppen auf der Bühne und warten auf die abschließende Kritik von Fred Graham, Autor der musikalischen Fassung des Shakespeare-Stückes, Regisseur der Aufführung und Darsteller der männlichen Hauptrolle Petruchio. Er hört sich noch einmal die Ouvertüre an, macht dann kurz Kritik und arrangiert die Applausordnung. Seine Hauptdarstellerin Lilli Vanessi, seine ehemalige Ehefrau und jetzt Filmstar in Hollywood, läßt er bewußt warten. Sie rächt sich dafür, indem sie ihn vor allen ein ›Miststück‹ nennt. Fred bedankt sich bei allen für die Probenarbeit und entläßt sie in ihre Aufgeregtheit, die nun einmal zu einer Premiere gehört, wie Hattie, Lillis Garderobiere, und das Ensemble befinden (*Hattie und Ensemble »Premierenfieber«*). – Gang hinter der Bühne mit Pförtnerloge. Ann Lane, junge Darstellerin der Bianca, telefoniert nach ihrem Freund, dem Popsänger Bill Calhoun, der in der Aufführung ihren Geliebten Lucentio spielt. Er hat nach Probenende schleunigst das Theater verlassen, um bis zur Premiere seiner Spielleidenschaft zu frönen. Doch schon taucht er wieder auf, natürlich hat er wieder einmal alles verloren und obendrein erneut einen Schuldschein unterschrieben. Diesmal auf den Namen Fred Grahams! Ann macht ihm heftige Vorwürfe, die ihn aber nicht weiter berühren (*Ann »Wann kann ich dir trau'n?«*). – In ihren nebeneinander liegenden und nur durch eine Verbindungstür getrennten Garderoben geraten Fred und Lilli kurz vor Beginn der Premiere wütend aneinander wegen ihrer Beschimpfung Freds vor dem gesamten Ensemble. Nun ärgert sie ihn auch noch zusätzlich mit ihrem neuen und deutlich älteren Verehrer Harrison Howell, Berater des Präsidenten und Besitzer des Theaters, in dessen neue Produktion er viel Geld gesteckt hat. Er bietet Lilli als Hollywooddiva ein angenehmes Leben in Reichtum, von dem Fred nicht einmal träumen kann, der sich für seine Theaterproduktion mühsam das Geld beschaffen muß. Doch unversehens geht ihr bissiger Streit über in die gemeinsame Erinnerung an den Anfang ihres beruflichen und privaten Lebens und verrät, daß sie sich offenbar doch nicht so gleichgültig geworden sind, wie sie voreinander behaupten (*Duett Lilli-Fred* »*Wunderbar! Diese Nacht so sternenklar!*«). Dann aber müssen sie sich für die Premiere vorbereiten. Da tauchen zwei elegant gekleidete fremde Männer in Freds Garderobe auf in heikler Mission. Es sind zwei Ganoven aus Mr. Hogans illegalem Spielclub, wo Bill sein Geld verloren und den Schuldschein mit Freds Unterschrift gefälscht hat. Nun wollen die beiden das Geld von Fred eintreiben. Der beteuert seine Unschuld und wird die beiden höflichen Ganoven erst einmal los. Inzwischen erhält Lilli Blumen, die einst auch ihr Hochzeitsbukett schmückten. Sie ist sicher, daß Fred sie ihr hat schicken lassen. Gerührt versinkt sie in betrübte Erinnerung (*Lilli* »*Ich bin Dein für alle Zeit*«). Indessen muß Fred erfahren, daß sein Garderobier Paul die für Ann bestimmten Blumen seiner Exfrau gebracht hat. Gerade kann er noch verhindern, daß Lilli die beigefügte Karte liest, die sie aber in ihren Kostümausschnitt steckt. – Die Bühne. Die Vorstellung beginnt mit einem Entreelied des Ensembles (*Ensemble* »*Von Venedig nach Venedig*«). Dann folgt die erste Szene der originalen Shakepeare-Komödie samt der Musik und der neu hinzu gedichteten Songs. Es ist die Szene, in der sich die Freier um Bianca bemühen, jüngere Tochter des alten Baptista Minola in Padua, und in der Petruchio aus Verona, Freund der Freier, zurückkehrt. Grund seiner Rückkehr ist, daß er eine Frau sucht (*Petruchio* »*Ich will mich reich beweiben in Padua*«). Die Freund empfehlen ihm Baptistas ältere Tochter Katharina (Kätchen), von der man sagt, sie habe die schlimmste Zunge in der Stadt, sie sei tobsüchtig und ausgesprochen männerfeindlich, was sie in ihrem Auftritt auch kräftig unter Beweis stellt (*Katharina* »*Kampf dem Mann!*«). Das aber schreckt Petruchio nicht, rasch ist er mit Baptista handelseinig über die Heirat mit Katharina, deren Kosten die Freunde übernehmen wollen. Sie sind keinesfalls überzeugt, Petruchio werde die widerspenstige Katharina zähmen können (*Petruchio* »*Ach, wärst du doch so hold, wie ich Dich träume!*«). Doch dann scheint ihre große gemeinsame Szene im Stück aus den Fugen zu geraten, denn Lilli hat in der Zwischenzeit die Karte an ihre scheinbare Rivalin Ann mit Freds Kompliment an die junge Schauspielerin gelesen und erkannt, daß die Blumen nicht für sie selbst bestimmt waren. Wütend geht sie auf Fred/Petruchio los, erlaubt sich einige textliche Extempores und wird ihm gegenüber äußerst handgreiflich, der sich nur auf die gleiche Art zu rächen weiß. Nur mit Mühe und Geschick bringen sie die Szene zu Ende. – Hinter der Bühne, während die Vorstellung weiterläuft. Fred macht Lilli schwere Vorwürfe über ihr Verhalten und verlangt Disziplin. Wenn es ihm schon nicht gelungen sei, ihr Manieren als Ehefrau beizubringen, so sollte sie wenigstens lernen, wie man sich als Schauspielerin benimmt. Lilli antwortet ihm mit neuerlichen Ohrfeigen und ist wild entschlossen, noch heute ihren Harrison zu heiraten und das Theater sofort zu verlassen, mitten in der Vorstellung. Da kommen dem verzweifelten Fred die beiden Ganoven zu Hilfe. Er gibt vor, den Schuldschein unterschrieben zu haben, doch könne er das Geld nur zahlen, wenn die Inszenierung bis über das Wochenende laufen kann. Das aber sei nicht mehr sicher, denn seine Hauptdarstellerin habe vor, ihre Rolle hinzuschmeißen und damit die Vorstellung ernsthaft zu gefährden. Das können die beiden Ganoven aus künstlerischen und finanziellen Gründen nicht akzeptieren. Um ganz sicher zu gehen, daß alles seinen weiteren Gang nimmt, werfen sie sich selbst in Kostüme und wirken als persönliche Begleiter von Lilli/Katharina in der Aufführung mit! So kann die Vorstellung erst einmal weitergehen mit der Heirat zwischen Petruchio und Katharina (Ensemble »Ein Lob dem Minnesang«). Mit einer Peitsche bewaffnet zwingt Petruchio danach die Widerspenstige zu Zärtlichkeiten und wird dann mit ihr nach Verona reisen (Finale »Küß mich, Kätchen!«). –

2. AKT: In der Pause der Vorstellung treffen sich die Mitwirkenden draußen vor dem Theater, um ein wenig frische Luft zu atmen, denn es ist ein heißer Tag (Ensemble »Es ist viel zu heiß!«). – Wenig später geht die Vorstellung in den zweiten Teil, doch muß die erste Szene übersprungen werden, denn – so läßt Fred das Publikum in einer kurzen Ansage wissen – Lilli könne diese sehr aktionsreiche Szene leider nicht spielen. Den wahren Grund gibt er freilich nicht an: die schmerzlichen Blessuren, die sie sich durch ihre ›improvisierte‹ realistische Bühnenprügelei gegenseitig zugefügt haben, machen das unmöglich! So geht das Spiel direkt weiter mit der Rückkehr Petruchios in sein Haus, wo er Katharina hungern und nicht schlafen läßt und sie durch andere Quälereien gefügig machen will (in Shakespeares Komödie die erste Szene des vierten Aktes) und die Petruchio mit einem Song beendet (Petruchio »Wo ist die liebestolle Zeit?«). – Gang hinter der Bühne mit der Pförtnerloge. Eben entsteigt Harrison Howell einem Krankenwagen und betritt mit einem Arzt und zwei Krankenschwestern das Theater, da ihn Lilli zuvor am Telefon um rasche Hilfe gebeten hatte. Doch hier weiß man nichts von einer Erkrankung der Hauptdarstellerin, die gerade auf der Bühne agiert. Fred erklärt Lillis Verhalten ironisch mit dem Lampenfieber, ohne das eine Premiere nun einmal nicht denkbar ist. So ist Howell umsonst hergeeilt, erlebt aber dafür eine peinliche Überraschung. Ann erkennt in ihm einen früheren Verehrer von sich, was nun wieder Bill eifersüchtig macht, den Ann zu beschwichtigen versucht (Ann »Aber treu bin ich nur dir, Schatz, auf meine Weise.«). – Howell ist dennoch fest entschlossen, Lilli so rasch wie möglich zu heiraten. Während die Vorstellung weitergeht, diktiert er in Lillis Garderobe per Telefon seinem Sekretär nach Washington Einzelheiten der Hochzeit. Lilli und Fred erscheinen mit den beiden Ganoven im Schlepptau. Sie beschwert sich Howell gegenüber, man halte sie gewaltsam im Theater zurück, das sie nicht einmal für ihre Hochzeit ver-

lassen könne und zwinge sie gar mit vorgehaltener Pistole zum Weiterspielen. Fred überschüttet sie mit Spott und Hohn, indem er ihr das Theater mies zu machen versucht und ihr ein Leben voller Einsamkeit und Langeweile an der Seite Howells ausmalt, der ihn darin auch noch bestärkt, weil er Freds Taktik nicht durchschaut, der nur Lilli für sich selbst zurück gewinnen will. Die allerdings beginnt nicht nur seine Absicht zu ahnen, sondern auch, daß ihr mit Howell ein Leben droht, das ganz und gar nicht das ihre ist. – Nachdem Bill im Gang beim Pförtner Ann ein Liebesgeständnis gemacht hat (*Bill »Süße Bianca!«*), erfahren die beiden Ganoven überraschend, daß sie einen neuen Chef haben und daß Mr. Hogan nach traditioneller Gangstermethode bereits liquidiert wurde. Damit, so versichern sie Fred, hat sich auch die Sache mit dem Schuldschein erledigt. Doch als sie das Theater verlassen wollen, verirren sie sich und stehen plötzlich vor dem Vorhang dem Publikum gegenüber. Sie retten die Situation durch einen improvisierten Kommentar zu Thema und Inhalt des Stückes (*Erster und Zweiter Ganove »Schlag nach bei Shakespeare!«*). – Auf der Bühne läuft die letzte Szene. Katharina fügt sich Petruchio – und mit ihr fügt sich auch Lilli ihrem Fred. Denn sie hat erkannt, daß sie beide sich noch immer lieben und daß sie beruflich wie privat zueinander gehören (*Finale »Küß mich, Kätchen!«*). –

Aufführungsdauer. 2½ Stunden

Cole Porter
CAN-CAN
Musical in 2 Akten
Buch von Abe Burrows
Musik und Gesangstexte von Cole Porter
Uraufführung New York 1953

Quelle. Die Originalstory von Cole Porters zweitem Welterfolg ist eine Huldigung an einen der temperamentvollsten Tänze. Der Can-Can (franz. soviel wie ›Geschäft, Lärm‹) kam um 1830 aus Algerien nach Frankreich. Es handelt sich um einen der gegen Ende des 18. Jahrhunderts aufgekommenen Quadrille verwandten Sprungtanz. Wie die Contretänze kennt auch er sogenannte Touren, in sich geschlossene Drehungen und Umläufe. Der Can-Can wird lebhaft bis ausgelassen im ²/₄-Takt getanzt, die Gebärden und Stellungen der Tanzenden sind dabei gewollt aufreizend bis frivol und in den hohen Beinwürfen und Sprüngen der Frauen von elektrisierender Erotik. Deshalb wurde er nicht lange als Gesellschaftstanz anerkannt und als obszön angesehener Tanz ins Showtheater ›verbannt‹, wo er als freizügig-wirbelndes Ballett in Revue, Varieté und in den Unterhaltungsprogrammen der Nachtlokale für Furore sorgte. Nicht selten sahen sich Sitten- und Tugendwächter wie auch juristische Personen zum Einschreiten veranlaßt, worauf die Anklage gegen Pistache und ihre Mädchen vom »Bal du Paradis« in dem Musical verweist: »Die Angeklagten werden beschuldigt, gegen die Sittlichkeitsparagraphen aus den Jahren 1790, 1876, 1878 und 1881 verstoßen zu haben. Sie haben sich unzüchtige und laszive Tanzvorführungen, exhibitionistische und unanständige Posen und Bewegungen zuschulde kommen lassen, welche geeignet sind, die Seelen, die Moral und den Charakter der Zuschauer zu erhitzen, zu verwirren und zu unterwühlen.«

Entstehung und Uraufführung. Als sich Abe Burrow längere Zeit in Paris aufhielt, lernte er nicht nur das Bohemeleben in Paris mit seinen Treffpunkten wie Follies Bergère und Moulin Rouge kennen, er stöberte auch in Polizeiakten sowie in juristischen Protokollen und Berichten. Daraus gewann er seine Grundgeschichte und schrieb ein ebenso frivoles wie romantisches, turbulentes wie poesievolles Libretto, zu dem Cole Porter zündende Musik komponierte. Der sensationell erfolgreichen Broadway-Uraufführung am 7. Mai 1953 im Shubert Theatre folgte schon Anfang 1959 die deutschsprachige Erstaufführung am Stadttheater Basel und 1960 die amerikanische Verfilmung mit der Starbesetzung Frank Sinatra, Shirley McLaine, Maurice Chevalier und Louis Jourdan.

Ort und Zeit. Paris im Jahr 1893

Die Personen des Musicals. Gerichtspräsident Henri Marceaux – Richter Paul Barriere – Richter Aristide Forestier – La Mome Pistache – Claudine – Gabrielle – Marie – Celestine – Hilaire Jussac – Boris Adzinidzinadze – Hercule – Theophile – Etienne – Modell – Gerichtsdiener – Gerichtsschreiber – Polizeibeamter – Zwei Kellner – Caféhauskellner – Caféhausgast – Gefängniswärter – Mimi – Staatsanwalt – Sekundant – Arzt – Gäste

Die Handlung. 1. AKT: Im Polizeigericht zu Paris tagt das Sittenpolizeigericht. Angeklagt sind die Wäscherinnen Claudine, Celestine, Marie, Gabrielle u. a. Beschuldigt werden sie des Verstoßes gegen mehrere Sittlichkeitsparagraphen während ihrer abendlichen Tanzdarbietungen in dem Tanzlokal ›Bal du Paradis‹. Dort tanzen sie den Can-Can, der im Sittengesetz ausdrücklich als sittenwidrig definiert wird. Wer ihn dennoch tanzt, der gefährdet die öffentliche Sitte und Moral. Die Mädchen versuchen Gerichtspräsident Henri Marceaux aufzuklären *(Chor der Mädchen »Wir sind Mädchen typisch für Paris«).* Da jedoch nicht einmal die Polizisten, die die Mädchen arretiert haben, als Augenzeugen in Frage kommen und somit dem Gericht keine ausreichenden Beweise vorliegen, sieht sich der ohnehin eher liberale Gerichtspräsident außerstande, die Mädchen in Gewahrsam zu nehmen, und läßt sie frei. In Richter Paul Barriere findet er mit seiner Entscheidung einen Bundesgenossen, nicht aber im Richter der Anklage Aristide Forestier. Der hat bislang in einer Anwaltskanzlei gearbeitet und ist den ersten Tag als Richter tätig. Da er es als seine richterliche Pflicht betrachtet, die geltenden Gesetze des Code Napoleon zu verteidigen, ist er fest entschlossen, die Beweise für eine Anklage selbst zu erbringen. Er wird persönlich das Tanzlokal aufsuchen, um sich von der Sittenwidrigkeit der dortigen Vergnügungen zu überzeugen. – Vor dem Eingang zum ›Bal du Paradis‹ am Montmarte hat Claudine eine Auseinandersetzung mit ihrem Freund Boris Adzinidzinadze, einem bislang erfolglosen bulgarischen Bildhauer, den sie nun schon seit fünf Jahren finanziell unterstützt. Und der das Schlimmste befürchtet, als sie ihm erklärt, sie werde in Kürze ihre Tätigkeit in der Wäscherei aufgeben, da La Mome Pistache, Besitzerin und Chefin des ›Bal du Paradis‹, sie als Tänzerin fest anstellen möchte. Auch drinnen im Lokal selbst geht die Auseinandersetzung weiter. Boris, der nie Geld hat, erhält nämlich keinen Kredit mehr, so daß Claudine für ihn bezahlen will. Mademoiselle Pistache macht ihr deshalb Vorhaltungen, da sie nicht versteht, daß ihre Mädchen sich offensichtlich mit nichtsnutzigen Künstlern verbinden und diese obendrein auch noch aushalten *(Pistache und Mädchen »Was du mal hast, das gib nicht weg«).* Da erscheint tatsächlich Richter Aristide Forestier, die Mädels erkennen ihn und ahnen nichts Gutes. Pistache jedoch kümmert sich persönlich um ihn. Als sie erfährt, daß er Jurist ist, will sie ihn gleich als Rechtsbeistand für ihr Geschäft engagieren, doch als die Mädchen ihn als den unbeugsamen Richter vom Gericht vorstellen, ist sie einer Ohnmacht nahe. Rasch fängt sie sich wieder und führt ihn in ihr Büro, um ihm eine Liste von Polizisten und anderen Rechtshütern zu zeigen, die sie durch kleine Bestechungsgelder bislang immer wieder hat beschwichtigen können. Inzwischen beginnen die Mädchen zu tanzen, während sich auch Hilaire Jussac unter die Besucher mischt, einflußreicher Kunstkritiker von Paris, der gern neue Talente entdeckt, wie es auch der Bildhauer Boris, der Maler Theophil, der Zeichner Hercule und der Dichter Etienne, alles eng befreundete Stammgäste im ›Bal du Paradis‹, für sich erhoffen. – In ihrem Büro versucht Pistache Aristide zu verführen, damit er ihr Unternehmen nicht gefährdet. Sie versucht es sogar mit Beamtenbestechung, wofür ihr Aristide sofort eine mögliche Bestrafung vorhält. Sie kontert mit der Bemerkung, er sei ein Mensch, für den Ordnung und Sauberkeit alles bedeuten, der aber weder geliebt werde noch selbst zur Liebe fähig sei. Das verwirrt ihn sichtlich, vor allem, als sie ihm mit einem Kuß verabschiedet, damit er sich den Can-Can ansehen kann *(Duett Pistache-Aristide »C'est magnifique«).* Bevor er wenig später das Lokal verläßt, werden auf seine Anordnung hin Fotos als Beweismaterial gemacht und den Tänzerinnen Vorladungen vor Gericht ausgehändigt. Was tun? Hilaire weiß Rat. Da er zu den Organisatoren des jährlich stattfindenden »Balls der vier Künste« gehört, der als (etwas zweifelhafte und anrüchige) Sensation der Pariser Ballsaison gilt, will er den diesjährigen Künstlerball im ›Bal du Paradis‹ veranstalten. Nicht ganz uneigennützig freilich, denn er will damit vor allem Claudine einen Gefallen erweisen, die es ihm sichtlich angetan hat *(Hilaire »Halte dich an mich«)*. Seine Absicht merkt nicht einmal der ansonsten schnell eifersüchtige Boris, der in Hilaire nur den künftigen Förderer seiner Kunst sieht. – Zehn Tage haben Pistache und einige ihrer Mädchen auf Aristides richterliche Anordnung im Gefängnis verbringen müssen und die Lizenz für ihr Tanzlokal wurde Pistache für sechs Monate entzogen. Als sie entlassen werden, spielt Pistache Aristide die durch die Kerkerhaft entkräftete und kranke Frau vor und gewinnt seine Sympathie. So bittet sie ihm um Hilfe, den Künstlerball trotzdem ausrichten zu dürfen *(Pistache »Sei tolerant!«)* und verwirrt ihn damit noch mehr. So muß er, kaum ist sie gegangen, feststellen, daß die Indizienbeweise für seine Liebe zu ihr geradezu überwältigend sind *(Aristide »Ich bin verliebt«)*. – In seinem Künstleratelier bereitet Boris mit seinen Freunden den angekündigten Besuch von Hilaire vor. Zunächst erscheint Claudine allein, modisch und elegant gekleidet, denn Hilaire will sie als kommende Tanzgröße von Paris protegieren. Die Freunde machen darüber so ihre Andeutungen, doch Boris bedeutet ihnen, er brauche den Kritiker jetzt für seine Zukunft, wenn er es einmal geschafft habe, werde er ihm immer noch zeigen können, was »eine bulgarische Harke« ist *(Ensemble »Wenn du mir so gut wärst«)*. Die Vorführung seiner bildhauerischen Werke zeigt bei Hilaire nicht die von Boris erhoffte Wirkung, denn der Krtiker ist ob der symbolisch überfrachteten Skulpturen schlichtweg überfordert. – Im ›Bal du Paradis‹ beginnt der Künstlerball *(Ensemble »Montmartre«)*. Aristide sucht Pistache auf, um ihr zu helfen. Das glaubt sie ihm ebenso wenig wie sein Geständnis, daß er sie liebt. Ein Richter am Pariser Polizeigericht, so bedeutet sie ihm, verliebe sich nicht in ein Mädchen vom Montmartre *(Pistache »Adieu, Monsieur!«)*. Doch als Aristide weggegangen ist, gewinnen ihre wahren Gefühle für ihn die Oberhand, schluchzend setzt sie sich auf eine Blumenbank und schlägt die Hände vor das Gesicht. –

2. AKT: Für Aristide hat der Besuch des Künstlerballs schwerwiegende Folgen. Man hat ihn zusammen mit Pistache fotografiert, nun vermuten die Zeitungen in ihm den langjährigen »heimlichen Lasterfürst von Montmartre«. Boris und seine Freunde haben sich seiner angenommen, nachdem er von einem Unbekannten mit einer Champagnerflasche zusammengeschlagen wurde. Deshalb kann sich Aristide am nächsten Morgen auch nicht an die Einzelheiten der vergangenen Nacht erinnern und bewundert die Künstler, daß sie nach einer solchen Nacht schon wieder arbeiten können. Boris erklärt ihm selbstironsich, viele Menschen hielten die Kunst für einen Zeitvertreib und nicht für einen notwendigen Broterwerb *(Ensemble »Werde alles, nur nicht Künstler!«)*. Dann aber kommt auch für Boris die große Ernüchterung, denn

Hilaire hat über sein bildhauerisches Talent eine vernichtende Kritik geschrieben. Als die Freunde ihn beschwichtigen wollen, Hilaire habe das nur getan, weil er mit Claudine eine Liaison habe, gerät Boris außer sich. Er will sich rächen, will Blut sehen – die Freunde raten ihm aber lieber zu einem standesgemäßen Duell. – Wie ein geschlagener Mensch läßt sich Aristide im Straßencafé vor Pistaches Tanzlokal nieder. Einer Kokotte, die sich ihm hoffnungsvoll nähert, offenbart er seinen Seelenzustand *(Aristide »Mir soll's recht sein, cheri!«)*. Da Pistache offenbar nichts mehr von ihm wissen will, kommt ihm in seiner Notlage sein Freund Richter Paul Barriere gerade recht. Von ihm erfährt er, daß er wegen der Vorfälle im ›Bal du Paradis‹ vom Richteramt suspendiert und aus dem Juristenverband ausgeschlossen wurde. Und das alles, ohne ihm selbst Gelegenheit zu geben zur Verteidigung vor einem Geschworenengericht. Die will er sich nun suchen, wofür er sogar bereit ist, ein Verbrechen zu begehen. Sein Plan ist, Geschäftspartner von Pistache zu werden, der man die Lizenz endgültig entzogen hat, die aber eine Wäscherei aufmachen will, die sich dann abends in ein nicht zugelassenes Café verwandeln soll, in dem man verbotene Tänze tanzt, vor allem natürlich den Can-Can. Das Geld, das sie dafür braucht aber nicht hat, borgt sich Aristide von Paul. Pistache ist begeistert, doch versteht sie nicht, warum Aristide ihr gegenüber plötzlich so abweisend ist *(Pistache »Jeder Mann ist ein blöder Mann«)*. – Pistaches und Aristides gemeinsames neues Wäschereicafé ›La Blanchisserie‹ läuft gut und Pistache erhofft sich im stillen das gleiche von ihrer privaten Beziehung zu Aristide, der diese aber nur als eine rein geschäftliche sieht *(Pistache »Ganz Paris träumt von der Liebe«)*. Doch Pistache täuscht sich: Aristide hat sich nicht nur in sie, das Montmartremädchen, verliebt, sondern in ganz Montmartre. Und diese neue Liebe will er vor Gericht verteidigen, denn seit man ihm unrecht getan hat, weiß er auch, wie unrecht man erst den Mädchen vom Montmartre tut. Das aber will er abschaffen, wofür er auch einen Plan entwickelt. Während er an seine Ausführung geht, kommt Boris um das insgeheim gefürchtete Duell mit Hilaire nicht herum. Doch kaum, daß er den Degen in der Hand hält, wird er ohnmächtig. Die herbeigeeilte Claudine macht Hilaire heftige Vorwürfe, der sich zerknirscht zeigt und verspricht, einen zweiten Artikel über Boris zu veröffentlichen, ihn darin als hoffnungsvollen Künstler vorzustellen und ihm so zum Verkauf seiner Kunstwerke zu verhelfen. – Vor dem Schwurgericht ist Aristide als Miteigentümer von ›La Blanchisserie‹ angeklagt. Zu seiner Überraschung erscheint Pistache als Mitangeklagte. Ihr gelingt es, die Vorfälle am Montmartre auf ihre eigene Art zu schildern. Dazu hat sie ihre Tänzerinnen mitgebracht, die das Gericht mit einem Can-Can restlos überzeugen *(Finale »Can-Can« und Reprise von »Montmartre«)*.

Aufführungsdauer. 2¾ Stunden

Frederick Loewe (1904–1988)
MY FAIR LADY
Musical in 2 Akten
Textbuch und Gesangstexte von Alan Jay Lerner
nach der Komödie »Pygmalion«
von George Bernard Shaw
Uraufführung New York 1956

Quellen. Zu den vielen ironischen Aperçus, die der große Spötter unter den Dramatikern *George Bernard Shaw (1856–1950)* prägte, gehört auch, er müsse das Stückeschreiben wohl aufgeben, falls er nicht vor seinem vierzigsten Lebensjahr »ein halbes Dutzend Stücke fertigstellen könnte«. Er schaffte es nicht nur, es befanden sich darunter auch mit »Frau Warrens Gewerbe« (1893), »Helden« (1894) und »Candida« (1895) drei Meisterwerke, die gerade auch in Deutschland viel aufgeführt wurden und werden. Ein knappes Jahrzehnt später schrieb er mit »Pygmalion« eine seiner bekanntesten Komödien überhaupt. Er gab ihr als Titel den Namen jenes zyprischen Königs aus der antiken Mythologie, der sich nach seinem Frauenideal, das er nirgends realisiert fand, eine Elfenbeinstatue anfertigen ließ, in die er sich unsterblich verliebte. Die Liebesgöttin Aphrodite hatte Mitleid mit ihm und schenkte der Statue das Leben. Pygmalion heiratete sie und hatte mit ihr eine Tochter, deren Name in späteren Überlieferungen mit Galatea angegeben wird (so auch der Titel von Suppés nach dem Mythos entstandenem Operetten-Einakter »Die schöne Galathee«, in der Pygmalion ein Bildhauer ist; U Wien 1865). Shaws Pygmalion heißt Henry Higgins, dessen Wissenschaft die Phonetik ist und der am Dialekt der Menschen erkennen kann, woher sie stammen. Mit dem Sprachforscher Oberst Pickering schließt er eine Wette ab, daß er das Blumenmädchen Eliza Doolittle, Tochter eines Müllkutschers und ein »Geschöpf mit Rinnstein-Dialekt«, wie sich der Professor ausdrückt, binnen drei Monaten bei der Gartenparty eines Botschafters für eine Herzogin ausgeben könne. Tatsächlich gelingt es ihm, das Mädchen aus der Gosse zu ziehen, ihm Manieren und dialektfreies Sprechen beizubringen, es herrlich zu kleiden und aus ihm eine Dame der Gesellschaft zu machen. Higgins, der nur an sein Experiment denkt, ohne Rücksicht auf die Gefühle seiner Schülerin zu nehmen, gewinnt die Wette, verliert aber Eliza an den jungen Freddy Eynsford Hill. Warum Eliza nicht Higgins, sondern Freddy heiratet und was aus der Ehe und aus dem weiteren Verhältnis zwischen Eliza und Higgins wird: darüber hat Shaw als Nachwort zu seiner Komödie – die übrigens nicht in London, sondern am 16. Oktober 1913 am Wiener Burgtheater uraufgeführt wurde! – einen pointierten Exkurs über die Ehe geschrieben.

Entstehung und Uraufführung. Schon in den Jahren 1935, 1936 und 1938 gab es je einen deutschen, niederländischen und englischen gleichnamigen Film auf der Basis der Komödie Shaws. Doch für eine Vertonung für die Bühne hatte Shaw zu Lebzeiten keine Erlaubnis gegeben. Dazu waren erst nach langen und zähen Verhandlungen die Erben bereit, so daß *Oscar Hammerstein II.* im Jahr 1954 an ein Musical dachte, den Plan dann aber aus Respekt vor dem Dichter wieder fallen ließ. So war die Komödie frei für *Frederick Loewe* und seinen Texter *Alan Jay Lerner (geb. 1918 in New York)*, die schon einige Jahre lang zusammengearbeitet und sich am Broadway einen Namen gemacht hatten. Lerner war gut beraten, die Dialoge in den Szenen zwischen den Hauptrollen weitgehend wörtlich aus der Komödie zu übernehmen, wodurch der Witz Shaws auch in das Musicalbuch einging, das zu den besten des Genres gehört. Hinzu kam, daß er Elizas Vater Alfred Doolittle ein deutlicheres Charakterprofil gab, auch Freddy sich stärker entfalten ließ und die Ascott-Szene, die es bei Shaw nicht gibt, zu einem musicalgrechten Gesellschaftsbild formte. Und er änderte den Schluß insofern, als Eliza am Ende zu Higgins zurückkehrt. Ein Textbuch von literarischem Rang und die Musik, die die vier Hauptpartien musikalisch deutlich unterschiedlich charakterisiert und einige Hits besitzt, machten die Uraufführung von »My Fair Lady« am 15. März 1956 am Mark Hellinger Theatre in New York zu einem beispiellosen Erfolg mit der Rekordserie von 2717 Aufführungen. Mit der Deutschsprachigen Erstaufführung am 25. Oktober 1961 am Theater des Westens in Berlin avancierte die »Lady« zum bislang mit Abstand meistgespielten Repertoiremusical auf deutschen Bühnen. Seit nunmehr drei Jahrzehnten ist sie nach der »Zauberflöte« von Mozart und der »Fledermaus« von Strauß das am häufigsten aufgeführte musikalische Bühnenwerk hierzulande überhaupt. Die berühmte amerikanische Neuverfilmung aus dem Jahre 1964 mit Audrey Hepburn (Eliza) und Rex Harrison (Higgins), die auch in Deutschland ein ungewöhnlicher Erfolg war, hat sicher mit zu der Beliebtheit des Musicals beigetragen.

Ort und Zeit. London im Jahre 1912

Die Personen des Musicals. Prof. Henry Higgins, Phonetiker – Mrs. Higgins, seine Mutter – Oberst Pickering – Mrs. Eynsford-Hill – Freddy, ihr Sohn – Mrs. Pearce, Higgins' Haushälterin – Prof. Zoltan Karpathy – Lord Boxington – Lady Boxington – Professor Eliza Doolittle, Blumenverkäuferin – Alfred P. Doolittle, Müllkutscher, ihr Vater – Mrs. Hopkins – George, Kneipenwirt – Harry – Jamie – Ein Lakai – Ein Polizist – Ein Chauffeur – Jimmy, ein Barmixer – Ein Butler

Opernbesucher, Straßenartisten, Blumenverkäuferinnen, Dienstboten, Kneipenbesucher, Damen und Herren der Gesellschaft in Ascot (Chor und Ballett)

Die Handlung. 1. AKT: Vor der Königlichen Oper Covent Garden in London. Die Vorstellung ist aus, die Besucher strömen aus dem Theater und suchen nach einem Taxi. Darunter auch Freddy Eynsford-Hill mit seiner Mutter. In

dem Gedränge stößt er gegen das ärmlich gekleidete Blumenmädchen Eliza Doolittle, deren Blumen aus ihrem Körbchen fallen. Sie sammelt sie zusammen und bietet sie Oberst Pickering an, der ebenfalls nach einem Taxi sucht. Als man ihr bedeutet, daß sie von einem Mann beobachtet wird, der sich Notizen macht, befürchtet sie, die Polizei sei hinter ihr her und sie verliere ihren Gewerbeschein. Der Notizenmacher ist jedoch Henry Higgins, Professor für Phonetik, der sich Notizen über Elizas Dialekt macht. Da sie in lautes Selbstmitleid verfällt, schnauzt er sie an, sie soll sich einer besseren Sprache bedienen und nicht »herum quaken wie ein gallenleidender Frosch«. Higgins' Philosophie lautet nämlich, daß die Sprache den Menschen macht und nicht seine Herkunft (*Higgins und andere »Kann denn die Kinder keiner lehren, wie man spricht?«*). Elizas Dialekt fesselt und reizt ihn, wissenschaftlich. Nach einem halben Jahr Unterricht würde er sie auf dem Diplomatenball als Herzogin ausgeben und ihr eine Stellung in einem Blumenladen verschaffen. Das versichert er Oberst Pickering, der sich als Spezialist für Sanskrit und indische Dialekte herausstellt. Er ist nach London gekommen, um Higgins zu treffen. Der stellt sich ihm seinerseits vor und lädt ihn ein, während seines Aufenthaltes in London bei ihm zu wohnen. Im Weggehen wirft Higgins eine Handvoll Geld in Elizas Blumenkorb. Sie hat das Gespräch der beiden Wissenschaftler mitbekommen, sammelt jetzt das Geld auf und erträumt sich davon ein eigenes Zimmer (*Eliza »Oh, wäre das nicht wunderschön?«*). – Eine Mutter hat Eliza nicht, aber einen Vater. Alfred P. Doolittle ist Müllkutscher, ein kräftiger Mann im besten Mannesalter. Er verbringt seine Zeit gern in Georges Kneipe in einer abgelegenen Gasse eines ärmlichen Londoner Wohnviertels. Daß er seine Getränke nicht immer gleich bezahlen kann, hat manchen Rausschmiß aus der Kneipe zur Folge. So auch jetzt wieder. Schuld daran, so seine Überzeugung, hat seine Tochter, die ihm nicht genügend Geld von ihrem Verdienst als Blumenverkäuferin gibt. Sie kommt gerade vorbei, er pumpt sie einmal mehr an und sie gibt ihm auch Geld, weil sie gerade selbst Glück durch Prof. Higgins gehabt hat. Doolittle verschwindet mit seinen Zechkumpanen Jamie und Harry wieder in der Kneipe, wo er sich Mut antrinken muß, bevor er nach Hause gehen kann, wo eine auf ihn wartet, die ihn heiraten möchte (*Terzett Doolittle-Jamie-Harry »Mit ›nem kleenen Stückchen Glück...«*). – Im Studio seiner Wohnung führt Higgins seinem neuen Mitbewohner Pickering phonografische Sprachaufnahmen vor, als seine Haushälterin Mrs. Pearce Besuch anmeldet. Es ist Eliza, die im Gegensatz zum vergangenen Abend vor der Oper nicht nur adrett angezogen ist, sondern auch ein selbstsicheres Auftreten zeigt. Sie möchte bei Higgins – natürlich gegen Bezahlung! – Stunden nehmen, damit er, wie er doch selbst gesagt hat, aus ihr eine Lady in einem Blumenladen macht. Das weckt zunächst Pickerings Interesse, der zu Eliza wesentlich freundlicher ist als Higgins, den die Menschen ohnehin nur als wissenschaftliche Objekte interessieren, aber nicht deren Gefühle. Pickering erinnert ihn daran, behauptet zu haben, er könne aus Eliza eine Herzogin machen und sie auf dem Diplomatenball als solche präsentieren. Er wettet um die gesamten Kosten des Experimentes, daß ihm das nicht gelingen wird, und will obendrein die Unterrichtsstunden für Eliza bezahlen. Higgins geht die Wette in der Überzeugung ein, aus dieser »entzückend ordinären, so schauerlich schmutzigen Rinnsteinpflanze« eine Lady zu machen. Sofort beginnt er damit, bricht Elizas Widerstand und gewinnt Mrs. Pearce und Pickering zu Helfern. Pickering ermahnt ihn jedoch zu einem gefühlvolleren Umgang mit Eliza, mit deren Situation er keinen Mißbrauch treiben soll. Higgins beruhigt ihn, er sei ein eingeschworener Junggeselle (*Higgins »Bin ein Mann wie jedermann. Doch ich lasse nie ein Weib an mich heran!«*). – Drei Tage später erhält Higgins Besuch von Elizas Vater. Er hat von Mrs. Hopkins, einer Bekannten, erfahren, daß seine Tochter hier ist. Da er sich um Eliza bestenfalls dann kümmert, wenn für ihn dabei etwas herausspringt, bietet er Higgins ein »Arrangement« an. Er könne Eliza bei sich behalten, aber: was bedeute Higgins schon eine Fünfpfundnote gegenüber der Tatsache, was ihm als Vater Eliza bedeute! Als Pickering und Higgins ihm Unmoral vorwerfen, seine Tochter für fünf Pfund zu verkaufen, hält Doolittle ihnen einen leidenschaftlichen Vortrag darüber, daß und warum er als ein unwürdiger Armer sich Moral nicht leisten kann. Higgins ist davon so beeindruckt, daß er Doolittle dem amerikanischen Millionär Ezra D. Wallingford empfehlen wird. Er ist Vorsitzender der Liga für moralische Erneuerung und hat Higgins schon dreimal schriftlich zu einem Vortrag vor den Mitgliedern seiner Liga eingeladen. Der aber wird ihm nun von Doolittle schreiben als einem zwar gewöhnlichen Müllkutscher, zugleich aber als einem »der originellsten Moralisten Englands«. Er zahlt Doolittle die geforderten fünf Pfund und betrachtet Eliza fortan als sein Eigentum. Er drillt sie derart erbarmungs- und gefühllos mit Sprachübungen, daß Rachegedanken in ihr aufsteigen (*Eliza »Wart's nur ab, Henry Higgins, wart's nur ab!«*). Eliza plagt sich wütend und Higgins ist angesichts der ausbleibenden Fortschritte zuweilen der Verzweiflung nahe – doch dann hat sie's: sie spricht die Umlaute deutlich und richtig aus. Sieg und Triumph zu später Nachtstunde! (*Terzett Eliza-Higgins-Pickering »Es grünt so grün, wenn Spaniens Blüten blüh'n.«*). Higgins hält den Augenblick für gekommen, Eliza der Öffentlichkeit vorzuführen. Er weiß auch, wo: beim Pferderennen in Ascot, in der Loge seiner Mutter! Sozusagen als Generalprobe für den Diplomatenball. Der Freudentanz der Drei hat Mrs. Pearce geweckt. Energisch will sie Eliza erst einmal ins Bett verfrachten, aber wie soll sie Schlaf finden, wo sie am liebsten die ganze Nacht durchtanzen würde (*Eliza »Ich hätt' getanzt heut' nacht...«*). – Damen und Herren der guten Londoner Gesellschaft verfolgen in Ascot das Pferderennen (*Chor mit der Ascot-Gavotte »Einen Riesentrubel so wie diesen sieht man nur in Ascot beim Galopp!«*). Mrs. Higgins ist außer sich, als sie von Pickering erfährt, ihr Sohn habe ein gewöhnliches Blumenmädchen bei sich aufgenommen und werde mit ihm in ihrer Loge erscheinen. Dort befinden sich bereits vornehme Gäste, darunter Lord und Lady Boxington sowie Freddy mit seiner Mutter. Er amüsiert sich über Eliza, die, um einen bestmöglichen Eindruck zu machen, ihre Sprachübungen zum besten gibt. Doch dann fällt sie in ihren Jargon zurück, als sie von ihrer Tante erzählt, die angeblich an der Influenza gestorben sei, ihrer Meinung nach aber »einfach abgemurkst« wurde. Man ist entsetzt über ihre Ausdrucksweise und geradezu schockiert, wie sie beim nächsten Rennen das Pferd, auf das sie gesetzt hat, lautstark anfeuert. Freddy verliebt sich darüber in Eliza und sucht ihre Wohnung auf (*Freddy »Weil ich weiß, in der Straße wohnst Du!«*). Auch Higgins hat sich über sie amüsiert, Pickering hingegen beschwört ihn, nach dem »Debakel von Ascot« das Experiment aufzugeben. Doch Higgins denkt gar nicht daran, noch will er sie, wie in der Wette vereinbart, auf dem Diplomatenball als Herzogin präsentieren. Er hat recht, denn er gewinnt. Eliza ruft nicht nur das Entzücken der Gastgeber und deren Gäste hervor, sie kann auch den Sprachforscher Prof. Karpathy täuschen, der von sich behauptet, niemand könne ihn hintergehen, er entlarve sie alle. Aber ausgerechnet er hält Eliza für eine brillant Englisch sprechende ungarische Prinzessin! –

2. AKT: Higgins, Eliza und Pickering kehren in den frühen Morgenstunden vom Diplomatenball zurück. Pickering jubelt, daß Higgins es geschafft hat, aus Eliza eine Lady zu machen (*Duett Pickering-Higgins »Sie sind es, der's geschafft hat!«*). Dabei vergessen sie völlig Eliza. Als Higgins schlafen gehen will und wie gewöhnlich nach seinen Pantoffeln sucht, wirft Eliza sie ihm an den Kopf. Sie ist empört und enttäuscht, daß sie gar nichts gilt, Hauptsache, Higgins hat mit ihr seinen wissenschaftlichen Zweck erfüllt. Was soll aus ihr werden, da alles vorbei ist, muß sie zurück in den Rinnstein? Higgins will sie mit der Versicherung beruhigen, es werde sich schon etwas für sie finden, der Blumenladen beispielsweise; und außerdem werde sie sicher irgendwen heiraten. Doch ihr selbstbewußtes und vorwurfsvolles Verhalten ihm gegenüber bringt ihn erneut in Rage, er ist beleidigt, zeiht sie der Undankbarkeit ihm gegenüber und bedauert, sein Wissen und seine Zuneigung »an so eine herzlose Rotznase« vergeudet zu haben. Das ist zuviel für Eliza, sie verläßt das Haus und trifft auf der Straße auf Freddy, der sie anhimmelt. Ihm hält sie vor, er quatsche nur, statt zu handeln (*Eliza »Tu's doch!«*) und haut ihm, als er sich ihr nähern will, ihren Koffer auf den Kopf. Sie merkt, daß sie einsamer denn je ist, denn auch auf dem Blumenmarkt vor Covent Garden scheint sie keiner mehr zu kennen. Bis auf ihren Vater. Hochnobel gekleidet verläßt er, großzügig Trinkgeld verteilend, Jimmy's Kneipe. Aber er fühlt sich ruiniert, denn auf Higgins Schreiben hin hat der plötzlich verstorbene amerikanische Millionär Wallingford in seinem Testament Doolittle eine Jahresrente von mehreren tausend Pfund hin-

terlassen! Weil er dadurch nun respektabel ist, wird er auch noch geheiratet! Da bleibt Eliza nichts anderes übrig, als ihm Glück zu wünschen. Er aber ist froh, seine Tochter für immer los zu sein (*Doolittle mit Chor »Hei! Heute morgen mach' ich Hochzeit!«*). – In seinem Haus bemerkt Higgins wütend, daß Eliza heimlich ausgerückt ist, obwohl – wie er unverbesserlich überzeugt ist – ihr niemand etwas angetan hat. Sein Ärger über Elizas undankbares Verhalten macht sich Luft in einer generellen Abrechnung mit den Frauen (*Higgins »Kann eine Frau nicht so sein wie ein Mann?«*). Doch er findet Eliza, bei seiner Mutter. Ihr hat sie ihr Herz ausgeschüttet und volles Verständnis gefunden, denn Mrs. Higgins weiß, daß ihr Sohn leider keine Manieren hat. Higgins will Eliza zurückholen, denn sie fehlt ihm. Sie aber will nicht, sie will angeblich Freddy heiraten, den sie eigentlich nicht leiden kann, und nichts mehr von Higgins' Tyrannei wissen (*Duett Eliza-Higgins »Ohne dich!«*). Daß sie ihm so deutlich zu verstehen gibt, daß sie künftig ohne ihn leben will, macht Higgins wütend über sie und über sich selbst (*Higgins »Verdammt! Verdammt! Ich bin gewöhnt an ihr Gesicht!«*). Erst jetzt begreift er, daß Eliza ihm mehr bedeutet als das Objekt seiner phonetischen Forschung. Was, wenn sie wieder bei ihm auftaucht? Als er Aufnahmen von ihr anhört, öffnet sie leise die Tür und betritt sein Studio. Sie weiß, wo sie hingehört.

Aufführungsdauer. 2¾ Stunden

Leonard Bernstein (1918–1990)
WEST SIDE STORY
Musical in 2 Akten
Buch: Arthur Laurents nach einer Idee
von Jerome Robbins
nach der Tragödie »Romeo und Julia«
von William Shakespeare
Gesangstexte: Stephen Sondheim
Uraufführung Washington 1957

Quelle. *William Shakespeare (1564–1616)* ist nicht nur der bedeutendste und noch heute meistgespielte Dramatiker überhaupt, dessen Name wie ein Synonym für Theater steht. Er ist darüberhinaus mit einigen Werken auch der am meisten vertonte Dichter des musikalischen Theaters bis herauf in unsere Zeit (Aribert Reimanns Oper »Lear«, uraufgeführt 1978 in München). Seine Tragödie »Romeo und Julia« wurde mehrfach für das Theater adaptiert, so in den Opern Charles Gounods (*Roméo et Juliette*, Paris 1867) und Heinrich Sutermeisters (*Romeo und Julia*, Dresden 1940) sowie in Serge Prokofieffs weltberühmtem Ballett (*Romeo und Julia*, Leningrad 1940). Doch schon Shakespeare stand in einer literarischen Tradition, die zurückgeht auf die italienische Novellendichtung des ausgehenden 15. Jahrhunderts. Sein Drama, bis heute der Inbegriff für die Tragödie um die zerstörte Liebe zweier junger Menschen und neben »Hamlet« und »Ein Sommernachtstraum« das beliebteste Theaterstück des Elisabethaners, entstand um 1595. In einer Verkettung von Schicksalsgegebenheiten und unaufhaltbarer Verstrickung der Liebenden in dem erbitterten Streit zweier Familien hat Shakespeare ein Grundmuster entworfen für den tragischen Konflikt zwischen einer großen Liebe und den Bedingungen ihres sozialen Umfeldes. Das gerade hat Bernstein an der Geschichte gereizt. So ist die »West Side Story« nicht nur die Vertonung eines berühmten Stoffes, sondern die Adaption in eine neue Form des musikalischen Theaters wie auch eine neuzeitliche Umformung mit dem sozialen Sprengstoff der Gegenwart.

Entstehung und Uraufführung. Die Idee, Shakespeares Tragödie für ein modernes Musical zu adaptieren, wurde Bernstein schon Anfang 1949 von *Jerome Robbins* vorgetragen, dem berühmten Tänzer und Choreographen der Musicalszene des Broadway. Der Gedanke war zunächst, eine Konfrontation zwischen einer jüdischen (Julia und die Capulets) und einer katholischen (Tony und die Montagues) Familie aus den Slums der West Side von New York zu gestalten. Wenige Tage später schon traf sich der Komponist mit *Arthur Laurents*, einem erfahrenen amerikanischen Theaterautor. Doch die ganz unterschiedlichen Verpflichtungen an weit voneinander gelegenen Orten – Bernstein gastierte als gefragter Dirigent rund um die Welt – machten eine ernsthafte Beschäftigung mit dem Sujet zunächst unmöglich. Es dauerte bis zum Jahr 1955, als das Werk konkretere Konturen anzunehmen begann. Und zwar jetzt auch unter geänderten Prämissen: Unter dem Datum vom 25. August 1955 trug Bernstein in sein Tagebuch ein: »Wir sind noch immer von der ›Romeo‹-Idee begeistert; nur haben wir die ganze jüdisch-katholische Voraussetzung aufgegeben; sie kommt uns plötzlich altbacken vor. Statt dessen ist uns etwas eingefallen, das meinem Gefühl nach den Nagel auf den Kopf trifft: zwei Teenager-Banden, die einen kämpferische Puertoricaner, die anderen selbsternannte ›Amerikaner‹. Plötzlich habe ich alles lebendig vor Augen. Ich höre Rhythmen und Schwingungen und – das wichtigste – ich spüre irgendwie schon die Form.« Damit begeisterte er auch Robbins, und im Herbst des Jahres gewann das Team noch den jungen Schlagerdichter *Stephen Sondheim* als Autor der Gesangstexte hinzu. Noch einmal verschob sich die Arbeit, weil Bernstein noch sein Musical »Candide« nach dem Roman Voltaires fertigstellen wollte, das am 1. Dezember 1956 am Martin Beck Theatre in New York zur Uraufführung gelangte. Ab Februar 1957 konnte sich Bernstein dann ungestört der Komposition der »West Side Story« widmen. Dazu notierte er: »Das Hauptproblem: die feine Scheidewand zwischen Oper und Broadway zu finden, zwischen Wirklichkeit und Dichtung, zwischen Ballett und bloßem Tanz, zwischen Abstraktion und Abbildung. Die Scheidewand ist da, aber sie ist hauchdünn, und manchmal muß man seine Augen strapazieren, ehe man sie wahrnimmt.« Bereits Anfang Juli ging man in die Proben, die »wunderschönen« Bühnenbildentwürfe und die »atemberaubenden« Kostümskizzen inspirierten ihn zusätzlich. Dem Uraufführungserfolg vom 19. August 1957 in Washington folgte mit der Erstaufführung am 26. September am Broadway eine lange Laufzeit des Werkes und die Weltberühmtheit Bernsteins nun auch als Komponist. Die Deutschsprachige Erstaufführung am 25. Februar 1968 an der Wiener Volksoper machte Bernsteins Meisterwerk schon in den ersten Jahren zu einem der meistgespielten amerikanischen Musicals auch an den deutschen Theatern.

Ort und Zeit. Die Westseite New Yorks Mitte der 1950er Jahre

Die Personen des Musicals. *Die Jets:* Tony (Tenor) – Riff, der Anführer – Action – A-Rab – Baby John – Snowbody – Professor – Diesel – Gee-Tar – Mouth Piece – Tiger. Ihre Mädchen: Graziella – Velma – Minnie – Clarice – Pauline – Anybodys. – *Die Sharks:* Bernardo, der Anführer – Chino – Pepe – Indio – Luis – Anxious – Nibbles – Juano – Toro – Moose. Ihre Mädchen: Maria, Bernardos Schwester (Sopran) – Anita, Bernardos Freundion (Mezzosopran) – Rosalia – Consuelo – Teresita – Francisca – Estella – Marguerita. – *Die Erwachsenen:* Doc, Drugstorebesitzer – Polizeileutnant Schrank – Inspektor Krupke – Glad Hand, Mitarbeiter des Jugendclubs.

Die Handlung. 1. AKT: Die Rivalität zwischen zwei Jugend-Gangs der New Yorker West Side hat sich zur gefährlichen Konfrontation zugespitzt. Die »Jets« (soviel wie ›Düsenjäger‹) sind einheimische Amerikaner, die ihr angestammtes Viertel gegen die »Sharks« (soviel wie ›Haie‹), zugewanderte Puertoricaner, verteidigen und diese im Straßenkampf besiegen wollen. Riff, Anführer der Jets, beschwört die endgültige Vertreibung der Sharks unter deren Anführer Bernardo aus ihren Straßen (*Riff und Jets mit dem Jet-Song »Ein echter Jet ist es vom Kindbett...«*). Es gibt jedoch ein Problem: Tony, der die Jets einst mitbegründete, hat inzwischen einigen Abstand zu seiner Gang gewonnen. Doch Riff gelingt es, ihn noch einmal zum Mitmachen zu überreden (*Song des Tony »Wer weiß...«*). – Am Abend treffen die beiden Gangs beim Tanz in der Turnhalle aufeinander. Da begegnen sich auch Tony und Maria, Schwester von Bernardo, der – selbst befreundet mit Anita – für sie den Puertoricaner Chino als künftigen Ehemann ausgesucht hat. Wütend trennt er die beiden, die sofort Liebe füreinander empfinden. Bernardo schickt Maria mit Chino nach Hause und vereinbart mit Riff ein Treffen in Docs Drugstore, um die Bedingungen des unvermeidlichen Kampfes festzulegen. – Tony folgt Maria (*Song des Tony »Maria, Maria...«*), findet ihre Wohnung, klettert über die Feuerleiter hinauf

auf ihren Balkon, und beide schwören sich ewige Treue und Liebe (*Duett Maria-Tony* »*Tonight/Heut Nacht*«). Da tauchen die Sharks auf und Tony kann gerade noch rechtzeitig verschwinden. Während die Jungen zum Kriegsrat im Drugstore gehen, ereifern sich die Mädchen darüber, ob es in Amerika oder auf Puerto Rico schöner ist (*Anita, Rosalia und die Shark-Mädchen* »*Amerika*«). – In Docs Drugstore warten die Jets bereits auf die Sharks. Es herrscht eine nervöse Spannung, weshalb Riff zu Ruhe und Gelassenheit auffordert (*Song des Riff* »*Bleib kühl, Boy!*«). Als die Sharks eintreffen, kommt es zu heftigen verbalen Auseinandersetzungen, in die Tony eingreift. Er schlägt vor, am nächsten Abend einen Zweikampf mit bloßen Händen zwischen den beiden stärksten Jungs der Gangs auszurichten. Daraufhin fordert Riff Bernardo zu diesem Zweikampf auf. – Tonys Gedanken sind jedoch nur noch bei Maria. Er besucht sie am Nachmittag des folgenden Tages in der Schneiderei eines Geschäftes für Brautkleider, in der sie arbeitet. Sie bedrängt ihn, den Kampf zu verhindern, was er ihr auch verspricht. Dafür aber will er sie dann seiner Mutter vorstellen, und so spielen die beiden ausgelassen mit entsprechend hergerichteten Kleiderpuppen ihre Heiratszeremonie und verabreden sich für den Abend in Docs Drugstore (*Maria-Tony* »*Ein Herz, ein Schlag ...*«). – Im Viertel stehen sich am frühen Abend die beiden Gangs gegenüber. Jede spricht sich selbst Mut zu für den Kampf, der nur mit der Niederlage des Gegners enden kann. In ihren Gesang mischt sich das Liebeslied von Maria und Tony (*Ensemble* »*Heut Nacht ...*«). – Unter dem Highway beginnt der verabredete Kampf zwischen den Jets und den Sharks. Tony erscheint und fordert sie auf, ihre Schlägerei sofort zu beenden. Doch Bernardo, ohnehin schon mehr als aufgebracht über Tonys Bemühen um seine Schwester Maria, stößt ihn zurück. Daraufhin schlägt ihn Riff, beide greifen zu ihren Messern, gehen aufeinander los und Bernardo tötet Riff. Von ohnmächtiger Wut gepackt rächt Tony den Freund und tötet seinerseits Bernardo. Daraufhin entbrennt der Kampf zwischen den Banden vollends, die schließlich nur vor der anrückenden Polizei das Weite suchen. –

2. AKT: Das Zimmer Marias. Fröhlich bereitet sich Maria auf das Treffen mit Tony vor (*Lied der Maria* »*Weil ich nett bin ...*«). Da stürzt Chino herein und erzählt ihr, was passiert ist. Dann nimmt er einen Revolver an sich und eilt davon, um Tony aufzuspüren. Der aber steigt wenig später wieder hinauf zu Maria, erklärt den Vorfall und bittet sie, die ihn nicht fortschicken kann, um Verzeihung. Erneut beschwören sie ihre Liebe und träumen davon, irgendwo einen Ort zu finden, wo sie frei und ohne Haß glücklich leben können. In einer Traumvision scheinen sie diesen Ort der Hoffnung zu erreichen, bis Sequenzen des tödlichen Kampfes zwischen den Gangs auftauchen, der die Liebenden vorübergehend trennt, bis sie sich durch Dunkelheit und Chaos hindurch in Marias Zimmer wiederfinden und der Traum endet (*Tanzsequenz Tony-Maria* »*Folge mir, irgendwohin weit von hier ...*«). – Inzwischen werden die Jets und

Sharks von der Polizei verfolgt (»*Für die Polypen sind wir keine Menschen, sondern verrohte jugendliche Kriminelle*«), der sie jedoch entkommen können, worüber sie sich lustig machen. In einem gespielten Verhör stellen die Jets dar, wie sie sich vor einem imaginären Gericht verteidigen und dem Psychoanalytiker (»*Jugendkriminalität ist eine Krankheit der Gesellschaft*«) und dem Jugendamt (»*Den Jungens hilft kein Job, nur Einzelhaft auf ein Jahr*«) entkommen können (*Ensemble* »*Mein werter Herr Inspektor! Verstehen Sie uns recht!*«). – Anita kommt zu Maria, von der Tony noch rechtzeitig fliehen kann, um ihr voller Bitterkeit ihre Liebe zu dem Mörder Bernardos vorzuhalten (*Anita* »*Ein Kerl wie der...*«), worauf sich Maria ihr gegenüber zu ihrer Liebe zu Tony bekennt (*Maria* »*Lieb hab ich ihn...*«). Als wenig später ein Polizist erscheint, um Maria ein paar Fragen zu stellen, schickt diese Anita unter einem Vorwand weg, um Tony vor dem bewaffneten Chino zu warnen. – In Docs Drugstore wird Anita von den Jets mit einem Tanz empfangen, der ihren Haß zu ihr ausdrückt. Doc kann dem ein Ende bereiten, worauf Anita ihm vortäuscht, Chino habe Maria erschossen. Dies läßt Doc dem im Keller versteckten Tony wissen, der daraufhin wegrennt. Er irrt durch die Straßen, laut nach Chino rufend, er solle auch ihn töten. Doch plötzlich kommt ihm Maria entgegen. In dem Moment jedoch, da er auf sie zuläuft, um sie in seine Arme zu schließen, wird er von dem auftauchenden Chino erschossen. Mit dem toten Geliebten in ihren Armen appelliert Maria an die inzwischen herbeigeeilten Jets und Sharks, ihren Haß zu beenden und ein Leben miteinander zu suchen. In einer Art Prozession tragen Mitglieder der beiden Gangs gemeinsam den Leichnam Tonys weg. So steht am Ende eines tödlich ausgegangenen Dauerkonflikts so etwas wie Hoffnung auf Versöhnung (*Finale*). –

Aufführungsdauer. 2 Stunden

Jerry Herman (Geb. 1932)
HALLO, DOLLY! (Hello, Dolly!)
Musical in 2 Teilen
Buch: Michael Stewart nach Thornton Wilder
und Johann Nestroy
Gesangstexte: Jerry Herman
Uraufführung New York 1964

Quellen. Gleich mehrere literarische Vorläufer hat dieses weltberühmte Musical. Am Anfang stand die einaktige Farce »*A Day Well Spent*« (Ein gut verbrachter Tag) des Engländers *John Oxenford (1812–1877)*, die am 4. April 1834 im English Opera House in London uraufgeführt wurde. Handlungsmotive und Rollenumrisse übernahm *Johann Nestroy (1801–1862)* für seine vieraktige Posse mit Gesang »Einen Jux will er sich machen« (Musik von *Adolf Müller*), die nach ihrer sensationellen Uraufführung am 10. März 1842 im Theater an der Wien über 150 Vorstellungen erlebte und neben dem »Lumpazivagabundus« zu Nestroys größtem Bühnenerfolg wurde. Nestroy stellt als Sänger, Volksschauspieler, Theaterleiter, Satiriker und Possendichter mit seinen zeitkritisch-parodistischen Stücken den End- und Höhepunkt des Wiener Volkstheaters dar. In seinem »Jux« schuf er ein verwirrendes Knäuel komödiantischer Verwicklungen um den Handlungsgehilfen Weinberl (den er sich sozusagen auf den Leib schrieb und bei der Uraufführung auch selbst spielte) und den Lehrjungen Christopherl. Beide führen ihren Chef Zangler, einen Gewürzkrämer in einer österreichischen Kleinstadt, hinters Licht, schließen den Laden und fahren ins nahe gelegene Wien, wo sie allerlei Abenteuer erleben, aus denen sie sich nur mit viel Mühe und einigem Glück retten können. Es war dem großen deutschen Theatermann *Max Reinhardt* vorbehalten, den amerikanischen Dramatiker *Thornton Wilder (1897–1975)* bei dessen Besuch 1933 in Berlin auf Nestroys Stück aufmerksam zu machen. Wilder gefiel der »Jux« so gut, daß er das Stück für seine Lokalposse »The Merchant of Yonkers« (Der Kaufmann von Yonkers) benutzte, wobei er die Handlung in das Amerika der 1880er Jahre verlegte. Reinhardt inszenierte das Stück nach seiner Emigration nach Amerika 1938 am Broadway, doch wurde es kein Erfolg. Einige Jahre später war es die amerikanische Schauspielerin *Ruth Gordon*, die sich an Wilder wegen eines geeigneten Stückes für sich wandte. Er schrieb sein Lustspiel für die Edinburgher Festspiele um und erfand die Figur der Dolly Lewin hinzu, die nun alle Handlungsfäden in der Hand hielt. Unter dem neuen Titel »Die Heiratsvermittlerin« (The Matchmaker) wurde das Stück am 23. August 1954 am Royal Lyceum Theatre in Edinburgh uraufgeführt und auch in Deutschland viel gespielt.

Entstehung und Uraufführung. Wilders »Heiratsvermittlerin« lernte der erfolgreiche Broadway-Produzent *David Merrick* kennen und sah darin einen interessanten Stoff für ein neues Musical. Er gab 1963 dem Liedertexter und Musical-Librettisten *Michael Stewart (eigentlich Michael Stewart Rubin; geb. 1929 in New York)* den Auftrag, das Buch zu schreiben. Stewart hatte sich als Sketchschreiber für Revuen bereits einen Namen gemacht und als Autor zweier Musicals einige Preise gewonnen. Als auch Jerry Herman Wilders Stück kennenlernte und von Merricks geplanter Musicalproduktion hörte, bat er ihn erfolgreich um den Kompositionsauftrag. Zwar konnte er seinen Auftraggeber mit seinen musikalischen Entwürfen überzeugen, aber die Vortournee (Tryout) des fertigen Stückes durch die amerikanische Provinz stand unter keinem guten Stern. Man änderte am Buch und an der Musik und suchte nach einem passenden Titel für das Musical, das ursprünglich zunächst »Dolly: A Damned Exasperating Woman« (Dolly: eine verteufelt aufreizende Frau) und später »Call On Dolly« (Ruf Dolly an) heißen sollte. Da die Probevorstellungen in New York, die sogenannten ›Previews‹, weit erfolgreicher verliefen, konnte man die Broadway-Aufführung vorbereiten. Am 16. Januar 1964 hob sich der Vorhang im St. James Theatre und bescherte dem Musical unter dem endgültigen Titel »Hello, Dolly!« eine dreieinhalbjährige Laufzeit. Bereits am 26. November 1966 folgte die Deutsche Erstaufführung am Düsseldorfer Schauspielhaus und bahnte dem Musical einen unglaublichen Erfolgsweg über die deutschen Theater. Den Titelsong – wohl eine der berühmtesten Musical-Melodien überhaupt – hatte *Louis Armstrong* schon vor der Broadway-Premiere bekannt gemacht, und US-Präsident *Lyndon B. Johnson* erhob ihn 1964 zu seiner Wahlkampfhymne.

Ort und Zeit. New York und dessen Vorstadt Yonkers um 1890

Die Personen des Musicals. Mrs. Dolly Gallagher Meyer, Heiratsvermittlerin – Horace Vandergelder, Besitzer eines Geschäftes für Heu und Futtermittel in Yonkers – Cornelius Hackl, sein erster Kommis – Barnaby Tucker, sein Gehilfe – Ermengarde, seine Nichte – Ambrose Kemper, Künstler – Ernestina Money – Irene Molloy, Besitzerin eines Hutladens in New York – Minnie Fay, ihre Angestellte – Mrs. Rose, eine alte Frau – Rudolph, Oberkellner im Harmonia Garten Restaurant – Zwei Köche daselbst – Ein Page ebenda – Ein Richter – Ein Protokollfüher. – Leute, Kellner, Gäste (Chor und Ballett)

Die Handlung. 1. TEIL: Straße in New York, auf der die bekannte Heiratsvermittlerin Dolly Meyer, geborene Gallagher, von den Leuten begrüßt wird (*Introduktion »Komm zu Dolly…«*). Auf sie wartet in dem Vorort Yonkers ein delikater Auftrag. Sie muß die zweite Ehe des wohlhabenden Horace Vandergelder mit der verwitweten jungen Irene Molloy arrangieren, die in New York einen Hutladen besitzt. Denn Dolly nennt sich selbst eine Frau, die gern etwas arrangiert und die sich auch für andere Vermittlungen nicht zu schade ist (*Lied der Dolly »Ich schubs' ein bißchen hier…«*). Aber sie ist ihres nicht eben leichten Lebens müde, seit sie ihren Mann Ephraim verloren hat, mit dem sie gerne Zwiegespräche führt und ihn um seinen Rat fragt. Sie möchte selbst wieder glücklich und etwas wohlhabend sein, weshalb sie es, was sie unverblümt bekennt, selbst auf Vandergelder abgesehen hat. Zu ihm begibt sie sich nach Yonkers in Begleitung des jungen Künstlers Ambrose Kemper, der Vandergelders Nichte Ermengarde liebt, womit deren griesgrämiger Onkel überhaupt nicht einverstanden ist. – In Yonkers marschieren die Logenbrüder der Stadt auf, mitten unter ihnen der die Pauke schlagende Horace Vandergelder, gefolgt von seiner heulenden Nichte Ermengarde, von deren Heirat mit Ambrose Kemper er nichts wissen will. Seine beiden Angestellten Cornelius Hackl und Barnaby Tucker läßt er wissen, er fahre am Nachmittag nach New York, denn er werde wieder heiraten (*Vandergelder und Ensemble* »*Man braucht ein Frauchen*...«). Dolly erscheint, gratuliert ihm, macht aber zugleich versteckte Andeutungen über das Ableben von Mrs. Molloys erstem Ehemann und weckt so nebenbei das Interesse des mißtrauisch gewordenen Vandergelder für die reiche Erbin Ernestina Money. Sie verabreden sich aber zunächst vor Molloys Hutladen in New York, dann will sich Vandergelder entscheiden. Doch, so fragt er sich, wenn ihm beide Damen nicht gefallen? Dann, so antwortet ihm Dolly, wisse sie bereits eine andere für ihn – und meint damit natürlich sich selbst. Inzwischen schmieden Cornelius und Barnaby einen Plan: auch sie werden sich endlich einmal einen freien Tag nehmen und New York unsicher machen, auch wenn sie dazu eigentlich überhaupt kein Geld besitzen. Und da Dolly für Ambrose Kemper im Harmonia Garten Restaurant einen Auftritt arrangiert, um Vandergelder umzustimmen, macht sich gleich die ganze Gesellschaft auf den Weg nach New York (*Cornelius-Barnaby-Dolly-Ambrose-Ermengarde* »*Zieh deinen Sonntagsanzug an, die Welt ist dein!*«). – Straße in New York mit der Fassade des Hutladens von Mrs. Molloy. Auch sie sehnt sich nach einem Abenteuer, denn wie alle Hutmacherinnen gilt sie, so ihre Meinung, bei den Leuten als eine sündhafte Frau, vor allem als Witwe, und davon möchte sie auch gern was haben. Das sei »provakatorisch«, hält ihr ihre Angestellte Minnie Fay vor, doch gerade das will Mrs. Molloy und wählt sich dafür einen besonderen Hut ihrer Kollektion aus (*Irene Molloy* »*Bunte Bänder trage ich am Hut*...«). Das Abenteuer beginnt damit, daß Cornelius und Barnaby in ihren Hutladen flüchten, weil sie ihren Chef Vandergelder gesehen haben, der wie verabredet vor dem Hutladen auf Dolly wartet. Er schöpft jedoch Verdacht, daß sich Männer in dem Hutladen seiner Zukünftigen aufhalten, die sich vor ihm versteckt haben. Und da verplappert sich auch Mrs. Molloy noch und nennt den Namen seines Kommis Cornelius Hackl. Gott sei Dank erscheint rechtzeitig Dolly und gibt vor, der besagte junge Mann sei einer der bekanntesten Playboys von New York. Sie versuchen Vandergelder abzulenken (*Dolly-Molloy* »*Mutterschaftsmarsch*«), können aber sein Mißtrauen nicht gänzlich besänftigen. Wütend verläßt er den Hutladen und seine Besitzerin. Dolly jedoch überzeugt Mrs. Molloy und Minnie, sie sollten sich mit den beiden Herren einen schönen Tag machen und sich ins Harmonia Garten Restaurant ausführen lassen. Und sie selbst? Auch sie kann nicht abseits stehen, will »wieder der menschlichen Gesellschaft beitreten« und dort sein, wo die Musik des Lebens spielt (*Dolly* »*Ich laß die Musik nicht vorbei*...«). –

2. TEIL: Vor dem Hoffman House Hotel in New York findet sich das Quartett aus dem Hutladen ein, nachdem es stundenlang durch die Straßen gewandert ist. Um rechtzeitig im Harmonia Garten Restaurant zu sein, will Mrs. Molloy eine Droschke nehmen, doch Cornelius bedeutet ihr, die elegante Welt von heute fahre Straßenbahn (*Quartett* »*Eleganz*...«). Im Restaurant treffen sie

dann alle wieder zusammen: Horace Vandergelder mit der angeblich reichen Erbin Ernestina Money; Cornelius und Barnaby mit ihren beiden Damen; Ambrose Kemper und Ermengarde – freilich ohne vorerst voneinander zu wissen. Rudolph, der selbstbewußte Oberkellner, steht im Zentrum der großen Hoteltreppe und dirigiert und kommandiert sein Kellnerheer zum »prompten und präzisen Dienst am Kunden«. Und das heute um so mehr, als sich nach langer Abstinenz Dolly angesagt hat, die ihr und ihres verstorbenen Mannes Ephraim Stammrestaurant seit seinem Tode nicht mehr betreten hat. Während des folgenden sich im Tempo immer mehr steigernden Kellnerballetts (*Musiknummer »Kellner Galopp«*) haben sich Vandergelder mit Ernestina ins linke sowie das Quartett ins rechte Séparee zurückgezogen. Noch immer glauben die beiden jungen Damen, daß ihre Begleiter zu den berühmtesten Lebemännern von New York gehören, und so will Mrs. Molloy am liebsten gleich alles bestellen, was die Speisekarte bietet, wofür freilich die Barschaft ihrer Begleiter im Traum nicht reicht, allenfalls für ein bescheidenes Trinkgeld. Doch da hilft ihnen ein glücklicher Zufall. Auf der Suche nach einem Kellner verwickeln sich Vandergelder und Barnaby ungesehen in das Gewirr der durcheinander laufenden Kellner, verlieren ihre Brieftaschen, gewinnen jeweils die des anderen wieder zurück, und so sieht sich Barnaby plötzlich im Besitz eines ganzen Bündels von Banknoten! Nun hat auch Dolly ihren großen Auftritt und wird überschwenglich und enthusiastisch begrüßt (*Dolly und Männerensemble mit dem Titelsong »Hallo, Dolly!«*). Vandergelder hingegen beschwert sich bei Dolly über die ordinäre Ernestina. Das nützt Dolly, ihm eine Eifersuchtsszene zu machen und ihm die Leviten zu lesen, während sie gleichzeitig mit ihm speist und ihn dabei so behandelt, als seien sie bereits miteinander verheiratet. In der folgenden Programmnummer tritt Ambrose Kemper als Sänger auf (*Ambrose »Sei mein Schmetterling...«*), kann aber Vandergelder nicht für sich gewinnen, da dieser plötzlich seine beiden Angestellten unter den Gästen entdeckt, ihren Begleiterinnen deren wahre Identität verrät und die beiden entläßt. Daraufhin entsteht ein komplettes Tohuwabohu, das in einem Gerichtshof endet, vor dem sie gemeinsam u. a. wegen Friedensbruch, Beleidigung und Aufreizung zum Aufruhr angeklagt werden – außer Dolly, die in Ruhe erst einmal zu Ende speist. Dann greift sie als Rechtsanwalt in die Verhandlung ein und beschuldigt allein Horace Vandergelder. Da sich zudem Cornelius erfolgreich mit seiner Liebe zu Mrs. Molloy verteidigen kann (*Cornelius und Ensemble »Es kann oft ein Moment sein...«*), spricht der Richter alle frei und schickt nur Vandergelder ins Gefängnis. Dort spielt ihm Dolly eine Abschiedsszene vor (*Dolly »Lebwohl, Liebling...«*). – Zurückgekehrt in seinen Heu- und Futtermittelladen begegnet Vandergelder seinen Angestellten Cornelius und Barnaby, die ihre ausstehenden Gehälter einfordern und ihm mitteilen, daß sie sich geschäftlich selbständig machen werden mit einem gleichen Laden auf der

Straßenseite gegenüber. Und Ermengarde klagt das Geld ein, das ihre Mutter für sie beim Onkel hinterlassen hat. Vandergelder ist bereit, alle berechtigten Ansprüche zu befriedigen, denn er ist einsichtig geworden. Vor allem hinsichtlich Dolly: sie ist die richtige Frau für ihn! Und Dolly? Sie ist am Ziel ihrer Wünsche, nimmt den Heiratsantrag Horace Vandergelders an und rät ihm, Cornelius zu seinem Partner und Barnaby zu seinem ersten Kommis zu machen. Und weil die beiden in den Damen vom Hutladen inzwischen auch ihre Partnerinnen gefunden haben, sind sie alle zusammen, um Ermengardes Hochzeit mit Ambrose Kemper zu feiern. Horace Vandergelder ist mit allem einverstanden und stimmt in das Lob der anderen auf Dolly ein (*Finale*)). –

Aufführungsdauer. 2¼ Stunden

Jerry Herman
EIN KÄFIG VOLLER NARREN
(La Cage aux Folles)
Musical in 2 Akten
Buch: Harvey Fierstein nach Jean Poiret
Gesangstexte: Jerry Herman
Uraufführung New York 1983

Quelle. Einer der auch in Deutschland bekanntesten französischen Theater- und Filmschauspieler hat die Geschichte um ein homosexuelles Künstlerpaar des Showgeschäfts erfunden. *Jean Poiret* war 1970 erstmals auch als Bühnenautor erfolgreich und spielte in seinen eigenen Stücken zugleich auch jeweils die Hauptrolle. 1972 schrieb er die Komödie »La Cage aux Folles« (Der Narrenkäfig), brachte sie am 1. Februar 1973 im Théâtre du Palais Royal in Paris zur Uraufführung, spielte selbst den Georges und hatte Riesenerfolg. Das Stück wurde nicht nur fast sieben Jahre lang en suite in Paris gespielt, sondern auch in anderen Ländern, darunter in Deutschland. 1978 und 1980 folgten zwei Filme in französisch-italienischer Gemeinschaftsproduktion und schließlich 1983 das Musical, dem sich 1986 eine dritte Filmfortsetzung anschloß.

Entstehung und Uraufführung. Einige Jahre nach der Uraufführung erwarb der Theater- und Filmproduzent *Allan Carr* die amerikanischen Bühnenrechte an Poirets Komödie und hatte von Anfang an die Idee, es zu einem Musical umarbeiten zu lassen. Dazu mußte er freilich länger auf die Suche nach geeigneten Mitarbeitern gehen, denn das Thema war gerade auch für Amerika brisant genug. Dann sah er auf Empfehlung den jungen Schauspieler

Harvey Fierstein in einem eigenen Homosexuellen-Stück auf der Bühne und gewann ihn als Buchautor für das geplante Musical, bevor er sich mit Jerry Herman in Verbindung setzte. Als das Musical fertig war, ging es im Frühjahr 1983 für sieben Wochen zu Voraufführungen (Tryouts) nach Boston, die sich ungewohnt erfolgreich gestalteten. Am 21. August des Jahres fand die Broadway-Premiere im Palace Theatre statt, zwei Jahre später folgte am 19. Oktober 1985 die Deutschsprachige Erstaufführung am Theater des Westens in Berlin. Seitdem ist es in Deutschland viel gespielt worden und hat hier durch die aktuelle Gesetzgebung zusätzliche Bedeutung erhalten.

Ort und Zeit. St. Tropez/Frankreich in der Gegenwart

Die Personen des Musicals. Albin/Zaza – Georges – Jean-Michel – Anne – Edouard Dindon – Marie Dindon – Jacqueline – Jacob – Francis – Maurice Renaud – Madame Renaud – Tabarro – Pepe – *»Les Cagelles«*: Hanna – Mercedes – Chantal – Phaedra – La Gomera – Dermah – Bitelle – Alexandra – Odette – Angelique – Loreley – Miranda – Nicole – Tara – Monique – Clo-Clo.

Die Handlung. 1. AKT: Georges ist Mitinhaber des Nachtclubs »La Cage aux Folles« in St. Tropez an der französischen Riviera und Conferencier in der dort gezeigten Transvestitenshow. Seit zwanzig Jahren lebt er mit Albin zusammen, der als »Zaza« der Star der Show ist (*Ensemble »Wir sind, was wir sind, doch was wir sind, sind wir nur scheinbar...«*). Der exaltierte Albin verspätet sich gern zu seinen Auftritten und muß dann von Georges zusätzlich aufgefordert werden. Dieses Mal hat er gekocht, doch Georges ist nicht zum verabredeten Essen gekommen, weshalb ihm Albin eine Eifersuchtsszene spielt. Dann schminkt er sich für seinen nächsten Auftritt in der bereits laufenden Show (*Albin »Mascara...«*). Da wartet Jacob, schwarze ›Zofe‹ Albins, mit einer Überraschung für Georges auf. Dessen Sohn Jean-Michel, Ergebnis einer flüchtigen Affäre mit dem Show-Girl Sybille vor mehr als zwanzig Jahren, ist gekommen. Albin und Georges haben ihn gemeinsam großgezogen, nun will er heiraten. Und zwar ausgerechnet Anne, die Tochter Edouard Dindons, vor der Wiederwahl stehender Abgeordneter der Partei für Tradition, Familie und Moral, ein erklärter Feind von Nachtclubs und besonders des seiner Meinung nach berüchtigt unmoralischen La Cage aux Folles. Dindon ist samt Frau und Tochter auf dem Wege hierher, um Jean-Michels Eltern kennen zu lernen. Deshalb bittet Jean-Michel seinen Vater, sich seinen künftigen Schwiegereltern gegenüber als pensionierter Diplomat auszugeben, die Wohnung den Moralvorstellungen der Dindons ›entsprechend‹ umzudekorieren, seine leibliche Mutter, die sich nie um ihn gekümmert hat, herzubestellen und vor allem Albin aus dem Spiel zu lassen. Nur so könne er sein Glück finden, denn Anne bedeute ihm alles (*Jean-Michele »Mit Anne im Arm...«*). Da platzt Albin herein, der von Jacob unterrichtet wurde. Aufgeregt fragt er Georges, was sie in der Erziehung ihres Sohnes falsch gemacht hätten, daß dieser nun ein Mädchen heiraten wolle? Um ihn zu beruhigen, schlägt Georges einen Spaziergang auf der Promenade vor (*Georges-Albin* »*Festlich sind alle Tage, hab' ich dich im Arm*...«). Im Café Renaud will Georges Albin alles erzählen, doch er kommt nur zu einem Liebeslied für ihn, der zur nächsten Vorstellung zurück ins Theater muß (*Georges* »*Denkst du noch an den kleinen Strand im Wind*...«). – Die Vorstellung beginnt (*Albin/Zaza und Ensemble mit dem Titelsong* »*La Cage aux Folles*«). Erst während Albins Umzug für die nächste Szene findet Georges Gelegenheit, ihm alles zu gestehen. Albin versteht und gibt darauf als Antwort das Bekenntnis zu sich selbst: Er ist was er ist und dafür will er weder gelobt noch bemitleidet werden, aber in Freiheit und Fairneß leben dürfen (*Albin* »*Ich bin, was ich bin, und was ich bin, ist ungewöhnlich*...«). Am Ende des Liedes zieht er seine Perücke ab, wirft sie Georges ins Gesicht und verläßt das Theater. –

2. AKT: Albin ist verbittert, er fühlt sich unerwünscht und man hat ihn regelrecht hinausgeworfen. Doch Georges hat eine Idee: Albin soll bei dem Familientreffen als distinguierter Onkel Albert erscheinen, das würde alles retten, denn nach der Meinung der Masse sei sogar eine Schlampe noch eher vorzeigbar als eine Tunte. Nach anfänglichem Zögern sagt Albin zu und Georges studiert mit ihm gleich die lässige Haltung und die männliche Gangart eines normalen Mannes ein, damit die Dindons nichts merken (*Albin-Georges* »*Männliche Lektion*«). – Es ist soweit. In Albins und Georges' umdekorierter Wohnung – man sieht vor allem Chorgestühl und ein großes Kreuz – erwartet man den Besuch. Jean-Michel ist äußerst aufgeregt, vor allem wegen Albin, der als Onkel Albert sicher alles vermasseln wird. Georges zeigt auf ihn und erinnert Jean-Michel ernsthaft daran, wie selbstlos Albin sich um ihn gekümmert habe (*Georges* »*Sieh mal dorthin*...«). Jacob hat die Rolle des vornehmen Butlers übernommen, wofür ihm Jean-Michel versprochen hat, sich bei seinem Vater für einen Einsatz Jacobs in der Show zu verwenden. Der Besuch tritt ein, und das Familientreffen nimmt zunächst einen normalen Verlauf. Das ändert sich durch den Wiederauftritt Albins, der sich mit dem Telegramm Sybills, die ihr Kommen absagt, plötzlich zurückgezogen hatte. Jetzt erscheint er selbst als Georges angebliche Frau verkleidet und treibt die Verwicklungen auf einen ersten Höhepunkt. Da leider das vorgesehene Essen in einer Wolke schwarzen Rauchs aufgeht, entschließt man sich, essen zu gehen. – Im Restaurant »Chez Jacqueline« steuert das Familienidyll auf eine Katastrophe zu. Die Besitzerin Jacqueline begrüßt in Jean-Michels vermeintlicher Mutter »die einmalige und einzige Zaza«. Erstes Entsetzen bei den Dindons, während Albin die Situation dadurch zu retten versucht, daß er für Anne ein Lied singt (*Albin* »*Die schönste Zeit ist heut'*...«). Da alle schließlich fröhlich einstimmen und am Schluß Albin frenetisch hochleben lassen, verbeugt sich

dieser so, wie er es als Star der Show immer tut und zieht dabei seine Perücke ab. Vor Entsetzen ruft Dindon nach der Polizei. – Zurück in der Wohnung eskaliert der Familienkrach. Doch Anne bekennt sich zu Jean-Michels ›Eltern‹. Dindon will sie verstoßen und enterben, da taucht Jacqueline auf. Sie hat erfahren, wer Dindon ist und droht ihm nun, zumal er vergessen hat, die Rechnung bei ihr zu bezahlen, mit einem Skandal. Um ein Foto zu machen »mit dem berühmtesten Homosexuellen-Gegner der Riviera Seite an Seite mit dem berühmtesten Homosexuellen der Riviera« hat sie die Presse verständigt, die schon vor der Tür wartet. Dindon ist in der Falle und muß um seine Wiederwahl ernsthaft bangen. Schon deshalb gibt er zu allem sein Einverständnis. So kann La Cage aux Folles mit Stolz sein glückliches Finale präsentieren. –

Aufführungsdauer: 2¼ Stunden

Jerry Bock (Geb. 1928)
ANATEVKA (Fiddler On The Roof)
Musical in 2 Akten mit Prolog
Buch: Joseph Stein
Gesangstexte: Sheldon Harnick
Uraufführung New York 1964

Quelle. *Scholem Alejchem* (jidd. soviel wie »Friede sei mit Euch«), der sich früher Schalom Rabinowitsch nannte, gilt als der große Humorist innerhalb der klassischen jiddischen Literatur. Geboren 1859 in der Ukraine, lebte er nach seiner Flucht 1905 aus Rußland, die ihn über Österreich, Rumänien, Belgien, Frankreich und England in die USA führte, in New York, wo er 1916 starb. In seinen Erzählungen und Romanen schildert er das Leben der Ostjuden um die Wende des 19./20. Jahrhundert. Weltberühmt wurde Alejchem mit seinem Roman »Tewje der Milchmann«, der 1894 erschien und dessen Titelhelden er nach einem lebenden Vorbild dargestellt haben soll. Tewje (im Musical: Tevje) gilt als typischer Vertreter seines Volkes, der mit Witz, Humor und großem Überlebenswillen die alltäglichen wie auch die großen Vorgänge des Lebens zu meistern versteht. Der aber in seinem unbeirrbaren Glauben an das Gute im Menschen auch Enttäuschungen und Verluste erleben muß. In des Dichters Gestaltung ist Tewje zugleich eine Charakteranalogie zu dem biblischen Hiob, der in dem Buch des AT als Prototyp des leidenden Frommen erscheint.

Entstehung und Uraufführung. Humor und Gewitztheit, Traditionsanhänglichkeit, Glauben und Lebenskraft des literarischen Vorbildes haben die

Schöpfer des Musicals für ihre Hauptfigur ebenso übernommen wie erzählerische Einzelheiten und Motive des Romans. Dort hat Tewje sogar sieben Töchter, im Musical sind es ›nur‹ fünf. Vorgegeben sind bei Alejchem auch die Heiratsmotive: eine der Töchter heiratet ebenfalls einen Schneider, eine zweite folgt ihrem Studenten in die Verbannung nach Sibirien, eine dritte heiratet einen Christen und kehrt sich so vom Glauben ihrer Väter ab, was Tewje im Roman ebenso besonders zusetzt wie Tevje im Musical. Direkte Vorlagen für das Musical waren wohl auch Dramatisierungen des Romans, darunter das 1957 in New York uraufgeführte Schauspiel »Tevje und seine Töchter« von *Arnold Perl*. Das Musical entstand in relativ kurzer Zeit und errang mit der Uraufführung am 22. September 1964 im New Yorker Imperial Theatre die bis dahin längste Laufzeit mit den meisten Vorstellungen aller Broadway-Musicals. Einen gleichen Erfolgsweg bahnte dem Werk die deutschsprachige Erstaufführung am 1. Februar 1968 im Operettentheater in Hamburg: »Anatevka« ist seitdem nach »My Fair Lady« das erfolgreichste Repertoire-Musical des deutschen Theaters.

Ort und Zeit. Anatevka, ein Städtchen in Rußland, im Jahr 1905 am Vorabend der ersten russischen Revolution

Die Personen des Musicals. Tevje, ein Milchmann – Golde, seine Frau – Zeitel, Hodel, Chava, Sprintze und Bielke, deren fünf Töchter – Jente, eine Heiratsvermittlerin – Mottel Kamzoil, ein Schneider – Schandel, seine Mutter – Perchik, ein Student – Lazar Wolf, ein Metzger – Motschach, ein Gastwirt – Der Rabbi – Mendel, sein Sohn – Awram, ein Buchhändler – Nachum, ein Bettler – Oma Zeitel, Goldes Großmutter – Fruma-Sara, Lazar Wolfs erste Frau – Jussel, ein Hutmacher – Wachtmeister – Fedja, ein junger Mann – Sascha, sein Freund – Der Fiedler auf dem Dach. – Dorfbewohner (Chor).

Die Handlung. 1. AKT: Ein Fiedler sitzt auf dem Dach des Hauses von Tevje, dem Milchmann des Dorfes Anatevka im zaristischen Rußland. Er symbolisiert den Willen der jüdischen Bevölkerung, zu überleben. Tevje erklärt das so: »Jeder von uns ist ein ›Fiedler auf dem Dach‹. Jeder versucht, eine einschmeichelnde Melodie zu spielen, ohne sich dabei das Genick zu brechen.« Obwohl es unter dem strengen Zarenregime gerade für die Juden immer schwerer wird, wollen sie in ihrer Heimat bleiben. Denn hier können sie in ihren alten Traditionen ihr seelisches Gleichgewicht bewahren (*Tevje und Dorfbewohner* »*Tradition!*«). So leben sie in Frieden und Eintracht und kommen ausgezeichnet miteinander aus. – Zur Tradition gehört, daß der Vater über die Zukunft der Familie und die Heiratspläne der Töchter zu bestimmen hat. So auch Tevje, der mit seiner Frau Golde und seinen fünf Töchtern zu den angesehenen Dorfbewohnern gehört. Doch die Zeiten haben sich geändert, die Kinder sind selbständiger geworden und brechen die Krusten der Tradition auf. Das schafft Konflikte besonders in der Familie. Tevje und Golde müssen es erleben, als die Heiratsvermittlerin Jente in die Vorbereitungen zum Sabbatfest hereinplatzt mit der Neuigkeit, der verwitwete und bereits ältere aber wohlhabende Metzger Lazar Wolf will sich wieder verheiraten und hat sich Tevjes älteste Tochter Zeitel ausgesucht. Golde ist voller Hoffnung auf diese Verbindung und verabredet mit Jente, Tevje und Lazar sollen darüber sprechen, sie werde aber ihrem Mann nichts verraten, das müsse der Metzger schon selbst tun. Zeitel, die den armen Schneider Mottel Kamzoil liebt, ahnt nichts Gutes, wird von ihren Schwestern aber über Jentes Besuch bei der Mutter aufgezogen (Hodel-Chava-Zeitel »*Jente, o Jente, ach, bring einen Mann...*«). – Tevje mußte sein Pferd zum Hufschmied bringen, nun muß er den Milchwagen selber ziehen. In einem seiner üblichen Gespräche mit Gott hält er diesem vor: »Mit deiner gütigen Hilfe, o Herr, sind wir fast am Verhungern!« Was, so fragt er, wäre denn daran so schlimm, auch ein kleines Vermögen zu haben? Er brauchte dann nicht mehr zur Arbeit zu gehen, er könnte sich ein neues Haus bauen, Geflügel züchten, seiner Frau Schmuck kaufen und sich einen Ehrenplatz in der Synagoge leisten (*Tevje* »*Wenn ich einmal reich wär...*«). Doch in seinen Traum vom Reichtum platzt der Buchhalter Awram mit der Nachricht, die Regierung suche einmal mehr Sündenböcke für die schlechten Zeiten, habe sie in den Juden gefunden und beginne damit, sie aus den Dörfern zu vertreiben. Zwischen die klagenden Männer mischt sich der Student Perchik aus Kiew und hält ihnen vor, sie würden nur jammern, aber nichts tun. Es sei die Zeit gekommen, da das arme Volk von den Reichen deren Reichtum holen soll. Und es werde auch höchste Zeit, den Frauen mehr Rechte einzuräumen, sie beispielsweise über »die großen Ideen« zu unterrichten. Tevje findet Gefallen an Perchik und stellt ihn für Kost und Logis als Lehrer für seine Töchter ein. Die sind's soweit zufrieden, doch Zeitel hat weiterhin Befürchtungen wegen Lazar Wolf und drängt Mottel, beim Vater um ihre Hand anzuhalten, bevor es zu spät ist. Denn schon hat Golde ihren Mann soweit, daß der mit Lazar, den er eigentlich nicht leiden kann, wenigstens spricht. Da sie ihm aber nicht verrät, worüber, glaubt Tevje, der Metzger wolle ihm seine Milchkuh abkaufen. Nun unternimmt Mottel einen Versuch, scheitert aber kläglich. Gemeinsam nimmt man das Mahl ein (*Tevje-Golde mit dem Sabbat-Gebet*). – Am Abend des folgenden Tages wartet Lazar im Motschachs Wirtshaus ungeduldig auf Tevje. Natürlich beginnt das Gespräch mit einem Mißverständnis, worüber Lazar lachen muß und Tevje verwirrt ist. Dann aber gibt er sein Wort zur Heirat Lazars mit seiner Tochter Zeitel. Sie feiern ihre Abmachung mit den anderen Gästen, unter denen sich auch Fedja und junge Russen befinden (*Tevje, Lazar Wolf und Wirtshausbesucher* »*L'Chaim! Erhebt das Glas...!*«). Als Tevje mit dem Fiedler das Wirtshaus verläßt, teilt ihm der Wachtmeister mit, er müsse auf Befehl von oben demnächst in Anatevka eine kleine inoffizielle Demonstration abhalten: »Wirklich nichts Ernstes. Wir müssen halt bißchen Wirbel machen.

Falls ein Inspektor vorbeikommen sollte, soll er sehen, daß wir unsere Pflicht getan haben.« – Während Tevje noch seinen Rausch ausschläft, arbeiten Frau und Töchter vor dem Haus. Dabei versucht ihnen Perchik an der biblischen Geschichte des Laban, der Jacob für sich arbeiten läßt, weil dieser um seine Tochter Rachel anhält, zu erklären, man dürfe einem Arbeitgeber niemals trauen. Darüber gerät er mit Hodel in Streit, der er vorhält, daß die Menschen in Anatevka zu sehr nach engen und unüberprüften Traditionen leben, während sich die Welt ringsum im Umbruch befindet. Das beste Beispiel ist ihm Tevjes Handel mit Lazar Wolf, ohne dabei Rücksicht auf Zeitel selbst zu nehmen. Die will sich dem Vater gerade anvertrauen, als Mottel kommt. Er nimmt allen Mut zusammen und bittet um Zeitels Hand, schließlich seien sie schon seit einem Jahr heimlich verlobt. Tevje ist sprachlos (*Lied des Tevje* »*Sie haben sich heimlich verlobt!*«). Doch dann kann er gar nicht anders als seinen Segen zu geben, was die beiden natürlich glücklich macht (*Lied Mottels* »*Wunder, ein Wunder! Ja, ein Wunder ist geschehen!*«). Wie aber soll Tevje das alles Golde klarmachen, da er doch Lazar Wolf sein Wort gegeben hat? Er erfindet einen Traum (der als Traumszene auf der Bühne dargestellt wird): Goldes Großmutter Zeitel ist zu ihm gekommen, um ihm den Schneider Mottel Kamzoil als Schwiegersohn anzupreisen. Alle, einschließlich des Rabbi, haben ihn dazu beglückwünscht. Schließlich ist auch noch Lazar Wolfs zänkische erste Frau Fruma-Sara gekommen und hat ihn gewarnt, seine Tochter mit Lazar zu verheiraten. Am Ende habe sie ihn sogar gewürgt! Die gläubige Golde ist zutiefst beeindruckt, daß Oma Zeitel extra aus dem Jenseits gekommen ist, um Mottel zu preisen! Ja, da kann man doch gar nicht widersprechen! Und so ist Tevje zufrieden, daß er aus seinem Dilemma heraus ist (*Tevjes Traum* »*Der Schneider Mottel Kamzoil...*«). Die Neuigkeit macht natürlich die Runde im Dorf und man beglückwünscht Mottel. Und so wird im Hof von Tevjes Haus Hochzeit nach jüdischem Brauch gefeiert (*Tevje, Golde und Gäste* »*Jahre kommen, Jahre gehen...*«). Man singt und tanzt zum Spiel der Musikanten und ist fröhlich. Nur zwischen Tevje und Lazar Wolf kommt es zum Streit, jeder ergreift Partei, der Rabbi versucht zu schlichten und Perchik will erklären, daß doch die Liebe entscheidend ist für eine Heirat, wofür man ihn einen Anarchisten schimpft. Da erlaubt er sich auch noch einen unbotmäßigen Bruch mit aller bisherigen Tradition: er fordert Hodel zum Tanz auf! Wieder allgemeine Aufregung, bis Tevje und Golde das gleiche tun und viele andere ihnen nacheifern. Auf dem Höhepunkt des allgemeinen fröhlichen Tanzes tritt jedoch der Wachtmeister mit seinen Soldaten auf, um die angekündigte ›Demonstration‹ durchzuführen. Sie beginnen ihr Zerstörungswerk, indem sie Geschirr und Fenster zerschlagen, die Hochzeitsgeschenke auf den Boden werfen und Tische und Bänke umwerfen. Dann sind sie weg. Schweigend beginnt Tevje mit den Seinen, wieder Ordnung zu schaffen und aufzuräumen. –

2. AKT: Das, was auf der Hochzeit passiert ist, nimmt Perchik als böses Omen dafür, was im ganzen Land vorgeht und wogegen man sich wehren muß. Deshalb wird er in Kiew, wo er studiert hat, von Seinesgleichen bereits erwartet. Vor seiner Abreise macht er Hodel einen Heiratsantrag und verspricht ihr, sie nachzuholen und dann zu heiraten (*Perchik-Hodel »Nun hab' ich, was ich will!«*). Wieder sieht sich Tevje seiner Autorität beraubt, aber auch jetzt kann er nicht anders, als seinen Segen geben. Was aber macht er diesmal mit Golde? Er erinnert sie daran, wie es bei ihnen war. Und liebe sie ihn nicht noch immer nach mittlerweile 25 Jahren? (*Tevje-Golde »Ist es Liebe?«*). – Einige Zeit später nimmt Hodel Abschied von zu Hause. Perchik ist in Kiew verhaftet und zur Verbannung nach Sibirien verurteilt worden. Nun will sie zu ihm, ihn heiraten, ihn begleiten und ihm helfen, denn es steht ihm eine große und schwere Aufgabe bevor (*Hodels Abschied vom Elternhaus »Papa, versuch' doch bitte zu verstehn, daß ich tu', was ich tu'!«*). – Eine neue Nachricht geht im Dorf herum: Mottel und Zeitel haben Familienzuwachs erhalten – die sehnlichst erwünschte und dringend benötigte Nähmaschine für Mottels Schneiderei! Alle beglückwünschen ihn, auch Tevje, auf den neues Ungemach wartet. Chava will Fedja heiraten, der Christ ist. Er hat also einen anderen Glauben, und da bringt Tevje kein Verständnis mehr auf. Und als er sogar hört, die beiden haben sich heimlich vom Popen trauen lassen, ist seine Tochter für ihn gestorben, auch wenn er traurig darüber ist, daß sie mit ihrem Mann Anatevka verlassen wird (*Lied des Tevje »Kleiner Spatz! Kleine Chavaleh!«*). Dann aber hilft auch ihm alle Tradition nicht mehr. Der Wachtmeister bringt die Nachricht, auf Grund eines höchsten Erlasses müssen alle Juden binnen drei Tagen Anatevka verlassen (*Ensemble und Chor »Anatevka...«*). Jeder sucht irgendwo anders unterzukommen: Lazar Wolf geht nach Chicago; Mottel und Zeitel werden mit ihrem kleinen Kind vorerst nach Warschau reisen; Chava und Fedja gehen nach Krakau; Jente wird in das Gelobte Land auswandern und in Jerusalem ihren Geschäften nachgehen; und Tevje reist mit Golde und seinen beiden jüngsten Töchtern zu Onkel Abraham nach Amerika. Chava will sich vom Vater noch verabschieden, doch der hat keinen Blick mehr für sie, läßt ihr aber heimlich über Zeitel einen Abschiedsgruß zukommen. Dann setzt sich sein kleiner Familientroß in Bewegung, während alle anderen Dorfbewohner nach und nach in verschiedene Himmelsrichtungen weggehen. Zurück bleibt der Fiedler, der sein altes Thema spielt. Da winkt ihm Tevje, ihnen zu folgen. –

Aufführungsdauer. 2¾ Stunden

Mich Leigh (geb. 1928)
DER MANN VON LA MANCHA
(Man Of La Mancha)
Musical in 1 Akt
Buch von Dale Waserman
Gesangstexte von Joe Darion
Uraufführung New York 1965

Quelle. Nicht nur in der spanischen Literatur gehört *Miguel de Cervantes Saavedra (1547–1616)* zu den schillerndsten Figuren, obwohl man über sein Leben nicht viele Einzelheiten kennt. Einem verarmten spanischen Adelsgeschlecht entstammend, führte er ein bewegtes Abenteuerleben. Er war Student, Kammerdiener eines Kardinals in Italien, Soldat (in der Seeschlacht von Lepanto verlor er seine linke Hand); er fiel auf der Heimfahrt nach Spanien Piraten in die Hände und wurde als Sklave nach Algier verkauft, wo er erfolglos mehrere Fluchtversuche unternahm. Als er nach fünf Jahren endlich in Freiheit war, begann er seine literarische Laufbahn und schrieb Theaterstücke, Novellen, Romane und Gedichte, war aus Geldnot aber auch als Agent, Kaufmann, Beamter und Steuereintreiber tätig. Als er Kirchengüter beschlagnahmte, wurde der gläubige Katholik exkommuniziert und erneut eingesperrt. Mit über fünfzig Jahren begann er den Roman, der ihn unsterblich machte: »Der scharfsinnige Edle Herr Don Quijote de la Mancha«, dessen zwei Teile 1605 und 1615 erschienen. Der Junker Don Quijote verliert über der ständigen Lektüre von Ritterromanen schier den Verstand und verfällt auf den Gedanken, »sowohl zur Mehrung seiner Ehre als auch zum Dienste des Gemeinwesens, sich zum fahrenden Ritter zu machen und durch die ganze Welt mit Roß und Waffen zu ziehen«. Sein Nachbar, der etwas einfältige aber mit realistischem Sinn begabte Bauer Sancho Pansa begleitet ihn als sein Schildknappe. Doch was von Cervantes anfangs als eine Parodie auf die beliebte Ritterliteratur seiner Zeit gedacht war, entwickelte sich zu einem der bedeutendsten Werke der Weltliteratur und seine Hauptgestalt zu einer ähnlich mythischen Figur wie Faust.

Entstehung und Uraufführung. In der Beschäftigung mit dem letztlich unausdeutbaren »Don Quijote« hat man immer wieder darauf verwiesen, wie sehr die eigenen Lebenserfahrungen des Autors im Denken und Handeln seines Helden Spuren hinterlassen haben. Das sah auch *Dale Wasserman* so, der Buchautor des Musicals. Das Leben des Cervantes gab ihm das Motiv für die Rahmenhandlung im Kerker der Inquisition, Themen und Episoden des Romans bilden die eigentliche Spielhandlung. Schon 1959 hatte Wasserman die erste Idee zu einer Dramatisierung des bedeutenden Stoffes und schrieb zunächst ein Stück für das Fernsehen: »Es wurde mit beträchtlichem Eklat produziert, heimste mir auch eine Reihe von Preisen ein. Trotzdem fühlte ich mich zutiefst unzufrieden, denn das enge Geleis des Fernsehens und sein positivistischer Naturalismus hatten sowohl meine Konzeption als auch meine Absichten zerstört.« Wasserman schrieb daraufhin eine Neufassung für das Broadwaytheater, die zwar nicht produziert, aber zur dramaturgischen Vorstudie des Musicals wurde. Denn erst mit dieser Gattung glaubten er und seine Mitarbeiter, ihr Ziel zu erreichen: »Eine Art Theater, das, zumindest innerhalb unserer eigenen Erfahrung, keinen Vorgänger hatte.« Und das hieß vor allem, »gegen den Strom schwimmen«, also ein Theaterstück jenseits der gängigen Praxis von »Absurden, des schwarzen Humors und der Schockwirkung« zu schreiben mit der Philosophie des Illusionären, Humanen und des Träumens der menschlichen Phantasie – so, wie Don Quijote selbst. Den Erfolg, den das Musical bei seiner Broadway-Premiere am 22. November 1965 im Washington Square Theatre errang und der ihm mehrfache Auszeichnungen bescherte, hatten Autor und Komponist nicht für möglich gehalten. Mit der deutschsprachigen Erstaufführung am 4. Januar 1968 im Theater an der Wien begann das Musical auch seinen Weg über nahezu alle deutschen Theater.

Ort und Zeit. Ein Kerker in Sevilla um 1610

Die Personen des Musicals. Don Quixote (Cervantes) – Sancho Pansa, sein Diener – Aldonza – Der Gastwirt (Gouverneur) – Der Padre – Dr. Carasco (Herzog) – Antonia – Der Barbier – Sechs Maultiertreiber: Pedro, Anselmo, Jose, Juan, Paco und Tenorio – Die Haushälterin – Maria, die Frau des Gastwirts – Fermina, Dienstmädchen – Eine Maurin – Ein Gitarrist – Die Pferde des Quixote und Sanchos – Gefängniswärter und Männer der Inquisition.

Die Handlung. Der allgemeine Gefängnisraum eines spanischen Felsenkerkers in der Nähe von Sevilla, zu dem eine Zugtreppe hinunter führt. Dort unten haben weibliche und männliche Gefangene in Nischen und Spalten ihre Schlafstellen eingerichtet. Einige schlafen, andere essen oder spielen mit Steinchen ein Würfelspiel, ein einzelner Gefangener begleitet einen tanzenden Mitgefangenen auf der Gitarre. Die Bewegungen erstarren plötzlich, als die Treppe herunter gelassen wird. Unter Führung des Hauptmannes des spanischen Inquisitionsgerichtes bringen Soldaten zwei neue Gefangene, den Dichter Miguel de Cervantes und dessen Diener. Sie werden von den Gefangenen gemustert und umkreist, dann fallen diese über die Neuankömmlinge her. Ein großer kräftiger Mann, den sie den ›Gouverneur‹ nennen, befielt Ruhe. Dann fragt er Cervantes nach Namen, Herkunft und Art seines Vergehens. Der antwortet ihm, er sei Theaterdichter und Schauspieler, er sei aber auch vorübergehend als Steuereinnehmers tätig gewesen. Als solcher habe er gegen das Kloster La Merced eine Steuerforderung erhoben und, als man nicht zahlen wollte, die Pfändung des Klostereigentums verfügt, wofür er in die Hände der Inquisition gefallen sei. Die Gefangenen, so bedeutet man ihm, haben ein

traditionelles Verfahren eingeführt, wonach sich jeder neue Gefangene vor ihnen in einer Gerichtsverhandlung verteidigen muß. Das Urteil lautet in der Regel auf Herausgabe der gesamten Habe. Neben Requisiten für seine Theatertätigkeit hat Cervantes auch das Manuskript seines Romans »Don Quixote« mitgebracht. Als man es ins Feuer werfen will, schlägt er vor, die Geschichte dieses Buches in einem improvisierten Theaterspiel zu erzählen und sich damit zu verteidigen. Ein anderer Gefangener, den sie den ›Herzog‹ nennen, klagt ihn an, ein Idealist, ein schlechter Dichter und ein Ehrenmann zu sein. Der Gouverneur ist mit Cervantes' Vorschlag einverstanden, auch damit, daß alle Gefangenen in diesem Spiel verschiedene Rollen übernehmen sollen. So beginnt Cervantes als Regisseur und Hauptdarsteller die Geschichte von dem Landjunker Alonso Quijana aus der Mancha zu erzählen, der sich entschließt, als fahrender Ritter Don Quixote von La Mancha als Verfechter des Rechts und Vollbringer hehrer Taten das Unrecht zu bekämpfen. Sein Diener wird ihn dabei als sein Schildknappe Sancho Pansa begleiten (*Cervantes/Quixote »Ich bin ich, Don Quixote, der Herr von La Mancha...«*). Zwei Gefangene dienen mit mitgebrachten hölzernen Gestellen als Pferd und Esel, die den Ritter und seinen Knappen auf der Straße des Ruhmes tragen werden. Don Quixotes Kampf gilt vor allem dem großen Magier, dessen Gedanken unmenschlich sind und dessen Seele verkümmert ist. Das erste Abenteuer gilt es gegen einen Riesen zu bestehen, für welchen Don Quixote eine Windmühle hält. Die Mißachtung der vergeblichen Warnungen Sancho Pansas bezahlt er mit einer fürchterlichen Zurichtung durch die Windmühlenflügel, wofür er den großen Magier verantwortlich macht, der im letzten Moment den Riesen in eine Windmühle verwandelt habe. Schuld an seiner Niederlage sei jedoch, daß er noch nicht zum Ritter geschlagen worden ist. Schon sieht er in der Ferne ein Schloß, dessen Kastellan ihm den Ritterschlag geben soll. Es ist aber, wie Sancho bemerkt, nur eine üble Schenke. Unter Cervantes' Anordnung – dieser Wechsel zwischen Austeigen aus dem und erneuter Rückkehr in das Spiel prägt entscheidend die Dramaturgie des ganzen Stückes – richten die Gefangenen die Schenke aus dem beweglichen Inventar des Gefängnisses her und übernehmen die Rollen, die Cervantes ihnen zuweist. Im Spiel folgt eine Szene zwischen den Maultiertreibern und dem jungen Schankmädchen Aldonza, die die Männer verachtet, sich aber jedem hingibt, wenn er nur zahlt (*Aldonza »Ob es nun du bist oder dein Bruder...«*). In ihr aber sieht Don Quixote seine edle Dame und Herrin Dulcinea, für deren Ehre er künftig kämpfen wird (*Don Quixote »Dich erträumt' ich zu lang, Dulcinea...«*). – Lichtwechsel in eine neue Szene. Quijanas Familie sucht wegen dessen merkwürdigen Lebenswandel beim Padre Rat und Trost. Vor allem Antonia, die Nichte Quijanas, sorgt sich um ihren geliebten Onkel (*Antonia »Ich denke nur noch an ihn...«*). Es kommt zu einer erregten Familienberatung, an der auch Antonias Verlobter Dr. Carasco teilnimmt, der Quijanas überbordende Phanatsie, mit der sich dieser bereits zum Gespött der ganzen Gegend gemacht hat, als gefährliche Wahnvorstellungen diagnostiziert. Dagegen müsse man etwas unternehmen, zumal er besorgt ist, darunter könne auch die geplante Heirat mit Antonia leiden. So entschließt man sich, Quijana nachzureiten und ihn nach Hause zurückzuholen. – Die folgende Szene führt in die Küche der Schenke, wo Sancho ein Sendschreiben seines Herrn an Aldonza/Dulcinea dieser unterbreitet und um ein Zeichen ihrer Huld bittet. Aldonza, wütend über das lächerliche Verhalten Don Quixotes, schleudert Sancho einen dreckigen Lappen hin und fragt ihn, warum er dem verrückten Fremden überhaupt folge. Sancho antwortet, weil er ihn mag (*Sancho »Ich mag ihn...«*). Dann geht Aldonza in den Stall, um die Tiere der Fremden zu füttern, die ihr ebenso sonderbar vorkommen wie ihre Herren (*Aldonza »Was er für Sachen macht, der Mann!«*). Als sie den Hof der Schenke überqueren will, stellen sich ihr die Maultiertreiber in den Weg. Während einer von ihnen singt (*Anselmo »Kleiner Fink, kleiner Fink auf dem Vogelbeerbaum...«*) und ein anderer, Pedro, Aldonza erneut liebeslüstern bedrängt, erscheinen Dr. Carasco und der Padre. Obwohl Don Quixote sie zu ihrer Überraschung erkennt, werden sie Zeugen seiner Wahnvorstellungen. Ein wandernder Barbier erscheint (*Barbier »O wie schön ist's, ein Barbier zu sein...«*), den Don Quixote des Diebstahls bezichtigt, weil er dessen Bartbecken für den verloren geglaubten Goldhelm des Mambrino hält, der jeden mit einem edlen Herzen unverwundbar macht (*Don Quixote »Du bist es, Goldhelm des Mambrino...«*). Er läßt sich vom Padre mit dem Helm krönen und bindet als Zeichen seiner Herrin den Lappen Aldonzas an ihm fest. Die Umstehenden sind von der Szene fasziniert und fallen gerührt in das Lied des Ritters ein. Dann gehen der Padre und Dr. Carasco unverrichteter Dinge wieder ihres Weges. Sie kennen zwar jetzt die Krankheit Quijanas, aber sie müssen sich eine Kur überlegen, ihn zu heilen. So bleibt Don Quixote allein zurück, um die Waffenwache zu halten, ohne die er nicht zum Ritter geschlagen werden kann. Auf dem Weg zu einem Rendezvous mit Pedro trifft Aldonza auf ihn und fragt ihn, warum er sie immer Dulcinea nenne und solche seltsamen Dinge tue. Das sei die Sendung des fahrenden Ritters, belehrt er sie (*Don Quixote »Er träumt den unmöglichen Traum...«*). Pedro erscheint wütend und will sich an Aldonza vergehen, weil sie ihn warten läßt. Da greift Don Quixote beherzt ein, die anderen Maultiertreiber kommen Pedro, Sancho und Aldonza dem Don Quixote zu Hilfe und es entwickelt sich eine rasante Prügelei, die Don Quixote als Sieger beendet. Das imponiert Aldonza, die sich um den verwundeten Ritter kümmert, der nun am Morgen, da er die Waffenwache gehalten und seinen Kampfesmut bewiesen hat, vom Wirt den Ritterschlag erhält und, wie es Brauch ist, auch einen zusätzlichen Namen: ›Ritter von der Traurigen Gestalt‹ (*Wirt »Ritter von der Traurigen Gestalt...«*). Aldonza ist noch mehr beeindruckt, und als Don Quixote seiner Ritterpflicht nachkommen und die Wunden seiner besiegten Feinde verbinden will, geht sie zurück in die Schenke, um dies an seiner Stelle zu tun. Dort aber fallen die Maultiertreiber über sie her, schlagen, fesseln und demütigen sie. Da erfährt das Spiel eine neuerliche realistische Unterbrechung: Beamte der Inquisition erscheinen und führen einen Gefangenen ab zum Verhör vor dem Inquisitionsgericht. Cervantes, der glaubte, man hole ihn, ist vor Angst fast bewußtlos. Der ›Gouverneur‹ gibt ihm Wein zur Stärkung und ordnet die Fortsetzung des Spiels an. Das führt Don Quixote und Sancho Pansa in die Hände von Räubern, die der Ritter freilich als Gefolgschaft des in Not geratenen edlen afrikanischen Fürsten Sidi Ben Mali hält. Freiwillig gibt er ihnen eine Geldspende, wofür sie sich damit bedanken, daß sie die beiden um ihre gesamte Habe bringen. So kehren Ritter und Knappe in die Schenke zurück, wo Don Quixote erfreut seiner Dame Dulcinea begegnet. Doch Aldonza, noch arg gezeichnet von der Gewalttätigkeit der Maultiertreiber, verbittert sich, als Dame angeredet zu werden angesichts ihrer niedrigen Herkunft (*Aldonza »Kaum geboren im Feld, ließ mich Mutter gleich dort...«*). Als sich Don Quixote voller Mitgefühl um sie kümmern will, fliegt das Tor zum Hof auf und ein phantastisch gerüsteter Spiegelritter mit Gefolge erscheint. Es ist Dr. Carasco, der diese Maskerade gewählt hat, um Quijana von seinem Wahn zu befreien. Er nennt ihn einen Hochstapler und falschen Ritter, dessen Dame eine Hure ist. Wütend schleudert ihm Don Quixote den Fehdehandschuh hin und geht auf ihn los. Die Spiegelritter blenden ihn mit ihren Spiegeln, um ihm sein wahres Gesicht zu zeigen, das eines alten Narren. Weinend bricht Don Quixote am Ende zusammen und Carasco demaskiert sich, Senior Quijana um Verzeihung bittend, denn er hatte keine andre Wahl, ihn aus seinem Wahn herauszuholen. – In seinem Haus liegt Senior Quijana im Koma. Die Familie und der Padre umstehen das Krankenbett. Sancho erscheint ebenfalls und bittet um Erlaubnis, mit dem Kranken sprechen zu dürfen (*Sancho »Ein bißchen Tratschen tut immer gut...«*). Das ruft Quijana aus der Bewußtlosigkeit. Er weiß, daß er sterben muß, weshalb er nun dem Padre sein Testament diktiert, in dem er seine geliebte Nichte Antonia zur Haupterbin ernennt. Da erscheint plötzlich Aldonza, sie will ihren Ritter noch einmal sehen, aber er kann sich nicht erinnern, ihr jemals begegnet zu sein. Da ruft sie die Vergangenheit in sein Gedächtnis zurück, Realität und Traum mischen sich (*Aldonza-Don Quixote »Er träumt den unmöglichen Traum...«*). Quijana erhebt sich von seinem Lager, gestützt von Aldonza und Sancho, es ist ihm, als würden die Fanfaren des Ruhms ihn, den Ritter don Quixote von der Mancha, zu neuen Abenteuern rufen. Doch es ist ein letztes Aufbäumen, dann sinkt er tot zu Boden. Unter die Klagelaute Antonias, Aldonzas und Sanchos sowie der lateinischen Todeshymne des Padre mischt sich die Stimme des Hauptmanns der Inquisition, die Don Miguel de Cervantes zum Verhör vor das Tribunal der Heiligen

Inquisition ruft. Cervantes legt die Maske des Ritters Don Quixote ab und erhält vom ›Gouverneur‹ sein Manuskript zurück mit dem Wunsch, er möge sich vor der Inquisition ebenso gut verteidigen wie er es vor ihnen getan hat, dann werde er vielleicht nicht auf dem Scheiterhaufen brennen. –

Aufführungsdauer. 2 Stunden (ohne Pause)

Marguerite Monnot (1903–1961)
IRMA LA DOUCE
Musical in 2 Akten
Buch und Gesangstexte: Alexandre Breffort
Uraufführung Paris 1956

Quelle. Die Story dieses Musicals hat keine literarischen oder sonstigen Vorlagen oder Quellen, sie entsprang einer Originalidee des Textautors *Alexandre Breffort (1912–1971)*, der sich als Novellist und Witzzeichner vor allem als ständiger Mitarbeiter der in Paris erscheinenden satirischen Wochenzeitschrift »Le Canard Enchaîné« einen Namen gemacht hatte. Zudem schrieb er humoristische Erzählungen und war ein viel gelesener Buchautor.

Entstehung und Uraufführung. Auf die Geschichte von »Irma la Douce« kam Breffort nach eigenen Angaben ganz plötzlich eines Tages. Sie »schlich sich hartnäckig in meine Gehirnwindungen und raubte mir den Schlaf. Sie schwoll im Laufe der folgenden Nächte beträchtlich an. Sie sprudelte geradezu hervor – ganz einfach und unbefangen und erweckte Gestalten zum Leben, die im Vorhof des Himmels zweifellos nur als ›geschlossene Gesellschaft‹ denkbar wäre ... Es handelt sich um ein ganz simples Geschichtchen, wie es Paris wohl täglich hervorbringt, allein schon zu dem Zweck, seinen altbewährten Ruhm vom schillernden Raffinement und frech prickelnden Charme nicht altersschwach werden zu lassen.« Es war für Breffort das erste Theaterstück, das zur Aufführung gelangte. Für die Komponistin *Marguerite Monnot* war es das erste Theaterstück überhaupt. »Irma la Douce« wurde am 12. November 1956 im Théâtre Gramont in Paris uraufgeführt und lief anschließend bis zum August 1961. Ähnlich erfolgreich gestalteten sich auch die Aufführungen in den anderen großen Theaterstädten. 1958 kam es in London heraus, dann folgten Mailand und Rom ebenfalls mit monatelangen Laufzeiten und höchsten Aufführungszahlen. Das setzte sich auch in Deutschland fort, die Deutsche Erstaufführung fand im Theater der Stadt Baden-Baden am 24. Januar 1961 statt. Drei Jahre später drehte Billy Wilder in Hollywood eine freie Version des

Musicals mit Shirley MacLaine als Irma und Jack Lemmon als Nestor in den Hauptrollen.

Ort und Zeit. Paris, Französisch-Guayana und Schottland zu Beginn der 1930er Jahre

Die Personen des Musicals. Irma la Douce – Nestor le Fripé – Bob – Jojo – Persil – Roberto – Bonbon – Hyppolite – Der Inspektor – Professor Dudu – Der Gerichtspräsident – Der Verteidiger – 1. Kunde – 2. Kunde – 3. Kunde – 4. Kunde – 5. Kunde – 1. Wärter – 2. Wärter – Der Gerichtsvollzieher – Ein Arzt

Kein Chor. Kein Ballett

Die Handlung. 1. AKT: »Es geschah in Paris, vor nicht zu langer Zeit. Im Regen. In einer kleinen Nebenstraße vom Place Bigalle. Man nennt diese Gegend das ›Milieu‹ ...« So beginnt Bob, der Barkeeper in der »Bar der Ungemütlichkeit«, die Geschichte von Irma la Douce, die in dieser Bar ihren Ausgang nimmt. Bob ist außerdem dazu ausersehen, als Conferencier durch das Stück zu führen. Man kommt nie in die Verlegenheit, etwas nicht zu kapieren, denn Bob erklärt alles. Er kennt sich aus im Milieu. Dazu gehören seine Kumpels: Jojo der Depressive, Robert der Experte für Juwelen, Persil der Ungewaschene, Bonbon das Blümchen und Hyppolite das Sol-Ei, der Boß dieses Gauner-Quintetts. Dazu gehört aber auch der Polizeiinspektor, denn schließlich ist er mit einer guten Dividende am Umsatz beteiligt, wofür er schon mal beide Augen des Gesetzes zudrückt. Und natürlich gehört die Hauptperson dazu: Irma la Douce, »die Süße«. Sie hat sich einen Beruf erwählt, den man »das älteste Gewerbe der Menschheit« nennt und der Kultur- und Sittengeschichte geschrieben hat. Irma lebt in Paris, der Stadt der Liebe, die man auch die »Blume des Bösen«nennt. Irma lebt und arbeitet für die Liebe. Sie ist kein billiges, ordinäres Strichmädchen, sondern ein liebenswertes Geschöpf, ein »süßes kleines Vögelchen«, wie sie der Inspektor nennt. Dort, wo sie auf dem Pont Coulaincourt ihrer Beschäftigung nachgeht, begegnet sie eines Tages ihrer großen Liebe, dem mittellosen Jurastudenten Nestor, den die ›Mecs‹ (eine besonders nette Species von Zuhältern) ›Le Fripé/Den Schäbigen‹ nennen (*Chanson Irma-Nestor »Auf der Brücke von Coulaincourt ... Dis-donc, mein Herz es klopft, mein Herz es stockt ...«*). Irma zieht zu Nestor und damit in die kleinbürgerliche Häuslichkeit, die sie nie zuvor kannte. Sie ist glücklich, denn Nestor liebt sie (*Chanson Nestor »Du brauchst gar nichts zu sagen ...«*). Daß Irma auch weiterhin ihrem Gewerbe nachgeht und sich über Mangel an Kundschaft nicht zu beklagen braucht, wird freilich für Nestor zu einem Problem. Er kann seine Gefühle nicht unter Kontrolle halten und wird von quälender Eifersucht heimgesucht. Wenn es wenigstens nur ein einziger Freier wäre, denkt er und weckt damit in Irma einen alten Kindheitstraum auf (*Irma »Ich denke so oft wie schön das wär, fänd ich ›nen netten Millionär!«*). Das bringt Nestor auf eine Idee: dieser einzige Freier will er selbst sein! Und so erfindet er sein alter ego, Monsieur Oscar. Beim ersten Rendezvous mit Irma, die ihn in seiner Maskerade nicht erkennt, schließen beide einen Pakt. Als Oscar wird er sie täglich besuchen und ihr jedesmal 10 000 Francs zahlen, unter der Bedingung, daß sie keinen anderen Mann haben darf außer Nestor, dem sie bereits nahesteht, denn das »entspricht dem sozialen Bedürfnis und verhindert den Müßiggang des Herzens, der zur Sünde führt.« Irma verspricht es Oscar und erzählt die Neuigkeit Nestor und den Mecs (*Ensemble »Ah dis-donc!«*). Nur Hyppolite ist unsicher geworden und wird von den anderen verspottet dafür, daß ihm Irma als ihrem Mec den Laufpaß gegeben hat. Nestor würden die Mecs gern zu ihrem neuen Boß machen, sie kennen ja sein Geheimnis nicht und wissen nicht, daß der 10 000-Francs-Schein, den Irma von Oscar erhält und Nestor gibt, immer derselbe ist. Nun muß Nestor für den Unterhalt sorgen, weshalb er in den Häusern der Reichen als Oscar die Parkettböden bohnert. Aber er wird seine Eifersucht nicht los, obwohl er doch weiß, daß Irma ihn ja nur mit ihm selbst betrügt! Er macht ihr eine Szene, sie aber bittet Oscar um Rat, was sie tun soll. Der rät ihr, Nestor zu verlassen und zu ihm zu kommen. Das tut sie auch, doch Nestor ist dem auf Dauer nicht gewachsen, morgens Parkettböden zu wienern, mittags Oscar und abends Nestor zu sein (*Nestor/Oscar »Der letzte Dreck von ›nem Mec!«*). Außerdem ist er als Nestor auf Oscar und als Oscar auf Nestor eifersüchtig! So kann es nicht weitergehen, einer von den beiden muß verschwinden aus seinem und Irmas Leben. So beschließt Nestor, seinen ›Nebenbuhler‹ Oscar umzubringen. Er wirft dessen Gehrock in die Seine, dann eilt er in die Bar, um den anderen zu berichten, was passiert ist (*Ensemble mit dem Mec-Song »Ein kalter Mord, das geht zu weit!«*). Schon ist die Polizei da, der Inspektor verhaftet Nestor wegen Mordes an Oscar und die Mecs liefern sich mit der Polizei eine deftige Schlägerei. Am Ende liegen alle k. o. auf dem Boden, nur Bob hat alles seelenruhig über sich ergehen lassen. –

2. AKT: Ein Gericht unter Bob als Präsident – der echte sitzt leider wegen Bestechung im Gefängnis! – verhandelt die Anklage gegen Nestor als Mörder von Monsieur Oscar und gegen die Mecs wegen Beihilfe. Trotz aller Unschuldsbeteuerung wird Nestor zu lebenslanger Zwangsarbeit auf der Teufelsinsel in Französisch-Guayana verurteilt, die Mecs erhalten zehn Jahre. Irma, in Trauer um Oscar, will auf Nestor warten. Sie weist jeden Kunden, der sie trösten will, handgreiflich ab (*Kundensong »Irma la Douce, die Venus vom Milieu«*). Auch den Inspektor, der ihr Polizeischutz vor lästigen Ehrenmännern anbietet, und Hypolite, der wieder ihr Mec sein will. Irma will nicht mehr, sie ist nicht mehr »La Douce« (*Irma »Hat für mich das Leben überhaupt noch Zweck und Sinn?«*). Dennoch hofft sie auf Nestors Rückkehr und auf ein Glück zu zweit ohne ein Leben im Milieu. Sie schreibt Nestor einen Brief, in dem sie ihm mitteilt, daß sie ein Kind von ihm erwartet. Das reißt Nestor aus seiner Lethargie des Gefan-

genseins heraus. Er flieht mit den Mecs aus dem Sträflingslager von Cayenne auf einem selbstgebastelten Floß über die gefährlichen Wasser (*Chor der Ausbrecher* »*Vorwärts, braver Steuermann, leg dich in die Ruder*...«). Sie haben Glück auf der Flucht, ein kleiner schottischer Dampfer nimmt sie auf und bringt sie nach Edinbourgh (*Dudelsack-Song der Flüchtlinge als Parodie auf eine Revue-Girl-Nummer* »*In Schottland leben wir wie echte Schotten*...«). Über Nestors Flucht berichten schon die Pariser Zeitungen, und so erfährt auch Bob davon (*Paris-Song Bobs* »*Paris hat ein Flair*...«). Fahndungsplakate erscheinen, eine Belohnung von 10 000 Francs wird ausgesetzt und Nestor ist wieder in der Stadt. In der Maske von Oscar sucht er die verblüffte Irma auf und schwindelt ihr vor, er sei auf Geschäftsreise gewesen und werde auch jetzt nicht lange in Paris bleiben, denn neue Aufgaben rufen ihn in alle Welt. Irma bittet ihn, sich bei der Polizei zu melden, um so Nestors Unschuld zu beweisen. Doch beim Inspektor findet er als Oscar eben so wenig Gehör wie auf anderen Amtsstellen, alle halten ihn für tot. Gegen die Amtsbürokratie scheint Nestor machtlos, aber gerade sie ist es dann, die ihm hilft. Ein Gerichtsvollzieher fordert im Namen des Finanzamtes 10 000 Francs Einkommenssteuer von Monsieur Oscar für dessen Tätigkeit als Parkettbodenwichser. Dafür erhält er selbstverständlich eine amtliche Steuerquittung, und die ist der schriftliche Beweis, daß Monsieur Oscar lebt und Nestor unschuldig ist. Auf schnellstem Wege eilt Nestor zu Irma und erlebt gerade noch rechtzeitig ihre Niederkunft. So nimmt die (nur scheinbar unmoralische!) Geschichte ein augenzwinkerndes Happy End, wie sich das für ein (im Grunde durchaus moralisches!) Musical auch gehört: Irma und Nestor als glückliche – und selbstverständlich verheiratete! – Eltern hoffnungsvoller Zwillinge. –

Aufführungsdauer. 2¼ Stunden

Alan Menken (Geb. 1949)
DER KLEINE HORRORLADEN
(Little Shop of Horror)
Rockmusical in 2 Akten
Buch und Gesangstexte von Howard Ashman
Uraufführung New York 1982

Quelle. Das Musical entstand nach dem gleichnamigen amerikanischen Film, den *Roger Corman* als Produzent und Regisseur 1960 in nicht mehr als einer Woche drehte und der 1961 in die Kinos kam. Unter den Titeln »Kleiner Laden voller Schrecken« oder »Der

Laden am Ende der Straße« wurde der Film in den 1960er Jahren auch in nichtöffentlichen Aufführungen in Deutschland gezeigt. Drehbuchautor *Charles B. Griffith* stellte in den Mittelpunkt seiner Geschichte voller schwarzem Humor ein besonders gefräßiges Horrorexemplar jener in der Biologie ›Carnivoren‹ genannten fleischfressenden Pflanzen, die ihre Opfer mit ihren zu Fallgruben entwickelten Blättern fangen. Zugleich hat er sich wohl auch an die Pflanzensymbolik erinnert, nach der Pflanzen nicht nur Leben und Heilkraft symbolisieren, sondern auch Giftigkeit, unheimliche Kräfte, das Böse schlechthin und den Tod.

Entstehung und Uraufführung. Genau zwanzig Jahre nach Entstehung des Films kamen *Howard Ashman (1951–1991)* und *Alan Menken* auf die Idee, nach Cormans Film ein Musical zu produzieren. Ashman war als Librettist, Dramatiker und Lyriker hervorgetreten, dessen Bühnenwerke an verschiedenen amerikanischen Theater liefen. Zudem war er ein gefragter Opernregisseur u. a. in Houston, Pittsburgh und San Francisco sowie künstlerischer Leiter des WAP-Theaters in New York. Für das Musical zeichnete er als Autor von Buch und Gesangstexten verantwortlich und führte zugleich auch Regie bei der Uraufführung am 27. Juli 1982 an dem von ihm geleiteten WAP-Theater, das als Theater des Off-Off-Broadway gerade mal über 98 Plätze verfügte. Da die Aufführung wider alle Erwartung sensationell erfolgreich war, wurde sie nach wenigen Monaten in das weitaus größere Orpheum-Theater am Broadway übertragen, wo sie sechs Jahre lang lief. Die Deutsche Erstaufführung fand am 4. April 1989 an den Berliner Kammerspielen statt, nachdem 1986 ein zweiter Film entstanden war – diesmal nach dem Musical sowie mit dem Drehbuch Ashmans und der Musik Menkens.

Ort und Zeit. Los Angeles 1960

Die Personen des Musicals. Seymour, Angestellter in einem Blumenladen – Audrey, seine Kollegin – Mr. Mushnik, beider Chef – Orin, Zahnarzt – Crystal, Ronnette und Chiffon, drei Straßengören – Die Pflanze Audrey II (mit Stimme und Bewegung) – Kunde, Agent, Mr. Martin, Masochist, Bernstein, Mrs. Luce und Miss Idaho (vom Darsteller des Orin gespielt) – Krankenschwester – Mutter – Betrunkener – Miss Texas, Discjockey – Saufbruder – Chinese

Kein Chor. Kein Ballett

Die Handlung. 1. AKT: Die drei Straßengören Crystal, Ronnette und Chiffon, die in den Szenen mitspielen und vor dem Spielraum als eine Art griechischer Chor im Stil eines Pop-Trios der 1960er Jahre tanzend und singend fungieren, singen vom Kleinen Horrorladen als Blumen-Grusel-Shop, in dem das Grauen lebt (*Crystal-Ronnette-Chiffon »Kleiner Horrorladen«*). Dieser Blumenladen gehört Mr. Mushnik, der auf Kunden wartet, die in dieser Gegend äußerst selten sind, weshalb das Geschäft kaum ein Geschäft genannt werden kann. In dem hinter dem Laden befindlichen Arbeitsraum macht sich lautstark sein Angestellter Seymour zu schaffen, ein schüchterner Mitzwanziger. Audrey, eine etwas unbedarfte wasserstoff-gebleichte Blondine mit lispelndem Sprechfehler, ebenfalls bei Mushnik angestellt, erscheint deutlich verspätet zur Arbeit. Ihr Freund, der schmierige Zahnarzt Orin, hat sie wieder einmal verprügelt, wovon sie ein blaues Auge davongetragen hat. Mr. Mushnik sieht sich von ungeschickten Angestellten, Pennern, Saufbrüdern und drei lästigen Straßengören umgeben, die von der Schule geflogen sind und vor seinem Blumenladen in der Vorstadtstraße herumlungern (*Ensemble* »*Vorstadt*«). Aus armen Verhältnisen stammt auch Seymour, ein Kind ohne Eltern, den Mushnik bei sich aufgenommen hat. Doch Seymour will aus diesem Milieu heraus. Bis zum Abend ist kein einziger Kunde gekommen und die Blumen im Laden welken vor sich hin. Deshalb will ihn Mushnik aufgeben. Da bringt Seymour eine exotische Pflanze von hinten nach vorn, die sich von allem unterscheidet, was auf dieser Erde wächst, eine »antropomorphe Kreuzung zwischen fleischfressender Pflanze und warzigem Avocado«. Diese Pflanze, der Seymour aus Liebe zu Audrey den Namen ›Audrey II‹ gegeben hat, könnte vielleicht das Geschäft beleben, man müßte nur ein bißchen Werbung machen. Kaum hat er sie ins Schaufenster gestellt, kommt auch schon ein Kunde. Er interessiert sich für die noch nie gesehene Pflanze, die Seymour vor einigen Wochen auf rätselhafte Weise zur Zeit der totalen Sonnenfinsternis von einem alten Chinesen erstanden hat. Und dann kauft der Kunde gleich für einhundert Dollar Rosen! Mushnik ist wie elektrisiert und beauftragt Seymour, sich um die seltsame Pflanze zu kümmern. Der tut das schon seit Wochen, den Wechsel zwischen Wachsen und Welken, Keimen und Kümmern kennt er bereits, nun soll sie auch ordentlich wachsen (*Seymour* »*Wachs für mich!*«). Als er sich versehentlich an einer Rose sticht und den blutenden Finger der Pflanze zeigt, öffnet diese ihren ›Mund‹. Er gibt ihr ein paar Tropfen Blut und sie beginnt zu wachsen. Nun interessiert man sich erst recht für sie und Seymour ist bei Funk und Presse ein gefragter Mann. Mushnik kann den Erfolg kaum fassen (*Mushnik und Ensemble* »*Wunder gibt es doch*«). Audrey ist von ihrem Freund Orin wieder einmal verprügelt worden, nun träumt sie vom Glück mit Seymour (*Audrey* »*Im Grünen irgendwo*«). – Eine Woche ist vergangen und das Geschäft boomt derart, daß es ein neues Aussehen bekommen soll (*Seymour-Mushnik-Audrey* »*Wir müssen renovieren*«). Seymour hat Foto- und Interviewtermine zuhauf und soll nun auch Vorträge über die Pflanze halten. Audrey will ihm behilflich sein, kommt aber von ihrem Zahnarzt nicht los, den die drei Gören ordentlich in die Mangel nehmen (*Orin und die drei Mädchen* »*Zahnarzt*«). Da macht Seymour, den Mushnik des Erfolges wegen erst einmal adoptiert (*Mushnik-Seymour* »*Mushnik und Sohn*«), eines Tages eine seltsame Entdeckung: die Pflanze, die dank seines Blutes ständig gewachsen ist, kann sprechen! Sie hat Hunger und verlangt, daß er sie mit Blut füttert (*Pflanze* »*Gib's mir, Seymour!*«). Dafür verspricht sie, ihm alle Wünsche zu erfüllen. Seymour wankt und trifft dann eine Entscheidung, als er Zeuge wird, wie schlecht Orin

Audrey behandelt. Er sucht den Zahnarzt in dessen Praxis auf, um ihn zu töten. Doch Orin verfrachtet ihn auf seinen alten Behandlungsstuhl und will ihm mit einem Ungetüm von verrostetem Bohrer das ganze Gebiß sanieren. So etwas macht diesem verrückten Zahnarzt richtig Spaß. Um seine Lust zu erhöhen, führt er sich über eine Spezial-Gasmaske Lachgas zu. Das aber ist Seymours Rettung, denn Orin bekommt die klemmende Maske nicht mehr vom Kopf runter und erstickt, er lacht sich sozusagen zu Tode. Seymour schleppt ihn mit sich und verfüttert die einzelnen Teile seines Körpers an Audrey II. –

2. AKT: Mushniks Blumenladen kann sich vor Aufträgen kaum mehr retten. Das hat alles Seymour mit seiner exotischen Pflanze gemacht. Er ist berühmt und Audrey himmelt ihn an, hält sich aber für zu schlecht für ihn. Das sieht er ganz anders und gesteht ihr, daß er sie liebt (*Seymour-Audrey* »*Jetzt hast du/hab' ich Seymour, nun bistdu/bin ich geborgen!*«). Doch da naht das Unheil in Gestalt Mushniks. Er kommt von der Polizei, die in der Wohnung des auf so rätselhafte Weise verschwundenen Zahnarztes eine Tüte aus seinem Blumenladen und Seymours Baseballmütze gefunden hat, und er selbst entdeckt in der Mülltonne neben dem Laden den Zahnarztkittel Orins. Seymour erkennt, daß er durchschaut ist, findet einen Vorwand, daß Mushnik in die Planze schaut – und den Rest besorgt diese selbst. Audrey gegenüber behauptet er, Mushnik sei auf einige Zeit verreist. – Seymours Ruhm ist noch weiter gestiegen, alle Welt reißt sich um ihn, er ist angesehen und kann sehr reich werden. So bietet ihm Mr. Bernstein vom Fernsehen eine eigene TV-Show an, Mrs. Luce vom »Life-Magazin« möchte ihn aufs Titelbild der nächsten Ausgabe bringen, ein Agent aus New York will ihn für Vortragsreisen engagieren und bietet ihm einen Vertrag an. Seymour unterschreibt (*Ensemble* »*Die letzten werden die ersten sein*«). Und die Pflanze wächst und wächst und wird immer gieriger. Seymour will Schluß mit ihr machen, doch dazu ist es inzwischen zu spät. Als Audrey sie gießt, wird sie von deren Schlingen gepackt und gewürgt, bis sie in den Armen Seymours, der ihr zu Hilfe eilt, stirbt. Er begräbt sie in der Pflanze, wo schon Mushnik ruht. Da taucht Patrick Martin von der Internationalen Pflanzen-Gesellschaft auf, um mittels eines gesonderten Linzenzvertrages Ableger von Audrey II für jeden zivilisierten Haushalt zu erwerben. Nun erkennt Seymour, daß das von allem Anfang das eigentliche Ziel der Pflanze war und daß es die ganze Zeit gar nicht um eine hungrige Pflanze ging, sondern um die Eroberung der Welt. Doch als er Audrey II endlich beseitigen will, wird auch er ihr Opfer. Dann das Ende: »Das gewaltige Ungetüm von Pflanze bewegt sich auf's Publikum zu. Seine Schlingen greifen nach Gesichtern und Haaren. Schlingarme fallen aus der Decke über den Zuschauerraum. Die Pflanze füllt mit ihren Luftwurzeln und Blättern gewissermaßen das ganze Theater aus, während die Lichter ausgehen.« –

Aufführungsdauer. 2½ Stunden

Andrew Lloyd Webber (Geb. 1948)
EVITA
Rockmusical in 2 Akten
Buch und Gesangstexte: Tim Rice
Uraufführung London 1978

Quelle. Mit seiner zwischen Kapitalismus und Kommunismus schwankenden Staatstheorie, dem »Peronismus«, wollte *Juan Domingo Perón (1895–1974)* nach eigenem Bekunden ein »sozial gerechtes, ökonomisch freies und politisch souveränes Argentinien« schaffen. Er stützte sich vor allem auf das Militär, auf die Arbeiterschaft, auf die Gewerkschaften und anfangs auch auf die Kirche, die er später verfolgte, was ihm die persönliche Exkommunikation einbrachte. So hatte der ehemalige Arbeits- und Kriegsminister 1946 die Präsidentschaft errungen, die sich bald als Diktatur erwies. Durch einen Staatsstreich des Militärs wurde Perón 1955 entmachtet und für achtzehn Jahre ins Exil geschickt. Aus ihm kehrte er 1973 zurück, gelangte zu einem politischen Comeback und er war bis zu seinem Tode nochmals Präsident. Sein Abstieg begann kurz nach dem Tode seiner Frau *Eva Perón (1919–1952)*, der er seinen einstigen Aufstieg wesentlich zu verdanken hatte. Maria Eva Duarte (›Evita‹ ist die Koseform von Eva) stammte als uneheliches Kind aus ärmlichen Verhältnissen. Mit 15 Jahren folgte sie dem bekannten argentinischen Sänger *Magaldi* nach Buenos Aires, wo sie erst ein zweifelhaftes (Prostituierten-)Leben führte und dann zum Radiostar, zur Sängerin und Filmschauspielerin aufstieg. Anfang 1944 lernte sie Oberst Perón kennen, wurde seine Geliebte und dann seine Frau. Sie unterstützte die Politik ihres Mannes, wurde Arbeitsministerin und Vizepräsidentin und zur Sendbotin ihres Landes in Europa. Auf Grund ihres sozialen Engagements vor allem als Präsidentin der 1948 von ihr gegründeten Sozialen Hilfsstiftung und als Gründerin der Peronistischen Frauenpartei, die das Wahlrecht für Frauen erstritt, wurde Evita Perón vom argentinischen Volk wie eine Heilige verehrt. Wie man heute weiß, gab ihr Leben zur Legendenbildung eigentlich keinerlei Anlaß, doch ihr Tod am 26. Juli 1952 infolge einer Krebserkrankung stürzte die ganze argentinische Nation in beispiellose tiefe Trauer.

Entstehung und Uraufführung. Die New Yorker Uraufführung seiner Rock-Oper »Jesus Christ Superstar« am 12. Oktober 1971 auf dem Höhepunkt der um 1967 in Amerika unter Jugendlichen eingesetzten Jesus-People-Bewegung hatte *Andrew Lloyd Webber* als Komponist erst so richtig bekannt gemacht. Wenig später verfiel Webbers Textdichter *Tim Rice (geb. 1944)* auf die Idee, das Leben der Eva Perón in einem Musical darzustellen. Webber war begeistert. Ähnlich wie zuvor bei der »Jesus«-Oper kam 1976 zunächst ein

Doppelalbum von Songs heraus, von denen »Don't cry for me, Argentina/Wein nicht um mich, Argentinien« rasch ein Welterfolg wurde. Erst dann gingen die Autoren konzentriert daran, das Musical zu schreiben. An ihm sind drei ungewöhnliche Eigenarten festzustellen. Zum einen der dramaturgische Grundbau, der das Werk in eine dem epischen Theater Bertolt Brechts ähnliche Abfolge von 23 Szenen gliedert, die Stationen aus dem Leben der Eva Perón schlaglichtartig darstellen. Zum zweiten die Tatsache, daß das Musical wie eine Oper durchkomponiert ist und praktisch keine gesprochenen Dialoge kennt. Zum dritten die Einführung des aus Argentinien stammenden kubanischen Revolutionärs und Guerilleros *Ernesto Guevara (1928–1967)*, als ›Che‹ eine der revolutionären Legenden der Neuzeit. Das ist ein rein dramaturgischer Kniff, dessen Bedeutung nicht so ganz zu erklären ist. Mit der geschichtlichen Wirklichkeit hat er nichts zu tun, denn Che Guevara sympathisierte zwar in jungen Jahren wohl zeitweilig mit dem Peronismus, war in die politischen Vorgänge in Argentinien aber nicht involviert. Die Uraufführung des Musicals »Evita« fand am 21. Juni 1978 im Prince Edward Theatre im Londoner West End statt, der im September 1979 die mit 7 ›Tonys‹ ausgezeichnete Broadway-Premiere folgte. Die Deutschsprachige Erstaufführung brachte das Theater an der Wien am 20. Januar 1981 in der Originalinszenierung heraus, die das Werk zum erfolgreichsten Repertoire-Musical Webbers im deutschsprachigen Theaterraum machte.

Ort und Zeit. Argentinien in der Zeit zwischen 1934 und 1952

Die Personen des Musicals. Eva Perón – Che, Student – Juan Perón – Augustin Magaldi, Schlagersänger – Peróns Geliebte vor Evita – Evas Manager – Evas Pressesprecher – Evas Mutter – Evas Bruder – Evas zwei Schwestern – Zwei Verwandte – Drei verstoßene Liebhaber Evas – Vier Offiziere – Zwei Geheimpolizisten

Offiziere und Militär. Aristokraten und Volk. Polizei und Würdenträger. Mannequins und Zofen. Kinder und Arbeiter. Krankenschwestern und Leichenwäscher (Chor)

Die Handlung. 1. AKT: In einem Kino in Buenos Aires am 26. Juli 1952. Die Vorführung eines Spielfilms wird abgebrochen durch die offizielle Mitteilung vom Tod Evita Peróns. Das Publikum ist erschüttert, der Chor stimmt ein Requiem an. Unter den Zuschauern befindet sich auch der Student Che, der Todesnachricht und Publikumsreaktion für falsches Getue hält und danach fragt, wer diese Evita Perón eigentlich war (*Che »Was für ein Zirkus, welch eine Schau!«*). Damit beginnt er seine kritische bis spöttische Rolle des Kommentators und Moderators in einem Spiel, das das Leben der Verstorbenen im retrospektiven Verfahren in einzelnen Episoden erzählt. Es beginnt im Jahre 1934 in dem argentinischen Dorf Junin. Die 15jährige Eva Duarte, vaterlos, ohne Geld und Bildung bewundert mit ihrer Mutter und ihren drei Geschwistern den Auftritt des Augustin Magaldi, eines gastierenden Tango- und Schnulzensängers aus der Hauptstadt (*Magaldi* »*Diese Nacht ist so sternenklar und erfüllt von Gitarrenklang...*«). Evita will aus dem Kleinstadtmief ausbrechen, das Spießerpack verlassen und ein neues Leben in Buenos Aires beginnen, auch wenn sie Magaldi vor der Großstadt warnt (*Evita* »*Ich will dabei sein, endlich frei sein, Buenos Aires – ich komme!*«). Dort angelangt, will sie der Stadt Glitzer und Glanz bringen, doch der Weg nach oben ist beschwerlich. Sie geht ihn konsequent und über zahlreiche Liebhaber, bis sie als Radiostar und Filmschauspielerin ein Leben in Luxus führen kann. So lernt sie den politisch einflußreichen Offizier Juan Perón kennen, der zum Militärregime gehört, das 1943 in Argentinien die Macht übernahm (*Szene der Offiziere* »*Politik – das Handwerk des Möglichen*«). Evita begegnet ihm bei einem Wohltätigkeitskonzert zugunsten der Opfer eines Erdbebens (*Evita* »*Ich wäre gut für dich*«). Sie schließt sich ihm an, zieht zu ihm, schmeißt seine Geliebte aus der Wohnung und unterstützt seine Bestrebungen, Präsident von Argentinien zu werden. Adel und Militär des Landes sind nicht bereit, sie zu akzeptieren, sie sind empört, daß einer der bekanntesten Stabsoffiziere mit einer Hure zusammenlebt, die ihn für ihr Spiel benutzt und so eine allgemeine Gefahr darstellt. Doch Evita engagiert sich für die Politik Peróns, weiß das Volk und die Arbeiterschaft hinter sich, während er sich der Geheimpolizei bemächtigt, unter deren Verfolgung auch Che leidet. –

2. AKT: Perón ist Argentiniens neuer Präsident und Evita seine Frau, was Che mit der bissigen Bemerkung kommentiert: »Als neutraler Beobachter dieser Komödie bewundert man bloß ihren Regisseur.« Wieder wird er daraufhin von einem Schlägertrupp der Staatspolizei niedergeknüppelt. Evita wendet sich an das Volk, sie gehöre auch jetzt noch zu ihm trotz des Weges, den das Schicksal ihr wies, ihr Platz sei in den Herzen der Menschen (*Evita* »*Wein nicht um mich, Argentinien, ich habe dich nie vergessen...*«). Das Volk feiert sie als »La Santa Peronista«, die ihr Leben dem großen Perón weiht, »der sich opfert, um sein Volk zu retten«. Che sieht die ganze Entwicklung mit Unbehagen, wie hat eigentlich jemand aus dem vierten Stand überhaupt zu Rang und Macht gelangen und sein ganzes Volk um sich scharen können, »halb Heilige, halb verführerischer Vamp« (*Che* »*Jung, schön und beliebt – berühmt, mächtig und reich...*«). Evita kontert mit der Überzeugung, sie wisse, wie man dem Volk den Kopf verdreht, man soll sie idealisieren und als strahlenden hellen Stern am Himmel bewundern (*Evita* »*Mein Volk sieht am liebsten ein Traum-Idol vor sich...*«). So als politisches Glamourgirl herausstaffiert geht sie für Perón auf »Regenbogentour« durch das ihr zujubelnde Europa: in Spanien betört sie General Franco, in Rom wird sie vom Papst empfangen, in Frankreich erscheint sie wie eine »Sonne der Glückseligkeit« und in England ist sie zum Tee beim König. Nach Buenos Aires zurückgekehrt, gründet Evita eine Stiftung für die

Hungernden, Kranken und Schwachen, für die gewaltige Gelder gespendet werden, von denen ein beträchtlicher Teil auf ein privates Geheimkonto der Peróns in die Schweiz transferiert wird (*Che und das Volk* »*Spendengelder fließen...*«). Doch von den geheimen Transaktionen weiß das Volk nichts, dessen Bewunderung für Evita grenzenlos und unkritisch ist und das sie als Heilige verehrt. Doch deren Kraft schwindet, der Körper läßt sie im Stich und das Land stöhnt unter der peronistischen Diktatur: Zusammenbruch der Wirtschaft, Zensur, Terror, Staatsbankrott. Vom Tode gezeichnet wendet sich Evita über den Rundfunk ein letztes Mal an das Volk, entsagt ihren Ämtern, Titeln und Ehren und bekennt sterbend: »Was ich tat, es ist geschehn, niemand wird mich ganz verstehn.« –

Aufführungsdauer. 2¼ Stunden

FINALE SCHLUSSBETRACHTUNG

Innovationen und neue Sichtweisen: Musikalisches Theater heute

In unserer Geschichte des musikalischen Theaters haben wir nachweisen können, daß es seine stofflichen und darstellerischen Wurzeln im Sprechtheater hat, aus dem es letztlich entstanden und mit dem es auch immer wieder in Berührung gekommen ist. Wir haben davon gesprochen, daß im 20. Jahrhundert das Bemühen um die Re-Theatralisierung gerade auch des musikalischen Theaters offensichtlich ist. Das hängt mit dem Umstand zusammen, daß die Regie als eigenständige, ja eigenschöpferische künstlerische Kraft erst in der zweiten Hälfte des 19. Jahrhunderts so recht ins Blickfeld des Theaters gerät und damit den Weg ebnet, um den Regisseur neben Autor, Schauspieler und Bühnenbildner, neben Komponist, Sänger und Dirigent als künstlerische Potenz und verantwortungsvollen Prozessor anzuerkennen. In der Antike obliegt die Regie in der Regel dem Autor selbst (und auch in späteren Zeiten führen Autoren immer wieder Regie), im Mittelalter dem Geistlichen (wenigstens solange das Spiel in der Kirche stattfindet), im Barockzeitalter und somit in der ersten Epoche der Oper vorrangig dem Bühnenbildner und danach meist dem ersten Darsteller eines Ensembles. Wir erinnern uns, daß sowohl *Verdi* als auch *Wagner* den Zustand ihrer jeweils nationalen Theater harsch kritisieren und Abhilfe zu schaffen versuchen, indem sie selbst eingreifen, der Italiener mehr als der Deutsche. Beide prangern die Erstarrung in konventionellen Arrangements und stereotypen Gebärden an, wodurch die Sänger nicht selten in groteske Übertreibungen und manieristische Roheiten verfallen, die den Charakteren in den Opern widersprechen oder sie unfreiwillig karikieren. Über Einfallslosigkeit, Schlamperei, Undiszipliniertheit und künstlerische Verantwortungslosigkeit an den italienischen Opernhäusern singt Verdi manches böse Lied. Und bei Wagner findet sich beispielsweise folgende für das deutsche Operntheater geradezu abträgliche Beschreibung: »*Unsere Opernkomponisten haben nun die Pausen des Gesanges zu Orchesterzwischenspielen benutzt, in denen entweder einzelne Instrumentisten ihre besondere Geschicklichkeit zu zeigen hatten, oder der Komponist selbst die Aufmerksamkeit des Publikums auf seine Kunst der Instrumentalweberei zu ziehen sich vorbehielt. Diese Zwischenspiele werden von den Sängern, sobald sie nicht mit dankenden Verbeugungen für erhaltenen Applaus beschäftigt sind, wiederum nach gewissen Regeln des theatralischen Anstandes ausgefüllt: man geht auf die andere Seite des Proszeniums, oder schreitet nach dem Hintergrunde – wie um zu sehen, ob jemand käme, tritt wieder nach vorn und schlägt die Augen gen Himmel. Weniger für anständig, dennoch aber für erlaubt und durch die Verlegenheit gerechtfertigt, gilt es, wenn man sich während solcher Pausen zu den Mitspielenden neigt, verbindlich sich mit ihnen unterhält, die Falten des Gewandes in Ordnung bringt, oder endlich auch gar nichts tut, und geduldig das Orchesterschicksal über sich ergehen läßt.«* (1)

Die eigentlichen Reformen, die zum Regietheater der Gegenwart führen, sind erst nach dem Zweiten Weltkrieg konkret in Gang gekommen, haben aber ihre Vorläufer bereits in der ersten Hälfte des 20. Jahrhunderts. Da sind vor allem zwei Bühnenbildner zu nennen: der Schweizer *Adolph Appia (1862–1928)* und der Engländer *Edward Gordon Craig (1872–1966)*, der auch Schauspieler und Regisseur ist. Sie wenden sich, zum Teil gerade in der Beschäftigung mit Wagner, gegen das realistische bis naturalistische Illusionstheater ihrer Zeit und definieren die Bühne als einen eigenen Gesetzen unterliegenden Theaterraum, den sie durch einfache Bühnenaufbauten und durch revolutionäre bewegliche Lichtwirkungen zu einem atmosphärischen Kunstraum gestalten. Damit schaffen sie die Voraussetzung dafür, daß der Darsteller in ihnen nicht nur sprechende und singende Staffage ist, sondern als individueller Charakter in sinnvolle, lebendige und räumlich geordnete, choreographische Beziehung zu seinen Mitspielern tritt. Zwar kommen die Impulse für diese Entwicklung vornehmlich vom Sprechtheater, aber Künstler wie der ehemalige Schauspieler *Hans Gregor (1866–1945)* geben sie an das musikalische Theater weiter. Er zählt zu den Pionieren der modernen Opernregie, ist Theaterleiter und gründet 1905 die Komische Oper in Berlin, an der er erstmals inszenatorische Maßstäbe setzt. In den zwanziger Jahren kommen Einflüsse von einer ganz anderen Seite hinzu, nämlich vom epischen Theater *Bertolt Brechts (1898–1956)*. Daß diese sich auch auf das musikalische Werk wie auf die musikalische Szene stilbildend auswirken, ist das Verdienst von Brechts in jenen Jahren wichtigstem Mitarbeiter, dessen Bedeutung als einer der anspruchsvollsten deutschen Komponisten des 20. Jahrhunderts selbst anläßlich seines Doppeljubiläums im Jahre 2000 (100. Geburts- und 50. Todestag) noch immer nicht recht gewürdigt worden ist. Die Rede ist von *Kurt Weill (1900–1950)*. Der wohl politischste deutsche Komponist ist in Dessau gebürtig und Kompositionsschüler von Ferruccio Busoni. Er hat schon einige Werke komponiert, als er im März 1927 die folgenreiche Begegnung mit Bertolt Brecht hat. Ihre am 31. August 1928 am Schiffbauerdammtheater in Berlin uraufgeführte »Dreigroschenoper« schreibt deutsche Theatergeschichte. Mit ihr, so betonen beide, wollen sie das musikalische Theater erneuern. Dies soll, so Weill, darin bestehen, der Oper als einer vom Publikum bevorzugten Theatergattung eine soziologische, eine gesellschaftliche Bedeutung zu geben, um sie aus ihrer Isolation herauszuführen, in der sie seiner Meinung nach trotz aller anderen Neuerungsversuche in der Musik noch immer befangen ist. Ihm ist nicht entgangen, daß das typische Opernpublikum noch immer unter sich ist, sozusagen eine »*abgeschlossene Gruppe von Menschen scheinbar außerhalb des großen Theaterpublikums*« bildet. Da er wie Brecht die Ansicht vertritt, das Theater der Zeit habe inzwischen eine gesellschaftsbildende Richtung genommen, so müsse in dieser Entwicklung der bisherige Rahmen der Oper gesprengt werden, um zu einem Zeittheater zu werden. Dabei stellt sich ihm immer wieder die Frage, wie Musik und Gesang im Theater überhaupt möglich sind: »*Diese Frage wurde hier einmal auf die primitivste Art gelöst. Ich hatte eine realistische Handlung, mußte also die Musik dagegensetzen, da ich ihr jede Möglichkeit einer realistischen Wirkung abspreche. So wurde also die Handlung entweder unterbrochen, um Musik zu machen, oder sie wurde bewußt zu einem Punkte geführt, wo einfach gesungen werden mußte.*« (2) Immer wieder fragt sich Weill, welche Anlässse es eigentlich für Musik auf der Bühne gibt, wie diese Musik beschaffen ist und ob überhaupt bestimmte Eigenschaften auszumachen sind, die eine Musik zur Theatermusik stempeln. Er faßt diese Eigenschaften unter dem Begriff *gestische Musik* zusammen, d. h. die Musik muß selbst einen gestischen Charakter besitzen: »*Die Form der Oper ist ein Unding, wenn es nicht gelingt, der Musik im Gesamtaufbau und in der Aufführung bis ins einzelste eine vorherrschende Stellung einzuräumen. Die Musik der Oper darf nicht die ganze Arbeit am Drama und seiner Idee dem Wort und dem Bild überlassen, sie muß an der Darstellung der Vorgänge aktiv beteiligt sein.*« Was meint er damit genau?

Nun: *Geste* und *Gebärde* sind seit jeher deutliche Ausdrucksformen des Darstellers, gleichgültig, ob sie typisch sind, d. h. allgemein stilisiert, oder individuell. Brecht nennt sie einmal »sozusagen die Sitten und Gebräuche des Körpers«. Stumm oder textbezogen drückt der Darsteller mit ihrer Hilfe Emotionen oder Verhaltensweisen aus wie Angst und Schrecken, Freude und Trauer, Bitte und Befehl, Abwehr und Drohung etc. In früheren Zeiten legt man ganze Gebärden-Kanons an, macht also bestimmte Gebärden zum kanonischen Material des schauspielerischen Darstellungsvorgangs. In diesem Sinne ist *gestische Musik* besonders ausdrucksvolle Musik, ist ebenso Teil der Handlung selbst wie auch unmittelbare Äußerung der Rollencharaktere – und das ist letztlich jede gute Musik eines musikalischen Bühnenwerkes. Sollte es wenigstens sein, wofür Brecht erstaunlicherweise *Mozart* hinsichtlich von »Don Giovanni« zum Kronzeugen aufruft: »Mozart drückte die gesellschaftlich belangvollen Haltungen der Menschen aus, Produktionen wie Kühnheit, Grazie, Bösartigkeit, Übermut, Höflichkeit, Trauer, Servilität, Geilheit und so weiter.«

Im Grunde geht es auch Weill bei der Oper um das Wort-Ton-Verhältnis, um die logische Verbindung zwischen Drama und Musik. Doch auch er kritisiert, daß die Oper sich durch die Überordnung der Musik über das Drama mehr und mehr vom Theater entfernt hat, aber auch vom Theaterpublikum. Den Grund dafür sieht er darin, daß sich die dargestellten menschlichen Beziehungen immer mehr verloren haben »*in unechte, verlogene Gefühle, in eine bedeutungslose Welt von Königen, Rittern und Prinzessinnen oder in reinen Symbolismus. Gleichzeitig wurden die musikalischen Ausdrucksmittel immer komplizierter. Man versuchte die Melodie, die seit jeher das stärkste Ausdruckselement des musikalischen Theaters war, durch eine übersteigerte Harmonik und durch orchestrale Effekte zu ersetzen.*« In diesem Sinne mahnt er an, das eigentliche Problem des musikalischen Theaters nicht zu vergessen und ihm seine notwendige Priorität neu zu verschaffen: »*Wort und Ton gleichberechtigt nebeneinander bestehen zu lassen, ohne von der musikalischen Intensität etwas zu opfern.*« Dabei darf die Oper seiner Meinung nach durchaus auf Stilelemente aus früheren Zeiten zurückgreifen, zu denen er ausdrücklich die Aufteilung der Handlung in abgeschlossene Nummern zählt. Er hat das selbst nachdrücklich praktiziert, in der »Dreigroschenoper« wie auch in seiner mit Brecht geschaffenen großen epischen Oper »Aufstieg und Fall der Stadt Mahagonny«. Mit ihr erfüllt er eine zweite Forderung an die Oper seiner Zeit, nämlich wieder große und umfassende allgemeingültige Stoffe zu gestalten, die größere Zusammenhänge im Leben der Menschen behandeln und die vom Menschen erzählen, von seinen Taten selbst wie von dem, was ihn zu diesen Taten treibt. Diese Oper, deren Songs traditionelle Arien und gesungene Kommentare in eins sind, erzählt die Geschichte einer Stadt als Chronik, in einer Folge von einundzwanzig in sich geschlossenen musikalischen Formen, die als »*Sittenbilder aus unserer Zeit*« zu verstehen sind. Die Entstehung von Mahagonny, ihre ersten Krisen und ihre glanzvolle Zeit bis zu ihrem Niedergang wird in ihrer Rückwirkung auf die Beziehung der Menschen untereinander als ein musikalischer Bilderbogen geschildert, in dem gezeigt werden soll, wie sich die Menschen in verschiedenen Situationen verhalten und so den Aufstieg und den Fall der Stadt, die sie geschaffen haben, herbeiführen. Es bleibt jedoch Absicht, weniger die Befindlichkeit des einzelnen individuellen Menschen zu beschreiben, sondern den Zustand der Gesellschaft. Heißt das, Weill will der Musik ihre emotionale Basis entziehen? Soll die Musik nicht mehr auf das Gemüt, auf die menschlichen Gefühle wirken? Nein, das ist nicht Weills Absicht. Zwar soll der Mensch erkennen, auch und vor allem, für Brecht zumal, daß die Welt als eine veränderbare zugunsten des Menschen aufgefaßt wird – aber Weill spricht der Musik keinesfalls die Emotionalität ab, im Gegenteil: »*Ich habe gelernt, meine Musik direkt zum Publikum sprechen zu lassen, den unmittelbarsten, geradlinigsten Weg zu finden, um das zu sagen, was ich sagen möchte, und um es so einfach wie möglich zu sagen. Darum meine ich, daß zumindest im Theater Melodie ein so wichtiges Element ist, weil sie direkt zum Herzen spricht – und was ist Musik wert, wenn sie die Menschen nicht bewegen kann?«* Die Entwicklungen im musikalischen Theater während der ersten Hälfte des 20. Jahrhunderts, die teilweise revolutionären Neuerungen in der Musik selbst wie in den musiktheatralischen Formen und die noch sehr zögerlichen Anfänge, die inszenatorischen Neuerungen des Schauspiels auch für das Musiktheater zu reklamieren, hat *Walter Felsenstein (1901–1975)* in seiner künstlerischen Laufbahn unmittelbar erlebt. Auch er ist zunächst Schauspieler, wird fast zufällig Schauspielregisseur und, noch zufälliger, Opernregisseur, als der er mit der Übernahme der Intendanz an der Komischen Oper in Berlin 1947 seine bahnbrechende Reform der Musiktheaterregie beginnt. Er überträgt die Erfahrungen jener Zeit der Retheatralisierung des Theaters, das im Naturalismus zu literarisch geworden war, in die kulturelle Aufbauphase der Nachkriegszeit und setzt auf die schöpferische Kraft der theatralischen Phantasie. Er erkennt, daß die Opernaufführungen nur den Genuß repräsentieren, sich am schönen Klang, am Ohrenschmaus orientieren und sich damit begnügen, daß schön gesungen und schön gespielt wird in schönen Dekorationen – ›schön‹ verstanden im Sinn von ›gefällig‹. Nichts passiert funktionell, es wird nur genüßlich vorgetragen, Oper ist eine kulinarische Angelegenheit, sie mißbraucht dadurch die Musik und verfälscht das Theater durch völlige Entfremdung von seinen eigengesetzlichen Bestimmungen: Oper als *kostümiertes Konzert*. Wie kann man diesen Zustand überwinden? Indem man Schönheit mit Wahrheit verbindet, und das radikal im wörtlichen Sinn des Wortes: zurück zu den Wurzeln. Da es keine absolute Wahrheit gibt, sondern nur die des einzelnen Werkes, muß man zu ihr zurückkehren. Nicht allen, aber den meisten Opern, so Felsenstein, liegt eine »*theatralische Vision*« zugrunde, die es aufzuspüren und in ihrer Gesamtheit wie in ihren Details zu vermitteln gilt. Wahrheit heißt für die Oper, »*dramatisch folgerichtig und menschlich glaubhaft*« zu sein. Die Inhaltslosigkeit des konventionellen Opernbetriebes führt ihn dazu, die Glaubhaftigkeit der Opernhandlung ebenso wie den Anspruch der Musik für jedes Werk neu zu entdecken und beide zum Ausgangspunkt der Inszenierung zu machen. Da Opernmusik keine absolute Musik ist, sondern als Teil des dramatischen Geschehens komponiert ist, ist sie in ihrem geistigen Zusammenhang mit dem Text stilbildend für die Regie. Sie hat – und hier trifft sich Felsenstein mit Weill – einen darstellenden Gestus in sich, was heißen soll, die Musik selbst ist schon Darstellung. Theater ist immer dramatisch (noch einmal: Drama = Tat, Handlung), Oper ist musikalische Handlung, ist Musik-Theater, folglich steht in ihrem Zentrum der Sänger, der singende Spieler. Dessen »*innerste Emotionalität steht in unablässiger und ununterbrechbarer Korrespondenz mit der Emotionalität des Menschen, den er zu schaffen hat.*« Der Sänger-Darsteller ist also ein schöpferischer Gestalter, dessen Bühnenge-

sang nichts anderes ist als Darstellung in der Einheit von Gesang und Spiel. Fassen wir es mit Felsensteins Worten zusammen: »*Das Musizieren und Singen auf der Bühne zu einer überzeugenden, wahrhaften und unentbehrlichen menschlichen Äußerung zu machen, war und ist die Kernfrage, wenn man überhaupt von Musiktheater sprechen will. Musiktheater ist, wenn eine musikalische Handlung mit singenden Menschen zur theatralischen Realität und vorbehaltlosen Glaubhaftigkeit wird. Das dramatische Geschehen muß sich auf einer emotionalen Ebene vollziehen, wo Musik das einzige Ausdrucksmittel ist. Der Darsteller darf nicht als Instrument figurieren oder als Bestandteil einer bereits vorhandenen Musik wirken, sondern als ihr schöpferischer Gestalter.*«
Bei Felsenstein – der sich selbst nie als ›Erfinder‹ des Musiktheaters sieht (wie auch Brecht nicht der ›Erfinder‹ des epischen Theaters ist), der aber sein inszenatorischer Exponent ist – finden wir im Grunde Gedanken wieder, die für das musikalische Werk selbst schon in der Opernreform von *Gluck* auftauchen. Felsensteins musiktheatralisches Inszenierungskonzept setzt ja bei der dramaturgischen Wahrheit eines Opernwerkes an, bei seiner Glaubhaftigkeit im Zusammenwirken aller theatralischen Kräfte, die die Identität der Aufführung stiftet: »*Alles Sichtbare ist ebenso Musik wie alles Hörbare Handlung ist.*«

Prima la musica? Prima le parole?

Der Oper als ältester Gattung des musikalischen Theaters haben alle Unkenrufe, Verdikte und Untergangsbeschwörungen letztlich nichts anhaben können. Sie hat nach dem Zweiten Weltkrieg eine internationale Popularität gewonnen wie kaum je zuvor. Das liegt in erster Linie an ihrer eigenen Fähigkeit, zeitbedingte Erstarrungen, Stagnationen und Verfallserscheinungen durch vitale Wandlungs- und Erneuerungsprozesse zu überwinden. Sie hat dies von den florentinischen Anfängen am Ausgang der Renaissance bis in unsere Gegenwart mit allen Spielarten von *Opera seria* und *Opera buffa* geschafft; sie bedient sich des Rezitativs und des gesprochenen Dialogs, präsentiert sich als Nummernoper wie als durchkomponierte dramatische Großform und öffnet sich während des vergangenen Jahrhunderts allen Mutationen und Metamorphosen des Musiktheaters; sie holt sich ihre Geschichten aus Mythologie und Geschichte, aus Literatur und aus originalen Erfindungen; sie entfernt sich manchmal etwas leichtfertig vom Theater, um dann reumütig zu ihm zurückzukehren; und sie ist zu Zeiten allzu selbstgefällig auf Popularität aus. Aber sie ist in dem jahrhundertelangen Auf und Ab ihrer wechselvollen Geschichte insofern sich treu geblieben, als sie sich einerseits nie der Diskussion um das

Wort-Ton-Verhältnis verschließt und andererseits immer wieder daran erinnert, daß das Theater ihr Ursprung und ihre Heimat ist.

Ob die Musik Vorrang vor der Dichtung hat oder die Dichtung vor der Musik, das zieht sich als ästhetischer Dauerstreit durch die Operngeschichte und der ist auch in unserer Zeit nie ganz verstummt. Die Florentiner, Gluck und andere verweisen auf die Geburt der Oper aus der griechischen Tragödie und betonen das Primat des Wortes; Mozart und viele andere sehen die Dichtung als der Musik »gehorsame Tochter«; Wagner und die meisten Komponisten des 20. Jahrhunderts beenden die Polaritätsdebatte durch ihre Forderung nach der Gleichrangigkeit von Musik und Dichtung in der Einheit des musikdramatischen Gesamtkunstwerks und prägen den Begriff *Musiktheater*. Die Summe all dessen zieht Richard Strauss mit seinem launigen Konversationsstück für Musik »Capriccio« (ital., soviel wie ›Laune‹ oder ›Einfall‹), uraufgeführt am 28. Oktober 1942 an der Bayerischen Staatsoper in München. Es ist der Schwanengesang eines noch einmal alle Spielarten der Oper umfassenden Gesamtwerkes und zugleich der gelungene Versuch, das Thema selbst zu theatralisieren. Strauss nimmt den Streitsatz auf »Prima la musica, doppo le parole« (›Zuerst die Musik, dann die Sprache‹) und läßt offen, ob es nicht auch umgekehrt heißen kann. An seinen Librettisten schreibt er: »*Was mir vorschwebte: eine geistreiche dramatisierte Paraphrase des Themas: Erst die Worte, dann die Musik (Wagner) oder erst die Musik, dann die Worte (Verdi) oder nur Worte, keine Musik (Goethe) oder nur Musik, keine Worte (Mozart). Dazwischen gibt es natürlich viele Zwischentöne.*« (3).

Die Gräfin Madeleine, Witwe schon in jungen Jahren, hegt gleiche Zuneigung zu dem Dichter Olivier wie zu dem Musiker Flamand. Das Interesse ihres kritischen, philosophierenden Bruders indes gilt der Schauspielerin Clairon, der berühmten Tragödin an den Theatern von Paris. Man hat sich im gräflichen Schloß unweit der Hauptstadt eingefunden, um unter der Leitung des Theaterdirektors La Roche das Geburtstagsprogramm für die Gräfin auf der Bühne des kleinen Schloßtheaters zu proben: eine Sinfonia des Musikers, ein Drama des Dichters und eine ›azione teatrale‹ des Direktors mit der Clairon an der Spitze seiner Schauspieltruppe und dem Grafen als deren Partner. Während auf der Bühne geprobt wird, deklamiert Olivier aus seinem Drama ein Liebessonett, das Flamand sofort zur Vertonung inspiriert. Schon treten musikalische Empfindungen und die Klarheit des Geistes in Wettstreit um die gräfliche Gunst: zerstört die Musik die Verse oder geben diese ihr erst die Melodie? »Trägt die Sprache schon Gesang in sich oder lebt der Ton erst getragen von ihr? Musik weckt Gefühle, und diese drängen zum Wort. Im Wort lebt ein Sehnen nach Klang und Musik«, sinniert die Gräfin. Im Bund von Melodie und Gedanke, in dem die Worte klingen und die Töne sprechen, sind Dichter und Musiker im Sonett unzertrennlich vereint. Die Gräfin kann sich nicht entscheiden, denn den einen wählen hieße den anderen verlieren. Während man nach der Probe sich im Salon bei Erfrischungen unterhält (und durch Tanz und Gesang unterhalten läßt), streiten Flamand und Olivier über die Rangfolge ihrer Künste. La Roche mischt sich ein: was wären Deklamation und Gesang ohne Darstellung? Das Stichwort fällt: die Oper! Ein absonderliches Geschöpf, befindet der Graf kritisch, ein absurdes Ding: »Befehle werden singend erteilt, über Politik im Duett verhandelt. Man tanzt um ein Grab, und Dolchstiche werden melodisch verabreicht.« Und dazu, so ergänzt La Roche, komme der »betäubende Lärm des Orchesters. Sein Brüllen und Toben verschlingt die Stimmen. Die Sänger werden gezwungen, zu schreien.« Doch den phantasievollen Inspirationen des Theatermannes begegnen die anderen mit Spott und Ironie, ein Streitensemble setzt ein und La Roche scheint trotz eines Versöhnungsversuches der Gräfin verloren. Vor allem der Musiker und der Dichter treiben ihn scheinbar in die Klemme. Doch da holt der Theaterdirektor zum Gegenschlag aus: die Verse und die magere Handlung des Dramas von Olivier seien ohne Deklamation des Schauspielers nichts und deshalb seiner szenischen Hilfe bedürftig, und die Musik von Flamand sei ohne Leidenschaft, wie die Bühne sie fordert. Noch immer warte er auf das neue Werk, das die Seele des Volkes widerspiegelt, ohne Fratzen und papierne Helden aus grauer Vorzeit, sondern mit Menschen der Gegenwart: »Gebt euch geschlagen, ihr Schwärmer, ihr Träumer! Achtet die Würde meiner Bühne!« Stürmischer Applaus aller folgt seiner langen Rede, dann schlägt die Gräfin vor, gemeinsam sollen Dichter, Musiker und Theaterdirektor eine Oper für das bevorstehende Geburtstagsfest schaffen: »Was herrlich begonnen der dichtende Geist, die Macht der Töne soll es verklären! Auf der Bühne gewinn' es Gestalt, in Anmut und Würde die Herzen zu rühren.« Der Stoff aber, der Inhalt? Der Graf schlägt vor: »Schildert Konflikte, die uns bewegen. Schildert euch selbst! Die Ereignisse des heutigen Tages – was wir alle erlebt – dichtet und komponiert es als Oper!« Der Einfall stößt auf allseitige Zustimmung. Man trennt sich, und weil der Graf die Clairon nach Paris begleitet, bleibt die Gräfin allein zurück. Man hat ihr aufgetragen, bis zum nächsten Tag einen Schluß für die Oper zu finden, denn der Streit zwischen den Künsten bleibt vorerst unentschieden. Aber wie soll ihr ein alle befriedigendes Ende einfallen, da sie selbst nicht weiß, ob die Worte oder die Töne sie stärker bewegen? Sind sie nicht in eins verschmolzen, zu einem Neuen verbunden? Sie fragt ihr Spiegelbild, für wen sie sich entscheiden soll, denn vom Dichter wie vom Musiker wird sie gleich geliebt. Soll sie denn zwischen zwei Feuern verbrennen? Gibt es eine Lösung, die nicht trivial ist? Doch ihr Spiegelbild gibt ihr keine Antwort. Was bleibt, ist das wiederkehrende musikalische Motiv aus Flamands Vertonung von Oliviers Sonett. Also ein Fragezeichen, ein Achselzucken, das sich in einem melancholischen Hornmotiv verliert.

Der Sänger als schöpferischer Gestalter

Die Strauss-Oper »Capriccio« ist ein textlich kluges (Libretto von Clemens Krauß) und musikalisch abgeklärtes Bekenntnis zur Einheit von Wort und Ton in der Oper und vermittelt zugleich die Erkenntnis, daß die Oper ihre letzte Erfüllung erst in der Darstellung auf dem Theater finden kann.

Für Operette und Musical stellt sich das im Grunde von Anfang an nicht als Problem dar wie für die Oper. Als sie in Erscheinung treten, sind die inhaltlichen, musikalischen und szenischen Grundlagen des musikalischen Theaters längst geschaffen. Beide Gattungen brauchen sich nur der fortgeschrittenen Entwicklung einzuordnen und ihr neue spielerische Impulse zu geben. Das tun sie fraglos auf eine erfrischende Weise mit der Verve ihrer spezifischen theatralischen Eigenarten. Neben die geballte Dramatik der Oper treten die charmante Beschwingtheit der Operette und das rhythmisierte Feuer des Musicals. Da Operette und Musical in ihrem literarischen und szenischen Selbstverständnis dem Sprechtheater näher sind als der Oper (besonders deren durchkomponierter Großform), darf man ihnen zugestehen, einen nicht unwesentlichen Beitrag zur Re-Theatralisierung der Oper im 20. Jahrhundert geliefert zu haben. Logos und Mimus prägen sie beide deutlicher, als die von der Musik dominierte Oper. Der haben sie im Verbund mit dem Schauspiel eine neue Antwort auf die Frage gegeben: Kann man eigentlich spielen, während man gleichzeitig singt?

Zweifel daran hat die Oper immer gehegt. *Tschaikowsky* hat es einmal so ausgedrückt: »*Selbstverständlich ist es vom Standpunkt des gesunden Menschenverstandes sinnlos und töricht, Personen, die auf der Bühne echtes Leben darstellen sollten, singen statt sprechen zu lassen. Doch hat man sich an diese Absurdität bereits gewöhnt, und wenn ich dem Sextett im ›Don Giovanni‹ lausche, so denke ich ich nicht mehr daran, daß die Forderung künstlerischer Wahrheit durch die Vorgänge auf der Bühne verletzt werden.*« (4). Das Zitat eines Komponisten beschreibt die eine Position dessen, was wir ganz am Anfang dieses Buches als ›Verwirrung der Begriffe‹ beschrieben haben. Die andere Position vertritt *Walter Felsenstein* mit der Überzeugung, daß der dramatische Einfall jene Situation schaffe, in der die Musik unentbehrlich und der Gesang zur einzig möglichen Aussage des Darstellers werde. Da er die Musik in der Oper nicht als bloße illustrative Begleitung von Geschehensabläufen versteht, sondern selbst als unmittelbar gestaltende Handlung, so ist es nur folgerichtig, wenn er von der »*Notwendigkeit des Singens*« spricht und davon, »*das Musizieren und Singen auf der Bühne zu einer überzeugenden, wahrhaften und unentbehrlichen menschlichen Äußerung zu machen.*« Der Sänger ist für ihn deshalb der ebenso natürliche und selbstverständliche schöpferische Gestalter im Musiktheater wie es der Schauspieler im Sprechtheater ist.

Fassen wir zusammen. Der Dramatiker *Peter Hacks* hat selbst auch Opernlibretti verfaßt und sich mit dem Phänomen Oper mehrfach beschäftigt. Oper sieht er als eine »*dramatische Handlung in musikalischen Formen zum Zweck der szenischen Darstellung durch Sänger.*« So gelangt er zu dem Schluß, die Gemeinsamkeit von Oper und Drama bestehe auf dem von beiden Gattungen vertretenen Grundsatz, daß Handlung immer zur Szene werden will. Mit anderen Worten: »*Wenn zwar die Aufführung der Zweck der Worte und Noten ist, haben doch die Worte und die Noten nicht aufgehört, ein Zweck der Aufführung zu sein.*« Und: »*Die Opernwelt ist in erschreckendem Maße eine Welt von gestern. Hieraus ist der Eindruck entstanden, als sei die Oper eine verwirrende oder gar mißgeborene Mischform. Aber das ist sie eben nur, solange man ihr gestattet, sich mit ihren unzulänglichen Geistesgaben selbst zu begreifen. Wird sie in ihren inneren Gesetzen begriffen, ist sie eine hervorragende und wohlgestalte Gattung, vielschichtig, jedoch keiensfalls verwirrender als Kunst ohnehin ist.*« Diese Wertung von Peter Hacks gilt uneingeschränkt für alle Formen des musikalischen Theaters. Das aufzuzeigen ist auch ein Anliegen dieses Buches.

ANMERKUNGEN

Ouvertüre GRUNDLAGEN
(1) Johann Wolfgang von Goethe »Faust. Der Tragödie Erster Teil«, Verse 1990/96
(2) »Brockhaus-Enzyklopädie«, Band 13, Wiesbaden 1971
(3) »Riemanns Musik Lexikon«, Band 12 (völlig neubearbeitete Auflage 1967)
(4) 1. Buch Mose, Kapitel 4, Vers 21 (Übersetzung: Martin Luther)
(5) Zitiert nach »Musikinstrumente der Welt. Eine Enzyklopädie mit über 4000 Illustrationen«; Prisma Verlag, Gütersloh 1981
(6) Erstes Buch Samuel, Kapitel 16, Vers 23: »*Sooft nun der böse Geist von Gott über Saul kam, nahm David die Harfe und spielte darauf mit seiner Hand. So wurde es Saul leichter, und es ward besser mit ihm, und der böse Geist wich von ihm.*« (Übersetzung: Martin Luther)
(7) Platon »Gesetze«; nach »Platon. Sämtliche Dialoge«, Band 7, Leipzig 1993 (übersetzt und erläutert von Otto Apelt)
(8) Heinrich Hüschen in »Musik in Geschichte und Gegenwart«, Band 9; dtv-Bärenreiter Verlag München 1989
(9) Friedrich Schiller »Über die Ästhetische Erziehung des Menschen«, 15. Brief (Erstdruck 1795).
(10) Johan Huizinga »Homo ludens. Vom Ursprung der Kultur im Spiel«; deutsche Ausgabe Band 21 von Rowohlts Deutsche Enzyklopädie, Hamburg 1960 (3. Auflage)
(11) Aristoteles »Von der Dichtkunst«; Band 2 der Aristoteles-Ausgabe des Artemis-Verlages, Zürich 1950 (Übersetzung: Olof Gigon)

Vorspiel auf dem Theater
ENTSTEHUNG, VERFALL UND WIEDERGEBURT DES THEATERS IN ANTIKE UND MITTELALTER
(1) Jacob Burckhardt »Griechische Kulturgeschichte«, Band 1, Seiten 74 und 76
(2) Zitiert nach dem Arena-Bildband, Würzburg 1976
(3) Leichenrede des Perikles auf die im ersten Jahr des fast 30 Jahre dauernden Peleponnesischen Krieges zwischen Sparta und Athen gefallenen Athener
(4) Mit des Dionysos Rückkehr nach Theben beginnt die Tragödie »Die Bakchen« von Euripides. Das wahrscheinlich erst nach dem Tode des Dichters durch dessen Sohn zur Uraufführung gebrachte Werk ist das einzige erhaltene griechische Drama, in dem Dionysos selbst auftritt:

Ich, Sohn des Zeus, Dionysos, einst von Semele
Empfangen, Kadmos' Tochter, deren Schoß der Strahl
Des Blitzes löste, komme her ins Theberland.
Von Phrygien, vom goldhaltigen Lyderboden zog
Ich fort, besuchte Persiens sonnenheiße Gaun
Und Baktriens Mauern samt dem stürmerauhen Land
Der Meder, dann Arabien, das von Segen grünt,
Ganz Vorderasien endlich, das, an salziger See

Gelegen, viele schöngetürmte Städt' enthält,
An gemischtem, welschem und hellenischem Volke reich.
Und nun die erste Griechenstadt betret ich hier,
Nachdem ich dort auch meine Weihen eingeführt
Und Tänze, um deutlich meine Gottheit kundzutun.
(Übersetzt von J. A. Hartung)

(5) Die insgesamt 33 erhaltenen Götterhymnen hat man Thukydides zufolge, der in Homer den Autor sah, als *Homerische Hymnen* bezeichnet. Heute weiß man, daß sie nicht von ihm, sondern aus unterschiedlichen Zeiten und somit von verschiedenen Verfassern stammen, ohne deren Namen zu kennen. Unter den Hymnen befinden sich drei, die dem Dionysos gewidmet sind (Übersetzung: Anton Weiher)

(6) Dazu siehe auch »Ariadne auf Naxos«, Oper von Richard Strauss, S. 509 ff.

(7) Der Pinienzapfen ist schon in alten Kulturen von Leben zeugender Bedeutung und symbolisiert das im Frühjahr neu erwachende Leben in der Natur ebenso wie die männliche Schöpferkraft (phallisches Symbol). Auch das frühe Christentum brachte ihn nach einer Bibelstelle in Verbindung mit dem Lebensbaum und dem Lebensbrunnen: *»Und er zeigte mir einen Strom des lebendigen Wassers, klar wie Kristall, der ausgeht von dem Thron Gottes und des Lammes. Auf beiden Seiten des Stromes mitten auf der Gasse ein Baum des Lebens, der trägt zwölfmal Früchte und bringt seine Früchte alle Monate, und die Blätter des Baumes dienen zur Heilung der Völker«.* (Offenbarung des Johannes, Kapitel 22, Verse 1+2; in der Übersetzung Martin Luthers)

(8) Bertolt Brecht warf dem von ihm so bezeichneten ›aristotelischen‹ Theater gerade diese Identifikation vor, die durch »unmittelbare Einfühlung« entstehe, und bezeichnete es als ein Theater der Täuschung, der Illusion und des Rausches. Ihm setzte er den durch Distanzierung des Darstellers zur gespielten Rolle charakterisierten demonstrativen Darstellungsstil (der Darsteller ›zeigt‹ seine Rolle) seines epischen Theater entgegen.

(9) In seiner »Poetik« leitet Aristoteles davon den Begriff *Tragödie* als Bocksgesang ab: *tragos* = Bock und *ode* = Gesang.

(10) Heinz Kindermann »Theatergeschichte Europas«, Band 1, Seite 13; Salzburg 1957

(11) Die drei Tragiker sollen insgesamt 305 Dramen verfaßt haben, von denen 268 dem Titel nach bekannt, aber nur 33 überliefert sind. Das teilt sich im einzelnen so auf: Aischylos 90/79/7 – Sophokles 123/114/7 – Euripides 92/75/19.

(12) In seinen um 170–180 verfaßten und vollständig erhaltenen 10 bändigen »Beschreibungen Griechenlands« hat der kleinasiatische Schriftsteller *Pausanias* (geb. um 115 n. Chr.) folgende Anekdote überliefert, wie Aischylos zum Dramatiker wurde: *»Aischylos erzählte, er sei als Knabe beim Bewachen der Reben auf dem Felde eingeschlafen und Dionysos sei ihm erschienen und habe ihm befohlen, eine Tragödie zu schreiben. Als es Tag wurde, wollte er gehorchen und habe es schon beim Versuch mit Leichtigkeit ausgeführt. So sagte er.«*

(13) Aristoteles in der »Poetik«: »Ursprung und gewissermaßen Seele der Tragödie ist also der Mythos.«

(14) Franz Grillparzer »Tagebuch« in »Sämtliche Werke«, Band 20; Stuttgart o. J.

(15) In lediglich acht der erhaltenen 33 Tragödien gehören Götter zum Darstellungspersonal: Athene dreimal; Apollo, Artemis und Hermes je zweimal; Aphrodite, Dionysos und Hepheistos je einmal. Und nur drei Götter treten in den lediglich elf überlieferten (von den 44 dem Titel nach bekannten) Komödien des Aristophanes auf: zweimal Hermes und je einmal Dionysos und Poseidon.

(16) Hier genau liegt der Punkt, an dem die Mitglieder der *Camerata Fiorentina* in Florenz der ausgehenden Renaissance in Theorie und Praxis ansetzen und so die Geburt der Oper einleiten werden.

(17) Das verweist auch darauf, daß der Grieche Musik zunächst ganz allgemein als *musike techne* = Kunst der Musen definiert.

(18) Kurt Pahlen »Neue Musikgeschichte der Welt«, Seite 24; Zürich 1974
(19) In der »Poetik« schreibt Aristoteles: »*Es muß also jede Tragödie sechs Teile haben, in denen sie ihre jeweilige Qualität besitzt: Mythos, Charakter, Rede, Absicht, Szenerie und Musik. Diese Teile verwenden sozusagen alle Tragiker. Denn jedes Werk hat Szenerie, Charakter, Mythos, Rede, Lied und Absicht auf dieselbe Weise.*«
(20) Alec Robertson/Denis Stevens (Hersg.) »Geschichte der Musik«, Band 1, Seite 117; Deutsche Ausgabe in 3 Bänden, München 1990 (*kursive* Hervorhebung vom Verfasser)
(21) Menander soll 109 Komödien geschrieben haben, von denen 96 dem Titel nach bekannt, aber nur 2 vollständig, einige andere bruchstückhaft überliefert sind.
(22) In der 405 v. Chr. uraufgeführten Komödie »Die Frösche« läßt Aristophanes Dionysos und Herakles gleich in der ersten Szene folgenden Dialog führen:
HERAKLES
Ihr habt ja doch noch andre Bürschchen, nicht?
Die euch Tragödien machen, tausendweis,
Und weit geschwätziger als Euripides!
DIONYSOS
'ne saubre Stoppelernte! Schnatterenten!
»Ein Musenhain von Schwalben«, lauter Stümper,
Die schon dahin sind, kaum daß beim Debüt
Sie die Tragödie lediglich bepißten;
Doch einen zeugungsfähigen Dichter suchst
Du jetzt umsonst, der was Gescheites schafft.
(23) In Mozarts frühem musikalischen Bühnenwerk »Ascanio in Alba« (U Mailand 1771) ist Ascanius ein Sohn der Liebesgöttin Venus, die ihn der Nymphe Silvia als seiner künftigen Ehefrau zuführt, mit der er über die im Entstehen begriffene Stadt Alba herrschen wird.
(24) Günther Wille in »Musik in Geschichte und Gegenwart«, Band 11; Kassel 1989
(25) Horaz in seiner »Ars Poetica« (Die Dichtkunst), neben der »Poetik« des Aristoteles wichtigster antiker Text über die Dichtkunst
(26) Will Durant »Kulturgeschichte der Menschheit«; deutsche ausgabe in 32 Bänden Lausanne o. J. (Band 8/Seite 320)
(27) L. Annaeus Seneca »Briefe an Lucilius«, 7. Brief
(28) Augustinus »Bekenntnisse« (Übersetzung: Joseph Bernhart)
(29) Alle Zitate nach Johannes Quasten »Musik und Gesang in den Kulten der heidnischen Antike und christlichen Frühzeit«; Münster 1930
(30) Eines der bedeutsamsten Dokumente überhaupt stellt Vitruvs 10bändiges Werk »Über die Architektur« (*De architectura*) dar. *Vitruv* lebte im ersten vorchristlichen Jahrhundert als Architekt und Ingenieur unter Kaiser Augustus. Sein Werk über Architektur und Technik erschien etwa um 25 v. Chr. und beschreibt im 5. Buch die öffentlichen Bauten, zu denen das Theater gehört.
(31) Das griechische Theater kennt nur drei Schauspieler, aber die Tragödien haben bis zu zehn Rollen. Da nur höchstens drei Solisten gleichzeitig auf der Bühne sein können und die Frauenrollen ebenfalls von Männern gespielt werden, muß ein rascher Kostüm- und Maskenwechsel zwischen den Auftritten vonstatten gehen.
(32) Die derzeit vier größten Opernhäuser der Welt sind: das Gran Teatro del Liceo in Barcelona und die Metropolitan Opera in New York mit jeweils 3 800 Plätzen sowie das Teatro di San Carlo in Venedig mit 3 500 und die San Francisco Opera mit 3 250 Plätzen. Dagegen nehmen sich die vier größten Opernhäuser im deutschsprachigen Theaterraum bescheidener aus: dem Salzburger Festspielhaus (2 180 Plätze) folgen die Bayerische Staatsoper im Münchner Nationaltheater (2 100), die Deutsche Oper in Berlin (1 865) und die Staatsoper Wien (1 710).

Erster Akt   DIE OPER
(1) Giorgio Vasari »Künstler der Renaissance. Lebensbeschreibungen der ausgezeichneten italienischen Baumeister, Maler und Bildhauer«; neue deutsche Ausgabe Köln 2001
(2) Will Durant »Kulturgeschichte der Menschheit«; Band 14, Seite 139
(3) Helmut Diwald in »Propyläen Geschichte Europas«, 6 Bände, Frankfurt/Main 1975; Band 1, Seite 133f.
(4) Roy Strong »Feste der Renaissance 1450–1650. Kunst als Instrument der Macht«; deutsche Ausgabe Freiburg-Würzburg 1991, Seite 73
(5) Jacob Burckhardt op. zit.
(6) Roy Strong op. zit.
(7) Klaus Mann in »Propyläen Weltgeschichte«, Band 7 (Von der Reformation zur Revolution, Frankfurt/Main 1991), Seite 575
(8) Zitiert nach »Platons sämtliche Dialoge«, übersetzt und eingeleitet von Otto Apelt; Neuausgabe in 7 Bänden, Hamburg 1993
(9) Dazu siehe über den Orpheus-Mythos Seite 17 ff.!
(10) Parnaß: Ein bis zu einer Höhe von 2 500 m ansteigender Gebirgszug in Mittelgriechenland nahe bei Delphi, Apollon und den neun Musen als Heiligtum geweiht. In der dort befindlichen sog. Korykischen Grotte fanden wilde dionysische Feste statt. In Verbindung zu Apollon und Dionysos bedeutet »den Parnaß besteigen« soviel wie »dichten«.
(11) Ulrich Schreiber »Die Kunst der Oper. Geschichte des Musiktheaters«, zwei Bände Frankfurt/Main 1988; Band 1, Seite 243
(12) Zitiert nach Giuseppe Radiciotti »Giovanni Battista Pergolesi. Leben und Werk«; deutsche erweiterte und umgearbeitete Ausgabe Zürich/Stuttgart 1954, Seite 85
(13) Zitiert nach der Übersetzung von Dorothea Tieck
(14) In »Macbeth« (Übersetzung von Dorothea Tieck) heißt es:
Leben ist nur ein wandelnd Schattenbild;
Ein armer Komödiant, der spreizt und knirscht
Sein Stündchen auf der Bühn' und dann nicht mehr
Vernommen wird; ein Märchen ist's, erzählt
Von einem Tollen, voller Klang und Wut,
Das nichts bedeutet.
Und in der Komödie »Wie es euch gefällt« (Übersetzung von August Wilhelm Schlegel) räsoniert Jaques, ein Edelmann im Gefolge des verbannten Herzogs, in seinem berühmten Monolog:
Die ganze Welt ist Bühne
Und alle Fraun und Männer bloße Spieler.
Sie treten auf und gehen wieder ab,
Sein Leben lang spielt einer manche Rollen
Durch sieben Akte hin …
(15) Richard Alewyn/Karl Sälzle »Das große Welttheater. Die Epoche der höfischen Feste in Dokument und Deutung«, Reinbek bei Hamburg 1959; Seite 118
(16) Anna Amalie Abert »Geschichte der Oper«, Kassel 1994; Seite 57
(17) »Das große Welttheater«, Seite 23
(18) Admet-Alceste-Amadigi in Gallien-Arianna in Kreta-Atalanta-Daphne-Deidamia-Floridante-Florindo-Imeneo-Partenope-Sosarme-Theseus.
(19) Agrippina-Alessandro-Almira-Ariodante-Arminio-Berenice-Ezio-Faramondo Flavio-Giustino-Julius Caesar-Lotario-Muzio-Scevola-Nero-Ottone-Poros-Radamisto-Ricardo-Rinaldo-Rodelinde-Rodrigo-Scipione-Silla-Siroe-Tamerlano-Tolomeo-Xerxes.
(20) Carlo Goldoni »Geschichte meines Lebens und meines Theaters«, deutsche Ausgabe München 1968
(21) Siroe (1728) – Ezio (1731) – Poros (1731)

(22) Schreiber »Die Kunst der Oper«, Band 1, Seite 209/210
(23) Kurt Honolka »Die großen Primadonnen«. Vom Barock bis zur Gegenwart.« Ergänzte und verbesserte Neuausgabe Wilhelmshaven 1982; Seite 35
(24) 1. Brief des Paulus an die Korinther, Kapitel 14, Vers 34: »Wie in allen Gemeinden der Heiligen lasset die Frauen schweigen in der Gemeinde; denn es soll ihnen nicht zugelassen werden, daß sie reden, sondern sie sollen sich unterordnen, wie auch das Gesetz sagt.« (Übersetzung: Martin Luther) Diese Stelle meint das Predigtverbot für Frauen, nicht deren Singen in der Kirche.
(25) Christopher Hogwood »Georg Friedrich Händel.« Deutsche Ausgabe Stuttgart 1992, Seite 148
(26) siehe unter (20)
(27) Zitiert nach Hubert Ortkemper »Engel wider Willen. Die Welt der Kastraten«; Berlin 1993, Seite 139f.
(28) Aus Glucks Brief an den französischen Schriftsteller J. B. Suard aus dem Jahr 1777. Alle Briefstellen Glucks zitiert nach »Musikerbriefe«, herausgegeben von Ernst Bücken, Wiesbaden o. J.
(29) Alle Briefzitate Mozarts nach »Mozart. Briefe und Aufzeichnungen.« Gesamtausgabe. Herarusgegeben von der Internationalen Stiftung Mozarteum Salzburg; 7 Bände, Kassel 1962–1975
(30) Dazu siehe auch des Verfassers Monographie »Wolfgang Amadeus Mozart« in der Reihe dtv-portrait, München 2002
(31) Zitiert nach Lorenzo da Ponte »Geschichte meines Lebens. Memoiren eines Venezianers«; deutsche Ausgabe Tübingen 1969
(32) Sören Kierkegaard »Die unmittelbaren erotischen Stadien oder Das Musikalisch-Erotische«
(33) Zitiert nach Reiner Zimmermann »Giacomo Meyerbeer. Eine Biographie nach Dokumenten«; Berlin 1998, Seite 75
(34) Zu den bekanntesten Opern Rossinis zählen: Die seidene Leiter (Venedig 1812), Il Signor Bruschino (Venedig 1813), Tankred (Venedig 1813), Die Italienerin in Algier (Venedig 1813), Der Türke in Italien (Mailand 1814), Der Barbier von Sevilla (Rom 1816), La Cenerentola (Rom 1817), Die diebische Elster (Mailand 1817), Moses in Ägypten (Neapel 1818), Semiramide (Venedig 1823), Graf Ory (Paris 1828) Wilhelm Tell (Paris 1829)
(35) Darunter befinden sich 47 ernste Opern (Seria, Semiseria und Grand opéra) und 24 komische Opern (Buffa und einaktige Farcen)
(36) Zimmermann »Meyerbeer«; op. cit., Seite 78
(37) Aus Verdis Brief an den französischen Musikkritiker und Schriftsteller Camille Bellaigue vom 2. Mai 1898 aus Mailand
(38) Aus Vérons »Memoiren«, zitiert nach Ulrich Schreiber »Die Kunst der Oper«, Band 2, Seite 356
(39) Heinrich Heine in seiner 1837 entstandenen Schrift »Über die Französische Bühne«
(40) Berlioz am 12. August 1856 an Fürstin Karoline Sayn-Wittgenstein, die ihn während seiner Anwesenheit bei Liszt in Weimar zur Vertonung der »Trojaner« geraten hatte
(41) Mussorgsky in seinem Brief vom 9. September 1879 an Frau Schestakowa, Glinkas Schwester
(42) Tagebuchnotiz Tschaikowskys unter dem 27. Juni 1888
(43) Mussorgsky in einem Brief an Stassow vom 19. Oktober 1875 aus St. Petersburg
(44) Mussorgsky in seinem Brief vom 15. August 1868 an Rimsky-Korssakow
(45) Aus Tschaikowskys Brief vom 19. Februar 1879. Nadeshda Filaretowna von Meck (1832–1893) war die reiche Witwe des vermögenden deutschen Eisenbahningenieurs Karl

von Meck, Mutter von 11 Kindern, mit deren Familien sie den riesigen Besitz in Brailow bewohnte. Sie schwärmte von Tschaikowskys Musik, bestellte gegen ein hohes Honorar eine Komposition für Geige und Klavier (das sie selbst gut spielte) bei ihm und verschaffte ihm durch eine beachtliche Jahresrente aus ihrem Familienvermögen dauerhafte finanzielle Unabhängigkeit. Tschaikowsky widmete ihr seine 4. Sinfonie, wurde ihr Abgott und führte mit ihr ab Ende 1876 eine der ungewöhnlichsten Korrespondenzen der gesamten Musikgeschichte mit über 1200 Briefen. Doch beide begegneten sich nie persönlich, sahen sich nur einige Male von fern und brachen ihre Beziehung nach 14 Jahren, wahrscheinlich auf Drängen der Familie Meck, abrupt ab. Überzeugende Gründe hat man bis heute dafür nicht finden können, vermutlich aber erfuhr Frau von Meck von Tschaikowskys Homosexualität.

(46) Tschaikowsky an Frau von Meck 6. Juli 1878

(47) Das gilt international. Für die Musiktheater in Deutschland, Österreich und der Schweiz spricht die Aufführungsstatistik deutlich zu Gunsten Mozarts. Seine 5 Meisterwerke (Cosi fan tutte, Don Giovanni, Die Entführung aus dem Serail, Die Hochzeit des Figaro, Die Zauberflöte) brachten es seit 1968 auf insgesamt 3174 Inszenierungen mit 34344 Vorstellungen. Dagegen stehen Verdis 11 Meisterwerken (in der chronologischen Abfolge ihrer Uraufführungen: Nabucco, Macbeth, Rigoletto, Der Troubadour, La Traviata, Ein Maskenball, Die Macht des Schicksals, Don Carlos, Aida, Othello, Falstaff) mit 2163 Inszenierungen bei 22458 Vorstellungen. Zudem rangieren Mozarts beiden am häufigsten aufgeführten Opern Die Zauberflöte (Rang 1) und Die Hochzeit des Figaro (Rang 3) vor denen Verdis mit La Traviata (Rang 8) und Rigoletto (Rang 11)

(48) Alle folgenden Verdi-Zitate sind von den deutschen Ausgaben seiner Briefe entnommen: »Giuseppe Verdi. Briefe zu seinem Schaffen«, Frankfurt/Main 1963; »Verdi aus der Nähe. Ein Lebensbild in Dokumenten«, Zürich 1979; »Giuseppe Verdi. Briefe«, Frankfurt/Main 1979

(49) Veronika Beci »Verdi. Ein Komponistenleben«; Verlag Artemis & Winkler, Düsseldorf und Zürich 2000, Seite 185f.

(50) Richard Wagner in Die Revolution, politische Schrift von 1849. Im folgenden werden Wagners Schriften nur dann wiederholt genannt, wenn ein längeres Zitat die Orientierung erleichtert, ohne den Fluß der Darstellung allzu sehr zu hemmen.

(51) Aus Mein Leben. Die Autobiographie erschien 1880 zunächst als Privatdruck, die erste öffentliche Ausgabe folgte posthum erst 1911

(53) Aus Zukunftsmusik, Reformschrift an einen Freund von 1860

(54) »Das Theater als Pandämonium« in Deutsche Kunst und deutsche Politik, 1867/68

(55) Aus Oper und Drama, Wagners bedeutendster Kunstschrift, geschrieben 1850/51

(56) Zukunftsmusik

(57) Oper und Drama

(58) Aus Wagners Brief vom 30. Januar 1844 an den Berliner Kritiker Karl Gaillard

(59) Dazu vergleiche die Ausführung über den Mythos Seite 31 ff. dieses Buches!

(60) Zukunftsmusik

(61) Aus Eine Mitteilung an meine Freunde vom Jahr 1851

(62) Oper und Drama

(63) Zukunftsmusik

(64) Deutsche Kunst und deutsche Politik

(65) Alban Berg in seiner Schrift »Opernprobleme« aus dem Jahre 1932

(66) Zitiert nach H. H. Stuckenschmidt »Oper in dieser Zeit«, Hannover 1964

(67) Zitiert nach Wolfram Schwinger »Penderecki. Begegnungen, Lebensdaten, Werkkommentare.«; Stuttgart 1979. Mit Passion ist Penedereckis bedeutende ›Lukas-Passion‹ gemeint, die er 1965/66 im Auftrag des WDR zur 700-Jahr-Feier des Doms zu Münster komponierte.

(68) Aus Janáčeks Brief an Max Brod vom 18. Januar 1928. Er war mit Brod befreundet, der ihm bei der Abfassung des Textbuches zum »Schlauen Füchslein« behilflich war und es dann ins Deutsche übersetzte. Brod war ein vielseitiger und sehr gebildeter Schriftsteller, Kritiker und Theatermann, einer der engsten Freunde von Franz Kafka. Er ignorierte dessen Willen, er möge nach seinem Tod alle Dichtungen vernichten, übersetzte Kafka und dramatisierte dessen Romane erfolgreich für das Theater.

(69) Richard Strauss in seinem Brief vom 8. Januar 1935 an Joseph Gregor, den Wiener Theaterhistoriker und Librettisten seiner Opern Der Friedenstag, Daphne und Die Liebe der Danae.

(70) Neben diesen fünf Meisterwerken gehören zum erweiterten Repertoire Die Frau ohne Schatten (U Wien 1919), Intermezzo (U Dresden 1924), Die schweigsame Frau (U Dresden 1935) und Capriccio (U München 1942); selten bis gar nicht mehr gespielt werden Guntram (U Weimar 1894; Neubearbeitung Weimar 1940), Feuersnot (Dresden 1901), Die Ägyptische Helena (U Dresden 1928; Neufassung Salzburger Festspiele 1933), Friedenstag (U München 1938), Daphne (U Dresden 1938) und Die Liebe der Danae (U posthum Salzburger Festspiele 1952)

2. Akt. DIE OPERETTE

(1) Diese Zahlen wurden in zahlreichen, zum Teil sehr unterschiedlichen Quellen eigens recherchiert, erheben jedoch keinen Anspruch auf Vollständigkeit

(2) Die beiden englischen Melodien-Sammlungen sind: »The English Dancing Master« (1651) von J. Playford und »Wit and Mirth, or Pills to Purge Melancholy« (1719/20) von Thomas d'Urfey

(3) Dazu siehe Seite 123 f. dieses Buches

(4) Bertolt Brecht »Anmerkungen zur Dreigroschenoper«

(5) Das sind neben den drei Welterfolgen – Orpheus in der Unterwelt (Orphée aux enfers; 1858), Die schöne Helena (La Belle Hélène; 1864), Pariser Leben (La Vie parisienne; 1866) – vor allem: Blaubart (Barbe-bleu; 1866), Die Großherzogin von Gerolstein (La Grande-Duchesse de Gerolstein; 1867), La Périchole (1868), Die Banditen (Les Brigands; 1869) und Madame Favart (1878)

(6) Golo Mann in »Propyläen-Weltgeschichte«, Band 8, Seite 528f.; Frankfurt/Main 1991

(7) Siehe dazu auch Cestis Oper »Il Pomo d'Oro«, Seite 117 ff. dieses Buches

(8) »Can-Can«, Musical in 2 Akten. Buch von Abe Burrows, Musik und Gesangstexte von Cole Porter; Broadway-Premiere am 7. Mai 1953. Dazu siehe auch S. 733 ff.!

(9) Louis-Sébastien Mercier »Das neue Paris. Paris während der Revolution«, erschienen 1799/1800

(10) Remi Hess in »Der Walzer. Geschichte eines Skandals«; deutsche Ausgabe 1996

(11) Zitiert nach Kurt Pahlen »Johann Strauß. Die Walzerdynastie«, München 1975

(12) Raimunds Hauptwerke sind Der Barometermacher auf der Zauberinsel (1823), Der Diamant des Geisterkönigs (1824), Der Bauer als Millionär (1826), Die gefesselte Phantasie (1826), Moisasurs Zauberfluch (1827), Der Alpenkönig und der Menschenfeind (1828), Der Verschwender (1834)

(13) Zu Nestroys Hauptwerken zählen Der böse Geist Lumpazivagabundus oder Das liederliche Kleeblatt (1833), Der Talisman (1843), Einen Jux will er sich machen (1844; literarische Vorlage für das Musical Hallo, Dolly!), Der Zerrissene (1845)

(14) Es sind dies in der chronologischen Abfolge der Uraufführungen (die in diesem Buch ausführlich besprochenen Werke sind kursiv gedruckt): Indigo (1871), Karneval in Rom (1873), *Die Fledermaus* (1874), Cagliostro in Wien (1875), Prinz Methusalem (1877),

793

Blinde Kuh (1878), Das Spitzentuch der Königin (1880), Der lustige Krieg (1881), *Eine Nacht in Venedig (1883), Der Zigeunerbaron (1885)*, Simplicius (1887), Ritter Pázmán (1892), Fürstin Ninetta (1893), Jabuka (1894), Waldmeister (1895), Die Göttin der Vernunft (1897), *Wiener Blut (1899; postum)*

(15) Von den insgesamt 21 Operetten Kálmáns sind als zumindest ehemalige Erfolge noch zu nennen: Die Faschingsfee (1917), Die Bajadere (1921), Die Herzogin von Chicago (1928), Das Veilchen von Montmartre (1930)

(16) Weitere Operettenerfolge Künnekes waren Der Vielgeliebte (1919), Lady Hamilton (1926), Der Tenor der Herzogin (1929), Liselott (1932), Die lockende Flamme (1933), Die große Sünderin (1935) und vor allem die lange zum Repertoire gehörende Glückliche Reise (1932)

(17) Davon sind neben den hier besprochenen Meisterwerken noch zu nennen: Der Rastelbinder (1902), Der Göttergatte (1904), Zigeunerliebe (1910), Eva (1911), Die ideale Gattin (1913), Wo die Lerche singt (1918), Frasquita (1922), Friederike (1928), Schön ist die Welt (1931), Giuditta (1934)

(18) Franz Born »Berliner Luft. Eine Weltstadt und ihr Komponist Paul Lincke«, Berlin 1966

(19) Bernhard Grun in »Die leichte Muse. Kulturgeschichte der Operette«, München 1961

(20) Volker Klotz »Operette. Porträt und Handbuch einer unerhörten Kunst«; München 1991

3. Akt. DAS MUSICAL

(1) Kirkpatrick Sale »Das verlorene Paradies. Christoph Kolumbus und die Folgen«, deutsche Ausgabe München 1991

(2) Bartolomé Bennassar »Cortez der Konquistador. Die Eroberung des Aztekenreiches«, deutsche Ausgabe Düsseldorf/Zürich 2002, S. 202-208

(3) André Clot »Al Andalus. Das maurische Spanien«, deutsche Ausgabe Düsseldorf/Zürich 2002, bes. S. 207-232; Klaus van Eickels und Tanja Brüsch »Kaiser Friedrich II.«, Düsseldorf/Zürich 2000, bes. S. 164-202, 234-265.

(4) Otto Zierer »Neue Weltgeschichte«, Band 2; Stuttgart 1966

(5) Kurt Pahlen in seiner »Neuen Musikgeschichte der Welt«,

(6) Lorenzo da Ponte in seinen »Memoiren«

(7) Zitiert nach Arrigo Polillo »Jazz. Geschichte und Persönlichkeiten«; deutsche Ausgabe München 1975

(8) op. zit.

(9) Die von Lehár angeführten Werke sind: Die Operetten »Der Mikado« von Arthur Sullivan und »Die Geisha« (U 1896 in London), erfolgreichstes und früher auch in Deutschland vielgespieltes Werk von Sidney Jones (1869-1946) sowie Giacomo Puccinis Oper »Madame Butterfly«

(10) Arrigo Polillo in seinem erwähnten »Jazz«-Buch

(11) Das sind außer den hier behandelten oder wenigstens erwähnten u. a.: Girl Grazy (1930), On Your Toes (1936), Me and My Girl (1937), South Pacific (1949), Guys and Dolls (1950), Kismet (1953), The Music Man (1957), Gypsy (1959), The Sound of Music (1959), Calamity Jane (1961), Funny Girl (1964), Sorbas (1968), Oh, Calcutta! (1969), Applause (1970), Grease (1972), A Chorus Line (1975)

(12) Zu deutsch: »Eine Geschichte New Yorks, vom Beginn der Welt bis zum Ende der holländischen Dynastie. Enthaltend – neben vielen erstaunlichen und seltsamen Dingen – die unaussprechlichen Ratschlüsse Walters des Zweiflers, die unheilvollen Unterfangen

Wilhelms des Wagemutigen und die ritterlichen Taten Peters des Dickköpfigen, der drei holländischen Gouverneure von Neu Amsterdam. Die einzige authentische Geschichte dieser Zeit, die jemals veröffentlicht wurde und veröffentlicht werden wird. Von Diedrich Knickerbocker.« Die amerikanische Originalausgabe erschien 1809 in New York, die deutsche Erstausgabe 1825 anonym in Leipzig.

(13) Von George Gershwin: Lady, Be Good! (1924; DE Dortmund 1976), Girl Grazy (1920; DE Kaiserslautern 1977), Oh, Kay! (1926; DE Dortmund 1978); Funny Face (1927) und Of Thee I Sing (1931) sind, soweit bekannt, in Deutschland überhaupt noch nicht gespielt worden. –

Von Kurt Weill: Knickerbocker Holiday (1938; DE Hamburg 1976), Lady in the Dark (1941; DE Kassel 1951), One Touch of Venus (1943; DE Meiningen 1994), Street Scene (1947; DE Düsseldorf 1955); deutschsprachige Erstaufführungen von Johnny Johnson (1936) und Lost in the Stars (1949) sind nicht bekannt.

(14) Versuche zu einem eigenen deutschen Musical hat es durchaus gegeben, aber sie waren Einzelerfolge ohne dauerhafte Repertoirefähigkeit. Die an sich unterhaltsame Westernparodie Prairie-Saloon (Hamburg 1958) von Lotar Olias (Musik) und Heinz Wunderlich (Buch und Gesangstexte) ist eine musikalische Komödie, Olias' Heimweh nach St. Pauli (Musicalfassung Hamburg 1962) ist zu stark lokal angesiedelt. Wien brachte 1972 die Shaw-Adaption Helden, Helden mit der Musik von Udo Jürgens zur Uraufführung, Gelsenkirchen folgte 1977 mit Das Wirtshaus zum Spessart von Franz Grothe nach dem erfolgreichen Spielfilm Kurt Hoffmanns. Wiederentdeckung verdient in jedem Fall Mein Freund Bunbury von Helmut Bez/Jürgen Degenhardt (Buch und Gesangstexte) und Gerd Natschinsky (Musik) nach Oscar Wildes Komödie »The Importance of Being Earnest«, die in Deutschland unter »Bunbury« bekannt ist. Das am 2. Oktober 1964 am Berliner Metropoltheater uraufgeführte Werk wurde viel nachgespielt und kann als ein Musik, Dialog und Tanz eng miteinander verbindendes echtes deutsches Musical nach amerikanischem Vorbild betrachtet werden.

(15) Roman-Tetralogie »Joseph und seine Brüder« mit Die Geschichten Jakobs (1933), Der junge Joseph (1934), Joseph in Ägypten (1936) und Joseph der Ernährer (1943)

(16) Zitiert nach Keith Richmond »Die Musicals von Andrew Lloyd Webber«; deutsche Ausgabe Berlin 1996, Seite 45

Finale SCHLUSSBETRACHTUNG

(1) Richard Wagner in »Oper und Drama«

(2) Alle Weill-Zitate nach »Kurt Weill. Ausgewählte Schriften. Herausgegeben mit einem Vorwort von David Drew«; Frankfurt a. M. 1975

(3) Richard Strauss an Josef Gregor 12. Mai 1939. Der vielzitierte Satz findet sich wohl erstmals als »Prima la musica e poi le parole« als Titel einer Oper von Antonio Salieri (U Wien 1786).

(4) Tschaikowsky in seinem Brief vom 28. September 1883 an Nadeshda von Meck

(5) Peter Hacks »Versuch über das Libretto« in seinem Buch »Oper«, München 1980

REGISTER

Register der beschriebenen Werke
(alphabetisch geordnet nach Komponisten)

Das Register ist als Auswahlregister konzipiert.

Kursiv gedruckte Seitenzahlen verweisen auf ausführlichere Darstellungen im fortlaufenden Text.

Fett gedruckte Seitenzahlen verweisen auf umfassende Beschreibungen in den Kapiteln STERNSTUNDEN DES SPIELPLANS.

Die Werktitel sind in der Regel in der deutschsprachigen Fassung angegeben (mit Ausnahme bestimmter italienisch-, französisch- und englischsprachiger Werke). Die Anordnung der Werke der einzelnen Komponisten erfolgt chronologisch. Untertitel werden nicht angegeben.

ABRAHAM, PAUL Viktoria und ihr Husar 592 Die Blume von Hawaii 592 Ball im Savoy 592
ANONYMUS Revue: The Black Crook (Der schwarze Teufel) *661*
ANONYMUS Revue: Shuffle Along 671
ANONYMUS Revue: A Trip to Chinatown *662*
AUBER, DANIEL Fra Diavolo 232 Die Stumme von Portici 232

BARTÓK, BÉLA Ritter Blaubarts Burg *459f.*
BEETHOVEN, LUDWIG VAN Fidelio 153, **179–182**
BELLINI, VINCENZO Die Capuleti und Montecchi 190 Die Nachtwandlerin 190 Norma 190 Die Puritaner 190
BENATZKY, RALPH Im Weißen Rößl 591
BERG, ALBAN Wozzeck 452, **473–476** Lulu *452f.*
BERLIN, IRVING Watch Your Step 698 Annie Get Your Gun **725–728**
BERLIOZ, HECTOR Benvenuto Cellini 233 Die Trojaner 233 f.
BERNSTEIN, LEONARD Candide 699 West Side Story **743–747**

BIZET, GEORGES Doctor Miracle 238 Die Perlenfischer 238 Carmen 238, **244–248**
BOCK, JERRY My Dream 701 Fiorello 701 Anatevka **755–759**
BORDELON, LAURENT Arlequin Roland furieux 521
BORODIN, ALEXANDER Fürst Igor *295*
BRITTEN, BENJAMIN Paul Bunyan 458 Peter Grimes *458f.* Albert Herring *458f.* Ein Sommernachtstraum 459 Tod in Venedig 459
BRUCH, MAX Die Loreley 260
BURKHARD, PAUL Das Feuerwerk **603–606**
BUSONI, FERRUCCIO Arlecchino 457 Turandot 457 Doktor Faust *457*

CALDERÓN DE LA BARCA, PEDRO (Autor) El Golfo de las Sirenas (Die Sirenenbucht) 651
CAVALLI, FRANCESCO L'Ormindo *94f.*
CESTI, MARC'ANTONIO Il Pomo d'Oro *117ff.*
CHERUBINI, LUIGI Medea 232 Der Wasserträger 232

796

CIMAROSA, DOMENICO Die heimliche Ehe 102
CORNELIUS, PETER Der Barbier von Bagdad 255 f.
D'ALBERT, EUGEN Tiefland 261, **287–291** Die toten Augen 261 Die schwarze Orchidee 261
DEBUSSY, CLAUDE Pelléas und Mélisande 450 f.
DONIZETTI, GAETANO Viva la Mamma 189 Anna Bolena (Anne Boleyn) 189 Der Liebestrank **202–205** Lucrezia Borgia 189 Lucia di Lammermoor **205–208** Maria Stuarda (Maria Stuart) 189 Die Regimentstochter 189 Don Pasquale **208–212**
DOSTAL, NICO Die ungarische Hochzeit 591
DVOŘAK, ANTON (ANTONIN) Rusalka 293

EDWARDS, GEORGE Revue: The Passing Show 666
EGK, WERNER Die Zaubergeige 466 Peer Gynt 466 Der Revisor 466
EINEM, GOTTFRIED VON Dantons Tod 466 Der Besuch der alten Dame 466
EYSLER, EDMUND Bruder Straubinger 593 Die gold'ne Meisterin 593

FALL, LEO Der Rebell/Der liebe Augustin 593 Der fidele Bauer 593 Die Dollarprinzessin 593 Die Rose von Stambul 593 Madame Pompadour **606–609**
FLOTOW, FRIEDRICH VON Der Schiffbruch der Medusa 256 Alessandro Stradella 256 Martha 257f., **271–274**
FORTNER, WOLFGANG Bluthochzeit 466

GAGLIAMO, MARCO DA La Dafne 80 f. La Flora 84
GERSHWIN, GEORGE Lady, Be Good 680 f. Oh, Kay! 681 Funny Face 681 Girl Crazy 681 f. Of Thee I will sing 681 Let'm eat Cake 684 Porgy und Bess 465, **484–491**
GILBERT, JEAN Die keusche Susanne 648
GIORDANO, UMBERTO André Chénier 191
GLINKA, MICHAEL Ein Leben für den Zaren 295 Ruslan und Ludmilla 294

GLUCK, CHRISTOPH WILLIBALD Orpheus und Eurydike 140, **158–160** Alceste 136 Paris und Helena 136 Iphigenie in Aulis 136 Iphigenie auf Tauris 136 Armida 138 Echo und Narziß 136
GOUNOD, CHARLES Sappho 236 Der Arzt wider Willen 236 Faust (Margarete) **239–244** Mireille 236 f. Roméo et Juliette (Romeo und Julia) 237
GRAUN, CARL HEINRICH Montezuma 116

HÄNDEL, GEORG FRIEDRICH Acis und Galatea 522 Julius Caesar **154–157**
HAYDN, JOSEPH Die Welt auf dem Monde 153
HENZE, HANS WERNER Boulevard Solitude 469 König Hirsch 469 Elegie für junge Liebende 469 Der junge Lord 469 Die Bassariden 469 Wir erreichen den Fluß 469
HERBERT, VICTOR Cyrano de Bergerac 669
HERMAN, JERRY Hallo, Dolly! 699, **747–752** Mame 699 Ein Käfig voller Narren **752–755**
HEUBERGER, RICHARD Der Opernball **570–573**
HEYMANN, BIRGER Linie 1 703
HINDEMITH, PAUL Mörder, Hoffnung der Frauen 466 Neues vom Tage 466 Cardillac 466 f. Mathis der Maler 467
HONEGGER, ARTHUR Johanna auf dem Scheiterhaufen 458

JANÁČEK, LEOS Jenufa **477–480** Katja Kabanowa **480–484** Das schlaue Füchslein 464 Die Ausflüge des Herrn Brouček 464 Aus einem Totenhaus 464
JESSEL, LEON Schwarzwaldmädel **600–602**

KÁLMÁN, EMMERICH (IMRE) Herbstmanöver 594 Der Zigeunerprimas 594 Die Csárdásfürstin **609–612** Gräfin Mariza **613–617** Die Zirkusprinzessin **617–621**
KANDER, JOHN Flora 700 Cabaret 700 Chicago 700

KATTNIG, RUDOLF Balkanliebe 592
KEISER, REINHARD Croesus 113
KERN, JEROME Sunny 673 Show Boat 673 ff., **714–720**
KIENZL, WILHELM Der Evangelimann 261
KLEBE, GISELHER Die Räuber 466 Alkmene 466 Jacobowsky und der Oberst 466
KODÁLY, ZOLTÁN Háry János 460
KOLLO, WALTER Wie einst im Mai 648 Drei alte Schachteln 648
KORNGOLD, ERICH WOLFGANG Die tote Stadt *455 f.*
KŘENEK, ERNST Jonny spielt auf 466 Karl V. 466 Pallas Athene weint 466
KÜNNEKE, EDUARD Robins Ende 595 Das Dorf ohne Glocke 595 Der Vetter aus Dingsda **622–625**

LEHÁR, FRANZ Der Rastelbinder 598 Die lustige Witwe **625–630** Der Graf von Luxemburg **630–634** Paganini **634–638** Der Zarewitsch **639–642** Das Land des Lächelns **642–645** Giuditta 598
LEIGH, MICH Der Mann von La Mancha **760–765**
LEONCAVALLO, RUGGERO Der Bajazzo **212–215** Der Roland von Berlin 453
LIGETI, GYÖRGY Le Grand Macabre 460
LINCKE, PAUL Venus auf Erden 646 Frau Luna *646* Im Reich des Indra 646 Lysistrata 646
LLOYD WEBBER, ANDREW Joseph 705 Jesus Christ Superstar *705* Jeeves 705 Evita **772–775** Cats *705 ff.* Starlight Express 707 Das Phantom der Oper *707* Sunset Boulevard 707
LOEWE, FREDERICK Whats Up 698 Brigadoon 698 My Fair Lady **738–743** Camelot 698 Gigi 698
LORTZING, GUSTAV ALBERT Die beiden Schützen 259 Zar und Zimmermann 260, **275–279** Hans Sachs 259 Der Wildschütz 260, **279–284** Undine 260 Der Waffenschmied 260 Regina 260
LULLY, JEAN-BAPTISTE Alceste 104

MACDERMOT, GALT Hair 703
MASCAGNI, PIETRO Cavalleria rusticana **215–217**
MATTHESON, JOHANN Boris Godunow 113
MENKEN, ALAN Der kleine Horrorladen **768–772**
MENOTTI, GIAN CARLO Amelia geht zum Ball 465 Das Medium 465 Das Telephon 465 Der Konsul *465*
MEYERBEER, GIACOMO Robert der Teufel 232 Die Hugenotten 232 f. Der Prophet 232
MILLÖCKER, CARL Das verwunschene Schloß 545 Gräfin Dubarry 545 Der arme Jonathan 545 Der Bettelstudent **557–560** Gasparone **561–566**
MONNOT, MARGUERITE Irma la Douce **765–768**
MONTEVERDI, CLAUDIO L'Orfeo *86 ff.* Die Heimkehr des Odysseus *89 ff.* Die Krönung der Poppea *90 ff.*
MOZART, WOLFGANG AMADEUS Apollo und Hyazinth 142 Die verstellte Einfalt 142 Mithridates, König von Pontus 142 Ascanius in Alba 142 Lucius Sulla 142 Die Gärtnerin aus Liebe 142 Der König als Hirte 142 Idomeneo, König von Kreta *142 f.* Die Entführung aus dem Serail 144, **160–163** Die Hochzeit des Figaro 145 ff., **163–168** Don Giovanni 147 ff., **168–171** Così fan tutte 144 f. **171–174** Titus (La Clemenza di Tito) 143 Die Zauberflöte 150 f., **174–178**
MUSSORGSKY, MODEST Boris Godunow **302–308** Chowantschina *296* Der Jahrmarkt von Sorotschinzy *296*

NEDBAL, OSKAR Polenblut 592
NICOLAI, OTTO Die lustigen Weiber von Windsor 256, **266–271**

O'BRIEN, RICHARD The Rocky Horror Show 703
OFFENBACH, JACQUES Die beiden Blinden 519, *525* Die Rose von Saint-Flour 526 Die Verlobung bei der Laterne 529 Die Insel Tulipatan 529 Orpheus in der Unterwelt **552–556** Die Rheinnixen 541 Die schöne Helena

532 ff. Pariser Leben 534 f. Hoffmanns Erzählungen 248–252
ORFF, CARL Carmina burana 468 Der Mond 467 f. Die Kluge 468 Die Bernauerin 467 Antigonae 467 Oedipus der Tyrann 467

PAISIELLO, GIOVANNI Der Barbier von Sevilla 102
PENDERECKI, KRZYSZTOF Die Teufel von Loudun 460
PEPUSCH, JOHANN CHRISTOPH The Beggar's Opera (Bettleroper) 521 ff.
PERGOLESI, GIOVANNI BATTISTA Die Magd als Herrin 100 ff. Der stolze Gefangene 101
PERI, JACOPO La Dafne 79 f. La Flora 84
PFITZNER, HANS Palestrina 454 f.
PORTER, COLE Anything Goes 698 Kiss me, Kate! 729–733 Out of the World 698 Can-Can 733–737 Seidenstrümpfe 698
POULENC, FRANCIS Die Gespräche der Karmeliterinnen 458 Die menschliche Stimme 458
PROKOFIEFF, SERGEJ Die Liebe zu den drei Orangen 462
PUCCINI, GIACOMO Manon Lescaut 192 La Bohème 218–221 Tosca 221–226 Madame Butterfly 227–230 Das Mädchen aus dem Goldenen Westen 193 Das Triptychon (Der Mantel, Schwester Angelica, Gianni Schicchi) 192 Turandot 192 f.
PURCELL, HENRY Dido und Aeneas 109 f.

RAMEAU, JEAN-PHILIPPE Castor und Pollux 105 f.
RAVEL, MAURICE L'Enfant et les sortilèges (Das Kind und die Zauberei) 458
RAYMOND, FRED Maske in Blau 592 Saison in Salzburg 592
REIMANN, ARIBERT Ein Traumspiel 468 Lear 468 Gespenstersonate 468
RESPIGHI, OTTORINO Die versunkene Glocke 456 f.
RICE, EDWARD Adonis 672
RIHM, WOLFGANG Jacob Lenz 468
RIMSKI-KORSSAKOW, NIKOLAI Das Märchen vom Zaren Saltan 294

RODGERS, RICHARD Oklahoma! 720–724
ROSSINI, GIOACCHINO Der Barbier von Sevilla 194–197 La Cenerentola 198–201 Guillaume Tell (Wilhelm Tell) 322

SCARLATTI, ALESSANDRO Il Trionfo dell'Onore 98
SCHÖNBERG, ARNOLD Moses und Aron 451 f.
SCHOSTAKOWITSCH, DMITRIJ Die Nase 462 Lady Macbeth von Mzensk 462 f.
SCHREKER, FRANZ Der ferne Klang 466 Der Schatzgräber 466
SCHRÖDER, FRIEDRICH Hochzeitsnacht im Paradies 592
SCHÜTZ, HEINRICH Dafne 111 f.
SMETANA, FRIEDRICH (BEDŘICH) Die Brandenburger in Böhmen 293 Die verkaufte Braut 298–302 Dalibor 293 Die zwei Witwen 294 Der Kuß 293 Libussa 293
STADEN, SIEGMUND Seelewig 112
STOLZ, ROBERT Schön Lorchen 593 Zwei Herzen im Dreivierteltakt 593 Venus in Seide 593 Frühling im Prater 593
STRAUS, OSCAR Die lustigen Nibelungen 592 Ein Walzertraum 592 Der letzte Walzer 592
STRAUß, JOHANN Indigo /Tausendundeine Nacht 541 Die Fledermaus 549 ff., 574–579 Eine Nacht in Venedig 579–583 Der Zigeunerbaron 583–586 Ritter Pázmán 546 Wiener Blut 587–591
STRAUSS, RICHARD Salome 491–494 Elektra 495–498 Der Rosenkavalier 498–504 Ariadne auf Naxos 504–507 Arabella 508–511 Capriccio 783 f.
STRAWINSKY, IGOR Die Nachtigall 461 Die Geschichte vom Soldaten 461 Ödipus Rex (König Oedipus) 461 f. The Rake's Progress (Der Wüstling) 462
SULLIVAN, ARTHUR H. M. S. Pinafore. Das Mädchen, das einen Seemann liebt 649 Die Piraten 649 Der Mikado 649 f.
SUPPÉ, FRANZ VON Das Pensionat 544 Die schöne Galathee 544 Leichte Kavallerie 544 Banditenstreiche 544 Fatinitza 544 Boccaccio 544

TELEMANN, GEORG PHILIPP
  Pimpinone 113
THEILE, JOHANN Adam und Eva 113
THOMAS, AMBROISE Mignon 237
  Hamlet 238
TSCHAIKOWSKY, PETER Eugen Onegin
  309–313 Mazeppa 297 Pique-Dame
  314–320

UMLAUFF, IGNAZ Die Bergknappen 143

VERDI, GIUSEPPE Oberto 321 Nabucco
  322, **332–335** Die Lombarden *324* Die
  beiden Foscari *324* Attila *324* Die
  Schlacht von Legnano *324*
  Stiffelio/Aroldo 323 Macbeth 327 f.,
  336–340 Rigoletto **341–344** Der Troubadour **345–348** La Traviata **348–351**
  Ein Maskenball **352–354** Simone Boccanegra 373 Die Macht des Schicksals
  355–359 Don Carlos **359–368** Aida
  368–371 Othello **372–375** Falstaff
  375–380

WAGNER, RICHARD Die Feen 386 Das
  Liebesverbot 386 Rienzi, der Letzte der
  Tribunen 386, *388* Der fliegende
  Holländer **393–399** Tannhäuser
  399–406 Lohengrin **406–411** Tristan
  und Isolde **411–416** Die Meistersinger
  von Nürnberg **417–423** Der Ring des
  Nibelungen **423–428** Das Rheingold
  428–431 Die Walküre **431–435** Sieg-
  fried **435–438** Götterdämmerung
  439–442 Parsifal **443–448**
WEBER, CARL MARIA VON Peter
  Schmoll 254 Abu Hassan 254 Der
  Freischütz 254, **262–265** Euryanthe
  254 Oberon 254
WEILL, KURT Dreigroschenoper 521 ff.
  Aufstieg und Fall der Stadt Mahagonny
  1–515 Die Bürgschaft 685 Der Silbersee 685 Die Sieben Todsünden 686
  Johnny Johnson *687 f.* Knickerbocker
  Holiday *688 f.* Lady in the Dark *691 ff.*
  One Touch of Venus *693* Street Scene
  694 f. Lost in the Stars (Der weite Weg)
  695 f.
WOLF-FERRARI, ERMANNO Die neugie-
  rigen Frauen 457 Die vier Grobiane 458
  Susannas Geheimnis *458* Der Schmuck
  der Madonna 458 Il Campiello 458

YOUMAN, VINCENT No No Nanette 697,
  711

ZELLER, CARL Der Vogelhändler
  566–570
ZIEHRER, CARL MICHAEL Die Landstreicher 545
ZIMMERMANN, BERND ALOIS Die Soldaten *468 f.*

Editorischer Vermerk:
Die Abbildungen entstammen dem Verlagsarchiv. Leider konnten nicht alle Rechteinhaber
ermittelt werden. Der Verlag wird berechtigte Ansprüche angemessen vergüten.